Y

Yf 1259

OEUVRES

DE

JEAN RACINE

ET DE

P. ET T. CORNEILLE.

NOUVELLE ÉDITION.

PARIS.
VICTOR LECOU, LIBRAIRE-ÉDITEUR,
RUE DU BOULOI, N° 10.

1847

Y

OEUVRES
DE
J. RACINE
ET DE
P. ET T. CORNEILLE

PARIS. — IMPRIMERIE D'ALEXANDRE BAILLY,
RUE DU FAUBOURG-MONTMARTRE, 10.

OEUVRES

DE

J. RACINE

ET DE

P. ET T. CORNEILLE

NOUVELLE ÉDITION

PARIS
VICTOR LECOU, LIBRAIRE-ÉDITEUR
RUE DU BOULOI, N° 10

1847

TABLE

DES OEUVRES DE J. RACINE ET DE P. ET T. CORNEILLE.

J. Racine.

	Pages.
NOTICE SUR LA VIE ET LES OUVRAGES DE RACINE.	1
La Thébaïde, ou les Frères ennemis.	4
Alexandre le Grand.	18
Andromaque.	31
Les Plaideurs.	47
Britannicus.	62
Bérénice.	80
Bajazet.	95
Mithridate.	111
Iphigénie.	127
Phèdre.	144
Esther.	160
Athalie.	174
Poésies diverses, etc.	193

P. et T. Corneille.

	Pages.
VIE DE P. CORNEILLE.	203
Le Cid.	207
Horace.	227
Cinna.	243
Polyeucte.	259
Le Menteur.	277
Pompée.	295
Rodogune.	311
Héraclius.	328
Don Sanche d'Aragon.	346
Nicomède.	362
Sertorius.	379
Ariane.	396
Le Comte d'Essex.	411
Le Festin de pierre.	426

FIN DE LA TABLE.

OEUVRES
DE
J. RACINE

NOTICE
SUR LA VIE ET LES OUVRAGES
DE RACINE.

Jean Racine naquit à la Ferté-Milon, le 21 décembre 1639; il apprit le latin au collège de Beauvais, et le grec sous Claude Lancelot, sacristain de Port-Royal. Ce savant homme, auteur de plusieurs ouvrages utiles, le mit, dit-on, en moins d'un an, en état d'entendre Euripide et Sophocle. L'expérience prouve qu'il n'y a aucune langue, ni même aucune science dans laquelle, avec de l'application, de l'aptitude, et, ce qui est plus rare encore, de bons maîtres, on ne puisse faire des progrès assez rapides : mais la langue grecque est si étendue, si abondante, ses formes sont si variées, si hardies, et la plupart des mots qui la composent ont des nuances si délicates, si fugitives, et cependant si distinctes pour celui qui sait les saisir, qu'on persuadera difficilement à ceux qui ont fait une étude approfondie de cette langue, que neuf ou dix mois, un an même, si l'on veut, aient suffi à Racine pour bien entendre Euripide et surtout Sophocle, dont les chœurs ne sont pas sans obscurités, même pour les meilleurs critiques.

Racine montra dès ses premières années un goût très vif pour la poésie. Son plus grand plaisir était d'aller s'enfoncer dans les bois, dont le vaste silence est si favorable à la méditation, et semble même y inviter. C'est là que, solitaire, il lisait sans cesse les tragiques grecs, qu'il savait presque par cœur, et dont il a osé le premier transporter dans sa langue les tours et les images.

Ayant trouvé le roman grec des amours de Théagène et de Chariclée, il le lisait avidement, lorsque Claude Lancelot, son maître, animé de ce zèle indiscret et peu réfléchi qui fait passer le but lorsqu'il ne faudrait que l'atteindre, lui arracha ce livre et le jeta au feu. Un second exemplaire ayant eu le même sort, le jeune homme en acheta un troisième, et après l'avoir appris par cœur, il le porta à Lancelot, en lui disant : « Vous pouvez brûler encore celui-ci comme les autres. »

Ses premiers essais de poésie latine et française ne furent pas heureux, mais il est si difficile d'écrire, même médiocrement, dans une langue morte, qu'on pardonne sans peine à Racine d'avoir fait de mauvais vers latins. Horace et Virgile peuvent nous consoler du peu de succès des modernes dans ce genre d'écrire, et devraient même les dispenser de s'y exercer. Un homme de génie se plaît un moment à consacrer dans un beau vers latin la mémoire de deux évènements qui font époque, l'un dans l'histoire des sciences, l'autre dans celle des empires ; mais il n'entreprendra pas de faire une ode, une épître, un poème, dans une langue qu'on ne parle plus ; il aura surtout le bon esprit de préférer le mérite si nécessaire et si rare d'écrire dans sa langue avec pureté, élégance et précision, au vain plaisir de faire de barbares et d'insipides centons dans une langue que les artisans, je dirai presque les portefaix de Rome, entendaient, écrivaient, et parlaient mieux que nous.

A peine Racine eut-il achevé sa philosophie, qu'il se fit connaître assez avantageusement par son ode intitulée *la Nymphe de la Seine*. Cette pièce, qu'il publia en 1660, à l'occasion du mariage du roi, fut jugée la meilleure de toutes celles qui parurent sur le même sujet. Chapelain, alors arbitre souverain du Parnasse, et que le jeune Racine avait consulté sur son ode, parla si favorablement à Colbert de l'ode et du poète, que ce ministre lui envoya cent louis de la part du roi, et le mit peu de temps après sur l'état pour une pension de 600 livres. Si les vers de Chapelain ne font pas beaucoup d'honneur à son esprit, ce procédé en fait beaucoup à son discernement et à son caractère ; et le philosophe célèbre qui a soutenu, par des raisons aussi solides qu'élégantes, qu'une belle page était plus difficile à faire qu'une belle action pouvait citer cet exemple comme une nouvelle preuve de la vérité de son opinion.

Ce premier succès, dans un âge où il n'y a point d'indifférent, ne fit qu'accroître la passion de Racine pour la poésie, et le détermina à s'y livrer entièrement. L'étude épineuse de la jurisprudence, celle de la théologie, ces deux sciences dans lesquelles il est si difficile, même avec de grands talents, de fixer sur soi les regards du public, et de se faire une réputation durable, contrariaient trop son goût dominant pour qu'il pût se résoudre à l'une ou l'autre carrière, comme ses amis et ses parents le désiraient. Cependant, par déférence pour un oncle qui voulait lui résigner son bénéfice, Racine s'appliqua à la théologie, mais sans négliger ses occupations chéries : « Je passe mon temps, disait-il à La Fontaine, avec mon oncle, saint Thomas, Virgile et l'Arioste. » Il faisait des extraits des poètes grecs, lisait Plutarque et Platon, étudiait surtout sa langue, qu'il a parlée si purement, et à laquelle il a su donner, par un choix, une propriété d'expressions qui étonne, et par des associations de mots, aussi heureuses que neuves et hardies, une énergie, un mouvement qu'elle n'avait point eus jusqu'alors.

De retour à Paris en 1664, il y fit connaissance avec Molière, ce poète si philosophe qui a eu tant de successeurs et pas un rival, et que Boileau regardait comme le génie le plus rare du siècle de Louis XIV. Une circonstance assez délicate, dans laquelle Racine se conduisit avec une légèreté que son âge rend excusable, causa entre Molière et lui un refroidissement qui dura toujours, mais ils ne cessèrent jamais de s'estimer et de se rendre mutuellement la justice qu'ils se devaient.

Racine se lia la même année avec Boileau, qui se vantait de lui avoir appris à faire difficilement des vers faciles. Dès ce moment il s'établit entre eux un commerce d'amitié qui a duré sans interruption jusqu'à la mort de Racine, et dont la douceur n'a même été altérée par aucun de ces troubles intestins et passagers qui s'élèvent quelquefois parmi les amis les plus étroitement unis.

Alexandre fut joué en 1665. Corneille, à qui Racine l'avait lu, lui dit « qu'il avait un grand talent pour la poésie, mais qu'il n'en avait point pour la tragédie. » Ce jugement nous paraît étrange, parce qu'il se lie dans notre esprit avec une estime habituelle et sentie que nous avons pour Racine ; et surtout avec l'admiration profonde que la lecture ou la représentation de ses pièces nous inspire. Mais si l'on fait réflexion que ce n'est point à l'auteur d'*Iphigénie*, de *Phèdre*, et de *Britannicus*, que Corneille a tenu ce discours, mais au jeune poète qui avait fait *la Thébaïde* et *Alexandre*, on ne doutera pas que Corneille ne fût de bonne foi : on dira seulement qu'il s'est trompé ; et que ce qu'il a dit avec raison d'*Alexandre*, il ne l'eût certainement pas dit d'*Andromaque*, qui fut jouée deux ans après, et que les premières tragédies de Racine ne pouvaient pas faire espérer. En effet, lorsqu'on mesure l'intervalle immense qui sépare ces deux pièces, on applique à Racine ces beaux vers d'Homère si bien traduits par Boileau :

> Autant qu'un homme assis au rivage des mers
> Voit d'un roc élevé d'espace dans les airs,
> Autant des immortels les coursiers intrépides
> En franchissent d'un saut.

Andromaque, « pièce admirable à quelques scènes de coquetterie près [*] » excita le même enthousiasme que *le Cid*, et ne le méritait pas moins. Les applaudissements que Racine reçut à cette occasion étaient d'autant plus flatteurs, que de nouveaux succès dans une carrière que Corneille avait parcourue avec tant de gloire étaient nécessairement plus difficiles à obtenir. Lorsqu'un art ou une science a déjà fait de grands progrès chez un peuple, il faut plus de sagacité, plus de génie, pour reculer d'un pas les limites de cet art ou de cette science, qu'il

---
[*] C'est le jugement que Voltaire en porte.

1.

n'en fallait aux premiers inventeurs pour porter l'un ou l'autre au point où ils l'ont laissé.

Un fait assez singulier, c'est que dans le privilège d'*Andromaque* on donne à Racine le titre de prieur de l'Épinay : mais il n'en jouit pas longtemps ; le bénéfice lui fut disputé, et il n'en retira pour tout qu'un procès que lui ni ses juges n'entendirent jamais, comme il le dit dans la préface des *Plaideurs*, dont ce procès fut en partie le prétexte.

Britannicus suivit de près *Andromaque* : mais sa destinée ne fut pas aussi heureuse. Soit que les amis de Corneille, trop exclusifs, sans doute, et par une suite de cette intolérance qui domine plus ou moins dans toutes les opinions, quel qu'en soit l'objet, aient étouffé par leurs critiques malignes et insidieuses la voix presque toujours faible et timide de la louange ; soit plutôt que les beautés dont la pièce de Racine étincelle eussent un caractère trop sévère, trop antique pour le temps où elle parut, et qu'il en soit en littérature comme en politique, où, même pour les meilleures choses, il est nécessaire que les esprits soient préparés ; il est certain qu'on ne sentit pas d'abord le mérite de *Britannicus*. Cette pièce, un des plus estimables ouvrages de Racine, « où l'on trouve, dit Voltaire, toute l'énergie de Tacite exprimée dans des vers dignes de Virgile, » fut reçue très froidement, et ne réussit même que dans un temps où ce succès trop attendu devait peu le flatter, et ne pouvait presque rien ajouter à sa réputation.

Il avoue dans sa préface, avec cette ardeur et cette modestie qu'on ne trouve que dans les hommes d'un talent supérieur, qu'il doit beaucoup à Tacite, qu'il appelle même le plus grand peintre de l'antiquité. On voit avec plaisir un juge aussi éclairé, et d'un goût aussi correct, aussi pur que Racine, rendre cette justice à Tacite. Mais ce qui fait seul l'éloge de cet excellent historien, c'est que partout où Racine s'est proposé de l'imiter, il est resté au dessous de lui, et que ces imitations, souvent aussi heureuses que le génie si différent des deux langues le comporte, et qu'une traduction en vers le permet, sont peut-être les plus beaux endroits de *Britannicus*, où, comme Racine le remarque, « il n'y a presque pas un trait éclatant dont Tacite ne lui ait donné l'idée. »

Je n'entrerai dans aucun détail sur les autres pièces de Racine : il suffit d'observer en général qu'elles eurent le sort de tous les bons ouvrages, c'est à dire qu'elles furent critiquées avec autant de fiel que d'ignorance par les Zoïles du temps, et justement admirées des vrais connaisseurs, les seuls hommes dont le suffrage entraîne tôt ou tard celui de la nation ; et dont la voix se fasse entendre dans l'avenir.

Après avoir donné en six ans cinq tragédies, dont la plus faible est écrite avec une élégance, un charme qui fait presque disparaître ou pardonner la langueur et la monotonie du seul sentiment qui y règne, Racine renonça à la poésie, et termina en 1677 sa carrière dramatique par la tragédie de *Phèdre*. Il avait pour cette pièce de prédilection fondée sur d'assez fortes raisons : il disait même que s'il avait produit quelque chose de parfait, c'était *Phèdre*. Pour moi, il me semble que cette perfection qu'il cherchait, et dont personne n'a plus approché que lui, se trouve d'une manière plus sensible et plus frappante dans *Iphigénie*, quoique le caractère de *Phèdre*, que Voltaire appelle « le chef-d'œuvre de l'esprit humain, et le modèle éternel, mais inimitable, de quiconque voudra jamais écrire en vers », soit incontestablement le plus tragique et le plus sublime qu'il y ait au théâtre.

Racine fut reçu à l'Académie française en 1673, et y remplaça La Mothe Le Vayer. Quelques années après il fut nommé par Boileau historiographe du roi. M. de Valincourt prétend, avec beaucoup de vraisemblance, « qu'après avoir longtemps essayé ce travail, ils sentirent qu'il était tout à fait opposé à leur génie. » C'est que, pour bien écrire l'histoire, il ne suffit pas d'être bon poète, il faut un talent peut-être aussi rare, et que le premier ne suppose pas, celui de bien écrire en prose ; il faut de plus une grande connaissance des hommes qui ne s'acquiert point dans le silence de la retraite ; une longue expérience que rien ne peut suppléer, et qui tient à un courant subtil des choses de la vie bien observées ; un grand fonds d'idées, d'instruction, de raison, de philosophie, avantages qui se trouvent rarement réunis : en un mot, il faut avoir le mérite de **Tacite** et de Voltaire, qui, dans deux genres très distincts, et en prenant chacun une route aussi diverse que le caractère de leur esprit et la nature des objets dont ils se sont occupés, ont laissé à la postérité les deux plus beaux modèles d'histoire qui existent dans aucune langue et chez aucun peuple ; et les deux seuls entre lesquels il soit permis de balancer, et très difficile de choisir.

Plusieurs anecdotes de la vie de Racine, ses épigrammes, et surtout la préface de la première édition de *Britannicus*, où il tourne finement en ridicule, mais avec une ironie très amère, la plupart des pièces de Corneille, décèlent en lui cet esprit caustique et ce caractère irascible qu'Horace attribue à tous les poètes qu'il appelle si plaisamment une race colère. La religion, vers laquelle Racine tourna d'assez bonne heure toutes ses pensées, avait modéré son penchant pour la raillerie ; et, ce qui était peut-être plus difficile encore, parce que le sacrifice était plus grand et plus pénible pour l'amour-propre, elle avait éteint en lui la passion des vers et celle de la gloire, la plus forte de toutes dans les hommes que la nature a destinés à faire de grandes choses ; mais elle n'avait pu affaiblir son talent pour la poésie. Douze années presque uniquement consacrées aux devoirs de la piété, dont le sentiment tranquille et doux était devenu un besoin pour lui et remplissait son âme tout entière, ne lui avaient fait rien perdre de ce génie heureux et facile qu'on remarque dans tous ses ouvrages : il suffit, pour s'en convaincre, de lire avec attention les deux dernières pièces qu'il fit, à la sollicitation de madame de Maintenon, pour les demoiselles de Saint-Cyr.

Esther fut représentée par les jeunes pensionnaires de cette maison, que l'auteur avait formées à la déclamation. Madame de Sévigné fait mention, dans une de ses lettres, des applaudissements que reçut cette tragédie qu'elle appelle *un Chef-d'œuvre de Racine*. « Ce poète s'est surpassé, dit-elle ; il aime Dieu comme il aimait ses maîtresses ; il est pour les choses saintes comme il était pour les profanes : tout est beau, tout est grand, tout est écrit avec dignité. »

On est d'abord un peu étonné de cette admiration exagérée que madame de Sévigné montre ici pour *Esther*, après avoir parlé si froidement, pour ne pas dire si dédaigneusement, d'*Andromaque*, de *Britannicus*, de *Bajazet*, de *Phèdre*, etc., pièces très supérieures à *Esther*. Mais lorsqu'on se rappelle que, fidèle à ce qu'elle appelait ses vieilles admirations, elle écrivait à sa fille que « Racine n'irait pas loin, et que le goût en passerait comme celui du café, » on ne voit plus dans la critique comme dans l'éloge que le même défaut de tact et de jugement.

Quoique *Esther* offre de très beaux détails, soutenus de ce style enchanteur qui rend la lecture de Racine si délicieuse, il faut avouer que les applications particulières et malignes que les courtisans firent de plusieurs vers de cette tragédie à certains évènements du temps, contribuèrent beaucoup au grand succès qu'elle eut à la cour ; mais le public, qui jugeait de la pièce en elle-même, et dans l'opinion duquel ces applications, bonnes ou mauvaises, ne pouvaient ajouter ni une beauté, ni un défaut, ne lui fut pas aussi favorable qu'on l'avait été à Versailles, et l'on convient généralement aujourd'hui que le public eut raison.

Deux ans après, Racine, flatté d'avoir réussi dans un genre dont il était l'inventeur, et qui, peut-être, avait senti renaître en lui le désir si naturel et si utile de la gloire, traita dans les mêmes vues le sujet d'*Athalie*. Mais le long silence qu'il s'était imposé, et qui aurait dû lui faire pardonner sa réputation, n'avait pu encore désarmer l'envie : tous les ressorts les plus actifs, et dont l'effet est le plus sûr lorsqu'on veut nuire, furent mis en mouvement, et l'on parvint enfin à jeter dans l'esprit de madame de Maintenon des scrupules qui firent supprimer les spectacles de Saint-Cyr, et *Athalie* n'y fut point représentée. Racine la fit imprimer en 1691 ; mais elle trouva peu de lecteurs. On se persuada qu'une pièce faite pour les enfants n'était bonne que pour eux : et les gens du monde, qui craignent l'ennui autant que la douleur, et qui, moins par défaut de lumières que d'approbation, n'ont guère en général d'autres sentiments que ceux qu'on leur inspire, suivirent le torrent, et continuèrent à dépriser *Athalie* sans l'avoir lue.

Racine, étonné que le public reçût avec indifférence un ouvrage qui aurait suffi pour l'immortaliser, s'imagina qu'il avait manqué son sujet ; et il l'avouait sincèrement à Boileau, qui lui soutenait au contraire qu'*Athalie* était son chef-d'œuvre : « Je m'y connais, lui disait-il, et le public y reviendra. » La prédiction de Boileau s'est accomplie, mais si longtemps après la mort de Racine, que ce grand homme n'a pu ni jouir du succès de sa pièce, ni même le prévoir.

Cette nouvelle injustice du public, qui venait de commettre un second crime envers la poésie et le bon goût, détermina enfin Racine à ne plus s'occuper de vers et à renoncer pour jamais au théâtre. Il était né très sensible, et cette extrême mobilité d'ame qui donnait à la fortune et aux évènements tant de moyens divers de le tourmenter et de le rendre malheureux, devint en effet pour lui une source de peines. « Quoique les applaudissements que j'ai reçus, disait-il, m'aient beaucoup flatté, la moindre critique, quelque mauvaise qu'elle ait été, m'a toujours causé plus de chagrin que toutes les louanges ne m'ont fait de plaisir. » Un homme du génie le plus fécond, le plus original et le plus universel qu'il y ait jamais eu et qui a d'ailleurs beaucoup d'autres rapports avec Racine, aurait pu faire le même aveu.

La sensibilité de Racine se portait sur tous les objets ; elle abrégea même ses jours. Il avait fait, dans les vues de madame de Maintenon, et pour répondre à la confiance qu'elle lui témoignait, un projet de finance dont l'objet était de proposer un plan de réforme et de législation qui pût soulager la misère du peuple. Louis XIV surprit ce projet entre les mains de madame de Maintenon, et blâma hautement le zèle inconsidéré de Racine. « Parce qu'il sait faire parfaitement des vers, dit le roi, croit-il tout savoir ? et parce qu'il est grand poète, veut-il être ministre ? » Racine aurait mieux fait sans doute pour sa gloire et pour son repos de donner au public une bonne tragédie de plus, que de s'occuper à écrire des lieux communs plus ou moins éloquents sur des matières qu'il n'avait pas étudiées, et sur lesquelles, avec beaucoup de connaissances et une longue expérience, il est si facile et si ordinaire de se tromper. Mais la vérité lui fit un moment illusion ; son amour-propre fut flatté que madame de Maintenon l'eût choisi pour porter la vérité, ou ce qu'il prenait pour elle, au pied du trône ; et l'espoir si séduisant et si doux de devenir l'instrument du bonheur du peuple, après avoir été si longtemps celui de ses plaisirs, lui ferma les yeux sur les dangers de sa complaisance.

Cependant madame de Maintenon lui fit dire de ne pas paraître à la cour jusqu'à nouvel ordre. Dès ce moment Racine ne douta plus de sa disgrâce. Accablé de mélancolie, et portant partout le trait mortel dont il était atteint, il retourna quelque temps après à Versailles : mais tout était changé pour lui, ou du moins il le crut ainsi ; et Louis XIV un jour ayant passé dans la galerie sans le regarder, Racine, qui n'était pas, dit Voltaire, aussi philosophe que bon poète, en mourut de chagrin, après avoir traîné pendant un an une vie languissante et pénible[*].

On ne peut pas assez regretter que Racine, trop indifférent pour ses tragédies profanes, qu'il aurait même voulu pouvoir anéantir, s'il en faut croire son fils, ait toujours négligé de donner une édition correcte de ses œuvres. Toutes celles qui ont paru de son vivant et depuis sa mort sont si fautives, et le texte en est si corrompu, que je ne connais aucun ouvrage qui ait plus souffert de l'incapacité des éditeurs et de la négligence des imprimeurs. L'édition publiée avec des commentaires est plus belle, mais non plus exacte que les précédentes ; et l'on doit surtout reprocher aux éditeurs de n'avoir porté dans l'examen et le choix des diverses leçons ni une critique assez éclairée, ni un goût assez sévère. A l'égard de leurs notes, il me semble qu'à l'exception des remarques de Louis Racine et de l'abbé d'Olivet, dont ils ont profité, mais qu'ils n'ont pas toujours entendues, elles n'offrent rien d'utile et d'instructif. Peut-être aussi Voltaire était-il seul capable de faire un bon commentaire sur Racine, et d'apprécier avec justesse ses beautés et ses défauts ; mais on ne trouve dans ses ouvrages que des réflexions générales sur cet auteur, et quelques observations particulières sur *Bérénice*, qui sont un modèle de goût, de précision, et qui montrent toutes un jugement sain, une étude profonde et réfléchie des principes de l'art, des vues neuves et fines sur la langue et sur la poétique, et partout l'admiration la plus sincère pour Racine. Voltaire le croyait le plus parfait de tous nos poètes, et le seul qui soutienne constamment l'épreuve de la lecture. Il en parlait même avec tant d'enthousiasme, qu'un homme de lettres lui demandant pourquoi il ne faisait pas sur Racine le même travail qu'il avait fait sur Corneille : « Il est tout fait, lui répondit Voltaire ; il n'y a qu'à écrire au bas de chaque page, *beau*, *pathétique*, *harmonieux*, *sublime*. »

---

[*] Racine mourut le 21 avril 1699 à l'âge de 59 ans, et fut enterré à Port-Royal. Le 2 décembre 1711, sa famille le fit exhumer et apporter à Paris, dans l'église de Saint-Étienne-du-Mont, où il fut placé derrière le maître-autel, en face de la chapelle de la Vierge, auprès de la tombe de Pascal. On voit encore l'épitaphe latine faite par Boileau dont nous donnons la traduction

D. O. M.

Ici repose le corps de messire Jean Racine, trésorier de France, secrétaire du roi, gentilhomme ordinaire de sa chambre, et l'un des quarante de l'Académie française, qui, après avoir longtemps charmé la France par ses excellentes poésies profanes, consacra ses muses à Dieu, et les employa uniquement à louer le seul objet digne de louange. Les raisons indispensables qui l'attachaient à la cour l'empêchèrent de quitter le monde ; mais elles ne l'empêchèrent pas de s'acquitter, au milieu du monde, de tous les devoirs de la piété et de la religion. Il fut choisi avec un de ses amis par le roi Louis-le-Grand, pour rassembler en un corps d'histoire les merveilles de son règne, et il était occupé à ce grand ouvrage lorsque tout à coup il fut attaqué d'une longue et cruelle maladie, qui à la fin l'enleva de ce séjour de misères, en sa 59e année. Bien qu'il eût extrêmement redouté la mort lorsqu'elle était encore loin de lui, il la vit de près sans s'en étonner, et mourut beaucoup plus rempli d'espérance que de crainte dans une entière résignation à la volonté de Dieu. Sa perte toucha sensiblement ses amis, entre lesquels il pouvait compter les premières personnes du royaume, et il fut regretté du roi même. Son humilité et l'affection particulière qu'il eut toujours pour cette maison de Port Royal-des-Champs, lui firent souhaiter d'être enterré sans aucune pompe dans ce cimetière avec les humbles serviteurs de Dieu qui y reposent, et auprès desquels il a été mis, selon qu'il l'avait ordonné par son testament. O toi ! qui que tu sois, que la piété attire en ce saint lieu, plains dans un si excellent homme la triste destinée de tous les mortels ; et quelque grande idée que puisse te donner de lui sa réputation, souviens-toi que ce sont des prières, et non pas de vains éloges qu'il te demande.

FIN.

LA THÉBAÏDE,
ou
LES FRÈRES ENNEMIS,
TRAGÉDIE.

1664.

PRÉFACE.

Le lecteur me permettra de lui demander un peu plus d'indulgence pour cette pièce que pour les autres qui la suivent; j'étais fort jeune quand je la fis. Quelques vers que j'avais faits alors tombèrent par hasard entre les mains de quelques personnes d'esprit; elles m'excitèrent à faire une tragédie, et me proposèrent le sujet de la Thébaïde.

Ce sujet avait été autrefois traité par Rotrou, sous le nom d'Antigone; mais il faisait mourir les deux frères dès le commencement de son premier acte. Le reste était en quelque sorte le commencement d'une autre tragédie, où l'on entrait dans des intérêts tout nouveaux; et il avait réuni en une seule pièce deux actions différentes, dont l'une sert de matière aux Phéniciennes d'Euripide, et l'autre à l'Antigone de Sophocle.

Je compris que cette duplicité d'action avait pu nuire à sa pièce, qui d'ailleurs était remplie de beaux endroits. Je dressai à peu près mon plan sur les Phéniciennes d'Euripide; car, pour la Thébaïde qui est dans Sénèque, je suis un peu de l'opinion d'Heinsius, et je tiens, comme lui, que non seulement ce n'est point une tragédie de Sénèque, mais que c'est plutôt l'ouvrage d'un déclamateur, qui ne savait ce que c'était que tragédie.

La catastrophe de ma pièce est peut-être un peu trop sanglante; en effet, il n'y paraît presque pas un acteur qui ne meure à la fin : mais aussi c'est la Thébaïde, c'est à dire le sujet le plus tragique de l'antiquité.

L'amour, qui d'ordinaire a tant de part dans les tragédies, n'en a presque point ici ; et je doute que je lui en donnasse davantage si c'était à recommencer; car il faudrait, ou que l'un des deux frères fût amoureux, ou tous les deux ensemble. Et quelle apparence de leur donner d'autres intérêts que ceux de cette fameuse haine qui les occupait tout entiers? Ou bien il faut jeter l'amour sur un des seconds personnages, comme j'ai fait; et alors cette passion, qui devient comme étrangère au sujet, ne peut produire que de médiocres effets. En un mot, je suis persuadé que les tendresses ou les jalousies des amants ne sauraient trouver que fort peu de place parmi les incestes, les parricides, et toutes les autres horreurs qui composent l'histoire d'Œdipe et de sa malheureuse famille.

FIN.

PERSONNAGES.

ÉTÉOCLE, roi de Thèbes.
POLYNICE, frère d'Étéocle.
JOCASTE, mère de ces deux princes et d'Antigone.
ANTIGONE, sœur d'Étéocle et de Polynice.

ACTE PREMIER.
SCÈNE PREMIÈRE.
JOCASTE, OLYMPE.

JOCASTE.
Ils sont sortis, Olympe! Ah, mortelles douleurs!
Qu'un moment de repos me va coûter de pleurs !
Mes yeux depuis six mois étaient ouverts aux larmes,
Et le sommeil les ferme en de telles alarmes!
Puisse plutôt la mort les fermer pour jamais,
Et m'empêcher de voir le plus noir des forfaits
Mais en sont-ils aux mains?

OLYMPE.
 Du haut de la muraille
Je les ai vus déjà tous rangés en bataille;
J'ai vu déjà le fer briller de toutes parts,
Et pour vous avertir j'ai quitté les remparts.
J'ai vu, le fer en main, Étéocle lui-même;
Il marche des premiers; et, d'une ardeur extrême,
Il montre aux plus hardis à braver le danger.

JOCASTE.
N'en doutons plus, Olympe, ils se vont égorger.
(à un page.)
Que l'on coure avertir et hâter la princesse;
Je l'attends. Juste ciel, soutenez ma faiblesse!
Il faut courir, Olympe, après ces inhumains ;
Il les faut séparer, ou mourir par leurs mains.
Nous voici donc, hélas! à ce jour détestable
Dont la seule frayeur me rendait misérable!
Ni prières ni pleurs ne m'ont pu de rien servir;
Et le courroux du sort voulait être assouvi.
O toi, Soleil, ô toi qui rends le jour au monde,
Que ne l'as-tu laissé dans une nuit profonde !
A de si noirs forfaits prêtes-tu tes rayons ?
Et peux-tu sans horreur voir ce que nous voyons?
Mais ces monstres, hélas? ne t'épouvantent guères :
La race de Laïus les a rendus vulgaires ;
Tu peux voir sans frayeur les crimes de mes fils,
Après ceux que le père et la mère ont commis.
Tu ne t'étonnes pas si mes fils sont perfides,
S'ils sont tous deux méchants, et s'ils sont parricides :
Tu sais qu'ils sont sortis d'un sang incestueux,
Et tu t'étonnerais s'ils étaient vertueux.

SCÈNE II.
JOCASTE, ANTIGONE, OLYMPE.

JOCASTE.
Ma fille, avez-vous su l'excès de nos misères?

ANTIGONE.
Oui, madame; on m'a dit la fureur de mes frères.

JOCASTE.
Allons, chère Antigone, et courons de ce pas
Arrêter, s'il se peut, leurs parricides bras.
Allons leur faire voir ce qu'ils ont de plus tendre;
Voyons si contre nous ils pourront se défendre,
Ou s'ils oseront bien, dans leur noire fureur,
Répandre notre sang pour attaquer le leur.

ANTIGONE.
Madame, c'en est fait, voici le roi lui-même.

SCÈNE III.
JOCASTE, ÉTÉOCLE, ANTIGONE, OLYMPE.

JOCASTE.
Olympe, soutiens-moi; ma douleur est extrême.

ÉTÉOCLE.
Madame, qu'avez-vous? et quel trouble...
JOCASTE.
Ah, mon fils!
Quelles traces de sang vois-je sur vos habits?
Est-ce du sang d'un frère? ou n'est-ce point du vôtre?
ÉTÉOCLE.
Non, madame, ce n'est ni de l'un ni de l'autre.
Dans son camp jusqu'ici Polynice arrêté,
Pour combattre, à mes yeux ne s'est point présenté.
D'Argiens seulement une troupe hardie
M'a voulu de nos murs disputer la sortie;
J'ai fait mordre la poudre à ces audacieux;
Et leur sang est celui qui paraît à vos yeux.
JOCASTE.
Mais que prétendiez-vous et quelle ardeur soudaine
Vous a fait tout à coup descendre dans la plaine?
ÉTÉOCLE.
Madame, il était temps que j'en usasse ainsi,
Et je perdais ma gloire à demeurer ici.
Le peuple, à qui la faim se faisait déjà craindre,
De mon peu de vigueur commençait à se plaindre,
Me reprochant déjà qu'il m'avait couronné,
Et que j'occupais mal le rang qu'il m'a donné.
Il le faut satisfaire; et, quoi qu'il en arrive,
Thèbes dès aujourd'hui ne sera plus captive :
Je veux, en n'y laissant aucun de mes soldats,
Qu'elle soit seulement juge de nos combats.
J'ai des forces assez pour tenir la campagne,
Et si quelque bonheur nos armes accompagne.
L'insolent Polynice et ses fiers alliés
Laisseront Thèbes libre, ou mourront à mes pieds.
JOCASTE.
Vous pourriez d'un tel sang, ô ciel! souiller vos armes?
La couronne pour vous a-t-elle tant de charmes?
Si par un parricide il la fallait gagner,
Ah, mon fils, à ce prix voudriez-vous régner?
Mais il ne tient qu'à vous, si l'honneur vous anime
De nous donner la paix sans le secours d'un crime,
Et, de votre courroux triomphant aujourd'hui,
Contenter votre frère, et régner avec lui.
ÉTÉOCLE.
Appelez-vous régner partager ma couronne,
Et céder lâchement ce que mon droit me donne?
JOCASTE.
Vous le savez, mon fils, la justice et le sang
Lui donnent, comme à vous, sa part à ce haut rang :
OEdipe, en achevant sa triste destinée,
Ordonna que chacun règnerait son année;
Et, n'ayant qu'un état à mettre sous vos lois,
Voulut que tour à tour vous fussiez tous deux rois.
A ces conditions vous daignâtes souscrire.
Le sort vous appela le premier à l'empire,
Vous montâtes au trône; il n'en fut point jaloux :
Et vous ne voulez pas qu'il y monte après vous!
ÉTÉOCLE.
Non, madame, à l'empire il ne doit plus prétendre :
Thèbes à cet arrêt n'a point voulu se rendre;
Et, lorsque sur le trône il s'est voulu placer,
C'est elle, et non pas moi, qui l'en a su chasser.
Thèbes doit-elle moins redouter sa puissance,
Après avoir six mois senti sa violence?
Voudrait-elle obéir à ce prince inhumain,
Qui vient d'armer contre elle et le fer et la faim?
Prendrait-elle pour roi l'esclave de Mycène,
Qui pour tous les Thébains n'a plus que de la haine;
Qui s'est au roi d'Argos indignement soumis,
Et que l'hymen attache à nos fiers ennemis?
Lorsque le roi d'Argos l'a choisi pour son gendre,
Il espérait par lui de voir Thèbes en cendre.
L'amour eut peu de part à cet hymen honteux;
Et la seule fureur en alluma les feux.
Thèbes m'a couronnée pour éviter ses chaînes;
Elle s'attend par moi de voir finir ses peines :
Il la faut accuser si je manque de foi;
Et je suis son captif, et ne suis pas son roi.

JOCASTE.
Dites, dites plutôt, cœur ingrat et farouche,
Qu'auprès du diadème il n'est rien qui vous touche
Mais je me trompe encor : ce rang ne vous plaît pas
Et le crime tout seul a pour vous des appas.
Hé bien! puisqu'à ce point vous en êtes avide,
Je vous offre à commettre un double parricide :
Versez le sang d'un frère; et, si c'est peu du sien,
Je vous invite encore à répandre le mien.
Vous n'aurez plus alors d'ennemis à soumettre,
D'obstacle à surmonter, ni de crime à commettre;
Et, n'ayant plus au trône de fâcheux concurrent,
De tous les criminels vous serez le plus grand.
ÉTÉOCLE.
Hé bien, madame, hé bien, il vous faut satisfaire
Il faut sortir du trône et couronner mon frère;
Il faut, pour seconder votre injuste projet,
De son roi que j'étais, devenir son sujet;
Et, pour vous élever au comble de la joie,
Il faut à sa fureur que je me livre en proie;
Il faut par mon trépas...
JOCASTE.
Ah ciel! quelle rigueur!
Que vous pénétrez mal dans le fond de mon cœur!
Je ne demande pas que vous quittiez l'empire :
Régnez toujours, mon fils, c'est ce que je désire.
Mais si tant de malheurs vous touchent de pitié,
Si pour moi votre cœur garde quelque amitié,
Et si vous prenez soin de votre gloire même,
Associez un frère à cet honneur suprême :
Ce n'est qu'un vain éclat qu'il recevra de vous;
Votre règne en sera plus puissant et plus doux.
Les peuples, admirant cette vertu sublime,
Voudront toujours pour prince un roi si magnanime;
Et cet illustre effort, loin d'affaiblir vos droits
Vous rendra le plus juste et le plus grand des rois ;
Ou, s'il faut que mes vœux vous trouvent inflexible,
Si la paix à ce prix vous paraît impossible,
Et si le diadème a pour vous tant d'attraits,
Au moins consolez-moi de quelque heure de paix.
Accordez cette grace aux larmes d'une mère.
Et cependant, mon fils, j'irai voir votre frère:
La pitié dans son ame aura peut-être lieu,
Ou du moins pour jamais j'irai lui dire adieu.
Dès ce même moment permettez que je sorte :
J'irai jusqu'à sa tente, et j'irai sans escorte,
Par mes justes soupirs j'espère l'émouvoir.
ÉTÉOCLE.
Madame, sans sortir, vous le pouvez revoir;
Et si cette entrevue a pour vous tant de charmes,
Il ne tiendra qu'à lui de suspendre nos armes.
Vous pouvez dès cette heure accomplir vos souhaits
Et le faire venir jusque dans ce palais.
J'irai plus loin encore : et, pour faire connaître
Qu'il a tort en effet de me nommer un traître,
Et que je ne suis pas un tyran odieux,
Que l'on fasse parler et le peuple et les dieux.
Si le peuple y consent, je lui cède ma place;
Mais qu'il se rende enfin, si le peuple le chasse.
Je ne force personne; et j'engage ma foi
De laisser aux Thébains à se choisir un roi.

SCENE IV.

JOCASTE, ÉTÉOCLE, ANTIGONE, CREON,
OLYMPE.

CRÉON, *au roi*.
Seigneur, votre sortie a mis tout en alarmes;
Thèbes, qui croit vous perdre, est déjà toute en larmes;
L'épouvante et l'horreur règnent de toutes parts.
Et le peuple effrayé tremble sur ses remparts.
ÉTÉOCLE.
Cette vaine frayeur sera bientôt calmée.
Madame, je m'en vais retrouver mon armée;
Cependant vous pouvez accomplir vos souhaits,
Faire entrer Polynice, et lui parler de paix.
Créon, la reine ici commande en mon absence
Disposez tout le monde à son obéissance;

Laissez, pour recevoir et pour donner ses lois,
Votre fils Ménécée, et j'en ai fait le choix.
Comme il a de l'honneur autant que de courage,
Ce choix aux ennemis ôtera tout ombrage,
Et sa vertu suffit pour les rendre assures.
(à Créon.)
Commandez-lui, madame. Et vous, vous me suivrez.

CRÉON.

Quoi, seigneur!...

ÉTÉOCLE.

Oui, Créon, la chose est absolue.

CRÉON.

Et vous quittez ainsi la puissance absolue?

ÉTÉOCLE.

Que je la quitte ou non, ne vous tourmentez pas;
Faites ce que j'ordonne, et venez sur mes pas.

SCÈNE V.

JOCASTE, ANTIGONE, CRÉON, OLYMPE.

CRÉON.

Qu'avez-vous fait, madame? et par quelle conduite
Forcez-vous un vainqueur à prendre ainsi la fuite?
Ce conseil va tout perdre.

JOCASTE.

Il va tout conserver;
Et par ce seul conseil Thèbes se peut sauver.

CRÉON.

Eh quoi, madame, eh quoi! dans l'état où nous som- mes,
Lorsqu'avec un renfort de plus de dix mille hommes,
La fortune promet toute chose aux Thébains,
Le roi se laisse ôter la victoire des mains!

JOCASTE.

La victoire, Créon, n'est pas toujours si belle;
La honte et les remords vont souvent après elle.
Quand deux frères armés vont s'egorger entre eux,
Ne les pas séparer, c'est les perdre tous deux.
Peut-on faire au vainqueur une injure plus noire,
Que lui laisser gagner une telle victoire?

CRÉON.

Leur courroux est trop grand...

JOCASTE.

Il peut être adouci.

CRÉON.

Tous deux veulent régner.

JOCASTE.

Ils régneront aussi.

CRÉON.

On ne partage point la grandeur souveraine;
Et ce n'est pas un bien qu'on quitte et qu'on reprenne.

JOCASTE.

L'intérêt de l'état leur servira de loi.

CRÉON.

L'intérêt de l'état est de n'avoir qu'un roi,
Qui, d'un ordre constant gouvernant ses provinces,
Accoutume à ses lois et le peuple et les princes.
Ce règne interrompu de deux rois différents,
En lui donnant deux rois, lui donnent deux tyrans.
Par un ordre souvent l'un à l'autre contraire
Un frère détruirait ce qu'aurait fait un frère:
Vous les verriez toujours former quelque attentat,
Et changer tous les ans la face de l'état.
Ce terme limité, que l'on veut leur prescrire,
Accroît leur violence en bornant leur empire.
Tous deux feront gémir les peuples tour à tour:
Pareils à ces torrents qui ne durent qu'un jour,
Plus leur cours est borné, plus ils font de ravage,
Et d'horribles dégats signalent leur passage.

JOCASTE.

On les verrait plutôt, par de nobles projets,
Se disputer tous deux l'amour de leurs sujets,
Mais avouez, Créon, que toute votre peine
C'est de voir que la paix rend votre attente vaine;

Qu'elle assure à mes fils le trône où vous tendez,
Et va rompre le piége où vous les attendez.
Comme, après leur trépas, le droit de la naissance,
Fait tomber en vos mains la suprême puissance,
Le sang qui les unit aux deux princes mes fils,
Vous fait trouver en eux vos plus grands ennemis;
Et votre ambition qui tend à leur fortune,
Vous donne pour tous deux une haine commune,
Vous inspirez au roi vos conseils dangereux,
Et vous en serez un pour les perdre tous deux.

CRÉON.

Je ne me repais point de pareilles chimères:
Mes respects pour le roi sont ardents et sincères;
Et mon ambition est de le maintenir
Au trône où vous croyez que je veux parvenir.
Le soin de sa grandeur est le seul qui m'anime;
Je hais ses ennemis, et c'est là tout mon crime:
Je ne m'en cache point. Mais, à ce que je vois,
Chacun n'est pas ici criminel comme moi.

JOCASTE.

Je suis mère, Créon; et si j'aime son frère,
La personne du roi ne m'en est pas moins chère.
De lâches courtisans peuvent bien le haïr;
Mais une mère enfin ne peut pas se trahir.

ANTIGONE.

Vos intérêts ici sont confondus aux nôtres,
Les ennemis du roi ne sont pas tous les vôtres;
Créon, vous êtes père, et, dans ces ennemis,
Peut-être songez-vous que vous avez un fils.
On sait de quelle ardeur Hémon sert Polynice.

CRÉON.

Oui, je le sais, madame, et je lui fais justice:
Je le dois, en effet, distinguer du commun,
Mais c'est pour le haïr encor plus que pas un:
Et je souhaiterais, dans ma juste colère,
Que chacun le haït comme le hait son père.

ANTIGONE.

Après tout ce qu'a fait la valeur de son bras,
Tout le monde, en ce point, ne vous ressemble pas.

CRÉON.

Je le vois bien, madame, et c'est ce qui m'afflige:
Mais je sais bien à quoi sa révolte m'oblige;
Et tous ces beaux exploits qui le font admirer,
C'est ce qui me le fait justement abhorrer.
La honte suit toujours le parti des rebelles:
Leurs grandes actions sont les plus criminelles;
Ils signalent leur crime en signalant leur bras,
Et la gloire n'est point où les rois ne sont pas.

ANTIGONE.

Écoutez un peu mieux la voix de la nature.

CRÉON.

Plus l'offenseur m'est cher, plus je ressens l'injure.

ANTIGONE.

Mais un père à ce point doit-il être emporté?
Vous avez trop de haine.

CRÉON.

Et vous, trop de bonté.
C'est trop parler, madame, en faveur d'un rebelle.

ANTIGONE.

L'innocence vaut bien que l'on parle pour elle.

CRÉON

Je sais ce qui le rend innocent à vos yeux.

ANTIGONE.

Et je sais quel sujet vous le rend odieux.

CRÉON.

L'amour a d'autres yeux que le commun des hommes.

JOCASTE.

Vous abusez, Créon, de l'état où nous sommes;
Tout vous semble permis; mais craignez mon courroux,
Vos libertés enfin retomberaient sur vous.

ANTIGONE.

L'intérêt du public agit peu sur son âme,
Et l'amour du pays nous cache une autre flamme.
Je sais; mais, Créon, j'en abhorre le cours,
Et vous ferez bien mieux de la cacher toujours.

CRÉON.

Je le ferai, madame; et je veux par avance
Vous épargner encor jusques à ma présence.
Aussi bien mes respects redoublent vos mépris;
Et je vais faire place à ce bienheureux fils.
Le roi m'appelle ailleurs, il faut que j'obéisse.
Adieu. Faites venir Hémon et Polynice.

JOCASTE.

N'en doute pas, méchant, ils vont venir tous deux;
Tous deux ils préviendront tes desseins malheureux.

SCENE VI.

JOCASTE, ANTIGONE, OLYMPE.

ANTIGONE.

Le perfide! A quel point son insolence monte!

JOCASTE.

Ses superbes discours tourneront à sa honte.
Bientôt, si nos désirs sont exaucés des cieux,
La paix nous vengera de cet ambitieux.
Mais il faut se hâter, chaque heure nous est chère:
Appelons promptement Hémon et votre frère;
Je suis, pour ce dessein, prête à leur accorder
Toutes les sûretés qu'ils pourront demander.
Et toi, si mes malheurs ont lassé ta justice,
Ciel, dispose à la paix le cœur de Polynice,
Seconde mes soupirs, donne force à mes pleurs,
Et comme il faut enfin fais parler mes douleurs.

ANTIGONE seule.

Et si tu prends pitié d'une flamme innocente,
O ciel, en ramenant Hémon à son amante,
Ramène-le fidèle; et permets, en ce jour,
Qu'en retrouvant l'amant je retrouve l'amour!

FIN DU PREMIER ACTE.

ACTE II.

SCÈNE PREMIÈRE.

ANTIGONE, HEMON.

HÉMON.

Quoi! vous me refusez votre aimable présence
Après un an entier de supplice et l'absence!
Ne m'avez-vous, madame, appelé près de vous,
Que pour m'ôter sitôt un bien qui m'est si doux?

ANTIGONE.

Et voulez-vous sitôt que j'abandonne un frère?
Ne dois-je pas au temple accompagner ma mère?
Et dois-je préférer, au gré de vos souhaits,
Le soin de votre amour et celui de la paix?

HÉMON.   [stacles;

Madame, à mon bonheur c'est chercher trop d'ob-
Ils iront bien, sans nous, consulter les oracles.
Permettez que mon cœur, en voyant vos beaux yeux,
De l'état de son sort interroge ses dieux.
Puis-je leur demander, sans être téméraire,
S'ils ont toujours pour moi leur douceur ordinaire?
Souffrent-ils sans courroux mon ardente amitié?
Et du mal qu'ils ont fait ont-ils quelque pitié?
Durant le triste cours d'une absence cruelle,
Avez-vous souhaité que je fusse fidèle?
Songiez-vous que la mort menaçait, loin de vous,
Un amant qui ne doit mourir qu'à vos genoux,
Ah! d'un si bel objet quand une ame est blessée,
Quand un cœur jusqu'à vous élève sa pensée,
Qu'il est doux d'adorer tant de divins appas!
Mais aussi que l'on souffre en ne les voyant pas!
Un moment, loin de vous, me durait une année;
J'aurais fini cent fois ma triste destinée,
Si je n'eusse songé, jusques à mon retour,
Que mon éloignement vous prouvait mon amour;
Et que le souvenir de mon obéissance
Pourrait en ma faveur parler en mon absence;
Et que pensant à moi vous penseriez aussi
Qu'il faut aimer beaucoup pour obéir ainsi.

ANTIGONE.

Oui, je l'avais bien cru, qu'une ame si fidèle
Trouverait dans l'absence une peine cruelle,
Et, si mes sentiments se doivent découvrir,
Je souhaitais, Hémon, qu'elle vous fît souffrir,
Et qu'étant loin de moi, quelque ombre d'amertum
Vous fît trouver les jours plus longs que de coutume.
Mais ne vous plaignez pas : mon cœur chargé d'ennui
Ne vous souhaitait rien qu'il n'éprouvât en lui,
Surtout depuis le temps que dure cette guerre,
Et que de gens armés vous couvrez cette terre.
Odieux! à quels tourments mon cœur s'est vu soumis,
Voyant des deux côtés ses plus tendres amis!
Mille objets de douleurs déchiraient mes entrailles,
J'en voyais et dehors et dedans nos murailles;
Chaque assaut à mon cœur livrait mille combats;
Et mille fois le jour je souffrais le trépas.

HÉMON.

Mais enfin qu'ai-je fait, en ce malheur extrême,
Que ne m'ait ordonné ma princesse elle-même?
J'ai suivi Polynice; et vous l'avez voulu:
Vous me l'avez prescrit par un ordre absolu.
Je lui vouai dès lors une amitié sincère,
Je quittai mon pays, j'abandonnai mon père;
Sur moi, par ce départ, j'attirai son courroux,
Et, pour tout dire enfin, je m'éloignai de vous.

ANTIGONE.

Je m'en souviens, Hémon, et je vous fais justice;
C'est moi que vous serviez en servant Polynice :
Il m'était cher alors comme il l'est aujourd'hui,
Et je prenais pour moi ce qu'on faisait pour lui.
Nous nous aimions tous deux dès la plus tendre enfance.
Et j'avais sur son cœur une entière puissance;
Je trouvais à lui plaire une extrême douceur,
Et les chagrins du frère étaient ceux de la sœur.
Ah! si j'avais encor sur lui le même empire,
Il aimerait la paix, pour qui mon cœur soupire.
Notre commun malheur en serait adouci :
Je le verrais, Hémon: vous me verriez aussi!

HÉMON.

De cette affreuse guerre il abhorre l'image.
Je l'ai vu soupirer de douleur et de rage,
Lorsque, pour remonter au trône paternel,
On le força de prendre un chemin si cruel.
Espérons que le ciel, touché de nos misères,
Achèvera bientôt de réunir les frères;
Puissent-ils rétablir l'amitié dans leur cœur,
Et conserver l'amour dans celui de la sœur!

ANTIGONE.

Hélas! ne doutez point que ce dernier ouvrage
Ne lui soit plus aisé que de calmer leur rage!
Je les connais tous deux, et je répondrais bien
Que leur cœur, cher Hémon, est plus dur que le mien.
Mais les dieux quelquefois font de plus grands miracles.

SCENE II.

ANTIGONE, HEMON, OLYMPE.

ANTIGONE.

Hé bien! apprendrons-nous ce qu'ont dit les oracles?
Que faut-il faire?

OLYMPE.

Hélas!

ANTIGONE.

Quoi? qu'en a-t-on appris?
Est-ce la guerre, Olympe?

OLYMPE.

Ah! c'est encore pis!

HÉMON.

Quel est donc ce grand mal que leur courroux annonce?

OLYMPE.

Prince, pour en juger, écoutez leur réponse:

« Thébains, pour n'avoir plus de guerres,
« Il faut, par un ordre fatal,
« Que le dernier du sang royal
« Par son trépas ensanglante vos terres. »

ANTIGONE.

O dieux, que vous a fait ce sang infortuné,
Et pourquoi tout entier l'avez-vous condamné?
N'êtes-vous pas content de la mort de mon père?
Tout notre sang doit-il sentir votre colère?

HÉMON.

Madame, cet arrêt ne vous regarde pas;
Votre vertu vous met à couvert du trépas:
Les dieux savent trop bien connaître l'innocence.

ANTIGONE.

Et ce n'est pas pour moi que je crains leur vengeance
Mon innocence, Hémon, serait un faible appui;
Fille d'OEdipe, il faut que je meure pour lui.
Je l'attends, cette mort, et je l'attends sans plainte;
Et, s'il faut vous avouer le sujet de ma crainte,
C'est pour vous que je crains; oui, cher Hémon, pour
De ce sang malheureux vous sortez comme nous; [vous.
Et je ne vois que trop que le courroux céleste
Vous rendra, comme à nous, cet honneur bien funeste,
Et fera regretter aux princes des Thébains
De n'être pas sortis du dernier des humains.

HÉMON.

Peut-on se repentir d'un si grand avantage?
Un si noble trépas flatte trop mon courage;
Et du sang de ses rois il est beau d'être issu,
Dût-on rendre ce sang sitôt qu'on l'a reçu.

ANTIGONE.

Hé quoi! si parmi nous on a fait quelque offense,
Le ciel doit-il sur vous en prendre la vengeance?
Et n'est-ce pas assez d'un père et des enfants,
Sans qu'il aille plus loin chercher des innocents?
C'est à nous à payer pour le crime des nôtres:
Punissez-nous, grands dieux; mais épargez les autres.
Mon père, cher Hémon, vous va perdre aujourd'hui;
Et je vous perds peut-être encore plus que lui.
Le ciel punit sur vous et sur votre famille
Et les crimes du père et l'amour de la fille;
Et ce funeste amour vous nuit encore plus
Que les crimes d'OEdipe et le sang de Laïus.

HÉMON.

Quoi! mon amour, madame? Et qu'a-t-il de funeste?
Est-ce un crime d'aimer une beauté céleste?
Et puisque sans colère il est reçu de vous,
En quoi peut-il du ciel mériter le courroux?
Vous seul en mes soupirs êtes intéressée,
C'est à vous à juger s'il vous ont offensée:
Tels que seront pour eux vos arrêts tout puissants,
Ils seront criminels, ou seront innocents.
Que le ciel à son gré de ma perte dispose,
J'en chérirai toujours et l'une et l'autre cause,
Glorieux de mourir pour le sang de mes rois,
Et plus heureux encor de mourir sous vos lois.
Aussi bien que ferais-je en ce commun naufrage?
Pourrais-je résoudre à vivre davantage?
En vain les dieux voudraient différer mon trépas,
Mon désespoir ferait ce qu'ils ne feraient pas.
Mais peut-être, après tout, notre frayeur est vaine;
Attendons... Mais voici Polynice et la reine.

SCÈNE III.

JOCASTE, POLYNICE, ANTIGONE, HÉMON.

POLYNICE.

Madame, au nom des dieux, cessez de m'arrêter:
Je vois bien que la paix ne peut s'exécuter.
J'espérais que du ciel la justice infinie
Voudrait se déclarer contre la tyrannie,
Et que, lassé de voir répandre tant de sang,
Il rendrait à chacun son légitime rang:
Mais puis que ouvertement il tient pour l'injustice,
Et que des criminels il se rend le complice,

Dois-je encore espérer qu'un peuple révolté,
Quand le ciel est injuste, écoute l'équité?
Dois-je prendre pour juge une troupe insolente,
D'un fier usurpateur ministre violente,
Qui sert mon ennemi par un lâche intérêt,
Et qu'il anime encor, tout éloigne qu'il est?
La raison n'agit point sur une populace.
De ce peuple déjà j'ai ressenti l'audace;
Et, loin de me reprendre après m'avoir chassé,
Il croit voir un tyran dans un prince offensé.
Comme sur lui l'honneur n'eut jamais de puissance
Il croit que tout le monde aspire à la vengeance:
Des inimitiés rien n'arrête le cours;
Quand il hait une fois, il veut haïr toujours.

JOCASTE.

Mais s'il est vrai, mon fils, que ce peuple vous craigne,
Et que tous les Thébains redoutent votre règne,
Pourquoi par tant de sang cherchez-vous à régner
Sur ce peuple endurci que rien ne peut gagner?

POLYNICE.

Est-ce au peuple, madame, à se choisir un maître?
Sitôt qu'il hait un roi, doit-on cesser de l'être?
Sa haine ou son amour, sont-ce les premiers droits
Qui font monter au trône ou descendre les rois?
Que le peuple à son gré nous craigne ou nous chérisse,
Le sang nous met au trône, et non pas son caprice;
Ce que le sang lui donne, il le doit accepter;
Et s'il n'aime son prince, il le doit respecter.

JOCASTE.

Vous serez un tyran haï de vos provinces.

POLYNICE.

Ce nom ne convient pas aux légitimes princes;
De ce titre odieux mes droits me sont garants:
La haine des sujets ne fait pas les tyrans.
Appelez de ce nom Etéocle lui-même.

JOCASTE.

Il est aimé de tous.

POLYNICE.

     C'est un tyran qu'on aime,
Qui par cent lâchetés tâche à se maintenir
Au rang où par la force il a su parvenir;
Et son orgueil le rend, par un effet contraire
Esclave de son peuple et tyran de son frère.
Pour commander tout seul il veut bien obéir,
Et se fait mépriser pour me faire haïr.
Ce n'est pas sans sujet qu'on me préfère un traître:
Le peuple aime un esclave, et craint d'avoir un maître.
Mais je croirais trahir la majesté des rois,
Si je faisais le peuple arbitre de mes droits.

JOCASTE.

Ainsi donc la discorde a pour vous tant de charmes?
Vous lassez-vous déjà d'avoir posé les armes?
Ne cesserons-nous point, après tant de malheurs,
Vous, de verser du sang; moi, de verser des pleurs?
N'accorderez-vous rien aux larmes d'une mère?
Ma fille, s'il se peut, retenez votre frère:
Le cruel pour vous seule avait de l'amitié.

ANTIGONE.

Ah! si pour vous son ame est sourde à la pitié,
Que pourrais-je espérer d'une amitié passée,
Qu'un long éloignement n'a que trop effacée?
A peine en sa mémoire ai-je encor quelque rang:
Il n'aime, il ne se plait qu'à répandre du sang.
Ne cherchez plus en lui ce prince magnanime,
Ce prince qui montrait tant d'horreur pour le crime,
Dont l'ame généreuse avait tant de douceur,
Qui respectait sa mère et chérissait sa sœur:
La nature pour lui n'est plus qu'une chimère;
Il méconnaît sa sœur, il méprise sa mère;
Et l'ingrat, en l'état où son orgueil l'a mis,
Nous croit des étrangers, ou bien des ennemis.

POLYNICE.

N'imputez point ce crime à mon ame affligée;
Dites plutôt, ma sœur, que vous êtes changée;
Dites que de mon rang l'injuste usurpateur
M'a su ravir encor l'amitié de ma sœur.

Je vous connais toujours, et suis toujours le même.

ANTIGONE.

Est-ce m'aimer, cruel, autant que je vous aime,
Que d'être inexorable à mes tristes soupirs,
Et m'exposer encore à tant de déplaisirs !

POLYNICE.

Mais vous-même, ma sœur, est-ce aimer votre frère,
Que de lui faire ainsi cette injuste prière,
Et me vouloir ravir le sceptre de la main ?
Dieux ! Qu'est-ce qu'Etéocle a de plus inhumain?
C'est trop favoriser un tyran qui m'outrage.

ANTIGONE.

Non, non, nos intérêts me touchent davantage.
Ne croyez pas mes pleurs perfides à ce point ;
Avec nos ennemis ils ne conspirent point.
Cette paix que je veux me serait un supplice,
S'il en devait coûter le sceptre à Polynice ;
Et l'unique faveur, mon frère, où je prétends,
C'est qu'il me soit permis de vous voir plus longtemps.
Seulement quelques jours souffrez que l'on vous voie ;
Et donnez-nous le temps de chercher quelque voie
Qui puisse vous remettre au rang de vos aïeux,
Sans que vous répandiez un sang si précieux.
Pouvez-vous refuser cette grâce légère
Aux larmes d'une sœur, aux soupirs d'une mère ?

JOCASTE.

Mais quelle crainte encor vous peut inquiéter ?
Pourquoi si promptement voulez-vous nous quitter ?
Quoi ! ce jour tout entier n'est-il pas de la trêve ?
Dès qu'elle a commencé, faut-il qu'elle s'achève ?
Vous voyez qu'Etéocle a mis les armes bas :
Il veut que je vous voie et vous ne voulez pas.

ANTIGONE.

Oui, mon frère, il n'est pas comme vous inflexible.
Aux larmes de sa mère il a paru sensible ;
Mes pleurs ont désarmé sa colère aujourd'hui.
Vous l'appelez cruel, vous l'êtes plus que lui.

HÉMON.

Seigneur, rien ne vous presse ; et vous pouvez sans peine
Laisser agir encor la princesse et la reine :
Accordez tout ce jour à leur pressant désir,
Voyons si leur dessein ne pourra réussir.
Ne donnez pas la joie au prince votre frère
De dire que sans vous la paix se pouvait faire.
Vous aurez satisfait une mère, une sœur,
Et vous aurez surtout satisfait votre honneur.
Mais que veut ce soldat ? son âme est tout émue !

SCENE IV.

JOCASTE, POLYNICE, ANTIGONE, HÉMON,
UN SOLDAT.

LE SOLDAT à *Polynice*.

Seigneur, on est aux mains, et la trêve est rompue
Créon et les Thébains, par ordre de leur roi,
Attaquent votre armée, et violent leur foi.
Le brave Hippomédon s'efforce, en votre absence,
De soutenir le choc de toute sa puissance.
Par son ordre, seigneur, je viens vous avertir.

POLYNICE.

Ah ! les traîtres ! Allons, Hémon, il faut sortir.
(*A la reine.*)
Madame, vous voyez comme il tient sa parole :
Mais il veut le combat, il m'attaque, et j'y vole.

JOCASTE.

Polynice ! Mon fils !...... Mais il ne m'entend plus ;
Aussi bien que mes pleurs, mes cris sont superflus.
Chère Antigone, allez, courez à ce barbare :
Du moins, allez prier Hémon qu'il les sépare.
La force m'abandonne, et je n'y puis courir ;
Tout ce que je puis faire, hélas ! c'est de mourir.

FIN DU SECOND ACTE.

ACTE III.

SCÈNE PREMIÈRE.

JOCASTE, OLYMPE.

JOCASTE.

Olympe, va-t'en voir ce funeste spectacle ;
Va voir si leur fureur n'a point trouvé d'obstacle,
Si rien n'a pu toucher l'un ou l'autre parti.
On dit qu'à ce dessein Ménécée est sorti.

OLYMPE.

Je ne sais quel dessein animait son courage,
Une héroïque ardeur brillait sur son visage ;
Mais vous devez, madame, espérer jusqu'au bout.

JOCASTE.

Va tout voir, chère Olympe, et me viens dire tout,
Eclaircis promptement ma triste inquiétude.

OLYMPE.

Mais vous dois-je laisser en cette solitude ?

JOCASTE.

Va : je veux être seule en l'état où je suis,
Si toutefois on peut l'être avec tant d'ennuis !

SCENE II.

JOCASTE.

Dureront-ils toujours ces ennuis si funestes?
N'épuiseront-ils point les vengeances célestes ?
Me feront-ils souffrir tant de cruels trépas,
Sans jamais au tombeau précipiter mes pas ?
O ciel, que tes rigueurs seraient peu redoutables,
Si la foudre d'abord accablait les coupables !
Et que tes châtiments paraissent infinis,
Quand tu laisses la vie à ceux que tu punis !
Tu ne l'ignores pas, depuis le jour infame
Où de mon propre fils je me trouvai la femme,
Le moindre des tourments que mon cœur a soufferts,
Egale tous les maux que l'on souffre aux enfers.
Et toutefois, ô dieux, un crime involontaire
Devait-il attirer toute votre colère ?
Le connaissais-je, hélas ! ce fils infortuné ?
Vous-mêmes dans mes bras vous l'avez amené.
C'est vous dont la rigueur m'ouvrit ce précipice.
Voilà de ces grands dieux la suprême justice !
Jusques au bord du crime ils conduisent nos pas :
Ils nous les font commettre, et ne les excusent pas !
Prennent-ils donc plaisir à faire des coupables,
Afin d'en faire, après, d'illustres misérables ?
Et ne peuvent-ils point, quand ils sont en courroux,
Chercher des criminels à qui le crime est doux ?

SCENE III.

JOCASTE, ANTIGONE.

JOCASTE.

Hé bien ! en est-ce fait ? l'un ou l'autre perfide
Vient-il d'exécuter son noble parricide ?
Parlez, parlez, ma fille.

ANTIGONE.

Ah, madame, en effet
L'oracle est accompli, le ciel est satisfait.

JOCASTE.

Quoi ! mes deux fils sont morts ?

ANTIGONE.

Un autre sang, madame,
Rend la paix à l'état, et le calme à votre ame ;
Un sang digne des rois dont il est découlé,
Un héros pour l'état s'est lui-même immolé.
Je courais pour fléchir Hémon et Polynice ;
Ils étaient déjà loin, avant que je sortisse ;
Ils ne m'entendaient plus ; et mes cris douloureux
Vainement par leur nom les rappelaient tous deux.

Ils ont tous deux volé vers le champ de bataille ;
Et moi, je suis montée au haut de la muraille,
D'où le peuple étonné regardait, comme moi,
L'approche d'un combat qui le glaçait d'effroi.
A cet instant fatal, le dernier de nos princes,
L'honneur de votre sang, l'espoir de nos provinces,
Menécée, en un mot, digne frère d'Hémon,
Et trop indigne aussi d'être fils de Créon,
De l'amour du pays montrant son ame atteinte,
Au milieu des deux camps s'est avancé sans crainte ;
Et se faisant ouïr des Grecs et des Thébains :
« Arrêtez, a-t-il dit : arrêtez, inhumains ! »
Ces mots impérieux n'ont point trouvé d'obstacle :
Les soldats, étonnés de ce nouveau spectacle,
De leur noire fureur ont suspendu le cours,
Et ce prince aussitôt poursuivant son discours :
« Apprenez, a-t-il dit , l'arrêt des destinées,
« Par qui vous allez voir vos misères bornées,
« Je suis le dernier sang de vos rois descendu,
« Qui par l'ordre des dieux doit être répandu.
« Recevez donc ce sang que ma main va répandre ;
« Et recevez la paix, où vous n'osiez prétendre. »
Il se tait, et se frappe en achevant ces mots :
Et les Thébains, voyant expirer ce héros,
Comme si leur salut devenait leur supplice,
Regardent en tremblant ce noble sacrifice.
J'ai vu le triste Hémon abandonner son rang
Pour venir embrasser ce frère tout en sang.
Créon, à son exemple, a jeté bas les armes,
Et vers ce fils mourant est venu tout en larmes ;
Et l'un et l'autre camp, les voyant retirés,
Ont quitté le combat, et se sont séparés.
Et moi, le cœur tremblant et l'ame tout émue,
D'un si funeste objet j'ai détourné la vue,
De ce prince admirant l'héroïque fureur.

JOCASTE.

Comme vous je l'admire, et j'en frémis d'horreur.
Est-il possible, ô dieux, qu'après ce grand miracle
Le repos des Thébains trouve encor quelque obstacle ?
Cet illustre trépas ne peut-il vous calmer,
Puisque même mes fils s'en laissent désarmer ?
La refuserez-vous, cette noble victime ?
Si la vertu vous touche autant que fait le crime,
Si vous donnez le prix comme vous punissez,
Quels crimes par ce sang ne seront effacés ?

ANTIGONE.

Oui, oui, cette vertu sera recompensée ;
Les dieux sont trop payés du sang de Ménécée ;
Et le sang d'un héros, auprès des immortels,
Vaut seul plus que celui de mille criminels.

JOCASTE.

Connaissez mieux du ciel la vengeance fatale :
Toujours à ma douleur il met quelque intervalle ;
Mais, hélas ! quand sa main semble me secourir,
C'est alors qu'il s'apprête à me faire périr.
Il a mis, cette nuit, quelque fin à mes larmes,
Afin qu'à mon réveil je visse tout en armes.
S'il me flatte aussitôt de quelque espoir de paix,
Un oracle cruel me l'ôte pour jamais.
Il m'amène mon fils ; il veut que je le voie ;
Mais, hélas ! combien cher me vend-il cette joie !
Ce fils est insensible et ne m'écoute pas ;
Et soudain il me l'ôte, et l'engage aux combats.
Ainsi, toujours cruel, et toujours en colère,
Il feint de s'apaiser, et devient plus sévère ;
Il n'interrompt ses coups que pour les redoubler,
Et retire son bras pour me mieux accabler.

ANTIGONE.

Madame, espérons tout de ce dernier miracle.

JOCASTE.

La haine de mes fils est un trop grand obstacle.
Polynice endurci n'écoute que ses droits ;
Du peuple et de Créon l'autre écoute la voix,
Oui, du lâche Créon ! cette ame intéressée
Nous ravit tout le fruit du sang de Ménécée ;
En vain pour nous sauver ce grand prince se perd ;
Le père nous nuit plus que le fils ne nous sert.

De deux jeunes héros cet infidèle père...

ANTIGONE.

Ah ! le voici, madame, avec le roi mon frère.

SCENE IV.

JOCASTE, ÉTÉOCLE, ANTIGONE, CREON.

JOCASTE.

Mon fils, c'est donc ainsi que l'on garde sa foi ?

ÉTÉOCLE.

Madame, ce combat n'est pas venu de moi,
Mais de quelques soldats, tant d'Argos que des nôtres,
Qui, s'étant querellés les uns avec les autres,
Ont insensiblement tout leur corps ébranlé,
Et fait un grand combat d'un simple démêlé.
La bataille sans doute allait être cruelle,
Et son évènement vidait notre querelle,
Quand du fils de Créon l'héroïque trépas
De tous les combattants a retenu le bras.
Ce prince, le dernier de la race royale,
S'est appliqué des dieux la réponse fatale ;
Et lui-même à la mort il s'est précipité,
De l'amour du pays noblement transporté.

JOCASTE.

Ah ! si le seul amour qu'il eut pour sa patrie
Le rendit insensible aux douceurs de la vie,
Mon fils, ce même amour ne peut-il seulement
De votre ambition vaincre l'emportement ?
Un exemple si beau vous invite à le suivre.
Il ne faudra cesser de régner ni de vivre :
Vous pouvez, en cédant un peu de votre rang,
Faire plus qu'il n'a fait en versant tout son sang :
Il ne faut que cesser de haïr votre frère ;
Vous ferez beaucoup plus que sa mort n'a su faire.
O dieux ! aimer un frère, est-ce un plus grand effort
Que de haïr la vie et courir à la mort ?
Et doit-il être enfin plus facile en un autre
De répandre son sang, qu'en vous d'aimer le vôtre ?

ÉTÉOCLE.

Son illustre vertu me charme comme vous ;
Et d'un si beau trépas je suis même jaloux.
Et toutefois, madame, il faut que je vous die
Qu'un trône est plus pénible à quitter que la vie :
La gloire bien souvent nous porte à la haïr ;
Mais peu de souverains font gloire d'obéir.
Les dieux voulaient son sang ; et ce prince sans crime,
Ne pouvait à l'état refuser sa victime ;
Mais ce même pays, qui demandait son sang,
Demande que je règne, et m'attache à mon rang.
Jusqu'à ce qu'il m'en ôte, il faut que j'y demeure :
Il n'a qu'à prononcer, j'obéirai sur l'heure ;
Et Thèbes me verra, pour apaiser son sort,
Et descendre du trône, et courir à la mort.

CRÉON.

Ah ! Ménécée est mort, le ciel n'en veut point d'autre :
Laissez couler son sang, sans y mêler le vôtre ;
Et puisqu'il l'a versé pour nous donner la paix,
Accordez-la, seigneur, à nos justes souhaits.

ÉTÉOCLE.

Hé quoi ! même Créon pour la paix se déclare ?

CRÉON.

Pour avoir trop aimé cette guerre barbare,
Vous voyez les malheurs où le ciel m'a plongé :
Mon fils est mort, seigneur.

ÉTÉOCLE.
　　　　　　Il faut qu'il soit vengé.

CRÉON.

Sur qui me vengerais-je en ce malheur extrême ?

ÉTÉOCLE.

Vos ennemis, Créon, sont ceux de Thèbes même :
Vengez-la, vengez-vous.

CRÉON.
　　　　　　Ah ! dans ses ennemis
Je trouve votre frère, et je trouve mon fils !
Dois-je verser mon sang, ou répandre le vôtre ?
Et dois-je perdre un fils, pour en venger un autre ?

Seigneur, mon sang m'est cher, le vôtre m'est sacré ;
Serai-je sacrilège, ou bien dénaturé ?
Souillerai-je ma main d'un sang que je révère ?
Serrai-je parricide afin d'être bon père ?
Un si cruel secours ne peut me soulager,
Et ce serait me perdre au lieu de me venger.
Tout le soulagement où ma douleur aspire,
C'est qu'au moins mes malheurs servent à votre em-
Je me consolerai si ce fils que je plains [pire.
Assure par sa mort le repos des Thébains.
Le ciel promet la paix au sang de Ménécée ;
Achevez-la, seigneur, mon fils l'a commencée :
Accordez-lui ce prix qu'il en a prétendu ;
Et que son sang en vain ne soit pas répandu.

JOCASTE.
Non, puisqu'à nos malheurs vous devenez sensible,
Au sang de Ménécée il n'est rien d'impossible.
Que Thèbes se rassure après ce grand effort ;
Puisqu'il change votre ame, il changera son sort.
La paix dès ce moment n'est plus désespérée ;
Puisque Créon la veut, je la tiens assurée.
Bientôt ces cœurs de fer se verront adoucis :
Le vainqueur de Créon peut bien vaincre mes fils.
(à Étéocle.)
Qu'un si grand changement vous désarme et vous tou-
Quittez, mon fils, quittez cette haine farouche ; (che ;
Soulagez une mère, et consolez Créon ;
Rendez-moi Polynice et lui rendez Hémon.

ÉTÉOCLE.
Mais enfin c'est vouloir que je m'impose un maître.
Vous ne l'ignorez pas, Polynice veut l'être ;
Il demande surtout le pouvoir souverain,
Et ne veut revenir que le sceptre à la main.

SCENE V.
JOCASTE, ÉTÉOCLE, ANTIGONE, CRÉON, ATTALE.

ATTALE, à Étéocle.
Polynice, seigneur, demande une entrevue ;
C'est ce que d'un héraut nous apprend la venue.
Il vous offre, seigneur, où de venir ici,
Ou d'attendre en son camp.

CRÉON.
Peut-être qu'adouci,
Il songe à terminer une guerre si lente,
Et son ambition n'est plus si violente.
Par ce dernier combat il apprend aujourd'hui
Que vous êtes au moins aussi puissant que lui.
Les Grecs même sont las de servir sa colère :
Et j'ai su, depuis peu, que le roi son beau-père,
Préférant à la guerre un solide repos,
Se réserve Mycène, et le fait roi d'Argos.
Tout courageux qu'il est, sans doute il ne souhaite
Que de faire, en effet, une honnête retraite.
Puisqu'il s'offre à vous voir, croyez qu'il veut la paix.
Ce jour la doit conclure, ou la rompre à jamais.
Tâchez dans ce dessein de l'affermir vous-même ;
Et lui promettez tout hormis le diadème.

ÉTÉOCLE.
Hormis le diadème il ne demande rien.

JOCASTE.
Mais voyez-le du moins.

CRÉON.
Oui, puisqu'il le veut bien :
Vous ferez plus tout seul que nous ne saurions faire ;
Et le sang reprendra son empire ordinaire.

ÉTÉOCLE.
Allons donc le chercher.

JOCASTE.
Mon fils, au nom des dieux,
Attendez-le plutôt, voyez-le dans ces lieux.

ÉTÉOCLE. [donne
Hé bien, madame, hé bien ! qu'il vienne et qu'on lui
Toutes les sûretés qu'il faut pour sa personne !
Allons.

ANTIGONE.
Ah ! si ce jour rend la paix aux Thébains,
Elle sera, Créon, l'ouvrage de vos mains.

SCENE VI.
CRÉON, ATTALE.

CRÉON.
L'intérêt des Thébains n'est pas ce qui vous touche.
Dédaigneuse princesse ; et cette ame farouche,
Qui semble me flatter après tant de mépris,
Songe moins à la paix qu'au retour de mon fils.
Mais nous verrons bientôt si la fière Antigone
Aussi bien que mon cœur dédaigne le trône,
Nous verrons, quand les dieux m'auront fait votre roi,
Si ce fils bienheureux l'emportera sur moi.

ATTALE.
Et qui n'admirerait un changement si rare ?
Créon même, Créon pour la paix se déclare !

CRÉON.
Tu crois donc que la paix est l'objet de mes soins ?

Oui, je le crois, seigneur, quand j'y pensais le moins ;
Et, voyant qu'en effet ce beau soin vous anime,
J'admire à tout moment cet effort magnanime
Qui vous fait mettre enfin votre haine au tombeau.
Ménécée, en mourant, n'a rien fait de plus beau.
Et qui peut immoler sa haine à sa patrie.
Lui pourrait bien aussi sacrifier sa vie.

CRÉON.
Ah ! sans doute, qui peut, d'un généreux effort
Aimer son ennemi peut bien aimer la mort.
Quoi ! je négligerais le soin de ma vengeance,
Et de mon ennemi je prendrais la défense !
De la mort de mon fils Polynice est l'auteur,
Et moi je deviendrais son lâche protecteur !
Quand je renoncerais à cette haine extrême,
Pourrais-je bien cesser d'aimer le diadème ?
Non, non ; tu me verras d'une constante ardeur
Haïr mes ennemis, et chérir ma grandeur.
Le trône fit toujours mes ardeurs les plus chères :
Je rougis d'obéir où régnèrent mes pères ;
Je brûle de me voir au rang de mes aïeux,
Et je l'envisageai dès que j'ouvris les yeux.
Surtout depuis deux ans ce noble soin m'inspire ;
Je ne fais point de pas qui ne tend à l'empire ;
Des princes mes neveux j'entretiens la fureur,
Et mon ambition autorise la leur.
D'Étéocle d'abord j'appuyai l'injustice ;
Je lui fis refuser le trône à Polynice.
Tu sais que je pensais dès lors à m'y placer ;
Et j'y mis, Attale, afin de l'en chasser.

ATTALE. [charmes,
Mais, seigneur, si la guerre eut pour vous tant de
D'où vient que de leurs mains vous arrachez les armes ?
Et puisque leur discorde est l'objet de vos vœux,
Pourquoi, par vos conseils, vont-ils se voir tous deux ?

CRÉON.
Plus qu'à mes ennemis la guerre m'est mortelle,
Et le courroux du ciel me la rend trop cruelle :
Il s'arme contre moi de mon propre dessein :
Il se sert de mon bras pour me percer le sein.
La guerre s'alluma ; lorsque, pour mon supplice,
Hémon m'abandonna pour servir Polynice :
Les deux frères par moi devinrent ennemis ;
Et je devins Attale, ennemi de mon fils.
Enfin, ce même jour, je fais rompre la trêve,
J'excite le soldat, tout le camp se soulève,
On se bat : et voila qu'un fils desespéré
Meurt, et rompt un combat que j'ai tant préparé.
Mais il me reste un fils ; et je sens que je l'aime,
Tout rebelle qu'il est, et tout mon rival même.
Sans le perdre, je veux perdre mes ennemis.
Il m'en coûterait trop s'il m'en coûtait deux fils.
Des deux princes, d'ailleurs, la haine est trop puissante.
Ne crois pas qu'à la paix jamais elle consente.
Moi-même je saurai si bien l'envenimer,
Qu'ils périront tous deux plutôt que de s'aimer.
Les autres ennemis n'ont que de courtes haines ;
Mais quand de la nature on a brisé les chaînes,

Cher Attale, il n'est rien qui puisse réunir
Ceux que des nœuds si forts n'ont pas su retenir :
L'on hait avec excès lorsque l'on hait un frère.
Mais leur éloignement ralentit leur colère ;
Quelque haine qu'on ait contre un fier ennemi,
Quand il est loin de nous, on la perd à demi.
Ne t'étonne donc plus si je veux qu'ils se voient :
Je veux qu'en se voyant leurs fureurs se déploient ;
Que, rappelant leur haine au lieu de la chasser,
Ils s'étouffent, Attale, en voulant s'embrasser.

ATTALE.

Vous n'avez plus, seigneur, à craindre que vous-même :
On porte ses remords avec le diadème.

CRÉON.

Quand on est sur le trône, on a bien d'autres soins :
Et les remords sont ceux qui nous pèsent le moins.
Du plaisir de régner une ame possédée
De tout le temps passé détourne son idée ;
Et de tout autre objet un esprit éloigné
Croit n'avoir point vécu tant qu'il n'a point régné.
Mais allons. Le remords n'est pas ce qui me touche,
Et je n'ai plus un cœur que le crime effarouche :
Tous les premiers forfaits coûtent quelques efforts ;
Mais, Attale, on commet les seconds sans remords.

FIN DU TROISIÈME ACTE.

Et que dans notre sang il voulut mettre au jour
Tout ce qu'ont de plus noir et la haine et l'amour.
Et maintenant, Créon, que j'attends sa venue,
Ne crois pas que pour lui ma haine diminue ;
Plus il approche, et plus il me semble odieux ;
Et sans doute il faudra qu'elle éclate à ses yeux.
J'aurais même regret qu'il me quittât l'empire :
Il faut, il faut qu'il fuie, et non qu'il se retire.
Je ne veux pas, Créon, le haïr à moitié ;
Et je crains son courroux moins que son amitié.
Je veux, pour donner cours à mon ardente haine,
Que sa fureur au moins autorise la mienne ;
Et, puisqu'enfin mon cœur ne saurait se trahir,
Je veux qu'il me déteste afin de le haïr.
Tu verras que sa rage est encore la même,
Et que toujours son cœur aspire au diadème ;
Qu'il m'abhorre toujours, et veut toujours régner ;
Et qu'on peut bien le vaincre, et non pas le gagner.

CRÉON.

Domptez-le donc, seigneur, s'il demeure inflexible.
Quelque fier qu'il puisse être, il n'est pas invincible
Et, puisque la raison ne peut rien sur son cœur,
Éprouvez ce que peut un bras toujours vainqueur.
Oui, quoique dans la paix je trouvasse des charmes,
Je serai le premier à reprendre les armes :
Et, si je demandais qu'on en rompît le cours,
Je demande encor plus que vous régniez toujours.
Que la guerre s'enflamme et jamais ne finisse,
S'il faut, avec la paix, recevoir Polynice.
Qu'on ne nous vienne plus vanter un bien si doux ;
La guerre et ses horreurs nous plaisent avec vous.
Tout le peuple Thébain vous parle par ma bouche ;
Ne le soumettez pas à ce prince farouche :
Si la paix se peut faire, il la veut comme moi ;
Surtout, si vous l'aimez, conservez-lui son roi.
Cependant écoutez le prince votre frère,
Et, s'il se peut, seigneur, cachez votre colère ;
Feignez... Mais quelqu'un vient.

ACTE IV.

SCENE PREMIÈRE.

ÉTÉOCLE, CRÉON.

ÉTÉOCLE.

Oui, Créon, c'est ici qu'il doit bientôt se rendre ;
Et tous deux en ce lieu nous le pouvons attendre.
Nous verrons ce qu'il veut ; mais je repondrais bien
Que par cette entrevue on n'avancera rien.
Je connais l'Polynice et son humeur altière :
Je sais bien que sa haine est encor tout entière ;
Je ne crois pas qu'on puisse en arrêter le cours,
Et, pour moi, je sens bien que je le hais toujours.

CRÉON.

Mais s'il vous cède enfin la grandeur souveraine,
Vous devez, ce me semble, apaiser votre haine.

ÉTÉOCLE.

Je ne sais si mon cœur s'apaisera jamais :
Ce n'est pas son orgueil, c'est lui seul que je hais.
Nous avons l'un et l'autre une haine obstinée ;
Elle n'est pas, Créon, l'ouvrage d'une année ;
Elle est née avec nous ; et sa noire fureur,
Aussitôt que la vie, entra dans notre cœur.
Nous étions ennemis dès la plus tendre enfance ;
Que dis-je ! nous l'étions avant notre naissance.
Triste et fatal effet d'un sang incestueux !
Pendant qu'un même sein nous renfermait tous deux,
Dans les flancs de ma mère une guerre intestine
De nos divisions lui marqua l'origine.
Elles ont, tu le sais, paru dans le berceau,
Et nous suivront peut-être encor dans le tombeau.
On dirait que le ciel, par un arrêt funeste,
Voulut de nos parents punir ainsi l'inceste ;

SCENE II.

ÉTÉOCLE, CRÉON, ATTALE.

ÉTÉOCLE.

Sont-ils bien près d'ici ?
Vont-ils venir, Attale ?

ATTALE.

Oui, seigneur, les voici.
Ils ont trouvé d'abord la princesse et la reine,
Et bientôt ils seront dans la chambre prochaine.

ÉTÉOCLE.

Qu'ils entrent. Cette approche excite mon courroux.
Qu'on hait un ennemi quand il est près de nous !

CRÉON.

Ah ! le voici (à part) ! Fortune, achève mon ouvrage,
Et livre-les tous deux aux transports de leur rage !

SCENE III.

JOCASTE, ÉTÉOCLE, POLYNICE,
ANTIGONE, HÉMON, CRÉON.

JOCASTE.

Me voici donc tantôt au comble de mes vœux,
Puisque déja le ciel vous rassemble tous deux.
Vous revoyez un frere après deux ans d'absence,
Dans ce même palais où vous prîtes naissance :
Et moi, par un bonheur où je n'osais penser,
L'un et l'autre à la fois je vous puis embrasser.
Commencez donc, mes fils, cette union si chère ;
Et que chacun de vous reconnaisse son frère :
Tous deux dans votre frère envisagez vos traits ;
Mais, pour en mieux juger, voyez-les de plus près ;
Surtout que le sang parle, et fasse son office.
Approchez, Étéocle, avancez, Polynice.
Hé quoi ! loin d'approcher, vous reculez tous deux !
D'où vient ce sombre accueil et ces regards fâcheux ?

N'est-ce point que chacun, d'une ame irrésolue,
Pour saluer son frère attend qu'il le salue;
Et qu'affectant l'honneur de céder le dernier,
L'un ni l'autre ne veut s'embrasser le premier?
Etrange ambition qui n'aspire qu'au crime,
Où le plus furieux passe pour magnanime!
Le vainqueur doit rougir en ce combat honteux;
Et les premiers vaincus sont les plus généreux.
Voyons donc qui des deux aura plus de courage,
Qui voudra le premier triompher de sa rage...
Quoi, vous n'en faites rien! C'est à vous d'avancer;
Et, venant de si loin, vous devez commencer :
Commencez, Polynice, embrassez votre frère :
Et montrez...

ÉTÉOCLE.
Hé, madame! à quoi bon ce mystère?
Tous ces embrassements ne sont guère à propos :
Qu'il parle, qu'il s'explique, et nous laisse en repos.

POLYNICE.
Quoi ! faut-il davantage expliquer mes pensées ;
On les peut découvrir par les choses passées :
La guerre, les combats, tant de sang répandu,
Tout cela dit assez que le trône m'est dû.

ÉTÉOCLE.
Et ces mêmes combats, et cette même guerre,
Ce sang qui tant de fois a fait rougir la terre,
Tout cela dit assez que le trône est à moi :
Et, tant que je respire, il ne peut être à toi.

POLYNICE.
Tu sais qu'injustement tu remplis cette place,

ÉTÉOCLE.
L'injustice me plaît, pourvu que je t'en chasse.

POLYNICE.
Si tu n'en veux sortir, tu pourras en tomber.

ÉTÉOCLE.
Si je tombe, avec moi tu pourras succomber.

JOCASTE.
O dieux! que je me vois cruellement déçue !
N'avais-je tant pressé cette fatale vue,
Que pour les désunir encor plus que jamais ?
Ah, mes fils! est-ce là comme on parle de paix
Quittez, au nom des dieux, ces tragiques pensées,
Ne renouvelez point vos discordes passées :
Vous n'êtes pas ici dans un champ inhumain.
Est-ce moi qui vous met les armes à la main?
Considérez ces lieux où vous prîtes naissance ;
Leur aspect sur vos cœurs n'a-t-il point de puissance ?
C'est ici que tous deux vous reçûtes le jour ;
Tout ne vous parle ici que de paix et d'amour :
Ces princes, votre sœur, tout condamne vos haines ;
Enfin moi , qui pour vous pris toujours tant de peines,
Qui, pour vous réunir, immolerais... Hélas !
Ils détournent la tête et ne m'écoutent pas !
Tous deux, pour s'attendrir, ils ont l'ame trop dure;
Ils ne connaissent plus la voix de la nature!
(à Polynice.)
Et vous, que je croyais plus doux et plus soumis...

POLYNICE.
Je ne veux rien de lui que ce qu'il m'a promis :
Il ne saurait régner sans se rendre parjure.

JOCASTE.
Une extrême justice est souvent une injure.
Le trône vous est dû, je n'en saurais douter;
Mais vous le renversez en voulant y monter.
Ne vous lassez-vous point de cette affreuse guerre?
Voulez-vous sans pitié désoler cette terre,
Détruire cet empire afin de le gagner?
Est-ce donc sur des morts que vous voulez régner?
Thèbes avec raison craint le règne d'un prince
Qui de fleuves de sang inonde sa province :
Voudrait-elle obéir à votre injuste loi ?
Vous êtes son tyran avant qu'être son roi.
Dieux! si devenant grand souvent on devient pire,
Si la vertu se perd quand on gagne l'empire,
Lorsque vous règnerez, que serez-vous, hélas !
Si vous êtes cruel quand vous ne régnez pas?

POLYNICE.
Ah ! si je suis cruel, on me force de l'être :
Et de mes actions je ne suis pas le maître.
J'ai honte des horreurs où je me vois contraint ;
Et c'est injustement que le peuple me craint.
Mais il faut en effet soulager ma patrie;
De ses gémissements mon ame est attendrie.
Trop de sang innocent se verse tous les jours ;
Il faut de ses malheurs que j'arrête le cours;
Et, sans faire gémir ni Thèbes ni la Grèce,
A l'auteur de mes maux il faut que je m'adresse :
Il suffit aujourd'hui de son sang ou du mien.

JOCASTE.
Du sang de votre frère?

POLYNICE.
Oui, madame, du sien :
Il faut finir ainsi cette guerre inhumaine.
(à Etéocle.)
Oui, cruel, et c'est là le dessein qui m'amène.
Moi-même à ce combat j'ai voulu t'appeler :
A tout autre qu'à toi je craignais d'en parler ;
Tout autre aurait voulu condamner ma pensée,
Et personne en ces lieux ne te l'eût annoncée.
Je te l'annonce donc. C'est à toi de prouver
Si ce que tu ravis tu le sais conserver.
Montre-toi digne enfin d'une si belle proie.

ÉTÉOCLE.
J'accepte ton dessein, et l'accepte avec joie :
Créon sait là dessus quel était mon désir :
J'eusse accepté le trône avec moins de plaisir.
Je te crois maintenant digne du diadème ;
Je te le vais porter au bout de ce fer même.

JOCASTE.
Hâtez-vous donc, cruels, de me percer le sein ;
Et commencez par moi votre horrible dessein.
Ne considérez point que je suis votre mère,
Considérez en moi celle de votre frère.
Si de votre ennemi vous recherchez le sang,
Recherchez-en la source en ce malheureux flanc :
Je suis de tous les deux la commune ennemie,
Puisque votre ennemi reçut de moi la vie ;
Cet ennemi, sans moi, ne verrait pas le jour.
S'il meurt , ne faut-il pas que je meure à mon tour?
N'en doutez point, sa mort me doit être commune ;
Il faut en donner deux, ou n'en donner pas une ;
Et, sans être ni doux ni cruels à moi,
Il faut me perdre, ou bien sauver votre ennemi.
Si la vertu vous plaît, si l'honneur vous anime,
Barbares, rougissez de commettre un tel crime :
Ou si le crime, enfin, vous plaît tant à chacun,
Barbares, rougissez de n'en commettre qu'un.
Aussi bien ce n'est pas que l'amour vous retienne,
Si vous sauvez ma vie en poursuivant la sienne ;
Vous vous garderiez bien, cruels, de m'épargner,
Si je vous empêchais un moment de régner.
Polynice, est-ce ainsi que l'on traite une mère?

POLYNICE.
J'épargne mon pays.

JOCASTE.
Et vous tuez un frère!

POLYNICE.
Je punis un méchant.

JOCASTE.
Et sa mort, aujourd'hui,
Vous rendra plus coupable et plus méchant que lui.

POLYNICE.
Faut-il que de ma main je couronne ce traître,
Et que de cour en cour j'aille chercher un maître ;
Qu'errant et vagabond, je quitte mes états,
Pour observer des lois qu'il ne respecte pas?
De ses propres forfaits serai-je la victime?
Le diadème est-il le partage du crime?
Quel droit ou quel devoir n'a-t-il point violé?
Et cependant il règne, et je suis exilé!

JOCASTE.
Mais si le roi d'Argos vous cède une couronne...

POLYNICE.
Dois-je chercher ailleurs ce que le sang me donne?
En m'alliant chez lui n'aurai-je rien porté?
Et tiendrai-je mon rang de sa seule bonté?
D'un trône qui m'est dû faut-il que l'on me chasse,
Et d'un prince étranger que je brigue la place?
Non, non; sans m'abaisser à lui faire la cour,
Je veux devoir le sceptre à qui je dois le jour.

JOCASTE.
Qu'on le tienne, mon fils, d'un beau-père ou d'un père,
La main de tous les deux vous sera toujours chère.

POLYNICE.
Non, non, la différence est trop grande pour moi :
L'un me ferait esclave, et l'autre me fait roi.
Quoi ! ma grandeur serait l'ouvrage d'une femme !
D'un éclat si honteux je rougirais dans l'ame.
Le trône, sans l'amour, me serait donc fermé?
Je ne regnerais pas, si l'on ne m'eût aimé?
Je veux m'ouvrir le trône, ou jamais n'y paraître ;
Et quand j'y monterai, j'y veux monter en maître ;
Que le peuple à moi seul soit forcé d'obéir,
Et qu'il me soit permis de m'en faire haïr.
Enfin, de ma grandeur je veux être l'arbitre,
N'être point roi, madame, ou l'être à juste titre ;
Que le sang me couronne, ou, s'il ne suffit pas,
Je veux à son secours n'appeler que mon bras.

JOCASTE.
Faites plus, tenez tout de votre grand courage ;
Que votre bras tout seul fasse votre partage ;
Et, dedaignant les pas des autres souverains,
Soyez, mon fils, soyez l'ouvrage de vos mains.
Par d'illustres exploits couronnez-vous vous-même ;
Qu'un superbe laurier soit votre diadême :
Régnez et triomphez, et joignez à la fois
La gloire des héros et la pourpre des rois.
Quoi ! votre ambition serait-elle bornée
A régner tour à tour l'espace d'une année?
Cherchez à ce grand cœur, que rien ne peut dompter,
Quelque trône où vous seul ayez droit de monter.
Mille sceptres nouveaux s'offrent à votre épée,
Sans que d'un sang si cher nous la voyions trempée.
Vos triomphes pour moi n'auront rien que de doux,
Et votre frère même ira vaincre avec vous.

POLYNICE.
Vous voulez que mon cœur, flatté de ces chimères,
Laisse un usurpateur au trône de mes pères?

JOCASTE.
Si vous lui souhaitez en effet tant de mal,
Elevez-le vous-même à ce trône fatal.
Ce trône fut toujours un dangereux abîme;
La foudre l'environne aussi bien que le crime :
Votre père et les rois qui vous ont devancés,
Sitôt qu'ils y montaient, s'en sont vus renversés.

POLYNICE.
Quand je devrais au ciel rencontrer le tonnerre,
J'y monterais plutôt que de ramper à terre.
Mon cœur, jaloux du sort de ces grands malheureux,
Veut s'elever, madame, et tomber avec eux.

ÉTÉOCLE.
Je saurai t'épargner une chute si vaine.

POLYNICE.
Ah! ta chute, crois-moi, précédera la mienne.

JOCASTE.
Mon fils, son règne plaît.

POLYNICE.
Mais il m'est odieux.

JOCASTE.
Il a pour lui le peuple.

POLYNICE.
Et j'ai pour moi les dieux.

ÉTÉOCLE.
Les dieux de ce haut rang te voulaient interdire,
Puisqu'ils m'ont élevé le premier à l'empire :
Ils ne savaient que trop, lorsqu'ils firent ce choix,
Qu'on veut régner toujours quand on règne une fois.
Jamais dessus le trône on ne vit plus d'un maître;
Il n'en peut tenir deux, quelque grand qu'il puisse être;
L'un des deux, tôt ou tard se verrait renversé,
Et d'un autre soi-même on y serait pressé.
Jugez donc, par l'horreur que ce méchant me donne,
Si je puis avec lui partager ma couronne.

POLYNICE.
Et moi je ne peux plus, tant tu m'es odieux,
Partager avec toi la lumière des cieux.

JOCASTE.
Allez donc, j'y consens, allez perdre la vie ;
A ce cruel combat tous deux je vous convie ;
Puisque tous mes efforts ne sauraient vous changer,
Que tardez-vous? allez vous perdre et me venger.
Surpassez, s'il se peut, les crimes de vos pères ;
Montrez, en vous tuant, comme vous êtes frères ;
Le plus grand des forfaits vous a donné le jour,
Il faut qu'un crime égal vous l'arrache à son tour.
Je ne condamne plus la fureur qui vous presse ;
Je n'ai plus pour mon sang ni pitié ni tendresse;
Votre exemple m'apprend à ne le plus chérir ;
Et moi je vais, cruels, vous apprendre à mourir.

SCÈNE IV.

ANTIGONE, ÉTÉOCLE, POLYNICE, HÉMON, CRÉON.

ANTIGONE.
Madame...O ciel! que vois-je! Hélas! rien ne les touche!

HÉMON.
Rien ne peut ébranler leur constance farouche.

ANTIGONE.
Princes...

ÉTÉOCLE.
Pour ce combat, choisissons quelque lieu.

POLYNICE.
Courons. Adieu ma sœur.

ÉTÉOCLE.
Adieu, princesse, adieu.

ANTIGONE.
Mes frères, arrêtez ! Gardes qu'on les retienne ;
Joignez, unissez tous vos douleurs à la mienne.
C'est leur être cruels que de les respecter.

HÉMON.
Madame, il n'est plus rien qui les puisse arrêter.

ANTIGONE.
Ah ! généreux Hémon, c'est vous seul que j'implore :
Si la vertu vous plait, si vous m'aimez encore,
Et qu'on puisse arrêter leurs parricides mains,
Hélas, pour me sauver, sauvez ces inhumains.

FIN DU QUATRIÈME ACTE.

ACTE V.

SCÈNE PREMIÈRE.
ANTIGONE.

A quoi te résous-tu, princesse infortunée?
   Ta mère vient de mourir dans tes bras;
   Ne saurais-tu suivre ses pas;
Et finir, en mourant, ta triste destinée?
A de nouveaux malheurs te veux-tu réserver?
Tes frères sont aux mains, rien ne peut les sauver
     De leurs cruelles armes.
   Leur exemple t'anime à te percer le flanc;
     Et toi seule verses des larmes,
     Tous les autres versent du sang.

Quelle est de mes malheurs l'extrémité mortelle?
   Où ma douleur doit-elle recourir?
   Dois-je vivre? dois-je mourir?
Un amant me retient, une mère m'appelle;
Dans la nuit du tombeau je la vois qui m'attend :
Ce que veut la raison, l'amour me le défend
     Et m'en ôte l'envie.
Que je vois de sujets d'abandonner le jour!
   Mais, hélas! qu'on tient à la vie,
   Quand on tient si fort à l'amour!

Oui, tu retiens, amour, mon ame fugitive;
Je reconnais la voix de mon vainqueur :
   L'espérance est morte en mon cœur,
Et cependant tu vis, et tu veux que je vive;
Tu dis que mon amant me suivrait au tombeau,
Que je dois de mes jours conserver le flambeau
     Pour sauver ce que j'aime.
Hémon, vois le pouvoir que l'amour a sur moi :
   Je ne vivrais pas pour moi-même,
   Et je veux bien vivre pour toi.
Si jamais tu doutas de ma flamme fidelle...
Mais voici du combat la funeste nouvelle.

SCENE II.
ANTIGONE, OLYMPE.

ANTIGONE.
Hé bien! ma chère Olympe, as-tu vu ce forfait?

OLYMPE.
J'y suis courue en vain, c'en était déjà fait.
Du haut de nos remparts j'ai vu descendre en larmes
Le peuple qui courait et qui criait aux armes;
Et pour vous dire enfin d'où venait sa terreur,
Le roi n'est plus, madame, et son frère est vainqueur.
On parle aussi d'Hémon; l'on dit que son courage
S'est efforcé longtemps de suspendre leur rage,
Mais que tous ses efforts ont été superflus.
C'est ce que j'ai compris de mille bruits confus.

ANTIGONE.
Ah! je n'en doute pas, Hémon est magnanime;
Son grand cœur eut toujours trop d'horreur pour le
Je l'avais conjuré d'empêcher ce forfait;   [crime :
Et s'il l'avait pu faire, Olympe, il l'aurait fait.
Mais, hélas! leur fureur ne pouvait se contraindre;
Dans des ruisseaux de sang elle voulait s'éteindre.
Princes dénaturés, vous voilà satisfaits;
La mort seule entre vous pouvait mettre la paix.
Le trône pour vous deux avait trop peu de place;
Il fallait entre vous mettre un plus grand espace,
Et que le ciel vous mît, pour finir vos discords,
L'un parmi les vivants, l'autre parmi les morts.
Infortunés tous deux, dignes qu'on vous déplore!
Moins malheureux pourtant que je ne suis encore,
Puisque, de tous les maux qui sont tombés sur vous,
Vous n'en sentez aucun, et que je les sens tous!

OLYMPE.
Mais pour vous ce malheur est un moindre supplice,
Que si la mort vous eût enlevé Polynice.
Ce prince était l'objet qui faisait tous vos soins :
Les intérêts du roi vous touchaient beaucoup moins.

ANTIGONE.
Il est vrai, je l'aimais d'une amitié sincère;
Je l'aimais beaucoup plus que je n'aimais son frère;
Et ce qui lui donnait tant de part dans mes vœux,
Il était vertueux, Olympe, et malheureux.
Mais, hélas! ce n'est plus ce cœur si magnanime,
Et c'est un criminel qu'a couronné son crime :
Son frère plus que lui commence à me toucher;
Devenant malheureux, il m'est devenu cher.

OLYMPE.
Créon vient.

ANTIGONE.
Il est triste; et j'en connais la cause.
Au courroux du vainqueur la mort du roi l'expose.
C'est de tous nos malheurs l'auteur pernicieux.

SCÈNE III.
ANTIGONE, CRÉON, OLYMPE, ATTALE,
GARDES

CRÉON.
Madame, qu'ai-je appris en entrant dans ces lieux?
Est-il vrai que la reine...

ANTIGONE.
        Oui, Créon, elle est morte.

CRÉON.
O dieux! puis-je savoir de quelle étrange sorte
Ses jours infortunés ont éteint leur flambeau?

OLYMPE.
Elle-même, seigneur, s'est ouvert le tombeau;
Et, s'étant d'un poignard en un moment saisie
Elle en a terminé ses malheurs et sa vie.

ANTIGONE.
Elle a su prévenir la perte de son fils.

CRÉON.
Ah, madame! il est vrai que les dieux ennemis...

ANTIGONE.
N'imputez qu'à vous seul la mort du roi mon frère,
Et n'en accusez point la céleste colère.
A ce combat fatal vous seul l'avez conduit :
Il a cru vos conseils; sa mort en est le fruit.
Ainsi de leurs flatteurs les rois sont les victimes :
Vous avancez leur perte, en approuvant leurs crimes;
De la chute des rois vous êtes les auteurs;
Mais les rois, en tombant, entraînent leurs flatteurs.
Vous le voyez, Créon; sa disgrace mortelle
Nous est funeste autant qu'elle nous est cruelle;
Le ciel, en le perdant, s'en est vengé sur vous,
Et vous avez peut-être à pleurer comme nous.

CRÉON.
Madame, je l'avoue : et les destins contraires
Me font pleurer deux fils, si vous pleurez deux frères

ANTIGONE.
Mes frères et vos fils! dieux! que veut ce discours?
Quelque autre qu'Etéocle a-t-il fini ses jours?

CRÉON.
Mais ne savez-vous pas cette sanglante histoire?

ANTIGONE.
J'ai su que Polynice a gagné la victoire,
Et qu'Hémon a voulu les séparer en vain.

CRÉON.
Madame, ce combat est bien plus inhumain.
Vous ignorez encor mes pertes et les vôtres;
Mais, hélas! apprenez les unes et les autres.

ANTIGONE.
Rigoureuse fortune, achève ton courroux!
Ah! sans doute, voici le dernier de tes coups!

CRÉON.
Vous avez vu, madame, avec quelle furie
Les deux princes sortaient pour s'arracher la vie;

Que d'une ardeur égale ils fuyaient de ces lieux,
Et que jamais leurs cœurs ne s'accordèrent mieux.
La soif de se baigner dans le sang de leur frère
Faisait ce que jamais le sang n'avait su faire :
Par l'excès de leur haine ils semblaient réunis ;
Et, prêts à s'égorger, ils paraissaient amis.
Ils ont choisi d'abord, pour leur champ de bataille,
Un lieu près des deux camps, au pied de la muraille.
C'est là que, reprenant leur première fureur,
Ils commencent enfin ce combat plein d'horreur.
D'un geste menaçant, d'un œil brûlant de rage,
Dans le sang l'un de l'autre ils cherchent un passage ;
Et, la seule fureur précipitant leurs bras,
Tous deux semblent courir au devant du trépas.
Mon fils, qui de douleur en soupirant dans l'ame,
Et qui se souvenait de vos ordres, madame,
Se jette au milieu d'eux, et méprise pour vous
Leurs ordres absolus qui nous arrêtaient tous ;
Il leur retient le bras, les repousse, les prie,
Et pour les séparer s'expose à leur furie.
Mais il s'efforce en vain d'en arrêter le cours ;
Et ces deux furieux se rapprochent toujours.
Il tient ferme pourtant, et ne perd point courage,
De mille coups mortels il détourne l'orage,
Jusqu'à ce que du roi le fer trop rigoureux,
Soit qu'il cherchât son frère, ou ce fils malheureux,
Le renverse à ses pieds prêt à rendre la vie.

ANTIGONE.
Et la douleur encor ne me l'a pas ravie !

CRÉON.
J'y cours, je le relève, et le prends dans mes bras ;
Et me reconnaissant : « Je meurs, dit-il tout bas,
« Trop heureux d'expirer pour ma belle princesse.
« En vain à mon secours votre amitié s'empresse ;
« C'est à ces furieux que vous devez courir :
« Séparez-les, mon père, et me laissez mourir. »
Il expire à ces mots. Ce barbare spectacle
A leur noire fureur n'apporte point d'obstacle ;
Seulement Polynice en paraît affligé :
« Attends, Hémon, dit-il, tu vas être vengé. »
En effet, sa douleur renouvelle sa rage,
Et bientôt le combat tourne à son avantage.
Le roi, frappé d'un coup qui lui perce le flanc,
Lui cède la victoire, et tombe dans son sang.
Les deux camps aussitôt s'abandonnent en proie,
Le nôtre à la douleur, et les Grecs à la joie ;
Et le peuple, alarmé du trépas de son roi,
Sur le haut de ses tours témoigne son effroi.
Polynice, tout fier du succès de son crime,
Regarde avec plaisir expirer sa victime ;
Dans le sang de son frère il semble se baigner :
« Et tu meurs, lui dit-il, et moi je vais régner.
« Regarde dans mes mains l'empire de la victoire,
« Va rougir aux enfers de l'excès de ma gloire ;
« Et pour mourir encore avec plus de regret,
« Traître, songe en mourant que tu meurs mon sujet. »
En achevant ces mots, d'une démarche fière
Il s'approche du roi couché sur la poussière,
Et, pour le désarmer, il avance le bras.
Le roi, qui semble mort, observe tous ses pas ;
Il le voit, il attend, et son ame irritée
Pour quelque grand dessein semble s'être arrêtée.
L'ardeur de se venger flatte encor ses désirs,
Et retarde le cours de ses derniers soupirs.
Prêt à rendre la vie, il en cache le reste,
Et sa mort au vainqueur est un piège funeste ;
Et dans l'instant fatal que ce frère inhumain
Lui veut ôter le fer qu'il tenait à la main,
Il lui perce le cœur ; et son ame ravie,
En achevant ce coup, abandonne la vie.
Polynice frappé pousse un cri dans les airs,
Et son ame en courroux s'enfuit dans les enfers.
Tout mort qu'il est, madame, il garde sa colère,
Et l'on dirait qu'encore il menace son frère ;
Son visage, où la mort a répandu ses traits,
Demeure plus terrible et plus fier que jamais.

ANTIGONE.
Fatale ambition, aveuglement funeste !
D'un oracle cruel suite trop manifeste !

De tout le sang royal il ne reste que nous ;
Et plût aux dieux, Créon, qu'il ne restât que vous
Et que mon désespoir, prévenant leur colère,
Eût suivi de plus près le trépas de ma mère !

CRÉON.
Il est vrai que des dieux le courroux embrasé
Pour nous faire périr semble s'être épuisé ;
Car enfin sa rigueur, vous le voyez, madame,
Ne m'accable pas moins qu'elle afflige votre ame.
En m'arrachant mes fils...

ANTIGONE.
Ah ! vous régnez, Créon ;
Et le trône aisément vous console d'Hémon.
Mais laissez-moi, de grace, un peu de solitude,
Et ne contraignez point ma triste inquiétude.
Aussi bien mes chagrins passeraient jusqu'à vous.
Vous trouverez ailleurs des entretiens plus doux :
Le trône vous attend, le peuple vous appelle ;
Goûtez tout le plaisir d'une grandeur nouvelle.
Adieu. Nous ne faisons tous deux que nous gêner.
Je veux pleurer, Créon, et vous voulez régner.

CRÉON, arrêtant Antigone.
Ah, madame ! régnez, et montez sur le trône :
Ce haut rang n'appartient qu'à l'illustre Antigone.

ANTIGONE.
Il me tarde déjà que vous ne l'occupiez.
La couronne est à vous.

CRÉON.
Je la mets à vos pieds.

ANTIGONE.
Je la refuserais de la main des dieux même ;
Et vous osez, Créon, m'offrir le diadème !

CRÉON.
Je sais que ce haut rang n'a rien de glorieux
Qui ne cède à l'honneur de l'offrir à vos yeux.
D'un si noble destin je me connais indigne :
Mais si je puis prétendre à cette gloire insigne,
Si par d'illustres faits on la peut mériter,
Que faut-il faire enfin, madame ?

ANTIGONE.
M'imiter.

CRÉON.
Que ne ferais-je point pour une telle grace !
Ordonnez seulement ce qu'il faut que je fasse :
Je suis prêt...

ANTIGONE, en s'en allant.
Nous verrons.

CRÉON, la suivant.
J'attends vos lois ici.

ANTIGONE, en s'en allant.
Attendez.

SCÈNE IV.

CRÉON, ATTALE, GARDES.

ATTALE.
Son courroux serait-il adouci ?
Croyez-vous la fléchir ?

CRÉON.
Oui, oui, mon cher Attale ;
Il n'est point de fortune à mon bonheur égale,
Et tu vas voir en moi, dans ce jour fortuné,
L'ambitieux au trône, et l'amant couronné.
Je demandais au ciel la princesse et le trône ;
Il me donne le sceptre et m'accorde Antigone.
Pour couronner ma tête et ma flamme en ce jour,
Il arme en ma faveur et la haine et l'amour ;
Il allume pour moi deux passions contraires ;
Il attendrit la sœur, il endurcit les frères ;
Il aigrit leur courroux, il fléchit sa rigueur,
Et m'ouvre en même temps et leur trône et son cœur.

ATTALE.
Il est vrai, vous avez toute chose prospère,
Et vous seriez heureux si vous n'étiez point père.

L'ambition, l'amour, n'ont rien à désirer ;
Mais, seigneur, la nature a beaucoup à pleurer :
En perdant vos deux fils...

CRÉON.

Oui, leur perte m'afflige :
Je sais ce que de moi le rang de père exige ;
Je l'étais ; mais surtout j'étais né pour régner ;
Et je perds beaucoup moins que je ne crois gagner.
Le nom de père, Attale, est un titre vulgaire ;
C'est un don que le ciel ne nous refuse guère :
Un bonheur si commun n'a pour moi rien de doux :
Ce n'est pas un bonheur, s'il ne fait des jaloux.
Mais le trône est un bien dont le ciel est avare :
Du reste des mortels ce haut rang nous sépare ;
Bien peu sont honorés d'un don si précieux :
La terre a moins de rois que le ciel n'a de dieux.
D'ailleurs tu sais qu'Hémon adorait la princesse,
Et, qu'elle eut pour ce prince une extrême tendresse :
S'il vivait, son amour au mien serait fatal.
En me privant d'un fils, le ciel m'ôte un rival.
Ne me parle donc plus que de sujets de joie,
Souffre qu'à mes transports je m'abandonne en proie ;
Et sans me rappeler des ombres des enfers,
Dis-moi ce que je gagne, et non ce que je perds :
Parle-moi de régner ; parle-moi d'Antigone :
J'aurai bientôt son cœur, et j'ai déjà le trône.
Tout ce qui s'est passé n'est qu'un songe pour moi :
J'étais père et sujet, je suis amant et roi.
La princesse et le trône ont pour moi tant de charmes,
Que... Mais Olympe vient.

ATTALE.

Dieux ! elle est toute en larmes.

SCÈNE V.

CRÉON, OLYMPE, ATTALE, GARDES.

OLYMPE.

Qu'attendez-vous, seigneur ? la princesse n'est plus.

CRÉON.

Elle n'est plus, Olympe !

OLYMPE.

Ah ! regrets superflus !
Elle n'a fait qu'entrer dans la chambre prochaine,
Et, du même poignard dont est mort la reine,
Sans que je puisse voir son funeste dessein,
Cette fière princesse a percé son beau sein :
Elle s'en est, seigneur, mortellement frappée ;
Et dans son sang, hélas ! elle est soudain tombée.
Jugez à cet objet ce que j'ai dû sentir.
Mais sa belle ame enfin, toute prête à sortir :

« Cher Hémon, c'est à toi que je me sacrifie, »
Dit-elle, et ce moment a terminé sa vie.
J'ai senti son beau corps tout froid entre mes bras ;
Et j'ai cru que mon ame allait suivre ses pas.
Heureuse mille fois, si ma douleur mortelle
Dans la nuit du tombeau m'eût plongée avec elle !

SCÈNE VI.

CRÉON, ATTALE, GARDES.

CRÉON.

Ainsi donc vous fuyez un amant odieux,
Et vous-même, cruelle, éteignez vos beaux yeux !
Vous fermez pour jamais ces beaux yeux que j'adore ;
Et, pour ne me point voir, vous les fermez encore !
Quoique Hémon vous fût cher, vous courez au trépas
Bien plus pour m'éviter que pour suivre ses pas !
Mais dussiez-vous encor m'être aussi rigoureuse,
Ma présence aux enfers vous fut-elle odieuse,
Dût après le trépas vivre votre courroux,
Inhumaine, je vais y descendre après vous.
Vous y verrez toujours l'objet de votre haine,
Et toujours mes soupirs vous rediront ma peine,
Ou pour vous adoucir, ou pour vous tourmenter ;
Et vous ne pourrez plus mourir pour m'éviter.
Mourons donc...

ATTALE, *lui arrachant son épée.*

Ah, seigneur ! quelle cruelle envie !

CRÉON.

Ah ! c'est m'assassiner que me sauver la vie !
Amour, rage, transports, venez à mon secours,
Venez, et terminez mes détestables jours !
De ces cruels amis trompez tous les obstacles !
Toi, justifie, ô ciel, la foi de tes oracles !
Je suis le dernier sang du malheureux Laïus ;
Perdez-moi, dieux cruels, ou vous serez déçus.
Reprenez, reprenez cet empire funeste ;
Vous m'ôtez Antigone, ôtez-moi tout le reste :
Le trône et les présents excitent mon courroux,
Un coup de foudre est tout ce que je veux de vous.
Ne le refusez pas à mes vœux, à mes crimes ;
Ajoutez mon supplice à tant d'autres victimes.
Mais en vain je vous presse, et mes propres forfaits
Me font déjà sentir tous les maux que j'ai faits.
Jocaste, Polynice, Etéocle, Antigone,
Mes fils que j'ai perdus pour m'élever au trône,
Tant d'autres malheureux dont j'ai causé les maux,
Font déjà dans mon cœur l'office de bourreaux.
Arrêtez... mon trépas va venger votre perte ;
La foudre va tomber, la terre est entr'ouverte ;
Je ressens à la fois mille tourments divers,
Et je m'en vais chercher du repos aux enfers.

(*Il tombe entre les bras des Gardes.*)

FIN DES FRÈRES ENNEMIS.

ALEXANDRE LE GRAND,

TRAGÉDIE.

1665.

PRÉFACE.

Il n'y a guère de tragédies où l'histoire soit plus fidèlement suivie que dans celle-ci. Le sujet en est tiré de plusieurs auteurs, mais surtout du huitième livre de Quinte-Curce. C'est là qu'on peut voir tout ce qu'Alexandre fit lorsqu'il entra dans les Indes, les ambassades qu'il envoya aux rois de ce pays-là, les différentes receptions qu'ils firent à ses envoyés, l'alliance que Taxile fit avec lui, la fierté avec laquelle Porus refusa les conditions qu'on lui présentait, l'inimitié qui était entre Porus et Taxile, et enfin la victoire qu'Alexandre remporta sur Porus, la réponse généreuse que ce brave Indien fit au vainqueur, qui lui demandait comment il voulait qu'on le traitât, et la générosité avec laquelle Alexandre lui rendit tous ses états, et en ajouta beaucoup d'autres.

Cette action d'Alexandre a passé pour une des plus belles que ce prince ait faites en sa vie, et le danger que Porus lui fit courir dans la bataille lui parut le plus grand où il se fût jamais trouvé. Il le confessa lui-même, en disant qu'il avait trouvé enfin un péril digne de son courage. Et ce fut en cette même occasion qu'il s'écria : « O Athéniens, com-
« bien de travaux j'endure pour me faire louer de
« vous ! »

J'ai tâché de représenter en Porus un ennemi digne d'Alexandre ; et je puis dire que son caractère a plu extrêmement sur notre théâtre, jusque-là que des personnes m'ont reproché que je faisais ce prince plus grand qu'Alexandre. Mais ces personnes ne considèrent pas que, dans la bataille et dans la victoire, Alexandre est en effet plus grand que Porus ; qu'il n'y a pas un vers dans la tragédie qui ne soit à la louange d'Alexandre ; que les invectives même de Porus et d'Axiane sont autant d'éloges de la valeur de ce conquérant. Porus a peut-être quelque chose qui intéresse davantage, parce qu'il est dans le malheur ; car, comme dit Sénèque [*] : « Nous sommes de telle nature, qu'il
« n'y a rien au monde qui se fasse tant admirer
« qu'un homme qui sait être malheureux avec
« courage. »

Les amours d'Alexandre et de Cléofile ne sont pas de mon invention ; Justin en parle, aussi bien que Quinte-Curce. Ces deux historiens rapportent qu'une reine, dans les Indes, nommée Cléofile, se rendit à ce prince avec la ville où il la tenait assiégée, et qu'il la rétablit dans son royaume, en considération de sa beauté. Elle en eut un fils, et elle l'appela Alexandre [**].

---

[*] Ita affecti sumus, ut nihil æque magnum apud nos admirationem occupet, quam homo fortiter miser. Senecæ Consolatio ad Helviam. Cap. XIII.

[**] Regna Cleophilis reginæ petit, quæ, quùm se dedisset ei, concubitu redemptum regnum ab Alexandro recepit, illecebris consecuta quod virtute non potuerat ; filiumque, ab eo genitum, Alexandrum nominavit, qui posteà regnum Indorum potitus est. Justini. Lib. XII, C. VIII.

PERSONNAGES.

ALEXANDRE.
PORUS, } rois dans les Indes.
TAXILE, }
AXIANE, reine d'une autre partie des Indes.
CLÉOFILE, sœur de Taxile.
ÉPHESTION.
Suite d'Alexandre.

La scène est sur le bord de l'Hydaspe, dans le camp de Taxile.

ACTE PREMIER.

SCÈNE PREMIÈRE.
TAXILE, CLÉOFILE.

CLÉOFILE.

Quoi ! vous allez combattre un roi dont la puissance
Semble forcer le ciel à prendre sa défense,
Sous qui toute l'Asie a vu tomber ses rois,
Et qui tient la fortune attachée à ses lois !
Mon frère, ouvrez les yeux pour connaître Alexandre :
Voyez de toutes parts les trônes mis en cendre,
Les peuples asservis, et les rois enchaînés ;
Et prévenez les maux qui les ont entraînés.

TAXILE.

Voulez-vous que, frappé d'une crainte si basse,
Je présente ma tête au joug qui nous menace,
Que j'ai forgé moi-même et leurs fers et les miens ?
Quitterai-je Porus ? Trahirai-je ces princes
Que rassemble le soin d'affranchir nos provinces,
Et qui, sans balancer sur un si noble choix,
Sauront également vivre et mourir en rois ?
En voyez-vous un seul qui, sans rien entreprendre,
Se laisse terrasser au seul nom d'Alexandre ;
Et, le croyant déjà maître de l'univers,
Aille, esclave empressé, lui demander les fers ?
Loin de s'épouvanter à l'aspect de sa gloire,
Ils l'attaqueront même au sein de la victoire :
Et vous voulez, ma sœur, que Taxile aujourd'hui,
Tout prêt à le combattre, implore son appui !

CLÉOFILE.
Aussi n'est-ce qu'à vous que ce prince s'adresse ;
Pour votre amitié seule Alexandre s'empresse :
Quand la foudre s'allume et s'apprête à partir,
Il s'efforce en secret de vous en garantir.

TAXILE.
Pourquoi suis-je le seul que son courroux ménage ?
De tous ceux que l'Hydaspe oppose à son courage,
Ai-je mérité seul son indigne pitié ?
Ne peut-il à Porus offrir son amitié ?
Ah ! sans doute il lui croit l'ame trop généreuse
Pour écouter jamais une offre si honteuse :
Il cherche une vertu qui lui résiste moins ;
Et peut-être il me croit plus digne de ses soins.

CLÉOFILE.
Dites, sans l'accuser de chercher un esclave,
Que de ses ennemis il vous croit le plus brave ;
Et qu'en vous arrachant les armes de la main,
Il se promet du reste un triomphe certain.
Son choix à votre nom n'imprime point de taches ;
Son amitié n'est point le partage des lâches ;
Quoiqu'il brûle de voir tout l'univers soumis,
On ne voit point d'esclave au rang de ses amis.
Ah ! si son amitié peut souiller votre gloire,
Que ne m'épargniez-vous une tache si noire ?
Vous connaissez les soins qu'il me rend tous les jours ;
Il ne tenait qu'à vous d'en arrêter le cours.
Vous me voyez ici maîtresse de son ame ;
Cent messages secrets m'assurent de sa flamme :
Pour venir jusqu'à moi ses soupirs embrasés
Se font jour au travers des deux camps opposés.
Au lieu de le haïr, au lieu de m'y contraindre,
De mon trop de rigueur je vous ai vu vous plaindre ;
Vous m'avez engagée à souffrir son amour,
Et peut-être, mon frère, à l'aimer à mon tour.

TAXILE.
Vous pouvez, sans rougir du pouvoir de vos charmes,
Forcer ce grand guerrier à vous rendre les armes ;
Et, sans que votre cœur doive s'en alarmer,
Le vainqueur de l'Euphrate a pu vous désarmer :
Mais l'état aujourd'hui suivra ma destinée ;
Je tiens avec mon sort sa fortune enchaînée ;
Et, quoique vos conseils tâchent de me fléchir,
Je dois demeurer libre, afin de m'affranchir.
Je sais l'inquiétude où ce destin vous livre ;
Mais comme vous, ma sœur, j'ai mon amour à suivre.
Les beaux yeux d'Axiane, ennemis de la paix,
Contre votre Alexandre arment tous leurs attraits :
Reine de tous les cœurs, elle met tout en œuvre
Pour cette liberté que détruisent ses charmes ;
Elle rougit des fers qu'on apporte en ces lieux,
Et n'y saurait souffrir de tyrans que ses yeux.
Il faut servir, ma sœur, son illustre colère ;
Il faut aller...

CLÉOFILE.
Hé bien ! perdez-vous pour lui plaire ;
De ces tyrans si chers suivez l'arrêt fatal
Servez-les, ou plutôt servez votre rival.
De vos propres lauriers souffrez qu'on le couronne ;
Combattez pour Porus, Axiane l'ordonne ;
Et, par de beaux exploits appuyant sa rigueur,
Assurez à Porus l'empire de son cœur.

TAXILE.
Ah, ma sœur ! croyez-vous que Porus...

CLÉOFILE.
Mais vous-même.
Doutez-vous, en effet, qu'Axiane ne l'aime ?
Quoi ! ne voyez-vous pas avec quelle chaleur
L'ingrate, à vos yeux même, étale sa valeur ?
Quelque brave qu'on soit, si nous la voulons croire,
Ce n'est qu'autour de lui que vole la victoire :
Vous formeriez sans lui d'inutiles desseins ;
La liberté de l'Inde est toute entre ses mains ;
Sans lui déjà nos murs seraient réduits en cendre ;
Lui seul peut arrêter les progrès d'Alexandre ;
Elle se fait un dieu de ce prince charmant,
Et vous doutez encor qu'elle en fasse un amant !

TAXILE.
Je tâchais d'en douter, cruelle Cléofile :
Hélas ! dans son erreur affermissez Taxile.
Pourquoi lui peignez-vous cet objet odieux ?
Aidez-le bien plutôt à démentir ses yeux :
Dites-lui qu'Axiane est une beauté fière,
Telle à tous les mortels qu'elle est à votre frère ;
Flattez de quelque espoir...

CLÉOFILE.
Espérez, j'y consens :
Mais n'espérez plus rien de vos soins impuissants.
Pourquoi dans les combats chercher une conquête
Qu'à vous livrer lui-même Alexandre s'apprête ?
Ce n'est pas contre lui qu'il la faut disputer ;
Porus est l'ennemi qui prétend vous l'ôter.
Pour ne vanter que lui, l'injuste renommée
Semble oublier les noms du reste de l'armée :
Quoi qu'on fasse, lui seul en ravit tout l'éclat,
Et comme ses sujets il vous mène au combat.
Ah ! si ce nom vous plaît, si vous cherchez à l'être,
Les Grecs et les Persans vous enseignent un maître :
Vous trouverez cent rois compagnons de vos fers ;
Porus y viendra même avec tout l'univers.
Mais Alexandre enfin ne vous tend point de chaines ;
Il laisse à votre front ces marques souveraines
Qu'un orgueilleux rival ose ici dédaigner.
Porus vous fait servir ; il vous fera régner :
Au lieu que de Porus vous êtes la victime,
Vous serez.... Mais voici ce rival magnanime.

TAXILE.
Ah, ma sœur ! je me trouble ; et mon cœur alarmé,
En voyant mon rival, me dit qu'il est aimé.

CLÉOFILE.
Le temps vous presse. Adieu. C'est à vous de vous [rendre
L'esclave de Porus ou l'ami d'Alexandre.

SCÈNE II.
PORUS, TAXILE.

PORUS.
Seigneur, ou je me trompe, ou nos fiers ennemis
Feront moins de progrès qu'ils ne s'étaient promis.
Nos chefs et nos soldats, brûlant d'impatience,
Font lire sur leur front une mâle assurance ;
Ils s'animent l'un l'autre ; et nos moindres guerriers
Se promettent déjà des moissons de lauriers.
J'ai vu de rang en rang cette ardeur répandue,
Par des cris généreux éclater à ma vue.
Ils se plaignent qu'au lieu d'éprouver leur grand cœur,
L'oisiveté d'un camp consume leur vigueur.
Laisserons-nous languir tant d'illustres courages ?
Notre ennemi, seigneur, cherche ses avantages ;
Il se sent faible encore ; et, pour nous retenir,
Ephestion demande à nous entretenir,
Et par de vains discours...

TAXILE.
Seigneur, il faut l'entendre ;
Nous ignorons encor ce que veut Alexandre ;
Peut-être est-ce la paix qu'il nous veut présenter.

PORUS.
La paix ! Ah ! de sa main pourriez-vous l'accepter ?
Hé quoi ! nous l'avons vu, par tant d'horribles guerres,
Troubler le calme heureux dont jouissaient nos terres,
Et, le fer à la main, entrer dans nos états
Pour attaquer des rois qui ne l'offensaient pas ;
Nous l'aurons vu piller des provinces entières,
Du sang de nos sujets faire enfler nos rivières ;
Et, quand le ciel s'apprête à nous l'abandonner,
J'attendrai qu'un tyran daigne nous pardonner !

TAXILE.
Ne dites point, seigneur, que le ciel l'abandonne
D'un soin toujours égal sa faveur l'environne.
Un roi qui fait trembler tant d'états sous ses lois
N'est pas un ennemi que méprisent les rois.

PORUS.
Loin de le mépriser, j'admire son courage ;
Je rends à sa valeur un légitime hommage :
Mais je veux, à mon tour, mériter les tributs
Que je me sens forcé de rendre à ses vertus.
Oui, je consens qu'au ciel on élève Alexandre :
Mais si je puis, seigneur, je l'en ferai descendre,
Et j'irai l'attaquer jusque sur les autels
Que lui dresse en tremblant le reste des mortels.
C'est ainsi qu'Alexandre estima tous ces princes
Dont sa valeur pourtant a conquis les provinces :
Si son cœur dans l'Asie eût montré quelque effroi,
Darius en mourant l'aurait-il vu son roi?

TAXILE.
Seigneur, si Darius avait su se connaître,
Il régnerait encore où règne un autre maître.
Cependant cet orgueil, qui causa son trépas,
Avait un fondement que vos mépris n'ont pas :
La valeur d'Alexandre à peine était connue ;
Ce foudre était encore enfermé dans la nue.
Dans un calme profond Darius endormi,
Ignorait jusqu'au nom d'un si faible ennemi.
Il le connut bientôt ; et son ame, étonnée,
De tout ce grand pouvoir se vit abandonnée :
Il se vit terrassé d'un bras victorieux,
Et la foudre en tombant lui fit ouvrir les yeux.

PORUS.
Mais encore, à quel prix croyez-vous qu'Alexandre
Mette l'indigne paix dont il veut vous surprendre?
Demandez-le, seigneur, à cent peuples divers,
Que cette paix trompeuse a jetés dans les fers.
Non, ne nous flattons point : sa douceur nous outrage
Toujours son amitié traîne un long esclavage :
En vain on prétendrait n'obéir qu'à demi ;
Si l'on n'est son esclave, on est son ennemi.

TAXILE.
Seigneur, sans se montrer lâche ni téméraire,
Par quelque vain hommage on peut le satisfaire.
Flattons par des respects ce prince ambitieux,
Que son brillant orgueil appelle en d'autres lieux.
C'est un torrent qui passe, et dont la violence,
Sur tout ce qui l'arrête exerce sa puissance ;
Qui, grossi du débris de cent peuples divers,
Veut du bruit de son cours remplir tout l'univers,
Que sert de l'irriter par un orgueil sauvage !
D'un favorable accueil honorons son passage ;
Et, lui cédant les droits que nous reprendrons bien,
Rendons-lui des devoirs qui ne nous coûtent rien.

PORUS.
Qui ne nous coûtent rien, seigneur ! L'osez-vous croire?
Compterai-je pour rien la perte de ma gloire ?
Votre empire et le mien seraient trop achetés
S'ils coûtaient à Porus les moindres lâchetés.
Mais croyez-vous qu'un prince, enflé de tant d'audace
De son passage ici ne laissât point de trace?
Combien de rois, brisés à ce funeste écueil,
Ne règnent plus qu'autant qu'il plaît à son orgueil !
Nos couronnes, d'abord devenant ses conquêtes,
Tant que nous régnerons flotteraient sur nos têtes ;
Et nos sceptres, en proie à ses moindres dédains,
Dès qu'il aurait parlé tomberaient de nos mains.
Ne dites point qu'il court de province en province ;
Jamais de ses liens il ne dégage un prince ;
Et, pour mieux asservir les peuples sous ses lois,
Souvent dans la poussière il leur cherche des rois.
Mais ces indignes soins touchent peu mon courage ;
Votre seul intérêt m'inspire ce langage.
Porus n'a point de part dans tout cet entretien,
Et, quand la gloire parle, il n'écoute plus rien.

TAXILE.
J'écoute, comme vous, ce que l'honneur m'inspire,
Seigneur ; mais il m'engage à sauver mon empire.

PORUS.
Si vous voulez sauver l'un et l'autre aujourd'hui,
Prévenons Alexandre et marchons contre lui.

TAXILE.
L'audace et le mépris sont d'infidèles guides.

PORUS.
La honte suit de près les courages timides.

TAXILE.
Le peuple aime les rois qui savent l'épargner.

PORUS.
Il estime encor plus ceux qui savent régner.

TAXILE.
Ces conseils ne plairont qu'à des ames hautaines.

PORUS.
Ils plairont à des rois, et peut-être à des reines.

TAXILE.
La reine, à vous ouïr, n'a des yeux que pour vous.

PORUS.
Un esclave est pour elle un objet de courroux.

TAXILE.
Mais, croyez-vous, seigneur, quel amour vous ordonne
D'exposer avec vous son peuple et sa personne?
Non, non, sans vous flatter, avouez qu'en ce jour
Vous suivez votre haine, et non pas votre amour.

PORUS.
Hé bien ! je l'avoûrai que ma juste colère
Aime la guerre autant que la paix vous est chère
J'avoûrai que, brûlant d'une noble chaleur,
Je vais contre Alexandre éprouver ma valeur.
Du bruit de ses exploits mon ame importunée
Attend depuis longtemps cette heureuse journée.
Avant qu'il me cherchât, un orgueil inquiet
M'avait déjà rendu son ennemi secret.
Dans le noble transport de cette jalousie,
Je le trouvais trop lent à traverser l'Asie ;
Je l'attirais ici par des vœux si puissants,
Que je portais envie au bonheur des Persans :
Et maintenant encor, s'il trompait mon courage,
Pour sortir de ces lieux s'il cherchait un passage,
Vous me verriez moi-même, armé pour l'arrêter,
Lui refuser la paix qu'il nous veut présenter.

TAXILE.
Oui, sans doute, une ardeur si haute et si constante
Vous promet dans l'histoire une place éclatante ;
Et, sous ce grand dessein dussiez-vous succomber,
Au moins c'est avec bruit qu'on vous verra tomber.
La reine vient. Adieu. Vantez-lui votre zèle ;
Découvrez cet orgueil qui vous rend digne d'elle.
Pour moi, je troublerais un si noble entretien,
Et vos cœurs rougiraient des faiblesses du mien.

SCENE III.
PORUS, AXIANE.

AXIANE.
Quoi ! Taxile me fuit ! Quelle cause inconnue...

PORUS.
Il fait bien de cacher sa honte à votre vue :
Et, puisqu'il n'ose plus s'exposer aux hasards,
De quel front pourrait-il soutenir vos regards ?
Mais laissons-le, madame ; et puisqu'il veut se rendre,
Qu'il aille avec sa sœur adorer Alexandre.
Retirons-nous du camp où, l'encens à la main,
Le fidèle Taxile attend son souverain.

AXIANE.
Mais, seigneur, que dit-il ?

PORUS.
     Il en fait trop paraître :
Cet esclave déjà m'ose vanter son maître ;
Il veut que je le serve...

AXIANE.
     Ah ! sans vous emporter,
Souffrez que mes efforts tâchent de l'arrêter :
Ses soupirs, malgré moi, m'assurent qu'il m'adore.
Quoi qu'il en soit, souffrez que je lui parle encore,
Et ne le forçons point, par ce cruel mépris,
D'achever un dessein qu'il peut n'avoir pas pris.

PORUS.
Hé quoi ! vous en doutez ; et votre ame s'assure
Sur la foi d'un amant infidèle et parjure,

Qui veut à son tyran vous livrer aujourd'hui,
Et croit, en vous donnant, vous obtenir de lui!
Hé bien! aidez-le donc à vous trahir vous-même.
Il vous peut arracher à mon amour extrême;
Mais il ne peut m'ôter, par ses efforts jaloux
La gloire de combattre et de mourir pour vous.

AXIANE.

Et vous croyez qu'après une telle insolence
Mon amitié, seigneur, serait sa récompense?
Vous croyez que, mon cœur s'engageant sous sa loi,
Je souscrirais au don qu'on lui ferait de moi?
Pouvez-vous sans rougir m'accuser d'un tel crime?
Ai-je fait pour ce prince éclater tant d'estime?
Entre Taxile et vous s'il fallait prononcer,
Seigneur, le croyez-vous qu'on me vît balancer?
Sais-je pas que Taxile est une ame incertaine,
Que l'amour le retient quand la crainte l'entraîne?
Sais-je pas que, sans moi, sa timide valeur
Succomberait bientôt aux ruses de sa sœur?
Vous savez qu'Alexandre en fit sa prisonnière,
Et qu'enfin cette sœur retourna vers son frère;
Mais je connus bientôt qu'elle avait entrepris
De l'arrêter au piège où son cœur était pris.

PORUS.

Et vous pouvez encor demeurer auprès d'elle!
Que n'abandonnez-vous cette sœur criminelle?
Pourquoi par tant de soins voulez-vous épargner
Un prince....

AXIANE.

C'est pour vous que je le veux gagner.
Vous verrai-je, accablé du soin de nos provinces,
Attaquer seul un roi vainqueur de tant de princes?
Je vous veux dans Taxile offrir un défenseur
Qui combatte Alexandre en dépit de sa sœur.
Que n'avez-vous pour moi cette ardeur empressée!
Mais d'un soin si commun votre ame est peu blessée:
Pourvu que ce grand cœur périsse noblement,
Ce qui suivra sa mort le touche faiblement.
Vous me voulez livrer, sans secours, sans asile,
Au courroux d'Alexandre, à l'amour de Taxile,
Qui, me traitant bientôt en superbe vainqueur,
Pour prix de votre mort demandera mon cœur.
Hé bien! seigneur, allez, contentez votre envie:
Combattez, oubliez le soin de votre vie;
Oubliez que le ciel, favorable à vos vœux,
Vous préparait peut-être un sort assez heureux.
Peut-être qu'à son tour Axiane charmée
Allait...Mais non, seigneur, courez vers votre armée;
Un si long entretien vous serait ennuyeux;
Et c'est vous retenir trop longtemps en ces lieux.

PORUS.

Ah, madame! arrêtez, et connaissez ma flamme.
Ordonnez de mes jours; disposez de mon ame:
La gloire y peut beaucoup, je ne m'en cache pas;
Mais que n'y peuvent point tant de divins appas?
Je ne vous dirai point que pour vaincre Alexandre
Vos soldats et les miens allaient tout entreprendre;
Que c'était pour Porus un bonheur sans égal
De triompher tout seul aux yeux de son rival:
Je ne vous dis plus rien. Parlez en souveraine;
Mon cœur met à vos pieds et sa gloire et sa haine.

AXIANE.

Ne craignez rien; ce cœur, qui veut bien m'obéir,
N'est pas entre des mains qui le puissent trahir:
Non, je ne prétends pas, jalouse de sa gloire,
Arrêter un héros qui court la victoire.
Contre un fier ennemi précipitez vos pas;
Mais de nos alliés ne vous séparez pas:
Ménagez-les, seigneur: et, d'une ame tranquille,
Laissez agir mes soins sur l'esprit de Taxile;
Montrez en sa faveur des sentiments plus doux:
Je les vais engager à combattre pour vous.

PORUS.

Hé bien, madame, allez, j'y consens avec joie:
Voyons Ephestion, puisqu'il faut qu'on le voie.
Mais, sans perdre l'espoir de le suivre de près,
J'entends Ephestion, et les combats après.

FIN DU PREMIER ACTE.

ACTE II.

SCÈNE PREMIÈRE.

CLÉOFILE, ÉPHESTION.

EPHESTION.

Oui, tandis que vos rois délibèrent ensemble,
Et que tout se prépare au conseil qui s'assemble,
Madame, permettez que je vous parle aussi
Des secrètes raisons qui m'amènent ici.
Fidèle confident du beau feu de mon maître,
Souffrez que je l'explique aux yeux qui l'ont fait naître;
Et que pour ce héros j'ose vous demander
Le repos qu'à vos rois il veut bien accorder.
Après tant de soupirs, que faut-il qu'il espère?
Attendez-vous encore après l'aveu d'un frère?
Voulez-vous que son cœur, incertain et confus,
Ne se donne jamais sans craindre vos refus?
Faut-il mettre à vos pieds le reste de la terre?
Faut-il donner la paix? faut-il faire la guerre?
Prononcez: Alexandre est tout prêt d'y courir,
Ou pour vous mériter, ou pour vous conquérir.

CLEOFILE.

Puis-je croire qu'un prince au comble de la gloire
De mes faibles attraits garde encor la mémoire,
Que, traînant après lui la victoire et l'effroi,
Il se puisse abaisser à soupirer pour moi?
Des captifs comme lui brisent bientôt leur chaîne:
A de plus hauts desseins la gloire les entraîne;
Et l'amour dans leurs cœurs, interrompu, troublé
Sous le faix des lauriers est bientôt accablé.
Tandis que ce héros me tint sa prisonnière,
J'ai pu toucher son cœur d'une atteinte légère:
Mais je pense, seigneur, qu'en rompant mes liens
Alexandre à son tour brisa bientôt les siens.

EPHESTION.

Ah! si vous l'aviez vu, brûlant d'impatience,
Compter les tristes jours d'une si longue absence,
Vous sauriez que, l'amour précipitant ses pas,
Il ne cherchait que vous en courant aux combats.
C'est pour vous qu'on l'a vu, vainqueur de tant de prin-
D'un cours impétueux traverser vos provinces, [ces,
Et briser en passant, sous l'effort de ses coups,
Tout ce qui l'empêchait de s'approcher de vous.
On voit en même champ vos drapeaux et les nôtres;
De ses retranchements il découvre les vôtres;
Mais, après tant d'exploits, ce timide vainqueur
Craint qu'il ne soit encor bien loin de votre cœur.
Que lui sert de courir de contrée en contrée,
S'il faut que de ce cœur vous lui fermiez l'entrée:
Si, pour ne point répondre à de sincères vœux,
Vous cherchez chaque jour à douter de ses feux:
Si votre esprit, armé de mille défiances...?

CLEOFILE.

Hélas! de tels soupçons sont de faibles défenses;
Et nos cœurs, se formant mille soins superflus,
Doutent toujours du bien qu'ils souhaitent le plus.
Oui, puisque ce héros veut que j'ouvre mon ame,
J'écoute avec plaisir le récit de sa flamme.
Je craignais que le temps n'en eût borné le cœurs;
Je souhaite qu'il m'aime, et qu'il m'aime toujours
Je dis plus: quand son bras força notre frontière,
Et dans les murs d'Omphis m'arrêta prisonnière,
Mon cœur, qui le voyait maître de l'univers,
Se consolait déjà de languir dans ses fers;
Et, loin de murmurer contre un destin si rude,
Il s'en fit, je l'avoue, une douce habitude,
Et de sa liberté perdant le souvenir,
Même en le demandant, craignait de l'obtenir:
Jugez si son retour me doit combler de joie.
Mais tout couvert de sang veut-il que je le voie?
Est-ce comme ennemi qu'il vient se présenter?
Et ne me cherche-t-il que pour me tourmenter?

ÉPHESTION.

Non, madame : vaincu du pouvoir de vos charmes,
Il suspend aujourd'hui la terreur de ses armes;
Il présente la paix à des rois aveuglés,
Et retire la main qui les eût accablés.
Il craint que la victoire, à ses vœux trop facile,
Ne conduise ses coups dans le sein de Taxile.
Son courage, sensible à vos justes douleurs,
Ne veut point de lauriers arrosés de vos pleurs.
Favorisez les soins où son amour l'engage;
Exemptez sa valeur d'un si triste avantage;
Et disposez des rois qu'épargne son courroux
A recevoir un bien qu'ils ne doivent qu'à vous.

CLÉOFILE.

N'en doutez point, seigneur : mon ame inquiétée,
D'une crainte si juste est sans cesse agitée;
Je tremble pour mon frère, et crains que son trepas
D'un ennemi si cher n'ensanglante le bras.
Mais en vain je m'oppose à l'ardeur qui l'enflamme,
Axiane et Porus tyrannisent son ame;
Les charmes d'une reine et l'exemple d'un roi,
Dès que je veux parler, s'élèvent contre moi.
Que n'ai-je point à craindre en ce désordre extrême?
Je crains pour lui, je crains pour Alexandre même.
Je sais qu'en l'attaquant cent rois se sont perdus;
Je sais tous ses exploits ; mais je connais Porus.
Nos peuples qu'on a vus, triomphants à sa suite
Repousser les efforts du Persan et du Scythe,
Et tout fiers des lauriers dont il les a chargés,
Vaincront à son exemple ou périront vengés ;
Et je crains...

ÉPHESTION.

Ah ! quittez une crainte si vaine;
Laissez courir Porus où son malheur l'entraîne;
Que l'Inde en sa faveur arme tous ses états,
Et que le seul Taxile en détourne ses pas !
Mais les voici.

CLÉOFILE.

Seigneur, achevez votre ouvrage;
Par vos sages conseils dissipez cet orage :
Ou, s'il faut qu'il éclate, au moins souvenez-vous
De le faire tomber sur d'autres que sur nous.

SCÈNE II.

PORUS, TAXILE, ÉPHESTION.

ÉPHESTION.

Avant que le combat qui menace vos têtes
Mette tous vos états au rang de nos conquêtes,
Alexandre veut bien différer ses exploits,
Et vous offrir la paix pour la dernière fois.
Vos peuples, prévenus de l'espoir qui vous flatte,
Prétendaient arrêter le vainqueur de l'Euphrate :
Mais l'Hydaspe, malgré tant d'escadrons épars,
Voit enfin sur ses bords flotter nos étendards :
Vous les verriez plantés jusque sur vos tranchées.
Et de sang et de mort vos campagnes jonchées,
Si ce héros, couvert de tant d'autres lauriers,
N'eût lui-même arrêté l'ardeur de nos guerriers.
Il ne vient point ici, souillé du sang des princes,
D'un triomphe barbare effrayer vos provinces,
Et, cherchant à briller d'une triste splendeur,
Sur le tombeau des rois élever sa grandeur.
Mais vous-mêmes, trompés d'un vain espoir de gloire,
N'allez point dans ses bras irriter la victoire;
Et lorsque son courroux demeure suspendu,
Princes, contentez-vous de l'avoir attendu.
Ne différez point tant à lui rendre l'hommage
Que vos cœurs, malgré vous, rendent à son courage ;
Et, recevant l'appui qu'il vous offre son bras,
D'un si grand défenseur honorez vos états.
Voilà ce qu'un grand roi veut bien vous faire entendre
Prêt à quitter le fer, et prêt à le reprendre.
Vous savez mon dessein : choisissez aujourd'hui,
Si vous voulez tout perdre ou tout tenir de lui.

TAXILE.

Seigneur, ne croyez point qu'une fierté barbare
Nous fasse méconnaître une vertu si rare;
Et que dans leur orgueil nos peuples affermis
Prétendent, malgré vous, être vos ennemis.
Nous rendons ce qu'on doit aux illustres exemples :
Vous adorez des dieux qui nous doivent leurs temples
Des héros qui chez vous passaient pour des mortels
En venant parmi nous ont trouvé des autels.
Mais en vain l'on prétend, chez des peuples si braves
Au lieu d'adorateurs se faire des esclaves;
Croyez-moi, quelque éclat qui les puisse toucher,
Ils refusent l'encens qu'on leur veut arracher.
Assez d'autres états, devenus vos conquêtes,
De leurs rois, sous le joug, ont vu ployer les têtes.
Après tous ces états qu'Alexandre a soumis,
N'est-il pas temps, seigneur, qu'il cherche des amis !
Tout ce peuple captif, qui tremble au nom d'un maître
Soutient mal un pouvoir qui ne fait que de naître.
Ils ont, pour s'affranchir, les yeux toujours ouverts ;
Votre empire n'est plein que d'ennemis couverts ;
Ils pleurent en secret les rois sans diadèmes ;
Vos fers trop étendus se relâchent d'eux-mêmes ;
Et déjà dans leur cœur les Scythes mutinés
Vont sortir de la chaîne où vous nous destinez.
Essayez, en prenant notre amitié pour gage,
Ce que peut une foi qu'aucun serment n'engage ;
Laissez un peuple au moins qui puisse quelquefois
Applaudir sans contrainte au bruit de vos exploits.
Je reçois à ce prix l'amitié d'Alexandre ;
Et je l'attends déjà comme un roi doit attendre
Un héros dont la gloire accompagne les pas,
Qui peut tout sur mon cœur, et rien sur mes états.

PORUS.

Je croyais, quand l'Hydaspe, assemblant ses provinces,
Au secours de ses bords fit voler tous ses princes,
Qu'il n'avait avec moi, dans des desseins si grands,
Engagé que des rois ennemis des tyrans ;
Mais puisqu'un roi, flattant la main qui nous menace,
Parmi ses alliés brigue une indigne place,
C'est à moi de répondre aux vœux de mon pays,
Et de parler pour ceux que Taxile a trahis.
Que vient chercher ici le roi qui vous envoie?
Quel est ce grand secours que son bras nous octroie?
De quel front ose-t-il prendre sous son appui
Des peuples qui n'ont point d'autre ennemi que lui?
Avant que sa fureur ravageât tout le monde,
L'Inde se reposait dans une paix profonde,
Et si quelques voisins en troublaient les douceurs
Il portait dans son sein d'assez bons défenseurs.
Pourquoi nous attaquer ? Par quelle barbarie
A-t-on de votre haine excité la furie?
Vit-on jamais chez lui nos peuples en courroux
Désoler un pays inconnu parmi nous?
Faut-il que tant d'états, de déserts, de rivières,
Soient entre nous et lui d'impuissantes barrières ?
Et ne saurait-on vivre au bout de l'univers
Sans connaître son nom et le poids de ses fers?
Quelle étrange valeur, qui, ne cherchant qu'à nuire,
Embrasse tout sitôt qu'elle commence à luire ;
Qui n'a que son orgueil pour règle et pour raison ;
Qui veut que l'univers ne soit qu'une prison,
Et que, maître absolu de tous tant que nous sommes,
Ses esclaves en nombre égalent tous les hommes!
Plus d'états, plus de rois : ses sacrilèges mains
Dessous un même joug rangent tous les humains.
Dans son avide orgueil je sais qu'il nous dévore;
De tant de souverains nous seuls régnons encore.
Mais, que dis-je, nous seuls? Il ne reste que moi
Où l'on découvre encor les vestiges d'un roi.
Mais c'est pour mon courage une illustre matière ;
Je vois d'un œil content trembler la terre entière,
Afin que par moi seul les mortels secourus,
S'ils sont libres, le soient de la main de Porus ;
Et qu'on dise partout, dans une paix profonde:
« Alexandre vainqueur eût dompté tout le monde,
« Mais un roi l'attendait au bout de l'univers,
« Par qui le monde entier a vu briser ses fers. »

ÉPHESTION. [rage ;
Votre projet du moins nous marque un grand cou-
Mais, seigneur, c'est bien tard s'opposer à l'orage :

Si le monde penchant n'a plus que cet appui,
Je le plains, et vous plains vous-même autant que lui.
Je ne vous retiens point ; marchez contre mon maître ;
Je voudrais seulement qu'on vous l'eût fait connaître ;
Et que la renommée eût voulu par pitié,
De ses exploits au moins vous conter la moitié ;
Vous verriez...

PORUS.
   Que verrais-je, et que pourrais-je apprendre
Qui m'abaisse si fort au dessous d'Alexandre?
Serait-ce sans effort les Persans subjugués,
Et vos bras tant de fois de meurtres fatigués?
Quelle gloire, en effet, d'accabler la faiblesse
D'un roi déjà vaincu par sa propre mollesse ;
D'un peuple sans vigueur et presque inanimé,
Qui gémissait sous l'or dont il était armé,
Et qui, tombant en foule au lieu de se défendre,
N'opposait que des morts au grand cœur d'Alexan-
Les autres, éblouis de ses moindres exploits, [dre?
Sont venus à genoux lui demander des lois ;
Et, leur crainte écoutant je ne sais quels oracles,
Ils n'ont pas cru qu'un dieu pût trouver des obstacles.
Mais nous, qui d'un autre œil jugeons des conquérants,
Nous savons que les dieux ne sont pas des tyrans ;
Et, de quelque façon qu'un esclave le nomme,
Le fils de Jupiter passe ici pour un homme.
Nous n'allons point de fleurs parfumer son chemin ;
Il nous trouve partout les armes à la main ;
Il voit à chaque pas arrêter ses conquêtes ;
Un seul rocher ici lui coûte plus de têtes,
Plus de soins, plus d'assauts et presque plus de temps
Que n'en coûte à son bras l'empire des Persans.
Ennemis du repos qui perdit ces infâmes, [ames.
L'or qui naît sous nos pas ne corrompt point nos
La gloire est le seul bien qui nous puisse tenter,
Et le seul que mon cœur cherche à lui disputer ;
C'est elle...

EPHESTION, *en se levant*
   Et c'est aussi ce que cherche Alexandre
A de moindres objets son cœur ne peut descendre.
C'est ce qui, l'arrachant du sein de ses états,
Au trône de Cyrus lui fit porter ses pas,
Et, du plus ferme empire ébranlant les colonnes,
Attaquer, conquérir, et donner les couronnes.
Et, puisque votre orgueil ose lui disputer
La gloire du pardon qu'il vous fait présenter,
Vos yeux, dès aujourd'hui témoins de sa victoire,
Verront de quelle ardeur il combat pour la gloire :
Bientôt le fer en main vous le verrez marcher.

PORUS.
Allez donc : je l'attends, ou je vais le chercher.

SCÈNE III.
PORUS, TAXILE.

TAXILE.
Quoi ! vous voulez au gré de votre impatience...

PORUS.
Non, je ne prétends point troubler votre alliance :
Ephestion, aigri seulement contre moi,
De vos soumissions rendra compte à son roi.
Les troupes d'Axiane, à me suivre engagées,
Attendent le combat, sous mes drapeaux rangées ;
De son trône et du mien je soutiendrai l'éclat,
Et vous serez, seigneur, le juge du combat ;
A moins que votre cœur, animé d'un beau zèle,
De vos nouveaux amis n'embrasse la querelle.

SCÈNE IV.
AXIANE, PORUS, TAXILE.

AXIANE, *à Taxile.*
Ah ! que dit-on de vous, seigneur ? Nos ennemis
Se vantent que Taxile est à moitié soumis ;
Qu'il ne marchera point contre un roi qu'il respecte.

TAXILE.
La foi d'un ennemi doit être un peu suspecte,
Madame ; avec le temps ils me connaîtront mieux.

AXIANE.
Démentez donc, seigneur, ce bruit injurieux ;
De ceux qui l'ont semé confondez l'insolence ;
Allez, comme Porus, les forcer au silence,
Et leur faire sentir, par un juste courroux,
Qu'ils n'ont point d'ennemi plus funeste que vous.

TAXILE.
Madame, je m'en vais disposer mon armée ;
Ecoutez moins ce bruit qui vous tient alarmée
Porus fait son devoir, et je ferai le mien.

SCÈNE V.
AXIANE, PORUS.

AXIANE.
Cette sombre froideur ne m'en dit pourtant rien,
Lâche ; et ce n'est point là, pour me le faire croire,
La démarche d'un roi qui court à la victoire.
Il n'en faut plus douter, et nous sommes trahis ;
Il immole à sa sœur sa gloire et son pays ;
Et sa haine, seigneur, qui cherche à vous abattre,
Attend pour éclater que vous alliez combattre.

PORUS.
Madame, en le perdant, je perds un faible appui ;
Je le connaissais trop pour m'assurer sur lui.
Mes yeux sans se troubler ont vu son inconstance,
Je craignais beaucoup plus sa molle résistance.
Un traître, en nous quittant pour complaire à sa sœur,
Nous affaiblit bien moins qu'un lâche défenseur.

AXIANE.
Et cependant, seigneur, qu'allez-vous entreprendre?
Vous marchez sans compter les forces d'Alexandre ;
Et, courant presque seul au devant de leurs coups,
Contre tant d'ennemis vous n'opposez que vous.

PORUS.
Hé quoi ! voudriez-vous qu'à l'exemple d'un traître,
Ma frayeur conspirât à vous donner un maître,
Que Porus, dans un camp se laissant arrêter,
Refusât le combat qu'il vient de présenter ?
Non, non, je n'en crois rien. Je connais mieux, madame,
Le beau feu que la gloire allume dans votre ame :
C'est vous, je m'en souviens, dont les puissants appas
Excitaient tous nos rois, les traînaient aux combats ;
Et de qui la fierté, refusant de se rendre,
Ne voulait pour amant qu'un vainqueur d'Alexandre.
Il faut vaincre, et j'y cours, bien moins pour éviter
Le titre de captif que pour le mériter.
Oui, madame, je vais, dans l'ardeur qui m'entraîne,
Victorieux ou mort, mériter votre chaîne ;
Et, puisque mes soupirs s'expliquaient vainement
A ce cœur que la gloire occupe seulement,
Je m'en vais, par l'éclat qu'une victoire donne,
Attacher de si près la gloire à ma personne,
Que je pourrai peut-être amener votre cœur
De l'amour de la gloire à l'amour du vainqueur.

AXIANE.
Hé bien ! seigneur, allez. Taxile aura peut-être
Des sujets dans son camp plus braves que leur maître
Je vais les exciter par un dernier effort.
Après, dans votre camp, j'attendrai votre sort.
Ne vous informez point de l'état de mon ame.
Triomphez et vivez.

PORUS.
   Qu'attendez-vous, madame ?
Pourquoi, dès ce moment, ne puis-je pas savoir
Si mes tristes soupirs ont pu vous émouvoir ?
Voulez-vous, car le sort, adorable Axiane,
A ne plus vous revoir peut-être me condamne ;
Voulez-vous qu'en mourant un prince infortuné
Ignore à quelle gloire il était destiné ?
Parlez.

AXIANE.
Que vous dirai-je ?

PORUS.
   Ah ! divine princesse,
Si vous sentiez pour moi quelque heureuse faiblesse,

Ce cœur, qui me promet tant d'estime en ce jour,
Me pourrait bien encor promettre un peu d'amour.
Contre tant de soupirs peut-il bien se défendre?
Peut-il...

AXIANE.

Allez, seigneur, marchez contre Alexandre.
La victoire est à vous, si ce fameux vainqueur
Ne se défend pas mieux contre vous que mon cœur.

FIN DU SECOND ACTE.

ACTE III.

SCÈNE PREMIÈRE.

AXIANE, CLÉOFILE.

AXIANE.

Quoi! madame, en ces lieux on me tient enfermée!
Je ne puis au combat voir marcher mon armée!
Et, commençant par moi sa noire trahison,
Taxile de son camp me fait une prison!
C'est donc là cette ardeur qu'il me faisait paraître!
Cet humble adorateur se déclare mon maître!
Et déjà son amour, lasse de ma rigueur,
Captive ma personne au défaut de mon cœur!

CLÉOFILE.

Expliquez mieux les soins et les justes alarmes
D'un roi qui pour vainqueur ne connaît que vos
Et regardez, madame, avec plus de bonté [charmes!
L'ardeur qui l'intéresse à votre sûreté.
Tandis qu'autour de nous deux puissances armées,
D'une égale chaleur au combat animées,
De leur fureur partout font voler les éclats,
De quel autre côté conduiriez-vous vos pas?
Où pourriez-vous ailleurs éviter la tempête?
Un plein calme en ces lieux assure votre tête :
Tout est tranquille...

AXIANE.

Et c'est cette tranquillité
Dont je ne puis souffrir l'indigne sûreté.
Quoi! lorsque mes sujets, mourant dans une plaine
Sur les pas de Porus combattent pour leur reine,
Qu'au prix de tout leur sang ils signalent leur foi,
Que le cri des mourants vient presque jusqu'à moi,
On me parle de paix ; et le camp de Taxile
Garde dans ce désordre une assiette tranquille!
On flatte ma douleur d'un calme injurieux!
Sur des objets de joie on arrête mes yeux!

CLÉOFILE.

Madame, voulez-vous que l'amour de mon frère
Abandonne aux périls une tête si chère?
Il sait trop les hasards...

AXIANE.

Et pour m'en détourner
Ce généreux amant me fait emprisonner!
Et, tandis que pour moi son rival se hasarde,
Sa paisible valeur me sert ici de garde!

CLÉOFILE.

Que Porus est heureux! le moindre éloignement
A votre impatience est un cruel tourment :
Et, si l'on vous croyait, le soin qui vous travaille
Vous le ferait chercher jusqu'au champ de bataille.

AXIANE.

Je ferai plus, madame : un mouvement si beau
Me le ferait chercher jusque dans le tombeau,
Perdre tous mes états, et voir d'un cœur tranquille
Alexandre en payer le cœur de Cléofile.

CLÉOFILE.

Si vous cherchez Porus, pourquoi m'abandonner!
Alexandre en ces lieux pourra le ramener.
Permettez que, veillant au soin de votre tête,
A cet heureux amant l'on garde sa conquête.

AXIANE.

Vous triomphiez, madame; et déjà votre cœur
Vole vers Alexandre, et le nomme vainqueur;
Mais, sur la seule foi d'un amour qui nous flatte,
Peut-être avant le temps ce grand orgueil éclate :
Vous poussez un peu loin vos vœux précipités,
Et vous croyez trop tôt ce que vous souhaitez.
Oui, oui...

CLÉOFILE.

Mon frère vient; et nous allons apprendre
Qui de nous deux, madame, aura pu se méprendre.

AXIANE.

Ah! je n'en doute plus; et ce front satisfait
Dit assez à mes yeux que Porus est défait.

SCÈNE II.

TAXILE, AXIANE, CLÉOFILE.

TAXILE.

Madame, si Porus, avec moins de colère,
Eût suivi les conseils d'une amitié sincère,
Il m'aurait en effet épargné la douleur
De vous venir moi-même annoncer son malheur.

AXIANE.

Quoi! Porus...

TAXILE.

C'en est fait; et sa valeur trompée
Des maux que j'ai prévus se voit enveloppée.
Ce n'est pas, (car mon cœur, respectant sa vertu,
N'accable point encore un rival abattu),
Ce n'est pas que son bras, disputant la victoire,
N'en ait aux ennemis ensanglanté la gloire;
Qu'elle-même, attachée à ses faits éclatants,
Entre Alexandre et lui n'ait douté quelque temps :
Mais enfin contre moi sa vaillance irritée
Avec trop de chaleur s'était précipitée.
J'ai vu ses bataillons rompus et renversés,
Vos soldats en désordre, et les siens dispersés;
Et lui-même, à la fin, entraîné dans la fuite,
Malgré lui du vainqueur éviter la poursuite;
Et, de son vain courroux trop tard désabusé,
Souhaiter le secours qu'il avait refusé.

AXIANE.

Qu'il avait refusé! Quoi donc! pour ta patrie,
Ton indigne courage attend que l'on te prie!
Il faut donc, malgré toi, te traîner aux combats,
Et te forcer toi-même à sauver tes états!
L'exemple de Porus! puisqu'il faut qu'on t'y porte,
Dis-moi, n'était-ce pas une voix assez forte?

Ce héros en péril, ta maîtresse en danger,
Tout l'état périssant n'a pu t'encourager!
Va, tu sers bien le maître à qui ta sœur te donne.
Achève, et fais de moi ce que sa haine ordonne.
Garde à tous les vaincus un traitement égal,
Enchaîne ta maîtresse, en livrant ton rival.
Aussi bien c'en est fait, sa disgrâce et ton crime
Ont placé dans mon cœur ce héros magnanime.
Je l'adore! et je veux avant la fin du jour,
Déclarer à la fois ma haine et mon amour;
Lui vouer, à tes yeux, une amitié fidèle,
Et te jurer, aux siens, une haine immortelle.
Adieu. Tu me connais : aime-moi si tu veux.

TAXILE.

Ah! n'espérez de moi que de sincères vœux,
Madame : n'attendez ni menaces ni chaînes;
Alexandre sait mieux ce qu'on doit à des reines.
Souffrez que sa douceur vous oblige à garder
Un trône que Porus devait moins hasarder :
Et moi-même en aveugle on me verrait combattre
La sacrilège main qui le voulait abattre.

AXIANE.

Quoi! par l'un de vous deux mon sceptre raffermi
Deviendrait dans mes mains le don d'un ennemi!
Et sur mon propre trône on me verrait placée
Par le même tyran qui m'en aurait chassée!

TAXILE.

Des reines et des rois vaincus par sa valeur
Ont laissé par ses soins adoucir leur malheur.
Voyez de Darius et la femme et la mère ;
L'une il la traite en fils, l'autre il la traite en frère.

AXIANE.

Non, non, je ne sais point vendre mon amitié,
Caresser un tyran, et régner par pitié.
Penses-tu que j'imite une faible Persane;
Qu'à la cour d'Alexandre on retienne Axiane;
Et qu'avec mon vainqueur, courant tout l'univers,
J'aille vanter partout la douceur de ses fers?
S'il donne les états, qu'il te donne les nôtres.
Qu'il te pare, s'il veut, des dépouilles des autres.
Règne : Porus ni moi n'en serons point jaloux ;
Et tu seras encor plus esclave que nous.
J'espère qu'Alexandre, amoureux de sa gloire,
Et fâché que ton crime ait souillé sa victoire,
S'en lavera bientôt par ton propre trépas.
Des traîtres comme toi font souvent des ingrats :
Et, de quelques faveurs que sa main t'éblouisse,
Du perfide Bessus regarde le supplice.
Adieu.

SCENE III.

CLÉOFILE, TAXILE.

CLÉOFILE.

Cédez, mon frère, à ce bouillant transport :
Alexandre et le temps vous rendront le plus fort ;
Et cet âpre courroux, quoi qu'elle en puisse dire,
Ne s'obstinera point au refus d'un empire.
Maître de ses destins, vous l'êtes de son cœur.
Mais, dites-moi, vos yeux ont-ils vu le vainqueur?
Quel traitement, mon frère, en devons-nous attendre !
Qu'a-t-il dit?

TAXILE.

Oui, ma sœur, j'ai vu votre Alexandre.
D'abord, ce jeune éclat qu'on remarque en ses traits
M'a semblé démentir le nombre de ses faits.
Mon cœur, plein de son nom, n'osait, je le confesse,
Accorder tant de gloire avec tant de jeunesse :
Mais de ce même front l'héroïque fierté,
Le feu de ses regards, sa haute majesté,
Font connaître Alexandre, et certes son visage
Porte de sa grandeur l'infaillible présage.
Et sa présence auguste appuyant ses projets,
Ses yeux, comme son bras, font partout des sujets
Il sortait du combat. Ebloui de sa gloire,
Je croyais dans ses yeux voir briller la victoire.
Toutefois, à ma vue, oubliant sa fierté,
Il a fait à son tour éclater sa bonté.

Ses transports ne m'ont point déguisé sa tendresse :
« Retournez, m'a-t-il dit, auprès de la princesse :
« Disposez ses beaux yeux à revoir un vainqueur
« Qui va mettre à ses pieds sa victoire et son cœur. »
Il marche sur mes pas. Je n'ai rien à vous dire,
Ma sœur : de votre sort je vous laisse l'empire;
Je vous confie encor la conduite du mien.

CLÉOFILE.

Vous aurez tout pouvoir, ou je ne pourrai rien.
Tout va vous obéir, si le vainqueur m'écoute.

TAXILE.

Je vais donc... Mais on vient. C'est lui-même sans doute.

SCENE IV.

ALEXANDRE, TAXILE, CLÉOFILE,
ÉPHESTION, SUITE D'ALEXANDRE.

ALEXANDRE.

Allez, Ephestion. Que l'on cherche Porus;
Qu'on épargne sa vie et le sang des vaincus.

SCÈNE V.

ALEXANDRE, TAXILE, CLÉOFILE.

ALEXANDRE, à Taxile.

Seigneur, est-il donc vrai qu'une reine aveuglée
Vous préfère d'un roi la valeur déréglée ?
Mais ne le craignez point : son empire est à vous;
D'une ingrate, à ce prix, fléchissez le courroux.
Maître de deux états, arbitres des siens mêmes,
Allez avec vos vœux offrir trois diadèmes.

TAXILE.

Ah! c'en est trop, seigneur! Prodiguez un peu moins ..

ALEXANDRE.

Vous pourrez à loisir reconnaître mes soins.
Ne tardez point, allez où l'amour vous appelle ;
Et couronnez vos feux d'une palme si belle.

SCÈNE VI.

ALEXANDRE, CLÉOFILE.

ALEXANDRE.

Madame, à son amour je promets mon appui
Ne puis-je rien pour moi quand je puis tout pour lui?
Si prodigue envers lui des fruits de la victoire,
N'en aurai-je pour moi qu'une stérile gloire ?
Les sceptres devant vous sont rendus ou donnés,
De mes propres lauriers mes amis couronnés,
Les biens que j'ai conquis répandus sur leurs têtes,
Font voir que je soupire après d'autres conquêtes.
Je vous avais promis que l'effort de mon bras
M'approcherait bientôt de vos divins appas;
Mais, dans ce même temps, souvenez-vous, madame.
Que vous me promettiez quelque place en votre ame.
Je suis venu : l'amour a combattu pour moi;
La victoire elle-même a dégagé ma foi;
Tout cède autour de vous : c'est à vous de vous rendre :
Votre cœur l'a promis; voudra-t-il s'en défendre?
Et lui seul pourrait-il échapper aujourd'hui
A l'ardeur d'un vainqueur qui ne cherche que lui?

CLÉOFILE.

Non, je ne prétends pas que ce cœur inflexible
Garde seul contre tous le titre d'invincible ;
Je rends ce que je dois à l'éclat des vertus
Qui tiennent sous vos pieds cent peuples abattus.
Les Indiens domptés sont vos moindres ouvrages;
Vous inspirez la crainte aux plus fermes courages;
Et, quand vous le voudrez, vos bontés, à leur tour,
Dans les cœurs les plus durs inspireront l'amour.
Mais, seigneur, cet éclat, ces victoires, ces charmes,
Me troublent bien souvent par de justes alarmes;
Je crains que, satisfait d'avoir conquis un cœur,
Vous ne l'abandonniez à sa triste langueur ;
Qu'insensible à l'ardeur que vous aurez causée,
Votre ame ne dédaigne une conquête aisée.
On attend peu d'amour d'un héros tel que vous ;
La gloire fit toujours vos transports les plus doux,

Et peut-être, au moment que ce grand cœur soupire,
La gloire de me vaincre est tout ce qu'il désire.
ALEXANDRE.
Que vous connaissez mal les violents désirs
D'un amour qui vers vous porte tous mes soupirs.
J'avoûrai qu'autrefois, au milieu d'une armée,
Mon cœur ne soupirait que pour la renommée;
Les peuples et les rois, devenus mes sujets,
Etaient seuls, à mes yeux, d'assez dignes objets.
Les beautés de la Perse à mes yeux présentées,
Aussi bien que ses rois, ont paru surmontées :
Mon cœur, d'un fier mépris armé contre leurs traits,
N'a point du moindre hommage honoré leurs attraits;
Amoureux de la gloire, et partout invincible,
Il mettait son bonheur à paraître insensible.
Mais, hélas! que vos yeux, ces aimables tyrans,
Ont produit sur mon cœur des effets différents!
Ce grand nom de vainqueur n'est plus ce qu'il sou-
Il vient avec plaisir avouer sa défaite :   [haite;
Heureux si, votre cœur se laissant émouvoir,
Vos beaux yeux, à leur tour, avouaient leur pouvoir!
Voulez-vous donc toujours douter de leur victoire.
Toujours de mes exploits me reprocher la gloire?
Comme si les beaux nœuds où vous me tenez pris
Ne devaient arrêter que de faibles esprits!
Par des faits tout nouveaux je m'en vais vous apprendre
Tout ce peut l'amour sur le cœur d'Alexandre :
Maintenant que mon bras, engagé sous vos lois,
Doit soutenir mon nom et le vôtre à la fois,
J'irai rendre fameux, par l'éclat de la guerre,
Des peuples inconnus au reste de la terre,
Et vous faire dresser des autels en des lieux
Où leurs sauvages mains en refusent aux dieux.
CLÉOFILE.
Oui, vous y traînerez la victoire captive ;
Mais je doute, seigneur, que l'amour vous y suive.
Tant d'états, tant de mers, qui vont nous désunir,
M'effaceront bientôt de votre souvenir.
Quand l'océan troublé vous verra sur son onde
Achever quelque jour la conquête du monde;
Quand vous verrez les rois tomber à vos genoux,
Et la terre en tremblant se taire devant vous,
Songerez-vous, seigneur, qu'une jeune princesse,
Au fond de ses états vous regrette sans cesse,
Et rappelle en son cœur les moments bienheureux
Où ce grand conquérant l'assurait de ses feux?
ALEXANDRE.
Hé quoi ! vous croyez donc qu'à moi-même barbare
J'abandonne en ces lieux une beauté si rare!
Mais vous-même plutôt voulez-vous renoncer
Au trône de l'Asie où je vous veux placer?
CLÉOFILE.
Seigneur, vous le savez, je dépends de mon frère.
ALEXANDRE.
Ah! s'il disposait seul du bonheur que j'espère,
Tout l'empire de l'Inde, asservi sous ses lois,
Bientôt en ma faveur irait briguer son choix.
CLÉOFILE.
Mon amitié pour lui n'est point intéressée.
Apaisez seulement une reine offensée;
Et ne permettez pas qu'un rival aujourd'hui,
Pour vous avoir bravé, soit plus heureux que lui.
ALEXANDRE.
Porus était sans doute un rival magnanime :
Jamais tant de valeur n'attira mon estime.
Dans l'ardeur du combat je l'ai vu, je l'ai joint,
Et je puis dire encor qu'il ne m'évitait point :
Nous nous cherchions l'un l'autre. Une fierté si belle
Allait entre nous deux finir notre querelle,
Lorsqu'un gros de soldats, se jetant entre nous,
Nous a fait dans la foule ensevelir nos coups.

SCÈNE VII.
ALEXANDRE, CLÉOFILE, ÉPHESTION.
ALEXANDRE.
Hé bien, ramène-t-on ce prince téméraire?

ÉPHESTION.
On le cherche partout ; mais, quoi qu'on puisse faire,
Seigneur, jusques ici sa fuite ou son trépas
Dérobe ce captif aux soins de vos soldats.
Mais un reste des siens entourés dans leur fuite,
Et du soldat vainqueur arrêtant la poursuite,
A nous vendre leur mort semble se préparer.
ALEXANDRE.
Désarmez les vaincus sans les désespérer.
Madame, allons fléchir une fière princesse,
Afin qu'à mon amour Taxile s'intéresse;
Et, puisque mon repos doit dépendre du sien,
Achevons son bonheur pour établir le mien.

FIN DU TROISIÈME ACTE.

ACTE IV.

SCÈNE PREMIÈRE.
AXIANE.
N'entendrons-nous jamais que des cris de victoire
Qui de mes ennemis me reprochent la gloire?
Et ne pourrai-je au moins, en de si grands malheurs
M'entretenir moi seule avecque mes douleurs?
D'un odieux amant sans cesse poursuivie,
On prétend, malgré moi, m'attacher à la vie :
On m'observe, on me suit. Mais, Porus, ne crois pas
Qu'on me puisse empêcher de courir sur tes pas.
Sans doute à nos malheurs tu n'auras pu survivre.
En vain tant de soldats s'arment pour te poursuivre;
On te découvrirait au bruit de tes efforts;
Et s'il te faut chercher, ce n'est qu'entre les morts.
Hélas! en me quittant, ton ardeur redoublée
Semblait prévoir les maux dont je suis accablée,
Lorsque tes yeux, aux miens découvrant ta langueur,
Me demandaient quel rang tu tenais dans mon cœur.
Que, sans t'inquiéter du succès de tes armes,
Le soin de ton amour te causait tant d'alarmes.
Et pourquoi te cachais-je avec tant de détours
Un secret si fatal au repos de tes jours?
Combien de fois, tes yeux forçant ma résistance,
Mon cœur s'est-il vu près de rompre le silence!
Combien de fois, sensible à tes ardents désirs,
M'est-il, en ta présence, échappé des soupirs!
Mais je voulais encor douter de la victoire;
J'expliquais mes soupirs en faveur de la gloire,
Je croyais n'aimer qu'elle. Ah! pardonne, grand roi ;
Je sens bien aujourd'hui que je n'aime que toi.
J'avoûrai que la gloire eut sur moi quelque empire;
Je te l'ai dit cent fois : mais je devais te dire
Que toi seul, en effet, m'engageas sous ses lois.
J'appris à la connaître en voyant tes exploits;

Et, de quelque beau feu qu'elle m'eût enflammée,
En un autre que toi je l'aurais moins aimée.
Mais que sert de pousser des soupirs superflus
Qui se perdent en l'air, et que tu n'entends plus?
Il est temps que mon ame, au tombeau descendue,
Te jure une amitié si longtemps attendue ;
Il est temps que mon cœur, pour gage de sa foi,
Montre qu'il n'a pu vivre un moment après toi.
Aussi bien, penses-tu que je voulusse vivre
Sous les lois d'un vainqueur à qui ta mort nous livre?
Je sais qu'il se dispose à me venir parler;
Qu'en me rendant mon sceptre il veut me consoler.
Il croit peut-être, il croit que ma haine étouffée
A sa fausse douceur servira de trophée!
Qu'il vienne. Il me verra toujours digne de toi,
Mourir en reine, ainsi que tu mourus en roi.

SCÈNE II.
ALEXANDRE, AXIANE.

AXIANE.

Hé bien, seigneur, hé bien, trouvez-vous quelques [charmes
A voir couler des pleurs que font verser vos armes?
Ou si vous m'enviez, en l'état où je suis,
La triste liberté de pleurer mes ennuis?

ALEXANDRE.

Votre douleur est libre autant que légitime :
Vous regrettez, madame, un prince magnanime.
Je fus son ennemi ; mais je ne l'étais pas
Jusqu'à blâmer les pleurs qu'on donne à son trépas.
Avant que sur ses bords l'Inde me vît paraître,
L'éclat de sa vertu me l'avait fait connaître;
Entre les plus grands rois il se fit remarquer :
Je savais...

AXIANE.

Pourquoi donc le venir attaquer?
Par quelle loi faut-il qu'aux deux bouts de la terre
Vous cherchiez la vertu pour lui faire la guerre?
Le mérite à vos yeux ne peut-il éclater
Sans pousser votre orgueil à le persécuter?

ALEXANDRE.

Oui, j'ai cherché Porus ; mais quoi qu'on puisse dire,
Je ne le cherchais pas afin de le détruire.
J'avourai que, brûlant de signaler mon bras,
Je me laissai conduire au bruit de ses combats,
Et qu'au seul nom d'un roi jusqu'alors invincible
A de nouveaux exploits mon cœur devint sensible.
Tandis que je croyais, par mes combats divers,
Attacher sur moi seul les yeux de l'univers,
J'ai vu de ce guerrier la valeur répandue
Tenir la renommée entre nous suspendue;
Et, voyant de son bras voler partout l'effroi,
L'Inde sembla m'ouvrir un champ digne de moi.
Lassé de voir des rois vaincus sans résistance,
J'appris avec plaisir le bruit de sa vaillance.
Un ennemi si noble a su m'encourager :
Je suis venu chercher la gloire et le danger.
Son courage, madame, a passé son attente :
La victoire, à me suivre autrefois si constante,
M'a presque abandonné pour suivre vos guerriers.
Porus m'a disputé jusqu'aux moindres lauriers :
Et j'ose dire encor qu'en perdant la victoire
Mon ennemi lui-même a vu croître sa gloire :
Qu'une chute si belle élève sa vertu,
Et qu'il ne voudrait pas n'avoir point combattu.

AXIANE.

Hélas ! il fallait bien qu'une si noble envie
Lui fît abandonner tout le soin de sa vie,
Puisque, de toutes parts trahi, persécuté,
Contre tant d'ennemis il s'est précipité.
Mais vous, s'il était vrai que son ardeur guerrière
Eût ouvert à la vôtre une illustre carrière,
Que n'avez-vous, seigneur, dignement combattu?
Fallait-il par la ruse attaquer sa vertu,
Et, loin de remporter une gloire parfaite,
D'un autre que de vous attendre sa défaite?
Triomphez ; mais sachez que Taxile en son cœur
Vous dispute déjà ce beau nom de vainqueur;
Que le traître se flatte, avec quelque justice,
Que vous n'avez vaincu que par son artifice :
Et c'est à ma douleur un spectacle assez doux
De le voir partager cette gloire avec vous.

ALEXANDRE.

En vain votre douleur s'arme contre ma gloire :
Jamais on ne m'a vu dérober la victoire,
Et par ces lâches soins, qu'on ne peut m'imputer,
Tromper mes ennemis au lieu de les dompter.
Quoique partout, ce semble, accablé par le nombre,
Je n'ai pu me résoudre à me cacher dans l'ombre :
Ils n'ont de leur défaite accusé que mon bras ;
Et le jour a partout éclairé mes combats.
Il est vrai que je plains le sort de vos provinces;
J'ai voulu prévenir la perte de vos princes;
Mais, s'ils avaient suivi mes conseils et mes vœux,
Je les aurais sauvés ou combattus tous deux.
Oui, croyez...

AXIANE.

Je crois tout. Je vous crois invincible ;
Mais, seigneur, suffit-il que tout vous soit possible?
Qu'à faire impunément gémir tout l'univers?
Ne tient-il qu'à jeter tant de rois dans les fers,
Et que vous avaient fait tant de villes captives,
Tant de morts, dont l'Hydaspe a vu couvrir ses rives?
Qu'ai-je fait, pour venir accabler en ces lieux
Un héros sur qui seul j'ai pu tourner les yeux?
A-t-il de votre Grèce inondé les frontières?
Avons-nous soulevé des nations entières,
Et contre votre gloire excité le courroux?
Hélas ! nous l'admirions sans en être jaloux.
Contents de nos états, et charmés l'un de l'autre,
Porus bornait ses vœux à conquérir un cœur
Qui peut être aujourd'hui l'eût nommé son vainqueur.
Ah ! n'eussiez-vous versé qu'un sang si magnanime,
Quand on ne vous pourrait reprocher que ce crime,
Ne vous sentez-vous pas, seigneur, bien malheureux
D'être venu si loin rompre de si beaux nœuds?
Non, de quelque douceur que se flatte votre ame,
Vous n'êtes qu'un tyran.

ALEXANDRE.

Je le vois bien, madame,
Voulez-vous que, saisi d'un indigne courroux,
En reproches honteux j'éclate contre vous.
Peut-être espérez-vous que ma douceur lassée
Donnera quelque atteinte à sa gloire passée.
Mais quand votre vertu ne m'aurait point charmé,
Vous attaquez, madame, un vainqueur désarmé.
Mon ame, malgré vous à vous plaindre engagée,
Respecte le malheur où vous êtes plongée.
C'est ce trouble fatal qui vous ferme les yeux,
Qui ne regarde en moi qu'un tyran odieux.
Sans lui vous avoûriez que le sang et les larmes
N'ont pas toujours souillé la gloire de mes armes ;
Vous verriez...

AXIANE.

Ah ! seigneur, puis-je ne les point voir,
Ces vertus dont l'éclat aigrit mon désespoir?
N'ai-je pas vu partout la victoire modeste
Perdre avec vous l'orgueil qui la rend si funeste?
Ne vois-je pas le Scythe et le Perse abattus
Se plaire sous le joug et vanter vos vertus,
Et disputer enfin, par une aveugle envie,
A vos propres sujets le soin de votre vie?
Mais que sert à ce cœur que vous persécutez
De voir partout ailleurs adorer vos bontés?
Pensez-vous que ma haine en soit moins violente,
Pour voir baiser partout la main qui me tourmente?
Tant de rois par vos soins vengés ou secourus,
Tant de peuples contents, me rendent-ils Porus? (aime;
Non, seigneur : je vous hais d'autant plus qu'on vous
D'autant plus qu'il me faut vous admirer moi-même,
Que l'univers entier m'en impose la loi,
Et que personne enfin ne vous hait avec moi.

ALEXANDRE.

J'excuse les transports d'une amitié si tendre ;
Mais, madame, après tout, ils doivent me surprendre :
Si la commune voix ne m'a point abusé,
Porus d'aucun regard ne fut favorisé ;
Entre Taxile et lui votre cœur en balance,
Tant qu'ont duré ses jours, a gardé le silence;

Et lorsqu'il ne peut plus vous entendre aujourd'hui,
Vous commencez, madame, à prononcer pour lui.
Pensez-vous que, sensible à cette ardeur nouvelle,
Sa cendre exige encor que vous brûliez pour elle?
Ne vous accablez point d'inutiles douleurs ;
Des soins plus importants vous appellent ailleurs.
Vos larmes ont assez honoré sa mémoire :
Régnez, et de ce rang soutenez mieux la gloire ;
Et, redoutant le calme à vos sens désolés,
Rassurez vos états par sa chute ébranlés.
Parmi tant de grands rois choisissez-leur un maître.
Plus ardent que jamais, Taxile...

AXIANE.
Quoi ! le traître !

ALEXANDRE.
Hé, de grâce, prenez des sentiments plus doux ;
Aucune trahison ne le souille envers vous.
Maître de ses états, il a pu se résoudre
A se mettre avec eux à couvert de la foudre.
Ni serment ni devoir ne l'avaient engagé
A courir dans l'abîme où Porus s'est plongé.
Enfin, souvenez-vous qu'Alexandre lui-même
S'intéresse au bonheur d'un prince qui vous aime.
Songez que, réunis par un si juste choix,
L'Inde et l'Hydaspe entiers couleront sous vos lois ;
Que pour vos intérêts tout me sera facile,
Quand je les verrai joints avec ceux de Taxile.
Il vient. Je ne veux point contraindre ses soupirs
Je le laisse lui-même expliquer ses désirs :
Ma présence à vos yeux n'est déjà que trop rude :
L'entretien des amants cherche la solitude :
Je ne vous trouble point.

SCÈNE III.
AXIANE, TAXILE.

AXIANE.
Approche, puissant roi,
Grand monarque de l'Inde ; on parle ici de toi,
On veut en ta faveur combattre ma colère,
On dit que tes désirs n'aspirent qu'à me plaire,
Que mes rigueurs ne font qu'affermir ton amour.
On fait plus, et l'on veut que je t'aime à mon tour.
Mais sais-tu l'entreprise où s'engage ta flamme?
Sais-tu pour quels secrets on peut toucher mon âme?
Es-tu prêt...

TAXILE.
Ah ! madame ! éprouvez seulement
Ce que peut sur mon cœur un espoir si charmant.
Que faut-il faire?

AXIANE.
Il faut, s'il est vrai que l'on m'aime,
Aimer la gloire autant que je l'aime moi-même,
Ne m'expliquer ses vœux que par mille beaux faits,
Et haïr Alexandre autant que je le hais ;
Il faut marcher sans crainte au milieu des alarmes,
Il faut combattre, vaincre, ou périr sous les armes.
Jette, jette les yeux sur Porus et sur toi,
Et juge qui des deux était digne de moi.
Oui, Taxile, mon cœur, douteux en apparence,
D'un esclave et d'un roi faisait la différence.
Je l'aimai ; je l'adore ; et puisqu'un sort jaloux
Lui défend de jouir d'un spectacle si doux
C'est toi que je choisis pour témoin de sa gloire :
Mes pleurs feront toujours revivre sa mémoire ;
Toujours tu me verras, au fort de mon ennui,
Mettre tout mon plaisir à te parler de lui.

TAXILE.
Ainsi je brûle en vain pour une âme glacée :
L'image de Porus ne'en peut être effacée.
Quand j'irais, pour vous plaire, affronter le trépas,
Je me perdrais, madame, et ne vous plairais pas.
Je ne puis donc...

AXIANE.
Tu peux recouvrer mon estime :
Dans le sang ennemi tu peux laver ton crime.
L'occasion te rit : Porus dans le tombeau
Rassemble ses soldats autour de son drapeau ;
Son ombre seul encor semble arrêter leur fuite.
Les tiens même, les tiens, honteux de ta conduite,
Font lire sur leurs fronts justement courroucés
Le repentir du crime où tu les a forcés.
Va seconder l'ardeur du feu qui les dévore ;
Venge nos libertés qui respirent encore ;
De mon trône et du tien deviens le défenseur ;
Cours, et donne à Porus un digne successeur...
Tu ne me réponds rien ! Je vois sur ton visage
Qu'un si noble dessein étonne ton courage.
Je te propose en vain l'exemple d'un héros ;
Tu veux servir. Va, sers ; et me laisse en repos.

TAXILE.
Madame, c'en est trop. Vous oubliez peut-être
Que, si vous m'y forcez, je puis parler en maître ;
Que je puis me lasser de souffrir vos dédains,
Que vous et vos états, tout est entre mes mains ;
Qu'après tant de respects, qui vous rendent plus fière,
Je pourrai...

AXIANE.
Je t'entends. Je suis ta prisonnière :
Tu veux peut-être encor captiver mes désirs ;
Que mon cœur, en tremblant, réponde à tes soupirs :
Hé bien ! dépouille enfin cette douceur contrainte;
Appelle à ton secours la terreur et la crainte;
Parle en tyran tout prêt à me persécuter ;
Ma haine ne peut croître, et tu peux tout tenter.
Surtout ne me fais point d'inutiles menaces.
Ta sœur vient t'inspirer ce qu'il faut que tu fasses
Adieu. Si ses conseils et mes vœux en sont crus,
Tu m'aideras bientôt à rejoindre Porus.

TAXILE.
Ah ! plutôt...

SCÈNE IV.
TAXILE, CLÉOFILE.

CLÉOFILE.
Ah ! quittez cette ingrate princesse,
Dont la haine a juré de nous troubler sans cesse ;
Qui met tout son plaisir à vous désespérer.
Oubliez...

TAXILE.
Non, ma sœur, je la veux adorer.
Je l'aime ; et quand les vœux que je pousse pour elle
N'en obtiendraient jamais qu'une haine immortelle,
Malgré tous ses mépris, malgré tous ses discours,
Malgré moi-même, il faut que je l'aime toujours.
Sa colère, après tout, n'a rien qui me surprenne :
C'est à vous, c'est à moi qu'il faut que je m'en prenne.
Sans vous, sans vos conseils, ma sœur, qui m'ont trahi,
Si je n'étais aimé, je serais moins haï ;
Je la verrais, sans vous, par mes soins défendue,
Entre Porus et moi demeurée suspendue ;
Et ne serait-ce pas un bonheur trop charmant
Que de l'avoir réduite à douter un moment?
Non, je ne puis plus vivre accablé de sa haine;
Il faut que je me jette aux pieds de l'inhumaine.
J'y cours : je vais m'offrir à servir son courroux,
Même contre Alexandre, et même contre vous.
Je sais de quelle ardeur vous brûlez l'un pour l'autre ;
Mais c'est trop oublier mon repos pour le vôtre ;
Et, sans m'inquiéter du succès de vos feux,
Il faut que tout périsse, ou que je sois heureux.

CLÉOFILE.
Allez donc, retournez sur le champ de bataille ;
Ne laissez point languir l'ardeur qui vous travaille.
A quoi s'arrête ici ce courage inconstant?
Courez : on est aux armes et Porus vous attend.

TAXILE.
Quoi ! Porus n'est point mort? Porus vient de paraître!

CLÉOFILE.
C'est lui. De si grands coups le font trop reconnaître,
Il l'avait bien prévu ; le bruit de son trépas
D'un vainqueur trop crédule a retenu le bras.
Il vient surprendre ici leur victoire endormie,
Troubler une victoire encor mal affermie ;
Il vient, n'en doutez pas, en amant furieux,
Enlever sa maîtresse, ou périr à ses yeux.

Que dis-je? Votre camp, séduit par cette ingrate,
Prêt à suivre Porus, en murmures éclate.
Allez vous-même, allez, en généreux amant,
Au secours d'un rival aimé si tendrement.
Adieu.

SCÈNE V.

TAXILE.

Quoi! la fortune obstinée à me nuire,
Ressuscite un rival armé pour me détruire!
Cet amant reverra les yeux qui l'ont pleuré,
Qui, tout mort qu'il était, me l'avaient préféré?
Ah! c'en est trop. Voyons ce que le sort m'apprête,
A qui doit demeurer cette noble conquête.
Allons. N'attendons pas dans un lâche courroux,
Qu'un si grand différent se termine sans nous.

FIN DU QUTRIÈME ACTE

ACTE V.

SCÈNE PREMIÈRE

ALEXANDRE, CLÉOFILE.

ALEXANDRE.

Quoi! vous craignez Porus même après sa défaite!
Ma victoire à vos yeux semblait-elle imparfaite?
Non, non, c'est un captif qui n'a pu m'échapper,
Que mes ordres partout ont fait envelopper.
Loin de le craindre encor, ne songez qu'à le plaindre

CLÉOFILE.

Et c'est en cet état que Porus est à craindre.
Quelque brave qu'il fût, le bruit de sa valeur
M'inquiétait bien moins que ne fait son malheur.
Tant qu'on l'a vu suivi d'une puissante armée,
Ses forces, ses exploits ne m'ont point alarmée;
Mais, seigneur, c'est un roi malheureux et soumis;
Et dès lors je le compte au rang de vos amis.

ALEXANDRE.

C'est un rang où Porus n'a plus droit de prétendre;
Il a trop recherché la haine d'Alexandre.
Il sait bien qu'à regret je m'y suis résolu;
Mais enfin je le hais autant qu'il l'a voulu.
Je dois même un exemple au reste de la terre:
Je dois venger sur lui tous les maux de la guerre,
Le punir des malheurs qu'il a pu prévenir,
Et de m'avoir forcé moi-même à le punir.
Vaincu deux fois, haï de ma belle princesse...

CLÉOFILE.

Je ne hais point Porus, seigneur, je le confesse;
Et s'il m'était permis d'écouter aujourd'hui
La voix de ses malheurs qui me parle pour lui,
Je vous dirais qu'il fut le plus grand de nos princes;
Que son bras fut longtemps l'appui de nos provinces

Qu'il a voulu peut-être en marchant contre vous
Qu'on le crût digne au moins de tomber sous vos coups,
Et qu'un même combat signalant l'un et l'autre,
Son nom volât partout à la suite du vôtre.
Mais si je le défends, des soins si généreux
Retombent sur mon frère, et détruisent ses vœux.
Tant que Porus vivra, que faut-il qu'il devienne?
Sa perte est infaillible et peut-être la mienne.
Oui, oui, si son amour ne peut rien obtenir,
Il m'en rendra coupable, et m'en voudra punir.
Et maintenant encor que votre cœur s'apprête
A voler de nouveau de conquête en conquête,
Quand je verrai le Gange entre mon frère et vous,
Qui retiendra, seigneur, son injuste courroux!
Mon ame, loin de vous, languira solitaire.
Hélas! s'il condamnait mes soupirs à se taire,
Que deviendrait alors ce cœur infortuné?
Où sera le vainqueur à qui je l'ai donné?

ALEXANDRE.

Ah! c'en est trop, madame; et si ce cœur se donne,
Je saurai le garder, quoi que Taxile ordonne,
Bien mieux que tant d'états qu'on m'a vu conquérir,
Et que je n'ai gardés que pour vous les offrir.
Encore une victoire, et je reviens, madame,
Borner toute ma gloire à regner sur votre ame,
Vous obéir moi-même, et mettre entre vos mains
Le destin d'Alexandre et celui des humains.
Le Mallien m'attend, prêt à me rendre hommage.
Si près de l'Océan, que faut-il davantage,
Que d'aller me montrer à ce fier élément
Comme vainqueur du monde, et comme votre amant?
Alors...

CLÉOFILE.

Mais quoi, seigneur, toujours guerre sur guerre!
Cherchez-vous des sujets au delà de la terre?
Voulez-vous pour témoins de vos faits éclatants,
Des pays inconnus même à leurs habitants?
Qu'espérez-vous combattre en des climats si rudes?
Ils vous opposeront de vastes solitudes,
Des déserts quele ciel refuse d'éclairer,
Où la nature semble elle-même expirer.
Et peut-être le sort, dont la secrète envie
N'a pu cacher le cours d'une si belle vie,
Vous attend dans ces lieux, et veut que dans l'oubli
Votre tombeau du moins demeure enseveli.
Pensez-vous y traîner le reste d'une armée
Vingt fois renouvelée et vingt fois consumée?
Vos soldats, dont la vue excite la pitié,
D'eux-mêmes en cent lieux ont laissé la moitié,
Et leurs gémissements vous font assez connaître...

ALEXANDRE.

Ils marcheront, madame, et je n'ai qu'à paraître:
Ces cœurs qui dans un camp, d'un vain loisir déçus,
Comptent en murmurant les coups qu'ils ont reçus,
Revivront pour me suivre, et, blâmant leurs murmu-
Brigueront à mes yeux de nouvelles blessures. [res,
Cependant de Taxile appuyons les soupirs:
Son rival ne peut plus traverser ses desirs.
Je vous l'ai dit, madame, et j'ose encor vous dire...

CLÉOFILE.

Seigneur, voici la reine.

SCÈNE II.

ALEXANDRE, AXIANE, CRÉOFILE.

ALEXANDRE.

Hé bien, Porus respire.
Le ciel semble, madame, écouter vos souhaits;
Il vous le rend...

AXIANE.

Hélas! il me l'ôte à jamais!
Aucun reste d'espoir ne peut flatter ma peine;
Sa mort était douteuse, elle devient certaine:
Il y court; et peut-être il ne s'y vient offrir
Que pour me voir encore, et pour me secourir.
Mais que ferait-il seul contre toute une armée?
En vain quelques guerriers qu'anime son grand cœur,
Ont ramené l'effroi dans le camp du vainqueur;

Il faut bien qu'il succombe, et qu'enfin son courage
Tombe sur tant de morts qui ferment son passage.
Encor, si je pouvais, en sortant de ces lieux,
Lui montrer Axiane, et mourir à ses yeux !
Mais Taxile m'enferme ; et cependant le traître
Du sang de ce héros est allé se repaître ;
Dans les bras de la mort il va le regarder,
Si toutefois encore il ose l'aborder.

ALEXANDRE.

Non, madame, mes soins ont assuré sa vie :
Son retour va bientôt contenter votre envie.
Vous le verrez.

AXIANE.

Vos soins s'étendraient jusqu'à lui !
Le bras qui l'accablait deviendrait son appui !
J'attendrais mon salut de la main d'Alexandre !
Mais quel miracle enfin n'en dois-je pas attendre?
Je m'en souviens, seigneur, vous me l'avez promis,
Qu'Alexandre vainqueur n'avait plus d'ennemis.
Ou plutôt ce guerrier ne fut jamais le vôtre :
La gloire également vous arma l'un et l'autre.
Contre un si grand courage il voulut s'éprouver ;
Et vous ne l'attaquiez qu'afin de le sauver.

ALEXANDRE.

Ses mépris redoublés qui bravent ma colère
Mériteraient sans doute un vainqueur plus sévère ;
Son orgueil en tombant semble s'être affermi ;
Mais je veux bien cesser d'être son ennemi ;
J'en dépouille, madame, et la haine et le titre.
De mes ressentiments je fais Taxile arbitre :
Seul il peut, à son choix, le perdre ou l'épargner,
Et c'est lui seul enfin que vous devez gagner.

AXIANE.

Moi, j'irais à ses pieds mendier un asile !
Et vous me renvoyez aux bontés de Taxile !
Vous voulez que Porus cherche un appui si bas
Ah, seigneur ! votre haine a juré son trépas.
Non, vous ne le cherchez qu'afin de le détruire,
Qu'une âme généreuse est facile à séduire !
Déjà mon cœur crédule, oubliant son courroux,
Admirait des vertus qui ne sont point en vous.
Armez-vous donc, seigneur, d'une valeur cruelle ;
Ensanglantez la fin d'une course si belle ;
Après tant d'ennemis qu'on vous vit relever,
Perdez le seul enfin que vous deviez sauver.

ALEXANDRE.

Hé bien ! aimez Porus sans détourner sa perte ;
Refusez la faveur qui vous était offerte ;
Soupçonnez ma pitié d'un sentiment jaloux ;
Mais enfin, s'il périt n'en accusez que vous.
Le voici. Je veux bien le consulter lui-même :
Que Porus de son sort soit l'arbitre suprême.

SCÈNE III.

ALEXANDRE, PORUS, AXIANE, CLÉOFILE,
EPHESTION, GARDES D'ALEXANDRE.

ALEXANDRE.

Hé bien, de votre orgueil, Porus, voilà le fruit !
Où sont ces beaux succès qui vous avaient séduit ?
Cette fierté si haute est enfin abaissée.
Je dois une victime à ma gloire offensée :
Rien ne peut vous sauver. Je veux bien toutefois
Vous offrir un pardon refusé tant de fois.
Cette reine, elle seule à mes bontés rebelle,
Aux dépens de vos jours veut vous être fidèle ;
Et que, sans balancer, vous mourriez seulement
Pour porter au tombeau le nom de son amant.
N'achetez point si cher une gloire inutile :
Vivez ; mais consentez au bonheur de Taxile.

PORUS.

Taxile !

ALEXANDRE.

Oui.

PORUS.

Tu fais bien, et j'approuve tes soins :
Ce qu'il a fait pour toi ne mérite pas moins :

C'est lui qui m'a des mains arraché la victoire ;
Il t'a donné sa sœur ; il t'a vendu sa gloire ;
Il t'a livré Porus. Que feras-tu jamais
Qui te puisse acquitter d'un seul de ses bienfaits?
Mais j'ai su prévenir le soin qui te travaille :
Va le voir expirer sur le champ de bataille.

ALEXANDRE.

Quoi Taxile !

CLÉOFILE.

Qu'entends-je !

EPHESTION.

Oui, seigneur, il est mort ;
Il s'est livré lui-même aux rigueurs de son sort.
Porus était vaincu : mais, au lieu de se rendre,
Il semblait attaquer, et non pas se défendre.
Ses soldats, à ses pieds étendus et mourants,
Le mettaient à l'abri de leurs corps expirants.
Là, comme dans un fort, son audace enfermée
Se soutenait encor contre toute une armée ;
Et, d'un bras qui portait la terreur et la mort,
Aux plus hardis guerriers en défendait l'abord.
Je l'épargnais toujours. Sa vigueur affaiblie
Bientôt en mon pouvoir aurait laissé sa vie,
Quand sur le champ fatal Taxile est descendu.
« Arrêtez, c'est à moi que ce captif est dû.
« C'en est fait, a-t-il dit, et ta perte est certaine,
« Porus ; il faut périr, ou me céder la reine. »
Porus, à cette voix ranimant son courroux,
A relevé ce bras lassé de tant de coups ;
Et, cherchant son rival d'un air fier et tranquille :
« N'entends-je pas, dit-il, l'infidèle Taxile,
« Ce traître à sa patrie, à sa maîtresse, à moi ?
« Viens, lâche ! poursuit-il, Axiane est à toi.
« Je veux bien te céder cette illustre conquête ;
« Mais, il faut que ton bras l'emporte avec ma tête.
« Approche ! » A ce discours, ces rivaux irrités
L'un sur l'autre à la fois se sont précipités.
Nous nous sommes en foule opposés à leur rage ;
Mais Porus parmi nous court et s'ouvre un passage
Joint Taxile, le frappe ; et, lui perçant le cœur,
Content de sa victoire, il se rend au vainqueur.

CLÉOFILE.

Seigneur, c'est donc à moi de répandre des larmes,
C'est sur moi qu'est tombé tout le faix de vos armes.
Mon frère a vainement recherché votre appui,
Et votre gloire, hélas ! n'est suneste qu'à lui.
Que lui sert au tombeau l'amitié d'Alexandre ?
Sans le venger, seigneur, l'y verrez-vous descendre ?
Souffrirez-vous qu'après l'avoir percé de coups,
On en triomphe aux yeux de sa sœur et de vous ?

AXIANE.

Oui, seigneur, écoutez les pleurs de Cléofile.
Je la plains. Elle a droit de regretter Taxile :
Tous ses efforts en vain l'ont voulu conserver ;
Elle en a fait un lâche, et ne l'a pu sauver.
Ce n'est point que Porus ait attaqué son frère ;
Il s'est offert lui-même à sa juste colère.
Au milieu du combat que venait-il chercher ?
Au courroux du vainqueur venait-il l'arracher ;
Il venait accabler dans son malheur extrême
Un roi que respectait la victoire elle-même.
Mais pourquoi vous ôter une prétexte si beau ?
Que voulez-vous de plus ? Taxile est au tombeau ?
Immolez-lui, seigneur, cette grande victime ;
Vengez-vous. Mais songez que j'ai part à son crime.
Oui, oui, Porus, mon cœur n'aime point à demi ;
Alexandre le sait, Taxile en a gémi :
Vous seul vous l'ignoriez ; mais ma joie est extrême
De pouvoir en mourant vous le dire à vous-même.

PORUS.

Alexandre, il est temps que tu sois satisfait.
Tout vaincu que j'étais, tu vois ce que j'ai fait.
Crains Porus ; crains encor cette main désarmée
Qui venge sa défaite au milieu d'une armée.
Mon nom peut soulever de nouveaux ennemis,
Et réveiller cent rois dans les fers endormis.
Étouffe dans mon sang ces semences de guerre ;
Va vaincre en sûreté le reste de la terre.

Aussi bien n'attend pas qu'un cœur comme le mien
Reconnaisse un vainqueur et te demande rien.
Parle : et sans espérer que je blesse ma gloire,
Voyons comme tu sais user de la victoire.

ALEXANDRE.

Votre fierté, Porus, ne se peut abaisser :
Jusqu'au dernier soupir vous m'osez menacer.
En effet, ma victoire doit en être alarmée,
Votre nom peut encor plus que toute une armée :
Je m'en dois garantir. Parlez donc ; dites-moi,
Comment prétendez-vous que je vous traite ?

PORUS.

En roi.

ALEXANDRE.

Hé bien ! c'est donc en roi qu'il faut que je vous traite.
Je ne laisserai point ma victoire imparfaite ;
Vous l'avez souhaité, vous ne vous plaindrez pas.
Régnez toujours, Porus ; je vous rends vos états.
Avec mon amitié recevez Axiane :
A des liens si doux tous deux je vous condamne.
Vivez, régnez tous deux ; et seuls de tant de rois
Jusques aux bords du Gange allez donner vos lois.
(à *Cléofile*.)
Ce traitement, madame, a droit de vous surprendre :
Mais enfin c'est ainsi que se venge Alexandre.
Je vous aime ; et mon cœur, touché de vos soupirs,
Voudrait par mille morts venger vos déplaisirs.
Mais vous-même pourriez prendre pour une offense
La mort d'un ennemi qui n'est plus en défense ;
Il en triompherait : et, bravant ma rigueur,
Porus dans le tombeau descendrait en vainqueur.
Souffrez que, jusqu'au bout achevant ma carrière,
J'apporte à vos beaux yeux ma vertu tout entière.
Laissez régner Porus couronné par mes mains ;
Et commandez vous-même au reste des humains.
Prenez les sentiments que ce rang vous inspire ;
Faites, dans sa naissance admirer votre empire ;
Et, regardant l'éclat qui se répand sur vous,
De la sœur de Taxile oubliez le courroux.

AXIANE.

Oui, madame, régnez ; et souffrez que moi-même
J'admire le grand cœur d'un héros qui vous aime.
Aimez, et possédez l'avantage charmant
De voir toute la terre adorer votre amant.

PORUS.

Seigneur, jusqu'à ce jour l'univers en alarmes
Me forçait d'admirer le bonheur de vos armes ;
Mais rien ne me forçait, en ce commun effroi,
De reconnaître en vous plus de vertu qu'en moi
Je me rends ; je vous cède une pleine victoire :
Vos vertus, je l'avoue, égalent votre gloire.
Allez, seigneur, rangez l'univers sous vos lois ;
Il me reste moi-même appuyer vos exploits :
Je vous suis ; et je crois devoir tout entreprendre
Pour lui donner un maître aussi grand qu'Alexandre.

CLÉOFILE.

Seigneur, que vous peut dire un cœur triste, abattu ?
Je ne murmure point contre votre vertu :
Vous rendez à Porus la vie et la couronne ;
Je veux croire qu'ainsi votre gloire l'ordonne ;
Mais ne me pressez point : en l'état où je suis,
Je ne puis que me taire, et pleurer mes ennuis.

ALEXANDRE.

Oui, madame, pleurons un ami si fidèle ;
Faisons en soupirant éclater notre zèle,
Et qu'un tombeau superbe instruise l'avenir
Et de votre douleur et de mon souvenir*.

---

* Le grand défaut qui règne dans cette pièce, dit Louis Racine, est un amour qui en paraît faire tout le nœud, tandis qu'un des plus glorieux exploits d'Alexandre n'en paraît que l'épisode. On était, lorsque cette pièce a paru, si accoutumé à ces romans où les héros de l'antiquité sont changés en de fades galants, qu'Alexandre même ne parut pas assez douce-

reux. Au reste, on reconnaît ici une imitation continuelle de Corneille, non-seulement dans le style, mais encore dans le sujet. Corneille avait mis Jules César sur la scène ; Racine essaya d'y mettre Alexandre. Corneille avait présenté César amoureux de Cléopâtre. Racine offrit Alexandre amoureux de Cléofile. Corneille avait peint la générosité de César envers un ennemi mort ; Racine peignit la générosité d'Alexandre envers un ennemi vaincu et mourant.

Il est tout simple que Racine, alors jeune, n'ait pas cru pouvoir faire mieux que de modeler son Alexandre sur le César de Corneille. Heureusement le succès d'Alexandre n'empêcha pas son auteur de s'ouvrir une route nouvelle. Il fit Andromaque, et l'on peut dire avec La Harpe qu'il y a un demi-siècle entre ces deux ouvrages.

Du reste, il est juste de remarquer avec le même critique, que c'est la première de nos pièces qui ait été écrite avec cette élégance qui consiste dans la propriété des termes, dans la noblesse de l'expression, dans le nombre et la cadence du vers. Ce mérite que l'auteur porta depuis infiniment plus loin, et le caractère de Porus, marquaient déjà un progrès dans sa composition.

FIN D'ALEXANDRE.

ANDROMAQUE,

TRAGÉDIE.

1667.

PREMIÈRE PRÉFACE.

Mes personnages sont si fameux dans l'antiquité, que, pour peu qu'on la connaisse, on verra fort bien que je les ai rendus tels que les anciens poètes nous les ont donnés : aussi n'ai-je pas pensé qu'il me fût permis de rien changer à leurs mœurs. Toute la liberté que j'ai prise, c'a été d'adoucir un peu la férocité de Pyrrhus, que Sénèque, dans la *Troade*, et Virgile, dans le second livre de l'*Énéide*, ont poussée beaucoup plus loin que je n'ai cru le devoir faire : encore s'est-il trouvé des gens qui se sont plaints qu'il s'emportât contre Andromaque, et qu'il voulût épouser une captive à quelque prix que ce fût ; et j'avoue qu'il n'est pas assez résigné à la volonté de sa maîtresse, et que Céladon a mieux connu que lui le parfait amour. Mais que faire ? Pyrrhus n'avait pas lu nos romans ; il était violent de son naturel ; et tous les héros ne sont pas faits pour être des Céladons.

Quoi qu'il en soit, le public m'a été trop favorable pour m'embarrasser du chagrin particulier de deux ou trois personnes qui voudraient qu'on réformât tous les héros de l'antiquité pour en faire des héros parfaits. Je trouve leur intention fort bonne de vouloir qu'on ne mette sur la scène que des hommes impeccables ; mais je les prie de se souvenir que ce n'est point à moi de changer les règles du théâtre. Horace nous recommande de peindre Achille farouche, inexorable, violent, tel qu'il était, et tel qu'on dépeint son fils. Aristote, bien éloigné de nous demander des héros parfaits, veut, au contraire, que les personnages tragiques, c'est à dire ceux dont le malheur fait la catastrophe de la tragédie, ne soient ni tout à fait bons, ni tout à fait méchants. Il ne veut pas qu'ils soient extrêmement bons, parce que la punition d'un homme de bien exciterait plus d'indignation que la pitié du spectateur; ni qu'ils soient méchants avec excès, parce qu'on n'a pas pitié du scélérat. Il faut donc qu'ils aient une bonté médiocre, c'est à dire une vertu capable de faiblesse, et qu'ils tombent dans le malheur par quelque faute qui les fasse plaindre sans les faire détester.

FIN DE LA PREMIÈRE PRÉFACE.

SECONDE PRÉFACE.

Virgile au troisième livre de l'*Énéide*; c'est Énée qui parle :

Littoraque Epiri legimus, portuque subimus
Chaonio, et celsam Buthroti ascendimus urbem...
. . . .
Solemnes tum forte dapes, et tristia dona...
. . . .
Libabat cineri Andromache, Manesque vocabat
Hectoreum ad tumulum, viridi quem cespite inanem,
Et geminas, causam lacrymis, sacraverat aras...

Dejecit vultum, et demissa voce locuta est.
« O felix una ante alias Priameia virgo,
« Hostilem ad tumulum, Trojæ sub mœnibus altis
« Jussa mori, quæ sortitus non pertulit ullos,
« Nec victoris heri tetigit captiva cubile!
« Nos, patria incensa, diversa per æquora vectæ,
« Stirpis Achilleæ fastus, Juvenemque superbum,
« Servitio enixæ, tulimus, qui deinde secutus
« Ledæam Hermionem, Lacedæmoniosque hymenæos...

« Ast illum, ereptæ magno inflammatus amore
« Conjugis, et scelerum Furiis agitatus, Orestes
« Excipit incautum, patriasque obtruncat ad aras *.

Voilà, en peu de vers, tout le sujet de cette tragédie, voilà le lieu de la scène, l'action qui s'y passe, les quatre principaux acteurs, et même leurs caractères, excepté celui d'Hermione, dont la jalousie et les emportements sont assez marqués dans l'*Andromaque* d'Euripide.

C'est presque la seule chose que j'emprunte ici de cet auteur. Car, quoique ma tragédie porte le même nom que la sienne, le sujet en est pourtant très différent. Andromaque, dans Euripide, craint pour la vie de Molossus qui est un fils qu'elle a eu de Pyrrhus, et qu'Hermione veut faire mourir avec sa mère. Mais ici il ne s'agit point de Molossus : Andromaque ne connaît point d'autre mari qu'Hector, ni d'autre fils qu'Astyanax. J'ai cru en cela me conformer à l'idée que, nous avons maintenant de cette princesse. La plupart de ceux qui ont entendu parler d'Andromaque ne la connaissent guère que pour la veuve d'Hector et pour la mère d'Astyanax. On ne croit point qu'elle doive aimer ni un autre mari, ni un autre fils; et je doute que les larmes d'Andromaque eussent fait sur l'esprit de mes spectateurs l'impression qu'elles y ont faite, si elles avaient coulé pour un autre fils que celui qu'elle avait d'Hector.

Il est vrai que j'ai été obligé de faire vivre Astyanax un peu plus qu'il n'a vécu : mais j'écris dans un pays où cette liberté ne pouvait pas être mal reçue. Car, sans parler de Ronsard qui a choisi ce même Astyanax pour le héros de sa *Franciade*, qui ne sait que l'on fait descendre nos anciens rois de ce fils d'Hector, et que nos vieilles chroniques sauvent la vie à ce jeune prince, après la désolation de son pays, pour en faire le fondateur de notre monarchie.

Combien Euripide a-t-il été plus hardi dans sa tragédie d'*Hélène !* Il y choque ouvertement la créance commune de toute la Grèce : il suppose qu'Hélène n'a jamais mis le pied dans Troie; et qu'après l'embrasement de cette ville, Ménélas trouve sa femme en Égypte, d'où elle n'était point partie : tout cela fondé sur une opinion qui n'était reçue que parmi les Egyptiens, comme on le peut voir dans Hérodote.

Je ne crois pas que j'eusse besoin de cet exemple d'Euripide pour justifier le peu de liberté que j'ai prise. Car il y a bien de la différence entre détruire le principal fondement d'une fable, et en altérer quelques incidents, qui changent presque de face dans toutes les mains qui les traitent. Ainsi Achille, selon la plupart des poètes, ne peut être blessé qu'au talon, quoiqu'Homère le fasse blesser au bras, et ne le croie invulnérable en aucune partie de son corps. Ainsi Sophocle fait mourir Jocaste aussitôt après la reconnaissance d'OEdipe, tout au contraire d'Euripide, qui la fait vivre jusqu'au combat et à la mort de ses deux fils. Et c'est à propos de quelques contrariétés de cette nature qu'un ancien commentateur de Sophocle remarque fort bien « Qu'il ne « faut point s'amuser à chicaner les poètes pour quel- « ques changements qu'ils ont pu faire dans la fable ; « mais qu'il faut s'attacher à considérer l'excellent « usage qu'ils ont fait de ces changements, et la « manière ingénieuse dont ils ont su accommoder la « fable à leur sujet. »

* « Après avoir côtoyé le rivage de l'Épire, nous entrons dans un port de la Chaonie, et gravissons la colline sur laquelle s'élève la ville de Buthrolen. C'était le jour solennel où la triste Andromaque honorait les cendres de son époux par des offrandes et des libations funèbres. Elle invoquait les mânes d'Hector auprès des deux autels qu'elle lui avait consacrés, et d'un tombeau de gazon, vain monument qui renouvelait sa douleur... Elle baissa les yeux, et d'une voix plaintive : « O Polyxène ! ô la plus heureuse des filles de Priam ! « Condamnée à mourir sur le tombeau d'un ennemi au pied « des hautes murailles de Troie, tu ne souffris pas d'autres « malheurs ; le sort ne te donna point un maître, et captive, « tu n'entras point dans le lit du vainqueur. Et moi, j'ai vu « ma patrie dévorée par les flammes;j'ai été traînée de mer en « mer;esclave, il m'a fallu supporter et les dédains de la famille « d'Achille et les transports d'un guerrier superbe! Devenue « mère enfin, je me suis vue abandonnée par la fille d'Hélène « et l'alliance du roi de Lacédémonie... Cependant égaré par « l'amour, tourmenté par les furies, Oreste surprend le ra- « visseur de son épouse, et l'immole au pied des autels de sa « patrie.»

FIN DE LA SECONDE PRÉFACE.

PERSONNAGES.

ANDROMAQUE, veuve d'Hector, captive de Pyrrhus.
PYRRHUS, fils d'Achille, roi d'Épire.
ORESTE, fils d'Agamemnon, amant d'Hermione.
HERMIONE, fille d'Hélène, accordée avec Pyrrhus.
PYLADE, ami d'Oreste.
CLÉONE, confidente d'Hermione.
CÉPHISE, confidente d'Andromaque.
PHOENIX, gouverneur d'Achille, et ensuite de Pyrrhus.
Suite d'Oreste.

La scène est à Buthrote, ville d'Épire, dans une salle du palais de Pyrrhus.

ANDROMAQUE.

ACTE PREMIER.

SCÈNE PREMIÈRE.
ORESTE, PYLADE.

ORESTE.

Oui, puisque je retrouve un ami si fidelle,
Ma fortune va prendre une face nouvelle;
Et déja son courroux semble s'être adouci
Depuis qu'elle a pris soin de nous rejoindre ici.
Qui l'eût dit, qu'un rivage à mes yeux si funeste
Présenterait d'abord Pylade aux yeux d'Oreste;
Qu'après plus de six mois que je t'avais perdu
A la cour de Pyrrhus tu me serais rendu?

PYLADE.

J'en rends graces au ciel, qui m'arrêtant sans cesse
Semblait m'avoir fermé le chemin de la Grèce,
Depuis le jour fatal que la fureur des eaux,
Presque aux yeux de l'Épire, écarta nos vaisseaux.
Combien, dans cet exil, ai-je souffert d'alarmes!
Combien à vos malheurs ai-je donné de larmes,
Craignant toujours pour nous quelque nouveau danger
Que ma triste amitié ne pouvait partager!
Surtout je redoutais cette mélancolie
Où j'ai vu si longtemps votre ame ensevelie:
Je craignais que le ciel, par un cruel secours,
Ne vous offrît la mort que vous cherchiez toujours.
Mais je vous vois, seigneur; et, si j'ose le dire,
Un destin plus heureux vous conduit en Épire:
Le pompeux appareil qui suit ici vos pas
N'est point d'un malheureux qui cherche le trépas.

ORESTE.

Hélas! qui peut savoir le destin qui m'amène?
L'amour me fait ici chercher une inhumaine
Mais qui sait ce qu'il doit ordonner de mon sort
Et si je viens chercher ou la vie ou la mort?

PYLADE.

Quoi! votre ame à l'amour en esclave asservie
Se repose sur lui du soin de votre vie?
Par quel charme, oubliant tant de tourments soufferts:
Pouvez-vous consentir à rentrer dans ses fers?
Pensez-vous qu'Hermione, à Sparte inexorable,
Vous prépare en Épire un sort plus favorable?
Honteux d'avoir poussé tant de vœux superflus,
Vous l'abhorriez: enfin, vous ne m'en parliez plus:
Vous me trompiez, seigneur.

ORESTE.

Je me trompais moi-même!
Ami! n'accable point un malheureux qui t'aime:
T'ai-je jamais caché mon cœur et mes desirs?
Tu vis naître ma flamme et mes premiers soupirs:
Enfin, quand Ménélas disposa de sa fille
En faveur de Pyrrhus, vengeur de sa famille,
Tu vis mon désespoir et tu m'as vu depuis
Traîner de mers en mers ma chaîne et mes ennuis.
Je te vis à regret, en cet état funeste,
Prêt à suivre partout le déplorable Oreste,
Toujours de ma fureur interrompre le cours,
Et de moi-même enfin me sauver tous les jours.
Mais quand je me souviens que parmi tant d'alarmes,
Hermione à Pyrrhus prodiguait tous ses charmes,
Tu sais de quel courroux mon cœur alors épris
Voulut en l'oubliant punir tous ses mépris.
Je fis croire et je crus ma victoire certaine: (haine:
Je pris tous mes transports pour des transports de
Détestant ses rigueurs, rabaissant ses attraits,
Je défiais ses yeux de me troubler jamais.
Voilà comme je crus étouffer ma tendresse.
En ce calme trompeur j'arrivai dans la Grèce;
Et je trouvai d'abord ses princes rassemblés,
Qu'un péril assez grand semblait avoir troublés.
J'y courus. Je pensai que la guerre et la gloire
De soins plus importants rempliraient ma mémoire:
Que, mes sens reprenant leur première vigueur,
L'amour achèverait de sortir de mon cœur.
Mais admire avec moi le sort, dont la poursuite
Me fait courir alors au piège que j'évite.
J'entends de tous côtés qu'on menace Pyrrhus;
Toute la Grèce éclate en murmures confus:
On se plaint qu'oubliant son sang et sa promesse
Il élève en sa cour l'ennemi de la Grèce,
Astyanax, d'Hector jeune et malheureux fils,
Reste de tant de rois sous Troie ensevelis.
J'apprends que, pour ravir son enfance au supplice,
Andromaque trompa l'ingénieux Ulysse,
Tandis qu'un autre enfant, arraché de ses bras,
Sous le nom de son fils fut conduit au trépas.
On dit que, peu sensible aux charmes d'Hermione,
Mon rival porte ailleurs son cœur et sa couronne.
Ménélas, sans le croire, en paraît affligé,
Et se plaint d'un hymen si longtemps négligé.
Parmi les déplaisirs où son ame se noie,
Il s'élève en la mienne une secrète joie:
Je triomphe; et pourtant je me flatte d'abord
Que la seule vengeance excite ce transport.
Mais l'ingrate en mon cœur reprit bientôt sa place;
De mes feux mal éteints je reconnus la trace:
Je sentis que ma haine allait finir son cours;
Ou plutôt je sentis que je l'aimais toujours.
Ainsi de tous les Grecs je brigue le suffrage.
On m'envoie à Pyrrhus: j'entreprends ce voyage.
Je viens voir si l'on peut arracher de ses bras
Cet enfant dont la vie alarme tant d'états.
Heureux si je pouvais, dans l'ardeur qui me presse,
Au lieu d'Astyanax, lui ravir ma princesse!
Car enfin n'attends pas que mes feux redoublés
Des périls les plus grands puissent être troublés.
Puisqu'après tant d'efforts ma résistance est vaine,
Je me livre en aveugle au transport qui m'entraîne.
J'aime; je viens chercher Hermione en ces lieux,
La fléchir, l'enlever ou mourir à ses yeux.
Toi qui connais Pyrrhus, que penses-tu qu'il fasse?
Dans sa cour, dans son cœur, dis-moi ce qui se passe.

Mon Hermione encor le tient-elle asservi ?
Me rendra-t-il, Pylade, un bien qu'il m'a ravi ?

PYLADE.

Je vous abuserais si j'osais vous promettre
Qu'entre vos mains, seigneur, il voulût la remettre;
Non que de sa conquête il paraisse flatté.
Pour la veuve d'Hector ses feux ont éclaté :
Il aime : mais enfin cette veuve inhumaine
N'a payé jusqu'ici son amour que de haine;
Et chaque jour encore on lui voit tout tenter
Pour fléchir sa captive, ou pour l'épouvanter.
De son fils qu'il lui cache il menace la tête,
Et fait couler des pleurs qu'aussitôt il arrête.
Hermione elle-même a vu plus de cent fois
Cet amant irrité revenir sous ses lois,
Et, de ses vœux troublés lui rapportant l'hommage,
Soupirer à ses pieds moins d'amour que de rage.
Ainsi n'attendez pas que l'on puisse aujourd'hui
Vous répondre d'un cœur si peu maître de lui :
Il peut, seigneur, il peut, dans ce désordre extrême,
Épouser ce qu'il hait, et perdre ce qu'il aime.

ORESTE.

Mais dis-moi de quel œil Hermione peut voir
Son hymen différé, ses charmes sans pouvoir ?

PYLADE.

Hermione, seigneur, au moins en apparence,
Semble de son amant dédaigner l'inconstance,
Et croit que, trop heureux de fléchir sa rigueur,
Il la viendra presser de reprendre son cœur.
Mais je l'ai vu enfin me confier ses larmes :
Elle pleure en secret le mépris de ses charmes :
Toujours prête à partir, et demeurant toujours,
Quelquefois elle appelle Oreste à son secours.

ORESTE.

Ah! si je le croyais, j'irais bientôt, Pylade,
Me jeter..

PYLADE.

Achevez, seigneur, votre ambassade.
Vous attendez le roi : parlez, et lui montrez
Contre le fils d'Hector tous les Grecs conjurés.
Loin de leur accorder ce fils de sa maîtresse,
Leur haine ne fera qu'irriter sa tendresse.
Plus on veut brouiller, plus on va les unir.
Pressez : demandez tout, pour ne rien obtenir.
Il vient.

ORESTE.

Hé bien ! va donc disposer la cruelle
A revoir un amant qui ne vient que pour elle.

SCÈNE II.

PYRRHUS, ORESTE, PHOENIX.

ORESTE.

Avant que tous les Grecs vous parlent par ma voix,
Souffrez que j'ose ici me flatter de leur choix,
Et qu'à vos yeux, seigneur, je montre quelque joie
De voir le fils d'Achille et le vainqueur de Troie.
Oui, comme ses exploits nous admirons vos coups;
Hector tomba sous lui, Troie expira sous vous ;
Et vous avez montré, par une heureuse audace,
Que le fils d'Achille a pu remplir sa place.
Mais, ce qu'il n'eût point fait, la Grèce avec douleur
Vous voit du sang troyen relever le malheur,
Et, vous laissant toucher d'une pitié funeste,
D'une guerre si longue entretenir le reste.
Ne vous souvient-il plus, seigneur, quel fut Hector ?
Nos peuples affaiblis s'en souviennent encor.
Son nom seul fait frémir nos veuves et nos filles;
Et dans toute la Grèce il n'est point de familles
Qui ne demandent compte à ce malheureux fils
D'un père ou d'un époux qu'Hector leur a ravis.
Et qui sait ce qu'un jour ce fils peut entreprendre?
Peut-être dans nos ports nous le verrons descendre,
Tel qu'on a vu son père, embraser nos vaisseaux,
Et, la flamme à la main, les suivre sur les eaux.
Oserais-je, seigneur, dire ce que je pense ?
Vous-même de vos soins craignez la récompense,

Et que dans votre sein ce serpent élevé
Ne vous punisse un jour de l'avoir conservé.
Enfin, de tous les Grecs satisfaites l'envie,
Assurez leur vengeance, assurez votre vie ;
Perdez un ennemi d'autant plus dangereux,
Qu'il s'essaiera sur vous à combattre contre eux.

PYRRHUS.

La Grèce en ma faveur est trop inquiétée :
De soins plus importants je l'ai crue agitée,
Seigneur ; et, sur le nom de son ambassadeur,
J'avais dans ses projets conçu plus de grandeur.
Qui croirait en effet qu'une telle entreprise
Du fils d'Agamemnon méritât l'entremise ?
Qu'un peuple tout entier, tant de fois triomphant,
N'eût daigné conspirer que la mort d'un enfant ?
Mais à qui prétend-on que je le sacrifie ?
La Grèce a-t-elle encor quelque droit sur sa vie ?
Et, seul de tous les Grecs, ne m'est-il pas permis
D'ordonner d'un captif que le sort m'a soumis ? [Troie
Oui, seigneur, lorsqu'au pied des murs fumants de
Les vainqueurs tout sanglants partagèrent leur proie,
Le sort, dont les arrêts furent alors suivis,
Fit tomber à mes mains Andromaque et son fils.
Hécube près d'Ulysse acheva sa misère ;
Cassandre dans Argos a suivi votre père :
Sur eux, sur leurs captifs, ai-je étendu mes droits?
Ai-je enfin disposé du fruit de leurs exploits ?
On craint qu'avec Hector Troie un jour ne renaisse ;
Son fils peut me ravir le jour que je lui laisse.
Seigneur, tant de prudence entraîne trop de soin :
Je ne sais point prévoir les malheurs de si loin.
Je songe quelle était autrefois cette ville
Si superbe en remparts, en héros si fertile,
Maîtresse de l'Asie ; et je regarde enfin
Quel fut le sort de Troie, et quel est son destin :
Je ne vois que des tours que la cendre a couvertes,
Un fleuve teint de sang, des campagnes désertes,
Un enfant dans les fers ; et je ne puis songer
Que Troie en cet état aspire à se venger.
Ah ! si du fils d'Hector la perte était jurée,
Pourquoi d'un an entier l'avons-nous différée ?
Dans le sein de Priam n'a-t-on pu l'immoler ?
Sous tant de morts, sous Troie, il fallait l'accabler.
Tout était juste alors : la vieillesse et l'enfance
En vain sur leur faiblesse appuyaient leur défense ;
La victoire et la nuit, plus cruelles que nous,
Nous excitaient au meurtre et confondaient nos coups.
Mon courroux aux vaincus ne fut que trop sévère.
Mais que ma cruauté survive à ma colère ;
Que, malgré la pitié dont je me sens saisir,
Dans le sang d'un enfant je me baigne à loisir, (proie
Non, seigneur : que les Grecs cherchent quelqu'autre
Qu'ils poursuivent ailleurs ce qui reste de Troie ;
De mes inimitiés le cours est achevé ;
L'Épire sauvera ce que Troie a sauvé.

ORESTE.

Seigneur, vous savez trop avec quel artifice
Un faux Astyanax fut offert au supplice
Où le seul fils d'Hector devait être conduit ;
Ce n'est pas les Troyens, c'est Hector qu'on poursuit.
Oui, les Grecs sur le fils persécutent le père ;
Il a par trop de sang acheté leur colère :
Ce n'est que dans le sien qu'elle peut expirer ;
Et jusque dans l'Épire il les peut attirer ;
Prévenez-les.

PYRRHUS.

Non, non. J'y consens avec joie !
Qu'ils cherchent dans l'Épire une seconde Troie ;
Qu'ils confondent leur haine et ne distinguent plus
Le sang qui les fit vaincre, et celui des vaincus.
Aussi bien ce n'est pas la première injustice
Dont la Grèce d'Achille a payé le service.
Hector en profita, seigneur ; et quelque jour
Son fils en pourrait bien profiter à son tour.

ORESTE.

Ainsi la Grèce en vous trouve un enfant rebelle ?

PYRRHUS.

Et je n'ai donc vaincu que pour dépendre d'elle ?

ORESTE.

Hermione, seigneur, arrêtera vos coups:
Ses yeux s'opposeront entre son père et vous.

PYRRHUS.

Hermione, seigneur, peut m'être toujours chère ;
Je puis l'aimer, sans être l'esclave de son père :
Et je saurai peut-être accorder quelque jour
Les soins de ma grandeur et ceux de mon amour.
Vous pouvez cependant voir la fille d'Hélène :
Du sang qui vous unit je sais l'étroite chaîne.
Après cela, seigneur, je ne vous retiens plus,
Et vous pourrez aux Grecs annoncer mon refus.

SCÈNE III.

PYRRHUS, PHOENIX.

PHOENIX.

Ainsi vous l'envoyez aux pieds de sa maîtresse !

PYRRHUS.

On dit qu'il a longtemps brûlé pour la princesse.

PHOENIX.

Mais si ce feu, seigneur, vient à se rallumer,
S'il lui rendait son cœur, s'il s'en faisait aimer?

PYRRHUS. (part.)

Ah ! qu'ils s'aiment, Phœnix ! J'y consens : qu'elle
Que, charmés l'un de l'autre, ils retournent à Sparte ;
Tous nos ports sont ouverts et pour elle et pour lui.
Qu'elle m'épargnerait de contrainte et d'ennui !

PHOENIX.

Seigneur...

PYRRHUS.

Une autre fois je t'ouvrirai mon ame :
Andromaque paraît.

SCÈNE IV.

ANDROMAQUE, PYRRHUS, CÉPHISE, PHOENIX.

PYRRHUS.

Ma cherchiez-vous, madame ?
Un espoir si charmant me serait-il permis?

ANDROMAQUE.

Je passais jusqu'aux lieux où l'on garde mon fils.
Puisqu'une fois le jour vous souffrez que je voie
Le seul bien qui me reste et d'Hector et de Troie,
J'allais, seigneur, pleurer un moment avec lui :
Je ne l'ai point encore embrassé d'aujourd'hui !

PYRRHUS.

Ah, madame, les Grecs, si j'en crois leurs alarmes,
Vous donneront bientôt d'autres sujets de larmes.

ANDROMAQUE.

Et quelle est cette peur dont leur cœur est frappé,
Seigneur? quelque Troyen vous est-il échappé?

PYRRHUS.

Leur haine pour Hector n'est pas encore éteinte :
Ils redoutent son fils.

ANDROMAQUE.

Digne objet de leur crainte !
Un enfant malheureux, qui ne sait pas encor
Que Pyrrhus est son maître, et qu'il est fils d'Hector

PYRRHUS.

Tel qu'il est, tous les Grecs demandent qu'il périsse,
Le fils d'Agamemnon vient hâter son supplice.

ANDROMAQUE.

Et vous prononcerez un arrêt si cruel ?
Est-ce mon intérêt qui le rend criminel?
Hélas! on ne craint point qu'il venge un jour son père;
On craint qu'il n'essuyât les larmes de sa mère.
Il m'aurait tenu lieu d'un père et d'un époux :
Mais il me faut tout perdre, et toujours par vos coups.

PYRRHUS.

Madame, mes refus ont prévenu vos larmes.
Tous les Grecs m'ont déjà menacé de leurs armes :
Mais, dussent-ils encore, en repassant les eaux,
Demander votre fils avec mille vaisseaux ;
Coûtât-il tout le sang qu'Hélène a fait répandre,
Dussé-je après dix ans voir mon palais en cendre,
Je ne balance point, je vole à son secours,
Je défendrai sa vie aux dépens de mes jours.
Mais, parmi ces périls où je cours pour vous plaire,
Me refuserez-vous un regard moins sévère?
Haï de tous les Grecs, pressé de tous côtés,
Me faudra-t-il combattre encor vos cruautés ?
Je vous offre mon bras. Puis-je espérer encore
Que vous accepterez un cœur qui vous adore ?
En combattant pour vous me sera-t-il permis
De ne vous point compter parmi mes ennemis?

ANDROMAQUE.

Seigneur, que faites-vous, et que dira la Grèce?
Faut-il qu'un si grand cœur montre tant de faiblesse?
Voulez-vous qu'un dessein si beau, si généreux,
Passe pour le transport d'un esprit amoureux?
Captive, toujours triste, importune à moi-même,
Pouvez-vous souhaiter qu'Andromaque vous aime ?
Quels charmes ont pour vous des yeux infortunés
Qu'à des pleurs éternels vous avez condamnés ?
Non, non, d'un ennemi respecter la misère,
Sauver des malheureux, rendre un fils à sa mère,
De cent peuples pour lui combattre la rigueur
Sans me faire payer son salut de mon cœur,
Malgré moi, s'il le faut, lui donner un asile :
Seigneur, voilà des soins dignes du fils d'Achille.

PYRRHUS.

Hé quoi ! votre courroux n'a-t-il pas eu son cours?
Peut-on haïr sans cesse? et punir-on toujours?
J'ai fait des malheureux, sans doute ; et la Phrygie
Cent fois de votre sang a vu ma main rougie ;
Mais que vos yeux sur moi se sont bien exercés !
Qu'ils m'ont vendu bien cher les pleurs qu'ils ont versés !
De combien de remords m'ont-ils rendu la proie !
Je souffre tous les maux que j'ai faits devant Troie :
Vaincu, chargé de fers, de regrets consumés,
Brûlé de plus de feux que je n'en allumai,
Tant de soins, tant de pleurs, tant d'ardeurs inquiètes.
Hélas ! fus-je jamais si cruel que vous l'êtes?
Mais enfin, tour à tour, c'est assez nous punir ;
Nos ennemis communs devraient nous réunir ;
Madame, dites-moi seulement que j'espère,
Je vous rends votre fils, et je lui sers de père ;
Je l'instruirai moi-même à venger les Troyens ;
J'irai punir les Grecs de vos maux et des miens.
Animé d'un regard, je puis tout entreprendre :
Votre Ilion encor peut sortir de sa cendre ;
Je puis, en moins de temps que les Grecs ne l'ont pris,
Dans ses murs relevés couronner votre fils.

ANDROMAQUE. [guère ;

Seigneur, tant de grandeurs ne nous touchent plus
Je les lui promettais tant qu'a vécu son pere.
Non, vous n'espérez plus de nous revoir encor,
Sacrés murs, que n'a pu conserver mon Hector !
A de moindres faveurs des malheureux prétendent,
Seigneur ; c'est un exil que mes pleurs vous demandent.
Souffrez que, loin des Grecs, et même loin de vous,
J'aille cacher mon fils, et pleurer mon époux.
Votre amour contre nous allume trop de haine :
Retournez, retournez à la fille d'Hélène.

PYRRHUS.

Et le puis-je, madame? Ah ! que vous me gênez !
Comment lui rendre un cœur que vous me retenez ?
Je sais que de mes vœux on lui promit l'empire ;
Je sais que pour régner elle vint dans l'Épire ;
Le sort vous y voulut l'une et l'autre amener.
Vous, pour porter des fers, elle, pour en donner.
Cependant ai-je pris quelque soin de lui plaire?
Et ne dirait-on pas, en voyant au contraire
Vos charmes tout puissants, et les siens dédaignés
Qu'elle est ici captive, et que vous y régnez ?
Ah ! qu'un seul des soupirs que mon cœur vous envoie
S'il s'échappait vers elle, y porterait de joie !

ANDROMAQUE.

Et, pourquoi vos soupirs seraient-ils repoussés.
Aurait-elle oublié vos services passés?
Troie, Hector, contre vous révoltent-ils son ame?
Aux cendres d'un époux doit-elle enfin sa flamme?
Et quel époux encore! Ah! souvenir cruel!
Sa mort seule a rendu votre père immortel :
Il doit au sang d'Hector tout l'éclat de ses armes ;
Et vous n'êtes tous deux connus que par mes larmes

PYRRHUS.

Hé bien, madame, hé bien, il vous faut obéir :
Il faut vous oublier, ou plutôt vous haïr.
Oui, mes vœux ont trop loin poussé leur violence
Pour ne plus s'arrêter que dans l'indifférence :
Songez-y bien; il faut désormais que mon cœur,
S'il n'aime avec transport, haïsse avec fureur.
Je n'épargnerai rien dans ma juste colère :
Le fils me répondra des mépris de la mère ;
La Grèce le demande ; et je ne prétends pas
Mettre toujours ma gloire à sauver des ingrats.

ANDROMAQUE.

Hélas! il mourra donc! il n'a pour sa défense
Que les pleurs de sa mère, et que son innocence...
Et peut-être après tout, en l'état où je suis,
Sa mort avancera la fin de mes ennuis.
Je prolongeais pour lui ma vie et ma misère ;
Mais enfin sur ses pas j'irai revoir son père.
Ainsi, tous trois, seigneur, par vos soins réunis,
Nous vous...

PYRRHUS.

Allez, madame, allez voir votre fils.
Peut-être, en le voyant, votre amour plus timide
Ne prendra pas toujours sa colère pour guide.
Pour savoir nos destins j'irai vous retrouver :
Madame, en l'embrassant, songez à le sauver.

FIN DU PREMIER ACTE.

ACTE II.

SCENE PREMIÈRE.

HERMIONE, CLEONE.

HERMIONE.

Je fais ce que tu veux : je consens qu'il me voie ;
Je lui veux bien encore accorder cette joie.
Pylade va bientôt conduire ici ses pas ;
Mais si je m'en croyais, je ne le verrais pas.

CLÉONE.

Et qu'est-ce que sa vue a pour vous de funeste?
Madame, n'est-ce pas toujours le même Oreste
Dont vous avez cent fois souhaité le retour,
Et dont vous regrettiez la constance et l'amour?

HERMIONE.

C'est cet amour payé de trop d'ingratitude
Qui me rend en ces lieux sa présence si rude.
Quelle honte pour moi, quel triomphe pour lui
De voir son infortune égaler mon ennui !
Est-ce là, dira-t-il, cette fière Hermione?
Elle me dédaignait ; une autre l'abandonne :
L'ingrate, qui mettait son cœur à si haut prix,
Apprend donc, à son tour, à souffrir des mépris...
Ah dieux !.....

CLÉONE.

Ah! dissipez ces indignes alarmes :
Il a trop bien senti le pouvoir de vos charmes.
Vous croyez qu'un amant vienne vous insulter?
Il vous rapporte un cœur qu'il n'a pu vous ôter.
Mais vous ne dites point ce que vous mande un père?

HERMIONE.

Dans ses retardements si Pyrrhus persévère,
A la mort du Troyen s'il ne veut consentir,
Mon père avec les Grecs m'ordonne de partir.

CLÉONE.

Hé bien, madame, hé bien, écoutez donc Oreste.
Pyrrhus a commencé, faites au moins le reste.
Pour bien faire il faudrait que vous le prévinssiez :
Ne m'avez-vous pas dit que vous le haïssiez?

HERMIONE.

Si je le hais, Cléone! Il y va de ma gloire,
Après tant de bontés dont il perd la mémoire;
Lui qui me fut si cher, et qui m'a pu trahir!
Ah, je l'ai trop aimé pour ne le point haïr!

CLÉONE.

Fuyez-le donc, madame ; et puisqu'on vous adore..,

HERMIONE.

Ah! laisse à ma fureur le temps de croître encore !
Contre mon ennemi laisse-moi m'assurer;
Cléone, avec horreur je m'en veux séparer.
Il n'y travaillera que trop bien, l'infidèle!

CLÉONE.

Quoi! vous en attendez quelque injure nouvelle?
Aimer une captive, et l'aimer à vos yeux,
Tout cela n'a donc pu vous le rendre odieux?
Après ce qu'il a fait, que saurait-il donc faire?
Il vous aurait déplu, s'il pouvait vous déplaire.

HERMIONE.

Pourquoi veux-tu, cruelle, irriter mes ennuis?
Je crains de me connaître en l'état où je suis.
De tout ce que tu vois tâche de ne rien croire;
Crois que je n'aime plus, vante-moi ta victoire ;
Crois que dans son dépit mon cœur est endurci,
Hélas! et s'il se peut, fais-le moi croire aussi.
Tu veux que je le fuie? Hé bien! rien ne m'arrête
Allons, n'envions plus son indigne conquête;
Que sur lui sa captive étende son pouvoir ;
Fuyons... Mais si l'ingrat rentrait dans son devoir ;
Si la foi dans son cœur retrouvait quelque place ;
S'il venait à mes pieds me demander sa grace ;
Si sous mes lois, Amour, tu pouvais l'engager;
S'il voulait... Mais l'ingrat ne veut que m'outrager.
Demeurons toutefois pour troubler leur fortune ;
Prenons quelque plaisir à leur être importune ;
Ou, le forçant de rompre un nœud si solennel,
Aux yeux de tous les Grecs rendons-le criminel.
J'ai déjà sur le fils attiré leur colère;
Je veux qu'on vienne encor lui demander la mère.
Rendons-lui les tourments qu'elle me fait souffrir ;
Qu'elle le perde, ou bien qu'il la fasse périr.

CLÉONE.   [mes
Vous pensez que des yeux toujours ouverts aux lar-
Se plaisent à troubler le pouvoir de vos charmes,
Et qu'un cœur accablé de tant de déplaisirs
De son persécuteur ait brigué les soupirs ?
Voyez si sa douleur en paraît soulagée :
Pourquoi donc les chagrins où son ame est plongée?
Contre un amant qui plaît pourquoi tant de fierté?

HERMIONE.

Hélas! pour mon malheur, je l'ai trop écouté.
Je n'ai point du silence affecté le mystère :
Je croyais sans péril pouvoir être sincère ;
Et, sans armer mes yeux d'un moment de rigueur,
Je n'ai pour lui parler consulté que mon cœur.
Et qui ne se serait comme moi déclarée
Sur la foi d'un amour si saintement jurée?
Me voyait-il de l'œil qu'il me voit aujourd'hui?
Tu t'en souviens encor, tout conspirait pour lui :
Ma famille vengée, et les Grecs dans la joie,
Nos vaisseaux tout chargés des dépouilles de Troie,
Les exploits de son père effacés par les siens,
Ses feux que je croyais plus ardents que les miens,
Mon cœur, toi-même enfin de sa gloire éblouie...
Avant qu'il me trahit, vous m'avez tous trahie.
Mais c'en est trop, Cléone, et , quel que soit Pyrrhus,
Hermione est sensible, Oreste a des vertus;
Il sait aimer du moins, et même sans qu'on l'aime ;
Et peut-être il saura se faire aimer lui-même.
Allons. Qu'il vienne enfin.

CLÉONE.

Madame, le voici.

HERMIONE.
Ah ! je ne croyais pas qu'il fût si près d'ici.

SCÈNE II.
HERMIONE, ORESTE, CLÉONE.

HERMIONE.

Le croirai-je, seigneur, qu'un reste de tendresse
Vous fasse ici chercher une triste princesse !
Ou ne dois-je imputer qu'à votre seul devoir
L'heureux empressement qui vous porte à me voir ?

ORESTE.

Tel est de mon amour l'aveuglement funeste,
Vous le savez, madame ; et le destin d'Oreste
Est de venir sans cesse adorer vos attraits,
Et de jurer toujours qu'il ne viendra jamais.
Je sais que vos regards vont rouvrir mes blessures,
Que tous mes pas vers vous sont autant de parjures :
Je le sais j'en rougis. Mais j'atteste les dieux,
Témoins de la fureur de mes derniers adieux,
Que j'ai couru partout où ma perte certaine
Dégageait mes serments et finissait ma peine.
J'ai mendié la mort chez des peuples cruels,
Qui n'apaisaient leurs dieux que du sang des mortels ;
Ils m'ont fermé leur temple ; et ces peuples barbares
De mon sang prodigué sont devenus avares.
Enfin je viens à vous, et je me vois réduit
A chercher dans vos yeux une mort qui me fuit.
Mon désespoir n'attend que leur indifférence :
Ils n'ont qu'à m'interdire un reste d'espérance ;
Ils n'ont, pour avancer cette mort où je cours,
Qu'à me dire une fois ce qu'ils m'ont dit toujours.
Voilà, depuis un an, le seul soin qui m'anime.
Madame, c'est à vous de prendre une victime
Que les Scythes auraient dérobée à vos coups
Si j'en avais trouvé d'aussi cruels que vous.

HERMIONE.

Quittez, seigneur, quittez ce funeste langage :
A des soins plus pressants la Grèce vous engage.
Que parlez-vous du Scythe et de mes cruautés ?
Songez à tous ces rois que vous représentez.
Faut-il que d'un transport leur vengeance dépende ?
Est-ce le sang d'Oreste enfin qu'on vous demande ?
Dégagez-vous des soins dont vous êtes chargé.

ORESTE.

Les refus de Pyrrhus m'ont assez dégagé,
Madame : il me renvoie ; et quelque autre puissance
Lui fait du fils d'Hector embrasser la défense.

HERMIONE.

L'infidèle !

ORESTE.

Ainsi donc, tout prêt à le quitter,
Sur mon propre destin je viens vous consulter.
Déjà même je crois entendre la réponse
Qu'en secret contre moi votre haine prononce.

HERMIONE.

Hé quoi ! toujours injuste en vos tristes discours,
De mon inimitié vous plaindrez-vous toujours ?
Quelle est cette rigueur tant de fois alléguée ?
J'ai passé dans l'Épire où j'étais reléguée ;
Mon père l'ordonnait : mais qui sait si depuis
Je n'ai point en secret partagé vos ennuis ?
Pensez-vous avoir seul éprouvé des alarmes ;
Que l'Épire jamais n'ait vu couler mes larmes ?
Enfin, qui vous a dit que, malgré mon devoir,
Je n'ai pas quelquefois souhaité de vous voir ?

ORESTE.

Souhaité de me voir ! Ah ! divine princesse...
Mais, de grâce, est-ce à moi que ce discours s'adresse ?
Ouvrez vos yeux : songez qu'Oreste est devant vous,
Oreste si longtemps l'objet de leur courroux.

HERMIONE.

Oui, c'est vous dont l'amour, naissant avec leurs char [mes
Leur apprit le premier le pouvoir de leurs armes ;
Vous, que mille vertus me forçaient d'estimer ;
Vous que j'ai plaint, enfin que je voudrais aimer.

ORESTE.

Je vous entends. Tel est mon partage funeste :
Le cœur est pour Pyrrhus, et les vœux pour Oreste.

HERMIONE.

Ah ! ne souhaitez pas le destin de Pyrrhus,
Je vous haïrais trop.

ORESTE.

Vous m'en aimeriez plus.
Ah ! que vous me verriez d'un regard bien contraire !
Vous me voulez aimer, et je ne puis vous plaire,
Et, l'amour seul alors se faisant obéir,
Vous m'aimeriez, madame, en me voulant haïr.
O dieux ! tant de respects, une amitié si tendre...
Que de raisons pour moi, si vous pouviez m'entendre !
Vous seule pour Pyrrhus disputez aujourd'hui,
Peut-être malgré vous, sans doute malgré lui :
Car enfin il vous hait ; son ame, ailleurs éprise,
N'a plus...

HERMIONE.

Qui vous l'a dit, seigneur, qu'il me méprise ?
Ses regards, ses discours vous l'ont-ils donc appris ?
Jugez-vous que ma vue inspire des mépris,
Qu'elle allume en un cœur des feux si peu durables ?
Peut-être d'autres yeux me sont plus favorables.

ORESTE.

Poursuivez : il est beau de m'insulter ainsi.
Cruelle, c'est donc moi qui vous méprise ici ?
Vos yeux n'ont pas assez éprouvé ma constance ?
Je suis donc un témoin de leur peu de puissance ?
Je les ai méprisés ! Ah ! qu'ils voudraient bien voir
Mon rival comme moi mépriser leur pouvoir !

HERMIONE.

Que m'importe, seigneur, sa haine ou sa tendresse ?
Allez contre un rebelle armer toute la Grèce ;
Rapportez-lui le prix de sa rébellion ;
Qu'on fasse de l'Épire un second Ilion :
Allez. Après cela, direz-vous que je l'aime ?

ORESTE.

Madame, faites plus, et venez-y vous-même.
Voulez-vous demeurer pour otage en ces lieux ?
Venez dans tous les cœurs faire parler vos yeux.
Faisons de notre haine une commune attaque.

HERMIONE.

Mais, seigneur, cependant, s'il épouse Andromaque ?

ORESTE.

Hé, madame !

HERMIONE.

Songez quelle honte pour nous
Si d'une Phrygienne il devenait l'époux !

ORESTE.

Et vous le haïssez ! Avouez-le, madame,
L'amour n'est pas un feu qu'on renferme en une ame :
Tout nous trahit, la voix, le silence, les yeux ;
Et les feux mal couverts n'en éclatent que mieux.

HERMIONE.

Seigneur, je le vois bien, votre ame prévenue
Répand sur mes discours le venin qui la tue,
Toujours dans mes raisons cherche quelque détour,
Et croit qu'en moi la haine est un effort d'amour.
Il faut donc m'expliquer : vous agirez ensuite.
Vous savez qu'en ces lieux mon devoir m'a conduite :
Mon devoir m'y retient ; et je ne puis partir
Que mon père, ou Pyrrhus, ne m'en fassent sortir.
De la part de mon père allez lui faire entendre
Que l'ennemi des Grecs ne peut être son gendre ;
Du Troyen ou de moi faites-le décider ;
Qu'il songe qui des deux il veut rendre ou garder ;
Enfin, qu'il me renvoie ou bien qu'il vous le livre.
Adieu. S'il y consent, je suis prête à vous suivre.

SCÈNE III.
ORESTE.

Oui, oui, vous me suivrez, n'en doutez nullement :
Je vous réponds déjà de son consentement.

Je ne crains pas enfin que Pyrrhus la retienne :
Il n'a devant les yeux que sa chère Troyenne,
Tout autre objet le blesse; et peut-être aujourd'hui
Il n'attend qu'un prétexte à l'éloigner de lui.
Nous n'avons qu'à parler : c'en est fait. Quelle joie
D'enlever à l'Epire une si belle proie!
Sauve tout ce qui reste et de Troie et d'Hector,
Garde son fils, sa veuve, et mille autres encor,
Epire : c'est assez qu'Hermione rendue
Perde à jamais tes bords et ton prince de vue.
Mais un heureux destin le conduit en ces lieux.
Parlons. A tant d'attraits, Amour, ferme ses yeux !

SCÈNE IV.

PYRRHUS, ORESTE, PHOENIX.

PYRRHUS.

Je vous cherchais, seigneur. Un peu de violence
M'a fait de vos raisons combattre la puissance,
Je l'avoue : et, depuis que je vous ai quitté,
J'en ai senti la force et connu l'équité.
J'ai songé, comme vous, qu'à la Grèce, à mon père,
A moi même, en un mot, je devenais contraire;
Que je relevais Troie, et rendais imparfait
Tout ce qu'a fait Achille, et tout ce que j'ai fait.
Je ne condamne plus un courroux légitime ;
Et l'on vous va, seigneur, livrer votre victime.

ORESTE.

Seigneur, par ce conseil prudent et rigoureux,
C'est acheter la paix du sang d'un malheureux.

PYRRHUS.

Oui : mais je veux, seigneur, l'assurer davantage :
D'une éternelle paix Hermione est le gage :
Je l'épouse. Il semblait qu'un spectacle si doux
N'attendît en ces lieux qu'un témoin tel que vous :
Vous y représentez tous les Grecs et son père,
Puisqu'en vous Ménélas voit revivre son frère.
Voyez-la donc. Allez. Dites-lui que demain
J'attends avec la paix son cœur de votre main.

ORESTE, *à part.*

Ah dieux !

SCÈNE V.

PYRRHUS, PHOENIX.

PYRRHUS.

Hé bien, Phœnix, l'amour est-il le maître?
Tes yeux refusent ils encor de me connaître?

PHOENIX.

Ah ! je vous reconnais; ce juste courroux,
Ainsi qu'à tous les Grecs, seigneur me rend à vous.
Ce n'est plus le jouet d'une flamme servile;
C'est Pyrrhus, c'est le fils et le rival d'Achille,
Que la gloire à la fin ramène sous ses lois,
Qui triomphe de Troie une seconde fois.

PYRRHUS.

Dis plutôt qu'aujourd'hui commence ma victoire :
D'aujourd'hui seulement je jouis de ma gloire ;
Et mon cœur, aussi fier que je l'ai vu soumis,
Croit avoir en l'amour vaincu mille ennemis.
Considère, Phœnix, les troubles que j'évite,
Quelle foule de maux l'amour traîne à sa suite,
Que d'amis, de devoirs, j'allais sacrifier,
Quels périls m'eût enfin fait oublier :
Tous les Grecs conjurés fondaient sur un rebelle.
Je trouvais du plaisir à me perdre pour elle.

PHOENIX.

Oui, je bénis, seigneur, l'heureuse cruauté
Qui vous rend...

PYRRHUS.

Tu l'as vu comme elle m'a traité.
Je pensais, en voyant sa tendresse alarmée,
Que son fils me la dût renvoyer désarmée :
J'allais voir le succès de ses embrassements ;
Je n'ai trouvé que pleurs mêlés d'emportements.
Sa misère l'aigrit ; et, toujours plus farouche,
Cent fois le nom d'Hector est sorti de sa bouche.

Vainement à son fils j'assurais mon secours :
« C'est Hector, disait-elle en l'embrassant toujours ;
« Voilà ses yeux, sa bouche et déjà son audace :
« C'est lui-même, c'est toi, cher époux, que j'embrasse.»
Eh! quelle est sa pensée? Attend-elle en ce jour
Que je lui laisse un fils pour nourrir son amour?

PHOENIX.

Sans doute ; c'est le prix que vous gardait l'ingrate.
Mais laissez-la, seigneur.

PYRRHUS.

Je vois ce qui la flatte :
Sa beauté la rassure; et, malgré mon courroux,
L'orgueilleuse m'attend encore à ses genoux.
Je la verrais aux miens, Phœnix, d'un œil tranquille.
Elle est veuve d'Hector, et je suis fils d'Achille :
Trop de haine sépare Andromaque et Pyrrhus.

PHOENIX.

Commencez donc, seigneur, à ne m'en parler plus.
Allez voir Hermione ; et, content de lui plaire,
Oubliez à ses pieds jusqu'à votre colère.
Vous-même à cet hymen venez la disposer :
Est-ce sur un rival qu'il s'en faut reposer?
Il ne l'aime que trop.

PYRRHUS.

Crois-tu, si je l'épouse,
Qu'Andromaque en son cœur n'en sera pas jalouse?

PHOENIX.

Quoi! toujours Andromaque occupe votre esprit!
Que vous importe, ô dieux, sa joie ou son dépit?
Quel charme, malgré vous, vers elle vous attire?

PYRRHUS.

Non, je n'ai pas bien dit tout ce qu'il lui faut dire :
Ma colère à ses yeux n'a paru qu'à demi ;
Elle ignore à quel point je suis son ennemi.
Retournons-y. Je veux la braver à sa vue.
Et donner à ma haine une libre étendue.
Viens voir tous ses attraits, Phœnix, humiliés.
Allons.

PHOENIX.

Allez, seigneur, vous jeter à ses pieds ;
Allez, en lui jurant que votre âme l'adore,
A de nouveaux mépris l'encourager encore.

PYRRHUS.

Je le vois bien, tu crois que prêt à l'excuser
Mon cœur court après elle, et cherche à s'apaiser.

PHOENIX.

Vous aimez : c'est assez.

PYRRHUS.

Moi, l'aimer? une ingrate
Qui me hait d'autant plus que mon amour la flatte?
Sans parents, sans amis, sans espoir que sur moi?
Je puis perdre son fils, peut-être je le doi.
Etrangère... que dis-je? esclave dans Épire,
Je lui donne son fils, mon âme, mon empire;
Et je ne puis gagner dans son perfide cœur
D'autre rang que celui de son persécuteur?
Non, non, je l'ai juré, ma vengeance est certaine ;
Il faut bien une fois justifier sa haine.
J'abandonne son fils. Que de pleurs vont couler!
De quel nom sa douleur me va-t-elle appeler,
Quel spectacle pour elle aujourd'hui se dispose!
Elle en mourra, Phœnix, et j'en serai la cause :
C'est lui mettre moi-même un poignard dans le sein.

PHOENIX.

Et pourquoi donc en faire éclater le dessein?
Que ne consultiez-vous tantôt votre faiblesse?

PYRRHUS.

Je t'entends. Mais excuse un reste de tendresse.
Crains-tu pour ma colère un si faible combat?
D'un amour qui s'éteint c'est le dernier éclat.
Allons. A tes conseils, Phœnix, je m'abandonne.
Faut-il livrer son fils? faut-il voir Hermione?

PHOENIX.

Oui, voyez-la, seigneur ; et par des vœux soumis
Protestez-lui...

PYRRHUS.

Faisons tout ce que j'ai promis.

FIN DU SECOND ACTE.

ACTE III.

SCÈNE PREMIÈRE.
ORESTE, PYLADE.

PYLADE.

Modérez donc, seigneur, cette fureur extrême :
Je ne vous connais plus ; vous n'êtes plus vous-même.
Souffrez...

ORESTE.

Non, tes conseils ne sont plus de saison,
Pylade, je suis las d'écouter la raison.
C'est traîner trop longtemps ma vie et mon supplice :
Il faut que je l'enlève, ou bien que je périsse.
Le dessein en est pris ; je le veux achever.
Oui, je le veux.

PYLADE.

Hé bien, il la faut enlever ;
J'y consens. Mais songez cependant où vous êtes.
Que croirait-on de vous, à voir ce que vous faites?
Dissimulez : calmez ce transport inquiet ;
Commandez à vos yeux de garder le secret.
Ces gardes, cette cour, l'air qui vous environne,
Tout dépend de Pyrrhus, et surtout Hermione.
A ses regards surtout cachez votre courroux.
O dieux ! en cet état pourquoi la cherchiez-vous?

ORESTE.

Que sais-je? De moi-même étais-je alors le maître?
La fureur m'emportait, et je venais peut-être
Menacer à la fois l'ingrate et son amant.

PYLADE.

Et quel était le fruit de cet emportement?

ORESTE.

Et quelle ame, dis-moi, ne serait éperdue
Du coup dont ma raison vient d'être confondue?
Il épouse, dit-il, Hermione demain ;
Il veut, pour m'honorer, la tenir de ma main.
Ah ! plutôt cette main dans le sang du barbare...

PYLADE.

Vous l'accusez, seigneur, de ce dessein bizarre,
Cependant, tourmenté de ses propres desseins,
Il est peut-être à plaindre autant que je vous plains.

ORESTE.

Non, non ; je le connais, mon désespoir le flatte ;
Sans moi, sans mon amour, il dédaignait l'ingrate ;
Ses charmes jusque-là n'avaient pu le toucher :
Le cruel ne la prend que pour me l'arracher.
Ah dieux ! c'en était fait : Hermione gagnée
Pour jamais de sa vue allait être éloignée,
Son cœur, entre l'amour et le dépit confus,
Pour se donner à moi n'attendait qu'un refus ;
Ses yeux s'ouvraient, Pylade ; elle écoutait Oreste,
Lui parlait, le plaignait... Un mot eût fait le reste.

PYLADE.

Vous le croyez?

ORESTE.

Hé quoi ! ce courroux enflammé
Contre un ingrat...

PYLADE.

Jamais il ne fut plus aimé.
Pensez-vous, quand Pyrrhus vous l'aurait accordée,
Qu'un prétexte tout prêt ne l'eût pas retardée?
M'en croirez-vous? Lassé de ses trompeurs attraits,
Au lieu de l'enlever, fuyez-la pour jamais.
Quoi ! votre amour se veut charger d'une furie
Qui vous détestera, qui, toute votre vie,
Regrettant un hymen tout prêt à s'achever,
Voudra...

ORESTE.

C'est pour cela que je veux l'enlever.
Tout lui rirait, Pylade ; et moi, pour mon partage,
Je n'emporterais donc qu'une inutile rage?
J'irais loin d'elle encor tâcher de l'oublier?
Non, non : à mes tourments je veux l'associer ;
C'est trop gémir tout seul. Je suis las qu'on me plaigne
Je prétends qu'à mon tour l'inhumaine me craigne
Et que ses yeux cruels, à pleurer condamnés,
Me rendent tous les noms que je leur ai donnés.

PYLADE.

Voilà donc le succès qu'aura votre ambassade :
Oreste ravisseur !

ORESTE.

Et qu'importe, Pylade?
Quand nos états vengés jouiront de mes soins,
L'ingrate de mes pleurs jouira-t-elle moins?
Et que me servira que la Grèce m'admire,
Tandis que je serai la fable de l'Épire?
Que veux-tu? Mais s'il faut ne te rien déguiser,
Mon innocence enfin commence à me peser.
Je ne sais de tout temps quelle injuste puissance
Laisse le crime en paix et poursuit l'innocence.
De quelque part sur moi que je tourne les yeux,
Je ne vois que malheurs qui condamnent les dieux.
Méritons leurs courroux, justifions leur haine,
Et que le fruit du crime en précède la peine.
Mais toi, par quelle erreur veux-tu toujours sur toi
Détourner un courroux qui ne cherche que moi?
Assez et trop longtemps mon amitié t'accable :
Evite un malheureux, abandonne un coupable.
Cher Pylade, crois-moi, ta pitié te séduit.
Laisse-moi des périls dont j'attends tout le fruit.
Porte aux Grecs cet enfant que Pyrrhus m'abandonne.
Va-t'en.

PYLADE.

Allons, seigneur, enlevons Hermione.
Au travers des périls un grand cœur se fait jour.
Que ne peut l'amitié conduite par l'amour!
Allons de tous vos Grecs encourager le zèle :
Nos vaisseaux sont tous prêts, et le vent nous appelle.
Je sais de ce palais tous les détours obscurs ;
Vous voyez que la mer en vient battre les murs ;
Et cette nuit, sans peine, une secrete voie
Jusqu'en votre vaisseau conduira votre proie.

ORESTE.

J'abuse, cher ami, de ton trop d'amitié ;
Mais pardonne à mes maux dont toi seul as pitié.
Excuse un malheureux qui perd tout ce qu'il aime,
Que tout le monde hait, et qui se hait lui-même.
Que ne puis-je à mon tour dans un sort plus heureux...

PYLADE.

Dissimulez, seigneur ; c'est tout ce que je veux.
Gardez qu'avant le coup votre dessein n'éclate :
Oubliez jusque-là qu'Hermione est ingrate ;
Oubliez votre amour. Elle vient, je la voi.

ORESTE.

Va-t'en. Réponds-moi d'elle, et je réponds de moi.

SCÈNE II.
HERMIONE, ORESTE, CLÉONE.

ORESTE.

Hé bien ! mes soins vous ont rendu votre conquête :
J'ai vu Pyrrhus, madame, et votre hymen s'apprête.

HERMIONE.

On le dit ; et de plus on vient de m'assurer
Que vous ne me cherchiez que pour m'y préparer.

ORESTE.

Et votre ame à ses vœux ne sera pas rebelle?

HERMIONE.

Qui l'eût cru, que Pyrrhus ne fût pas infidèle?
Que sa flamme attendrait si tard pour éclater?
Qu'il reviendrait à moi quand je l'allais quitter?
Je veux croire avec vous qu'il redoute la Grèce,
Qu'il suit son intérêt plutôt que sa tendresse ;
Que mes yeux sur votre ame étaient plus absolus.

ORESTE.

Non, madame : il vous aime, et je n'en doute plus.

Vos yeux ne font-ils pas tout ce qu'ils veulent faire?
Et vous ne vouliez pas, sans doute, lui déplaire.

HERMIONE.

Mais que puis-je, seigneur? On a promis ma foi :
Lui ravirai-je un bien qu'il ne tient pas de moi?
L'amour ne règle pas le sort d'une princesse :
La gloire d'obéir est tout ce qu'on nous laisse.
Cependant je partais; et vous avez pu voir
Combien je relâchais pour vous de mon devoir.

ORESTE.

Ah! que vous saviez bien, cruelle... Mais, madame,
Chacun peut à son choix disposer de son ame.
La vôtre était à vous. J'espérais : mais enfin
Vous l'avez pu donner sans me faire un larcin.
Je vous accuse aussi bien moins que la fortune.
Et, pourquoi vous lasser d'une plainte importune?
Tel est votre devoir, je l'avoue; et le mien
Est de vous épargner un si triste entretien.

SCÈNE III.

HERMIONE, CLÉONE.

HERMIONE.

Attendais-tu, Cléone, un courroux si modeste?

CLÉONE.

La douleur qui se tait n'en est que plus funeste.
Je le plains d'autant plus qu'auteur de son ennui,
Le coup qui l'a perdu n'est parti que de lui.
Comptez depuis quel temps votre hymen se prépare :
Il a parlé, madame, et Pyrrhus se déclare.

HERMIONE.

Tu crois que Pyrrhus craint? Et que craint-il encor
Des peuples qui, dix ans, ont fui devant Hector;
Qui cent fois, effrayés de l'absence d'Achille,
Dans leurs vaisseaux brûlants ont cherché leur asile,
Et qu'on verrait encor, sans l'appui de son fils,
Redemander Hélène aux Troyens impunis?
Non, Cléone, il n'est point ennemi de lui-même;
Il veut tout ce qu'il fait; et, s'il m'épouse, il m'aime.
Mais qu'Oreste à son gré m'impute ses douleurs;
N'avons-nous d'entretien que celui de ses pleurs?
Pyrrhus revient à nous! Hé bien! chère Cléone,
Conçois-tu les transports de l'heureuse Hermione?
Sais-tu quel est Pyrrhus? T'es-tu fait raconter
Le nombre des exploits... Mais qui les peut compter?
Intrépide, et partout suivi de la victoire,
Charmant, fidèle enfin : rien ne manque à sa gloire.
Songe...

CLÉONE.

Dissimulez : votre rivale en pleurs
Vient à vos pieds sans doute apporter ses douleurs.

HERMIONE.

Dieux! ne puis-je à ma joie abandonner mon ame!
Sortons : que lui dirai-je?

SCÈNE IV.

ANDROMAQUE, HERMIONE, CLÉONE, CÉPHISE.

ANDROMAQUE.

Où fuyez-vous, madame?
N'est-ce pas à vos yeux un spectacle assez doux
Que la veuve d'Hector pleurant à vos genoux?
Je ne viens point ici, par de jalouses larmes,
Vous envier un cœur qui se rend à vos charmes.
Par une main cruelle, hélas! j'ai vu percer
Le seul où mes regards prétendaient s'adresser.
Ma flamme par Hector fut jadis allumée;
Avec lui dans la tombe elle s'est enfermée.
Mais il me reste un fils. Vous saurez quelque jour,
Madame, pour un fils jusqu'où va notre amour;
Mais vous ne saurez pas, du moins je le souhaite,
En quel trouble mortel son intérêt nous jette,
Lorsque de tant de biens qui pouvaient nous flatter,
C'est le seul qui nous reste, et qu'on veut nous l'ôter.
Hélas! lorsque, lassés de dix ans de misère,
Les Troyens en courroux menaçaient votre mère,
J'ai su de mon Hector lui procurer l'appui;
Vous pouvez sur Pyrrhus ce que j'ai pu sur lui.
Que craint-on d'un enfant qui survit à sa perte?
Laissez-moi le cacher en quelque île déserte;
Sur les soins de sa mère on peut s'en assurer,
Et mon fils avec moi n'apprendra qu'à pleurer.

HERMIONE.

Je conçois vos douleurs; mais un devoir austère,
Quand mon père a parlé, m'ordonne de me taire.
C'est lui qui de Pyrrhus fait agir le courroux.
S'il faut fléchir Pyrrhus, qui le peut mieux que vous?
Vos yeux assez longtemps ont régné sur son ame.
Faites-le prononcer; j'y souscrirai, madame.

SCÈNE V.

ANDROMAQUE, CÉPHISE.

ANDROMAQUE.

Quel mépris la cruelle attache à ses refus!

CÉPHISE.

Je croirais ses conseils, et je verrais Pyrrhus.
Un regard confondrait Hermione et la Grèce...
Mais lui-même il vous cherche.

SCÈNE VI.

PYRRHUS, ANDROMAQUE, PHOENIX, CÉPHISE.

PYRRHUS, à Phœnix.

Où donc est la princesse?
Ne m'avais-tu pas dit qu'elle était en ces lieux?

PHOENIX.

Je le croyais.

ANDROMAQUE, à Céphise.

Tu vois le pouvoir de mes yeux!

PYRRHUS.

Que dit-elle, Phœnix?

ANDROMAQUE.

Hélas! tout m'abandonne!

PHOENIX.

Allons, seigneur, marchons sur les pas d'Hermione.

CÉPHISE.

Qu'attendez-vous? rompez ce silence obstiné.

ANDROMAQUE.

Il a promis mon fils.

CÉPHISE.

Il ne l'a pas donné.

ANDROMAQUE.

Non, non, j'ai beau pleurer, sa mort est résolue.

PYRRHUS.

Daigne-t-elle sur nous tourner au moins la vue?
Quel orgueil!

ANDROMAQUE.

Je ne fais que l'irriter encor,
Sortons.

PYRRHUS.

Allons aux Grecs livrer le fils d'Hector.

ANDROMAQUE, se jetant aux pieds de Pyrrhus.

Ah, seigneur! arrêtez! Que prétendez-vous faire?
Si vous livrez le fils, livrez-leur donc la mère!
Vos serments m'ont tantôt juré tant d'amitié!
Dieux! ne pourrais-je au moins toucher votre pitié?
Sans espoir de pardon m'avez-vous condamnée?

PYRRHUS.

Phœnix vous le dira, ma parole est donnée.

ANDROMAQUE.

Vous qui braviez pour moi tant de périls divers!

PYRRHUS.

J'étais aveugle alors; mes yeux se sont ouverts.

Sa grace à vos désirs pouvait être accordée ;
Mais vous ne l'avez pas seulement demandée.
C'en est fait.

ANDROMAQUE.
Ah, seigneur ! vous entendiez assez
Des soupirs qui craignaient de se voir repoussés.
Pardonnez à l'éclat d'une illustre fortune
Ce reste de fierté qui craint d'être importune.
Vous ne l'ignorez pas : Andromaque, sans vous,
N'aurait jamais d'un maître embrassé les genoux.

PYRRHUS.
Non, vous me haïssez ; et dans le fond de l'ame
Vous craignez de devoir quelque chose à ma flamme.
Ce fils même, ce fils, l'objet de tant de soins,
Si je l'avais sauvé, vous l'en aimeriez moins.
La haine, le mépris, contre moi tout s'assemble ;
Vous me haïssez plus que tous les Grecs ensemble.
Jouissez à loisir d'un si noble courroux.
Allons, Phœnix.

ANDROMAQUE.
Allons rejoindre mon époux.

CÉPHISE.
Madame...

ANDROMAQUE, à *Céphise*.
Et que veux-tu que je lui dise encore ?
Auteur de tous mes maux, crois-tu qu'il les ignore ?
(*à Pyrrhus*.)
Seigneur, voyez l'état où vous me réduisez.
J'ai vu mon père mort, et nos murs embrasés ;
J'ai vu trancher les jours de ma famille entière,
Et mon époux sanglant traîné sur la poussière,
Son fils seul avec moi réservé pour les fers.
Mais que ne peut un fils ! Je respire, je sers.
J'ai fait plus ; je me suis quelquefois consolée
Qu'ici plutôt qu'ailleurs le sort m'eût exilée ;
Qu'heureux dans son malheur, le fils de tant de rois,
Puisqu'il devait servir, fût tombé sous vos lois :
J'ai cru que sa prison deviendrait son asile.
Jadis Priam soumis fut respecté d'Achille ;
J'attendais de son fils encor plus de bonté.
Pardonne, cher Hector, a ma crédulité !
Je n'ai pu soupçonner ton ennemi d'un crime :
Malgré lui-même enfin je l'ai cru magnanime.
Ah! s'il l'était assez pour nous laisser du moins
Au tombeau qu'à ta cendre ont élevé mes soins,
Et que, finissant la sa haine et nos misères,
Il ne séparât point des dépouilles si chères !

PYRRHUS.
Va m'attendre, Phœnix.

SCENE VII.

PYRRHUS, ANDROMAQUE, CÉPHISE.

PYRRHUS.
Madame, demeurez.
On peut vous rendre encor ce fils que vous pleurez...
Oui, je sens à regret qu'en vous excitant vos larmes
Je ne fais contre moi que vous donner des armes :
Je croyais apporter plus de haine en ces lieux.
Mais, madame, du moins tournez vers moi les yeux ;
Voyez si mes regards sont d'un juge sévère,
S'ils sont d'un ennemi qui cherche à vous déplaire.
Pourquoi me forcez-vous vous-même à vous trahir ?
Au nom de votre fils, cessons de nous hair.
A le sauver enfin c'est moi qui vous convie.
Faut-il que mes soupirs vous demandent sa vie ?
Faut-il qu'en sa faveur j'embrasse vos genoux ?
Pour la dernière fois, sauvez le, sauvez-vous. [nes ;
Je suis de quels serments je romps pour vous les chaî-
Combien je vais sur moi faire éclater de haines.
Je renvoie Hermione, et je mets sur son front,
Au lieu de ma couronne, un éternel affront :
Je vous conduis au temple où son hymen s'apprête ;
Je vous ceins d'un bandeau préparé pour sa tête.
Mais ce n'est plus, madame, une offre à dédaigner :
Je vous le dis ; il faut ou périr, ou régner.
Mon cœur, désespéré d'un an d'ingratitude,
Ne peut plus de son sort souffrir l'incertitude,

C'est craindre, menacer et souffrir trop longtemps.
Je meurs si je vous perds ; mais je meurs si j'attends.
Songez-y ; je vous laisse ; et je viendrai vous prendre
Pour vous mener au temple où ce fils doit m'attendre ;
Et là vous me verrez, soumis ou furieux,
Vous couronner, madame, ou le perdre à vos yeux.

SCENE VIII.

ANDROMAQUE, CÉPHISE.

CÉPHISE.
Je vous l'avais prédit, qu'en dépit de la Grèce,
De votre sort encor vous seriez la maîtresse.

ANDROMAQUE.
Hélas, de quel effet tes discours sont suivis !
Il ne me restait plus qu'a condamner mon fils.

CÉPHISE.
Madame, à votre époux c'est être assez fidelle.
Trop de vertu pourrait vous rendre criminelle.
Lui-même il porterait votre ame à la douceur.

ANDROMAQUE.
Quoi ! je lui donnerais Pyrrhus pour successeur ?

CÉPHISE.
Ainsi le veut son fils, que les Grecs vous ravissent.
Pensez-vous qu'après tout ses mânes en rougissent ;
Qu'il méprisât, madame, un roi victorieux
Qui vous fait remonter au rang de vos aïeux, [lère,
Qui foule aux pieds pour vous vos vainqueurs en co-
Qui ne se souvient plus qu'Achille était son père,
Qui dément ses exploits, et les rend superflus ?

ANDROMAQUE.
Dois-je les oublier, s'il ne s'en souvient plus ?
Dois-je oublier Hector privé de funérailles,
Et traîné sans honneur autour de nos murailles ?
Dois-je oublier son père à mes pieds renversé,
Ensanglantant l'autel qu'il tenait embrassé ?
Songe, songe, Céphise, à cette nuit cruelle
Qui fut pour tout un peuple une nuit eternelle ;
Figure-toi Pyrrhus, les yeux étincelants,
Entrant a la lueur de nos palais brûlants,
Sur tous mes freres morts se faisant un passage,
Et, de sang tout couvert, échauffant le carnage ;
Songe aux cris des vainqueurs, songe aux cris des
Dans la flamme étouffés, sous le fer expirants ; [mourants,
Peins-toi dans ces horreurs Andromaque éperdue :
Voilà comme Pyrrhus vint s'offrir à ma vue ;
Voilà par quels exploits il sut se couronner ;
Enfin, voilà l'époux que tu me veux donner.
Non, je ne serai point complice de ses crimes ;
Qu'il nous prenne, s'il veut, pour dernières victimes.
Tous mes ressentiments lui seraient asservis !

CÉPHISE.
Hé bien ! allons donc voir expirer votre fils :
On n'attend plus que vous... Vous frémissez, madame !

ANDROMAQUE.
Ah ! de quel souvenir viens-tu frapper mon ame !
Quoi ! Céphise, j'irai voir expirer encor
Ce fils, ma seule joie, et l'image d'Hector,
Ce fils, que de sa flamme il me laissa pour gage !
Hélas ! il m'en souvient, le jour que son courage
Lui fit chercher Achille, ou plutôt le trépas,
Il demanda son fils, et le prit dans ses bras :
« Chère épouse, dit-il en essuyant mes larmes,
« J'ignore quel succès le sort garde à mes armes ;
« Je te laisse mon fils pour gage de ma foi :
« S'il me perd, je pretends qu'il me retrouve en toi.
« Si d'un heureux hymen la mémoire t'est chère,
« Montre au fils à quel point tu chérissais le père. »
Et je puis voir répandre un sang si precieux ?
Et je laisse avec lui périr tous ses aïeux ?
Roi barbare, faut-il que mon crime l'entraîne ?
Si je te hais, est-il coupable de ma haine ?
T'a-t-il de tous les siens reproché le trepas ?
S'est-il plaint a tes yeux des maux qu'il ne sent pas ?
Mais cependant, mon fils, tu meurs si je n'arrête
Le fer que le cruel tient levé sur ta tête.
Je l'en puis détourner, et je t'y vais offrir !...
Non, tu ne mourras point, je ne le puis souffrir.

Allons trouver Pyrrhus. Mais non, chère Céphise,
Va le trouver pour moi.
CÉPHISE.
Que faut-il que je dise?
ANDROMAQUE.
Is-lui que de mon fils l'amour est assez fort...
Crois-tu que dans son cœur il ait juré sa mort?
L'amour peut-il si loin pousser sa barbarie?
CÉPHISE.
Madame, il va bientôt revenir en furie.
ANDROMAQUE.
Hé bien! va l'assurer....
CÉPHISE.
De quoi? de votre foi?
ANDROMAQUE.
Hélas! pour la promettre est-elle encore à moi?
O cendres d'un époux! ô Troyens! ô mon père!
O mon fils, que tes jours coûtent cher à ta mère!
Allons.
CÉPHISE.
Où donc, madame? et que résolvez-vous?
ANDROMAQUE.
Allons sur son tombeau consulter mon époux.

FIN DU TROISIÈME ACTE.

ACTE IV.

SCÈNE PREMIÈRE.

ANDROMAQUE, CÉPHISE.
CÉPHISE.
Ah! je n'en doute point : c'est votre époux, madame,
C'est Hector qui produit ce miracle en votre ame!
Il veut que Troie encor se puisse relever
Avec cet heureux fils qu'il vous fait conserver.
Pyrrhus vous l'a promis. Vous venez de l'entendre,
Madame; il n'attendait qu'un mot pour vous le rendre.
Croyez-en ces transports : père, sceptre, alliés,
Content de votre cœur, il met tout à vos pieds;
Sur lui, sur tout son peuple il vous rend souveraine.
Est-ce là ce vainqueur digne de tant de haine?
Déjà contre les Grecs plein d'un noble courroux,
Le soin de votre fils le touche autant que vous :
Il prévient leur fureur; il lui laisse sa garde :
Pour ne pas l'exposer, lui-même se hasarde.
Mais tout s'apprête au temple; et vous avez promis...
ANDROMAQUE.
Oui, je m'y trouverai. Mais allons voir mon fils.
CÉPHISE.
Madame, qui vous presse? Il suffit que sa vue
Désormais à vos yeux ne soit plus défendue.
Vous lui pourrez bientôt prodiguer vos bontés,
Et vos embrassements ne seront plus comptés.
Quel plaisir d'élever un enfant qu'on voit croître
Non plus comme un esclave élevé pour son maître,
Mais pour voir avec lui renaître tant de rois!
ANDROMAQUE.
Céphise, allons le voir pour la dernière fois.
CÉPHISE.
Que dites-vous? Oh dieux!

ANDROMAQUE.
O ma chère Céphise!
Ce n'est point avec toi que mon cœur se déguise :
Ta foi, dans mon malheur s'est montrée à mes yeux :
Mais j'ai cru qu'à mon tour tu me connaissais mieux;
Quoi donc! as-tu pensé qu'Andromaque infidèle
Pût trahir un époux qui croit revivre en elle;
Et que, de tant de morts réveillant la douleur,
Le soin de mon repos me fît troubler le leur?
Est-ce là cette ardeur tant promise à sa cendre?
Mais son fils périssait, il l'a fallu défendre.
Pyrrhus en m'épousant s'en déclare l'appui;
Il suffit : je veux bien m'en reposer sur lui.
Je sais quel est Pyrrhus : violent, mais sincère,
Céphise, il fera plus qu'il n'a promis de faire.
Sur le courroux des Grecs je me repose encor;
Leur haine va donner un père au fils d'Hector.
Je vais donc, puisqu'il faut que je me sacrifie,
Assurer à Pyrrhus le reste de ma vie;
Je vais en recevant sa foi sur les autels,
L'engager à mon fils par des nœuds immortels.
Mais aussitôt ma main, à moi seule funeste,
D'une infidèle vie abrégera le reste;
Et, sauvant ma vertu, rendra ce que je doi
A Pyrrhus, à mon fils, à mon époux, à moi.
Voilà de mon amour l'innocent stratagème;
Voilà ce qu'un époux m'a commandé lui-même.
J'irai seule rejoindre Hector et mes aïeux.
Céphise, c'est à toi de me fermer les yeux.
CÉPHISE.
Ah! ne prétendez pas que je puisse survivre....
ANDROMAQUE.
Non, non, je te défends, Céphise de me suivre.
Je confie à tes soins mon unique trésor :
Si tu vivais pour moi, vis pour le fils d'Hector.
De l'espoir des Troyens seule dépositaire,
Songe à combien de rois tu deviens nécessaire.
Veille auprès de Pyrrhus; fais-lui garder sa foi :
S'il le faut, je consens qu'on lui parle de moi.
Fais-lui valoir l'hymen où je me suis rangée :
Dis-lui qu'avant ma mort je lui fus engagée;
Que ses ressentiments doivent être effacés;
Qu'en lui laissant mon fils, c'est l'estimer assez.
Fais connaître à mon fils les héros de sa race :
Autant que tu pourras conduis-le sur leur trace :
Dis-lui par quels exploits leurs noms ont éclaté,
Plutôt ce qu'ils ont fait que ce qu'ils ont été;
Parle-lui tous les jours des vertus de son père;
Et quelquefois aussi parle-lui de sa mère.
Mais qu'il ne songe plus, Céphise, à nous venger :
Nous lui laissons un maître, il le doit ménager.
Qu'il ait de ses aïeux un souvenir modeste;
Il est du sang d'Hector, mais il en est le reste;
Et pour ce reste enfin j'ai moi-même, en un jour,
Sacrifié mon sang, ma haine, et mon amour.
CÉPHISE.
Hélas!
ANDROMAQUE.
Ne me suis point, si ton cœur en alarmes
Prévoit qu'il ne pourra commander à tes larmes.
On vient. Cache tes pleurs, Céphise; et souviens-toi
Que le sort d'Andromaque est commis à ta foi.
C'est Hermione. Allons, fuyons sa violence.

SCENE II.

HERMIONE, CLÉONE
CLÉONE.
Non, je ne puis assez admirer ce silence :
Vous vous taisez, madame; et ce cruel mépris
N'a pas du moindre trouble agité vos esprits!
Vous soutenez en paix une si rude attaque,
Vous qu'on voyait frémir au seul nom d'Andromaque
Vous qui sans désespoir ne pouviez endurer
Que Pyrrhus d'un regard la voulût honorer?
Il l'épouse; il lui donne, avec son diadème,
La foi que vous venez de recevoir vous-même :

J'épouse une Troyenne. Oui, madame, et j'avoue
Que je vous ai promis la foi que je lui voue.
Et votre bouche encor, muette à tant d'ennui,
N'a pas daigné s'ouvrir pour se plaindre de lui!
Ah! que je crains, madame, un calme si funeste!
Et qu'il vaudrait bien mieux...

HERMIONE.
                    Fais-tu venir Oreste?
CLÉONE.
Il vient, madame, il vient; et vous pouvez juger
Que bientôt à vos pieds il allait se ranger,
Prêt à servir toujours sans espoir de salaire:
Vos yeux ne sont que trop assurés de lui plaire.
Mais il entre.

SCENE III.
ORESTE, HERMIONE, CLÉONE.

ORESTE.
                    Ah, madame, est-il vrai qu'une fois
Oreste en vous cherchant obéisse à vos lois?
Ne m'a-t-on point flatté d'une fausse espérance?
Avez-vous en effet souhaité ma présence?
Croirai-je que vos yeux, à la fin désarmés,
Veulent..

HERMIONE.
Je veux savoir, seigneur, si vous m'aimez.

ORESTE.
Si je vous aime! oh dieux! Mes serments, mes parjures,
Ma fuite, mon retour, mes respects, mes injures,
Mon désespoir, mes yeux de pleurs toujours noyés;
Quels témoins croirez-vous, si vous ne les croyez?

HERMIONE.
Vengez-moi, je crois tout.

ORESTE.
                    Hé bien, allons, madame;
Mettons encore un coup toute la Grèce en flamme;
Prenons, en signalant mon bras et votre nom,
Vous, la place d'Hélène, et moi, d'Agamemnon,
De Troie en ce pays réveillons les misères;
Et qu'on parle de nous ainsi que de nos pères.
Partons, je suis tout prêt.

HERMIONE.
                    Non, seigneur, demeurons:
Je ne veux pas si loin porter de tels affronts.
Quoi! de mes ennemis couronnant l'insolence,
J'irais attendre ailleurs une lente vengeance?
Et je m'en remettrais au destin des combats,
Qui peut-être à la fin ne me vengerait pas?
Je veux qu'à mon départ toute l'Épire pleure.
Mais, si vous me vengez, vengez-moi dans une heure.
Tous vos retardements sont pour moi des refus.
Courez au temple. Il faut immoler...

ORESTE.
                    Qui?

HERMIONE.
                              Pyrrhus.

ORESTE.
Pyrrhus, madame!

HERMIONE.
                    Hé quoi! votre haine chancelle?
Ah! courez, et craignez que je ne vous rappelle.
N'alléguez point des droits que je veux oublier;
Et ce n'est pas à vous à le justifier.

ORESTE.
Moi, je l'excuserais! Ah! vos bontés, madame,
Ont gravé trop avant ses crimes dans mon ame.
Vengeons-nous, j'y consens, mais par d'autres che-
Soyons ses ennemis, et non ses assassins;   [mins.
Faisons de sa ruine une juste conquête.
Quoi! pour réponse aux Grecs porterai-je sa tête?
Et n'ai-je pris sur moi le soin de tout l'état
Que pour m'en acquitter par un assassinat?
Souffrez, au nom des dieux, que la Grèce s'explique,
Et qu'il meure chargé de la haine publique.
Souvenez-vous qu'il règne, et qu'un front couronné...

HERMIONE.
Ne vous suffit-il pas que je l'ai condamné?
Ne vous suffit-il pas que ma gloire offensée
Demande une victime à moi seule adressée;
Qu'Hermione est le prix d'un tyran opprimé;
Que je le hais; enfin, seigneur, que je l'aimai?
Je ne m'en cache point, l'ingrat m'avait su plaire,
Soit qu'ainsi l'ordonnât mon amour ou mon père,
N'importe: mais enfin réglez-vous là-dessus.
Malgré mes vœux, seigneur, malheureusement déçus,
Malgré la juste horreur que mon crime me donne,
Tant qu'il vivra, craignez que je ne lui pardonne.
Doutez jusqu'à sa mort d'un courroux incertain;
S'il ne meurt aujourd'hui, je puis l'aimer demain.

ORESTE.
Hé bien! il faut le perdre, et prévenir sa grace:
Il faut... Mais cependant que faut-il que je fasse?
Comment puis-je sitôt servir votre courroux?
Quel chemin jusqu'à lui peut conduire mes coups?
A peine suis-je encore arrivé dans l'Épire,
Vous voulez par mes mains renverser un empire;
Vous voulez qu'un roi meure; et pour son châtiment
Vous ne donnez qu'un jour, qu'une heure, qu'un mo-
                                              [ment;
Aux yeux de tout son peuple il faut que je l'opprime.
Laissez-moi vers l'autel conduire ma victime,
Je ne m'en défends plus; et je ne veux qu'aller
Reconnaître la place où je dois l'immoler:
Cette nuit je vous sers, cette nuit je l'attaque.

HERMIONE.
Mais cependant, ce jour, il épouse Andromaque;
Dans le temple déjà le trône est élevé;
Ma honte est confirmée, et son crime achevé.
Enfin qu'attendez-vous? Il vous offre sa tête;
Sans gardes, sans défense, il marche à cette fête;
Autour du fils d'Hector il les fait tous ranger:
Il s'abandonne au bras qui me voudra venger.
Voulez-vous malgré moi prendre soin de sa vie?
Armez, avec vos Grecs tous ceux qui m'ont suivie;
Soulevez vos amis; tous les miens sont à vous:
Il me trahit, vous trompe, et nous méprise tous.
Mais quoi! déjà leur haine est égale à la mienne;
Elle épargne à regret l'époux d'une Troyenne.
Parlez: mon ennemi ne vous peut échapper,
Ou plutôt il ne faut que les laisser frapper.
Conduisez ou suivez une fureur si belle;
Revenez tout couvert du sang de l'infidelle;
Allez: en cet état soyez sûr de mon cœur.

ORESTE.
Mais, madame, songez...

HERMIONE.
                    Ah! c'en est trop seigneur.
Tant de raisonnements offensent ma colère.
J'ai voulu vous donner les moyens de me plaire,
Rendre Oreste content: mais enfin je vois bien
Qu'il veut toujours se plaindre, et ne mériter rien.
Partez: allez ailleurs vanter votre constance,
Et me laissez ici le soin de sa vengeance.
De mes lâches bontés mon courage est confus;
Et c'est trop en un jour essuyer de refus.
Je m'en vais seule au temple où leur hymen s'apprête,
Où vous n'osez aller mériter ma conquête:
Là, de mon ennemi je saurai m'approcher:
Je percerai le cœur que je n'ai pu toucher;
Et mes sanglantes mains, sur moi même tournées,
Aussitôt, malgré lui, joindront nos destinées,
Et, tout ingrat qu'il est, il me sera plus doux
De mourir avec lui que de vivre avec vous.

ORESTE.
Non, je vous priverai de ce plaisir funeste,
Madame; il ne mourra que de la main d'Oreste.
Vos ennemis par moi vont vous être immolés,
Et vous reconnaîtrez mes soins, si vous voulez.

HERMIONE.
Allez. De votre sort laissez-moi la conduite,
Et que tous nos vaisseaux soient prêts pour notre fuite.

SCÈNE VI.
HERMIONE, CLÉONE.

CLÉONE.

Vous vous perdez, madame; et vous devez songer...

HERMIONE.

Que je me perde ou non, je songe à me venger.
Je ne sais même encor, quoi qu'il m'ait pu promettre,
Sur d'autres que sur moi si je dois m'en remettre :
Pyrrhus n'est pas coupable à ses yeux comme aux miens ;
Et je tiendrai mes coups bien plus sûrs que les siens.
Quel plaisir de venger moi-même mon injure,
De retirer mon bras teint du sang du parjure,
Et, pour rendre sa peine et mes plaisirs plus grands,
De cacher ma rivale à ses regards mourants!
Ah! si du moins Oreste, en punissant son crime,
Lui laissait le regret de mourir ma victime!
Va le trouver : dis-lui qu'il apprenne à l'ingrat
Qu'on l'immole à ma haine, et non pas à l'état.
Chère Cléone, cours : ma vengeance est perdue
S'il ignore en mourant que c'est moi qui le tue.

CLÉONE.

Je vous obéirai. Mais qu'est-ce que je vois?
O dieux! qui l'aurait cru, madame? c'est le roi!

HERMIONE.

Ah! cours après Oreste; et dis-lui, ma Cléone,
Qu'il n'entreprenne rien sans revoir Hermione!

SCÈNE V.
PYRRHUS, HERMIONE, PHOENIX.

PYRRHUS.

Vous ne m'attendiez pas, madame; et je vois bien
Que mon abord ici trouble votre entretien.
Je ne viens point, armé d'un indigne artifice,
D'un voile d'équité couvrir mon injustice :
Il suffit que mon cœur me commande tout bas ;
Et je soutiendrais mal ce que je ne crois pas.
Un autre vous dirait que dans les champs troyens
Nos deux pères sans nous formèrent ces liens,
Et que, sans consulter ni mon choix ni le vôtre,
Nous fûmes sans amour engagés l'un à l'autre ;
Mais c'est assez pour moi que je me sois soumis.
Par mes ambassadeurs mon cœur vous fut promis ;
Loin de les revoquer je voulus y souscrire :
Je vous vis arriver avec eux en Épire;
Et quoique d'un autre œil l'éclat victorieux
Eût déjà prévenu le pouvoir de vos yeux,
Je ne m'arrêtai point à cette ardeur nouvelle,
Je voulus m'obstiner à vous être fidelle ;
Je vous reçus en reine ; et jusques à ce jour
J'ai cru que mes serments me tiendraient lieu d'amour.
Mais cet amour l'emporte; et, par un coup funeste,
Andromaque m'arrache un cœur qu'elle déteste :
L'un par l'autre entraînés, nous courons à l'autel
Nous jurer malgré nous un amour immortel.
Après cela, madame, éclatez contre un traître,
Qui l'est avec douleur, et qui pourtant veut l'être.
Pour moi, loin de contraindre un si juste courroux,
Il me soulagera peut-être autant que vous.
Donnez-moi tous les noms destinés aux parjures ;
Je crains votre silence, et non pas vos injures ;
Et mon cœur, soulevant mille secrets témoins,
M'en dira d'autant plus que vous m'en direz moins.

HERMIONE.

Seigneur, dans cet aveu dépouillé d'artifice,
J'aime à voir que du moins vous vous rendiez justice,
Et que, voulant bien rompre un nœud si solennel,
Vous vous abandonniez au crime en criminel.
Est-il juste, après tout, qu'un conquérant s'abaisse
Sous la servile loi de garder sa promesse ?
Non, non, la perfidie a de quoi vous tenter ;
Et vous ne me cherchez que pour vous en vanter.
Quoi! sans que ni serment ni devoir vous retienne,
Rechercher une Grecque, amant d'une Troyenne?
Me quitter, me reprendre, et retourner encor
De la fille d'Hélène à la veuve d'Hector
Couronner tour à tour l'esclave et la princesse,
Immoler Troie aux Grecs, au fils d'Hector la Grèce!
Tout cela part d'un cœur toujours maître de soi,
D'un héros qui n'est point esclave de sa foi.
Pour plaire à votre épouse, il vous faudrait peut-être
Prodiguer les deux noms de parjure et de traître.
Vous veniez de mon front observer la pâleur,
Pour aller dans ses bras rire de ma douleur.
Pleurante après son char vous voulez qu'on me voie ;
Mais, seigneur, en un jour ce serait trop de joie ;
Et, sans chercher ailleurs des titres empruntés,
Ne vous suffit-il pas de ceux que vous portez?
Du vieux père d'Hector la valeur abattue
Aux pieds de sa famille expirante à sa vue,
Tandis que dans son sein votre bras enfoncé
Cherche un reste de sang que l'âge avait glacé ;
Dans des ruisseaux de sang Troie ardente plongée ;
De votre propre main Polyxène égorgée
Aux yeux de tous les Grecs indignés contre vous :
Que peut-on refuser à ces généreux coups?

PYRRHUS.

Madame, je sais trop à quel excès de rage
La vengeance d'Hélène emporta son courage ;
Je puis me plaindre à vous du sang que j'ai versé :
Mais enfin je consens d'oublier le passé.
Je rends grâces au ciel que votre indifférence
De mes heureux soupirs m'apprenne l'innocence.
Mon cœur, je le vois bien, trop prompt à se gêner,
Devait mieux vous connaître et mieux s'examiner.
Mes remords vous faisaient une injure mortelle :
Il faut se croire aimé pour se croire infidèle.
Vous ne prétendiez point m'arrêter dans vos fers :
Je crains de vous trahir, peut-être je vous sers.
Nos cœurs n'étaient point faits dépendants l'un de l'au-
Je suivais mon devoir, et vous cédiez au vôtre : [tre;
Rien ne vous engageait à m'aimer en effet.

HERMIONE.

Je ne t'ai point aimé, cruel! Qu'ai-je donc fait?
J'ai dédaigné pour toi les vœux de tous nos princes ;
Je t'ai cherché moi-même au fond de tes provinces ;
J'y suis encor, malgré tes infidélités,
Et malgré tous mes Grecs honteux de mes bontés.
Je leur ai commandé de cacher mon injure ;
J'attendais en secret le retour d'un parjure ;
J'ai cru que tôt ou tard, à ton devoir rendu,
Tu me rapporterais un cœur qui m'était dû.
Je t'aimais inconstant ; qu'aurais-je fait fidelle!
Et même, en ce moment, où ta bouche cruelle
Vient si tranquillement m'annoncer le trépas,
Ingrat, je doute encor si je ne t'aime pas.
Mais, seigneur, s'il le faut, si le ciel en colère
Réserve à d'autres yeux la gloire de vous plaire,
Achevez votre hymen, j'y consens ; mais, du moins
Ne forcez pas mes yeux d'en être les témoins.
Pour la dernière fois je vous parle peut-être.
Différez-le d'un jour ; demain vous serez maître...
Vous ne répondez point ! Perfide, je le vois,
Tu comptes les moments que tu perds avec moi!
Ton cœur, impatient de revoir ta Troyenne,
Ne souffre qu'à regret qu'une autre t'entretienne.
Tu lui parles du cœur, tu la cherches des yeux.
Je ne te retiens plus, sauve-toi de ces lieux ;
Va lui jurer la foi que tu m'avais jurée ;
Va profaner des dieux la majesté sacrée.
Ces dieux, ces justes dieux n'auront pas oublié
Que les mêmes serments avec moi l'ont lié.
Porte au pied des autels ce cœur qui m'abandonne ;
Va, cours ; mais crains encor d'y trouver Hermione.

SCÈNE VI.
PYRRHUS, PHOENIX.

PHOENIX.

Seigneur, vous entendez : gardez de négliger
Une amante en fureur qui cherche à se venger.
Elle n'est en ces lieux que trop bien appuyée ;
La querelle des Grecs à la sienne est liée.
Oreste l'aime encor ; et peut-être à ce prix...

PYRRHUS.

Andromaque m'attend. Phœnix, garde son fils.

FIN DU QUATRIÈME ACTE.

ACTE V.

SCÈNE PREMIÈRE.
HERMIONE.

Où suis-je ? Qu'ai-je fait ? Que dois-je faire encore
Quel transport me saisit ? Quel chagrin me dévore ?
Errante et sans dessein, je cours dans ce palais.
Ah ! ne puis-je savoir si j'aime ou si je hais ?
Le cruel ! de quel œil il m'a congediée :
Sans pitié, sans douleur au moins étudiée !
L'ai-je vu s'attendrir, se troubler un moment ?
En ai-je pu tirer un seul gémissement ?
Muet à mes soupirs, tranquille à mes alarmes,
Semblait-il seulement qu'il eût part à mes larmes ?
Et je le plains encore ! Et, pour comble d'ennui,
Mon cœur, mon lâche cœur s'intéresse pour lui !
Je tremble au seul penser du coup qui le menace !
Et prête à me venger je lui fait déjà grace !
Non, ne révoquons point l'arrêt de mon courroux :
Qu'il périsse ! aussi bien il ne vit plus pour nous.
Le perfide triomphe, et se rit de ma rage :
Il pense voir en pleurs dissiper cet orage ;
Il croit que, toujours faible, et d'un cœur incertain,
Je parerai d'un bras les coups de l'autre main.
Il juge encor de moi par mes bontés passées :
Mais plutôt le perfide a bien d'autres pensées :
Triomphant dans le temple, il ne s'informe pas
Si l'on souhaite ailleurs sa vie ou son trépas.
Il me laisse, l'ingrat, cet embarras funeste.
Non, non, encore un coup, laissons agir Oreste.
Qu'il meure, puisqu'enfin il a dû le prévoir,
Et puisqu'il m'a forcée enfin à le vouloir...
A le vouloir ? Hé quoi ! c'est donc moi qui l'ordonne
Sa mort sera l'effet de l'amour d'Hermione ?
Ce prince, dont mon cœur se faisait autrefois
Avec tant de plaisir redire les exploits,
A qui même en secret je m'étais destinée
Avant qu'on eût conclu ce fatal hyménée,
Je n'ai donc traversé tant de mers, tant d'états,
Que pour venir si loin préparer son trépas,
L'assassiner, le perdre ? Ah ! devant qu'il expire...

SCENE II.
HERMIONE, CLÉONE.

HERMIONE.

Ah, qu'ai-je fait, Cléone ? et que viens-tu me dire ?
Que fait Pyrrhus ?

CLÉONE.

Il est au comble de ses vœux,
Le plus fier des mortels, et le plus amoureux.
Je l'ai vu vers le temple, où son hymen s'apprête,
Mener en conquérant sa nouvelle conquête ;
Et d'un œil où brillaient sa joie et son espoir
S'enivrer en marchant du plaisir de la voir.
Andromaque, au travers de mille cris de joie,
Porte jusqu'aux autels le souvenir de Troie ;
Incapable toujours d'aimer et de haïr,
Sans joie et sans murmure elle semble obéir.

HERMIONE.

Et l'ingrat ? jusqu'au bout il a poussé l'outrage !
Mais as-tu bien, Cléone, observé son visage ?
Goûte-t-il des plaisirs tranquilles et parfaits ?
N'a-t-il point détourné ses yeux vers le palais ?
Dis-moi, ne t'es-tu point présentée à sa vue ?
L'ingrat a-t-il rougi lorsqu'il t'a reconnue ?
Son trouble avouait-il son infidélité ?
A-t-il jusqu'à la fin soutenu sa fierté ?

CLÉONE.

Madame, il ne voit rien : son salut et sa gloire
Semblent être avec vous sortis de sa mémoire.
Sans songer qui le suit, ennemis ou sujets.
Il poursuit seulement ses amoureux projets.
Autour du fils d'Hector il a rangé sa garde,
Et croit que c'est lui seul que le péril regarde.
Phœnix même en répond, qui l'a conduit exprès
Dans un fort éloigné du temple et du palais.
Voilà dans ses transports le seul soin qui lui reste.

HERMIONE.

Le perfide ! Il mourra. Mais que t'a dit Oreste ?

CLÉONE.

Oreste avec ses Grecs dans le temple est entré.

HERMIONE.

Hé bien ! à me venger n'est-il pas préparé ?

CLÉONE.

Je ne sais.

HERMIONE.

Tu ne sais ! Quoi donc ! Oreste encore.
Oreste me trahit ?

CLÉONE.

Oreste vous adore ;
Mais de mille remords son esprit combattu
Croit tantôt son amour et tantôt sa vertu.
Il respecte en Pyrrhus l'honneur du diadème ;
Il respecte en Pyrrhus Achille et Pyrrhus même ;
Il craint les Grecs, il craint l'univers en courroux
Mais il se craint, dit-il, soi-même plus que tous.
Il voudrait en vainqueur vous apporter sa tête ;
Le seul nom d'assassin l'épouvante et l'arrête.
Enfin il est entré sans savoir dans son cœur
S'il en devait sortir coupable ou spectateur.

HERMIONE.

Non, non, il les verra triompher sans obstacle ;
Il se gardera bien de troubler ce spectacle.
Je sais de quels remords son courage est atteint :
Le lâche craint la mort, et c'est tout ce qu'il craint.
Quoi ! sans qu'elle employât une seule prière,
Ma mère en sa faveur arma la Grèce entière ;
Ses yeux pour leur querelle, en dix ans de combats,
Virent périr vingt rois qu'ils ne connaissaient pas !
Et moi, je ne prétends que la mort d'un parjure,
Et je charge un amant du soin de mon injure ;
Il peut me conquérir à ce prix , sans danger ;
Je me livre moi-même, et ne puis me venger !
Allons : c'est à moi seule à me rendre justice.
Que de cris de douleur le temple retentisse :
De leur hymen fatal troublons l'événement ;
Et qu'ils ne soient unis, s'il se peut, qu'un moment.
Je ne choisirai point dans ce désordre extrême,
Tout me sera Pyrrhus, fût-ce Oreste lui-même.
Je mourrai ; mais au moins sa mort me vengera ;
Je ne mourrai pas seule, et quelqu'un me suivra.

SCENE III.
ORESTE, HERMIONE, CLÉONE.

ORESTE.

Madame, c'en est fait, et vous êtes servie :
Pyrrhus rend à l'autel son infidèle vie.

HERMIONE.

Il est mort !

ORESTE.

Il expire ; et nos Grecs irrités
Ont lavé dans son sang ses infidélités.
Je vous l'avais promis ; et, quoique mon courage
Se fit de ce complot une funeste image,
J'ai couru vers le temple, où nos Grecs dispersés
Se sont jusqu'à l'autel dans la foule glissés.
Pyrrhus m'a reconnu, mais sans changer de face :
Il semblait que ma vue excitât son audace ;
Que tous les Grecs, bravés en leur ambassadeur,
Dussent de son hymen relever la splendeur.
Enfin, avec transport prenant son diadème,
Sur le front d'Andromaque il l'a posé lui-même :
« Je vous donne, a-t-il dit, ma couronne et ma foi ;
« Andromaque, régnez sur l'Épire et sur moi.
« Je voue à votre fils une amitié de père ;
« J'en atteste les dieux, je le jure à sa mère :
« Pour tous mes ennemis je déclare les siens,
« Et je le reconnais pour le roi des Troyens. »

A ces mots, qui du peuple attiraient le suffrage,
Nos Grecs n'ont répondu que par un cri de rage;
L'infidèle s'est vu partout envelopper,
Et je n'ai pu trouver de place pour frapper;
Chacun se disputait la gloire de l'abattre.
Je l'ai vu dans leurs mains quelque temps se débattre,
Tout sanglant à leurs coups vouloir se dérober;
Mais enfin sur l'autel il est allé tomber.
Du peuple épouvanté j'ai traversé la presse
Pour venir de ces lieux enlever ma princesse,
Et regagner le port, où bientôt nos amis
Viendront couverts du sang que je vous ai promis.

HERMIONE.

Qu'ont-ils fait!

ORESTE.

Pardonnez à leur impatience:
Ils ont, je vois bien, trahi votre vengeance;
Vous vouliez que ma main portât les premiers coups,
Qu'il sentit en mourant qu'il expirait pour vous;
Mais c'est moi dont l'ardeur leur a servi d'exemple,
Je les ai pour vous seule entraînés dans le temple,
Madame; et vous pouvez justement vous flatter
D'une mort que leurs bras n'ont fait qu'exécuter.
Vous seule avez poussé les coups...

HERMIONE.

Tais-toi, perfide,
Et n'impute qu'à toi ton lâche parricide.
Va faire chez les Grecs admirer ta fureur.
Va : je la désavoue, et tu me fais horreur.
Barbare, qu'as-tu fait? Avec quelle furie
As-tu tranché le cours d'une si belle vie?
Avez-vous pu, cruels, l'immoler aujourd'hui,
Sans que tout votre sang se soulevât pour lui?
Mais parle : de son sort qui t'a rendu l'arbitre?
Pourquoi l'assassiner? Qu'a-t-il fait? A quel titre?
Qui te l'a dit?

ORESTE.

Oh dieux! quoi! ne m'avez-vous pas
Vous-même, ici, tantôt, ordonné son trépas?

HERMIONE.

Ah! fallait-il en croire une amante insensée?
Ne devais-tu pas lire au fond de ma pensée?
Et ne voyais-tu pas, dans mes emportements,
Que mon cœur démentait ma bouche à tous moments?
Quand je l'aurais voulu, fallait-il y souscrire?
N'as-tu pas dû cent fois te le faire redire?
Toi-même avant le coup me venir consulter?
Y revenir encore, ou plutôt m'éviter?
Que ne me laissais-tu le soin de ma vengeance?
Qui t'amène en des lieux où l'on fuit ta présence?
Voila de ton amour le détestable fruit :
Tu m'apportais, cruel, le malheur qui te suit.
C'est toi dont l'ambassade, à tous les deux fatale,
L'a fait pour son malheur pencher vers ma rivale.
Nous le verrions encor nous partager ses soins;
Il m'aimerait peut-être : il le feindrait du moins.
Adieu. Tu peux partir. Je demeure en Épire;
Je renonce à la Grèce, à Sparte, à son empire,
A toute ma famille; et c'est assez pour moi,
Traître, qu'elle ait produit un monstre tel que toi.

SCENE IV.

ORESTE.

Que vois-je? est-ce Hermione! Et que viens-je d'enten-
Pour qui coule le sang que je viens de répandre? [dre?
Je suis, si je l'en crois, un traître, un assassin.
Est-ce Pyrrhus qui meurt? et suis-je Oreste enfin?
Quoi! j'étouffe en mon cœur la raison qui m'éclaire;
J'assassine à regret un roi que je revère;
Je viole en un jour les droits des souverains,
Ceux des ambassadeurs, et tous ceux des humains,
Ceux même des autels où ma fureur l'assiège;
Je deviens parricide, assassin, sacrilège,
Pour qui? Pour une ingrate à qui je le promets,
Qui même, s'il ne meurt, ne me verra jamais,
Dont j'épouse la rage! et quand je l'ai servie,
Elle me redemande et son sang et sa vie!

Elle l'aime! et je suis un monstre furieux!
Je la vois pour jamais s'éloigner de mes yeux!
Et l'ingrate en fuyant me laisse pour salaire
Tous les noms odieux que j'ai pris pour lui plaire!

SCENE V.

ORESTE, PYLADE, SOLDATS D'ORESTE.

PYLADE.

Il faut partir, seigneur. Sortons de ce palais,
Ou bien résolvons-nous de n'en sortir jamais.
Nos Grecs pour un moment en défendent la porte;
Tout le peuple assemblé nous poursuit à main forte.
Aux ordres d'Andromaque ici tout est soumis :
Ils la traitent en reine, et nous comme ennemis.
Andromaque elle-même, à Pyrrhus si rebelle,
Lui rend tous les devoirs d'une veuve fidèle,
Commande qu'on le venge; et peut-être qu'encor
Elle poursuit sur nous la vengeance d'Hector.
Allons, n'attendons pas que l'on nous environne;
Nos Grecs nous rejoindront : et, tandis qu'Hermione
Tient encore le peuple autour d'elle arrêté,
Voila notre chemin, sortons en sûreté.

ORESTE.

Non, non, c'est Hermione, amis, que je veux suivre :
A son dernier arrêt je ne puis plus survivre.
Partez : j'ai fait le crime, et je vais l'expier.

PYLADE.

Hermione, seigneur? il la faut oublier.
Quoi! toujours l'instrument et l'objet de sa rage,
Cherchez-vous chez les morts quelque nouvel outrage?
Et, parce qu'elle meurt, faut-il que vous mouriez?

ORESTE.

Elle meurt. Dieux! qu'entends-je!

PYLADE.

Hé quoi! vous l'ignoriez?
En rentrant dans ces lieux nous l'avons rencontrée
Qui courait vers le temble, inquiète, égarée.
Elle a trouvé Pyrrhus porté par des soldats
Que son sang excitait à venger son trépas.
Sans doute à cet objet sa rage s'est émue.
Mais du haut de la porte enfin nous l'avons vue
Un poignard à la main sur Pyrrhus se courber,
Lever les yeux au ciel, se frapper, et tomber.

ORESTE.

Grace aux dieux, mon malheur passe mon espérance
Oui, je te loue, ô ciel, de ta persévérance!
Appliqué sans relâche aux soins de me punir,
Au comble des douleurs tu m'as fait parvenir;
Ta haine a pris plaisir à former ma misère;
J'étais né pour servir d'exemple à ta colère
Pour être du malheur un modèle accompli.
Hé bien! je meurs content, et mon sort est rempli.
Où sont ces deux amants? Pour couronner ma joie,
Dans leur sang, dans le mien, il faut que je me noie.
L'un et l'autre en mourant je les veux regarder :
Réunissons trois cœurs qui n'ont pu s'accorder...
Mais quelle épaisse nuit tout à coup m'environne?
De quel côté sortir? D'où vient que je frissonne?
Quelle horreur me saisit? Grace au ciel, j'entrevoi...
Dieux! quels ruisseaux de sang coulent autour de moi!

PYLADE.

Ah, seigneur!

ORESTE.

Quoi! Pyrrhus, je te rencontre encore
Trouverai-je partout un rival que j'abhorre?
Percé de tant de coups, comment t'es-tu sauvé?
Tiens, tiens, voilà le coup que t'ai réservé.
Mais que vois-je? à mes yeux Hermione l'embrasse
Elle vient l'arracher au coup qui le menace!
Dieux! quel affreux regard elle jette sur moi!
Quels démons, quels serpents traine-t-elle après soi?
Hé bien? filles d'enfer, vos mains sont-elle prêtes?
Pour qui sont ces serpents qui sifflent sur vos têtes?

A qui destinez-vous l'appareil qui vous suit?
Venez-vous m'enlever dans l'éternelle nuit?
Venez, à vos fureurs Oreste s'abandonne.
Mais non, retirez-vous, laissez faire Hermione;
L'ingrate mieux que vous saura me déchirer;
Et je lui porte enfin mon cœur à dévorer.

PYLADE.

Il perd le sentiment. Amis, le temps nous presse;
Ménageons les moments que ce transport nous laisse.
Sauvons-le. Nos efforts deviendraient impuissants
S'il reprenait ici sa rage avec ses sens ".

* L'état où tombe Oreste à la fin de cette tragédie paraît une punition divine, qui satisfait le spectateur, aussi bien que la mort d'Hermione, qui s'est fait justice à elle-même. Les trois coupables sont punis, et la vertueuse Andromaque paraît récompensée ; mais comme elle a perdu son défenseur dans Pyrrhus, la Grèce n'a plus rien à craindre du fils d'Hector. Ainsi la catastrophe, délivrant la Grèce de ses inquiétudes, cause une révolution, et elle est comme l'achèvement complet de son triomphe sur Troie C'est pour cela que cet événement arrive un an après la ruine de cette ville. Pyrrhus a dit à Andromaque:

Mon cœur désespéré d'un an d'ingratitude.

Le poète ne pouvait le reculer davantage : il n'eût point été vraisemblable que les Grecs eussent laissé vivre plusieurs années Astyanax, qui est dépeint dans cette pièce comme un enfant.

Racine trouva son sujet dans trois vers de Virgile ; mais il ne trouva ni dans Virgile, ni dans Euripide, le plan qu'il suivit. Suivant Virgile, Pyrrhus traita en jeune vainqueur sa captive Andromaque, et après lui avoir fait épouser un de ses esclaves, épousa Hermione, l'enlevant à Oreste, qui le tua au pied des autels. Dans Euripide, Pyrrhus, qui a deux femmes à la fois, Hermione et Andromaque, est tué par le peuple dans le temple de Delphes.

Le poète français, en conservant ces quatre personnages avec la même catastrophe, a su faire un sujet tout nouveau d'autant plus tragique que tout y devient grand par l'intérêt que la Grèce y prend. Son repos et la tranquillité des états de Pyrrhus dépendent du parti qu'il va prendre ; ce qui donne à ses faiblesses mêmes un air de grandeur, parce que, lorsqu'il méprise Hermione, il méprise Ménélas; quand il brave Oreste, il brave en la personne de cet ambassadeur toute la Grèce prête à s'armer contre lui.   L. RACINE.

FIN D'ANDROMAQUE.

LES PLAIDEURS,

COMÉDIE.

1668.

PRÉFACE.

Quand je lus les *Guêpes* d'Aristophane, je ne songeais guère que j'en dusse faire les *Plaideurs*. J'avoue qu'elles me divertirent beaucoup, et que j'y trouvai quantité de plaisanteries qui me tentèrent d'en faire part au public ; mais c'était en les mettant dans la bouche des Italiens, à qui je les avais destinées comme une chose qui leur appartenait de plein droit. Le juge qui saute par les fenêtres, le chien criminel, et les larmes de sa famille, me semblaient autant d'incidens dignes de la gravité de Scaramouche. Le départ de cet acteur interrompit mon dessein, et fit naître l'envie à quelques uns de mes amis de voir sur notre théâtre un échantillon d'Aristophane. Je ne me rendis pas à la première proposition qu'ils me firent : je leur dis que, quelque esprit que je trouvasse dans cet auteur, mon inclination ne me porterait pas à le prendre pour modèle, si j'avais à faire une comédie ; et que j'aimerais beaucoup mieux imiter la régularité de Ménandre et de Térence, que la liberté de Plaute et d'Aristophane. On me répondit que ce n'était pas une comédie qu'on me demandait, et qu'on voulait seulement voir si les bons mots d'Aristophane auraient quelque grace dans notre langue. Ainsi, moitié en m'encourageant, moitié en mettant eux-mêmes la main à l'œuvre, mes amis me firent commencer une pièce qui ne tarda guère à être achevée.

Cependant la plupart du monde ne se soucie point de l'intention ni de la diligence des auteurs. On examina d'abord mon amusement comme on aurait fait une tragédie. Ceux mêmes qui s'y étaient le plus divertis eurent peur de n'avoir pas ri dans les règles, et trouvèrent mauvais que je n'eusse pas songé plus sérieusement à les faire rire. Quelques autres s'imaginèrent qu'il était bienséant à eux de s'y ennuyer, et que les manières du palais ne pouvaient être un sujet de divertissement pour les gens de la cour. La pièce fut bientôt après jouée à Versailles. On ne fit point scrupule de se réjouir ; et ceux qui avaient cru se déshonorer de rire à Paris, furent peut-être obligés de rire à Versailles pour se faire honneur.

Ils auraient tort à la vérité s'ils me reprochaient d'avoir fatigué leurs oreilles de trop de chicane. C'est une langue qui m'est bien plus étrangère qu'à personne ; et je n'en ai employé que quelques mots barbares que je puis avoir appris dans le cours d'un procès que ni mes juges ni moi n'avons jamais bien entendu.

Si j'appréhende quelque chose, c'est que ces personnes un peu sérieuses ne traitent de badineries le procès du chien et les extravagances du juge. Mais enfin je traduis Aristophane, et l'on doit se souvenir qu'il avait affaire à des spectateurs assez difficiles. Les Athéniens savaient apparemment ce que c'était que le sel attique ; ils étaient bien sûrs, quand ils avaient ri d'une chose, qu'ils n'avaient pas ri d'une sottise.

Pour moi, je trouve qu'Aristophane a eu raison de pousser les choses au delà du vraisemblable. Les juges de l'Aréopage n'auraient pas peut-être trouvé bon qu'il eût marqué au naturel leur avidité de gagner, les bons tours de leurs secrétaires, et les forfanteries de leurs avocats. Il était à propos d'outrer un peu les personnages pour les empêcher de se reconnaître. Le public ne laissait pas de discerner le vrai au travers du ridicule : et je m'assure qu'il vaut mieux avoir occupé l'impertinente éloquence de deux orateurs autour d'un chien accusé, que si l'on avait mis sur la sellette un véritable criminel, et qu'on eût intéressé les spectateurs à la vie d'un homme.

Quoi qu'il en soit, je puis dire que notre siècle n'a pas été de plus mauvaise humeur que le sien; et que si le but de ma comédie était de faire rire, jamais comédie n'a mieux attrapé son but. Ce n'est pas que j'attende un grand honneur d'avoir assez longtemps rejoui le monde; mais je me sais quelque gré de l'avoir fait sans qu'il m'en ait coûté une seule de ces sales équivoques et de ces malhonnêtes plaisanteries qui coûtent maintenant si peu à la plupart de nos écrivains, et qui font retomber le théâtre dans la turpitude d'où quelques auteurs modestes l'avaient tiré.

FIN DE LA PREFACE.

PERSONNAGES.

DANDIN, juge.
LÉANDRE, fils de Dandin.
CHICANEAU, bourgeois.
ISABELLE, fille de Chicaneau.
LA COMTESSE.
PETIT-JEAN, portier.
L'INTIMÉ, secrétaire.
LE SOUFFLEUR.

La scène se passe dans une ville de Basse-Normandie.

LES PLAIDEURS.

ACTE PREMIER.

SCENE PREMIÈRE.

PETIT-JEAN, *trainant un gros sac de procès.*

Ma foi, sur l'avenir bien fou qui se fiera.
Tel qui rit vendredi, dimanche pleurera.
Un juge, l'an passé, me prit à son service;
Il m'avait fait venir d'Amiens pour être suisse.
Tous ces Normands voulaient se divertir de nous :
On apprend à hurler, dit l'autre, avec les loups.
Tout Picard que j'étais, j'étais un bon apôtre,
Et je faisais claquer mon fouet tout comme un autre.
Tous les plus gros Monsieurs me parlaient chapeau bas;
Monsieur de Petit-Jean, ah! gros comme le bras !
Mais sans argent l'honneur n'est qu'une maladie.
Ma foi, j'étais un franc portier de comédie:
On avait beau heurter et m'ôter son chapeau,
On n'entrait point chez nous sans graisser le marteau.
Point d'argent, point de suisse; et ma porte était close.
Il est vrai qu'à monsieur j'en rendais quelque chose :
Nous comptions quelquefois. On me donnait le soin
De fournir la maison de chandelle et de foin :
Mais je n'y perdais rien. Enfin, vaille que vaille,
J'aurais sur le marché fort bien fourni la paille.
C'est dommage : il avait le cœur trop au métier;
Tous les jours le premier aux plaids, et le dernier,
Et bien souvent tout seul, si l'on l'eût voulu croire,
Il s'y serait couché sans manger et sans boire.
Je lui disais par fois : « Monsieur Perrin Dandin,
« Tout franc, vous vous levez tous les jours trop matin.
« Qui veut voyager loin ménage sa monture;
« Buvez, mangez, dormez, et faisons feu qui dure. »
Il n'en a tenu compte. Il a si bien veillé
Et si bien fait, qu'on dit que son timbre est brouillé.
Il nous veut tous juger les uns après les autres.
Il marmotte toujours certaines patenôtres
Où je ne comprends rien. Il veut, bon gré, mal gré,
Ne se coucher qu'en robe et qu'en bonnet carré.
Il fit couper la tête à son coq, de colère,
Pour l'avoir éveillé plus tard qu'à l'ordinaire ;
Il disait qu'un plaideur, dont l'affaire allait mal,
Avait graissé la patte de ce pauvre animal.
Depuis ce bel arrêt, le pauvre homme a beau faire,
Son fils ne souffre plus qu'on lui parle d'affaire.
Il nous le fait garder jour et nuit, et de près :
Autrement, serviteur, et mon homme est aux plaids.
Pour s'échapper de nous, Dieu sait s'il est alègre.
Pour moi, je ne dors plus : aussi je deviens maigre,
C'est pitié. Je m'étends, et ne fais que bâiller.
Mais, veille qui voudra, voici mon oreiller.
Ma foi! pour cette nuit il faut que je m'en donne!
Pour dormir dans la rue on n'offense personne.
Dormons. (*Il se couche par terre.*)

SCÈNE II.

L'INTIMÉ, PETIT-JEAN.

L'INTIMÉ.
Hé, Petit-Jean! Petit-Jean!

PETIT-JEAN.
　　　　　　　　　　L'Intimé!
(*A part.*)
Il a déjà bien peur de me voir enrhumé.

L'INTIMÉ.
Que diable! si matin que fais-tu dans la rue?

PETIT-JEAN.
st-ce qu'il faut toujours faire le pied de grue?

Garder toujours un homme et l'entendre crier ?
Quelle gueule! Pour moi je crois qu'il est sorcier.

L'INTIMÉ.

Bon!

PETIT-JEAN.

Je lui disais donc, en me grattant la tête,
Que je voulais dormir : « Présente ta requête
« Comme tu veux dormir, » m'a-t-il dit gravement
Je dors en te contant la chose seulement.
Bonsoir.

L'INTIMÉ.

Comment, bonsoir? Que le diable m'emporte.
Si... Mais j'entends du bruit au dessus de la porte.

SCÈNE III.

DANDIN, L'INTIMÉ, PETIT-JEAN.

DANDIN, *à la fenêtre.*

Petit-Jean! L'Intimé!

L'INTIMÉ, *à Petit-Jean*
Paix.

DANDIN.

Je suis seul ici.
Voilà mes guichetiers en défaut, Dieu merci.
Si je leur donne temps, ils pourront comparaître;
Çà, pour nous élargir, sautons par la fenêtre.
Hors de cour.

L'INTIMÉ.

Comme il saute!

PETIT-JEAN.

Oh! monsieur je vous tien.

DANDIN.

Au voleur! au voleur!

PETIT-JEAN.

Oh! nous vous tenons bien.

L'INTIMÉ.

Vous avez beau crier.

DANDIN.

Main forte! l'on me tue!

SCÈNE IV.

LÉANDRE, DANDIN, L'INTIMÉ, PETIT-JEAN.

LÉANDRE.

Vite un flambeau, j'entends mon père dans la rue.
Mon père, sí matin qui vous fait déloger?
Où courez-vous la nuit?

DANDIN.

Je veux aller juger.

LÉANDRE.

Et qui juger? tout dort.

PETIT-JEAN.

Ma foi, je ne dors guères.

LÉANDRE.

Que de sacs! il en a jusques aux jarretières.

DANDIN.

Je ne veux de trois mois rentrer dans la maison.
De sacs et de procès j'ai fait provision.

LÉANDRE.

Et qui vous nourrira?

DANDIN.

Le buvetier, je pense.

LÉANDRE.

Mais où dormirez-vous, mon père!

DANDIN.

A l'audience.

LÉANDRE.

Non, mon père, il vaut mieux que vous ne sortiez pas.
Dormez chez vous; chez vous faites tous vos repas.
Souffrez que la raison enfin vous persuade :
Et pour votre santé...

DANDIN.

Je veux être malade.

LÉANDRE.

Vous ne l'êtes que trop. Donnez-vous du repos.
Vous n'avez tantôt plus que la peau sur les os.

DANDIN.

Du repos? Ah! sur toi tu veux régler ton père?
Crois-tu qu'un juge n'ait qu'à faire bonne chère,
Qu'à battre le pavé comme un tas de galants,
Courir le bal la nuit, et le jour les brelants?
L'argent ne nous vient pas si vite que l'on pense.
Chacun de tes rubans me coûtent une sentence.
Ma robe vous fait honte : un fils de juge! Ah, fi!
Tu fais le gentilhomme ; hé, Dandin, mon ami,
Regarde dans ma chambre et dans ma garderobe
Les portraits des Dandins : tous ont porté la robe;
Et c'est le bon parti. Compare, prix pour prix,
Les étrennes d'un juge à celles d'un marquis :
Attends que nous soyons à la fin de décembre.
Qu'est-ce qu'un gentilhomme? Un pilier d'antichambre.
Combien en as-tu vu, je dis des plus huppés,
A souffler dans leurs doigts dans ma cour occupés,
Le manteau sur le nez, ou la main dans la poche,
Enfin, pour se chauffer, venir tourner la broche !
Voilà comme on les traite. Hé! mon pauvre garçon,
De ta défunte mère est-ce là la leçon?
La pauvre Babonnette! Hélas! lorsque j'y pense,
Elle ne manquait pas une seule audience.
Jamais, au grand jamais, elle ne me quitta,
Et Dieu sait bien souvent ce qu'il en rapporta :
Elle eût du buvetier emporté les serviettes,
Plutôt que de rentrer au logis les mains nettes.
Et voilà comme on fait les bonnes maisons. Va,
Tu ne seras qu'un sot.

LÉANDRE.

Vous vous morfondez là,
Mon père. Petit-Jean, remenez votre maître,
Couchez-le dans son lit; fermez porte, fenêtre ;
Qu'on barricade tout, afin qu'il ait plus chaud.

PETIT-JEAN.

Faites donc mettre au moins des garde fous là-haut

DANDIN.

Quoi! l'on me mènera coucher sans autre forme?
Obtenez un arrêt comme il faut que je dorme.

LÉANDRE.

Hé! par provision, mon père, couchez-vous.

DANDIN.

J'irai ; mais je m'en vais vous faire enrager tous :
Je ne dormirai point.

LÉANDRE.

Hé bien! à la bonne heure!
Qu'on ne le quitte pas. Toi, l'Intimé, demeure.

SCÈNE V.

LÉANDRE, L'INTIMÉ.

LÉANDRE.

Je veux t'entretenir un moment sans témoin.

L'INTIMÉ.

Quoi! vous faut-il garder?

LÉANDRE.

J'en aurais bon besoin.
J'ai ma folie, hélas! aussi bien que mon père.

L'INTIMÉ.

Oh ! vous voulez juger!

LÉANDRE, *montrant la maison d'Isabelle.*

Laissons là le mystère.
Tu connais ce logis.

L'INTIMÉ.

Je vous entends enfin :
Diantre! l'amour vous tient au cœur de bon matin.

Vous me voulez parler sans doute d'Isabelle.
Je vous l'ai dit cent fois : elle est sage, elle est belle ;
Mais vous devez songer que monsieur Chicaneau
De son bien en procès consume le plus beau.
Qui ne plaide-t-il point? Je crois qu'à l'audience
Il fera, s'il ne meurt, venir toute la France.
Tout auprès de son juge il s'est venu loger ;
L'un veut plaider toujours, l'autre toujours juger :
Et c'est un grand hasard s'il conclut votre affaire
Sans plaider le curé, le gendre et le notaire.

LÉANDRE.
Je le sais comme toi ; mais, malgré tout cela,
Je meurs pour Isabelle.

L'INTIMÉ.
Hé bien, épousez-la.
Vous n'avez qu'à parler, c'est une affaire prête.

LÉANDRE.
Hé ! cela ne va pas si vite que ta tête.
Son père est un sauvage à qui je ferais peur.
A moins que d'être huissier, sergent ou procureur,
On ne voit point sa fille ; et la pauvre Isabelle,
Invisible et dolente, est en prison chez elle.
Elle voit dissiper sa jeunesse en regrets,
Mon amour en fumée, et son bien en procès.
Il la ruinera, si on le laisse faire.
Ne connaîtrais-tu pas quelque honnête faussaire
Qui servit ses amis, en le payant, s'entend,
Quelque sergent zélé?

L'INTIMÉ.
Bon! l'on en trouve tant!

LÉANDRE.
Mais encore?

L'INTIMÉ.
Ah, monsieur! si feu mon pauvre père
Etait encor vivant, c'était bien votre affaire.
Il gagnait en un jour plus qu'un autre en six mois :
Ses rides sur son front gravaient tous ses exploits :
Il vous eût arrêté le carrosse d'un prince ;
Il vous l'eût pris lui-même : et si dans la province
il se donnait en tout vingt coups de nerfs de bœuf,
Mon père, pour sa part en emboursait dix-neuf.
Mais de quoi s'agit-il? suis-je pas fils de maître?
Je vous servirai.

LÉANDRE.
Toi?

L'INTIMÉ.
Mieux qu'un sergent peut-être.

LÉANDRE.
Tu porteras au père un faux exploit?

L'INTIMÉ.
Hon, hon.

LÉANDRE.
Tu rendrais à la fille un billet?

L'INTIMÉ.
Pourquoi non?
Je suis des deux métiers.

LÉANDRE.
Viens, je l'entends qui crie.
Allons à ce dessein rêver ailleurs.

SCENE VI.

CHICANEAU, PETIT-JEAN.

CHICANEAU, *allant et revenant*.
La Brie,
Qu'on garde la maison, je reviendrai bientôt.
Qu'on ne laisse monter aucune ame là-haut.
Fais porter cette lettre à la poste du Maine.
Prends-moi dans mon clapier trois lapins de garenne,
Et chez mon procureur porte-les ce matin.
Si son clerc vient céans, fais-lui goûter mon vin,
Ah! donne-lui ce sac qui pend à ma fenêtre.
Est-ce tout? Il viendra me demander peut-être
Un grand homme sec, là, qui me sert de témoin,
Et qui jure pour moi lorsque j'en ai besoin :
Qu'il m'attende. Je crains que mon juge ne sorte :
Quatre heures vont sonner. Mais frappons à sa porte.

PETIT-JEAN, *entr'ouvrant la porte*.
Qui va là?

CHICANEAU.
Peut-on voir monsieur?

PETIT-JEAN, *fermant la porte*.
Non.

CHICANEAU, *frappant à la porte*.
Pourrait-on
Dire un mot à monsieur son secrétaire?

PETIT-JEAN, *fermant la porte*.
Non.

CHICANEAU, *frappant à la porte*.
Et monsieur son portier?

PETIT-JEAN.
C'est moi-même.

CHICANEAU.
De grace,
Buvez à ma santé, monsieur.

PETIT-JEAN, *prenant l'argent*.
Fermant la porte. Grand bien vous fasse !
Mais revenez demain.

CHICANEAU.
Hé! rendez donc l'argent.
Le monde est devenu, sans mentir, bien méchant.
J'ai vu que les procès ne donnaient point de peine ;
Six écus en gagnaient une demi-douzaine.
Mais, aujourd'hui, je crois que mon bien tout entier
Ne me suffirait pas pour gagner un portier.
Mais j'aperçois venir madame la comtesse
De Pimbesche. Elle vient pour affaire qui presse.

SCÈNE VII.

LA COMTESSE, CHICANEAU.

CHICANEAU.
Madame, on n'entre plus.

LA COMTESSE.
Hé bien, l'ai-je pas dit?
Sans mentir, mes valets me font perdre l'esprit.
Pour les faire lever c'est en vain que je gronde ;
Il faut que tous les jours j'éveille tout mon monde.

CHICANEAU.
Il faut absolument qu'il se fasse céler.

LA COMTESSE.
Pour moi, depuis deux jours, je ne lui puis parler.

CHICANEAU.
Ma partie est puissante, et j'ai lieu de tout craindre.

LA COMTESSE.
Après ce qu'on m'a fait, il ne faut plus se plaindre.

CHICANEAU.
Si pourtant j'ai bon droit.

LA COMTESSE.
Ah! monsieur! quel arrêt!

CHICANEAU.
Je m'en rapporte à vous. Ecoutez, s'il vous plaît.

LA COMTESSE.
Il faut que vous sachiez, monsieur, la perfidie...

CHICANEAU.
Ce n'est rien dans le fond.

LA COMTESSE.
Monsieur, que je vous die...

CHICANEAU.
Voici le fait. Depuis quinze ou vingt ans en çà,
Au travers d'un mien pré certain ânon passa,

S'y vautra, non sans faire un notable dommage,
Dont je formai ma plainte au juge du village.
Je fais saisir l'ânon. Un expert est nommé ;
A deux bottes de foin le dégât estimé.
Enfin, au bout d'un an, sentence par laquelle
Nous sommes renvoyés hors de cour. J'en appelle.
Pendant qu'à l'audience on poursuit un arrêt,
Remarquez bien ceci, madame, s'il vous plaît ;
Notre ami Drolichon, qui n'est pas une bête,
Obtient pour quelque argent un arrêt sur requête,
Et je gagne ma cause. A cela, que fait-on ?
Mon chicaneur s'oppose à l'exécution.
Autre incident : tandis qu'au procès on travaille,
Ma partie en mon pré laisse aller sa volaille.
Ordonné qu'il sera fait rapport à la cour
Du foin que peut manger une poule en un jour :
Le tout joint au procès. Enfin, et toute chose
Demeurant en état, on appointe la cause,
Le cinquième ou sixième avril cinquante-six.
J'écris sur nouveaux frais. Je produis, je fournis,
De dits, de contredits, enquêtes, compulsoires,
Rapports d'experts, transports, trois interlocutoires,
Griefs et faits nouveaux, baux et procès-verbaux :
J'obtiens lettres royaux, et je m'inscris en faux.
Quatorze appointements, trente exploits, six instances,
Six vingts productions, vingt arrêts de défenses ;
Arrêt enfin. Je perds ma cause avec dépens,
Estimés environ cinq à six mille francs.
Est-ce là faire droit ? Est-ce là comme on juge ?
Après quinze ou vingt ans ! Il me reste un refuge :
La requête civile est ouverte pour moi,
Je ne suis pas rendu. Mais vous, comme je voi
Vous plaidez ?

LA COMTESSE.
Plût à Dieu !

CHICANEAU.
J'y brûlerai mes livres.

LA COMTESSE.
Je...

CHICANEAU.
Deux bottes de foin cinq à six mille livres !

LA COMTESSE.
Monsieur, tous mes procès allaient être finis :
Il ne m'en restait plus que quatre ou cinq petits ;
L'un contre mon mari, l'autre contre mon père,
Et contre mes enfants. Ah ! monsieur ! la misère !
Je ne sais quel biais ils ont imaginé,
Ni tout ce qu'ils ont fait ; mais on leur a donné
Un arrêt par lequel, moi vêtue et nourrie,
On me défend, monsieur, de plaider de ma vie.

CHICANEAU.
De plaider ?

LA COMTESSE.
De plaider.

CHICANEAU.
Certes le trait est noir.
J'en suis surpris.

LA COMTESSE.
Monsieur, j'en suis au désespoir.

CHICANEAU.
Comment ! lier les mains aux gens de votre sorte !
Mais cette pension, madame, est-elle forte ?

LA COMTESSE.
Je n'en vivrais, monsieur, que trop honnêtement ;
Mais vivre sans plaider, est-ce contentement ?

CHICANEAU.
Des chicaneurs viendront nous manger jusqu'à l'ame,
Et nous ne dirons mot ! Mais, s'il vous plaît, madame,
Depuis quand plaidez-vous ?

LA COMTESSE.
Il ne m'en souvient pas ;
Depuis trente ans, au plus.

CHICANEAU.
Ce n'est pas trop.

LA COMTESSE.
Hélas !

CHICANEAU.
Et quel âge avez-vous ? Vous avez bon visage.

LA COMTESSE.
Hé ? quelque soixante ans.

CHICANEAU.
Comment ! c'est le bel âge
Pour plaider.

LA COMTESSE.
Laissez faire, ils ne sont pas au bout ;
J'y vendrai ma chemise ; et je veux rien ou tout.

CHICANEAU.
Madame, écoutez-moi. Voici ce qu'il faut faire.

LA COMTESSE.
Oui, monsieur, je vous crois comme mon propre père.

CHICANEAU.
J'irais trouver mon juge.

LA COMTESSE.
Oh ! oui, monsieur, j'irai.

CHICANEAU.
Me jeter à ses pieds.

LA COMTESSE.
Oui, je m'y jetterai.
Je l'ai bien résolu.

CHICANEAU.
Mais daignez donc m'entendre.

LA COMTESSE.
Oui, vous prenez la chose ainsi qu'il faut la prendre.

CHICANEAU.
Avez-vous dit, madame ?

LA COMTESSE.
Oui.

CHICANEAU.
J'irais sans façon
Trouver mon juge.

LA COMTESSE.
Hélas ! que ce monsieur est bon !

CHICANEAU.
Si vous parlez toujours, il faut que je me taise.

LA COMTESSE.
Ah ! que vous m'obligez ! je ne me sens pas d'aise.

CHICANEAU.
J'irais trouver mon juge, et je lui dirais...

LA COMTESSE.
Oui.

CHICANEAU.
Voi !
Et lui dirais : Monsieur...

LA COMTESSE.
Oui monsieur.

CHICANEAU.
Liez-moi.

LA COMTESSE.
Monsieur, je ne veux point être liée.

CHICANEAU.
A l'autre !
Je ne le serai point.

CHICANEAU.
Quelle humeur est la vôtre !

LA COMTESSE.
Non.

CHICANEAU.
Vous ne savez pas, madame, où je viendrai.

LA COMTESSE.
Je plaiderai, monsieur, ou bien je ne pourrai.

CHICANEAU.
Mais...
LA COMTESSE.
Mais je ne veux point, monsieur, que l'on me lie...
CHICANEAU.
Enfin quand une femme en tête a sa folie...
LA COMTESSE.
Fou vous-même.
CHICANEAU.
Madame!
LA COMTESSE.
Et pourquoi me lier?
CHICANEAU.
Madame...
LA COMTESSE.
Voyez-vous! il se rend familier.
CHICANEAU.
Mais, madame...
LA COMTESSE.
Un crasseux, qui n'a que sa chicane,
Veut donner des avis!
CHICANEAU.
Madame!
LA COMTESSE.
Avec son âne!
CHICANEAU.
Vous me poussez.
LA COMTESSE.
Bon homme, allez garder vos foins.
CHICANEAU.
Vous m'excédez.
LA COMTESSE.
Le sot!
CHICANEAU.
Que n'ai-je des témoins?

SCENE VIII.
PETIT-JEAN, LA COMTESSE, CHICANEAU.
PETIT-JEAN.
Voyez le beau sabbat qu'ils font à notre porte.
Messieurs, allez plus loin tempêter de la sorte.
CHICANEAU.
Monsieur, soyez témoin...
LA COMTESSE
Que monsieur est un sot.
CHICANEAU.
Monsieur, vous l'entendez, retenez bien ce mot.
PETIT-JEAN, à la comtesse.
Ah! vous ne deviez pas lâcher cette parole.
LA COMTESSE.
Vraiment, c'est bien à lui de me traiter de folle!
PETIT-JEAN, à Chicaneau.
Folle! vous avez tort. Pourquoi l'injurier?
CHICANEAU.
On la conseille.
PETIT-JEAN.
Oh!
LA COMTESSE.
Oui, de me faire lier.
PETIT-JEAN.
Oh, monsieur!
CHICANEAU.
Jusqu'au bout que ne m'écoute-t-elle?
PETIT-JEAN.
Oh, madame!
LA COMTESSE.
Qui? moi, souffrir qu'on me querelle!

CHICANEAU.
Une curieuse!
PETIT-JEAN.
Hé, paix!
LA COMTESSE.
Un chicaneur!
PETIT-JEAN.
Holà!
CHICANEAU.
Qui n'ose plus plaider!
LA COMTESSE.
Que t'importe cela
Qu'est-ce qui t'en revient, faussaire abominable,
Brouillon, voleur?
CHICANEAU.
Et bon, et bon, de par le diable:
Un sergent! un sergent!
LA COMTESSE.
Un huissier! un huissier!
PETIT-JEAN, seul.
Ma foi, juge et plaideurs, il faudrait tout lier.

FIN DU PREMIER ACTE.

ACTE II.

SCÈNE PREMIÈRE.
LÉANDRE, L'INTIMÉ.
L'INTIMÉ.
Monsieur, encore un coup, je ne puis pas tout faire:
Puisque je fais l'huissier, faites le commissaire.
En robe sur mes pas il ne faut que venir,
Vous aurez tout moyen de vous entretenir.
Changez en cheveux noirs votre perruque blonde.
Ces plaideurs songent-ils que vous soyez au monde?
Et, lorsque à votre père ils vont faire leur cour,
A peine seulement savez-vous s'il est jour.
Mais n'admirez-vous pas cette bonne comtesse
Qu'avec tant de bonheur la fortune m'adresse;
Qui, dès qu'elle me voit, donnant dans le panneau
Me charge d'un exploit pour M. Chicaneau,
Et le fait assigner pour certaine parole,
Disant qu'il la voudrait faire passer pour folle,
Je dis folle à lier, et pour d'autres excès
Et blasphèmes, toujours l'ornement des procès;
Mais vous ne dites rien de tout mon équipage?
Ai-je bien d'un sergent le port et le visage?
LÉANDRE.
Ah! fort bien!
L'INTIMÉ.
Je ne sais, mais je me sens enfin
L'âme et le dos six fois plus durs que ce matin.
Quoi qu'il en soit, voici l'exploit et votre lettre;
Isabelle l'aura, j'ose vous le promettre.
Mais, pour faire signer le contrat que voici,
Il faut que sur mes pas vous vous rendiez ici.
Vous feindrez d'informer sur toute cette affaire,
Et vous ferez l'amour en présence du père.

LÉANDRE.
Mais ne va pas donner l'exploit pour le billet.
L'INTIMÉ.
Le père aura l'exploit, la fille le poulet.
Rentrez.   (*Il va frapper à la porte d'Isabelle.*)

SCÈNE II.
ISABELLE, L'INTIMÉ.
ISABELLE.
Qui frappe?
L'INTIMÉ.
Ami. (*à part*) C'est la voix d'Isabelle.
ISABELLE.
Demandez-vous quelqu'un, monsieur?
L'INTIMÉ.
Mademoiselle,
C'est un petit exploit que j'ose vous prier
De m'accorder l'honneur de vous signifier.
ISABELLE.
Monsieur, excusez-moi, je n'y puis rien comprendre:
Mon père va venir qui pourra vous entendre.
L'INTIMÉ.
Il n'est donc pas ici, mademoiselle?
ISABELLE.
Non.
L'INTIMÉ.
L'exploit, mademoiselle, est mis sous votre nom.
ISABELLE.
Monsieur, vous me prenez pour un autre, sans doute:
Sans avoir de procès, je sais ce qu'il en coûte;
Et, si l'on n'aimait pas à plaider plus que moi,
Vos pareils pourraient bien chercher un autre emploi.
Adieu.
L INTIMÉ.
Mais permettez...
ISABELLE.
Je ne veux rien permettre.
L'INTIMÉ.
Ce n'est pas un exploit.
ISABELLE.
Chanson!
L'INTIMÉ.
C'est une lettre.
ISABELLE.
Encor moins.
L'INTIMÉ.
Mais lisez.
ISABELLE.
Vous ne m'y tenez pas.
L'INTIMÉ.
C'est de monsieur....
ISABELLE.
Adieu.
L'INTIMÉ.
Léandre.
ISABELLE.
Parlez bas.
C'est de monsieur...?
L'INTIMÉ.
Que diable! on a bien de la peine
A se faire écouter: je suis tout hors d'haleine.
ISABELLE.
Ah! l'Intimé, pardonne à mes sens étonnés:
Donne.
L'INTIMÉ.
Vous me deviez fermer la porte au nez!
ISABELLE.
Et qui t'aurait connu déguisé de la sorte?
Mais donne.

L'INTIMÉ.
Aux gens de bien ouvre-t-on votre porte?
ISABELLE.
Hé! donne donc.
L'INTIMÉ.
La peste!
ISABELLE.
Oh! ne donnez donc pas.
Avec votre billet retournez sur vos pas.
L'INTIMÉ.
Tenez. Une autre fois ne soyez pas si prompte.

SCÈNE III.
CHICANEAU, ISABELLE, L'INTIMÉ.
CHICANEAU.
Oui, je suis donc un sot, un voleur, à son compte!
Un sergent s'est chargé de la remercier;
Et je lui vais servir un plat de mon métier.
Je serais bien fâché que ce fût à refaire,
Ni qu'elle m'envoyât assigner la première.
Mais un homme ici parle à ma fille! Comment!
Elle lit un billet! Ah! c'est de quelque amant.
Approchons.
ISABELLE.
Tout de bon, ton maître est-il sincère?
Te croirai-je?
L'INTIMÉ.
Il ne dort non plus que votre père,
(*Apercevant Chicaneau*)
Il se tourmente: il vous ... fera voir aujourd'hui
Que l'on ne gagne rien à plaider contre lui.
ISABELLE, *apercevant Chicaneau*.
(à *l'Intimé*.)
C'est mon père! Vraiment vous leur pouvez apprendre
Que si l'on nous poursuit, nous saurons nous défendre.
(*Déchirant le billet.*)
Tenez, voilà le cas qu'on fait de votre exploit.
CHICANEAU.
Comment! c'est un exploit que ma fille lisait:
Ah! tu seras un jour l'honneur de la famille;
Tu défendras ton bien. Viens, mon sang, viens ma fille.
Va, je t'achèterai le Praticien français.
Mais, diantre! il ne faut pas déchirer les exploit
ISABELLE, à *l'Intimé*.
Au moins, dites-leur bien que je ne les crains gu
Ils me feront plaisir: je les mets à pis faire.
CHICANEAU.
Hé! ne te fâche point.
ISABELLE, à *l'Intimé*.
Adieu, monsieur.

SCÈNE IV.
CHICANEAU, L'INTIMÉ.
L'INTIMÉ, *se mettant en état d'écrire*.
Or çà,
Verbalisons.
CHICANEAU.
Monsieur, de grace, excusez-la;
Elle n'est pas instruite; et puis; si bon vous semble,
En voici les morceaux que je vais mettre ensemble.
L'INTIMÉ.
Non.
CHICANEAU.
Je le lirai bien.
L'INTIMÉ.
Je ne suis pas méchant.
J'en ai sur moi copie.
CHICANEAU.
Ah! le trait est touchant.

Mais je ne sais pourquoi, plus je vous envisage,
Et moins je me remets, monsieur, votre visage.
Je connais force huissiers.
L'INTIMÉ.
Informez-vous de moi :
Je m'acquitte assez bien de mon petit emploi.
CHICANEAU.
Soit. Pour qui venez-vous ?
L'INTIMÉ.
Pour une brave dame,
Monsieur, qui vous honore, et de toute son ame
Voudrait que vous vinssiez à sa sommation
Lui faire un petit mot de réparation.
CHICANEAU.
De réparation ! je n'ai blessé personne.
L'INTIMÉ.
Je le crois ; vous avez, monsieur, l'ame trop bonne.
CHICANEAU.
Que demandez-vous donc?
L'INTIMÉ.
Elle voudrait, monsieur,
Que devant des témoins vous lui fissiez l'honneur
De l'avouer pour sage, et point extravagante.
CHICANEAU.
Parbleu ! c'est ma comtesse.
L'INTIMÉ.
Elle est votre servante.
CHICANEAU.
Je suis son serviteur.
L'INTIMÉ.
Vous êtes obligeant
Monsieur.
CHICANEAU.
Oui, vous pouvez l'assurer qu'un sergent
Lui doit porter pour moi tout ce qu'elle demande.
Hé quoi donc ! les battus, ma foi, paieront l'amende !
Voyons ce qu'elle chante. Hon... « Sixième janvier,
« Pour avoir faussement dit qu'il fallait lier,
« Etant à ce porté par esprit de chicane,
« Haute et puissante dame Yolande Cudasne,
« Comtesse de Pimbesche, Orbesche, et cœtera;
« Il soit dit que sur l'heure il se transportera
« Au logis de la dame ; et là, d'une voix claire,
« Devant quatre témoins assistés d'un notaire,
« Zeste ! ledit Hiérôme avouera hautement
« Qu'il la tient pour sensée et de bon jugement...
« Le Bon. » C'est donc le nom de votre seigneurie.
L'INTIMÉ.
(A part.)
Pour vous servir. Il faut payer d'effronterie.
CHICANEAU.
Le Bon ! jamais exploit ne fut signé Le Bon.
Monsieur Le Bon...
L'INTIMÉ.
Monsieur.
CHICANEAU.
Vous êtes un fripon.
L'INTIMÉ.
Monsieur, pardonnez-moi, je suis fort honnête homme.
CHICANEAU.
Mais fripon le plus franc qui soit de Caen à Rome.
L'INTIMÉ.
Monsieur, je ne suis pas pour vous désavouer :
Vous aurez la bonté de me le bien payer.
CHICANEAU.
Moi, payer ? en soufflets.
L'INTIMÉ.
Vous êtes trop honnête.
Vous me le paierez bien.
CHICANEAU.
Oh ! tu me romps la tête.
Tiens, voilà ton paiement.

L'INTIMÉ.
Un soufflet! Écrivons.
« Lequel Hiérôme, après plusieurs rébellions,
« Aurait atteint, frappé, moi sergent, à la joue,
« Et fait tomber, d'un coup, mon chapeau dans la boue. »
CHICANEAU, *lui donnant un coup de pied.*
Ajoute cela.
L'INTIMÉ.
Bon, c'est de l'argent comptant ;
J'en avais bien besoin. « Et, de ce non content,
« Aurait avec le pied réitéré. » Courage !
« Outre plus, le susdit serait venu, de rage,
« Pour lacérer ledit présent procès-verbal. ».
Allons, mon cher monsieur, cela ne va pas mal.
Ne vous relâchez point.
CHICANEAU.
Coquin !
L'INTIMÉ.
Ne vous déplaise,
Quelques coups de bâtons, et je suis à mon aise.
CHICANEAU, *tenant un bâton.*
Oui-dà, je verrai bien s'il est sergent.
L'INTIMÉ, *en posture d'écrire.*
Tôt donc,
Frappez : j'ai quatre enfants à nourrir.
CHICANEAU.
Ah ! pardon,
Monsieur, pour un sergent je ne pouvais vous prendre,
Mais le plus habile homme enfin peut se méprendre.
Je saurai réparer ce soupçon outrageant.
Oui, vous êtes sergent, monsieur, et très sergent.
Touchez-là : vos pareils sont gens que je révère ;
Et j'ai toujours été nourri par feu mon père
Dans la crainte de Dieu, monsieur, et des sergents.
L'INTIMÉ.
Non, à si bon marché l'on ne bat point les gens.
CHICANEAU.
Monsieur, point de procès.
L'INTIMÉ.
Serviteur. Contumace,
Bâton levé, soufflets, coup de pied. Ah !
CHICANEAU.
De grace,
Rendez-les moi plutôt.
L'INTIMÉ.
Suffit qu'ils soient reçus,
Je ne les voudrais pas donner pour mille écus.

SCENE V

LÉANDRE, en robe de commissaire: CHICANEAU, L'INTIMÉ.

L'INTIMÉ.
Voici fort à propos monsieur le commissaire :
Monsieur, votre présence est ici nécessaire.
Tel que vous me voyez, monsieur ici present
M'a d'un fort grand soufflet fait un petit présent.
LÉANDRE.
A vous, monsieur ?
L'INTIMÉ.
A moi, parlant à ma personne.
Item, un coup de pied ; plus les noms qu'il me donne.
LÉANDRE.
Avez-vous des témoins.
L'INTIMÉ.
Monsieur, tâtez plutôt ;
Le soufflet sur ma joue est encore tout chaud.
LÉANDRE.
Pris en flagrant délit, affaire criminelle.
CHICANEAU.
Foin de moi !

L'INTIMÉ.
Plus, sa fille, au moins soi-disant telle,
A mis un mien papier en morceaux, protestant
Qu'on lui ferait plaisir, et que d'un œil content
Elle nous défiait.
LÉANDRE, *à l'Intimé.*
Faites venir la fille,
L'esprit de contumace est dans cette famille.
CHICANEAU, *à part.*
Il faut absolument qu'on m'ait ensorcelé :
Si j'en connais pas un, je veux être étranglé.
LÉANDRE.
Comment ! battre un huissier ! Mais voici la rebelle.

SCÈNE VI.
ISABELLE, LÉANDRE, CHICANEAU, L'INTIMÉ.

L'INTIMÉ, *à Isabelle.*
Vous le reconnaissez ?
LÉANDRE.
Hé bien, mademoiselle,
C'est donc vous qui tantôt braviez notre officier,
Et qui si hautement osez nous défier ?
Votre nom ?
ISABELLE.
Isabelle.
LÉANDRE.
Écrivez. Et votre âge ?
ISABELLE.
Dix-huit ans.
CHICANEAU.
Elle en a quelque peu davantage ;
Mais n'importe.
LÉANDRE.
Êtes-vous en pouvoir de mari ?
ISABELLE.
Non, monsieur.
LÉANDRE.
Vous riez ? Écrivez qu'elle a ri.
CHICANEAU.
Monsieur, ne parlons point de maris à des filles ;
Voyez-vous, ce sont là des secrets de familles.
LÉANDRE.
Mettez qu'il interrompt.
CHICANEAU.
Hé ! je n'y pensais pas.
Prends bien garde, ma fille, à ce que tu diras.
LÉANDRE.
Là, ne vous troublez point. Répondez à votre aise.
On ne veut pas rien faire ici qui vous déplaise.
N'avez-vous pas reçu de l'huissier que voilà
Certain papier tantôt ?
ISABELLE.
Oui, monsieur.
CHICANEAU.
Bon cela.
LÉANDRE.
Avez-vous déchiré ce papier sans le lire ?
ISABELLE.
Monsieur, je l'ai lu.
CHICANEAU.
Bon.
LÉANDRE, *à l'Intimé.*
Continuez d'écrire.
Et pourquoi l'avez-vous déchiré ?
ISABELLE.
J'avais peur
Que mon père ne prît l'affaire trop à cœur,
Et qu'il ne s'échauffât le sang à sa lecture.
CHICANEAU.
Et tu fuis les procès ? C'est méchanceté pure.

LÉANDRE.
Vous ne l'avez donc pas déchiré par dépit,
Ou par mépris de ceux qui vous l'avaient écrit ?
ISABELLE.
Monsieur, je n'ai pour eux ni mépris ni colère.
LÉANDRE, *à l'Intimé.*
Écrivez.
CHICANEAU.
Je vous dis qu'elle tient de son père ;
Elle répond fort bien.
LÉANDRE.
Vous montrez cependant
Pour tous les gens de robe un mépris évident.
ISABELLE.
Une robe toujours m'avait choqué la vue ;
Mais cette aversion à présent diminue.
CHICANEAU.
La pauvre enfant ! Va, va, je te marierai bien,
Dès que je le pourrai, s'il ne m'en coûte rien.
LÉANDRE.
A la justice donc vous voulez satisfaire ?
ISABELLE.
Monsieur, je ferai tout pour ne vous pas déplaire.
L'INTIMÉ.
Monsieur, faites signer.
LÉANDRE.
Dans les occasions
Soutiendrez-vous au moins vos dépositions ?
ISABELLE.
Monsieur, assurez-vous qu'Isabelle est constante.
LÉANDRE.
Signez. Cela va bien, la justice est contente.
Ça, ne signez-vous pas, monsieur ?
CHICANEAU.
Oui-dà, gaiement
A tout ce qu'elle a dit je signe aveuglement.
LÉANDRE, *bas à Isabelle.*
Tout va bien. A mes vœux le succès est conforme :
Il signe un bon contrat écrit en bonne forme,
Et sera condamné tantôt sur son écrit.
CHICANEAU, *à part.*
Que lui dit-il ? Il est charmé de son esprit.
LÉANDRE.
Adieu. Soyez toujours aussi sage que belle :
Tout ira bien. Huissier, remenez-la chez elle.
Et vous, monsieur, marchez.
CHICANEAU.
Où, monsieur ?
LÉANDRE.
Suivez-moi.
CHICANEAU.
Où donc ?
LÉANDRE.
Vous le saurez. Marchez, de par le roi.
CHICANEAU.
Comment !

SCÈNE VII.
LÉANDRE, CHICANEAU, PETIT-JEAN.

PETIT-JEAN.
Holà ! quelqu'un n'a-t-il point vu mon maître ?
Quel chemin a-t-il pris ? la porte, ou la fenêtre ?
LÉANDRE.
A l'autre !
PETIT-JEAN.
Je ne sais qu'est devenu son fils ;
Et pour le père, il est où le diable l'a mis.
Il me redemandait sans cesse ses épices ;
Et j'ai tout bonnement couru dans les offices

Chercher la boîte au poivre ; et lui, pendant cela,
Est disparu.

SCÈNE VIII.

DANDIN, À UNE LUCARNE, LÉANDRE, CHICANEAU,
L'INTIMÉ, PETIT-JEAN.

DANDIN.
Paix ! paix ! que l'on se taise là.

LÉANDRE.
Hé ! grand Dieu !

PETIT-JEAN.
Le voilà, ma foi, dans les gouttières.

DANDIN.
Quelles gens êtes-vous ? Quelles sont vos affaires ?
Qui sont ces gens en robe ? Etes-vous avocats ?
Çà, parlez.

PETIT-JEAN.
Vous verrez qu'il va juger les chats.

DANDIN.
Avez-vous eu le soin de voir mon secrétaire ?
Allez lui demander si je sais votre affaire.

LÉANDRE.
Il faut bien que je l'aille arracher de ces lieux.
Sur votre prisonnier, huissier, ayez les yeux.

PETIT-JEAN.
Ho, ho, monsieur !

LÉANDRE.
Tais-toi, sur les yeux de ta tête,
Et suis-moi.

SCÈNE IX.

LA COMTESSE, DANDIN, CHICANEAU, L'INTIMÉ.

DANDIN.
Depêchez, donnez votre requête.

CHICANEAU.
Monsieur, sans votre aveu l'on me fait prisonnier.

LA COMTESSE.
Hé, mon Dieu ! j'aperçois monsieur dans son grenier.
Que fait-il là ?

L'INTIMÉ.
Madame ! il y donne audience,
Le champ vous est ouvert.

CHICANEAU.
On me fait violence,
Monsieur, on m'injurie ; et je venais ici
Me plaindre à vous.

LA COMTESSE.
Monsieur, je viens me plaindre aussi.

CHICANEAU ET LA COMTESSE.
Vous voyez devant vous mon adverse partie.

L'INTIMÉ.
Parbleu ! je me veux mettre aussi de la partie.

CHICANEAU, LA COMTESSE, L'INTIMÉ.
Monsieur, je viens ici pour un petit exploit.

CHICANEAU.
Hé, messieurs ! tour à tour exposons notre droit.

LA COMTESSE.
Son droit ! tout ce qu'il dit sont autant d'impostures.

DANDIN.
Qu'est-ce qu'on vous a fait ?

CHICANEAU, LA COMTESSE, L'INTIMÉ.
On m'a dit des injures.

L'INTIMÉ, continuant.
Outre un soufflet, monsieur, que j'ai reçu plus qu'eux.

CHICANEAU.
Monsieur, je suis cousin de l'un de vos neveux.

LA COMTESSE.
Monsieur, père Cordon vous dira mon affaire.

L'INTIMÉ.
Monsieur, je suis bâtard de votre apothicaire.

DANDIN.
Vos qualités ?

LA COMTESSE.
Je suis comtesse.

L'INTIMÉ.
Huissier.

CHICANEAU.
Bourgeois.

DANDIN, se retirant de la lucarne.
Parlez toujours, je vous entends tous trois.

CHICANEAU.
Monsieur...

L'INTIMÉ.
Bon ! le voilà qui fausse compagnie.

LA COMTESSE.
Hélas !

CHICANEAU.
Hé quoi ! déjà l'audience est finie ?
Je n'ai pas eu le temps de lui dire deux mots.

SCÈNE X.

LÉANDRE, sans robe, CHICANEAU, LA COMTESSE,
L'INTIMÉ.

LÉANDRE.
Messieurs, voulez-vous bien nous laisser en repos ?

CHICANEAU.
Monsieur, peut-on entrer ?

LÉANDRE.
Non, monsieur, ou je meure.

CHICANEAU.
Hé, pourquoi ? J'aurai fait en une petite heure,
En deux heures au plus.

LÉANDRE.
On n'entre point, monsieur.

LA COMTESSE.
C'est bien fait de fermer la porte à ce crieur.
Mais moi...

LÉANDRE.
L'on n'entre point, madame, je vous jure.

LA COMTESSE.
Ho, monsieur, j'entrerai.

LÉANDRE.
Peut-être.

LA COMTESSE.
J'en suis sûre.

LÉANDRE.
Par la fenêtre donc ?

LA COMTESSE.
Par la porte.

LÉANDRE.
Il faut voir.

CHICANEAU.
Quand je devrais ici demeurer jusqu'au soir.

SCÈNE XI.

LÉANDRE, CHICANEAU, LA COMTESSE, L'INTIMÉ, PETIT-JEAN.

PETIT-JEAN, à Léandre.
On ne l'entendra pas, quelque chose qu'il fasse.
Parbleu : je l'ai fourré dans notre salle basse.
Tout auprès de la cave.

LÉANDRE.
En un mot comme en cent,
On ne voit pas mon père.

CHICANEAU.
Hé bien donc ! Si pourtant

Sur toute cette affaire il faut que je le voie...
(Dandin paraît par le soupirail.)
Mais que vois-je? Ah! c'est lui que le ciel nous renvoie!

LÉANDRE.
Quoi! par le soupirail!

PETIT-JEAN.
Il a le diable au corps.

CHICANEAU.
Monsieur...

DANDIN.
L'impertinent! sans lui j'étais dehors.

CHICANEAU.
Monsieur...

DANDIN.
Retirez-vous; vous êtes une bête.

CHICANEAU.
Monsieur, voulez-vous bien...

DANDIN.
Vous me rompez la tête.

CHICANEAU.
Monsieur, j'ai commandé...

DANDIN.
Taisez-vous, vous dit-on.

CHICANEAU.
Que l'on portât chez vous...

DANDIN.
Qu'on le mène en prison.

CHICANEAU.
Certain quartaut de vin.

DANDIN.
Hé! je n'en ai que faire.

CHICANEAU.
C'est de très bon muscat.

DANDIN.
Redites votre affaire.

LÉANDRE, *à l'Intimé.*
Il faut les entourer ici de tous côtés.

LA COMTESSE.
Monsieur, il va vous dire autant de faussetés.

CHICANEAU.
Monsieur, je vous dis vrai.

DANDIN.
Mon Dieu! laissez-la dire!

LA COMTESSE.
Monsieur, écoutez-moi.

DANDIN.
Souffrez que je respire.

CHICANEAU.
Monsieur...

DANDIN.
Vous m'étranglez.

LA COMTESSE.
Tournez les yeux vers moi.

DANDIN.
Elle m'étrangle... Ay! ay!

CHICANEAU.
Vous m'entraînez, ma foi!
Prenez garde, je tombe.

PETIT-JEAN.
Ils sont, sur ma parole
L'un et l'autre encavés.

LÉANDRE.
Vite, que l'on y vole;
Courez à leurs secours. Mais au moins je prétends
Que monsieur Chicaneau, puisqu'il est là dedans,
N'en sorte d'aujourd'hui. L'Intimé, prends-y garde.

L'INTIMÉ.
Gardez le soupirail.

LÉANDRE.
Va vite, je le garde.

SCÈNE XII.

LA COMTESSE, LÉANDRE.

LA COMTESSE.
Misérable! il s'en va lui prévenir l'esprit:
(Par le soupirail.)
Monsieur, ne croyez rien de tout ce qu'il vous dit;
Il n'a point de témoins, c'est un menteur.

LÉANDRE.
Madame,
Que leur contez-vous là? Peut-être ils rendent l'âme.

LA COMTESSE.
Il lui fera, monsieur, croire ce qu'il voudra.
Souffrez que j'entre.

LÉANDRE.
Oh non! personne n'entrera.

LA COMTESSE.
Je le vois bien, monsieur, le vin muscat opère
Aussi bien sur le fils que sur l'esprit du père.
Patience, je vais protester comme il faut
Contre monsieur le juge et contre le quartaut.

LÉANDRE.
Allez donc, et cessez de nous rompre la tête.
Que de fous! Je ne fus jamais à telle fête.

SCÈNE XIII.

DANDIN, LÉANDRE, L'INTIMÉ.

L'INTIMÉ.
Monsieur, où courez-vous? c'est vous mettre en danger;
Et vous boitez tout bas.

DANDIN.
Je veux aller juger.

LÉANDRE.
Comment, mon père! Allons, permettez qu'on vous panse.
Vite un chirurgien.

DANDIN.
Qu'il vienne à l'audience.

LÉANDRE.
Hé, mon père! arrêtez...

DANDIN.
Oh! je vois ce que c'est:
Tu prétends faire ici de moi ce qui te plaît;
Tu ne gardes pour moi respect ni complaisance:
Je ne puis prononcer une seule sentence.
Achève, prends ce sac, prends vite.

LÉANDRE.
Hé! doucement,
Mon père. Il faut trouver quelque accommodement.
Si pour vous, sans juger, la vie est un supplice,
Si vous êtes pressé de rendre la justice,
Il ne faut point sortir pour cela de chez vous;
Exercez le talent, et jugez parmi nous.

DANDIN.
Ne raillons point ici de la magistrature.
Vois-tu; je ne veux point être un juge en peinture.

LÉANDRE.
Vous serez, au contraire, un juge sans appel,
Et juge du civil comme du criminel.
Vous pourrez tous les jours tenir deux audiences:
Tout vous sera chez vous matière de sentences.
Un valet manque-t-il de rendre un verre net,
Condamnez-le à l'amende; ou, s'il le casse, au fouet.

DANDIN.
C'est quelque chose. Encor passe quand on raisonne.
Et mes vacations, qui les paiera? Personne?

LÉANDRE.
Leurs gages vous tiendront lieu de nantissement.

DANDIN.
Il parle, ce me semble, assez pertinemment.

LÉANDRE.
Contre un de ses voisins...

SCÈNE XIV.
DANDIN, LÉANDRE, L'INTIMÉ, PETIT-JEAN.
PETIT-JEAN.
Arrête! arrête, attrape!
LÉANDRE, à l'Intimé.
Ah! c'est mon prisonnier, sans doute, qui s'échappe!
L'INTIMÉ.
Non, non, ne craignez rien.
PETIT-JEAN.
Tout est perdu... Citron...
Votre chien... vient là-bas de manger un chapon,
Rien n'est sûr devant lui; ce qu'il trouve il emporte.
LÉANDRE.
Bon, voilà pour mon père une cause. Main forte.
Qu'on se mette après lui. Courez tous.
DANDIN.
Point de bruit.
Tout doux. Un amené sans scandale suffit,
LÉANDRE.
Çà, mon père, il faut faire un exemple authentique :
Juger sévèrement ce voleur domestique.
DANDIN.
Mais je veux faire au moins la chose avec éclat.
Il faut de part et d'autre avoir un avocat.
Nous n'en avons pas un.
LÉANDRE.
Hé bien! il en faut faire.
Voilà votre portier et votre secrétaire,
Vous en ferez, je crois, d'excellents avocats :
Ils sont fort ignorants.
L'INTIMÉ.
Non pas, monsieur, non pas.
J'endormirai monsieur tout aussi bien qu'un autre.
PETIT-JEAN.
Pour moi, je ne sais rien; n'attendez rien du nôtre.
LÉANDRE.
C'est ta première cause, et l'on te la fera.
PETIT-JEAN.
Mais je ne sais pas lire.
LÉANDRE.
Hé! l'on te soufflera.
DANDIN.
(gue.
Allons nous préparer. Çà, messieurs, point d'intri-
Fermons l'œil aux présents, et l'oreille à la brigue.
Vous, maître Petit-Jean, serez le demandeur :
Vous, maître l'Intime, soyez le défendeur.

FIN DU SECOND ACTE.

ACTE III.

SCÈNE PREMIÈRE.
CHICANEAU, LÉANDRE, LE SOUFFLEUR.
CHICANEAU.
Oui, monsieur, c'est ainsi qu'ils ont conduit l'affaire.
L'huissier m'est inconnu, comme le commissaire.
Je ne mens pas d'un mot.
LÉANDRE.
Oui; je crois tout cela;
Mais, si vous m'en croyez : vous les laisserez là.
En vain vous prétendez les pousser l'un et l'autre,
Vous troublerez bien moins leur repos que le vôtre.
Les trois quarts de vos biens sont déjà dépensés
A faire enfler des sacs l'un sur l'autre entassés
Et dans une poursuite à vous-même contraire...
CHICANEAU.
Vraiment, vous me donnez un conseil salutaire ;
Et devant qu'il soit peu je veux en profiter :
Mais je vous prie au moins de bien solliciter.
Puisque monsieur Dandin va donner audience,
Je vais faire venir ma fille en diligence.
On peut l'interroger, elle est de bonne foi ;
Et même elle saura mieux répondre que moi.
LÉANDRE.
Allez et revenez, l'on vous fera justice.
LE SOUFFLEUR.
Quel homme!

SCÈNE II.
LÉANDRE, LE SOUFFLEUR.
LÉANDRE.
Je me sers d'un étrange artifice ;
Mais mon père est un homme à se désespérer,
Et d'une cause en l'air il le faut bien leurrer.
D'ailleurs, j'ai mon dessein, et je veux qu'il condamne
Ce fou qui réduit tout au pied de la chicane.
Mais voici tous nos gens qui marchent sur nos pas.

SCÈNE III.
DANDIN, LÉANDRE, L'INTIMÉ ET PETIT-JEAN EN ROBE, LE SOUFFLEUR.
DANDIN.
Çà, qu'êtes-vous ici?
LÉANDRE.
Ce sont les avocats.
DANDIN, au Souffleur.
Vous?
LE SOUFFLEUR.
Je viens secourir leur mémoire troublée.
DANDIN.
(à Léandre.)
Je vous entends. Et vous?
LÉANDRE.
Moi? je suis l'assemblée.
DANDIN.
Commencez donc.
LE SOUFFLEUR.
Messieurs...
PETIT-JEAN.
Oh! prenez-le plus bas.
Si vous soufflez si haut, on ne m'entendra pas.
Messieurs...
DANDIN.
Couvrez-vous.
PETIT-JEAN.
Oh! Mes...
DANDIN.
Couvrez-vous, vous dis-je.
PETIT-JEAN.
Oh! monsieur! je sais bien à quoi l'honneur m'oblige.

DANDIN

Ne te couvre donc pas.

PETIT-JEAN, *se couvrant.*
(*au Souffleur.*)
Messieurs... Vous, doucement :
Ce que je sais le mieux, c'est mon commencement.
Messieurs, quand je regarde avec exactitude
L'inconstance du monde et sa vicissitude ;
Lorsque je vois, parmi tant d'hommes différents,
Pas une étoile fixe, et tant d'astres errants ;
Quand je vois les Césars, quand je vois leur fortune ;
Quand je vois le soleil, et quand je vois la lune.
(*Babyloniens.*)
Quand je vois les états des Babiboniens.
(*Persans.*) (*Macédoniens.*)
Transférés des Serpents aux Nacédoniens ;
(*Romains.*) (*despotique.*)
Quand je vois les Lorrains, de l'état dépotique,
(*démocratique.*)
Passer au démocrite, et puis au monarchique ;
Quand je vois le Japon..

L'INTIMÉ.
Quand aura-t-il tout vu ?

PETIT-JEAN.
Oh ! pourquoi celui-là m'a-t-il interrompu ?
Je ne dirai plus rien.

DANDIN.
Avocat incommode,
Que ne lui laissez-vous finir sa période ?
Je suais sang et eau, pour voir si du Japon
Il viendrait à bon port au fait de son chapon ;
Et vous l'interrompez par un discours frivole.
Parlez donc, avocat.

PETIT-JEAN.
J'ai perdu la parole.

LÉANDRE.
Achève, Petit-Jean : c'est fort bien débuté.
Mais que font là tes bras pendants à ton côté ?
Te voilà sur tes pieds droit comme une statue.
Degourdis-toi. Courage ; allons, qu'on s'évertue.

PETIT-JEAN, *remuant ses bras.*
Quand... je vois... Quand... je vois...

LÉANDRE.
Dis donc ce que tu vois,

PETIT-JEAN.
Oh, dame ! on ne court pas deux lièvres à la fois.

LE SOUFFLEUR.
On lit...

PETIT-JEAN.
On lit...

LE SOUFFLEUR.
Dans la...

PETIT-JEAN.
Dans la...

LE SOUFFLEUR.
Métamorphose...

PETIT-JEAN.
Comment ?

LE SOUFFLEUR.
Que la métem...

PETIT-JEAN.
Que la métem...

LE SOUFFLEUR.
Psycose...

PETIT-JEAN.
Psycose...

LE SOUFFLEUR.
Hé ! le cheval !

PETIT-JEAN.
Et le cheval...

LE SOUFFLEUR.
Encor !

PETIT-JEAN.
Encor..

LE SOUFFLEUR.
Le chien !

PETIT-JEAN.
Le chien...

LE SOUFFLEUR.
Le butor !

PETIT-JEAN.
Le butor...

LE SOUFFLEUR.
Peste de l'avocat !

PETIT-JEAN.
Ah ! peste de toi-même !
Voyez cet autre avec sa face de carême !
Va-t'en au diable.

DANDIN.
Et vous, venez au fait. Un mot
Du fait.

PETIT-JEAN.
Hé ! faut-il tant tourner autour du pot
Ils me font dire aussi des mots longs d'une toise,
De grands mots qui tiendraient d'ici jusqu'à Pontoise.
Pour moi, je ne sais point tant faire de façon
Pour dire qu'un mâtin vient de prendre un chapon.
Tant y a qu'il n'est rien que votre chien ne prenne :
Qu'il a mangé là-bas un bon chapon du Maine ;
Que la première fois que je l'y trouverai,
Son procès est tout fait, et je l'assommerai.

LÉANDRE.
Belle conclusion, et digne de l'exorde !

PETIT-JEAN.
On l'entend bien toujours. Qui voudra morde y morde.

DANDIN.
Appelez les témoins.

LÉANDRE.
C'est bien dit, s'il le peut :
Les témoins sont fort chers, et n'en a pas qui veut.

PETIT-JEAN.
Nous en avons pourtant, et qui sont sans reproche.

DANDIN.
Faites-les donc venir.

PETIT-JEAN.
Je les ai dans ma poche.
Tenez, voilà la tête et les pieds du chapon ;
Voyez-les, et jugez.

L'INTIMÉ.
Je les récuse.

DANDIN.
Bon.
Pourquoi les récuser ?

L'INTIMÉ.
Monsieur, ils sont du Maine.

DANDIN.
Il est vrai que du Mans il en vient par douzaine.

L'INTIMÉ.
Messieurs...

DANDIN.
Serez-vous long, avocat, dites-moi ?

L'INTIMÉ.
Je ne réponds de rien.

DANDIN.
Il est de bonne foi.

L'INTIMÉ, *d'un ton finissant en fausset.*
Messieurs, tout ce qui peut étonner un coupable,
Tout ce que les mortels ont de plus redoutable
Semble s'être assemblé contre nous par hasard ;
Je veux dire la brigue et l'éloquence. Car,
D'un côté, le crédit du défunt m'épouvante,
Et, de l'autre côté, l'éloquence éclatante
De maître Petit-Jean m'éblouit.

DANDIN.
Avocat,
De votre ton vous-même adoucissez l'éclat.

L'INTIMÉ.
(*d'un ton ordinaire.*) (*d'un beau ton.*)
Oui-dà, j'en ai plusieurs... Mais quelque défiance
Que nous doive donner la susdite éloquence,

Et le susdit crédit, ce néanmoins, messieurs,
L'ancre de vos bontés nous rassure. D'ailleurs,
Devant le grand Dandin l'innocence est hardie;
Oui, devant ce Caton de Basse-Normandie,
Ce soleil d'équité qui n'est jamais terni :
VICTRIX CAUSA DIIS PLACUIT, SED VICTA CATONI.

DANDIN.
Vraiment, il plaide bien.

L'INTIMÉ.
                    Sans craindre aucune chose,
Je prends donc la parole, et je viens à ma cause.
Aristote, PRIMO, PERI POLITICON,
Dit fort bien...

DANDIN.
            Avocat, il s'agit d'un chapon,
Et non point d'Aristote et de sa Politique.

L'INTIMÉ.
Oui, mais l'autorité du péripatétique
Prouverait que le bien et le mal...

DANDIN.
                        Je prétens
Qu'Aristote n'a point d'autorité céans.
Au fait.

L'INTIMÉ.
        Pausanias, en ses Corinthiaques...

DANDIN.
Au fait.

L'INTIMÉ.
Rebuffe...

DANDIN.
        Au fait, vous dis-je.

L'INTIMÉ.
                    Le grand Jacques...

DANDIN.
Au fait, au fait, au fait.

L'INTIMÉ.
            Harmenopul, IN PROMPT...

DANDIN.
Oh! je te vais juger.

L'INTIMÉ.
            Oh! vous êtes si prompt!
    (vite.)
Voici le fait. Un chien vient dans une cuisine,
Il y trouve un chapon, lequel a bonne mine.
Or, celui pour lequel je parle est affamé;
Celui contre lequel je parle AUTEM plumé.
Et celui pour lequel je suis prend en cachette
Celui contre lequel je parle. L'on décrète;
On le prend. Avocat pour et contre appelé;
Jour pris. Je dois parler, je parle, j'ai parlé.

DANDIN.
Ta, ta, ta, ta. Voilà bien instruire une affaire!
Il dit fort posément ce dont on n'a que faire,
Et court le grand galop quand il est à son fait.

L'INTIMÉ.
Mais le premier, monsieur, c'est le beau.

DANDIN.
                            C'est le laid.
A-t-on jamais plaidé d'une telle méthode?
Mais qu'en dit l'assemblée!

LEANDRE.
            Il est fort à la mode.

L'INTIMÉ, d'un ton véhément.
Qu'arrive-t-il, messieurs? On vient. Comment vient-on?
On poursuit ma partie. On force une maison.
Quelle maison? maison de notre propre juge!
On brise le cellier qui nous sert de refuge !
De vol, de brigandage on nous déclare auteurs !
On nous traîne, on nous livre à nos accusateurs,
A maître Petit-Jean, messieurs. Je vous atteste :
Qui ne sait que la loi, SI QUIS CANIS, Digeste,
DE VI, paragrapho, messieurs... CAPONIBUS,
Est, manifestement, contraire à cet abus?
Et quand il serait vrai que Citron, ma partie,
Aurait mangé, messieurs, le tout ou bien partie
Dudit chapon : qu'on mette en compensation
Ce que nous avons fait avant cette action.
Quand ma partie a-t-elle été réprimandée?
Par qui votre maison a-t-elle été gardée?
Quand avons-nous manqué d'aboyer au larron?
Témoin trois procureurs, dont icelui Citron
A déchiré la robe. On en verra les pièces.
Pour nous justifier, voulez-vous d'autres pièces?

PETIT-JEAN.
Maître Adam.

L'INTIMÉ.
        Laissez-nous.

PETIT-JEAN.
            L'Intimé...

L'INTIMÉ.
                    Laissez-nous.

PETIT-JEAN.
S'enroue.

L'INTIMÉ.
        Hé! laissez-nous! Euh, euh!

DANDIN.
                        Reposez-vous.
Et concluez.

L'INTIMÉ, d'un ton pesant.
            Puis donc qu'on nous permet de prendre
Haleine, et que l'on nous défend de nous étendre,
Je vais sans rien omettre, et sans prévariquer,
Compendieusement énoncer, expliquer,
Exposer à vos yeux l'idée universelle
De ma cause, et des faits renfermés en icelle.

DANDIN.
Il aura plutôt fait de dire tout vingt fois,
Que de l'abréger une. Homme, ou qui que tu sois ;
Diable, conclus ; ou bien que le ciel te confonde!

L'INTIMÉ.
Je finis.

DANDIN.
    Ah!

L'INTIMÉ.
        Avant la naissance du monde...

DANDIN, bâillant.
Avocat, ah! passons au déluge.

L'INTIMÉ.
            Avant donc
La naissance du monde, et sa création,
Le monde, l'univers, tout, la nature entière
Etait ensevelie au fond de la matière.
Les éléments, le feu, l'air et la terre, et l'eau,
Enfoncés, entassés, ne faisaient qu'un monceau,
Une confusion, une masse sans forme,
Un désordre, un chaos, une cohue énorme :
UNUS ERAT TOTO NATURÆ VULTUS IN ORBE,
QUEM GRÆCI DIXERE CAHOS, RUDIS INDIGESTAQUE MOLES.
    (Dandin endormi se laisse tomber.)

LEANDRE.
Quelle chute, mon père !

PETIT-JEAN.
            Ay, monsieur! Comme il dort!

LEANDRE.
Mon père? éveillez-vous.

PETIT-JEAN.
                Monsieur, êtes-vous mort?

LEANDRE.
Mon père !

DANDIN.
Hé bien, hé bien! quoi? qu'est-ce? Ah! quel homme
Certes, je n'ai jamais dormi d'un si bon somme.

LEANDRE.
Mon père, il faut juger.

DANDIN.
            Aux galères.

LEANDRE.
                    Un chien
Aux galères!

DANDIN.
Ma foi ! je n'y conçois plus rien ;
De monde, de chaos j'ai la tête troublée.
Hé ! concluez.

L'INTIMÉ, *lui présentant de petits chiens.*
Venez, famille désolée ;
Venez, pauvres enfants, qu'on veut rendre orphelins.
Venez faire parler vos esprits enfantins.
Oui, messieurs, vous voyez ici notre misère :
Nous sommes orphelins ; rendez-nous notre père,
Notre père par qui, nous fûmes engendrés,
Notre père, qui nous...

DANDIN.
Tirez, tirez, tirez.

L'INTIMÉ.
Notre père, messieurs.

DANDIN.
Tirez donc. Quels vacarmes !
Ils ont pissé partout.

L'INTIMÉ.
Monsieur, voyez nos larmes.

DANDIN.
Ouf ! je me sens déjà pris de compassion.
Ce que c'est qu'à propos toucher la passion !
Je suis bien empêché. La vérité me presse ;
Le crime est avéré, lui-même le confesse.
Mais, s'il est condamné, l'embarras est égal
Voilà bien des enfants réduits à l'hôpital.
Mais je suis occupé, je ne veux voir personne.

SCÈNE IV.
DANDIN, LÉANDRE, CHICANEAU, ISABELLE
L'INTIMÉ, PETIT-JEAN.

CHICANEAU.
Monsieur...

DANDIN, *à Petit-Jean et à l'Intimé.*
Oui, pour vous seul l'audience se donne.
(*à Chicaneau.*)
Adieu... Mais, s'il vous plaît, quelle est cette enfant-là ?

CHICANEAU.
C'est ma fille, monsieur.

DANDIN.
Hé, tôt rappelez-la.

ISABELLE.
Vous êtes occupé.

DANDIN.
Moi ! je n'ai point d'affaire.
(*à Chicaneau.*)
Que ne me disiez-vous que vous étiez son père ?

CHICANEAU.
Monsieur...

DANDIN.
Elle sait mieux votre affaire que vous.
Dites... Qu'elle est jolie et qu'elle a les yeux doux !
Je suis tout réjoui de voir cette jeunesse.
Ce n'est pas tout, ma fille, il faut de la sagesse.
Savez-vous que j'étais un compère autrefois ?
On a parlé de nous.

ISABELLE.
Ah ! monsieur ! je vous crois.

DANDIN.
Dis-nous : à qui veux-tu faire perdre la cause ?

ISABELLE.
A personne.

DANDIN.
Pour toi je ferai toute chose.
Parle donc.

ISABELLE.
Je vous ai trop d'obligation.

DANDIN.
N'avez-vous jamais vu donner la question ?

ISABELLE.
Non ; et ne la verrai, que je crois, de ma vie.

DANDIN.
Venez, je vous en veux faire passer l'envie.

ISABELLE.
Hé ! monsieur, peut-on voir souffrir des malheureux ?

DANDIN.
Bon ! cela fait toujours passer une heure ou deux.

CHICANEAU.
Monsieur, je viens ici pour vous dire...

LÉANDRE.
Mon père,
Je vous vais en deux mots dire toute l'affaire.
C'est pour un mariage. Et vous saurez d'abord
Qu'il ne tient plus qu'à vous, et que tout est d'accord.
La fille le veut bien ; son amant le respire :
Ce que la fille veut le père le désire.
C'est à vous de juger.

DANDIN, *se rasseyant.*
Mariez au plus tôt :
Dès demain, si l'on veut ; aujourd'hui s'il le faut.

LÉANDRE.
Mademoiselle, allons, allons, voilà votre beau-père,
Saluez-le.

CHICANEAU.
Comment ?

DANDIN.
Quel est donc ce mystère ?

LÉANDRE.
Ce que vous avez dit se fait de point en point.

DANDIN.
Puisque je l'ai jugé, je n'en reviendrai point.

CHICANEAU.
Mais on ne donne pas une fille sans elle.

LÉANDRE.
Sans doute, et j'en croirai la charmante Isabelle.

CHICANEAU.
Es-tu muette ? Allons c'est à toi de parler.
Parle.

ISABELLE.
Je n'ose pas, mon père, en appeler.

CHICANEAU.
Mais j'en appelle, moi.

LÉANDRE, *lui montrant un papier.*
Voyez cette écriture.
Vous n'appellerez pas de votre signature ?

CHICANEAU.
Plaît-il ?

DANDIN.
C'est un contrat en fort bonne façon.

CHICANEAU.
Je vois qu'on m'a surpris ; mais j'en aurai raison :
De plus de vingt procès ceci sera la source.
On a la fille ; soit : on n'aura pas la bourse.

LÉANDRE.
Hé, monsieur ! qui vous dit qu'on vous demande rien ?
Laissez-nous votre fille, et gardez votre bien.

CHICANEAU.
Ah !

LÉANDRE.
Mon père, êtes-vous content de l'audience ?

DANDIN.
Oui-dà. Que les procès viennent en abondance,
Et je passe avec vous le reste de mes jours.
Mais que les avocats soient désormais plus courts.
Et notre criminel !

LÉANDRE.
Ne parlons que de joie ;
Grace ! grace ! mon père.

DANDIN.
Hé bien, qu'on le renvoie.
C'est en votre faveur, ma bru, ce que j'en fais.
Allons nous délasser à voir d'autres procès.

FIN DES PLAIDEURS

BRITANNICUS,

TRAGÉDIE EN CINQ ACTES.

1669.

PREMIÈRE PRÉFACE.

De tous les ouvrages que j'ai donnés au public, il n'y en a point qui m'ait attiré plus d'applaudissements ni plus de censeurs que celui-ci. Quelque soin que j'aie pris pour travailler cette tragédie, il semble qu'autant que je me suis efforcé de la rendre bonne, autant de certaines gens se sont efforcées de la décrier, il n'y a point de cabale qu'ils n'aient faite, point de critique dont ils ne se soient avisés. Il y en a qui ont pris même le parti de Néron contre moi ; ils ont dit que je le faisais trop cruel. Pour moi, je croyais que le nom seul de Néron faisait entendre quelque chose de plus que cruel. Mais peut-être qu'ils raffinent sur son histoire, et veulent dire qu'il était honnête homme dans ses premières années : il ne faut qu'avoir lu Tacite pour savoir que, s'il a été quelque temps un bon empereur, il a toujours été un très méchant homme. Il ne s'agit point dans ma tragédie des affaires du dehors, Néron est ici dans son particulier et dans sa famille ; et ils me dispenseront de leur rapporter tous les passages qui pourraient aisément leur prouver que je n'ai point de réparation à lui faire.

D'autres ont dit, au contraire, que je l'avais fait trop bon. J'avoue que je ne m'étais pas formé l'idée d'un bon homme en la personne de Néron, je l'ai toujours regardé comme un monstre. Mais c'est ici un monstre naissant ; il n'a pas encore mis le feu à Rome ; il n'a pas encore tué sa mère, sa femme, ses gouverneurs : à cela près, il me semble qu'il lui échappe assez de cruautés pour empêcher que personne ne le méconnaisse.

Quelques uns ont pris l'intérêt de Narcisse, et se sont plaints que j'en eusse fait un très méchant homme, et le confident de Néron. Il suffit d'un passage pour leur réponde. « Néron, dit Tacite, porta « impatiemment la mort de Narcisse, parce que cet « affranchi avait une conformité merveilleuse avec « les vices du prince encore cachés : *cujus abditis « adhuc vitiis mire congruebat* »

Les autres se sont scandalisés que j'eusse choisi un homme aussi jeune que Britannicus pour le héros d'une tragédie. Je leur ai déclaré, dans la préface d'*Andromaque*, le sentiment d'Aristote sur le héros de la tragédie ; et que, bien loin d'être parfait, il faut toujours qu'il ait quelque imperfection. Mais je leur dirai encore ici qu'un jeune prince de dix-sept ans, qui a beaucoup de cœur, beaucoup d'amour, beaucoup de franchise et beaucoup de crédulité, qualités ordinaires d'un jeune homme, m'a semblé très capable d'exciter la compassion. Je n'en veux pas davantage.

« Mais, disent-ils, ce prince n'entrait que dans sa « quinzième année lorsqu'il mourut. On le fait vivre « lui et Narcisse, deux ans plus qu'ils n'ont vécu. » Je n'aurais point parlé de cette objection, si elle avait été faite avec chaleur par un homme qui s'est donné la liberté de faire régner vingt ans un empereur qui n'en a régné que huit, quoique ce changement soit bien plus considérable dans la chronologie, où l'on suppute les temps par les années des empereurs.

Junie ne manque pas non plus de censeurs. Ils disent que d'une vieille coquette, nommée Junia Silana, j'en ai fait une jeune fille très sage. Qu'auraient-ils à me répondre, si je leur disais que cette Junie est un personnage inventé, comme l'Émilie de Cinna, comme la Sabine d'Horace ? Mais j'ai à leur dire que, s'ils avaient bien lu l'histoire, ils auraient trouvé une Junia Calvina, de la famille d'Auguste, sœur de Silanus, à qui Claudius avait promis Octavie. Cette Junia était jeune, belle, comme dit Sénèque, *festivissima omnium puellarum*. Elle aimait tendrement son frère, « et leurs ennemis, dit Tacite, les accu- « sèrent tous deux d'inceste, quoiqu'ils ne fussent « coupables que d'un peu d'indiscrétion. » Si je la présente plus retenue qu'elle n'était, je n'ai pas ouï dire qu'il nous fût défendu de rectifier les mœurs d'un personnage, surtout lorsqu'il n'est pas connu.

L'on trouve étrange qu'elle paraisse sur la scène après la mort de Britannicus. Certainement la délicatesse est grande de ne pas vouloir qu'elle dise en quatre vers assez touchants qu'elle passe chez Octavie. « Mais, disent-ils, cela ne valait pas la peine « de la faire revenir ; un autre l'aurait pu raconter « pour elle. » Ils ne savent pas qu'une des règles du théâtre est de ne mettre en récit que les choses qui ne se peuvent passer en action, et que tous les anciens font venir souvent sur la scène des acteurs qui n'ont autre chose à dire, sinon qu'ils viennent d'un endroit, et qu'ils s'en retournent en un autre.

« Tout cela est inutile, disent mes censeurs ; la « pièce est finie au récit de la mort de Britannicus, « et l'on ne devait point écouter le reste. » — On l'écoute pourtant, et même avec autant d'attention qu'aucune fin de tragédie. Pour moi, j'ai toujours compris que, la tragédie étant l'imitation d'une action complète, où plusieurs personnes concourent, cette action n'est point finie que l'on ne sache en quelle situation elle laisse ces mêmes personnes. C'est ainsi que Sophocle en use presque partout : c'est ainsi que, dans l'*Antigone*, il emploie autant de vers à représenter la fureur d'Hémon et la punition de Créon après la mort de cette princesse, que j'en ai employé aux imprécations d'Agrippine, à la retraite de Junie, à la punition de Narcisse, et au désespoir de Néron, après la mort de Britannicus.

Que faudrait-il faire pour contenter des juges si difficiles ? La chose serait aisée, pour peu qu'on voulût trahir le bon sens. Il ne faudrait que s'écarter du naturel pour se jeter dans l'extraordinaire. Au lieu d'une action simple, chargée de peu de matière, telle que doit être une action qui se passe en seul jour, et qui, s'avançant par degrés vers sa fin, n'est soutenue que par les intérêts, les sentiments et les passions des personnages ; il faudrait remplir cette même action de quantité d'incidents qui ne se pourraient passer qu'en un mois, d'un grand nombre de jeux de théâtre d'autant plus surprenants qu'ils seraient moins vraisemblables, d'une infinité de déclarations où l'on ferait dire aux acteurs tout le contraire de ce qu'ils devraient dire. Il faudrait, par exemple, représenter quelque héros ivre, qui se voudrait faire haïr de sa maîtresse de gaîté de cœur, un Lacédémonien grand parleur (1), un conquérant qui ne débiterait que des maximes d'amour, une femme, qui donnerait des leçons de fierté à des conquérants. Voilà sans doute de quoi faire récrier tous ces Messieurs. Mais que dirait cependant ce petit nombre de gens sages auxquels je m'efforce de plaire? De quel front oserais-je me montrer, pour ainsi dire, aux yeux de ces grands hommes de l'antiquité que j'ai choisis pour modèles? Car, pour me servir de la pensée d'un ancien, voilà les véritables spectateurs que nous devons nous proposer ; et nous devons sans cesse nous demander : Que diraient Homère et Virgile, s'ils lisaient ces vers? Que dirait Sophocle, s'il voyait représenter cette scène? Quoi qu'il en soit, je n'ai point prétendu empêcher qu'on ne parlât contre mes ouvrages : je l'aurais prétendu inutilement. *Quid de te alii loquantur ipsi videant*, dit Cicéron : *sed loquantur tamen.*

Je prie seulement le lecteur de me pardonner cette petite préface, que j'ai faite pour lui rendre raison de ma tragédie. Il n'y a rien de plus naturel que de se défendre quand on se croit injustement attaqué. Je vois que Térence même semble n'avoir fait des prologues que pour se justifier contre les critiques d'un vieux poète malintentionné, *malevoli veteris poetœ*, et qui venait briguer des voix contre lui jusqu'aux heures où l'on représentait ses comédies :

              Occœpta est agi,
Exclamat, etc.

On me pouvait faire une difficulté qu'on ne m'a point faite. Mais ce qui est échappé aux spectateurs pourra être remarqué par les lecteurs, c'est que je fais entrer Junie dans les Vestales, où, selon Aulu-Gelle, on ne recevait personne au-dessous de six ans, ni au-dessus de dix. Mais le peuple prend ici Junie sous sa protection ; et j'ai cru qu'en considération de sa naissance, de sa vertu et de son malheur, il pouvait la dispenser de l'âge prescrit par les lois, comme il a dispensé de l'âge pour le consulat tant de grands hommes qui avaient mérité ce privilège.

Enfin, je suis persuadé qu'on peut me faire bien d'autres critiques, sur lesquelles je n'aurais d'autre parti à prendre que celui de en profiter à l'avenir. Mais je plains fort le malheur d'un homme qui travaille pour le public. Ceux qui voyent le mieux nos défauts sont ceux qui les dissimulent le plus volontiers : ils nous pardonnent les endroits qui leur ont déplu, en faveur de ceux qui leur ont donné du plaisir. Il n'y a rien, au contraire, de plus injuste qu'un ignorant ; il croit toujours que l'admiration est le partage des gens qui ne savent rien : il condamne toute une pièce pour une scène qu'il n'approuve pas ; il s'attaque même aux endroits les plus éclatants pour faire croire qu'il a de l'esprit ; et pour peu que nous résistions à ses sentiments, il nous traite de présomptueux qui ne veulent croire personne, et ne songe pas qu'il tire quelquefois plus de vanité d'une assez bonne pièce de théâtre.

« Homine imperito nunquam quidquam injustius. » (2)

---

(1) Racine désigne ici plusieurs tragédies de Corneille, la *Mort de Pompée, Sertorius, Agésilas.*

(2) Racine lui-même traduit exactement ce vers, lorsqu'il a dit : « Il n'y a rien de plus injuste qu'un ignorant. »

(*Note de l'éditeur.*)

SECONDE PRÉFACE.

Voici celle de mes tragédies que je puis dire que j'ai le plus travaillée. Cependant j'avoue que le succès ne répondit pas d'abord à mes espérances : à peine elle parut sur le théâtre, qu'il s'éleva quantité de critiques qui semblaient la devoir détruire. Je crus moi-même que sa destinée serait à l'avenir moins heureuse que celle de mes autres tragédies. Mais enfin il est arrivé de cette pièce ce qui arrivera toujours des ouvrages qui auront quelque bonté : les critiques se sont évanouies ; la pièce est demeurée. C'est maintenant celle des miennes que la cour et le public revoient le plus volontiers ; et si j'ai fait quelque chose de solide et qui mérite quelque louange, la plupart des connaisseurs demeurent d'accord que c'est ce même *Britannicus.*

A la vérité j'avais travaillé sur des modèles qui m'avaient extrêmement soutenu dans la peinture que je voulais faire de la cour d'Agrippine et de Néron. J'avais copié mes personnages d'après le plus grand peintre de l'antiquité, je veux dire d'après Tacite ; et j'étais alors si rempli de la lecture de cet excellent historien, qu'il n'y a presque pas un trait éclatant dans ma tragédie dont il ne m'ait donné l'idée. J'avais voulu mettre dans ce recueil un extrait des plus beaux endroits que j'ai tâché d'imiter ; mais j'ai trouvé que cet extrait tiendrait presque autant de place que la tragédie. Ainsi, le lecteur trouvera bon que je le renvoie à cet auteur, qui aussi bien est entre les mains de tout le monde ; et je me contenterai de rapporter ici quelques uns de ses passages sur chacun des personnages que j'introduis sur la scène.

Pour commencer par Néron, il faut se souvenir qu'il est ici dans les premières années de son règne, qui ont été heureuses, comme l'on sait. Ainsi, il ne m'a pas été permis de le représenter aussi méchant qu'il a été depuis. Je ne le représente pas non plus comme un homme vertueux ; car il ne l'a jamais été. Il n'a pas encore tué sa mère, sa femme, ses gouverneurs ; mais il a en lui les semences de tous ces crimes : il commence à vouloir secouer le joug. Il les hait tous les uns et les autres ; il leur cache sa haine sous de fausses caresses, *factus natura velare odium fallacibus blanditiis* (1). En un mot, c'est ici un monstre naissant, mais qui n'ose encore se déclarer, et qui cherche des couleurs à ses méchantes actions : *Hactenus Nero flagitiis et sceleribus velamenta quœsivit* (2). Il ne pouvait souffrir Octavie, princesse d'une bonté et d'une vertu exemplaires, *fato quodam, an quia prœvalent illicita, metuebaturque ne in stupra feminarum illustrium prorumperet* (3).

Je lui donne Narcisse pour confident. J'ai suivi en cela Tacite, qui dit que Néron porta impatiemment la mort de Narcisse, parce que cet affranchi avait une conformité merveilleuse avec les vices du prince encore cachés ; *cujus abditis adhuc vitiis mire congruebat.* Ce passage prouve deux choses : il prouve et que Néron était déjà vicieux, mais qu'il dissimulait ses vices, et que Narcisse l'entretenait dans ses mauvaises inclinations.

J'ai choisi Burrhus pour opposer un honnête homme à cette peste de cour ; et je l'ai choisi plutôt que Sénèque ; en voici la raison : Ils étaient tous deux gouverneurs de la jeunesse de Néron, l'un pour les armes, l'autre pour les lettres ; et ils étaient fameux, Burrhus pour son expérience des armes et pour la sévérité de ses mœurs, *militaribus curis et servitute morum* ; Sénèque pour son éloquence et le tour agréable de son esprit, *Seneca prœceptis eloquentiœ et comi-*

---

(1) Tacite, *Annales*, Liv. XIV, cap. 56.
(2) Ibid., Liv. XIII, cap. 47.
(3) Ibid., Liv. XIII, cap. 12.

tate honestâ (1). Burrhus, après sa mort, fut extrêmement regretté à cause de sa vertu : *Civitati grande desiderium ejus mansit per memoriam virtutis* (2).

Toute leur peine était de résister à l'orgueil et à la férocité d'Agrippine, *quæ, cunctis malæ dominationis cupidinibus fragrans, habebat in partibus Pallantem* (3). Je ne dis que ce mot d'Agrippine, car il y aurait trop de choses à en dire. C'est elle que je me suis surtout efforcé de bien exprimer; et ma tragédie n'est pas moins la disgrâce d'Agrippine, que la mort de Britannicus. « Cette mort fut un coup de foudre pour elle et il parut, dit Tacite, par sa frayeur et par sa consternation, qu'elle était aussi innocente de cette mort qu'Octavie. Agrippine perdait en lui sa dernière espérance, et ce crime lui en faisait craindre un plus grand : » *Sibi supremum auxilium ereptum et parricidii exemplum intelligebat* (4).

L'âge de Britannicus était si connu qu'il ne m'a pas été permis de le représenter autrement que comme un jeune prince qui avait beaucoup de cœur, beaucoup d'amour et beaucoup de franchise, qualités ordinaires d'un jeune homme. Il avait quinze ans : et l'on dit qu'il avait beaucoup d'esprit, soit qu'on dise vrai, ou que ses malheurs aient fait croire cela de lui, sans qu'il ait pu en donner de marque : *Neque segnem ei fuisse indolem ferunt; sive verum, seu periculis commendatus retinuit famam sine experimento*. (5)

Il ne faut pas s'étonner s'il n'a auprès de lui qu'un aussi méchant homme que Narcisse; car il y avait long-temps qu'on avait donné ordre qu'il n'y eût auprès de Britannicus que des gens qui n'eussent ni foi ni honneur. *Nam, ut proximus quisque Britannico, neque fas neque fidem pensi haberet, olim provisum erat*. (6)

Il me reste à parler de Junie. Il ne la faut pas confondre avec une vieille coquette qui s'appelait *Junia Silana*. C'est ici une autre Junie, que Tacite appelle *Junia Calvina*, de la famille d'Auguste, sœur de Silanus, à qui Claudius avait promis Octavie. Cette Junie était jeune, belle, et comme dit Sénèque, *festivissima omnium puellarum*. « Son frère et elle s'aimaient tendrement; et leurs ennemis, dit Tacite, les accusèrent tous deux d'inceste, quoiqu'ils ne fussent coupables que d'un peu d'indiscrétion. » Elle vécut jusqu'au règne de Vespasien.

Je la fais entrer dans les vestales, quoique, selon Aulu-Gelle, on n'y reçût jamais personne au-dessous de six ans, ni au-dessus de dix. Mais le peuple prend ici Junie sous sa protection; et j'ai cru qu'en considération de sa naissance, de sa vertu et de son malheur, il pouvait la dispenser de l'âge prescrit par les lois, comme il a dispensé de l'âge pour le consulat tant de grands hommes qui avaient mérité ce privilège.

(1) Tacite, *Annales*, Liv. XIII, cap. 2.
(2) Ibid., Liv. XIV, cap. 51.
(3) Ibid., Liv. XIII, cap. 2.
(4) Ibid., Liv. XIII, cap. 26.
(5) Ibid., Liv. XII, cap. 25.
(6) Tacite, *Annales*, Liv. XIII, cap. 15.

FIN DE LA PREFACE.

BRITANNICUS.

PERSONNAGES.

NÉRON, empereur, fils d'Agrippine.
BRITANNICUS, fils de Messaline et de l'empereur Claudius.
AGRIPPINE, veuve de Domitius Enobarbus, père de Néron, et, en secondes noces, veuve de l'empereur Claudius.
JUNIE, amante de Britannicus.
BURRHUS, gouverneur de Néron.
NARCISSE, gouverneur de Britannicus.
ALBINE, confidente d'Agrippine.
GARDES.

La scène est à Rome, dans une chambre du palais de Néron.

ACTE PREMIER.

SCÈNE PREMIÈRE.
AGRIPPINE, ALBINE.

ALBINE.
Quoi! tandis que Néron s'abandonne au sommeil,
Faut-il que vous veniez attendre son réveil?
Qu'errant dans le palais, sans suite et sans escorte,
La mère de César veille seule à sa porte?
Madame, retournez dans votre appartement.

AGRIPPINE.
Albine, il ne faut pas s'éloigner un moment.
Je veux l'attendre ici : les chagrins qu'il me cause
M'occuperont assez tout le temps qu'il repose.
Tout ce que j'ai prédit n'est que trop assuré;
Contre Britannicus Néron s'est déclaré.
L'impatient Néron cesse de se contraindre;
Las de se faire aimer, il veut se faire craindre.
Britannicus le gêne, Albine; et chaque jour
Je sens que je deviens importune à mon tour.

ALBINE.
Quoi! vous à qui Néron doit le jour qu'il respire;
Qui l'avez appelé de si loin à l'empire;
Vous qui, déshéritant le fils de Claudius,
Avez nommé César l'heureux Domitius?
Tout lui parle, madame, en faveur d'Agrippine :
Il vous doit son amour.

AGRIPPINE.
Il me le doit, Albine :
Tout, s'il est généreux, lui prescrit cette loi ;
Mais tout, s'il est ingrat, lui parle contre moi.
ALBINE.
S'il est ingrat, madame? Ah! toute sa conduite
Marque dans son devoir une ame trop instruite.
Depuis trois ans entiers, qu'a-t-il dit, qu'a-t-il fait
Qui ne promette à Rome un empereur parfait?
Rome, depuis trois ans, par ses soins gouvernée,
Au temps de ses consuls croit être retournée :
Il la gouverne en père. Enfin, Néron naissant
A toutes les vertus d'Auguste vieillissant.
AGRIPPINE.
Non, non, mon intérêt ne me rend point injuste :
Il commence, il est vrai, par où finit Auguste ;
Mais crains que, l'avenir détruisant le passé,
Il ne finisse ainsi qu'Auguste a commencé.
Il se déguise en vain : je lis sur son visage
Des fiers Domitius l'humeur triste et sauvage :
Il mêle avec l'orgueil qu'il a pris dans leur sang
La fierté des Néron qu'il puisa dans mon flanc.
Toujours la tyrannie a d'heureuses prémices :
De Rome, pour un temps, Caïus fut les délices,
Mais, sa feinte bonté se tournant en fureur,
Les délices de Rome en devinrent l'horreur.
Que m'importe, après tout, que Néron plus fidèle
D'une longue vertu laisse un jour le modèle?
Ai-je mis dans sa main le timon de l'état
Pour le conduire au gré du peuple et du sénat?
Ah! que de la patrie il soit, s'il veut, le père;
Mais qu'il songe un peu plus qu'Agrippine est sa mère.
De quel nom cependant pouvons-nous appeler
L'attentat que le jour vient de nous révéler?
Il sait, car leur amour ne peut être ignorée,
Que de Britannicus Junie est adorée :
Et ce même Néron, que la vertu conduit,
Fait enlever Junie au milieu de la nuit!
Que veut-il? Est-ce haine, est-ce amour qui l'inspire?
Cherche-t-il seulement le plaisir de leur nuire;
Ou plutot n'est-ce point que sa malignite
Punit sur eux l'appui que je leur ai prêté?
ALBINE.
Vous leur appui, madame?
AGRIPPINE.
Arrête, chère Albine.
Je sais que j'ai moi seule avancé leur ruine;
Que du trône, où le sang l'a dû faire monter,
Britannicus par moi s'est vu précipiter.
Par moi seule, éloigné de l'hymen d'Octavie,
Le frère de Julie abandonna la vie,
Silanus, sur qui Claude avait jeté les yeux,
Et qui comptait Auguste au rang de ses aïeux.
Néron jouit de tout : et moi, pour récompense,
Il faut qu'entre eux et lui je tienne la balance,
Afin que quelque jour par une même loi
Britannicus la tienne entre mon fils et moi.
ALBINE.
Quel dessein!
AGRIPPINE.
Je m'assure un port dans la tempête.
Néron m'échappera, si ce frein ne l'arrête.
ALBINE.
Mais prendre contre un fils tant de soins superflus?
AGRIPPINE.
Je le craindrais bientôt, s'il ne me craignait plus.
ALBINE.
Une juste frayeur vous alarme peut-être.
Mais si Néron pour vous n'est plus ce qu'il doit être;
Du moins son changement ne vient point jusqu'à nous,
Et ce sont des secrets entre César et vous.
Quelques titres nouveaux que Rome lui défère,
Néron n'en reçoit point qu'il ne doive à sa mère.
Sa prodigue amitie ne se réserve rien :
Votre nom est dans Rome aussi saint que le sien;
A peine parle-t-on de la triste Octavie.
Auguste votre aïeul honora moins Livie :
Néron devant sa mère a permis le premier
Qu'on portât des faisceaux couronnés de laurier.
Quels effets voulez-vous de sa reconnaissance?
AGRIPPINE.
Un peu moins de respect, et plus de confiance.
Tous ces présents, Albine, irritent mon dépit :
Je vois mes honneurs croître, et tomber mon crédit.
Non, non, le temps n'est plus que Néron, jeune encore
Me renvoyait les vœux d'une cour qui l'adore;
Lorsqu'il se reposait sur moi de tout l'état;
Que mon ordre au palais assemblait le sénat;
Et que derrière un voile, invisible et présente,
J'étais de ce grand corps l'ame toute puissante.
Des volontés de Rome alors mal assuré,
Néron de sa grandeur n'était point enivré.
Ce jour, ce triste jour frappe encor ma mémoire,
Où Néron fut lui-même ébloui de sa gloire,
Quand les ambassadeurs de tant de rois divers
Vinrent le reconnaître au nom de l'univers.
Sur son trône avec lui j'allais prendre ma place :
J'ignore quel conseil prépara ma disgrace;
Quoi qu'il en soit, Néron, d'aussi loin qu'il me vit,
Laissa sur son visage éclater son dépit.
Mon cœur même en conçut un malheureux augure.
L'ingrat, d'un faux respect colorant son injure,
Se leva par avance; et, courant m'embrasser,
Il m'écarta du trône où je m'allais placer.
Depuis ce coup fatal, le pouvoir d'Agrippine
Vers sa chute à grand pas chaque jour s'achemine.
L'ombre seul m'en reste; et l'on n'implore plus
Que le nom de Sénèque et l'appui de Burrhus.
ALBINE.
Ah! si de ce soupçon votre ame est prévenue,
Pourquoi nourrissez-vous le venin qui vous tue?
Allez avec César vous éclaircir du moins.
AGRIPPINE.
César ne me voit plus, Albine, sans témoins :
En public, à mon heure, on me donne audience.
Sa réponse est dictée, et même son silence.
Je vois deux surveillants, ses maîtres et les miens,
Présider l'un ou l'autre à tous nos entretiens.
Mais je le poursuivrai d'autant plus qu'il m'évite :
De son désordre, Albine, il faut que je profite.
J'entends du bruit; on ouvre. Allons subitement
Lui demander raison de cet enlèvement :
Surprenons, s'il se peut, les secrets de son ame.
Mais quoi! déjà Burrhus sort de chez lui?

SCÈNE II.
AGRIPPINE, BURRHUS, ALBINE.
BURRHUS.
Madame,
Au nom de l'empereur, j'allais vous informer
D'un ordre qui d'abord a pu vous alarmer,
Mais qui n'est que l'effet d'une sage conduite,
Don César a voulu que vous fussiez instruite.
AGRIPPINE.
Puisqu'il le veut, entrons; il m'en instruira mieux.
BURRHUS.
César pour quelque temps s'est soustrait à nos yeux.
Déja par une porte au public moins connue
L'un et l'autre consul vous avaient prévenue,
Madame. Mais souffrez que je retourne exprès...
AGRIPPINE.
Non, je ne trouble point ses augustes secrets;
Cependant voulez-vous qu'avec moins de contrainte
L'un et l'autre une fois nous nous parlions sans feinte?
BURRHUS.
Burrhus pour le mensonge eut toujours trop d'horreur.
AGRIPPINE.
Prétendez-vous longtemps me cacher l'empereur?
Ne le verrai-je plus qu'à titre d'importune?
Ai-je donc élevé si haut votre fortune
Pour mettre une barrière entre mon fils et moi?
Ne l'osez-vous laisser un moment sur sa foi?

Entre Sénèque et vous disputez-vous la gloire
A qui m'effacera plus tôt de sa mémoire?
Vous l'ai-je confié pour en faire un ingrat,
Pour être, sous son nom, les maîtres de l'état?
Certes, plus je médite, et moins je me figure
Que vous m'osez compter pour votre créature;
Vous, dont j'ai pu laisser vieillir l'ambition
Dans les honneurs obscurs de quelque légion;
Et moi, qui sur le trône ai suivi mes ancêtres,
Moi, fille, femme, sœur, et mère de vos maîtres !
Que prétendez-vous donc? Pensez-vous que ma voix
Ait fait un empereur pour m'en imposer trois?
Néron n'est plus enfant: n'est-il pas temps qu'il règne?
Jusqu'à quand voulez-vous que l'empereur vous craigne?
Ne saurait-il rien voir qu'il n'emprunte vos yeux?
Pour se conduire, enfin, n'a-t-il pas ses aïeux?
Qu'il choisisse, s'il veut, d'Auguste ou de Tibère;
Qu'il imite, s'il peut, Germanicus mon père.
Parmi tant de héros je n'ose me placer;
Mais il est des vertus que je lui puis tracer :
Je puis l'instruire au moins combien sa confidence
Entre un sujet et lui doit laisser de distance.

BURRHUS.

Je ne m'étais chargé dans cette occasion
Que d'excuser César d'une seule action :
Mais puisque, sans vouloir que je le justifie,
Vous me rendez garant du reste de sa vie,
Je répondrai, madame, avec la liberté
D'un soldat qui sait mal farder la vérité :
Vous m'avez de César confié la jeunesse;
Je l'avoue, et je dois m'en souvenir sans cesse.
Mais vous avais-je fait serment de le trahir,
D'en faire un empereur qui ne sût qu'obéir?
Non. Ce n'est plus à vous qu'il faut que j'en réponde
Ce n'est plus votre fils, c'est le maître du monde.
J'en dois compte, madame, à l'empire romain,
Qui croit voir son salut ou sa perte en ma main.
Ah! si dans l'ignorance il le fallait instruire,
N'avait-on que Sénèque et moi pour le séduire?
Pourquoi de sa conduite éloigner les flatteurs?
Fallait-il dans l'exil chercher des corrupteurs?
La cour de Claudius, en esclaves fertile,
Pour deux que l'on cherchait en eût présenté mille,
Qui tous auraient brigué l'honneur de l'avilir:
Dans une longue enfance ils l'auraient fait vieillir.
De quoi vous plaignez-vous, madame? on vous révère:
Ainsi que par César, on jure par sa mère.
L'empereur, il est vrai, ne vient plus chaque jour
Mettre à vos pieds l'empire, et grossir votre cour;
Mais le doit-il, madame? et sa reconnaissance
Ne peut-elle éclater que dans sa dépendance?
Toujours humble, toujours le timide Néron
N'ose-t-il être Auguste et César que de nom?
Vous le dirai-je, enfin? Rome le justifie.
Rome, à trois affranchis si longtemps asservie,
A peine respirant du joug qu'elle a porté,
Du règne de Néron compte sa liberté.
Que dis-je? la vertu semble même renaître.
Tout l'empire n'est plus la dépouille d'un maître :
Le peuple aux champs de Mars nomme ses magistrats;
César nomme les chefs sur la foi des soldats;
Thraséas au sénat, Corbulon dans l'armée,
Sont encore innocents malgré leur renommée;
Les déserts, autrefois peuplés de sénateurs,
Ne sont plus habités que par leurs délateurs,
Qu'importe qu'on continue à nous croire,
Pourvu que nos conseils ne tendent qu'à sa gloire;
Pourvu que dans le cours d'un règne florissant
Rome soit toujours libre, et César tout puissant?
Mais, madame, Néron suffit pour se conduire.
J'obéis, sans prétendre à l'honneur de l'instruire.
Sur ses aïeux, sans doute, il n'a qu'à se régler;
Pour bien faire, Néron n'a qu'à leur ressembler.
Heureux si ses vertus l'une à l'autre enchaînées,
Ramènent tous les ans ses premières années !

AGRIPPINE.

Ainsi, sur l'avenir n'osant vous assurer,
Vous croyez que sans vous Néron va s'égarer.

Mais vous qui, jusqu'ici content de votre ouvrage,
Venez de ses vertus nous rendre témoignage,
Expliquez-vous pourquoi, devenu ravisseur,
Néron de Silanus veut enlever la sœur?
Ne tient-il qu'à marquer de cette ignominie
Le sang de mes aïeux qui brille dans Junie?
De quoi l'accuse-t-il? et par quel attentat
Devient-elle en un jour criminelle d'état;
Elle qui, sans orgueil jusqu'alors élevée,
N'aurait point vu Néron, s'il ne l'eût enlevée,
Et qui même aurait mis au rang de ses bienfaits
L'heureuse liberté de ne le voir jamais?

BURRHUS.

Je sais que d'aucun crime elle n'est soupçonnée;
Mais jusqu'ici César ne l'a point condamnée,
Madame. Aucun objet ne blesse ici ses yeux;
Elle est dans un palais tout plein de ses aïeux.
Vous savez que les droits qu'elle porte avec elle
Peuvent de son époux faire un prince rebelle;
Que le sang de César ne se doit allier
Qu'à ceux à qui César le veut bien confier;
Et vous-même avouerez qu'il ne serait pas juste,
Qu'on disposât sans lui de la nièce d'Auguste.

AGRIPPINE.

Je vous entends : Néron m'apprend par votre voix
Qu'en vain Britannicus s'assure sur mon choix.
En vain, pour détourner les yeux de sa misère,
J'ai flatté son amour d'un hymen qu'il espère :
A ma confusion, Néron veut faire voir
Qu'Agrippine promet par delà son pouvoir.
Rome de ma faveur est trop préoccupée;
Il veut par cet affront qu'elle soit détrompée,
Et que tout l'univers apprenne avec terreur
A ne confondre plus mon fils et l'empereur.
Il le peut. Toutefois j'ose encore lui dire
Qu'il doit avant ce coup affermir son empire;
Et qu'en me réduisant à la nécessité
D'éprouver contre lui ma faible autorité,
Il expose la sienne; et que dans la balance
Mon nom peut-être aura plus de poids qu'il ne pense.

BURRHUS.

Quoi, madame! toujours soupçonner son respect!
Ne peut-il faire un pas qu'il ne vous soit suspect?
L'empereur vous croit-il du parti de Junie?
Avec Britannicus vous croit-il réunie?
Quoi ! de vos ennemis devenez-vous l'appui
Pour trouver un prétexte à vous plaindre de lui?
Sur le moindre discours qu'on pourra vous redire,
Serez-vous toujours prête à partager l'empire?
Vous craindrez-vous sans cesse; et vos embrassements
Ne se passeront-ils qu'en éclaircissements?
Ah! quittez d'un censeur la triste diligence;
D'une mère facile affectez l'indulgence;
Souffrez quelques froideurs sans les faire éclater,
Et n'avertissez point la cour de vous quitter.

AGRIPPINE.

Et qui s'honorerait de l'appui d'Agrippine,
Lorsque Néron lui-même annonce ma ruine,
Lorsque de sa présence il semble me bannir;
Quand Burrhus à sa porte ose me retenir?

BURRHUS.

Madame, je vois bien qu'il est temps de me taire,
Et que ma liberté commence à vous déplaire.
La douleur est injuste : et toutes les raisons
Qui ne la flattent point aigrissent ses soupçons.
Voici Britannicus. Je lui cède ma place.
Je vous laisse écouter et plaindre ma disgrace,
Et peut-être, madame, en accuser les soins
De ceux que l'empereur a consultés le moins.

SCÈNE III
BRITANNICUS, AGRIPPINE, NARCISSE, ALBINE.

AGRIPPINE.

Ah! prince, où courez-vous? Quelle ardeur inquiète
Parmi vos ennemis en aveugle vous jette?
Que venez-vous chercher?

BRITANNICUS.
            Ce que je cherche? Ah Dieux !
Tout ce que j'ai perdu, madame, est en ces lieux,
De mille affreux soldats Junie environnée
S'est vue en ce palais indignement traînée.
Hélas ! de quelle horreur ses timides esprits
A ce nouveau spectacle auront été surpris :
Enfin on me l'enlève. Une loi trop sévère
Va séparer deux corps qu'assemblait leur misère :
Sans doute on ne veut pas que, mêlant nos douleurs,
Nous nous aidions l'un l'autre à porter nos malheurs.

AGRIPPINE.
Il suffit. Comme vous je ressens vos injures ;
Mes plaintes ont déjà précédé vos murmures.
Mais je ne prétends pas qu'un impuissant courroux
Dégage ma parole et m'acquitte envers vous.
Je ne m'explique point. Si vous voulez m'entendre,
Suivez-moi chez Pallas, où je vais vous attendre.

SCÈNE IV.

BRITANNICUS, NARCISSE.

BRITANNICUS.
Le croirais-je, Narcisse? et dois-je sur sa foi
La prendre pour arbitre entre son fils et moi?
Qu'en dis-tu? N'est-ce pas cette même Agrippine
Que mon père épousa jadis pour ma ruine,
Et qui, si je t'en crois, a de ses derniers jours,
Trop lents pour ses desseins, précipité le cours?

NARCISSE.
N'importe. Elle se sent comme vous outragée;
A vous donner Junie elle s'est engagée,
Unissez vos chagrins, liez vos intérêts :
Ce palais retentit en vain de vos regrets :
Tandis qu'on vous verra d'une voix suppliante
Semer ici la plainte et non pas l'épouvante,
Que vos ressentiments se perdront en discours,
Il n'en faut point douter, vous vous plaindrez toujours.

BRITANNICUS.
Ah, Narcisse! tu sais si de la servitude
Je prétends faire encore une longue habitude;
Tu sais si pour jamais, de ma chute étonné,
Je renonce à l'empire où j'étais destiné.
Mais je suis seul encor : les amis de mon père
Sont autant d'inconnus que glace ma misère
Et ma jeunesse même écarte loin de moi
Tous ceux qui dans leur cœur me réservent leur foi.
Pour moi, depuis un an qu'un peu d'expérience
M'a donné de mon sort la triste connaissance,
Que vois-je autour de moi, que des amis vendus
Qui sont de tous mes pas les témoins assidus,
Qui, choisis par Néron pour ce commerce infame,
Trafiquent avec lui du secret de mon ame?
Quoi qu'il en soit, Narcisse, on me vend tous les jours;
Il prévoit mes desseins, il entend mes discours;
Comme toi, dans mon cœur, il sait ce qui se passe.
Que t'en semble, Narcisse?

NARCISSE.
              Ah! quel ame assez basse...
C'est à vous de choisir des confidents discrets,
Seigneur, et de ne pas prodiguer vos secrets.

BRITANNICUS.
Narcisse, tu dis vrai ; mais cette défiance
Est toujours d'un grand cœur la dernière science;
On le trompe longtemps. Mais enfin je te croi,
Ou plutôt je fais vœu de ne croire que toi.
Mon père, il m'en souvient, m'assura de ton zèle :
Seul de ses affranchis tu m'es toujours fidèle ;
Tes yeux, sur ma conduite incessamment ouverts,
M'ont sauvé jusqu'ici de mille écueils couverts.
Va donc voir si le bruit de ce nouvel orage
Aura de nos amis excité le courage;
Examine leurs yeux, observe leurs discours;
Vois si j'en puis attendre un fidèle secours.
Surtout dans ce palais regarde avec adresse
Avec quel soin Néron fait garder la princesse :
Sache si du péril ses beaux yeux sont remis,
Et si son entretien m'est encore permis.
Cependant de Néron je vais trouver la mère
Chez Pallas, comme toi l'affranchi de mon père :
Je vais la voir, l'aigrir, la suivre, et, s'il se peut,
L'engager sous son nom plus loin qu'elle ne veut.

FIN DU PREMIER ACTE.

ACTE II.

SCÈNE PREMIÈRE

NÉRON, BURRHUS, NARCISSE, GARDES.

NÉRON.
N'en doutez point, Burrhus; malgré ses injustices,
C'est ma mère, et je veux ignorer ses caprices.
Mais je ne prétends pas ignorer ni souffrir
Le ministre insolent qui les ose nourrir.
Pallas de ses conseils empoisonne ma mère ;
Il séduit, chaque jour, Britannicus mon frère;
Ils l'écoutent lui seul : et qui suivrait leurs pas,
Les trouveraient peut-être assemblés chez Pallas.
C'en est trop. De tous deux il faut que je l'écarte.
Pour la dernière fois, qu'il s'éloigne; qu'il parte;
Je le veux, je l'ordonne ; et que la fin du jour
Ne le retrouve pas dans Rome ou dans ma cour.
Allez : cet ordre importe au salut de l'empire.
            (Aux gardes)
Vous, Narcisse approchez. Et vous, qu'on se retire

SCÈNE II.
NÉRON, NARCISSE.

NARCISSE.
Graces aux Dieux, seigneur, Junie entre vos mains
Vous assure aujourd'hui du reste des Romains.
Vos ennemis, déchus de leur vaine espérance,
Sont allés chez Pallas pleurer leur impuissance.
Mais que vois-je? Vous-même, inquiet, étonné,
Plus que Britannicus paraissez consterné.
Que présage à mes yeux cette tristesse obscure,
Et ces sombres regards errant à l'aventure?
Tout vous rit : la fortune obéit à vos vœux.

NÉRON.
Narcisse, c'en est fait, Néron est amoureux.
NARCISSE.
Vous!
NÉRON.
Depuis un moment; mais pour toute ma vie.
J'aime, que dis-je! aime! j'idolâtre Junie.
NARCISSE.
Vous l'aimez!
NÉRON.
Excité d'un désir curieux,
Cette nuit je l'ai vue arriver en ces lieux,
Triste, levant au ciel ses yeux mouillés de larmes,
Qui brillaient au travers des flambeaux et des armes :
Belle sans ornement, dans le simple appareil
D'une beauté qu'on vient d'arracher au sommeil.
Que veux-tu? Je ne sais si cette négligence,
Les ombres, les flambeaux, les cris et le silence,
Et le farouche aspect de ses fiers ravisseurs,
Relevaient de ses yeux les timides douceurs.
Quoi qu'il en soit, ravi d'une si belle vue,
J'ai voulu lui parler, et ma voix s'est perdue :
Immobile, saisi d'un long étonnement
Je l'ai laissée passer dans son appartement.
J'ai passé dans le mien. C'est là que, solitaire,
De son image en vain j'ai voulu me distraire.
Trop présente à mes yeux, je croyais lui parler;
J'aimais jusqu'à ses pleurs que je faisais couler.
Quelquefois, mais trop tard, je lui demandais grace
J'employais les soupirs, et même la menace.
Voilà comme, occupé de mon nouvel amour,
Mes yeux, sans se fermer, ont attendu le jour.
Mais je m'en fais peut-être une trop belle image;
Elle m'est apparue avec trop d'avantage :
Narcisse, qu'en dis-tu?
NARCISSE.
Quoi, seigneur! croira-t-on
Qu'elle ait pu si longtemps se cacher à Néron?
NÉRON.
Tu le sais bien, Narcisse. Et soit que sa colère
M'imputât le malheur qui lui ravit son frère;
Soit que son cœur, jaloux d'une austère fierté,
Enviât à nos yeux sa naissante beauté;
Fidèle à sa douleur, et dans l'ombre enfermée,
Elle se dérobait même à sa renommée.
Et c'est cette vertu, si nouvelle à la cour,
Dont la persévérance irrite mon amour.
Quoi, Narcisse, tandis qu'il n'est point de Romaine
Que mon amour n'honore et ne rende plus vaine,
Qui, des qu'a ses regards elle ose se fier,
Sur le cœur de César ne les vienne essayer;
Seule, dans son palais, la modeste Junie
Regarde leurs honneurs comme une ignominie,
Fuit, et ne daigne pas peut-être s'informer
Si César est aimable, ou bien s'il sait aimer!
Dis-moi : Britannicus l'aime-t-il?
NARCISSE.
Quoi! s'il l'aime,
Seigneur?
NÉRON.
Si jeune encor, se connait-il lui-même?
D'un regard enchanteur connait-il le poison?
NARCISSE.
Seigneur, l'amour toujours n'attend pas la raison.
N'en doutez point, il l'aime. Instruit par tant de charmes,
Ses yeux sont déjà faits à l'usage des larmes;
A ses moindres desirs il sait s'accommoder,
Et peut-être déjà sait-il persuader.
NÉRON.
Que dis-tu? sur son cœur aurait-il quelque empire?
NARCISSE.
Je ne sais. Mais, seigneur, ce que je puis vous dire,
Je l'ai vu quelquefois s'arracher de ces lieux,
Le cœur plein d'un courroux qu'il cachait à vos yeux;
D'une cour qui le fuit pleurant l'ingratitude,
Las de votre grandeur et de sa servitude,

Entre l'impatience et la crainte flottant,
Il allait voir Junie, et revenait content.
NÉRON.
D'autant plus malheureux qu'il aura su lui plaire,
Narcisse, il doit plutôt souhaiter sa colère :
Néron impunément ne sera pas jaloux.
NARCISSE.
Vous? Et de quoi, seigneur, vous inquiétez-vous?
Junie a pu le plaindre et partager ses peines;
Elle n'a vu couler de larmes que les siennes :
Mais aujourd'hui, seigneur, que ses yeux dessillés,
Regardant de plus près l'éclat dont vous brillez,
Verront autour de vous les rois sans diadème,
Inconnus dans la foule, et son amant lui-même,
Attachés sur vos yeux, s'honorer d'un regard
Que vous aurez sur eux fait tomber au hasard;
Quand elle vous verra; de ce degré de gloire,
Venir en soupirant avouer sa victoire;
Maître, n'en doutez point, d'un cœur déjà charmé,
Commandez qu'on vous aime, et vous serez aimé.
NÉRON.
A combien de chagrins il faut que je m'apprête!
Que d'importunités!
NARCISSE.
Quoi donc! qui vous arrête,
Seigneur?
NÉRON.
Tout : Octavie, Agrippine, Burrhus,
Sénèque, Rome entière, et trois ans de vertus
Non que pour Octavie un reste de tendresse
M'attache à son hymen et plaigne sa jeunesse :
Mes yeux, depuis longtemps fatigués de ses soins,
Rarement de ses pleurs daignent être témoins.
Trop heureux, si bientôt la faveur d'un divorce
Me soulageait d'un joug qu'on m'imposa par force!
Le ciel même en secret semble la condamner :
Ses vœux depuis quatre ans, ont beau l'importuner,
Les dieux ne montrent point que sa vertu les touche
D'aucun gage, Narcisse, ils n'honorent sa couche;
L'empire vainement demande un héritier.
NARCISSE.
Que tardez-vous, seigneur, à la répudier?
L'empire, votre cœur, tout condamne Octavie.
Auguste, votre aïeul, soupirait pour Livie;
Par un double divorce ils s'unirent tous deux;
Et vous devez l'empire à ce divorce heureux.
Tibère que l'hymen plaça dans sa famille,
Osa bien à ses yeux répudier sa fille,
Vous seul, jusqu'ici contraire à vos désirs,
N'osez par un divorce assurer vos plaisirs!
NÉRON.
Et ne connais-tu pas l'implacable Agrippine?
Mon amour inquiet déjà se l'imagine
Qui m'amène Octavie, et d'un œil enflammé
Atteste les saints droits d'un nœud qu'elle a formé,
Et, portant à mon cœur des atteintes plus rudes,
Me fait un long récit de mes ingratitudes.
De quel front soutenir ce fâcheux entretien?
NARCISSE.
N'êtes-vous pas, seigneur, votre maître et le sien?
Vous verrons-nous toujours trembler sous sa tutelle?
Vivez, régnez pour vous : c'est trop régner pour elle.
Craignez-vous? Mais, seigneur, vous ne la craignez pas·
Vous venez de bannir le superbe Pallas,
Pallas dont vous savez qu'elle soutient l'audace.
NÉRON.
Éloigné de ses yeux, j'ordonne, je menace,
J'écoute vos conseils, j'ose les approuver,
Je m'excite contre elle, et tâche à la braver.
Mais, je t'expose ici mon ame toute nue :
Sitôt que mon malheur me ramène à sa vue,
Soit que je n'ose encor démentir le pouvoir
De ces lieux où j'ai lu si longtemps mon devoir,
Soit qu'à tant de bienfaits ma mémoire fidèle
Lui soumette en secret tout ce que je tiens d'elle;

Mais enfin mes efforts ne me servent de rien,
Mon génie étonné tremble devant le sien.
Et c'est pour m'affranchir de cette dépendance
Que je la fuis partout, que même je l'offense,
Et que de temps en temps j'irrite ses ennuis,
Afin qu'elle m'évite autant que je la fuis.
Mais je t'arrête trop; retire-toi, Narcisse,
Britannicus pourrait t'accuser d'artifice.

NARCISSE.

Non, non, Britannicus s'abandonne à ma foi.
Par son ordre, seigneur, il croit que je vous voi,
Que je m'informe ici de tout ce qui le touche,
Et veut de vos secrets être instruit par ma bouche :
Impatient surtout de revoir ses amours,
Il attend de mes soins ce fidèle secours.

NÉRON.

J'y consens; porte-lui cette douce nouvelle :
Il la verra.

NARCISSE.

Seigneur, bannissez-le loin d'elle.

NÉRON.

J'ai mes raisons, Narcisse, et tu peux concevoir
Que je lui vendrai cher le plaisir de la voir.
Cependant vante-lui ton heureux stratagème;
Dis-lui qu'en sa faveur on me trompe moi même;
Qu'il la voit sans mon ordre. On ouvre; la voici.
Va retrouver ton maître et l'amener ici.

SCÈNE III.

NÉRON, JUNIE.

NÉRON.

Vous vous troublez, madame, et changez de visage,
Lisez-vous dans mes yeux quelque triste présage?

JUNIE.

Seigneur, je ne vous puis déguiser mon erreur;
J'allais voir Octavie et non pas l'empereur.

NÉRON.

Je le sais bien, madame, et n'ai pu sans envie
Apprendre vos bontés pour l'heureuse Octavie.

JUNIE.

Vous, seigneur?

NÉRON.

Pensez-vous, madame, qu'en ces lieux
Seule pour vous connaître Octavie ait des yeux?

JUNIE.

Et quel autre, seigneur, voulez-vous que j'implore?
A qui demanderai-je un crime que j'ignore?
Vous qui le punissez, vous ne l'ignorez pas :
De grace, apprenez-moi, seigneur, mes attentats.

NÉRON.

Quoi, madame, est-ce donc une légère offense
De m'avoir si longtemps caché votre présence?
Ces trésors dont le ciel voulut vous embellir,
Les avez-vous reçus pour les ensevelir?
L'heureux Britannicus verra-t-il sans alarmes
Croître, loin de nos yeux, son amour et vos charmes?
Pourquoi, de cette gloire exclus jusqu'à ce jour,
M'avez-vous, sans pitié, relégué dans ma cour?
On dit plus : vous souffrez, sans en être offensée,
Qu'il vous ose, madame, expliquer sa pensée;
Car je ne croirai point que sans me consulter,
La sévère Junie ait voulu le flatter;
Ni qu'elle ait consenti d'aimer et d'être aimée,
Sans que j'en sois instruit que par la renommée.

JUNIE.

Je ne vous nierai point, seigneur, que ses soupirs
M'ont daigné quelquefois expliquer ses désirs.
Il n'a point détourné ses regards d'une fille
Seul reste du débris d'une illustre famille :
Peut-être il se souvient qu'en un temps plus heureux
Son père me nomma pour l'objet de ses vœux.
Il m'aime; il obéit à l'empereur son père,
Et j'ose dire encore, à vous, à votre mère :
Vos désirs sont toujours si conformes aux siens...

NÉRON.

Ma mère a ses desseins, madame, et j'ai les miens.
Ne parlons plus ici de Claude et d'Agrippine;
Ce n'est point par leurs choix que je me détermine.
C'est à moi seul, madame, à répondre de vous;
Et je veux de ma main vous choisir un époux.

JUNIE.

Ah, seigneur! songez-vous que toute autre alliance
Fera honte aux Césars, auteurs de ma naissance?

NÉRON.

Non, madame, l'époux dont je vous entretiens
Peut sans honte assembler vos aieux et les siens;
Vous pouvez sans rougir consentir à sa flamme.

JUNIE.

Et quel est donc, seigneur, cet époux!

NÉRON.

Moi, madame,

JUNIE.

Vous!

NÉRON.

Je vous nommerais, madame, un autre nom,
Si j'en savais quelque autre au dessus de Néron.
Oui, pour vous faire un choix où vous puissiez souscrire,
J'ai parcouru des yeux la cour, Rome et l'empire.
Plus j'ai cherché, madame, et plus je cherche encor
En quelles mains je dois confier ce trésor;
Plus je vois que César, digne seul de vous plaire,
En doit être lui seul l'heureux dépositaire,
Et ne peut dignement vous confier qu'aux mains
A qui Rome a commis l'empire des humains.
Vous-même, consultez vos premières années :
Claudius à son fils les avait destinées;
Mais c'était en un temps où de l'empire entier
Il croyait quelque jour le nommer l'héritier.
Les dieux ont prononcé. Loin de leur contredire,
C'est à vous de passer du côté de l'empire :
En vain de ce présent il m'aurait honoré,
Si votre cœur devait en être séparé.
Si tant de soins ne sont adoucis par vos charmes :
Si, tandis que je donne aux veilles, aux alarmes,
Des jours toujours à plaindre et toujours envies,
Je ne vais quelquefois respirer à vos pieds.
Qu'Octavie à vos yeux ne fasse point d'ombrage;
Rome, aussi bien que moi, vous donne son suffrage;
Répudie Octavie, et me fait dénouer
Un hymen que le ciel ne veut point avouer.
Songez-y donc madame, et pesez en vous-même
Ce choix digne des soins d'un prince qui vous aime,
Digne de vos beaux yeux trop longtemps captives,
Digne de l'univers, à qui vous vous devez.

JUNIE.

Seigneur, avec raison je demeure étonnée.
Je me vois, dans le cours d'une même journée,
Comme une criminelle amenée en ces lieux ;
Et lorsqu'avec frayeur je parais à vos yeux,
Que sur mon innocence à peine je me fie,
Vous m'offrez tout d'un coup la place d'Octavie.
J'ose dire pourtant que je n'ai mérité
Ni cet excès d'honneur, ni cette indignité.
Et pouvez-vous, seigneur, souhaiter qu'une fille,
Qui vit presque en naissant éteindre sa famille,
Qui, dans l'obscurité nourrissant sa douleur,
S'est fait une vertu conforme à son malheur,
Passe subitement de cette nuit profonde
Dans un rang qui l'expose aux yeux de tout le monde,
Dont je n'ai pu de loin soutenir la clarté,
Et dont une autre enfin remplit la majesté?

NÉRON.

Je vous ai déjà dit que je la répudie :
Ayez moins de frayeur, ou moins de modestie.
N'accusez point ici mon choix d'aveuglement :
Je vous réponds de vous, consentez seulement.
Du sang d'où vous sortez rappelez la mémoire ;
Et ne préférez point à la solide gloire

Des honneurs dont César prétend vous revêtir
La gloire d'un refus sujet au repentir.

JUNIE.

Le ciel connaît, seigneur, le fond de ma pensée.
Je ne me flatte point d'une gloire insensée :
Je sais de vos présents mesurer la grandeur ;
Mais plus ce rang sur moi répandrait de splendeur,
Plus il me ferait honte, et mettrait en lumière
Le crime d'en avoir dépouillé l'héritière.

NÉRON.

C'est de ses intérêts prendre beaucoup de soin,
Madame ; et l'amitié ne peut aller plus loin.
Mais ne nous flattons point, et laissons le mystère.
La sœur vous touche ici beaucoup moins que le frère ;
Et pour Britannicus...

JUNIE.

Il a su me toucher,
Seigneur ; et je n'ai point prétendu m'en cacher.
Cette sincérité sans doute est peu discrète ;
Mais toujours de mon cœur ma bouche est l'interprète :
Absente de la cour, je n'ai pas dû penser,
Seigneur, qu'en l'art de feindre il fallût m'exercer.
J'aime Britannicus. Je lui fus destinée
Quand l'empire devait suivre son hyménée :
Mais ces mêmes malheurs qui l'en ont écarté,
Ses honneurs abolis, son palais déserté,
La fuite d'une cour que sa chute a bannie,
Sont autant de liens qui retiennent Junie.
Tout ce que vous voyez conspire à vos désirs ;
Vos jours toujours sereins coulent dans les plaisirs ;
L'empire en est pour vous l'inépuisable source :
Ou, si quelque chagrin en interrompt la course,
Tout l'univers, soigneux de les entretenir,
S'empresse à l'effacer de votre souvenir.
Britannicus est seul : quelque ennui qui le presse,
Il ne voit dans son sort que moi qui s'intéresse,
Et n'a pour tous plaisirs, seigneur, que quelques pleurs
Qui lui font quelquefois oublier ses malheurs.

NÉRON.

Et ce sont ces plaisirs et ces pleurs que j'envie,
Que tout autre que lui me pairait de sa vie.
Mais je garde à ce prince un traitement plus doux :
Madame, il va bientôt paraître devant vous.

JUNIE.

Ah, seigneur ! vos vertus m'ont toujours rassurée.

NÉRON.

Je pouvais de ces lieux lui défendre l'entrée ;
Mais, Madame, je veux prévenir le danger
Où son ressentiment le pourrait engager,
Je ne veux point le perdre ; il vaut mieux que lui-même
Entende son arrêt de la bouche qu'il aime.
Si ses jours vous sont chers, éloignez-le de vous
Sans qu'il ait aucun lieu de me croire jaloux.
De son bannissement prenez sur vous l'offense ;
Et, soit par vos discours, soit par votre silence,
Du moins par vos froideurs, faites-lui concevoir
Qu'il doit porter ailleurs ses vœux et son espoir.

JUNIE.

Moi ! que je lui prononce un arrêt si sévère !
Ma bouche mille fois lui jura le contraire.
Quand même jusque-là je pourrais me trahir,
Mes yeux lui défendront, seigneur, de m'obéir.

NÉRON.

Cachés près de ces lieux, je vous verrai, madame.
Renfermez votre amour dans le fond de votre âme ;
Vous n'aurez point pour moi de langages secrets ;
J'entendrai des regards que vous croirez muets ;
Et sa perte sera l'infaillible salaire
D'un geste ou d'un soupir échappé pour lui plaire.

JUNIE.

Hélas ! si j'ose encor former quelques souhaits,
Seigneur, permettez-moi de ne le voir jamais.

SCÈNE IV.

NÉRON, JUNIE, NARCISSE.

NARCISSE.

Britannicus, seigneur, demande la princesse ;
Il approche.

NÉRON.

Qu'il vienne.

JUNIE.

Ah, seigneur !

NÉRON.

Je vous laisse.
Sa fortune dépend de vous plus que de moi :
Madame, en le voyant, songez que je vous voi.

SCÈNE V.

JUNIE, NARCISSE.

JUNIE.

Ah, cher Narcisse ! cours au-devant de ton maître ;
Dis-lui... Je suis perdue ! et je le vois paraître.

SCÈNE VI.

JUNIE, BRITANNICUS, NARCISSE.

BRITANNICUS.

Madame, quel bonheur me rapproche de vous ?
Quoi ? je puis donc jouir d'un entretien si doux ?
Mais parmi ce plaisir quel chagrin me dévore ?
Hélas ! puis-je espérer de vous revoir encore !
Faut-il que je dérobe, avec mille détours,
Un bonheur que vos yeux m'accordaient tous les jours ?
Quelle nuit ! quel réveil ! Vos pleurs, votre présence,
N'ont point de ces cruels désarmé l'insolence ?
Que faisait votre amant ? Quel démon envieux
M'a refusé l'honneur de mourir à vos yeux ?
Hélas ! dans la frayeur dont vous étiez atteinte,
M'avez-vous en secret adressé quelque plainte ?
Ma princesse, avez-vous daigné me souhaiter ?
Songiez-vous aux douleurs que vous m'alliez coûter ?
Vous ne me dites rien ! quel accueil ! quelle glace !
Est-ainsi que vos yeux consolent ma disgrâce ?
Parlez : nous sommes seuls. Notre ennemi, trompé,
Tandis que je vous parle, est ailleurs occupé :
Ménageons les moments de cette heureuse absence.

JUNIE.

Vous êtes en des lieux tout pleins de sa puissance :
Ces murs même, seigneur, peuvent avoir des yeux,
Et jamais l'empereur n'est absent de ces lieux.

BRITANNICUS.

Et depuis quand, madame, êtes-vous si craintive ?
Quoi ! déjà votre amour souffre qu'on le captive ?
Qu'est devenu ce cœur qui me jurait toujours
De faire à Néron même envier nos amours ?
Mais bannissez, madame, une inutile crainte :
La foi dans tous les cœurs n'est pas encore éteinte ;
Chacun semble des yeux approuver mon courroux :
La mère de Néron se déclare pour nous.
Rome de sa conduite elle-même offensée...

JUNIE.

Ah, seigneur ! vous parlez contre votre pensée.
Vous même, vous m'avez avoué mille fois
Que Rome le louait d'une commune voix :
Toujours à sa vertu vous rendiez quelque hommage.
Sans doute la douleur vous dicte ce langage.

BRITANNICUS.

Ce discours me surprend, il le faut avouer :
Je ne vous cherchais pas pour l'entendre louer.
Quoi ! pour vous confier la douleur qui m'accable,
A peine je dérobe un moment favorable,
Et ce moment si cher, madame, est consumé
A louer l'ennemi dont je suis opprimé !
Qui vous rend à vous-même en un jour si contraire ?
Quoi ! même vos regards ont appris à se taire ?
Que vois-je ! vous craignez de rencontrer mes yeux !
Néron vous plairait-il ? Vous serais-je odieux ?

Ah ! si je le croyais !... Au nom des Dieux, madame,
Eclaircissez le trouble où vous jetez mon ame.
Parlez. Ne suis-je plus dans votre souvenir?
JUNIE.
Retirez-vous, seigneur, l'empereur va venir.
BRITANNICUS.
Apres ce coup, Narcisse, à quoi dois-je m'attendre?

SCÈNE VII.
NÉRON, JUNIE, NARCISSE.
NÉRON.
Madame...
JUNIE.
Non, seigneur, je ne puis rien entendre.
Vous êtes obéi. Laissez couler du moins
Des larmes dont ses yeux ne seront pas témoins.

SCÈNE VIII.
NÉRON, NARCISSE.
NÉRON.
Hé bien ! de leur amour tu vois la violence,
Narcisse ; elle a paru jusque dans son silence.
Elle aime mon rival, je ne puis l'ignorer ;
Mais je mettrai ma joie à le désespérer.
Je me fais de sa peine une image charmante :
Et je l'ai vu douter du cœur de son amante.
Je la suis. Mon rival t'attend pour éclater :
Par de nouveaux soupçons, va cours le tourmenter ;
Et tandis qu'à mes yeux on le pleure, on l'adore,
Fais-lui payer bien cher un bonheur qu'il ignore.
NARCISSE, seul.
La fortune t'appelle une seconde fois,
Narcisse voudrais-tu résister à sa voix?
Suivons jusques au bout ses ordres favorables,
Et pour nous rendre heureux, perdons les misérables.

FIN DU SECOND ACTE.

ACTE III.

SCÈNE PREMIÈRE.
NÉRON, BURRHUS.
BURRHUS.
Pallas obéira, seigneur.
NÉRON.
Et de quel œil
Ma mère a-t-elle vu confondre son orgueil?
BURRHUS.
Ne doutez point, seigneur, que ce coup ne la frappe,
Qu'en reproches bientôt sa douleur ne s'échappe.
Ses transports dès long-temps commencent d'éclater :
A d'inutiles cris puissent-ils s'arrêter !
NÉRON.
Quoi ! de quelque dessein la croyez-vous capable?
BURRHUS.
Agrippine, seigneur, est toujours redoutable.
Rome et tous vos soldats révèrent ses aïeux ;
Germanicus son père est présent à leurs yeux.
Elle sait son pouvoir ; vous savez son courage :
Et ce qui me la fait redouter davantage,
C'est que vous appuyez vous-même son courroux,
Et que vous lui donnez des armes contre vous.
NÉRON.
Moi, Burrhus?
BURRHUS.
Cet amour, seigneur, qui vous possède...
NÉRON.
Je vous entends, Burrhus. Le mal est sans remède :
Mon cœur s'en est plus dit que vous ne m'en direz ;
Il faut que j'aime enfin.
BURRHUS.
Vous vous le figurez,
Seigneur ; et satisfait de quelque résistance,
Vous redoutez un mal faible dans sa naissance.
Mais si dans son devoir votre cœur affermi
Voulait ne pas s'entendre avec son ennemi ;
Si de vos premiers ans vous consultiez la gloire ;
Si vous daigniez, seigneur, rappeler la mémoire
Des vertus d'Octavie, indignes de ce prix,
Et de son chaste amour vainqueur de vos mépris ;
Surtout si, de Junie évitant la présence,
Vous condamniez vos yeux à quelques jours d'absence
Croyez-moi, quelque amour qui semble vous charmer
On n'aime point, seigneur, si l'on ne veut aimer.
NÉRON.
Je vous croirai, Burrhus, lorsque dans les alarmes
Il faudra soutenir la gloire de vos armes,
Ou lorsque, plus tranquille, assis dans le sénat,
Il faudra décider du destin de l'état :
Je m'en reposerai sur votre expérience.
Mais, croyez-moi, l'amour est une autre science,
Burrhus ; et je ferais quelque difficulté
D'abaisser jusque-là votre sévérité.
Adieu. Je souffre trop, éloigné de Junie.

SCÈNE II.
BURRHUS.
Enfin, Burrhus, Néron découvre son génie :
Cette férocité que tu croyais fléchir
De tes faibles liens est prête à s'affranchir.
En quels excès peut-être elle va se répandre !
O Dieux ! en ce malheur quel conseil dois-je prendre?
Sénèque, dont les soins me devraient soulager,
Occupé loin de Rome, ignore ce danger.
Mais quoi ! si d'Agrippine excitant la tendresse
Je pouvais... La voici : mon bonheur me l'adresse.

SCÈNE III.
AGRIPPINE, BURRHUS, ALBINE.
AGRIPPINE.
Hé bien ! je me trompais, Burrhus, dans mes soup-
Et vous vous signalez par d'illustres leçons ! (çons,
On exile Pallas, dont le crime peut être
Est d'avoir à l'empire élevé votre maître.
Vous le savez trop bien ; jamais, sans ses avis,
Claude qu'il gouvernait n'eût adopté mon fils.
Que dis-je ! à son épouse on donne une rivale ;
On affranchit Neron de la foi conjugale :
Digne emploi d'un ministre ennemi des flatteurs,
Choisi pour mettre un frein à ses jeunes ardeurs,
De les flatter lui même et nourrir dans son ame
Le mépris de sa mère et l'oubli de sa femme !
BURRHUS.
Madame, jusqu'ici c'est trop tôt m'accuser.
L'empereur n'a rien fait qu'on ne puisse excuser.
N'imputez qu'à Pallas un exil nécessaire ;
Son orgueil dès long-temps exigeait ce salaire ;
Et l'empereur ne fait qu'accomplir à regret
Ce que toute la cour demandait en secret.
Le reste est un malheur qui n'est point sans ressource :
Des larmes d'Octavie on peut tarir la source.
Mais calmez vos transports. Par un chemin plus doux
Vous lui pourrez plus tôt ramener son époux :
Les menaces, les cris, le rendront plus farouche.
AGRIPPINE.
Ah ! l'on s'efforce en vain de me fermer la bouche.
Je vois que mon silence irrite vos dédains ;
Et c'est trop respecter l'ouvrage de mes mains.
Pallas n'emporte pas tout l'appui d'Agrippine ;
Le ciel m'en laisse assez pour venger ma ruine.
Le fils de Claudius commence à ressentir
Des crimes dont je n'ai que le seul repentir.
J'irai, n'en doutez point, le montrer à l'armée,
Plaindre aux yeux des soldats son enfance opprimée,

Leur faire, à mon exemple, expier leur terreur.
On verra d'un côté le fils d'un empereur
Redemandant la foi jurée à sa famille,
Et de Germanicus on entendra la fille :
De l'autre, on entendra le fils d'Enobarbus,
Appuyé de Sénèque et du tribun Burrhus,
Qui, tous deux de l'exil rappelés par moi-même,
Partagent avec moi l'autorité suprême ;
De nos crimes communs je veux qu'on soit instruit :
On saura les chemins par où je l'ai conduit.
Pour rendre sa puissance et la vôtre odieuses,
J'avouerai les rumeurs les plus injurieuses ;
Je confesserai tout, exils, assassinats,
Poison même...

BURRHUS.

Madame, ils ne vous croiront pas :
Ils sauront récuser l'injuste stratagème
D'un témoin irrité qui s'accuse lui-même.
Pour moi, qui le premier secondai vos desseins,
Qui fis même jurer l'armée entre ses mains,
Je ne me repens point de ce zèle sincère.
Madame, c'est un fils qui succède à son père.
En adoptant Néron, Claudius par son choix
De son fils et du vôtre a confondu les droits.
Rome l'a pu choisir. Ainsi, sans être injuste,
Elle choisit Tibère adopté par Auguste ;
Et le jeune Agrippa, de son sang descendu,
Se vit exclu du rang vainement prétendu.
Sur tant de fondements sa puissance établie
Par vous-même aujourd'hui ne peut être affaiblie ;
Et, s'il m'écoute encor, madame, sa bonté
Vous en fera bientôt perdre la volonté.
J'ai commencé, je vais poursuivre mon ouvrage.

SCÈNE IV.
AGRIPPINE, ALBINE.

ALBINE.

Dans quel emportement la douleur vous engage,
Madame ! l'empereur puisse-t-il l'ignorer !

AGRIPPINE.

Ah ! lui-même à mes yeux puisse-t-il se montrer !

ALBINE.

Madame, au nom des dieux, cachez votre colère.
Quoi ! pour les intérêts de la sœur ou du frère
Faut-il sacrifier le repos de vos jours ?
Contraindrez-vous César jusque dans ses amours ?

AGRIPPINE.

Quoi ! tu ne vois donc pas jusqu'où l'on me ravale,
Albine ? c'est à moi qu'on donne une rivale.
Bientôt, si je ne romps ce funeste lien,
Ma place est occupée, et je ne suis plus rien.
Jusqu'ici d'un vain titre Octavie honorée,
Inutile à la cour, en était ignorée :
Les graces, les honneurs par moi seule versés,
M'attiraient des mortels les vœux intéressés.
Une autre de César a surpris la tendresse :
Elle aura le pouvoir d'épouse et de maîtresse ;
Le fruit de tant de soins, la pompe des Césars,
Tout deviendra le prix d'un seul de ses regards.
Que dis-je ? l'on m'évite, et déjà délaissée...
Ah ! je ne puis, Albine, en souffrir la pensée.
Quand je devrais au ciel hâter l'arrêt fatal,
Néron, l'ingrat Néron... Mais voici son rival.

SCENE V.
BRITANNICUS, AGRIPPINE, NARCISSE, ALBINE.

BRITANNICUS.

Nos ennemis communs ne sont pas invincibles,
Madame ; nos malheurs trouvent des cœurs sensibles
Tandis que nous perdions le temps en vains regrets,
Vos amis et les miens, jusqu'alors si secrets,
Animés du courroux qu'allume l'injustice,
Viennent de confier leur douleur à Narcisse.
Néron n'est pas encor tranquille possesseur
De l'ingrate qu'il aime au mépris de ma sœur.
Si vous êtes toujours sensible à son injure,
On peut dans son devoir ramener le parjure.
La moitié du sénat s'intéresse pour nous ;
Sylla, Pison, Plautus...

AGRIPPINE.

Prince, que dites-vous ?
Sylla, Pison, Plautus, les chefs de la noblesse !

BRITANNICUS.

Madame, je vois bien que ce discours vous blesse,
Et que votre courroux, tremblant, irrésolu,
Craint déjà d'obtenir tout ce qu'il a voulu.
Non, vous avez trop bien établi ma disgrace ;
D'aucun ami pour moi ne redoutez l'audace :
Il ne m'en reste plus ; et vos soins trop prudents
Les ont tous écartés ou séduits dès longtemps.

AGRIPPINE.

Seigneur, à vos soupçons donnez moins de créance ;
Notre salut dépend de notre intelligence.
J'ai promis, il suffit : malgré vos ennemis,
Je ne révoque rien de ce que j'ai promis.
Le coupable Néron fuit en vain ma colère,
Tôt ou tard il faudra qu'il entende sa mère.
J'essaierai tour à tour la force et la douceur :
Ou moi-même, avec moi conduisant votre sœur,
J'irai semer partout ma crainte et ses alarmes ;
Et ranger tour tes cœurs du parti de ses larmes.
Adieu. J'assiégerai Néron de toutes parts.
Vous, si vous m'en croyez, évitez ses regards.

SCÈNE VI.
BRITANNICUS, NARCISSE.

BRITANNICUS.

Ne m'as-tu point flatté d'une fausse espérance ?
Puis-je sur ton récit fonder quelque assurance,
Narcisse ?

NARCISSE.

Oui. Mais, Seigneur, ce n'est pas en ces lieux
Qu'il faut développer ce mystère à vos yeux.
Sortons. Qu'attendez-vous ?

BRITANNICUS.

Ce que j'attends, Narcisse.
Hélas !

NARCISSE.

Expliquez-vous.

BRITANNICUS.

Si par ton artifice
Je pouvais revoir...

NARCISSE.

Qui ?

BRITANNICUS.

J'en rougis. Mais enfin
D'un cœur moins agité j'attendrais mon destin.

NARCISSE.

Après tous mes discours vous la croyez fidèle ?

BRITANNICUS.

Non ; je la crois, Narcisse, ingrate, criminelle,
Digne de mon courroux : mais je sens, malgré moi,
Que je ne la crois pas autant que je le doi.
Dans ses égarements mon cœur opiniâtre
Lui prête des raisons, l'excuse, l'idolâtre.
Je voudrais vaincre enfin mon incrédulité :
Je la voudrais haïr avec tranquillité.
Et qui croira qu'un cœur si grand en apparence,
D'une infidèle cour ennemi dès l'enfance,
Renonce à tant de gloire, et dès le premier jour
Trame une perfidie inouïe à la cour ?

NARCISSE.

Et qui sait si l'ingrate, en sa longue retraite ?
N'a point de l'empereur médité la défaite ?
Trop sûre que ses yeux ne pouvaient se cacher,
Peut-être elle fuyait pour se faire chercher,
Pour exciter Néron par la gloire pénible
De vaincre une fierté jusqu'alors invincible.

BRITANNICUS.

Je ne la puis donc voir ?

NARCISSE.
Seigneur en ce moment
Elle reçoit les vœux de son nouvel amant.
BRITANNICUS.
He bien, Narcisse, allons. Mais que vois-je! C'est elle.
NARCISSE, à part.
Ah, dieux! à l'empereur portons cette nouvelle.

SCÈNE VII.

JUNIE, BRITANNICUS.

JUNIE.

Retirez-vous, seigneur, et fuyez un courroux
Que ma persévérance allume contre vous.
Néron est irrité. Je me suis échappée,
Tandis qu'à l'arrêter sa mère est occupée.
Adieu ; réservez-vous, sans blesser mon amour,
Au plaisir de me voir justifier un jour.
Votre image sans cesse est présente à mon ame :
Rien ne l'en peut bannir.

BRITANNICUS.
Je vous entends, madame;
Vous voulez que ma fuite assure vos désirs,
Que je laisse un champ libre à vos nouveaux soupirs.
Sans doute, en me voyant, une pudeur secrète
Ne vous laisse goûter qu'une joie inquiète.
Hé bien, il faut partir !

JUNIE.
Seigneur, sans m'imputer...
BRITANNICUS.
Ah! vous deviez du moins plus longtemps disputer.
Je ne murmure point qu'une amitié commune
Se range du parti que flatte la fortune,
Que l'éclat d'un empire ait pu vous éblouir ;
Qu'aux dépens de ma sœur vous en vouliez jouir ;
Mais que, de ces grandeurs comme une autre occupée,
Vous m'en ayez paru si longtemps détrompée,
Non, je l'avoue encor, mon cœur désespere
Contre ce seul malheur n'était point préparé.
J'ai vu sur ma ruine élever l'injustice :
De mes persécuteurs j'ai vu le ciel complice :
Tant d'horreurs n'avaient point épuisé son courroux,
Madame ; il me restait d'être oublié de vous.

JUNIE.
Dans un temps plus heureux, ma juste impatience
Vous ferait repentir de votre défiance :
Mais Néron vous menace ; en ce pressant danger,
Seigneur, j'ai d'autres soins que de vous affliger.
Allez, rassurez-vous, et cessez de nous plaindre ;
Néron nous écoutait et m'ordonnait de feindre.

BRITANNICUS.
Quoi le cruel...

JUNIE.
Témoin de tout notre entretien,
D'un visage sévère examinait le mien,
Prêt à faire sur vous éclater la vengeance
D'un geste confident de notre intelligence.

BRITANNICUS.
Néron nous écoutait, madame? Mais hélas!
Vos yeux auraient pu feindre et ne m'abuser pas :
Ils pouvaient me nommer l'auteur de cet outrage.
L'amour est-il muet, ou n'a-t-il qu'un langage?
De quel trouble un regard pouvait me préserver !
Il fallait...

JUNIE.
Il fallait me taire et vous sauver.
Combien de fois, hélas ! puisqu'il faut vous le dire,
Mon cœur de son désordre allait-il vous instruire!
De combien de soupirs interrompant le cours,
Ai-je évité vos yeux que je cherchais toujours !
Quel tourment de se taire en voyant ce qu'on aime,
De l'entendre gémir, de l'affliger soi-même,
Lorsque par un regard on peut le consoler !
Mais quels pleurs ce regard aurait-il fait couler !

Ah ! dans ce souvenir, inquiète, troublée,
Je ne me sentais pas assez dissimulée :
De mon front effrayé je craignais la paleur ;
Je trouvais mes regards trop pleins de ma douleur :
Sans cesse il me semblait que Néron en colère
Me venait reprocher trop de soin de vous plaire :
Je craignais mon amour vainement renfermé ;
Enfin, j'aurais voulu n'avoir jamais aimé.
Hélas! pour son bonheur, seigneur, et pour le nôtre,
Il n'est que trop instruit de mon cœur et du vôtre !
Allez, encore un coup, cachez-vous à ses yeux :
Mon cœur plus à loisir vous éclaircira mieux.
De mille autres secrets j'aurais compte à vous rendre.

BRITANNICUS.
Ah ! n'en voilà que trop ; c'est trop me faire entendre
Madame, mon bonheur, mon crime, vos bontés.
Et savez-vous pour moi tout ce que vous quittez ?
(se jetant aux pieds de Junie.)
Quand pourrais-je à vos pieds expier ce reproche?

JUNIE.
Que faites-vous? Hélas ! votre rival s'approche.

SCÈNE VIII.

NÉRON, BRITANNICUS, JUNIE.

NERON.
Prince, continuez des transports si charmants.
Je conçois vos bontés par ses remercîments,
Madame ; à vos genoux je viens de le surprendre.
Mais il aurait aussi quelque grace à me rendre ;
Ce lieu le favorise, et je vous y retiens
Pour lui faciliter de si doux entretiens.

BRITANNICUS.
Je puis mettre à ses pieds ma douleur ou ma joie
Partout où sa bonté consent que je la voie ;
Et l'aspect de ces lieux où vous la retenez
N'a rien dont mes regards doivent être étonnés.

NERON.
Et que vous montrent-ils qui ne vous avertisse
Qu'il faut qu'on me respecte et que l'on m'obéisse ?

BRITANNICUS.
Ils ne nous ont pas vus l'un et l'autre élever,
Moi pour vous obéir, et vous pour me braver ;
Et ne s'attendaient pas, lorsqu'ils nous virent naître,
Qu'un jour Domitius me dût parler en maître.

NERON.
Ainsi par le destin nos vœux sont traversés ;
J'obéissais alors, et vous obéissez.
Si vous n'avez appris à vous laisser conduire,
Vous êtes jeune encore, et l'on peut vous instruire.

BRITANNICUS.
Et qui m'en instruira?

NERON.
Tout l'empire à la fois.
Rome.

BRITANNICUS.
Rome met-elle au nombre de vos droits
Tout ce qu'ont de cruel l'injustice et la force,
Les emprisonnements, le rapt, le divorce?

NÉRON.
Rome ne porte point ses regards curieux
Jusque dans les secrets que je cache à ses yeux.
Imitez son respect.

BRITANNICUS.
On sait ce qu'elle en pense.

NÉRON.
Elle se tait du moins : imitez son silence.

BRITANNICUS.
Ainsi Néron commence à ne plus se forcer.

NÉRON.
Neron de vos discours commence à se lasser.

BRITANNICUS.
Chacun devait bénir le bonheur de son regne.

NÉRON.
Heureux ou malheureux, il suffit qu'on me craigne.
BRITANNICUS.
Je connais mal Junie, ou de tels sentiments
Ne mériteront pas ses applaudissements.
NÉRON.
Du moins, si je ne sais le secret de lui plaire,
Je sais l'art de punir un rival téméraire.
BRITANNICUS.
Pour moi, quelque péril qui me puisse accabler,
Sa seule inimitié peut me faire trembler.
NÉRON.
Souhaitez-la; c'est tout ce que je puis vous dire.
BRITANNICUS.
Le bonheur de lui plaire est le seul où j'aspire.
NÉRON.
Elle vous l'a promis, vous lui plairez toujours.
BRITANNICUS.
Je ne sais pas du moins épier ses discours :
Je la laisse expliquer sur tout ce qui me touche;
Et ne me cache point pour lui fermer la bouche.
NÉRON.
Je vous entends. Hé bien, gardes!
JUNIE.
Que faites-vous?
C'est votre frère. Hélas ! c'est un amant jaloux.
Seigneur, mille malheurs persécutent sa vie :
Ah ! son bonheur peut-il exciter votre envie?
Souffrez que, de vos cœurs rapprochant les liens,
Je me cache à vos yeux, et me dérobe aux siens.
Ma fuite arrêtera vos discordes fatales;
Seigneur, j'irai remplir le nombre des vestales.
Ne lui disputez plus mes vœux infortunes;
Souffrez que les dieux seuls en soient importunés.
NÉRON.
L'entreprise, madame, est étrange et soudaine.
Dans son appartement, gardes, qu'on la remène.
Gardez Britannicus dans celui de sa sœur.
BRITANNICUS.
C'est ainsi que Néron sait disputer un cœur!
JUNIE.
Prince, sans l'irriter, cédons à cet orage.
NÉRON.
Gardes, obéissez sans tarder davantage.

SCÈNE IX.
NÉRON, BURRHUS.
BURRHUS.
Que vois-je ! oh, ciel !
NÉRON, *sans voir Burrhus*.
Ainsi leurs feux sont redoubles :
Je reconnais la main qui les a rassemblés.
Agrippine ne s'est présentée à ma vue,
Ne s'est dans ses discours si longtemps étendue,
Que pour faire jouer ce ressort odieux.
(*Apercevant Burrhus.*)
Qu'on sache si ma mère est encore en ces lieux.
Burrhus, dans ce palais, je veux qu'on la retienne,
Et qu'au lieu de sa garde on lui donne la mienne.
BURRHUS.
Quoi! seigneur, sans l'ouïr? une mère !
NÉRON.
Arrêtez :
J'ignore quel projet, Burrhus, vous méditez ;
Mais, depuis quelques jours, tout ce que je désire
Trouve en vous un censeur prêt à me contredire
Répondez-m'en, vous dis-je : ou, sur votre refus,
D'autres me répondront et d'elle et de Burrhus.

FIN DU TROISIÈME ACTE.

ACTE IV.

SCÈNE PREMIÈRE.
AGRIPPINE, BURRHUS.
BURRHUS.
Oui, madame, à loisir vous pourrez vous défendre :
César lui-même ici consent de vous entendre.
Si son ordre au palais vous a fait retenir,
C'est peut-être à dessein de vous entretenir.
Quoi qu'il en soit, si j'ose expliquer ma pensée,
Ne vous souvenez plus qu'il vous a offensée ;
Préparez-vous plutôt à lui tendre les bras :
Défendez-vous, madame, et ne l'accusez pas.
Vous voyez, c'est lui seul que la cour envisage,
Quoiqu'il soit votre fils, et même votre ouvrage,
Il est votre empereur ! Vous êtes, comme nous,
Sujette à ce pouvoir qu'il a reçu de vous.
Selon qu'il vous menace, ou bien qu'il vous caresse,
La cour autour de vous ou s'écarte ou s'empresse.
C'est son appui qu'on cherche en cherchant votre appui
Mais voici l'empereur.
AGRIPPINE.
Qu'on me laisse avec lui.

SCÈNE II.
NÉRON, AGRIPPINE.
AGRIPPINE, *s'asseyant*.
Approchez-vous, Néron, et prenez votre place.
On veut sur vos soupçons que je vous satisfasse.
J'ignore quel crime on a pu me noircir :
De tous ceux que j'ai faits je vais vous éclaircir.
Vous régnez : vous savez combien votre naissance
Entre l'empire et vous avait mis de distance.
Les droits de mes aïeux, que Rome a consacrés,
Etaient même sans moi d'inutiles degrés.
Quand de Britannicus la mère condamnée
Laissa de Claudius disputer l'hyménée,
Parmi tant de beautés qui briguèrent son choix,
Qui de ses affranchis mendièrent les voix,
Je souhaitai son lit, dans la seule pensée
De vous laisser au trône où je serais placée.
Je fléchis mon orgueil; j'allai prier Pallas.
Son maître, chaque jour, caressé dans mes bras,
Prit insensiblement dans les yeux de sa nièce
L'amour où je voulais amener sa tendresse.
Mais ce lien du sang qui nous joignait tous deux
Ecartait Claudius d'un lit incestueux.
Il n'osait épouser la fille de son frère.
Le sénat fut séduit : une loi moins sévère
Mit Claude dans mon lit, et Rome à mes genoux.
C'était beaucoup pour moi, ce n'était rien pour vous.
Je vous fis sur mes pas entrer dans sa famille;
Je vous nommai son gendre et vous donnai sa fille :
Silanus, qui l'aimait, s'en vit abandonné,
Et marqua de son sang ce jour infortuné.
Ce n'était rien encore. Eussiez-vous pu prétendre
Qu'un jour Claude à son fils dût préférer son gendre?
De ce même Pallas j'implorai le secours :
Claude vous adopta, vaincu par ses discours,
Vous appela Néron; et du pouvoir suprême
Voulut, avant le temps, vous faire part lui-même.
C'est alors que chacun, rappelant le passé,
Découvrit mon dessein déjà trop avancé:
Que de Britannicus la disgrace future
Des amis de son père excita le murmure.
Mes promesses aux uns éblouirent les yeux;
L'exil me délivra des plus séditieux;
Claude même, lassé de ma plainte éternelle,
Eloigna de son fils tous ceux de qui le zèle,
Engagé dès longtemps à suivre son destin,
Pouvait du trône encor lui rouvrir le chemin.
Je fis plus : je choisis moi-même dans ma suite
Ceux à qui je voulais qu'on livrât sa conduite;

J'eus soin de vous nommer, par un contraire choix,
Des gouverneurs que Rome honorait de sa voix :
Je fus sourde à la brigue, et crus la renommée ;
J'appelai de l'exil, et tirai de l'armée,
Et ce même Sénéque, et ce même Burrhus,
Qui depuis... Rome alors estimait leurs vertus.
De Claude en même temps épuisant les richesses,
Ma main sous votre nom répandait ses largesses
Les spectacles, les dons, invincibles appas,
Vous attiraient les cœurs du peuple et des soldats,
Qui d'ailleurs, réveillant leur tendresse première,
Favorisaient en vous Germanicus mon père.
Cependant Claudius penchait vers son déclin.
Ses yeux, longtemps fermés, s'ouvrirent à la fin.
Il connut son erreur. Occupé de sa crainte,
Il laissa pour son fils échapper quelque plainte,
Et voulut, mais trop tard, assembler ses amis.
Ses gardes, son palais, son lit, m'étaient soumis.
Je lui laissai sans fruit consumer sa tendresse ;
De ses derniers soupirs je me rendis maîtresse :
Mes soins, en apparence épargnant ses douleurs,
De son fils, en mourant, lui cachèrent les pleurs.
Il mourut. Mille bruits en courent à ma honte.
J'arrêtai de sa mort la nouvelle trop prompte;
Et tandis que Burrhus allait secrètement
De l'armée en vos mains exiger le serment,
Que vous marchiez au camp, conduit sous mes auspices,
Dans Rome les autels fumaient de sacrifices :
Par mes ordres trompeurs tout le peuple excité
Du prince déjà mort demandait la santé.
Enfin, des légions l'entière obéissance
Ayant de votre empire affermi la puissance,
On vit Claude ; et le peuple, étonné de son sort,
Apprit en même temps et son règne et sa mort.
C'est le sincère aveu que je voulais vous faire :
Voilà tous mes forfaits. En voici le salaire :
Du fruit de tant de soins à peine jouissant
En avez-vous six mois paru reconnaissant,
Que, lassé d'un respect qui vous gênait peut-être,
Vous avez affecté de ne me plus connaître.
J'ai vu Burrhus, Sénèque, aigrissant vos soupçons,
De l'infidélité vous tracer des leçons,
Ravis d'être vaincus dans leur propre science.
J'ai vu favorisés de votre confiance
Othon, Sénécion, jeunes voluptueux,
Et de tous vos plaisirs flatteurs respectueux ;
Et lorsque, vos mépris excitant mes murmures,
Je vous ai demandé raison de tant d'injures,
(Seul recours d'un ingrat qui se voit confondu)
Par de nouveaux affronts vous m'avez répondu.
Aujourd'hui je promets Junie à votre frère ;
Ils se flattent tous deux du choix de votre mère ;
Que faites-vous ? Junie enlevée à la cour,
Devient en une nuit l'objet de votre amour ;
Je vois de votre cœur Octavie effacée,
Prête à sortir du lit où je l'avais placée ;
Je vois Pallas banni, votre frère arrêté;
Vous attentez enfin jusqu'à ma liberté :
Burrhus ose sur moi porter les mains hardies.
Et lorque, convaincu de tant de perfidies,
Vous deviez ne me voir que pour les expier,
C'est vous qui m'ordonnez de me justifier.

NÉRON.

Je me souviens toujours que je vous dois l'empire ;
Et, sans vous fatiguer du soin de le redire,
Votre bonté, madame, avec tranquillité
Pouvait se reposer sur ma fidélité.
Aussi bien ces soupçons, ces plaintes assidues,
Ont fait croire à tous ceux qui les ont entendues
Que jadis, j'ose ici vous le dire entre nous,
Vous n'aviez, sous mon nom, travaillé que pour vous !
« Tant d'honneurs, disaient-ils, et tant de déférences,
« Sont-ce de ses bienfaits de faibles recompenses ?
« Quel crime a donc commis ce fils tant condamné ?
« Est-ce pour obéir qu'elle l'a couronné ?
« N'est-il de son pouvoir que de le dépositaire ? »
Non que, si jusque-là j'avais pu vous complaire,
Je n'eusse pris plaisir, madame, à vous céder
Ce pouvoir que vos cris semblaient redemander :

Mais Rome veut un maître, et non une maîtresse,
Vous entendiez les bruits qu'excitait ma faiblesse :
Le sénat chaque jour et le peuple, irrités
De s'ouïr par ma voix dicter vos volontés,
Publiaient qu'en mourant Claude avec sa puissance,
M'avait encor laissé sa simple obéissance.
Vous avez vu cent fois nos soldats en courroux
Porter en murmurant leurs aigles devant vous ;
Honteux de rabaisser par cet indigne usage
Les héros dont encore elles portent l'image.
Toute autre se serait rendue à leur discours :
Mais, si vous ne régnez, vous vous plaignez toujours.
Avec Britannicus contre moi réunie,
Vous le fortifiez du parti de Junie ;
Et la main de Pallas trame tous ces complots.
Et lorsque malgré moi j'assure mon repos,
On vous voit de colère et de haine animée :
Vous voulez présenter mon rival à l'armée :
Déjà jusqu'au camp le bruit en a couru.

AGRIPPINE.

Moi, le faire empereur ? Ingrat ! l'avez-vous cru ?
Quel serait mon dessein, qu'aurais-je pu prétendre ?
Quels honneurs dans sa cour, quel rang pourrais-je at-
Ah ! si sous votre empire on ne m'épargne pas, [tendre ?
Si mes accusateurs observent tous mes pas,
Si de leur empereur ils poursuivent la mère,
Que ferais-je au milieu d'une cour étrangère ?
Ils me reprocheraient, non des cris impuissants,
Des desseins étouffés aussitôt que naissants,
Mais des crimes pour vous commis à votre vue,
Et dont je ne serais que trop tôt convaincue.
Vous ne me trompez point, je vois tous vos détours
Vous êtes un ingrat, vous le fûtes toujours :
Dès vos plus jeunes ans mes soins et mes tendresses
N'ont arraché de vous que de feintes caresses.
Rien ne vous a pu vaincre, et votre dureté
Aurait dû dans son cours arrêter ma bonté.
Que je suis malheureuse ! Et par quelle infortune
Faut-il que tous mes soins me rendent importune !
Je n'ai qu'un fils : ô ciel ! qui m'entends aujourd'hui,
T'ai-je fait quelques vœux qui ne fussent pour lui ?
Remords, crainte, périls, rien ne m'a retenue.
J'ai vaincu ses mépris ; j'ai détourné ma vue
Des malheurs qui dès lors me furent annoncés ;
J'ai fait ce que j'ai pu : vous régnez, c'est assez.
Avec ma liberté, que vous m'avez ravie,
Si vous le souhaitez, prenez encor ma vie,
Pourvu que par ma mort tout le peuple irrité
Ne vous ravisse point ce qui m'a tant coûté,

NÉRON.

Hé bien donc, prononcez... Que voulez-vous qu'on fasse ?

AGRIPPINE.

De mes accusateurs qu'on punisse l'audace.
Que de Britannicus on calme le courroux ;
Que Junie à son choix puisse prendre un époux ;
Qu'ils soient libres tous deux, et que Pallas demeure,
Que vous me permettiez de vous voir à toute heure ;
   (*Apercevant Burrhus dans le fond du théâtre.*)
Que ce même Burrhus, qui nous vient écouter,
A votre porte enfin n'ose plus m'arrêter.

NÉRON.

Oui, madame, je veux que ma reconnaissance
Désormais dans les cœurs grave votre puissance ;
Et je bénis déjà cette heureuse froideur,
Qui de notre amitié va rallumer l'ardeur.
Quoi que Pallas ait fait, il suffit, je l'oublie ;
Avec Britannicus je me réconcilie ;
Et, quant à cet amour qui nous a séparés,
Je vous fais votre arbitre, et vous nous jugerez.
Allez donc, et portez cette joie à mon frère.
Gardes, qu'on obéisse aux ordres de ma mère.

SCÈNE III.

NÉRON, BURRHUS.

BURRHUS.

Que cette paix, seigneur, et ces embrassements
Vont offrir à mes yeux de spectacles charmants !

Vous savez si jamais ma foi lui fut contraire,
Si de son amitié j'ai voulu vous distraire,
Et si j'ai mérité cet injuste courroux.
NÉRON.
Je ne vous flatte point, je me plaignais de vous,
Burrhus ; je vous ai crus tous deux d'intelligence :
Mais son inimitié vous rend ma confiance.
Elle se hâte trop, Burrhus, de triompher ;
J'embrasse mon rival, mais c'est pour l'étouffer.
BURRHUS.
Quoi, seigneur !
NÉRON.
C'en est trop ; il faut que sa ruine
Me délivre à jamais des fureurs d'Agrippine :
Tant qu'il respirera je ne vis qu'à demi.
Elle m'a fatigué de ce nom ennemi ;
Et je ne prétends pas que sa coupable audace
Une seconde fois lui promette ma place.
BURRHUS.
Elle va donc bientôt pleurer Britannicus ?
NÉRON.
Avant la fin du jour je ne le craindrai plus.
BURRHUS.
Et qui de ce dessein vous inspire l'envie ?
NÉRON.
Ma gloire, mon amour, ma sûreté, ma vie.
BURRHUS.
Non, quoi que vous disiez, cet horrible dessein
Ne fut jamais, seigneur, conçu dans votre sein.
NÉRON.
Burrhus !
BURRHUS.
De votre bouche, ô ciel ! puis-je l'apprendre ?
Vous-même sans frémir, avez-vous pu l'entendre ?
Songez-vous dans quel sang vous allez vous baigner ?
Néron dans tous les cœurs est-il las de régner ?
Que dira-t-on de vous ? Quelle est votre pensée ?
NÉRON.
Quoi ! toujours enchaîné de ma gloire passée,
J'aurai devant les yeux je ne sais quel amour
Que le hasard nous donne et nous ôte en un jour ?
Soumis à tous leurs vœux, à mes desirs contraire,
Suis-je leur empereur seulement pour leur plaire ?
BURRHUS.
Et ne suffit-il pas, seigneur, à vos souhaits
Que le bonheur public soit un de vos bienfaits ?
C'est à vous de choisir, vous êtes encor maître.
Vertueux jusqu'ici, vous pouvez toujours l'être ;
Le chemin est tracé, rien ne vous retient plus ;
Vous n'avez qu'à marcher de vertus en vertus.
Mais, si des flatteurs vous suivez la maxime,
Il vous faudra, seigneur, courir de crime en crime,
Soutenir vos rigueurs par d'autres cruautés,
Et laver dans le sang vos bras ensanglantés.
Britannicus mourant excitera le zèle
De ses amis, tous prêts à prendre sa querelle.
Ces vengeurs trouveront de nouveaux défenseurs,
Qui, même après leur mort, auront des successeurs :
Vous allumez un feu qui ne pourra s'éteindre.
Craint de tout l'univers, il vous faudra tout craindre,
Toujours punir, toujours trembler dans vos projets,
Et pour vos ennemis compter tous vos sujets.
Ah ! de vos premiers ans l'heureuse expérience
Vous fait-elle, seigneur, haïr votre innocence ?
Songez-vous au bonheur qui les a signalés ?
Dans quel repos, ô ciel ! les avez-vous coulés !
Quel plaisir de penser et de dire en vous-même :
« Partout en ce moment on me bénit, on m'aime ;
« On ne voit point le peuple à mon nom s'alarmer ;
« Le ciel dans tous leurs pleurs ne m'entend point nom-
« Leur sombre inimitié ne fuit point mon visage ; [mer ;
« Je vois voler partout les cœurs à mon passage. »
Tels étaient vos plaisirs. Quel changement, ô Dieux !
Le sang le plus abject vous était précieux.
Un jour, il m'en souvient, le sénat équitable
Vous pressait de souscrire à la mort d'un coupable ;

Vous résistiez, seigneur, à leur sévérité,
Votre cœur s'accusait de trop de cruauté,
Et, plaignant les malheurs attachés à l'empire,
« Je voudrais, disiez-vous, ne savoir pas écrire. »
Non, ou vous me croirez, ou bien de ce malheur
Ma mort m'épargnera la vue et la douleur :
On ne me verra point survivre à votre gloire.
Si vous allez commettre une action si noire,
(Se jetant aux pieds de Néron.)
Me voilà prêt, seigneur ; avant que de partir ;
Faites percer ce cœur qui n'y peut consentir ;
Appelez les cruels qui vous l'ont inspirée :
Qu'ils viennent essayer leur main mal assurée...
Mais je vois que mes pleurs touchent mon empereur,
Je vois que sa vertu frémit de leur fureur.
Ne perdez point de temps, nommez-moi les perfides
Qui vous osent donner des conseils parricides ;
Appelez votre frère : oubliez dans ses bras...
NÉRON.
Ah ! que demandez-vous ?
BURRHUS.
Non, il ne vous hait pas,
Seigneur ; on le trahit : je sais son innocence ;
Je vous réponds pour lui de son obéissance ;
J'y cours. Je vais presser un entretien si doux.
NÉRON.
Dans mon appartement qu'il m'attende avec vous.

SCÈNE IV.
NÉRON, NARCISSE.
NARCISSE.
Seigneur, j'ai tout prévu pour une mort si juste :
Le poison est tout prêt. La fameuse Locuste
A redoublé pour moi ses soins officieux :
Elle a fait expirer une esclave à mes yeux ;
Et le fer est moins prompt, pour trancher une vie
Que le nouveau poison que ma main me confie.
NÉRON.
Narcisse, c'est assez ; je reconnais ce soin,
Et ne souhaite pas que vous alliez plus loin.
NARCISSE.
Quoi ! pour Britannicus votre haine affaiblie
Me défend...
NÉRON.
Oui, Narcisse ; on nous réconcilie.
NARCISSE.
Je me garderai bien de vous en détourner,
Seigneur. Mais il s'est vu tantôt emprisonner :
Cette offense en son cœur sera longtemps nouvelle.
Il n'est point de secret que le temps ne révèle :
Il saura que ma main lui devait présenter
Un poison que votre ordre avait fait apprêter.
Les dieux de ce dessein puissent-ils le distraire !
Mais peut-être il fera ce que vous n'osez faire.
NÉRON.
On répond de son cœur ; et je vaincrai le mien.
NARCISSE.
Et l'hymen de Junie en est-il le lien ?
Seigneur, lui faites-vous encor ce sacrifice !
NÉRON.
C'est prendre trop de soins. Quoi qu'il en soit, Narcisse
Je ne le compte plus parmi mes ennemis.
NARCISSE.
Agrippine, seigneur, se l'était bien promis :
Elle a repris sur vous son souverain empire.
NÉRON.
Quoi donc ? Qu'a-t-elle dit ? Et que voulez-vous dire
NARCISSE.
Elle s'en est vantée assez publiquement.
NÉRON.
De quoi ?
NARCISSE.
Qu'elle n'avait qu'à vous voir un moment ;

Qu'à tout ce grand éclat, à ce courroux funeste,
On verrait succéder un silence modeste;
Que vous-même à la paix souscririez le premier :
Heureux que sa bonté daignât tout oublier.

NÉRON.

Mais, Narcisse, dis-moi, que veux-tu que je fasse?
Je n'ai que trop de pente à punir son audace;
Et, si je m'en croyais, ce triomphe indiscret
Serait bientôt suivi d'un éternel regret.
Mais de tout l'univers quel sera le langage?
Sur les pas des tyrans veux-tu que je m'engage,
Et que Rome, effaçant tant de titres et d'honneur,
Me laisse pour tout nom celui d'empoisonneur?
Ils mettront ma vengeance au rang des parricides.

NARCISSE.

Et prenez-vous, seigneur, leurs caprices pour guides?
Avez-vous prétendu qu'ils se tairaient toujours?
Est-ce à vous de prêter l'oreille à leurs discours?
De vos propres désirs perdrez-vous la mémoire?
Et serez-vous le seul que vous n'oseriez croire?
Mais, seigneur, les Romains ne vous sont pas connus;
Non, non : dans leurs discours ils sont plus retenus,
Tant de précautions affaiblit votre règne :
Ils croiront, en effet, mériter qu'on les craigne.
Au joug, depuis longtemps, ils se sont façonnés;
Ils adorent la main qui les tient enchaînés.
Vous les verrez toujours ardents à vous complaire,
Leur prompte servitude a fatigué Tibère.
Moi-même, revêtu d'un pouvoir emprunté,
Que je reçus de Claude avec la liberté,
J'ai cent fois, dans le cours de ma gloire passée,
Tenté leur patience, et ne l'ai point lassée.
D'un empoisonnement vous craignez la noirceur?
Faites périr le frère, abandonnez la sœur :
Rome, sur les autels prodiguant les victimes,
Fussent-ils innocents, leur trouvera des crimes;
Vous verrez mettre au rang des jours infortunés
Ceux où jadis la sœur et le frère sont nés.

NÉRON.

Narcisse, encore un coup, je ne puis l'entreprendre
J'ai promis à Burrhus, il a fallu me rendre.
Je ne veux point encore, en lui manquant de foi,
Donner à sa vertu des armes contre moi.
J'oppose à ses raisons un courage inutile;
Je ne l'écoute point avec un cœur tranquille.

NARCISSE.

Burrhus ne pense pas, seigneur, tout ce qu'il dit
Son adroite vertu ménage son crédit.
Ou plutôt ils n'ont tous qu'une même pensée :
Ils verraient par ce coup leur puissance abaissée :
Vous seriez libre alors, seigneur; et, devant vous,
Ces maîtres orgueilleux fléchiraient comme nous.
Quoi donc! ignorez-vous tout ce qu'ils osent dire?
« Néron, s'ils en sont crus, n'est point né pour l'empire,
« Il ne dit, il ne fait que ce qu'on lui prescrit :
« Burrhus conduit son cœur, Sénèque son esprit.
« Pour toute ambition, pour vertu singulière,
« Il excelle à conduire un char dans la carrière;
» A disputer des prix indignes de ses mains,
« A se donner lui-même en spectacle aux Romains,
« A venir prodiguer sa voix sur un théâtre,
« A réciter des chants qu'il veut qu'on idolâtre ;
» Tandis que des soldats, de moments en moments,
« Vont arracher pour lui les applaudissements. »
Ah! ne voulez-vous pas les forcer à se taire?

NÉRON.

Viens, Narcisse : allons voir ce que nous devons faire.

FIN DU QUATRIÈME ACTE.

ACTE V.

SCÈNE PREMIÈRE.
BRITANNICUS, JUNIE.

BRITANNICUS.

Oui, madame, Néron, qui l'aurait pu penser!
Dans son appartement m'attend pour m'embrasser.
Il y fait de sa cour inviter la jeunesse :
Il veut que d'un festin la pompe et l'allégresse
Confirment à leurs yeux la foi de nos serments,
Et réchauffent l'ardeur de nos embrassements ;
Il éteint cet amour, source de tant de haine;
Il vous fait de mon sort arbitre souveraine.
Pour moi, quoique banni du rang de mes aïeux,
Quoique de leur dépouille il se pare à mes yeux;
Depuis qu'à mon amour cessant d'être contraire
Il semble me céder la gloire de vous plaire,
Mon cœur, je l'avouerai, lui pardonne en secret,
Et lui laisse le reste avec moins de regret.
Quoi! je ne serai plus séparé de vos charmes,
Quoi! même en ce moment, je puis voir sans alarmes
Ces yeux que n'ont émus ni soupirs, ni terreur,
Qui m'ont sacrifié l'empire et l'empereur!
Ah, madame!... Mais quoi, quelle nouvelle crainte
Tient parmi vos transports votre joie en contrainte?
D'où vient qu'en m'écoutant vos yeux, vos tristes yeux,
Avec de longs regards se tournent vers les cieux?
Qu'est-ce que vous craignez?

JUNIE.

Je l'ignore moi-même,
Mais je crains.

BRITANNICUS.

Vous m'aimez?

JUNIE.

Hélas! si je vous aime!

BRITANNICUS.

Néron ne trouble plus notre félicité.

JUNIE.

Mais me répondez-vous de sa sincérité?

BRITANNICUS.

Quoi! vous le soupçonnez d'une haine couverte?

JUNIE.

Néron m'aimait tantôt, il jurait votre perte;
Il me fuit, il vous cherche : un si grand changement
Peut-il être, seigneur, l'ouvrage d'un moment?

BRITANNICUS.

Cet ouvrage, madame, est un coup d'Agrippine :
Elle a cru que ma perte entraînait sa ruine.
Grace aux préventions de son esprit jaloux,
Nos plus grands ennemis ont combattu pour nous.
Je m'en fie aux transports qu'elle m'a fait paraître :
Je m'en fie à Burrhus : j'en crois même son maître :
Je crois qu'à mon exemple, impuissant à trahir,
Il hait à cœur ouvert, ou cesse de haïr.

JUNIE.

Seigneur, ne jugez pas de son cœur par le vôtre :
Sur des pas différents vous marchez l'un et l'autre.
Je ne connais Néron et la cour que d'un jour :
Mais, si je l'ose dire, hélas! dans cette cour
Combien tout ce qu'on dit est loin de ce qu'on pense!
Que la bouche et le cœur sont peu d'intelligence!
Avec combien de joie on y trahit sa foi!
Quel séjour étranger et pour vous et pour moi!

BRITANNICUS.

Mais que son amitié soit véritable ou feinte,
Si vous craignez Néron, lui-même est-il sans crainte?
Non, non, il n'ira point, par un lâche attentat,
Soulever contre lui le peuple et le sénat.
Que dis-je! il reconnaît sa dernière injustice
Ses remords ont paru même aux yeux de Narcisse.

Ah! s'il vous avait dit, ma princesse, à quel point...
JUNIE.
Mais Narcisse, seigneur, ne vous trahit-il point?
BRITANNICUS.
Et pourquoi voulez-vous que mon cœur s'en défie?
JUNIE.
Et que sais-je? il y va, seigneur, de votre vie :
Tout m'est suspect : je crains que tout ne soit séduit ;
Je crains Néron ; je crains le malheur qui me suit ;
D'un noir pressentiment malgré moi prévenue,
Je vous laisse à regret éloigner de ma vue.
Hélas! si cette paix dont vous vous repaissez
Couvrait contre vos jours quelques pièges dressés ;
Si Néron, irrité de notre intelligence,
Avait choisi la nuit pour cacher sa vengeance ;
S'il préparait ses coups tandis que je vous vois ;
Et si je vous parlais pour la dernière fois!
Ah, prince!
BRITANNICUS.
Vous pleurez! oh, ma chère princesse!
Et pour moi jusque la votre cœur s'intéresse!
Quoi, madame, en un jour où plein de sa grandeur
Néron croit éblouir vos yeux de sa splendeur,
Dans des lieux où chacun me fuit et le révère,
Aux pompes de sa cour préférer ma misère!
Quoi! dans ce même jour et dans ces mêmes lieux,
Refuser un empire, et pleurer a mes yeux!
Mais, madame, arrêtez ces précieuses larmes ;
Mon retour va bientôt dissiper vos alarmes.
Je me rendrais suspect par un plus long séjour :
Adieu. Je vais, le cœur tout plein de mon amour,
Au milieu des transports d'une aveugle jeunesse,
Ne voir, n'entretenir que ma belle princesse,
Adieu.
JUNIE.
Prince...
BRITANNICUS.
On m'attend, madame, il faut partir.
JUNIE.
Mais du moins attendez qu'on vous vienne avertir.

SCENE II.
AGRIPPINE, BRITANNICUS, JUNIE.
AGRIPPINE.
Prince, que tardez-vous? Partez en diligence.
Néron impatient se plaint de votre absence.
La joie et le plaisir de tous les conviés
Attend, pour éclater, que vous vous embrassiez.
Ne faites point languir une si juste envie ;
Allez. Et nous, madame, allons chez Octavie.
BRITANNICUS.
Allez, belle Junie, et d'un esprit content,
Hâtez-vous d'embrasser ma sœur qui vous attend,
Dès que je le pourrai, je reviens sur vos traces,
Madame, et de vos soins j'irai vous rendre graces.

SCÈNE III.
AGRIPPINE, JUNIE.
AGRIPPINE.
Madame, ou je me trompe, ou durant vos adieux
Quelques pleurs répandus ont obscurci vos yeux.
Puis-je savoir quel trouble a formé ce nuage?
Doutez-vous d'une paix dont je fais mon ouvrage?
JUNIE.
Après tous les ennuis que ce jour m'a coûtés,
Ai-je pu rassurer mes esprits agités?
Hélas! à peine encor je conçois ce miracle.
Quand même vos bontés je craindrais quelque obstacle,
Le changement, madame, est commun à la cour ;
Et toujours quelque crainte accompagne l'amour.
AGRIPPINE.
Il suffit, j'ai parlé, tout a changé de face :
Mes soins à vos soupçons ne laissent point de place.

Je réponds d'une paix jurée entre mes mains,
Néron m'en a donné des gages trop certains.
Ah! si vous aviez vu par combien de caresses
Il m'a renouvelé la foi de ses promesses ;
Par quels embrassements il vient de m'arrêter!
Ses bras, dans nos adieux, ne pouvaient me quitter.
Sa facile bonté, sur mon front répandue,
Jusqu'aux moindres secrets est d'abord descendue :
Il s'épanchait en fils qui vient en liberté
Dans le sein de sa mère oublier sa fierté.
Mais bientôt, reprenant un visage sévère,
Tel que d'un empereur qui consulte sa mère,
Sa confidence auguste a mis entre mes mains
Des secrets d'où dépend le destin des humains.
Non, il le faut ici confesser à sa gloire,
Son cœur n'enferme point une malice noire ;
Et nos seuls ennemis, altérant sa bonté,
Abusaient contre nous de sa facilité.
Mais enfin, à son tour, leur puissance décline ;
Rome encore une fois va connaître Agrippine :
Déjà de ma faveur on adore le bruit.
Cependant en ces lieux n'attendons pas la nuit :
Passons chez Octavie, et donnons-lui le reste
D'un jour autant heureux que je l'ai cru funeste.
Mais qu'est-ce que j'entends? quel tumulte confus
Que peut-on faire?
JUNIE.
O ciel, sauvez Britannicus!

SCÈNE IV.
AGRIPPINE, JUNIE, BURRHUS.
AGRIPPINE.
Burrhus, où courez-vous? arrêtez. Que veut dire...
BURRHUS.
Madame, c'en est fait, Britannicus expire.
JUNIE.
Ah! mon prince!
AGRIPPINE.
Il expire?
BURRHUS.
Ou plutôt il est mort,
Madame.
JUNIE.
Pardonnez, madame, à ce transport.
Je vais le secourir, si je puis, ou le suivre.

SCÈNE V.
AGRIPPINE, BURRHUS.
AGRIPPINE.
Quel attentat, Burrhus!
BURRHUS.
Je n'y pourrai survivre,
Madame ; il faut quitter la cour et l'empereur.
AGRIPPINE.
Quoi! du sang de son frère il n'a point eu d'horreur!
BURRHUS.
Ce dessein s'est conduit avec plus de mystère.
A peine l'empereur a vu venir son frère,
Il se lève, il l'embrasse, on se tait ; et soudain
César prend le premier une coupe à la main :
« Pour achever ce jour sous de meilleurs auspices,
« Ma main de cette coupe épanche les prémices,
« Dit-il : Dieux, que j'appelle à cette effusion,
« Venez favoriser notre réunion. »
Par les mêmes serments Britannicus se lie.
La coupe dans ses mains par Narcisse est remplie :
Mais ses lèvres à peine en ont touché les bords,
Le fer ne produit point de si puissants efforts,
Madame ; la lumière à ses yeux est ravie,
Il tombe sur son lit sans chaleur et sans vie.
Jugez combien ce coup frappa tous les esprits ;
La moitié s'épouvante et sort avec des cris ;

Mais ceux qui de la cour ont un plus long usage,
Sur les yeux de César composent leur visage.
Cependant sur son lit il demeure penché;
D'aucun étonnement il ne paraît touché :
« Ce mal dont vous craignez, dit-il, la violence,
« A souvent sans péril attaqué son enfance. »
Narcisse veut en vain affecter quelque ennui,
Et sa perfide joie éclate malgré lui.
Pour moi, dût l'empereur punir ma hardiesse,
D'une odieuse cour j'ai traversé la presse;
Et j'allais, accablé de cet assassinat,
Pleurer Britannicus, César et tout l'état.

AGRIPPINE.

Le voici. Vous verrez si c'est moi qui l'inspire.

SCÈNE VI.
AGRIPPINE, NÉRON, BURRHUS, NARCISSE.

NÉRON, *voyant Agrippine.*

Dieux!

AGRIPPINE.

Arrêtez, Néron; j'ai deux mots à vous dire.
Britannicus est mort : je reconnais les coups;
Je connais l'assassin.

NÉRON.

Et qui, madame?

AGRIPPINE.

Vous.

NÉRON.

Moi! voilà les soupçons dont vous êtes capable,
Il n'est point de malheur dont je ne sois coupable.
Et, si l'on veut, madame, écouter vos discours,
Ma main de Claude même aura tranché les jours.
Son fils vous était cher, sa mort peut vous confondre;
Mais des coups du destin je ne puis pas répondre.

AGRIPPINE.

Non, non, Britannicus est mort empoisonné;
Narcisse a fait le coup; vous l'avez ordonné.

NÉRON.

Madame! Mais qui peut vous tenir ce langage?

NARCISSE.

Hé, seigneur! ce soupçon vous fait-il tant d'outrage?
Britannicus, madame, eut des desseins secrets
Qui vous auraient coûté de plus justes regrets;
Il aspirait plus loin qu'à l'hymen de Junie;
De vos propres bontés il vous aurait punie.
Il vous trompait vous-même; et son cœur offensé
Prétendait tôt ou tard rappeler le passé.
Soit donc que malgré vous le sort vous ait servie,
Soit qu'instruit des complots qui menaçaient sa vie,
Sur ma fidélité César s'en soit remis,
Laissez les pleurs, madame, à vos seuls ennemis;
Qu'ils mettent ce malheur au rang des plus sinistres,
Mais vous...

AGRIPPINE.

Poursuis, Néron; avec de tels ministres,
Par des faits glorieux tu te vas signaler;
Poursuis. Tu n'as pas fait ce pas pour reculer :
Ta main a commencé par le sang de ton frère;
Je prévois que tes coups viendront jusqu'à ma mère.
Dans le fond de ton cœur je sais que tu me hais;
Tu voudrais t'affranchir du joug de mes bienfaits.
Mais je veux que ma mort te soit même inutile :
Ne crois pas qu'en mourant je te laisse tranquille;
Rome, ce ciel, ce jour que je reçus de moi,
Partout, à tout moment, m'offriront devant toi.
Tes remords te suivront comme autant de furies;
Tu croiras les calmer par d'autres barbaries;
Ta fureur, s'irritant soi-même dans son cours,
D'un sang toujours nouveau marquera tous les jours.
Mais j'espère qu'enfin le ciel, las de tes crimes,
Ajoutera ta perte à tant d'autres victimes;
Qu'après t'être couvert de leur sang et du mien,
Tu te verras forcé de répandre le tien;
Et ton nom paraîtra, dans la race future,
Aux plus cruels tyrans une cruelle injure.

Voilà ce que mon cœur se présage de toi.
Adieu : tu peux sortir.

NÉRON.

Narcisse, suivez-moi.

SCÈNE VII.
AGRIPPINE, BURRHUS.

AGRIPPINE.

Ah, ciel! de mes soupçons quelle était l'injustice!
Je condamnais Burrhus pour écouter Narcisse!
Burrhus, avez-vous vu quels regards furieux
Néron en me quittant m'a laissés pour adieux?
C'en est fait, le cruel n'a plus rien qui l'arrête;
Le coup qu'on m'a prédit va tomber sur ma tête.
Il vous accablera vous-même à votre tour.

BURRHUS.

Ah, madame! pour moi j'ai vécu trop d'un jour.
Plût au ciel que sa main, heureusement cruelle,
Eût fait sur moi l'essai de sa fureur nouvelle!
Qu'il ne m'eût pas donné, par ce triste attentat,
Un gage trop certain des malheurs de l'état!
Son crime seul n'est pas ce qui me désespère;
Sa jalousie a pu l'armer contre son frère :
Mais s'il vous faut, madame, expliquer ma douleur,
Néron l'a vu mourir sans changer de couleur.
Ses yeux indifférents ont déjà la constance
D'un tyran dans le crime endurci dès l'enfance.
Qu'il achève, madame, et qu'il fasse périr
Un ministre importun qui ne le peut souffrir.
Hélas! loin de vouloir éviter sa colère,
La plus soudaine mort me sera la plus chère.

SCÈNE VIII.
AGRIPPINE, BURRHUS, ALBINE.

ALBINE.

Ah, madame! ah, seigneur? courez vers l'empereur,
Venez sauver César de sa propre fureur;
Il se voit pour jamais séparé de Junie.

AGRIPPINE.

Quoi! Junie elle-même a terminé sa vie?

ALBINE.

Pour accabler César d'un éternel ennui,
Madame, sans mourir elle est morte pour lui.
Vous savez de ces lieux comme elle s'est ravie :
Elle a feint de passer chez la triste Octavie;
Mais bientôt elle a pris des chemins écartés,
Où mes yeux ont suivi ses pas précipités.
Des portes du palais elle sort éperdue,
D'abord elle a d'Auguste aperçu la statue;
Et mouillant de ses pleurs le marbre de ses pieds,
Que de ses bras pressants elle tenait liés :
« Prince, par ces genoux, dit-elle, que j'embrasse,
« Protège en ce moment le reste de ta race :
« Rome, dans ton palais, vient de voir immoler
« Le seul de tes neveux qui te pût ressembler.
« On veut après sa mort que je lui sois parjure;
« Mais pour lui conserver une foi toujours pure,
« Prince, je me dévoue à ces dieux immortels
« Dont ta vertu t'a fait partager les autels. »
Le peuple cependant, que ce spectacle étonne,
Vole de toutes parts, se presse, l'environne,
S'attendrit à ses pleurs; et, plaignant son ennui,
D'une commune voix la prend sous son appui;
Ils la mènent au temple, où depuis tant d'années
Au culte de ces autels nos vierges destinées
Gardent fidèlement le dépôt précieux
Du feu toujours ardent qui brûlent pour nos dieux.
César les voit partir sans oser les distraire.
Narcisse, plus hardi, s'empresse pour lui plaire;
Il vole vers Junie, et, sans s'épouvanter,
D'une profane main commence à l'arrêter.
De mille coups mortels son audace est punie!
Son infidèle sang rejaillit sur Junie.
César, de tant d'objets en même temps frappé,
Le laisse entre les mains qui l'ont enveloppé.

Il rentre. Chacun fuit son silence farouche :
Le seul nom de Junie échappe de sa bouche.
Il marche sans dessein ; ses yeux mal assurés
N'osent lever au ciel leurs regards égarés ;
Et l'on craint, si la nuit jointe à la solitude
Vient de son désespoir aigrir l'inquiétude,
Si vous l'abandonnez plus long-temps sans secours,
Que sa douleur bientôt n'attente sur ses jours.
Le temps presse : courez. Il ne faut qu'un caprice,
Il se perdrait, madame.

AGRIPPINE.

Il se ferait justice.
Mais, Burrhus, allons voir jusqu'où vont ses transports ;
Voyons quels changements produiront ses remords ;
S'il voudra désormais suivre d'autres maximes.

BURRHUS.

Plût aux Dieux que ce fût le dernier de ses crimes.

FIN DE BRITANNICUS.

BÉRÉNICE,

TRAGÉDIE.

1670.

PRÉFACE.

Titus, reginam Berenicem, cui etiam nuptias pollicitus ferebatur... statim ab urbe demisit invitus invitam.

C'est à dire que Titus, qui aimait passionnément Bérénice, et qui même, à ce qu'on croyait, lui avait promis de l'épouser, la renvoya de Rome, malgré lui et malgré elle, dès les premiers jours de son empire.

Cette action est très fameuse dans l'histoire ; et je l'ai trouvée très propre pour le théâtre, par la violence des passions qu'elle y pouvait exciter. En effet, nous n'avons rien de plus touchant dans tous les poètes que la séparation d'Énée et de Didon, dans Virgile. Et qui doute que ce qui a pu fournir assez de matière pour tout un chant d'un poème héroïque, où l'action dure plusieurs jours, ne puisse suffire pour le sujet d'une tragédie, dont la durée ne doit être que de quelques heures ? Il est vrai que je n'ai point poussé Bérénice jusqu'à se tuer comme Didon, parce que Bérénice, n'ayant pas ici avec Titus les derniers engagements que Didon avait avec Énée, elle n'est pas obligée, comme elle, de renoncer à la vie. A cela près, le dernier adieu qu'elle dit à Titus, et l'effort qu'elle se fait pour s'en séparer, n'est pas le moins tragique de la pièce : et j'ose dire qu'il renouvelle assez bien dans le cœur des spectateurs l'émotion que le reste y avait pu exciter. Ce n'est point une nécessité qu'il y ait du sang et des morts dans une tragédie ; il suffit que l'action en soit grande, que les acteurs en soient héroïques, que les passions y soient excitées, et que tout s'y ressente de cette tristesse majestueuse qui fait tout le plaisir de cette tragédie.

Je crus que je pourrais rencontrer toutes ces parties dans mon sujet ; mais ce qui m'en plut davantage, c'est que je le trouvai extrêmement simple. Il y avait longtemps que je voulais essayer si je pourrais faire une tragédie avec cette simplicité d'action qui a été si fort du goût des anciens : car c'est un des premiers préceptes qu'ils nous ont laissés. « Que ce que vous ferez, dit Horace, soit toujours simple, et ne soit qu'un. » Ils ont admiré l'*Ajax* de Sophocle, qui n'est autre chose qu'Ajax qui se tue de regret, à cause de la fureur où il était tombé après le refus qu'on lui avait fait des armes d'Achille. Ils ont admiré le *Philoctète*, dont tout le sujet est Ulysse qui vient pour surprendre les flèches d'Hercule. L'*Œdipe* même, quoique tout plein de reconnaissances, est moins chargé de matière que la plus simple tragédie de nos jours. Nous voyons enfin que les partisans de Térence, qui l'élèvent avec raison au-dessus de tous les poètes comiques, pour l'élégance de sa diction et pour la vraisemblance de ses mœurs, ne laissent pas de confesser que Plaute a un grand avantage sur lui, par la simplicité qui est dans la plupart des sujets de Plaute. Et c'est sans doute cette simplicité merveilleuse qui a attiré à ce dernier toutes les louanges que les anciens lui ont données. Combien Ménandre était-il encore plus simple, puisque Térence est obligé de prendre deux comédies de ce poète pour en faire une des siennes !

Et il ne faut point croire que cette règle ne soit fondée que sur la fantaisie de ceux qui l'ont faite : il n'y a que le vraisemblable qui touche dans la tragédie. Et quelle vraisemblance y a-t-il qu'il arrive en un jour une multitude de choses qui pourraient à peine arriver en plusieurs semaines ? Il y en a qui pensent que cette simplicité est une marque de peu d'invention. Ils ne songent pas qu'au contraire toute l'invention consiste à faire quelque chose de rien, et que tout ce grand nombre d'incidents a toujours été le refuge des poètes qui ne sentaient dans leur génie ni assez d'abondance, ni assez de force pour attacher durant cinq actes leurs spectateurs par une action simple, soutenue de la violence des passions, de la beauté des sentiments et de l'élégance de l'expression. Je suis bien éloigné de croire que toutes ces choses se rencontrent dans mon ouvrage ; mais aussi je ne puis croire que le public me sache mauvais gré de lui avoir donné une tragédie qui a été honorée de tant de larmes, et dont la trentième représentation a été aussi suivie que la première.

Ce n'est pas que quelques personnes ne m'aient reproché cette même simplicité que j'avais recherchée avec tant de soin. Elles ont cru qu'une tragédie qui était si peu chargée d'intrigues ne pouvait être selon les règles du théâtre. Je m'informai si elles se plaignaient qu'elle les eût ennuyées. On me dit qu'elles avouaient toutes qu'elle n'ennuyait point, qu'elle les touchait même en plusieurs endroits, et qu'elles la verraient encore avec plaisir. Que veulent-elles davantage ? Je les conjure d'avoir assez bonne opinion d'elles-mêmes pour ne pas croire qu'une pièce qui les touche, et qui leur donne du plaisir, puisse être absolument contre les règles. La principale règle est de plaire et de toucher : toutes les autres ne sont faites que pour parvenir à cette première ; mais toutes ces règles sont d'un long détail, dont je ne leur conseille pas de s'embarrasser ; elles ont des occupations plus importantes. Qu'elles se reposent sur nous de la fatigue d'éclaircir les difficultés de la Poétique d'Aristote ; qu'elles se réservent le plaisir de pleurer et d'être attendries ; et qu'elles me permettent de leur dire ce qu'un musicien disait à Philippe, roi de Macédoine, qui prétendait qu'une chanson n'était pas selon les règles : « A Dieu ne plaise, seigneur, que vous soyez jamais si malheureux de savoir ces choses-là mieux que moi ! »

Voilà ce que j'ai à dire à ces personnes, à qui je ferai toujours gloire de plaire : car, pour le libelle que l'on a fait contre moi, je crois que les lecteurs me dispenseront volontiers d'y répondre. Et que répondrais-je à un homme qui ne pense rien, et qui ne sait pas même construire ce qu'il pense ? Il parle de protase comme s'il entendait ce mot ; et veut que cette première des quatre parties de la tragédie soit toujours la plus proche de la dernière qui est la catastrophe. Il se plaint que la trop grande connaissance des règles l'empêche de se divertir à la comédie. Certainement, si l'on en juge par sa dissertation il n'y eut jamais de plainte plus mal fondée. Il paraît bien qu'il n'a jamais lu Sophocle, qu'il loue très injustement d'*une grande multiplicité d'incidents*; et qu'il n'a même jamais rien lu de la Poétique, que dans quelques préfaces de tragédies. Mais ce lui pardonne de ne pas savoir les règles du théâtre, puisque, heureusement pour le public, il ne s'applique pas à ce genre d'écrire. Ce que je ne lui pardonne pas, c'est de savoir si peu les règles de la bonne plaisanterie, lui qui ne veut pas dire un mot sans plaisanter. Croit-il réjouir beaucoup les honnêtes gens par ces *hélas de poche*, ces *mesdemoiselles mes règles*, et quantités d'autres basses affectations qu'il trouvera condamnées dans tous les bons auteurs, s'il se mêle jamais de les lire?

Toutes ces critiques sont le partage de quatre ou cinq petits auteurs infortunés, qui n'ont jamais pu par eux-mêmes exciter la curiosité du public. Ils attendent toujours l'occasion de quelque ouvrage qui réussisse, pour l'attaquer, non point par jalousie, ar sur quel fondement seraient-ils jaloux? mais dans 'espérance qu'on se donnera la peine de leur répondre, et qu'on les tirera de l'obscurité où leurs propres ouvrages les auraient laissés toute leur vie.

FIN DE LA PREFACE.

PERSONNAGES.

TITUS, empereur de Rome.
BÉRÉNICE, reine de Palestine.
ANTIOCHUS, roi de Comagène.
PAULIN, confident de Titus.
ARSACE, confident d'Antiochus.
PHÉNICE, confidente de Bérénice.
RUTILE, Romain.
SUITE de Titus.

La scène est à Rome, dans un cabinet qui est entre l'appartement de Titus et celui de Bérénice.

ACTE PREMIER.

SCÈNE PREMIÈRE.
ANTIOCHUS, ARSACE.

ANTIOCHUS.

Arrêtons un moment. La pompe de ces lieux,
Je le vois bien, Arsace, est nouvelle à tes yeux.
Souvent ce cabinet, superbe et solitaire,
Des secrets de Titus est le dépositaire.
C'est ici quelquefois qu'il se cache à sa cour,
Lorsqu'il vient à la reine expliquer son amour.
De son appartement cette porte est prochaine,
Et cette autre conduit dans celui de la reine.
Va chez elle : dis-lui qu'importun à regret
J'ose lui demander un entretien secret.

ARSACE.

Vous, seigneur, importun? vous, cet ami fidèle
Qu'un soin si généreux intéresse pour elle?
Vous, cet Antiochus, son amant autrefois!
Vous, que l'Orient compte entre ses plus grands rois?
Quoi! déjà de Titus épouse en espérance,
Ce rang entre elle et vous met-il tant de distance,

ANTIOCHUS.

Va, te dis-je; et, sans vouloir te charger d'autres soins
Vois si je puis bientôt lui parler sans témoins.

SCÈNE II.
ANTIOCHUS.

Hé bien! Antiochus, es-tu toujours le même?
Pourrai-je, sans trembler, lui dire : Je vous aime,
Mais quoi! déjà je tremble; et mon cœur agité
Craint autant ce moment que je l'ai souhaité.
Bérénice autrefois m'ôta toute espérance;
Elle m'imposa même un éternel silence.
Je me suis tu cinq ans; et, jusques à ce jour,
D'un voile d'amitié j'ai couvert mon amour.
Dois-je croire qu'au rang où Titus la destine,
Elle m'écoute mieux que dans la Palestine?
Il l'épouse. Ai-je donc attendu ce moment
Pour me venir encor déclarer son amant?
Quel fruit me reviendra d'un aveu téméraire?
Ah! puisqu'il faut partir, partons sans lui déplaire.
Retirons-nous, sortons; et, sans nous découvrir,
Allons loin de ses yeux l'oublier, ou mourir.
Hé quoi! souffrir toujours un tourment qu'elle ignore!
Toujours verser des pleurs qu'il faut que je dévore!
Quoi! même en la perdant redouter son courroux!
Belle reine, et pourquoi vous offenseriez-vous?
Viens-je vous demander que vous quittiez l'empire?
Que vous m'aimiez? Hélas! je ne viens que vous dire
Qu'après m'être longtemps flatté que mon rival
Trouverait à ses vœux quelque obstacle fatal;
Aujourd'hui qu'il peut tout, que votre hymen s'avance.
Exemple infortuné d'une longue constance,
Après cinq ans d'amour et d'espoir superflus,
Je pars, fidèle encor quand je n'espère plus.
Au lieu de s'offenser elle pourra me plaindre.
Quoi qu'il en soit, parlons; c'est assez me contraindre.
Et que peut craindre, hélas! un amant sans espoir,
Qui peut bien se résoudre à ne la jamais voir?

SCÈNE III.
ANTIOCHUS, ARSACE.

ANTIOCHUS.

Arsace, entrerons-nous?

ARSACE.

Seigneur, j'ai vu la reine;
Mais, pour me faire voir, je n'ai percé qu'à peine

Les flots toujours nouveaux d'un peuple adorateur
Qu'attire sur ses pas sa prochaine grandeur.
Titus, après huit jours d'une retraite austère,
Cesse enfin de pleurer Vespasien son père :
Cet amant se redonne aux soins de son amour;
Et, si j'en crois, seigneur, l'entretien de la cour,
Peut-être avant la nuit l'heureuse Bérénice
Change le nom de reine au nom d'impératrice.

ANTIOCHUS.
Hélas!

ARSACE.
Quoi! ce discours pourrait-il vous troubler!

ANTIOCHUS.
Ainsi donc, sans témoins je ne lui puis parler?

ARSACE.
Vous la verrez, seigneur : Bérénice est instruite
Que vous voulez ici la voir seule et sans suite.
La reine d'un regard a daigné m'avertir
Qu'à votre empressement elle allait consentir;
Et sans doute elle attend le moment favorable
Pour disparaître aux yeux d'une cour qui l'accable.

ANTIOCHUS.
Il suffit. Cependant n'as-tu rien négligé
Des ordres importants dont je t'avais chargé?

ARSACE.
Seigneur, vous connaissez ma prompte obéissance,
Des vaisseaux dans Ostie armés en diligence,
Prêts à quitter le port de moments en moments,
N'attendent pour partir que vos commandements
Mais qui renvoyez-vous dans votre Comagène?

ANTIOCHUS.
Arsace, il faut partir quand j'aurai vu la reine.

ARSACE.
Qui doit partir?

ANTIOCHUS.
Moi.

ARSACE.
Vous?

ANTIOCHUS.
En sortant du palais,
Je sors de Rome, Arsace, et j'en sors pour jamais.

ARSACE.
Je suis surpris sans doute, et c'est avec justice.
Quoi! depuis si longtemps la reine Bérénice
Vous arrache, seigneur, du sein de vos états;
Depuis trois ans sont Rome elle arrête vos pas :
Et lorsque cette reine, assurant sa conquête,
Vous attend pour témoin de cette illustre fête;
Quand l'amoureux Titus, devenant son époux,
Lui prépare un éclat qui rejaillit sur vous...

ANTIOCHUS.
Arsace, laisse-la jouir de sa fortune,
Et quitte un entretien dont le cours m'importune.

ARSACE.
Je vous entends, seigneur : ces mêmes dignités
Ont rendu Bérénice ingrate à vos bontés.
L'inimitié succède à l'amitié trahie.

ANTIOCHUS.
Non, Arsace, jamais je ne l'ai moins haïe.

ARSACE.
Quoi donc! de sa grandeur déjà trop prévenu,
Le nouvel empereur vous a-t-il méconnu?
Quelque pressentiment de son indifférence
Vous fait-il loin de Rome éviter sa présence?

ANTIOCHUS.
Titus n'a point pour moi paru se démentir :
J'aurais tort de me plaindre.

ARSACE.
Et pourquoi donc partir?
Quel caprice vous rend ennemi de vous-même?
Le ciel met sur le trône un prince qui vous aime,
Un prince qui, jadis témoin de vos combats,
Vous vit chercher la gloire et la mort sur ses pas

Et de qui la valeur par, vos soins secondée,
Mit enfin sous le joug la rebelle Judée.
Il se souvient du jour illustre et douloureux
Qui décida du sort d'un long siège douteux.
Sur leur triple rempart les ennemis tranquilles
Contemplaient sans péril nos assauts inutiles :
Le bélier impuissant les menaçait en vain :
Vous seul, seigneur, vous seul, une échelle à la main,
Vous portâtes la mort jusque sur les murailles.
Ce jour presque éclaira vos propres funérailles:
Titus vous embrassa mourant entre ses bras,
Et tout le camp vainqueur pleura votre trépas.
Voici le temps, seigneur, où vous devez attendre
Le fruit de tant de sang qu'ils vous ont vu répandre,
Si, pressé du désir de revoir vos états,
Vous vous lassez de vivre où vous ne régnez pas,
Faut-il que sans honneur l'Euphrate vous revoie?
Attendez pour partir que César vous renvoie
Triomphant et chargé des titres souverains,
Qu'ajoute encore aux rois l'amitié des Romains.
Rien ne peut-il, seigneur, changer votre entreprise?
Vous ne répondez point!

ANTIOCHUS.
Que veux-tu que je dise?
J'attends de Bérénice un moment d'entretien.

ARSACE.
Hé bien! seigneur?

ANTIOCHUS.
Son sort décidera du mien.

ARSACE.
Comment!

ANTIOCHUS.
Sur son hymen j'attends qu'elle s'explique,
Si sa bouche s'accorde avec la voix publique,
S'il est vrai qu'on l'élève au trône des Césars,
Si Titus a parlé, s'il l'épouse, je pars.

ARSACE.
Mais qui rend à vos yeux cet hymen si funeste?

ANTIOCHUS.
Quand nous serons partis, je te dirai le reste.

ARSACE.
Dans quel trouble, seigneur, jetez-vous mon esprit.

ANTIOCHUS.
La reine vient. Adieu. Fais tout ce que j'ai dit.

SCÈNE IV.

BÉRÉNICE, ANTIOCHUS, PHÉNICE.

BÉRÉNICE.
Enfin je me dérobe à la joie importune
De tant d'amis nouveaux que me fait la fortune;
Je fuis de leurs respects l'inutile longueur,
Pour chercher un ami qui me parle du cœur.
Il ne faut point mentir, ma juste impatience
Vous accusait déjà de quelque négligence.
Quoi! cet Antiochus, disais-je, dont les soins
Ont eu tout l'Orient et Rome pour témoins;
Lui que j'ai vu toujours, constant dans mes traverses,
Suivre d'un pas égal mes fortunes diverses;
Aujourd'hui que les dieux semblent me présager
Un honneur qu'avec lui je prétends partager,
Ce même Antiochus, se cachant à ma vue
Me laisse à la merci d'une foule inconnue!

ANTIOCHUS.
Il est donc vrai, madame? et, selon ce discours:
L'hymen va succéder à vos longues amours?

BÉRÉNICE.
Seigneur, je vous veux bien confier mes alarmes.
Ces jours ont vu mes yeux baignés de quelques larmes
Le long deuil que Titus imposait à sa cour
Avait, même en secret, suspendu son amour :
Il n'avait plus pour moi cette ardeur assidue
Lorsqu'il passait les jours attaché sur ma vue;
Muet, chargé de soins, et les larmes aux yeux,
Il ne me laissait plus que de tristes adieux.

Jugez de ma douleur, moi dont l'ardeur extrême,
Je vous l'ai dit cent fois, n'aime en lui que lui-même ;
Moi qui, loin des grandeurs dont il est revêtu,
Aurais choisi son cœur et cherché sa vertu.

ANTIOCHUS.

Il a repris pour vous sa tendresse première?

BÉRÉNICE.

Vous fûtes spectateur de cette nuit dernière,
Lorsque, pour seconder ses soins religieux,
Le sénat a placé son père entre les dieux.
De ce juste devoir sa piété contente
A fait place, seigneur, aux soins de son amante ;
Et même en ce moment, sans qu'il m'en ait parlé,
Il est dans le sénat par son ordre assemblé.
Là, de la Palestine il étend la frontière ;
Il y joint l'Arabie et la Syrie entière :
Et, si de mes amis j'en dois croire la voix,
Si j'en crois ses serments redoublés mille fois,
Il va sur tant d'états couronner Bérénice,
Pour joindre à plus de nom le nom d'impératrice.
Il m'en viendra lui-même assurer en ce lieu.

ANTIOCHUS.

Et je viens donc vous dire un éternel adieu.

BÉRÉNICE.

Que dites-vous? Ah ciel! quel adieu, quel langage !
Prince, vous vous troublez et changez de visage !

ANTIOCHUS.

Madame, il faut partir.

BÉRÉNICE.
                Quoi! ne puis-je savoir
Quel sujet...

ANTIOCHUS, à part.

Il fallait partir sans la revoir.

BÉRÉNICE.   [taire
Que craignez-vous? Parlez ; c'est trop longtemps se
Seigneur, de ce départ quel est donc le mystère?

ANTIOCHUS.

Au moins souvenez-vous que je cède à vos lois,
Et que vous m'écoutez pour la dernière fois.
Si, dans ce haut degré de gloire et de puissance,
Il vous souvient des lieux où vous prîtes naissance,
Madame, il vous souvient que mon cœur en ces lieux
Reçut le premier trait de qui partit de vos yeux :
J'aimai. J'obtins l'aveu d'Agrippa votre frère :
Il vous parla pour moi. Peut-être sans colère
Alliez-vous de mon cœur recevoir le tribut ;
Titus, pour mon malheur, vint, vous vit, et vous plut.
Il parut devant vous dans tout l'éclat d'un homme
Qui porte entre ses mains la vengeance de Rome.
La Judée en pâlit : le triste Antiochus
Se compta le premier au nombre des vaincus.
Bientôt de mon malheur, interprète sévère
Votre bouche à la mienne ordonna de se taire.
Je disputai longtemps, je fis parler mes yeux :
Mes pleurs et mes soupirs vous suivaient en tous lieux.
Enfin votre rigueur emporta la balance ;
Vous sûtes m'imposer l'exil ou le silence.
Il fallut le promettre, et même le jurer ;
Mais, puisqu'en ce moment j'ose me déclarer,
Lorsque vous m'arrachiez cette injuste promesse,
Mon cœur faisait serment de vous aimer sans cesse.

BÉRÉNICE.

Ah ! que me dites-vous?

ANTIOCHUS.

            Je me suis tu cinq ans,
Madame, et vais encor me taire plus longtemps.
De mon heureux rival j'accompagnai les armes ;
J'espérai de verser mon sang après mes larmes,
Ou qu'au moins, jusqu'à vous porté par mille exploits,
Mon nom pourrait parler, au défaut de ma voix.
Le ciel sembla promettre une fin à ma peine :
Vous pleurâtes ma mort, hélas! trop peu certaine.
Inutiles périls! Quelle était mon erreur !
La valeur de Titus surpassait ma fureur.

Il faut qu'à sa vertu mon estime réponde.
Quoique attendu, madame, à l'empire du monde,
Chéri de l'univers, enfin, aimé de vous,
Il semblait à lui seul appeler tous les coups,
Tandis que, sans espoir, haï, lassé de vivre,
Son malheureux rival ne semblait que le suivre.
Je vois que votre cœur m'applaudit en secret ;
Je vois que l'on m'écoute avec moins de regret,
Et que, trop attentive à ce récit funeste,
En faveur de Titus vous pardonnez le reste.
Enfin, après un siège aussi cruel que lent,
Il dompta les mutins, reste pâle et sanglant
Des flammes, de la faim, des fureurs intestines,
Et laissa leurs remparts cachés sous leurs ruines.
Rome vous vit, madame, arriver avec lui.
Dans l'Orient désert, quel devint mon ennui !
Je demeurai longtemps errant dans Césarée,
Lieux charmants où mon cœur vous avait adorée.
Je vous redemandais à vos tristes états ;
Je cherchais, en pleurant, les traces de vos pas.
Mais enfin, succombant à ma mélancolie,
Mon désespoir tourna mes pas vers l'Italie.
Le sort m'y réservait le dernier de ses coups.
Titus, en m'embrassant, m'amena devant vous :
Un voile d'amitié vous trompa l'un et l'autre,
Et mon amour devint le confident du vôtre.
Mais toujours quelque espoir flattait mes déplaisirs :
Rome, Vespasien, traversaient vos soupirs ;
Après tant de combats Titus cédait peut-être.
Vespasien est mort, et Titus est le maître.
Que ne fuyais-je alors ! J'ai voulu quelques jours
De son nouvel empire examiner le cours.
Mon sort est accompli : votre gloire s'apprête.
Assez d'autres, sans moi, témoins de cette fête,
A vos heureux transports viendront joindre les leurs ;
Pour moi, qui ne pourrais y mêler que des pleurs,
D'un inutile amour trop constante victime,
Heureux, dans mes malheurs d'en avoir pu sans crime
Conter toute l'histoire aux yeux qui les ont faits,
Je pars plus amoureux que je ne fus jamais.

BÉRÉNICE.

Seigneur, je n'ai pas cru que, dans une journée
Qui doit avec César unir ma destinée,
Il fût quelque mortel qui pût impunément
Se venir à mes yeux déclarer mon amant.
Mais de mon amitié mon silence est un gage :
J'oublie, en sa faveur, un discours qui m'outrage.
Je n'en ai point troublé le cours injurieux ;
Je vais plus, à regret je reçois vos adieux.
Le ciel sait qu'au milieu des honneurs qu'il m'envoie,
Je n'attendais que vous pour témoin de ma joie ;
Avec tout l'univers j'honorais vos vertus ;
Titus vous chérissait, vous admiriez Titus.
Cent fois je me suis fait une douceur extrême
D'entretenir Titus dans un autre lui-même.

ANTIOCHUS.

Et c'est que je fuis. J'évite, mais trop tard,
Ces cruels entretiens où je n'ai point de part.
Je fuis Titus, je fuis ce nom qui m'inquiète,
Ce nom qu'à tous moments votre bouche répète :
Que vous dirais-je enfin? je fuis des yeux distraits,
Qui, me voyant toujours, ne me voyaient jamais.
Adieu. Je vais, le cœur trop plein de votre image,
Attendre, en vous aimant, la mort pour mon partage,
Surtout ne craignez point qu'une aveugle douleur
Remplisse l'univers du bruit de mon malheur ;
Madame, le seul bruit d'une mort que j'implore
Vous fera souvenir que je vivais encore.
Adieu.

SCÈNE V.

BÉRÉNICE, PHÉNICE.

PHÉNICE.

Que je le plains! Tant de fidélité,
Madame, méritait plus de prospérité.
Ne le plaignez-vous pas?

BÉRÉNICE.

                Cette prompte retraite
Me laisse, je l'avoue, une douleur secrète.

PHÉNICE.
Je l'aurais retenu.

BÉRÉNICE.
Qui? moi, le retenir!
J'en dois perdre plutôt jusques au souvenir.
Tu veux donc que je flatte une ardeur insensée?

PHÉNICE.
Titus n'a point encore expliqué sa pensée.
Rome vous voit, madame, avec des yeux jaloux :
La rigueur de ses lois m'épouvante pour vous;
L'hymen chez les Romains n'admet qu'une Romaine :
Rome hait tous les rois; et Bérénice est reine.

BÉRÉNICE.
Le temps n'est plus, Phénice, où je pouvais trembler
Titus m'aime; il peut tout; il n'a plus qu'à parler,
Il verra le sénat m'apporter ses hommages,
Et le peuple de fleurs couronner ses images.
De cette nuit, Phénice, as-tu vu la splendeur?
Tes yeux ne sont-ils pas tout pleins de sa grandeur?
Ces flambeaux, ce bûcher, cette nuit enflammée,
Ces aigles, ces faisceaux, ce peuple, cette armée,
Cette foule de rois, ces consuls, ce sénat,
Qui tous de mon amant empruntaient leur éclat;
Cette pourpre, cet or, que rehaussait sa gloire,
Et ces lauriers encor témoins de sa victoire;
Tous ces yeux qu'on voyait venir de toutes parts
Confondre sur lui seul leurs avides regards,
Ce port majestueux, cette douce présence...
Ciel! avec quel respect et quelle complaisance
Tous les cœurs en secret l'assuraient de leur foi!
Parle : peut-on le voir sans penser comme moi,
Qu'en quelque obscurité que le sort l'eût fait naître,
Le monde en le voyant eût reconnu son maître?
Mais, Phénice, où m'emporte un souvenir charmant?
Cependant Rome entière, en ce même moment,
Fait des vœux pour Titus, et par des sacrifices,
De son règne naissant célèbre les prémices.
Que tardons-nous? Allons, pour son empire heureux,
Au ciel qui le protège offrir aussi nos vœux.
Aussitôt, sans l'attendre, et sans être attendue,
Je reviens le chercher, et dans cette entrevue
Dire tout ce qu'aux cœurs l'un de l'autre contents
Inspirent des transports retenus si longtemps.

FIN DU PREMIER ACTE.

ACTE II.

SCÈNE PREMIÈRE.
TITUS, PAULIN, SUITE.

TITUS.
A-t-on vu de ma part le roi de Comagène?
Sait-il que je l'attends?

PAULIN.
J'ai couru chez la reine :
Dans son appartement ce prince avait paru;
Il en était sorti, lorsque j'y suis couru.
De vos ordres, seigneur, j'ai dit qu'on l'avertisse.

TITUS.
Il suffit. Et que fait la reine Bérénice?

PAULIN.
La reine, en ce moment, sensible à vos bontés,
Charge le ciel de vœux pour vos prospérités.
Elle sortait, seigneur.

TITUS.
Trop aimable princesse!
Hélas!

PAULIN.
En sa faveur d'où naît cette tristesse?
L'Orient presque entier va fléchir sous sa loi :
Vous la plaignez?

TITUS.
Paulin, qu'on vous laisse avec moi.

SCENE II.
TITUS, PAULIN.

TITUS.
Hé bien! de mes desseins Rome encore incertaine,
Attend que deviendra le destin de la reine
Paulin; et les secrets de son cœur et du mien
Sont de tout l'univers devenus l'entretien.
Voici le temps enfin qu'il faut que je m'explique.
De la reine et de moi que dit la voix publique?
Parlez : qu'entendez-vous?

PAULIN.
J'entends de tous côtés
Publier vos vertus, seigneur, et ses beautés.

TITUS.
Que dit-on des soupirs que je pousse pour elle?
Quel succès attend-on d'un amour si fidèle?

PAULIN.
Vous pouvez tout : aimez, cessez d'être amoureux,
La cour sera toujours du parti de vos vœux.

TITUS.
Et je l'ai vue aussi, cette cour peu sincère,
A ses maîtres toujours trop soigneuse de plaire,
Des crimes de Néron approuver les horreurs;
Je l'ai vu à genoux consacrer ses fureurs.
Je ne prends point pour juge une cour idolâtre,
Paulin; je me propose un plus noble théâtre;
Et, sans prêter l'oreille à la voix des flatteurs,
Je veux par votre bouche entendre tous les cœurs :
Vous me l'avez promis. Le respect et la crainte
Ferment autour de moi le passage à la plainte :
Pour mieux voir, cher Paulin, et pour entendre mieux
Je vous ai demandé des oreilles, des yeux;
J'ai mis même à ce prix mon amitié secrète :
J'ai voulu que des cœurs vous fussiez l'interprète :
Qu'au travers des flatteurs votre sincérité
Fît toujours jusqu'à moi passer la vérité.
Parlez donc. Que faut-il que Bérénice espère?
Rome lui sera-t-elle indulgente ou sévère?
Dois-je croire qu'assise au trône des Césars,
Une si belle reine offensât ses regards?

PAULIN.
N'en doutez point, seigneur, soit raison, soit caprice,
Rome ne l'attend point pour son impératrice.

On sait qu'elle est charmante ; et de si belles mains
Semblent vous demander l'empire des humains ;
Elle a même, dit-on, le cœur d'une Romaine,
Elle a mille vertus ; mais, seigneur, elle est reine :
Rome, par une loi qu'elle ne peut changer,
N'admet avec son sang aucun sang étranger,
Et ne reconnaît point les fruits illégitimes
Qui naissent d'un hymen contraire à ses maximes.
D'ailleurs, vous le savez, en bannissant ses rois,
Rome à ce nom, si noble et si saint autrefois,
Attacha pour jamais une haine puissante ;
Et quoiqu'à ses Césars fidèle, obéissante,
Cette haine, seigneur, reste de sa fierté,
Survit dans tous les cœurs après la liberté.
Jules, qui le premier la soumit à ses armes,
Qui fit taire les lois dans le bruit des alarmes,
Brûla pour Cléopâtre, et, sans se déclarer,
Seule dans l'Orient la laissa soupirer.
Antoine, qui l'aima jusqu'à l'idolâtrie,
Oublia dans son sein sa gloire et sa patrie,
Sans oser toutefois se nommer son époux :
Rome l'alla chercher jusques à ses genoux,
Et ne désarma pas sa fureur vengeresse,
Qu'elle n'eût accablé l'amant et la maîtresse.
Depuis ce temps, seigneur, Caligula, Néron,
Monstres, dont à regret je cite ici le nom,
Et qui, ne conservant que la figure d'homme,
Foulèrent à leurs pieds toutes les lois de Rome,
Ont craint cette loi seule, et n'ont point à nos yeux
Allumé le flambeau d'un hymen odieux.
Vous m'avez commandé surtout d'être sincère.
De l'affranchi Pallas nous avons vu le frère,
Des fers de Claudius Félix encor flétri,
De deux reines, seigneur, devenir le mari ;
Et, s'il faut jusqu'au bout que je vous obéisse,
Ces deux reines étaient du sang de Bérénice.
Et vous croiriez pouvoir, sans blesser nos regards,
Faire entrer une reine au lit de nos Césars,
Tandis que l'Orient dans le lit de ses reines
Voit passer un esclave au sortir de nos chaînes !
C'est ce que les Romains pensent de votre amour :
Et je ne réponds pas, avant la fin du jour,
Que le sénat, chargé des vœux de tout l'empire,
Ne vous redise ici ce que je viens de dire :
Et que Rome avec lui tombant à vos genoux
Ne vous demande un choix digne d'elle et de vous.
Vous pouvez préparer, Seigneur, votre réponse.

TITUS.

Hélas ! à quel amour on veut que je renonce !

PAULIN.

Cet amour est ardent, il le faut confesser.

TITUS.

Plus ardent mille fois que tu ne peux penser,
Paulin. Je me suis fait un plaisir nécessaire
De la voir chaque jour, de l'aimer, de lui plaire.
J'ai fait plus, je n'ai rien de secret à tes yeux ;
J'ai pour elle cent fois rendu graces aux dieux
D'avoir choisi mon père au fond de l'Idumée,
D'avoir rangé sous lui l'Orient et l'armée,
Et, soulevant encor le reste des humains,
Remis Rome sanglante en ses paisibles mains.
J'ai même souhaité la place de mon père ;
Moi, Paulin, qui, cent fois, si le sort moins sévère
Eût voulu de sa vie etendre les liens,
Aurais donné mes jours pour prolonger les siens :
Tout cela (qu'un amant sait mal ce qu'il désire !)
Dans l'espoir d'élever Bérénice à l'empire,
De reconnaître un jour son amour et sa foi,
Et de voir à ses pieds tout l'empire avec moi.
Malgré tout mon amour, Paulin, et tous ses charmes,
Apres mille sermens appuyés de mes larmes,
Maintenant que je puis couronner tant d'attraits,
Maintenant que je l'aime encor plus que jamais,
Lorsqu'un heureux hymen, joignant nos destinées,
Peut payer en un jour les vœux de cinq années,
Je vais, Paulin... oh ! ciel, puis-je le déclarer !

PAULIN.

Quoi, seigneur ?

TITUS.

Pour jamais je vais m'en séparer...
Mon cœur en ce moment ne vient pas de se rendre :
Si je t'ai fait parler, si j'ai voulu t'entendre,
Je voulais que ton zèle achevât en secret
De confondre un amour qui se tait à regret.
Bérénice a longtemps balancé la victoire ;
Et si je penche enfin du côté de ma gloire,
Crois qu'il m'en a coûté, pour vaincre tant d'amour,
Des combats dont mon cœur saignera plus d'un jour.
J'aimais, je soupirais dans une paix profonde ;
Un autre était chargé de l'empire du monde :
Maître de mon destin, libre dans mes soupirs,
Je ne rendais qu'à moi compte de mes désirs.
Mais à peine le ciel eut rappelé mon père,
Dès que ma triste main eut fermé sa paupière,
De mon aimable erreur je fus désabusé ;
Je sentis le fardeau qui m'était imposé ;
Je connus que bientôt, loin d'être ce que j'aime,
Il fallait, cher Paulin, renoncer à moi-même,
Et que le choix des dieux, contraire à mes amours,
Livrât à l'univers le reste de mes jours.
Rome observe aujourd'hui ma conduite nouvelle :
Quelle honte pour moi, quel présage pour elle,
Si dès les premiers pas, renversant tous ses droits,
Je fondais mon bonheur sur le débris des lois !
Résolu d'accomplir ce cruel sacrifice,
J'y voulus préparer la triste Bérénice :
Mais par où commencer ? Vingt fois, depuis huit jours,
J'ai voulu devant elle en ouvrir le discours ;
Et, dès le premier mot, ma langue embarrassée
Dans ma bouche vingt fois a demeuré glacée.
J'espérais que du moins mon trouble et ma douleur
Lui feraient pressentir notre commun malheur ;
Mais, sans me soupçonner, sensible à mes alarmes,
Elle m'offre sa main pour essuyer mes larmes ;
Et ne prévoit rien moins, dans cette obscurité,
Que la fin d'un amour qu'elle a trop mérité.
Enfin, j'ai ce matin rappelé ma constance :
Il faut la voir, Paulin, et rompre le silence.
J'attends Antiochus pour lui recommander
Ce dépôt précieux que je ne puis garder :
Jusque dans l'Orient je veux qu'il la remène.
Demain Rome avec lui verra partir la reine.
Elle en sera bientôt instruite par ma voix ;
Et je vais lui parler pour la dernière fois.

PAULIN.

Je n'attendais pas moins de cet amour de gloire
Qui partout après vous attacha la victoire.
La Judée asservie, et ses remparts fumants,
De cette noble ardeur éternels monuments,
Me répondaient assez que votre grand courage
Ne voudrait pas, seigneur, détruire son ouvrage ;
Et qu'un héros vainqueur de tant de nations
Saurait bien tôt ou tard vaincre ses passions.

TITUS.

Ah ! que sous de beaux noms cette gloire est cruelle !
Combien mes tristes yeux la trouveraient plus belle,
S'il ne fallait encor qu'affronter le trépas !
Que dis-je ? cette ardeur que j'ai pour ses appas,
Bérénice en mon sein l'a jadis allumée.
Tu ne l'ignores pas : toujours la renommée
Avec le même éclat n'a pas semé mon nom ;
Ma jeunesse, nourrie à la cour de Néron,
S'égarait, cher Paulin, par l'exemple abusée,
Et suivait du plaisir la pente trop aisée.
Bérénice me plut. Que ne fait point un cœur
Pour plaire à ce qu'il aime, et gagner son vainqueur !
Je prodiguai mon sang : tout fit place à mes armes :
Je revins triomphant. Mais le sang et les larmes
Ne me suffisaient pas pour mériter ses vœux :
J'entrepris le bonheur de mille malheureux ;
On vit de toutes parts mes bontés se répandre ;
Heureux, et plus heureux que tu ne peux comprendre,
Quand je pouvais paraître à ses yeux satisfaits
Chargé de mille cœurs conquis par mes bienfaits !
Je lui dois tout, Paulin. Récompense cruelle !
Tout ce que je lui dois va retomber sur elle.
Pour prix de tant de gloire et de tant de vertus,
Je lui dirai : Partez, et ne me voyez plus.

PAULIN.

Hé quoi, seigneur! hé quoi! cette magnificence
Qui va jusqu'à l'Euphrate étendre sa puissance,
Tant d'honneurs dont l'excès a surpris le sénat,
Vous laissent-ils encor craindre le nom d'ingrat?
Sur cent peuples nouveaux Bérénice commande.

TITUS.

Faibles amusements d'une douleur si grande!
Je connais Bérénice, et ne sais que trop bien
Que son cœur n'a jamais demandé que le mien.
Je l'aimai, je lui plus. Depuis cette journée,
(Dois-je dire funeste, hélas! ou fortunée?)
Sans avoir, en aimant, l'objet de son amour,
Étrangère dans Rome, inconnue à la cour,
Elle passe ses jours, Paulin, sans rien prétendre
Que quelque heure à me voir, et le reste à m'attendre.
Encor, si quelquefois un peu moins assidu,
Je passe le moment où je suis attendu,
Je la revois bientôt de pleurs toute trempée:
Ma main à les sécher est longtemps occupée.
Enfin, tout ce qu'amour a de nœuds plus puissants,
Doux reproches, transports sans cesse renaissants,
Soin de plaire sans art, crainte toujours nouvelle,
Beauté, gloire, vertu, je trouve tout en elle.
Depuis cinq ans entiers, chaque jour je la vois,
Et crois toujours la voir pour la première fois.
N'y songeons plus. Allons, cher Paulin: plus j'y pense,
Plus je sens chanceler ma cruelle constance.
Quelle nouvelle, ô ciel! je lui vais annoncer!
Encore un coup, allons, il n'y faut plus penser.
Je connais mon devoir, c'est à moi de le suivre;
Je n'examine point si j'y pourrai survivre.

SCÈNE III.

TITUS, PAULIN, RUTILE.

RUTILE.

Bérénice, seigneur, demande à vous parler.

TITUS.

Ah, Paulin!

PAULIN.

Quoi! déjà vous semblez reculer!
De vos nobles projets, seigneur, qu'il vous souvienne:
Voici le temps.

TITUS.

Hé bien! voyons-la. Qu'elle vienne.

SCÈNE IV.

BÉRÉNICE, TITUS, PAULIN, PHÉNICE.

BÉRÉNICE.

Ne vous offensez pas si mon zèle indiscret
De votre solitude interrompt le secret.
Tandis qu'autour de moi votre cour assemblée
Retentit des bienfaits dont vous m'avez comblée,
Est-il juste, seigneur, que seule en ce moment,
Je demeure sans voix et sans ressentiment?
Mais, seigneur (car je sais que cet ami sincère
Du secret de nos cœurs connaît tout le mystère),
Votre deuil est fini, rien n'arrête vos pas;
Vous êtes seul enfin, et ne me cherchez pas!
J'entends que vous m'offrez un nouveau diadème,
Et ne puis cependant vous entendre vous-même.
Hélas! plus de repos, seigneur, et moins d'éclat:
Votre amour ne peut-il paraître qu'au sénat?
Ah, Titus! (car enfin l'amour fuit la contrainte
De tous ces noms que suit le respect et la crainte)
De quel soin votre amour va-t-il s'importuner?
N'a-t-il que des états qu'il me puisse donner?
Depuis quand croyez-vous que la grandeur me touche?
Un soupir, un regard, un mot de votre bouche,
Voilà l'ambition d'un cœur comme le mien:
Voyez-moi plus souvent et ne me donnez rien.
Tous vos moments sont-ils dévoués à l'empire?
Ce cœur, après huit jours, n'a-t-il rien à me dire?
Qu'un mot va rassurer mes timides esprits.
Mais parliez-vous de moi quand je vous ai surpris?
Dans vos secrets discours étais-je intéressée,
Seigneur? Étais-je au moins présente à la pensée?

TITUS.

N'en doutez point, madame; et j'atteste les dieux
Que toujours Bérénice est présente à mes yeux.
L'absence, ni le temps, je vous le jure encore,
Ne vous peuvent ravir ce cœur qui vous adore.

BÉRÉNICE.

Hé quoi! vous me jurez une éternelle ardeur,
Et vous me le jurez avec cette froideur!
Pourquoi même du ciel attester la puissance?
Faut-il par des serments vaincre ma défiance?
Mon cœur ne prétend point, seigneur, vous démentir,
Et je vous en croirai sur un simple soupir.

TITUS.

Madame...

BÉRÉNICE.

Hé bien, seigneur! Mais quoi! sans me répondre,
Vous détournez les yeux, et semblez vous confondre!
Ne m'offrirez-vous plus qu'un visage interdit?
Toujours la mort d'un père occupe votre esprit;
Rien ne peut-il charmer l'ennui qui vous dévore!

TITUS.

Plût aux dieux que mon père, hélas! vécût encore!
Que je vivrais heureux!

BÉRÉNICE.

Seigneur, tous ces regrets
De votre piété sont de justes effets.
Mais vos pleurs ont assez honoré sa mémoire:
Vous devez d'autres soins à Rome, à votre gloire;
De mon propre intérêt je n'ose vous parler.
Bérénice autrefois pouvait vous consoler:
Avec plus de plaisir vous m'avez écoutée.
De combien de malheurs pour vous persécutée,
Vous ai-je pour un mot sacrifié mes pleurs?
Vous regrettez un père: hélas! faibles douleurs!
Et moi (ce souvenir me fait frémir encore),
On voulait m'arracher de tout ce que j'adore,
Moi, dont vous connaissez le trouble et le tourment,
Quand vous ne me quittiez que pour quelque moment;
Moi, qui mourrais le jour qu'on voudrait m'interdire
De vous...

TITUS.

Madame, hélas! que me venez-vous dire?
Quel temps choisissez-vous? Ah! de grâce, arrêtez:
C'est trop pour un ingrat prodiguer vos bontés.

BÉRÉNICE.

Pour un ingrat, seigneur! Et le pouvez-vous être?
Ainsi donc mes bontés vous fatiguent peut-être?

TITUS.

Non, madame: jamais, puisqu'il faut vous parler,
Mon cœur de plus de feux ne se sentit brûler.
Mais...

BÉRÉNICE.

Achevez.

TITUS.

Hélas!

BÉRÉNICE.

Parlez.

TITUS.

Rome... L'empire...

BÉRÉNICE.

Hé bien!

TITUS.

Sortons, Paulin, je ne lui puis rien dire.

SCÈNE V.

BÉRÉNICE, PHÉNICE.

BÉRÉNICE.

Quoi! me quitter si tôt! et ne me dire rien!
Chère Phénice, hélas! quel funeste entretien!
Qu'ai-je fait? Que veut-il? Et que dit ce silence?

PHÉNICE.

Comme vous, je m'y perds d'autant plus que j'y pense.

Mais ne s'offre-t-il rien à votre souvenir
Qui contre vous, madame, ait pu le prévenir?
Voyez, examinez.

BÉRÉNICE.

Hélas! tu peux m'en croire;
Plus je veux du passé rappeler la mémoire,
Du jour que je le vis jusqu'à ce triste jour,
Plus je vois qu'on me peut reprocher trop d'amour.
Mais tu nous entendais. Il ne faut rien me taire;
Parle. N'ai-je rien dit qui lui puisse déplaire?
Que sais-je? J'ai peut-être avec trop de chaleur
Rabaissé ses présents ou blâmé sa douleur.
N'est-ce point que de Rome il redoute la haine?
Il craint peut-être, il craint d'épouser une reine.
Hélas! s'il était vrai... Mais non, il a cent fois
Rassuré mon amour contre leurs dures lois;
Cent fois... Ah! qu'il m'explique un silence si rude :
Je ne respire pas dans cette incertitude.
Moi, je vivrais, Phénice, et je pourrais penser
Qu'il me néglige, ou bien que j'ai pu l'offenser!
Retournons sur nos pas. Mais, quand je m'examine,
Je crois de ce désordre entrevoir l'origine.
Phénice; il aura su tout ce qui s'est passé :
L'amour d'Antiochus l'a peut-être offensé.
Il attend, m'a-t-on dit, le roi de Comagène.
Ne cherchons point ailleurs le sujet de ma peine.
Sans doute ce chagrin, qui vient de m'alarmer
N'est qu'un léger soupçon facile à désarmer.
Je ne te vante point cette faible victoire,
Titus; oh! plût au ciel que, sans blesser ta gloire,
Un rival plus puissant voulût tenter ma foi,
Et pût mettre à mes pieds plus d'empires que toi;
Que de sceptres sans nombre il pût payer ma flamme;
Que ton amour n'eût rien à donner que ton ame!
C'est alors, cher Titus, qu'aimé, victorieux,
Tu verrais de quel prix ton cœur est à mes yeux.
Allons, Phénice, un mot pourra le satisfaire.
Rassurons-nous, mon cœur, je puis encor lui plaire :
Je me comptais trop tôt au rang des malheureux :
Si Titus est jaloux, Titus est amoureux.

FIN DU SECOND ACTE.

ACTE III.

SCÈNE PREMIÈRE.

TITUS, ANTIOCHUS, ARSACE.

TITUS.

Quoi! prince, vous partiez! Quelle raison subite
Presse votre départ, ou plutôt votre fuite?
Vouliez-vous me cacher jusques à vos adieux?
Est-ce comme ennemi que vous quittez ces lieux?
Que diront, avec moi, la cour, Rome, l'empire?
Mais, comme votre ami, que ne puis-je point dire?
De quoi m'accusez-vous? Vous avais-je sans choix
Confondu jusqu'ici dans la foule des rois?
Mon cœur vous fut ouvert tant qu'a vécu mon père;
C'était le seul présent que je pusse vous faire :
Et lorsque avec mon cœur ma main peut s'épancher
Vous fuyez mes bienfaits tout prêts à vous chercher !
Pensez-vous, qu'oubliant ma fortune passée,
Sur ma seule grandeur j'arrête ma pensée?
Et que tous mes amis s'y presentent de loin
Comme autant d'inconnus dont je n'ai plus besoin?
Vous-même, à mes regards qui vouliez vous soustraire,
Prince, plus que jamais vous m'êtes nécessaire.

ANTIOCHUS.

Moi, seigneur?

TITUS.

Vous.

ANTIOCHUS.

Hélas! d'un prince malheureux
Que pouvez-vous, seigneur, attendre que des vœux?

TITUS.

Je n'ai pas oublié, prince, que ma victoire
Devait à vos exploits la moitié de sa gloire;
Que Rome vit passer au nombre des vaincus
Plus d'un captif chargé des fers d'Antiochus;
Que dans le Capitole elle voit attachées
Les dépouilles des Juifs, par vos mains arrachées.
Je n'attends pas de vous de ces sanglants exploits,
Et je veux seulement emprunter votre voix.
Je sais que Bérénice, à vos soins redevable,
Croit posséder en vous un ami véritable :
Elle ne voit dans Rome et n'écoute que vous :
Vous ne faites qu'un cœur et qu'une ame avec nous.
Au nom d'une amitié si constante et si belle,
Employez le pouvoir que vous avez sur elle;
Voyez-la de ma part.

ANTIOCHUS.

Moi, paraître à ses yeux!
La reine, pour jamais, a reçu mes adieux.

TITUS.

Prince, il faut que pour moi vous lui parliez encore.

ANTIOCHUS.

Ah! parlez-lui, seigneur! La reine vous adore :
Pourquoi vous dérober vous-même en ce moment
Le plaisir de lui faire un aveu si charmant?
Elle l'attend, seigneur, avec impatience.
Je réponds, en partant, de son obéissance;
Et même elle m'a dit que, prête à l'épouser,
Vous ne la verrez plus que pour l'y disposer.

TITUS.

Ah! qu'un aveu si doux aurait lieu de me plaire!
Que je serais heureux, si j'avais à le faire!
Mes transports aujourd'hui s'attendaient d'éclater;
Cependant aujourd'hui, prince, il faut la quitter.

ANTIOCHUS.

La quitter! Vous, seigneur?

TITUS.

Telle est ma destinée :
Pour elle et pour Titus il n'est plus d'hyménée.
D'un espoir si charmant je me flattais en vain,
Prince, il faut avec vous qu'elle parte demain.

ANTIOCHUS.

Qu'entends-je! O ciel!

TITUS.

Plaignez ma grandeur importune:
Maître de l'univers, je règle sa fortune :
Je puis faire les rois, je puis les déposer;
Cependant de mon cœur je ne puis disposer.
Rome, contre les rois de tout temps soulevée,
Dédaigne une beauté dans la pourpre élevée;
L'éclat du diadème, et cent rois pour aïeux,
Déshonorent ma flamme, et blessent tous les yeux.
Mon cœur, libre d'ailleurs, sans craindre les murmures
Peut brûler à son choix dans des flammes obscures :
Et Rome avec plaisir recevrait de ma main
La moins digne beauté qu'elle cache en son sein.
Jules céda lui-même au torrent qui m'entraîne.
Si le peuple demain ne voit partir la reine,
Demain elle entendra ce peuple furieux
Me venir demander son départ à ses yeux.
Sauvons de cet affront mon nom et sa mémoire;
Et, puisqu'il faut céder, cédons à notre gloire.
Ma bouche et mes regards, muets depuis huit jours,
L'auront pu préparer à ce triste discours :
Et même en ce moment, inquiète, empressée,
Elle veut qu'à ses yeux j'explique ma pensée.
D'un aman interdit soulagez le tourment :
Epargnez à mon cœur cet éclaircissement.
Allez, expliquez-lui mon trouble et mon silence,
Surtout qu'elle me laisse éviter sa présence;
Soyez le seul témoin de ses pleurs et des miens;
Portez-lui mes adieux, et recevez les siens.
Fuyons tous deux, fuyons un spectacle funeste,
Qui de notre constance accablerait le reste.
Si l'espoir de régner et de vivre en mon cœur
Peut de son infortune adoucir la rigueur,
Ah, prince! jurez-lui que, toujours trop fidèle,
Gémissant dans ma cour, et plus exilé qu'elle,
Portant jusqu'au tombeau le nom de son amant,
Mon règne ne sera qu'un long bannissement,
Si le ciel, non content de me l'avoir ravie,
Veut encor m'affliger par une longue vie.

Vous, que l'amitié seule attache sur mes pas,
Prince, dans son malheur ne l'abandonnez pas :
Que l'Orient vous voie arriver à sa suite;
Que ce soit un triomphe, et non pas une fuite;
Qu'une amitié si belle ait d'éternels liens ;
Que mon nom soit toujours dans tous vos entretiens.
Pour rendre vos états plus voisins l'un de l'autre,
L'Euphrate bornera son empire et le vôtre.
Je sais que le sénat, tout plein de votre nom,
D'une commune voix confirmera ce don.
Je joins la Cilicie à votre Comagène.
Adieu. Ne quittez point ma princesse, ma reine,
Tout ce qui de mon cœur fut l'unique désir,
Tout ce que j'aimerai jusqu'au dernier soupir.

SCÈNE II.

ANTIOCHUS, ARSACE.

ARSACE.

Ainsi le ciel s'apprête à vous rendre justice :
Vous partirez, seigneur, mais avec Bérénice.
Loin de vous la ravir, on va vous la livrer.

ANTIOCHUS.

Arsace, laisse-moi le temps de respirer.
Ce changement est grand, ma surprise est extrême:
Titus entre mes mains remet tout ce qu'il aime!
Dois-je croire, grands dieux ! ce que je viens d'ouïr?
Et, quand je le croirais, dois-je m'en réjouir?

ARSACE.

Mais, moi-même, seigneur, que faut-il que je croie?
Quel obstacle nouveau s'oppose à votre joie?
Me trompiez-vous tantôt au sortir de ces lieux,
Lorsque encor tout ému de vos derniers adieux,
Tremblant d'avoir osé s'expliquer devant elle,
Votre cœur me contait son audace nouvelle?
Vous fuyiez un hymen qui vous faisait trembler.
Cet hymen est rompu : quel soin peut vous troubler?
Suivez les doux transports où l'amour vous invite.

ANTIOCHUS.

Arsace, je me vois chargé de sa conduite :
Je jouirai longtemps de ses chers entretiens;
Ses yeux même pourront s'accoutumer aux miens ;
Et peut-être son cœur fera la différence
Des froideurs de Titus à ma persévérance.
Titus m'accable ici du poids de sa grandeur ;
Tout disparaît dans Rome auprès de sa splendeur:
Mais, quoique l'Orient soit plein de sa mémoire,
Bérénice y verra des traces de ma gloire.

ARSACE.

N'en doutez point, seigneur, tout succède à vos vœux.

ANTIOCHUS.

Ah! que nous nous plaisons à nous tromper tous deux !

ARSACE.

Et pourquoi nous tromper ?

ANTIOCHUS.

Quoi ! je lui pourrais plaire?
Bérénice à mes vœux ne serait plus contraire?
Bérénice d'un mot flatterait mes douleurs !
Penses-tu seulement que, parmi ses malheurs,
Quand l'univers entier négligerait ses charmes,
L'ingrate me permît de lui donner des larmes,
Ou qu'elle s'abaissât jusques à recevoir
Des soins qu'à mon amour elle croirait devoir?

ARSACE.

Et qui peut mieux que vous consoler sa disgrâce?
Sa fortune, seigneur, va prendre une autre face :
Titus la quitte.

ANTIOCHUS.

Hélas ! de ce grand changement
Il ne me reviendra que le nouveau tourment
D'apprendre par ses pleurs à quel point elle l'aime:
Je la verrai gémir; je la plaindrai moi-même.
Pour fruit de tant d'amour, j'aurai le triste emploi
De recueillir des pleurs qui ne sont pas pour moi.

ARSACE.

Quoi ! ne vous plairez-vous qu'à vous gêner sans cesse?
Jamais dans un grand cœur vit-on plus de faiblesse?
Ouvrez les yeux, seigneur, et songeons entre nous
Par combien de raisons Bérénice est à vous.
Puisque aujourd'hui Titus ne prétend plus lui plaire
Songez que votre hymen lui devient nécessaire.

ANTIOCHUS.

Nécessaire?

ARSACE.

À ses pleurs accordez quelques jours ;
De ses premiers sanglots laissez passer le cours:
Tout parlera pour vous, le dépit, la vengeance,
L'absence de Titus, le temps, votre présence,
Trois sceptres que son bras ne peut seul soutenir,
Vos deux états voisins qui cherchent à s'unir;
L'intérêt, la raison, l'amitié, tout vous lie.

ANTIOCHUS.

Ah! je respire, Arsace ; et tu me rends la vie :
J'accepte avec plaisir un présage si doux.
Que tardons-nous ? Faisons ce qu'on attend de nous.
Entrons chez Bérénice ; et, puisqu'on nous l'ordonne,
Allons lui déclarer que Titus l'abandonne...
Mais plutôt demeurons. Que faisais-je? Est-ce à moi,
Arsace, à me charger de ce cruel emploi?
Soit vertu, soit amour, mon cœur s'en effarouche.
L'aimable Bérénice entendrait de ma bouche
Qu'on l'abandonne ! Ah, reine! et qui l'aurait pensé,
Que ce mot dût jamais vous être prononcé!

ARSACE.

La haine sur Titus tombera tout entière.
Seigneur, si vous parlez, ce n'est qu'à sa prière.

ANTIOCHUS.

Non, ne la voyons point ; respectons sa douleur.
Assez d'autres viendront lui conter son malheur.
Et ne la crois-tu pas assez infortunée
D'apprendre à quel mépris Titus l'a condamnée,
Sans lui donner encor le déplaisir fatal
D'apprendre son mépris par son propre rival?
Encore un coup, fuyons; et, par cette nouvelle,
N'allons point nous charger d'une haine immortelle.

ARSACE.

Ah! la voici, seigneur ; prenez votre parti.

ANTIOCHUS.

Oh ciel!

SCÈNE III.

BÉRÉNICE, ANTIOCHUS, ARSACE, PHÉNICE.

BÉRÉNICE.

Hé quoi, seigneur, vous n'êtes point parti !

ANTIOCHUS.

Madame, je vois bien que vous êtes déçue,
Et que c'était César que cherchait votre vue.
Je ne m'accuserai que lui, si, malgré mes adieux,
De ma présence encor j'importune vos yeux.
Peut-être en ce moment je serais dans Ostie,
S'il ne m'eût de sa cour défendu la sortie.

BÉRÉNICE.

Il vous cherche vous seul. Il nous évite tous.

ANTIOCHUS.

Il ne m'a retenu que pour parler de vous.

BÉRÉNICE.

De moi, prince?

ANTIOCHUS.

Oui, madame.

BÉRÉNICE.

Et qu'a-t-il pu vous dire !

ANTIOCHUS.

Mille autres mieux que moi pourront vous en instruire.

BÉRÉNICE.

Quoi, seigneur !...

ANTIOCHUS.
            Suspendez votre ressentiment.
D'autres, loin de se taire en ce même moment,
Triompheraient peut-être, et, pleins de confiance,
Céderaient avec joie à votre impatience :
Mais moi, toujours tremblant, moi, vous le savez bien,
A qui votre repos est plus cher que le mien,
Pour ne le point troubler j'aime mieux vous déplaire,
Et crains votre douleur plus que votre colère.
Avant la fin du jour vous me justifierez.
Adieu, madame.
                    BÉRÉNICE.
            Oh ciel! quel discours! Demeurez.
Prince, c'est trop cacher mon trouble à votre vue :
Vous voyez devant vous une reine éperdue,
Qui, la mort dans le sein, vous demande deux mots.
Vous craignez, dites-vous, de troubler mon repos;
Et vos refus cruels, loin d'épargner ma peine,
Excitent ma douleur, ma colère, ma haine.
Seigneur, si mon repos vous est si précieux,
Si moi-même jamais je fus chère à vos yeux,
Eclaircissez le trouble où vous voyez mon ame.
Que vous a dit Titus?
                    ANTIOCHUS.
            Au nom des dieux, madame...
                    BÉRÉNICE.
Quoi! vous craignez si peu de me désobéir!
                    ANTIOCHUS.
Je n'ai qu'à vous parler pour me faire haïr.
                    BÉRÉNICE.
Je veux que vous parliez.
                    ANTIOCHUS.
            Dieux! quelle violence!
Madame, encore un coup, vous louerez mon silence.
                    BÉRÉNICE.
Prince, dès ce moment contentez mes souhaits,
Ou soyez de ma haine assuré pour jamais.
                    ANTIOCHUS.
Madame, après cela, je ne puis plus me taire.
Hé bien, vous le voulez, il faut vous satisfaire!
Mais ne vous flattez point; je vais vous annoncer
Peut-être des malheurs où vous n'oser penser.
Je connais votre cœur; vous devez vous attendre
Que je le vais frapper par l'endroit le plus tendre.
Titus m'a commandé...
                    BÉRÉNICE.
                Quoi?
                    ANTIOCHUS.
                    De vous déclarer
Qu'à jamais l'un de l'autre il faut vous séparer.
                    BÉRÉNICE.
Nous séparer! Qui? Moi! Titus de Bérénice?
                    ANTIOCHUS.
Il faut que devant vous je lui rende justice :
Tout ce que, dans un cœur sensible et généreux,
L'amour au désespoir peut rassembler d'affreux,
Je l'ai vu dans le sien. Il pleure, il vous adore.
Mais enfin que lui sert de vous aimer encore?
Une reine est suspecte à l'empire romain.
Il faut vous séparer, et vous partez demain.
                    BÉRÉNICE.
Nous séparer! Hélas! Phénice!
                    PHÉNICE.
                    Hé bien, madame,
Il faut montrer ici la grandeur de votre ame.
Ce coup sans doute est rude; il doit vous étonner.
                    BÉRÉNICE.
Après tant de serments, Titus m'abandonner!
Titus, qui me jurait... Non, je ne puis le croire;
Il ne me quitte point, il y va de sa gloire.
Contre son innocence on veut me prévenir.
Ce piège n'est tendu que pour nous désunir.
Titus m'aime, Titus ne veut point que je meure.
Allons le voir; je veux lui parler tout à l'heure.
Allons.

ANTIOCHUS.
Quoi! vous pourriez ici me regarder...
                    BÉRÉNICE.
Vous le souhaitez trop pour me persuader.
Non, je ne vous crois point. Mais, quoi qu'il en puisse être,
Pour jamais à mes yeux gardez-vous de paraître.
            (à Phénice.)
Ne m'abandonne point dans l'état où je suis.
Hélas! pour me tromper je fais ce que je puis.

SCÈNE IV.

ANTIOCHUS, ARSACE.

ANTIOCHUS.
Ne me trompé-je point? L'ai-je bien entendue?
Que je me garde, moi, de paraître à sa vue!
Je m'en garderai bien. Et ne partais-je pas,
Si Titus malgré moi n'eût arrêté mes pas?
Sans doute, il faut partir. Continuons, Arsace.
Elle croit m'affliger; sa haine me fait grace.
Tu me voyais tantôt inquiet, égaré;
Je partais amoureux, jaloux, désespéré;
Et maintenant, Arsace, après cette défense,
Je partirai peut-être avec indifférence.
                    ARSACE.
Moins que jamais, seigneur, il faut vous éloigner
                    ANTIOCHUS.
Moi! je demeurerai pour me voir dédaigner?
Des froideurs de Titus je serai responsable?
Je me verrai puni parce qu'il est coupable ?
Avec quelle injustice et quelle indignité
Elle doute, à mes yeux, de ma sincérité!
Titus l'aime, dit-elle, et moi je l'ai trahie.
L'ingrate! m'accuser de cette perfidie!
Et dans quel temps encor! dans le moment fatal
Que j'étale à ses yeux les pleurs de mon rival;
Que, pour la consoler, je le faisais paraître
Amoureux et constant, plus qu'il ne l'est peut-être
                    ARSACE.
Et de quel soin, seigneur, vous allez vous troubler?
Laissez à ce torrent le soin de s'écouler.   (passe.
Dans huit jours, dans un mois, n'importe, il faut qu'il
Demeurez seulement.
                    ANTIOCHUS.
            Non, je la quitte, Arsace.
Je sens qu'à sa douleur je pourrais compatir;
Ma gloire, mon repos, tout m'excite à partir.
Allons; et de si loin évitons la cruelle,
Que de long-temps, Arsace, on ne nous parle d'elle.
Toutefois il nous reste encore assez de jour:
Je vais dans mon palais attendre ton retour.
Va voir si la douleur ne l'a point trop saisie.
Cours; et partons du moins assurés de sa vie.

FIN DU TROISIÈME ACTE.

ACTE IV.

SCÈNE PREMIÈRE.

BÉRÉNICE.

Phénice ne vient point! Moments trop rigoureux,
Que vous paraissez lents à mes rapides vœux!
Je m'agite, je cours, languissante, abattue,
La force m'abandonne et le repos me tue.
Phénice ne vient point! Ah! que cette longueur
D'un présage funeste épouvante mon cœur!
Phénice n'aura point de réponse à me rendre;
Titus, l'ingrat Titus n'a point voulu l'entendre;
Il fuit, il se dérobe à ma juste fureur.

SCÈNE II.

BÉRÉNICE, PHÉNICE.

BÉRÉNICE.

Chère Phénice, hé bien! as-tu vu l'empereur?
Qu'a-t-il dit? viendra-t-il?

PHÉNICE.

Oui, je l'ai vu, madame,
Et j'ai peint à ses yeux le trouble de votre ame.
J'ai vu couler des pleurs qu'il voulait retenir.

BÉRÉNICE.

Vient-il?

PHÉNICE.

N'en doutez point, madame, il va venir.
Mais voulez-vous paraître en ce désordre extrême?
Remettez-vous, madame, et rentrez en vous-même.
Laissez-moi relever ces voiles détachés,
Et ces cheveux épars dont vos yeux sont cachés.
Souffrez que de vos pleurs je répare l'outrage.

BÉRÉNICE.

Laisse, laisse, Phénice: il verra son ouvrage.
Eh que m'importe, hélas! de ces vains ornements,
Si ma foi, si mes pleurs, si mes gémissements...
Mais que dis-je? mes pleurs! si ma perte certaine,
Si ma mort toute prête enfin ne le ramène,
Dis-moi, que produiront tes secours superflus,
Et tout ce faible éclat qui ne le touche plus?

PHÉNICE.

Pourquoi lui faites-vous cet injuste reproche?
J'entends du bruit, madame, et l'empereur s'approche.
Venez, fuyez la foule, et rentrons promptement:
Vous l'entretiendrez seul dans votre appartement.

SCÈNE III.

TITUS, PAULIN, SUITE.

TITUS.

De la reine, Paulin, flattez l'inquiétude;
Je vais la voir. Je veux un peu de solitude;
Que l'on me laisse.

PAULIN, à part.

O ciel! que je crains ce combat!
Grands dieux, sauvez la gloire et l'honneur de l'état!
Voyons la reine.

SCÈNE IV.

TITUS.

Hé bien! Titus, que viens-tu faire?
Bérénice t'attend. Où viens-tu, téméraire?
Tes adieux sont-ils prêts? T'es-tu bien consulté?
Ton cœur te promet-il assez de cruauté?
Car enfin au combat qui pour toi se prépare,
C'est peu d'être constant, il faut être barbare.
Soutiendrai-je ces yeux dont la douce langueur
Sait si bien découvrir les chemins de mon cœur?
Quand je verrai ces yeux armés de tous leurs charmes
Attachés sur les miens, m'accabler de leurs larmes,
Me souviendrai-je alors de mon triste devoir?
Pourrai-je dire enfin: Je ne veux plus vous voir?
Je viens percer un cœur que j'adore, qui m'aime,
Et pourquoi le percer? Qui l'ordonne? Moi-même:
Car enfin Rome a-t-elle expliqué ses souhaits?
L'entendons-nous crier autour de ce palais?
Vois-je l'état penchant au bord du précipice?
Ne le puis-je sauver que par ce sacrifice?
Tout se tait; et moi seul, trop prompt à me troubler,
J'avance des malheurs que je puis reculer.
Et qui sait si, sensible aux vertus de la reine,
Rome ne voudra point l'avouer pour Romaine?
Rome peut par son choix justifier le mien.
Non, non encore un coup, ne précipitons rien.
Que Rome avec ses lois mette dans la balance
Tant de pleurs, tant d'amour, tant de persévérance;
Rome sera pour nous... Titus, ouvre les yeux!
Quel air respires-tu? N'es-tu pas dans ces lieux
Où la haine des rois, avec le lait sucée,
Par crainte ou par amour ne peut être effacée?
Rome jugea ta reine en condamnant ses rois.
N'as-tu pas en naissant entendu cette voix?
Et n'as-tu pas encore oui la renommée
T'annoncer ton devoir jusque dans ton armée?
Et lorsque Bérénice arriva sur tes pas,
Ce que Rome en jugeait ne l'entendais-tu pas?
Faut-il donc tant de fois te le faire redire?
Ah, lâche! fais l'amour, et renonce à l'empire;
Au bout de l'univers va, cours te confiner,
Et fais place à des cœurs plus dignes de régner.
Sont-ce là ces projets de grandeur et de gloire
Qui doivent dans les cœurs consacrer ma mémoire?
Depuis huit jours je règne; et, jusques à ce jour,
Qu'ai-je fait pour l'honneur? J'ai tout fait pour l'amour.
D'un temps si précieux quel compte dois-je rendre?
Où sont ces heureux jours que je faisais attendre?
Quels pleurs ai-je séchés, dans quels yeux satisfaits
Ai-je déjà goûté le fruit de mes bienfaits?
L'univers a-t-il vu changer ses destinées?
Sais-je combien le ciel m'a compté de journées?
Et de ce peu de jours si longtemps attendus,
Ah, malheureux! combien j'en ai déjà perdus!
Ne tardons plus: faisons ce que l'honneur exige;
Rompons le seul lien...

SCÈNE V.

BÉRÉNICE, TITUS.

BÉRÉNICE, en sortant de son appartement.

Non, laissez-moi, vous dis-je.
En vain tous vos conseils me retiennent ici.
Il faut que je le voie. Ah, seigneur! vous voici!
Hé bien, il est donc vrai que Titus m'abandonne!
Il faut nous séparer! et c'est lui qui l'ordonne!

TITUS.

N'accablez point, madame, un prince malheureux.
Il ne faut point ici nous attendrir tous deux.
Un trouble assez cruel m'agite et me dévore,
Sans que des pleurs si chers me déchirent encore.
Rappelez bien plutôt ce cœur qui, tant de fois,
M'a fait de mon devoir reconnaître la voix;
Il en est temps. Forcez votre amour à se taire;
Et d'un œil que la gloire et la raison éclaire
Contemplez mon devoir dans toute sa rigueur.
Vous-même, contre vous, fortifiez mon cœur;
Aidez-moi, s'il se peut, à vaincre ma faiblesse,
A retenir des pleurs qui m'échappent sans cesse;
Ou, si nous ne pouvons commander à nos pleurs,
Que la gloire du moins soutienne nos douleurs,
Et que tout l'univers reconnaisse sans peine
Les pleurs d'un empereur et les pleurs d'une reine.
Par enfin, ma princesse, il faut nous séparer.

BÉRÉNICE.

Ah, cruel! est-il temps de me le déclarer?
Qu'avez-vous fait? Hélas! je me suis crue aimée;
Au plaisir de vous voir mon ame accoutumée
Ne vit plus que pour vous. Ignoriez-vous vos lois
Quand je vous l'avouai pour la première fois?
A quel excès d'amour m'avez-vous amenée!
Que ne me disiez-vous: « Princesse infortunée,

« Où vas-tu t engager, et quel est ton espoir?
« Ne donne point un cœur qu'on ne peut recevoir. »
Ne l'avez-vous reçu, cruel, que pour le rendre,
Quand de vos seules mains ce cœur voudrait dépendre?
Tout l'empire a vingt fois conspiré contre nous.
Il était temps encor: que ne me quittiez-vous?
Mille raisons alors consolaient ma misère :
Je pouvais de ma mort accuser votre père,
Le peuple, le sénat, tout l'empire romain,
Tout l'univers, plutôt qu'une si chère main.
Leur haine, dès longtemps contre moi déclarée,
M'avait à mon malheur dès longtemps préparée.
Je n'aurais pas, seigneur, reçu ce coup cruel
Dans le temps que j'espère un bonheur immortel,
Quand votre heureux amour peut tout ce qu'il désire,
Lorsque Rome se tait, quand votre père expire,
Lorsque tout l'univers fléchit à vos genoux,
Enfin quand je n'ai plus à redouter que vous.

TITUS.

Et c'est moi seul aussi qui pouvais me détruire.
Je pouvais vivre alors et me laisser séduire;
Mon cœur se gardait bien d'aller dans l'avenir
Chercher ce qui pouvait un jour nous désunir.
Je voulais qu'à mes vœux rien ne fût invincible,
Je n'examinais rien, j'espérais l'impossible.
Que sais-je? j'espérais de mourir à vos yeux,
Avant que d'en venir à ces cruels adieux.
Les obstacles semblaient renouveler ma flamme.
Tout l'empire parlait : mais la gloire, madame,
Ne s'était point encor fait entendre à mon cœur
Du ton dont elle parle au cœur d'un empereur.
Je sais tous les tourments où ce dessein me livre,
Je sens bien que sans vous je ne saurais plus vivre,
Que mon cœur de moi-même est prêt à s'éloigner,
Mais il ne s'agit plus de vivre, il faut régner.

BÉRÉNICE.

Hé bien! régnez, cruel, contentez votre gloire:
Je ne dispute plus. J'attendais, pour vous croire,
Que cette même bouche, après mille serments
D'un amour qui devait unir tous nos moments,
Cette bouche, à mes yeux s'avouant infidèle,
M'ordonnât elle-même une absence éternelle.
Moi-même j'ai voulu vous entendre en ce lieu.
Je n'écoute plus rien : et, pour jamais, adieu...
Pour jamais! Ah, seigneur! songez-vous en vous-même
Combien ce mot cruel est affreux quand on aime!
Dans un mois, dans un an, comment souffrirons-nous,
Seigneur, que tant de mers me séparent de vous;
Que le jour recommence, et que le jour finisse,
Sans que jamais Titus puisse voir Bérénice,
Sans que, de tout le jour, je puisse voir Titus?
Mais quelle est mon erreur, et que de soins perdus!
L'ingrat, de mon départ consolé par avance,
Daignera-t-il compter les jours de mon absence !
Ces jours si longs pour moi lui sembleront trop courts.

TITUS.

Je n'aurai pas, madame, à compter tant de jours :
J'espère que bientôt la triste renommée
Vous fera confesser que vous étiez aimée.
Vous verrez que Titus n'a pu, sans expirer...

BÉRÉNICE.

Ah, seigneur! s'il est vrai, pourquoi nous séparer?
Je ne vous parle point d'un heureux hyménée.
Rome à ne vous plus voir m'a-t-elle condamnée ?
Pourquoi m'enviez-vous l'air que vous respirez ?

TITUS.

Hélas! vous pouvez tout, madame. Demeurez;
Je n'y résiste point. Mais je sens ma faiblesse:
Il faudra vous combattre et vous craindre sans cesse,
Et sans cesse veiller à retenir mes pas
Que vers vous à toute heure entraînent vos appas.
Que dis-je? en ce moment, mon cœur, hors de lui-même
S'oublie, et se souvient seulement qu'il vous aime.

BÉRÉNICE.

Hé bien! seigneur, hé bien, qu'en peut-il arriver?
Voyez-vous les Romains prêts à se soulever ?

TITUS.

Et qui sait de quel œil ils prendront cette injure.
S'ils parlent, si les cris succèdent au murmure,
Faudra-t-il par le sang justifier mon choix?
S'ils se taisent, madame, et me vendent leurs lois,
A quoi m'exposez-vous? par quelle complaisance
Faudra-t-il quelque jour payer leur patience?
Que n'oseront-ils point alors me demander?
Maintiendrai-je des lois que je ne puis garder?

BÉRÉNICE.

Vous ne comptez pour rien les pleurs de Bérénice!

TITUS.

Je les compte pour rien! Ah, ciel! quelle injustice!

BÉRÉNICE.

Quoi! pour d'injustes lois que vous pouvez changer,
En d'éternels chagrins vous-même vous plonger !
Rome a ses droits, seigneur; n'avez-vous pas les vôtres?
Ses intérêts sont-ils plus sacrés que les nôtres?
Dites, parlez.

TITUS.

Hélas ! que vous me déchirez !

BÉRÉNICE.

Vous êtes empereur, seigneur, et vous pleurez !

TITUS.

Oui, madame, il est vrai, je pleure, je soupire,
Je frémis. Mais enfin, quand j'acceptai l'empire,
Rome me fit jurer de maintenir ses droits :
Je dois les maintenir. Déjà, plus d'une fois,
Rome a de mes pareils exercé la constance.
Ah! si vous remontiez jusques à sa naissance,
Vous les verriez toujours à ses ordres soumis:
L'un, jaloux de sa foi, va chez les ennemis
Chercher, avec la mort, la peine toute prête;
D'un fils victorieux l'autre proscrit la tête :
L'autre, avec des yeux secs, et presque indifférents,
Voit mourir ses deux fils par son ordre expirants.
Malheureux ! Mais toujours la patrie et la gloire
Ont parmi les Romains remporté la victoire.
Je sais qu'en vous quittant le malheureux Titus
Passe l'austérité de toutes leurs vertus;
Qu'elle n'approche point de cet effort insigne :
Mais, madame, après tout, me croyez-vous indigne
De laisser un exemple à la postérité,
Qui, sans de grands efforts, ne puisse être imité?

BÉRÉNICE.

Non, je crois tout facile à votre barbarie.
Je vous crois digne, ingrat, de m'arracher la vie.
De tous vos sentiments mon cœur est éclairci.
Je ne vous parle plus de me laisser ici :
Qui? moi, j'aurais voulu, honteuse et méprisée,
D'un peuple qui me hait soutenir la risée?
J'ai voulu vous pousser jusques à ce refus
C'en est fait, et bientôt vous ne me craindrez plus.
N'attendez pas ici que j'éclate en injures,
Que j'atteste le ciel, ennemi des parjures;
Non : si le ciel encore est touché de mes pleurs,
Je le prie, en mourant, d'oublier mes douleurs.
Si je forme des vœux contre votre injustice,
Si, devant que mourir, la triste Bérénice
Vous veut de son trépas laisser quelque vengeur,
Je ne le cherche, ingrat, qu'au fond de votre cœur.
Je sais que tant d'amour n'en peut être effacé;
Que ma douleur présente, et ma bonté passée,
Mon sang qu'en ce palais je veux même verser,
Sont autant d'ennemis que je vais vous laisser :
Et, sans me repentir de ma persévérance,
Je me remets sur eux de toute ma vengeance.
Adieu.

SCÈNE VI.

TITUS, PAULIN.

PAULIN.

Dans quel dessein vient-elle de sortir,
Seigneur ? est-elle enfin disposée à partir ?

TITUS.

Paulin, je suis perdu! je n'y pourrai survivre;
La reine veut mourir. Allons, il faut la suivre.
Courons à son secours.

PAULIN.

Hé quoi ! n'avez-vous pas,
Ordonné dès tantôt qu'on observe ses pas?

Ses femmes, à toute heure autour d'elle empressées
Sauront la détourner de ces tristes pensées. [coups,
Non, non, ne craignez rien. Voila les plus grands
Seigneur; continuez, la victoire est à vous.
Je sais que sans pitié vous n'avez pu l'entendre.
Moi-même en la voyant je n'ai pu m'en défendre;
Mais regardez plus loin : songez en ce malheur,
Quelle gloire va suivre un moment de douleur,
Quels applaudissements l'univers vous prépare,
Quel rang dans l'avenir...

TITUS.
Non, je suis un barbare;
Moi-même je me hais. Néron, tant détesté,
N'a point à cet excès poussé sa cruauté,
Je ne souffrirai point que Bérénice expire.
Allons, Rome en dira ce qu'elle en voudra dire.

PAULIN.
Quoi, seigneur!

TITUS.
Je ne sais, Paulin, ce que je dis;
L'excès de ma douleur accable mes esprits.

PAULIN.
Ne troublez point le cours de votre renommée;
Déjà de vos adieux la nouvelle est semée;
Rome, qui gémissait, triomphe avec raison;
Tous les temples ouverts fument en votre nom;
Et le peuple, élevant vos vertus jusqu'aux nues,
Va partout de lauriers couronner vos statues.

TITUS.
Ah, Rome! Ah, Bérénice! Ah, prince malheureux!
Pourquoi suis-je empereur? Pourquoi suis-je amoureux?

SCÈNE VII.

TITUS, ANTIOCHUS, PAULIN, ARSACE.

ANTIOCHUS.
Qu'avez-vous fait, seigneur? l'aimable Bérénice
Va peut-être expirer dans les bras de Phénice.
Elle n'entend ni pleurs, ni conseils, ni raison;
Elle implore à grands cris le fer et le poison.
Vous seul vous lui pouvez arracher cette envie :
On vous nomme, et ce nom la rappelle à la vie.
Ses yeux, toujours tournés vers votre appartement,
Semblent vous demander de moment en moment.
Je n'y puis résister, ce spectacle me tue.
Que tardez-vous? allez vous montrer à sa vue.
Sauvez tant de vertus, de graces, de beauté,
Ou renoncez, seigneur, à toute humanité.
Dites un mot.

TITUS.
Hélas! quel mot puis-je lui dire?
Moi-même, en ce moment, sais-je si je respire?

SCÈNE VIII.

TITUS, ANTIOCHUS, PAULIN, ARSACE, RUTILE.

RUTILE.
Seigneur, tous les tribuns, les consuls, le sénat,
Viennent vous demander au nom de tout l'état.
Un grand peuple les suit, qui, plein d'impatience,
Dans votre appartement attend votre présence.

TITUS.
Je vous entends, grands dieux! vous voulez rassurer
Ce cœur que vous voyez tout prêt à s'égarer!

PAULIN.
Venez, seigneur, passons dans la chambre prochaine;
Allons voir le sénat.

ANTIOCHUS.
Ah! courez chez la reine.

PAULIN.
Quoi! vous pourriez, seigneur, par cette indignité,
De l'empire à vos pieds fouler la majesté?
Rome..

TITUS.
Il suffit, Paulin, nous allons les entendre.
(à *Antiochus*.)
Prince, de ce devoir je ne puis me défendre.
Voyez la reine. Allez. J'espère, à mon retour,
Qu'elle ne pourra plus douter de mon amour.

FIN DU QUATRIÈME ACTE.

ACTE V.

SCÈNE PREMIÈRE.

ARSACE.
Où pourrais-je trouver ce prince trop fidèle?
Ciel, conduisez mes pas, et secondez mon zèle :
Faites qu'en ce moment je lui puisse annoncer
Un bonheur où peut-être il n'ose plus penser!

SCÈNE II.

ANTIOCHUS, ARSACE.

ARSACE.
Ah! quel heureux destin en ces lieux vous envoie,
Seigneur?

ANTIOCHUS.
Si mon retour t'apporte quelque joie,
Arsace, rends-en grace à mon seul désespoir.

ARSACE.
La reine part, seigneur.

ANTIOCHUS.
Elle part?

ARSACE.
Dès ce soir;
Ses ordres sont donnés. Elle s'est offensée
Que Titus à ses pleurs l'ait si longtemps laissée.
Un généreux dépit succède à sa fureur :
Bérénice renonce à Rome, à l'empereur;
Et même veut partir avant que Rome instruite
Puisse voir son désordre et jouir de sa fuite.
Elle écrit à César.

ANTIOCHUS.
O ciel! qui l'aurait cru?
Et Titus?

A ses yeux Titus n'a point paru,
Le peuple avec transport l'arrête et l'environne,
Applaudissant aux noms que le sénat lui donne;
Et ces noms, ces respects, ces applaudissements,
Deviennent pour Titus autant d'engagements,
Qui, le liant, seigneur, d'une honorable chaîne,
Malgré tous ses soupirs, et les pleurs de la reine,
Fixent dans son devoir ses vœux irrésolus.
C'en est fait; et peut-être il ne la verra plus.

ANTIOCHUS.

Que de sujets d'espoir, Arsace! je l'avoue;
Mais d'un soin si cruel la fortune me joue,
J'ai vu tous mes projets tant de fois démentis,
Que j'écoute en tremblant tout ce que tu me dis;
Et mon cœur, prévenu d'une crainte importune,
Croit, même en espérant, irriter la fortune.
Mais que vois-je? Titus porte vers nous ses pas!
Que veut-il?

SCÈNE III.

TITUS, ANTIOCHUS, ARSACE.

TITUS, *à sa suite.*

Demeurez; qu'on ne me suive pas.
(*à Antiochus.*)
Enfin, prince, je viens dégager ma promesse.
Bérénice m'occupe et m'afflige sans cesse.
Je viens, le cœur percé de ses pleurs et des siens,
Calmer des déplaisirs moins cruels que les miens,
Venez, prince, venez; je veux bien que vous-même
Pour la dernière fois vous voyiez si je l'aime.

SCÈNE IV.

ANTIOCHUS, ARSACE.

ANTIOCHUS.

Hé bien, voilà l'espoir que tu m'avais rendu!
Et tu vois le triomphe où j'étais attendu!
Bérénice partait justement irritée!
Pour ne la plus revoir, Titus l'avait quittée!
Qu'ai-je donc fait, grands dieux? Quel cours infortuné
A ma funeste vie aviez-vous destiné?
Tous mes moments ne sont qu'un éternel passage
De la crainte à l'espoir, de l'espoir à la rage.
Et je respire encor! Bérénice! Titus!
Dieux cruels! de mes pleurs vous ne vous rirez plus.

SCÈNE V.

TITUS, BÉRÉNICE, PHÉNICE.

BÉRÉNICE.

Non, je n'écoute rien. Me voilà résolue:
Je veux partir. Pourquoi vous montrer à ma vue?
Pourquoi venir encore aigrir mon désespoir?
N'êtes-vous pas content? Je ne veux plus vous voir.

TITUS.

Mais, de grace, écoutez.

BÉRÉNICE.

Il n'est plus temps.

TITUS.

Madame,
Un mot.

BÉRÉNICE.

Non.

TITUS.

Dans quel trouble elle jette mon ame!
Ma princesse, d'où vient ce changement soudain?

BÉRÉNICE.

C'en est fait. Vous voulez que je parte demain;
Et moi, j'ai résolu de partir tout à l'heure:
Et je pars.

TITUS.

Demeurez.

BÉRÉNICE.

Ingrat! que je demeure!
Et pourquoi? pour entendre un peuple injurieux
Qui fait de mon malheur retentir tous ces lieux?
Ne l'entendez-vous pas, cette cruelle joie,
Tandis que dans les pleurs moi seule je me noie?
Quel crime, quelle offense a pu les animer?
Hélas! et qu'ai-je fait que de vous trop aimer?

TITUS.

Ecoutez-vous, madame, une foule insensée?

BÉRÉNICE.

Je ne vois rien ici dont je ne sois blessée.
Tout cet appartement préparé par vos soins,
Ces lieux, de mon amour si longtemps les témoins,
Qui semblaient pour jamais me répondre du vôtre,
Ces festons, où nos noms enlacés l'un dans l'autre
A mes tristes regards viennent partout s'offrir,
Sont autant d'imposteurs que je ne puis souffrir.
Allons, Phénice.

TITUS.

O ciel! Que vous êtes injuste!

BÉRÉNICE.

Retournez, retournez vers ce sénat auguste
Qui vient vous applaudir de votre cruauté.
Hé bien! avec plaisir l'avez-vous écouté?
Êtes-vous pleinement content de votre gloire?
Avez-vous bien promis d'oublier ma mémoire?
Mais ce n'est pas assez expier vos amours:
Avez-vous bien promis de me haïr toujours?

TITUS.

Non, je n'ai rien promis. Moi, que je vous haïsse!
Que je puisse jamais oublier Bérénice!
Ah, dieux! dans quel moment son injuste rigueur
De ce cruel soupçon vient affliger mon cœur!
Connaissez-moi, madame; et depuis cinq années
Comptez tous les moments et toutes les journées
Où, par plus de transports et par plus de soupirs,
Je vous ai de mon cœur exprimé les désirs;
Ce jour surpasse tout. Jamais, je le confesse,
Vous ne fûtes aimée avec tant de tendresse;
Et jamais.

BÉRÉNICE.

Vous m'aimez, vous me le soutenez;
Et cependant je pars, et vous me l'ordonnez!
Quoi! dans mon désespoir trouvez-vous tant de charmes?
Craignez-vous que mes yeux versent trop peu de larmes?
Que me sert de ce cœur l'inutile retour?
Ah, cruel! par pitié montrez-moi moins d'amour;
Ne me rappelez pas une trop chère idée,
Et laissez-moi du moins partir persuadée
Que, déjà de votre ame exilée en secret,
J'abandonne un ingrat qui me perd sans regret.
(*Titus lit une lettre.*)
Vous m'avez arraché ce que je viens d'écrire.
Voilà de votre amour tout ce que je désire:
Lisez, ingrat, lisez, et me laissez sortir.

TITUS.

Vous ne sortirez point, je n'y puis consentir.
Quoi! ce départ n'est donc qu'un cruel stratagème!
Vous cherchez à mourir! et de tout ce que j'aime
Il ne restera plus qu'un triste souvenir!
Qu'on cherche Antiochus, qu'on le fasse venir.
(*Bérénice se laisse tomber sur un siège.*)

SCÈNE VI.

TITUS, BÉRÉNICE.

TITUS.

Madame, il faut vous faire un aveu véritable:
Lorsque j'envisageai le moment redoutable
Où, pressé par les lois d'un austère devoir,
Il fallait pour jamais renoncer à vous voir;
Quand de ce triste adieu je prévis les approches,
Mes craintes, mes combats, vos larmes, vos reproches,
Je préparai mon ame à toutes les douleurs
Que peut faire sentir le plus grand des malheurs;
Mais, quoique je craignisse, il faut que je le die,
Je n'en avais prévu que la moindre partie;
Je croyais ma vertu moins prête à succomber,
Et j'ai honte du trouble où je la vois tomber.
J'ai vu devant mes yeux Rome entière assemblée;
Le sénat m'a parlé: mais mon ame accablée

Écoutait sans entendre, et ne leur a laissé,
Pour prix de leurs transports, qu'un silence glacé.
Rome de votre sort est encore incertaine :
Moi-même à tous moments je me souviens à peine
Si je suis empereur, ou si je suis Romain.
Je suis venu vers vous sans savoir mon dessein :
Mon amour m'entraînait, et je venais peut-être
Pour me chercher moi-même, et pour me reconnaître.
Qu'ai-je trouvé? Je vois la mort peinte en vos yeux;
Je vois pour la chercher que vous quittez ces lieux :
C'en est trop. Ma douleur, à cette triste vue,
A son dernier excès est enfin parvenue :
Je ressens tous les maux que je puis ressentir;
Mais je vois le chemin par où j'en puis sortir.
Ne vous attendez point que, las de tant d'alarmes,
Par un heureux hymen je tarisse vos larmes :
En quelque extrémité que vous m'ayez réduit,
Ma gloire inexorable à toute heure me suit;
Sans cesse elle présente à mon âme étonnée
L'empire incompatible avec votre hyménée,
Me dit qu'après l'éclat et les pas que j'ai faits,
Je dois vous épouser encor moins que jamais.
Oui, madame; et je dois moins encore vous dire
Que je suis prêt pour vous d'abandonner l'empire,
De vous suivre, et d'aller, trop content de mes fers,
Soupirer avec vous au bout de l'univers.
Vous-même rougiriez de ma lâche conduite;
Vous verriez à regret marcher à votre suite
Un indigne empereur sans empire, sans cour,
Vil spectacle aux humains des faiblesses d'amour.
Pour sortir des tourments dont mon âme est la proie,
Il est, vous le savez, une plus noble voie;
Je me suis vu, madame, enseigner ce chemin
Et par plus d'un héros, et par plus d'un Romain :
Lorsque trop de malheurs ont lassé leur constance,
Ils ont tous expliqué cette persévérance
Dont le sort s'attachait à les persécuter,
Comme un ordre secret de n'y plus résister.
Si vos pleurs longtemps viennent frapper ma vue,
Si toujours à mourir je vous vois résolue,
S'il faut qu'à tout moment je tremble pour vos jours,
Si vous ne me jurez d'en respecter le cours,
Madame, à d'autres pleurs vous devez vous attendre ;
En l'état où je suis je puis tout entreprendre :
Et je ne réponds pas que ma main à vos yeux
N'ensanglante à la fin nos funestes adieux.

BÉRÉNICE.
Hélas!

TITUS.
Non, il n'est rien dont je ne sois capable.
Vous voilà de mes jours maintenant responsable.
Songez-y bien, madame; et si je vous suis cher...

SCÈNE VII.
TITUS, BÉRÉNICE, ANTIOCHUS.

TITUS.
Venez, prince, venez, je vous ai fait chercher.
Soyez ici témoin de toute ma faiblesse :
Voyez si c'est aimer avec peu de tendresse.
Jugez-nous.

ANTIOCHUS.
Je crois tout : je vous connais tous deux
Mais connaissez vous-même un prince malheureux.
Vous m'avez honoré, seigneur, de votre estime :
Et moi, je puis ici vous le jurer sans crime,
A vos plus chers amis j'ai disputé ce rang;
Je l'ai disputé même aux dépens de mon sang;
Vous m'avez malgré moi confié, l'un et l'autre,
La reine son amour, et vous, seigneur, le vôtre.
La reine, qui m'entend peut me désavouer :
Elle m'a vu toujours ardent à vous louer,
Répondre par mes soins à votre confidence.
Vous croyez m'en devoir quelque reconnaissance ·
Mais le pourriez-vous croire, en ce moment fatal,
Qu'un ami si fidèle était votre rival?

TITUS.
Mon rival!

ANTIOCHUS.
Il est temps que je vous éclaircisse.
Oui, seigneur, j'ai toujours adoré Bérénice.
Pour ne la plus aimer j'ai cent fois combattu :
Je n'ai pu l'oublier, au moins je me suis tu.
De votre changement la flatteuse apparence
M'avait rendu tantôt quelque faible espérance :
Les larmes de la reine ont éteint cet espoir.
Ses yeux, baignés de pleurs, demandaient à vous voir
Je suis venu, seigneur, vous appeler moi-même;
Vous êtes revenu. Vous aimez, on vous aime;
Vous vous êtes rendu : je n'en ai point douté.
Pour la dernière fois je me suis consulté;
J'ai fait de mon courage une épreuve dernière,
Je viens de rappeler ma raison tout entière :
Jamais je ne me suis senti plus amoureux.
Il faut d'autres efforts pour rompre tant de nœuds :
Ce n'est qu'en expirant que je puis les détruire;
J'y cours. Voilà de quoi j'ai voulu vous instruire.
Oui, madame, vers vous j'ai rappelé ses pas,
Mes soins ont réussi, je ne m'en repens pas.
Puisse le ciel verser sur toutes vos années
Mille prospérités l'une à l'autre enchaînées!
Ou, s'il vous garde encore un reste de courroux,
Je conjure les dieux d'épuiser tous les coups
Qui pourraient menacer une si belle vie,
Sur ces jours malheureux que je vous sacrifie.

BÉRÉNICE, se levant.
Arrêtez, arrêtez! princes trop généreux,
En quelle extrémité me jetez-vous tous deux!
Soit que je vous regarde, ou que je l'envisage,
Partout du désespoir je rencontre l'image,
Je ne vois que des pleurs, et je n'entends parler
Que de trouble, d'horreurs, de sang prêt à couler.
(à Titus.)
Mon cœur vous est connu, seigneur, et je puis dire
Qu'on ne l'a jamais vu soupirer pour l'empire :
La grandeur des Romains, la pourpre des Césars,
N'a point, vous le savez, attiré mes regards.
J'aimais, seigneur, j'aimais, je voulais être aimée.
Ce jour, je l'avouerai, je me suis alarmée;
J'ai cru que votre amour allait finir son cours.
Je connais mon erreur, et vous m'aimez toujours.
Votre cœur s'est troublé, j'ai vu couler vos larmes
Bérénice, seigneur, ne vaut point tant d'alarmes,
Ni que par votre amour l'univers malheureux,
Dans le temps que Titus attire tous ses vœux,
Et que de vos vertus il goûte les prémices,
Se voie en un moment enlever ses délices.
Je crois, depuis cinq ans jusqu'à ce dernier jour,
Vous avoir assuré d'un véritable amour.
Ce n'est pas tout : je veux, en ce moment funeste,
Par un dernier effort couronner tout le reste :
Je vivrai, je suivrai vos ordres absolus.
Adieu, seigneur, régnez : je ne vous verrai plus.
(à Antiochus.)
Prince, après cet adieu, vous jugez bien vous-même
Que je ne consens pas de quitter ce que j'aime
Pour aller loin de Rome écouter d'autres vœux.
Vivez, et faites-vous un effort généreux.
Sur Titus et sur moi réglez votre conduite ;
Je l'aime, je le fuis; Titus m'aime, il me quitte,
Portez loin de mes yeux vos soupirs et vos fers.
Adieu. Servons tous trois d'exemple à l'univers
De l'amour la plus tendre et la plus malheureuse
Dont il puisse garder l'histoire douloureuse.
Tout est prêt. On m'attend. Ne suivez point mes pas.
(à Titus.)
Pour la dernière fois, adieu, seigneur.

ANTIOCHUS.
Hélas !

FIN DE BÉRÉNICE.

BAJAZET,

TRAGÉDIE.

1672.

PRÉFACE.

Sultan Amurat, ou sultan Morat, empereur des Turcs, celui qui prit Babylone en 1638, a eu quatre frères. Le premier, c'est à savoir Osman, fut empereur avant lui, et régna environ trois ans, au bout desquels les janissaires lui ôtèrent l'empire et la vie. Le second se nommait Orcan. Amurat, dès les premiers jours de son règne, le fit étrangler. Le troisième était Bajazet, prince de grande espérance : et c'est lui qui est le héros de ma tragédie. Amurat, ou par politique, ou par amitié, l'avait épargné jusqu'au siège de Babylone. Après la prise de cette ville, le sultan victorieux envoya un ordre à Constantinople pour le faire mourir : ce qui fut conduit et exécuté à peu près de la manière que je le représente. Amurat avait encore un frère, qui fut depuis le sultan Ibrahim, et que ce même Amurat négligea comme un prince stupide, qui ne lui donnait point d'ombrage. Sultan Mahomet, qui règne aujourd'hui, est fils de cet Ibrahim, et par conséquent neveu de Bajazet.

Les particularités de la mort de Bajazet ne sont encore dans aucune histoire imprimée. M. le comte de Cézy était ambassadeur à Constantinople lorsque cette aventure tragique arriva dans le sérail. Il fut instruit des amours de Bajazet, et des jalousies de la sultane ; il vit même plusieurs fois Bajazet, à qui on permettait de se promener quelquefois à la pointe du sérail, sur le canal de la mer Noire. M. le comte de Cézy disait que c'était un prince de bonne mine. Il a écrit depuis les circonstances de sa mort ; il y a encore plusieurs personnes de qualités qui se souviennent de lui en avoir entendu faire le récit lorsqu'il fut de retour en France.

Quelques lecteurs pourront s'étonner qu'on ait osé mettre sur la scène une histoire si récente ; mais je n'ai rien vu dans les règles du poème dramatique qui dût me détourner de mon entreprise. A la vérité, je ne conseillerais pas à un auteur de prendre pour sujet d'une tragédie une action aussi moderne que celle-ci, si elle s'était passée dans le pays où il veut faire représenter sa tragédie, ni de mettre des héros sur le théâtre, qui auraient été connus de la plupart des spectateurs. Les personnages tragiques doivent être regardés d'un autre œil que nous regardons d'ordinaire les personnages que nous avons vus de si près. On peut dire que le respect que l'on a pour les héros augmente à mesure qu'ils s'éloignent de nous : *major e longinquo reverentia*. L'éloignement des pays répare en quelque sorte la trop grande proximité des temps ; car le peuple ne met guère de différence entre ce qui est, si j'ose ainsi parler, à mille ans de lui, et ce qui en est à mille lieues. C'est ce qui fait, par exemple, que les personnages turcs, quelque modernes qu'ils soient, ont de la dignité sur notre théâtre : on les regarde de bonne heure comme anciens. Ce sont des mœurs et des coutumes toutes différentes. Nous avons si peu de commerce avec les princes, et les autres personnes qui vivent dans le sérail, que nous les considérons, pour ainsi dire, comme des gens qui vivent dans un autre siècle que le nôtre.

C'était à peu près de cette manière que les Persans étaient anciennement considérés des Athéniens. Aussi le poète Eschyle ne fit point de difficulté d'introduire dans une tragédie la mère de Xerxès, qui était peut-être encore vivante, et de faire représenter sur le théâtre d'Athènes la désolation de la cour de Perse, après la déroute de ce prince. Cependant ce même Eschyle s'était trouvé en personne à la bataille de Salamine où Xerxès avait été vaincu ; et il s'était trouvé encore à la défaite des lieutenants de Darius, père de Xerxès, dans la plaine de Marathon : car Eschyle était homme de guerre, et il était frère de ce fameux Cynégire, dont il est tant parlé dans l'antiquité, et qui mourut si glorieusement en attaquant un des vaisseaux du roi de Perse *.

---

* Dans toutes les éditions antérieures à celle de 1697, le paragraphe suivant terminait cette préface :
« Je me suis attaché à bien exprimer dans ma tragédie ce « que nous savons des mœurs et des maximes des Turcs. Quel-« ques gens ont dit que mes héroïnes étaient trop savantes en « amour et trop délicates pour des femmes nées parmi des « peuples qui passent ici pour barbares. Mais, sans parler de « tout ce qu'on lit dans les relations des voyageurs, il me sem-« ble qu'il suffit de dire que la scène est dans le sérail. En « effet, y a-t-il au monde où la jalousie et l'amour « doivent être si bien connus que dans un lieu où tant de ri-« vales sont enfermées ensemble, et où toutes les femmes n'ont « point d'autre étude, dans une éternelle oisiveté, que d'ap-« prendre à plaire et à se faire aimer ! Les hommes vraisem-« blablement n'y aiment pas avec la même délicatesse. Aussi « ai-je pris soin de mettre une grande différence entre la pas-« sion de Bajazet et les tendresses de ses amantes. Il garde « au milieu de son amour la férocité de sa nation. Et si l'on « trouve étrange qu'il consente plutôt de mourir que d'aban-« donner ce qu'il aime, et d'épouser ce qu'il n'aime pas, il ne « faut pas lire l'histoire des Turcs ; on verra partout le mépris « qu'ils font de la vie, on verra en plusieurs endroits à quels « excès ils portent les passions, et ce que la simple amitié est « capable de leur faire faire : témoin un des fils de Soliman, qui « se tua lui-même sur le corps de son frère aîné, qu'il aimait « tendrement, et que l'on avait fait mourir pour lui assurer « l'empire. »
A. MARTIN.

FIN DE LA PREFACE.

PERSONNAGES.

BAJAZET, frère du sultan Amurat.
ROXANE, sultane favorite du sultan Amurat.
ATALIDE, fille du sang ottoman.
ACOMAT, grand-visir.
OSMIN, confident du grand-visir.
ZATIME, esclave de la sultane.
ZAIRE, esclave d'Atalide.
GARDES.

La scène est à Constantinople, autrement dite Byzance, dans le sérail du grand-seigneur.

BAJAZET.

ACTE PREMIER.

SCÈNE PREMIÈRE.
ACOMAT, OSMIN.

ACOMAT.

Viens, suis-moi. La sultane en ce lieu se doit rendre.
Je pourrai cependant te parler et t'entendre.

OSMIN.

Et depuis quand, seigneur, entre-t-on dans ces lieux
Dont l'accès était même interdit à nos yeux?
Jadis une mort prompte eût suivi cette audace.

ACOMAT.

Quand tu seras instruit de tout ce qui se passe,
Mon entrée en ces lieux ne te surprendra plus.
Mais laissons, cher Osmin, les discours superflus.
Que ton retour tardait à mon impatience!
Et que d'un œil content je te vois dans Byzance!
Instruis-moi des secrets que peut t'avoir appris
Un voyage si long, pour moi seul entrepris.
De ce qu'ont vu tes yeux parle en témoin sincère;
Songe que du récit, Osmin, que tu vas faire,
Dépendent les destins de l'empire ottoman.
Qu'as-tu vu dans l'armée, et que fait le sultan?

OSMIN.

Babylone, seigneur, à son prince fidèle,
Voyait sans s'étonner notre armée autour d'elle;
Les Persans rassemblés marchaient à son secours,
Et du camp d'Amurat s'approchaient tous les jours.
Lui-même, fatigué d'un long siège inutile,
Semblait vouloir laisser Babylone tranquille,
Et, sans renouveler ses assauts impuissants,
Résolu de combattre, attendait les Persans.
Mais, comme vous savez, malgré ma diligence,
Un long chemin sépare et le camp et Byzance;
Mille obstacles divers m'ont même traversé;
Et je puis ignorer tout ce qui s'est passé.

ACOMAT.

Que faisaient cependant nos braves janissaires?
Rendent-ils au sultan des hommages sincères?
Dans le secret des cœurs, Osmin, n'as-tu rien lu?
Amurat jouit-il d'un pouvoir absolu?

OSMIN.

Amurat est content, si nous le voulons croire,
Et semblait se promettre une heureuse victoire.
Mais en vain par ce calme il croit nous éblouir:
Il affecte un repos dont il ne peut jouir.
C'est en vain que, forçant ses soupçons ordinaires,
Il se rend accessible à tous les janissaires:
Il se souvient toujours que son inimitié
Voulut de ce grand corps retrancher la moitié,
Lorsque, pour affermir sa puissance nouvelle,
Il voulait, disait-il, sortir de leur tutelle.
Moi-même j'ai souvent entendu leurs discours;
Comme il les craint sans cesse, ils le craignent tou-
Ses caresses n'ont point effacé cette injure.   [jours:
Votre absence est pour eux un sujet de murmure:
Ils regrettent le temps à leur grand cœur si doux,
Lorsque assurés de vaincre ils combattaient sous vous.

ACOMAT.

Quoi! tu crois, cher Osmin, que ma gloire passée
Flatte encor leur valeur, et vit dans leur pensée?
Crois-tu qu'ils me suivraient encore avec plaisir,
Et qu'ils reconnaîtraient la voix de leur visir!

OSMIN.

Le succès du combat règlera leur conduite:
Il faut voir du sultan la victoire ou la fuite.
Quoiqu'à regret, seigneur, ils marchent sous ses lois,
Ils ont à soutenir le bruit de leurs exploits:
Ils ne trahiront point l'honneur de tant d'années,
Mais enfin le succès dépend des destinées.
Si l'heureux Amurat, secondant leur grand cœur,
Aux champs de Babylone est déclaré vainqueur,
Vous les verrez soumis, rapporter dans Byzance
L'exemple d'une aveugle et basse obéissance;
Mais si dans le combat le destin plus puissant
Marque de quelque affront son empire naissant;
S'il fuit, ne doutez point que, fiers de sa disgrâce,
A la haine bientôt ils ne joignent l'audace,
Et n'expliquent, seigneur, la perte du combat
Comme un arrêt du ciel qui reprouve Amurat.
Cependant, s'il en faut croire la renommée,
Il a depuis trois mois fait partir de l'armée
Un esclave chargé de quelque ordre secret.
Tout le camp interdit tremblait pour Bajazet:
On craignait qu'Amurat, par un ordre sévère,
N'envoyât demander la tête de son frère.

ACOMAT.

Tel était son dessein: cet esclave est venu;
Il a montré son ordre, et n'a rien obtenu.

OSMIN.

Quoi! seigneur, le sultan reverra son visage,
Sans que de vos respects il lui porte ce gage?

ACOMAT.

Cet esclave n'est plus: un ordre, cher Osmin,
L'a fait précipiter dans le fond de l'Euxin.

OSMIN.

Mais le sultan, surpris d'une trop longue absence,
En cherchera bientôt la cause et la vengeance.
Que lui répondrez-vous?

ACOMAT.

Peut-être avant ce temps
Je saurai l'occuper de soins plus importants.
Je sais bien qu'Amurat a juré ma ruine,
Je sais à son retour l'accueil qu'il me destine.
Tu vois, pour m'arracher du cœur de ses soldats,
Qu'il va chercher sans moi les sièges, les combats,

Il commande l'armée; et moi, dans une ville,
Il me laisse exercer un pouvoir inutile.
Quel emploi, quel séjour, Osmin, pour un visir !
Mais j'ai plus dignement employé ce loisir :
J'ai su lui préparer des craintes et des veilles;
Et le bruit en ira bientôt à ses oreilles.

OSMIN.
Quoi donc! qu'avez-vous fait?

ACOMAT.
J'espère qu'aujourd'hui
Bajazet se déclare, et Roxane avec lui.

OSMIN.
Quoi! Roxane, seigneur, qu'Amurat a choisie
Entre tant de beautés dont l'Europe et l'Asie
Dépeuplent leurs états et remplissent sa cour?
Car on dit qu'elle seule a fixé son amour;
Et même il a voulu que l'heureuse Roxane,
Avant qu'elle eût un fils, prit le nom de sultane.

ACOMAT.
Il a fait plus pour elle, Osmin : il a voulu
Qu'elle eût en son absence un pouvoir absolu.
Tu sais de nos sultans les rigueurs ordinaires :
Le frère rarement laisse jouir ses frères
De l'honneur dangereux d'être sortis d'un sang
Qui les a de trop près approchés de son rang.
L'imbécile Ibrahim, sans craindre sa naissance,
Traîne, exempt de péril, une éternelle enfance;
Indigne également de vivre et de mourir,
On l'abandonne aux mains qui daignent le nourrir.
L'autre, trop redoutable, et trop digne d'envie,
Voit sans cesse Amurat armé contre sa vie.
Car enfin Bajazet dédaigna de tout temps
La molle oisiveté des enfants des sultans.
Il vint chercher la guerre au sortir de l'enfance,
Et même en fit sous moi la noble expérience.
Toi-même tu l'as vu courir dans les combats,
Emportant après lui tous les cœurs des soldats,
Et goûter, tout sanglant, le plaisir et la gloire
Que donne aux jeunes cœurs la première victoire.
Mais, malgré ses soupçons, le cruel Amurat,
Avant qu'un fils naissant eût rassuré l'état,
N'osait sacrifier ce frère à sa vengeance,
Ni du sang ottoman proscrire l'espérance.
Ainsi donc pour un temps Amurat désarmé
Laissa dans le sérail Bajazet enfermé.
Il partit, et voulut que, fidèle à sa haine,
Et des jours de son frère arbitre souveraine,
Roxane, au moindre bruit, et sans autres raisons,
Le fît sacrifier à ses moindres soupçons.
Pour moi, demeuré seul, une juste colère
Tourna bientôt mes vœux du côté de son frère.
J'entretins la sultane, et, cachant mon dessein,
Lui montrai d'Amurat le retour incertain,
Les murmures du camp, la fortune des armes;
Je plaignis Bajazet, je lui vantai ses charmes,
Qui, par un soin jaloux dans l'ombre retenus,
Si voisins de ses yeux, leur étaient inconnus.
Que te dirai-je enfin? la sultane éperdue
N'eut plus d'autres désirs que celui de sa vue.

OSMIN.
Mais pouvaient-ils tromper tant de jaloux regards
Qui semblent mettre entre eux d'invincibles remparts?

ACOMAT.
Peut-être il te souvient qu'un récit peu fidèle
De la mort d'Amurat fit courir la nouvelle.
La sultane, à ce bruit feignant de s'effrayer,
Par des cris douloureux eut soin de l'appuyer.
Sur la foi de ses pleurs ses esclaves tremblèrent;
De l'heureux Bajazet les gardes se troublèrent;
Et les dons achevant d'ébranler leur devoir,
Leurs captifs dans ce trouble osèrent s'entrevoir.
Roxane vit le prince; elle ne put lui taire
L'ordre dont elle seule était dépositaire.
Bajazet est aimable; il vit que son salut
Dépendait de lui plaire, et bientôt il lui plut.
Tout conspirait pour lui: ses soins, sa complaisance,
Ce secret découvert, et cette intelligence,

Soupirs d'autant plus doux qu'il les fallait céler,
L'embarras irritant de ne s'oser parler,
Même témérité, périls, craintes communes,
Lièrent pour jamais leurs cœurs et leurs fortunes.
Ceux mêmes dont les yeux les devaient éclairer,
Sortis de leur devoir, n'osèrent y rentrer.

OSMIN.
Quoi! Roxane d'abord, leur découvrant son ame
Osa-t-elle à leurs yeux faire éclater sa flamme?

ACOMAT.
Ils l'ignorent encore; et jusques à ce jour,
Atalide a prêté son nom à cet amour.
Du père d'Amurat Atalide est la nièce;
Et même avec ses fils partageant sa tendresse,
Elle a vu son enfance élevée avec eux.
Du prince, en apparence, elle reçoit les vœux;
Mais elle les reçoit pour les rendre à Roxane,
Et veut bien, sous son nom, qu'il aime la sultane.
Cependant, cher Osmin, pour s'appuyer de moi,
L'un et l'autre ont promis Atalide à ma foi.

OSMIN.
Quoi! vous l'aimez, seigneur?

ACOMAT.
Voudrais-tu qu'à mon âge
Je fisse de l'amour le vil apprentissage?
Qu'un cœur qu'ont endurci la fatigue et les ans
Suivît d'un vain plaisir les conseils imprudents?
C'est par d'autres attraits qu'elle plaît à ma vue :
J'aime en elle le sang dont elle est descendue.
Par elle Bajazet, en approchant de lui,
Me va contre lui-même assurer un appui.
Un visir aux sultans fait toujours quelque ombrage :
A peine ils ont choisi, qu'ils craignent leur ouvrage.
Sa dépouille est un bien qu'ils veulent recueillir,
Et jamais leurs chagrins ne nous laissent vieillir.
Bajazet aujourd'hui m'honore et me caresse;
Ses périls tous les jours réveillent sa tendresse :
Ce même Bajazet, sur le trône affermi,
Meconnaîtra peut-être un inutile ami.
Et moi, si mon devoir, si ma foi ne l'arrête,
S'il ose quelque jour me demander ma tête...
Je ne m'explique point, Osmin; mais je prétends
Que du moins il faudra le demander longtemps.
Je sais rendre aux sultans de fidèles services;
Mais je laisse au vulgaire adorer leurs caprices,
Et ne me pique point du scrupule insensé
De bénir mon trépas quand ils l'ont prononcé.
Voilà donc de ces lieux ce qui m'ouvre l'entrée,
Et comme enfin Roxane à mes yeux s'est montrée.
Invisible d'abord, elle entendait ma voix,
Et craignant du sérail les rigoureuses lois,
Mais enfin, bannissant cette importune crainte
Qui dans nos entretiens jetait trop de contrainte,
Elle même a choisi cet endroit écarté,
Où nos cœurs à nos yeux parlaient en liberté.
Par un chemin obscur un esclave me guide,
Et... Mais on vient. C'est elle et sa chère Atalide.
Demeure; et, s'il le faut, sois prêt à confirmer
Le récit important dont je vais l'informer.

SCÈNE II.

ROXANE, ATALIDE, ACOMAT, ZATIME,
ZAIRE, OSMIN.

ACOMAT.
La vérité s'accorde avec la renommée,
Madame. Osmin a vu le sultan et l'armée.
Le superbe Amurat est toujours inquiet;
Et toujours tous les cœurs penchent vers Bajazet:
D'une commune voix ils l'appellent au trône.
Cependant les Persans marchaient vers Babylone,
Et bientôt les deux camps au pied de son rempart
Devaient de la bataille éprouver le hasard.
Ce combat doit, dit-on, fixer nos destinées;
Et même, si d'Osmin je compte les journées,
Le ciel en a déjà réglé l'évènement,
Et le sultan triomphe, ou fuit en ce moment.
Déclarons-nous, madame, et rompons le silence :
Fermons-lui dès ce jour les portes de Byzance;

Et, sans nous informer s'il triomphe ou s'il fuit,
Croyez-moi, hâtons-nous d'en prévenir le bruit,
S'il fuit, que craignez-vous? S'il triomphe au contraire,
Le conseil le plus prompt est le plus salutaire.
Vous voudrez, mais trop tard, soustraire à son pouvoir
Un peuple dans ses murs prêt à le recevoir.
Pour moi j'ai su déjà par mes brigues secrètes
Gagner de notre loi les sacrés interprètes :
Je sais combien, crédule en sa dévotion,
Le peuple suit le frein de la religion.
Souffrez que Bajazet voie enfin la lumière :
Des murs de ce palais ouvrez-lui la barrière ;
Déployez en son nom cet étendard fatal,
Des extrêmes périls l'ordinaire signal.
Les peuples, prévenus de ce nom favorable,
Savent que sa vertu le rend seule coupable.
D'ailleurs, un bruit confus, par mes soins confirmé,
Fait croire heureusement à ce peuple alarmé
Qu'Amurat le dédaigne, et veut loin de Byzance
Transporter désormais son trône et sa présence.
Déclarons le péril dont son frère est pressé ;
Montrons l'ordre cruel qui vous fut adressé ;
Surtout qu'il se déclare et se montre lui-même,
Et fasse voir ce front digne du diadême.

ROXANE.
Il suffit. Je tiendrai tout ce que j'ai promis.
Allez, brave Acomat, assembler vos amis :
De tous leurs sentiments venez me rendre compte:
Je vous rendrai moi-même une réponse prompte.
Je verrai Bajazet. Je ne puis dire rien,
Sans savoir si son cœur s'accorde avec le mien.
Allez, et revenez.

SCÈNE III.
ROXANE, ATALIDE, ZATIME, ZAIRE.

ROXANE.
            Enfin, belle Atalide,
Il faut de nos destins que Bajazet décide.
Pour la dernière fois je le vais consulter:
Je vais savoir s'il m'aime.

ATALIDE.
            Est-il temps d'en douter,
Madame? Hâtez-vous d'achever votre ouvrage.
Vous avez du visir entendu le langage;
Bajazet vous est cher : savez-vous si demain
Sa liberté, ses jours, seront en votre main?
Peut-être en ce moment Amurat en furie
S'approche pour trancher une si belle vie.
Et pourquoi de son cœur doutez-vous aujourd'hui?

ROXANE.
Mais, m'en répondez-vous, vous qui parlez pour lui?

ATALIDE.
Quoi, madame! les soins qu'il a pris pour vous plaire,
Ce que vous avez fait, ce que vous pouvez faire,
Ses périls, ses respects, et surtout vos appas,
Tout cela de son cœur ne vous répond-il pas?
Croyez que vos bontés vivent dans sa mémoire.

ROXANE.
Hélas! pour mon repos que ne le puis-je croire!
Pourquoi faut-il au moins que, pour me consoler,
L'ingrat ne parle pas comme on le fait parler!
Vingt fois, sur vos discours pleine de confiance,
Du trouble de son cœur jouissant par avance,
Moi-même j'ai voulu m'assurer de sa foi,
Et l'ai fait en secret amener devant moi.
Peut être trop d'amour me rend trop difficile ;
Mais, sans vous fatiguer d'un récit inutile,
Je ne retrouvais point ce trouble, cette ardeur
Que m'avait tant promis un discours trop flatteur.
Enfin, si je lui donne et la vie et l'empire,
Ces gages incertains ne peuvent suffire.

ATALIDE.
Quoi donc! à son amour qu'allez-vous proposer?

ROXANE.
S'il m'aime, dès ce jour il me doit épouser.

ATALIDE.
Vous épouser! O ciel, que prétendez-vous faire?

ROXANE.
Je sais que des sultans l'usage m'est contraire;
Je sais qu'ils se sont fait une superbe loi
De ne point à l'hymen assujettir leur foi.
Parmi tant de beautés qui briguent leur tendresse,
Ils daignent quelquefois choisir une maîtresse;
Mais, toujours inquiète avec tous ses appas,
Esclave, elle reçoit son maître dans ses bras;
Et, sans sortir du joug où leur loi la condamne,
Il faut qu'un fils naissant la déclare sultane.
Amurat plus ardent, et seul jusqu'à ce jour,
A voulu que l'on dût ce titre à son amour.
J'en reçus la puissance aussi bien que le titre,
Et des jours de son frère il me laissa l'arbitre.
Mais ce même Amurat ne me promit jamais
Que l'hymen dût un jour couronner ses bienfaits :
Et moi, qui n'aspirais qu'à cette seule gloire,
De ses autres bienfaits j'ai perdu la mémoire.
Toutefois, que sert-il de me justifier?
Bajazet, il est vrai, m'a tout fait oublier.
Malgré tous ses malheurs, plus heureux que son frère,
Il m'a plu, sans peut-être aspirer à me plaire :
Femmes, gardes, visir, pour lui j'ai tout séduit ;
En un mot, vous voyez jusqu'où je le l'ai conduit.
Graces à mon amour, je me suis bien servie
Du pouvoir qu'Amurat me donna sur sa vie.
Bajazet touche presque au trône des sultans :
Il ne faut plus qu'un pas ; mais c'est où je l'attends.
Malgré tout mon amour, si, dans cette journée,
Il ne m'attache à lui par un juste hyménée,
S'il ose m'alléguer une odieuse loi ;
Quand je fais tout pour lui, s'il ne fait tout pour moi;
Dès le même moment, sans songer si je l'aime,
Sans consulter enfin si je me perds moi-même,
J'abandonne l'ingrat, et le laisse rentrer
Dans l'état malheureux d'où je l'ai su tirer.
Voilà sur quoi je veux que Bajazet prononce:
Sa perte ou son salut dépend de sa réponse.
Je ne vous presse point de vouloir aujourd'hui
Me prêter votre voix pour m'expliquer à lui :
Je veux que, devant moi, sa bouche et son visage
Me découvrent son cœur, sans me laisser d'ombrage ;
Que lui-même, en secret amené dans ces lieux,
Sans être préparé se présente à mes yeux.
Adieu. Vous saurez tout après cette entrevue.

SCÈNE IV.
ATALIDE, ZAIRE.

ATALIDE.
Zaïre, c'en est fait, Atalide est perdue!

ZAÏRE.
Vous?

ATALIDE.
    Je prévois déjà tout ce qu'il faut prévoir.
Mon unique espérance est dans mon désespoir.

ZAÏRE.
Mais, madame, pourquoi?

ATALIDE.
            Si tu venais d'entendre
Quel funeste dessein Roxane vient de prendre,
Quelles conditions elle veut imposer!
Bajazet doit périr, dit-elle, ou l'épouser.
S'il se rend, que deviens-je en ce malheur extrême?
Et, s'il ne se rend pas, que devient-il lui-même?

ZAÏRE.
Je conçois ce malheur. Mais à ne point mentir,
Votre amour, dès longtemps, a dû le pressentir.

ATALIDE.
Ah, Zaïre! l'amour a-t-il tant de prudence!
Tout semblait avec nous être d'intelligence :
Roxane, se livrant tout entière à ma foi,
Du cœur de Bajazet se reposait sur moi,

M'abandonnait le soin de tout ce qui le touche,
Le voyait par mes yeux, lui parlait par ma bouche;
Et je croyais toucher au bienheureux moment
Où j'allais par ses mains couronner mon amant.
Le ciel s'est déclaré contre mon artifice.
Et que fallait-il donc, Zaïre, que je fisse?
A l'erreur de Roxane ai-je dû m'opposer,
Et perdre mon amant pour la désabuser?
Avant que dans son cœur cette amour fût formée,
J'aimais, et je pouvais m'assurer d'être aimée.
Dès nos plus jeunes ans, tu t'en souviens assez,
L'amour serra les nœuds par le sang commencés.
Élevée avec lui dans le sein de sa mère,
J'appris à distinguer Bajazet de son frère;
Elle-même avec joie unit nos volontés :
Et, quoique après sa mort l'un de l'autre écartés,
Conservant, sans se voir le désir de nous plaire,
Nous avons su toujours nous aimer et nous taire.
Roxane, qui depuis, loin de s'en défier.
A ses desseins secrets voulut m'associer,
Ne put voir sans amour ce héros trop aimable :
Elle courut lui tendre une main favorable.
Bajazet étonné rendit grâce à ses soins,
Lui rendit des respects : pouvait-il faire moins?
Mais qu'aisément l'amour croit tout ce qu'il souhaite!
De ses moindres respects Roxane satisfaite
Nous engagea tous deux, par sa facilité,
A la laisser jouir de sa crédulité.
Zaïre, il faut pourtant avouer ma faiblesse :
D'un mouvement jaloux je ne fus pas maîtresse.
Ma rivale, accablant mon amant de bienfaits,
Opposait un empire à mes faibles attraits ;
Mille soins la rendaient présente à sa mémoire ;
Elle l'entretenait de sa prochaine gloire :
Et moi, je ne puis rien. Mon cœur, pour tout discours,
N'avait que des soupirs qu'il répétait toujours.
Le ciel seul sait combien j'en ai versé de larmes.
Mais enfin Bajazet dissipa mes alarmes :
Je condamnai mes pleurs, et jusques aujourd'hui
Je l'ai pressé de feindre, et j'ai parlé pour lui.
Hélas! tout est fini : Roxane méprisée
Bientôt de son erreur sera désabusée.
Car enfin Bajazet ne sait point se cacher;
Je connais sa vertu prompte à s'effaroucher.
Il faut qu'à tous moments, tremblante et secourable,
Je donne à ses discours un sens plus favorable.
Bajazet va se perdre. Ah! si, comme autrefois,
Ma rivale eût voulu lui parler par ma voix!
Au moins, si j'avais pu préparer son visage!
Mais, Zaïre, je puis l'attendre à son passage;
D'un mot ou d'un regard je puis le secourir.
Qu'il l'épouse, en un mot, plutôt que de périr.
Si Roxane le veut, sans doute il faut qu'il meure.
Il se perdra, te dis-je. Atalide, demeure,
Laisse, sans t'alarmer, ton amant sur sa foi.
Penses-tu mériter qu'on se perde pour toi?
Peut-être Bajazet, secondant ton envie,
Plus que tu ne voudras aura soin de sa vie.

ZAÏRE.

Ah! dans quels soins, madame, allez-vous vous plonger?
Toujours avant le temps faut-il vous affliger?
Vous n'en pouvez douter, Bajazet vous adore.
Suspendez ou cachez l'ennui qui vous dévore :
N'allez point par vos pleurs déclarer vos amours.
La main qui l'a sauvé le sauvera toujours,
Pourvu qu'entretenue en son erreur fatale,
Roxane jusqu'au bout ignore sa rivale.
Venez en d'autres lieux renfermer vos regrets,
Et de leur entrevue attendre le succès.

ATALIDE.

Hé bien, Zaïre, allons. Et toi, si la justice
De deux jeunes amants veut punir l'artifice,
O ciel, si notre amour est condamné de toi,
Je suis la plus coupable, épuise tout sur moi!

FIN DU PREMIER ACTE.

ACTE II.

SCÈNE PREMIÈRE.

BAJAZET, ROXANE.

ROXANE.

Prince, l'heure fatale est enfin arrivée
Qu'à votre liberté le ciel a réservée.
Rien ne me retient plus ; et je puis, dès ce jour,
Accomplir le dessein qu'a formé mon amour.
Non que, vous assurant d'un triomphe facile,
Je mette entre vos mains un empire tranquille ;
Je fais ce que je puis, je vous l'avais promis :
J'arme votre valeur contre vos ennemis,
J'écarte de vos jours un péril manifeste;
Votre vertu, seigneur, achèvera le reste.
Osmin a vu l'armée; elle penche pour vous;
Les chefs de notre loi conspirent avec nous ;
Le visir Acomat vous répond de Byzance :
Et moi, vous le savez, je tiens sous ma puissance
Cette foule de chefs, d'esclaves, de muets,
Peuple que dans ces murs renferme ce palais,
Et dont à ma faveur les ames asservies
M'ont vendu dès longtemps leur silence et leurs vies.
Commencez maintenant : c'est à vous de courir
Dans le champ glorieux que j'ai su vous ouvrir.
Vous n'entreprenez point une injuste carrière,
Vous repoussez, seigneur, une main meurtrière :
L'exemple en est commun ; et parmi les sultans,
Ce chemin à l'empire a conduit de tout temps.
Mais, pour mieux commencer, hâtons-nous l'un et l'autre
D'assurer à la fois mon bonheur et le vôtre.
Montrez à l'univers, en m'attachant à vous,
Que, quand je vous servais, je servais mon époux;
Et, par le nœud sacré d'un heureux hyménée,
Justifiez la foi que je vous ai donnée.

BAJAZET.

Ah! que proposez-vous, madame?

ROXANE.

Hé quoi, seigneur!
Quel obstacle secret trouble notre bonheur?

BAJAZET.

Madame, ignorez-vous que l'orgueil de l'empire...
Que ne m'épargnez-vous la douleur de le dire?

ROXANE.

Oui, je sais que depuis qu'un de vos empereurs,
Bajazet, d'un barbare éprouvant les fureurs,
Vit au char du vainqueur son épouse enchaînée,
Et par toute l'Asie à sa suite traînée,
De l'honneur ottoman ses successeurs jaloux
Ont daigné rarement prendre le nom d'époux.
Mais l'amour ne suit point ces lois imaginaires;
Et, sans vous rappeler des exemples vulgaires,
Soliman (vous savez qu'entre tous vos aïeux,
Dont l'univers a craint le bras victorieux,
Nul n'éleva si haut la grandeur ottomane),
Ce Soliman jeta les yeux sur Roxelane.
Malgré tout son orgueil, ce monarque si fier,
A son trône, à son lit daigna l'associer,
Sans qu'elle eût d'autres droits au rang d'impératrice,
Qu'un peu d'attraits peut-être, et beaucoup d'artifice.

BAJAZET.

Il est vrai. Mais aussi voyez ce que je puis,
Ce qu'était Soliman, et le peu que je suis.
Soliman jouissait d'une pleine puissance :
L'Egypte ramenée à son obéissance ;
Rhodes, des Ottomans ce redoutable écueil,
De tous ses défenseurs devenu le cercueil :
Du Danube asservi les rives désolées;
De l'empire persan les bornes reculées;
Dans leurs climats brûlants les Africains domptés,
Faisant taire les lois devant ses volontés.
Que suis-je? J'attends tout du peuple et de l'armée :
Mes malheurs font encor toute ma renommée.

Infortuné, proscrit, incertain de régner,
Dois-je irriter les cœurs au lieu de les gagner?
Témoins de nos plaisirs, plaindront-ils nos misères?
Croiront-ils mes périls et vos larmes sincères?
Songez, sans me flatter du sort de Soliman,
Au meurtre tout récent du malheureux Osman
Dans leur rébellion, les chefs des janissaires,
Cherchant à colorer leurs desseins sanguinaires,
Se crurent à sa perte assez autorisés
Par le fatal hymen que vous me proposez.
Que vous dirai-je enfin? Maître de leur suffrage,
Peut-être avec le temps j'oserai davantage.
Ne précipitons rien; et daignez commencer
A me mettre en état de vous récompenser.

ROXANE.
Je vous entends, seigneur. Je vois mon imprudence :
Je vois que rien n'échappe à votre prévoyance :
Vous avez pressenti jusqu'au moindre danger
Où mon amour trop prompt vous allait engager. (tes,
Pour vous, pour votre honneur, vous en craignez les sui-
Et je le crois, seigneur, puisque vous me le dites.
Mais avez-vous prévu, si vous ne m'épousez,
Les périls plus certains où vous vous exposez?
Songez-vous que, sans moi, tout vous devient contraire?
Que c'est à moi surtout qu'il importe de plaire?
Songez-vous que je tiens les portes du palais;
Que je puis vous l'ouvrir ou fermer pour jamais :
Que j'ai sur votre vie un empire suprême;
Que vous ne respirez qu'autant que je vous aime?
Et, sans ce même amour qu'offensent vos refus,
Songez-vous, en un mot, que vous ne seriez plus?

BAJAZET.
Oui, je tiens tout de vous : et j'avais lieu de croire
Que c'était pour vous-même une assez grande gloire,
En voyant devant moi tout l'empire à genoux,
De m'entendre avouer que je tiens tout de vous.
Je ne m'en défends point; ma bouche le confesse,
Et mon respect saura le confirmer sans cesse :
Je vous dois tout mon sang : ma vie est votre bien.
Mais enfin voulez-vous...

ROXANE.
Non, je ne veux plus rien.
Ne m'importune plus de tes raisons forcées;
Je vois combien tes vœux sont loin de mes pensées.
Je ne te presse plus, ingrat, d'y consentir :
Rentre dans le néant dont je t'ai fait sortir.
Car enfin qui m'arrête? et quelle autre assurance
Demanderais-je encor de son indifférence?
L'ingrat est-il touché de mes empressements,
L'amour même entre-t-il dans ses raisonnements?
Ah! je vois tes desseins. Tu crois, quoi que je fasse,
Que mes propres périls t'assurent de ta grâce;
Qu'engagée avec toi par de si forts liens,
Je ne puis séparer tes intérêts des miens.
Mais je m'assure encore aux bontés de ton frère,
Il m'aime, tu le sais; et, malgré sa colère,
Dans ton perfide sang je puis tout expier,
Et ta mort suffira pour me justifier.
N'en doutez point, j'y cours; et, dès ce moment même...
Bajazet, écoutez, je sens que je vous aime :
Vous vous perdez. Gardez de me laisser sortir :
Le chemin est encore ouvert au repentir.
Ne désespérez point une amante en furie.
S'il m'échappait un mot, c'est fait de votre vie.

BAJAZET.
Vous pouvez me l'ôter, elle est entre vos mains :
Peut-être ma mort, utile à vos desseins,
De l'heureux Amurat obtenant votre grâce,
Vous rendra dans son cœur votre première place.

ROXANE.
Dans son cœur? Ah! crois-tu quand il le voudrait bien,
Que, si je perds l'espoir de régner dans le tien,
D'une si douce erreur si longtemps possédée,
Je puisse désormais souffrir une autre idée,
Ni que je vive enfin, si je ne vis pour toi?
Je te donne, cruel, des armes contre moi,
Sans doute; et je devrais retenir ma faiblesse
Tu vas en triompher. Oui, je te le confesse,

J'affectais à tes yeux une fausse fierté :
De toi dépend ma joie et ma félicité :
De ma sanglante mort ta mort sera suivie.
Quel fruit de tant de soins que j'ai pris pour ta vie!
Tu soupires enfin, et sembles te troubler :
Achève, parle.

BAJAZET.
O ciel, que ne puis-je parler!

ROXANE.
Quoi donc! Que dites-vous? et que viens-je d'entendre?
Vous avez des secrets que je ne puis apprendre?
Quoi! de vos sentiments je ne puis m'éclaircir?

BAJAZET.
Madame, encore un coup, c'est à vous de choisir :
Daignez m'ouvrir au trône un chemin légitime;
Ou bien, me voilà prêt, prenez votre victime.

ROXANE.
Ah! c'en est trop enfin, tu seras satisfait.
Holà, gardes, qu'on vienne.

SCENE II.
ROXANE, BAJAZET, ACOMAT.

ROXANE.
Acomat, c'en est fait.
Vous pouvez retourner, je n'ai rien à vous dire.
Du sultan Amurat je reconnais l'empire.
Sortez. Que le sérail soit désormais fermé;
Et que tout rentre ici dans l'ordre accoutumé.

SCÈNE III.
BAJAZET, ACOMAT.

ACOMAT.
Seigneur, qu'ai-je entendu? Quelle surprise extrême
Qu'allez-vous devenir? Que deviens-je moi-même?
D'où naît ce changement? Qui dois-je en accuser?
O ciel!

BAJAZET.
Il ne faut point ici vous abuser.
Roxane est offensée et court à la vengeance :
Un obstacle éternel rompt notre intelligence.
Visir, songez à vous, je vous en avertis;
Et, sans compter sur moi, prenez votre parti.

ACOMAT.
Quoi!

BAJAZET.
Vous et vos amis, cherchez quelque retraite.
Je sais dans quels périls mon amitié vous jette :
Et j'espérais un jour vous mieux récompenser.
Mais, c'en est fait, vous dis-je, il n'y faut plus penser.

ACOMAT.
Et quel est donc, seigneur, cet obstacle invincible?
Tantôt dans le sérail j'ai laissé tout paisible :
Quelle fureur saisit votre esprit et le sien?

BAJAZET.
Elle veut, Acomat, que je l'épouse!

ACOMAT.
Hé bien!
L'usage des sultans à ses vœux est contraire;
Mais cet usage, enfin, est-ce une loi sévère,
Qu'aux dépens de vos jours vous deviez observer?
La plus sainte des lois, ah! c'est de vous sauver,
Et d'arracher, seigneur, d'une mort manifeste
Le sang des Ottomans dont vous faites le reste!

BAJAZET.
Ce reste malheureux serait trop acheté,
S'il faut le conserver par une lâcheté.

ACOMAT.
Et pourquoi vous en faire une image si noire?
L'hymen de Soliman ternit-il sa mémoire?
Cependant Soliman n'était point menacé
Des périls évidents dont vous êtes pressé.

BAJAZET.
Et ce sont mes périls et ce soin de ma vie
Qui d'un servile hymen feraient l'ignominie.

Soliman n'avait point ce prétexte odieux :
Son esclave trouva grace devant ses yeux :
Et, sans subir le joug d'un hymen nécessaire,
Il lui fit de son cœur un présent volontaire.

ACOMAT.
Mais vous aimez Roxane.

BAJAZET.
Acomat, c'est assez.
Je me plains de mon sort moins que vous ne pensez.
La mort n'est point pour moi le comble des disgraces ;
J'osai, tout jeune encor, la chercher sur vos traces,
Et l'indigne prison où je suis renfermé,
A la voir de plus près m'a même accoutumé ;
Amurat à mes yeux l'a vingt fois présentée :
Elle finit le cours d'une vie agitée.
Hélas ! si je la quitte avec quelque regret...
Pardonnez, Acomat, je plains avec sujet
Des cœurs dont les bontés trop mal recompensées
M'avaient pris pour objet de toutes leurs pensées.

ACOMAT.
Ah ! si nous périssons, n'en accusez que vous,
Seigneur : dites un mot, et vous nous sauvez tous.
Tout ce qui reste ici de braves janissaires,
De la religion les saints depositaires,
Du peuple byzantin ceux qui plus respectés
Par leur exemple seul règlent ses volontés,
Sont prêts à vous conduire à la porte sacrée
D'où les nouveaux sultans font leur première entrée.

BAJAZET.
Hé bien, brave Acomat, si je leur suis si cher,
Que des mains de Roxane ils viennent m'arracher :
Du sérail, s'il le faut, venez forcer la porte ;
Entrez, accompagné de leur vaillante escorte.
J'aime mieux en sortir sanglant, couvert de coups,
Que chargé malgré moi du nom de son époux.
Peut-être je saurai, dans ce désordre extrême,
Par un beau désespoir me secourir moi-même ;
Attendre, en combattant, l'effet de votre foi,
Et vous donner le temps de venir jusqu'à moi.

ACOMAT.
Hé ! pourrai-je empêcher, malgré ma diligence,
Que Roxane d'un coup n'assure sa vengeance ?
Alors qu'aura servi ce zèle impétueux,
Qu'à charger vos amis d'un crime infructueux ?
Promettez : affranchi du péril qui vous presse,
Vous verrez de quel poids sera votre promesse.

BAJAZET.
Moi ?

ACOMAT.
Ne rougissez point : le sang des Ottomans
Ne doit point en esclave obeir aux serments.
Consultez ces héros que le droit de la guerre
Mena victorieux jusqu'au bout de la terre :
Libres dans leur victoire, et maîtres de leur foi,
L'intérêt de l'état fut leur unique loi ;
Et d'un trône si saint la moitié n'est fondée
Que sur la foi promise et rarement gardée.
Je m'emporte, seigneur.

BAJAZET.
Oui, je sais, Acomat,
Jusqu'où les a portés l'intérêt de l'état :
Mais ces mêmes héros, prodigues de leur vie,
Ne la rachetaient point par une perfidie.

ACOMAT.
O courage inflexible ! O trop constante foi,
Que, même en périssant, j'admire malgré moi !
Faut-il qu'en un moment un scrupule timide
Perde...! Mais quel bonheur nous envoie Atalide ?

SCÈNE IV.
BAJAZET, ATALIDE, ACOMAT.

ACOMAT.
Ah, madame ! venez avec moi vous unir.
Il se perd.

ATALIDE.
C'est de quoi je viens l'entretenir,
Mais laissez-nous : Roxane, à sa perte animée,
Veut que de ce palais la porte soit fermée.
Toutefois, Acomat, ne vous éloignez pas :
Peut-être on vous fera revenir sur vos pas.

SCÈNE V.
BAJAZET, ATALIDE.

BAJAZET.
Hé bien ! c'est maintenant qu'il faut que je vous laisse,
Le ciel punit ma feinte, et confond votre adresse :
Rien ne m'a pu parer contre ses derniers coups :
Il fallait ou mourir, ou n'être plus à vous.
De quoi nous a servi cette indigne contrainte ?
Je meurs plus tard : voilà tout le fruit de ma feinte.
Je vous l'avais predit : mais vous l'avez voulu ;
J'ai reculé vos pleurs autant que j'ai pu.
Belle Atalide, au nom de cette complaisance,
Daignez de la sultane éviter la présence ;
Vos pleurs vous trahiraient ; cachez-les à ses yeux,
Et ne prolongez point de dangereux adieux.

ATALIDE.
Non, Seigneur. Vos bontés pour une infortunée
Ont assez disputé contre la destinée.
Il vous en coûte trop pour vouloir m'épargner;
Il faut vous rendre ; il faut me quitter, et régner.

BAJAZET.
Vous quitter !

ATALIDE.
Je le veux. Je me suis consultée.
De mille soins jaloux jusqu'alors agitée,
Il est vrai, je n'ai pu concevoir sans effroi
Que Bajazet pût vivre et n'être plus à moi ;
Et lorsque quelquefois de ma rivale heureuse
Je me representais l'image douloureuse,
Votre mort (pardonnez aux fureurs des amants)
Ne me paraissoit pas le plus grand des tourments.
Mais à mes tristes yeux votre mort preparée
Dans toute son horreur ne s'etait pas montrée ;
Je ne vous voyais pas ainsi que je vous vois,
Prêt à me dire adieu pour la dernière fois.
Seigneur, je sais trop bien avec quelle constance
Vous allez de la mort affronter la présence ;
Je sais que votre cœur se fait quelques plaisirs
De me prouver sa foi dans ses derniers soupirs,
Mais, hélas ! épargnez une ame plus timide ;
Mesurez vos malheurs aux forces d'Atalide ;
Et ne m'exposez pas aux plus vives douleurs
Qui jamais d'une amante épuisèrent les pleurs.

BAJAZET.
Et que deviendrez-vous, si, dès cette journée,
Je célèbre à vos yeux ce funeste hyménée ?

ATALIDE.
Ne vous informez point de ce que je deviendrai.
Peut-être à mon destin, seigneur, j'obéirai.
Que sais-je ? à ma douleur je chercherai des charmes
Je songerai peut-être, au milieu de mes larmes,
Qu'à vous perdre pour moi vous étiez résolu;
Que vous vivez ; qu'enfin c'est moi qui l'ai voulu.

BAJAZET.
Non, vous ne verrez point cette fête cruelle.
Plus vous me commandez de vous être infidèle,
Madame, plus je vois combien vous meritez
De ne point obtenir ce que vous souhaitez.
Quoi ! cet amour si tendre, et né dans notre enfance,
Dont les feux, avec nous, ont crû dans le silence ;
Vos larmes que ma main pouvait seule arrêter ;
Mes serments redoublés de ne vous point quitter :
Tout cela finirait par une perfidie !
J'épouserais, et qui ? (s'il faut que je le die)
Une esclave attachée à ses seuls intérêts,
Qui présente à mes yeux les supplices tout prêts,
Qui m'offre, ou son hymen, ou la mort infaillible :
Tandis qu'à mes périls Atalide sensible,

Et trop digne du sang qui lui donna le jour,
Veut me sacrifier jusques à son amour?
Ah! qu'au jaloux sultan ma tête soit portée,
Puisqu'il faut à ce prix qu'elle soit rachetée!

ATALIDE.

Seigneur, vous pourriez vivre et ne me point trahir.

BAJAZET.

Parlez: si je le puis, je suis prêt d'obéir,

ATALIDE.

La sultane vous aime; et, malgré sa colère,
Si vous preniez, seigneur, plus de soin de lui plaire,
Si vos soupirs daignaient lui faire pressentir
Qu'un jour...

BAJAZET.

Je vous entends : je n'y puis consentir.
Ne vous figurez point que, dans cette journée,
D'un lâche désespoir ma vertu consternée
Craigne les soins d'un trône où je pourrais monter,
Et par un prompt trépas cherche à les éviter.
J'écoute trop peut-être une imprudente audace ;
Mais, sans cesse occupé des grands noms de ma race,
J'espérais que, fuyant un indigne repos,
Je prendrais quelque place entre tant de héros.
Mais, quelque ambition, quelque amour qui me brûle,
Je ne puis plus tromper une amante crédule.
En vain, pour me sauver je vous l'aurais promis :
Et ma bouche et mes yeux, du mensonge ennemis,
Peut-être, dans le temps que je voudrais lui plaire,
Feraient par leur désordre un effet tout contraire ;
Et de mes froids soupirs ses regards offensés
Verraient trop que mon cœur ne les a point poussés.
O ciel! combien de fois je l'aurais éclaircie,
Si je n'eusse à sa haine exposé que ma vie;
Si je n'avais pas craint que ses soupçons jaloux
N'eussent trop aisément remonté jusqu'à vous !
Et j'irais l'abuser d'une fausse promesse !
Je me parjurerais ! et, par cette bassesse...
Ah! loin de m'ordonner cet indigne détour,
Si votre cœur était moins plein de votre amour,
Je vous verrais, sans doute, en rougir la première.
Mais, pour vous épargner une injuste prière,
Adieu ; je vais trouver Roxane de ce pas,
Et je vous quitte.

ATALIDE.

Et moi, je ne vous quitte pas.
Venez, cruel, venez, je vais vous y conduire ;
Et de tous nos secrets, c'est moi qui veux l'instruire,
Puisque, malgré mes pleurs, un amant furieux
Se fait tant de plaisir d'expirer à mes yeux,
Roxane, malgré vous, nous joindra l'un à l'autre :
Elle aura plus de soif de mon sang que du vôtre ;
Et je pourrai donner à vos yeux effrayés
Le spectacle sanglant que vous me prépariez.

BAJAZET.

O ciel! que faites-vous?

ATALIDE.

Cruel! pouvez-vous croire
Que je sois moins que vous jalouse de ma gloire?
Pensez-vous que cent fois, en vous faisant parler,
Ma rougeur ne fut pas prête à me déceler?
Mais on me présentait votre perte prochaine.
Pourquoi faut-il, ingrat ! quand la mienne est certaine,
Que vous n'osiez pour moi ce que j'osais pour vous?
Peut-être il suffira d'un mot un peu plus doux ;
Roxane dans son cœur peut-être vous pardonne.
Vous-même, vous voyez le temps qu'elle vous donne :
A-t-elle, en vous quittant, fait sortir le visir?
Des gardes à mes yeux viennent-ils vous saisir ?
Enfin, dans sa fureur implorant mon adresse,
Ses pleurs ne m'ont-ils pas découvert sa tendresse?
Peut-être elle n'attend qu'un espoir incertain
Qui lui fasse tomber les armes de la main.
Allez, seigneur, sauvez votre vie et la mienne.

BAJAZET.

Hé bien... Mais quels discours faut-il que je lui tienne?

ATALIDE.

Ah ! daignez sur ce choix ne me point consulter.
L'occasion, le ciel pourra vous les dicter.
Allez : entre elle et vous je ne dois point paraître :
Votre trouble ou le mien nous ferait reconnaître.
Allez : encore un coup, je n'ose m'y trouver.
Dites... tout ce qu'il faut, seigneur, pour vous sauver.

FIN DU SECOND ACTE.

ACTE III.

SCÈNE PREMIÈRE.

ATALIDE, ZAIRE.

ATALIDE.

Zaïre, il est donc vrai, sa grace est prononcée ?

ZAÏRE.

Je vous l'ai dit, madame : une esclave empressée,
Qui courait de Roxane accomplir le désir,
Aux portes du sérail a reçu le visir: (gage,
Ils ne m'ont point parlé ; mais, mieux qu'aucun lan-
Le transport du visir marquait sur son visage
Qu'un heureux changement le rappelle au palais,
Et qu'il y vient signer une éternelle paix.
Roxane a pris, sans doute, une plus douce voie.

ATALIDE.

Ainsi, de toutes parts, les plaisirs et la joie
M'abandonnent, Zaïre, et marchent sur leurs pas.
J'ai fait ce que j'ai dû, je ne m'en repens pas.

ZAÏRE.

Quoi, madame! Quelle est cette nouvelle alarme ?

ATALIDE.

Et ne t'a-t-on point dit, Zaïre, par quel charme,
Ou, pour mieux dire enfin, par quel engagement
Bajazet a pu faire un si prompt changement?
Roxane en sa fureur paraissait inflexible;
A-t-elle de son cœur donné quelque gage infaillible?
Parle. L'épouse-t-il ?

ZAÏRE.

Je n'en ai rien appris.
Mais enfin s'il n'a pu se sauver qu'à ce prix,
S'il fait ce que vous-même avez su lui prescrire,
S'il l'épouse, en un mot...

ATALIDE.
S'il l'épouse, Zaïre!
ZAÏRE.
Quoi! vous repentez-vous des généreux discours
Que vous dictait le soin de conserver ses jours?
ATALIDE.
Non, non : il ne fera que ce qu'il a dû faire.
Sentiments trop jaloux, c'est à vous de vous taire :
Si Bajazet l'épouse, il suit mes volontés;
Respectez ma vertu qui vous a surmontés;
A ces nobles conseils ne mêlez point le vôtre;
Et, loin de me le peindre entre les bras d'une autre,
Laissez-moi sans regret me le représenter
Au trône où mon amour l'a forcé de monter.
Oui, je me reconnais, je suis toujours la même.
Je voulais qu'il m'aimât, chère Zaïre; il m'aime :
Et du moins cet espoir me console aujourd'hui
Que je vais mourir digne et contente de lui.
ZAÏRE.
Mourir! Quoi! vous auriez un dessein si funeste?
ATALIDE.
J'ai cédé mon amant; tu t'étonnes du reste!
Peux-tu compter, Zaïre, au nombre des malheurs
Une mort qui prévient et finit tant de pleurs?
Qu'il vive, c'est assez. Je l'ai voulu, sans doute;
Et je le veux toujours, quelque prix qu'il m'en coûte.
Je n'examine point ma joie ou mon ennui :
J'aime assez mon amant pour renoncer à lui.
Mais, hélas! il peut bien penser avec justice
Que, si j'ai pu lui faire un si grand sacrifice,
Ce cœur, qui de ses jours prend ce funeste soin,
L'aime trop pour vouloir en être le témoin.
Allons, je veux savoir...
ZAÏRE.
Modérez-vous, de grâce :
On vient vous informer de tout ce qui se passe.
C'est le visir.

SCÈNE II.

ATALIDE, ACOMAT, ZAÏRE.

ACOMAT.
Enfin, nos amants sont d'accord,
Madame; un calme heureux nous remet dans le port.
La sultane a laissé désarmer sa colère;
Elle m'a déclaré sa volonté dernière;
Et, tandis qu'elle montre au peuple épouvanté
Du prophète divin l'étendard redouté,
Qu'à marcher sur mes pas Bajazet se dispose,
Je vais de ce signal faire entendre la cause,
Remplir tous les esprits d'une juste terreur,
Et proclamer enfin le nouvel empereur.
Cependant permettez que je vous renouvelle
Le souvenir du prix qu'on promit à mon zèle.
N'attendez point de moi ces doux emportements,
Tels que j'en vois paraître au cœur de ces amants;
Mais, si par d'autres soins, plus dignes de mon âge,
Par de profonds respects, par un long esclavage,
Tel que nous le devons au rang de nos sultans,
Je puis...

ATALIDE.
Vous m'en pourrez instruire avec le temps.
Avec le temps aussi vous pourrez me connaître.
Mais quels sont ces transports qu'ils vous ont fait pa—
ACOMAT.   (raître?
Madame, doutez-vous des soupirs enflammés
De deux jeunes amants l'un de l'autre charmés?
ATALIDE.
Non; mais, à dire vrai, ce miracle m'étonne.
Et dit-on à quel prix Roxane lui pardonne?
L'épouse-t-il enfin?
ACOMAT.
Madame, je le croi.
Voici tout ce qui vient d'arriver devant moi :
Surpris, je l'avouerai de leur fureur commune,
Querellant les amants, l'amour, et la fortune,

J'étais de ce palais sorti désespéré.
Déjà sur un vaisseau dans ce port préparé,
Chargeant de mon débris les reliques plus chères,
Je méditais ma fuite aux terres étrangères.
Dans ce triste dessein au palais rappelé,
Plein de joie et d'espoir, j'ai couru, j'ai volé.
La porte du sérail à ma voix s'est ouverte,
Et d'abord une esclave à mes yeux s'est offerte,
Qui m'a conduit sans bruit dans un appartement
Où Roxane attentive écoutait son amant.
Tout gardait devant eux un auguste silence :
Moi-même, résistant à mon impatience,
Et respectant de loin leur secret entretien,
J'ai longtemps, immobile, observé leur maintien.
Enfin, avec des yeux qui découvraient son ame,
L'une a tendu la main pour gage de sa flamme;
L'autre, avec des regards éloquents, plein d'amour,
L'a de ses feux, madame, assurée à son tour.
ATALIDE.
Hélas!
ACOMAT.
Ils m ont alors aperçu l'un et l'autre.
« Voilà, m'a-t-elle dit, votre prince et le nôtre.
« Je vais, brave Acomat, le remettre en vos mains.
« Allez lui préparer les honneurs souverains;
« Qu'un peuple obéissant l'attende dans le temple.
« Le sérail va bientôt vous en donner l'exemple. »
Aux pieds de Bajazet alors je suis tombé;
Et soudain à leurs yeux je me suis dérobé :
Trop heureux d'avoir pu, par un récit fidèle,
De leur paix, en passant, vous conter la nouvelle,
Et m'acquitter vers vous de mes respects profonds!
Je vais le couronner, madame, et j'en réponds.

SCÈNE III.

ATALIDE, ZAÏRE.

ATALIDE.
Allons, retirons-nous, ne troublons point leur joie.
ZAÏRE.
Ah, madame! croyez...
ATALIDE.
Que veux-tu que je croie?
Quoi donc! à ce spectacle irai-je m'exposer?
Tu vois que c'en est fait, ils se vont épouser;
La sultane est contente; il l'assure qu'il l'aime.
Mais je ne m'en plains pas, je l'ai voulu moi-même.
Cependant croyais-tu, quand, jaloux de sa foi,
Il s'allait, plein d'amour, sacrifier pour moi;
Lorsque son cœur, tantôt m'exprimant sa tendresse,
Refusait à Roxane une simple promesse;
Quand mes larmes en vain tâchaient de l'émouvoir;
Quand je m'applaudissais de leur peu de pouvoir,
Croyais-tu que son cœur, contre toute apparence,
Pour la persuader trouvât tant d'éloquence?
Ah! peut-être, après tout, que, sans trop se forcer,
Tout ce qu'il a pu dire, il a pu le penser.
Peut-être en la voyant, plus sensible pour elle,
Il a vu dans ses yeux quelque grace nouvelle;
Elle a pris devant lui fait parler ses douleurs;
Elle l'aime; un empire autorise ses pleurs :
Tant d'amour touche enfin une ame généreuse.
Hélas! que de raisons contre une malheureuse!
ZAÏRE.
Mais ce succès, madame, est encore incertain.
Attendez.
ATALIDE.
Non, vois-tu, je le nierais en vain.
Je ne prends point plaisir à croître ma misère;
Je sais pour se sauver tout ce qu'il a dû faire.
Quand mes pleurs vers Roxane ont rappelé ses pas,
Je n'ai point prétendu qu'il ne m'obéît pas :
Mais, après les adieux que je venais d'entendre,
Après tous les transports d'une douleur si tendre,
Je sais qu'il n'a point dû lui faire remarquer
La joie et les transports qu'on vient de m'expliquer.
Toi-même, juge-nous, et vois si je m'abuse :
Pourquoi de ce conseil moi seule suis-je exclue?

Au sort de Bajazet ai-je si peu de part?
A me chercher lui-même attendrait-il si tard,
N'était que de son cœur le trop juste reproche
Lui fait peut-être, hélas! éviter cette approche?
Mais non, je lui veux bien épargner ce souci:
Il ne me verra plus.

ZAÏRE.
Madame, le voici.

SCÈNE IV.
BAJAZET, ATALIDE, ZAIRE.

BAJAZET.

C'en est fait, j'ai parlé, vous êtes obéie.
Vous n'avez plus, madame, à craindre pour ma vie;
Et je serais heureux, si la foi, si l'honneur,
Ne me reprochaient point mon injuste bonheur;
Si mon cœur, dont le trouble en secret me condamne,
Pouvait me pardonner aussi bien que Roxane.
Mais enfin je me vois les armes à la main;
Je suis libre; et je puis contre un frère inhumain,
Non plus par un silence aidé de votre adresse,
Disputer en ces lieux le cœur de sa maîtresse,
Mais par de vrais combats, par de nobles dangers,
Moi-même le cherchant aux climats étrangers,
Lui disputer les cœurs du peuple et de l'armée,
Et pour juge entre nous prendre la renommée.
Que vois-je? Qu'avez-vous? Vous pleurez!

ATALIDE.
Non, seigneur,
Je ne murmure point contre votre bonheur;
Le ciel, le juste ciel vous devait ce miracle.
Vous savez si jamais j'y formai quelque obstacle:
Tant que j'ai respiré, vos yeux me sont témoins
Que votre seul péril occupait tous mes soins;
Et, puisqu'il ne pouvait finir qu'avec ma vie,
C'est sans regret aussi que je le sacrifie.
Il est vrai, si le ciel eût écouté mes vœux,
Qu'il pouvait m'accorder un trépas plus heureux:
Vous n'en auriez pas moins épousé ma rivale,
Vous pouviez l'assurer de la foi conjugale,
Mais vous n'auriez pas joint à ce titre d'époux
Tous ces gages d'amour qu'elle a reçus de vous.
Roxane s'estimait assez récompensée:
Et j'aurais en mourant cette douce pensée,
Que, vous ayant moi-même imposé cette loi,
Je vous ai vers Roxane envoyé plein de moi;
Qu'emportant chez les morts toute votre tendresse,
Ce n'est point un amant en vous que je lui laisse.

BAJAZET.

Que parlez-vous, madame, et d'époux et d'amant?
O ciel! de ce discours quel est le fondement?
Qui peut vous avoir fait ce récit infidèle?
Moi, j'aimerais Roxane, où je vivrais pour elle,
Madame! Ah! croyez-vous que, loin de le penser,
Ma bouche seulement eût pu le prononcer?
Mais l'un ni l'autre n'était point nécessaire:
La sultane a suivi mon penchant ordinaire;
Et, soit qu'elle ait d'abord expliqué mon retour
Comme un gage certain qui marquait mon amour,
Soit que le temps trop cher la pressât de se rendre,
A peine ai-je parlé, que, sans presque m'entendre,
Ses pleurs précipités ont coupé mes discours:
Elle met dans ma main sa fortune, ses jours,
Et, se fiant enfin à ma reconnaissance,
D'un hymen infaillible a formé l'espérance.
Moi-même, rougissant de sa crédulité,
Et d'un amour si tendre et si peu mérité,
Dans ma confusion, que Roxane, madame,
Attribuait encore à l'excès de ma flamme,
Je me trouvais barbare, injuste, criminel.
Croyez qu'il m'a fallu, dans ce moment cruel,
Pour garder jusqu'au bout un silence perfide,
Rappeler tout l'amour que j'ai pour Atalide.
Cependant, quand je viens, après de tels efforts,
Chercher quelque secours contre tous mes remords,
Vous-même contre moi je vous vois irritée
Reprocher votre mort à mon ame agitée;

Je vois enfin, je vois qu'en ce même moment
Tout ce que je vous dis vous touche faiblement.
Madame, finissons et mon trouble et le vôtre.
Ne nous affligeons point vainement l'un et l'autre.
Roxane n'est pas loin; laissez agir ma foi:
J'irai, bien plus content et de vous et de moi,
Détromper son amour d'une feinte forcée,
Que je n'allais tantôt déguiser ma pensée.
La voici.

ATALIDE.
Juste ciel! où va-t-il s'exposer?
Si vous m'aimez, gardez de la désabuser.

SCÈNE V.
BAJAZET, ROXANE, ATALIDE, ZAIRE.

ROXANE.

Venez, seigneur, venez: il est temps de paraître,
Et que tout le sérail reconnaisse son maître:
Tout ce peuple nombreux dont il est habité,
Assemblé par mon ordre, attend ma volonté.
Mes esclaves gagnés, que le reste va suivre,
Sont les premiers sujets que mon amour vous livre.
L'auriez-vous cru, madame, et qu'un si prompt retour
Fît à tant de fureur succéder tant d'amour?
Tantôt, à me venger fixe et déterminée,
Je jurais qu'il voyait sa dernière journée:
A peine cependant Bajazet m'a parlé;
L'amour fit le serment, l'amour l'a violé.
J'ai cru dans son désordre entrevoir sa tendresse:
J'ai prononcé sa grace, et je crois sa promesse.

BAJAZET.

Oui, je vous ai promis et j'ai donné ma foi
De n'oublier jamais tout ce que je vous dois;
J'ai juré que mes soins, ma juste complaisance,
Sous répondront toujours de ma reconnaissance.
Si je puis à ce prix mériter vos bienfaits,
Je vais de vos bontés attendre les effets.

SCÈNE VI.
ROXANE, ATALIDE, ZAIRE.

ROXANE.

De quel étonnement, ô ciel! suis-je frappée!
Est-ce un songe? et mes yeux ne m'ont-ils point trompée?
Quel est ce sombre accueil, et ce discours glacé
Qui semble révoquer tout ce qui s'est passé?
Sur quel espoir croit-il que je me sois rendue,
Et qu'il ait regagné mon amitié perdue?
J'ai cru qu'il me jurait que jusques à la mort.
Son amour me laissait maîtresse de son sort.
Se repent-il déjà de m'avoir apaisée?
Mais moi-même tantôt me serais-je abusée?
Ah!... Mais il vous il parlait: quels étaient ses discours,
Madame?

ATALIDE.
Moi, madame! Il vous aime toujours.

ROXANE.
Il y va de sa vie, au moins, que je le croie.
Mais, de grace, parmi tant de sujets de joie,
Répondez-moi, comment pouvez-vous expliquer
Ce chagrin qu'en sortant il m'a fait remarquer?

ATALIDE.
Madame, ce chagrin n'a point frappé ma vue.
Il m'a de vos bontés longtemps entretenue,
Il en était tout plein quand je l'ai rencontré;
J'ai cru le voir sortir tel qu'il était entré.
Mais, madame, après tout, faut-il être surprise
Que, tout prêt d'achever cette grande entreprise,
Bajazet s'inquiète, et qu'il laisse échapper
Quelque marque des soins qui doivent l'occuper?

ROXANE.
Je vois qu'à l'excuser votre adresse est extrême:
Vous parlez mieux pour lui qu'il ne parle lui-même.

ATALIDE.
Et quel autre intérêt...

ROXANE.

Madame, c'est assez :
Je conçois vos raisons mieux que vous ne pensez.
Laissez-moi : j'ai besoin d'un peu de solitude.
Ce jour me jette aussi dans quelque inquiétude :
J'ai, comme Bajazet, mon chagrin et mes soins ;
Et je veux un moment y penser sans témoins.

SCENE VII.

ROXANE.

De tout ce que je vois que faut-il que je pense?
Tous deux à me tromper sont-ils d'intelligence?
Pourquoi ce changement, ce discours, ce départ?
N'ai-je pas même entre eux surpris quelque regard?
Bajazet interdit! Atalide étonnée!
O ciel! à cet affront m'auriez-vous condamnée?
De mon aveugle amour seraient-ce là les fruits?
Tant de jours douloureux, tant d'inquiètes nuits,
Mes brigues, mes complots, ma trahison fatale,
N'aurais-je tout tenté que pour une rivale?
Mais peut-être qu'aussi, trop prompte à m'affliger,
J'observe de trop près un chagrin passager :
J'impute à son amour l'effet de son caprice.
N'eût-il pas jusqu'au bout conduit son artifice ?
Prêt à voir le succès de son déguisement,
Quoi! ne pouvait-il pas feindre encore un moment ?
Non, non, rassurons-nous : trop d'amour m'intimide.
Et pourquoi dans son cœur redouter Atalide?
Quel serait son dessein? Qu'a-t-elle fait pour lui?
Qui de nous deux enfin le couronne aujourd'hui?
Mais, hélas! de l'amour ignorons-nous l'empire?
Si par quelque autre charme Atalide l'attire,
Qu'importe qu'il nous doive et le sceptre et le jour?
Les bienfaits dans un cœur balancent-ils l'amour?
Et sans chercher plus loin, quand l'ingrat me surplaire,
Ai-je mieux reconnu les bontés de son frère?
Ah! si d'une autre chaîne il n'était point lié,
L'offre de mon hymen l'eût-il tant effrayé?
N'eût-il pas sans regret secondé mon envie?
L'eût-il refusé, même aux dépens de sa vie?
Que de justes raisons... Mais qui vient me parler?
Que veut-on ?

SCÈNE VIII.

ROXANE, ZATIME.

ZATIME.

Pardonnez si j'ose vous troubler :
Mais, madame, un esclave arrive de l'armée;
Et, quoique sur la mer la porte fût fermée,
Les gardes, sans tarder, l'ont ouverte à genoux,
Aux ordres du sultan qui s'adressent à vous.
Mais ce qui me surprend, c'est Orcan qu'il envoie.

ROXANE.

Orcan!

ZATIME.

Oui, de tous ceux que le sultan emploie,
Orcan, le plus fidèle à servir ses desseins,
Né sous le ciel brûlant des plus noirs Africains.
Madame, il vous demande avec impatience.
Mais j'ai cru vous devoir avertir par avance.
Et, souhaitant surtout qu'il ne vous surprît pas,
Dans votre appartement j'ai retenu ses pas.

ROXANE.

Quel malheur imprévu vient encor me confondre?
Quel peut être cet ordre? et que puis-je répondre?
Il n'en faut point douter, le sultan inquiet
Une seconde fois condamne Bajazet.
On ne peut sur ses jours sans moi rien entreprendre :
Tout m'obéit ici. Mais dois-je le défendre?
Quel est mon empereur? Bajazet? Amurat?
J'ai trahi l'un ; mais l'autre est peut-être un ingrat.
Le temps presse. Que faire en ce doute funeste?
Allons, employons bien le moment qui nous reste.
Ils ont beau se cacher, l'amour le plus discret
Laisse par quelque marque échapper son secret.
Observons Bajazet ; étonnons Atalide ;
Et couronnons l'amant, ou perdons le perfide.

FIN DU TROISIÈME ACTE.

ACTE IV.

SCÈNE PREMIÈRE.

ATALIDE, ZAIRE.

ATALIDE.

Ah! sais-tu mes frayeurs? sais-tu que dans ces lieux
J'ai vu du fier Orcan le visage odieux?
En ce moment fatal, que je crains sa venue!
Que je crains... Mais dis-moi, Bajazet t'a-t-il vue?
Qu'a-t-il dit? se rend-il, Zaïre, à mes raisons?
Ira-t-il voir Roxane, et calmer ses soupçons?

ZAÏRE.

Il ne peut plus la voir sans qu'elle le commande :
Roxane ainsi l'ordonne, elle veut qu'il l'attende.
Sans doute à cet esclave elle veut le cacher
J'ai feint en le voyant de le point chercher.
J'ai rendu votre lettre, et j'ai pris sa réponse.
Madame, vous verrez ce qu'elle vous annonce.

ATALIDE, *lit.*

« Après tant d'injustes détours,
« Faut-il qu'à feindre encor votre amour me convie!
« Mais je veux bien prendre soin d'une vie
« Dont vous jurez que dépendent vos jours :
« Je verrai la sultane ; et, par ma complaisance,
« Par de nouveaux serments de ma reconnaissance,
« J'apaiserai, si je puis, son courroux.
« N'exigez rien de plus : ni la mort, ni vous-même
« Ne me ferez jamais prononcer que je l'aime,
« Puisque jamais je n'aimerai que vous. »

Hélas! que me dit-il? croit-il que je l'ignore?
Ne sais-je pas assez qu'il m'aime, qu'il m'adore?
Est-ce ainsi qu'à mes vœux il sait s'accommoder?
C'est Roxane, et non moi, qu'il faut persuader.
De quelle crainte encor me laisse-t-il saisie!
Funeste aveuglement! perfide jalousie!
Récit menteur, soupçon que je n'ai pu céler,
Fallait-il vous entendre, ou fallait-il parler!
C'était fait, mon bonheur surpassait mon attente :
J'étais aimée, heureuse ; et Roxane contente.
Zaïre, s'il se peut, retourne sur tes pas :
Qu'il l'apaise. Ces mots ne me suffisent pas :
Que sa bouche, ses yeux, tout l'assure qu'il l'aime :
Qu'elle le croie enfin. Que ne puis-je moi-même,
Echauffant par mes pleurs ses soins trop languissants,
Mettre dans ses discours tout l'amour que je sens!
Mais à d'autres périls je crains de le commettre.

ZAÏRE.

Roxane vient à vous.

ATALIDE.

Ah! cachons cette lettre!

SCÈNE II.

ROXANE, ATALIDE, ZATIME, ZAIRE.

ROXANE, *à Zatime.*

Viens. J'ai reçu cet ordre. Il faut l'intimider.

ATALIDE, *à Zaïre.*

Va, cours, et tâche enfin de le persuader.

SCÈNE III.

ROXANE, ATALIDE, ZATIME.

ROXANE.

Madame, j'ai reçu des lettres de l'armée.
De tout ce qui s'y passe êtes-vous informée?

ATALIDE.

On m'a dit que du camp un esclave est venu :
Le reste est un secret qui ne m'est pas connu.

ROXANE.

Amurat est heureux : la fortune est changée,
Madame, et sous ses lois Babylone est rangée.

ATALIDE.
Hé quoi, madame! Osmin...
ROXANE.
          Était mal averti;
Et depuis son départ cet esclave est parti.
C'en est fait.
ATALIDE, *à part.*
Quel revers!
ROXANE.
          Pour comble de disgraces,
Le sultan, qui l'envoie, est parti sur ses traces.
ATALIDE.
Quoi! les Persans armés ne l'arrêtent donc pas?
ROXANE.
Non, madame: vers nous il revient à grands pas.
ATALIDE.
Que je vous plains, madame! et qu'il est nécessaire
D'achever promptement ce que vous vouliez faire!
ROXANE.
Il est tard de vouloir s'opposer au vainqueur.
ATALIDE, *à part.*
O ciel!
ROXANE.
     Le temps n'a point adouci sa rigueur.
Vous voyez dans mes mains sa volonté suprême.
ATALIDE.
Et que vous mande-t-il?
ROXANE.
               Voyez: lisez vous-même.
Vous connaissez, madame, et la lettre et le seing.
ATALIDE.
Du cruel Amurat je reconnais la main.
(*Elle lit.*)
« Avant que Babylone éprouvât ma puissance,
» Je vous ai fait porter mes ordres absolus:
» Je ne veux point douter de votre obéissance.
» Et crois que maintenant Bajazet ne vit plus.
» Je laisse sous mes lois Babylone asservie,
» Et confirme en partant mon ordre souverain.
» Vous, si vous avez soin de votre propre vie,
» Ne vous montrez à moi que sa tête à la main. »
ROXANE.
Hé bien?
ATALIDE, *à part.*
Cache tes pleurs, malheureuse Atalide.
ROXANE.
Que vous semble?
ATALIDE.
          Il poursuit son dessein parricide.
Mais il pense proscrire un prince sans appui:
Il ne sait pas l'amour qui vous parle pour lui;
Que vous et Bajazet vous ne faites qu'une ame;
Que plutôt, s'il le faut, vous mourrez...
ROXANE.
                              Mais, madame,
Je voudrais le sauver, je ne le puis haïr;
Mais,...
ATALIDE.
Quoi donc? qu'avez-vous résolu?
ROXANE.
                    D'obéir.
ATALIDE.
D'obéir?
ROXANE.
Et que faire en ce péril extrême?
Il le faut.
ATALIDE.
     Quoi! ce prince aimable... qui vous aime;
Verra finir ses jours qu'il vous a destinés!
ROXANE.
Il le faut; et déjà mes ordres sont donnés.

ATALIDE.
Je me meurs.
ZATIME.
     Elle tombe, et ne vit plus qu'à peine.
ROXANE.
Allez, conduisez-la dans la chambre prochaine;
Mais au moins observez ses regards, ses discours,
Tout ce qui convaincra leurs perfides amours.

SCÈNE IV.

ROXANE.

Ma rivale à mes yeux s'est enfin déclarée.
Voilà sur quelle foi je m'étais assurée!
Depuis six mois entiers j'ai cru que, nuit et jour,
Ardente, elle veillait au soin de mon amour:
Et c'est moi qui, du sien ministre trop fidèle,
Semble depuis six mois ne veiller que pour elle;
Qui me suis appliquée à chercher les moyens
De lui faciliter tant d'heureux entretiens;
Et qui même souvent, prévenant son envie,
Ai hâté les moments les plus doux de sa vie.
Ce n'est pas tout: il faut maintenant m'éclaircir
Si dans sa perfidie elle a su réussir;
Il faut.. Mais que pourrais-je apprendre davantage?
Mon malheur n'est-il pas écrit sur son visage?
Vois-je pas, au travers de son saisissement,
Un cœur dans ses douleurs content de son amant?
Exempte des soupçons dont je suis tourmentée,
Ce n'est que pour ses jours qu'elle est épouvantée.
N'importe: poursuivons. Elle peut, comme moi,
Sur des gages trompeurs s'assurer de sa foi;
Pour le faire expliquer, tendons-lui quelque piège.
Mais quel indigne emploi moi-même m'impose-je!
Quoi donc! à me gêner appliquant mes esprits,
J'irai faire à mes yeux éclater ses mépris?
Lui-même il peut prévoir et tromper mon adresse.
D'ailleurs, l'ordre, l'esclave, et le visir me presse.
Il faut prendre parti: l'on m'attend. Faisons mieux:
Sur tout ce que j'ai vu fermons plutôt les yeux;
Laissons de leur amour la recherche importune;
Poussons à bout l'ingrat, et tentons la fortune:
Voyons si, par mes soins sur le trône élevé,
Il osera trahir l'amour qui l'a sauvé,
Et si, de mes bienfaits lâchement libérale,
Sa main en osera couronner ma rivale.
Je saurai bien toujours retrouver le moment
De punir, s'il le faut, la rivale et l'amant:
Dans ma juste fureur observant le perfide,
Je saurai le surprendre avec son Atalide;
Et, d'un même poignard les unissant tous deux,
Les percer l'un et l'autre, et moi-même après eux.
Voilà, n'en doutons point, le parti qu'il faut prendre.
Je veux tout ignorer.

SCÈNE V.

ROXANE, ZATIME.

ROXANE.
          Ah! que viens-tu m'apprendre,
Zatime? Bajazet en est-il amoureux? [deux?
Vois-tu, dans ses discours, qu'ils s'entendent tous
ZATIME.
Elle n'a point parlé: toujours évanouie,
Madame, elle ne marque aucun reste de vie
Que par de longs soupirs et des gémissements
Qu'il semble que son cœur va suivre à tous moments.
Vos femmes, dont le soin à l'envi la soulage,
Ont découvert son sein pour leur donner passage.
Moi-même, avec ardeur secondant ce dessein,
J'ai trouvé ce billet enfermé dans son sein:
Du prince votre amant j'ai reconnu la lettre,
Et j'ai cru qu'en vos mains je devais le remettre.
ROXANE.
Donne... Pourquoi frémir? et quel trouble soudain
Me glace à cet objet, et fait trembler ma main?

Il peut l'avoir écrit sans m'avoir offensée :
Il peut même... Lisons, et voyons sa pensée .

« . . . . . Ni la mort, ni vous-même,
« Ne me ferez jamais prononcer que je l'aime,
« Puisque jamais je n'aimerai que vous. »

Ah! de la trahison me voilà donc instruite !
Je reconnais l'appât dont ils m'avaient seduite.
Ainsi donc mon amour était récompensé,
Lâche, indigne du jour que je t'avais laissé!
Ah ! je respire enfin ; et ma joie est extrême
Que le traître, une fois, se soit trahi lui-même.
Libre des soins cruels où j'allais m'engager,
Ma tranquille fureur n'a plus qu'à se venger. (se ;
Qu'il meure : vengeons-nous. Courez : qu'on le saisis-
Que la main des muets s'arme pour son supplice ;
Qu'ils viennent préparer ces nœuds infortunés
Par qui de ses pareils les jours sont terminés.
Cours, Zatime, sois prompte à servir ma colère.

ZATIME.
Ah, madame !

ROXANE.
Quoi donc ?

ZATIME.
Si, sans trop vous déplaire,
Dans les justes transports, madame, où je vous vois,
J'osais vous faire entendre une timide voix :
Bajazet, il est vrai, trop indigne de vivre,
Aux mains de ces cruels mérite qu'on le livre ;
Mais, tout ingrat qu'il est, croyez-vous aujourd'hui
Qu'Amurat ne soit pas plus à craindre que lui
Et qui sait si déjà quelque bouche infidèle
Ne l'a point averti de votre amour nouvelle ?
Des cœurs comme le sien, vous le savez assez,
Ne se regagnent plus quand ils sont offensés ;
Et la plus prompte mort, dans ce moment sévère,
Devient de leur amour la marque la plus chère.

ROXANE.
Avec quelle insolence et quelle cruauté
Ils se jouaient tous deux de ma crédulité!
Quel penchant, quel plaisir je sentais à les croire!
Tu ne remportais pas une grande victoire,
Perfide, en abusant ce cœur préoccupé,
Qui lui-même craignait de se voir détrompé !
Moi qui, de ce haut rang qui me rendait si fière,
Dans le sein du malheur t'ai cherché la première
Pour attacher des jours tranquilles, fortunés,
Aux périls dont tes jours étaient environnés.
Après tant de bontés, de soins, d'ardeurs extrêmes,
Tu ne saurais jamais prononcer que tu m'aimes !
Mais dans quel souvenir me laissé-je égarer ?
Tu pleures, malheureuse ! Ah ! tu devais pleurer
Lorsque, d'un vain désir à ta perte poussée,
Tu conçus de le voir la première pensée.
Tu pleures! et l'ingrat, tout prêt à te trahir,
Prépare les discours dont il veut t'éblouir ;
Pour plaire à ta rivale, il prend soin de sa vie.
Ah ! traître ! tu mourras !.. Quoi ! tu n'es point partie ?
Va. Mais nous-même allons, précipitons nos pas :
Qu'il me voie, attentive au soin de son trépas,
Lui montrer à la fois, et l'ordre de son frère,
Et de sa trahison ce gage trop sincère.
Toi, Zatime, retiens ma rivale en ces lieux.
Qu'il n'ait, en expirant, que ses cris pour adieux.
Qu'elle soit cependant fidèlement servie ;
Prends soin d'elle : ma haine a besoin de sa vie.
Ah! si pour son amant facile à s'attendrir,
La peur de son trépas la fit presque mourir,
Quel surcroît de vengeance et de douceur nouvelle
De le montrer bientôt pâle et mort devant elle,
De voir sur cet objet ses regards arrêtés
Me payer les plaisirs que je leur ai prêtés !
Va, retiens-la. Surtout garde bien le silence.
Moi... Mais qui vient ici différer ma vengeance?

SCÈNE VI.
ROXANE, ACOMAT, OSMIN.

ACOMAT.
Que faites-vous, madame ? en quels retardements
D'un jour si précieux perdez-vous les moments ?
Byzance, par mes soins presque entière assemblée,
Interroge ses chefs, de leur crainte troublée ;
Et tous pour s'expliquer, ainsi que mes amis,
Attendent le signal que vous m'avez promis.
D'où vient que, sans répondre à leur impatience,
Le sérail cependant garde un triste silence ?
Déclarez-vous, madame ; et sans plus différer...

ROXANE.
Oui, vous serez content, je vais me déclarer,

ACOMAT.
Madame, quel regard, et quel voix sévère,
Malgré votre discours, m'assurent du contraire ?
Quoi ! déjà votre amour, des obstacles vaincu...

ROXANE.
Bajazet est un traître, et n'a que trop vécu.

ACOMAT.
Lui !

ROXANE.
Pour moi, pour vous-même, également perfide,
Il nous trompait tous deux.

ACOMAT.
Comment ?

ROXANE.
Cette Atalide,
Qui même n'était pas un assez digne prix
De tout ce que pour lui vous avez entrepris...

ACOMAT.
Hé bien?

ROXANE.
Lisez : jugez, après cette insolence,
Si nous devons d'un traître embrasser la défense.
Obéissons plutôt à la juste rigueur
D'Amurat qui s'approche et retourne vainqueur :
Et, livrant sans regret un indigne complice,
Apaisons le sultan par un prompt sacrifice.

ACOMAT, *lui rendant le billet.*
Oui, puisque jusque-là l'ingrat m'ose outrager,
Moi-même, s'il le faut, je m'offre à vous venger,
Madame. Laissez-moi nous laver l'un et l'autre
Du crime que sa vie a jeté sur la nôtre.
Montrez-moi le chemin, j'y cours.

ROXANE.
Non, Acomat ;
Laissez-moi le plaisir de confondre l'ingrat.
Je veux voir son désordre, et jouir de sa honte.
Je perdrais ma vengeance en la rendant si prompte.
Je vais tout préparer. Vous, cependant, allez
Disperser promptement vos amis assemblés.

SCÈNE VII.
ACOMAT, OSMIN.

ACOMAT.
Demeure : il n'est pas temps, cher Osmin, que je sorte.

OSMIN.
Quoi ! jusque-là, seigneur, votre amour vous transporte!
N'avez-vous pas poussé la vengeance assez loin?
Voulez-vous de sa mort être encor le témoin ?

ACOMAT.
Que veux-tu dire ? Es-tu toi-même si crédule
Que de me soupçonner d'un courroux ridicule?
Moi, jaloux ! Plût au ciel qu'en me manquant de foi,
L'imprudent Bajazet n'eût offensé que moi !

OSMIN.
Et pourquoi donc, seigneur, au lieu de le défendre...

ACOMAT.
Eh ! la sultane est-elle en état de m'entendre ?
Ne voyais-tu pas bien, quand je l'allais trouver,
Que j'allais avec lui me perdre ou me sauver ?
Ah ! de tant de conseils évènement sinistre !
Prince aveugle ! ou plutôt trop aveugle ministre,
Il te sied bien d'avoir en de si jeunes mains,
Chargés d'ans et d'honneurs, confié tes desseins,

Et laissé d'un visir la fortune flottante
Suivre de ces amants la conduite imprudente!

OSMIN.

Hé! laissez-les entre eux exercer leur courroux :
Bajazet veut périr; seigneur, songez à vous.
Qui peut de vos desseins révéler le mystère,
Sinon quelques amis engagés à se taire?
Vous verrez par sa mort le sultan adouci.

ACOMAT.

Roxane en sa fureur peut raisonner ainsi ;
Mais moi qui vois plus loin; qui, par un long usage,
Des maximes du trône ai fait l'apprentissage;
Qui, d'emplois en emplois, vieilli sous trois sultans,
Ai vu de mes pareils les malheurs éclatants;
Je sais, sans me flatter, que de sa seule audace
Un homme tel que moi doit attendre sa grace,
Et qu'une mort sanglante est l'unique traité
Qui reste entre l'esclave et le maître irrité.

OSMIN.

Fuyez donc.

ACOMAT.

  J'approuvais tantôt cette pensée :
Mon entreprise alors était moins avancée ;
Mais il m'est désormais trop dur de reculer.
Par une belle chute il faut me signaler,
Et laisser un débris du moins après ma fuite,
Qui de mes ennemis retarde la poursuite.
Bajazet vit encor; pourquoi nous étonner?
Acomat de plus loin a su le ramener.
Sauvons-le malgré lui de ce péril extrême,
Pour nous, pour nos amis, pour Roxane elle-même.
Tu vois combien son cœur, prêt à le protéger,
A retenu mon bras trop prompt à la venger.
Je connais peu l'amour; mais j'ose te répondre
Qu'il n'est pas condamné puisqu'on veut le confondre;
Que nous avons du temps. Malgré son désespoir,
Roxane l'aime encore, Osmin, et le va voir.

OSMIN.

Enfin, que vous inspire une si noble audace?
Si Roxane l'ordonne, il faut quitter la place :
Ce palais est tout plein...

ACOMAT.

  Oui, d'esclaves obscurs,
Nourris loin de la guerre, à l'ombre de ses murs.
Mais toi, dont la valeur, d'Amurat oubliée,
Par de communs chagrins à mon sort s'est liée,
Voudras-tu jusqu'au bout seconder mes fureurs?

OSMIN.

Seigneur, vous m'offensez : si vous mourez, je meurs.

ACOMAT.

D'amis et de soldats une troupe hardie
Aux portes du palais attend notre sortie ;
La sultane d'ailleurs se fie à mes discours :
Nourri dans le sérail, j'en connais les détours;
Je sais de Bajazet l'ordinaire demeure;
Ne tardons plus, marchons; et, s'il faut que je meure,
Mourons; moi, cher Osmin, comme un visir ; et toi,
Comme le favori d'un homme tel que moi.

FIN DU QUATRIÈME ACTE.

ACTE V.

SCÈNE PREMIÈRE.

ATALIDE.

Hélas! je cherche en vain : rien ne s'offre à ma vue.
Malheureuse! comment puis-je l'avoir perdue?
Ciel, aurais-tu permis que mon funeste amour
Exposât mon amant tant de fois en un jour?
Que, pour dernier malheur, cette lettre fatale
Fût encor parvenue aux yeux de ma rivale?
J'étais en ce lieu même; et ma timide main,
Quand Roxane a paru, l'a cachée en mon sein.
Sa présence a surpris mon ame désolée;
Ses menaces, sa voix, un ordre m'a troublée;
J'ai senti défaillir ma force et mes esprits,
Ses femmes m'entouraient quand je les ai repris,
A mes yeux étonnés leur troupe est disparue.
Ah! trop cruelles mains : qui m'avez secourue,
Vous m'avez vendu cher vos secours inhumains;
Et par vous cette lettre a passé dans ses mains!
Quels desseins maintenant occupent sa pensée?
Sur qui sera d'abord sa vengeance exercée?
Quel sang pourra suffire à son ressentiment?
Ah! Bajazet est mort, ou meurt en ce moment,
Cependant, on m'arrête, on me tient enfermée.
On ouvre : de son sort je vais être informée.

SCÈNE II.

ROXANE, ATALIDE, ZATIME, GARDES.

ROXANE, à *Atalide.*

Retirez-vous.

ATALIDE.

  Madame... Excusez l'embarras...

ROXANE.

Retirez-vous, vous dis-je, et ne répliquez pas.
Gardes, qu'on la retienne.

SCÈNE III.

ROXANE, ZATIME.

ROXANE.

  Oui, tout est prêt, Zatime :
Orcan et les muets attendent leur victime.
Je suis pourtant toujours maîtresse de son sort :
Je puis le retenir. Mais s'il sort, il est mort.
Vient-il?

ZATIME.

  Oui, sur mes pas un esclave l'amène :
Et, loin de soupçonner sa disgrace prochaine,
Il m'a paru, madame, avec empressement
Sortir, pour vous chercher, de son appartement.

ROXANE.

Ame lâche, et trop digne enfin d'être déçue,
Peux-tu souffrir encor qu'il paraisse à ta vue?
Crois-tu par tes discours le vaincre ou l'étonner?
Quand même il se rendrait, peux-tu lui pardonner?
Quoi! ne devrais-tu pas être déjà vengée?
Ne crois-tu pas encore être assez outragée?
Sans perdre tant d'efforts sur ce cœur endurci,
Que ne le laissons-nous périr?... Mais le voici.

SCÈNE IV.

BAJAZET, ROXANE.

ROXANE.

Je ne vous ferai point des reproches frivoles : les.
Les moments sont trop chers pour les perdre en paro-
Mes soins vous sont connus : en un mot, vous vivez ;
Et ne vous dirais que ce que vous savez.
Malgré tout mon amour, si je n'ai pu vous plaire,
Je n'en murmure point; quoiqu'à ne vous rien taire,

Ce même amour, peut-être, et ces mêmes bienfaits,
Auraient dû suppléer à mes faibles attraits.
Mais je m'étonne enfin que, pour reconnaissance,
Pour prix de tant d'amour, de tant de confiance,
Vous ayez si longtemps, par des détours si bas,
Feint un amour pour moi, que vous ne sentiez pas.

BAJAZET.

Qui ? moi, madame ?

ROXANE.

Oui, toi. Voudrais-tu point encore
Me nier un mépris que tu crois que j'ignore ?
Ne prétendrais-tu point, par tes fausses couleurs,
Déguiser un amour qui te retient ailleurs ;
Et me jurer enfin, d'une bouche perfide,
Tout ce que tu ne sens que pour ton Atalide ?

BAJAZET.

Atalide, madame ! O ciel ! qui vous a dit...

ROXANE.

Tiens, perfide, regarde, et démens cet écrit.

BAJAZET, *après avoir regardé la lettre.*

Je ne vous dis plus rien : cette lettre sincère
D'un malheureux amour contient tout le mystère ;
Vous savez un secret que, tout prêt à s'ouvrir,
Mon cœur a mille fois voulu vous découvrir.
J'aime, je le confesse ; et devant que votre ame,
Prévenant mon espoir, m'eût déclaré sa flamme,
Déjà plein d'un amour dès l'enfance formé,
A tout autre désir mon cœur était fermé.
Vous me vintes offrir et la vie et l'empire ;
Et même votre amour, si j'ose vous le dire,
Consultant vos bienfaits, les crut, et, sur leur foi,
De tous mes sentiments vous répondit pour moi.
Je connus votre erreur. Mais que pouvais-je faire ?
Je vis en même temps qu'elle vous était chère.
Combien le trône tente un cœur ambitieux !
Un si noble présent me fit ouvrir les yeux.
Je chéris, j'acceptai, sans tarder davantage,
L'heureuse occasion de sortir d'esclavage,
D'autant plus qu'il fallait l'accepter ou périr ;
D'autant plus que vous-même, ardente à me l'offrir,
Vous ne craigniez rien tant que d'être refusée ;
Que même mes refus vous auraient exposée ;
Qu'après avoir osé me voir et me parler,
Il était dangereux pour vous de reculer.
Cependant, je n'en veux pour témoins que vos plaintes,
Ai-je pu vous tromper par des promesses feintes ?
Songez combien de fois vous m'avez reproché
Un silence témoin de mon trouble caché :
Plus l'effet de vos soins et ma pudeur étaient proches,
Plus mon cœur interdit se faisait de reproches.
Le ciel, qui m'entendait, sait bien qu'en même temps
Je ne m'arrêtais pas à des vœux impuissants :
Et si l'effet enfin, suivant mon espérance,
J'aurais, par tant d'honneurs, par tant de dignités,
Contenté votre orgueil et payé vos bontés,
Que vous même peut-être...

ROXANE.

Et que pourrais-tu faire ?
Sans l'offre de ton cœur, par où peux-tu me plaire ?
Quels seraient de tes vœux les inutiles fruits ?
Ne te souvient-il plus de tout ce que je suis ?
Maîtresse du sérail, arbitre de ta vie,
Et mère de l'état, qu'Amurat me confie,
Sultane, et, ce qu'en vain j'ai cru trouver en toi,
Souveraine d'un cœur qui n'eût aimé que moi :
Dans ce comble de gloire où je suis arrivée,
A quel indigne honneur m'avais-tu réservée ?
Traînerais-je en ces lieux un sort infortuné,
Vil rebut d'un ingrat que j'aurais couronné,
De mon rang descendue, à mille autres égale,
Ou la première esclave enfin de ma rivale ?
Laissons ces vains discours ; et, sans m'importuner,
Pour la dernière fois veux-tu vivre et régner ?
J'ai l'ordre d'Amurat, et je puis t'y soustraire.
Mais tu n'as qu'un moment : parle.

BAJAZET.

Que faut-il faire ?

ROXANE.

Ma rivale est ici : suis-moi sans différer ;
Dans la main des muets viens la voir expirer ;
Et, libre d'un amour à ta gloire funeste,
Viens m'engager ta foi : le temps fera le reste.
Ta grace est à ce prix, si tu veux l'obtenir.

BAJAZET.

Je ne l'accepterais que pour vous en punir ;
Que pour faire éclater aux yeux de tout l'empire
L'horreur et le mépris que cette offre m'inspire.
Mais à quelle fureur me laissant emporter,
Contre ses tristes jours vais-je vous irriter !
De mes emportements elle n'est point complice,
Ni de mon amour même et de mon injustice :
Loin de me retenir par des conseils jaloux,
Elle me conjurait de me donner à vous.
En un mot, séparez ses vertus de mon crime.
Poursuivez, s'il le faut, un courroux légitime ;
Aux ordres d'Amurat hâtez-vous d'obéir ;
Mais laissez-moi du moins mourir sans vous haïr.
Amurat avec moi ne l'a point condamnée :
Epargnez une vie assez infortunée.
Ajoutez cette grace à tant d'autres bontés,
Madame ; et si jamais je vous fus cher...

ROXANE.

Sortez.

SCÈNE V.

ROXANE, ZATIME.

ROXANE.

Pour la dernière fois, perfide, tu m'as vue,
Et tu vas rencontrer la peine qui t'est due.

ZATIME.

Atalide à vos pieds demande à se jeter,
Et vous prie un moment de vouloir l'écouter,
Madame : elle vous veut faire l'aveu fidèle
D'un secret important qui vous touche plus qu'elle.

Oui, qu'elle vienne. Et toi, suis Bajazet qui sort ;
Et, quand il sera temps, viens m'apprendre son sort.

SCÈNE VI.

ROXANE, ATALIDE.

ATALIDE.

Je ne viens plus, madame, à feindre disposée,
Tromper votre bonté si longtemps abusée ;
Confuse, et digne objet de vos inimitiés,
Je viens mettre mon cœur et mon crime à vos pieds.
Oui, madame, il est vrai que je vous ai trompée :
Du soin de mon amour seulement occupée,
Quand j'ai vu Bajazet, loin de vous obéir,
Je n'ai dans mes discours songé qu'à vous trahir.
Je l'aimai dès l'enfance ; et dès ce temps, madame,
J'avais par mille soins su prévenir son ame.
La sultane sa mère, ignorant l'avenir,
Helas ! pour son malheur, se plut à nous unir.
Vous m'aimâtes depuis : plus heureux l'un et l'autre,
Si, connaissant mon cœur, ou me cachant le vôtre,
Votre amour de la mienne eût su se défier !
Je ne le noircis point pour le justifier.
Je jure par le ciel qui me voit confondue,
Par ces grands Ottomans dont je suis descendue,
Et qui tous avec moi vous parlent à genoux
Pour le plus pur du sang qu'ils ont transmis en nous ;
Bajazet à vos soins tôt ou tard plus sensible,
Madame, à tant d'attraits n'était point invincible.
Jalouse, et toujours prête à lui représenter
Tout ce que je croyais digne de l'arrêter,
Je n'ai rien négligé, plaintes, larmes, colère,
Quelquefois attestant les mânes de sa mère ;
Ce jour même, des jours le plus infortuné,
Lui reprochant l'espoir qu'il vous avait donné,
Et de ma mort enfin le prenant à partie,
Mon importune ardeur ne s'est point ralentie,
Qu'arrachant malgré lui des gages de sa foi,
Je ne sois parvenue à le perdre avec moi.

Mais pourquoi vos bontés seraient-elles lassées ?
Ne vous arrêtez point à ses froideurs passées :
C'est moi qui l'y forçai. Les nœuds que j'ai rompus
Se rejoindront bientôt quand je ne serai plus.
Quelque peine pourtant qui soit due à mon crime,
N'ordonnez pas vous même une mort légitime,
Et ne vous montrez point à son cœur éperdu
Couverte de mon sang par vos mains répandu :
D'un cœur trop tendre encore épargnez la faiblesse.
Vous pouvez de mon sort me laisser la maîtresse.
Madame ; mon trépas n'en sera pas moins prompt.
Jouissez d'un bonheur dont ma mort vous répond ;
Couronnez un héros dont vous serez chérie :
J'aurai soin de ma mort ; prenez soin de sa vie.
Allez, madame, allez ; avant votre retour,
J'aurai d'une rivale affranchi votre amour.

ROXANE.

Je ne mérite pas un si grand sacrifice :
Je me connais, madame, et je me fais justice.
Loin de vous séparer, je prétends aujourd'hui
Par des nœuds éternels vous unir avec lui :
Vous jouirez bientôt de son aimable vue.
Levez-vous. Mais que veut Zatime tout émue ?

SCÈNE VII.

ROXANE, ATALIDE, ZATIME.

ZATIME.

Ah ! venez vous montrer, madame, ou désormais
Le rebelle Acomat est maître du palais :
Profanant des sultans la demeure sacrée,
Ses criminels amis en ont forcé l'entrée.
Vos esclaves tremblants, dont la moitié s'enfuit,
Doutent si le visir vous sert ou vous trahit.

ROXANE.

Ah, les traîtres ! Allons, et courons le confondre.
Toi, garde ma captive, et songe à m'en répondre.

SCÈNE VIII.

ATALIDE, ZATIME.

ATALIDE.

Hélas ! pour qui mon cœur doit-il faire des vœux ?
J'ignore quel dessein les anime tous deux.
Si de tant de malheurs quelque pitié te touche,
Je ne te demande point, Zatime, que ta bouche
Trahisse en ma faveur Roxane et son secret ;
Mais, de grâce, dis-moi ce que fait Bajazet.
L'as-tu vu ? Pour ses jours n'ai-je encor rien à craindre ?

ZATIME.

Madame, en vos malheurs je ne puis que vous plaindre.

ATALIDE.

Quoi ! Roxane déjà l'a-t-elle condamné ?

ZATIME.

Madame, le secret m'est sur tout ordonné.

ATALIDE.

Malheureuse, dis-moi seulement s'il respire.

ZATIME.

Il y va de ma vie, et je ne puis rien dire.

ATALIDE.

Ah ! c'en est trop, cruelle. Achève, et que ta main
Lui donne de ton zèle un gage plus certain ;
Perce toi-même un cœur que ton silence accable,
D'une esclave barbare esclave impitoyable ;
Précipite des jours qu'elle me veut ravir ;
Montre-toi, s'il se peut, digne de la servir.
Tu me retiens en vain ; et, dès cette même heure,
Il faut que je le voie, ou du moins que je meure.

SCÈNE IX.

ATALIDE, ACOMAT, ZATIME.

ACOMAT.

Ah ! que fait Bajazet ? Où le puis-je trouver,
Madame ? Aurai-je encor le temps de le sauver ?
Je cours tout le sérail ; et, même dès l'entrée,
De mes braves amis la moitié séparée
A marché sur les pas du courageux Osmin ;
Le reste m'a suivi par un autre chemin.
Je cours, et je ne vois que des troupes craintives
D'esclaves effrayés, de femmes fugitives.

ATALIDE.

Ah ! je suis de son sort moins instruite que vous.
Cette esclave le sait.

ACOMAT.

Crains mon juste courroux,
Malheureuse ; réponds.

SCÈNE X.

ATALIDE, ACOMAT, ZATIME, ZAIRE.

ZAÏRE.

Madame...

ATALIDE.

Hé bien ! Zaïre ?
Qu'est-ce ?

ZAÏRE.

Ne craignez plus ; votre ennemie expire.

Roxane ?

ZAÏRE.

Et ce qui va bien plus vous étonner,
Orcan lui-même, Orcan vient de l'assassiner.

ATALIDE.

Quoi ! lui ?

ZAÏRE.

Désespéré d'avoir manqué son crime,
Sans doute il a voulu prendre cette victime.

ATALIDE.

Juste ciel, l'innocence a trouvé ton appui !
Bajazet vit encor : visir, courez à lui.

ZAÏRE.

Par la bouche d'Osmin vous serez mieux instruite,
Il a tout vu.

SCÈNE XI.

ATALIDE, ACOMAT, ZAIRE, OSMIN.

ACOMAT.

Ses yeux ne l'ont-ils point séduite ?
Roxane est-elle morte ?

OSMIN.

Oui : j'ai vu l'assassin
Retirer son poignard tout fumant de son sein.
Orcan qui méditait ce cruel stratagème,
La servait à dessein de la perdre elle-même ;
Et le sultan l'avait chargé secrètement
De lui sacrifier l'amante après l'amant.
Lui-même, d'aussi loin qu'il nous a vus paraître :
« Adorez, a-t-il dit, l'ordre de votre maître ;
« De son auguste seing reconnaissez les traits,
« Perfides, et sortez de ce sacré palais. »
A ce discours, laissant la sultane expirante,
Il a marché vers nous ; et d'une main sanglante
Il nous a déployé l'ordre dont Amurat
Autorise ce monstre à ce double attentat.
Mais, seigneur, sans vouloir l'écouter davantage,
Transportés à la fois de douleur et de rage,
Nos bras impatients ont puni son forfait,
Et vengé dans son sang la mort de Bajazet.

ATALIDE.

Bajazet !

ACOMAT.

Que dis-tu ?

OSMIN.

Bajazet est sans vie,
L'ignorez-vous ?

ATALIDE.

O ciel !

OSMIN.
Son amante en furie,
Près de ces lieux, seigneur, craignant votre secours,
Avait au nœud fatal abandonné ses jours.
Moi-même des objets j'ai vu le plus funeste,
Et de sa vie en vain j'ai cherché quelque reste :
Bajazet était mort. Nous l'avons rencontré
De morts et de mourants noblement entouré,
Que, vengeant sa défaite, et cédant sous le nombre,
Ce héros a forcé d'accompagner son ombre.
Mais, puisque c'en est fait, seigneur, songeons à nous.

ACOMAT.
Ah! destins ennemis, où me réduisez-vous?
Je sais en Bajazet la perte que vous faites,
Madame; je sais trop qu'en l'état où vous êtes
Il ne m'appartient point de vous offrir l'appui
De quelques malheureux qui n'espéraient qu'en lui :
Saisi, désespéré d'une mort qui m'accable,
Je vais, non point sauver cette tête coupable,
Mais, redevable aux soins de mes tristes amis, (mis.
Défendre jusqu'au bout leurs jours qu'ils m'ont com-
Pour vous, si vous voulez qu'en quelque autre contrée
Nous allions confier votre tête sacrée,
Madame, consultez : maîtres de ce palais,
Mes fidèles amis attendront vos souhaits;
Et moi, pour ne point perdre un temps si salutaire,
Je cours où ma présence est encor nécessaire;
Et jusqu'au pied des murs que la mer vient laver,
Sur mes vaisseaux tout prêts je viens vous retrouver

SCÈNE XII.
ATALIDE, ZAIRE

ATALIDE.
Enfin, c'en est donc fait; et par mes artifices,
Mes injustes soupçons, mes funestes caprices,
Je suis donc arrivée au douloureux moment
Où je vois par mon crime expirer mon amant!
N'était-ce pas assez, cruelle destinée,
Qu'à lui survivre, hélas! je fusse condamnée?
Et fallait-il encor que, pour comble d'horreurs,
Je ne puisse imputer sa mort qu'à mes fureurs?
Oui, c'est moi, cher amant, qui t'arrache la vie;
Roxane, ou le sultan, ne te l'ont point ravie :
Moi seule j'ai tissu le lien malheureux
Dont tu viens d'éprouver les détestables nœuds.
Et je puis, sans mourir, en souffrir la pensée,
Moi qui n'ai pu tantôt, de ta mort menacée,
Retenir mes esprits, prompts à m'abandonner!
Ah! n'ai-je eu de l'amour que pour t'assassiner?
Mais c'en est trop : il faut, par un prompt sacrifice,
Que ma fidèle main te venge et me punisse.
Vous, de qui j'ai troublé la gloire et le repos,
Héros, qui deviez tous revivre en ce héros,
Toi, mère malheureuse, et qui, dès notre enfance,
Me confias son cœur dans une autre espérance
Infortuné visir, amis désespérés,
Roxane, venez tous, contre moi conjurés,
Tourmenter à la fois une amante éperdue;
Et prenez la vengeance enfin qui vous est due.
(Elle se tue.)

ZAIRE.
Ah, madame!... Elle expire. O ciel! en ce malheur,
Que ne puis-je avec elle expirer de douleur!

FIN DE BAJAZET.

MITHRIDATE,

TRAGÉDIE.

1675.

PRÉFACE.

Il n'y a guère de nom plus connu que celui de Mithridate : sa vie et sa mort font une partie considérable de l'histoire romaine; sans compter les victoires qu'il a remportées, on peut dire que ses seules défaites ont fait presque toute la gloire de trois des plus grands capitaines de la république; c'est à savoir, de Sylla, de Lucullus et de Pompée. Ainsi je ne pense pas qu'il soit besoin de citer ici mes auteurs : car, excepté quelques évènements que j'ai un peu rapprochés par le droit que donne la poésie, tout le monde reconnaîtra aisément que j'ai suivi l'histoire avec beaucoup de fidélité. En effet, il n'y a guère d'actions éclatantes dans la vie de Mithridate qui n'aient trouvé place dans ma tragédie. J'y ai inséré tout ce qui pouvait mettre en jour les mœurs et les sentiments de ce prince, je veux dire sa haine violente contre les Romains, son grand courage, sa finesse, sa dissimulation, et enfin cette jalousie qui lui était si naturelle, et qui a tant de fois coûté la vie à ses maîtresses.

La seule chose qui pourrait n'être pas aussi connue que le reste, c'est le dessein que je lui ai fait prendre de passer dans l'Italie. Comme ce dessein m'a fourni une des scènes qui ont le plus réussi dans ma tragédie, je crois que le plaisir du lecteur pourra redoubler, quand il verra que presque tous les historiens ont dit ce que je fais dire à Mithridate. Florus, Plutarque et Dion Cassius nomment les pays par où il devait passer. Appien, d'Alexandrie, entre plus dans le détail; et, après avoir marqué les facilités et les secours que Mithridate espérait trouver dans sa marche, il ajoute que ce projet fut le prétexte dont Pharnace se servit pour faire révolter toute l'armée, et que les soldats effrayés de l'entreprise de son père, la regardèrent comme le désespoir d'un prince qui ne cherchait qu'à périr avec éclat. Ainsi elle fut en partie cause de sa mort, qui est l'action de ma tragédie.

J'ai encore lié ce dessein de plus près à mon sujet; je m'en suis servi pour faire connaître à Mithridate les secrets sentiments de ses deux fils. On ne peut prendre trop de précaution pour ne rien mettre sur le théâtre qui ne soit très nécessaire; et les plus belles scènes sont en danger d'ennuyer, du moment qu'on peut les séparer de l'action, et qu'elles l'interrompent au lieu de la conduire vers sa fin.

Voici la réflexion que fait Dion Cassius sur le dessein de Mithridate. « Cet homme, dit-il, était véri-
« tablement né pour entreprendre de grandes cho-
« ses. Comme il avait souvent éprouvé la bonne et la
« mauvaise fortune, il ne croyait rien au dessus de
« ses espérances et de son audace, et mesurait ses
« desseins bien plus à la grandeur de son courage
« qu'au mauvais état de ses affaires; bien résolu, si
« son entreprise ne réussissait point, de faire une
« fin digne d'un grand roi, et de s'ensevelir lui-
« même sous les ruines de son empire, plutôt que
« de vivre dans l'obscurité et dans la bassesse. »

J'ai choisi Monime entre les femmes que Mithridate a aimées. Il paraît que c'est celle de toutes qui a été la plus vertueuse, et qu'il a aimée le plus tendrement. Plutarque semble avoir pris plaisir à décrire le malheur et les sentiments de cette princesse. C'est lui qui m'a donné l'idée de Monime; et c'est en partie sur la peinture qu'il en a faite que j'ai fondé un caractère que je puis dire qui n'a point déplu. Le lecteur trouvera bon que je rapporte ses paroles telles qu'Amyot les a traduites; car elles ont une grace dans le vieux style de ce traducteur, que je ne crois point pouvoir égaler dans notre langue moderne.

« Cette-ci estoit fort renommée entre les Grecs,
« pour ce que quelques sollicitations que lui sceust
« faire le roi en estant amoureux, jamais ne voulut
« entendre à toutes ses poursuites jusqu'à ce qu'il
« eust accord de mariage passé entre eux, et qu'il
« lui eust envoyé le diadème ou bandeau royal, et qu'il
« l'eust appellée royne. La pauvre dame, depuis que
« ce roi l'eust espousée, avait vécu en grande desplai-
« sance, ne faisant continuellement autre chose que
« de plorer la malheureuse beauté de son corps,
» laquelle, au lieu d'un mari, lui avait donné un
« maistre, et, au lieu de compaignie conjugale, et
« que doibt avoir une dame d'honneur, lui avait
« baillé une garde et garnison d'hommes barbares,
« qui la tenoient comme prisonnière loin du doulx
« pays de la Grèce, en lieu où elle n'avoit qu'un
« songe et une ombre des biens qu'elle avoit espé-
« rés; et au contraire avoit réellement perdu les vé-
« ritables, dont elle jouissoit au pays de sa nais-
« sance. Et quand l'eunuque fut arrivé devers elle,
« et lui eust faict commandement de par le roi qu'elle
« eust à mourir, adonc elle s'arracha d'alentour de
« la teste son bandeau royal ; et, se le nouant alen-
« tour du col, s'en pendit. Mais le bandeau ne fut
« pas assez fort, et se rompit incontinent. Et lors
« elle se prit à dire : *O maudit et malheureux tissu,*
« *ne me serviras-tu point au moins à ce triste service?*
« En disant ces paroles, elle le jeta contre terre,
« crachant dessus, et tendit la gorge à l'eunuque. »

Xipharès était fils de Mithridate et d'une de ses femmes qui se nommait Stratonice. Elle livra aux Romains une place de grande importance, où étaient les trésors de Mithridate, pour mettre son fils Xipharès dans les bonnes graces de Pompée. Il y a des historiens qui prétendent que Mithridate fit mourir ce jeune prince pour se venger de la perfidie de sa mère.

Je ne dis rien de Pharnace : car qui ne sait pas que ce fut lui qui souleva contre Mithridate ce qui lui restait de troupes, et qui força ce prince à se vouloir empoisonner, et à se passer son épée au travers du corps pour ne pas tomber entre les mains de ses ennemis? C'est ce même Pharnace qui fut vaincu depuis par Jules César, et qui fut tué ensuite dans une autre bataille.

FIN DE LA PREFACE.

PERSONNAGES.

MITHRIDATE, roi de Pont et de quantité d'autres royaumes.
MONIME, accordée à Mithridate, et déjà déclarée reine.
PHARNACE, } fils de Mithridate, mais de différentes
XIPHARÈS, } mères.
ARBATE, confident de Mithridate, et gouverneur de la place de Nymphée.
PHOEDIME, confidente de Monime.
ARCAS, domestique de Mithridate.
GARDES.

La scène est à Nymphée, port de mer sur le Bosphore Cimmérien, dans la Chersonèse Taurique.

MITHRIDATE.

ACTE PREMIER.

SCÈNE PREMIÈRE.
XIPHARÈS, ARBATE.

XIPHARÈS.
On nous faisait, Arbate, un fidèle rapport :
Rome en effet triomphe, et Mithridate est mort.
Les Romains vers l'Euphrate ont attaqué mon père,
Et trompé dans la nuit sa prudence ordinaire.
Après un long combat, tout son camp dispersé
Dans la foule des morts, en fuyant, l'a laissé ;
Et j'ai su qu'un soldat dans les mains de Pompée
Avec son diadème a remis son épée.
Ainsi ce roi, qui seul a, durant quarante ans,
Lassé tout ce que Rome eut de chefs importants,
Et qui, dans l'Orient balançant la fortune,
Vengeait de tous les rois la querelle commune,
Meurt, et laisse après lui, pour venger son trépas,
Deux fils infortunés qui ne s'accordent pas.

ARBATE.
Vous, seigneur ! Quoi ! l'ardeur de régner en sa place
Rend déjà Xipharès ennemi de Pharnace ?

XIPHARÈS.
Non, je ne prétends point, cher Arbate, à ce prix,
D'un malheureux empire acheter les débris.
Je sais en lui des ans respecter l'avantage :
Et, content des états marqués pour mon partage,
Je verrai sans regret tomber entre ses mains
Tout ce que lui promet l'amitié des Romains.

ARBATE.
L'amitié des Romains ! le fils de Mithridate,
Seigneur ! Est-il bien vrai ?

XIPHARÈS.
N'en doute point, Arbate :
Pharnace, dès longtemps tout Romain dans le cœur,
Attend tout maintenant de Rome et du vainqueur.
Et moi, plus que jamais à mon père fidèle,
Je conserve aux Romains une haine immortelle.
Cependant et ma haine et ses prétentions
Sont les moindres sujets de nos divisions.

ARBATE.
Et quel autre intérêt contre lui vous anime ?

XIPHARÈS.
Je m'en vais t'étonner : cette belle Monime,
Qui du roi notre père attira tous les vœux,
Dont Pharnace, après lui, se déclare amoureux...

ARBATE.
Hé bien, seigneur ?

XIPHARÈS.
Je l'aime, et ne veux plus m'en taire
Puisqu'enfin pour rival je n'ai plus que mon frère.
Tu ne t'attendais pas, sans doute, à ce discours ;
Mais ce n'est point, Arbate, un secret de deux jours.
Cet amour s'est longtemps accru dans le silence.
Que n'en puis-je à tes yeux marquer la violence,
Et mes premiers soupirs, et mes derniers ennuis !
Mais, en l'état funeste où nous sommes réduits,
Ce n'est guère le temps d'occuper ma mémoire
A rappeler le cours d'une amoureuse histoire.
Qu'il te suffise donc, pour me justifier,
Que je vis, que j'aimai la reine le premier ;
Que mon père ignorait jusqu'au nom de Monime
Quand je conçus pour elle un amour légitime.
Il la vit. Mais, au lieu d'offrir à ses beautés
Un hymen et des vœux dignes d'être écoutés,
Il crut que, sans prétendre une plus haute gloire,
Elle lui céderait une indigne victoire.

Tu sais par quels efforts il tenta sa vertu;
Et que, lassé d'avoir vainement combattu,
Absent, mais toujours plein de son amour extrême,
Il lui fit par tes mains porter son diadème.
Juge de mes douleurs, quand des bruits trop certains
M'annoncèrent du roi l'amour et les desseins ;
Quand je sus qu'à son lit Monime réservée,
Avait pris avec toi le chemin de Nymphée !
Hélas ! ce fut encor dans ce temps odieux
Qu'aux offres des Romains ma mère ouvrit les yeux,
Ou pour venger sa foi par cet hymen trompée,
Ou ménageant pour moi la faveur de Pompée,
Elle trahit mon père, et rendit aux Romains
La place et les trésors confiés en ses mains.
Que devins-je, au récit du crime de ma mère!
Je ne regardai plus mon rival dans mon père ;
J'oubliai mon amour par le sien traversé :
Je n'eus devant les yeux que mon père offensé.
J'attaquai les Romains ; et ma mère éperdue
Me vit, en reprenant cette place rendue,
A mille coups mortels contre eux me dévouer,
Et chercher, en mourant, à la désavouer.
L'Euxin, depuis ce temps, fut libre et l'est encore,
Et, des rives du Pont aux rives du Bosphore,
Tout reconnut mon père ; et ses heureux vaisseaux
N'eurent plus d'ennemis que les vents et les eaux.
Je voulais faire plus : je prétendais, Arbate,
Moi-même à son secours m'avancer vers l'Euphrate.
Je fus soudain frappé du bruit de son trépas.
Au milieu de mes pleurs, je ne le cèle pas,
Monime, qu'en tes mains mon père avait laissée,
Avec tous ses attraits revint en ma pensée.
Que dis-je ? en ce malheur je tremblai pour ses jours,
Je redoutai du roi les cruelles amours :
Tu sais combien de fois ses jalouses tendresses
Ont pris soin d'assurer la mort de ses maîtresses.
Je volai vers Nymphée ; et mes tristes regards
Rencontrèrent Pharnace au pied de ses remparts.
J'en conçus, je l'avoue, un présage funeste.
Tu nous reçus tous deux, et tu sais tout le reste.
Pharnace, en ses desseins toujours impétueux,
Ne dissimula point ses vœux présomptueux :
De mon père à la reine il conta la disgrâce,
L'assura de sa mort, et s'offrit à sa place.
Comme il le dit, Arbate, il veut l'exécuter.
Mais enfin, à mon tour, je prétends éclater :
Autant que mon amour respecta la puissance
D'un père à qui je fus dévoué dès l'enfance,
Autant ce même amour, maintenant révolté,
De ce nouveau rival brave l'autorité.
Ou Monime, à ma flamme elle-même contraire,
Condamnera l'aveu que je prétends lui faire;
Ou bien, quelque malheur qu'il en puisse avenir,
Ce n'est que par ma mort qu'on la peut obtenir.
Voilà tous les secrets que je voulais t'apprendre.
C'est à toi de choisir quel parti tu dois prendre ;
Qui de deux te paraît plus digne de ta foi,
L'esclave des Romains, ou le fils de ton roi.
Fier de leur amitié, Pharnace croit peut-être
Commander dans Nymphée, et me parler en maître.
Mais ici mon pouvoir ne connaît point le sien :
Le Pont est son partage, et Colchos est le mien ;
Et l'on sait que toujours la Colchide et ses princes
Ont compté ce Bosphore au rang de leurs provinces.

ARBATE.

Commandez-moi, seigneur. Si j'ai quelque pouvoir,
Mon choix est déjà fait, je ferai mon devoir :
Avec le même zèle, avec la même audace,
Que je servais le père, et gardais cette place,
Et contre votre frère et même contre vous,
Après la mort du roi je vous sers contre tous.
Sans vous, ne sais-je pas que ma mort assurée,
De Pharnace en ces lieux allait suivre l'entrée?
Sais-je pas que mon sang, par ses mains répandu,
Eût souillé ce rempart contre lui défendu ?
Assurez-vous du cœur et du choix de la reine ;
Du reste, ou mon crédit n'est plus qu'une ombre vaine,
Ou Pharnace, laissant le Bosphore en vos mains,
Ira jouir ailleurs des bontés des Romains.

XIPHARÈS.

Que ne devrai-je point à cette ardeur extrême !
Mais on vient. Cours, ami. C'est Monime elle-même.

SCÈNE II.
MONIME, XIPHARÈS.

MONIME.

Seigneur, je viens à vous : car enfin, aujourd'hui,
Si vous m'abandonnez, quel sera mon appui?
Sans parents, sans amis, désolée et craintive,
Reine longtemps de nom, mais en effet captive,
Et veuve maintenant sans avoir eu d'époux,
Seigneur, de mes malheurs ce sont là les plus doux.
Je tremble à vous nommer l'ennemi qui m'opprime.
J'espère toutefois qu'un cœur si magnanime
Ne sacrifiera point les pleurs des malheureux
Aux intérêts du sang qui vous unit tous deux.
Vour devez à ces mots reconnaître Pharnace ;
C'est lui, seigneur, c'est lui dont la coupable audace
Veut, la force à la main, m'attacher à son sort
Par un hymen pour moi plus cruel que la mort.
Sous quel astre ennemi faut-il que je sois née !
Au joug d'un autre hymen sans amour destinée,
A peine je suis libre et goûte quelque paix,
Qu'il faut que je me livre à tout ce que je hais.
Peut-être je devrais, plus humble en ma misère,
Me souvenir du moins que je parle à son frère :
Mais, soit raison, destin, soit que ma haine en lui
Confonde les Romains dont il cherche l'appui,
Jamais hymen formé sous le plus noir auspice,
De l'hymen que je crains n'égala le supplice.
Et si Monime en pleurs ne peut vous émouvoir,
Si je n'ai plus pour moi que mon seul désespoir,
Au pied du même autel où je suis attendue,
Seigneur, vous me verrez, à moi-même rendue,
Percer ce triste cœur qu'on veut tyranniser,
Et dont jamais encor je n'ai pu disposer.

XIPHARÈS.

Madame, assurez-vous de mon obéissance ;
Vous avez dans ces lieux une entière puissance :
Pharnace ira, s'il veut, se faire craindre ailleurs.
Mais vous ne savez pas encor tous vos malheurs.

MONIME.

Eh ! quel nouveau malheur peut affliger Monime,
Seigneur ?

XIPHARÈS.

Si vous aimer, c'est faire un si grand crime,
Pharnace n'en est pas seul coupable aujourd'hui ;
Et je suis mille fois plus coupable que lui.

MONIME.

Vous !

XIPHARÈS.

Mettez ce malheur au rang des plus funestes;
Attestez, s'il le faut, les puissances célestes
Contre un sang malheureux, né pour vous tourmenter
Père, enfants, amis, animés à vous persécuter :
Mais, avec quelque ennui que vous puissiez apprendre
Cet amour criminel qui vient de vous surprendre,
Jamais tous vos malheurs ne sauraient approcher
Des maux que j'ai soufferts en le voulant cacher.
Ne croyez point pourtant, semblable à Pharnace,
Je vous serve aujourd'hui pour me mettre en sa place:
Vous voulez être à vous, j'en ai donné ma foi,
Et vous ne dépendrez ni de lui ni de moi.
Mais, quand je vous aurai pleinement satisfaite ,
En quels lieux avez-vous choisi votre retraite ?
Sera-ce loin, madame, ou près de mes états?
Me sera-t-il permis d'y conduire vos pas?
Verrez-vous du même œil le crime et l'innocence ?
En fuyant mon rival, fuirez-vous ma présence ?
Pour prix d'avoir si bien secondé vos souhaits,
Faudra-t-il me résoudre à ne vous voir jamais?

MONIME.

Ah ! que m'apprenez-vous !

8

XIPHARÈS.

Hé quoi! belle Monime.
Si le temps peut donner quelque droit légitime,
Faut-il vous dire ici que, le premier de tous,
Je vous vis, je formai le dessein d'être à vous,
Quand vos charmes naissants, inconnus à mon père,
N'avaient encor paru qu'aux yeux de votre mère?
Ah! si, par mon devoir forcé de vous quitter,
Tout mon amour alors ne put pas éclater,
Ne vous souvient-il plus, sans compter tout le reste,
Combien je me plaignis de ce devoir funeste?
Ne vous souvient-il plus, en quittant vos beaux yeux.
Quelle vive douleur attendrit mes adieux?
Je m'en souviens tout seul: avouez-le, madame,
Je vous rappelle un songe effacé de votre ame
Tandis que, loin de vous, sans espoir de retour,
Je nourrissais encore un malheureux amour,
Contente, et résolue à l'hymen de mon père,
Tous les malheurs du fils ne vous affligeaient guère.

MONIME.

Hélas!

XIPHARÈS.

Avez-vous plaint un moment mes ennuis?

MONIME.

rince... n'abusez point de l'état où je suis.

XIPHARÈS.

En abuser, ô ciel! quand je cours vous défendre,
Sans vous demander rien, sans oser rien prétendre;
Que vous dirai-je enfin? lorsque je vous promets
De vous mettre en état de ne me voir jamais!

MONIME.

C'est me promettre plus que vous ne sauriez faire.

XIPHARÈS.

Quoi! malgré mes serments, vous croyez le contraire?
Vous croyez qu'abusant de mon autorité
Je prétends attenter à votre liberté?
On vient, madame, on vient: expliquez-vous de grace;
Un mot.

MONIME.

Défendez-moi des fureurs de Pharnace;
Pour me faire, seigneur, consentir à vous voir,
Vous n'aurez pas besoin d'un injuste pouvoir.

XIPHARÈS.

Ah! madame!

MONIME.

Seigneur, vous voyez votre frère.

SCÈNE III.

MONIME, PHARNACE, XIPHARÈS.

PHARNACE.

Jusques à quand, madame, attendrez-vous mon père?
Des témoins de sa mort viennent à tous moments
Condamner votre doute et vos retardements.
Venez, fuyez l'aspect de ce climat sauvage,
Qui ne parle à vos yeux que d'un triste esclavage:
Un peuple obéissant vous attend à genoux,
Sous un ciel plus heureux et plus digne de vous.
Le Pont vous reconnaît dès longtemps pour sa reine:
Vous en portez encor la marque souveraine;
Et ce bandeau royal fut mis sur votre front
Comme un gage assure de l'empire de Pont.
Maître de cet état que mon père me laisse,
Madame, c'est à moi d'accomplir sa promesse.
Mais il faut, croyez-moi, sans attendre plus tard,
Ainsi que notre hymen presser notre départ:
Nos intérêts communs et mon cœur le demandent.
Prêts à vous recevoir mes vaisseaux vous attendent;
Et du pied de l'autel vous y pouvez monter,
Souveraine des mers qui vous doivent porter.

MONIME.

Seigneur, tant de bontés ont lieu de me confondre.
Mais, puisque le temps presse et qu'il faut vous répondre,
Puis-je, laissant la feinte et les déguisements,
Vous découvrir ici mes secrets sentiments?

PHARNACE.

Vous pouvez tout.

MONIME.

Je crois que je vous suis connue.
Ephèse est mon pays; mais je suis descendue
D'aïeux, ou rois, seigneurs, ou héros qu'autrefois
Leur vertu, chez les Grecs, mit au dessus des rois
Mithridate me vit; Ephèse et l'Ionie,
A son heureux empire était alors unie:
Il daigna m'envoyer ce gage de sa foi.
Ce fut pour ma famille une suprême loi:
Il fallut obéir. Esclave couronnée,
Je partis pour l'hymen où j'étais destinée.
Le roi, qui m'attendait au sein de ses états,
Vit emporter ailleurs ses desseins et ses pas,
Et, tandis que la guerre occupait son courage,
M'envoya dans ces lieux éloignés de l'orage.
J'y vins: j'y suis encor. Mais cependant, seigneur,
Mon père paya cher ce dangereux honneur:
Et les Romains vainqueurs, pour première victime,
Prirent Philopœmen, le père de Monime.
Sous ce titre funeste il se vit immoler;
Et c'est de quoi, seigneur, j'ai voulu vous parler.
Quelque juste fureur dont je sois animée,
Je ne puis point à Rome opposer une armée;
Inutile témoin de tous ses attentats,
Je n'ai pour me venger ni sceptre ni soldats;
Enfin, je n'ai qu'un cœur. Tout ce que je puis faire,
C'est de garder la foi que je dois à mon père,
De ne point dans son sang aller tremper mes mains
En épousant en vous l'allié des Romains.

PHARNACE.

Que parlez-vous de Rome et de son alliance?
Pourquoi tout ce discours et cette défiance?
Qui vous dit qu'avec eux je prétends m'allier?

MONIME.

Mais vous-même, seigneur, pouvez-vous le nier?
Comment m'offririez-vous l'entrée et la couronne
D'un pays que partout leur armée environne,
Si le traité secret qui vous lie aux Romains
Ne vous en assurait l'empire et les chemins?

PHARNACE.

De mes intentions je pourrais vous instruire,
Et je sais les raisons que j'aurais à vous dire,
Si, laissant en effet les vains déguisements,
Vous m'aviez expliqué vos secrets sentiments;
Mais enfin je commence, après tant de traverses,
Madame, à rassembler vos excuses diverses;
Je crois voir l'intérêt que vous voulez celer,
Et qu'un autre qu'un père ici vous fait parler.

XIPHARÈS.

Quel que soit l'intérêt qui fait parler la reine,
La réponse, seigneur, doit-elle être incertaine?
Et contre les Romains votre ressentiment
Doit-il pour éclater balancer un moment?
Quoi! nous aurons d'un père entendu la disgrace;
Et, lents à le venger, prompts à remplir sa place,
Nous mettrons notre honneur et son sang en oubli:
Il est mort: savons-nous s'il est enseveli?
Qui sait si, dans le temps que votre ame empressée
Forme d'un doux hymen l'agréable pensée,
Ce roi, que l'Orient tout plein de ses exploits
Peut nommer justement le dernier de ses rois,
Dans ses propres états, privé de sépulture,
Ou couché sans honneur dans une foule obscure,
N'accuse point le ciel qui le laisse outrager,
Et des indignes fils qui n'osent le venger?
Ah! ne languissons plus dans un coin du Bosphore:
Si dans tout l'univers quelque roi libre encore,
Parthe, Scythe ou Sarmate, aime sa liberté,
Voilà nos alliés; marchons de ce côté.
Vivons, ou périssons dignes de Mithridate;
Et songeons bien plutôt, quelque amour qui nous flatte,
A défendre du joug et nous et nos états,
Qu'à contraindre des cœurs qui ne se donnent pas.

PHARNACE.

Il sait vos sentiments. Me trompais-je, madame?
Voilà cet intérêt si puissant sur votre ame,

Ce père, ces Romains que vous me reprochez.
XIPHARÈS.
J'ignore de son cœur les sentiments cachés ;
Mais je m'y soumettrais sans vouloir rien prétendre,
Si, comme vous, seigneur, je croyais les entendre.
PHARNACE.
Vous feriez bien ; et moi, je fais ce que je doi.
Votre exemple n'est pas une règle pour moi.
XIPHARÈS.
Toutefois en ces lieux je ne connais personne
Qui ne doive imiter l'exemple que je donne.
PHARNACE.
Vous pourriez à Colchos vous expliquer ainsi.
XIPHARÈS.
Je le puis à Colchos, et je le puis ici.
PHARNACE.
Ici! vous y pourriez rencontrer votre perte....

SCÈNE IV.
MONIME, PHARNACE, XIPHARÈS, PHOEDIME.

PHOEDIME.
Princes, toute la mer est de vaisseaux couverte ;
Et bientôt, démentant le faux bruit de sa mort,
Mithridate lui-même arrive dans le port.
MONIME.
Mithridate!
XIPHARÈS.
Mon père!
PHARNACE.
Ah! que viens-je d'entendre!
PHOEDIME.
Quelques vaisseaux légers sont venus nous l'apprendre ;
C'est lui-même : et déjà, pressé de son devoir,
Arbate loin du bord l'est allé recevoir.
XIPHARÈS, *à Monime*.
Qu'avons-nous fait!
MONIME, *à Xipharès*.
Adieu, prince. Quelle nouvelle!

SCÈNE V.
PHARNACE, XIPHARÈS.

PHARNACE, *à part*.
Mithridate revient! Ah! fortune cruelle!
Ma vie et mon amour tous deux courent hasard.
Les Romains que j'attends arriveront trop tard :
Comment faire?   *à Xipharès.*
                    J'entends que votre cœur soupire,
Et j'ai conçu l'adieu qu'elle vient de vous dire,
Prince : mais ce discours demande un autre temps :
Nous avons aujourd'hui des soins plus importants.
Mithridate revient, peut-être inexorable :
Plus il est malheureux, plus il est redoutable ;
Le péril est pressant plus que vous ne pensez.
Nous sommes criminels ; et vous le connaissez :
Rarement l'amitié désarme sa colère ;
Ses propres fils n'ont point de juge plus sévère :
Et nous l'avons vu même à ses cruels soupçons
Sacrifier deux fils pour de moindres raisons ; [me.
Craignons pour vous, pour moi, pour la reine elle-mê-
Je la plains d'autant plus que Mithridate l'aime.
Amant avec transport, mais jaloux sans retour,
Sa haine va toujours plus loin que son amour.
Ne vous assurez point sur l'amour qu'il vous porte ;
Sa jalouse fureur n'en sera que plus forte.
Songez-y. Vous avez la faveur des soldats,
Et j'aurai des secours que je n'explique pas.
M'en croirez-vous? Courons assurer notre perte.
Rendons-nous, vous et moi, maîtres de cette place ;
Et faisons qu'à ses fils il ne puisse dicter
Que les conditions qu'ils voudront accepter.
XIPHARÈS.
Je sais quel est mon crime, et je connais mon père ;
Et j'ai par dessus vous le crime de ma mère :

Mais, quelque amour encor qui me pût éblouir,
Quand mon père paraît, je ne sais qu'obéir.
PHARNACE.
Soyons-nous donc au moins fidèles l'un à l'autre ;
Vous savez mon secret ; j'ai pénétré le vôtre.
Le roi toujours fertile en dangereux détours,
S'armera contre nous de nos moindres discours :
Vous savez sa coutume, et sous quelles tendresses
Sa haine sait cacher ses trompeuses adresses.
Allons, puisqu'il le faut, je marche sur vos pas ;
Mais en obéissant, ne nous trahissons pas.

FIN DU PREMIER ACTE.

ACTE II.

SCÈNE PREMIÈRE.
MONIME, PHOEDIME.

PHOEDIME.
Quoi! vous êtes ici quand Mithridate arrive !
Quand, pour le recevoir, chacun court sur la rive !
Que faites-vous, madame? Et quel ressouvenir
Tout à coup vous arrête, et vous fait revenir?
N'offenserez-vous point un roi qui vous adore,
Qui, presque votre époux...
MONIME.
                    Il ne l'est pas encore,
Phœdime ; et jusque là, je crois que mon devoir
Est de l'attendre ici sans l'aller recevoir.
PHOEDIME.
Mais ce n'est point, madame, un amant ordinaire.
Songez qu'à ce grand roi promise par un père,
Vous avez de ses feux un gage solennel
Qu'il peut, quand il voudra, confirmer à l'autel.
Croyez-moi, montrez-vous, venez à sa rencontre.
MONIME.
Regarde en quel état tu veux que je me montre :
Vois ce visage en pleurs ; et, loin de le chercher,
Dis-moi plutôt, dis-moi que j'aille me cacher.
PHOEDIME.
Que dites-vous? O dieux !
MONIME.
                    Ah! retour qui me tue !
Malheureuse ! comment paraîtrai-je à sa vue,
Son diadème au front, et, dans le fond du cœur,
Phœdime... Tu m'entends, et tu vois ma rougeur.

PHŒDIME.

Ainsi vous retombez dans les mêmes alarmes
Qui vous ont dans la Grèce arraché tant de larmes;
Et toujours Xipharès revient vous traverser.

MONIME.

Mon malheur est plus grand que tu ne peux penser.
Xipharès ne s'offrait alors à ma mémoire
Que tout plein de vertus, que tout brillant de gloire;
Et je ne savais pas que, pour moi plein de feux,
Xipharès des mortels fût le plus amoureux.

PHŒDIME.

Il vous aime, madame? Et ce héros aimable...

MONIME.

Est aussi malheureux que je suis misérable.
Il m'adore, Phœdime; et les mêmes douleurs
Qui m'affligeaient ici, le tourmentaient ailleurs.

PHŒDIME.

Sait-il en sa faveur jusqu'où va votre estime?
Sait-il que vous l'aimez?

MONIME.

Il l'ignore, Phœdime.
Les dieux m'ont secourue; et mon cœur affermi
N'a rien dit, ou du moins n'a parlé qu'à demi.
Hélas! si tu savais, pour garder le silence,
Combien ce triste cœur s'est fait de violence,
Quels assauts, quels combats j'ai tantôt soutenus!
Phœdime, si je puis, je ne le verrai plus :
Malgré tous les efforts que je pourrais me faire,
Je verrais ses douleurs, je ne pourrais me taire.
Il viendra malgré moi m'arracher cet aveu :
Mais n'importe, s'il m'aime, il en jouira peu ;
Je lui vendrai si cher ce bonheur qu'il ignore,
Qu'il vaudrait mieux pour lui qu'il l'ignorât encore.

PHŒDIME.

On vient. Que faites-vous, madame?

MONIME.

Je ne puis
Je ne paraîtrai point dans l'état où je suis.

SCÈNE II.

MITHRIDATE, PHARNACE, XIPHARÈS,
ARBATE, Gardes.

MITHRIDATE.

Princes, quelques raisons que vous me puissiez dire
Votre devoir ici n'a point dû vous conduire,
Ni vous faire quitter, en de si grands besoins,
Vous le Pont, vous Colchos, confiés à vos soins.
Mais vous avez pour juge un père qui vous aime.
Vous avez cru des bruits que j'ai semés moi-même :
Je vous crois innocents, puisque vous le voulez,
Et je rends grace au ciel qui nous a rassemblés.
Tout vaincu que je suis, et voisin du naufrage,
Je médite un dessein digne de mon courage.
Vous en serez tantôt instruits plus amplement.
Allez, et laissez-moi reposer un moment.

SCENE III.

MITHRIDATE, ARBATE.

MITHRIDATE.

Enfin, après un an, je te revois, Arbate :
Non plus, comme autrefois, cet heureux Mithridate
Qui, de Rome toujours balançant le destin,
Tenais entre elle et moi l'univers incertain :
Je suis vaincu. Pompée a saisi l'avantage
D'une nuit qui laissait peu de place au courage :
Mes soldats presque nus, dans l'ombre intimidés,
Les rangs de toutes parts mal pris et mal gardés,
Le désordre partout redoublant les alarmes,
Nous-mêmes contre nous tournant nos propres armes,
Les cris que les rochers renvoyaient plus affreux,
Enfin toute l'horreur d'un combat ténébreux :
Que pouvait la valeur dans ce trouble funeste!
Les uns sont morts, la fuite a sauvé tout le reste ;
Et je ne dois la vie, en ce commun effroi,
Qu'au bruit de mon trépas que je laisse après moi.
Quelque temps inconnu, j'ai traversé le Phase,
Et de là, pénétrant jusqu'au pied du Caucase,
Bientôt, dans les vaisseaux sur l'Euxin préparés,
J'ai rejoint de mon camp les restes séparés.
Voilà par quels malheurs poussé dans le Bosphore
J'y trouve des malheurs qui m'attendaient encore.
Toujours du même amour tu me vois enflammé :
Ce cœur nourri de sang, et de guerre affamé,
Malgré le faix des ans et du sort qui m'opprime,
Traîne partout l'amour qui l'attache à Monime;
Et n'a point d'ennemis qui lui soient odieux
Plus que deux fils ingrats que je trouve en ces lieux.

ARBATE.

Deux fils, seigneur!

MITHRIDATE.

Ecoute. A travers ma colère,
Je veux distinguer Xipharès de son frère :
Je sais que, de tout temps à mes ordres soumis,
Il hait autant que moi nos communs ennemis ;
Et j'ai vu sa valeur, à me plaire attachée,
Justifier pour lui ma tendresse cachée ;
Je sais même, je sais avec quel désespoir,
A tout autre intérêt préférant son devoir,
Il courut démentir une mère infidèle,
Et tira de son crime une gloire nouvelle ;
Et je ne puis encor ni n'oserais penser
Que ce fils si fidèle ait voulu m'offenser.
Mais tous deux en ces lieux que pouvaient-ils attendre?
L'un et l'autre à la reine ont-ils osé prétendre?
Avec qui semble-t-elle en secret s'accorder?
Moi-même de quel œil dois-je ici l'aborder?
Parle. Quelque désir qui m'entraîne auprès d'elle,
Il me faut de leurs cœurs rendre un compte fidèle.
Qu'est-ce qui s'est passé? Qu'as-tu vu? Que sais-tu?
Depuis quel temps, pourquoi, comment t'es-tu rendu?

ARBATE.

Seigneur, depuis huit jours l'impatient Pharnace
Aborda le premier au pied de cette place ;
Et, de votre trépas autorisant le bruit,
Dans ces murs aussitôt voulut être introduit.
Je ne m'arrêtai point à ce bruit téméraire ;
Et je n'écoutais rien, si le prince son frère,
Bien moins par ses discours, seigneur, que par ses
Ne m'eût en arrivant confirmé vos malheurs. [pleurs,

MITHRIDATE.

Enfin, que firent-ils?

ARBATE.

Pharnace entrait à peine,
Qu'il courut de ses feux entretenir la reine,
Et s'offrit d'assurer, par un hymen prochain,
Le bandeau qu'elle avait reçu de votre main.

MITHRIDATE.

Traître! sans lui donner le plaisir de répandre
Les pleurs que son amour aurait dus à ma cendre
Et son frère?

ARBATE.

Son frère, au moins jusqu'à ce jour,
Seigneur, dans ses desseins n'a point marqué d'amour;
Et toujours avec vous son cœur d'intelligence
N'a semblé respirer que guerre et que vengeance.

MITHRIDATE.

Mais encor, quel dessein le conduisait ici?

ARBATE.

Seigneur, vous en serez tôt ou tard éclairci.

MITHRIDATE.

Parle, je te l'ordonne, et je veux tout apprendre.

ARBATE.

Seigneur, jusqu'à ce jour ce que j'ai pu comprendre,
Ce prince a cru pouvoir, après votre trépas,
Compter cette province au rang de ses états;
Et, sans connaître ici de lois que son courage,
Il venait par la force appuyer son partage.

MITHRIDATE.

Ah! c'est le moindre prix qu'il se doit proposer,
Si le ciel de mon sort me laisse disposer.

Oui, je respire, Arbate, et ma joie est extrême :
Je tremblais, je l'avoue, et pour un fils que j'aime,
Et pour moi qui craignais de perdre un tel appui,
Et d'avoir à combattre un rival tel que lui.
Que Pharnace m'offense, il offre à ma colère
Un rival dès longtemps soigneux de me déplaire,
Qui, toujours des Romains admirateur secret,
Ne s'est jamais contre eux déclaré qu'à regret ;
Et s'il faut que pour lui Monime prévenue
Ait pu porter ailleurs une amour qui m'est due,
Malheur au criminel qui vient me la ravir,
Et qui m'ose offenser et n'ose me servir !
L'aime-t-elle ?

ARBATE.
Seigneur, je vois venir la reine.

MITHRIDATE.
Dieux, qui voyez ici mon amour et ma haine,
Épargnez mes malheurs, et daignez empêcher
Que je ne trouve encor ceux que je vais chercher !
Arbate, c'est assez : qu'on me laisse avec elle.

SCÈNE IV.

MITHRIDATE, MONIME.

MITHRIDATE.
Madame, enfin le ciel près de vous me rappelle,
Et, secondant du moins mes plus tendres souhaits,
Vous rend à mon amour plus belle que jamais.
Je ne m'attendais pas que de notre hyménée
Je dusse voir si tard arriver la journée ;
Ni qu'en vous retrouvant mon funeste retour
Fît voir mon infortune, et non pas mon amour.
C'est pourtant cet amour, qui, de tant de retraites,
Ne me laisse choisir que les lieux où vous êtes ;
Et les plus grands malheurs pourront me sembler doux,
Si ma présence ici n'en est point un pour vous :
C'est vous en dire assez, si vous voulez m'entendre.
Vous devez à ce jour dès longtemps vous attendre ;
Et vous portez, madame, un gage de ma foi,
Qui vous dit tous les jours que vous êtes à moi.
Allons donc assurer cette foi mutuelle.
Ma gloire loin d'ici vous et moi nous appelle ;
Et, sans perdre un moment pour ce noble dessein,
Aujourd'hui votre époux, il faut partir demain.

MONIME.
Seigneur, vous pouvez tout : ceux par qui je respire
Vous ont cédé sur moi leur souverain empire ;
Et, quand vous userez de ce droit tout puissant,
Je ne vous répondrai qu'en vous obéissant.

MITHRIDATE.
Ainsi, prête à subir un joug qui vous opprime,
Vous n'allez à l'autel que comme une victime ;
Et moi, tyran d'un cœur qui se refuse au mien,
Même en vous possédant je ne vous devrai rien.
Ah, madame ! est-ce là de quoi me satisfaire ?
Faut-il que désormais, renonçant à vous plaire,
Je ne prétende plus qu'à vous tyranniser ?
Mes malheurs, en un mot, me font-ils mépriser ?
Ah ! pour tenter encor de nouvelles conquêtes,
Quand je ne verrais pas des routes toutes prêtes,
Quand le sort ennemi m'aurait jeté plus bas,
Vaincu, persécuté, sans secours, sans états,
Errant de mers en mers, et moins roi que pirate,
Conservant pour tous biens le nom de Mithridate,
Apprenez que, suivi d'un nom si glorieux,
Partout de l'univers j'attacherais les yeux ;
Et qu'il n'est point de rois, s'ils sont dignes de l'être,
Qui, sur le trône assis n'enviassent peut-être
Au-dessus de leur gloire un naufrage élevé,
Que Rome et quarante ans ont à peine achevé.
Vous-même, d'un autre œil me verriez-vous, madame,
Si ces Grecs vos aïeux revivaient dans votre âme ?
Et, puisqu'il faut enfin que je sois votre époux,
N'était-il pas plus noble et plus digne de vous,
De joindre à ce devoir votre propre suffrage,
D'opposer votre estime au destin qui m'outrage,
Et de me rassurer, en flattant ma douleur,
Contre la défiance attachée au malheur ?

Hé quoi ! n'avez-vous rien, madame, à me répondre ?
Tout mon empressement ne sert qu'à vous confondre.
Vous demeurez muette ; et, loin de me parler,
Je vois, malgré vos soins, vos pleurs prêts à couler.

MONIME.
Moi, seigneur ? je n'ai point de larmes à répandre.
J'obéis : n'est-ce pas assez me faire entendre ?
Et ne suffit-il pas...

MITHRIDATE.
Non, ce n'est pas assez.
Je vous entends ici mieux que vous ne pensez ;
Je vois qu'on m'a dit vrai. Ma juste jalousie
Par vos propres discours est trop bien éclaircie
Je vois qu'un fils perfide, épris de vos beautés,
Vous a parlé d'amour, et que vous l'écoutez.
Je vous jette pour lui dans des craintes nouvelles,
Mais il jouira peu de vos pleurs infidèles,
Madame ; et désormais tout est sourd à mes lois,
Ou bien vous l'avez vu pour la dernière fois.
Appelez Xipharès.

MONIME.
Ah ! que voulez-vous faire ?
Xipharès...

MITHRIDATE.
Xipharès n'a point trahi son père ;
Vous vous pressez en vain de le désavouer ;
Et ma tendre amitié ne peut que s'en louer.
Ma honte en serait moindre, ainsi que votre crime,
Si ce fils, en effet digne de votre estime,
A quelque amour encore avait pu vous forcer.
Mais qu'un traître, qui n'est tant hardi qu'à m'offenser,
De qui nulle vertu n'accompagne l'audace,
Que Pharnace, en un mot, ait pu prendre ma place,
Qu'il soit aimé, madame, et que je sois haï...

SCÈNE V.

MITHRIDATE, MONIME, XIPHARÈS.

MITHRIDATE.
Venez, mon fils ; venez, votre père est trahi.
Un fils audacieux insulte à le le désavouer,
Traverse mes desseins, m'outrage, m'assassine,
Aime la reine enfin, lui plaît, et me ravit
Un cœur que son devoir à moi seul asservit.
Heureux pourtant, heureux, que dans cette disgrâce
Je ne puisse accuser que la main de Pharnace ;
Qu'une mère infidèle, un frère audacieux,
Vous présentent en vain leur exemple odieux !
Oui, mon fils, c'est vous seul sur qui je me repose,
Vous seul qu'aux grands desseins que mon cœur se pro-
J'ai choisi dès longtemps pour digne compagnon, (pose
L'héritier de mon sceptre, et surtout de mon nom.
Pharnace, en ce moment, et ma flamme offensée,
Ne peuvent pas tout seuls occuper ma pensée ;
D'un voyage important les soins et les apprêts,
Mes vaisseaux qu'à partir il faut tenir tout prêts,
Mes soldats, dont je veux tenter la complaisance,
Dans ce même moment demandent ma présence.
Vous cependant ici veillez pour mon repos ;
D'un rival insolent arrêtez les complots :
Ne quittez point la reine ; et, s'il se peut, vous-même
Rendez-la moins contraire aux vœux d'un roi qui l'ai-
Détournez-la, mon fils, d'un choix injurieux :   [me ;
Juge sans intérêt, vous la connaîtrez mieux.
En un mot, c'est assez éprouver ma faiblesse :
Qu'elle ne pousse point cette même tendresse,
Que sais-je ? à des fureurs dont mon cœur outragé
Ne se repentirait qu'après s'être vengé.

SCÈNE VI.

MONIME, XIPHARÈS.

XIPHARÈS.
Que dirai-je, madame ? et comment dois-je entendre
Cet ordre, ce discours que je ne puis comprendre ?
Serait-il vrai, grands dieux ! que, trop aimé de vous,
Pharnace eût en effet mérité ce courroux ?
Pharnace aurait-il part à ce désordre extrême ?

— 118 —

MONIME.

Pharnace ! O ciel ! Pharnace ! Ah ! qu'entends-je moi-même ?
Ce n'est donc pas assez que ce funeste jour
A tout ce que j'aimais m'arrache sans retour,
Et que, de mon devoir esclave infortunée,
A d'éternels ennuis je me voie enchaînée ?
Il faut qu'on joigne encor l'outrage à mes douleurs !
A l'amour de Pharnace on impute mes pleurs !
Malgré toute ma haine on veut qu'il m'ait su plaire !
Je le pardonne au roi, qu'aveugle sa colère,
Et qui de mes secrets ne peut être éclairci ;
Mais vous, seigneur, mais vous, me traitez-vous ainsi ?

XIPHARÈS.

Ah ! madame, excusez un amant qui s'égare,
Qui lui-même, lié par un devoir barbare,
Se voit près de tout perdre, et n'ose se venger.
Mais des fureurs du roi que puis-je enfin juger ?
Il se plaint qu'à ses vœux un autre amour s'oppose :
Quel heureux criminel en peut être la cause ?
Qui ? Parlez.

MONIME.

Vous cherchez, prince, à vous tourmenter.
Plaignez votre malheur, sans vouloir l'augmenter.

XIPHARÈS.

Je sais trop quel tourment je m'apprête moi-même,
C'est peu de voir un père épouser ce que j'aime :
Voir encore un rival honoré de vos pleurs,
Sans doute c'est pour moi le comble des malheurs ;
Mais dans mon désespoir je cherche à les accroître.
Madame, par pitié, faites-le moi connaître :
Quel est-il cet amant ? Qui dois-je soupçonner ?

MONIME.

Avez-vous tant de peine à vous l'imaginer ?
Tantôt, quand je fuyais une injuste contrainte,
A qui contre Pharnace ai-je adressé ma plainte ?
Sous quel appui tantôt mon cœur s'est-il jeté ?
Quel amour ai-je enfin sans peine écouté ?

XIPHARÈS.

O ciel ! Quoi ! je serais ce bienheureux coupable
Que vous avez pu voir d'un regard favorable !
Vos pleurs pour Xipharès auraient daigné couler ?

MONIME.

Oui, prince : il n'est plus temps de le dissimuler ;
Ma douleur pour se taire a trop de violence.
Un rigoureux devoir me condamne au silence ;
Mais il faut bien enfin, malgré ses dures lois,
Parler pour la première et la dernière fois.
Vous m'aimez dès longtemps : une égale tendresse
Pour vous depuis longtemps, m'afflige et m'intéresse.
Songez depuis quel jour ces funestes appas
Firent naître un amour qu'ils ne méritaient pas ;
Rappelez un espoir qui ne vous dura guère.
Le trouble où vous jeta la mort de votre père,
Le tourment de me perdre et de le voir heureux,
Les rigueurs d'un devoir contraire à tous vos vœux :
Vous n'en sauriez, seigneur, retracer la mémoire,
Ni conter vos malheurs, sans conter mon histoire ;
Et, lorsque ce matin j'en écoutais le cours,
Mon cœur vous répondait tous vos mêmes discours.
Inutile, ou plutôt funeste sympathie !
Trop parfaite union par le sort démentie !
Ah ! par quel soin cruel le ciel avait-il joint
Deux cœurs que l'un pour l'autre il ne destinait point !
Car quelque soit vers vous le penchant qui m'attire,
Je vous le dis, seigneur, pour ne plus vous le dire,
Ma gloire me rappelle et m'entraîne à l'autel,
Où je vais vous jurer un silence éternel.
J'entends, vous gémissez ; mais telle est ma misère,
Je ne suis point à vous, je suis à votre père.
Dans ce dessein vous-même il faut me soutenir,
Et de mon faible cœur m'aider à vous bannir.
J'attends du moins, j'attends de votre complaisance
Que désormais partout vous fuirez ma présence.
J'en viens de dire assez pour vous persuader
Que j'ai trop de raisons de vous le commander.
Mais après ce moment, si ce cœur magnanime
D'un véritable amour a brûlé pour Monime,

Je ne reconnais plus la foi de vos discours
Qu'au soin que vous prendrez de m'éviter toujours.

XIPHARÈS.

Quelle marque, grands dieux ! d'un amour déplorable !
Combien, en un moment, heureux et misérable !
De quel comble de gloire et de félicités,
Dans quel abîme affreux vous me précipitez !
Quoi ! j'aurai pu toucher un cœur comme le vôtre ;
Vous aurez pu m'aimer ; et cependant un autre
Possédera ce cœur dont j'attirais les vœux !
Père injuste, cruel, mais d'ailleurs malheureux !...
Vous voulez que je fuie, et que je vous évite ;
Et cependant le roi m'attache à votre suite.
Que dira-t-il ?

MONIME.

N'importe, il me faut obéir.
Inventez des raisons qui puissent l'éblouir.
D'un héros tel que vous c'est là l'effort suprême :
Cherchez, prince, cherchez, pour vous trahir vous-même,
Tout ce que, pour jouir de leurs contentements,
L'amour fait inventer aux vulgaires amants.
Enfin je me connais, il y va de ma vie ;
De mes faibles efforts ma vertu se défie.
Je sais qu'en vous voyant, un tendre souvenir
Peut m'arracher du cœur quelque indigne soupir ;
Que je verrai mon ame, en secret déchirée,
Revoler vers le bien dont elle est séparée ;
Mais je sais bien aussi que, s'il dépend de vous
De me faire chérir un souvenir si doux,
Vous n'empêcherez pas que ma gloire offensée
N'en punisse aussitôt la coupable pensée ;
Que ma main dans mon cœur ne vous aille chercher,
Pour y laver ma honte, et vous en arracher.
Que dis-je ? En ce moment, le dernier qui nous reste,
Je me sens arrêter par un plaisir funeste :
Plus je vous parle, et plus, trop faible que je suis,
Je cherche à prolonger le péril que je fuis.
Il faut pourtant, il faut se faire violence ;
Et, sans perdre en adieux un reste de constance,
Je fuis. Souvenez-vous, prince, de m'éviter ;
Et méritez les pleurs que vous m'allez coûter.

XIPHARÈS.

Ah, madame !... Elle fuit, et ne veut plus m'entendre.
Malheureux Xipharès, quel parti dois-tu prendre ?
On t'aime ; on te bannit : toi-même tu vois bien
Que ton propre devoir s'accorde avec le sien :
Court par un prompt trépas abréger ton supplice.
Toutefois attendons que son sort s'éclaircisse ;
Et s'il faut qu'un rival la ravisse à ma foi,
Du moins, en expirant, ne la cédons qu'au roi.

FIN DU SECOND ACTE.

ACTE III.

SCÈNE PREMIÈRE.
MITHRIDATE, PHARNACE, XIPHARÈS.

MITHRIDATE.

Approchez, mes enfants. Enfin l'heure est venue
Qu'il faut que mon secret éclate à votre vue :
A mes nobles projets je vois tout conspirer ;
Il ne me reste plus qu'à vous les déclarer.
Je fuis : ainsi le veut la fortune ennemie.
Mais vous savez trop bien l'histoire de ma vie
Pour croire que longtemps, soigneux de me cacher
J'attende en ces déserts qu'on vienne me chercher.
La guerre a ses faveurs, ainsi que ses disgrâces :
Déjà plus d'une fois, retournant sur mes traces,
Tandis que l'ennemi, par ma fuite trompé,
Tenait après son char un vain peuple occupé,
Et, gravant en airain ses frêles avantages,
De mes états conquis enchaînait les images,
Le Bosphore m'a vu, par de nouveaux apprêts,
Ramener la terreur au fond de ses marais,
Et chassant les Romains de l'Asie étonnée,
Renverser en un jour l'ouvrage d'une année.
D'autres temps, d'autres soins. L'Orient accablé
Ne peut plus soutenir leur effort redoublé :
Il voit, plus que jamais, ses campagnes couvertes
De Romains que la guerre enrichit de nos pertes.
Des biens des nations ravisseurs altérés,
Le bruit de nos trésors les a tous attirés :
Ils y courent en foule ; et, jaloux l'un de l'autre,
Désertent leur pays pour inonder le nôtre.
Moi seul je leur résiste : ou lassés, ou soumis.
Ma funeste amitié pèse à tous mes amis ;
Chacun à ce fardeau veut dérober sa tête.
Le grand nom de Pompée assure sa conquête :
C'est l'effroi de l'Asie ; et, loin de l'y chercher,
C'est à Rome, mes fils, que je prétends marcher.
Ce dessein vous surprend ; et vous croyez peut-être
Que le seul désespoir aujourd'hui le fait naître.
J'excuse votre erreur ; et, pour être approuvés,
De semblables projets veulent être achevés.
Ne vous figurez point que de cette contrée
Par d'éternels remparts Rome soit séparée :
Je sais tous les chemins par où je dois passer ;
Et si la mort bientôt ne me vient traverser,
Sans reculer plus loin l'effet de ma parole,
Je vous rends dans trois mois au pied du Capitole.
Doutez-vous que l'Euxin ne me porte en deux jours
Aux lieux où le Danube y vient finir son cours ?
Que du Scythe avec moi l'alliance jurée
De l'Europe en ces lieux ne me livre l'entrée ?
Recueilli dans leurs ports, accru de leurs soldats,
Nous verrons notre camp grossir à chaque pas.
Daces, Pannoniens, la fière Germanie,
Tous n'attendent qu'un chef contre la tyrannie.
Vous avez vu l'Espagne, et surtout les Gaulois,
Contre ces mêmes murs qu'ils ont pris autrefois
Exciter ma vengeance ; et, jusque dans la Grèce,
Par des ambassadeurs accuser ma paresse.
Ils savent que, sur eux prêt à se déborder,
Ce torrent, s'il m'entraîne, ira tout inonder ;
Et vous les verrez tous, prévenant son ravage,
Guider dans l'Italie et suivre mon passage.
C'est là qu'en arrivant, plus qu'en tout le chemin,
Vous trouverez partout l'horreur du nom romain,
Et la triste Italie encor toute fumante
Des feux qu'a rallumés sa liberté mourante.
Non, princes, ce n'est point au bout de l'univers
Que Rome fait sentir tout le poids de ses fers :
Et, de près inspirant les haines les plus fortes,
Tes plus grands ennemis, Rome, sont à tes portes.
Ah ! s'ils ont pu choisir pour leur libérateur
Spartacus, un esclave, un vil gladiateur ;
S'ils suivent au combat des brigands qui les vengent,
De quelle noble ardeur pensez-vous qu'ils se rangent
Sous les drapeaux d'un roi longtemps victorieux,
Qui voit jusqu'à Cyrus remonter ses aïeux ?
Que dis-je ? En quel état croyez-vous la surprendre ?
Vide de légions qui la puisse défendre,
Tandis que tout s'occupe à me persécuter,
Leurs femmes, leurs enfants, pourront-ils m'arrêter ?
Marchons, et dans son sein rejetons cette guerre
Que sa fureur envoie aux deux bouts de la terre.
Attaquons dans leurs murs ces conquérants si fiers ;
Qu'ils tremblent, à leur tour, pour leurs propres foyers ;
Annibal l'a prédit, croyons-en ce grand homme :
Jamais on ne vaincra les Romains que dans Rome.
Noyons-la dans son sang justement répandu ;
Brûlons ce Capitole où j'étais attendu ;
Détruisons ses honneurs, et faisons disparaître
La honte de cent rois, et la mienne peut-être ;
Et, la flamme à la main, effaçons tous ces noms
Que Rome y consacrait à d'éternels affronts.
Voilà l'ambition dont mon âme est saisie.
Ne croyez point pourtant qu'éloigné de l'Asie
J'en laisse les Romains tranquilles possesseurs ;
Je sais où je lui dois trouver des défenseurs ;
Je veux que, d'ennemis partout enveloppée,
Rome rappelle en vain le secours de Pompée.
Le Parthe, des Romains comme moi la terreur,
Consent de succéder a ma juste fureur ;
Prêt d'unir avec moi sa haine et sa famille,
Il me demande un fils pour époux à sa fille.
Cet honneur vous regarde, et j'ai fait choix de vous,
Pharnace : allez, soyez ce bienheureux époux.
Demain, sans différer, je prétends que l'aurore
Découvre mes vaisseaux déjà loin du Bosphore
Vous que rien n'y retient, partez dès ce moment,
Et méritez mon choix par votre empressement :
Achevez cet hymen ; et, repassant l'Euphrate,
Faites voir à l'Asie un autre Mithridate.
Que nos tyrans communs en pâlissent d'effroi ;
Et que le bruit à Rome en vienne jusqu'à moi.

PHARNACE.

Seigneur, je ne vous puis déguiser ma surprise.
J'écoute avec transport cette grande entreprise :
Je l'admire ; et jamais un plus hardi dessein
Ne mit à des vaincus les armes à la main.
Surtout j'admire en vous ce cœur infatigable
Qui semble s'affermir sous le faix qui l'accable.
Mais, si j'ose parler avec sincérité,
En êtes-vous réduit à cette extrémité ?
Pourquoi tenter si loin des courses inutiles,
Quand vos états encor vous offrent tant d'asiles,
Et vouloir affronter des travaux infinis,
Dignes plutôt d'un chef de malheureux bannis,
Que d'un roi qui naguère, avec quelque apparence,
De l'aurore au couchant portait son espérance,
Fondait sur trente états son trône florissant,
Dont le débris est même un empire puissant ?
Vous seul, seigneur, vous seul, après quarante années,
Pouvez encor lutter contre les destinées.
Implacable ennemi de Rome et du repos,
Comptez-vous vos soldats pour autant de héros ?
Pensez-vous que ces cœurs, tremblants de leur défaite,
Fatigués d'une longue et pénible retraite,
Cherchent avidement sous un ciel étranger
La mort, et le travail pire que le danger ?
Vaincus plus d'une fois aux yeux de la patrie,
Soutiendront-ils ailleurs un vainqueur en furie ?
Sera-t-il moins terrible, et le vaincront-ils mieux
Dans le sein de sa ville, à l'aspect de ses dieux ?
Le Parthe vous recherche, et vous demande un gendre,
Mais ce Parthe, seigneur, ardent à nous défendre
Lorsque tout l'univers semblait nous protéger,
D'un gendre sans appui voudra-t-il se charger ?
M'en irai-je, moi seul, rebut de la fortune,
Essuyer l'inconstance au Parthe si commune ?
Et peut-être, pour fruit d'un téméraire amour,
Exposer votre nom au mépris de sa cour ?
Du moins, s'il faut céder, si, contre notre usage,
Il faut d'un suppliant emprunter le visage,

Sans m'envoyer du Parthe embrasser les genoux,
Sans vous-même implorer des rois moindres que vous,
Ne pourrions-nous pas prendre une plus sûre voie?
Jetons-nous dans les bras qu'on nous tend avec joie,
Rome en notre faveur facile à s'apaiser...

XIPHARÈS.

Rome, mon frère! O ciel! qu'osez-vous proposer?
Vous voulez que le roi s'abaisse et s'humilie?
Qu'il démente en un jour tout le cours de sa vie?
Qu'il se fie aux Romains, et subisse des lois
Dont il a quarante ans défendu tous les rois?
Continuez, seigneur : tout vaincu que vous êtes,
La guerre, les périls, sont vos seules retraites.
Rome poursuit en vous un ennemi fatal
Plus conjuré contre elle et plus craint qu'Annibal.
Tout couvert de son sang, quoi que vous puissiez faire,
N'en attendez jamais qu'une paix sanguinaire,
Telle qu'en un seul jour un ordre de vos mains
La donna dans l'Asie à cent mille Romains.
Toutefois épargnez votre tête sacrée :
Vous-même n'allez point, de contrée en contrée
Montrer aux nations Mithridate détruit,
Et de votre grand nom diminuer le bruit.
Votre vengeance est juste; il la faut entreprendre :
Brûlez le Capitole et mettez Rome en cendre.
Mais c'est assez pour vous d'en ouvrir les chemins :
Faites porter ce feu par de plus jeunes mains;
Et, tandis que l'Asie occupera Pharnace,
De cette autre entreprise honorez mon audace.
Commandez : laissez-nous, de votre nom suivis,
Justifier partout que nous sommes vos fils.
Embrasez par nos mains le couchant et l'aurore,
Remplissez l'univers, sans sortir du Bosphore;
Que les Romains, pressés de l'un à l'autre bout,
Doutent où vous serez, et vous trouvent partout.
Dès ce même moment ordonnez que je parte.
Ici tout vous retient; et moi, tout m'en écarte :
Et, si ce grand dessein surpasse ma valeur,
Du moins ce désespoir convient à mon malheur.
Trop heureux d'avancer la fin de ma misère,
J'irai... J'effacerai le crime de ma mère.
Seigneur, vous m'en voyez rougir à vos genoux ;
J'ai honte de me voir si peu digne de vous ;
Tout mon sang doit laver une tache si noire;
Mais je cherche un trepas utile à votre gloire;
Et Rome, unique objet d'un désespoir si beau,
Du fils de Mithridate est le digne tombeau.

MITHRIDATE, se levant.

Mon fils, ne parlons plus d'une mère infidèle.
Votre père est content, il connaît votre zèle,
Et ne vous verra point affronter de danger
Qu'avec vous son amour ne veuille partager :
Vous me suivrez ; je veux que rien ne nous sépare.
Et vous, à m'obeir, prince, qu'on se prépare ;
Les vaisseaux sont tout prêts : j'ai moi-même ordonné
La suite et l'appareil qui vous est destiné.
Arbate, à cet hymen chargé de vous conduire,
De votre obéissance aura soin de m'instruire.
Allez; et soutenant l'honneur de vos aïeux,
Dans cet embrassement recevez mes adieux.

PHARNACE.

Seigneur...

MITHRIDATE.

Ma volonté, prince, vous doit suffire.
Obéissez. C'est trop vous le faire redire.

PHARNACE.

Seigneur, si, pour vous plaire, il ne faut que périr
Plus ardent qu'aucun autre on m'y verra courir :
Combattant à vos yeux, permettez que je meure.

MITHRIDATE.

Je vous ai commandé de partir tout à l'heure.
Mais après ce moment... Prince, vous m'entendez,
Et vous êtes perdu si vous me répondez.

PHARNACE.

Dussiez-vous présenter mille morts à ma vue,
Je ne saurais chercher une fille inconnue.
Ma vie est en vos mains.

MITHRIDATE.

Ah! c'est où je t'attends.
Tu ne saurais partir, perfide! et je t'entends,
Je sais pourquoi tu fuis l'hymen où je t'envoie :
Il te fâche en ces lieux d'abandonner ta proie ;
Monime te retient; ton amour criminel
Prétendait l'arracher à l'hymen paternel.
Ni l'ardeur dont tu sais que je l'ai recherchée,
Ni déjà sur son front ma couronne attachée,
Ni cet asile même où je la fais garder,
Ni mon juste courroux, n'ont pu t'intimider.
Traitre ! pour les Romains tes lâches complaisances
N'étaient pas à mes yeux d'assez noires offenses :
Il te manquait encor ces perfides amours
Pour être le supplice et l'horreur de mes jours.
Loin de te repentir, je vois sur ton visage
Que ta confusion ne part que de ta rage :
Il te tarde déjà qu'échappe de mes mains
Tu ne coures me perdre, et me vendre aux Romains
Mais, avant que partir, je me ferai justice :
Je te l'ai dit. Holà, gardes!

SCÈNE II.

MITHRIDATE, PHARNACE, XIPHARÈS,
Gardes.

MITHRIDATE.

Qu'on le saisisse.
Oui, lui-même, Pharnace. Allez ; et de ce pas
Qu'enfermé dans la tour on ne le quitte pas.

PHARNACE.

Hé bien! sans me parer d'une innocence vaine,
Il est vrai, mon amour mérite votre haine ;
J'aime : l'on vous a fait un fidèle récit.
Mais Xipharès, seigneur, ne vous a pas tout dit;
C'est le moindre secret qu'il pouvait vous apprendre
Et ce fils si fidèle a dû vous faire entendre
Que, des mêmes ardeurs dès longtemps enflammé,
Il aime aussi la reine, et même en est aimé.

SCÈNE III.

MITHRIDATE, XIPHARÈS.

XIPHARÈS.

Seigneur, le croirez-vous qu'un dessein si coupable...

MITHRIDATE.

Mon fils, je sais de quoi votre frère est capable.
Me préserve le ciel de soupçonner jamais
Qu'au prix si cruel vous payez mes bienfaits;
Qu'un fils qui fut toujours le bonheur de ma vie
Ait pu percer ce cœur qu'un père lui confie!
Je ne le croirai point. Allez : loin d'y songer,
Je vais désormais penser qu'à vous venger.

SCÈNE IV.

MITHRIDATE.

Je ne le croirai point? Vain espoir qui me flatte!
Tu ne le crois que trop, malheureux Mithridate!
Xipharès mon rival! et, d'accord avec lui,
La reine aurait osé me tromper aujourd'hui?
Quoi! de quelque côté que je tourne la vue,
La foi de tous les cœurs est pour moi disparue!
Tout m'abandonne ailleurs! tout me trahit ici!
Pharnace, amis maîtresse, et toi, mon fils, aussi!
Toi de qui la vertu consolant ma disgrace...
Mais ne connais-je pas le perfide Pharnace?
Quelle faiblesse à moi d'en croire un furieux
Qu'arme contre son frère un courroux envieux,
Ou dont le desespoir me troublant des fables,
Grossit, pour se sauver, le nombre des coupables!
Non, ne l'en croyons point! et, sans trop nous presser,
Voyons, examinons. Mais par où commencer?
Qui m'en éclaircira? quels témoins? quel indice?...
Le ciel en ce moment m'inspire un artifice.
Qu'on appelle la reine. Oui, sans aller plus loin,
Je veux l'ouïr : mon choix s'arrête à ce témoin.

L'amour avidement croit tout ce qui le flatte.
Qui peut de son vainqueur mieux parler que l'ingrate?
Voyons qui son amour accusera des deux.
S'il n'est digne de moi, le piége est digne d'eux.
Trompons qui nous trahit : et, pour connaître un traître,
Il n'est point de moyens... Mais je la vois paraître :
Feignons; et de son cœur, d'un vain espoir flatté,
Par un mensonge adroit tirons la vérité.

SCÈNE V.

MITHRIDATE, MONIME.

MITHRIDATE.

Enfin j'ouvre les yeux, et je me fais justice :
C'est faire à vos beautés un triste sacrifice,
Que de vous présenter, madame, avec ma foi,
Tout l'âge et le malheur que je traîne avec moi.
Jusqu'ici la fortune et la victoire mêmes
Cachaient mes cheveux blancs sous trente diadèmes,
Mais ce temps-là n'est plus : je régnais, et je fuis.
Mes ans se sont accrus; mes honneurs sont détruits;
Et mon front, dépouillé d'un si noble avantage,
Du temps qui l'a flétri laisse voir tout l'outrage
D'ailleurs mille desseins partagent mes esprits ;
D'un camp prêt à partir vous entendez les cris;
Sortant de mes vaisseaux, il faut que j'y remonte.
Quel temps pour un hymen qu'une fuite si prompte,
Madame! Et de quel front vous unir à mon sort,
Quand je ne cherche plus que la guerre et la mort?
Cessez pourtant, cessez de prétendre à Pharnace :
Quand je me fais justice, il faut qu'on se la fasse.
Je ne souffrirai point que ce fils odieux,
Que je viens pour jamais de bannir de mes yeux,
Possédant une amour qui me fut déniée,
Vous fasse des Romains devenir l'alliée.
Mon trône vous est dû : loin de m'en repentir,
Je vous y place même avant que de partir,
Pourvu que vous vouliez qu'une main qui m'est chère,
Un fils, le digne objet de l'amour de son père,
Xipharès, en un mot, devenant votre époux,
Me venge de Pharnace, et m'acquitte envers vous.

MONIME.

Xipharès! lui, seigneur?

MITHRIDATE.

Oui, lui-même, madame.
D'où peut naître à ce nom le trouble de votre ame?
Contre un si juste choix qui peut vous révolter?
Est-ce quelque mépris qu'on ne puisse dompter?
Je le répète encor : c'est un autre moi-même,
Un fils victorieux, qui me chérit, que j'aime,
L'ennemi des Romains, l'héritier et l'appui
D'un empire et d'un nom qui va renaître en lui;
Et, quoi que votre amour ait osé se promettre,
Ce n'est qu'entre ses mains que je puis vous remettre.

MONIME.

Que dites-vous? O ciel! Pourriez-vous approuver...
Pourquoi, seigneur, pourquoi voulez-vous m'éprou
Cessez de tourmenter une ame infortunée :   [ver?
Je sais que c'est à vous que je suis destinée ;
Je sais qu'en ce moment, pour ce nœud solennel,
La victime, seigneur, nous attend à l'autel.
Venez.

MITHRIDATE.

Je le vois bien ; quelque effort que je fasse,
Madame, vous voulez vous garder à Pharnace.
Je reconnais toujours vos injustes mépris ;
Ils ont même passé sur mon malheureux fils.

MONIME.

Je le méprise!

MITHRIDATE.

Hé bien, n'en parlons plus, madame.
Continuez : brûlez d'une honteuse flamme.
Tandis qu'avec mon fils je vais, loin de vos yeux,
Chercher au bout du monde un trépas glorieux,
Vous cependant ici servez avec son frère,
Et vendez aux Romains le sang de votre père.

Venez : je ne saurais mieux punir vos dédains,
Qu'en vous mettant moi-même en ses serviles mains,
Et, sans plus me charger du soin de votre gloire,
Je veux laisser de vous jusqu'à votre mémoire.
Allons, madame, allons. Je m'en vais vous unir.

MONIME.

Plutôt de mille morts dussiez-vous me punir!

MITHRIDATE.

Vous résistez en vain, et j'entends votre fuite?

MONIME.

En quelle extrémité, seigneur, suis-je réduite!
Mais enfin je vous crois, et je ne puis penser
Qu'à feindre si longtemps vous puissiez vous forcer.
Les dieux me sont témoins qu'à vous plaire bornée
Mon ame à tout son sort s'était abandonnée.
Mais si quelque faiblesse avait pu m'alarmer,
Si de tous ses efforts mon ame a dû s'armer,
Ne croyez point, seigneur, qu'auteur de mes alarmes,
Pharnace m'ait jamais coûté les moindres larmes.
Ce fils victorieux que vous favorisez,
Cette vivante image en qui vous vous plaisez,
Cet ennemi de Rome, et cet autre vous-même,
Enfin, ce Xipharès que vous voulez que j'aime...

MITHRIDATE.

Vous l'aimez?

MONIME.

Si le sort ne m'eût donnée à vous,
Mon bonheur dépendait de l'avoir pour époux.
Avant que votre amour m'eût envoyé ce gage,
Nous nous aimions...Seigneur, vous changez de visage.

MITHRIDATE.

Non, madame. Il suffit. Je vais vous l'envoyer.
Allez : Le temps est cher, il le faut employer.
Je vois qu'à m'obéir vous êtes disposée :
Je suis content.

MONIME, *en s'en allant.*

O ciel! me serais-je abusée?

SCENE VI.

MITHRIDATE.

Ils s'aiment! C'est ainsi qu'on se jouait de nous!
Ah! fils ingrat, tu vas me répondre pour tous :
Tu periras! Je sais combien ta renommée
Et tes fausses vertus ont séduit mon armée;
Perfide, je te veux porter des coups certains ;
Il faut, pour te mieux perdre, écarter les mutins,
Et, faisant à mes yeux partir les plus rebelles,
Ne garder près de moi que des troupes fidèles.
Allons. Mais, sans montrer un visage offensé,
Dissimulons encor, comme j'ai commencé.

FIN DU TROISIÈME ACTE.

ACTE IV.

SCÈNE PREMIÈRE.
MONIME, PHŒDIME.

MONIME.

Phœdime, au nom des dieux, fais ce que je désire:
Va voir ce qui se passe, et reviens me le dire.
Je ne sais; mais mon cœur ne peut se rassurer:
Mille soupçons affreux viennent me déchirer.
Que tarde Xipharès? et d'où vient qu'il diffère
A seconder des vœux qu'autorise son père?
Son père, en me quittant, me l'allait envoyer...
Mais il feignait peut-être. Il fallait tout nier.
Le roi feignait! Et moi, découvrant ma pensée...
O dieux! en ce péril m'auriez-vous délaissée?
Et se pourrait-il bien qu'à son ressentiment
Mon amour indiscret eût livré mon amant?
Quoi, prince! quand tout plein de ton amour extrême,
Pour savoir mon secret tu me pressais toi-même,
Mes refus trop cruels vingt fois te l'ont caché;
Je t'ai même puni de l'avoir arraché:
Et, quand de toi peut-être un père se défie,
Que dis-je? quand peut-être il va de ta vie,
Je parle; et, trop facile à me laisser tromper,
Je lui marque le cœur où sa main doit frapper!

PHŒDIME.

Ah! traitez-le, madame, avec plus de justice;
Un grand roi descend-il jusqu'à cet artifice?
A prendre ce détour qui l'aurait pu forcer?
Sans murmure à l'autel vous l'alliez devancer.
Voulait-il perdre un fils qu'il aime avec tendresse?
Jusqu'ici les effets secondent sa promesse:
Madame, il vous disait qu'un important dessein,
Malgré lui, le forçait à vous quitter demain:
Ce seul dessein l'occupe; et, hâtant son voyage,
Lui-même ordonne tout, présent sur le rivage,
Ses vaisseaux en tous lieux se chargent de soldats,
Et partout Xipharès accompagne ses pas.
D'un rival en fureur est-ce là la conduite?
Et voit-on ses discours démentis par la suite?

MONIME.

Pharnace, cependant, par son ordre arrêté,
Trouve en lui d'un rival toute la dureté.
Phœdime, à Xipharès fera-t-il plus de grâce?

PHŒDIME.

C'est l'ami des Romains qu'il punit en Pharnace:
L'amour a peu de part à ses justes soupçons.

MONIME.

Autant que je le puis, je cède à tes raisons;
Elles calment un peu l'ennui qui me dévore.
Mais pourtant Xipharès ne paraît point encore.

PHŒDIME.

Vaine erreur des amants, qui, pleins de leurs désirs,
Voudraient que tout cédât au soin de leurs plaisirs!
Qui, prêts à s'irriter contre le moindre obstacle...

MONIME.

Ma Phœdime, eh! qui peut concevoir ce miracle?
Après deux ans d'ennuis, dont tu sais tout le poids,
Quoi! je puis respirer pour la première fois!
Quoi! cher prince avec toi je ne verrais-unie!
Et loin que ma tendresse eût exposé ta vie,
Tu verrais ton devoir, je verrais ma vertu,
Approuver un amour si longtemps combattu!
Je pourrais tous les jours m'assurer que je t'aime!
Que ne viens-tu?

SCÈNE II.
MONIME, XIPHARÈS, PHŒDIME.

MONIME.

Seigneur, je parlais de vous-même.
Mon âme souhaitait de vous voir en ce lieu,
Pour vous...

XIPHARÈS.

C'est maintenant qu'il faut vous dire adieu.

MONIME.

Adieu! vous?

XIPHARÈS.

Oui, madame, et pour toute ma vie!

MONIME.

Qu'entends-je? On me disait...Hélas! ils m'ont trahie.

XIPHARÈS.

Madame, je ne sais quel ennemi couvert,
Révélant nos secrets, vous trahit, et me perd.
Mais le roi, qui tantôt n'en croyait point Pharnace,
Maintenant dans nos cœurs sait tout ce qui se passe.
Il feint, il me caresse, et cache son dessein;
Mais moi, qui, dès l'enfance élevé dans son sein,
De tous ses mouvements ai trop d'intelligence,
J'ai lu dans ses regards sa prochaine vengeance.
Il presse, il fait partir tous ceux dont mon malheur
Pourrait à la révolte exciter la douleur.
De ses fausses bontés j'ai connu la contrainte.
Un mot même d'Arbate a confirmé ma crainte.
Il a su m'aborder; et, les larmes aux yeux,
« On sait tout, m'a-t-il dit, sauvez-vous de ces lieux. »
Ce mot m'a fait frémir du péril de ma reine;
Et ce cher intérêt est le seul qui m'amène.
Je vous crains pour vous-même; et je viens à genoux
Vous prier, ma princesse, et vous fléchir pour vous.
Vous dépendez ici d'une main violente,
Que le sang le plus cher rarement épouvante;
Et je n'ose vous dire à quelle cruauté
Mithridate jaloux s'est souvent emporté.
Peut-être c'est moi seul que sa fureur menace;
Peut-être, en me perdant, il veut vous faire grâce:
Daignez, au nom des dieux, daignez en profiter;
Par de nouveaux refus n'allez point l'irriter.
Moins vous l'aimez, et plus tâchez de lui complaire;
Feignez, efforcez-vous: songez qu'il est mon père.
Vivez; et permettez que, dans tous mes malheurs,
Je puisse à votre amour ne coûter que des pleurs.

MONIME.

Ah! je vous ai perdu!

XIPHARÈS.

Généreuse Monime,
Ne vous imputez point le malheur qui m'opprime.
Votre seule bonté n'est point ce qui me nuit:
Je suis un malheureux que le destin poursuit;
C'est lui qui m'a ravi l'amitié de mon père,
Qui le fit mon rival, qui révolta ma mère,
Et vient de susciter, dans ce moment affreux,
Un secret ennemi pour nous trahir tous deux.

MONIME.

Hé quoi! cet ennemi, vous l'ignorez encore?

XIPHARÈS.

Pour surcroît de douleur, madame, je l'ignore.
Heureux si je pouvais avant que m'immoler,
Percer le traître cœur qui m'a pu déceler!

MONIME.

Hé bien, seigneur, il faut vous le faire connaître.
Ne cherchez point ailleurs cet ennemi, ce traître;
Frappez: aucun respect ne vous doit retenir.
J'ai tout fait; et c'est moi que vous devez punir.

XIPHARÈS.

Vous!

MONIME.

Ah! si vous saviez, prince, avec quelle adresse
Le cruel est venu surprendre ma tendresse!
Quelle amitié sincère il affectait pour vous!
Content, s'il vous voyait devenir mon époux!
Qui n'aurait cru?...Mais non, mon amour plus timide
Devait moins vous livrer à sa bonté perfide.
Les dieux qui m'inspiraient, et que j'ai mal suivis,
M'ont fait taire trois fois par de secrets avis.
J'ai dû continuer; j'ai dû dans tout le reste,
Que sais-je enfin? j'ai dû vous être moins funeste;
J'ai du craindre du roi les dons empoisonnés;
Et je m'en punirai, si vous me pardonnez.

XIPHARÈS.

Quoi, madame! c'est vous, c'est l'amour qui m'expose;
Mon malheur est parti d'une si belle cause;
Trop d'amour a trahi nos secrets amoureux,
Et vous vous excusez d'avoir fait des heureux!
Que voudrais-je de plus? glorieux et fidèle,
Je meurs. Un autre sort au trône vous appelle :
Consentez-y, madame; et, sans plus résister,
Achevez un hymen qui vous y fait monter.

MONIME.

Quoi! vous me demandez que j'épouse un barbare
Dont l'odieux amour pour jamais nous sépare?

XIPHARÈS.

Songez que ce matin, soumise à ses souhaits,
Vous deviez l'épouser, et ne me voir jamais.

MONIME.

Eh! connaissais-je alors toute sa barbarie?
Ne voudriez-vous point qu'approuvant sa furie,
Après vous avoir vu tout percé de ses coups,
Je suivisse à l'autel un tyrannique époux;
Et que, dans une main de votre sang fumante,
J'allasse mettre, hélas! la main de votre amante?
Allez : de ses fureurs songez à vous garder,
Sans perdre ici le temps à me persuader :
Le ciel m'inspirera quel parti je dois prendre. [*elle*
Que serait-ce, grands dieux! s'il venait vous surpren-
Que dis-je! on vient. Allez : courez. Vivez enfin;
Et du moins attendez quel sera mon destin.

SCÈNE III.

MONIME, PHOEDIME.

PHOEDIME.

Madame, à quels périls il exposait sa vie.
C'est le roi.

MONIME.

Cours l'aider à cacher sa sortie.
Va, ne le quitte point; et qu'il se garde bien
D'ordonner de son sort, sans être instruit du mien.

SCÈNE IV.

MITHRIDATE, MONIME.

MITHRIDATE.

Allons, madame, allons. Une raison secrète
Me fait quitter ces lieux et hâter ma retraite
Tandis que mes soldats, prêts à suivre leur roi,
Rentrent dans mes vaisseaux pour partir avec moi,
Venez, et qu'à l'autel ma promesse accomplie
Par des nœuds éternels l'un et l'autre nous lie.

MONIME.

Nous, seigneur?

MITHRIDATE.

Quoi, madame! osez-vous balancer?

MONIME.

Et ne m'avez-vous pas défendu d'y penser?

MITHRIDATE.

J'eus mes raisons alors : oublions-les, madame.
Ne songez maintenant qu'à répondre à ma flamme.
Songez que votre cœur est un bien qui m'est dû.

MONIME.

Hé pourquoi donc, seigneur, me l'avez-vous rendu?

MITHRIDATE.

Quoi! pour un fils ingrat toujours préoccupée,
Vous croiriez...

MONIME.

Quoi, seigneur! vous m'auriez donc trompée?

MITHRIDATE.

Perfide! il vous sied bien de tenir ce discours,
Vous qui, gardant au cœur d'infidèles amours,
Quand je vous élevais au comble de la gloire,
M'avez des trahisons préparé la plus noire!
Ne vous souvient-il plus, cœur ingrat et sans foi,
Plus que tous les Romains conjuré contre moi,
De quel regard glorieux j'ai bien voulu descendre
Pour vous porter au trône où vous n'osiez prétendre?
Ne me regardez point vaincu, persécute :
Revoyez-moi vainqueur, et partout redouté.
Songez de quelle ardeur dans Éphèse adorée,
Aux filles de cent rois je vous ai préférée;
Et, négligeant pour vous tant d'heureux alliés,
Quelle foule d'états je mettais à vos pieds.
Ah! si d'un autre amour le penchant invincible
Dès lors à mes bontés vous rendait insensible,
Pourquoi chercher si loin un odieux époux?
Avant que de partir, pourquoi vous taisiez-vous
Attendiez-vous, pour faire un aveu si funeste,
Que le sort ennemi m'eût ravi tout le reste,
Et que, de toutes parts me voyant accabler,
J'eusse en vous le seul bien qui me pût consoler?
Cependant, quand je veux oublier cet outrage
Et cacher à mon cœur cette funeste image,
Vous osez à mes yeux rappeler le passé!
Vous m'accusez encor, quand je suis offensé!
Je vois que pour un traître un fol espoir vous flatte.
À quelle épreuve, ô ciel, réduis-tu Mithridate?
Par quel charme secret laissé-je retenir
Ce courroux si sévère et si prompt à punir?
Profitez du moment que mon amour vous donne :
Pour la dernière fois, venez, je vous l'ordonne.
N'attirez point sur vous des périls superflus,
Pour un fils insolent que vous ne verrez plus.
Sans vous parer pour lui d'une foi qui m'est due,
Perdez-en la mémoire, aussi bien que la vue;
Et désormais, sensible à ma seule bonté,
Méritez le pardon qui vous est présenté.

MONIME.

Je n'ai point oublié quelle reconnaissance,
Seigneur, m'a dû ranger sous votre obéissance :
Quelque rang où jadis soient montés mes aïeux,
Leur gloire de si loin n'éblouit point mes yeux.
Je songe avec respect de combien je suis née
Au-dessous des grandeurs d'un si noble hyménée;
Et, malgré mon penchant et mes premiers desseins
Pour un fils, après vous, le plus grand des humains,
Du jour que sur mon front on mit ce diadème,
Je renonçai, seigneur, à ce prince, à moi-même.
Tous deux d'intelligence à nous sacrifier,
Loin de moi, par mon ordre, il courait m'oublier.
Dans l'ombre du secret ce feu s'allait éteindre;
Et même de mon sort je ne pouvais me plaindre,
Puisque enfin, aux dépens de mes vœux les plus doux,
Je faisais le bonheur d'un héros tel que vous.
Vous seul, seigneur, vous seul, vous m'avez arrachée
À cette obéissance où j'étais attachée;
Et ce fatal amour dont j'avais triomphé,
Ce feu que dans l'oubli je croyais étouffé,
Dont la cause à jamais s'éloignait de ma vue,
Vos détours l'ont surpris, et m'en ont convaincue.
Je vous l'ai confessé, je le dois soutenir :
En vain vous ne pourriez perdre le souvenir;
Et cet aveu honteux où vous m'avez forcée,
Demeurera toujours présent à ma pensée;
Toujours je vous croirais incertain de ma foi;
Et le tombeau, seigneur, est moins triste pour moi
Que le lit d'un époux qui m'a fait un outrage,
Qui s'est acquis sur moi ce cruel avantage,
Et qui, me préparant un éternel ennui,
M'a fait rougir d'un feu qui n'était pas pour lui.

MITHRIDATE.

C'est donc votre réponse? et, sans plus me complaire,
Vous refusez l'honneur que je voulais vous faire?
Pensez-y bien. J'attends, pour me déterminer...

MONIME.

Non, seigneur, vainement vous croyez m'étonner :
Je vous connais : je sais tout ce que je m'apprête,
Et je vois quels malheurs j'assemble sur ma tête :
Mais le dessein est pris; rien ne peut m'ébranler.
Jugez-en, puisque ainsi je vous ose parler,
Et m'emporte au-delà de cette modestie
Dont jusqu'à ce moment je n'étais point sortie.
Vous vous êtes servi de ma funeste main
Pour mettre à votre fils un poignard dans le sein :

De ses feux innocents j'ai trahi le mystère ;
Et, quand il n'en perdrait que l'amour de son père,
Il en mourra, seigneur. Ma foi ni mon amour
Ne seront point le prix d'un si cruel détour.
Après cela, jugez. Perdez une rebelle ;
Armez-vous du pouvoir qu'on vous donna sur elle :
J'attendrai mon arrêt ; vous pouvez commander.
Tout ce qu'en vous quittant j'ose vous demander,
Croyez (à la vertu je dois cette justice)
Que je vous trahis seule, et n'ai point de complice ;
Et que d'un plein succès vos vœux seraient suivis
Si j'en croyais, seigneur, les vœux de votre fils.

SCÈNE V.
MITHRIDATE.

Elle me quitte ! Et moi, dans un lâche silence,
Je semble de sa fuite approuver l'insolence !
Peu s'en faut que mon cœur, penchant de son côté,
Ne me condamne encor de trop de cruauté !
Qui suis-je ? Est-ce Monime ? Et suis-je Mithridate ?
Non, non, plus de pardon, plus d'amour pour l'ingrate
Ma colère revient, et je me reconnais :
Immolons, en partant, trois ingrats à la fois.
Je vais à Rome ; et c'est par de tels sacrifices
Qu'il faut à ma fureur rendre les dieux propices.
Je le dois, je le puis ; ils n'ont plus de support :
Les plus séditieux sont déjà loin du bord.
Sans distinguer entre eux qui je hais ou qui j'aime,
Allons, et commençons par Xipharès lui-même.
Mais quelle est ma fureur ! et qu'est-ce que je dis
Tu vas sacrifier... qui, malheureux ? Ton fils !
Un fils que Rome craint ! qui veut venger son père !
Pourquoi répandre un sang qui m'est si nécessaire ?
Ah ! dans l'état funeste où m'a chute m'a mis,
Est-ce que mon malheur m'a laissé trop d'amis ?
Songeons plutôt, songeons à gagner sa tendresse :
J'ai besoin d'un vengeur, et non d'une maîtresse.
Quoi ! ne vaut-il pas mieux, puisqu'il faut m'en priver,
La céder à ce fils que je veux conserver ?
Cédons-la. Vains efforts, qui ne font que m'instruire
Des faiblesses d'un cœur qui cherche à se séduire !
Je brûle, je l'adore ; et, loin de la bannir...
Ah ! c'est un crime encor dont je la veux punir.
Quelle pitié retient mes sentiments timides ?
N'en ai-je pas déjà puni de moins perfides ?
O Monime ! ô mon fils ! Inutile courroux !
Et vous, heureux Romains, quel triomphe pour vous
Si vous saviez ma honte, et qu'un avis fidèle
De mes lâches combats vous portât la nouvelle !
Quoi ! des plus chères mains craignant les trahisons,
J'ai pris soin de m'armer contre tous les poisons ;
J'ai su, par une longue et pénible industrie,
Des plus mortels venins prévenir la furie :
Ah ! qu'il eût mieux valu, plus sage et plus heureux
Et repoussant les traits d'un amour dangereux,
Ne pas laisser remplir d'ardeurs empoisonnées
Un cœur déjà glacé par le froid des années !
De ce trouble fatal par où dois-je sortir ?

SCÈNE VI.
MITHRIDATE, ARBATE.
ARBATE.

Seigneur, tous vos soldats refusent de partir :
Pharnace les retient, Pharnace leur révèle
Que vous cherchez à Rome une guerre nouvelle.

MITHRIDATE.

Pharnace ?

ARBATE.

Il a séduit ses gardes les premiers ;
Et le seul nom de Rome étonne les plus fiers.
De mille affreux périls ils se forment l'image.
Les uns avec transport embrassent le rivage ;
Les autres, qui partaient, s'élancent dans les flots,
Ou présentent leurs dards aux yeux des matelots.
Le désordre est partout ; et, loin de nous entendre,
Ils demandent la paix, et parlent de se rendre.
Pharnace est à leur tête ; et, flattant leurs souhaits,
De la part des Romains, il leur promet la paix.

MITHRIDATE.

Ah, le traître ! Courez : qu'on appelle son frère ;
Qu'il me suive, qu'il vienne au secours de son père.

ARBATE.

J'ignore son dessein ; mais un soudain transport
L'a déjà fait descendre et courir vers le port ;
Et l'on dit que, suivi d'un gros d'amis fidèles,
On l'a vu se mêler au milieu des rebelles.
C'est tout ce que j'en sais.

MITHRIDATE.

Ah ! qu'est-ce que j'entends ?
Perfides, ma vengeance a tardé trop longtemps !
Mais je ne vous crains point : malgré leur insolence,
Les mutins n'oseraient soutenir ma présence.
Je ne veux que les voir ; je ne veux qu'à leurs yeux
Immoler de ma main deux fils audacieux.

SCÈNE VII.
MITHRIDATE, ARBATE, ARCAS.
ARCAS.

Seigneur, tout est perdu. Les rebelles, Pharnace,
Les Romains, sont en foule autour de cette place.

MITHRIDATE.

Les Romains !

ARCAS.

Des Romains le rivage est chargé,
Et bientôt dans ces murs vous êtes assiégé.

MITHRIDATE.
(A Arcas.)

Ciel ! Courons. Ecoutez... Du malheur qui me presse
Tu ne jouiras pas, infidèle princesse !

FIN DU QUATRIÈME ACTE.

ACTE V.

SCÈNE PREMIÈRE.
MONIME, PHOEDIME.
PHOEDIME.

Madame, où courez-vous ? Quels aveugles transports
Vous font tenter sur vous de criminels efforts ?
He quoi ! vous avez pu, trop cruelle à vous-même,
Faire un affreux lien d'un sacré diadème !
Ah ! ne voyez-vous pas que les dieux plus humains
Ont eux-mêmes rompu ce bandeau dans vos mains ?

MONIME.

He, par quelle fureur, obstinée à me suivre,
Toi-même malgré moi veux-tu me faire vivre ?
Xipharès ne vit plus ; le roi désespéré
Lui-même n'attend plus qu'un trépas assuré :
Quel fruit te promets-tu de ta coupable audace ?
Perfide, prétends-tu me livrer à Pharnace ?

PHOEDIME.

Ah ! du moins attendez qu'un fidèle rapport
De son malheureux frère ait confirmé la mort.
Dans la confusion que nous venons d'entendre,
Les yeux peuvent-ils pas aisément se méprendre ?
D'abord, vous le savez, un bruit injurieux
Le rangeait du parti d'un camp séditieux ;
Maintenant on vous dit que ces mêmes rebelles
Ont tourné contre lui leurs armes criminelles.
Jugez de l'un par l'autre, et daignez écouter...

MONIME.

Xipharès ne vit plus, il n'en faut point douter ;
L'évènement n'a point démenti mon attente.
Quand je n'en aurais pas la nouvelle sanglante,
Il est mort ; et j'en ai pour garants trop certains
Son courage et son nom trop suspects aux Romains.

Ah! que d'un si beau sang si longtemps altérée
Rome tient maintenant sa victoire assurée!
Quel ennemi son bras allait leur opposer!
Mais sur qui, malheureuse, oses-tu t'excuser?
Quoi! tu ne veux pas voir que c'est toi qui l'opprimes,
Et dans tous ses malheues reconnaître tes crimes!
De combien d'assassins l'avais-je enveloppé!
Comment à tant de coups serait-il échappé?
Il évitait en vain les Romains et son frère :
Ne le livrais-je pas aux fureurs de son père?
C'est moi qui, les rendant l'un de l'autre jaloux,
Vins allumer le feu qui les embrase tous :
Tison de la discorde, et fatale furie,
Que le démon de Rome a formée et nourrie.
Et je vis! Et j'attends que, de leur sang baigné,
Pharnace des Romains revienne accompagné,
Qu'il étale à mes yeux sa parricide joie!
La mort au désespoir ouvre plus d'une voie :
Oui, cruelles, en vain vos injustes secours
Me ferment du tombeau les chemins les plus courts,
Je trouverai la mort jusque dans vos bras même.
Et toi, fatal tissu, malheureux diadème,
Instrument et témoin de toutes mes douleurs,
Bandeau, que mille fois j'ai trempé de mes pleurs,
Au moins, en terminant ma vie et mon supplice,
Ne pouvais-tu me rendre un funeste service?
A mes tristes regards, va, cesse de t'offrir;
D'autres armes sans toi sauront me secourir :
Et périsse le jour et la main meurtrière
Qui jadis sur mon front t'attacha la première!

PHOEDIME.

On vient, madame, on vient; et j'espère qu'Arcas,
Pour bannir vos frayeurs, porte vers vous ses pas.

SCÈNE II.
MONIME, PHOEDIME, ARCAS.

MONIME.

En est-ce fait, Arcas? et le cruel Pharnace...

ARCAS.

Ne me demandez rien de tout ce qui se passe,
Madame : on m'a chargé d'un plus funeste emploi,
Et ce poison vous dit les volontés du roi.

PHOEDIME.

Malheureuse princesse!

MONIME.

Ah! quel comble de joie!
Donnez. Dites, Arcas, au roi qui me l'envoie
Que de tous les présents que m'a faits sa bonté,
Je reçois le plus cher et le plus souhaité.
A la fin je respire; et le ciel me délivre
Des secours importuns qui me forçaient de vivre.
Maîtresse de moi-même, il veut bien qu'une fois
Je puisse de mon sort disposer à mon choix.

PHOEDIME.

Hélas!

MONIME.

Retiens tes cris; et, par d'indignes larmes,
De cet heureux moment ne trouble point les charmes
Si tu m'aimais, Phoedime, il fallait me pleurer
Quand d'un titre funeste on me vint honorer,
Et lorsque, m'arrachant du doux sein de la Grèce,
Dans ce climat barbare on traîna ta maîtresse.
Retourne maintenant chez ces peuples heureux;
Et, si mon nom encor s'est conservé chez eux,
Dis-leur ce tu que vois; et de toute ma gloire,
Phoedime, conte-leur la malheureuse histoire.
Et toi, qui de ce cœur, dont tu fus adoré,
Par un jaloux destin fus toujours séparé,
Héros, avec qui, même en terminant ma vie,
Je n'ose en un tombeau demander d'être unie,
Reçois ce sacrifice; et puisse, en ce moment,
Ce poison expier le sang de mon amant!

SCÈNE III.
MONIME, ARBATE, PHOEDIME, ARCAS.

ARBATE.

Arrêtez! arrêtez!

ARCAS.

Que faites-vous, Arbate.

ARBATE.

Arrêtez! j'accomplis l'ordre de Mithridate.

MONIME.

Ah! laissez-moi...

ARBATE, *jetant le poison.*

Cessez, vous dis-je, et laissez-moi
Madame, exécuter les volontés du roi :
Vivez. Et vous, Arcas, du succès de mon zèle
Courez à Mithridate apprendre la nouvelle.

SCÈNE IV.
MONIME, ARBATE, PHOEDIME.

MONIME.

Ah! trop cruel Arbate, à quoi m'exposez-vous!
Est-ce qu'on croit encor mon supplice trop doux?
Et le roi, m'enviant une mort si soudaine,
Veut-il plus d'un trépas pour contenter sa haine?

ARBATE.

Vous l'allez voir paraître; et j'ose m'assurer
Que vous-même avec moi vous allez le pleurer.

MONIME.

Quoi! le roi...

ARBATE.

Le roi touche à son heure dernière,
Madame, et ne voit plus qu'un reste de lumière.
Je l'ai laissé sanglant, porté par des soldats;
Et Xipharès en pleurs accompagne leurs pas.

MONIME.

Xipharès? Ah, grands dieux! Je doute si je veille
Et n'ose qu'en tremblant en croire mon oreille.
Xipharès vit encor! Xipharès, que mes pleurs...

ARBATE.

Il vit chargé de gloire, accablé de douleurs.
De sa mort en ces lieux la nouvelle semée
Ne vous a pas vous seule et sans cause alarmée :
Les Romains, qui partout l'appuyaient par des cris,
Ont par ce bruit fatal glacé tous les esprits.
Le roi, trompé lui-même, en a versé des larmes,
Et, désormais certain du malheur de ses armes,
Par un rebelle fils de toutes parts pressé,
Sans espoir de secours tout près d'être forcé,
Et, voyant pour surcroît de douleur et de haine,
Parmi ses étendards porter l'aigle romaine,
Il n'a plus aspiré qu'à s'ouvrir des chemins
Pour éviter l'affront de tomber dans leurs mains.
D'abord il a tenté les atteintes mortelles
Des poisons que lui-même a crus les plus fidèles ;
Il les a trouvés tous sans force et sans vertu.
« Vain secours, a-t-il dit, que j'ai trop combattu!
« Contre tous les poisons soigneux de me défendre,
« J'ai perdu tout le fruit que j'en pouvais attendre.
« Essayons maintenant des secours plus certains,
« Et cherchons un trépas plus funeste aux Romains. »
Il parle ; et, défiant leurs nombreuses cohortes,
Du palais, à ces mots, il fait ouvrir les portes.
A l'aspect de ce front dont la noble fureur
Tant de fois dans leurs rangs répandit la terreur,
Vous les eussiez vus tous, retournant leurs armes,
Laisser entre eux et nous une large carrière ;
Et déjà quelques uns couraient épouvantés
Jusque dans les vaisseaux qui les ont apportés.
Mais, le dirai-je? ô ciel! rassurés par Pharnace,
Et la honte en leurs cœurs réveillant leur audace,
Ils reprennent courage, ils attaquent le roi,
Qu'un reste de soldats défendait avec moi.
Qui pourrait exprimer par quels faits incroyables,
Quels coups accompagnés de regards effroyables,
Son bras, se signalant pour la dernière fois,
A de ce grand héros terminé les exploits?
Enfin, las et couvert de sang et de poussière,
Il s'était fait de morts une noble barrière.

Un autre bataillon s'est avancé vers nous :
Les Romains pour les joindre ont suspendu leurs coups.
Ils voulaient tous ensemble accabler Mithridate.
Mais lui : « C'en est assez, m'a-t-il dit, cher Arbate ;
« Le sang et la fureur m'emportent trop avant.
« Ne livrons pas surtout Mithridate vivant. »
Aussitôt dans son sein il plonge son épée.
Mais la mort fuit encor sa grande ame trompée.
Ce héros dans mes bras est tombé tout sanglant,
Faible, et qui s'irritait contre un trépas si lent ;
Et, se plaignant à moi de ce reste de vie,
Il soulevait encor sa main appesantie ;
Et, marquant à mon bras la place de son cœur,
Semblait d'un coup plus sûr implorer la faveur.
Tandis que, possédé de ma douleur extrême,
Je songe bien plutôt à me percer moi-même,
De grands cris ont soudain attiré mes regards.
J'ai vu, qui l'aurait cru ? j'ai vu de toutes parts
Vaincus et renversés les Romains et Pharnace,
Fuyant vers leurs vaisseaux abandonner la place ;
Et le vainqueur, vers nous s'avançant de plus près,
A mes yeux éperdus a montré Xipharès.

MONIME.

Juste ciel !

ARBATE.

Xipharès, toujours resté fidèle,
Et qu'au fort du combat une troupe rebelle,
Par ordre de son frère, avait enveloppé,
Mais qui, d'entre leurs bras à la fin échappé,
Força les plus mutins, et regagnant le res*e,
Heureux et plein de joie, en ce moment funeste,
A travers mille morts ardent, victorieux,
S'était fait vers son père un chemin glorieux.
Jugez de quelle horreur cette joie est suivie.
Son bras aux pieds du roi l'allait jeter sans vie ;
Mais on court, on s'oppose à son emportement.
Le roi m'a regardé dans ce triste moment,
Et m'a dit, d'une voix qu'il poussait avec peine :
« S'il en est temps encor, cours, et sauve la reine. »
Ces mots m'ont fait trembler pour vous, pour Xipharès ;
J'ai craint, j'ai soupçonné quelques ordres secrets.
Tout lassé que j'étais, ma frayeur et mon zèle
M'ont donné pour courir une force nouvelle ;
Et malgré nos malheurs, je me tiens trop heureux
D'avoir paré le coup qui vous perdait tous deux.

MONIME.

Ah ! que, de tant d'horreurs justement étonnée,
Je plains de ce grand roi la triste destinée !
Hélas ! et plût aux dieux qu'à son sort inhumain
Moi-même j'eusse pu ne point prêter la main,
Et que, simple témoin du malheur qui l'accable,
Je le pusse pleurer sans en être coupable !
Il vient. Quel nouveau trouble excite en mes esprits
Le sang du père, ô ciel ! et les larmes du fils !

SCENE II.

MITHRIDATE, MONIME, XIPHARÈS, ARBATE, PHOEDIME, ARCAS ; GARDES, *qui soutiennent Mithridate.*

MONIME.

Ah ! que vois-je, seigneur, et quel sort est le vôtre !

MITHRIDATE.

Cessez et retenez vos larmes l'un et l'autre :
  (*Montrant Xipharès.*)
Mon sort de sa tendresse et de votre amitié
Veut d'autres sentiments que ceux de la pitié ;
Et ma gloire, plutôt digne d'être admirée,
Ne doit point par des pleurs être déshonorée.
J'ai vengé l'univers autant que je l'ai pu :
La mort dans ce projet m'a seule interrompu.
Ennemi des Romains et de la tyrannie,
Je n'ai point de leur joug subi l'ignominie ;
Et j'ose me flatter qu'entre les noms fameux
Qu'une pareille haine a signalés contre eux,

Nul ne leur a plus fait acheter la victoire,
Ni de jours malheureux plus rempli leur histoire.
Le ciel n'a pas voulu qu'achevant mon dessein
Rome en cendres me vît expirer dans son sein ;
Mais au moins quelque joie en mourant me console :
J'expire environné d'ennemis que j'immole ;
Dans leur sang odieux j'ai pu tremper mes mains ;
Et mes derniers regards ont vu fuir les Romains.
A mon fils Xipharès je dois cette fortune ;
Il épargne à ma mort leur présence importune.
Que ne puis-je payer ce service important
De tout ce que mon trône eût de plus éclatant !
Mais vous me tenez lieu d'empire, de couronne ;
Vous seule me restez : souffrez que je vous donne,
Madame ; et tous ces vœux que j'exigeais de vous,
Mon cœur pour Xipharès vous les demande tous.

MONIME.

Vivez, seigneur, vivez pour le bonheur du monde,
Et pour sa liberté, qui sur vous seul se fonde ;
Vivez pour triompher d'un ennemi vaincu.
Pour venger...

MITHRIDATE.

C'en est fait, madame, et j'ai vécu.
Mon fils, songez à vous : gardez-vous de prétendre
Que de tant d'ennemis vous puissiez vous défendre.
Bientôt tous les Romains, de leur honte irrités,
Viendront ici sur vous fondre de tous côtés.
Ne perdez point le temps que vous laisse leur fuite
A rendre à mon tombeau des soins dont je vous quitte.
Tant de Romains sans vie, en cent lieux dispersés,
Suffisent à ma cendre et l'honorent assez.
Cachez-leur pour un temps vos noms et votre vie.
Allez, réservez-vous...

XIPHARÈS.

Moi, seigneur ! que je fuie !
Que Pharnace impuni, les Romains triomphants,
N'éprouvent pas bientôt...

MITHRIDATE.

Non, je vous le défends.
Tôt ou tard il faudra que Pharnace périsse :
Fiez-vous aux Romains du soin de son supplice.*
Mais je sens affaiblir ma force et mes esprits ;
Je sens que je me meurs. Approchez-vous, mon fils :
Dans cet embrassement dont la douceur me flatte,
Venez, et recevez l'ame de Mithridate.

MONIME.

Il expire.

XIPHARÈS.

Ah ! madame, unissons nos douleurs,
Et par tout l'univers cherchons-lui des vengeurs.

* Racine a depuis supprimé les vers suivants, qui se trouvent après celui-ci dans la première édition :
  Le Parthe, qu'ils gardaient pour triomphe dernier.
  Seul encor sous le joug refuse de plier :
  Allez le joindre. Allez chez ce peuple indomptable
  Porter de mon débris le reste redoutable.
  J'espère, et je m'en forme un présage certain,
  Que leurs champs bienheureux boiront le sang romain ;
  Et, si quelque vengeance à un mort est promise,
  Que c'est à leur valeur que le ciel l'a remise.
  Mais je sens, etc.

FIN DE MITHRIDATE.

IPHIGÉNIE,

TRAGÉDIE.

1674.

PRÉFACE.

Il n'y a rien de plus célèbre dans les poètes que le sacrifice d'Iphigénie; mais ils ne s'accordent pas tous ensemble sur les importantes particularités de ce sacrifice. Les uns, comme Eschyle dans *Agamemnon*, Sophocle dans *Electre*, et, après eux, Lucrèce, Horace, et beaucoup d'autres, veulent qu'on ait en effet répandu le sang d'Iphigénie, fille d'Agamemnon, et qu'elle soit morte en Aulide. Il ne faut que lire Lucrèce, au commencement de son premier livre :

« Aulide quo pacto Triviaï virginis aram
« Iphianassaï turparunt sanguine fœde
« Ductores Danaûm ; etc. »

Et Clytemnestre dit, dans Eschyle, qu'Agamemnon, son mari, qui vient d'expirer, rencontrera dans les enfers Iphigénie, sa fille, qu'il a autrefois immolée.

D'autres ont feint que Diane, ayant eu pitié de cette jeune princesse, l'avait enlevée et portée dans la Tauride, au moment qu'on l'allait sacrifier, et que la déesse avait fait trouver en sa place ou une biche ou une autre victime de cette nature. Euripide a suivi cette fable, et Ovide l'a mise au nombre des métamorphoses.

Il y a une troisième opinion, qui n'est pas moins ancienne que les deux autres, sur Iphigénie. Plusieurs auteurs, et, entre autres Stésichorus, l'un des plus fameux et des plus anciens poètes lyriques, ont écrit qu'il était bien vrai qu'une princesse de ce nom avait été sacrifiée, mais que cette Iphigénie était une fille qu'Hélène avait eue de Thésée. Hélène, disent ces auteurs, ne l'osait avouer pour sa fille, parce qu'elle n'osait déclarer à Ménélas qu'elle eût été mariée en secret avec Thésée. Pausanias (*Corinth.*, page 125) rapporte et le témoignage et le nom des poètes qui ont été de ce sentiment; et il ajoute que c'était la créance commune de tout le pays d'Argos.

Homère enfin, le père des poètes, a si peu prétendu qu'Iphigénie, fille d'Agamemnon, eût été sacrifiée en Aulide, ou transportée dans la Scythie, que, dans le neuvième livre de l'*Iliade*, c'est à dire près de dix ans depuis l'arrivée des Grecs devant Troie, Agamemnon fait offrir en mariage à Achille sa fille Iphigénie, qu'il a, dit-il, laissée à Mycène, dans sa maison.

J'ai rapporté tous ces avis si différents, et surtout le passage de Pausanias, parce que c'est à cet auteur que je dois l'heureux personnage d'Ériphile, sans lequel je n'aurais jamais osé entreprendre cette tragédie. Quelle apparence que j'eusse souillé la scène par le meurtre horrible d'une personne aussi vertueuse et aussi aimable qu'il fallait représenter Iphigénie ? Et quelle apparence encore de dénouer ma tragédie par le secours d'une déesse et d'une machine, et par une métamorphose qui pouvait bien trouver quelque créance du temps d'Euripide, mais qui serait trop absurde et trop incroyable parmi nous?

Je puis donc dire que j'ai été très heureux de trouver dans les anciens cette autre Iphigénie que j'ai pu représenter telle qu'il m'a plu, et qui, tombant dans le malheur où cette amante jalouse voulait précipiter sa rivale, mérite en quelque façon d'être punie, sans être pourtant tout à fait indigne de compassion. Ainsi le dénouement de la pièce est tiré du fond même de la pièce; et il ne faut que l'avoir vu représenter pour comprendre quel plaisir j'ai fait au spectateur, et en sauvant à la fin une princesse vertueuse pour qui il s'est si fort intéressé dans le cours de la tragédie, et en la sauvant par une autre voie que par un miracle qu'il n'aurait pu souffrir, parce qu'il ne le saurait jamais croire.

Le voyage d'Achille à Lesbos dont ce héros se rend maître, et d'où il enlève Ériphile avant que de venir en Aulide, n'est pas non plus sans fondement. Euphorion de Chalcide, poète très connu parmi les anciens, et dont Virgile (*Eglog.* X) et Quintilien (*Instit.*, L. 10) font une mention honorable, parlait de ce voyage de Lesbos. Il disait dans un de ses poèmes, au rapport de Parthénius, qu'Achille avait fait la conquête de cette île avant que de joindre l'armée des Grecs, et qu'il y avait même trouvé une princesse qui s'était éprise d'amour pour lui.

Voilà les principales choses en quoi je me suis un peu éloigné de l'économie et de la fable d'Euripide. Pour ce qui regarde les passions, je me suis attaché à le suivre plus exactement. J'avoue que je lui dois un bon nombre des endroits qui ont été le plus approuvés dans ma tragédie; et je l'avoue d'autant plus volontiers, que ces approbations m'ont confirmé dans l'estime et dans la vénération que j'ai toujours eues pour les ouvrages qui nous restent de l'antiquité. J'ai reconnu avec plaisir, par l'effet qu'a produit sur notre théâtre tout ce que j'ai imité ou d'Homère ou d'Euripide, que le bon sens et la raison étaient les mêmes dans tous les siècles. Le goût de Paris s'est trouvé conforme à celui d'Athènes; mes spectateurs ont été émus des mêmes choses qui ont mis autrefois en larmes le plus savant peuple de la Grèce, et qui ont fait dire qu'entre les poètes, Euripide était extrêmement tragique, *tragicótatos*, c'est à dire qu'il savait merveilleusement exciter la compassion et la terreur, qui sont les véritables effets de la tragédie.

Je m'étonne, après cela, que des modernes aient témoigné depuis peu tant de dégoût pour ce grand poète, dans le jugement qu'ils ont fait de son *Alceste*. Il ne s'agit point ici de l'*Alceste*; mais en vérité j'ai trop d'obligation à Euripide pour ne pas prendre quelque soin de sa mémoire, et pour laisser échapper l'occasion de le réconcilier avec ces messieurs; je m'assure qu'il n'est si mal dans leur esprit que parce qu'ils n'ont pas bien lu l'ouvrage sur lequel ils l'ont condamné. J'ai choisi la plus importante de leurs objections, pour leur montrer que j'ai raison de parler ainsi. Je dis *la plus importante de leurs objections*, car ils la répètent à chaque page, et ils ne soupçonnent pas seulement que l'on puisse répliquer.

Il y a, dans l'*Alceste* d'Euripide, une scène merveilleuse, où Alceste, qui meurt et ne peut plus se soutenir, dit à son mari les derniers adieux. Admète, tout en larmes, la prie de reprendre ses forces, et de ne se point abandonner elle-même. Alceste, qui a l'image de la mort devant les yeux, lui parle ainsi :

> Je vois déjà la rame et la barque fatale ;
> J'entends le vieux nocher sur la rive infernale.
> Impatient, il crie : « On t'attend ici-bas ;
> « Tout est prêt, descends, viens, ne me retarde pas. »

J'aurai souhaité de pouvoir exprimer dans ces vers les graces qu'ils ont dans l'original ; mais au moins en voilà le sens. Voici comme ces messieurs les ont entendus : il leur est tombé entre les mains une malheureuse édition d'Euripide, où l'imprimeur a oublié de mettre dans le latin à côté de ces vers un *Al*, qui signifie que c'est Alceste qui parle, et à côté des vers suivants un *Ad*, qui signifie que c'est Admète qui répond. Là-dessus, il leur est venu dans l'esprit la plus étrange pensée du monde : ils ont mis dans la bouche d'Admète les paroles qu'Alceste dit à Admète, et celles qu'il se fait dire par Caron. Ainsi ils supposent qu'Admète, quoiqu'il soit en parfaite santé, *pense voir déjà Caron qui le vient prendre*; et au lieu que, dans ce passage d'Euripide, Caron, impatient, presse Alceste de le venir trouver, selon ces messieurs, c'est Admète effrayé qui est l'impatient, et qui presse Alceste d'expirer, de peur que Caron ne le prenne. *Il exhorte*, ce sont leurs termes, *à avoir courage, à ne pas faire une lâcheté, et à mourir de bonne grace; il interrompt les adieux d'Alceste pour lui dire de se dépêcher de mourir*. Peu s'en faut, à les entendre, qu'il ne la fasse mourir lui-même. Ce sentiment leur a paru *fort vilain*, et ils ont raison : il n'y a personne qui n'en fût très scandalisé. Mais comment l'ont-ils pu attribuer à Euripide? En vérité, quand toutes les autres éditions où cet *Al* n'a point été oublié, ne donneraient pas un démenti au malheureux imprimeur qui les a trompés, la suite de ces quatre vers, et tous les discours qu'Admète tient dans la même scène, étaient plus que suffisants pour les empêcher de tomber dans une erreur si déraisonnable : car Admète, bien éloigné de presser Alceste de mourir, s'écrie : « Que toutes les morts « ensemble lui seraient moins cruelles que de la « voir dans l'état où il la voit. Il la conjure de l'en-« traîner avec elle ; il ne peut plus vivre si elle « meurt; il vit en elle, il ne respire que pour elle. »

Ils ne sont pas plus heureux dans les autres objections. Ils disent, par exemple, qu'Euripide a fait deux *époux surannés* d'Admète et d'Alceste; que l'un est un *vieux mari*, et l'autre une *princesse déjà sur l'âge*. Euripide a pris soin de leur répondre en un seul vers, où il fait dire par le chœur, qu'Alceste, toute jeune, et dans la première fleur de son âge, expire pour son jeune époux.

Ils reprochent encore à Alceste qu'elle a deux grands enfants à marier. Comment n'ont-ils point lu le contraire en cent endroits, et surtout dans ce beau récit où l'on dépeint Alceste mourante au milieu de ses deux petits enfants, qui la tirent, en pleurant, par la robe, et qu'elle prend dans ses bras l'un après l'autre pour les baiser?

Tout le reste de leurs critiques est à peu près de la force de celles-ci. Mais je crois qu'en voilà assez pour la défense de mon auteur. Je conseille à ces messieurs de ne plus décider si légèrement sur les ouvrages des anciens. Un homme tel qu'Euripide méritait au moins qu'ils l'examinassent, puisqu'ils avaient envie de les condamner; ils devaient se souvenir de ces sages paroles de Quintillien : « Il faut « être extrêmement circonspect et très retenu à « prononcer sur les ouvrages de ces grands hommes, « de peur qu'il ne nous arrive, comme à plusieurs, « de condamner ce que nous n'entendons pas ; et « s'il faut tomber dans quelque excès, encore vaut-« il mieux pécher en admirant tout dans leurs « écrits, qu'en y blâmant beaucoup de choses. »

Modeste tamen et circumspecto judicio de tantis viris pronuntiandum est, ne, quod plerisque accidit, damnent quæ non intelligunt. Ac si necesse est in alteram errare partem, omnia eorum legentibus placere quam multa displicere maluerim [*].

[*] *Inst. Orator.* Lib. X. cap. 1.

FIN DE LA PREFACE.

PERSONNAGES.

AGAMEMNON.
ACHILLE.
ULYSSE.
CLYTEMNESTRE, femme d'Agamemnon.
IPHIGÉNIE, fille d'Agamemnon.
ÉRIPHILE, fille d'Hélène et de Thésée.
ARCAS, } domestiques d'Agamemnon.
EURYBATE, }
ÆGINE, femme de la suite de Clytemnestre.
DORIS, confidente d'Eriphile.
GARDES.

La scène est en Aulide, dans la tente d'Agamemnon.

IPHIGÉNIE.

ACTE PREMIER.

SCÈNE PREMIÈRE.
AGAMEMNON, ARCAS.

AGAMEMNON

Oui, c'est Agamemnon, c'est ton roi qui t'éveille.
Viens, reconnais la voix qui frappe ton oreille.

ARCAS.

C'est vous même, seigneur! quel important besoin
Vous a fait devancer l'aurore de si loin?
A peine un faible jour vous éclaire et me guide,
Vos yeux seuls et les miens sont ouverts dans l'Aulide.
Avez-vous dans les airs entendu quelque bruit?
Les vents nous auraient-ils exaucés cette nuit?
Mais tout dort, et l'armée, et les vents, et Neptune.

AGAMEMNON.

Heureux qui, satisfait de son humble fortune,
Libre du joug superbe où je suis attaché,
Vit dans l'état obscur où les dieux l'ont caché!

ARCAS.

Et depuis quand, seigneur, tenez-vous ce langage?
Comblé de tant d'honneurs, par quel secret outrage
Les dieux, à vos désirs toujours si complaisants,
Vous font-ils méconnaître et haïr leurs présents?
Roi, père, époux heureux, fils du puissant Atrée,
Vous possédez des Grecs la plus riche contrée :
Du sang de Jupiter issu de tous côtés,
L'hymen vous lie encore aux dieux dont vous sortez,
Le jeune Achille enfin, vanté par tant d'oracles,
Achille, à qui le ciel promet tant de miracles,
Recherche votre fille, et d'un hymen si beau,
Veut dans Troie embrasée allumer le flambeau.
Quelle gloire, seigneur, quels triomphes égalent
Le spectacle pompeux que ces bords vous étalent;
Tous ces mille vaisseaux, qui, chargés de vingt rois,
N'attendent que les vents pour partir sous vos lois?
Ce long calme, il est vrai, retarde vos conquêtes;
Ces vents, depuis trois mois enchaînés sur nos têtes,
D'Ilion trop longtemps vous ferment le chemin :
Mais, parmi tant d'honneurs, vous êtes homme enfin :
Tandis que vous vivez, le sort, qui toujours change,
Ne vous a point promis un bonheur sans mélange.
Bientôt... Mais quels malheurs dans ce billet tracés
Vous arrachent, seigneur, les pleurs que vous versez.
Votre Oreste au berceau va-t-il finir sa vie?
Pleurez-vous Clytemnestre, ou bien Iphigénie?
Qu'est-ce qu'on vous écrit? Daignez m'en avertir.

AGAMEMNON.

Non, tu ne mourras point; je n'y puis consentir.

ARCAS.

Seigneur...

AGAMEMNON.

Tu vois mon trouble; apprends ce qui le cause,
Et juge s'il est temps, ami, que je repose.
Tu te souviens du jour qu'en Aulide assemblés
Nos vaisseaux par les vents semblaient être appelés;
Nous partions; et déjà, par mille cris de joie,
Nous menacions de loin les rivages de Troie.
Un prodige étonnant fit taire ce transport;
Le vent qui nous flattait nous laissa dans le port.
Il fallut s'arrêter, et la rame inutile
Fatigua vainement une mer immobile.
Ce miracle inouï me fit tourner les yeux
Vers la divinité qu'on adore en ces lieux;
Suivi de Ménélas, de Nestor et d'Ulysse,
J'offris sur ses autels un secret sacrifice.
Quelle fut sa réponse! et que devins-je, Arcas,
Quand j'entendis ces mots prononcés par Calchas!

« Vous armez contre Troie une puissance vaine,
« Si, dans un sacrifice auguste et solennel,
« Une fille du sang d'Hélène,
« De Diane, en ces lieux, n'ensanglante l'autel.
« Pour obtenir les vents que le ciel vous dénie,
« Sacrifiez Iphigénie. »

ARCAS.

Votre fille!

AGAMEMNON.

Surpris, comme tu peux penser,
Je sentis dans mon corps tout mon sang se glacer.
Je demeurai sans voix, et n'en repris l'usage
Que par mille sanglots qui se firent passage.
Je condamnai les dieux, et, sans plus rien ouïr,
Fis vœu, sur leurs autels, de leur désobéir.
Que n'en croyais-je alors ma tendresse alarmée!
Je voulais sur le champ congédier l'armée.
Ulysse, en apparence approuvant mes discours,
De ce premier torrent laissa passer le cours.
Mais bientôt, rappelant sa cruelle industrie,
Il me représenta l'honneur et la patrie,
Tout ce peuple, ces rois, à mes ordres soumis,
Et l'empire d'Asie à la Grèce promis ;
De quel front, immolant tout l'état à ma fille,
Roi sans gloire, j'irais vieillir dans ma famille.
Moi-même, je l'avoue avec quelque pudeur,
Charmé de mon pouvoir, et plein de ma grandeur,
Ce nom de roi des rois et de chef de la Grèce
Chatouillait de mon cœur l'orgueilleuse faiblesse.
Pour comble de malheur, les dieux, toutes les nuits,
Dès qu'un léger sommeil suspendait mes ennuis,
Vengeant de leurs autels le sanglant privilège,
Me venaient reprocher ma pitié sacrilège;
Et, présentant la foudre à mes esprit confus,
Le bras déjà levé, menaçaient mes refus.
Je me rendis, Arcas; et vaincu par Ulysse,
De ma fille, en pleurant j'ordonnai le supplice.
Mais des bras d'une mère il fallut l'arracher.
Quel funeste artifice il me fallut chercher!
D'Achille, qui l'aimait, j'empruntai le langage :
J'écrivis en Argos, pour hâter ce voyage,
Que ce guerrier, pressé de partir avec nous,
Voulait revoir ma fille, et partir son époux.

ARCAS.

Et ne craignez-vous point l'impatient Achille?
Avez-vous prétendu son maintien et tranquille,
Ce héros, qu'armera l'amour et la raison,
Vous laisse pour ce meurtre abuser de son nom?
Verra-t-il à ses yeux son amante immolée?

AGAMEMNON.

Achille était absent; et son père Pélée,
D'un ennemi voisin redoutant les efforts,
L'avait, tu t'en souviens, rappelé de ces bords;
Et cette guerre, Arcas, selon toute apparence,
Aurait dû plus longtemps prolonger son absence.
Mais qui peut dans sa course arrêter ce torrent?
Achille va combattre, et triomphe en courant;
Et ce vainqueur, suivant de près sa renommée,
Hier avec la nuit arrive dans l'armée.
Mais des nœuds plus puissants me retiennent le bras :
Ma fille, qui s'approche, et court à son trépas;
Qui, loin de soupçonner un arrêt si sévère,
Peut-être s'applaudit des bontés de son père;
Ma fille... Ce nom seul, dont les droits sont si saints,
Sa jeunesse, mon sang, n'est pas ce que je plains :
Je plains mille vertus, une amour mutuelle,
Sa piété pour moi, ma tendresse pour elle,
Un respect qu'en son cœur rien ne peut balancer,
Et que j'avais promis de mieux récompenser.
Non, je ne croirai point, ô ciel, que ta justice
Approuve la fureur de ce noir sacrifice :
Tes oracles sans doute ont voulu m'éprouver,
Et tu me punirais si j'osais l'achever.
Arcas, je t'ai choisi pour cette confidence;
Il faut montrer ici ton zèle et ta prudence.
La reine, qui dans Sparte avait connu ta foi,
T'a placé dans le rang que tu tiens près de moi.

9

Prends cette lettre, cours au devant de la reine,
Et suis, sans t'arrêter, le chemin de Mycène.
Dès que tu la verras, défends-lui d'avancer,
Et rends-lui ce billet que je viens de tracer.
Mais ne l'écarte point; prends un fidèle guide.
Si ma fille une fois met le pied dans l'Aulide,
Elle est morte : Calchas, qui l'attend en ces lieux,
Fera taire nos pleurs, fera parler les dieux ;
Et la religion, contre nous irritée,
Par les timides Grecs sera seule écoutée ;
Ceux même dont ma gloire aigrit l'ambition
Réveilleront leur brigue et leur prétention,
M'arracheront peut-être un pouvoir qui les blesse...
Va, dis-je, sauve-la de ma propre faiblesse.
Mais surtout ne va point par un zèle indiscret,
Découvrir à ses yeux mon funeste secret.
Que, s'il se peut, ma fille, à jamais abusée,
Ignore à quel péril je l'avais exposée ;
D'une mère en fureur épargne-moi les cris ;
Et que ta voix s'accorde avec ce que j'écris.
Pour renvoyer la fille, et la mère offensée,
Je leur écris qu'Achille a changé de pensée ;
Et qu'il veut désormais jusques à son retour
Différer cet hymen que pressait son amour.
Ajoute, tu le peux, que des froideurs d'Achille
On accuse en secret cette jeune Ériphile
Que lui-même captive amena de Lesbos,
Et qu'auprès de ma fille on garde dans Argos.
C'est leur en dire assez : le reste, il le faut taire.
Déjà le jour plus grand nous frappe et nous éclaire ;
Déjà même l'on entre, et j'entends quelque bruit,
C'est Achille. Va, pars. Dieux ! Ulysse le suit !

SCÈNE II.
AGAMEMNON, ACHILLE, ULYSSE.

AGAMEMNON.

Quoi ! seigneur, se peut-il que d'un cours si rapide
La victoire vous ait ramené dans l'Aulide ?
D'un courage naissant sont-ce là les essais ?
Quels triomphes suivront de si nobles succès !
La Thessalie entière, ou vaincue ou calmée,
Lesbos même conquise en attendant l'armée,
De toute autre valeur éternels monuments,
Ne sont d'Achille oisif que les amusements.

ACHILLE.

Seigneur, honorez moins une faible conquête :
Et que puisse bientôt le ciel qui nous arrête
Ouvrir un champ plus noble à ce cœur excité
Par le prix glorieux dont vous l'avez flatté !
Mais cependant, seigneur, que faut-il que je croie
D'un bruit qui me surprend et me comble de joie ?
Daignez-vous avancer le succès de mes vœux ?
Et bientôt de mortels suis-je le plus heureux ?
On dit qu'Iphigénie, en ces lieux amenée,
Doit bientôt à son sort unir ma destinée.

AGAMEMNON.

Ma fille ! Qui vous dit qu'on la doit amener ?

ACHILLE.

Seigneur, qu'a donc ce bruit qui vous doive étonner.

AGAMEMNON, à *Ulysse*.

Juste ciel ? saurait-il mon funeste artifice ?

ULYSSE.

Seigneur, Agamemnon s'étonne avec justice.
Songez-vous aux malheurs qui nous menacent tous ?
O ciel ! pour un hymen quel temps choisissez-vous ?
Tandis qu'à nos vaisseaux la mer toujours fermée
Trouble toute la Grèce et consume l'armée ;
Tandis que, pour fléchir l'inclémence des Dieux,
Il faut du sang, peut-être, et du plus précieux,
Achille seul, Achille à son amour s'applique !
Voudrait-il insulter à la crainte publique,
Et que les chefs des Grecs, irritant les destins,
Préparent d'un hymen la pompe et les festins ?
Ah ! seigneur ! est-ce ainsi que votre âme attendrie
Plaint le malheur des Grecs et chérit la patrie ?

ACHILLE.

Dans les champs phrygiens les effets feront foi
Qui la chérit le plus, ou d'Ulysse ou de moi :
Jusque là je vous laisse étaler votre zèle ;
Vous pouvez à loisir faire des vœux pour elle.
Remplissez les autels d'offrandes et de sang,
Des victimes vous-même interrogez le flanc,
Du silence des vents demandez-leur la cause ;
Mais moi, qui de ce soin sur Calchas me repose,
Souffrez, seigneur, souffrez que je coure hâter
Un hymen dont les dieux ne sauraient s'irriter.
Transporté d'une ardeur qui ne peut être oisive,
Je rejoindrai bientôt les Grecs sur cette rive :
J'aurais du regret si quelque autre guerrier
Au rivage troyen descendait le premier.

AGAMEMNON.

O ciel ! pourquoi faut-il que ta secrète envie
Ferme à de tels héros le chemin de l'Asie ?
N'aurai-je vu briller cette noble chaleur
Que pour m'en retourner avec plus de douleur ?

ULYSSE.

Dieux ! Qu'est-ce que j'entends ?

ACHILLE.

Seigneur ! qu'osez-vous dire ?

AGAMEMNON.

Qu'il faut, princes, qu'il faut que chacun se retire ;
Que, d'un crédule espoir trop longtemps abusés,
Nous attendons les vents qui nous sont refusés.
Le ciel protège Troie ; et par trop de présages
Son courroux nous défend d'en chercher les passages.

ACHILLE.

Quels présages affreux nous marquent son courroux ?

AGAMEMNON.

Vous-même consultez ce qu'il prédit de vous.
Que sert de se flatter ? On sait qu'à votre tête
Les dieux ont d'Ilion attaché la conquête ;
Mais on sait que, pour prix d'un triomphe si beau,
Ils ont aux champs troyens marqué votre tombeau ;
Que votre vie, ailleurs et longue et fortunée,
Devant Troie en sa fleur doit être moissonnée.

ACHILLE.

Ainsi, pour vous venger, tant de rois assemblés
D'un opprobre éternel retourneront comblés ;
Et Pâris, couronnant son insolente flamme,
Retiendra sans péril la sœur de votre femme !

AGAMEMNON.

Hé quoi ! votre valeur, qui nous a devancés,
N'a-t-elle pas pris soin de nous venger assez ?
Les malheurs de Lesbos, par vos mains ravagée,
Épouvantent encor toute la mer Égée :
Troie en a vu la flamme ; et jusque dans ses ports,
Les flots en ont poussé les débris et les morts.
Que dis-je ? les Troyens pleurent une autre Hélène
Que vous avez captive envoyée à Mycène :
Car, je n'en doute point, cette jeune beauté
Garde en vain un secret qui trahit sa fierté ;
Et son silence même, accusant sa noblesse,
Nous dit qu'elle nous cache une illustre princesse.

ACHILLE.

Non, non, tous ces détours sont trop ingénieux :
Vous lisez de trop loin dans les secrets des dieux.
Moi, je m'arrêterais à de vaines menaces !
Et je fuirais l'honneur qui m'attend sur vos traces !
Les Parques à ma mère, il est vrai, l'ont prédit,
Lorsqu'un époux mortel fut reçu dans son lit :
Je puis choisir, dit-on, ou beaucoup d'ans sans gloire,
Ou peu de jours suivis d'une longue mémoire.
Mais, puisqu'il faut enfin que j'arrive au tombeau,
Voudrais-je, de la terre inutile fardeau,
Trop avare d'un sang reçu d'une déesse,
Attendre chez mon père une obscure vieillesse ;
Et, toujours de la gloire évitant le sentier,
Ne laisser aucun nom, et mourir tout entier ?
Ah ! ne nous formons point ces indignes obstacles :
L'honneur parle, il suffit : ce sont là mes oracles.
Les dieux sont de nos jours les maîtres souverains ;
Mais, seigneur, notre gloire est dans nos propres mains.

Pourquoi nous tourmenter de leurs ordres suprêmes?
Ne songeons qu'à nous rendre immortels comme eux-
Et, laissant faire au sort, courons où la valeur [mêmes;
Nous promet un destin aussi grand que le leur.
C'est à Troie, et j'y cours; et, quoi qu'on me prédise,
Je ne demande aux dieux qu'un vent qui m'y conduise;
Et quand moi seul enfin il faudrait l'assiéger,
Patrocle et moi, seigneur, nous irons vous venger.
Mais non, c'est en vos mains que le destin la livre;
Je n'aspire en effet qu'à l'honneur de vous suivre.
Je ne vous presse plus d'approuver les transports
D'un amour qui m'allait éloigner de ces bords;
Ce même amour, soigneux de votre renommée,
Veut qu'ici mon exemple encourage l'armée,
Et me défend surtout de vous abandonner
Aux timides conseils qu'on ose vous donner.

SCÈNE III.
AGAMEMNON, ULYSSE.

ULYSSE.

Seigneur, vous entendez : quelque prix qu'il en coûte,
Il veut voler à Troie et poursuivre sa route.
Nous craignions son amour : et lui-même aujourd'hui
Par une heureuse erreur nous arme contre lui.

AGAMEMNON.

Hélas!

ULYSSE.

De ce soupir que faut-il que j'augure?
Du sang qui se révolte est-ce quelque murmure?
Croirai-je qu'une nuit ait pu vous ébranler?
Est-ce donc votre cœur qui vient de nous parler?
Songez-y : vous devez votre fille à la Grèce :
Vous nous l'avez promise; et, sur cette promesse,
Calchas, par tous les Grecs consulté chaque jour,
Leur a prédit des vents l'infaillible retour.
A ses prédictions si l'effet est contraire,
Pensez-vous que Calchas continue à se taire;
Que ses plaintes, qu'en vain vous voudrez apaiser,
Laissent mentir les dieux sans vous en accuser?
Et qui sait ce qu'aux Grecs, frustrés de leur victime,
Peut permettre un courroux qu'ils croiront légitime?
Gardez-vous de réduire un peuple furieux,
Seigneur, à prononcer entre vous et les dieux.
N'est-ce pas vous enfin de qui la voix pressante
Nous a tous appelés aux campagnes du Xante;
Et qui de ville en ville attestiez les serments
Que d'Hélène autrefois firent tous les amants,
Quand presque tous les Grecs, rivaux de votre frère,
La demandaient en foule à Tyndare son père?
De quelque heureux époux que l'on dût faire choix,
Nous jurâmes dès lors de défendre ses droits;
Et, si quelque insolent lui volait sa conquête,
Nos mains du ravisseur lui promirent la tête.
Mais sans vous, ce serment que l'amour a dicté,
Libres de cet amour, l'aurions-nous respecté?
Vous seul, nous arrachant à de nouvelles flammes,
Nous avez fait laisser nos enfants et nos femmes.
Et quand, de toutes parts assemblés en ces lieux,
L'honneur de vous venger brille seul en nos yeux;
Quand la Grèce, déjà nous donnant son suffrage,
Vous reconnaît l'auteur de ce fameux ouvrage;
Que ses rois, qui pouvaient vous disputer ce rang,
Sont prêts, pour vous servir, de verser tout leur sang,
Le seul Agamemnon, refusant la victoire,
N'ose d'un peu de sang acheter tant de gloire;
Et, dès le premier pas se laissant effrayer,
Ne commande les Grecs que pour les renvoyer.

AGAMEMNON.

Ah, seigneur! qu'éloigné du malheur qui m'opprime
Votre cœur aisément se montre magnanime!
Mais que si vous voyiez ceint du bandeau mortel
Votre fils Télémaque approcher de l'autel,
Nous vous verrions, troublé de cette affreuse image,
Changer bientôt en pleurs ce superbe langage,
Eprouver la douleur que j'éprouve aujourd'hui,
Et courir vous jeter entre Calchas et lui!
Seigneur, vous le savez, j'ai donné ma parole;
Et, si ma fille vient, je consens qu'on l'immole.

Mais, malgré tous mes soins, si son heureux destin
La retient dans Argos, ou l'arrête en chemin,
Souffrez que, sans presser ce barbare spectacle,
En faveur de mon sang j'explique cet obstacle,
Que j'ose pour ma fille accepter le secours
De quelque Dieu plus doux qui veille sur ses jours.
Vos conseils sur mon cœur n'ont eu que trop d'empire;
Et je rougis...

SCÈNE IV.
AGAMEMNON, ULYSSE, EURYBATE.

EURYBATE.

Seigneur...

AGAMEMNON.

Ah! que vient-on me dire?

EURYBATE.

La reine, dont ma course a devancé les pas,
Va remettre bientôt sa fille entre vos bras;
Elle approche. Elle s'est quelque temps égarée
Dans ces bois qui du camp semblent cacher l'entrée;
A peine nous avons, dans leur obscurité,
Retrouvé le chemin que nous avions quitté.

AGAMEMNON.

Ciel!

EURYBATE.

Elle amène aussi cette jeune Ériphile
Que Lesbos a livrée entre les mains d'Achille,
Et qui, de son destin qu'elle ne connaît pas,
Vient, dit-elle, en Aulide interroger Calchas.
Déjà de leur abord la nouvelle est semée;
Et déjà de soldats une foule charmée,
Surtout d'Iphigénie admirant la beauté,
Pousse au ciel mille vœux pour sa félicité.
Les uns avec respect environnaient la reine;
D'autres me demandaient le sujet qui l'amène.
Mais tous ils confessaient que si jamais les dieux
Ne mirent sur le trône un roi plus glorieux,
Egalement comblé de leurs faveurs secrètes,
Jamais père ne fut plus heureux que vous l'êtes.

AGAMEMNON.

Eurybate, il suffit; vous pouvez nous laisser :
Le reste me regarde, et je vais y penser.

SCENE V.
AGAMEMNON, ULYSSE.

AGAMEMNON.

Juste ciel! c'est ainsi qu'assurant ta vengeance,
Tu romps tous les ressorts de ma vaine prudence!
Encor si je pouvais, libre dans mon malheur,
Par des larmes au moins soulagez ma douleur!
Triste destin des rois! Esclaves que nous sommes
Et des rigueurs du sort et des discours des hommes,
Nous nous voyons sans cesse assiégés de témoins;
Et les plus malheureux osent pleurer le moins!

ULYSSE.

Je suis père, seigneur, et faible comme un autre;
Mon cœur se met sans peine à la place du vôtre;
Et, frémissant du coup qui vous fait soupirer,
Loin de blâmer vos pleurs, je suis près de pleurer.
Mais votre amour n'a plus d'excuse légitime;
Les dieux ont à Calchas amené leur victime :
Il le sait, il l'attend; et, s'il la voit tarder
Lui-même à haute voix viendra la demander.
Nous sommes seuls encor : hâtez-vous de répandre
Des pleurs que vous arrache un intérêt si tendre;
Pleurez ce sang, pleurez; ou plutôt, sans pâlir,
Considérez l'honneur qui doit en rejaillir :
Voyez tout l'Hellespont blanchissant sous nos rames,
Et la perfide Troie abandonnée aux flammes,
Ses peuples dans vos fers, Priam à vos genoux,
Hélène par vos mains rendue à son époux;
Voyez de vos vaisseaux les poupes couronnées
Dans cette même Aulide avec vous retournées,
Et ce triomphe heureux qui s'en va devenir
L'éternel entretien des siècles à venir.

AGAMEMNON.

Seigneur, de mes efforts je connais l'impuissance :
Je cède, et laisse aux dieux opprimer l'innocence.
La victime bientôt marchera sur vos pas,
Allez. Mais cependant faites taire Calchas;
Et, m'aidant à cacher ce funeste mystère,
Laissez-moi de l'autel écarter une mère.

FIN DU PREMIER ACTE.

ACTE II.

SCENE PREMIÈRE.
ÉRIPHILE, DORIS.

ÉRIPHILE.

Ne les contraignons point, Doris, retirons-nous,
Laissons-les dans les bras d'un père et d'un époux;
Et, tandis qu'à l'envi leur amour se déploie,
Mettons en liberté ma tristesse et leur joie.

DORIS.

Quoi, madame! toujours irritant vos douleurs,
Croirez-vous ne plus voir que des sujets de pleurs?
Je sais que tout déplaît aux yeux d'une captive;
Qu'il n'est point dans les fers de plaisir qui la suive :
Mais dans le temps fatal que, repassant les flots,
Nous suivions malgré nous le vainqueur de Lesbos;
Lorsque dans son vaisseau, prisonnière timide,
Vous voyiez devant vous ce vainqueur homicide,
Le dirai-je? vos yeux, de larmes moins trempés,
A pleurer vos malheurs étaient moins occupés.
Maintenant tout vous rit : l'aimable Iphigénie
D'une amitié sincère avec vous est unie;
Elle vous plaint, vous voit avec des yeux de sœur;
Et vous seriez dans Troie avec moins de douceur.
Vous vouliez voir l'Aulide où son père l'appelle,
Et l'Aulide vous voit arriver avec elle :
Cependant, par un sort que je ne conçois pas,
Votre douleur redouble et croît à chaque pas.

ÉRIPHILE.

Hé quoi! te semble-t-il que la triste Ériphile
Doive être de leur joie un témoin si tranquille?
Crois-tu que mes chagrins doivent s'évanouir
A l'aspect d'un bonheur dont je ne puis jouir?
Je vois Iphigénie entre les bras d'un père;
Elle fait tout l'orgueil d'une superbe mère;

Et moi, toujours en lutte à de nouveaux dangers,
Remise dès l'enfance en des bras étrangers,
Je reçus et je vois le jour que je respire,
Sans que père ni mère ait daigné me sourire.
J'ignore qui je suis; et, pour comble d'horreur,
Un oracle effrayant m'arrache à mon erreur,
Et, quand je veux chercher le sang qui m'a fait naître,
Me dit que sans périr je ne me puis connaître.

DORIS.

Non, non, jusques au bout vous devez le chercher.
Un oracle toujours se plaît à se cacher;
Toujours avec un sens il en présente un autre :
En perdant un faux nom vous reprendrez le vôtre.
C'est là tout le danger que vous pouvez courir ;
Et c'est peut-être ainsi que vous devez périr.
Songez que votre nom fut changé dès l'enfance.

ÉRIPHILE.

Je n'ai de tout mon sort que cette connaissance;
Et ton père, du reste, infortuné témoin,
Ne me permit jamais de pénétrer plus loin.
Hélas! dans cette Troie où j'étais attendue,
Ma gloire, disait-il, m'allait être rendue :
J'allais, en reprenant et mon nom et mon rang,
Des plus grands rois en moi reconnaître le sang
Déjà je découvrais cette fameuse ville.
Le ciel mène à Lesbos l'impitoyable Achille :
Tout cède, tout ressent ses funestes efforts :
Ton père, enseveli dans la foule des morts,
Me laisse dans les fers à moi-même inconnue ;
Et, de tant de grandeurs dont j'étais prévenue,
Vile esclave des Grecs, je n'ai pu conserver
Que la fierté d'un sang que je ne puis prouver.

DORIS.

Ah! que perdant, madame, un témoin si fidèle,
La main qui vous l'ôta vous doit sembler cruelle
Mais Calchas est ici, Calchas si renommé,
Qui des secrets des dieux fut toujours informé.
Le ciel souvent lui parle : instruit par un tel maître,
Il sait tout ce qui fut et tout ce qui doit être.
Pourrait-il de vos jours ignorer les auteurs?
Ce camp même est pour vous tout plein de protecteurs.
Bientôt Iphigénie, en épousant Achille,
Vous va sous son appui présenter un asile;
Elle vous l'a promis et juré devant moi.
Ce gage est le premier qu'elle attend de sa foi.

ÉRIPHILE.

Que dirais-tu, Doris, si, passant tout le reste,
Cet hymen de mes maux était le plus funeste?

DORIS.

Quoi, madame!

ÉRIPHILE.

Tu vois avec étonnement
Que ma douleur ne souffre aucun soulagement.
Écoute, et tu te vas étonner que je vive :
C'est peu d'être étrangère, inconnue et captive;
Ce destructeur fatal des tristes Lesbiens,
Cet Achille, l'auteur de tes maux et des miens,
Dont la sanglante main m'enleva prisonnière,
Qui m'arracha d'un coup ma naissance et ton père,
De qui, jusques au nom, tout doit m'être odieux,
Est de tous les mortels le plus cher à mes yeux.

DORIS.

Ah! que me dites-vous!

ÉRIPHILE.

Je me flattais sans cesse
Qu'un silence éternel cacherait ma faiblesse;
Mais mon cœur trop pressé m'arrache ce discours,
Et te parle une fois pour se taire toujours.
Ne me demande point sur quel espoir fondée
De ce fatal amour je me vis possédée.
Je n'en accuse point quelques feintes douleurs
Dont je crus voir Achille honorer mes malheurs :
Le ciel s'est fait, sans doute, une joie inhumaine
A rassembler sur moi tous les traits de sa haine.
Rappellerai-je encor le souvenir affreux
Du jour qui dans les fers nous jeta toutes deux?
Dans les cruelles mains par qui je fus ravie
Je demeurai longtemps sans lumière et sans vie :

Enfin, mes tristes yeux cherchèrent la clarté;
Et, me voyant presser d'un bras ensanglanté,
Je frémissais, Doris, et d'un vainqueur sauvage
Craignais de rencontrer l'effroyable visage.
J'entrai dans mon vaisseau, détestant sa fureur,
Et toujours détournant ma vue avec horreur.
Je le vis; son aspect n'avait rien de farouche;
Je sentis le reproche expirer dans ma bouche;
Je sentis contre moi mon cœur se déclarer;
J'oubliai ma colère, et ne sus que pleurer.
Je me laissai conduire à cet aimable guide.
Je l'aimais à Lesbos, et je l'aime en Aulide.
Iphigénie en vain s'offre à me protéger,
Et me tend une main prompte à me soulager :
Triste effet des fureurs dont je suis tourmentée,
Je n'accepte la main qu'elle m'a présentée
Que pour m'armer contre elle, et, sans me découvrir,
Traverser son bonheur que je ne puis souffrir.

DORIS.

Et que pourrait contre elle une impuissante haine
Ne valait-il pas mieux, renfermée à Mycène,
Éviter les tourments que vous venez chercher,
Et combattre des feux contraints de se cacher?

ÉRIPHILE

Je le voulais, Doris. Mais, quelque triste image
Que sa gloire à mes yeux montrât sur ce rivage
Au sort qui me traînait il fallut consentir :
Une secrète voix m'ordonna de partir,
Me dit qu'offrant ici ma présence importune,
Peut-être j'y pourrais porter mon infortune;
Que peut-être, approchant ces amants trop heureux,
Quelqu'un de mes malheurs se répandrait sur eux.
Voilà ce qui m'amène, et non l'impatience
D'apprendre à qui je dois une triste naissance;
Ou plutôt leur hymen me servira de loi :
S'il s'achève, il suffit; tout est fini pour moi :
Je périrai, Doris; et, par une mort prompte,
Dans la nuit du tombeau j'enfermerai ma honte,
Sans chercher des parents si longtemps ignorés,
Et que ma folle amour a trop déshonorés.

DORIS.

Que je vous plains, madame! et que la tyrannie !..

ÉRIPHILE.

Tu vois Agamemnon avec Iphigénie.

SCÈNE II.

AGAMEMNON, IPHIGÉNIE, ÉRIPHILE, DORIS.

IPHIGÉNIE.

Seigneur, où courez-vous? et quels empressements
Vous dérobent si tôt à nos embrassements?
A qui dois-je imputer cette fuite soudaine?
Mon respect a fait place aux transports de la reine,
Un moment à mon tour ne vous puis-je arrêter?
Et ma joie à vos yeux n'ose-t-elle éclater?
Ne puis-je...

AGAMEMNON.

Hé bien, ma fille, embrassez votre père,
Il vous aime toujours.

IPHIGÉNIE.

Que cette amour m'est chère!
Quel plaisir de vous voir et de vous contempler
Dans ce nouvel éclat dont je vous vois briller!
Quels honneurs! quel pouvoir! Déjà la renommée
Par d'étonnants récits m'en avait informée;
Mais que, voyant de près ce spectacle charmant,
Je sens croître ma joie et mon étonnement!
Dieux! avec quel amour la Grèce vous révère!
Quel bonheur de me voir la fille d'un tel père !

AGAMEMNON.

Vous méritez, ma fille, un père plus heureux.

IPHIGÉNIE.

Quelle félicité peut manquer à vos vœux?
A de plus grands honneurs un roi peut-il prétendre?
J'ai cru n'avoir au ciel que des graces à rendre.

AGAMEMNON, à part.

Grands Dieux! à son malheur dois-je la préparer?

IPHIGÉNIE.

Vous vous cachez, seigneur, et semblez soupirer;
Tous vos regards sur moi ne tombent qu'avec peine :
Avons-nous sans votre ordre abandonné Mycène?

AGAMEMNON.

Ma fille, je vous vois toujours des mêmes yeux;
Mais les temps sont changés aussi bien que les lieux.
D'un soin cruel ma joie est ici combattue.

IPHIGÉNIE.

Hé! mon père, oubliez votre rang à ma vue.
Je prévois la rigueur d'un long éloignement.
N'osez-vous sans rougir être père un moment?
Vous n'avez devant vous qu'une jeune princesse
A qui j'avais pour moi vanté votre tendresse;
Cent fois lui promettant mes soins, votre bonté,
J'ai fait gloire à ses yeux de ma félicité :
Que va-t-elle penser de votre indifférence?
Ai-je flatté ses vœux d'une fausse espérance?
N'éclaircirez-vous point ce front chargé d'ennuis?

AGAMEMNON.

Ah! ma fille!

IPHIGÉNIE.

Seigneur, poursuivez.

AGAMEMNON.

Je ne puis.

IPHIGÉNIE.

Périsse le Troyen auteur de nos alarmes!

AGAMEMNON.

Sa perte à ses vainqueurs coûtera bien des larmes.

IPHIGÉNIE.

Les dieux daignent surtout prendre soin de vos jours!

AGAMEMNON.

Les dieux depuis un temps me sont cruels et sourds.

IPHIGÉNIE.

Calchas, dit-on, prépare un pompeux sacrifice?

AGAMEMNON.

Puissé-je auparavant fléchir leur injustice!

IPHIGÉNIE.

L'offrira-t-on bientôt?

AGAMEMNON.

Plutôt que je ne veux.

IPHIGÉNIE.

Me sera-t-il permis de me joindre à vos vœux?
Verra-t-on à l'autel votre heureuse famille?

AGAMEMNON.

Hélas!

IPHIGÉNIE.

Vous vous taisez!

AGAMEMNON.

Vous y serez, ma fille.

Adieu.

SCÈNE III.

IPHIGÉNIE, ÉRIPHILE, DORIS.

IPHIGÉNIE.

De cet accueil que dois-je soupçonner?
D'une secrète horreur je me sens frisonner :
Je crains, malgré moi-même, un malheur que j'ignore.
Justes dieux! vous savez pour qui je vous implore!

ÉRIPHILE.

Quoi! parmi tous les soins qui doivent l'accabler,
Quelque froideur suffit pour vous faire trembler!
Hélas! a quels soupirs suis-je donc condamnée,
Moi qui, de mes parents toujours abandonnée,
Étrangère partout, n'ai pas, même en naissant,
Peut-être reçu d'eux un regard caressant!
Du moins, si vos respects sont rejetés d'un père,
Vous en pouvez gémir dans le sein d'une mère;
Et, de quelque disgrâce enfin que vous pleuriez,
Quels pleurs par un amant ne sont point essuyés!

IPHIGÉNIE.

Je ne m'en défends pont : mes pleurs, belle Eriphile,
Ne tiendront pas longtemps contre les soins d'Achille;

Sa gloire, son amour, mon père, mon devoir,
Lui donnent sur mon ame un trop juste pouvoir.
Mais de lui-même ici que faut-il que je pense?
Cet amant, pour me voir brûlant d'impatience,
Que les Grecs de ces bords ne pouvaient arracher,
Qu'un père de si loin m'ordonne de chercher,
S'empresse-t-il assez pour jouir d'une vue
Qu'avec tant de transports je croyais attendue?
Pour moi, depuis deux jours qu'approchant de ces
Leur aspect souhaité se découvre à nos yeux, [lieux,
Je l'attendais partout; et, d'un regard timide,
Sans cesse parcourant les chemins de l'Aulide,
Mon cœur pour le chercher volait loin devant moi,
Et je demande Achille à tout ce que je vois.
Je viens, j'arrive enfin sans qu'il m'ait prévenue.
Je n'ai percé qu'à peine une foule inconnue;
Lui seul ne parait point : le triste Agamemnon
Semble craindre à mes yeux de prononcer son nom.
Que fait-il? Qui pourra m'expliquer ce mystère?
Trouverai-je l'amant glacé comme le père?
Et les soins de la guerre auraient-ils en un jour
Eteint dans tous les cœurs la tendresse et l'amour?
Mais non, c'est l'offenser par d'injustes alarmes :
C'est à moi que l'on doit le secours de ses armes.
Il n'était point à Sparte entre tous ces amants
Dont le père d'Hélène a reçu les serments :
Lui seul de tous les Grecs, maître de sa parole,
S'il part contre Ilion, c'est pour moi qu'il y vole;
Et, satisfait d'un prix qui lui semble si doux,
Il veut même y porter le nom de mon époux.

SCÈNE IV

CLYTEMNESTRE, IPHIGÉNIE, ÉRIPHILE, DORIS.

CLYTEMNESTRE.

Ma fille, il faut partir sans que rien nous retienne,
Et sauver, en fuyant, votre gloire et la mienne.
Je ne m'étonne plus qu'interdit et distrait
Votre père ait paru nous revoir à regret :
Aux affronts d'un refus craignant de vous commettre,
Il m'avait par Arcas envoyé cette lettre.
Arcas s'est vu trompé par notre égarement,
Et vient de me la rendre en ce même moment.
Sauvons, encore un coup, notre gloire offensée :
Pour votre hymen Achille a changé de pensée,
Et, refusant l'honneur qu'on lui veut accorder,
Jusques à son retour il veut le retarder.

ÉRIPHILE.
Qu'entends-je!

CLYTEMNESTRE.
Je vous vois rougir de cet outrage.
Il faut d'un noble orgueil armer votre courage.
Moi-même, de l'ingrat approuvant le dessein,
Je vous l'ai dans Argos présenté de ma main;
Et mon choix, que flattait le bruit de sa noblesse,
Vous donnait avec joie au fils d'une déesse.
Mais, puisque désormais son lâche repentir
Dément le sang des dieux dont on le fait sortir,
Ma fille, c'est à vous de montrer qui nous sommes,
Et de ne voir en lui que le dernier des hommes.
Lui ferons-nous penser, par un plus long séjour,
Que vos vœux de son cœur attendent le retour?
Rompons avec plaisir un hymen qu'il diffère.
J'ai fait de mon dessein avertir votre père;
Je ne l'attends ici que pour me séparer;
Et pour ce prompt départ je vais tout préparer.
(à Ériphile)
Je ne vous presse point, madame, de nous suivre;
En de plus chères mains ma retraite vous livre.
De vos desseins secrets on est trop éclairci;
Et ce n'est pas Calchas que vous cherchez ici.

SCÈNE V.

IPHIGÉNIE, ÉRIPHILE, DORIS.

IPHIGÉNIE.
En quel funeste état ces mots m'ont-ils laissée!
Pour mon hymen Achille a changé de pensée!
Il me faut sans honneur retourner sur mes pas!
Et vous cherchez ici quelque autre que Calchas!

ÉRIPHILE.
Madame, à ce discours je ne puis rien comprendre.

IPHIGÉNIE.
Vous m'entendez assez, si vous voulez m'entendre.
Le sort injurieux me ravit un époux;
Madame, à mon malheur m'abandonnerez-vous?
Vous ne pouviez sans moi demeurer à Mycène;
Me verra-t-on sans vous partir avec la reine?

ÉRIPHILE.
Je voulais voir Calchas avant que de partir.

IPHIGÉNIE.
Que tardez-vous, madame, à le faire avertir?

ÉRIPHILE.
D'Argos, dans un moment, vous reprenez la route.

IPHIGÉNIE.
Un moment quelquefois éclaircit plus d'un doute.
Mais, madame, je vois que c'est trop vous presser;
Je vois ce que jamais je n'ai voulu penser :
Achille... Vous brûlez que je ne sois partie.

ÉRIPHILE.
Moi! vous me soupçonnez de cette perfidie!
Moi, j'aimerais, madame, un vainqueur furieux,
Qui toujours tout sanglant se présente à mes yeux,
Qui, la flamme à la main, et de meurtres avide,
Mit en cendres Lesbos...

IPHIGÉNIE.
Oui, vous l'aimez, perfide;
Et ces mêmes fureurs que vous me dépeignez,
Ces bras que dans le sang vous avez vus baignés,
Ces morts, cette Lesbos, ces cendres, cette flamme,
Sont les traits dont l'amour l'a gravé dans votre ame,
Et, loin d'en détester le cruel souvenir,
Vous vous plaisez encore à m'en entretenir.
Déjà plus d'une fois, dans vos plaintes forcées,
J'ai dû voir et j'ai vu le fond de vos pensées;
Mais toujours sur mes yeux ma facile bonté
A remis le bandeau que j'avais écarté.
Vous l'aimez. Que faisais-je! et quelle erreur fatale
M'a fait entre mes bras recevoir ma rivale!
Crédule, je l'aimais : mon cœur même aujourd'hui
De son parjure amant lui promettait l'appui.
Voilà donc le triomphe où j'étais amenée!
Moi-même à votre char je me suis enchaînée.
Je vous pardonne, hélas! des vœux intéressés,
Et la perte d'un cœur que vous me ravissez :
Mais que, sans m'avertir du piège qu'on me dresse,
Vous me laissiez chercher jusqu'au fond de la Grèce
L'ingrat qui ne m'attend que pour m'abandonner,
Perfide, cet affront se peut-il pardonner?

ÉRIPHILE.
Vous me donnez des noms qui doivent me surprendre,
Madame : on ne m'a pas instruite à les entendre;
Et les dieux, contre moi dès longtemps indignés,
A mon oreille encor les avaient épargnés.
Mais il faut des amants excuser l'injustice.
Et de quoi vouliez-vous que je vous avertisse?
Avez-vous pu penser qu'au sang d'Agamemnon
Achille préférât une fille sans nom,
Qui de tout son destin ce qu'elle a pu comprendre,
C'est qu'elle sort d'un sang qu'il brûle de répandre?

IPHIGÉNIE.
Vous triomphez, cruelle, et bravez ma douleur.
Je n'avais pas encor senti tout mon malheur :
Et vous ne comparez votre exil et ma gloire
Que pour mieux relever votre injuste victoire.
Toutefois vos transports sont trop précipités :
Ce même Agamemnon à qui vous insultez,
Il commande à la Grèce, il est mon père, il m'aime,
Il ressent mes douleurs beaucoup plus que moi-même.
Mes larmes par avance avaient su le toucher;
J'ai surpris ses soupirs qu'il me voulait cacher.
Hélas! de son accueil condamnant la tristesse,
J'osais me plaindre à lui de son peu de tendresse!

SCÈNE VI.
ACHILLE, IPHIGÉNIE, ÉRIPHILE, DORIS.
ACHILLE.

Il est donc vrai, madame, et c'est vous que je vois
Je soupçonnais d'erreur tout le camp à la fois.
Vous en Aulide ! vous ! Hé ! qu'y venez-vous faire ?
D'où vient qu'Agamemnon m'assurait le contraire ?

IPHIGÉNIE.

Seigneur, rassurez-vous : vos yeux seront contents
Iphigénie encor n'y sera pas longtemps.

SCÈNE VII.
ACHILLE, ÉRIPHILE, DORIS.
ACHILLE.

Elle me fuit ! Veillè-je ? ou n'est-ce point un songe ?
Dans quel trouble nouveau cette fuite me plonge !
Madame, je ne sais si, sans vous irriter,
Achille devant vous pourra se présenter,
Mais, si d'un ennemi vous souffrez la prière,
Si lui-même souvent a plaint sa prisonnière,
Vous savez quel sujet conduit ici leurs pas,
Vous savez...

ÉRIPHILE.

Quoi ! seigneur, ne le savez-vous pas,
Vous qui, depuis un mois, brûlant sur ce rivage,
Avez conclu vous-même et hâté leur voyage ?

ACHILLE.

De ce même rivage absent depuis un mois,
Je le revis hier pour la première fois.

ÉRIPHILE.

Quoi ! lorsque Agamemnon écrivait à Mycène,
Votre amour, votre main n'a pas conduit la sienne ?
Quoi ! vous, qui de sa fille adoriez les attraits...

ACHILLE.

Vous m'en voyez encore épris plus que jamais,
Madame ; et si l'effet eût suivi ma pensée,
Moi-même dans Argos je l'aurais devancée.
Cependant on me fuit. Quel crime ai-je commis ?
Mais je ne vois partout que des vains ennemis.
Que dis-je ? en ce moment Calchas, Nestor, Ulysse,
De leur vaine éloquence employant l'artifice,
Combattaient mon amour, et semblaient m'annoncer
Que, si j'en crois ma gloire, il y faut renoncer.
Quelle entreprise ici pourrait être formée ?
Suis-je, sans le savoir, la fable de l'armée ?
Entrons : c'est un secret qu'il leur faut arracher.

SCÈNE VII.
ÉRIPHILE, DORIS.
ÉRIPHILE.

Dieux, qui voyez ma honte, où me dois-je cacher ?
Orgueilleuse rivale, on t'aime ; et tu murmures !
Souffrirai-je à la fois ta gloire et tes injures ?
Ah ! plutôt... Mais, Doris, ou j'aime à me flatter,
Ou sur eux quelque orage est tout près d'éclater.
J'ai des yeux. Leur bonheur n'est pas encor tranquille.
On trompe Iphigénie ; on se cache d'Achille ;
Agamemnon gémit. Ne désespérons point ;
Et, si le sort contre elle à ma haine se joint,
Je saurai profiter de cette intelligence
Pour ne pas pleurer seule et mourir sans vengeance.

FIN DU SECOND ACTE.

ACTE III.

SCÈNE PREMIÈRE.
AGAMEMNON, CLYTEMNESTRE.
CLYTEMNESTRE.

Oui, seigneur, nous partions, et mon juste courroux
Laissait bientôt Achille et le camp loin de nous :
Ma fille dans Argos courait pleurer sa honte.
Mais lui-même, étonné de sa fuite si prompte,
Par combien de serments, dont je n'ai pu douter,
Vient-il de me convaincre, et de nous arrêter !
Il presse cet hymen qu'on prétend qu'il diffère,
Et vous cherche, brûlant d'amour et de colère :
Prêt d'imposer silence à ce bruit imposteur,
Achille en veut connaître et confondre l'auteur.
Bannissez ces soupçons qui troublent notre joie.

AGAMEMNON.

Madame, c'est assez ; je consens qu'on le croie.
Je reconnais l'erreur qui nous avait séduits,
Et ressens votre joie autant que je le puis.
Vous voulez que Calchas l'unisse à ma famille :
Vous pouvez à l'autel envoyer votre fille ;
Je l'attends. Mais, avant que de passer plus loin,
J'ai voulu vous parler un moment sans témoin.
Vous voyez en quels lieux vous l'avez amenée :
Tout y ressent la guerre, et non point l'hyménée.
Le tumulte d'un camp, soldats, et matelots,
Un autel hérissé de dards, de javelots,
Tout ce spectacle enfin, pompe digne d'Achille,
Pour attirer vos yeux n'est point assez tranquille ;
Et les Grecs y verraient l'épouse de leur roi
Dans un état indigne et de vous et de moi.
M'en croirez-vous ? Laissez, de vos femmes suivie,
A cet hymen, sans vous, marcher Iphigénie.

CLYTEMNESTRE.

Qui ? moi ! que, remettant ma fille en d'autres bras,
Ce que j'ai commencé, je ne l'achève pas !
Qu'après l'avoir d'Argos amenée en Aulide,
Je refuse à l'autel de lui servir de guide !
Dois-je donc de Calchas être moins près que vous ?
Et qui présentera ma fille à son époux ?
Quelle autre ordonnera cette pompe sacrée ?

AGAMEMNON.

Vous n'êtes point ici dans le palais d'Atrée :
Vous êtes dans un camp...

CLYTEMNESTRE.
Où tout vous est soumis ;
Où le sort de l'Asie en vos mains est remis ;
Où je vois sous vos lois marcher la Grèce entière ;
Où le fils de Thétis va m'appeler sa mère.
Dans quel palais superbe et plein de ma grandeur
Puis-je jamais paraître avec plus de splendeur ?

AGAMEMNON.

Madame, au nom des dieux auteurs de notre race,
Daignez à mon amour accorder cette grace.
J'ai mes raisons.

CLYTEMNESTRE.
Seigneur, au nom des mêmes dieux,
D'un spectacle si doux ne privez pas mes yeux.
Daignez ne point ici rougir de ma présence.

AGAMEMNON.

J'avais plus espéré de votre complaisance ;
Mais puisque la raison ne vous peut émouvoir,
Puisqu'enfin ma prière a si peu de pouvoir,
Vous avez entendu ce que je vous demande,
Madame ; je le veux, et je vous le commande.
Obéissez.

SCÈNE II.
CLYTEMNESTRE.

D'où vient que d'un soin si cruel
L'injuste Agamemnon m'écarte de l'autel ?
Fier de son nouveau rang m'ose-t-il méconnaître ?
Me croit-il à sa suite indigne de paraître ?

Ou, de l'empire encor timide possesseur,
N'oserait-il d'Hélène ici montrer la sœur?
Et pourquoi me cacher? et par quelle injustice
Faut-il que sur mon front sa honte rejaillisse?
Mais n'importe : il le veut, et mon cœur s'y résout.
Ma fille, ton bonheur me console de tout!
Le ciel te donne Achille ; et ma joie est extrême
De t'entendre nommer... Mais le voici lui-même.

SCÈNE III.

ACHILLE, CLYTEMNESTRE.

ACHILLE.

Tout succède, madame, à mon empressement
Le roi n'a point voulu d'autre éclaircissement :
Il en croit mes transports ; et, sans presque m'entendre,
Il vient, en m'embrassant, de m'accepter pour gendre.
Il ne m'a dit qu'un mot. Mais vous a-t-il conté
Quel bonheur dans le camp vous avez apporté?
Les dieux vont s'apaiser : du moins Calchas publie
Qu'avec eux, dans une heure, il nous réconcilie :
Que Neptune et les vents, prêts à nous exaucer,
N'attendent que le sang que sa main va verser.
Déjà dans les vaisseaux la voile se déploie,
Déjà sur sa parole ils se tournent vers Troie.
Pour moi, quoique le ciel, au gré de mon amour,
Dût encore des vents retarder le retour,
Que je quitte à regret la rive fortunée
Où je vais allumer les flambeaux d'hyménée ;
Puis-je ne point chérir l'heureuse occasion
D'aller du sang troyen sceller notre union,
Et de laisser bientôt, sous Troie ensevelie,
Le déshonneur d'un nom à qui le mien s'allie?

SCÈNE IV.

ACHILLE, CLYTEMNESTRE, IPHIGÉNIE, ÉRIPHILE, DORIS, ÆGINE.

ACHILLE.

Princesse, mon bonheur ne dépend que de vous ;
Votre père à l'autel vous destine un époux :
Venez y recevoir un cœur qui vous adore.

IPHIGÉNIE.

Seigneur, il n'est pas temps que nous partions encore.
La reine permettra que j'ose demander
Un gage à votre amour qu'il me doit accorder.
Je viens vous présenter une jeune princesse :
Le ciel a sur son front imprimé sa noblesse.
De larmes tous les jours ses yeux sont arrosés ;
Vous savez ses malheurs, vous les avez causés.
Moi-même, où m'emportait une aveugle colère !
J'ai tantôt, sans respect, affligé sa misère.
Que ne puis-je aussi bien, par d'utiles secours,
Réparer promptement mes injustes discours!
Je lui prête ma voix, je ne puis davantage.
Vous seul pouvez, seigneur, détruire votre ouvrage.
Elle est votre captive ; et ses fers que je plains,
Quand vous l'ordonnerez, tomberont de ses mains.
Commencez donc par là cette heureuse journée.
Qu'elle puisse à nous voir n'être plus condamnée.
Montrez que je vais suivre au pied de nos autels
Un roi qui, non content d'effrayer les mortels,
A des embrasements ne borne point sa gloire,
Laisse aux pleurs d'une épouse attendrir sa victoire,
Et, par les malheureux quelquefois désarmé,
Sait imiter en tout les dieux qui l'ont formé.

ÉRIPHILE.

Oui, seigneur, des douleurs soulagez la plus vive.
La guerre dans Lesbos me fit votre captive ;
Mais c'est pousser trop loin ses droits injurieux,
Qu'y joindre le tourment que je souffre en ces lieux.

ACHILLE.

Vous, madame!

ÉRIPHILE.

Oui, seigneur ; et, sans compter le reste,
Pouvez-vous m'imposer une loi plus funeste
Que de rendre mes yeux les tristes spectateurs
De la félicité de mes persécuteurs?
J'entends de toutes parts menacer ma patrie :
Je vois marcher contre elle une armée en furie ;
Je vois déjà l'hymen, pour mieux me déchirer,
Mettre en vos mains le feu qui la doit dévorer.
Souffrez que, loin du camp et loin de votre vue
Toujours infortunée et toujours inconnue,
J'aille cacher un sort si digne de pitié,
Et dont mes pleurs encor vous taisent la moitié.

ACHILLE.

C'est trop, belle princesse ; il ne faut que nous suivre.
Venez ; qu'aux yeux des Grecs Achille vous délivre :
Et que le doux moment de ma félicité
Soit le moment heureux de votre liberté.

SCENE V.

CLYTEMNESTRE, ACHILLE, IPHIGÉNIE, ÉRIPHILE, ARCAS, ÆGINE, DORIS.

ARCAS.

Madame, tout est prêt pour la cérémonie.
Le roi près de l'autel attend Iphigénie ;
Je viens la demander : ou plutôt contre lui,
Seigneur, je viens pour elle implorer votre appui.

ACHILLE.

Arcas, que dites-vous?

CLYTEMNESTRE.

Dieux! que vient-il m'apprendre?

ARCAS, à Achille.

Je ne vois plus que vous qui puissiez défendre.

ACHILLE.

Contre qui?

ARCAS.

Je le nomme et l'accuse à regret ;
Autant que je l'ai pu j'ai gardé son secret.
Mais le fer, le bandeau, la flamme est toute prête :
Dût tout cet appareil retomber sur ma tête,
Il faut parler.

CLYTEMNESTRE.

Je tremble. Expliquez-vous, Arcas.

ACHILLE.

Qui que ce soit, parlez ; et ne le craignez pas.

ARCAS.

Vous êtes son amant, et vous êtes sa mère :
Gardez-vous d'envoyer la princesse à son père.

CLYTEMNESTRE.

Pourquoi le craindrons-nous?

ACHILLE.

Pourquoi m'en défier?

ARCAS.

Il l'attend à l'autel pour la sacrifier.

ACHILLE.

Lui!

CLYTEMNESTRE.

Sa fille!

IPHIGÉNIE.

Mon père!

ÉRIPHILE.

O ciel! quelle nouvelle!

ACHILLE.

Quelle aveugle fureur pourrait l'armer contre elle?
Ce discours sans horreur se peut-il écouter?

ARCAS.

Ah, seigneur! plût au ciel que je pusse en douter!
Par la voix de Calchas l'oracle la demande ;
De toute autre victime il refuse l'offrande ;
Et les dieux, jusque-là protecteurs de Pâris,
Ne nous promettent Troie et les vents qu'à ce prix.

CLYTEMNESTRE.

Les dieux ordonneraient un meurtre abominable!

IPHIGÉNIE.

Ciel! pour tant de rigueur, de quoi suis-je coupable?

CLYTEMNESTRE.

Je ne m'étonne plus de cet ordre cruel
Qui m'avait interdit l'approche de l'autel.

IPHIGÉNIE, à *Achille*
Et voilà donc l'hymen où j'étais destinée!

ARCAS.

Le roi, pour vous tromper, feignait cet hyménée :
Tout le camp même encor est trompé comme vous.

CLYTEMNESTRE.

Seigneur, c'est donc à moi d'embrasser vos genoux.

ACHILLE, *la relevant.*

Ah, madame!

CLYTEMNESTRE.

Oubliez une gloire importune,
Ce triste abaissement convient à ma fortune :
Heureuse si mes pleurs vous peuvent attendrir!
Une mère à vos pieds peut tomber sans rougir.
C'est votre épouse, hélas! qui vous est enlevée;
Dans cet heureux espoir je l'avais élevée.
C'est vous que nous cherchions sur ce funeste bord
Et votre nom, seigneur, la conduit à la mort.
Ira-t-elle, des dieux implorant la justice,
Embrasser leurs autels parés pour son supplice?
Elle n'a que vous seul : vous êtes en ces lieux
Son père, son époux, son asile, ses dieux.
Je lis dans vos regards la douleur qui vous presse.
Auprès de votre époux, ma fille, je vous laisse.
Seigneur, daignez m'attendre, et ne le point quitter,
A mon perfide époux je cours me présenter;
Il ne soutiendra point la fureur qui m'anime.
Il faudra que Calchas cherche une autre victime :
Ou, si je ne vous puis dérober à leurs coups,
Ma fille, ils pourront bien m'immoler avant vous.

SCÈNE VI.

ACHILLE, IPHIGÉNIE.

ACHILLE.

Madame, je me tais, et demeure immobile.
Est-ce à moi que l'on parle, et connaît-on Achille?
Une mère pour vous croit devoir me prier!
Une reine à mes pieds se vient humilier!
Et, me déshonorant par d'injustes alarmes,
Pour attendrir mon cœur on a recours aux larmes!
Qui doit prendre à vos jours plus d'intérêt que moi?
Ah! sans doute, on s'en peut reposer sur ma foi.
L'outrage me regarde; et, quoi qu'on entreprenne,
Je réponds d'une vie où j'attache la mienne.
Mais ma juste douleur va plus loin m'engager :
C'est peu de vous défendre, et je cours vous venger,
Et punir à la fois le cruel stratagème
Qui s'ose de mon nom armer contre vous-même.

IPHIGÉNIE.

Ah! demeurez, seigneur, et daignez m'écouter.

ACHILLE.

Quoi, madame! un barbare osera m'insulter!
Il voit que de sa sœur je cours venger l'outrage;
Il sait que, le premier lui donnant mon suffrage,
Je le fis nommer chef de vingt rois ses rivaux;
Et, pour fruit de mes soins, pour fruit de mes travaux,
Pour tout le prix enfin d'une illustre victoire
Qui le doit enrichir, venger, combler de gloire,
Content et glorieux du nom de votre époux,
Je ne lui demandais que l'honneur d'être à vous :
Cependant aujourd'hui, sanguinaire, parjure,
C'est peu de violer l'amitié, la nature,
C'est peu de vouloir, sous un couteau mortel,
Me montrer votre cœur fumant sur un autel;
D'un appareil d'hymen couvrant ce sacrifice,
Il veut que ce soit moi qui vous mène au supplice,
Que ma crédule main conduise le couteau,
Qu'au lieu de votre époux je sois votre bourreau!
Et quel était pour vous ce sanglant hyménée,
Si je fusse arrivé plus tard d'une journée?
Quoi donc! à leur fureur livrée en ce moment
Vous iriez à l'autel me chercher vainement,
Et d'un fer imprévu vous tomberiez frappée,
En accusant mon nom qui vous aurait trompée!
Il faut de ce péril, de cette trahison,
Aux yeux de tous les Grecs lui demander raison.

A l'honneur d'un époux vous-même intéressée,
Madame, vous devez approuver ma pensée.
Il faut que le cruel qui m'a pu mépriser
Apprenne de quel nom il osait abuser.

IPHIGÉNIE.

Hélas! si vous m'aimez, si, pour grace dernière,
Vous daignez d'une amante écouter la prière,
C'est maintenant, seigneur, qu'il faut me le prouver;
Car enfin, ce cruel que vous allez braver,
Cet ennemi barbare, injuste, sanguinaire,
Songez, quoi qu'il ait fait, songez qu'il est mon père

ACHILLE.

Lui, votre père! Après son horrible dessein,
Je ne le connais plus que pour votre assassin.

IPHIGÉNIE.

C'est mon père, seigneur, je vous le dis encore,
Mais un père que j'aime, un père que j'adore,
Qui me chérit lui-même, et dont, jusqu'à ce jour,
Je n'ai jamais reçu que des marques d'amour.
Mon cœur, dans ce respect élevé dès l'enfance,
Ne peut que s'affliger de tout ce qui l'offense,
Et, loin d'oser ici, par un prompt changement,
Approuver la fureur de votre emportement,
Loin que, par mes discours, je l'attise moi-même,
Croyez qu'il faut aimer autant que je vous aime
Pour avoir pu souffrir tous les noms odieux
Dont votre amour le vient d'outrager à mes yeux.
Et pourquoi voulez-vous qu'inhumain et barbare
Il ne gémisse pas du coup qu'on me prépare?
Quel père de son sang se plaît à se priver?
Pourquoi me perdroit-il s'il pouvait me sauver?
J'ai vu, n'en doutez point, ses larmes se répandre.
Faut-il le condamner avant que de l'entendre?
Hélas! de tant d'horreurs son cœur déjà troublé
Doit-il de votre haine être encore accablé?

ACHILLE.

Quoi, madame! parmi tant de sujets de crainte,
Ce sont là les frayeurs dont vous êtes atteinte!
Un cruel (comment puis-je autrement l'appeler?)
Par la main de Calchas s'en va vous immoler;
Et lorsqu'à sa fureur j'oppose ma tendresse,
Le soin de son repos est le seul qui vous presse!
On me ferma la bouche! on l'excuse! on le plaint! [craint.
C'est pour lui que l'on tremble! et c'est moi que l'on
Triste effet de mes soins! Est-ce donc là, madame,
Tout le progrès qu'Achille avait fait dans votre ame?

IPHIGÉNIE

Ah, cruel! cet amour, dont vous voulez douter,
Ai-je attendu si tard pour le faire éclater?
Vous voyez de quel œil, et comme, indifférente,
J'ai reçu de ma mort la nouvelle sanglante :
Je n'en ai point pâli. Que n'avez-vous pu voir
A quel excès tantôt allait mon désespoir,
Quand, presque en arrivant, un récit peu fidèle
M'a de votre inconstance annoncé la nouvelle!
Quel trouble, quel torrent de mots injurieux
Accusait à la fois les hommes et les dieux!
Ah! que vous auriez vu, sans que je vous le die,
De combien votre amour m'est plus cher que ma vie
Qui sait même, qui sait si le ciel irrité
A pu souffrir l'excès de ma félicité?
Hélas! il me semblait qu'une flamme si belle
M'élevait au dessus du sort d'une mortelle!

ACHILLE.

Ah! si je vous suis cher, ma princesse, vivez.

SCÈNE VII.

CLYTEMNESTRE, IPHIGÉNIE, ACHILLE.
ÆGINE.

CLYTEMNESTRE.

Tout est perdu, seigneur, si vous ne vous sauvez.
Agamemnon m'évite, et, craignant mon visage,
Il me fait de l'autel refuser le passage;
Des gardes, que lui-même a pris soin de placer,
Nous ont de toutes parts défendu de passer.
Il me fuit. Ma douleur étonne son audace.

ACHILLE.
Hé bien ! c'est donc à moi de prendre votre place.
Il me verra, madame, et je vais lui parler.

IPHIGÉNIE.
Ah, madame !... Ah, seigneur ! où voulez-vous aller ?

ACHILLE.
Et que prétend de moi votre injuste prière ?
Vous faudra-t-il toujours combattre la première ?

CLYTEMNESTRE.
Quel est votre dessein, ma fille ?

IPHIGÉNIE.
Au nom des dieux,
Madame, retenez un amant furieux :
De ce triste entretien détournons les approches.
Je sais jusqu'où s'emporte un amant irrité ;
Et mon père est jaloux de son autorité.
On ne connaît que trop la fierté des Atrides.
Laissez parler, seigneur, des bouches plus timides.
Surpris, n'en doutez point, de mon retardement,
Lui-même il me viendra chercher dans un moment :
Il entendra gémir une mère oppressée :
Et que ne pourra point m'inspirer la pensée
De prévenir les pleurs que vous verseriez tous,
D'arrêter vos transports, et de vivre pour vous !

ACHILLE.
Enfin vous le voulez : il faut donc vous complaire.
Donnez-lui l'une et l'autre un conseil salutaire :
Rappelez sa raison ; persuadez-le bien,
Pour vous, pour mon repos, et surtout pour le sien.
Je perds trop de moments en des discours frivoles :
Il faut des actions et non pas des paroles.

à Clytemnestre.
Madame, à vous servir je vais tout disposer ;
Dans votre appartement allez vous reposer.
Votre fille vivra, je puis vous le prédire.
Croyez du moins, croyez que, tant que je respire,
Les dieux auront en vain ordonné son trépas :
Cet oracle est plus sûr que celui de Calchas.

FIN DU TROISIÈME ACTE.

ACTE IV.

SCÈNE PREMIÈRE.

ÉRIPHILE, DORIS.

DORIS.
Ah ! que me dites-vous ? Quelle étrange manie
Vous peut faire envier le sort d'Iphigénie ?
Dans une heure elle expire. Et jamais, dites-vous,
Vos yeux de son bonheur ne furent plus jaloux.
Qui le croira, madame ? et quel cœur si farouche...

ÉRIPHILE.
Jamais rien de plus vrai n'est sorti de ma bouche ;
Jamais de tant de soins mon esprit agité
Ne porta plus d'envie à sa félicité.
Favorables périls ! Espérance inutile !
N'as-tu pas vu sa gloire, et le trouble d'Achille ?
J'en ai, j'en ai vu tous les signes trop certains.
Ce héros, si terrible au reste des humains,
Qui ne pleurs que ceux qu'il fait répandre,
Qui s'endurcit contre eux dès l'âge le plus tendre,
Et qui, si l'on nous fait un fidèle discours,
Suça même le sang des lions et des ours,
Pour elle de la crainte a fait l'apprentissage .
Elle l'a vu pleurer, et changer de visage.
Et tu la plains, Doris ! Par combien de malheurs
Ne lui voudrais-je point disputer de tels pleurs !
Quand je devrais comme elle expirer dans une heure...
Mais que dis-je, expirer ! ne crois pas qu'elle meure.
Dans un lâche sommeil crois-tu qu'enseveli
Achille aura pour elle impunément pâli ?
Achille à son malheur saura bien mettre obstacle.
Tu verras que les dieux n'ont dicté cet oracle
Que pour croître à la fois sa gloire et mon tourment,
Et la rendre plus belle aux yeux de son amant.

Hé quoi ! ne vois-tu pas tout ce qu'on fait pour elle ?
On supprime des dieux la sentence mortelle ;
Et, quoique le bûcher soit déjà préparé,
Le nom de la victime est encore ignoré :
Tout le camp n'en sait rien, Doris, à ce silence,
Ne reconnais-tu pas un père qui balance ?
Et que fera-t-il donc ? Quel courage endurci
Soutiendrait les assauts qu'on lui prépare ici
Une mère en fureur, les larmes d'une fille,
Les cris, le désespoir de toute une famille,
Le sang, à ces objets facile à s'ébranler,
Achille menaçant, tout prêt à l'accabler ?
Non, te dis-je, les dieux l'ont en vain condamnée :
Je suis et je serai la seule infortunée.
Ah ! si je m'en croyais...

DORIS.
Quoi ! que méditez-vous ?

ÉRIPHILE.
Je ne sais qui m'arrête et retiens mon courroux ,
Que, par un prompt arrêt de tout ce qui se passe,
Je ne coure des dieux divulguer la menace,
Et publier partout les complots criminels
Qu'on fait ici contre eux et contre leurs autels.

DORIS.
Ah ! quel dessein, madame !

ÉRIPHILE.
Ah, Doris ! quelle joie !
Que d'encens brûlerait dans les temples de Troie,
Si, troublant tous les Grecs, et vengeant ma prison,
Je pouvais contre Achille armer Agamemnon ;
Si leur haine, de Troie oubliant la querelle,
Tournait contre eux le fer qu'ils aiguisent contre elle,
Et si de tout le camp mes avis dangereux
Faisaient à ma patrie un sacrifice heureux !

DORIS.
J'entends du bruit. On vient : Clytemnestre s'avance.
Remettez-vous, madame, ou fuyez sa présence.

ÉRIPHILE.
Rentrons. Et pour troubler un hymen odieux,
Consultons des fureurs qu'autorisent les dieux.

SCÈNE II.

CLYTEMNESTRE, ÆGINE.

CLYTEMNESTRE.
Ægine, tu le vois, il faut que je la fuie ;
Loin que ma fille pleure et tremble pour sa vie,
Elle excuse son père, et veut que ma douleur
Respecte encor la main qui lui perce le cœur.
O constance ! ô respect ! Pour prix de sa tendresse,
Le barbare à l'autel se plaint de sa paresse !
Je l'attends. Il viendra m'en demander raison,
Et croit pouvoir encor cacher sa trahison.
Il vient. Sans éclater contre son injustice,
Voyons s'il soutiendra son indigne artifice.

SCÈNE III.

AGAMEMNON, CLYTEMNESTRE, ÆGINE.

AGAMEMNON.
Que faites-vous, madame ? et d'où vient que ces lieux
N'offrent point avec vous votre fille à mes yeux ?
Mes ordres par Arcas vous l'avaient demandée :
Qu'attend-elle ? Est-ce vous qui l'avez retardée ?
A mes justes désirs ne vous rendez-vous pas ?
Ne peut-elle à l'autel marcher que sur vos pas ?
Parlez.

CLYTEMNESTRE.
S'il faut partir, ma fille est toute prête.
Mais vous, n'avez-vous rien, seigneur, qui vous arrête ?

AGAMEMNON.
Moi, madame ?

CLYTEMNESTRE.
Vos soins ont-ils tout préparé ?

AGAMEMNON.
Calchas est prêt, madame, et l'autel est paré.
J'ai fait ce que m'ordonne un devoir légitime.

CLYTEMNESTRE.
Vous ne me parlez point, seigneur, de la victime.

AGAMEMNON.
Que me voulez-vous dire? et de quel soin jaloux...

SCÈNE IV.

AGAMEMNON, CLYTEMNESTRE, IPHIGÉNIE,
ÆGINE.

CLYTEMNESTRE.
Venez, venez, ma fille, on n'attend plus que vous ;
Venez remercier un père qui vous aime,
Et qui veut à l'autel vous conduire lui-même.

AGAMEMNON.
Que vois-je! Quels discours! Ma fille, vous pleurez,
Et baissez devant moi vos yeux mal assurés :
Quel trouble! Mais tout pleure, et la fille et la mère.
Ah! malheureux Arcas, tu m'as trahi!

IPHIGÉNIE.
                              Mon père,
Cessez de vous troubler, vous n'êtes point trahi :
Quand vous commanderez, vous serez obéi.
Ma vie est votre bien ; vous voulez le reprendre :
Vos ordres sans détour pouvaient se faire entendre
D'un œil aussi content, d'un œil aussi soumis
Que j'acceptais l'époux que vous m'aviez promis,
Je saurai, s'il le faut, victime obéissante,
Tendre au fer de Calchas une tête innocente ;
Et, respectant le coup par vous même ordonné,
Vous rendre tout le sang que vous m'avez donné.
Si pourtant ce respect, si cette obéissance
Paraît digne à vos yeux d'une autre récompense ;
Si d'une mère en pleurs vous plaignez les ennuis,
J'ose vous dire ici qu'en l'état où je suis
Peut-être assez d'honneurs environnent ma vie
Pour ne pas souhaiter qu'elle me fût ravie,
Ni qu'en me l'arrachant un sévère destin,
Si près de ma naissance en eût marqué la fin.
Fille d'Agamemnon, c'est moi qui, la première,
Seigneur, vous appelai de ce doux nom de père ;
C'est moi qui, si longtemps le plaisir de vos yeux,
Vous ai fait de ce nom remercier les dieux,
Et pour qui, tant de fois prodiguant vos caresses,
Vous n'avez point du sang dédaigné les faiblesses.
Hélas! avec plaisir je me faisais conter
Tous les noms des pays que vous allez dompter,
Et déjà, d'Ilion présageant la conquête,
D'un triomphe si beau je préparais la fête.
Je ne m'attendais pas que, pour le commencer,
Mon sang fût le premier que vous dussiez verser.
Non que la peur du coup dont je suis menacée
Me fasse rappeler votre bonté passée :
Ne craignez rien ; mon cœur, de votre orgueil jaloux,
Ne fera point rougir un père tel que vous ;
Et si je n'avais eu que ma vie à défendre,
J'aurais su renfermer un souvenir si tendre ;
Mais, à mon triste sort, vous le savez, seigneur,
Une mère, un amant, attachaient leur bonheur.
Un roi digne de vous a cru voir la journée
Qui devait éclairer notre illustre hyménée ;
Déjà, sûr de mon cœur à sa flamme promis,
Il s'estimait heureux : vous me l'aviez permis.
Il sait votre dessein ; jugez de ses alarmes.
Ma mère est devant vous ; et vous voyez ses larmes.
Pardonnez aux efforts je je viens de tenter
Pour prévenir les pleurs que je vais leur coûter.

AGAMEMNON.
Ma fille, il est trop vrai : j'ignore pour quel crime
La colère des dieux demande une victime !
Mais ils vous ont nommée : un oracle cruel
Veut qu'ici votre sang coule sur un autel.
Pour défendre vos jours de leurs lois meurtrières,
Mon amour n'avait pas attendu vos prières.

Je ne vous dirai point combien j'ai résisté :
Croyez-en cet amour par vous-même attesté.
Cette nuit même encore, on a pu vous le dire,
J'avais révoqué l'ordre où l'on me fit souscrire :
Sur l'intérêt des Grecs vous l'aviez emporté.
Je vous sacrifiais mon rang, ma sûreté.
Arcas allait du camp vous défendre l'entrée :
Les dieux n'ont pas voulu qu'il vous ait rencontrée ;
Ils ont trompé les soins d'un père infortuné
Qui protégeait en vain ce qu'ils ont condamné.
Ne vous assurez point sur ma faible puissance :
Quel frein pourrait d'un peuple arrêter la licence,
Quand les dieux, nous livrant à son zèle indiscret,
L'affranchissent d'un joug qu'il portait à regret!
Ma fille, il faut céder ; votre heure est arrivée.
Songez bien dans quel rang vous êtes élevée :
Je vous donne un conseil qu'à peine je reçois ;
Du coup qui vous attend vous mourrez moins que moi :
Faites rougir ces dieux qui vous ont condamnée.
Allez ; et que les Grecs, qui vont vous immoler,
Reconnaissent mon sang en le voyant couler.

CLYTEMNESTRE.
Vous ne démentez point une race funeste ;
Oui, vous êtes le sang d'Atrée et de Thyeste :
Bourreau de votre fille, il ne vous reste enfin
Que d'en faire à sa mère un horrible festin.
Barbare! c'est donc là cet heureux sacrifice
Que vos soins préparaient avec tant d'artifices !
Quoi ! l'horreur de souscrire à cet ordre inhumain
N'a pas, en le traçant, arrêté votre main !
Pourquoi feindre à nos yeux une fausse tristesse ?
Où sont-ils, ces combats que vous avez rendus ?
Quels flots de sang pour elle avez-vous répandus ?
Quel débris parle ici de votre résistance ?
Quel champ couvert de morts me condamne au silence ?
Voilà par quels témoins il fallait me prouver,
Cruel ! que votre amour a voulu la sauver.
Un oracle fatal ordonne qu'elle expire !
Un oracle dit-il tout ce qu'il semble dire ?
Le ciel, le juste ciel, par le meurtre honoré,
Du sang de l'innocence est-il donc altéré ?
Si du crime d'Hélène on punit sa famille,
Faites chercher à Sparte Hermione sa fille :
Laissez à Ménélas racheter d'un tel prix
Sa coupable moitié, dont il est trop épris.
Mais vous, quelles fureurs vous rendent sa victime?
Pourquoi vous imposer la peine de son crime ?
Pourquoi, moi-même enfin, me déchirant le flanc,
Payer sa folle amour du plus pur de mon sang ?
Que dis-je ? Cet objet de tant de jalousie,
Cette Hélène, qui trouble et l'Europe et l'Asie,
Vous semble-t-elle un prix digne de vos exploits?
Combien nos fronts pour elle ont-ils rougi de fois !
Avant qu'un nœud fatal l'unît à votre frère,
Thésée avait osé l'enlever à son père :
Vous savez, et Calchas mille fois vous l'a dit,
Qu'un hymen clandestin mit ce prince dans son lit ;
Et qu'il en eut pour gage une jeune princesse
Que sa mère a cachée au reste de la Grèce.
Mais non ; l'amour d'un frère et son honneur blessé
Sont les moindres des soins dont vous êtes pressé :
Cette soif de régner, que rien ne peut éteindre,
L'orgueil de voir vingt rois vous servir et vous craindre,
Tous les droits de l'empire en vos mains confiés,
Cruel ! c'est à ces dieux que vous sacrifiez ;
Et, loin de repousser le coup qu'on vous prépare,
Vous voulez vous en faire un mérite barbare :
Trop jaloux d'un pouvoir qu'on peut vous envier,
De votre propre sang vous courez le payer ;
Et voulez, par ce prix, épouvanter l'audace
De quiconque vous peut disputer une place.
Est-ce donc être père ? Ah ? toute ma raison
Cède à la cruauté de cette trahison.
Un prêtre, environné d'une foule cruelle,
Portera sur ma fille une main criminelle,
Déchirera son sein, et, d'un œil curieux,
Dans son cœur palpitant consultera les dieux !
Et moi, qui l'amenai triomphante, adorée,
Je m'en retournerai, seule et désespérée !

Je verrai les chemins encor tout parfumés
Des fleurs dont sous ses pas on les avait semés !
Non, je ne l'aurai point amenée au supplice,
Ou vous ferez aux Grecs un double sacrifice.
Ni crainte ni respect ne m'en peut détacher :
De mes bras tout sanglants il faudra l'arracher.
Aussi barbare époux, qu'impitoyable père,
Venez, si vous l'osez, la ravir à sa mère.
Et vous, rentrez, ma fille, et du moins à mes lois
Obéissez encor pour la dernière fois.

SCENE V.

AGAMEMNON.

A de moindres fureurs je n'ai pas dû m'attendre.
Voila, voilà les cris que je craignais d'entendre.
Heureux si, dans le trouble où flottent les esprits,
Je n'avais toutefois à craindre que ces cris !
Hélas ! en m'imposant une loi si sévère,
Grands dieux, me deviez-vous laisser un cœur de père !

SCÈNE VI.

AGAMEMNON, ACHILLE.

ACHILLE.

Un bruit assez étrange est venu jusqu'à moi,
Seigneur ; je l'ai jugé trop peu digne de foi.
On dit, et sans horreur je ne puis le redire,
Qu'aujourd'hui par votre ordre Iphigénie expire ;
Que vous-même, étouffant tout sentiment humain,
Vous l'allez à Calchas livrer de votre main.
On dit que, sous mon nom à l'autel appelée,
Je ne l'y conduisais que pour être immolée ;
Et que, d'un faux hymen nous abusant tous deux,
Vous vouliez me charger d'un emploi si honteux.
Qu'en dites-vous, seigneur ? Que faut-il que j'en pense ?
Ne ferez-vous pas taire un bruit qui vous offense ?

AGAMEMNON.

Seigneur, je ne rends point compte de mes desseins.
Ma fille ignore encor mes ordres souverains ;
Et quand il sera temps qu'elle en soit informée,
Vous apprendrez son sort, j'en instruirai l'armée.

ACHILLE.

Ah ! je sais trop le sort que vous lui réservez.

AGAMEMNON.

Pourquoi le demander, puisque vous le savez ?

ACHILLE.

Pourquoi je le demande ! O ciel ! le puis-je croire,
Qu'on ose des fureurs avouer la plus noire,
Vous pensez qu'approuvant vos desseins odieux
Je vous laisse immoler votre fille à mes yeux ?
Que ma foi, mon amour, mon honneur y consente ?

AGAMEMNON.

Mais vous, qui me parlez d'une voix menaçante,
Oubliez-vous ici qui vous interrogez ?

ACHILLE.

Oubliez-vous qui j'aime, et qui vous outragez ?

AGAMEMNON.

Et qui vous a chargé du soin de ma famille ?
Ne pourrai-je sans vous disposer de ma fille ?
Ne suis-je plus son père ? êtes-vous son époux ?
Et ne peut-elle...

ACHILLE.

Non, elle n'est plus à vous :
On ne m'abuse point par des promesses vaines.
Tant qu'un reste de sang coulera dans mes veines,
Vous deviez à mon sort unir tous ses moments,
Je défendrai mes droits fondés sur vos serments.
Et n'est-ce pas pour moi que vous l'avez mandée ?

AGAMEMNON.

Plaignez-vous donc aux dieux qui me l'ont demandée ;
Accusez et Calchas et le camp tout entier,
Ulysse, Ménélas, et vous tout le premier.

ACHILLE.

Moi !

AGAMEMNON.

Vous qui, de l'Asie embrassant la conquête,
Querellez tous les jours de ciel qui vous arrête ;
Vous qui, vous offensant de mes justes terreurs,
Avez dans tout le camp répandu vos fureurs.
Mon cœur pour la sauver vous ouvrait une voix ;
Mais vous ne demandez, vous ne cherchez que Troie.
Je vous fermais le camp où vous vouliez courir :
Vous le voulez, partez ; sa mort va vous l'ouvrir.

ACHILLE.

Juste ciel ! puis-je entendre et souffrir ce langage ?
Est-ce ainsi qu'au parjure on ajoute l'outrage ?
Moi, je voulais partir aux dépens de ses jours ?
Et que m'a fait à moi cette Troie où je cours ?
Au pied de ses remparts quel intérêt m'appelle ?
Pour qui, sourd à la voix d'une mère immortelle,
Et d'un père éperdu négligeant les avis,
Vais-je y chercher la mort tant prédite à leur fils ?
Jamais vaisseaux partis des rives de Scamandre
Aux champs thessaliens osèrent-ils descendre ?
Et jamais dans Larisse un lâche ravisseur
Me vint-il enlever ou ma femme ou ma sœur ?
Qu'ai-je à me plaindre ? Où sont les pertes que j'ai faites ?
Je n'y vais que pour vous, barbare que vous êtes ;
Pour vous, à qui des Grecs moi seul je ne dois rien ;
Vous, que j'ai fait nommer et leur chef et le mien ;
Vous, que mon bras vengeait dans Lesbos enflammée.
Avant que vous eussiez assemblé votre armée.
Et quel fut le dessein qui nous assembla tous ?
Ne courons-nous pas rendre Hélène à son époux ?
Depuis quand pense-t-on qu'inutile à moi-même
Je me laisse ravir une épouse que j'aime ?
Seul, d'un honteux affront votre frère blessé
A-t-il droit de venger son amour offensé ?
Votre fille me plut, je prétendis lui plaire ;
Elle est de mes serments seule dépositaire :
Content de son hymen, vaisseaux, armes, soldats,
Ma foi lui promit tout, et rien à Ménélas.
Qu'il poursuive, s'il veut, son épouse enlevée,
Qu'il cherche une victoire à mon sang réservée ;
Je ne connais Priam, Hélène, ni Pâris :
Je voulais votre fille, et ne pars qu'à ce prix.

AGAMEMNON.

Fuyez donc : retournez dans votre Thessalie.
Moi-même je vous rends le serment qui vous lie.
Assez d'autres viendront, à mes ordres soumis,
Se couvrir des lauriers qui vous furent promis ;
Et, par d'heureux exploits forçant la destinée,
Trouveront d'Ilion la fatale journée.
J'entrevois vos mépris, et juge vos discours,
Combien j'achèterais vos superbes secours.
De la Grèce déjà vous vous rendez l'arbitre ;
Ses rois, à vous ouïr, m'ont paré d'un vain titre.
Fier de votre valeur, tout, si je vous en crois,
Doit marcher, doit fléchir, doit trembler sous vos lois
Un bienfait reproché tint toujours lieu d'offense :
Je veux moins de valeur, et plus d'obéissance.
Fuyez. Je ne crains point votre impuissant courroux ;
Et je romps tous les nœuds qui m'attachent à vous.

ACHILLE.

Rendez grâce au seul nœud qui retient ma colère :
D'Iphigénie encor je respecte le père.
Peut-être, sans ce nom, le chef de tant de rois
M'aurait osé braver pour la dernière fois.
Je ne dis plus qu'un mot ; c'est à vous de m'entendre.
J'ai votre fille ensemble et ma gloire à défendre :
Pour aller jusqu'au cœur que vous voulez percer,
Voilà par quels chemins vos coups doivent passer.

SCÈNE VII.

AGAMEMNON.

Et voilà ce qui rend sa perte inévitable.
Ma fille toute seule était plus redoutable.
Ton insolent amour, qui croit m'épouvanter,
Vient de hâter le coup que tu veux arrêter.
Ne délibérons plus. Bravons sa violence :
Ma gloire intéressée emporte la balance.

Achille menaçant determine mon cœur,
Ma pitié semblerait un effet de ma peur.
Holà ! gardes ! à moi !

SCÈNE VIII.

AGAMEMNON, EURYBATE, GARDES.

EURYBATE.
Seigneur.
AGAMEMNON.
Que vais-je faire ?
Puis-je leur prononcer cet ordre sanguinaire ?
Cruel ! à quel combat faut-il te préparer !
Quel est cet ennemi que tu leur vas livrer ?
Une mère m'attend ; une mère intrépide,
Qui défendra son sang contre un père homicide :
Je verrai mes soldats, moins barbares que moi,
Respecter dans ses bras la fille de leur roi.
Achille nous menace, Achille nous méprise :
Mais ma fille en est-elle à mes lois moins soumise ?
Ma fille, de l'autel cherchant à s'échapper,
Gémit-elle du coup dont je la veux frapper ?
Que dis-je ! Que prétend mon sacrilège zèle ?
Quels vœux, en l'immolant, formerai-je sur elle ?
Quelques prix glorieux qui me soient proposés,
Quels lauriers me plairont, de son sang arrosés ?
Je veux fléchir des dieux la puissance suprême :
Ah ! quels dieux me seraient plus cruels que moi-mê-
Non, je ne puis. Cédons au sang, à l'amitié, |me ?
Et ne rougissons plus d'une juste pitié :
Qu'elle vive. Mais quoi ! peu jaloux de ma gloire,
Dois-je au superbe Achille accorder la victoire ?
Son téméraire orgueil, que je vais redoubler,
Croira que je lui cède, et qu'il me fait trembler...
De quel frivole soin mon esprit s'embarrasse
Ne puis-je pas d'Achille humilier l'audace ?
Que ma fille à ses yeux soit un sujet d'ennui ;
Il l'aime ; elle vivra pour un autre que lui.
Eurybate, appelez la princesse, la reine :
Qu'elles ne craignent point.

SCÈNE IX.

AGAMEMNON, GARDES.

AGAMEMNON.
Grands dieux ! si votre haine
Persévère à vouloir l'arracher de mes mains,
Que peuvent devant vous tous les faibles humains !
Loin de la secourir, mon amitié l'opprime,
Je le sais ; mais grands dieux ! une telle victime
Vaut bien que, confirmant vos rigoureuses lois,
Vous me la demandiez une seconde fois.

SCÈNE X.

**AGAMEMNON, CLYTEMNESTRE, IPHIGÉNIE,
ÉRIPHILE, EURYBATE, DORIS, GARDES.**

AGAMEMNON.
Allez, madame, allez ; prenez soin de sa vie :
Je vous rends votre fille, et je vous la confie.
Loin de ces lieux cruels précipitez ses pas ;
Mes gardes vous suivront, commandés par Arcas ;
Je veux bien excuser son heureuse imprudence.
Tout dépend du secret et de la diligence ;
Ulysse ni Calchas n'ont point encor parlé ;
Gardez que ce départ ne leur soit révélé.
Cachez bien votre fille ; et que tout le camp croie
Que je la retiens seule, et que je vous renvoie.
Fuyez. Puissent les dieux, de mes larmes contents,
A mes tristes regards ne l'offrir de longtemps !
Gardes, suivez la reine.

CLYTEMNESTRE.
Ah, seigneur !
IPHIGÉNIE.
Ah, mon père !

AGAMEMNON.
Prévenez de Calchas l'empressement sévère.
Fuyez, vous dis-je. Et moi, pour vous favoriser,
Par de feintes raisons je m'en vais l'abuser,
Je vais faire suspendre une pompe funeste,
Et de ce jour, au moins, lui demander le reste.

SCÈNE XI.

ÉRIPHILE, DORIS.

ÉRIPHILE.
Suis-moi ; ce n'est pas là, Doris, notre chemin.
DORIS.
Vous ne les suivez pas ?
ÉRIPHILE.
Ah ! je succombe enfin.
Je reconnais l'effet des tendresses d'Achille.
Je n'emporterai point une rage inutile ;
Plus de raison ; il faut ou la perdre ou périr.
Viens, te dis-je. A Calchas je vais tout découvrir *.

* Ce dernier vers fait trembler pour Iphigénie, et termine de la manière la plus intéressante ce quatrième acte, le meilleur de la pièce, le plus riche en grandes situations, en magnifiques scènes, et en beautés de détails.

FIN DU QUATRIÈME ACTE.

ACTE V.

SCÈNE PREMIÈRE

IPHIGÉNIE, ÆGINE.

IPHIGÉNIE.
Cesse de m'arrêter. Va, retourne à ma mère,
Ægine ; il faut des dieux apaiser la colère.
Pour ce sang malheureux qu'on veut leur dérober,
Regarde quel orage est tout prêt à tomber ;
Considère l'état où la reine est réduite ;
Vois comme tout le camp s'oppose à notre fuite ;
Avec quelle insolence ils ont, de toutes parts,
Fait briller à nos yeux la pointe de leurs dards !
Nos gardes repoussés, la reine évanouie...
Ah ! c'est trop l'exposer ; souffre que je la fuie ;
Et, sans attendre ici ces secours impuissants,
Laisse-moi profiter du trouble de ses sens.
Mon père même, hélas ! puisqu'il faut te le dire,
Mon père, en me sauvant, ordonne que j'expire.

ÆGINE.
Lui, madame ! Quoi donc ? qu'est-ce qui s'est passé ?
IPHIGÉNIE.
Achille, trop ardent, l'a peut-être offensé ;
Mais le roi, qui le hait, veut que je haïsse ;
Il ordonne à mon cœur cet affreux sacrifice ;
Il m'a fait par Arcas expliquer ses souhaits ;
Ægine, il me défend de lui parler jamais.
ÆGINE.
Ah ! madame !
IPHIGÉNIE.
Ah, sentence ! ah, rigueur inouïe !
Dieux plus doux, vous n'avez demandé que ma vie ?
Mourons ; obéissons. Mais qu'est-ce que je vois ?
Dieux ! Achille !

SCENE II.

ACHILLE, IPHIGÉNIE.

ACHILLE.

Venez, madame, suivez-moi;
Ne craignez ni les cris ni la foule impuissante
D'un peuple qui se presse autour de cette tente.
Paraissez; et bientôt sans attendre mes coups,
Ces flots tumultueux s'ouvriront devant vous.
Patrocle, et quelques chefs qui marchent à ma suite,
De mes Thessaliens vous amènent l'élite;
Tout le reste, assemblé près de mon étendart,
Vous offre de ses rangs l'invincible rempart.
A vos persécuteurs opposons cet asile;
Qu'ils viennent vous chercher sous les tentes d'Achille.
Quoi! madame, est-ce ainsi que vous me secondez?
Ce n'est que par des pleurs que vous me répondez!
Vous fiez-vous encore à de si faibles armes?
Hâtons-nous: votre père a déjà vu vos larmes.

IPHIGÉNIE.

Je le sais bien, seigneur; aussi tout mon espoir
N'est plus qu'au coup mortel que je vais recevoir.

ACHILLE.

Vous, mourir! Ah! cessez de tenir ce langage.
Songez-vous quel serment vous et moi nous engage?
Songez-vous, pour trancher d'inutiles discours,
Que le bonheur d'Achille est fondé sur vos jours?

IPHIGÉNIE.

Le ciel n'a point aux jours de cette infortunée
Attaché le bonheur de votre destinée.
Notre amour nous trompait; et les arrêts du sort
Veulent que ce bonheur soit un fruit de ma mort.
Songez, seigneur, songez à ces moissons de gloire
Qu'à vos vaillantes mains présente la victoire;
Ce champ si glorieux où vous aspirez tous,
Si mon sang ne l'arrose, est stérile pour vous.
Telle est la loi des dieux à mon père dictée:
En vain, sourd à Calchas, il l'avait rejetée;
Par la bouche des Grecs contre moi conjurés
Leurs ordres éternels se sont trop déclarés.
Partez; à vos honneurs j'apporte trop d'obstacles;
Vous-même, dégagez la foi de vos oracles;
Signalez ce héros à la Grèce promis;
Tournez votre douleur contre ses ennemis.
Déjà Priam pâlit; déjà Troie, en alarmes,
Redoute mon bûcher, et frémit de vos larmes.
Allez; et, dans ces murs vides de citoyens,
Faites pleurer ma mort aux veuves des Troyens.
Je meurs dans cet espoir, satisfaite et tranquille.
Si je n'ai pas vécu la compagne d'Achille,
J'espère que du moins un heureux avenir
A vos faits immortels joindra mon souvenir;
Et qu'un jour mon trépas, source de votre gloire,
Ouvrira le récit d'une si belle histoire.
Adieu, prince; vivez, digne race des dieux.

ACHILLE.

Non, je ne reçois point vos funestes adieux.
En vain, par ce discours, votre cruelle adresse
Veut servir votre père, et tromper ma tendresse.
En vain vous prétendez, obstinée à mourir,
Intéresser ma gloire à vous laissez périr:
Ces moissons de lauriers, ces honneurs, ces conquêtes,
Ma main, en vous servant, les trouve toutes prêtes.
Et qui de ma faveur voudrait honorer
Si mon hymen prochain ne peut vous assurer?
Ma gloire, mon amour, vous ordonnent de vivre;
Venez, madame; il faut les en croire, et me suivre.

IPHIGÉNIE.

Qui? moi? que, contre un père osant me révolter,
Je mérite la mort que j'irais éviter?
Où serait le respect et ce devoir suprême...

ACHILLE.

Vous suivrez un époux avoué par lui-même.
C'est un titre qu'en vain il prétend me voler:
Ne fait-il des serments que pour les violer?
Vous-même, que retient un devoir si sévère,
Quand il vous donne à moi n'est-il pas votre père?
Suivez-vous seulement ses ordres absolus
Quand il cesse de l'être et ne vous connaît plus?
Enfin, c'est trop tarder, ma princesse; et ma crainte...

IPHIGÉNIE.

Quoi! seigneur! vous iriez jusques à la contrainte?
D'un coupable transport écoutant la chaleur,
Vous pourriez ajouter ce comble à mon malheur?
Ma gloire vous serait moins chère que ma vie?
Ah, seigneur! épargnez la triste Iphigénie.
Asservie à des lois que j'ai dû respecter,
C'est déjà trop pour moi que de vous écouter;
Ne portez pas plus loin votre injuste victoire;
Ou, par mes propres mains immolée à ma gloire,
Je saurais m'affranchir, dans ces extrémités,
Du secours dangereux que vous me présentez.

ACHILLE.

Hé bien, n'en parlons plus. Obéissez, cruelle,
Et cherchez une mort qui vous semble si belle :
Portez à votre père un cœur où j'entrevoi
Moins de respect pour lui que de haine pour moi.
Une juste fureur s'empare de mon ame:
Vous allez à l'autel; et moi, j'y cours, madame.
Si de sang et de mort le ciel est affamé,
Jamais de plus de sang ses autels n'ont fumé.
A mon aveugle amour tout sera légitime:
Le prêtre deviendra la première victime;
Le bûcher, par mes mains détruit et renversé,
Dans le sang des bourreaux nagera dispersé :
Et si, dans les horreurs de ce désordre extrême,
Votre père frappé tombe et périt lui-même,
Alors, de vos respects voyant les tristes fruits,
Reconnaissez les coups que vous avez conduits.

IPHIGÉNIE.

Ah, seigneur! ah cruel!... Mais il fuit, il m'échappe.
O toi, qui veut ma mort, me voilà seule, frappe;
Termine, juste ciel, ma vie et mon effroi,
Et lance ici des traits qui n'accablent que moi!

SCENE III.

CLYTEMNESTRE, IPHIGÉNIE, EURYBATE, ÆGINE, Gardes.

CLYTEMNESTRE.

Oui, je la défendrai contre toute l'armée.
Lâches, vous trahissez votre reine opprimée!

EURYBATE.

Non, madame, il suffit que vous me commandiez;
Vous nous verrez combattre et mourir à vos pieds.
Mais de nos faibles mains que pouvez-vous attendre?
Contre tant d'ennemis qui pourra vous défendre?
Ce n'est plus un vain peuple en désordre assemblé;
C'est d'un zèle fatal tout le camp aveuglé.
Plus de pitié. Calchas seul règne, seul commande:
La piété sévère exige son offrande.
Le roi de son pouvoir se voit déposséder,
Et lui-même au torrent nous contraint de céder.
Achille, à qui tout cède, Achille à cet orage
Voudrait lui-même en vain opposer son courage :
Que fera-t-il, madame? Et qui peut dissiper
Tous les flots d'ennemis prêts à l'envelopper?

CLYTEMNESTRE.

Qu'ils viennent donc sur moi prouver leur zèle impie,
Et m'arrachant ce peu qui me reste de vie!
La mort seule, la mort pourra rompre les nœuds
Dont mes bras nous vont joindre et lier toutes deux :
Mon corps sera plutôt séparé de mon ame,
Que je souffre jamais... Ah, ma fille!

IPHIGÉNIE.

Ah, madame?
Sous quel astre cruel avez-vous mis au jour
Le malheureux objet d'une si tendre amour!
Mais que pouvez-vous faire en l'état où nous sommes?
Vous avez à combattre et les dieux et les hommes.
Contre un peuple en fureur vous exposerez-vous?
N'allez point dans un camp rebelle à votre époux,

Seule à me retenir vainement obstinée,
Par des soldats peut-être indignement traînée,
Présenter, pour tout fruit d'un déplorable effort,
Un spectacle à mes yeux plus cruel que la mort.
Allez ; laissez aux Grecs achever leur ouvrage,
Et quittez pour jamais ce malheureux rivage ;
Du bûcher qui m'attend, trop voisin de ces lieux,
La flamme de trop près viendrait frapper vos yeux.
Surtout, si vous m'aimez, par cet amour de mère,
Ne reprochez jamais mon trépas à mon père.

CLYTEMNESTRE.
Lui, par qui votre cœur à Calchas présenté...

IPHIGÉNIE.
Pour me rendre à vos pleurs que n'a-t-il point tenté ?

CLYTEMNESTRE.
Par quelle trahison le cruel m'a déçue !

IPHIGÉNIE.
Il me cédait aux dieux dont il m'avait reçue.
Ma mort n'emporte pas tout le fruit de vos feux :
De l'amour qui vous joint vous avez d'autres nœuds ;
Vos yeux me reverront dans Oreste mon frère.
Puisse-t-il être, hélas ! moins funeste à sa mère !
D'un peuple impatient vous entendez la voix.
Daignez m'ouvrir vos bras pour la dernière fois,
Madame ; et rappelant votre vertu sublime...
Eurybate, à l'autel conduisez la victime.

SCÈNE IV.
CLYTEMNESTRE, ÆGINE, Gardes.

CLYTEMNESTRE.
Ah ! vous n'irez pas seule : et je ne prétends pas...
Mais on se jette en foule au-devant de mes pas.
Perfides ! contentez votre soif sanguinaire.

ÆGINE.
Où courez-vous, madame ? et que voulez-vous faire ?

CLYTEMNESTRE.
Hélas ! je me consume en impuissants efforts,
Et rentre au trouble affreux dont à peine je sors,
Mourrai-je tant de fois sans sortir de la vie !

ÆGINE.
Ah ! savez-vous le crime et qui vous a trahie,
Madame ? savez-vous quel serpent inhumain
Iphigénie avait retiré dans son sein ?
Eriphile, en ces lieux par vous même conduite,
A seule à tous les Grecs révélé votre fuite.

CLYTEMNESTRE.
O monstre, que Mégère en ses flancs a porté !
Monstre que dans nos bras les enfers ont jeté !
Quoi ! tu ne mourras point ! Quoi ! pour punir son cri-
Mais où va ma douleur chercher une victime ? [me...
Quoi ! pour noyer les Grecs et leurs mille vaisseaux,
Mer, tu n'ouvriras point des abîmes nouveaux !
Quoi ! lorsque les chassant du port qui les recèle,
L'Aulide aura vomi leur flotte criminelle,
Les vents, les mêmes vents, si longtemps accusés,
Ne le couvriront pas de ses vaisseaux brisés !
Et toi, soleil, et toi, qui, dans cette contrée,
Reconnais l'héritier et le vrai fils d'Atrée.
Toi, qui n'osas du père éclairer le festin,
Recule, ils t'ont appris ce funeste chemin.
Mais, cependant, ô ciel ! ô mère infortunée !
De festons odieux ma fille couronnée
Tend la gorge aux couteaux par son père apprêtés !
Calchas va dans son sang... Barbares ! arrêtez :
C'est le pur sang du dieu qui lance le tonnerre...
J'entends gronder la foudre, et sens trembler la terre ;
Un dieu vengeur, un dieu fait retentir ces coups.

SCÈNE V.
CLYTEMNESTRE, ARCAS, ÆGINE, Gardes.

ARCAS.
N'en doutez point, madame, un dieu combat pour vous.
Achille, en ce moment, exauce vos prières ;
Il a brisé des Grecs les trop faibles barrières :
Achille est à l'autel. Calchas est éperdu :
Le fatal sacrifice est encor suspendu.
On se menace, on court, l'air gémit, le fer brille.
Achille fait ranger autour de votre fille
Tous ses amis, pour lui prêts à se dévouer.
Le triste Agamemnon, qui n'ose l'avouer,
Pour détourner ses yeux des meurtres qu'il présage,
Ou pour cacher ses pleurs, s'est voilé le visage.
Venez, puisqu'il se tait, venez par vos discours
De votre défenseur appuyer le secours.
Lui-même de sa main, de sang toute fumante,
Il veut entre vos bras remettre son amante ;
Lui même il m'a chargé de conduire vos pas :
Ne craignez rien.

CLYTEMNESTRE.
Moi, craindre ! Ah ! courons, cher Arcas.
Le plus affreux péril n'a rien dont je pâlisse.
J'irai partout... Mais, dieux ! ne vois-je pas Ulysse ?
C'est lui : ma fille est morte ! Arcas, il n'est plus temps !

SCÈNE VI.
ULYSSE, CLYTEMNESTRE, ARCAS, ÆGINE.
GARDES.

ULYSSE.
Non, votre fille vit, et les dieux sont contents
Rassurez-vous : le ciel a voulu vous la rendre.

CLYTEMNESTRE.
Elle vit ! Et c'est vous qui venez me l'apprendre !

ULYSSE.
Oui, c'est moi qui longtemps, contre elle et contre vous,
Ai cru devoir, madame, affermir votre époux ;
Moi qui, jaloux tantôt de l'honneur de nos armes,
Par d'austères conseils ai fait couler vos larmes,
Et qui viens, puisque enfin le ciel est apaisé,
Réparer tout l'ennui que je vous ai causé.

CLYTEMNESTRE.
Ma fille ! Ah, prince ! O ciel ! Je demeure éperdue
Quel miracle, seigneur, quel dieu me l'a rendu ?

ULYSSE.
Vous m'en voyez moi-même, en cet heureux moment,
Saisi d'horreur, de joie et de ravissement,
Jamais jour n'a paru si mortel à la Grèce.
Déjà de tout le camp la discorde maîtresse
Avait sur tous les yeux mis son bandeau fatal
Et donné du combat le funeste signal.
De ce spectacle affreux votre fille alarmée
Voyait pour elle Achille, et contre elle l'armée ;
Mais, quoique seul, pour elle Achille furieux
Épouvantait l'armée, et partageait les dieux.
Déjà de traits en l'air s'élevait un nuage ;
Déjà coulait le sang, prémices du carnage :
Entre les deux partis Calchas s'est avancé,
L'œil farouche, l'air sombre, et le poil hérissé,
Terrible, et plein du dieu qui l'agitait sans doute :
« Vous, Achille, a-t-il dit, et vous, Grecs, qu'on m'écoute.
« Le dieu qui maintenant vous parle pour ma voix.
« M'explique son oracle, et m'instruit de son choix.
« Un autre sang d'Hélène, une autre Iphigénie
« Sur ce bord immolée y doit laisser sa vie,
« Thésée avec Hélène uni secrètement
« Fit succéder l'hymen à son enlèvement
« Une fille en sortit, que sa mère a celée ;
« Du nom d'Iphigénie elle fut appelée.
« Je vis moi-même alors ce fruit de leurs amours :
« D'un sinistre avenir je menaçai les jours.
« Sous un nom emprunté sa noire destinée
« Et ses propres fureurs ici l'ont amenée.
« Elle me voit, m'entend, elle est devant vos yeux ;
« Et c'est elle en un mot, que demandent les dieux. »
Ainsi parle Calchas. Tout le camp immobile
L'écoute avec frayeur, et regarde Eriphile.
Elle était à l'autel, et peut-être en son cœur
Du fatal sacrifice accusait la lenteur.
Elle-même tantôt d'une course subite
Était venue aux Grecs annoncer votre fuite.

On admire en secret sa naissance et son sort.
Mais, puisque Troie enfin est le prix de sa mort,
L'armée à haute voix se déclare contre elle,
Et prononce à Calchas sa sentence mortelle.
Déjà pour la saisir Calchas lève le bras :
« Arrête, a-t-elle dit, et ne m'approche pas
« Le sang de ces héros dont tu me fais descendre
« Sans tes profanes mains saura bien se répandre »
Furieuse, elle vole, et, sur l'autel prochain,
Prend le sacré couteau, le plonge dans son sein.
A peine son sang coule et fait rougir la terre,
Les dieux font sur l'autel entendre le tonnerre ;
Les vents agitent l'air d'heureux frémissements,
Et la mer leur répond par des mugissements ;
La rive au loin gémit, blanchissante d'écume ;
La flamme du bûcher d'elle-même s'allume ;
Le ciel brille d'éclairs, s'entr'ouve, et parmi nous
Jette une sainte horreur qui nous rassure tous.
Le soldat étonné dit que dans une nue
Jusque sur le bûcher Diane est descendue ;
Et croit que, s'élevant au travers de ses feux,
Elle portait au ciel notre encens et nos vœux.
Tout s'empresse, tout part. La seule Iphigénie
Dans ce commun bonheur pleure son ennemie
Des mains d'Agamemnon venez la recevoir ;
Venez : Achille et lui, brulant de vous revoir,
Madame, et désormais tous deux d'intelligence,
Sont prêts à confirmer leur auguste alliance.

CLYTEMNESTRE.

Par quel prix, quel encens, ô ciel, puis-je jamais
Récompenser Achille, et payer tes bienfaits !

FIN D'IPHIGÉNIE.

PHÈDRE,

TRAGÉDIE.

1675.

PRÉFACE.

Voici encore une tragédie dont le sujet est pris d'Euripide. Quoique j'aie suivi une route un peu différente de celle de cet auteur pour la conduite de l'action, je n'ai pas laissé d'enrichir ma pièce de tout ce qui m'a paru le plus éclatant dans la sienne. Quand je ne lui devrais que la seule idée du caractère de Phèdre, je pourrais dire que je lui dois ce que j'ai peut-être mis de plus raisonnable sur le théâtre. Je ne suis point étonné que ce caractère ait eu un succès si heureux du temps d'Euripide, et qu'il ait encore si bien réussi dans notre siècle, puisqu'il a toutes les qualités qu'Aristote demande dans le héros de la tragédie, et qui sont propres à exciter la compassion et la terreur. En effet, Phèdre n'est ni tout à fait coupable, ni tout à fait innocente : elle est engagée, par sa destinée et par la colère des dieux, dans une passion illégitime, dont elle a horreur toute la première : elle fait tous ses efforts pour la surmonter : elle aime mieux se laisser mourir que de la déclarer à personne ; et lorsqu'elle est forcée de la découvrir, elle en parle avec une confusion qui fait bien voir que son crime est plutôt une punition des dieux qu'un mouvement de sa volonté.

J'ai même pris soin de la rendre un peu moins odieuse qu'elle n'est dans les tragédies des anciens, où elle se résout d'elle-même à accuser Hippolyte. J'ai cru que la calomnie avait quelque chose de trop bas et de trop noir pour la mettre dans la bouche d'une princesse qui a d'ailleurs des sentiments si nobles et si vertueux. Cette bassesse m'a paru plus convenable à une nourrice qui pouvait avoir des inclinations plus serviles, et qui cependant n'entreprend cette fausse accusation que pour sauver la vie et l'honneur de sa maîtresse. Phèdre n'y donne les mains que parce qu'elle est dans une agitation d'esprit qui la met hors d'elle-même ; et elle vient un moment après dans le dessein de justifier l'innocence et déclarer la vérité.

Hippolyte est accusé, dans Euripide et dans Sénèque, d'avoir en effet violé sa belle-mère : *vim corpus tulit*. Mais il n'est ici accusé que d'en avoir eu le dessein. J'ai voulu épargner à Thésée une confusion qui l'aurait pu rendre moins agréable aux spectateurs.

Pour ce qui est du personnage d'Hippolyte, j'avais remarqué dans les anciens qu'on reprochait à Euripide de l'avoir représenté comme un philosophe exempt de toute imperfection : ce qui faisait que la mort de ce jeune prince causait beaucoup plus d'indignation que de pitié. J'ai cru devoir lui donner quelque faiblesse qui le rendrait un peu coupable envers son père, sans pourtant rien lui ôter de cette grandeur d'âme avec laquelle il épargne l'honneur de Phèdre, et se laisse opprimer sans l'accuser. J'appelle faiblesse la passion qu'il ressent malgré lui pour Aricie, qui est la fille et la sœur des ennemis mortels de son père.

Cette Aricie n'est point un personnage de mon invention. Virgile dit qu'Hippolyte l'épousa, et en eut un fils, après qu'Esculape l'eut ressuscité. Et j'ai lu encore dans quelques auteurs qu'Hippolyte avait épousé et emmené en Italie une jeune Athénienne de grande naissance qui s'appelait Aricie, et qui avait donné son nom à une petite ville d'Italie.

Je rapporte ces autorités, parce que je me suis très scrupuleusement attaché à suivre la fable. J'ai même suivi l'histoire de Thésée telle qu'elle est dans Plutarque. C'est dans cet historien que j'ai trouvé que ce qui avait donné occasion de croire que Thésée fût descendu dans les enfers pour enlever Proserpine, était un voyage que ce prince avait fait en Épire vers la source de l'Achéron, chez un roi dont Pirithoüs voulait enlever la femme, et qui arrêta Thésée prisonnier, après avoir fait mourir Pirithoüs. Ainsi j'ai tâché de conserver la vraisemblance de l'histoire, sans rien perdre des ornements de la fable, qui fournit extrêmement à la poésie ; et le bruit de la mort de Thésée, fondé sur ce voyage fabuleux, donne lieu à Phèdre de faire une déclaration d'amour qui devient une des principales causes de son malheur, et qu'elle n'aurait jamais osé faire tant qu'elle aurait cru que son mari était vivant.

Au reste, je n'ose encore ajouter que cette pièce soit en effet la meilleure de mes tragédies. Je laisse et aux lecteurs et au temps à décider de son véritable prix. Ce que je puis assurer, c'est que je n'en ai point fait où la vertu soit plus mise en jour que dans celle-ci ; les moindres fautes y sont sévèrement punies ; la seule pensée du crime y est regardée avec autant d'horreur que le crime même ; les faiblesses de l'amour y passent pour de vraies faiblesses ; les passions n'y sont présentées aux yeux que pour montrer tout le désordre dont elles sont cause, et le vice y est peint partout avec des couleurs qui en ont fait connaître et haïr la difformité. C'est là proprement le but que tout homme qui travaille pour le public doit se proposer ; et c'est ce que les premiers poètes tragiques avaient en vue sur toute chose. Leur théâtre était une école où la vertu n'était pas moins bien enseignée que dans les écoles des philosophes. Aussi Aristote a bien voulu donner les règles du poëme dramatique ; et Socrate, le plus sage des philosophes, ne dédaignait pas de mettre la main aux tragédies d'Euripide. Il serait à souhaiter que nos ouvrages fussent aussi solides et aussi pleins d'utiles instructions que ceux de ces poëtes. Ce serait peut-être un moyen de réconcilier la tragédie avec quantité de personnes célèbres par leur piété et par leur doctrine, qui l'ont condamnée dans ces derniers temps, et qui en jugeraient sans doute plus favorablement, si les auteurs songeaient autant à instruire les spectateurs qu'à les divertir, et s'ils suivaient en cela la véritable intention de la tragédie.

FIN DE LA PRÉFACE.

PERSONNAGES.

THÉSÉE, fils d'Egée, roi d'Athènes.
PHÈDRE, femme de Thésée, fille de Minos et de Pasiphaé.
HIPPOLYTE, fils de Thésée et d'Anthiope, reine des Amazones.
ARICIE, princesse du sang royal d'Athènes.
OENONE, nourrice et confidente de Phèdre.
THÉRAMÈNE, gouverneur d'Hippolyte.
ISMÈNE, confidente d'Aricie.
PANOPE, femme de la suite de Phèdre.
GARDES.

La scène est à Trézène, ville du Péloponnèse.

PHÈDRE.

ACTE PREMIER.

SCENE PREMIÈRE.

HIPPOLYTE, THÉRAMÈNE.

HIPPOLYTE.
Le dessein en est pris : je pars, cher Théramène,
Et quitte le séjour de l'aimable Trézène.
Dans le doute mortel dont je suis agité,
Je commence à rougir de mon oisiveté.
Depuis plus de six mois éloigné de mon père,
J'ignore le destin d'une tête si chère ;
J'ignore jusqu'aux lieux qui le peuvent cacher.

THÉRAMÈNE.   (cher?
Et dans quels lieux, seigneur, l'allez-vous donc cher-
Déjà, pour satisfaire à votre juste crainte,
J'ai couru les deux mers que sépare Corinthe ;
J'ai demandé Thésée aux peuples de ces bords
Où l'on voit l'Achéron se perdre chez les morts ;
J'ai visité l'Élide, et, laissant le Ténare,
Passé jusqu'à la mer qui vit tomber Icare.
Sur quel espoir nouveau, dans quels heureux climats
Croyez-vous découvrir la trace de ses pas ?
Qui sait même, qui sait si le roi votre père
Veut que de son absence on sache le mystère ?
Et si, lorsqu'avec vous nous tremblons pour ses jours,
Tranquille, et nous cachant de nouvelles amours,
Ce héros n'attend point qu'une amante abusée...

HIPPOLYTE.
Cher Théramène, arrête, et respecte Thésée.
Des ses jeunes erreurs désormais revenu,
Par un indigne obstacle il n'est point retenu ;
Et fixant de ses vœux l'inconstance fatale,
Phèdre depuis longtemps ne craint plus de rivale.
Enfin, en le cherchant je suivrai mon devoir,
Et je fuirai ces lieux que je n'ose plus voir.

THÉRAMÈNE
Hé ! depuis quand, seigneur, craignez-vous la présence
De ces paisibles lieux si chers à votre enfance,
Et dont je vous ai vu préférer le séjour
Au tumulte pompeux d'Athènes et de la cour ?
Quel péril, ou plutôt quel chagrin vous en chasse ?

HIPPOLYTE.
Cet heureux temps n'est plus. Tout a changé de face,
Depuis que sur ces bords les dieux ont envoyé
La fille de Minos et de Pasiphaé.

THÉRAMÈNE.
J'entends : de vos douleurs la cause m'est connue.
Phèdre ici vous chagrine et blesse votre vue.
Dangereuse marâtre, à peine elle vous vit,
Que votre exil d'abord signala son crédit.
Mais sa haine sur vous autrefois attachée,
Ou s'est évanouie, ou s'est bien relâchée.
Et d'ailleurs quels périls vous peut faire courir
Une femme mourante et qui cherche à mourir ?
Phèdre, atteinte d'un mal qu'elle s'obstine à taire,
Lasse enfin d'elle-même et du jour qui l'éclaire,
Peut-elle contre vous former quelques desseins ?

HIPPOLYTE.
Sa vaine inimitié n'est pas ce que je crains.
Hippolyte en partant fuit une autre ennemie :
Je fuis, je l'avouerai, cette jeune Aricie,
Reste d'un sang fatal conjuré contre nous.

THÉRAMÈNE.
Quoi ! vous-même, seigneur, la persécutez-vous ?
Jamais l'aimable sœur des cruels Pallantides
Trempa-t-elle aux complots de ses frères perfides ?
Et devez-vous haïr ses innocents appas ?

10

HIPPOLYTE.

Si je la haïssais je ne la fuirais pas.

THÉRAMÈNE.

Seigneur, m'est-il permis d'expliquer votre fuite?
Pourriez-vous n'être plus ce superbe Hippolyte
Implacable ennemi des amoureuses lois,
Et d'un joug que Thésée a subi tant de fois?
Vénus, par votre orgueil si longtemps méprisée,
Voudrait-elle à la fin justifier Thésée?
Et, vous mettant au rang du reste des mortels,
Vous a-t-elle forcé d'encenser ses autels?
Aimeriez-vous, seigneur?

HIPPOLYTE.

Ami, qu'oses-tu dire?
Toi, qui connais mon cœur depuis que je respire,
Des sentiments d'un cœur si fier, si dédaigneux,
Peux-tu me demander le désaveu honteux?
C'est peu qu'avec son lait une mère amazone
M'ait fait sucer encor cet orgueil qui t'étonne;
Dans un âge plus mûr moi-même parvenu,
Je me suis applaudi quand je me suis connu.
Attaché près de moi par un zèle sincère,
Tu me contais alors l'histoire de mon père.
Tu sais combien mon âme, attentive à ta voix,
S'échauffait aux récits de ses nobles exploits;
Quand tu me dépeignais ce héros intrépide
Consolant les mortels de l'absence d'Alcide,
Les monstres étouffés, et les brigands punis,
Procruste, Cercyon, et Sciron, et Sinis,
Et les os dispersés du géant d'Epidaure,
Et la Crète fumant du sang du Minotaure.
Mais, quand tu récitais des faits moins glorieux,
Sa foi partout offerte et reçue en cent lieux;
Hélène à ses parents dans Sparte dérobée;
Salamine témoin des pleurs de Péribée;
Tant d'autres dont les noms lui sont même échappés,
Trop crédules esprits que sa flamme a trompés!
Ariane aux rochers contant ses injustices;
Phèdre enlevée enfin sous de meilleurs auspices;
Tu sais comme, à regret écoutant ce discours,
Je te pressais souvent d'en abréger le cours.
Heureux si j'avais pu ravir à la mémoire
Cette indigne moitié d'une si belle histoire!
Et moi-même, à mon tour, je me verrais lié!
Et les dieux jusque-là m'auraient humilié!
Dans mes lâches soupirs d'autant plus méprisable,
Qu'un long amas d'honneurs rend Thésée excusable,
Qu'aucuns monstres par moi domptés jusqu'aujour-
Ne m'ont acquis le droit de faillir comme lui! [d'hui,
Quand même ma fierté pourrait s'être adoucie,
Aurais-je pour vainqueur dû choisir Aricie?
Ne souviendrait-il plus à mes sens égarés
De l'obstacle éternel qui nous a séparés?
Mon père la réprouve; et, par des lois sévères,
Il défend de donner des neveux à ses frères.
D'une tige coupable il craint un rejeton;
Il veut avec leur sœur ensevelir leur nom;
Et que, jusqu'au tombeau soumise à sa tutelle,
Jamais les feux humains ne s'allument pour elle.
Dois-je épouser ses droits contre un père irrité?
Donnerai-je l'exemple à la témérité?
Et, dans un fol amour ma jeunesse embarquée...

THÉRAMÈNE.

Ah! seigneur! si votre heure est une fois marquée,
Le ciel de nos raisons ne sait point s'informer.
Thésée ouvre vos yeux en voulant les fermer;
Et sa haine, irritant une flamme rebelle,
Prête à son ennemie une grâce nouvelle.
Enfin, d'un chaste amour pourquoi vous effrayer?
S'il a quelque douceur, n'osez-vous l'essayer?
En croirez-vous toujours un farouche scrupule?
Craint-on de s'égarer sur les traces d'Hercule?
Quels courages Vénus n'a-t-elle pas domptés?
Vous-même où seriez-vous, vous qui la combattez,
Si toujours Antiope, à ses lois opposée,
D'une pudique ardeur n'eût brûlé pour Thésée?
Mais que sert d'affecter un superbe discours?
Avouez-le, tout change; et, depuis quelques jours,
On vous voit moins souvent, orgueilleux et sauvage.
Tantôt faire voler un char sur le rivage,
Tantôt, savant dans l'art par Neptune inventé,
Rendre docile au frein un coursier indompté;
Les forêts de vos cris moins souvent retentissent;
Chargés d'un feu secret, vos yeux s'appesantissent.
Il n'en faut point douter: vous aimez, vous brûlez;
Vous périssez d'un mal que vous dissimulez.
La charmante Aricie a-t-elle su vous plaire?

HIPPOLYTE.

Théramène, je pars, je vais chercher mon père.

THÉRAMÈNE.

Ne verrez-vous point Phèdre avant que de partir,
Seigneur?

HIPPOLYTE.

C'est mon dessein; tu peux l'en avertir.
Voyons-la, puisqu'ainsi mon devoir me l'ordonne.
Mais quel nouveau malheur trouble sa chère Œnone.

SCÈNE II.

HIPPOLYTE, THÉRAMÈNE, OENONE.

OENONE.

Hélas! seigneur, quel trouble au mien peut-être égal
La reine touche presque à son terme fatal.
En vain à l'observer jour et nuit je m'attache;
Elle meurt dans mes bras d'un mal qu'elle me cache
Un désordre éternel règne dans son esprit;
Son chagrin inquiet l'arrache de son lit;
Elle veut voir le jour, et sa douleur profonde
M'ordonne toutefois d'écarter tout le monde...
Elle vient.

HIPPOLYTE.

Il suffit: je la laisse en ces lieux,
Et ne lui montre point un visage odieux.

SCÈNE III.

PHÈDRE, OENONE.

PHÈDRE.

N'allons point plus avant; demeurons, chère Œnone,
Je ne me soutiens plus; ma force m'abandonne:
Mes yeux sont éblouis du jour que je revoi;
Et mes genoux tremblants se dérobent sous moi.
Hélas! *(Elle s'assied.)*

OENONE.

Dieux tout puissants, que nos pleurs vous apaisent!

PHÈDRE.

Que ces vains ornements, que ces voiles me pèsent!
Quelle importune main, en formant tous ces nœuds,
A pris soin sur mon front d'assembler mes cheveux?
Tout m'afflige, et me nuit, et conspire à me nuire.

OENONE.

Comme on voit tous ces vœux l'un l'autre se détruire!
Vous-même, condamnant vos injustes desseins,
Tantôt à vous parer vous excitiez vos mains;
Vous-même, rappelant votre force première,
Vous vouliez vous montrer et revoir la lumière.
Vous la voyez, madame; et, prête à vous cacher,
Vous haïssiez le jour que vous veniez chercher!

PHÈDRE.

Noble et brillant auteur d'une triste famille,
Toi, dont ma mère osait se vanter d'être fille,
Qui peut-être rougis du trouble où tu me vois,
Soleil, je viens te voir pour la dernière fois.

OENONE.

Quoi! vous ne perdrez point cette cruelle envie?
Vous verrai-je toujours, renonçant à la vie,
Faire de votre mort les funestes apprêts?

PHÈDRE.

Dieux! que ne suis-je assise à l'ombre des forêts!
Quand pourrai-je, au travers d'une noble poussière,
Suivre de l'œil un char fuyant dans la carrière?

ŒNONE.
Quoi, madame!
PHÈDRE.
Insensée! où suis-je? et qu'ai-je dit?
Où laissé-je égarer mes vœux et mon esprit?
Je l'ai perdu : les dieux m'en ont ravi l'usage.
Œnone, la rougeur me couvre le visage :
Je te laisse trop voir mes honteuses douleurs;
Et mes yeux, malgré moi, se remplissent de pleurs.
ŒNONE.
Ah! s'il vous faut rougir, rougissez d'un silence
Qui de vos maux encore aigrit la violence.
Rebelle à tous nos soins, sourde à tous nos discours,
Voulez-vous, sans pitié, laisser finir vos jours?
Quelle fureur les borne au milieu de leur course?
Quel charme ou quel poison en a tari la source?
Les ombres par trois fois ont obscurci les cieux
Depuis que le sommeil n'est entré dans vos yeux;
Et le jour a trois fois chassé la nuit obscure
Depuis que votre corps languit de nourriture.
A quel affreux dessein vous laissez-vous tenter?
De quel droit sur vous-même osez-vous attenter?
Vous offensez les dieux auteurs de votre vie;
Vous trahissez l'époux à qui la foi vous lie;
Vous trahissez enfin vos enfants malheureux,
Que vous précipitez sous un joug rigoureux.
Songez qu'un même jour leur ravira leur mère,
Et rendra l'espérance au fils de l'étrangère,
A ce fier ennemi de vous, de votre sang,
Ce fils qu'une amazone a porté dans son flanc,
Cet Hippolyte...
PHÈDRE.
Ah, dieux!
ŒNONE.
Ce reproche vous touche?
PHÈDRE.
Malheureuse! quel nom est sorti de ta bouche!
ŒNONE.
Hé bien! votre colère éclate avec raison :
J'aime à vous voir frémir à ce funeste nom.
Vivez donc : que l'amour, le devoir vous excite;
Vivez, ne souffrez pas que le fils d'une Scythe,
Accablant vos enfants d'un empire odieux,
Commande au plus beau sang de la Grèce et des dieux.
Mais ne différez point; chaque moment vous tue :
Réparez promptement votre force abattue,
Tandis que de vos jours, prêts à se consumer,
Le flambeau dure encore, et peut se rallumer.
PHÈDRE.
J'en ai trop prolongé la coupable durée.
ŒNONE.
Quoi! de quelques remords êtes-vous déchirée?
Quel crime a pu produire un trouble si pressant?
Vos mains n'ont point trempé dans le sang innocent.
PHÈDRE.
Graces au ciel, mes mains ne sont point criminelles.
Plût aux dieux que mon cœur fût innocent comme
ŒNONE. (elles!
Et quel affreux projet avez-vous enfanté
Dont votre cœur encor doive être épouvanté?
PHÈDRE.
Je t'en ai dit assez : épargne-moi le reste,
Je meurs, pour ne point faire un aveu si funeste.
ŒNONE.
Mourez donc, et gardez un silence inhumain;
Mais pour fermer vos yeux cherchez une autre main.
Quoiqu'il vous reste à peine une faible lumière,
Mon ame chez les morts descendra la première;
Mille chemins ouverts y conduisent toujours,
Et ma juste douleur choisira les plus courts.
Cruelle! quand ma foi vous a-t-elle déçue?
Songez-vous qu'en naissant mes bras vous ont reçue?
Mon pays, mes enfants, pour vous j'ai tout quitté.
Réserviez-vous ce prix à ma fidélité?

PHÈDRE.
Quel fruit espères-tu de tant de violence?
Tu frémiras d'horreur si je romps le silence.
ŒNONE.
Et que me direz-vous qui ne cède, grands dieux,
A l'horreur de vous voir expirer à mes yeux?
PHÈDRE.
Quand tu sauras mon crime, et le sort qui m'accable,
Je n'en mourrai pas moins; j'en mourrai plus coupable.
ŒNONE.
Madame, au nom des pleurs que pour vous j'ai versés,
Par vos faibles genoux que je tiens embrassés,
Délivrez mon esprit de ce funeste doute.
PHÈDRE.
Tu le veux : lève-toi.
ŒNONE.
Parlez, je vous écoute.
PHÈDRE.
Ciel! que vais-je lui dire, et par où commencer?
ŒNONE.
Par de vaines frayeurs cessez de m'offenser.
PHÈDRE.
O haine de Vénus! O fatale colère?
Dans quels égarements l'amour jeta ma mère!
ŒNONE.
Oublions-les, madame; et qu'à tout l'avenir
Un silence éternel cache ce souvenir.
PHÈDRE.
Ariane, ma sœur, de quel amour blessée
Vous mourûtes aux bords où vous fûtes laissée!
ŒNONE.
Que faites-vous, madame? et quel mortel ennui
Contre tout votre sang vous anime aujourd'hui?
PHÈDRE.
Puisque Vénus le veut, de ce sang déplorable
Je péris la dernière et la plus misérable.
ŒNONE.
Aimez-vous?
PHÈDRE.
De l'amour j'ai toutes les fureurs.
ŒNONE.
Pour qui?
PHÈDRE.
Tu vas ouïr le comble des horreurs.
J'aime... A ce nom fatal, je tremble, je frissonne.
J'aime...
ŒNONE.
Qui?
PHÈDRE.
Tu connais ce fils de l'Amazone,
Ce prince si longtemps par moi-même opprimé!
ŒNONE.
Hippolyte? Grands dieux!
PHÈDRE.
C'est toi qui l'as nommé.
ŒNONE.
Juste ciel! tout mon sang dans mes veines se glace!
O désespoir! ô crime! ô déplorable race!
Voyage infortuné! Rivage malheureux,
Fallait-il approcher de tes bords dangereux!
PHÈDRE.
Mon mal vient de plus loin. A peine au fils d'Egée
Sous les lois de l'hymen je m'étais engagée,
Mon repos, mon honneur semblait être affermi;
Athènes me montra mon superbe ennemi.
Je le vis, je rougis, je pâlis à sa vue;
Un trouble s'éleva dans mon ame éperdue;
Mes yeux ne voyaient plus, je ne pouvais parler;
Je sentis tout mon corps et transir et brûler;

Je reconnus Vénus et ses feux redoutables,
D'un sang qu'elle poursuit tourments inévitables.
Par des vœux assidus je crus les détourner :
Je lui bâtis un temple, et pris soin de l'orner;
De victimes moi-même à toute heure entourée,
Je cherchais dans leurs flancs ma raison égarée :
D'un incurable amour remèdes impuissants !
En vain sur les autels ma main brûlait l'encens :
Quand ma bouche implorait le nom de la déesse,
J'adorais Hyppolyte; et, le voyant sans cesse,
Même au pied des autels que je faisais fumer,
J'offrais tout à ce dieu que je n'osais nommer.
Je l'évitais partout. O comble de misère !
Mes yeux le retrouvaient dans les traits de son père
Contre moi-même enfin j'osai me révolter :
J'excitai mon courage à le persécuter.
Pour bannir l'ennemi dont j'étais idolâtre,
J'affectai les chagrins d'une injuste marâtre;
Je pressai son exil; et mes cris éternels
L'arrachèrent du sein et des bras paternels.
Je respirais, OEnone; et depuis son absence,
Mes jours moins agités coulaient dans l'innocence :
Soumise à mon époux, et cachant mes ennuis,
De son fatal hymen je cultivais les fruits.
Vaines précautions ! Cruelle destinée !
Par mon époux lui-même à Trézène amenée !
J'ai revu l'ennemi que j'avais éloigné :
Ma blessure trop vive aussitôt a saigné.
Ce n'est plus une ardeur dans mes veines cachée ;
C'est Vénus tout entière à sa proie attachée.
J'ai conçu pour mon crime une juste terreur :
J'ai pris ma vie en haine, et ma flamme en horreur;
Je voulais en mourant prendre soin de ma gloire,
Et dérober au jour une flamme si noire :
Je n'ai pu soutenir tes larmes, tes combats;
Je t'ai tout avoué; je ne m'en repens pas,
Pourvu que, de ma mort respectant les approches,
Tu ne m'affliges plus par d'injustes reproches,
Et que tes vains secours cessent de rappeler
Un reste de chaleur tout prêt à s'exhaler.

SCÈNE IV.
PHÈDRE, OENONE, PANOPE.

PANOPE.

Je voudrais vous cacher une triste nouvelle,
Madame; mais il faut que je vous la révèle.
La mort vous a ravi votre invincible époux;
Et ce malheur n'est plus ignoré que de vous.

OENONE.

Panope, que dis-tu?

PANOPE.

Que la reine abusée
En vain demande au ciel le retour de Thésée,
Et que, par des vaisseaux arrivés dans le port,
Hippolyte, son fils, vient d'apprendre sa mort.

PHÈDRE.

Ciel !

PANOPE.

Pour le choix d'un maître Athènes se partage :
Au prince votre fils l'un donne son suffrage,
Madame; et de l'état l'autre, oubliant les lois,
Au fils de l'étrangère ose donner sa voix.
On dit même qu'au trône une brigue insolente
Veut placer Aricie et le sang de Pallante.
J'ai cru de ce péril vous devoir avertir.
Déjà même Hippolyte est tout prêt à partir;
Et l'on craint, s'il paraît dans ce nouvel orage,
Qu'il n'entraîne après lui tout un peuple volage.

OENONE.

Panope, c'est assez : la reine, qui t'entend,
Ne négligera point cet avis important.

SCÈNE V.
PHEDRE, OENONE.

OENONE.

Madame, je cessais de vous presser de vivre
Déjà même au tombeau je songeais à vous suivre:
Pour vous en détourner je n'avais plus de voix,
Mais ce nouveau malheur vous prescrit d'autres lois.
Votre fortune change et prend une autre face :
Le roi n'est plus, madame; il faut prendre sa place.
Sa mort vous laisse un fils à qui vous vous devez;
Esclave s'il vous perd, et roi si vous vivez.
Sur qui, dans son malheur, voulez-vous qu'il s'appuie?
Ses larmes n'auront plus de main qui les essuie;
Et ses cris innocents, portés jusques aux dieux,
Iront contre sa mère irriter ses aïeux.
Vivez, vous n'avez plus de reproche à vous faire;
Votre flamme devient une flamme ordinaire;
Thésée en expirant vient de rompre les nœuds
Qui faisaient tout le crime et l'horreur de vos feux.
Hippolyte pour vous devient moins redoutable;
Et vous pouvez le voir sans vous rendre coupable.
Peut-être, convaincu de votre aversion,
Il va donner un chef à la sédition :
Détrompez son erreur, fléchissez son courage.
Roi de ces bords heureux, Trézène est son partage.
Mais il sait que les lois donnent à votre fils
Les superbes remparts que Minerve a bâtis.
Vous avez l'un et l'autre une juste ennemie :
Unissez-vous tous deux pour combattre Aricie.

PHÈDRE.

Hé bien ! à tes conseils je me laisse entraîner.
Vivons, si vers la vie on peut me ramener,
Et si l'amour d'un fils, en ce moment funeste,
De mes faibles esprits peut ranimer le reste.

FIN DU PREMIER ACTE.

ACTE II.

SCÈNE PREMIÈRE.
ARICIE, ISMÈNE.

ARICIE.

Hippolyte demande à me voir en ce lieu?
Hippolyte me cherche, et veut me dire adieu?
Ismène, dis-tu vrai? n'es-tu point abusée?

ISMÈNE.

C'est le premier effet de la mort de Thésée.
Préparez-vous, madame, à voir de tous côtés
Voler vers vous les cœurs par Thésée écartés.
Aricie, à la fin, de son sort est maîtresse,
Et bientôt à ses pieds verra toute la Grèce.

ARICIE.

Ce n'est donc point, Ismène, un bruit mal affermi?
Je cesse d'être esclave, et n'ai plus d'ennemi?

ISMÈNE.

Non, madame, les dieux ne vous sont plus contraires;
Et Thésée a rejoint les mânes de vos frères.

ARICIE.

Dit-on quelle aventure a terminé ses jours !

ISMÈNE.

On sème de sa mort d'incroyables discours.
On dit que, ravisseur d'une amante nouvelle,
Les flots ont englouti cet époux infidèle.
On dit même, et ce bruit est partout répandu,
Qu'avec Pirithoüs aux enfers descendu,
Il a vu le Cocyte et les rivages sombres,
Et s'est montré vivant aux infernales ombres;
Mais qu'il n'a pu sortir de ce triste séjour,
Et repasser les bords qu'on passe sans retour.

ARICIE.
Croirai-je qu'un mortel, avant sa dernière heure,
Peut pénétrer des morts la profonde demeure ?
Quel charme l'attirait sur ces bords redoutés ?

ISMÈNE.
Thésée est mort, madame, et vous seule en doutez :
Athènes en gémit ; Trézène en est instruite,
Et déjà pour son roi reconnaît Hippolyte ;
Phèdre, dans ce palais, tremblante pour son fils,
De ses amis troublés demande les avis.

ARICIE.
Et tu crois que, pour moi plus humain que son père
Hippolyte rendra ma chaîne plus légère ;
Qu'il plaindra mes malheurs ?

ISMÈNE.
Madame, je le croi.

ARICIE.
L'insensible Hippolyte est-il connu de toi ?
Sur quel frivole espoir penses-tu qu'il me plaigne,
Et respecte en moi seule un sexe qu'il dédaigne ?
Tu vois depuis quel temps il évite nos pas,
Et cherche tous les lieux où nous ne sommes pas.

ISMÈNE.
Je sais de ses froideurs tout ce que l'on récite,
Mais j'ai vu près de vous ce superbe Hippolyte ;
Et même, en le voyant, le bruit de sa fierté
A redoublé pour lui ma curiosité.
Sa présence à ce bruit n'a point paru répondre :
Dès vos premiers regards je l'ai vu se confondre ;
Ses yeux, qui vainement voulaient vous éviter,
Déjà pleins de langueur, ne pouvaient vous quitter.
Le nom d'amant peut-être offense son courage ;
Mais il en a les yeux, s'il n'en a le langage.

ARICIE.
Que mon cœur, chère Ismène, écoute avidement
Un discours qui peut-être a peu de fondement !
O toi qui me connais ! te semblait-il croyable
Que le triste jouet d'un sort impitoyable,
Un cœur toujours nourri d'amertume et de pleurs,
Dût connaître l'amour et ses faibles douleurs ?
Reste du sang d'un roi, noble fils de la Terre,
Je suis seule échappée aux fureurs de la guerre :
J'ai perdu, dans la fleur de leur jeune saison,
Six frères... Quel espoir d'une illustre maison !
Le fer moissonna tout ; et la terre humectée
But à regret le sang des neveux d'Erechthée...
Tu sais depuis leur mort, quelle sévère loi
Défend à tous les Grecs de soupirer pour moi :
On craint que de la sœur les flammes téméraires
Ne ranimaient un jour la cendre de ses frères.
Mais tu sais bien aussi de quel œil dédaigneux
Je regardais ce soin d'un vainqueur soupçonneux :
Tu sais que, de tout temps à l'amour opposée,
Je rendais souvent grace à l'injuste Thesée,
Dont l'heureuse rigueur secondait mes mépris.
Mes yeux alors, mes yeux n'avaient pas vu son fils.
Non que, par les yeux seuls lâchement enchantée,
J'aime en lui sa beauté, sa grace tant vantée,
Présents dont la nature a voulu l'honorer,
Qu'il méprise lui-même, et qu'il semble ignorer :
J'aime, je prise en lui de plus nobles richesses ;
Les vertus de son père, et non point ses faiblesses :
J'aime, je l'avouerai, cet orgueil généreux
Qui n'a jamais fléchi sous le joug amoureux.
Phèdre en vain s'honorait des soupirs de Thesée :
Pour moi, je suis plus fière, et fuis la gloire aisée
D'arracher un hommage à mille autres offert,
Et d'entrer dans un cœur de toutes parts ouvert.
Mais de faire fléchir un courage inflexible,
De porter la douleur dans une ame insensible,
D'enchaîner un captif de ses fers étonné,
Contre un joug qui lui plaît vainement mutiné ;
C'est là ce que je veux, c'est là ce qui m'irrite.
Hercule à désarmer coûtait moins qu'Hippolyte ;
Et vaincu plus souvent, et plus tôt surmonté,
Préparait moins de gloire aux yeux qui l'ont dompté.
Mais, chère Ismène, hélas ! quelle est mon imprudence !
On ne m'opposera que trop de résistance :

Tu m'entendras peut-être, humble dans mon ennui,
Gémir du même orgueil que j'admire aujourd'hui.
Hippolyte aimerait ! Par quel bonheur extrême
Aurais-je pu fléchir...

ISMÈNE.
Vous l'entendrez lui-même.
Il vient à vous.

SCÈNE II.

HIPPOLYTE, ARICIE, ISMÈNE.

HIPPOLYTE.
Madame, avant que de partir,
J'ai cru de votre sort vous devoir avertir.
Mon père ne vit plus. Ma juste défiance
Présageait les raisons de sa trop longue absence :
La mort seule, bornant ses travaux éclatants,
Pouvait à l'univers le cacher si longtemps.
Les dieux livrent enfin à la parque homicide
L'ami, le compagnon, le successeur d'Alcide.
Je crois que votre haine, épargnant ses vertus,
Ecoute sans regret ces noms qui lui sont dus.
Un espoir adoucit ma tristesse mortelle :
Je puis vous affranchir d'une austère tutelle ;
Je revoque des lois dont j'ai plaint la rigueur.
Vous pouvez disposer de vous, de votre cœur :
Et, dans cette Trézène, aujourd'hui mon partage,
De mon aïeul Pitthée autrefois l'héritage,
Qui m'a, sans balancer, reconnu pour son roi,
Je vous laisse aussi libre, et plus libre que moi.

ARICIE.
Modérez des bontés dont l'excès m'embarrasse.
D'un soin si généreux honorer ma disgrace,
Seigneur, c'est me ranger, plus que vous ne pensez,
Sous ces austères lois dont vous me dispensez.

HIPPOLYTE.
Du choix d'un successeur Athènes incertaine,
Parle de vous, me nomme, et le fils de la reine.

ARICIE.
De moi, seigneur ?

HIPPOLYTE.
Je sais, sans vouloir me flatter,
Qu'une superbe loi semble me rejeter :
La Grèce me reproche une mère étrangère.
Mais, si pour concurrent je n'avais que mon frère,
Madame, j'ai sur lui de véritables droits
Que je saurais sauver du caprice des lois.
Un frein plus légitime arrête mon audace :
Je vous cede, ou plutôt je vous rends une place,
Un sceptre que jadis vos aïeux ont reçu
De ce fameux mortel que la Terre a conçu.
L'adoption le mit entre les mains d'Egée.
Athènes, par mon père accrue et protégée,
Reconnut avec joie un roi si généreux,
Et laissa dans l'oubli vos frères malheureux.
Athènes dans ses murs maintenant vous rappelle :
Assez elle a gémi d'une longue querelle ;
Assez dans ses sillons votre sang englouti
A fait fumer le champ dont il était sorti.
Trézène m'obeit. Les campagnes de Crète
Offrent au fils de Phèdre une riche retraite.
L'Attique est votre bien. Je pars, et vais, pour vous
Réunir tous les vœux partagés entre nous.

ARICIE.
De tout ce que j'entends, étonnée et confuse,
Je crains presque, je crains qu'un songe ne m'abuse.
Veillé-je ? puis-je croire un semblable dessein ?
Quel dieu, seigneur, quel dieu l'a mis dans votre sein ?
Qu'à bon droit votre gloire en tous lieux est semée !
Et que la vérité passe la renommée !
Vous-même, en ma faveur, vous voulez vous trahir !
N'etait-ce pas assez de ne me point haïr,
Et d'avoir si longtemps pu defendre votre ame
De cette inimitié...

HIPPOLYTE.
Moi, vous haïr, madame !

Avec quelques couleurs qu'on ait peint ma fierté,
Croit-on que dans ses flancs un monstre m'ait porté?
Quelles sauvages mœurs, quelle haine endurcie
Pourrait, en vous voyant, n'être point adoucie?
Ai-je pu résister au charme décevant...

ARICIE.

Quoi, seigneur!

HIPPOLYTE.

Je me suis engagé trop avant.
Je vois que la raison cède à la violence :
Puisque j'ai commencé de rompre le silence,
Madame, il faut poursuivre, il faut vous informer
D'un secret que mon cœur ne peut plus renfermer.
Vous voyez devant vous un prince déplorable,
D'un téméraire orgueil exemple mémorable.
Moi qui, contre l'amour fièrement révolté,
Aux fers de ses captifs ai longtemps insulté;
Qui des faibles mortels déplorant les naufrages,
Pensais toujours du bord contempler les orages;
Asservi maintenant sous la commune loi,
Par quel trouble me vois-je emporté loin de moi!
Un moment a vaincu mon audace imprudente :
Cette ame si superbe est enfin dépendante.
Depuis près de six mois, honteux, désespéré,
Portant partout le trait dont je suis déchiré,
Contre vous, contre moi, vainement je m'éprouve :
Présente, je vous fuis; absente, je vous trouve;
Dans le fond des forêts votre image me suit ;
La lumière du jour, les ombres de la nuit,
Tout retrace à mes yeux les charmes que j'évite;
Tout vous livre à l'envi le rebelle Hippolyte.
Moi-même, pour tout fruit de mes soins superflus,
Maintenant je me cherche, et ne me trouve plus;
Mon arc, mes javelots, mon char, tout m'importune;
Je ne me souviens plus des leçons de Neptune;
Mes seuls gémissements font retentir les bois,
Et mes coursiers oisifs ont oublié ma voix.
Peut-être le récit d'un amour si sauvage
Vous fait, en m'écoutant, rougir de votre ouvrage.
D'un cœur qui s'offre à vous quel farouche entretien!
Quel étrange captif pour un si beau lien!
Mais l'offrande à vos yeux en doit être plus chère;
Songez que je vous parle une langue étrangère;
Et ne rejetez pas des vœux mal exprimés,
Qu'Hippolyte sans vous n'aurait jamais formés.

SCÈNE III.

HIPPOLYTE, ARICIE, THÉRAMÈNE, ISMÈNE.

THÉRAMÈNE.

Seigneur, la reine vient, et je l'ai devancée :
Elle vous cherche.

HIPPOLYTE.

Moi?

THÉRAMÈNE.

J'ignore sa pensée.
Mais on vous est venu demander de sa part.
Phèdre vous veut parler avant votre départ.

HIPPOLYTE.

Phèdre! que lui dirai-je? et que peut-elle attendre?..

ARICIE.

Seigneur, vous ne pouvez refuser de l'entendre :
Quoique trop convaincu de son inimitié,
Vous devez à ses pleurs quelque ombre de pitié.

HIPPOLYTE.

Cependant vous sortez. Et je pars; et j'ignore
Si je n'offense point les charmes que j'adore!
J'ignore si ce cœur que je laisse en vos mains...

ARICIE.

Partez, prince, et suivez vos généreux desseins;
Rendez de mon pouvoir Athènes tributaire.
J'accepte tous les dons que vous voulez me faire.
Mais cet empire enfin si grand, si glorieux,
N'est pas de vos présents le plus cher à mes yeux.

SCÈNE IV.

HIPPOLYTE, THÉRAMÈNE.

HIPPOLYTE.

Ami, tout est-il prêt? mais la reine s'avance.
Va, que pour le départ tout s'arme en diligence.
Fais donner le signal, cours, ordonne; et revien
Me délivrer bientôt d'un fâcheux entretien.

SCÈNE V.

PHÈDRE, HIPPOLYTE, OENONE.

PHÈDRE, à OEnone, dans le fond du théâtre.

Le voici : Vers mon cœur tout mon sang se retire.
J'oublie, en le voyant, ce que je viens lui dire.

OENONE.

Souvenez-vous d'un fils qui n'espère qu'en vous.

PHÈDRE.

On dit qu'un prompt départ vous éloigne de nous,
Seigneur. A vos douleurs je viens joindre mes larmes;
Je vous viens pour un fils expliquer mes alarmes.
Mon fils n'a plus de père; et le jour n'est pas loin
Qui de ma mort encor doit le rendre témoin.
Déjà mille ennemis attaquent son enfance;
Vous seul pouvez contre eux embrasser sa défense.
Mais un secret remords agite mes esprits :
Je crains d'avoir fermé votre oreille à ses cris.
Je tremble que sur lui votre juste colère
Ne poursuive bientôt une odieuse mère.

HIPPOLYTE.

Madame, je n'ai point de sentiments si bas.

PHÈDRE.

Quand vous me haïriez, je ne m'en plaindrais pas,
Seigneur; vous m'avez vue attachée à vous nuire;
Dans le fond de mon cœur vous ne pouvez pas lire.
A votre inimitié j'ai pris soin de m'offrir;
Aux bords que j'habitais je n'ai pu vous souffrir;
En public, en secret, contre vous déclarée,
J'ai voulu par des mers en être séparée;
J'ai même défendu, par une expresse loi,
Qu'on osât prononcer votre nom devant moi.
Si pourtant à l'offense on mesure la peine,
Si la haine peut seule attirer votre haine,
Jamais femme ne fut plus digne de pitié,
Et moins digne, seigneur, de votre inimitié.

HIPPOLYTE.

Des droits de ses enfants une mère jalouse
Pardonne rarement au fils d'une autre épouse;
Madame, je le sais : les soupçons importuns
Sont d'un second hymen les fruits les plus communs.
Tout autre aurait pour moi pris les mêmes ombrages,
Et j'en aurais peut-être essuyé plus d'outrages.

PHÈDRE.

Ah, seigneur! que le ciel, j'ose ici l'attester,
De cette loi commune a voulu m'excepter!
Qu'un soin bien différent me trouble et me dévore!

HIPPOLYTE.

Madame, il n'est pas temps de vous troubler encore :
Peut-être votre époux voit encore le jour;
Le ciel peut à nos pleurs accorder son retour.
Neptune le protège, et ce dieu tutélaire
Ne sera pas en vain imploré par mon père.

PHÈDRE.

On ne voit point deux fois le rivage des morts,
Seigneur : puisque Thésée a vu les sombres bords,
En vain vous espérez qu'un dieu vous le renvoie :
Et l'avare Achéron ne lâche point sa proie.
Que dis-je! il n'est point mort, puisqu'il respire en vous.
Toujours devant mes yeux je crois voir mon époux :
Je le vois, je lui parle; et mon cœur... Je m'égare,
Seigneur, ma folle ardeur malgré moi se déclare.

HIPPOLYTE.

Je vois de votre amour l'effet prodigieux :
Tout mort qu'il est, Thésée est présent à vos yeux,
Toujours de son amour votre âme est embrasée.

PHÈDRE.

Oui, prince, je languis, je brûle pour Thésée :
Je l'aime, non point tel que l'ont vu les enfers,
Volage adorateur de mille objets divers,
Qui va du dieu des morts déshonorer la couche;
Mais fidèle, mais fier, et même un peu farouche,
Charmant, jeune, traînant tous les cœurs après soi,
Tel qu'on dépeint vos yeux, ou tel que je vous voi.
Il avait votre port, vos yeux, votre langage;
Cette noble pudeur colorait son visage,
Lorsque de notre Crète il traversa les flots,
Digne sujet des vœux des filles de Minos.
Que faisiez-vous alors? Pourquoi, sans Hippolyte,
Des héros de la Grèce assembla-t-il l'élite?
Pourquoi, trop jeune encor, ne pûtes-vous alors
Entrer dans le vaisseau qui le mit sur nos bords?
Par vous aurait péri le monstre de la Crète,
Malgré tous les détours de sa vaste retraite :
Pour en développer l'embarras incertain
Ma sœur du fil fatal eût armé votre main.
Mais non : dans ce dessein je l'aurais devancée;
L'amour m'en eût d'abord inspiré la pensée:
C'est moi, prince, c'est moi, dont l'utile secours
Vous eût du labyrinthe enseigné les détours.
Que de soins m'eût coûté cette tête charmante!
Un fil n'eût point assez rassuré votre amante:
Compagne du péril qu'il vous fallait chercher,
Moi-même devant vous j'aurais voulu marcher;
Et Phèdre au labyrinthe avec vous descendue
Se serait avec vous retrouvée ou perdue.

HIPPOLYTE.

Dieux! qu'est-ce que j'entends? Madame, oubliez-vous
Que Thésée est mon père, et qu'il est votre époux?

PHÈDRE.

Et sur quoi jugez-vous que j'en perds la mémoire,
Prince? aurais-je perdu tout le soin de ma gloire?

HIPPOLYTE.

Madame, pardonnez : j'avoue en rougissant
Que j'accusais à tort un discours innocent.
Ma honte ne peut plus soutenir votre vue;
Et je vais...

PHÈDRE.

Ah, cruel! tu m'as trop entendue!
Je t'en ai dit assez pour te tirer d'erreur.
Hé bien! connais donc Phèdre et toute sa fureur :
J'aime. Ne pense pas qu'au moment que je t'aime,
Innocente à mes yeux, je m'approuve moi-même;
Ni que du fol amour qui trouble ma raison
Ma lâche complaisance ait nourri le poison;
Objet infortuné des vengeances célestes,
Je m'abhorre encor plus que tu ne me détestes.
Les dieux m'en sont témoins, ces dieux qui dans mon
Ont allumé le feu fatal à tout mon sang; (flanc
Ces dieux qui se sont fait une gloire cruelle
De séduire le cœur d'une faible mortelle
Toi-même en ton esprit rappelle le passé:
C'est peu de t'avoir fui, cruel, je t'ai chassé,
J'ai voulu te paraître odieuse, inhumaine;
Pour te mieux résister j'ai recherché ta haine.
De quoi m'ont profité mes inutiles soins?
Tu me haïssais plus, je ne t'aimais pas moins;
Tes malheurs te prêtaient encor de nouveaux charmes.
J'ai langui, j'ai séché dans les feux, dans les larmes:
Il suffit de tes yeux pour t'en persuader,
Si tes yeux un moment pouvaient me regarder.
Que dis-je? Cet aveu que je te viens de faire,
Cet aveu si honteux, le crois-tu volontaire?
Tremblante pour un fils que je n'osais trahir,
Je te venais prier de ne le point haïr;
Faibles projets d'un cœur trop plein de ce qu'il aime!
Hélas! je ne t'ai pu parler que de toi-même!
Venge-toi, punis-moi d'un odieux amour :
Digne fils du héros qui t'a donné le jour,
Délivre l'univers d'un monstre qui t'irrite.
La veuve de Thésée ose aimer Hippolyte!
Crois-moi, ce monstre affreux ne doit point t'échapper :
Voilà mon cœur : c'est là que ta main doit frapper.
Impatient déjà d'expier son offense,
Au-devant de ton bras je le sens qui s'avance.
Frappe; ou si tu le crois indigne de tes coups,
Si ta haine m'envoie un supplice si doux,
Ou si d'un sang trop vil ta main serait trempée,
Au défaut de ton bras prête-moi ton épée;
Donne.

OENONE.

Que faites-vous, madame! Justes Dieux!
Mais on vient : évitez des témoins odieux.
Venez, rentrez, fuyez une honte certaine.

SCÈNE VI.

HIPPOLYTE, THÉRAMÈNE.

THÉRAMÈNE.

Est-ce Phèdre qui fuit, ou plutôt qu'on entraîne!
Pourquoi, seigneur, pourquoi ces marques de douleur?
Je vous vois sans épée, interdit, sans couleur!

HIPPOLYTE.

Théramène, fuyons. Ma surprise est extrême.
Je ne puis sans horreur me regarder moi-même.
Phèdre... Mais non, grands dieux! qu'en un profond
Cet horrible secret demeure enseveli.   [oubli.

THÉRAMÈNE.

Si vous voulez partir la voile est préparée.
Mais Athènes, seigneur, s'est déjà déclarée;
Ses chefs ont pris les voix de toutes ses tribus;
Votre frère l'emporte; et Phèdre a le dessus.

HIPPOLYTE.

Phèdre?

THÉRAMÈNE.

Un héraut chargé des volontés d'Athènes
De l'état en ses mains vient remettre les rênes.
Son fils est roi, seigneur.

HIPPOLYTE.

Dieux, qui la connaissez,
Est-ce donc sa vertu que vous récompensez?

THÉRAMÈNE.

Cependant un bruit sourd veut que le roi respire;
On prétend que Thésée a paru dans l'Epire;
Mais moi qui l'y cherchai, seigneur, je sais trop bien...

HIPPOLYTE.

N'importe; écoutons tout, et ne négligeons rien;
Examinons ce bruit, remontons à sa source :
S'il ne mérite pas d'interrompre ma course,
Partons; et, quelque prix qu'il en puisse coûter,
Mettons le sceptre aux mains dignes de le porter.

FIN DU SECOND ACTE.

ACTE III.

SCÈNE PREMIÈRE.
PHÈDRE, OENONE.

PHÈDRE.

Ah! que l'on porte ailleurs les honneurs qu'on m'en-
Importune, peux-tu souhaiter qu'on me voie? (voie:
De quoi viens-tu flatter mon esprit désolé?
Cache-moi bien plutôt; je n'ai que trop parlé.
Mes fureurs au dehors ont osé se répandre;
J'ai dit ce que jamais on ne devait entendre.
Ciel! comme il m'écoutait! Par combien de détours
L'insensible a longtemps éludé mes discours!
Comme il ne respirait qu'une retraite prompte!
Et combien sa rougeur a redoublé ma honte!
Pourquoi détournais-tu mon funeste dessein?
Hélas! quand son épée allait chercher mon sein,
A-t-il pâli pour moi? me l'a-t-il arrachée?
Il suffit que ma main l'ait une fois touchée,
Je l'ai rendue horrible à ses yeux inhumains.
Et ce fer malheureux profanerait ses mains.

OENONE.

Ainsi, dans vos malheurs ne songeant qu'à vous pla (dre,
Vous nourrissez un feu qu'il vous faudrait éteindre. (u-
Ne vaudrait-il pas mieux, digne sang de Minos,
Dans de plus nobles soins chercher votre repos;
Contre un ingrat qui plaît recourir à la fuite,
Régner, et de l'état embrasser la conduite?

PHÈDRE.

Moi, régner! moi ranger un état sous ma loi,
Quand ma faible raison ne règne plus sur moi!
Lorsque j'ai de mes sens abandonné l'empire!
Quand sous un joug honteux à peine je respire!
Quand je me meurs!

OENONE.

Fuyez.

PHÈDRE.

Je ne le puis quitter.

OENONE.

Vous l'osâtes bannir, vous n'osez l'éviter?

PHÈDRE.

Il n'est plus temps : il sait mes ardeurs insensées.
De l'austère pudeur les bornes sont passées :
J'ai déclaré ma honte aux yeux de mon vainqueur,
Et l'espoir malgré moi s'est glissé dans mon cœur.
Toi-même, rappelant ma force défaillante,
Et mon âme déjà sur mes lèvres errante,
Par tes conseils flatteurs tu m'as su ranimer;
Tu m'as fait entrevoir que je pouvais l'aimer.

OENONE.

Hélas! de vos malheurs innocente ou coupable,
De quoi pour vous sauver n'étais-je point capable?
Mais si jamais l'offense irrita vos esprits,
Pouvez-vous d'un superbe oublier les mépris?
Avec quels yeux cruels sa rigueur obstinée
Vous laissait à ses pieds peu s'en faut prosternée!
Que son farouche orgueil le rendait odieux!
Que Phèdre en ce moment n'avait-elle mes yeux!

PHÈDRE.

OEnone, il peut quitter cet orgueil qui te blesse;
Nourri dans les forêts, il en a la rudesse.
Hippolyte, endurci par de sévères lois,
Entend parler d'amour pour la première fois:
Peut-être sa surprise a causé son silence,
Et nos plaintes peut-être ont trop de violence.

OENONE.

Songez qu'une barbare en son sein l'a formé.

PHÈDRE.

Quoique Scythe et barbare elle a pourtant aimé.

OENONE.

Il a pour tout le sexe une haine fatale.

PHÈDRE.

Je ne me verrai point préférer de rivale.
Enfin, tous tes conseils ne sont plus de saison :
Sers ma fureur, OEnone, et non point ma raison.
Il oppose à l'amour un cœur inaccessible :
Cherchons pour l'attaquer quelque endroit plus sen-
Les charmes d'un empire ont paru le toucher; (sible:
Athènes l'attirait, il n'a pu s'en cacher;
Déjà de ses vaisseaux la pointe était tournée,
Et la voile flottait aux vents abandonnée.
Va trouver de ma part ce jeune ambitieux,
OEnone; fais briller la couronne à ses yeux :
Qu'il mette sur son front le sacré diadême :
Je ne veux que l'honneur de l'attacher moi-même.
Cédons-lui ce pouvoir que je ne puis garder.
Il instruira mon fils dans l'art de commander;
Peut-être il voudra bien lui tenir lieu de père :
Je mets sous son pouvoir et le fils et la mère.
Pour le fléchir enfin tente tous les moyens;
Tes discours trouveront plus d'accès que les miens :
Presse, pleure, gémis; peins-lui Phèdre mourante,
Ne rougis point de prendre une voix suppliante :
Je t'avouerai de tout; je n'espère qu'en toi.
Va : j'attends ton retour pour disposer de moi.

SCÈNE II.
PHÈDRE.

O toi, qui vois la honte où je suis descendue,
Implacable Vénus, suis-je assez confondue!
Tu ne saurais plus loin pousser la cruauté.
Ton triomphe est parfait; tous tes traits ont porté.
Cruelle, si tu veux une guerre nouvelle,
Attaque un ennemi qui te soit plus rebelle.
Hippolyte te fuit; et, bravant ton courroux,
Jamais à tes genoux n'a fléchi les genoux;
Ton nom semble offenser ses superbes oreilles :
Déesse, venge-toi; nos causes sont pareilles.
Qu'il aime... Mais déjà tu reviens sur tes pas
OEnone! On me déteste : on ne t'écoute pas?

SCÈNE III.
PHÈDRE, OENONE.

OENONE.

Il faut d'un vain amour étouffer la pensée,
Madame; rappelez votre vertu passée :
Le roi, qu'on a cru mort, va paraitre à vos yeux;
Thésée est arrivé, Thésée est dans ces lieux.
Le peuple pour le voir court et se précipite.
Je sortais par votre ordre, et cherchais Hippolyte,
Lorsque jusques au ciel mille cris élancés...

PHÈDRE.

Mon époux est vivant, OEnone; c'est assez.
J'ai fait l'indigne aveu d'un amour qui l'outrage;
Il vit : je ne veux pas en savoir davantage.

OENONE.

Quoi?

PHÈDRE.

Je te l'ai prédit; mais tu n'as pas voulu :
Sur mes justes remords tes pleurs ont prévalu.
Je mourais ce matin digne d'être pleurée;
J'ai suivi tes conseils; je meurs déshonorée.

OENONE.

Vous mourez?

PHÈDRE.

Juste ciel! qu'ai-je fait aujourd'hui!
Mon époux va paraitre et son fils avec lui!
Je verrai le témoin de ma flamme adultère
Observer de quel front j'ose aborder son père,
Le cœur gros de soupirs qu'il n'a point écoutés,
L'œil humide de pleurs par l'ingrat rebutés!
Penses-tu, sensible à l'honneur de Thésée,
Il lui cache l'ardeur dont je suis embrasée?
Laissera-t-il trahir et son père et son roi?
Pourra-t-il contenir l'horreur qu'il a pour moi?
Il se tairait en vain : je sais mes perfidies,
OEnone, et ne suis point de ces femmes hardies

Qui, goûtant dans le crime une tranquille paix,
Ont su se faire un front qui ne rougit jamais.
Je connais mes fureurs, je les rappelle toutes :
Il me semble déjà que ces murs, que ces voûtes,
Vont prendre la parole, et, prêts à m'accuser,
Attendent mon époux pour le désabuser.
Mourons : de tant d'horreurs qu'un trépas me délivre
Est-ce un malheur si grand que de cesser de vivre ?
La mort aux malheureux ne cause point d'effroi ;
Je ne crains que le nom que je laisse après moi.
Pour mes tristes enfants quel affreux héritage !
Le sang de Jupiter doit enfler mon courage,
Mais quelque juste orgueil qu'inspire un sang si beau,
Le crime d'une mère est un pesant fardeau.
Je tremble qu'un discours, hélas ! trop véritable,
Un jour ne leur reproche une mère coupable.
Je tremble qu'opprimés de ce poids odieux
L'un ni l'autre jamais n'osent lever les yeux.

OENONE.

Il ne faut point douter, je les plains l'un et l'autre ;
Jamais crainte ne fut plus juste que la vôtre.
Mais à de tels affronts pourquoi les exposer ?
Pourquoi contre vous-même allez-vous déposer ?
C'en est fait : on dira que Phèdre, trop coupable,
De son époux trahi fuit l'aspect redoutable.
Hippolyte est heureux qu'aux dépens de vos jours
Vous-même en expirant appuyiez ses discours.
A votre accusateur que pourrai-je répondre ?
Je serai devant lui trop facile à confondre :
De son triomphe affreux je le verrai jouir,
Et conter votre honte à qui voudra l'ouïr.
Ah ! que plutôt du ciel la flamme me dévore !
Mais, ne me trompez point, vous est-il cher encore ?
De quel œil voyez-vous ce prince audacieux ?

PHÈDRE.

Je le vois comme un monstre effroyable à mes yeux.

OENONE.

Pourquoi donc lui céder une victoire entière ?
Vous le craignez : osez l'accuser la première
Du crime dont il peut vous charger aujourd'hui.
Qui vous démentira ? Tout parle contre lui ;
Son épée en vos mains heureusement laissée,
Votre trouble présent, votre douleur passée,
Son père par vos cris dès longtemps prévenu,
Et déjà son exil par vous-même obtenu.

PHÈDRE.

Moi, que j'ose opprimer et noircir l'innocence !

OENONE.

Mon zèle n'a besoin que de votre silence.
Tremblante comme vous, j'en sens quelques remords.
Vous me verriez plus prompte affronter mille morts.
Mais, puisque je vous perds sans ce triste remède,
Votre vie est pour moi d'un prix à qui tout cède :
Je parlerai. Thésée, aigri par mes avis,
Bornera sa vengeance à l'exil de son fils :
Un père en punissant, madame, est toujours père ;
Un supplice léger suffit à sa colère.
Mais, le sang innocent dût-il être versé,
Que ne demande point votre honneur menacé ?
C'est un trésor trop cher pour oser le commettre.
Quelque loi qu'il vous dicte, il faut vous y soumettre,
Madame ; et pour sauver votre honneur combattu,
Il faut immoler tout, et même la vertu.
On vient ; je vois Thésée.

PHÈDRE.

Ah ! je vois Hippolyte ·
Dans ses yeux insolents je vois ma perte écrite.
Fais ce que tu voudras, je m'abandonne à toi.
Dans le trouble où je suis, je ne puis rien pour moi.

SCÈNE IV.

THÉSÉE, HIPPOLYTE, PHÈDRE, OENONE,
THÉRAMÈNE.

THÉSÉE.

La fortune à mes vœux cesse d'être opposée,
Madame, et dans mes bras met...

PHÈDRE.

Arrêtez, Thésée,
Et ne profanez point des transports si charmants :
Je ne mérite plus ces doux empressements ;
Vous êtes offensé. La fortune jalouse
N'a pas en votre absence épargné votre épouse.
Indigne de vous plaire et de vous approcher,
Je ne dois désormais songer qu'à me cacher.

SCÈNE V.
THÉSÉE, HIPPOLYTE, THÉRAMÈNE.

THÉSÉE.

Quel est l'étrange accueil qu'on fait à votre père.
Mon fils ?

HIPPOLYTE.

Phèdre peut seul expliquer ce mystère.
Mais, si mes vœux ardents vous peuvent émouvoir,
Permettez-moi, seigneur, de ne la plus revoir ;
Souffrez que pour jamais le tremblant Hippolyte
Disparaisse des lieux que votre épouse habite.

THÉSÉE.

Vous, mon fils, me quitter ?

HIPPOLYTE.

Je ne la cherchais pas :
C'est vous qui sur ces bords conduisîtes ses pas.
Vous daignâtes, seigneur, aux rives de Trézène
Confier en partant Aricie et la reine ;
Je fus même chargé du soin de les garder.
Mais quels soins désormais peuvent me retarder ?
Assez dans les forêts mon oisive jeunesse
Sur de vils ennemis a montré son adresse :
Ne pourrai-je, en fuyant un indigne repos,
D'un sang plus glorieux teindre mes javelots ?
Vous n'aviez pas encore atteint l'âge où je touche
Déjà plus d'un tyran, plus d'un monstre farouche
Avait de votre bras senti la pesanteur,
Déjà, de l'insolence heureux persécuteur,
Vous aviez des deux mers assuré les rivages ;
Le libre voyageur ne craignait plus d'outrages ;
Hercule, respirant sur le bruit de vos coups,
Déjà de son travail se reposait sur vous.
Et moi, fils inconnu d'un si glorieux père,
Je suis même encor loin des traces de ma mère.
Souffrez que mon courage ose enfin s'occuper :
Souffrez, si quelque monstre a pu vous échapper,
Que j'apporte à vos pieds sa dépouille honorable,
Ou que d'un beau trépas la mémoire durable,
Eternisant des jours si noblement finis,
Prouve à tout l'avenir que j'étais votre fils.

THÉSÉE.

Que vois-je ? quelle horreur, dans ces lieux répandue
Fait fuir devant mes yeux ma famille éperdue ?
Si je reviens si craint et si peu désiré,
O ciel ! de ma prison pourquoi m'a-tu tiré ?
Je n'avais qu'un ami : son imprudente flamme
Du tyran de l'Epire allait ravir la femme ;
Je servais à regret ses desseins amoureux ;
Mais le sort irrité nous aveuglait tous deux.
Le tyran m'a surpris sans défense et sans armes.
J'ai vu Pirithoüs, triste objet de mes larmes,
Livré par ce barbare à des monstres cruels
Qu'il nourrissait du sang des malheureux mortels.
Moi-même il m'enferma dans les cavernes sombres
Lieux profonds et voisins de l'empire des ombres.
Les dieux, après six mois, enfin m'ont regardé :
J'ai su tromper les yeux par qui j'étais gardé.
D'un perfide ennemi j'ai purgé la nature ;
A ses monstres lui-même a servi de pâture.
Et lorsqu'avec transport je pense m'approcher
De tout ce que les dieux m'ont laissé de plus cher,
Que dis-je ? quand mon ame, à soi-même rendue
Vient se rassasier d'une si chère vue,
Je n'ai pour tout accueil que des frémissements.
Tout fuit, tout se refuse à mes embrassements :
Et moi-même, éprouvant la terreur qu'il j'inspire ;
Je voudrais être encor dans les prisons d'Epire.
Parlez. Phèdre se plaint que je suis outragé.
Qui m'a trahi ? Pourquoi ne suis-je pas vengé ?

La Grèce, à qui mon bras fut tant de fois utile,
A-t-elle au criminel accordé quelque asile?
Vous ne répondez point! Mon fils, mon propre fils,
Est-il d'intelligence avec mes ennemis?
Entrons; c'est trop garder un doute qui m'accable,
Connaissons à la fois et le crime et le coupable;
Que Phèdre explique enfin le trouble où je la voi.

SCÈNE VI.

HIPPOLYTE, THÉRAMÈNE.

HIPPOLYTE.

Où tendait ce discours qui m'a glacé d'effroi!
Phèdre, toujours en proie à sa fureur extrême,
Veut-elle s'accuser et se perdre elle-même?
Dieux! que dira le roi? Quel funeste poison
L'amour a répandu sur toute sa maison!
Moi-même, plein d'un feu que sa haine réprouve,
Quel il m'a vu jadis, et quel il me retrouve!
De noirs pressentiments viennent m'épouvanter.
Mais l'innocence enfin n'a rien à redouter:
Allons: cherchons ailleurs par quelle heureuse adresse
Je pourrai de mon père émouvoir la tendresse,
Et lui dire un amour qu'il peut vouloir troubler
Mais que tout son pouvoir ne saurait ébranler.

FIN DU TROISIÈME ACTE.

ACTE IV.

SCÈNE PREMIÈRE.

THÉSÉE, OENONE.

THÉSÉE.

Ah! qu'est-ce que j'entends? Un traître, un téméraire
Préparait cet outrage à l'honneur de son père!
Avec quelle rigueur, destin, tu me poursuis!
Je ne sais où je vais, je ne sais où je suis.
O tendresse! ô bonté trop mal récompensée!
Projet audacieux! détestable pensée!
Pour parvenir au but de ses noirs amours,
L'insolent de la force empruntait le secours!
J'ai reconnu le fer, instrument de sa rage,
Ce fer dont je l'armai pour un plus noble usage.
Tous les liens du sang n'ont pu le retenir!
Et Phèdre différait à le faire punir!
Le silence de Phèdre épargnait le coupable!

OENONE.

Phèdre épargnait plutôt un père déplorable:
Honteuse du dessein d'un amant furieux
Et du feu criminel qu'il a pris dans ses yeux,
Phèdre mourait, seigneur, et sa main meurtrière
Éteignait de ses yeux l'innocente lumière.
J'ai vu lever le bras, j'ai couru la sauver.
Moi seule à votre amour j'ai su la conserver;
Et, plaignant à la fois son trouble et vos alarmes,
J'ai servi, malgré moi, d'interprète à ses larmes.

THÉSÉE.

Le perfide! Il n'a pu s'empêcher de pâlir:
De crainte, en m'abordant, je l'ai vu tressaillir.
Je me suis étonné de son peu d'allégresse;
Ses froids embrassements ont glacé ma tendresse.
Mais ce coupable amour dont il est dévoré
Dans Athènes déjà s'était-il déclaré?

OENONE.

Seigneur, souvenez-vous des plaintes de la reine.
Un amour criminel causa toute sa haine.

THÉSÉE.

Et ce feu dans Trézène a donc recommencé?

OENONE.

Je vous ai dit, seigneur, tout ce qui s'est passé.
C'est trop laisser la reine à sa douleur mortelle,
Souffrez que je vous quitte, et me range auprès d'elle.

SCÈNE II.

THÉSÉE, HIPPOLYTE.

THÉSÉE.

Ah! le voici. Grands dieux! à ce noble maintien
Quel œil ne serait pas trompé comme le mien?
Faut-il que sur le front d'un profane adultère
Brille de la vertu le sacré caractère!
Et ne devrait-on pas à des signes certains
Reconnaître le cœur des perfides humains!

HIPPOLYTE.

Puis-je vous demander quel funeste nuage,
Seigneur, a pu troubler votre auguste visage?
N'osez-vous confier ce secret à ma foi?

THÉSÉE.

Perfide! oses-tu bien te montrer devant moi?
Monstre, qu'a trop longtemps épargné le tonnerre,
Reste impur des brigands dont j'ai purgé la terre,
Après que le transport d'un amour plein d'horreur
Jusqu'au lit de ton père a porté sa fureur,
Tu m'oses présenter une tête ennemie!
Tu parais dans des lieux pleins de ton infamie!
Et ne vas pas chercher, sous un ciel inconnu,
Des pays où mon nom ne soit point parvenu!
Fuis, traître. Ne viens point braver ici ma haine,
Et tenter un courroux que je retiens à peine:
C'est bien assez pour moi de l'opprobre éternel
D'avoir pu mettre au jour un fils si criminel,
Sans que ta mort encor, honteuse à ma mémoire,
De mes nobles travaux vienne souiller la gloire.
Fuis; et, si tu ne veux qu'un châtiment soudain
T'ajoute aux scélérats qu'a punis cette main,
Prends garde que jamais l'astre qui nous éclaire
Ne te voie en ces lieux mettre un pied téméraire.
Fuis, dis-je; et, sans retour précipitant tes pas,
De ton horrible aspect purge tous mes états.
Et toi, Neptune, et toi, si jadis mon courage
D'infâmes assassins nettoya ton rivage,
Souviens-toi que, pour prix de mes efforts heureux,
Tu promis d'exaucer le premier de mes vœux.
Dans les longues rigueurs d'une prison cruelle
Je n'ai point imploré ta puissance immortelle;
Avare de secours que j'attends de tes soins,
Mes vœux t'ont réservé pour de plus grands besoins:
Je t'implore aujourd'hui. Venge un malheureux père;
J'abandonne ce traître à toute ta colère;
Étouffe dans son sang ses désirs effrontés:
Thésée à tes fureurs connaîtra tes bontés.

HIPPOLYTE.

D'un amour criminel Phèdre accuse Hippolyte!
Un tel excès d'horreur rend mon âme interdite:
Tant de coups imprévus m'accablent à la fois,
Qu'ils m'ôtent la parole, et m'étouffent la voix.

THÉSÉE.

Traître, tu prétendais qu'en un lâche silence
Phèdre ensevelirait ta brutale insolence:
Il fallait, en fuyant, ne pas abandonner
Le fer qui dans ses mains aide à te condamner;
Ou plutôt il fallait, comblant ta perfidie,
Lui ravir tout d'un coup la parole et la vie.

HIPPOLYTE.

D'un mensonge si noir justement irrité,
Je devrais faire ici parler la vérité,
Seigneur: mais je supprime un secret qui vous touche.
Approuvez le respect qui me ferme la bouche,
Et, sans vouloir vous-même augmenter vos ennuis,
Examinez ma vie, et songez qui je suis.

Quelques crimes toujours précèdent les grands crimes,
Quiconque a pu franchir les bornes légitimes
Peut violer enfin les droits les plus sacrés :
Ainsi que la vertu, le crime a ses degrés ;
Et jamais on n'a vu la timide innocence
Passer subitement à l'extrême licence.
Un jour seul ne fait point d'un mortel vertueux
Un perfide assassin, un lâche incestueux.
Elevé dans le sein d'une chaste héroïne,
Je n'ai point de mon sang démenti l'origine.
Pitthée, estimé sage entre tous les humains,
Daigna m'instruire encore au sortir de ses mains.
Je ne veux point me peindre avec trop d'avantage ;
Mais si quelque vertu m'est tombé en partage,
Seigneur, je crois surtout avoir fait éclater
La haine des forfaits qu'on ose m'imputer.
C'est par là qu'Hippolyte est connu dans la Grèce.
J'ai poussé la vertu jusques à la rudesse :
On sait de mes chagrins l'inflexible rigueur,
Le jour n'est pas plus pur que le fond de mon cœur.
Et l'on veut qu'Hippolyte, épris d'un feu profane...

THÉSÉE.

Oui, c'est ce même orgueil, lâche! qui te condamn
Je vois de tes froideurs le principe odieux :
Phèdre seule charmait tes impudiques yeux ;
Et pour tout autre objet ton ame indifférente
Dédaignait de brûler d'une flamme innocente.

HIPPOLYTE.

Non, mon père, ce cœur, c'est trop vous le celer,
N'a point d'un chaste amour dédaigné de brûler.
Je confesse à vos pieds ma véritable offense :
J'aime, j'aime, il est vrai, malgré votre défense.
Aricie à ses lois tient mes vœux asservis :
La fille de Pallante a vaincu votre fils :
Je l'adore ; et mon ame, à vos ordres rebelle,
Ne peut ni soupirer, ni brûler que pour elle.

THÉSÉE.

Tu l'aimes? ciel! Mais non, l'artifice est grossier :
Tu tu feins criminel pour te justifier.

HIPPOLYTE.

Seigneur, depuis six mois je l'évite et je l'aime :
Je venais en tremblant vous le dire à vous-même.
Hé quoi! de votre erreur rien ne peut vous tirer !
Par quel affreux serment faut-il vous rassurer?
Que la terre, le ciel, que toute la nature...

THÉSÉE.

Toujours les scélérats ont recours au parjure.
Cesse, cesse, et m'épargne un importun discours,
Si ta fausse vertu n'a point d'autre secours.

HIPPOLYTE.

Elle vous paraît fausse et pleine d'artifice :
Phèdre au fond de son cœur me rend plus de justice.

THÉSÉE.

Ah! que ton impudence excite mon courroux!

HIPPOLYTE.

Quel temps à mon exil, quel lieu prescrirez-vous ?

THÉSÉE.

Fusses-tu par delà les colonnes d'Alcide,
Je me croirais encor trop voisin d'un perfide.

HIPPOLYTE.

Chargé d'un crime affreux dont vous me soupçonnez,
Quels amis me plaindront, quand vous m'abandonnez ?

THÉSÉE.

Va chercher des amis dont l'estime funeste
Honore l'adultère, applaudisse à l'inceste ;
Des traîtres, des ingrats sans honneur et sans loi,
Dignes de protéger un méchant tel que toi.

HIPPOLYTE.

Vous me parlez toujours d'inceste et d'adultère :
Je me tais. Cependant Phèdre sort d'une mère,
Phèdre est d'un sang, seigneur, vous le savez trop bien,
De toutes ces horreurs plus rempli que le mien.

THÉSÉE.

Quoi! ta rage à mes yeux perd toute retenue?
Pour la dernière fois, ôte-toi de ma vue ;

Sors, traître : n'attends pas qu'un père furieux
Te fasse avec opprobre arracher de ces lieux.

SCENE III.

THÉSÉE.

Misérable, tu cours à ta perte infaillible!
Neptune, par le fleuve aux dieux même terrible,
M'a donné sa parole, et va l'exécuter.
Un dieu vengeur te suit, tu ne peux l'éviter.
Je t'aimais ; et je sens que, malgré ton offense,
Mes entrailles pour toi se troublent par avance.
Mais à te condamner tu m'as trop engagé?
Jamais père, en effet, fut-il plus outragé!
Justes dieux, qui voyez la douleur qui m'accable,
Ai-je pu mettre au jour un enfant si coupable?

SCÈNE IV.

PHÈDRE, THÉSÉE.

PHÈDRE.

Seigneur, je viens à vous, pleine d'un juste effroi ;
Votre voix redoutable a passé jusqu'à moi :
Je crains qu'un prompt effet n'ait suivi la menace.
S'il en est temps encore, épargnez votre race,
Respectez votre sang ; j'ose vous en prier :
Sauvez-moi de l'horreur de l'entendre crier ;
Ne me préparez point la douleur éternelle
De l'avoir fait répandre à la main paternelle.

THÉSÉE.

Non, madame, en mon sang ma main n'a point trempé ;
Mais l'ingrat toutefois ne m'est point échappé :
Une immortelle main de sa perte est chargée ;
Neptune vous la doit ; et vous serez vengée.

PHÈDRE.

Neptune vous la doit! Quoi! vos vœux irrités...

THÉSÉE.

Quoi! craignez-vous déjà qu'ils ne soient écoutés?
Joignez-vous bien plutôt à mes vœux légitimes :
Dans toute leur noirceur retracez-moi ses crimes ;
Echauffez mes transports trop lents, trop retenus.
Tous ses crimes encor ne vous sont point connus :
Sa fureur contre vous se répand en injures ;
Votre bouche, dit-il, est pleine d'impostures ;
Il soutient qu'Aricie a son cœur, a sa foi,
Qu'il l'aime.

PHÈDRE.

Quoi, seigneur!

THÉSÉE.

Il l'a dit devant moi :
Mais je sais rejeter un frivole artifice.
Espérons de Neptune une prompte justice :
Je vais moi-même encore au pied de ses autels
Le presser d'accomplir ses serments immortels.

SCÈNE V.

PHÈDRE.

Il sort. Quelle nouvelle a frappé mon oreille!
Quel feu mal étouffé dans mon cœur se réveille!
Quel coup de foudre, ô ciel! et quel funeste avis!
Je volais tout entière au secours de son fils ;
Et, m'arrachant des bras d'OEnone épouvantée
Je cédais au remords dont j'étais tourmentée
Qui sait même où m'allait porter ce repentir?
Peut-être à m'accuser j'aurais pu consentir ;
Peut-être, si la voix ne m'eût été coupée,
L'affreuse vérité me serait échappée.
Hippolyte est sensible, et ne sent rien pour moi!
Aricie a son cœur! Aricie a sa foi!
Ah, dieux! Lorsqu'à mes yeux l'ingrat inexorable
S'armait d'un œil si fier, d'un front si redoutable,
Je pensais qu'à l'amour son cœur toujours fermé
Fût contre tout mon sexe également armé :
Une autre cependant a fléchi son audace ;
Devant ses yeux cruels une autre a trouvé grâce.

Peut-être a-t-il un cœur facile à s'attendrir :
Je suis le seul objet qu'il ne saurait souffrir!
Et je me chargerais du soin de le défendre,

SCÈNE VI.

PHÈDRE, OENONE.

PHÈDRE.

Chère OEnone, sais-tu ce que je viens d'apprendre,

OENONE.

Non; mais je viens tremblante, à ne vous point mentir,
J'ai pâli du dessein qui vous a fait sortir;
J'ai craint une fureur à vous-même fatale.

PHÈDRE.

OEnone qui l'eût cru? j'avais une rivale!

OENONE.

Comment?

PHÈDRE.

Hippolyte aime; et je n'en puis douter.
Ce farouche ennemi qu'on ne pouvait dompter,
Qu'offensait le respect, qu'importunait la plainte,
Ce tigre, que jamais je n'abordai sans crainte,
Soumis, apprivoisé, reconnaît un vainqueur :
Aricie a trouvé le chemin de son cœur.

OENONE.

Aricie?

PHÈDRE.

Ah! douleur non encore éprouvée!
A quel nouveau tourment je me suis réservée!
Tout ce que j'ai souffert, mes craintes, mes transports,
La fureur de mes feux, l'horreur de mes remords,
Et d'un refus cruel l'insupportable injure,
N'était qu'un faible essai du tourment que j'endure.
Ils s'aiment! Par quel charme ont-ils trompé mes yeux?
Comment se sont-ils vus? depuis quand? dans quels
Tu le savais : pourquoi me laissais-tu séduire? [lieux?
De leur furtive ardeur ne pouvais-tu m'instruire?
Les a-t-on vus souvent se parler, se chercher?
Dans le fond des forêts allaient-ils se cacher?
Hélas! ils se voyaient avec pleine licence :
Le ciel de leurs soupirs approuvait l'innocence,
Ils suivaient sans remords leur penchant amoureux,
Tous les jours se levaient clairs et sereins pour eux!
Et moi, triste rebut de la nature entière,
Je me cachais au jour, je fuyais la lumière :
La mort est le seul dieu que j'osais implorer.
J'attendais le moment où j'allais expirer.
Me nourrissant de fiel, de larmes abreuvée,
Encor, dans mon malheur de trop près observée,
Je n'osais dans mes pleurs me noyer à loisir;
Je goûtais en tremblant ce funeste plaisir;
Et, sous un front serein déguisant mes alarmes,
Il fallait bien souvent me priver de mes larmes.

OENONE.

Quels fruits recevront-ils de leurs vaines amours?
Ils ne se verront plus.

PHÈDRE.

Ils s'aimeront toujours!
Au moment que je parle, ah, mortelle pensée!
Ils bravent la fureur d'une amante insensée!
Malgré ce même exil qui va les écarter,
Ils font mille serments de ne point se quitter.
Non, je ne puis souffrir un bonheur qui m'outrage;
OEnone, prends pitié de ma jalouse rage.
Il faut perdre Aricie, il faut de mon époux
Contre un sang odieux réveiller le courroux
Qu'il ne se borne pas à des peines légères;
Le crime de la sœur passe celui des frères.
Dans mes jaloux transports je le veux implorer.
Que fais-je? Où ma raison se va-t-elle égarer?
Moi jalouse! et Thésée est celui que j'implore!
Mon époux est vivant et moi je brûle encore!
Pour qui? quel est le cœur où prétendent mes vœux?
Chaque mot sur mon front fait dresser mes cheveux
Mes crimes désormais ont comblé la mesure :
Je respire à la fois l'inceste et l'imposture;

Mes homicides mains, promptes a me venger,
Dans le sang innocent brûlent de se plonger.
Misérable! et je vis! et je soutiens la vue
De ce sacré soleil dont je suis descendue!
J'ai pour aïeul le père et le maître des dieux;
Le ciel, tout l'univers est plein de mes aïeux;
Où me cacher? Fuyons dans la nuit infernale.
Mais que dis-je? mon père y tient l'urne fatale;
Le sort, dit-on, l'a mise en ses sévères mains :
Minos juge aux enfers tous les pâles humains.
Ah! combien frémira son ombre épouvantée,
Lorsqu'il verra sa fille à ses yeux présentée,
Contrainte d'avouer tant de forfaits divers,
Et des crimes peut-être inconnus aux enfers!
Que diras-tu, mon père, à ce spectacle horrible?
Je crois voir de ta main tomber l'urne terrible;
Je crois te voir, cherchant un supplice nouveau,
Toi-même de ton sang devenir le bourreau.
Pardonne : un dieu cruel a perdu ta famille.
Reconnais sa vengeance aux fureurs de ta fille.
Hélas! du crime affreux dont la honte me suit,
Jamais mon triste cœur n'a recueilli le fruit :
Jusqu'au dernier soupir de malheurs poursuivie,
Je rends dans les tourments une pénible vie.

OENONE.

Hé! repoussez, madame, une injuste terreur!
Regardez d'un autre œil une excusable erreur.
Vous aimez. On ne peut vaincre sa destinée :
Par un charme fatal vous fûtes entraînée.
Est-ce donc un prodige inouï parmi nous?
L'amour n'a-t-il encor triomphé que de vous?
La faiblesse aux humains n'est que trop naturelle :
Mortelle, subissez le sort d'une mortelle.
Vous vous plaignez d'un joug imposé dès longtemps :
Les dieux-mêmes, les dieux de l'Olympe habitants,
Qui d'un bruit si terrible épouvantent les crimes,
Ont brûlé quelquefois de feux illégitimes.

PHÈDRE.

Qu'entends-je! Quels conseils oses-tu me donner!
Ainsi donc jusqu'au bout tu veux m'empoisonner.
Malheureuse! Voilà comme tu m'as perdue;
Au jour que je fuyais c'est toi qui m'as rendue,
Tes prières m'ont fait oublier mon devoir :
J'évitais Hippolyte; et tu me l'as fait voir.
De quoi te chargeais-tu? Pourquoi ta bouche impie
A-t-elle, en l'accusant, osé noircir sa vie?
Il en mourra peut-être, et d'un père insensé,
Le sacrilège vœu peut-être est exaucé.
Je ne t'écoute plus. Va-t-en, monstre exécrable;
Va, laisse-moi le soin de mon sort déplorable.
Puisse le juste ciel dignement te payer!
Et puisse ton supplice à jamais effrayer
Tous ceux qui, comme toi, par de lâches adresses,
Des princes malheureux nourrissent les faiblesses,
Les poussent au penchant où leur cœur est enclin,
Et leur osent du crime aplanir le chemin!
Détestables flatteurs, présent le plus funeste
Que puisse faire aux rois la colère céleste!

OENONE, seule.

Ah, dieux! pour la servir, j'ai tout fait, tout quitté;
Et j'en reçois ce prix! je l'ai bien mérité.

FIN DU QUATRIÈME ACTE.

ACTE V.

SCÈNE PREMIÈRE.

HIPPOLYTE, ARICIE, ISMÈNE.

ARICIE.

Quoi! vous pouvez vous taire en ce péril extrême?
Vous laissez dans l'erreur un père qui vous aime:
Cruel, si, de mes pleurs méprisant le pouvoir,
Vous consentez sans peine à ne me plus revoir,
Partez, séparez-vous de la triste Aricie;
Mais du moins en partant assurez votre vie,
Défendez votre honneur d'un reproche honteux,
Et forcez votre père à révoquer ses vœux :
Il en est temps encor. Pourquoi, par quel caprice,
Laissez-vous le champ libre à votre accusatrice?
Éclaircissez Thésée.

HIPPOLYTE.

Hé! que n'ai-je point dit!
Ai-je dû mettre au jour l'opprobre de son lit?
Devais-je, en lui faisant un récit trop sincère,
D'une indigne rougeur couvrir le front d'un père.
Vous seule avez percé ce mystère odieux.
Mon cœur pour s'épancher n'a que vous et les dieux,
Je n'ai pu vous cacher, jugez si je vous aime,
Tout ce que je voulais me cacher à moi-même.
Mais songez sous quel sceau je vous l'ai révélé:
Oubliez, s'il se peut, que je vous ai parlé
Madame; et que jamais une bouche si pure
Ne s'ouvre pour compter cette horrible aventure.
Sur l'équité des dieux osons nous confier;
Ils ont trop d'intérêt à me justifier:
Et Phèdre, tôt ou tard de son crime punie,
N'en saurait éviter la juste ignominie.
C'est l'unique respect que j'exige de vous.
Je permets tout le reste à mon libre courroux :
Sortez de l'esclavage où vous êtes réduite;
Osez me suivre, osez accompagner ma fuite;
Arrachez-vous d'un lieu funeste et profané,
Où la vertu respire un air empoisonné;
Profitez, pour cacher votre prompte retraite,
De la confusion que ma disgrâce y jette.
Je vous puis de la fuite assurer les moyens:
Vous n'avez jusqu'ici de gardes que les miens;
De puissants défenseurs prendront notre querelle;
Argos nous tend les bras et Sparte nous appelle :
A nos amis communs portons nos justes cris;
Ne souffrons pas que Phèdre, assemblant nos débris,
Du trône paternel nous chasse l'un et l'autre,
Et promette à son fils ma dépouille et la vôtre.
L'occasion est belle, il la faut embrasser...
Quelle peur vous retient? Vous semblez balancer!
Votre seul intérêt m'inspire cette audace :
Quand je suis tout de feu, d'où vous vient cette glace?
Sur les pas d'un banni craignez-vous de marcher?

ARICIE.

Hélas! qu'un tel exil, seigneur, me serait cher!
Dans quels ravissements, à votre sort liée,
Du reste des mortels je vivrais oubliée!
Mais, n'étant point unis par un lien si doux,
Me puis-je avec honneur dérober avec vous?
Je sais que sans blesser l'honneur le plus sévère,
Je me puis affranchir des mains de votre père :
Ce n'est point m'arracher du sein de mes parents;
Et la fuite est permise à qui fuit ses tyrans.
Mais vous m'aimez, seigneur, et ma gloire alarmée...

HIPPOLYTE.

Non, non, j'ai trop de soin de votre renommée.
Un plus noble dessein m'amène devant vous :
Fuyez vos ennemis, et suivez votre époux.
Libres dans nos malheurs, puisque le ciel l'ordonne,
Le don de notre foi ne dépend de personne.
L'hymen n'est point toujours entouré de flambeaux.
Aux portes de Trézène, et parmi ces tombeaux,
Des princes de ma race antiques sépultures,
Est un temple sacré, formidable aux parjures.
C'est là que les mortels n'osent jurer en vain;
Le perfide y reçoit un châtiment soudain;
Et, craignant d'y trouver la mort inévitable,
Le mensonge n'a point de frein plus redoutable.
Là, si vous m'en croyez, d'un amour éternel
Nous irons confirmer le serment solennel;
Nous prendrons à témoin le dieu qu'on y révère :
Nous le prierons tous deux de nous servir de père.
Des dieux les plus sacrés j'attesterai le nom,
Et la chaste Diane, et l'auguste Junon,
Et tous les dieux enfin, témoins de mes tendresses,
Garantiront la foi de mes saintes promesses.

ARICIE.

Le roi vient : fuyez, prince, et partez promptement.
Pour cacher mon départ je demeure un moment.
Allez; et laissez-moi quelque fidèle guide,
Qui conduise vers vous ma démarche timide.

SCÈNE II.

THÉSÉE, ARICIE, ISMÈNE.

THÉSÉE.

Dieux! éclairez mon trouble, et daignez à mes yeux
Montrer la vérité, que je cherche en ces lieux!

ARICIE.

Songe à tout, chère Ismène, et sois prête à la fuite.

SCÈNE III.

THÉSÉE, ARICIE.

THÉSÉE.

Vous changez de couleur, et semblez interdite,
Madame : que faisait Hippolyte en ce lieu?

ARICIE.

Seigneur, il me disait un éternel adieu.

THÉSÉE.

Vos yeux ont su dompter ce rebelle courage;
Et ses premiers soupirs sont votre heureux ouvrage.

ARICIE.

Seigneur, je ne vous puis nier la vérité :
De votre injuste haine il n'a pas hérité;
Il ne me traitait point comme une criminelle.

THÉSÉE.

J'entends : il vous jurait une amour éternelle.
Ne vous assurez point sur ce cœur inconstant;
Car à d'autres qu'à vous il en jurait autant.

ARICIE.

Lui, seigneur?

THÉSÉE.

Vous deviez le rendre moins volage :
Comment souffriez-vous cet horrible partage?

ARICIE.

Et comment souffrez-vous que d'horribles discours
D'une si belle vie osent noircir le cours?
Avez-vous de son cœur si peu de connaissance?
Discernez-vous si mal le crime et l'innocence?
Faut-il qu'à vos yeux seuls un nuage odieux
Dérobe sa vertu qui brille a tous les yeux!
Ah! c'est trop le livrer à des langues perfides.
Cessez : repentez-vous de vos vœux homicides;
Craignez, seigneur, craignez que le ciel rigoureux
Ne vous haïsse assez pour exaucer vos vœux.
Souvent dans sa colère il reçoit nos victimes;
Ses présents sont souvent la peine de nos crimes.

THÉSÉE.

Non, vous voulez en vain couvrir son attentat :
Votre amour vous aveugle en faveur de l'ingrat.
Mais j'en crois des témoins certains, irréprochables :
J'ai vu, j'ai vu couler des larmes véritables.

ARICIE.

Prenez garde, seigneur : vos invincibles mains
Ont de monstres sans nombre affranchi les humains,
Mais tout n'est pas détruit, et vous en laissez vivre
Un... Votre fils, seigneur, me défend de poursuivre.
Instruite du respect qu'il veut vous conserver,
Je l'affligerais trop si j'osais achever.

J'imite sa pudeur, et fuis votre présence
Pour n'être pas forcée à rompre le silence.

SCÈNE IV.
THÉSÉE.

Quelle est donc sa pensée? et que cache un discours
Commencé tant de fois, interrompu toujours?
Veulent-ils m'éblouir par une feinte vaine?
Sont-ils d'accord tous deux pour me mettre à la gêne?
Mais moi-même, malgré ma sévère rigueur,
Quelle plaintive voix crie au fond de mon cœur?
Une pitié secrète et m'afflige et m'étonne.
Une seconde fois interrogeons Œnone :
Je veux de tout le crime être mieux éclairci.
Gardes, qu'Œnone sorte, et vienne seule ici.

SCÈNE V.
THÉSÉE, PANOPE.

PANOPE.

J'ignore le projet que la reine médite,
Seigneur; mais je crains tout du transport qui l'agite.
Un mortel désespoir sur son visage est peint;
La pâleur de la mort est déjà sur son teint.
Déjà, de sa présence avec honte chassée,
Dans la profonde mer Œnone s'est lancée.
On ne sait point d'où part ce dessein furieux;
Et les flots pour jamais l'ont ravie à nos yeux.

THÉSÉE.

Qu'entends-je!

PANOPE.

Son trépas n'a point calmé la reine;
Le trouble semble croître en son ame incertaine.
Quelquefois, pour charmer ses secrètes douleurs,
Elle prend ses enfants et les baigne de pleurs;
Et soudain, renonçant à l'amour maternelle,
Sa main avec horreur les repousse loin d'elle;
Elle porte au hasard ses pas irrésolus;
Son œil tout égaré ne nous reconnait plus;
Elle a trois fois écrit; et, changeant de pensée,
Trois fois elle a rompu sa lettre commencée.
Daignez la voir, seigneur, daignez-la secourir.

THÉSÉE.

O ciel! Œnone est morte, et Phèdre veut mourir!
Qu'on rappelle mon fils, qu'il vienne se défendre;
Qu'il vienne me parler, je suis prêt à l'entendre.

(seul.)

Ne précipite point tes funestes bienfaits,
Neptune; j'aime mieux n'être exaucé jamais.
J'ai peut-être trop cru des témoins peu fidèles,
Et j'ai trop tôt vers toi levé mes mains cruelles.
Ah! de quel désespoir mes vœux seraient suivis!

SCÈNE VI.
THÉSÉE, THÉRAMÈNE.

THÉSÉE.

Théramène, est-ce toi? Qu'as-tu fait de mon fils?
Je te l'ai confié dès l'âge le plus tendre.
Mais d'où naissent les pleurs que je te vois répandre?
Que fait mon fils?

THÉRAMÈNE.

O soins tardifs et superflus!
Inutile tendresse! Hippolyte n'est plus.

THÉSÉE.

Dieux!

THÉRAMÈNE.

J'ai vu des mortels périr le plus aimable,
Et j'ose dire encor, seigneur, le moins coupable.

THÉSÉE.

Mon fils n'est plus! Hé quoi! quand je lui tends les bras,
Les dieux impatients ont hâté son trépas!
Quel coup me l'a ravi? quelle foudre soudaine?

THÉRAMÈNE.

A peine nous sortions des portes de Trézène.

Il était sur son char; ses gardes affligés
Imitaient son silence autour de lui rangés;
Il suivait tout pensif le chemin de Mycènes,
Sa main sur les chevaux laissait flotter les rênes;
Ses superbes coursiers, qu'on voyait autrefois
Pleins d'une ardeur si noble obéir à sa voix,
L'œil morne maintenant et la tête baissée,
Semblaient se conformer à sa triste pensée.
Un effroyable cri, sorti du fond des flots,
Des airs en ce moment a troublé le repos;
Et, du sein de la terre, une voix formidable
Répond en gémissant à ce cri redoutable.
Jusqu'au fond de nos cœurs notre sang s'est glacé;
Des coursiers attentifs le crin s'est hérissé.
Cependant, sur le dos de la plaine liquide,
S'élève à gros bouillons une montagne humide,
L'onde approche, se brise, et vomit à nos yeux,
Parmi des flots d'écume, un monstre furieux.
Son front large est armé de cornes menaçantes :
Tout son corps est couvert d'écailles jaunissantes;
Indomptable taureau, dragon impétueux,
Sa croupe se recourbe en replis tortueux;
Ses longs mugissements font trembler le rivage.
Le ciel avec horreur voit ce monstre sauvage;
La terre s'en émeut, l'air en est infecté;
Le flot qui l'apporta recule épouvanté.
Tout fuit; et, sans s'armer d'un courage inutile,
Dans le temple voisin chacun cherche un asile.
Hippolyte lui seul, digne fils d'un héros,
Arrête ses coursiers, saisit ses javelots,
Pousse au monstre, et d'un dard, lancé d'une main sûre,
Il lui fait dans le flanc une large blessure.
De rage et de douleur le monstre bondissant
Vient aux pieds des chevaux tomber en mugissant,
Se roule, et leur présente une gueule enflammée
Qui les couvre de feu, de sang et de fumée.
La frayeur les emporte; et, sourds à cette fois,
Ils ne connaissent plus ni le frein ni la voix;
En efforts impuissants leur maître se consume;
Ils rougissent le mors d'une sanglante écume.
On dit qu'on a vu même, en ce désordre affreux,
Un dieu qui d'aiguillons pressait leurs flancs poudreux.
A travers les rochers la peur les précipite;
L'essieu crie et se rompt : l'intrépide Hippolyte
Voit voler en éclats tout son char brisé;
Dans les rênes lui-même il tombe embarrassé.
Excusez ma douleur; cette image cruelle
Sera pour moi de pleurs une source éternelle.
J'ai vu, seigneur, votre malheureux fils
Traîné par les chevaux que sa main a nourris.
Il veut les rappeler, et sa voix les effraie;
Ils courent : tout son corps n'est bientôt qu'une plaie.
De nos cris douloureux la plaine retentit.
Leur fougue impétueuse enfin se ralentit :
Ils s'arrêtent non loin de ces tombeaux antiques
Où des rois ses aïeux sont les froides reliques.
J'y cours en soupirant, et sa garde me suit;
De son généreux sang la trace nous conduit;
Les rochers en sont teints; les ronces dégouttantes
Portent de ses cheveux les dépouilles sanglantes.
J'arrive, je l'appelle; et, me tendant la main,
Il ouvre un œil mourant qu'il referme soudain :
« Le ciel, dit-il, m'arrache une innocente vie.
« Prends soin après ma mort de la triste Aricie.
« Cher ami, si mon père un jour désabusé
« Plaint le malheur d'un fils faussement accusé,
« Pour apaiser mon sang et mon ombre plaintive,
« Dis-lui qu'avec douceur il traite sa captive;
« Qu'il lui rende... » A ce mot, ce héros expiré
N'a laissé dans mes bras qu'un corps défiguré,
Triste objet où des dieux triomphe la colère,
Et que méconnaîtrait l'œil même de son père.

THÉSÉE.

O mon fils! cher espoir que je me suis ravi!
Inexorables dieux, qui m'avez trop servi!
A quels mortels regrets ma vie est réservée!

THÉRAMÈNE.

La timide Aricie est alors arrivée :
Elle venait, seigneur, fuyant votre courroux,
A la face des dieux l'accepter pour époux.

Elle approche ; elle voit l'herbe rouge et fumante ;
Elle voit (quel objet pour les yeux d'une amante !)
Hippolyte étendu, sans force et sans couleur.
Elle veut quelque temps douter de son malheur ;
Et, ne connaissant plus ce héros qu'elle adore,
Elle voit Hippolyte, et le demande encore.
Mais, trop sûre à la fin qu'il est devant ses yeux,
Par un triste regard elle accuse les dieux ;
Et froide, gémissante, et presque inanimée,
Aux pieds de son amant elle tombe pâmée.
Ismène est auprès d'elle ; Ismène, tout en pleurs,
La rappelle à la vie, ou plutôt aux douleurs.
Et moi, je suis venu, détestant la lumière,
Vous dire d'un héros la volonté dernière,
Et m'acquitter, seigneur, du malheureux emploi
Dont son cœur expirant s'est reposé sur moi.
Mais j'aperçois venir sa mortelle ennemie.

SCÈNE VII.

THÉSÉE, PHÈDRE, THÉRAMÈNE, PANOPE, GARDES.

THÉSÉE.

Hé bien ! vous triomphez, et mon fils est sans vie !
Ah ! que j'ai lieu de craindre, et qu'un cruel soupçon,
L'excusant dans mon cœur, m'alarme avec raison !
Mais, madame, il est mort, prenez votre victime ;
Jouissez de sa perte, injuste ou légitime :
Je consens que mes yeux soient toujours abusés.
Je le crois criminel, puisque vous l'accusez.
Son trépas à mes pleurs offre assez de matières
Sans que j'aille chercher d'odieuses lumières,
Qui, ne pouvant le rendre à ma juste douleur,
Peut-être ne feraient qu'accroître mon malheur.
Laissez-moi loin de vous et loin de ce rivage,
De mon fils déchiré fuir la sanglante image.
Confus, persécuté d'un mortel souvenir,
De l'univers entier je voudrais me bannir.
Tout semble s'élever contre mon injustice :
L'éclat de mon nom même augmente mon supplice
Moins connu des mortels, je me cacherais mieux.
Je hais jusques aux soins dont m'honorent les dieux,
Et je m'en vais pleurer leurs faveurs meurtrières,
Sans plus les fatiguer d'inutiles prières.
Quoi qu'ils fissent pour moi, leur funeste bonté
Ne me saurait payer de ce qu'ils m'ont ôté.

PHÈDRE.

Non, Thésée, il faut rompre un injuste silence ;
Il faut à votre fils rendre son innocence :
Il n'était point coupable.

THÉSÉE.

Ah ! père infortuné !
Et c'est sur votre foi que je l'ai condamné !
Cruelle ! pensez-vous être assez excusée...

PHÈDRE.

Les moments me sont chers ; écoutez-moi, Thésée :
C'est moi qui, sur ce fils chaste et respectueux,
Osai jeter un œil profane, incestueux.
Le ciel mit dans mon sein une flamme funeste ;
La détestable Œnone a conduit tout le reste.
Elle a craint qu'Hippolyte, instruit de ma fureur
Ne découvrît un feu qui lui faisait horreur :
La perfide, abusant de ma faiblesse extrême,
S'est hâtée à vos yeux de l'accuser lui-même.
Elle s'en est punie, et, fuyant mon courroux,
A cherché dans les flots un supplice trop doux.
Le fer aurait déjà tranché ma destinée ;
Mais je laissais gémir la vertu soupçonnée :
J'ai voulu, devant vous exposant mes remords,
Par un chemin plus lent descendre chez les morts.
J'ai pris, j'ai fait couler dans mes brûlantes veines
Un poison que Médée apporta dans Athènes.
Déjà jusqu'à mon cœur le venin parvenu
Dans ce cœur expirant jette un froid inconnu ;
Déjà je ne vois plus qu'à travers un nuage
Et le ciel et l'époux que ma présence outrage ;
Et la mort, à mes yeux dérobant la clarté,
Rend au jour qu'ils souillaient toute sa pureté.

PANOPE.

Elle expire, seigneur !

THÉSÉE.

D'une action si noire
Que ne peut avec elle expirer la mémoire !
Allons, de mon erreur, hélas ! trop éclaircis,
Mêler nos pleurs au sang de mon malheureux fils !
Allons de ce cher fils embrasser ce qui reste,
Expier la fureur d'un vœu que je déteste :
Rendons-lui les honneurs qu'il a trop mérités ;
Et, pour mieux apaiser ses mânes irrités,
Que, malgré les complots d'une injuste famille,
Son amante aujourd'hui me tienne lieu de fille *!

* Ce dernier vers accomplit le dernier vœu d'Hippolyte mourant. Il renferme un sentiment bien naturel, le seul qui puisse adoucir le désespoir de Thésée.

Nous avons déjà dit que Racine s'est appliqué à dessiner et colorier sa Phèdre de manière qu'elle fût toujours digne de compassion, et susceptible d'excuse. Remarquez que toute sa fable est composée dans ce dessein. Si Phèdre renonce à la résolution de mourir, qui est son premier sentiment, c'est que la mort de son époux qu'on lui annonce, et l'intérêt de son fils orphelin qu'on lui remet sous les yeux, diminuent d'un côté l'horreur qu'elle a pour elle-même, et de l'autre, lui fournissent un motif au moins plausible, de voir Hippolyte. Si elle consent à laisser agir Œnone, dont elle a d'abord rejeté les projets avec indignation, c'est que le poète l'a mise dans une situation si critique et si terrible, au retour imprévu de Thésée, qu'il est très concevable que sa tête n'y résiste pas. Cependant quelques moments après, le remords l'emporte encore : elle arrive pour sauver Hippolyte, elle est même prête à s'accuser, mais c'est là qu'elle reçoit le dernier coup. Elle apprend que l'*insensible Hippolyte* aime Aricie. Ce *coup de foudre* (et c'en est bien un) la renverse de nouveau ; elle tombe dans les convulsions de la rage et du désespoir ; mais ce n'est pas le désespoir de la Phèdre d'Euripide, qui fait de sa propre mort un affreux moyen d'assurer celle de l'innocent ; qui trace la calomnie de la même main dont elle attente à ses jours. La Phèdre de Racine ne sort de son accablement que pour venir déclarer son crime forcé, et sa punition volontaire, au moment où il n'y a plus personne au monde qui puisse servir de témoin contre elle, hors elle-même. Ajoutez à cette conduite le langage qu'elle tient toujours, celui d'une femme bourrelée par une passion qu'elle déteste, et qui se fait plus de remords qu'on ne pourrait lui en faire, qui se condamne toujours et ne s'excuse jamais ; et l'on avouera que cette conception si vraie et si intéressante, soutenue d'une exécution égale au dessein, est non seulement hors de toute comparaison avec Euripide, mais même n'avait rien de commun avec tout ce qu'on avait vu en aucun temps sur la scène.

LA HARPE.

FIN DE PHÈDRE.

ESTHER,

TRAGÉDIE TIRÉE DE L'ÉCRITURE-SAINTE.

1689.

PRÉFACE.

La célèbre maison de Saint-Cyr ayant été principalement établie pour élever dans la piété un fort grand nombre de jeunes demoiselles rassemblées de tous les endroits du royaume, on n'y a rien oublié de tout ce qui pouvait contribuer à les rendre capables de servir Dieu dans les différents états où il lui plaira de les appeler. Mais, en leur montrant les choses essentielles et nécessaires, on ne néglige pas de leur apprendre celles qui peuvent servir à leur polir l'esprit et à leur former le jugement. On a imaginé pour cela plusieurs moyens qui, sans les détourner de leur travail et de leurs exercices ordinaires, les instruisent en les divertissant : on leur met, pour ainsi dire, à profit les heures de récréation : on leur fait faire entre elles, sur leurs principaux devoirs, des conversations ingénieuses qu'on leur a composées exprès, ou qu'elles-mêmes composent sur le champ : on les fait parler sur les histoires qu'on leur a lues, ou sur les importantes vérités qu'on leur a enseignées : on leur fait réciter par cœur et déclamer les plus beaux endroits des meilleurs poètes ; et cela leur sert surtout à les défaire de quantité de mauvaises prononciations qu'elles pourraient avoir apportées de leurs provinces : on a soin aussi de faire apprendre à chanter à celles qui ont de la voix, et on ne leur laisse pas perdre un talent qui les peut amuser innocemment, et qu'elles peuvent employer un jour à chanter les louanges de Dieu.

Mais la plupart des plus excellents vers de notre langue ayant été composés sur des matières fort profanes, et nos beaux airs étant sur des paroles extrêmement molles et efféminées, capables de faire des impressions dangereuses sur de jeunes esprits, les personnes illustres qui ont bien voulu prendre la principale direction de cette maison ont souhaité qu'il y eût quelque ouvrage qui, sans avoir tous ces défauts, pût produire une partie de ces bons effets. Elles me firent l'honneur de me communiquer leur dessein et même de me demander si je ne pourrais pas faire sur quelque sujet de piété et de morale une espèce de poème où le chant fût mêlé avec le récit, le tout lié par une action qui rendît la chose plus vive et moins capable d'ennuyer.

Je leur proposai le sujet d'*Esther*, qui les frappa d'abord, cette histoire leur paraissant pleine de grandes leçons d'amour de Dieu, et de détachement du monde au milieu du monde même. Et je crus de mon côté que je trouverais assez de facilité à traiter ce sujet ; d'autant plus qu'il me sembla que, sans altérer aucune des circonstances tant soit peu considérables de l'Écriture sainte, ce qui serait, à mon avis, une espèce de sacrilège, je pourrais remplir toute mon action avec les seules scènes que Dieu lui-même, pour ainsi dire, a préparées.

J'entrepris donc la chose ; et je m'aperçus qu'en travaillant sur le plan qu'on m'avait donné j'exécutais en quelque sorte un dessein qui m'avait souvent passé dans l'esprit, qui était de lier, comme dans les anciennes tragédies grecques, le chœur et le chant avec l'action, et d'employer à chanter les louanges du vrai Dieu cette partie du chœur que les païens employaient à chanter les louanges de leurs fausses divinités.

A dire vrai, je ne pensais guère que la chose dût être aussi publique qu'elle l'a été. Mais les grandes vérités de l'Écriture, et la manière sublime dont elles y sont énoncées, pour peu qu'on les présente même imparfaitement aux yeux des hommes, sont si propres à les frapper, et d'ailleurs ces jeunes demoiselles ont déclamé et chanté cet ouvrage avec tant de grâce, tant de modestie et tant de piété, qu'il n'a pas été possible qu'il demeurât renfermé dans le secret de leur maison : de sorte qu'un divertissement d'enfants est devenu le sujet de l'empressement de toute la cour, le roi lui-même, qui en avait été touché, n'ayant pu refuser à tout ce qu'il y a de plus grands seigneurs de les y mener, et ayant eu la satisfaction de voir, par le plaisir qu'ils y ont pris, qu'on se peut aussi bien divertir aux choses de piété qu'à tous les spectacles profanes.

Au reste, quoique j'aie évité soigneusement de mêler le profane avec le sacré, j'ai cru néanmoins que je pouvais emprunter deux ou trois traits d'Hérodote, pour mieux peindre Assuérus : car j'ai suivi le sentiment de plusieurs savants interprètes de l'Écriture, qui tiennent que ce roi est le même que le fameux Darius, fils d'Hystaspe, dont parle cet historien. En effet, ils en apportent quantité de preuves dont quelques-unes me paraissent des démonstrations. Mais je n'ai pas jugé à propos de croire ce même Hérodote sur sa parole, lorsqu'il dit que les Perses n'élevaient ni temples, ni autels, ni statues à leurs Dieux, et qu'ils ne se servaient point de libations dans leurs sacrifices. Son témoignage est expressément détruit par l'Écriture, aussi bien que par Xénophon, beaucoup mieux instruit que lui des mœurs et des affaires de la Perse, et enfin par Quinte-Curce.

On peut dire que l'unité de lieu est observée dans cette pièce, en ce que toute l'action se passe dans le palais d'Assuérus. Cependant comme on voulait rendre ce divertissement plus agréable à des enfants, en jetant quelque variété dans les décorations, cela a été cause que je n'ai pas gardé cette unité avec la même rigueur que j'ai fait autrefois dans mes tragédies.

Je crois qu'il est bon d'avertir ici que, bien qu'il y ait dans *Esther* des personnages d'hommes, ces personnages n'ont pas laissé d'être représentés par des filles avec toute la bienséance de leur sexe. La chose leur a été d'autant plus aisée qu'anciennement les habits des Persans et des Juifs étaient de longues robes qui tombaient jusqu'à terre.

Je ne puis me résoudre à finir cette préface sans rendre à celui qui a fait la musique la justice qui lui est due, et sans confesser franchement que ses chants ont fait un des plus grands agréments de la pièce. Tous les connaisseurs demeurent d'accord que depuis longtemps on n'a point entendu d'airs plus touchants ni plus convenables aux paroles. Quelques personnes ont trouvé la musique du dernier chœur un peu longue, quoique très belle. Mais qu'aurait-on dit de ces jeunes Israélites qui avaient tant fait de vœux à Dieu pour être délivrées de l'horrible péril où elles étaient, si, ce péril étant passé, elles lui en avaient rendu de médiocres actions de grâces. Elles auraient directement péché contre la louable coutume de leur nation, où l'on ne recevait de Dieu aucun bienfait signalé, qu'on ne l'en remerciât sur le champ par de fort longs cantiques ; témoin ceux de Marie, sœur de Moïse, de Débora et de Judith, et tant d'autres dont l'Écriture est pleine. On dit même que les Juifs, encore aujourd'hui, célèbrent par de grandes actions de grâces le jour où leurs ancêtres furent délivrés par Esther de la cruauté d'Aman.

PROLOGUE.

LA PIÉTÉ.

Du séjour bienheureux de la Divinité
Je descends en ce lieu par la Grace habité (1) :
L'Innocence s'y plait, ma compagne éternelle,
Et n'a point sous les cieux d'asile plus fidèle.
Ici, loin du tumulte, aux devoirs les plus saints
Tout un peuple naissant est formé par mes mains :
Je nourris dans mon cœur la semence féconde
Des vertus dont il doit sanctifier le monde.
Un roi qui me protége, un roi victorieux
A commis à mes soins ce dépôt précieux.
C'est lui qui rassembla ces colombes timides,
Éparses en cent lieux, sans secours et sans guides;
Pour elles, à sa porte, élevant ce palais,
Il leur y fit trouver l'abondance et la paix.
Grand Dieu, que cet ouvrage ait place en ta mémoire!
Que tous les soins qu'il prend pour soutenir ta gloire
Soient gravés de ta main au livre où sont écrits
Les noms prédestinés des rois que tu chéris!
Tu m'écoutes, ma voix ne t'est point étrangère ;
Je suis la Piété, cette fille si chère,
Qui t'offre de ce roi les plus tendres soupirs :
Du feu de ton amour j'allume ses désirs.
Du zèle qui pour toi l'enflamme et le dévore
La chaleur se répand du couchant à l'aurore.
Tu le vois tous les jours, devant toi prosterné,
Humilier ce front de splendeur couronné;
Et, confondant l'orgueil par d'augustes exemples,
Baiser avec respect le pavé de tes temples.
De ta gloire animé, lui seul, de tant de rois,
S'arme pour ta querelle, et combat pour tes droits.
Le perfide intérêt, l'aveugle jalousie,
S'unissent contre toi pour l'affreuse hérésie;
La discorde en fureur frémit de toutes parts;
Tout semble abandonner tes sacrés étendarts;
Et l'enfer, couvrant tout de ses vapeurs funèbres,
Sur les yeux les plus saints a jeté ses ténèbres
Lui, seul, invariable, et fondé sur la foi,
Ne cherche, ne regarde, et n'écoute que toi;
Et, bravant du démon l'impuissant artifice,
De la religion soutient tout l'édifice.
Grand Dieu, juge ta cause, et déploie aujourd'hui
Ce bras, ce même bras qui combattait pour lui,
Lorsque, des nations à sa perte animées,
Le Rhin vit tant de fois disperser les armées.
Des mêmes ennemis je reconnais l'orgueil;
Ils viennent se briser contre le même écueil :
Déjà, rompant partout leurs plus fermes barrières
Du débris de leurs forts il couvre ses frontières.
Tu lui donnes un fils prompt à le seconder ,
Qui sait combattre, plaire, obéir, commander ,
Un fils qui, comme lui suivi de la victoire,
Semble à gagner son cœur borner toute sa gloire;
Un fils à tous ses vœux avec amour soumis ,
L'éternel désespoir de tous ses ennemis :
Pareil à ces esprits que ta justice envoie,
Quand son roi lui dit : pars, il s'élance avec joie;
Du tonnerre vengeur s'en va tout embraser ,
Et , tranquille, à ses pieds revient le déposer.
Mais, tandis qu'un grand roi venge ainsi mes injures ,
Vous qui goûtez ici de délices si pures,
S'il permet à son cœur un moment de repos,
A vos jeux innocents appelez ce héros;
Retracez-lui d'Esther l'histoire glorieuse,
Et sur l'impiété la foi victorieuse.

(1) La maison de Saint-Cyr.

Et vous , qui vous plaisez aux folles passions
Qu'allument dans vos cœurs les vaines fictions ,
Profanes amateurs de spectacles frivoles ,
Dont l'oreille s'ennuie au son de mes paroles,
Fuyez de mes plaisirs la sainte austérité :
Tout respire ici Dieu, la paix, la vérité.

FIN DU PROLOGUE.

PERSONNAGES.

ASSUÉRUS, roi de Perse.
ESTHER, reine de Perse.
MARDOCHÉE, oncle d'Esther.
AMAN, favori d'Assuérus.
ZARÈS, femme d'Aman.
HYDASPE, officier du palais intérieur d'Assuérus.
ASAPH, autre officier d'Assuérus.
ÉLISE, confidente d'Esther.
THAMAR, Israélite de la suite d'Esther.
GARDES du roi Assuérus.
CHŒUR de jeunes filles israélites.

La scène est à Suse , dans le palais d'Assuérus.

ESTHER.

ACTE PREMIER.
(Le théâtre représente l'appartement d'Esther.)

SCÈNE PREMIÈRE.
ESTHER, ELISE.

ESTHER.

Est-ce toi, chère Elise? O jour trois fois heureux!
Que béni soit le ciel qui te rend à mes vœux,
Toi qui, de Benjamin comme moi descendue,
Fus de mes premiers ans la compagne assidue,
Et qui, d'un même joug souffrant l'oppression,
M'aidais à soupirer les malheurs de Sion!
Combien ce temps encore est cher à ma mémoire!
Mais toi, de ton Esther ignorais-tu la gloire?
Depuis plus de six mois que je te fais chercher,
Quel climat, quel désert a donc pu te cacher?

ELISE.

Au bruit de votre mort justement éplorée,
Du reste des humains je vivais séparée,
Et de mes tristes jours n'attendais que la fin,
Quand tout à coup, madame, un prophète divin.
« C'est pleurer trop longtemps une mort qui t'abuse
« Lève-toi, m'a-t-il dit, prends ton chemin vers Suse
« Là tu verras d'Esther la pompe et les honneurs,
« Et sur le trône assis le sujet de tes pleurs.
« Rassure, ajouta-t-il, tes tribus alarmées,
« Sion; le jour approche où le dieu des armées
« Va de son bras puissant faire éclater l'appui;
« Et le cri de son peuple est monté jusqu'à lui. »
Il dit : et moi, de joie et d'horreur pénétrée,
Je cours. De ce palais j'ai su trouver l'entrée.
O spectacle! ô triomphe admirable à mes yeux,
Digne en effet du bras qui sauva nos aïeux!
Le fier Assuérus couronne sa captive,
Et le Persan superbe est aux pieds d'une Juive!
Par quels secrets ressorts, par quel enchaînement
Le ciel a-t-il conduit ce grand évènement?

ESTHER.

Peut-être on t'a conté la fameuse disgrace
De l'altière Vasthi, dont j'occupe la place,
Lorsque le roi, contre elle enflammé de dépit,
La chassa de son trône ainsi que de son lit.
Mais il ne put sitôt en bannir la pensée :
Vasthi régna longtemps dans son ame offensée.
Dans ces nombreux états il fallut chercher
Quelque nouvel objet qui l'en pût détacher.
De l'Inde à l'Hellespont ses esclaves coururent :
Les filles de l'Egypte à Suse comparurent;
Celles même du Parthe et du Scythe indompté
Y briguèrent le sceptre offert à la beauté.
On m'élevait alors, solitaire et cachée,
Sous les yeux vigilants du sage Mardochée :
Tu sais combien je dois à ses heureux secours.
La mort m'avait ravi les auteurs de mes jours;
Mais lui, voyant en moi la fille de son frère,
Me tint lieu, chère Elise, et de père et de mère.
Du triste état où j'étais jour et nuit agité,
Il me tira du sein de mon obscurité;
Et, sur mes faibles mains fondant leur délivrance,
Il me fit d'un empire accepter l'espérance.
A ses desseins secrets tremblante j'obéis;
Je vins : mais je cachai ma race et mon pays.
Qui pourrait cependant t'exprimer les cabales
Que formait en ces lieux ce peuple de rivales,
Qui toutes, disputant un si grand intérêt,
Des yeux d'Assuérus attendaient leur arrêt?
Chacune avait sa brigue et de puissants suffrages :
L'une d'un sang fameux vantait les avantages;
L'autre, pour se parer de superbes atours,
Des plus adroites mains empruntait le secours :
Et moi, pour toute brigue et pour tout artifice,
De mes larmes au ciel j'offrais le sacrifice.
Enfin, on m'annonça l'ordre d'Assuérus.
Devant ce fier monarque, Elise, je parus.
Dieu tient le cœur des rois entre ses mains puissantes;
Il fait que tout prospère aux ames innocentes,
Tandis qu'en ses projets l'orgueilleux est trompé.
De mes faibles attraits le roi parut frappé :
Il m'observa long-temps dans un sombre silence;
Et le ciel, qui pour moi fit pencher la balance,
Dans ce temps-là sans doute agissait sur son cœur.
Enfin, avec des yeux où régnait la douceur :
Soyez reine, dit-il; et, dès ce moment même,
De sa main sur mon front posa son diadême.
Pour mieux faire éclater sa joie et son amour,
Il combla de présents tous les grands de sa cour;
Et même ses bienfaits, dans toutes ses provinces,
Invitèrent le peuple aux noces de leurs princes.
Hélas! durant ces jours de joie et de festins,
Quels étaient en secret ma honte et mes chagrins!
Esther, disais-je, Esther, dans la pourpre est assise,
La moitié de la terre à son sceptre est soumise,
Et de Jérusalem l'herbe cache les murs!
Sion, repaire affreux de reptiles impurs,
Voit de son temple saint les pierres dispersées
Et du Dieu d'Israël les fêtes sont cessées!

ELISE.

N'avez-vous point au roi confié vos ennuis?

ESTHER.

Le roi, jusqu'à ce jour, ignore qui je suis :
Celui par qui le ciel règle ma destinée
Sur ce secret encor tient ma langue enchaînée.

ELISE.

Mardochée? Eh! peut-il approcher de ces lieux?

ESTHER.

Son amitié pour moi le rend ingénieux.
Absent je le consulte, et ses reponses sages
Pour venir jusqu'à moi trouvent mille passages.
Un père a moins de soins du salut de son fils.
Déja même, déjà, par ses secrets avis,
J'ai découvert au roi les sanglantes pratiques
Que formaient contre lui deux ingrats domestiques.
Cependant mon amour pour notre nation
A rempli ce palais de filles de Sion,
Jeunes et tendres fleurs, par le sort agitées,
Sous un ciel étranger comme moi transplantées.
Dans un lieu séparé de profanes témoins,
Je mets à les former mon étude et mes soins;
Et c'est là que, fuyant l'orgueil du diadême,
Lasse des vains honneurs, et me cherchant moi-même,
Aux pieds de l'Eternel je viens m'humilier,
Et goûter le plaisir de me faire oublier.
Mais à tous les Persans je cache leurs familles.
Il faut les appeler. Venez, venez, mes filles,
Compagnes autrefois de ma captivité,
De l'antique Jacob jeune postérité.

SCÈNE II.

ESTHER, ELISE, LE CHŒUR.

UNE ISRAÉLITE, *chantant derrière le théâtre.*

Ma sœur, quelle voix nous appelle?

UNE AUTRE.

J'en reconnais les agréables sons :
C'est la reine.

TOUTES DEUX.

Courons, mes sœurs, obéissons.
La reine nous appelle :
Allons, rangeons-nous auprès d'elle.

TOUT LE CHŒUR, *entrant sur la scène par plusieurs endroits différents.*

La reine nous appelle :
Allons, rangeons-nous auprès d'elle

ÉLISE.

Ciel! quel nombreux essaim d'innocentes beautés
S'offre à mes yeux en foule, et sort de tous côtés !
Quelle aimable pudeur sur leur visage est peinte !
Prospérez, cher espoir d'une nation sainte.
Puissent jusques au ciel vos soupirs innocents
Monter comme l'odeur d'un agréable encens !
Que Dieu jette sur vous des regards pacifiques !

ESTHER.

Mes filles, chantez-nous quelqu'un de ces cantiques
Où nos voix si souvent, se mêlant à mes pleurs
De la triste Sion célèbrent les malheurs.

UNE ISRAÉLITE *chante seule.*

Déplorable Sion, qu'as-tu fait de ta gloire?
Tout l'univers admirait ta splendeur :
Tu n'es plus que poussière; et de cette grandeur
Il ne nous reste plus que la triste mémoire.
Sion, jusques au ciel élevée autrefois,
Jusqu'aux enfers maintenant abaissée,
Puissé-je demeurer sans voix,
Si dans mes chants ta douleur retracée
Jusqu'au dernier soupir n'occupe ma pensée !

TOUT LE CHOEUR.

O rives du Jourdain ! ô champs aimés des cieux !
Sacrés monts, fertiles vallées,
Par cent miracles signalées !
Du doux pays de nos aïeux
Serons-nous toujours exilées ?

UNE ISRAÉLITE, *seule.*

Quand verrai-je, ô Sion ! relever tes remparts.
Et de tes tours les magnifiques faîtes !
Quand verrai-je de toutes parts
Tes peuples en chantant accourir à tes fêtes?

TOUT LE CHOEUR.

O rives du Jourdain ! ô champs aimés des cieux !
Sacrés monts, fertiles vallées
Par cent miracles signalées !
Du doux pays de nos aïeux
Serons-nous toujours exilées !

SCÈNE III.

ESTHER, MARDOCHÉE, ELISE, LE CHOEUR.

ESTHER.

Quel profane en ce lieu s'ose avancer vers nous?
Que vois-je! Mardochée? ô mon père! est-ce vous.
Un ange du Seigneur sous son aile sacrée,
A donc conduit vos pas et caché votre entrée.
Mais d'où vient cet air sombre, et ce cilice affreux,
Et cette cendre enfin qui couvre vos cheveux?
Que nous annoncez-vous?

MARDOCHÉE.

O reine infortunée !
O d'un peuple innocent barbare destinée !
Lisez, lisez l'arrêt détestable, cruel...
Nous sommes tous perdus; et c'est fait d'Israël »

ESTHER.

Juste ciel ! tout mon sang dans mes veines se glace.

MARDOCHÉE.

On doit de tous les Juifs exterminer la race.
Au sanguinaire Aman nous sommes tous livrés;
Les glaives, les couteaux sont déjà préparés,
Toute la nation à la fois est proscrite.
Aman, l'impie Aman, race d'Amalécite,
A, pour ce coup funeste, armé tout son crédit ;
Et le roi, trop crédule, a signé cet édit.
Prévenu contre nous par cette bouche impure,
Il nous croit en horreur à toute la nature.
Ses ordres sont donnés; et, dans tous ses états,
Le jour fatal est pris pour tant d'assassinats.
Cieux, éclairerez-vous cet horrible carnage !
Le fer ne connaîtra ni le sexe ni l'âge;
Tout doit servir de proie aux tigres, aux vautours;
Et ce jour effroyable arrive dans dix jours.

ESTHER.

O Dieu, qui vois former des desseins si funestes,
As-tu donc de Jacob abandonné les restes?

UNE DES PLUS JEUNES ISRAÉLITES.

Ciel, qui nous défendra, si tu ne nous défends?

MARDOCHÉE.

Laissez les pleurs, Esther, à ces jeunes enfants.
En vous est tout l'espoir de vos malheureux frères ;
Il faut les secourir : mais les heures sont chères;
Le temps vole, et bientôt amènera le jour
Où le nom des Hébreux doit périr sans retour.
Toute pleine du feu de tant de saints prophètes,
Allez, osez au roi déclarer qui vous êtes.

ESTHER.

Hélas! ignorez-vous quelles sévères lois
Aux timides mortels cachent ici les rois?
Au fond de leur palais leur majesté terrible
Affecte à leurs sujets de se rendre invisible;
Et la mort est le prix de tout audacieux
Qui, sans être appelé, se présente à leurs yeux,
Si le roi dans l'instant, pour sauver le coupable,
Ne lui donne à baiser son sceptre redoutable.
Rien ne met à l'abri de cet ordre fatal,
Ni le rang, ni le sexe, et le crime est égal.
Moi-même, sur son trône, à ses côtés assise,
Je suis à cette loi, comme une autre soumise;
Et, sans le prévenir, il faut, pour lui parler,
Qu'il me cherche, ou du moins qu'il me fasse appeler.

MARDOCHÉE.

Quoi! lorsque vous voyez périr votre patrie,
Pour quelque chose, Esther, vous comptez votre vie!
Dieu parle, et d'un mortel vous craignez le courroux.
Que dis-je, votre vie, Esther, est-elle à vous?
N'est-elle pas au sang dont vous êtes issue?
N'est-elle pas à Dieu dont vous l'avez reçue?
Et qui sait, lorsqu'au trône il vous conduisit vos pas,
Si pour sauver son peuple il ne vous gardait pas?
Songez-y bien ; ce Dieu ne vous a pas choisie
Pour être un vain spectacle aux peuples de l'Asie,
Ni pour charmer les yeux des profanes humains :
Pour un plus noble usage il réserve ses saints.
S'immoler pour son nom et pour son héritage,
D'un enfant d'Israël voilà le vrai partage :
Trop heureuse pour lui de hasarder vos jours!
Et quel besoin son bras a-t-il de nos secours?
Que peuvent contre lui tous les rois de la terre?
En vain ils s'uniraient pour lui faire la guerre :
Pour dissiper leur ligue il n'a qu'à se montrer;
Il parle, et dans la poudre il les fait tous rentrer.
Au seul son de sa voix la mer fuit, le ciel tremble;
Il voit comme un néant tout l'univers ensemble;
Et les faibles mortels, vains jouets du trépas,
Sont tous devant ses yeux comme s'ils n'étaient pas;
S'il a permis d'Aman l'audace criminelle,
Sans doute qu'il voulait éprouver votre zèle.
C'est lui qui, m'excitant à vous oser chercher,
Devant vous, chère Esther, a bien voulu marcher;
Et s'il faut que sa voix frappe en vain vos oreilles,
Nous n'en verrons pas moins éclater ses merveilles.
Il peut confondre Aman ; il peut briser nos fers
Par la plus faible main qui soit dans l'univers;
Et vous, qui n'aurez point accepté cette grace,
Vous périrez peut-être et toute votre race.

ESTHER.

Allez : que tous les Juifs dans Suse répandus;
A prier avec vous jour et nuit assidus,
Me prêtent de leurs vœux le secours salutaire,
Et pendant ces trois jours gardent un jeûne austère.
Déjà la sombre nuit a commencé son tour :
Demain, quand le soleil rallumera le jour,
Contente de périr, s'il faut que je périsse,
J'irai pour mon pays m'offrir en sacrifice,
Qu'on s'éloigne un moment.

(*Le chœur se retire vers le fond du théâtre.*)

SCENE VI.

ESTHER, ÉLISE, LE CHOEUR.

ESTHER.

O mon souverain roi,
Me voici donc tremblante et seule devant toi !

Mon père mille fois m'a dit dans mon enfance
Qu'avec nous tu juras une sainte alliance,
Quand, pour te faire un peuple agréable à tes yeux,
Il plut à ton amour de choisir nos aïeux :
Même tu leur promis de ta bouche sacrée
Une postérité d'éternelle durée.
Hélas! ce peuple ingrat a méprisé ta loi;
La nation chérie a violé sa foi;
Elle a répudié son époux et son père,
Pour rendre à d'autres dieux un honneur adultère :
Maintenant elle sert sous un maître étranger.
Mais c'est peu d'être esclave, on la veut égorger :
Nos superbes vainqueurs, insultant à nos larmes,
Imputent à leurs dieux le bonheur de leurs armes,
Et veulent aujourd'hui qu'un même coup mortel
Abolisse ton nom, ton peuple et ton autel.
Ainsi donc un perfide, après tant de miracles,
Pourrait anéantir la foi de tes oracles,
Ravirait aux mortels le plus cher de tes dons,
Le saint que tu promets et que nous attendons?
Non, non, ne souffre pas que ces peuples farouches,
Ivres de notre sang, ferment les seules bouches
Qui dans tout l'univers célèbrent tes bienfaits;
Et confond tous ces dieux qui ne furent jamais.
 Pour moi, que tu retiens parmi ces infidèles,
Tu sais combien je hais leurs fêtes criminelles,
Et que je mets au rang des profanations
Leur table, leurs festins, et leurs libations;
Que même cette pompe où je suis condamnée,
Ce bandeau dont il faut que je paraisse ornée
Dans ces jours solennels à l'orgueil dédiés,
Seule et dans le secret je le foule à mes pieds;
Qu'à ces vains ornements je préfère la cendre,
Et n'ai de goût qu'aux pleurs que tu me vois répandre
J'attendrai le moment marqué dans ton arrêt,
Pour oser de ton peuple embrasser l'intérêt.
Ce moment est venu; ma prompte obéissance
Va d'un roi redoutable affronter la présence.
C'est pour toi que je marche; accompagne mes pas
Devant ce fier lion qui ne te connaît pas;
Commande en me voyant que son courroux s'apaise,
Et prête à mes discours un charme qui lui plaise :
Les orages, les vents, les cieux te sont soumis :
Tourne enfin ta fureur contre nos ennemis.

SCÈNE V.

(*Toute cette scène est chantée.*)

LE CHOEUR.

UNE ISRAÉLITE, *seule*.

Pleurons et gémissons, mes fidèles compagnes;
A nos sanglots donnons un libre cours :
Levons les yeux vers les saintes montagnes
D'où l'innocence attend tout son secours.
 O mortelles alarmes!
Tout Israël périt. Pleurez, mes tristes yeux :
Il ne fut jamais sous les cieux
Un si juste sujet de larmes.

TOUT LE CHOEUR.

O mortelles alarmes!

UNE AUTRE ISRAÉLITE.

N'étais-ce pas assez qu'un vainqueur odieux
De l'auguste Sion eût détruit tous les charmes
Et traîné ses enfants captifs en mille lieux?

TOUT LE CHOEUR.

O mortelles alarmes!

LA MÊME ISRAÉLITE.

Faibles agneaux livrés à des loups furieux,
Nos soupirs sont nos seules armes.

TOUT LE CHOEUR.

O mortelles alarmes!

UNE ISRAÉLITE.

Arrachons, déchirons tous ces vains ornements
Qui parent notre tête.

UNE AUTRE.

Revêtons-nous d'habillements
Conformes à l'horrible fête
Que l'impie Aman nous apprête.

TOUT LE CHOEUR.

Arrachons, déchirons, tous ces vains ornements
Qui parent notre tête.

UNE ISRAÉLITE.

Quel carnage de toutes parts!
On égorge à la fois les enfants, les vieillards,
 Et la sœur et le frère,
 Et la fille et la mère,
Le fils dans les bras de son père!
Que de corps entassés, que de membres épars,
 Privés de sépulture!
Grand dieu, tes saints sont la pâture
Des tigres et des léopards.

UNE DES PLUS JEUNES ISRAÉLITES.

Hélas! si jeune encore,
Par quel crime ai-je pu mériter mon malheur?
Ma vie à peine a commencé d'éclore :
Je tomberai comme une fleur
 Qui n'a vu qu'une aurore.
Hélas! si jeune encore,
Par quel crime ai-je pu mériter mon malheur?

UNE AUTRE.

Des offenses d'autrui malheureuses victimes,
Que nous servent, hélas! ces regrets superflus?
Nos pères ont péché, nos pères ne sont plus,
Et nous portons la peine de leurs crimes.

TOUT LE CHOEUR.

Le Dieu que nous servons est le Dieu des combats :
 Non! non, il ne souffrira pas
 Qu'on égorge ainsi l'innocence.

UNE ISRAÉLITE, *seule*.

Hé quoi! dirait l'impiété,
Où donc est-il ce Dieu si redouté
Dont Israël nous vantait la puissance?

UNE AUTRE.

Ce Dieu jaloux, ce Dieu victorieux.
Frémissez, peuples de la terre,
Ce Dieu jaloux, ce Dieu victorieux;
Est le seul qui commande aux cieux :
Ni les éclairs ni le tonnerre
N'obéissent point à vos dieux.

UNE AUTRE.

Il renverse l'audacieux.

UNE AUTRE.

Il prend l'humble sous sa défense.

TOUT LE CHOEUR.

Le Dieu que nous servons est le Dieu des combats :
 Non, non, il ne souffrira pas
 Qu'on égorge ainsi l'innocence.

DEUX ISRAÉLITES.

O Dieu, que la gloire couronne,
Dieu, que la lumière environne,
Qui voles sur l'aile des vents,
Et dont le trône est porté par des anges :

DEUX AUTRES PLUS JEUNES.

Dieu, qui veut bien que de simples enfants
Avec eux chantent tes louanges;

TOUT LE CHOEUR.

Tu vois nos pressants dangers;
Donne à ton nom la victoire;
Ne souffre point que ta gloire
Passe à des dieux étrangers.

UNE ISRAÉLITE *seule*

Arme-toi, viens nous défendre :
Descends, tel qu'autrefois la mer te vit descendre,

Que les méchants apprennent aujourd'hui
  A craindre ta colère :
Qu'ils soient comme la poudre et la paille légère
Que le vent chasse devant lui.

TOUT LE CHOEUR.

Tu vois nos pressants dangers :
Donne à ton nom la victoire ;
Ne souffre point que ta gloire
Passe à des dieux étrangers.

FIN DU PREMIER ACTE.

ACTE II.

(Le théâtre représente la chambre où est le trône d'Assuérus.)

SCÈNE PREMIÈRE.

AMAN, HYDASPE.

AMAN.

Hé quoi ! lorsque le jour ne commence qu'à luire,
Dans ce lieu redoutable oses-tu m'introduire?

HYDASPE.

Vous savez qu'on s'en peut reposer sur ma foi ;
Que ces portes, seigneur, n'obéissent qu'à moi :
Venez. Partout ailleurs on pourrait nous entendre.

AMAN.

Quel est donc le secret que tu me veux apprendre ?

HYDASPE.

Seigneur, de vos bienfaits mille fois honoré,
Je me souviens toujours que je vous ai juré
D'exposer à vos yeux, par des avis sincères,
Tout ce que ce palais renferme de mystères.
Le roi d'un noir chagrin paraît enveloppé :
Quelque songe effrayant cette nuit l'a frappé.
Pendant que tout gardait un silence paisible,
Sa voix s'est fait entendre avec un cri terrible :
J'ai couru. Le désordre était dans ses discours :
Il s'est plaint d'un péril qui menaçait ses jours ;
Il parlait d'ennemi, de ravisseur farouche ;
Même le nom d'Esther est sorti de sa bouche.
Il a dans ces horreurs passé toute la nuit.
Enfin, las d'appeler un sommeil qui le fuit,
Pour écarter de lui ces images funèbres,
Il s'est fait apporter ces annales célèbres
Où les faits de son règne, avec soin amassés,
Par de fidèles mains chaque jour sont tracés ;
On y conserve écrits le service et l'offense,
Monuments éternels d'amour et de vengeance.
Le roi que j'ai laissé plus calme dans son lit,
D'une oreille attentive écoute ce récit.

AMAN.

De quel temps de sa vie a-t-il choisi l'histoire?

HYDASPE.

Il revoit tous ces temps si remplis de sa gloire,
Depuis le fameux jour qu'au trône de Cyrus
Le choix du sort plaça l'heureux Assuérus.

AMAN.

Ce songe, Hydaspe, est donc sorti de son idée?

HYDASPE.

Entre tous les devins fameux dans la Chaldée,
Il a fait assembler ceux qui savent le mieux
Lire en un songe obscur la volonté des cieux...
Mais quel trouble vous-même aujourd'hui vous agite?
Votre ame en m'écoutant paraît tout interdite :
L'heureux Aman a-t-il quelques secrets ennuis ?

AMAN.

Peux-tu le demander dans la place où je suis?
Haï, craint, envié, souvent plus misérable
Que tous les malheureux que mon pouvoir accable!

HYDASPE.

Hé! qui jamais du ciel eut des regards plus doux?
Vous voyez l'univers prosterné devant vous.

AMAN.

L'univers! Tous les jours un homme, un vil esclave.
D'un front audacieux me dédaigne et me brave.

HYDASPE.

Quel est cet ennemi de l'état et du roi?

AMAN.

Le nom de Mardochée est-il connu de toi?

HYDASPE.

Qui? ce chef d'une race abominable, impie?

AMAN.

Oui, lui-même.

HYDASPE.

Hé, seigneur, d'une si belle vie
Un si faible mortel peut-il troubler la paix?

AMAN.

L'insolent devant moi ne se courba jamais.
En vain de la faveur du plus grand des monarques
Tout révère à genoux les glorieuses marques ;
Lorsque d'un saint respect tous les Persans touchés
N'osent lever leurs fronts à la terre attachés,
Lui, fièrement assis, et la tête immobile,
Traite tous ces honneurs d'impiété servile,
Présente à mes regards un front séditieux,
Et ne daignerait pas au moins baisser les yeux!
Du palais cependant il assiège la porte :
A quelque heure que j'entre, Hydaspe, ou que je sorte
Son visage odieux m'afflige et me poursuit ;
Et mon esprit troublé le voit encor la nuit.
Ce matin j'ai voulu devancer la lumière :
Je l'ai trouvé couvert d'une affreuse poussière,
Revêtu de lambeaux, tout pâle ; mais son œil
Conservait sous la cendre encor le même orgueil.
D'où lui vient, cher ami, cette impudente audace?
Toi, qui dans ce palais vois tout ce qui se passe,
Crois-tu que quelque voix ose parler pour lui?
Sur quel roseau fragile a-t-il mis son appui?

HYDASPE.

Seigneur, vous le savez, son avis salutaire
Découvrit de Tharès le complot sanguinaire,
Le roi promit alors de le récompenser ;
Le roi, depuis ce temps paraît n'y plus penser.

AMAN.

Non, il faut à tes yeux dépouiller l'artifice.
J'ai su de mon destin corriger l'injustice :
Dans les mains des Persans jeune enfant apporté,
Je gouverne l'empire où je fus acheté ;
Mes richesses des rois égalent l'opulence,
Environné d'enfants soutiens de ma puissance

Il ne manque à mon front que le bandeau royal :
Cependant (des mortels aveuglement fatal!)
De cet amas d'honneurs la douceur passagère
Fait sur mon cœur à peine une atteinte légère ;
Mais Mardochée, assis aux portes du palais,
Dans ce cœur malheureux enfonce mille traits ;
Et toute ma grandeur me devient insipide,
Tandis que le soleil éclaire ce perfide.

HYDASPE.
Vous serez de sa vue affranchi dans dix jours :
La nation entière est promise aux vautours.

AMAN.
Ah ! que ce temps est long à mon impatience!
C'est lui, je te veux bien confier ma vengeance,
C'est lui qui, devant moi refusant de ployer,
Les a livrés au bras qui les va foudroyer.
C'était trop peu pour moi d'une telle victime :
La vengeance trop faible attire un second crime.
Un homme tel qu'Aman, lorsqu'on l'ose irriter,
Dans sa juste fureur ne peut trop éclater.
Il faut des châtiments dont l'univers frémisse;
Qu'on tremble en comparant l'offense et le supplice.
Que les peuples entiers dans le sang soient noyés.
Je veux qu'on dise un jour aux siècles effrayés :
« Il fut des Juifs, il fut une insolente race :
« Répandus sur la terre ils en couvraient la face :
« Un seul osa d'Aman attirer le courroux,
« Aussitôt de la terre ils disparurent tous. »

HYDASPE.
Ce n'est donc pas, seigneur, le sang amalécite
Dont la voix à les perdre en secret vous excite?

AMAN.
Je sais que, descendu de ce sang malheureux,
Une éternelle haine a dû m'armer contre eux;
Qu'ils firent d'Amalec un indigne carnage,
Que, jusqu'aux vils troupeaux, tout éprouva leur rage
Qu'un déplorable reste à peine fut sauvé.
Mais, crois-moi, dans le rang où je suis élevé,
Mon âme à ma grandeur tout à fait attachée,
Des intérêts du sang est faiblement touchée.
Mardochée est coupable, et que faut-il de plus?
Je prévins donc contre eux l'esprit d'Assuérus,
J'inventai des couleurs, j'armai la calomnie,
J'intéressai sa gloire; il trembla pour sa vie
Je les peignis puissants, riches, séditieux;
Leur Dieu même ennemi de tous les autres dieux.
« Jusqu'à quand souffrir-t-on que ce peuple respire,
« Et d'un culte profane infecte votre empire?
« Étrangers dans la Perse, à nos lois opposés,
« Du reste des humains ils semblent divisés,
« N'aspirent qu'à troubler le repos où nous sommes,
« Et, detestés partout, détestent tous les hommes.
« Prévenez, punissez leurs insolents efforts;
« De leur dépouille enfin grossissez vos trésors. »
Je dis, et l'on me crut. Le roi, dès l'heure même,
Mit dans ma main le sceau de son pouvoir suprême :
« Assure, me dit-il, le repos de ton roi.
« Va, perds ces malheureux; leur dépouille est à toi. »
Toute la nation fut ainsi condamnée.
Du carnage avec lui je réglai la journée.
Mais de ce traître enfin le trépas différé
Fait trop souffrir mon cœur de son sang altéré.
Un je ne sais quel trouble empoisonne ma joie.
Pourquoi dix jours encor faut-il que je le voie?

HYDASPE.
Et ne pouvez-vous pas d'un mot l'exterminer?
Dites au roi, seigneur, de vous l'abandonner.

AMAN.
Je viens pour épier ce moment favorable.
Tu connais comme moi ce prince inexorable :
Tu sais combien terrible en ses soudains transports,
De nos desseins souvent il rompt tous les ressorts.
Mais à me tourmenter une haine est trop subtile :
Mardochée à ses yeux est une âme trop vile.

HYDASPE.
Que tardez-vous? Allez, et faites promptement
Élever de sa mort le honteux instrument.

AMAN.
J'entends du bruit ; je sors. Toi, si le roi m'appelle...

HYDASPE.
Il suffit.

SCÈNE II.

ASSUÉRUS, HYDASPE, ASAPH, suite d'Assuérus.

ASSUÉRUS.
Ainsi donc, sans cet avis fidèle,
Deux traîtres dans son lit assassinaient leur roi?
Qu'on me laisse; et qu'Asaph seul demeure avec moi.

SCÈNE III.

ASSUÉRUS, ASAPH.

ASSUÉRUS, *assis sur son trône.*
Je veux bien l'avouer; de ce peuple perfide
J'avais presque oublié l'attentat parricide;
Et j'ai pâli deux fois au terrible récit
Qui vient d'en retracer l'image à mon esprit.
Je vois de quel succès leur fureur fut suivie,
Et que dans les tourments ils laissèrent la vie;
Mais ce sujet zélé qui, d'un œil si subtil,
Sut de leurs noirs complots développer le fil,
Qui me montra sur moi leur main déjà levée,
Enfin par qui la Perse avec moi fut sauvée,
Quel honneur pour sa foi, quel prix a-t-il reçu?

ASAPH.
On lui promit beaucoup : c'est tout ce que j'ai su.

ASSUÉRUS.
O d'un si grand service oubli trop condamnable !
Des embarras du trône effet inévitable?
De soins tumultueux un prince environné
Vers de nouveaux objets est sans cesse entraîné;
L'avenir l'inquiète, et le présent le frappe;
Mais, plus prompt que l'éclair, le passé nous échappe ;
Et de tant de mortels, à toute heure empressés
A nous faire valoir leurs soins intéressés,
Il ne s'en trouve point qui, touché d'un vrai zèle,
Prennent à notre gloire un intérêt fidèle,
Du mérite oublié nous fassent souvenir.
Trop prompts à nous parler de ce qu'il faut punir.
Ah ! que plutôt l'injure échappe à ma vengeance,
Qu'un si rare bienfait à ma reconnaissance !
Et qui voudrait jamais s'exposer pour son roi?
Ce mortel qui montra tant de zèle pour moi,
Vit-il encore?

ASAPH.
Il voit l'astre qui vous éclaire.

ASSUÉRUS.
Et que n'a-t-il plus tôt demandé son salaire?
Quel pays reculé le cache à mes bienfaits?

ASAPH.
Assis le plus souvent aux portes du palais,
Sans se plaindre de vous, ni de sa destinée,
Il y traîne, seigneur, sa vie infortunée.

ASSUÉRUS.
Et je dois d'autant moins oublier la vertu,
Qu'elle-même s'oublie. Il se nomme, dis-tu?

ASAPH.
Mardochée est le nom que je viens de vous lire.

ASSUÉRUS.
Et son pays?

ASAPH.
Seigneur, puisqu'il faut vous le dire,
C'est un de ces captifs à périr destiné,
Des rives du Jourdain sur l'Euphrate amenés.

ASSUÉRUS.
est donc Juif ! ô ciel, sur le point que la vie
Par mes propres sujets m'allait être ravie,
Un Juif rend par ses soins leurs efforts impuissants!
Un Juif m'a préservé du glaive des Persans!
Mais, puisqu'il m'a sauvé, quel qu'il soit, il n'importe.
Holà, quelqu'un !

SCÈNE IV.

ASSUÉRUS, HYDASPE, ASAPH.

HYDASPE.
Seigneur?

ASSUÉRUS.
                    Regarde à cette porte,
Vois s'il s'offre à tes yeux quelque grand de ma cour.

HYDASPE.
Aman à votre porte a précédé le jour.

ASSUÉRUS.
Qu'il entre. Ses avis m'éclaireront peut-être.

SCÈNE V.

ASSUÉRUS, AMAN, HYDASPE, ASAPH.

ASSUÉRUS.
Approche, heureux appui du trône de ton maître,
Ame de mes conseils, et qui seul tant de fois
Du sceptre dans ma main a soulagé le poids.
Un reproche secret embarrasse mon ame.
Je sais combien est pur le zèle qui t'enflamme :
Le mensonge jamais n'entra dans tes discours,
Et mon intérêt seul est le but où tu cours.
Dis-moi donc : que doit faire un prince magnanime
Qui veut combler d'honneurs un sujet qu'il estime?
Par quel gage éclatant et digne d'un grand roi,
Puis-je récompenser le mérite et la foi?
Ne donne point de borne à ma reconnaissance :
Mesure tes conseils sur ma vaste puissance.

AMAN, *à part.*
C'est pour toi-même, Aman, que tu vas prononcer :
Et quel autre que toi peut-on récompenser?

ASSUÉRUS.
Que penses-tu?

AMAN.
            Seigneur, je cherche, j'envisage
Des monarques persans la conduite et l'usage;
Mais à mes yeux en vain je les rappelle tous;
Pour vous régler sur eux que sont-ils près de vous?
Votre règne aux neveux doit servir de modèle.
Vous voulez d'un sujet reconnaître le zèle :
L'honneur seul peut flatter un esprit généreux :
Je voudrais donc, seigneur, que ce mortel heureux,
De la pourpre aujourd'hui paré comme vous-même,
Et portant sur le front le sacré diadème,
Sur un de vos coursiers pompeusement orné,
Aux yeux de vos sujets dans Suse fut mené,
Que, pour comble de gloire et de magnificence,
Un seigneur éminent en richesse, en puissance,
Enfin de votre empire après vous le premier,
Par la bride guidât son superbe coursier,
Et lui-même, marchant en habits magnifiques
Criât à haute voix dans les places publiques :
« Mortels, prosternez-vous : c'est ainsi que le roi
« Honore le mérite, et couronne la foi. »

ASSUÉRUS.
Je vois que la sagesse elle-même t'inspire,
Avec mes volontés ton sentiment conspire.
Va, ne perds point de temps; ce que tu m'as dicté,
Je veux de point en point qu'il soit exécuté.
La vertu dans l'oubli ne sera plus cachée.
Aux portes du palais prends le juif Mardochée;
C'est lui que je prétends honorer aujourd'hui;
Ordonne son triomphe, et marche devant lui;
Que Suse par ta voix de son nom retentisse,
Et fais à son aspect que tout genou fléchisse.
Sortez tous.

AMAN, *à part.*
            Dieux!

SCÈNE VI.

ASSUÉRUS.
                Le prix est sans doute inouï :
Jamais d'un tel honneur un sujet n'a joui;
Mais plus la récompense est grande et glorieuse;
Plus même de ce juif la race est odieuse,
Plus j'assure ma vie, et montre avec éclat
Combien Assuérus redoute d'être ingrat.
On verra l'innocent discerné du coupable :
Je n'en perdrai pas moins ce peuple abominable;
Leurs crimes...

SCÈNE VII.

ASSUÉRUS, ESTHER, ELISE, THAMAR.

UNE PARTIE DU CHOEUR.

(*Esther entre s'appuyant sur Elise; quatre Israélites
soutiennent sa robe.*)

ASSUÉRUS.
            Sans mon ordre on porte ici ses pas!
Quel mortel insolent vient chercher le trépas?
Gardes... C'est vous, Esther? quoi sans être attendue?

ESTHER.
Mes filles, soutenez votre reine éperdue.
Je meurs.   (*Elle tombe évanouie.*)

ASSUÉRUS.
            Dieux puissants; quelle étrange paleur
De son teint tout à coup efface la couleur!
Esther, que craignez-vous! suis-je pas votre frère
Est-ce pour vous qu'est fait un ordre si sévère?
Vivez : le sceptre d'or que vous tend cette main,
Pour vous de ma clémence est un gage certain.

ESTHER.
Quelle voix salutaire ordonne que je vive,
Et rappelle en mon sein mon ame fugitive?

ASSUÉRUS.
Ne connaissez-vous pas la voix de votre epoux?
Encore un coup, vivez, et revenez à vous.

ESTHER.
Seigneur, je n'ai jamais contemplé qu'avec crainte
L'auguste majesté sur votre front empreinte;
Jugez combien ce front irrité contre moi
Dans mon ame troublée a dû jeter d'effroi :
Sur ce trône sacré qu'environne la foudre
J'ai cru vous voir tout prêt à me réduire en poudre.
Helas! sans frissonner, quel cœur audacieux
Soutiendrait les eclairs qui partaient de vos yeux?
Ainsi du Dieu vivant la colère étincelle...

ASSUÉRUS.
O soleil! ô flambeau de lumière immortelle!
Je me trouble moi-même; et sans frémissement
Je ne puis voir sa peine et son saisissement.
Calmez, reine, calmez la frayeur qui vous presse.
Du cœur d'Assuérus souveraine maîtresse,
Eprouvez seulement son ardente amitié.
Faut-il de mes états vous donner la moitié?

ESTHER.
Eh! se peut-il qu'un roi craint de la terre entière,
Devant qui tout fléchit et baise la poussière,
Jette sur son esclave un regard si serein,
Et m'offre sur son cœur un pouvoir souverain?

ASSUÉRUS.
Croyez-moi, chère Esther, ce sceptre, cet empire
Et ces profonds respects que la terreur inspire,
A leur pompeux éclat mêlent peu de douceur,
Et fatiguent souvent leur triste possesseur.
Je ne trouve qu'en vous je ne sais quelle grace
Qui me charme toujours et jamais ne me lasse.
De l'aimable vertu doux et puissants attraits!
Tout respire en Esther l'innocence et la paix.
Du chagrin le plus noir elle écarte les ombres,
Et fait des jours sereins de mes jours les plus sombres,

Que dis-je? sur ce trône assis auprès de vous,
Des astres ennemis j'en crains moins le courroux,
Et crois que votre front prête à mon diadême
Un éclat qui le rend respectable aux dieux même.
Osez donc me répondre, et ne me cachez pas
Quel sujet important conduit ici vos pas,
Quel intérêt, quels soins vous agitent, vous pressent?
Je vois qu'en m'écoutant vos yeux au ciel s'adressent.
Parlez : de vos désirs le succès est certain,
Si ce succès dépend d'une mortelle main.

ESTHER.

O bonté qui m'assure autant qu'elle m'honore !
Un intérêt puissant veut que je vous implore :
J'attends ou mon malheur ou ma félicité ;
Et tout dépend, seigneur, de votre volonté.
Un mot de votre bouche, en terminant mes peines,
Peut rendre Esther heureuse entre toutes les reines.

ASSUÉRUS.

Ah ! que vous enflammez mon désir curieux !

ESTHER.

Seigneur, si j'ai trouvé grace devant vos yeux,
Si jamais à mes vœux vous fûtes favorable,
Permettez, avant tout, qu'Esther puisse à sa table
Recevoir aujourd'hui son souverain seigneur,
Et qu'Aman soit admis à cet excès d'honneur.
J'oserai devant lui rompre ce grand silence ;
Et j'ai pour m'expliquer besoin de sa présence.

ASSUÉRUS.

Dans quelle inquiétude, Esther, vous me jetez!
Toutefois qu'il soit fait comme vous souhaitez.

(à ceux de sa suite.)

Vous, que l'on cherche Aman ; et qu'on lui fasse enten-
Qu'invité chez la reine il ait soin de s'y rendre. [dre

SCÈNE VIII.

ASSUÉRUS, ESTHER, ÉLISE, THAMAR, HYDASPE,
UNE PARTIE DU CHOEUR.

HYDASPE.

Les savants chaldéens, par votre ordre appelés,
Dans cet appartement, seigneur, sont assemblés.

ASSUÉRUS.

Princesse, un songe étrange occupe ma pensée :
Vous-même en leur réponse êtes intéressée.
Venez, derrière un voile écoutant leurs discours,
De vos propres clartés me prêter le secours.
Je crains pour vous, pour moi, quelque ennemi perfide.
Suis-moi, Thamar ! Et vous, troupe jeune et timide,
Sans craindre ici les yeux d'une profane cour,
A l'abri de ce trône attendez mon retour.

SCÈNE IX.

(Cette scène est partie déclamée et partie chantée.)

ÉLISE, UNE PARTIE DU CHOEUR.

ÉLISE.

Que vous semble, mes sœurs, de l'état où nous sommes ?
D'Esther, d'Aman, qui le doit emporter?
   Est-ce Dieu, sont-ce les hommes,
   Dont les œuvres vont éclater?
Vous avez vu quelle ardente colère
Allumait de ce roi le visage sévère.

UNE ISRAÉLITE.

Des éclairs de ses yeux l'œil était ébloui.

UNE AUTRE.

Et sa voix m'a paru comme un tonnerre horrible.

ÉLISE.

   Comment ce courroux si terrible
   En un moment s'est-il évanoui ?

UNE ISRAÉLITE *chante.*

Un moment a changé ce courage inflexible :
Le lion rugissant est un agneau paisible.
Dieu, notre Dieu sans doute a versé dans son cœur
   Cet esprit de douceur.

LE CHOEUR *chante.*

Dieu, notre Dieu sans doute a versé dans son cœur
   Cet esprit de douceur.

LA MÊME ISRAÉLITE *chante.*

   Tel qu'un ruisseau docile
Obéit à la main qui détourne son cours,
Et, laissant de ses eaux partager le secours,
   Va rendre tout un champ fertile :
Dieu, de nos volontés arbitre souverain,
Le cœur des rois est ainsi dans ta main.

ÉLISE.

Ah ! que je crains, mes sœurs, les funestes nuage
Qui de ce prince obscurcissent les yeux !
Comme il est aveuglé du culte de ses dieux !

UNE ISRAÉLITE.

Il n'atteste jamais que leurs noms odieux.

UNE AUTRE.

Aux feux inanimés dont se parent les cieux
   Il rend de profanes hommages.

UNE AUTRE.

Tout son palais est plein de leurs images.

LE CHOEUR *chante.*

Malheureux ! vous quittez le maître des humains
   Pour adorer l'ouvrage de vos mains !

UNE ISRAÉLITE *chante.*

Dieu d'Israël, dissipe enfin cette ombre :
Des larmes de tes saints quand seras-tu touché ?
Quand sera le voile arraché
Qui sur tout l'univers jette une nuit si sombre ?
Dieu d'Israël dissipe enfin cette ombre :
   Jusqu'à quand seras-tu caché ?

UNE DES PLUS JEUNES ISRAÉLITES.

Parlons plus bas, mes sœurs. Ciel ! si quelque infidèle,
Écoutant nos discours, nous allait déceler !

ÉLISE.

Quoi ! fille d'Abraham, une crainte mortelle
Semble déjà vous faire chanceler !
Hé ! si l'impie Aman, dans sa main homicide
Faisant luire à vos yeux un glaive menaçant,
A blasphémer le nom du Tout-Puissant
Voulait forcer votre bouche timide !

UNE AUTRE ISRAÉLITE.

Peut-être Assuérus, frémissant de courroux,
   Si nous ne courbons les genoux
   Devant une muette idole,
   Commandera qu'on nous immole.
   Chère sœur, que choisirez-vous ?

LA JEUNE ISRAÉLITE.

Moi, je pourrais trahir le Dieu que j'aime !
J'adorerais un dieu sans force et sans vertu,
Reste d'un tronc par les vents abattu,
Qui ne peut se sauver lui-même !

LE CHOEUR *chante.*

Dieux impuissants, dieux sourds, tous ceux qui vous
   Ne seront jamais entendus.   [implorent,
   Que les démons, et ceux qui les adorent,
   Soient à jamais détruits et confondus !

UNE ISRAÉLITE *chante.*

Que ma bouche et mon cœur, et tout ce que je suis,
Rendent honneur au Dieu qui m'a donné la vie.
   Dans les craintes, dans les ennuis,
   En ses bontés mon ame se confie.
Veut-il par mon trépas que je le glorifie,
Que ma bouche et mon cœur, et tout ce que je suis,
Rendent honneur au Dieu qui m'a sauvé la vie.

ÉLISE.

Je n'admirai jamais la gloire de l'impie.

UNE AUTRE ISRAÉLITE.

Au bonheur du méchant qu'une autre porte envie.

ÉLISE.

Tous ses jours paraissent charmants ;
L'or éclate en ses vêtements ;
Son orgueil est sans borne ainsi que sa richesse ;
Jamais l'air n'est troublé de ses gémissements,
Il s'endort, il s'éveille au son des instruments ;
Son cœur nage dans la mollesse.

UNE AUTRE ISRAÉLITE.

Pour comble de prospérité,
Il espère revivre en sa postérité ;
Et d'enfants à sa table une riante troupe
Semble boire avec lui la joie à pleine coupe.

(*Tout le reste est chanté.*)

LE CHOEUR.

Heureux, dit-on, le peuple florissant
Sur qui ces biens coulent en abondance.
Plus heureux le peuple innocent
Qui dans le Dieu du ciel a mis sa confiance !

UNE ISRAÉLITE *seule*.

Pour contenter ses frivoles désirs
L'homme insensé vainement se consume :
Il trouve l'amertume
Au milieu des plaisirs.

UNE AUTRE *seule*.

Le bonheur de l'impie est toujours agité ;
Il erre à la merci de sa propre inconstance.
Ne cherchons la félicité
Que dans la paix de l'innocence.

LA MÊME, *avec une autre*.

O douce paix !
O lumière éternelle !
Beauté toujours nouvelle !
Heureux le cœur épris de tes attraits !
O douce paix !
Heureux le cœur qui ne te perd jamais !

LE CHOEUR.

O douce paix !
O lumière éternelle !
Beauté toujours nouvelle !
Heureux le cœur qui ne te perd jamais !

LA MÊME, *seule*.

Nul paix pour l'impie ; il la cherche, elle fuit,
Et le calme en son cœur ne trouve point de place ;
Le glaive au dehors le poursuit ;
Le remords au dedans le glace.

UNE AUTRE.

La gloire des méchants en un moment s'éteint :
L'affreux tombeau pour jamais les dévore.
Il n'en est pas ainsi de celui qui te craint ;
Il renaîtra, mon Dieu, plus brillant que l'aurore.

LE CHOEUR.

O douce paix !
Heureux le cœur qui ne te perd jamais !

ÉLISE, *sans chanter*. [Chaine.
Mes sœurs, j'entends du bruit dans la chambre pro-
On nous appelle ; allons retrouver notre reine.

FIN DU SECOND ACTE.

ACTE III.

(Le théâtre représente le jardin d'Esther et un des côté du salon où se fait le festin.)

SCÈNE PREMIÈRE.

AMAN, ZARÈS.

ZARÈS.

C'est donc ici d'Esther le superbe jardin ;
Et ce salon pompeux est le lieu du festin ?
Mais, tandis que la porte en est encor fermée,
Ecoutez les conseils d'une épouse alarmée.
Au nom du sacré nœud qui me lie avec vous,
Dissimulez, seigneur, cet aveugle courroux ;
Eclaircissez ce front où la tristesse est peinte :
Les rois craignent surtout le reproche et la plainte.
Seul entre tous les grands par la reine invité,
Ressentez donc aussi cette félicité.
Si le mal vous aigrit, que le bienfait vous touche,
Je l'ai cent fois appris de votre propre bouche :
Quiconque ne sait pas dévorer un affront,
Ni de fausses couleurs se déguiser le front,
Loin de l'aspect des rois qu'il s'écarte, qu'il fuie.
Il est des contretemps qu'il faut qu'un sage essuie :
Souvent avec prudence un outrage endure
Aux honneurs les plus hauts a servi de degré.

AMAN.

O douleur ! ô supplice affreux à la pensée !
O honte, qui jamais ne peut être effacée !
Un exécrable Juif, l'opprobre des humains,
S'est donc vu de la pourpre habillé par mes mains !
C'est peu qu'il ait sur moi remporté la victoire,
Malheureux, j'ai servi de héraut à sa gloire !
Le traître, il insultait à ma confusion ;
Et tout le peuple même, avec dérision
Observant la rougeur qui couvrait mon visage,
De ma chute certaine en tirait le présage.
Roi cruel, ce sont là les jeux où tu te plais !
Tu ne m'as prodigué tes perfides bienfaits
Que pour me faire mieux sentir ta tyrannie,
Et m'accabler enfin de plus d'ignominie.

ZARÈS.

Pourquoi juger si mal de son intention ?
Il croit récompenser une bonne action.
Ne faut-il pas, seigneur, s'étonner au contraire
Qu'il en ait si longtemps différé le salaire ?
Du reste, il n'a rien fait que par votre conseil.
Vous-même avez dicté tout ce triste appareil :
Vous êtes après lui le premier de l'empire.
Sait-il toute l'horreur que ce Juif vous inspire ?

AMAN.

Il sait qu'il me doit tout, et que, pour sa grandeur,
J'ai foulé sous mes pieds remords, crainte, pudeur ;
Qu'avec un cœur d'airain exerçant sa puissance
J'ai fait taire les lois et gémir l'innocence ;
Que pour lui, des Persans bravant l'aversion,
J'ai chéri, j'ai cherché la malédiction ;
Et, pour prix de ma vie à leur haine exposée,
Le barbare aujourd'hui m'expose à leur risée !

ZARÈS.

Seigneur, nous sommes seuls. Que sert de se flatter ?
Ce zèle que pour lui vous fites éclater,
Ce soin d'immoler tout à son pouvoir suprême,
Entre nous, avaient-ils d'autre objet que vous-même ?
Et, sans chercher plus loin, tous ces Juifs désolés,
N'est-ce pas à vous seul que vous les immolez ?
Et ne craignez-vous point que quelque avis funeste...
Enfin la cour nous hait, le peuple nous déteste.
Ce Juif même, il le faut confesser malgré moi,
Ce Juif, comblé d'honneurs, me cause quelque effroi ;
Les malheurs sont souvent enchaînés l'un à l'autre,
Et sa race souvent fut fatale à la vôtre.
De ce léger affront songez à profiter.
Peut-être la fortune est prête à vous quitter ;

Aux plus affreux excès son inconstance passe ;
Prévenez son caprice avant qu'elle se lasse.
Où tendez-vous plus haut? Je frémis quand je vois
Les abîmes profonds qui s'offrent devant moi :
La chute désormais ne peut être qu'horrible.
Osez chercher ailleurs un destin plus paisible :
Regagnez l'Hellespont et ces bords écartés
Où vos aïeux errants jadis furent jetés
Lorsque des Juifs entre eux la vengeance allumée
Chassa tout Amalec de la triste Idumée.
Aux malices du sort enfin dérobez-vous.
Nos riches trésors marcheront devant nous :
Vous pouvez du départ me laisser la conduite,
Surtout de vos enfants j'assurerai la fuite.
N'ayez soin cependant que de dissimuler.
Contente, sur vos pas vous me verrez voler :
La mer la plus terrible et la plus orageuse
Est plus sûre pour nous que cette cour trompeuse.
Mais à grands pas vers vous je vois quelqu'un marcher
C'est Hydaspe.

SCÈNE II.
AMAN, ZARÈS, HYDASPE.

HYDASPE, à *Aman.*

Seigneur, je courais vous chercher.
Votre absence en ces lieux suspend toute la joie;
Et pour vous y conduire Assuérus m'envoie.

AMAN.

Et Mardochée est-il aussi de ce festin?

HYDASPE.

A la table d'Esther portez-vous ce chagrin?
Quoi ! toujours de ce Juif l'image vous désole?
Laissez-le s'applaudir d'un triomphe frivole.
Croit-il d'Assuérus éviter la rigueur?
Ne possédez-vous pas son oreille et son cœur?
On a payé le zèle, on punira le crime;
Et l'on vous a, seigneur, orné votre victime.
Je me trompe, ou vos vœux par Esther secondés
Obtiendront plus encor que vous ne demandez.

AMAN.

Croirai-je le bonheur que ta bouche m'annonce?

HYDASPE.

J'ai des savants devins entendu la réponse :
Ils disent que la main d'un perfide étranger
Dans le sang de la reine est prête à se plonger,
Et le roi, qui ne sait où trouver le coupable,
N'impute qu'aux seuls Juifs ce projet détestable.

AMAN.

Oui, ce sont, cher ami, des monstres furieux.
Il faut craindre surtout leur chef audacieux.
La terre avec horreur dès longtemps les endure;
Et l'on n'en peut trop tôt délivrer la nature.
Ah ! je respire enfin. Chère Zarès, adieu.

HYDASPE.

Les compagnes d'Esther s'avancent vers ce lieu :
Sans doute leur concert va commencer la fête.
Entrez, et recevez l'honneur qu'on vous apprête.

SCÈNE III.
ÉLISE, LE CHOEUR.

(*Ceci se récite sans chant.*)

UNE DES ISRAÉLITES.

C'est Aman.

UNE AUTRE.

C'est lui-même; et j'en frémis, ma sœur.

LA PREMIÈRE.

Mon cœur de crainte et d'horreur se resserre.

L'AUTRE.

C'est d'Israël le superbe oppresseur.

LA PREMIÈRE.

C'est lui qui trouble la terre.

ÉLISE.

Peut-on, en le voyant, ne le connaître pas?
L'orgueil et le dédain sont peints sur son visage.

UNE ISRAÉLITE.

On lit dans ses regards sa fureur et sa rage.

UNE AUTRE.

Je croyais voir marcher la mort devant ses pas.

UNE DES PLUS JEUNES.

Je ne sais si ce tigre a reconnu sa proie :
Mais, en nous regardant, mes sœurs, il m'a semblé
Qu'il avait dans les yeux une barbare joie,
Dont tout mon sang est encore troublé.

ÉLISE.

Que ce nouvel honneur va croître son audace !
Je le vois, mes sœurs, je le vois :
A la table d'Esther l'insolent près du roi
A déjà pris sa place.

UNE ISRAÉLITE.

Ministres du festin, de grâce dites-nous,
Quel mets à ce cruel, quel vin préparez-vous?

UNE AUTRE.

Le sang de l'orphelin.

UNE TROISIÈME.

Les pleurs des misérables,

LA SECONDE.

Sont ses mets les plus agréables;

LA TROISIÈME.

C'est son breuvage le plus doux.

ÉLISE.

Chères sœurs, suspendez la douleur qui vous presse
Chantons, on nous l'ordonne; et que puissent nos chants
Du cœur d'Assuérus adoucir la rudesse,
Comme autrefois David, par ses accords touchants,
Calmait d'un roi jaloux la sauvage tristesse!

(*Tout le reste de cette scène est chanté.*)

UNE ISRAÉLITE.

Que le peuple est heureux,
Lorsqu'un roi généreux,
Craint dans tout l'univers, veut encore qu'on l'aime!
Heureux le peuple ! heureux le roi lui-même !

TOUT LE CHOEUR.

O repos ! ô tranquillité !
O d'un parfait bonheur assurance éternelle,
Quand la suprême autorité
Dans ses conseils a toujours auprès d'elle
La justice et la vérité !

(*Ces quatre stances sont chantées alternativement par une voix seule et par le chœur.*)

UNE ISRAÉLITE.

Rois, chassez la calomnie :
Ses criminels attentats
Des plus paisibles états
Troublent l'heureuse harmonie.

Sa fureur, de sang avide,
Poursuit partout l'innocent.
Rois, prenez soin de l'absent
Contre sa langue homicide.

De ce monstre si farouche
Craignez la feinte douceur :
La vengeance est dans son cœur,
Et la pitié dans sa bouche.

La fraude adroite et subtile
Sème de fleurs son chemin,
Mais sur ses pas vient enfin
Le repentir inutile.

UNE ISRAÉLITE *seule.*

D'un souffle l'aquilon écarte les nuages,
Et chasse au loin la foudre et les orages.
Un roi sage, ennemi du langage menteur,
Ecarte d'un regard le perfide imposteur.

UNE AUTRE.

J'admire un roi victorieux,
Que sa valeur conduit triomphant en tous lieux;

Mais un roi sage et qui hait l'injustice,
Qui sous la loi du riche impérieux
Ne souffre point que le pauvre gémisse,
Est le plus beau présent des cieux.

UNE AUTRE.
La veuve en sa défense espère;

UNE AUTRE.
De l'orphelin il est le père;

TOUTES ENSEMBLE.
Et les larmes du juste implorant son appui
Sont précieuses devant lui.

UNE ISRAÉLITE seule.
Détourne, roi puissant, détourne tes oreilles
De tout conseil barbare et mensonger.
Il est temps que tu t'éveilles :
Dans le sang innocent ta main va se plonger
Pendant que tu sommeilles.
Détourne, roi puissant, détourne tes oreilles
De tout conseil barbare et mensonger.

UNE AUTRE.
Ainsi puisse sous toi trembler la terre entière!
Ainsi puisse à jamais, contre tes ennemis,
Le bruit de ta valeur te servir de barrière!
S'ils t'attaquent, qu'ils soient en un moment soumis;
Que de ton bras la force les renverse;
Que de ton nom la terreur les disperse;
Que tout leur camp nombreux soit devant tes soldats
Comme d'enfants une troupe inutile;
Et, si par un chemin il entre en tes états,
Qu'il en sorte par plus de mille.

SCÈNE IV.
ASSUÉRUS, ESTHER, AMAN, ELISE, LE CHŒUR.

ASSUÉRUS, à Esther.
Oui vos moindres discours ont des grâces secrètes :
Une noble pudeur à tout ce que vous faites
Donne un prix que n'ont point ni la pourpre ni l'or.
Quel climat renfermait un si rare trésor?
Dans quel sein vertueux avez-vous pris naissance,
Et quelle main si sage éleva votre enfance?
Mais dites promptement ce que vous demandez :
Tous vos désirs, Esther, vous seront accordés;
Dussiez-vous, je l'ai dit, et veux bien le redire,
Demander la moitié de ce puissant empire.

ESTHER.
Je ne m'égare point dans ces vastes désirs.
Mais puisqu'il faut enfin expliquer mes soupirs,
Puisque mon roi lui-même à parler me convie,
(Elle se jette aux pieds du roi.)
J'ose vous implorer, et pour ma propre vie,
Et pour les tristes jours d'un peuple infortuné
Qu'à périr avec moi vous avez condamné.

ASSUÉRUS, la relevant.
A périr! vous! quel peuple? et quel est ce mystère!

AMAN, à part.
Je tremble.

ESTHER.
Esther, seigneur, eut un Juif pour son père:
De vos ordres sanglants vous savez la rigueur.

AMAN, à part.
Ah, dieux!

ASSUÉRUS.
Ah! de quel coup me percez-vous le cœur!
Vous la fille d'un Juif! Hé quoi! tout ce que j'aime,
Cette Esther, l'innocence et la sagesse même,
Que je croyais du ciel les plus chères amours,
Dans cette source impure aurait puisé ses jours!
Malheureux!

ESTHER.
Vous pourrez rejeter ma prière :
Mais je demande au moins que, pour grâce dernière,
Jusqu'à la fin, seigneur, vous m'entendiez parler,
Et que surtout Aman n'ose point me troubler.

ASSUÉRUS.
Parlez.

ESTHER.
O Dieu, confonds l'audace et l'imposture?
Ces Juifs, dont vous voulez délivrer la nature,
Que vous croyez, seigneur, le rebut des humains,
D'une riche contrée autrefois souverains,
Pendant qu'ils n'adoraient que le Dieu de leurs pères,
Ont vu bénir le cours de leurs destins prospères.
Ce Dieu, maître absolu de la terre et des cieux,
N'est point tel que l'erreur le figure à vos yeux :
L'Eternel est son nom; le monde est son ouvrage;
Il entend les soupirs de l'humble qu'on outrage,
Juge tous les mortels avec d'égales lois,
Et du haut de son trône interroge les rois.
Des plus fermes états la chute épouvantable,
Quand il veut, n'est qu'un jeu de sa main redoutable.
Les Juifs à d'autres dieux osèrent s'adresser :
Roi, peuples, en un jour tout se vit disperser;
Sous les Assyriens leur triste servitude
Devint le juste prix de leur ingratitude.
Mais, pour punir enfin nos maîtres à leur tour
Dieu fit choix de Cyrus avant qu'il vît le jour,
L'appela par son nom, le promit à la terre,
Le fit naître, et soudain l'arma de son tonnerre,
Brisa les fiers remparts et les portes d'airain,
Mit des superbes rois la dépouille en sa main,
De son temple détruit vengea sur eux l'injure :
Babylone paya nos pleurs avec usure.
Cyrus, par lui vainqueur, publia ses bienfaits,
Regarda notre peuple avec des yeux de paix,
Nous rendit et nos lois et nos fêtes divines;
Et le temple déjà sortait de ses ruines.
Mais, de ce roi si sage, héritier insensé,
Darius interrompit l'ouvrage commencé,
Fut sourd à nos douleurs : Dieu rejeta sa race,
Le retrancha lui-même, et vous mit en sa place.
Que n'espérions-nous point d'un roi si généreux!
Dieu regarde en pitié son peuple malheureux,
Disions-nous; un roi règne, ami de l'innocence.
Partout du nouveau prince on vantait la clémence;
Les Juifs partout de joie en poussèrent des cris.
Ciel! verra-t-on toujours par de cruels esprits
Des princes les plus doux l'oreille environnée,
Et du bonheur public la source empoisonnée?
Dans le fond de la Thrace un barbare enfanté
Est venu dans ces lieux souffler la cruauté;
Un ministre ennemi de votre propre gloire...

AMAN.
De votre gloire! moi? Ciel! le pourriez-vous croire?
Moi, qui n'ai d'autre objet ni d'autre dieu...

ASSUÉRUS.
Tais-toi.
Oses-tu donc parler sans l'ordre de ton roi?

ESTHER.
Notre ennemi cruel devant vous se déclare :
C'est lui, c'est ce ministre infidèle et barbare
Qui, d'un zèle trompeur à vos yeux revêtu,
Contre notre innocence arma votre vertu.
Et quel autre, grand Dieu! qu'un Scythe impitoyable,
Aurait de tant d'horreurs dicté l'ordre effroyable!
Partout l'affreux signal en même temps donné
De meurtres remplira l'univers étonné :
On verra, sous le nom du plus juste des princes,
Un perfide étranger désoler vos provinces,
Et dans ce palais même, en proie à son courroux,
Le sang de vos sujets regorger jusqu'à vous!
Et que reproche aux Juifs sa haine envenimée?
Quelle guerre intestine avons-nous allumée?
Les a-t-on vus marcher parmi vos ennemis?
Fut-il jamais au joug esclaves plus soumis?
Adorant dans leurs fers le Dieu qui les châtie,
Pendant que votre main sur eux appesantie
A leurs persécuteurs les livrait sans secours,
Ils conjuraient ce Dieu de veiller sur vos jours,
De rompre des méchants les trames criminelles,
De mettre votre trône à l'ombre de ses ailes.

N'en doutez point, seigneur, il fut votre soutien :
Lui seul mit à vos pieds et le Parthe et l'Indien,
Dissipa devant vous les innombrables Scythes,
Et renferma les mers dans vos vastes limites ;
Lui seul aux yeux d'un Juif découvrit le dessein
De deux traîtres tout prêts à vous percer le sein.
Hélas ! ce Juif jadis m'adopta pour sa fille.

ASSUÉRUS.

Mardochée !

ESTHER.

Il restait seul de notre famille.
Mon père était son frère. Il descend comme moi
Du sang infortuné de notre premier roi.
Plein d'une juste horreur pour un Amalécite,
Race que notre Dieu de sa bouche a maudite,
Il n'a devant Aman pu fléchir les genoux,
Ni lui rendre un honneur qu'il ne croit dû qu'à vous.
De la contre les Juifs et contre Mardochée
Cette haine, seigneur, sous d'autres noms cachée.
En vain de vos bienfaits Mardochée est paré ;
A la porte d'Aman est déjà préparé
D'un infâme trépas l'instrument exécrable ;
Dans une heure au plus tard ce vieillard vénérable
Des portes du palais par son ordre arraché,
Couvert de votre pourpre y doit être attaché.

ASSUÉRUS.

Quel jour mêlé d'horreur vient effrayer mon âme !
Tout mon sang de colère et de honte s'enflamme
J'étais donc le jouet... Ciel, daigne m'éclairer !
Un moment sans témoins cherchons à respirer.
Appelez Mardochée, il faut aussi l'entendre.

(*Assuérus s'éloigne.*)

UNE ISRAÉLITE.

Vérité que j'implore, achève de descendre !

SCÈNE V.

ESTHER, AMAN, ÉLISE, LE CHOEUR.

AMAN, *à Esther.*

D'un juste étonnement je demeure frappé.
Les ennemis des Juifs m'ont trahi, m'ont trompé :
J'en atteste du ciel la puissance suprême,
En les perdant j'ai cru vous assurer vous-même.
Princesse, en leur faveur employez mon crédit :
Le roi, vous le voyez, flotte encore interdit.
Je sais par quels ressorts on le pousse, on l'arrête,
Et fais, comme il me plaît, le calme et la tempête.
Les intérêts des Juifs déjà me sont sacrés.
Parlez : vos ennemis aussitôt massacrés,
Victimes de la foi que ma bouche vous jure,
De ma fatale erreur répareront l'injure.
Quel sang demandez-vous ?

ESTHER.

Va, traître, laisse-moi.
Les Juifs n'attendent rien d'un méchant tel que toi.
Misérable, le Dieu vengeur de l'innocence,
Tout prêt à te juger, tient déjà la balance !
Bientôt son juste arrêt te sera prononcé.
Tremble : son jour approche et ton règne est passé.

AMAN.

Oui, ce Dieu, je l'avoue, est un Dieu redoutable,
Mais veut-il que l'on garde une haine implacable ?
C'en est fait : mon orgueil est forcé de plier.
L'inexorable Aman est forcé de prier.

(*Il se jette aux pieds d'Esther.*)

Par le salut des Juifs ces pieds que j'embrasse.
Par ce sage vieillard, l'honneur de votre race,
Daignez d'un roi terrible apaiser le courroux
Sauvez Aman qui tremble à vos sacrés genoux.

SCÈNE VI.

ASSUÉRUS, ESTHER, AMAN, ÉLISE, LE CHOEUR, GARDES.

ASSUÉRUS.

Quoi ! le traître sur vous porte ses mains hardies !
Ah ! dans ses yeux confus je lis ses perfidies ;
Et son trouble, appuyant la foi de vos discours
Et tous ses attentats, me rappelle le cours.
Qu'à ce monstre à l'instant l'âme soit arrachée ;
Et que devant sa porte, au lieu de Mardochée,
Apaisant par sa mort et la terre et les cieux,
De mes peuples vengés il repaisse les yeux.

(*Aman est emmené par les gardes.*)

SCÈNE VII.

ASSUÉRUS, ESTHER, MARDOCHÉE, ÉLISE, LE CHOEUR.

ASSUÉRUS, *à Mardochée.*

Mortel chéri du ciel, mon salut et ma joie,
Aux conseils des méchants ton roi n'est plus en proie,
Mes yeux sont dessillés, le crime confondu :
Viens briller près de moi dans le rang qui t'est dû.
Je te donne d'Aman les biens et la puissance :
Possède justement son injuste opulence.
Je romps le joug funeste où les Juifs sont soumis ;
Je leur livre le sang de tous leurs ennemis ;
A l'égal des Persans je veux qu'on les honore,
Et que tout tremble au nom du Dieu qu'Esther adore.
Rebâtissez son temple, et peuplez vos cités ;
Que vos heureux enfants dans leurs actions solennités
Consacrent dans ce jour le triomphe et la gloire,
Et qu'à jamais mon nom vive dans leur mémoire

SCÈNE VIII.

ASSUÉRUS, ESTHER, MARDOCHÉE, ASAPH, ÉLISE, LE CHOEUR.

ASSUÉRUS.

Que veut Asaph ?

ASAPH.

Seigneur, le traître est expiré,
Par le peuple en fureur à moitié déchiré.
On traîne, on va donner en spectacle funeste
De son corps tout sanglant le misérable reste.

MARDOCHÉE.

Roi, qu'à jamais le ciel prenne soin de vos jours !
Le péril des Juifs presse, et veut un prompt secours.

ASSUÉRUS.

Oui, je t'entends. Allons par des ordres contraires
Révoquer d'un méchant les ordres sanguinaires.

ESTHER.

O Dieu ! par quelle route inconnue aux mortels
Ta sagesse conduit ses desseins éternels !

SCÈNE IX.

LE CHOEUR.

TOUT LE CHOEUR.

Dieu fait triompher l'innocence,
Chantons, célébrons sa puissance.

UNE ISRAÉLITE.

Il a vu contre nous les méchants s'assembler,
Et notre sang prêt à couler.
Comme l'eau sur la terre ils allaient le répandre :
Du haut du ciel sa voix s'est fait entendre ;
L'homme superbe est renversé,
Ses propres flèches l'ont percé.

UNE AUTRE.

J'ai vu l'impie adoré sur la terre ;

Pareil au cèdre il cachait dans les cieux
Son front audacieux ;
il semblait à son gré gouverner le tonnerre ;
Foulait aux pieds ses ennemis vaincus :
Je n'ai fait que passer il n'était déjà plus.

UNE AUTRE.

On peut des plus grands rois surprendre la justice :
Incapables de tromper,
Ils ont peine à s'échapper
Des pièges de l'artifice.
Un cœur noble ne peut soupçonner en autrui
La bassesse et la malice
Qu'il ne sent point en lui.

UNE AUTRE.

Comment s'est calmé l'orage ?

UNE AUTRE.

Quelle main salutaire a chassé le nuage ?

TOUT LE CHOEUR.

L'aimable Esther a fait ce grand ouvrage.

UNE ISRAELITE, *seule*.

De l'amour de son Dieu son cœur s'est embrasé,
Au péril d'une mort funeste
Son zèle ardent s'est exposé ;
Elle a parlé ; le ciel a fait le reste.

DEUX ISRAELITES.

Esther a triomphé des filles des Persans :
La nature et le ciel à l'envi l'ont ornée.

L'UNE DES DEUX.

Tout ressent de ses yeux les charmes innocents.
Jamais tant de beauté fut-elle couronnée ?

L'AUTRE.

Les charmes de son cœur sont encor plus puissants.
Jamais tant de vertu fut-elle couronnée ?

TOUTES DEUX, *ensemble*.

Esther a triomphé des filles des Persans.
La nature et le ciel à l'envi l'ont ornée

UNE ISRAELITE, *seule*.

Ton Dieu n'est plus irrité ;
Rejouis-toi, Sion, et sors de ta poussière ;
Quitte les vêtements de ta captivité,
Et reprends ta splendeur première.
Les chemins de Sion à la fin sont ouverts :
Rompez vos fers,
Tribus captives ;
Troupes fugitives,
Repassez les monts et les mers ;
Rassemblez-vous des bouts de l'univers.

TOUT LE CHOEUR.

Rompez vos fers
Tribus captives,
Troupes fugitives,
Repassez les monts et les mers :
Rassemblez-vous des bouts de l'univers.

UNE ISRAELITE, *seule*.

Je reverrai ces campagnes si chères.

UNE AUTRE.

J'irai pleurer au tombeau de mes pères,

TOUT LE CHOEUR.

Repassez les monts et les mers ;
Rassemblez-vous des bouts de l'univers.

UNE ISRAELITE, *seule*.

Relevez, relevez les superbes portiques
Du temple où notre Dieu se plaît d'être adoré,
Que de l'or le plus pur son autel soit paré.
Et que du sein des monts le marbre soit tiré.
Liban, dépouille-toi de tes cèdres antiques.
Prêtres sacrés, préparez vos cantiques.

UNE AUTRE.

Dieu descend et revient habiter parmi nous :
Terre, frémis d'allégresse et de crainte.
Et vous, sous sa majesté sainte,
Cieux, abaissez-vous!

UNE AUTRE.

Que le Seigneur est bon, que son joug est aimable !
Heureux qui dès l'enfance en connaît la douceur !
Jeune peuple, courez à ce maître adorable :
Les biens les plus charmants n'ont rien de comparable
Aux torrents de plaisirs qu'il répand dans un cœur.
Que le Seigneur est bon, que son joug est aimable !
Heureux qui dès l'enfance en connaît la douceur !

UNE AUTRE.

Il s'apaise, il pardonne ;
Du cœur ingrat qui l'abandonne
Il attend le retour ;
Il excuse notre faiblesse ;
A nous chercher même il s'empresse.
Pour l'enfant qu'elle a mis au jour
Une mère a moins de tendresse.
Ah! qui peut avec lui partager notre amour

TROIS ISRAELITES.

Il nous fait remporter une illustre victoire.

L'UNE DES TROIS.

Il nous a révélé sa gloire.

TOUTES TROIS, *ensemble*.

Ah! qui peut avec lui partager notre amour !

TOUT LE CHOEUR.

Que son nom soit béni, que son nom soit chanté,
Que l'on célèbre ses ouvrages
Au delà des temps et des âges,
Au delà de l'éternité!

FIN D'ESTHER.

ATHALIE,

TRAGÉDIE TIRÉE DE L'ÉCRITURE SAINTE.

1691.

PREFACE.

Tout le monde sait que le royaume de Juda était composé des deux tribus de Juda et de Benjamin, et que les dix autres tribus qui se révoltèrent contre Roboam composaient le royaume d'Israël. Comme les rois de Juda étaient de la maison de David, et qu'ils avaient dans leur partage la ville et le temple de Jérusalem, tout ce qu'il y avait de prêtres et de lévites se retirèrent auprès d'eux, et leur demeurèrent toujours attachés : car, depuis que le temple de Salomon fut bâti, il n'était plus permis de sacrifier ailleurs; et tous ces autres autels qu'on élevait à Dieu sur des montagnes, appelées par cette raison dans l'Ecriture les hauts lieux, ne lui étaient point agréables. Ainsi le culte légitime ne subsistait plus que dans Juda. Les dix tribus, excepté un très petit nombre de personnes, étaient ou idolâtres ou schismatiques.

Au reste, ces prêtres et ces lévites faisaient eux-mêmes une tribu fort nombreuse. Ils furent partagés en diverses classes pour servir tour à tour dans le temple, d'un jour de sabbat à l'autre. Les prêtres étaient de la famille d'Aaron; et il n'y avait que ceux de cette famille qui pussent exercer la sacrificature. Les lévites leur étaient subordonnés, et avaient soin, entre autres choses, du chant, de la préparation des victimes et de la garde du temple. Ce nom de lévite ne laisse pas d'être donné quelquefois indifféremment à tous ceux de la tribu. Ceux qui étaient en semaine avaient, ainsi que le grand-prêtre, leur logement dans les portiques ou galeries dont le temple intérieur était environné, et qui faisaient partie du temple même. Tout l'édifice s'appelait en général le lieu saint; mais on appelait plus particulièrement de ce nom cette partie du temple intérieur où étaient le chandelier d'or, l'autel des parfums, et les tables des pains de proposition; et cette partie était encore distinguée du saint des saints, où était l'arche, et où le grand-prêtre seul avait droit d'entrer une fois l'année. C'était une tradition assez constante que la montagne sur laquelle le temple était bâti était la même montagne où Abraham avait autrefois offert en sacrifice son fils Isaac.

J'ai cru devoir expliquer ici ces particularités, afin que ceux à qui l'histoire de l'Ancien-Testament ne sera pas assez présente, n'en soient point arrêtés en lisant cette tragédie. Elle a pour sujet Joas reconnu et mis sur le trône : et j'aurais dû dans les règles l'intituler *Joas;* mais la plupart du monde n'en ayant entendu parler sous le nom d'*Athalie,* je n'ai pas jugé à propos de la leur présenter sous un autre titre; puisque d'ailleurs Athalie y joue un personnage si considérable, et que c'est sa mort qui termine la pièce. Voici une partie des principaux évènements qui devancèrent cette action.

Joram, roi de Juda, fils de Josaphat, et le septième roi de la race de David, épousa Athalie, fille d'Achab et de Jézabel, qui régnaient en Israël, fameux l'un et l'autre, mais principalement Jézabel, par leurs sanglantes persécutions contre les prophètes. Athalie, non moins impie que sa mère, entraîna bientôt le roi son mari dans l'idolâtrie, et fit même construire dans Jérusalem un temple à Baal, qui était le dieu du pays de Tyr et de Sidon, où Jézabel avait pris naissance. Joram, après avoir vu périr par les mains des Arabes et des Philistins tous les princes ses enfants, à la réserve d'Ochozias, mourut lui-même misérablement d'une longue maladie qui lui consuma les entrailles. Sa mort funeste n'empêcha pas Ochozias d'imiter son impiété et celle d'Athalie sa mère. Mais ce prince, après avoir régné seulement un an, étant allé rendre visite au roi d'Israël, frère d'Athalie, fut enveloppé dans la ruine de la maison d'Achab, et tué par l'ordre de Jéhu, que Dieu avait fait sacrer par ses prophètes pour régner sur Israël, et pour être le ministre de ses vengeances. Jéhu extermina toute la postérité d'Achab, et fit jeter par les fenêtres Jézabel, qui, selon la prédiction d'Elie, fut mangée des chiens dans la vigne de ce même Naboth qu'elle avait fait mourir autrefois pour s'emparer de son héritage. Athalie, ayant appris à Jérusalem tous ces massacres, entreprit de son côté d'éteindre entièrement la race royale de David, en faisant mourir tous les enfants d'Ochozias, ses petits-fils. Mais heureusement Josabeth, sœur d'Ochozias, et fille de Joram, mais d'une autre mère qu'Athalie, étant arrivée lorsqu'on égorgeait les princes ses neveux, elle trouva moyen de dérober du milieu des morts le petit Joas encore à la mamelle, et le confia avec sa nourrice au grand-prêtre son mari, qui les cacha tous deux dans le temple, où l'enfant fut élevé secrètement jusqu'au jour qu'il fut proclamé roi de Juda. L'histoire des rois dit que ce fut la septième année d'après. Mais le texte grec des Paralipomènes, que Sévère Sulpice a suivi, dit que ce fut la huitième. C'est ce qui m'a autorisé à donner à ce prince neuf à dix ans, pour le mettre déjà en état de répondre aux questions qu'on lui fait.

Je crois ne lui avoir rien fait dire qui soit au-dessus de la portée d'un enfant de cet âge, qui a de l'esprit et de la mémoire. Mais, quand j'aurais été un peu au delà, il faut considérer que c'est ici un enfant tout extraordinaire, élevé dans le temple par un grand-prêtre qui, le regardant comme l'unique espérance de sa nation, l'avait instruit de bonne heure dans tous les devoirs de la religion et de la royauté. Il n'en était pas de même des enfants des Juifs, que la plupart des nôtres : on leur apprenait les saintes lettres, non seulement dès qu'ils avaient atteint l'usage de la raison, mais, pour me servir de l'expression de saint Paul, dès la mamelle. Chaque Juif était obligé d'écrire une fois dans sa vie, de sa propre main, le volume de la loi tout entier. Les rois étaient même obligés de l'écrire deux fois; et il leur était enjoint de l'avoir continuellement devant les yeux. Je puis dire ici que la France voit en la personne d'un prince de huit ans et demi, qui fait aujourd'hui ses plus chères délices, un exemple illustré de ce que peut dans un enfant un heureux naturel aidé d'une excellente éducation; et que si j'avais donné au petit Joas la même vivacité et le même discernement qui brillent dans les réparties de ce jeune prince, on m'aurait accusé avec raison d'avoir péché contre les règles de la vraisemblance.

L'âge de Zacharie, fils du grand-prêtre, n'étant point marqué, on peut lui supposer, si l'on veut, deux ou trois ans de plus qu'à Joas.

J'ai suivi l'explication de plusieurs commentateurs fort habiles, qui prouvent, par le texte même de l'Ecriture, que tous ces soldats à qui Joïada, ou

Joad, comme il est appelé dans Josèphe, fit prendre les armes consacrées à Dieu par David, étaient autant de prêtres et de lévites, aussi bien que les cinq centeniers qui les commandaient. En effet, disent ces interprètes, tout devait être saint dans une si sainte action, et aucun profane n'y devait être employé. Il s'y agissait non seulement de conserver le sceptre dans la maison de David, mais encore de conserver à ce grand roi cette suite de descendants dont devait naître le Messie; « car ce Messie, tant « de fois promis comme fils d'Abraham, devait aussi « être le fils de David et de tous les rois de Juda. » De là vient que l'illustre et savant prélat (1) de qui j'ai emprunté ces paroles, appelle Joas le précieux reste de la maison de David. Josèphe en parle dans les mêmes termes; et l'Ecriture dit expressément que Dieu n'extermina pas toute la famille de Joram, voulant conserver à David la lampe qu'il lui avait promise. Or cette lampe, qu'était-ce autre chose que la lumière qui devait être un jour révélée aux nations?

L'histoire ne spécifie point le jour où Joas fut proclamé roi. Quelques interprètes veulent que ce fût un jour de fête. J'ai choisi celle de la Pentecôte, qui était l'une des trois grandes fêtes des Juifs. On y célébrait la mémoire de la publication de la loi sur le mont de Sinaï, et on y offrait aussi à Dieu les premiers pains de la nouvelle moisson; ce qui faisait qu'on la nommait encore la fête des prémices. J'ai songé que ces circonstances me fourniraient quelque variété pour les chants du chœur.

Ce chœur est composé de jeunes filles de la tribu de Lévi, et je mets à leur tête une fille que je donne pour sœur à Zacharie. C'est elle qui introduit le chœur chez sa mère. Elle chante avec lui, porte la parole pour lui, et fait enfin les fonctions de ce personnage des anciens chœurs qu'on appelait le coryphée. J'ai aussi essayé d'imiter des anciens cette continuité d'action qui fait que leur théâtre n'est jamais vide, les intervalles des actes n'étant marqués que par des hymnes et par des moralités du chœur, qui ont rapport à ce qui se passe.

On me trouvera peut-être un peu hardi d'avoir osé mettre sur la scène un prophète inspiré de Dieu, et qui prédit l'avenir. Mais j'ai eu la précaution de ne mettre dans sa bouche que des expressions tirées des prophètes mêmes. Quoique l'Ecriture ne dise pas en termes exprès que Joaïda ait eu l'esprit de prophétie, comme elle le dit de son fils, elle le représente comme un homme tout plein de l'esprit de Dieu. Et d'ailleurs ne paraît-il pas, par l'Evangile, qu'il a pu prophétiser en qualité de souverain pontife? Je suppose donc qu'il voit en esprit le funeste changement de Joas, qui, après trente années d'un règne fort pieux, s'abandonna aux mauvais conseils des flatteurs, et se souilla du meurtre de Zacharie, fils et successeur de ce grand-prêtre. Ce meurtre, commis dans le temple, fut une des principales causes de la colère de Dieu contre les Juifs, et de tous les malheurs qui leur arrivèrent dans la suite. On prétend même que depuis ce jour-là les réponses de Dieu cessèrent entièrement dans le sanctuaire. C'est ce qui m'a donné lieu de faire prédire tout de suite à Joad, et la destruction du temple, et la ruine de Jérusalem. Mais comme les prophètes joignent d'ordinaire les consolations aux menaces, et qu'ailleurs il s'agit de mettre sur le trône un des ancêtres du Messie, j'ai pris occasion de faire entrevoir la venue de ce consolateur, après lequel tous les anciens Justes soupiraient. Cette scène, qui est une espèce d'épisode, amène très naturellement la musique, par la coutume qu'avaient plusieurs prophètes d'entrer dans leurs saints transports au son des instruments: témoin cette troupe de prophètes qui vinrent au devant de Saül avec des harpes et des lyres qu'on portait devant eux; et témoin Elisée lui-même, qui, étant consulté sur l'avenir par le roi de Juda et par le roi d'Israël, dit, comme fait ici Joad, *Adducite mihi psaltem*. Ajoutez à cela que cette prophétie sert beaucoup à augmenter le trouble dans la pièce, par la consternation et par les différents mouvements où elle jette le chœur et les principaux acteurs.

FIN DE LA PRÉFACE.

(1) M. de Meaux.

PERSONNAGES.

JOAS, roi de Juda, fils d'Ochozias.
ATHALIE, veuve de Joram, aïeule de Joas.
JOAD, autrement JOIADA, grand-prêtre.
JOSABETH, tante de Joas, femme du grand-prêtre.
ZACHARIE, fils de Joad et de Josabeth.
SALOMITH, sœur de Zacharie.
ABNER, l'un des principaux officiers des rois de Juda.
AZARIAS ISMAEL, et les trois autres chefs des prêtres et des lévites.
MATHAN, prêtre apostat, sacrificateur de Baal.
NABAL, confident de Mathan.
AGAR, femme de la suite d'Athalie.
TROUPE de prêtres et de lévites.
SUITE d'Athalie.
LA NOURRICE de Joas.
CHŒUR de jeunes filles de la tribu de Lévi.

La scène est dans le temple de Jérusalem, dans un vestibule de l'appartement du grand-prêtre.

ATHALIE.

ACTE PREMIER.

SCÈNE PREMIÈRE.
JOAD, ABNER.

ABNER.

Oui, je viens dans son temple adorer l'Éternel ;
Je viens, suivant l'usage antique et solennel,
Célébrer avec vous la fameuse journée
Où sur le mont Sina la loi nous fut donnée.
Que les temps sont changés ! Sitôt que de ce jour
La trompette sacrée annonçait le retour :
Du temple, orné partout de festons magnifiques,
Le peuple saint en foule inondait les portiques ;
Et tous, devant l'autel avec ordre introduits,
De leurs champs dans leurs mains portant les nouveaux
Au Dieu de l'univers consacraient ces prémices : (fruits,
Les prêtres ne pouvaient suffire aux sacrifices.
L'audace d'une femme arrêtant ce concours,
En des jours ténébreux a changé ces beaux jours.
D'adorateurs zélés à peine un petit nombre
Ose des premiers temps nous retracer quelque ombre.
Le reste pour son Dieu montre un oubli fatal ;
Ou même, s'empressant aux autels de Baal,
Se fait initier à ses honteux mystères,
Et blasphème le nom qu'ont invoqué leurs pères.
Je tremble qu'Athalie, à ne vous rien cacher,
Vous-même de l'autel vous faisant arracher,
N'achève enfin sur vous ses vengeances funestes,
Et d'un respect forcé ne dépouille les restes.

JOAD.

D'où vous vient aujourd'hui ce noir pressentiment ?

ABNER.

Pensez-vous être saint et juste impunément ?
Dès longtemps elle hait cette fermeté rare
Qui rehausse en Joad l'éclat de la tiare ;
Dès longtemps votre amour pour la religion
Est traité de révolte et de sédition.
Du mérite éclatant cette reine jalouse
Hait surtout Josabeth, votre fidèle épouse.
Si du grand-prêtre Aaron Joad est successeur,
De notre dernier roi Josabeth est la sœur.
Mathan, d'ailleurs, Mathan, ce prêtre sacrilège,
Plus méchant qu'Athalie, à toute heure l'assiège ;
Mathan, de nos autels infâme déserteur,
Et de toute vertu feint zélé persécuteur.
C'est peu que, le front ceint d'une mitre étrangère,
Ce lévite à Baal prête son ministère ;
Ce temple l'importune, et son impiété
Voudrait anéantir le Dieu qu'il a quitté.
Pour vous perdre il n'est point de ressort qu'il n'invente ;
Quelquefois il vous plaint, souvent même il vous vante ;
Il affecte pour vous une fausse douceur,
Et, par là de son fiel colorant la noirceur,
Tantôt à cette reine il vous peint redoutable ;
Tantôt, voyant pour l'or sa soif insatiable,
Il lui feint qu'en un lieu que vous seul connaissez,
Vous cachez les trésors par David amassés.
Enfin, depuis deux jours, la superbe Athalie
Dans un sombre chagrin paraît ensevelie.
Je l'observais hier, et je voyais ses yeux
Lancer sur le lieu saint des regards furieux :
Comme si, dans le fond de ce vaste édifice,
Dieu cachait un vengeur armé pour son supplice.
Croyez-moi, plus j'y pense, et moins je puis douter
Que sur vous son courroux ne soit prêt d'éclater ;
Et que de Jézabel la fille sanguinaire
Ne vienne attaquer Dieu jusqu'en son sanctuaire.

JOAD.

Celui qui met un frein à la fureur des flots
Sait aussi des méchants arrêter les complots.
Soumis avec respect à sa volonté sainte,
Je crains Dieu, cher Abner, et n'ai point d'autre crainte.
Cependant je rends grâce au zèle officieux
Qui sur tous mes périls vous fait ouvrir les yeux.
Je vois que l'injustice en secret vous irrite,
Que vous avez encor le cœur israélite.
Le ciel en soit béni ! Mais ce secret courroux,
Cette oisive vertu, vous en contentez-vous ?
La foi qui n'agit point, est-ce une foi sincère ?
Huit ans déjà passés, une impie étrangère
Du sceptre de David usurpe tous les droits,
Se baigne impunément dans le sang de nos rois,
Des enfants de son fils détestable homicide,
Et même contre Dieu lève son bras perfide ;
Et vous, l'un des soutiens de ce tremblant état,
Vous nourri dans les camps du saint roi Josaphat,
Qui sous son fils Joram commandiez nos armées,
Qui rassurâtes seul nos villes alarmées
Lorsque d'Ochozias le trépas imprévu
Dispersa tout son camp à l'aspect de Jéhu ;
« Je crains Dieu, dites-vous, sa vérité me touche. »
Voici comme ce Dieu vous répond par ma bouche.
« Du zèle de ma loi que sert de vous parer ?
« Par de stériles vœux pensez-vous m'honorer ?
« Quel fruit me revient-il de tous vos sacrifices ?
« Ai-je besoin du sang des boucs et des génisses ?
« Le sang de vos rois crie et n'est point écouté.
« Rompez, rompez tout pacte avec l'impiété ;
« Du milieu de mon peuple exterminez les crimes,
« Et vous viendrez alors m'immoler vos victimes. »

ABNER.

Hé ! que puis-je au milieu de ce peuple abattu ?
Benjamin est sans force, et Juda sans vertu :
Le jour que de leur roi vit éteindre la race,
Éteignit tout le feu de leur antique audace.
Dieu même, disent-ils, s'est retiré de nous :
De l'honneur des Hébreux autrefois si jaloux,
Il voit sans intérêt leur grandeur terrassée ;
Et sa miséricorde à la fin s'est lassée :
On ne voit plus pour nous ses redoutables mains
De merveilles sans nombre effrayer les humains :
L'arche sainte est muette, et ne rend plus d'oracles.

JOAD.

Et quel temps fut jamais si fertile en miracles ?
Quand Dieu par plus d'effets marqua-t-il son pouvoir ?
Auras-tu donc toujours des yeux pour ne point voir,
Peuple ingrat ? quoi ! toujours les plus grandes merveilles
Sans ébranler ton cœur frapperont tes oreilles ?
Faut-il, Abner, faut-il vous rappeler le cours
Des prodiges fameux accomplis en nos jours,
Des tyrans d'Israël les célèbres disgrâces,
Et Dieu trouvé fidèle en toutes ses menaces ;
L'impie Achab détruit, et de son sang trempé
Le champ que par le meurtre il avait usurpé ;
Près de ce champ fatal Jézabel immolée,
Sous les pieds des chevaux cette reine foulée,
Dans son sang inhumain les chiens désaltérés,
Et de son corps hideux les membres déchirés ;
Des prophètes menteurs la troupe confondue,
Et la flamme du ciel sur l'autel descendue ;
Élie aux éléments parlant en souverain,
Les cieux par lui fermés et devenus d'airain
Et la terre trois ans sans pluie et sans rosée,
Les morts se ranimant à la voix d'Élisée ?
Reconnaissez, Abner, à ces traits éclatants,
Un Dieu tel aujourd'hui qu'il fut dans tous les temps :
Il sait, quand il lui plaît, faire éclater sa gloire ;
Et son peuple est toujours présent à sa mémoire.

ABNER.

Mais où sont ces honneurs à David tant promis,
Et prédits même encore à Salomon son fils ?
Hélas ! nous espérions que de leur race heureuse
Devait sortir de rois une suite nombreuse ;
Que sur toute tribu, sur toute nation,
L'un d'eux établirait sa domination,
Ferait cesser partout la discorde et la guerre,
Et verrait à ses pieds tous les rois de la terre.

JOAD.
Aux promesses du ciel pourquoi renoncez-vous?

ABNER.
Ce roi fils de David, où le chercherons-nous?
Le ciel même peut-il réparer les ruines
De cet arbre séché jusque dans ses racines?
Athalie étouffa l'enfant même au berceau.
Les morts, après huit ans, sortent-ils du tombeau?
Ah! si dans sa fureur elle s'était trompée;
Si du sang de nos rois quelque goutte échappée...

JOAD.
Hé bien! que feriez-vous?

ABNER.
Ô jour heureux pour moi!
De quelle ardeur j'irais reconnaître mon roi!
Doutez-vous qu'à ses pieds nos tribus empressées...
Mais pourquoi me flatter de ces vaines pensées?
Déplorable héritier de ces rois triomphants,
Ochozias restait seul avec ses enfants;
Par les traits de Jéhu je vis percer le père;
Vous avez vu les fils massacrés par la mère.

JOAD.
Je ne m'explique point; mais quand l'astre du jour
Aura sur l'horizon fait le tiers de son tour,
Lorsque la troisième heure aux prières rappelle :
Retrouvez-vous au temple avec ce même zèle.
Dieu pourra vous montrer par d'importants bienfaits,
Que sa parole est stable et ne trompe jamais.
Allez : pour ce grand jour il faut que je m'apprête,
Et du temple déjà l'aube blanchit le faîte.

ABNER.
Quel sera ce bienfait que je ne comprends pas?
L'illustre Josabeth porte vers vous ses pas :
Je sors, et vais me joindre à la troupe fidèle
Qu'attire de ce jour la pompe solennelle.

SCÈNE II.
JOAD, JOSABETH.

JOAD.
Les temps sont accomplis, princesse : il faut parler,
Et votre heureux larcin ne se peut plus céler.
Des ennemis de Dieu la coupable insolence,
Abusant contre lui du plus profond silence,
Accuse trop long-temps ses promesses d'erreur.
Que dis-je? le succès animant leur fureur,
Jusque sur notre autel votre injuste marâtre
Veut offrir à Baal un encens idolâtre.
Montrons ce jeune roi que nos mains ont sauvé,
Sous l'aile du Seigneur dans le temple élevé.
De nos princes hébreux il aura le courage
Et déjà son esprit a devancé son âge.
Avant que son esprit s'explique par ma voix,
Je vais l'offrir au Dieu par qui règnent les rois :
Aussitôt assemblant nos lévites, nos prêtres,
Je leur déclarerai l'héritier de leurs maîtres.

JOSABETH.
Sait-il déjà son nom et son noble destin?

JOAD.
Il ne répond encor qu'au nom d'Éliacin,
Et se croit quelque enfant rejeté par sa mère,
A qui j'ai par pitié daigné servir de père.

JOSABETH.
Hélas! de quel péril je l'avais su tirer!
Dans quel péril encor il est près de rentrer!

JOAD.
Quoi! déjà votre foi s'affaiblit et s'étonne?

JOSABETH.
A vos sages conseils, seigneur, je m'abandonne.
Du jour que j'arrachai cet enfant à la mort,
Je remis en vos mains tout le soin de son sort;
Même, de mon amour craignant la violence,
Autant que je le puis j'évite sa présence.
De peur qu'en le voyant quelque trouble indiscret
Ne fasse avec mes pleurs échapper mon secret.
Surtout j'ai cru devoir aux larmes, aux prières,
Consacrer ces trois jours et ces trois nuits entières
Cependant aujourd'hui puis-je vous demander
Quels amis vous avez prêts à vous seconder?
Abner, le brave Abner viendra-t-il nous défendre?
A-t-il près de son roi fait serment de se rendre?

JOAD.
Abner, quoiqu'on se pût assurer sur sa foi,
Ne sait pas même encor si nous avons un roi.

JOSABETH.
Mais à qui de Judas confiez-vous la garde?
Est-ce Obed, est-ce Amnon que cet honneur regarde?
De mon père sur eux les bienfaits répandus....

JOAD.
A l'injuste Athalie ils se sont tous vendus.

JOSABETH.
Qui donc opposez-vous contre ces satellites?

JOAD.
Ne vous l'ai-je pas dit! Nos prêtres, nos lévites.

JOSABETH.
Je sais que près de vous en secret assemblé,
Par vos soins prévoyants leur nombre est redoublé;
Que, pleins d'amour pour vous, d'horreur pour Athalie,
Un serment solennel par avance les lie
A ce fils de David qu'on leur doit révéler.
Mais, quelque noble ardeur dont ils puissent brûler,
Peuvent-ils de leur roi venger seuls la querelle?
Pour un si grand ouvrage est-ce assez de leur zèle?
Doutez-vous qu'Athalie au premier bruit semé
Qu'un fils d'Ochozias est ici renfermé,
De ses fiers étrangers assemblant les cohortes,
N'environne le temple et n'en brise les portes?
Suffira-t-il contre eux de vos ministres saints,
Qui, levant au Seigneur leurs innocentes mains,
Ne savent que gémir et prier pour nos crimes,
Et n'ont jamais versé que le sang des victimes?
Peut-être dans leurs bras Joas percé de coups......

JOAD.
Et comptez-vous pour rien Dieu qui combat pour nous,
Dieu, qui de l'orphelin protège l'innocence,
Et fait dans la faiblesse éclater sa puissance;
Dieu qui hait les tyrans, et qui dans Jezrahel
Jura d'exterminer Acham et Jézabel;
Dieu, qui, frappant Joram le mari de leur fille,
A jusque sur son fils poursuivi leur famille;
Dieu, dont le bras vengeur pour un temps suspendu,
Sur cette race impie est toujours étendu?

JOSABETH.
Et c'est sur tous ces rois sa justice sévère
Que je crains pour le fils de mon malheureux frère.
Qui sait si cet enfant, par leur crime entraîné,
Avec eux en naissant ne fut pas condamné?
Si Dieu le séparant d'une odieuse race,
En faveur de David voudra lui faire grâce?
Hélas! l'état horrible où le ciel me l'offrit
Revient à tout moment effrayer mon esprit.
De princes égorgés la chambre était remplie;
Un poignard à la main l'implacable Athalie
Au carnage animait ses barbares soldats,
Et poursuivait le cours de ses assassinats.
Joas, laissé pour mort, frappa soudain ma vue :
Je me figure encor sa nourrice éperdue,
Qui devant les bourreaux s'était jetée en vain,
Et, faible, le tenait renversé sur son sein.
Je le pris tout sanglant. En baignant son visage
Mes pleurs du sentiment lui rendirent l'usage;
Et, soit frayeur encor, soit pour me caresser,
De ses bras innocents je me sentis presser.
Grand Dieu! que mon amour ne lui soit point funeste!
Du fidèle David c'est le précieux reste :
Nourri dans ta maison, en l'amour de ta loi,
Il ne connaît encor d'autre père que toi.
Sur le point d'attaquer une reine homicide,
A l'aspect du péril si ma foi s'intimide,

12

Si la chair et le sang, se troublant aujourd'hui,
Ont trop de part aux pleurs que je répands pour lui.
Conserve l'héritier de tes saintes promesses,
Et ne punis que moi de toutes mes faiblesses!

JOAD.

Vos larmes, Josabeth, n'ont rien de criminel;
Mais Dieu veut qu'on espère en son soin paternel.
Il ne recherche point, aveugle en sa colère,
Sur le fils qui le craint l'impiété du père.
Tout ce qui reste encor de fidèles Hebreux
Lui viendront aujourd'hui renouveler leurs vœux :
Autant que de David la race est respectée,
Autant de Jézabel la fille est détestée.
Joas les touchera par sa noble pudeur
Où semble de son sang reluire la splendeur;
Et Dieu, par sa voix même appuyant son exemple,
De plus près à leur cœur parlera dans son temple.
Deux infidèles rois tour à tour l'ont bravé :
Il faut que sur le trône un roi soit élevé.
Qu'il se souvienne un jour qu'au rang de ses ancêtres
Dieu l'a fait remonter par la main de ses prêtres,
L'a tiré par leurs mains de l'oubli du tombeau,
Et de David éteint rallumé le flambeau.
 Grand Dieu! si tu prévois qu'indigne de sa race,
Il doive de David abandonner la trace,
Qu'il soit comme le fruit en naissant arraché,
Ou qu'un souffle ennemi dans sa fleur a séché!
Mais si ce même enfant, à tes ordres docile,
Doit être à tes desseins un instrument utile,
Fais qu'au juste héritier le sceptre soit remis;
Livre en mes faibles mains ses puissants ennemis;
Confonds dans ses conseils une reine cruelle :
Daigne, daigne, mon Dieu, sur Mathan et sur elle
Répandre cet esprit d'imprudence et d'erreur,
De la chute des rois funeste avant-coureur!
 L'heure me presse : adieu. Des plus saintes familles
Votre fils et sa sœur vous amènent les filles.

SCÈNE III.

JOSABETH, ZACHARIE, SALOMITH, LE CHOEUR.

JOSABETH.

Cher Zacharie, allez, ne vous arrêtez pas;
De votre auguste père accompagnez les pas.
O filles de Lévi, troupe jeune et fidèle,
Que déjà le Seigneur embrase de son zèle,
Qui venez si souvent partager mes soupirs,
Enfants ma seule joie en mes longs déplaisirs,
Ces festons dans vos mains, et ces fleurs sur vos têtes,
Autrefois convenaient à nos pompeuses fêtes,
Mais, hélas! en ce temps d'opprobre et de douleurs,
Quelle offrande sied mieux que celle de nos pleurs!
J'entends déjà, j'entends la trompette sacrée,
Et du temple bientôt on permettra l'entrée.
Tandis que je me vais préparer à marcher,
Chantez, louez le Dieu que vous venez chercher.

SCÈNE IV.

LE CHOEUR.

TOUT LE CHOEUR *chante.*

Tout l'univers est plein de sa magnificence;
Qu'on adore ce Dieu, qu'on l'invoque à jamais!
Son empire a des temps précédé la naissance;
 Chantons, publions ses bienfaits.

UNE VOIX *seule.*

 En vain l'injuste violence
Au peuple qui le loue imposerait silence;
 Son nom ne périra jamais.
Le jour annonce au jour sa gloire et sa puissance,
Tout l'univers est plein de sa magnificence :
 Chantons, publions ses bienfaits.

TOUT LE CHOEUR *répète.*

Tout l'univers est plein de sa magnificence :
 Chantons, publions ses bienfaits.

UNE VOIX *seule.*

Il donne aux fleurs leur aimable peinture;
Il fait naître et mûrir les fruits;
Il leur dispense avec mesure
Et la chaleur des jours et la fraîcheur des nuits;
Le champ qui les reçut les rend avec usure.

UNE AUTRE.

Il commande au soleil d'animer la nature,
Et la lumière est un don de ses mains;
Mais sa loi sainte, sa loi pure
Est le plus riche don qu'il ait fait aux humains.

UNE AUTRE.

O mont de Sinaï, conserve la mémoire
De ce jour à jamais auguste et renommé,
 Quand, sur ton sommet enflammé,
 Dans un nuage épais le Seigneur enfermé
Fit luire aux yeux mortels un rayon de sa gloire.
Dis-nous pourquoi ces feux et ces éclairs,
Ces torrents de fumée, et ce bruit dans les airs,
 Ces trompettes et ce tonnerre :
Venait-il renverser l'ordre des éléments?
 Sur ses antiques fondements
 Venait-il ébranler la terre!

UNE AUTRE.

Il venait révéler aux enfants des Hébreux
De ses préceptes saints la lumière immortelle;
 Il venait à ce peuple heureux
Ordonner de l'aimer d'une amour éternelle.

TOUT LE CHOEUR.

 O divine, ô charmante loi!
 O justice, ô bonté suprême!
Que de raisons, quelle douceur extrême
D'engager à ce Dieu son amour et sa foi!

UNE VOIX *seule.*

D'un joug cruel il sauva nos aïeux,
Les nourrit au désert d'un pain délicieux,
Il nous donne ses lois, il se donne lui-même.
Pour tant de biens, il commande qu'on l'aime.

LE CHOEUR.

O justice, ô bonté suprême!

LA MÊME VOIX.

Des mers pour eux il entr'ouvrit les eaux;
D'un aride rocher fit sortir des ruisseaux;
Il nous donne ses lois, il se donne lui-même :
Pour tant de biens, il commande qu'on l'aime.

LE CHOEUR.

O divine, ô charmante loi!
Que de raisons, quelle douceur extrême
D'engager à ce Dieu son amour et sa foi!

UNE AUTRE VOIX, *seule.*

Vous qui ne connaissez qu'une crainte servile,
Ingrats, un Dieu si bon ne peut-il vous charmer?
Est-il donc à vos cœurs, est-il si difficile
 Et si pénible de l'aimer!
L'esclave craint le tyran qui l'outrage;
Mais des enfants l'amour est le partage.
Vous voulez que ce Dieu vous comble de bienfaits,
 Et ne l'aimer jamais!

TOUT LE CHOEUR.

O divine! ô charmante loi!
O justice! ô bonté suprême!
Que de raisons, quelle douceur extrême
D'engager à ce Dieu son amour et sa foi!

FIN DU PREMIER ACTE.

ACTE II.

SCÈNE PREMIÈRE.

JOSABETH, SALOMITH, le chœur.

JOSABETH.

Mes filles, c'est assez; suspendez vos cantiques :
Il est temps de nous joindre aux prières publiques.
Voici notre heure; allons célébrer ce grand jour,
Et devant le Seigneur paraître à notre tour.

SCENE II.

ZACHARIE, JOSABETH, SALOMITH, le chœur.

JOSABETH.

Mais que vois-je! mon fils, quel sujet vous ramène?
Où courez-vous ainsi tout pâle et hors d'haleine?

ZACHARIE.

O ma mère!

JOSABETH.

Hé bien? quoi?

ZACHARIE.

Le temple est profané!

JOSABETH.

Comment?

ZACHARIE.

Et du seigneur l'autel abandonné.

JOSABETH.

Je tremble. Hâtez-vous d'éclaircir votre mère.

ZACHARIE.

Déjà, selon la loi, le grand prêtre mon père,
Après avoir au Dieu qui nourrit les humains
De la moisson nouvelle offert les premiers pains,
Lui presentait encore entre ses mains sanglantes
Des victimes de paix les entrailles fumantes;
Debout à ses côtés le jeune Eliacin
Comme moi le servait en long habit de lin;
Et cependant du sang de la chair immolée
Les prêtres arrosaient l'autel et l'assemblée :
Un bruit confus s'élève, et du peuple surpris
Détourne tout à coup les yeux et les esprits.
Une femme... peut-on la nommer sans blasphème
Une femme... C'était Athalie elle-même.

JOSABETH.

Ciel!

ZACHARIE.

Dans un des parvis, aux hommes réservé,
Cette femme superbe entre, le front levé,
Et se préparait même à passer les limites
De l'enceinte sacrée ouverte aux seuls levites.
Le peuple s'épouvante, et fuit de toutes parts.
Mon père... ah! quel courroux animait ses regards!
Moïse à Pharaon parut moins formidable :
« Reine, sors, a-t-il dit, de ce lieu redoutable,
« D'où te bannit ton sexe et ton impiété.
« Viens-tu du Dieu vivant braver la majesté? »
La reine alors, sur lui jetant un œil farouche,
Pour blasphémer sans doute ouvrait déjà la bouche :
J'ignore si de Dieu l'ange se dévoilant
Est venu lui montrer un glaive étincelant;
Mais sa langue en sa bouche à l'instant s'est glacée;
Et toute son audace a paru terrassée;
Ses yeux, comme effrayés, n'osaient se détourner;
Surtout Eliacin paraissait l'étonner.

JOSABETH.

Quoi donc? Eliacin a paru devant elle?

ZACHARIE.

Nous regardions tous deux cette reine cruelle,
Et d'une égale horreur nos cœurs étaient frappés.
Mais les prêtres bientôt nous ont enveloppés;
On nous a fait sortir. J'ignore tout le reste,
Et venais vous conter ce désordre funeste.

JOSABETH.

Ah! de nos bras sans doute elle vient l'arracher;
Et c'est lui qu'à l'autel sa fureur vient chercher.
Peut-être en ce moment l'objet de tant de larmes...
Souviens-toi de David, Dieu, qui vois mes alarmes!

SALOMITH.

Quel est-il cet objet des pleurs que vous versez?

ZACHARIE.

Les jours d'Eliacin seraient-ils menacés?

SALOMITH.

Aurait-il de la reine attiré la colère?

ZACHARIE.

Que craint-on d'un enfant sans support et sans père?

JOSABETH.

Ah! la voici. Sortons; il la faut éviter.

SCÈNE III.

ATHALIE, AGAR, ABNER, suite d'Athalie.

AGAR.

Madame, dans ces lieux pourquoi vous arrêter?
Ici tous les objets vous blessent, vous irritent.
Abandonnez ce temple aux prêtres qui l'habitent;
Fuyez tout ce tumulte, et dans votre palais
A vos sens agités venez rendre la paix.

ATHALIE.

Non, je ne puis : tu vois mon trouble et ma faiblesse,
Va, fais dire à Mathan qu'il vienne, qu'il se presse.
Heureuse si je puis trouver par son secours
Cette paix que je cherche, et qui me fuit toujours.
(Elle s'assied)

SCÈNE IV.

ATHALIE, ABNER, suite d'Athalie.

ABNER.

Madame, pardonnez si j'ose le défendre;
Le zèle de Joad n'a point dû vous surprendre,
Du Dieu que nous servons tel est l'ordre éternel :
Lui-même il nous traça son temple et son autel,
Aux seuls enfants d'Aaron commit ses sacrifices,
Aux lévites marqua leur place et leurs offices,
Et surtout défendit à leur posterité
Avec tout autre bien toute société.
Hé quoi! vous de nos rois et la femme et la mère,
Êtes-vous à ce point parmi nous étrangère?
Ignorez-vous nos lois? et faut-il qu'aujourd'hui...
Voici votre Mathan; je vous laisse avec lui.

ATHALIE.

Votre présence, Abner, est ici nécessaire.
Laissons là de Joad l'audace téméraire,
Et tout ce vain amas de superstitions
Qui ferme votre temple aux autres nations :
Un sujet plus pressant excite mes alarmes,
Je sais que, dès l'enfance élevé dans les armes,
Abner a le cœur noble, et qu'il rend à la foi
Ce qu'il doit à son Dieu, ce qu'il doit à ses rois,
Demeurez.

SCÈNE V.

ATHALIE, MATHAN, ABNER, suite d'Athalie.

MATHAN.

Grande reine, est-ce ici votre place?
Quel trouble vous agite, et quel effroi vous glace?
Parmi vos ennemis que venez-vous chercher?
De ce temple profane osez-vous approcher?
Avez-vous dépouillé cette haine si vive...

ATHALIE.

Prêtez-moi l'un et l'autre une oreille attentive.
Je ne veux point ici rappeler le passé,
Ni vous rendre raison du sang que j'ai versé :
Ce que j'ai fait, Abner, j'ai cru le devoir faire,
Je ne prends point pour juge un peuple téméraire :
Quoi que son insolence ait osé publier,
Le ciel même a pris soin de me justifier.
Sur d'éclatants succès ma puissance établie
A fait jusqu'aux deux mers respecter Athalie;

Par moi Jérusalem goûte un calme profond ;
Le Jourdain ne voit plus l'Arabe vagabond,
Ni l'altier Philistin, par d'éternels ravages,
Comme au temps de nos rois désoler nos rivages
Le Syrien me traite et de reine et de sœur;
Enfin de ma maison le perfide oppresseur,
Qui devait jusqu'à moi pousser sa barbarie,
Jéhu, le fier Jéhu, tremble dans Samarie ;
De toutes parts pressé par un puissant voisin,
Que j'ai su soulever contre cet assassin,
Il me laisse en ces lieux souveraine maîtresse.
Je jouissais en paix du fruit de ma sagesse;
Mais un trouble importun vient, depuis quelques jours,
De mes prospérités interrompre le cours.
Un songe (me devrais-je inquiéter d'un songe!)
Entretient dans mon cœur un chagrin qui le ronge;
Je l'évite partout ; partout il me poursuit.
C'était pendant l'horreur d'une profonde nuit ;
Ma mère Jézabel devant moi s'est montrée,
Comme au jour de sa mort pompeusement parée :
Ses malheurs n'avaient point abattu sa fierté ;
Même elle avait encor cet éclat emprunté
Dont elle eut soin de peindre et d'orner son visage,
Pour réparer des ans l'irréparable outrage :
« Tremble, m'a-t-elle dit, fille digne de moi.
« Le cruel Dieu des Juifs l'emporte aussi sur toi.
« Je te plains de tomber dans ses mains redoutables,
« Ma fille. » En achevant ces mots épouvantables,
Son ombre vers mon lit paru se baisser :
Et moi, je lui tendais les mains pour l'embrasser;
Mais je n'ai plus trouvé qu'un horrible mélange
D'os et de chair meurtris, et traînés dans la fange,
Des lambeaux pleins de sang, et des membres affreux
Que des chiens dévorants se disputaient entre eux.

ABNER.
Grand Dieu!

ATHALIE.
Dans ce désordre à mes yeux se présente
Un jeune enfant couvert d'une robe éclatante,
Tel qu'on voit des Hébreux les prêtres revêtus.
Sa vue a ranimé mes esprits abattus ;
Mais lorsque, revenant de mon trouble funeste,
J'admirais sa douceur, son air noble et modeste,
J'ai senti tout à coup un homicide acier
Que le traître en mon sein a plongé tout entier.
De tant d'objets divers le bizarre assemblage
Peut-être du hasard vous paraît un ouvrage?
Moi-même quelque temps, honteuse de ma peur,
Je l'ai pris pour l'effet d'une sombre vapeur.
Mais de ce souvenir mon ame possédée
A deux fois en dormant revu la même idée;
Deux fois mes tristes yeux se sont vu retracer
Ce même enfant toujours tout prêt à me percer.
Lasse enfin des horreurs dont j'étais poursuivie,
J'allais prier Baal de veiller sur ma vie,
Et chercher du repos au pied de ses autels :
Que ne peut la frayeur sur l'esprit des mortels !
Dans le temple des Juifs un instinct m'a poussée,
Et d'apaiser leur Dieu j'ai conçu la pensée;
J'ai cru que des présents calmeraient son courroux,
Que ce Dieu, quel qu'il soit, en deviendrait plus doux.
Pontife de Baal, excusez ma faiblesse.
J'entre : le peuple fuit, le sacrifice cesse,
Le grand-prêtre sur moi s'élance avec fureur :
Pendant qu'il me parlait, ô surprise, ô terreur!
J'ai vu ce même enfant dont je suis menacée,
Tel qu'un songe effrayant l'a peint à ma pensée.
Je l'ai vu ; son même air, son même habit de lin,
Sa démarche, ses yeux, et tous ses traits enfin :
C'est lui-même. Il marchait à côté du grand prêtre ;
Mais bientôt à ma vue on l'a fait disparaître.
Voilà quel trouble ici m'oblige à m'arrêter,
Et sur quoi j'ai voulu tous deux vous consulter.
Que présage, Mathan, ce prodige incroyable!

MATHAN.
Ce songe et ce rapport, tout me semble effroyable...

ATHALIE.
Mais cet enfant fatal, Abner, l'avez-vous vu :
Quel est-il? de quel sang? et de quelle tribu?

ABNER.
Deux enfants à l'autel prêtaient leur ministère
L'un est fils de Joad, Josabeth est sa mère ;
L'autre m'est inconnu.

MATHAN.
Pourquoi délibérer?
De tous les deux, madame, il se faut assurer
Vous savez pour Joad, mes égards, mes mesures;
Que je ne cherche point à venger mes injures ;
Que la seule équité règne en tous mes avis;
Mais lui-même après tout, fût-ce son propre fils,
Voudrait-il un moment laisser vivre un coupable?

ABNER.
De quel crime un enfant peut-il être capable?

MATHAN.
Le ciel nous le fait voir un poignard à la main :
Le ciel est juste et sage, et ne fait rien en vain.
Que cherchez-vous de plus ?

ABNER.
Mais sur la foi d'un songe,
Dans le sang d'un enfant voulez-vous qu'on se plonge!
Vous ne savez encor de quel père il est né,
Quel il est.

MATHAN.
On le craint; tout est examiné.
A d'illustres parents s'il doit son origine,
La splendeur de son sort doit hâter sa ruine ;
Dans le vulgaire obscur si le sort l'a placé,
Qu'importe qu'au hasard un sang vil soit versé !
Est-ce aux rois à garder cette lente justice?
Leur sûreté souvent dépend d'un prompt supplice.
N'allons point les gêner d'un soin embarrassant :
Dès qu'on leur est suspect, on n'est plus innocent.

ABNER.
Hé quoi! Mathan! d'un prêtre est-ce là le langage?
Moi, nourri dans la guerre, aux horreurs du carnage
Des vengeances des rois ministre rigoureux,
C'est moi qui prête ici ma voix au malheureux!
Et vous, qui lui devez les entrailles de père,
Vous, ministre de paix dans les temps de colère,
Couvrant d'un zèle faux votre ressentiment,
Le sang à votre gré coule trop lentement!
Vous m'avez commandé de vous parler sans feinte,
Madame : quel est donc ce grand sujet de crainte?
Un songe, un faible enfant, que votre œil prévenu
Peut-être sans raison croit avoir reconnu.

ATHALIE.
Je le veux croire, Abner, je puis m'être trompée :
Peut-être un songe vain m'a trop préoccupée.
Hé bien! il faut revoir cet enfant de plus près ;
Il en faut à loisir examiner les traits.
Qu'on les fasse tous deux paraître en ma présence.

ABNER.
Je crains...

ATHALIE.
Manquerait-on pour moi de complaisance!
De ce refus bizarre où seraient les raisons?
Il pourrait me jeter en d'étranges soupçons.
Que Josabeth, vous dis-je, ou Joad les amène.
Je puis, quand je voudrai, parler en souveraine
Vos prêtres, je veux bien, Abner, vous l'avouer,
Des bontés d'Athalie ont lieu de se louer.
Je sais sur ma conduite et contre ma puissance
Jusqu'où de leurs discours ils portent la licence
Ils vivent cependant, et leur temple est debout.
Mais je sens que bientôt ma douceur est à bout.
Que Joad mette un frein à ce zèle sauvage,
Et ne m'irrite point par un second outrage.
Allez.

SCÈNE VI.

ATHALIE, MATHAN, SUITE D'ATHALIE.

MATHAN.
Enfin je puis parler en liberté ;
Je puis dans tout son jour mettre la vérité.

Quelque monstre naissant dans ce temple s'élève,
Reine : n'attendez pas que le nuage crève.
Abner chez le grand prêtre a devancé le jour :
Pour le sang de ses rois vous savez son amour.
Et qui sait si Joad ne veut point en leur place
Substituer l'enfant dont le ciel vous menace,
Soit son fils, soit quelque autre..

ATHALIE.
Oui, vous m'ouvrez les yeux.
Je commence à voir clair dans cet avis des cieux.
Mais je veux de mon doute être débarrassée :
Un enfant est peu propre à trahir sa pensée ;
Souvent d'un grand dessein un mot nous fait juger.
Laissez-moi, cher Mathan, le voir, l'interroger.
Vous cependant, allez ; et sans jeter d'alarmes,
A tous mes Tyriens faites prendre les armes.

SCÈNE VII.

JOAS, JOSABETH, ATHALIE, ZACHARIE, ABNER, SALOMITH, DEUX LÉVITES, LE CHOEUR, SUITE D'ATHALIE.

JOSABETH, *aux deux lévites*.
O vous! sur ces enfants si chers, si précieux,
Ministres du Seigneur, ayez toujours les yeux.

ABNER, *à Josabeth*.
Princesse, assurez-vous, je les prends sous ma garde.

ATHALIE.
O ciel! plus j'examine, et plus je le regarde...
C'est lui! d'horreur encor tous mes sens sont saisis.
(*montrant Joas.*)
Epouse de Joad, est-ce là votre fils?

JOSABETH.
Qui? lui, madame?

ATHALIE.
Lui.

JOSABETH.
Je ne suis point sa mère!
(*Montrant Zacharie.*)
Voilà mon fils.

ATHALIE, *à Joas*.
Et vous, quel est donc votre père?
Jeune enfant, répondez.

JOSABETH.
Le ciel jusqu'aujourd'hui...

ATHALIE, *à Josabeth*.
Pourquoi vous pressez-vous de répondre pour lui?
C'est à lui de parler.

JOSABETH.
Dans un âge si tendre
Quel éclaircissement en pouvez-vous attendre?

ATHALIE.
Cet âge est innocent : son ingénuité
N'altère point encor la simple vérité.
Laissez-le s'expliquer sur tout ce qui le touche.

JOSABETH, *tout bas*.
Daigne mettre, grand Dieu, ta sagesse en sa bouche!

ATHALIE.
Comment vous nommez-vous?

JOAS.
J'ai nom Eliacin.

ATHALIE.
Votre père?

JOAS.
Je suis, dit-on, un orphelin
Entre les bras de Dieu jeté dès ma naissance,
Et qui de mes parents n'eus jamais connaissance.

ATHALIE.
Vous êtes sans parents?

JOAS.
Ils m'ont abandonné,

ATHALIE.
Comment? et depuis quand?

JOAS.
Depuis que je suis né.

ATHALIE.
Ne sait-on pas au moins quel pays est le vôtre?

JOAS.
Ce temple est mon pays : je n'en connais point d'autre.

ATHALIE.
Où dit-on que le sort vous a fait rencontrer?

JOAS.
Parmi des loups cruels à me dévorer.

ATHALIE.
Qui vous mit dans ce temple?

JOAS.
Une femme inconnue,
Qui ne dit point son nom, et qu'on n'a point revue.

ATHALIE.
Mais de vos premiers ans quelles mains ont pris soin?

JOAS.
Dieu laissa-t-il jamais ses enfants au besoin?
Aux petits des oiseaux il donne leur pâture,
Et sa bonté s'étend sur toute la nature.
Tous les jours je l'invoque ; et d'un soin paternel
Il me nourrit des dons offerts sur son autel.

ATHALIE.
Quel prodige nouveau me trouble et m'embarrasse !
La douceur de sa voix, son enfance, sa grace,
Font insensiblement à mon inimitié
Succéder... Je serais sensible à la pitié!

ABNER.
Madame, voilà donc cet ennemi terrible?
De vos songes trompeurs l'imposture est visible,
A moins que la pitié, qui semble vous troubler,
Ne soit ce coup fatal qui vous faisait trembler.

ATHALIE, *à Joas et à Josabeth*.
Vous sortez?

JOSABETH.
Vous avez entendu sa fortune :
Sa présence à la fin pourrait être importune.

ATHALIE.
(*à Joas.*)
Non : revenez. Quel est tous les jours votre emploi?

JOAS.
J'adore le Seigneur ; on m'explique sa loi,
Dans son livre divin on m'apprend à la lire ;
Et déjà de ma main je commence à l'écrire.

ATHALIE.
Que vous dit cette loi?

JOAS.
Que Dieu veut être aimé ;
Qu'il venge tôt ou tard son saint nom blasphémé ;
Qu'il est le défenseur de l'orphelin timide ;
Qu'il résiste au superbe et punit l'homicide.

ATHALIE.
J'entends. Mais tout ce peuple enfermé dans ce lieu,
A quoi s'occupe-t-il?

JOAS.
Il loue, il bénit Dieu.

ATHALIE.
Dieu veut-il qu'à toute heure on prie, on le contemple?

JOAS.
Tout profane exercice est banni de son temple.

ATHALIE.
Quels sont donc vos plaisirs?

JOAS.
Quelquefois à l'autel
Je présente au grand-prêtre ou l'encens ou le sel ;
J'entends chanter de Dieu les grandeurs infinies ;
Je vois l'ordre pompeux de ses cérémonies.

ATHALIE.

Hé quoi! vous n'avez point de passetemps plus doux?
Je plains le triste sort d'un enfant tel que vous?
Venez dans mon palais, vous y verrez ma gloire.

JOAS.

Moi! des bienfaits de Dieu je perdrais la mémoire!

ATHALIE.

Non, je ne vous veux pas contraindre à l'oublier.

JOAS.

Vous ne le priez point.

ATHALIE.

Vous pourrez le prier.

JOAS.

Je verrais cependant en invoquer un autre.

ATHALIE.

J'ai mon dieu que je sers; vous servirez le vôtre :
Ce sont deux puissants dieux.

JOAS.

Il faut craindre le mien;
Lui seul est Dieu, madame, et le vôtre n'est rien.

ATHALIE.

Les plaisirs près de moi vous chercheront en foule.

JOAS.

Le bonheur des méchants comme un torrent s'écoule.

ATHALIE.

Ces méchants, qui sont-ils?

JOSABETH.

Hé, madame, excusez
Un enfant...

ATHALIE, *à Josabeth*.

J'aime à voir comme vous l'instruisez
Enfin, Eliacin, vous avez su me plaire;
Vous n'êtes point sans doute un enfant ordinaire.
Vous voyez, je suis reine, et n'ai point d'héritier :
Laissez là cet habit, quittez ce vil métier;
Je veux vous faire part de toutes mes richesses ;
Essayez dès ce jour l'effet de mes promesses.
A ma table, partout, à mes côtés assis,
Je pretends vous traiter comme mon propre fils.

JOAS.

Comme votre fils!

ATHALIE.

Oui... Vous vous taisez?

JOAS.

Quel père
Je quitterais! et pour...

ATHALIE.

Hé bien?

JOAS.

Pour quelle mère!

ATHALIE, *à Josabeth*.

Sa mémoire est fidèle; et, dans tout ce qu'il dit,
De vous et de Joad je reconnais l'esprit.
Voilà comme, infectant cette simple jeunesse,
Vous employez tous deux le calme où je vous laisse.
Vous cultivez déjà leur haine et leur fureur;
Vous ne leur prononcez mon nom qu'avec horreur.

JOSABETH.

Peut-on de nos malheurs leur dérober l'histoire?
Tout l'univers les sait; vous-même en faites gloire.

ATHALIE.

Oui, ma juste fureur, et j'en fais vanité,
A vengé mes parents sur ma postérité.
J'aurais vu massacrer et mon père et mon frère,
Du haut de son palais précipiter ma mère,
Et dans un même jour égorger à la fois
(Quel spectacle d'horreur!) quatre-vingts fils de rois :
Et pourquoi? pour venger je ne sais quels prophètes
Dont elle avait puni les fureurs indiscrètes :
Et moi, reine sans cœur, fille sans amitié,
Esclave d'une lâche et frivole pitié,
Je n'aurais pas du moins à cette aveugle rage,
Rendu meurtre pour meurtre, outrage pour outrage.
Et de votre David traité tous les neveux
Comme on traita d'Achab les restes malheureux!
Où serais-je aujourd'hui si, domptant ma faiblesse
Je n'eusse d'une mère étouffé la tendresse ;
Si de mon propre sang ma main versant des flots
N'eût par ce coup hardi exprimé vos complots?
Enfin de votre Dieu l'implacable vengeance
Entre nos deux maisons rompit toute alliance :
David m'est en horreur; et les fils de ce roi,
Quoique nés de mon sang, sont étrangers pour moi.

JOSABETH.

Tout vous a réussi. Que Dieu voie, et nous juge.

ATHALIE.

Ce Dieu, depuis longtemps votre unique refuge,
Que deviendra l'effet de ses prédictions?
Qu'il vous donne ce roi promis aux nations,
Cet enfant de David, votre espoir, votre attente...
Mais nous nous reverrons. Adieu. Je sors contente :
J'ai voulu voir; j'ai vu.

ABNER, *à Josabeth*.

Je vous l'avais promis ;
Je vous rends le dépôt que vous m'avez commis.

SCÈNE VIII.

JOAD, JOSABETH, JOAS, ZACHARIE, ABNER,
SALOMITH, Lévites, le chœur.

JOSABETH, *à Joad*.

Avez-vous entendu cette superbe reine,
Seigneur?

JOAD.

J'entendais tout et plaignais votre peine.
Ces lévites et moi, prêts à vous secourir,
Nous étions avec vous résolus de périr.
(*à Joas, en l'embrassant.*)
Que Dieu veille sur vous, enfant dont le courage
Vient de rendre en son nom ce noble témoignage.
Je reconnais, Abner, ce service important :
Souvenez-vous de l'heure où Joad vous attend.
Et nous, dont cette femme impie et meurtrière
A souillé les regards et troublé la prière,
Rentrons; et qu'un sang pur, par mes mains épanché,
Lave jusques au marbre où ses pas ont touché.

SCENE IX.

LE CHOEUR.

UNE DES FILLES DU CHŒUR.

Quel astre à nos yeux vient de luire?
Quel sera quelque jour cet enfant merveilleux?
Il brave le faste orgueilleux,
Et ne se laisse point séduire
A tous ces attraits périlleux.

UNE AUTRE.

Pendant que du dieu d'Athalie
Chacun court encenser l'autel,
Un enfant courageux publie
Que Dieu lui seul est éternel,
Et parle comme un autre Elie
Devant cette autre Jézabel.

UNE AUTRE.

Qui nous révélera ta naissance secrète,
Cher enfant? Es-tu fils de quelque saint prophète,

UNE AUTRE.

Ainsi l'on vit l'aimable Samuel
Croître à l'ombre du tabernacle :
Il devient des Hébreux l'espérance et l'oracle.
Puisses-tu, comme lui, consoler Israël!

UNE AUTRE, *chante*.

O bienheureux mille fois
L'enfant que le Seigneur aime,
Qui de bonne heure entend sa voix,
Et que ce Dieu daigne instruire lui-même!

Loin du monde élevé, de tous les dons des cieux
Il est orné dès son enfance;
Et du méchant l'abord contagieux
N'altère point son innocence.

TOUT LE CHOEUR.

Heureuse, heureuse l'enfance
Que le Seigneur instruit et prend sous sa défense!

LA MÊME VOIX, seule.

Tel en un secret vallon,
Sur le bord d'une onde pure,
Croît à l'abri de l'aquilon,
Un jeune lis, l'amour de la nature.
Loin du monde élevé, de tous les dons des cieux
Il est orné dès son enfance;
Et du méchant l'abord contagieux
N'altère point son innocence.

TOUT LE COEUR.

Heureux, heureux mille fois
L'enfant que le Seigneur rend docile à ses lois!

UNE VOIX, seule.

Mon Dieu, qu'une vertu naissante
Parmi tant de périls marche à pas incertains!
Qu'une ame qui te cherche et veut être innocente
Trouve d'obstacle à ses desseins?
Que d'ennemis lui font la guerre!
Où se peuvent cacher tes saints?
Les pécheurs couvrent la terre.

UNE AUTRE.

O palais de David, et sa chère cité,
Mont fameux, que Dieu même a longtemps habité,
Comment as-tu du ciel attiré la colère?
Sion, chère Sion, que dis-tu quand tu vois
Une impie étrangère
Assise, hélas! au trône de tes rois?

TOUT LE CHOEUR.

Sion, chère Sion, que dis-tu quand tu vois
Une impie étrangère
Assise, hélas! au trône de tes rois.

LA MÊME VOIX continue.

Au lieu des cantiques charmants
Où David t'exprimait ses saints ravissements,
Et bénissait son Dieu, son Seigneur, et son père ;
Sion, chère Sion, que dis-tu quand tu vois
Louer le Dieu de l'impie étrangère,
Et blasphémer le nom qu'ont adoré tes rois?

UNE VOIX, seule.

Combien de temps, Seigneur, combien de temps encore
Verrons-nous contre toi les méchants s'élever?
Jusque dans ton saint temple ils viennent te braver :
Ils traitent d'insensé le peuple qui t'adore.
Combien de temps, Seigneur, combien de temps encore
Verrons-nous contre toi les méchants s'élever?

UNE AUTRE.

Que vous sert, disent-ils, cette vertu sauvage?
De tant de plaisirs si doux
Pourquoi fuyez-vous l'usage?
Votre Dieu ne fait rien pour vous.

UNE AUTRE.

Rions, chantons, dit cette troupe impie,
De fleurs en fleurs, de plaisirs en plaisirs,
Promenons nos désirs.
Sur l'avenir insensé qui se fie.
De nos ans passagers le nombre est incertain :
Hâtons-nous aujourd'hui de jouir de la vie;
Qui sait si nous serons demain?

TOUT LE CHOEUR.

Qu'ils pleurent, ô mon Dieu! qu'ils frémissent de crainte,
Ces malheureux, qui de ta cité sainte
Ne verront point l'éternelle splendeur.
C'est à nous de chanter, nous à qui tu révèles
Tes clartés immortelles;
C'est à nous de chanter tes dons et ta grandeur.

UNE VOIX seule.

De tous ces vains plaisirs où leur ame se plonge,
Que leur restera-t-il? Ce qu'il reste d'un songe

Dont on a reconnu l'erreur.
A leur réveil (ô réveil plein d'horreur)
Pendant que le pauvre à ta table
Goûtera de ta paix la douceur ineffable,
Ils boiront dans la coupe affreuse, inépuisable,
Que tu présenteras au jour de ta fureur
A toute la race coupable.

TOUT LE COEUR.

O réveil plein d'horreur!
O songe peu durable !
O dangereuse erreur!

FIN DU SECOND ACTE.

ACTE III.

SCÈNE PREMIÈRE.

MATHAN, NABAL, LE CHOEUR.

MATHAN.

Jeunes filles, allez; qu'on dise à Josabeth
Que Mathan veut ici lui parler en secret.

UNE DES FILLES DU CHOEUR.

Mathan! O Dieu du ciel, puisses-tu le confondre!

NABAL.

Hé quoi! tout se disperse, et fuit sans vous répondre!

MATHAN.

Approchons.

SCÈNE II.

ZACHARIE, MATHAN, NABAL.

ZACHARIE.

Téméraire, où voulez-vous passer?
Au delà de ce lieu gardez-vous d'avancer :
C'est des ministres saints la demeure sacrée;
Les lois à tout profane en défendent l'entrée.
Qui cherchez-vous? Mon père en ce jour solennel,
De l'idolâtre impur fuit l'aspect criminel ;
Et devant le Seigneur maintenant prosternée,
Ma mère en ce devoir craint d'être détournée.

MATHAN.

Mon fils, nous attendrons; cessez de vous troubler.
C'est votre illustre mère à qui je veux parler :
Je viens ici chargé d'un ordre de la reine.

SCÈNE III.

MATHAN, NABAL.

NABAL.

Leurs enfants ont déjà leur audace hautaine.

Mais que veut Athalie en cette occasion?
D'où naît dans ses conseils cette confusion?
Par l'insolent Joad ce matin offensée,
Et d'un enfant fatal en songe menacée,
Elle allait immoler Joad à son courroux,
Et dans ce temple enfin placer Baal et vous.
Vous m'en aviez déjà confié votre joie,
Et j'espérais ma part d'une si riche proie.
Qui fait changer ainsi ses vœux irrésolus?

MATHAN.

Ami, depuis deux jours je ne la connais plus.
Ce n'est plus cette reine éclairée, intrépide,
Elevée au dessus de son sexe timide,
Qui d'abord accablait ses ennemis surpris,
Et d'un instant perdu connaissait tout le prix :
La peur d'un vain remords trouble cette grande ame :
Elle flotte, elle hésite; en un mot elle est femme.
J'avais tantôt rempli d'amertume et de fiel
Son cœur déjà saisi des menaces du ciel;
Elle-même, à mes soins confiant sa vengeance,
M'avait dit d'assembler sa garde en diligence :
Mais, soit que cet enfant devant elle amené,
De ses parents, dit-on, rebut infortuné,
Eût d'un songe effrayant diminué l'alarme,
Soit qu'elle eût même en lui vu je ne sais quel charme
J'ai trouve son courroux chancelant, incertain,
Et déjà remettant sa vengeance à demain.
Tous ses projets semblaient l'un l'autre se détruire.
« Du sort de cet enfant je me suis fait instruire,
« Ai-je dit ; on commence à vanter ses aïeux;
« Joad de temps en temps le montre aux factieux,
« Le fait attendre aux Juifs comme un autre Moïse,
« Et d'oracles menteurs s'appuie et s'autorise. »
Ces mots ont fait monter la rougeur sur son front.
Jamais mensonge heureux n'eut un effet si prompt.
« Est-ce à moi de languir dans cette incertitude?
« Sortons, a-t-elle dit, sortons d'inquiétude.
« Vous-même à Josabeth prononcez cet arrêt :
« Les feux vont s'allumer, et le fer est tout prêt;
« Rien ne peut de leur temple empêcher le ravage,
« Si je n'ai de leur foi cet enfant pour otage. »

NABAL.

Hé bien ! pour un enfant qu'ils ne connaissent pas,
Que le hasard peut-être a jeté dans leurs bras,
Voudront-ils que leur temple enseveli sous l'herbe...

MATHAN.

Ah! de tous les mortels connais le plus superbe.
Plutôt que dans mes mains par Joad livré
Un enfant qu'à son Dieu Joad a consacré,
Tu lui verras subir la mort la plus terrible.
D'ailleurs pour cet enfant leur attache est visible.
Si j'ai bien de la reine entendu le récit,
Joad sur sa naissance en sait plus qu'il ne dit.
Quel qu'il soit, je prévois qu'il leur sera funeste;
Ils le refuseront : je compte sur moi le reste;
Et j'espère qu'enfin de ce temple odieux
Et la flamme et le fer vont délivrer mes yeux.

NABAL.

Qui peut vous inspirer une haine si forte?
Est-ce que de Baal le zèle vous transporte?
Pour moi, vous le savez, descendu d'Ismaël,
Je ne sers ni Baal, ni le Dieu d'Israël.

MATHAN.

Ami, peux-tu penser que d'un zèle frivole
Je me laisse aveugler pour une vaine idole,
Pour un fragile bois, que, malgré mon secours,
Les vers sur son autel consument tous les jours?
Né ministre du Dieu qu'en ce temple on adore,
Peut-être que Mathan le servirait encore,
Si l'amour des grandeurs, la soif de commander,
Avec son joug étroit pouvaient s'accommoder.
Qu'est-il besoin, Nabal, qu'à tes yeux je rappelle
De Joad et de moi la fameuse querelle,
Quand j'osai contre lui disputer l'encensoir?
Mes brigues, mes combats, mes pleurs, mon désespoir?
Vaincu par lui, j'entrai dans une autre carrière,
Et mon ame à la cour s'attacha tout entière.

J'approchai par degrés de l'oreille des rois,
Et bientôt en oracle on érigea ma voix.
J'étudiai leur cœur, je flattai leurs caprices;
Je leur semai de fleurs le bord des précipices;
Près de leurs passions rien ne leur fut sacré;
De mesure et de poids je changeai à leur gré.
Autant que de Joad l'inflexible rudesse
De leur superbe oreille offensait la mollesse,
Autant je les charmais par ma dextérité :
Dérobant à leurs yeux la triste vérité,
Prêtant à leurs fureurs des couleurs favorables,
Et prodigue surtout du sang des misérables.
Enfin au Dieu nouveau qu'elle avait introduit,
Par les mains d'Athalie un temple fut construit.
Jérusalem pleura de se voir profanée;
Des enfants de Lévi la troupe consternée
En poussa vers le ciel des hurlements affreux.
Moi seul, donnant l'exemple aux timides Hébreux,
Déserteur de leur loi, j'approuvai l'entreprise,
Et par-là de Baal méritai la prêtrise;
Par là je me rendis terrible à mon rival,
Je ceignis la tiare et marchai son égal.
Toutefois, je l'avoue, en ce comble de gloire,
Du Dieu que j'ai quitté l'importune mémoire
Jette encore en mon ame un reste de terreur;
Et c'est ce qui redouble et nourrit ma fureur.
Heureux si, sur son temple achevant ma vengeance,
Je puis convaincre enfin sa haine d'impuissance,
Et parmi le débris, le carnage et les morts,
A force d'attentats perdre tous mes remords!
Mais voici Josabeth.

SCÈNE IV.

JOSABETH, MATHAN, NABAL.

MATHAN.

Envoyé par la reine
Pour rétablir le calme et dissiper la haine,
Princesse, en qui le ciel mit un espoir si doux,
Ne vous étonnez pas si je m'adresse à vous.
Un bruit, que j'ai pourtant soupçonné de mensonge,
Appuyant les avis qu'elle a reçus en songe,
Sur Joad, accusé de dangereux complots,
Allait de sa colère attirer tous les flots.
Je ne veux point ici vous vanter mes services :
De Joad contre moi je sais les injustices;
Mais il faut à l'offense opposer les bienfaits.
Enfin, je viens chargé de paroles de paix.
Vivez, solennisez vos fêtes sans ombrage.
De votre obéissance elle ne veut qu'un gage :
C'est, pour l'en détourner j'ai fait ce que j'ai pu,
Cet enfant sans parents, qu'elle dit qu'elle a vu.

JOSABETH.

Eliacin?

MATHAN.

J'en ai pour elle quelque honte.
D'un vain songe peut-être elle fait trop de compte,
Mais vous vous déclarez ses mortels ennemis,
Si cet enfant sur l'heure en mes mains n'est remis,
La reine impatiente attend votre réponse.

JOSABETH.

Et voilà de sa part la paix qu'on nous annonce!

MATHAN.

Pourriez-vous un moment douter de l'accepter?
D'un peu de complaisance est-ce trop l'acheter?

JOSABETH.

J'admirais si Mathan, dépouillant l'artifice,
Avait pu de son cœur dépouiller l'injustice,
Et si de tant de maux le funeste inventeur
De quelque ombre de bien pouvait être l'auteur.

MATHAN.

De quoi vous plaignez-vous? Vient-on avec furie
Arracher de vos bras votre fils Zacharie?
Quel est cet autre enfant si cher à votre amour!
Ce grand attachement me suprend à mon tour.
Est-ce un trésor pour vous si précieux, si rare?
Est-ce un libérateur que le ciel vous prépare?
Songez-y : vos refus pourraient me confirmer
Un bruit sourd que déjà l'on commence à semer,

JOSABETH.

Quel bruit!

MATHAN.

Que cet enfant vient d'illustre origine;
Qu'à quelque grand projet votre époux le destine.

JOSABETH.

Et Mathan, par ce bruit qui flatte sa fureur...

MATHAN.

Princesse, c'est à vous à me tirer d'erreur.
Je sais que, du mensonge implacable ennemie,
Josabeth livrerait même sa propre vie,
S'il fallait que sa vie à sa sincérité
Coûtât le moindre mot contre la vérité.
Du sort de cet enfant on n'a donc nulle trace?
Une profonde nuit enveloppe sa race?
Et vous-même ignorez de quels parents issu,
De quelles mains Joad dans ses bras l'a reçu?
Parlez; je vous écoute, et suis prêt de vous croire :
Au Dieu que vous servez, princesse, rendez gloire.

JOSABETH.

Méchant, c'est bien à vous d'oser ainsi nommer
Un Dieu que votre bouche enseigne à blasphémer!
Sa vérité par vous peut-elle être attestée,
Vous, malheureux, assis dans la chaire empestée
Où le mensonge règne et répand son poison ;
Vous, nourri dans la fourbe et dans la trahison?

SCÈNE V.

JOAD, JOSABETH, MATHAN, NABAL.

JOAD.

Où suis-je, de Baal ne vois-je pas le prêtre?
Quoi! fille de David, vous parlez à ce traître?
Vous souffrez qu'il vous parle, et vous ne craignez pas
Que du fond de l'abime entr'ouvert sous ses pas
Il ne sorte à l'instant des feux qui vous embrasent,
Ou qu'en tombant sur lui ces murs ne vous écrasent?
Que veut-il? De quel front cet ennemi de Dieu
Vient-il infecter l'air qu'on respire en ce lieu?

MATHAN.

On reconnaît Joad à cette violence.
Toutefois il devrait montrer plus de prudence,
Respecter une reine, et ne pas outrager
Celui que de son ordre elle a daigné chargé.

JOAD.

Hé bien! que nous fait-elle annoncer de sinistre?
Quel sera l'ordre affreux qu'apporte un tel ministre?

MATHAN.

J'ai fait à Josabeth savoir sa volonté.

JOAD.

Sors donc de devant moi, monstre d'impiété.
De toutes tes horreurs, va, comble la mesure.
Dieu s'apprête à te joindre à la race parjure,
Abiron et Dathan, Doëg, Achitophel :
Les chiens, à qui son bras a livré Jézabel,
Attendant que sur toi sa fureur se déploie,
Déjà sont à ta porte, et demandent leur proie.

MATHAN, *troublé.*

Avant la fin du jour... on verra qui de nous...
Doit... Mais, sortons, Nabal.

NABAL.

Où vous égarez-vous?
De vos sens étonnés quel désordre s'empare?
Voilà votre chemin.

SCÈNE VI.

JOAD, JOSABETH.

JOSABETH.

L'orage se déclare :
Athalie en fureur demande Eliacin.
Déjà de sa naissance et de votre dessein
On commence, seigneur, à percer le mystère :
Peu s'en faut que Mathan ne m'ait nommé son père.

JOAD.

Au perfide Mathan qui l'aurait révélé?
Votre trouble à Mathan n'a-t-il point trop parlé?

JOSABETH.

J'ai fait ce que j'ai pu pour m'en rendre maîtresse.
Cependant, croyez-moi, seigneur, le péril presse.
Réservons cet enfant pour un temps plus heureux.
Avant qu'on l'environne, avant qu'on nous l'arrache
Tandis que les méchants délibèrent entre eux,
Une seconde fois souffrez que je le cache :
Les portes, les chemins lui sont encore ouverts.
Faut-il le transporter aux plus affreux déserts?
Je suis prête: je sais une secrète issue
Par où, sans qu'on le voie, et sans être aperçue,
De Cédron avec lui traversant le torrent,
J'irai dans le désert où jadis en pleurant,
Et cherchant comme nous son salut dans la fuite,
David d'un fils rebelle évita la poursuite.
Je craindrai moins pour lui les lions et les ours...
Mais pourquoi de Jéhu refuser le secours?
Je vous ouvre peut-être un avis salutaire.
Faisons de ce trésor Jéhu dépositaire :
On peut dans ses états le conduire aujourd'hui,
Et le chemin est court qui mène jusqu'à lui.
Jéhu n'a point un cœur farouche, inexorable ;
De David a ses yeux le nom est favorable.
Hélas! est-il un roi si dur et si cruel,
A moins qu'il n'eût pour mère une autre Jezabel,
Qui d'un tel suppliant ne plaignit l'infortune?
Sa cause à tous les rois n'est-elle pas commune?

JOAD.

Quels timides conseils m'osez-vous suggérer?
En l'appui de Jéhu pourriez-vous espérer?

JOSABETH.

Dieu défend-il tout soin et toute prévoyance?
Ne l'offense-t-on point par trop de confiance?
A ses desseins sacrés employant les humains,
N'a-t-il pas de Jéhu lui-même armé les mains?

JOAD.

Jéhu, qu'avait choisi sa sagesse profonde,
Jéhu, sur qui je vois que votre espoir se fonde,
D'un oubli trop ingrat a payé ses bienfaits :
Jéhu laisse d'Achab l'affreuse fille en paix,
Suit des rois d'Israël les profanes exemples,
Du vil dieu de l'Egypte a conservé les temples ;
Jéhu, sur les hauts lieux enfin osant offrir
Un téméraire encens que Dieu ne peut souffrir,
N'a pour servir sa cause et venger ses injures
Ni le cœur assez droit ni les mains assez pures.
Non, non ; c'est à Dieu seul qu'il nous faut attacher
Montrons Eliacin ; et, loin de le cacher,
Que du bandeau royal sa tête soit ornée.
Je veux même annoncer l'heure déterminée,
Avant que de Mathan le complot soit formé.

SCÈNE VII.

JOAD, JOSABETH, AZARIAS, SUIVI DU CHOEUR ET DE PLUSIEURS LEVITES.

JOAD.

Hé bien, Azarias, le temple est-il fermé?

AZARIAS.

J'en ai fait devant moi fermer toutes les portes.

JOAD.

N'y reste-t-il que vous et vos saintes cohortes?

AZARIAS.

De ses parvis sacrés j'ai deux fois fait le tour.
Tout a fui, tous se sont séparés sans retour,
Misérable troupeau qu'a dispersé la crainte;
Et Dieu n'est plus servi que dans la tribu sainte.
Depuis qu'à Pharaon ce peuple est échappé,
Une égale terreur ne l'avait point frappé.

JOAD.

Peuple lâche, en effet, et né pour l'esclavage,
Hardi contre Dieu seul! Poursuivons notre ouvrage.
Mais qui retient encor ces enfants parmi nous?

UNE DES FILLES DU CHOEUR.

Hé! pourrions-nous, seigneur, nous séparer de vous,
Dans le temple de Dieu sommes-nous étrangères?
Vous avez près de nous nos pères et nos frères.

UNE AUTRE.

Hélas! si, pour venger l'opprobre d'Israël,
Nos mains ne peuvent pas, comme autrefois Jahel [1]
Des ennemis de Dieu percer la tête impie,
Nous lui pouvons du moins immoler notre vie.
Quand vos bras combattront pour son temple attaqué,
Par nos larmes du moins il peut être invoqué.

JOAD.

Voilà donc quels vengeurs s'arment pour ta querelle,
Des prêtres, des enfants, ô sagesse éternelle !
Mais, si tu les soutiens, qui peut les ébranler ?
Du tombeau, quand tu veux, tu sais nous rappeler ;
Tu frappes et guéris, tu perds et ressuscites.
Ils ne m'assurent point en leurs propres mérites,
Mais en ton nom sur eux invoqué tant de fois,
En tes serments jurés au plus saint de leurs rois,
En ce temple où tu fais ta demeure sacrée,
Et qui doit du soleil égaler la durée.
Mais d'où vient que mon cœur gémit d'un saint effroi ?
Est-ce l'esprit divin qui s'empare de moi ? (vrent.
C'est lui-même ; il m'échauffe, il parle : mes yeux s'ou-
Et les siècles obscurs devant moi se découvrent.
Lévites, de vos sons prêtez-moi les accords,
Et de ses mouvements secondez les transports.

LE CHOEUR chante au son de toute la symphonie des instruments.

Que du Seigneur la voix se fasse entendre,
Et qu'à nos cœurs son oracle divin
   Soit ce qu'à l'herbe tendre
Est, au printemps, la fraîcheur du matin.

JOAD.

Cieux, écoutez ma voix : Terre, prêtez l'oreille.
Ne dis plus, ô Jacob ! que ton Seigneur sommeille !
Pécheurs, disparaissez : le Seigneur se réveille.

(Ici recommence la symphonie, et Joad aussitôt reprend la parole.)

Comment en un plomb vil l'or pur s'est-il changé !
Quel est dans le lieu saint ce pontife [2] égorgé ?..
Pleure, Jérusalem, pleure, cité perfide,
Des prophètes divins malheureuse homicide ;
De ton amour pour toi Dieu s'est dépouillé :
Ton encens à ces yeux est un encens souillé.
Où menez-vous ces enfants et ces femmes ? [3]
Le Seigneur a détruit la reine des cités :
Ses prêtres sont captifs, ses rois sont rejetés ;
Dieu ne veut plus qu'on vienne à ses solennités :
Temple, renverse-toi, cèdres, jetez des flammes.
Jérusalem, objet de ma douleur,
Quelle main en un jour t'a ravi tous tes charmes ?
Qui changera mes yeux en deux sources de larmes
   Pour pleurer ton malheur ?

AZARIAS.

O saint temple !

JOSABETH.

O David !

LE CHOEUR.

     Dieu de Sion, rappelle,
Rappelle en ta faveur tes antiques bontés.

(La symphonie recommence encore, et Joad un moment après, l'interrompt.)

JOAD.

   Quelle Jérusalem nouvelle
Sort du fond des déserts brillante de clartés,
Et porte sur le front une marque immortelle ? [4]
   Peuples de la terre, chantez :
Jérusalem renaît [4] plus charmante et plus belle.
   D'où lui viennent de tous côtés
Ces enfants [5] qu'en son sein elle n'a point portés ?
Lève, Jérusalem, lève ta tête altière ;
Regarde tous ces rois de ta gloire étonnés ;
Les rois des nations devant toi prosternés,
   De tes pieds baisent la poussière ;
Les peuples à l'envi marchent à ta lumière.
Heureux qui pour Sion d'une sainte ferveur
   Sentira son âme embrasée !
   Cieux, répandez votre rosée,
   Et que la terre enfante son sauveur !

(1) Juges, ch. 4. — (2) Zacharie.
(3) Captivité de Babylone.— (4) L'Eglise.— (5) Les Gentils.

JOSABETH.

Hélas ! d'où nous viendra cette insigne faveur,
Si les rois de qui doit descendre ce sauveur...

JOAD.

Préparez, Josabeth, le riche diadème
Que sur son front sacré David porta lui-même.
   (aux lévites.)
Et vous, pour vous armer, suivez-moi dans ces lieux
Où se garde caché, loin des profanes yeux,
Ce formidable amas de lances et d'épées
Qui du sang philistin jadis furent trempées,
Et que David vainqueur, d'ans et d'honneurs chargé,
Fit consacrer au Dieu qui l'avait protégé.
Peut-on les employer pour un plus noble usage ?
Venez, je veux moi-même en faire le partage.

SCÈNE VIII.

SALOMITH, LE CHOEUR.

SALOMITH.

Que de craintes, mes sœurs, que de troubles mortels
   Dieu tout-puissant, sont-ce là les prémices,
    Les parfums et les sacrifices
Qu'on devait en ce jour offrir sur tes autels ?

UNE DES FILLES DU CHOEUR.

   Quel spectacle à nos yeux timides !
   Qui l'eût cru qu'on dût voir jamais
Les glaives meurtriers, les lances homicides
   Briller dans la maison de paix ?

UNE AUTRE.

D'où vient que, pour son Dieu pleine d'indifférence,
Jérusalem se tait en ce pressant danger ?
D'où vient, mes sœurs, que, pour nous protéger,
Le brave Abner au moins ne rompt pas le silence ?

SALOMITH.

Hélas ! dans une cour où l'on n'a d'autres lois
   Que la force et la violence,
   Où les honneurs et les emplois
Sont les prix d'une aveugle et basse obéissance,
   Ma sœur, pour la triste innocence
   Qui voudrait élever sa voix ?

UNE AUTRE.

Dans ce péril, dans ce désordre extrême,
Pour qui prépare-t-on le sacré diadème ?

SALOMITH.

   Le Seigneur a daigné parler ;
Mais ce qu'à son prophète il vient de révéler,
   Qui pourra nous le faire entendre ?
   S'arme-t-il pour nous défendre ?
   S'arme-t-il pour nous accabler ?

TOUT LE CHOEUR *chante.*

O promesse ! ô menace ! ô ténébreux mystère !
Que de maux, que de biens sont prédits tour à tour !
   Comment peut-on avec tant de colère
    Accorder tant d'amour ?

UNE VOIX, *seule.*

Sion ne sera plus : une flamme cruelle
   Détruira tous ses ornements.

UNE AUTRE VOIX.

Dieu protège Sion : elle a pour fondements
   Sa parole éternelle.

LA PREMIÈRE.

Je vois tout son éclat disparaître à mes yeux.

LA SECONDE.

Je vois de toutes parts sa clarté répandue.

LA PREMIÈRE.

Dans un gouffre profond Sion est descendue.

LA SECONDE.

Sion a son front dans les cieux.

LA PREMIÈRE.

Quel triste abaissement !

LA SECONDE.

    Quelle immortelle gloire !

LA PREMIÈRE.
Que de cris de douleur !
LA SECONDE.
Que de chants de victoire ?
UNE TROISIÈME.
Cessons de nous troubler : notre Dieu, quelque jour,
Dévoilera ce grand mystère.
TOUTES TROIS.
Révérons sa colère ;
Espérons en son amour.
UNE AUTRE.
D'un cœur qui t'aime,
Mon Dieu, qui peut troubler la paix ?
Il cherche en tout ta volonté suprême,
Et ne cherche jamais
Sur la terre, dans le ciel même,
Est-il d'autre bonheur que la tranquille paix
D'un cœur qui t'aime ?

FIN DU TROISIÈME ACTE.

ACTE IV.

SCÈNE PREMIÈRE.

JOAS, JOSABETH, ZACHARIE, SALOMITH, UN LÉ-
VITE, LE CHŒUR.

SALOMITH.
D'un pas majestueux, à côté de sa mère,
Le jeune Eliacin s'avance avec mon frère.
Dans ces voiles, mes sœurs, que portent-ils tous deux ?
Quel est ce glaive enfin qui marche devant eux ?
JOSABETH, à Zacharie.
Mon fils, avec respect posez sur cette table
De notre sainte loi le livre redoutable.
Et vous aussi, posez, aimable Eliacin,
Cet auguste bandeau près du livre divin.
Lévite, il faut placer, Joad ainsi l'ordonne,
Le glaive de David auprès de sa couronne.
JOAS.
Princesse, quel est donc ce spectacle nouveau !
Pourquoi ce livre saint, ce glaive, ce bandeau ?
Depuis que le Seigneur m'a reçu dans son temple,
D'un semblable appareil je n'ai point vu d'exemple.
JOSABETH.
Tous vos doutes, mon fils bientôt s'éclairciront.
JOAS.
Vous voulez essayer ce bandeau sur mon front ?
Ah! princesse, gardez d'en profaner la gloire :
Du roi qui l'a porté respectez la mémoire,
Un malheureux enfant aux ours abandonné...
JOSABETH, lui essayant le diadème.
Laissez, mon fils, je fais ce qui m'est ordonné.
JOAS.
Mais j'entends les sanglots sortir de votre bouche !
Princesse, vous pleurez ! quelle pitié vous touche !

Est-ce qu'en holocauste aujourd'hui présenté,
Je dois, comme autrefois la fille de Jephté,
Du Seigneur par ma mort apaiser la colère ?
Hélas ! un fils n'a rien qui ne soit à son père.
JOSABETH.
Voici qui vous dira les volontés des cieux.
Ne craignez rien. Et nous, sortons tous de ces lieux.

SCÈNE II.

JOAD, JOAS.

JOAS, courant dans les bras du grand-prêtre.
Mon père !
JOAD.
Hé bien, mon fils !
JOAS.
Qu'est-ce donc qu'on prépare ?
JOAD.
Il est juste, mon fils, que je vous le déclare.
Il faut que vous soyez instruit, même avant tous,
Des grands desseins de Dieu sur son peuple et sur vous.
Armez-vous d'un courage et d'une foi nouvelle ;
Il est temps de montrer cette ardeur et ce zèle
Qu'au fond de votre cœur mes soins ont cultivés,
Et de payer à Dieu ce que vous lui devez.
Sentez-vous cette noble et généreuse envie ?
JOAS.
Je me sens prêt, s'il veut, de lui donner ma vie.
JOAD.
On vous a lu souvent l'histoire de nos rois :
Vous souvient-il, mon fils, quelles étroites lois
Doit s'imposer un roi digne du diadème ?
JOAS.
Un roi sage, ainsi Dieu l'a prononcé lui-même,
Sur la richesse et l'or ne met point son appui,
Craint le Seigneur son Dieu, sans cesse a devant lui
Ses préceptes, ses lois, ses jugements sévères,
Et d'injustes fardeaux n'accable point ses frères.
JOAD.
Mais sur l'un de ses rois s'il fallait se régler,
A qui choisiriez-vous, mon fils, de ressembler ?
JOAS.
David, pour le Seigneur plein d'un amour fidèle,
Me paraît des grands rois le plus parfait modèle.
JOAD.
Ainsi dans leurs excès vous n'imiteriez pas
L'infidèle Joram, l'impie Ochozias ?
JOAS.
O mon père !
JOAD.
Achevez, dites : que vous en semble ?
JOAS.
Puisse périr comme eux quiconque leur ressemble !
(Joad se prosterne à ses pieds.)
Mon père, en quel état vous vois-je devant moi !
JOAD.
Je vous rends le respect que je dois à mon roi.
De votre aïeul David, Joas, rendez-vous digne.
JOAS.
Joas ! moi ?
JOAD, se relevant.
Vous saurez par quelle grâce insigne,
D'une mère en fureur Dieu trompant le dessein,
Quand déjà son poignard était dans votre sein,
Vous choisit, vous sauva du milieu du carnage.
Vous n'êtes pas encore échappé de sa rage :
Avec la même ardeur qu'elle voulut jadis
Perdre en vous le dernier des enfants de son fils,
A vous faire périr sa cruauté s'attache,
Et vous poursuit encor sous le nom qui vous cache.
Mais sous vos étendarts, j'ai su déjà ranger
Un peuple obéissant et prompt à vous venger.
Entrez, généreux chefs des familles sacrées,
Du ministère saint tour à tour honorées.

SCÈNE III.

JOAS, JOAD, AZARIAS, ISMAEL, ET LES TROIS AUTRES CHEFS DES LÉVITES.

JOAD *continue.*

Roi, voilà vos vengeurs contre vos ennemis.
Prêtres, voilà le roi que je vous ai promis.

AZARIAS.

Quoi! c'est Éliacin?

ISMAEL.

Quoi! cet enfant aimable...

JOAD.

Est des rois de Juda l'héritier véritable,
Dernier né des enfants du triste Ochozias,
Nourri, vous le savez, sous le nom de Joas.
De cette fleur si tendre et si tôt moissonnée,
Tout Juda, comme vous, plaignant la destinée,
Avec ses frères morts le crut enveloppé.
Du perfide couteau comme eux il fut frappé;
Mais Dieu du coup mortel sut détourner l'atteinte,
Conserva dans son cœur la chaleur presque éteinte,
Permit que, des bourreaux trompant l'œil vigilant,
Josabeth dans son sein l'emportât tout sanglant,
Et, n'ayant de son vol que moi seul pour complice,
Dans le temple cachât l'enfant et la nourrice.

JOAS.

Hélas! de tant d'amour et de tant de bienfaits,
Mon père, quel moyen de m'acquitter jamais?

JOAD.

Gardez pour d'autres temps cette reconnaissance.
Voilà donc votre roi, votre unique espérance.
J'ai pris soin jusqu'ici de vous le conserver;
Ministres du Seigneur, c'est à vous d'achever.
Bientôt de Jésabel la fille meurtrière,
Instruite que Joas voit encor la lumière,
Dans l'horreur du tombeau viendra le replonger:
Déjà, sans le connaître, elle veut l'égorger;
Prêtres saints, c'est à vous de prévenir sa rage:
Il faut finir des Juifs le honteux esclavage,
Venger vos princes morts, relever votre loi,
Et faire aux deux tribus reconnaître leur roi.
L'entreprise sans doute, est grande et perilleuse,
J'attaque sur son trône une reine orgueilleuse,
Qui voit sous ses drapeaux marcher un camp nombreux
De hardis étrangers, d'infidèles Hébreux:
Mais ma force est au Dieu dont l'intérêt me guide.
Songez qu'en cet enfant tout Israël réside.
Déjà ce Dieu vengeur commence à la troubler;
Déjà, trompant ses soins, j'ai su vous rassembler.
Elle nous croit ici sans armes, sans défense.
Couronnons, proclamons Joas en diligence:
De là, du nouveau prince intrépides soldats,
Marchons, en invoquant l'arbitre des combats;
Et réveillant la foi dans les cœurs endormie,
Jusque dans son palais cherchons notre ennemie.
Et quels cœurs si plongés dans un lâche sommeil,
Nous voyant avancer dans ce saint appareil,
Ne s'empresseront pas à suivre notre exemple?
Un roi que Dieu lui-même a nourri dans son temple,
Le successeur d'Aaron, de ses prêtres suivi,
Conduisant au combat les enfants de Lévi,
Et dans ces mêmes mains des peuples révérés,
Les armes au Seigneur par David consacrées!
Dieu sur ses ennemis répandra sa terreur:
Dans l'infidèle sang baignez-vous sans horreur:
Frappez et Tyriens, et même Israélites.
Ne descendez-vous pas de ces fameux Lévites
Qui, lorsqu'au dieu du Nil le volage Israël
Rendit dans le désert un culte criminel,
De leurs plus chers parents saintement homicides,
Consacrèrent leurs mains dans le sang des perfides,
Et par ce noble exploit vous acquirent l'honneur
D'être seuls employés aux autels du Seigneur?
Mais je vois que déjà vous brûlez de me suivre.
Jurez donc, avant tout, sur cet auguste livre,
A ce roi que le ciel vous redonne aujourd'hui,
De vivre, de combattre, et de mourir pour lui.

AZARIAS, *au bout de la table, ayant la main sur le livre saint.*

Oui, jurons tous ici pour nous, pour tous nos frères,
De rétablir Joas au trône de ses pères,
De ne poser le fer entre nos mains remis,
Qu'après l'avoir vengé de tous ses ennemis.
Si quelque transgresseur enfreint cette promesse,
Qu'il éprouve, grand Dieu, ta fureur vengeresse;
Qu'avec lui ses enfants, de ton partage exclus,
Soient au rang de ces morts que tu ne connais plus!

JOAD.

Et vous, à cette loi, votre règle éternelle,
Roi, ne jurez-vous pas d'être toujours fidèle?

JOAS.

Pourrais-je à cette loi ne me pas conformer?

JOAD.

O mon fils, de ce nom j'ose encor vous nommer,
Souffrez cette tendresse, et pardonnez aux larmes
Que m'arrachent pour vous de trop justes alarmes.
Loin du trône nourri, de ce fatal honneur,
Hélas! vous ignorez le charme empoisonneur;
De l'absolu pouvoir vous ignorez l'ivresse,
Et des lâches flatteurs la voix enchanteresse.
Bientôt ils vous diront que les plus saintes lois,
Maîtresses du vil peuple, obéissent aux rois;
Qu'un roi n'a d'autre frein que sa volonté même;
Qu'il doit immoler tout à sa grandeur suprême;
Qu'aux larmes, au travail le peuple est condamné,
Et d'un sceptre de fer veut être gouverné;
Que s'il n'est opprimé, tôt ou tard il opprime:
Ainsi de piège en piège, et d'abime en abime,
Corrompant de vos mœurs l'aimable pureté,
Ils vous feront enfin haïr la vérité,
Vous peindront la vertu sous une affreuse image.
Hélas! ils ont des rois égaré le plus sage.
Promettez sur ce livre, et devant ces témoins,
Que Dieu fera toujours le premier de vos soins:
Que, sévère aux méchants, et des bons le refuge,
Entre le pauvre et vous, vous prendrez Dieu pour juge;
Vous souvenant, mon fils, que, caché sous ce lin,
Comme eux vous fûtes pauvre, et comme eux orphelin.

JOAS, *au milieu de la table, ayant la main sur le livre saint.*

Je promets d'observer ce que la loi m'ordonne.
Mon Dieu, punissez-moi si je vous abandonne!

JOAD.

Venez; de l'huile sainte il faut vous consacrer.
Paraissez, Josabeth, vous pouvez vous montrer.

SCÈNE IV.

JOAS, JOAD, JOSABETH, ZACHARIE, SALOMITH, AZARIAS, ISMAEL; LES TROIS AUTRES CHEFS DES LÉVITES; LE CHOEUR.

JOSABETH, *embrassant Joas.*

O roi, fils de David!

JOAS.

O mon unique mère!
Venez, cher Zacharie, embrasser votre frère.

JOSABETH, *à Zacharie.*

Aux pieds de votre roi prosternez-vous, mon fils.
(*Zacharie se jette aux pieds de Joas.*)

JOAD, *pendant qu'ils s'embrassent.*

Enfants, ainsi toujours puissiez-vous être unis!

JOSABETH, *à Joas.*

Vous savez donc quel sang vous a donné la vie?

JOAS.

Et je sais quelle main sans vous me l'eût ravie.

JOSABETH.

De votre nom, Joas, je puis donc vous nommer.

JOAS.

Joas ne cessera jamais de vous aimer.

LE CHOEUR.

Quoi ! c'est là...

JOSABETH.

C'est Joas?

JOAD.

Ecoutons ce lévite.

SCÈNE V.

JOAS, JOAD, JOSABETH, ZACHARIE, SALOMITH, AZARIAS, ISMAEL; LES TROIS AUTRES CHEFS DES LÉVITES, UN LÉVITE, LE CHOEUR.

UN LÉVITE.

J'ignore contre Dieu quel projet on médite;
Mais l'airain menaçant frémit de toutes parts;
On voit luire des feux parmi les étendarts,
Et sans doute Athalie assemble son armée:
Déjà même au secours toute porte est fermée;
Déjà le sacré mont, où le temple est bâti,
D'insolents Tyriens est partout investi ;   [tendre
L'un d'eux, en blasphémant, vient de nous faire en-
Qu'Abner est dans les fers, et ne peut nous défendre.

JOSABETH, à Joas.

Cher enfant, que le ciel en vain m'avait rendu,
Hélas! pour vous sauver j'ai fait ce que j'ai pu :
Dieu ne se souvient plus de David votre père.

JOAD, à Josabeth.

Quoi! vous ne craignez pas d'attirer sa colère
Sur vous et sur ce roi si cher à votre amour?
Et quand Dieu, de vos bras l'arrachant sans retour,
Voudrait que de David la maison fût éteinte,
N'êtes-vous pas ici sur la montagne sainte
Où le père des Juifs sur son fils innocent
Leva sans murmurer un bras obéissant,
Et mit sur un bûcher ce fruit de sa vieillesse,
Laissant à Dieu le soin d'accomplir sa promesse,
Et lui sacrifiant, avec ce fils aîné,
Tout l'espoir de sa race en lui seul renfermé?
Amis, partageons-nous : qu'Ismaël en sa garde
Prenne tout le côté que l'orient regarde;
Vous, le côté de l'ourse, et vous de l'occident;
Vous, le midi. Qu'aucun, par un zèle imprudent,
Découvrant mes desseins, soit prêtre, soit lévite,
Ne sorte avant le temps et ne se précipite ;
Et que chacun enfin, d'un même esprit poussé,
Garde en mourant le poste où je l'aurai placé.
L'ennemi nous regarde, en son aveugle rage,
Comme de vils troupeaux réservés au carnage,
Et croit ne rencontrer que désordre et qu'effroi.
Qu'Azarias partout accompagne le roi.

(à Joas.)

Venez, cher rejeton d'une vaillante race,
Remplir vos défenseurs d'une nouvelle audace ;
Venez du diadème à leurs yeux vous couvrir,
Et périssez du moins en roi, s'il faut périr.

(à un lévite.)

Suivez-le, Josabeth. Vons, donnez-moi des armes.

(au choeur.)

Enfants, offrez à Dieu vos innocentes larmes.

SCÈNE VI.

SALOMITH, LE CHOEUR.

LE CHOEUR chante.

Partez, enfants d'Aaron, partez :
Jamais plus illustre querelle
De vos aïeux n'arma le zèle.
Partez, enfants d'Aaron, partez :
C'est votre roi, c'est Dieu pour qui vous combattez.

UNE VOIX seule.

Où sont les traits que tu lances,
Grand Dieu, dans ton juste courroux?
N'es-tu plus le Dieu jaloux?
N'es-tu plus le Dieu des vengeances?

UNE AUTRE.

Où sont, Dieu de Jacob, tes antiques bontés;
Dans l'horreur qui nous environne,
N'entends-tu que la voix de nos iniquités?
N'es-tu plus le Dieu qui pardonne?

LE CHOEUR.

Où sont, Dieu de Jacob, tes antiques bontés?

UNE VOIX seule.

C'est à toi que dans cette guerre
Les flèches des méchants prétendent s'adresser.
« Faisons, disent-ils, cesser
« Les fêtes de Dieu sur la terre;
« De son joug importun délivrons les mortels;
« Massacrons tous ses saints ; renversons ses autels;
« Que de son nom, que de sa gloire
« Il ne reste plus de mémoire ;
« Que ni lui ni son Christ ne règnent plus sur nous. »

LE CHOEUR.

Où sont les traits que tu lances,
Grand Dieu, dans ton juste courroux?
N'es-tu plus le Dieu jaloux?
N'es-tu plus le Dieu des vengeances?

UNE VOIX seule.

Triste reste de nos rois,
Chère et dernière fleur d'une tige si belle,
Hélas ! sous le couteau d'une mère cruelle
Te verrons-nous tomber une seconde fois?
Prince aimable, dis-nous si quelque ange, au berceau,
Contre tes assassins prit soin de te défendre :
Ou si dans la nuit du tombeau
La voix du Dieu vivant a ranimé ta cendre?

UNE AUTRE.

D'un père et d'un aïeul contre toi révoltés,
Grand Dieu, les attentats lui sont-ils imputés?
Est-ce que sans retour la pitié l'abandonne?

LE CHOEUR.

Où sont, Dieu de Jacob, tes antiques bontés?
N'es-tu plus le Dieu qui pardonne?

UNE DES FILLES DU CHOEUR, sans chanter.

Chères soeurs, n'entendez-vous pas
Des cruels Tyriens la trompette qui sonne?

SALOMITH.

J'entends même les cris des barbares soldats,
Et d'horreur j'en frissonne.
Courons, fuyons ; retirons-nous
A l'ombre salutaire
Du redoutable sanctuaire.

FIN DU QUATRIÈME ACTE.

ACTE V.

SCÈNE PREMIÈRE

ZACHARIE, SALOMITH, LE CHŒUR.

SALOMITH.

Cher Zacharie, hé bien? que nous apprenez-vous?

ZACHARIE.

Redoublez au Seigneur votre ardente prière;
Peut-être nous touchons à notre heure dernière;
Pour l'horrible combat, ma sœur, l'ordre est donné.

SALOMITH.

Que fait Joas?

ZACHARIE.

Joas vient d'être couronné :
Le grand-prêtre a sur lui répandu l'huile sainte.
O ciel! dans tous les yeux quelle joie était peinte
A l'aspect de ce roi racheté du tombeau!
Ma sœur, on voit encor la marque du couteau :
On voit paraître aussi sa fidele nourrice,
Qui, cachée en un coin de ce vaste édifice,
Gardait ce cher dépôt, et n'avait de ses soins
Que les yeux de ma mère et que Dieu pour témoins.
Nos lévites pleuraient de joie et de tendresse,
Et mêlaient leurs sanglots à leurs cris d'allégresse,
Lui, parmi ces transports, affable et sans orgueil,
A l'un tendait la main, flattait l'autre de l'œil,
Jurait de se régler par leurs avis sincères,
Et les appelait tous ses pères ou ses frères.

SALOMITH.

Ce secret au dehors est-il aussi semé ?

ZACHARIE.

Ce secret dans le temple est encor renfermé.
Des enfants de Lévi la troupe partagée
Dans un profond silence aux portes s'est rangée.
Tous doivent à la fois précipiter leurs pas,
Et crier pour signal : Vive le roi Joas !
Mais mon père défend que le roi se hasarde,
Et veut qu'Azarias demeure pour sa garde.
Cependant Athalie, un poignard à la main,
Rit des faibles remparts de nos portes d'airain.
Pour les rompre, elle attend les fatales machines,
Et ne respire enfin que sang et que ruines.
Quelques prêtres, ma sœur, ont d'abord proposé
Qu'en un lieu souterrain, par nos pères creusé,
On renfermât du moins notre arche précieuse.
« O crainte, a dit mon père, indigne, injurieuse!
« L'arche qui fit tomber tant de superbes tours,
« Et força le Jourdain de rebrousser son cours,
« Des dieux des nations tant de fois triomphante,
« Fuirait donc à l'aspect d'une femme insolente! »
Ma mère, auprès du roi, dans un trouble mortel,
L'œil tantôt sur le prince et tantôt vers l'autel,
Muette, et succombant sous le poids des alarmes,
Aux yeux des plus cruels arracherait des larmes,
Le roi de temps en temps la presse entre ses bras,
La flatte... Chères sœurs, suivez toutes mes pas;
Et, s'il faut aujourd'hui que notre roi périsse,
Allons, qu'un même sort avec lui nous unisse.

SALOMITH.

Quelle insolente main frappe à coups redoublés?
Qui fait courir ainsi ces lévites troublés?
Quelle précaution leur fait cacher leurs armes?
Le temple est-il forcé?

ZACHARIE.

Dissipez vos alarmes;
Dieu nous envoie Abner.

SCÈNE II.

ABNER, JOAD, JOSABETH, ZACHARIE, SALOMITH, ISMAEL, DEUX LÉVITES, LE CHŒUR.

JOAD.

En croirai-je mes yeux,
Cher Abner? quel chemin a pu jusqu'en ces lieux
Vous conduire au travers d'un camp qui nous assiège?
On disait que d'Achab la fille sacrilège
Avait, pour assurer ses projets inhumains,
Chargé d'indignes fers vos généreuses mains.

ABNER.

Oui, seigneur, elle a craint mon zèle et mon courage;
Mais c'est le moindre prix que me gardait sa rage.
Dans l'horreur d'un cachot par ses ordres enfermé,
J'attendais que, le temple en cendre consumé,
De tant de flots de sang non encor assouvie,
Elle vînt m'affranchir d'une importune vie,
Et retrancher des jours qu'aurait dû roille fois
Terminer la douleur de survivre à mes rois

JOAD.

Par quel miracle a-t-on obtenu votre grace?

ABNER.

Dieu dans ce cœur cruel sait tout ce qui se passe.
Elle m'a fait venir; et d'un air égaré :
« Tu vois de mes soldats tout ce temple entouré,
« Dit-elle; un feu vengeur va le réduire en cendre,
« Et ton Dieu contre moi ne le saurait défendre.
« Ses prêtres toutefois, mais il faut se hâter,
« A deux conditions peuvent se racheter :
« Qu'avec Eliacin on mette en ma puissance
« Un trésor dont je sais qu'ils ont la connaissance,
« Par votre roi David autrefois amassé,
« Sous le sceau du secret au grand-prêtre laissé.
« Va, dis-leur qu'à ce prix je leur permets de vivre. »

JOAD.

Quel conseil, cher Abner, croyez-vous qu'on doit suivre?

ABNER.

Et tout l'or de David, s'il est vrai qu'en effet
Vous gardiez de David quelque trésor secret ;
Et tout ce que des mains de cette reine avare
Vous avez pu sauver et de riche et de rare,
Donnez-le. Voulez-vous que d'impurs assassins
Viennent briser l'autel, brûler les chérubins,
Et, portant sur notre arche une main téméraire,
De votre propre sang souiller le sanctuaire?

JOAD.

Mais siérait-il, Abner, à des cœurs généreux
De livrer au supplice un enfant malheureux,
Un enfant que Dieu même à ma garde confie,
Et de nous racheter aux dépens de la vie?

ABNER.

Hélas! Dieu voit mon cœur. Plût à ce Dieu puissant
Qu'Athalie oubliât un enfant innocent,
Et que du sang d'Abner sa cruauté contente
Crût calmer par ma mort le ciel qui la tourmente!
Mais que peuvent pour lui vos inutiles soins?
Quand vous périrez tous, en périra-t-il moins?
Dieu vous ordonne-t-il de tenter l'impossible?
Pour obéir aux lois d'un tyran inflexible,
Moïse, par sa mère au Nil abandonné,
Se vit presque en naissant à périr condamné;
Mais Dieu, le conservant contre toute espérance,
Fit par le tyran même élever son enfance.
Qui sait ce qu'il réserve à votre Eliacin ;
Et si, lui préparant un semblable destin,
Il n'a point de pitié déjà rendu capable
De nos malheureux rois l'homicide implacable?
Du moins, et Josabeth comme moi l'a pu voir,
Tantôt à son aspect je l'ai vu s'émouvoir ;
J'ai vu de son courroux tomber la violence.
(à *Josabeth*.)
Princesse, en ce péril vous gardez le silence?
Hé quoi? pour un enfant qui vous est étrang
Souffrez-vous que sans fruit Joad laisse égorger
Vous, son fils, tout ce peuple, et que le feu devore
Le seul lieu sur la terre où Dieu veut qu'on l'adore?
Que feriez-vous de plus si des rois nos aïeux
Ce jeune enfant était un reste précieux!

JOSABETH, *bas à Joad*.

Pour le sang de ses rois vous voyez sa tendresse :
Que ne lui parlez-vous?

JOAD.

Il n'est pas temps, princesse.

ABNER.

Le temps est cher, seigneur, plus que vous ne pensez.
Tandis qu'à me répondre ici vous balancez,
Mathan, près d'Athalie, étincelant de rage,
Demande le signal et presse le carnage.
Faut-il que je me jette à vos sacrés genoux?
Au nom du lieu si saint qui n'est ouvert qu'à vous,
Lieu terrible où de Dieu la majesté repose,
Quelque dure que soit la loi qu'on vous impose,
De ce coup imprévu songeons à nous parer.
Donnez-moi seulement le temps de respirer.
Demain, dès cette nuit, je prendrai des mesures
Pour assurer le temple et venger ses injures.
Mais je vois que mes pleurs et que mes vains discours
Pour vous persuader sont un faible secours :
Votre austère vertu n'en peut être frappée :
Hé bien! trouvez-moi donc quelque arme, quelque épée ;
Et qu'aux portes du temple, où l'ennemi m'attend,
Abner puisse du moins mourir en combattant.

JOAD.

Je me rends. Vous m'ouvrez un avis que j'embrasse :
De tant de maux, Abner, détournons la menace.
Il est vrai, de David un trésor est resté,
La garde en fut commise à ma fidélité ;
C'était des tristes Juifs l'espérance dernière,
Que mes soins vigilants cachaient à la lumière.
Mais puisqu'à votre reine il faut le découvrir,
Je vais la contenter, nos portes vont s'ouvrir,
De ses plus braves chefs qu'elle entre accompagnée :
Mais de nos saints autels qu'elle tienne éloignée
D'un ramas d'étrangers l'indiscrète fureur ;
Du pillage du temple épargnez-moi l'horreur.
Des prêtres, des enfants lui feraient-ils quelque ombre?
De sa suite avec vous qu'elle règle le nombre.
Et quant à cet enfant, si craint, si redouté,
De votre cœur, Abner, je connais l'équité,
Je vous veux devant elle expliquer sa naissance ;
Vous verrez s'il le faut remettre en sa puissance.
Et je vous ferai juge entre Athalie et lui.

ABNER.

Ah! je le prends déjà, seigneur, sous mon appui.
Ne craignez rien. Je cours vers celle qui m'envoie.

SCÈNE III.

JOAD, JOSABETH, ZACHARIE, SALOMITH,
ISMAEL, DEUX LÉVITES, LE CHOEUR.

JOAD.

Grand Dieu! voici ton heure, on t'amène ta proie !
Ismaël, écoutez. (*Il lui parle à l'oreille.*)

JOSABETH.

Puissant maître des cieux,
Remets-lui le bandeau dont tu couvris ses yeux
Lorsque, lui dérobant tout le fruit de son crime,
Tu cachais dans mon sein cette tendre victime.

JOAD.

Allez, sage Ismaël, ne perdez point de temps;
Suivez de point en point ces ordres importants;
Surtout qu'à son entrée, et que sur son passage
Tout d'un calme profond lui présente l'image.
Vous, enfants, préparez un trône pour Joas;
Qu'il s'avance suivi de nos sacrés soldats,
Faites venir aussi sa fidèle nourrice,
Princesse, et de vos pleurs que la source tarisse.
(*à un lévite.*)
Vous, dès que cette reine, ivre d'un fol orgueil,
De la porte du temple aura passé le seuil,
Qu'elle ne pourra plus retourner en arrière,
Prenez soin qu'à l'instant la trompette guerrière
Dans le camp ennemi jette un subit effroi :
Appelez tout le peuple au secours de son roi,
Et faites retentir jusques à son oreille
De Joas conservé l'étonnante merveille.
Il vient.

SCÈNE IV.

JOAS, JOAD, JOSABETH, ZACHARIE, SALOMITH.
AZARIAS, TROUPE DE PRÊTRES ET DE LÉVITES, LE CHOEUR.

JOAD.

Lévites saints, prêtres de notre Dieu,
Partout sans vous montrer environnez ce lieu ;
Et, laissant à mes soins gouverner votre zèle,
Pour paraître attendez que ma voix vous appelle.
(*Ils se cachent tous.*)
Roi, je crois qu'à vos yeux cet espoir est permis,
Venez voir à vos pieds tomber vos ennemis.
Celle dont la fureur poursuivit votre enfance
Vers ces lieux à grands pas pour vous perdre s'avance ;
Mais ne la craignez point : songez qu'autour de vous
l'ange exterminateur est debout avec nous.
Montez sur votre trône, et... Mais la porte s'ouvre :
Permettez un moment que ce voile vous couvre.
(*Il tire un rideau.*)
Vous changez de couleur, princesse!

JOSABETH.

Ah! sans pâlir
Puis-je voir d'assassins le temple se remplir?
Quoi ne voyez-vous pas quelle nombreuse escorte...

JOAD.

Je vois que du saint temple on referme la porte.
Tout est en sûreté.

SCÈNE V.

ATHALIE, JOAS, JOAD, JOSABETH, ABNER,
SUITE D'ATHALIE.

(*Joas est caché derrière le rideau.*)

ATHALIE, à Joad.

Te voilà, séducteur,
De ligues, de complots pernicieux auteur,
Qui dans le trouble seul a mis tes espérances,
Éternel ennemi des suprêmes puissances :
En l'appui de ton Dieu tu t'étais reposé :
De ton frivole espoir es-tu désabusé?
Il laisse à mon pouvoir et son temple et ta vie.
Je devrais sur l'autel où ta main sacrifie
Te... Mais du prix qu'on m'offre il faut me contenter.
Ce que tu m'as promis songe à l'exécuter,
Cet enfant, ce trésor, qu'il faut qu'on me remette,
Où sont-ils?

JOAD.

Sur le champ tu seras satisfaite,
Je te les vais montrer l'un et l'autre à la fois.

(*Le rideau se tire. On voit Joas sur son trône ; sa nourrice est à genoux à sa droite ; Azarias, l'épée à la main, est debout à sa gauche ; et près de lui Zacharie et Salomith sont à genoux sur les degrés du trône; plusieurs lévites, l'épée à la main, sont rangés sur les côtés.*)

Paraissez, cher enfant, digne sang de nos rois.
Connais-tu l'héritier du plus saint des monarques,
Reine? De ton poignard connais du moins ces marques
Voilà ton roi, ton fils, le fils d'Ochozias.
Peuples, et vous, Abner, reconnaissez Joas.

ABNER.

Ciel !

ATHALIE, à Joad.

Perfide !

JOAD.

Vois-tu cette juive fidèle
Dont tu sais bien qu'alors il suçait la mamelle?
Il fut par Josabeth à ta rage enlevé :
Ce temple le reçut, et Dieu l'a conservé.
Des trésors de David voilà ce qui me reste.

ATHALIE.

Ta fourbe à cet enfant, traître, sera funeste.
D'un fantôme odieux, soldats, délivrez-moi.

JOAD.

Soldats du Dieu vivant, défendez votre roi.
(*Ici le fond du théâtre s'ouvre. On voit le dedans du temple, et les lévites armés entrent de tous côtés sur la scène.*)

ATHALIE.

Où suis-je? O trahison! ô reine infortunée!
D'armes et d'ennemis je suis environnée!

JOAD.

Tes yeux cherchent en vain, tu ne peux échapper,
Et Dieu de toutes parts a su t'envelopper.
Ce Dieu que tu bravais en nos mains t'a livrée :
Rends-lui compte du sang dont tu t'es enivrée.

ATHALIE.

Quoi! la peur a glacé mes indignes soldats!
Lâche Abner, dans quel piège as-tu conduit mes pas?

ABNER.

Reine, Dieu m'est témoin...

ATHALIE.

Laisse là ton Dieu, traître,
Et venge-moi.

ABNER, *se jetant aux pieds de Joas.*

Sur qui? Sur Joas! sur mon maître!

ATHALIE.

Lui Joas? lui ton roi? Songez, méchants, songez
Que mes armes encor vous tiennent assiéges.
J'entends à haute voix tout mon camp qui m'appelle,
On vient à mon secours ; tremblez, troupe rebelle!

SCÈNE VI.

JOAS, JOAD, ATHALIE, ISMAEL, ET TOUS LES ACTEURS DE LA SCÈNE PRÉCÉDENTE.

ISMAEL, *à Joad.*

Seigneur, le temple est libre et n'a plus d'ennemis :
L'étranger est en fuite, et le Juif est soumis.
Comme le vent dans l'air dissipe la fumée,
La voix du Tout-Puissant a chassé cette armée.
Nos levites, du haut de nos sacrés parvis,
D'Ochozias au peuple ont annoncé le fils,
Ont conté son enfance au glaive dérobée,
Et la fille d'Achab dans le piège tombée.
Partout en même temps la trompette a sonné ;
Et ses sons et leurs cris dans son camp étonné
Ont répandu le trouble et la terreur subite
Dont Gédéon frappa le fier Madianite.
Les Tyriens, jetant armes et boucliers,
Ont, par divers chemins, disparu les premiers ;
Quelques Juifs éperdus ont aussi pris la fuite;
Mais, de Dieu sur Joas admirant la conduite,
Le reste à haute voix s'est pour lui déclaré.
Enfin, d'un même esprit tout le peuple inspiré,
Femmes, vieillards, enfants, s'embrassant avec joie,
Bénissent le Seigneur et celui qu'il envoie.
Tous chantent de David le fils ressuscité.
Baal est en horreur dans la sainte cité.
De son temple profane on a brisé les portes;
Mathan est égorgé.

ATHALIE.

Dieu des Juifs, tu l'emportes!
Oui, c'est Joas; je cherche en vain à me tromper :
Je reconnais l'endroit où je le fis frapper :
Je vois d'Ochozias et le port et le geste;
Tout me retrace enfin un sang que je déteste.
David, David triomphe; Achab seul est detruit.
Impitoyable Dieu, toi seul as tout conduit!
C'est toi qui, me flattant d'une vengeance aisée,
M'as vingt fois en un jour à moi-même opposée ;
Tantôt pour un enfant excitant mes remords,
Tantôt m'éblouissant de tes riches trésors
Que j'ai craint de livrer aux flammes, au pillage.
Qu'il règne donc ce fils, ton soin et ton ouvrage :
Et que, pour signaler son empire nouveau,
On lui fasse en mon sein enfoncer le couteau!
Voici ce qu'en mourant lui souhaite sa mère :
Que dis-je, souhaiter! je me flatte, j'espère
Qu'indocile à ton joug, fatigué de ta loi,
Fidèle au sang d'Achab qu'il a reçu de moi,
Conforme à son aïeul, à son père semblable,
On verra de David l'héritier détestable
Abolir tes honneurs, profaner tes autels,
Et venger Athalie, Achab et Jézabel.

(*Athalie sort, les lévites la suivent.*)

JOAD.

Qu'à l'instant hors du temple elle soit emmenée,
Et que la sainteté n'en soit point profanée.
Allez, sacrés vengeurs de vos princes meurtris,
De leur sang par sa mort faire cesser les cris.
Si quelque audacieux embrasse sa querelle,
Qu'à la fureur du glaive on le livre avec elle.

SCÈNE VII.

JOAS, JOAD, JOSABETH, ABNER, ET TOUS LES ACTEURS DE LA SCÈNE PRÉCÉDENTE.

JOAS, *descendu de son trône.*

Dieu qui voyez mon trouble et mon affliction,
Détournez loin de moi sa malédiction,
Et ne souffrez jamais qu'elle soit accomplie :
Faites que Joas meure avant qu'il vous oublie.

JOAD, *aux lévites.*

Appelez tout le peuple, et montrons-lui son roi :
Qu'il lui vienne en ses mains renouveler sa foi.
Roi, prêtres, peuple, allons, pleins de reconnaissance,
De Jacob avec Dieu confirmer l'alliance,
Et saintement confus de nos égarements,
Nous rengager à lui par de nouveaux serments.
Abner, auprès du roi reprenez votre place.

SCÈNE VIII.

JOAS, JOAD, UN LEVITE, ET TOUS LES ACTEURS DE LA SCÈNE PRÉCÉDENTE.

JOAD, *au lévite.*

Hé bien, de cette impie a-t-on puni l'audace?

LE LEVITE.

Le fer a de sa vie expié les horreurs.
Jerusalem, longtemps en proie à ses fureurs,
De son joug odieux à la fin soulagée,
Avec joie en son sang la regarde plongée.

JOAD.

Par cette fin terrible, et due à ses forfaits,
Apprenez, roi des Juifs, et n'oubliez jamais
Que les rois dans le ciel ont un juge sévère,
L'innocence un vengeur, et l'orphelin un père.

FIN D'ATHALIE.

POÉSIES DIVERSES.

LA NYMPHE DE LA SEINE
A LA REINE.
ODE. 1660.

Grande reine, de qui les charmes
S'assujettissent tous les cœurs,
Et, de nos discordes vainqueurs,
Pour jamais ont tari nos larmes;
Princesse, qui voyez soupirer dans vos fers
Un roi qui de son nom remplit tout l'univers,
Et, faisant son destin, faites celui du monde,
Régnez, belle Thérèse, en ces aimables lieux
Qu'arrose le cours de mon onde,
Et que doit éclairer le feu de vos beaux yeux.

Je suis la nymphe de la Seine;
C'est moi dont les illustres bords
Doivent posséder les trésors
Qui rendaient l'Espagne si vaine.
Ils sont des plus grands rois l'agréable séjour;
Ils le sont des plaisirs, ils le sont de l'amour.
Il n'est rien de si doux que l'air qu'on y respire.
Je reçois les tributs de cent fleuves divers;
Mais de couler sous votre empire,
C'est plus que de régner sur l'empire des mers.

Oh! que bientôt sur mon rivage
On verra luire de beaux jours?
Oh! combien de nouveaux Amours
Me viennent des rives du Tage!
Que de nouvelles fleurs vont naître sous vos pas!
Que je vois après vous de graces et d'appas
Qui s'en vont amener une saison nouvelle!
L'air sera toujours calme, et le ciel toujours clair;
Et près d'une saison si belle
L'âge d'or serait pris pour un siècle de fer.

Oh! qu'après de rudes tempêtes
Il est agréable de voir
Que les Aquilons, sans pouvoir,
N'osent plus gronder sur nos têtes!
Que le repos est doux après de longs travaux!
Qu'on aime le plaisir qui suit beaucoup de maux!
Qu'après un long hiver le plaisir a de charmes.
Aussi, quoique ma joie excède mes souhaits,
Qui n'aurait point senti d'alarmes
Pourrait-il bien juger des douceurs de la paix?

J'avais perdu toute espérance,
Tant chacun croyait malaisé
Que jamais le ciel apaisé
Dût rendre le calme à la France : [fleurs;
Mes champs avaient perdu leurs moissons et leurs
Je roulais dans mon sein moins de flots que de pleurs,
La tristesse et l'effroi dominaient sur mes rives,
Chaque jour m'apportait quelques malheurs nouveaux :
Mes nymphes pâles et craintives
A peine s'assuraient dans le fond de mes eaux.

De tant de malheurs affligée,
Je parus un jour sur mes bords,
Pensant aux funestes discords
Qui m'ont si longtemps outragée;
Lorsque d'un vol soudain je vis fondre des cieux
Amour, qui me flattant de la voix et des yeux :
« Triste nymphe, dit-il, ne te mets plus en peine;
« Je te prépare un sort si charmant et si doux,
   « Que bientôt je veux que la Seine
« Rende tout l'univers de sa gloire jaloux.

   « Je t'amène après tant d'années,
   « Une paix de qui les douceurs
   « Sans aucun mélange de pleurs,
   « Feront couler tes destinées

« Mais ce qui doit passer tes plus hardis souhaits,
« Une reine viendra sur les pas de la paix,
« Comme on voit le soleil marcher après l'aurore,
« Des rives du couchant elle prendra son cours;
   « Et cet astre surpasse encore
« Celui que l'orient voit naître tous les jours.

   « Non que j'ignore la vaillance
   « Et les miracles de ton roi,
   « Et que dans ce commun effroi,
   « Je doive craindre pour la France.
« Je sais qu'il ne se plait qu'au milieu des hasards,
« Que livrer des combats et forcer des remparts
« Sont de ses jeunes ans les délices suprêmes.
« Je sais tout ce qu'a fait son bras victorieux;
   « Et que plusieurs de nos dieux mêmes
« Par de moindres exploits ont mérité les cieux.

   « Mais c'est trop peu pour son courage
   « De tous ces exploits inouis :
   « Il faut désormais que Louis
   « Entreprenne un plus grand ouvrage.
« Il n'a que trop tenté le hasard des combats;
« L'Espagne sait assez la valeur de son bras;
« Assez elle a fourni des lauriers à sa gloire :
« Il faut qu'il en exige autre chose en ce jour,
   « Et que, pour dernière victoire,
« Elle fournisse encore un myrte à son amour.

   « Thérèse est l'illustre conquête
   « Où doivent tendre tous ses vœux :
   « Jamais un myrte plus fameux
   « Ne saurait couronner sa tête.
« Le ciel, qui les avait l'un pour l'autre formés,
« Voulut que du même or leurs jours fussent tramés.
« Elle est digne de lui, comme il est digne d'elle :
« Des reines et des rois chacun est le plus grand;
   « Et jamais conquête si belle
« Ne mérita les vœux d'un si grand conquérant.

   « A son exemple, tous les princes
   « Ne songeront plus désormais
   « Qu'à faire refleurir la paix
   « Et le calme dans leurs provinces.
« L'abondance partout ramènera les jeux;
« Les regrets et les soins s'enfuiront devant eux :
« Toutes craintes seront pour jamais étouffées.
« Les glaives renfermés ne verront plus le jour,
   « Ou bien se verront en trophées,
« Par la main de la Paix consacrés à l'Amour.

   « Cependant Louis et Thérèse
   « Passeront leur âge en ces lieux;
   « Et, plus satisfaits que les dieux,
   « Boiront le nectar à leur aise.
« Je leur ferai cueillir, par de longues faveurs,
« Tout ce que mon empire a de fruits et de fleurs;
« Je bannirai loin d'eux tout sujet de tristesse :
« Je serai dans leur cœur, je serai dans leurs yeux;
   « Et c'est pour les suivre sans cesse
« Que tu me vois quitter la lumière des cieux.

   « Les Plaisirs viendront sur mes traces
   « Charmer tes peuples réjouis.
   « La Victoire suivra Louis :
   « Thérèse amènera les Graces.
« Les dieux mêmes viendront passer ici leurs jours.
« Ton repos en durée égalera ton cours.
« Mars de ses cruautés n'y fera plus d'épreuves;
« La gloire de ton nom remplira l'univers;
   « Et la Seine sur tous les fleuves,
« Sera ce que Thétis est sur toutes les mers.

   « Mais il est temps que je me rende
   « Vers le bel astre de ton roi :
   « Adieu, nymphe, console-toi
   « Sur une espérance si grande.
« Thérèse va venir, ne répands plus de pleurs,
« Prépare seulement des lauriers et des fleurs,
« Afin d'en faire hommage à sa beauté suprême. »
Ainsi finit Amour, me laissant à ces mots :
   Et je courus, à l'heure même,
Conter mon aventure aux nymphes de mes flots.

   O dieux que la seule pensée

De voir un astre si charmant
Leur fit oublier promptement
Toute leur misère passée !
Que le Tage souffrit ! quels furent ses transports
Quand l'Amour lui ravit l'ornement de ses bords !
Et que pour lui la guerre eût été moins à craindre !
Ses Nymphes, de regret, prirent toutes le deuil ;
Et si leurs jours pouvaient s'éteindre,
La Douleur aurait pu les conduire au cercueil.

Ce fut alors que les nuages
Dont nos jours étaient obscurcis
Devant vous furent éclaircis,
Et n'enfantèrent plus d'orages.
Nos maux de votre main eurent leur guérison :
Vos yeux d'un nouveau jour peignirent l'horizon ;
La terre, sous vos pas, devint même fertile.
Le soleil, étonné de tant d'effets divers
Eut peur de se voir inutile,
Et qu'un autre que lui n'éclairât l'univers.

L'impatiente Renommée,
Ne pouvant cacher ses transports,
Vint m'entretenir sur ses bords
De l'objet qui l'avait charmée.
O dieux ! que ses discours accrurent mes désirs !
Que je sentis dès lors de joie et de plaisirs
A vous ouïr nommer si charmante et si belle !
Sa voix seule arrêta la course de mes eaux ;
Les Zephirs, en foule autour d'elle,
Cessèrent pour l'ouïr d'agiter mes roseaux.

Tout l'or dont se vante le Tage,
Tout ce que l'Inde sur ses bords
Vit jamais briller de trésors,
Semblait être sur mon rivage.
Qu'était-ce toutefois que ce grand appareil,
Dès qu'on jetait les yeux sur l'éclat nompareil
Dont vos seules beautés vous avaient entourée?
Je sais bien que Junon parut moins belle aux dieux,
Et moins digne d'être adorée,
Lorsqu'en nouvelle reine elle entra dans les cieux.
Régnez donc, prince adorable,
Sans jamais quitter le séjour
De ce beau rivage, où l'Amour
Vous doit être si favorable.
Si l'on en croit ce dieu, vous devez y cueillir
Des roses que sa main gardera de vieillir,
Et qui d'aucun hiver ne craindront l'insolence ;
Tandis qu'un nouveau Mars, sorti de votre sein,
Ira couronner sa vaillance
De la palme qui croît aux rives du Jourdain.

LA RENOMMÉE AUX MUSES.

ODE. 1663.

On allait oublier les filles de mémoire ;
Et, parmi les mortels,
L'Ignorance et l'Erreur allaient ternir leur gloire,
Et briser leurs autels ;
Il fallait qu'un héros, de qui la terre entière
Admire les exploits,
Leur offrît un asile, et fournît de matière
A leurs divines voix.

Elles étaient au ciel ; et la nymphe qui vole
Et qui parle toujours
Ne les vit pas plutôt, qu'elle prit la parole,
Et leur tint ce discours :

« Puisqu'un nouvel Auguste aux rives de la Seine
« Vous appelle en ce jour,
« Muses, pour voir Louis, abandonnez sans peine
« Le céleste séjour.

« Aussi-bien voyez-vous que plusieurs des dieux même,
« De sa gloire éblouis,
« Prisent moins le nectar que le plaisir extrême
« D'être auprès de Louis.

« A peine marchait-il, que la fille sacrée
« Qui se plaît aux combats,
« Et Thémis, qui préside aux balances d'Astrée,
« Conduisirent ses pas,

« Les vertus, qui dès lors suivirent leur exemple,
« Virent avec plaisir
« Que le cœur de Louis était le digne temple
« Qu'elles pussent choisir.

« Aussi prompte que tout, nous vîmes la Victoire
« Suivre ses étendards,
« Jurant qu'à si haut point elle mettrait sa gloire,
« Qu'on le prendrait pour Mars.

« On sait qu'elle marchait devant cet Alexandre,
« Et que, plus d'une fois,
« Elle arrêta la Paix toute prête à descendre
« Sur l'empire français.

« Mais enfin ce héros, plus craint que le tonnerre,
« Après tant de hauts faits,
« A trouvé moins de gloire à conquérir la terre,
« Qu'à ramener la Paix.

« Ainsi près de Louis, cette aimable déesse
« Etablit son séjour ;
« Et de mille autres dieux, qui la suivent sans cesse,
« Elle peupla sa cour.

« Entre les déités dont l'immortelle gloire
« Parut en ces bas lieux,
« On fit venir Thérèse ; et sa beauté fit croire
« Qu'elle venait des cieux.

« Vous-même, en la voyant, avouerez que l'aurore
« Jette moins de clartés,
« Eût-elle tout l'éclat et les habits encore
« Dont vous la revêtez.

« Mais, quoique dans la paix Louis semble se plaire,
« Quel orgueil aveuglé
« Osera s'exposer aux traits de sa colère
« Sans en être accablé?

« Ah ! si ce grand héros vous paraît plein de charmes
« Dans le sein de la Paix,
« Que vos yeux le verront terrible sous les armes,
« S'il les reprend jamais !

« Vous le verrez voler plus vite que la foudre,
« Au milieu des hasards,
« Faire ouvrir les cités, ou renverser en poudre
« Leurs superbes remparts.

« Qu'il fera beau chanter tant d'illustres merveilles
« Et des faits inouïs,
« Et qu'en si beau sujet vous plairez aux oreilles
« Des peuples de Louis !

« Songez de quelle ardeur vous serez échauffées,
« Quand, pour vous écouter,
« Vous trouverez ce prince à l'ombre des trophées
« Qu'il viendra de planter !

« Ainsi le grand Achille, assis près des murailles
« Où l'on pleurait Hector,
« De ses braves aïeux écoutait les batailles,
« Et les siennes encor.

« Quoi que fasse Louis, soit en paix, soit en guerre,
« Il vous peut inspirer
« Des chants harmonieux qui de toute la terre
« Vous feront admirer.

« Qu'on ne nous parle plus de l'amant d'Eurydice ;
« Quoi qu'on dise de lui,
« Le Strymon n'a rien vu que la Seine ne puisse
« Voir encore aujourd'hui.

« Je vous promets bien plus : la Fortune, sensible
« A des charmes si doux,
« Laissera désormais la rigueur inflexible
« Qu'elle eut toujours pour vous.

« En vain des lauriers on se parait la tête ;
« Et vos chantres fameux
« Etaient les plus sujets aux coups de la tempête,
« Et les plus malheureux.

« C'est en vain qu'autrefois les lions et les arbres
« Vous suivaient pas à pas ;
« La Fortune, toujours plus dure que les marbres,
« Ne s'en émouvait pas.

« Mais ne la craignons plus : Louis contre sa haine
  « Vous protège aujourd'hui ;
« Et, près de cet Auguste, un illustre Mécène
  « Vous promet son appui.
« Les soins de ce grand homme apaiseront la rage
  « De vos fiers ennemis;
« Et, quoi qu'il vous promette, il fera davantage
  « Qu'il ne vous a promis.
« Venez donc, puisque enfin vous ne sauriez élire
  « Un plus charmant séjour,
« Que d'être auprès d'un roi dont le mérite attire
  « Tant de dieux à sa cour.
« Moi-même auprès de lui je ferais ma demeure,
  « Si ses exploits divers
« Ne me contraignaient pas à voler à toute heure
  « Au bout de l'univers. »
Là finit son discours ; et la troupe immortelle
  Qui l'avait écouté
Voulut voir le héros que la Nymphe fidèle
  Leur avait tant vanté.
Sa présence effaça dans leur ame charmée
  Le souvenir des cieux ;
Et, dans le même instant, la prompte Renommée
  L'alla dire en tous lieux.

IDYLLE SUR LA PAIX.
1685.

Un plein repos favorise vos vœux ;
Peuples, chantez la paix, qui vous rend tous heureux.
  Un plein repos favorise nos vœux : [heureux.
Chantons, chantons la paix, qui nous rend tous

  Charmante paix, délices de la terre,
    Fille du ciel, et mère des plaisirs,
    Tu reviens combler nos désirs ;
  Tu bannis la terreur et les tristes soupirs,
    Malheureux enfants de la guerre.
  Un plein repos favorise nos vœux : [heureux
Chantons, chantons la paix, qui nous rend tous
  Tu rends le fils à sa tremblante mère;
  Par toi la jeune épouse espère
D'être longtemps unie à son époux aimé ;
De ton retour le laboureur charmé
Ne craint plus désormais qu'une main étrangère
Moissonne avant le temps le champ qu'il a semé,
Tu pares nos jardins d'une grace nouvelle;
Tu rends le jour plus pur, et la terre plus belle.
  Un plein repos favorise nos vœux : [heureux.
Chantons, chantons la paix, qui nous rend tous
  Mais quelle main puissante et secourable
A rappelé du ciel cette paix adorable?
  Quel dieu, sensible aux vœux de l'univers
  A replongé la discorde aux enfers?
  Déjà grondaient les horribles tonnerres
    Par qui sont brisés les remparts ;
  Déjà marchait devant les étendards
    Bellone, les cheveux épars,
  Et se flattait d'éterniser les guerres
    Que sa fureur soufflait de toutes parts.

Divine paix, apprends-nous par quels charmes
Un calme si profond succède à tant d'alarmes?
Un héros, des mortels l'amour et le plaisir,
Un roi victorieux nous a fait ce loisir.
  Ses ennemis, offensés de sa gloire,
  Vaincus cent fois, et cent fois suppliant,
  En leur fureur de nouveau s'oubliant,
Ont osé dans ses bras irriter la victoire.
  Qu'ont-ils gagné, ces petits orgueilleux ,
  Qui menaçaient d'armer la terre entière?
Ils ont vu de nouveau resserrer leur frontière :
  Ils ont vu ce roc sourcilleux *,
  De leur orgueil l'espérance dernière,
De nos champs fortunés devenir la barrière.

* Luxembourg.

Un héros, des mortels l'amour et le plaisir,
Un roi victorieux nous a fait ce loisir.
  Son bras est craint du couchant à l'aurore ;
La foudre, quand il vient, tombe aux climats gelés,
  Et sur les bords par le soleil brûlés :
De son courroux vengeur sur le rivage more
  La terre fume encore.

    Malheureux les ennemis
    De ce prince redoutable !
    Heureux les peuples soumis
    A son empire équitable !
  Chantons, bergers, et nous réjouissons
    Qu'il soit le sujet de nos fêtes.

    Le calme dont nous jouissons,
    N'est plus sujet aux tempêtes.
  Chantons, bergers, et nous réjouissons
    Qu'il soit le sujet de nos fêtes.
    Le bonheur dont nous jouissons
  Le flatte autant que toutes ses conquêtes.

    De ces lieux l'éclat et les attraits,
      Ces fleurs odorantes,
      Ces eaux bondissantes *,
      Ces ombrages frais,
    Sont des dons de ses mains bienfaisantes.
    De ces lieux l'éclat et les traits
      Sont des fruits de ses bienfaits.
Il veut bien quelquefois visiter nos bocages ;
  Nos jardins ne lui déplaisent pas.
  Arbres épais, redoublez vos ombrages ;
    Fleurs naissez sous ses pas.

    O ciel, ô saintes destinées,
  Qui prenez soin de ses jours florissants,
    Retranchez de nos ans
    Pour ajouter à ses années.
Qu'il regne ce héros, qu'il triomphe toujours ;
Qu'avec lui soit toujours la paix ou la victoire :
Que le cours de ses ans dure autant que le cours
  De la Seine et de la Loire.
  Qu'il règne ce héros, qu'il triomphe toujours,
    Qu'il vive autant que sa gloire !

EPIGRAMMES.
I.
SUR ANDROMAQUE.

La vraisemblance est peu dans cette pièce;
Si l'on en croit et d'Olonne et Créqui :
Créqui dit que Pyrrhus aime trop sa maîtresse :
D'Olonne, qu'Andromaque aime trop son mari.

II.
SUR LA MÊME TRAGÉDIE.

Créqui prétend qu'Oreste est un pauvre homme
Qui soutient mal le rang d'ambassadeur ;
Et Créqui de ce rang connait bien la splendeur :
Si quelqu'un l'entend mieux, je l'irai dire à Rome.

III.
SUR L'IPHIGÉNIE DE LE CLERC.

Entre le Clerc et son ami Coras,
Deux grands auteurs, rimant de compagnie,
N'a pas longtemps sourdirent grands debats
Sur le propos de son *Iphigénie*.
Coras lui dit : « La pièce est de mon crû. »
Le Clerc répond : « Elle est mienne, et non vôtre. »
Mais aussitôt que l'ouvrage a paru,
Plus n'ont voulu l'avoir fait l'un ni l'autre.

IV.
SUR L'ASPAR DE FONTENELLE.
L'origine des sifflets.

Ces jours passés, chez un vieil histrion,
Un chroniqueur émut la question

* La cascade de Sceaux.

Quand dans Paris commença la méthode
De ces sifflets qui sont tant à la mode.
« Ce fut, dit l'un, aux pièces de Boyer. »
Gens pour Pradon voulurent parier.
« Non, dit l'acteur; je sais toute l'histoire,
« Que par degré je vais vous débrouiller :
« Boyer apprit au parterre à bâiller ;
« Quant à Pradon, si j'ai bonne mémoire,
« Pommes sur lui volèrent largement ;
« Mais quand sifflets prirent commencement,
« C'est (j'y jouais, j'en suis témoin fidèle)
« C'est à l'*Aspar* * du sieur de Fontenelle. » **

V.

SUR LE GERMANICUS DE PRADON.

Que je plains le destin du grand Germanicus !
Quel fut le prix de ces rares vertus!
Persécuté par le cruel Tibère ,
Empoisonné par le traître Pison ,
Il ne lui restait plus pour dernière misère,
Que d'être chanté par Pradon.

VI.

SUR LE SÉSOSTRIS DE LONGEPIERRE.

Ce fameux conquérant, ce vaillant Sésostris ,
Qui jadis en Égypte, au gré des destinées ,
Vécut de si longues années,
N'a vécu qu'un jour à Paris.

VII.

SUR LA JUDITH DE BOYER.

A sa *Judith*, Boyer par aventure,
Était assis près d'un riche caissier;
Bien aise était , car le bon financier
S'attendrissait et pleurait sans mesure.
« Bon gre vous sais, lui dit le vieux rimeur,
« Le beau vous touche, et ne seriez d'humeur
« A vous saisir pour une baliverne. »
Lors le richard, en larmoyant, lui dit :
« Je pleure, helas! pour ce pauvre Holoferne,
« Si méchamment mis à mort par Judith. »

VIII.

SUR L'ASSEMBLÉE DES ÉVÊQUES, CONVOQUÉE A PARIS
PAR ORDRE DU ROI.

Un ordre, hier venu de Saint-Germain,
Veut qu'on s'assemble : on s'assemble demain.
Notre archevêque et cinquante-deux autres
   Successeurs des apôtres
S'y trouveront. Or, de savoir quel cas
S'y traitera, c'est encore un mystère :
   C'est seulement chose très claire:
Que nous avons cinquante-deux prélats
   Qui ne résident pas.

IX.

SUR LES COMPLIMENTS QUE LE ROI REÇUT AU SUJET
DE SA CONVALESCENCE.

Grand Dieu ! conserve-nous ce roi victorieux
Que tu viens de rendre à nos larmes;
Fais durer à jamais des jours si précieux :
Que ce soient là nos dernières alarmes.
Empêche d'aller jusqu'à lui
Le noir chagrin, le dangereux ennui ,
Toute langueur, toute fièvre ennemie,
Et les vers de l'Académie.

X.

IMPROMPTU POUR LE PORTRAIT DE M. ARNAULD.

Sublime en ses écrits, doux et simple de cœur,
Puisant la vérité jusqu'à son origine ,
De tous ses longs travaux Arnauld sortit vainqueur,
Et soutint de la foi l'antiquité divine.

* Cette tragedie fut jouée en 1680 ; la première représentation n'en fut pas achevée.

** C'est là une des meilleures épigrammes de Racine.

De la grace il perça les mystères obscurs ;
Aux humbles pénitents traça des chemins sûrs :
Appela le pécheur au joug de l'Evangile.
Dieu fut l'unique objet de ces désirs constants :
L'Eglise n'eut jamais, même en ses premiers temps,
De plus zélé vengeur, ni d'enfant plus docile.

XI.

ÉPITAPHE DE M. ARNAULD.

Haï des uns , chéri des autres ,
   Estimé de tout l'univers ;
Et plus digne de vivre au siècle des apôtres
   Que dans un siècle si pervers,
Arnauld vient de finir sa carrière pénible.
Les mœurs n'eurent jamais de plus grave censeur ;
L'Eglise, de plus ferme et plus grand défenseur.

SONNET SUR LA TROADE DE PRADON.

D'un crêpe noir Hécube embeguinée
Lamente, pleure, et grimace toujours,
Dames en deuil courent à son secours ;
Oncques ne fut plus lugubre journée.

Ulysse vient , fait nargue à l'hyménée.
Le cœur fera de nouvelles amours.
Pyrrhus et lui font de vaillants discours ;
Mais aux discours leur vaillance est bornée.

Apres cela plus que confusion :
Tant il n'en fut dans la grande Ilion
Lors de la nuit aux Troyens si fatale.

En vain Pradon attend le brouhaha ;
Point n'oserait en faire la cabale ;
Un chacun bâille, et s'endort, ou s'en va.

CHANSON CONTRE FONTENELLE.

Adieu, ville peu courtoise,
Où je crus être adoré.
Aspar est désespéré;
Le poulailler de Pontoise
Me doit ramener demain
Voir ma famille bourgeoise ;
Me doit ramener demain,
Un bâton blanc à la main.

Mon aventure est étrange.
On m'adorait à Rouen
Dans le mercure galant.
J'avais plus d'esprit qu'un ange.
Cependant je pars demain
Sans argent et sans louange ;
Cependant je pars demain
Un bâton blanc à la main.

HYMNES

TRADUITES DU BRÉVIAIRE ROMAIN.

LE LUNDI A MATINES.

Somno refectis artubus, etc.

Tandis que le sommeil réparant la nature,
Tient enchaînés le travail et le bruit,
Nous rompons ses liens, ô clarté toujours pure!
Pour te louer dans la profonde nuit.

Que dès notre réveil notre voix te bénisse ;
Qu'à te chercher notre cœur empressé
T'offre ses premiers vœux , et que par toi finisse
Le jour par toi saintement commencé.

L'astre dont la présence écarte la nuit sombre
Viendra bientôt recommencer son tour ;
O vous, noirs ennemis qui vous glissez dans l'ombre,
Disparaissez à l'approche du jour.

Nous t'implorons, Seigneur ; tes bontés sont nos
De tout péché rends-nous purs à tes yeux ; [larmes ;
Fais que t'ayant chanté dans ce séjour de larmes,
Nous te chantions dans le séjour des cieux.

Exauce, Père saint, notre ardente prière,
Verbe, son fils, Esprit, leur nœud divin,
Dieu qui, tout éclatant de ta propre lumière,
Règnes au ciel sans principes et sans fin.

A LAUDES.

Splendor paternæ gloriæ, etc.

Source ineffable de lumière,
Verbe, en qui l'éternel contemple sa beauté
Astre, dont le soleil n'est que l'ombre grossière ;
Sacré jour, dont le jour emprunte sa clarté ;

Lève-toi, soleil adorable,
Qui de l'éternité ne fais qu'un heureux jour ;
Fais briller à nos yeux ta clarté secourable,
Et répands dans nos cœurs le feu de ton amour.

Prions, aussi l'auguste Père,
Le Père dont la gloire a devancé les temps,
Le Père tout-puissant en qui le monde espère,
Qu'il soutienne d'en haut ses fragiles enfants,

Donne-nous un ferme courage,
Brise la noir dent du serpent envieux :
Que le calme, grand Dieu, suivie de près l'orage :
Fais-nous faire toujours ce qui plait à tes yeux.

Guide notre ame dans ta route ;
Rends notre corps docile à la nouvelle loi :
Remplis-nous d'un espoir que n'ébranle aucun doute
Et que jamais l'erreur n'ébranle notre foi.

Que Christ soit notre pain celeste ;
Que l'eau d'une foi vive abreuve notre cœur :
Ivres de ton esprit, sobres pour tout le reste,
Daigne à tes combattants inspirer ta vigueur.

Que la pudeur chaste et vermeille
Imite sur leur front la rougeur du matin ;
Aux clartés du midi que leur foi soit pareille ;
Que leur persévérance ignore le déclin.

L'aurore luit sur l'hémisphère :
Que Jésus dans nos cœurs daigne luire aujourd'hui,
Jésus qui tout entier est dans son divin père,
Comme son divin père est tout entier en lui.

Gloire à toi, Trinité profonde,
Père, Fils, Esprit saint ! qu'on t'adore toujours :
Tant que l'astre des temps éclairera le monde,
Et quand les siècles même auront fini leur cours.

LE MARDI A MATINES.

Consors paterni luminis, etc.

Verbe égal au Très-Haut, notre unique espérance,
Jour éternel de la terre et des cieux,
De la paisible nuit nous rompons le silence
Divin Sauveur, jette sur nous les yeux,

Répands sur nous le feu de ta grace puissante ;
Que tout l'enfer fuie au son de ta voix ;
Dissipe ce sommeil d'une ame languissante,
Qui la conduit dans l'oublie de tes lois.

O Christ, sois favorable à ce peuple fidèle.
Pour te bénir maintenant assemblé ;
Reçois les chants qu'il offre à ta gloire immortelle,
Et de tes dons qu'il retourne comblé.

A LAUDES.

Ales diei nuncius, etc.

L'oiseau vigilant nous réveille,
Et ses chants redoublés semblent chasser la nuit :
Jésus se fait entendre à l'ame qui sommeille,
Et l'appelle à la vie où son jour nous conduit.

Quittez, dit-il, la couche oisive
Où vous ensevelit une molle langueur :
Sobres, chastes et purs, l'œil et l'ame attentive,
Veillez ; je suis tout proche, et frappe à votre cœur.

Ouvrons donc l'œil à sa lumière,
Levons vers le Sauveur et nos mains et nos yeux,
Pleurons et gémissons : une ardente prière
Ecarte le sommeil et pénètre les cieux.

O Christ ! ô soleil de justice !
De nos cœurs endurcis romps l'assoupissement.
Dissipe l'ombre épaisse où les plonge le vice,
Et que ton divin jour y brille à tout moment.

Gloire à toi, Trinité profonde, etc.

LE MERCREDI A MATINES.

Rerum Creator optime, etc.

Grand Dieu, par qui de rien toute chose est formée,
Jette les yeux sur nos besoins divers ;
Romps ce fatal sommeil par qui l'ame charmée
Dort en repos sur le bord des enfers.

Daigne, ô divin Sauveur que notre voix implore,
Prendre pitié des fragiles mortels ;
Et vois comme du lit, sans attendre l'aurore,
Le repentir nous traîne à tes autels.

C'est là que notre troupe affligée, inquiète,
Levant au ciel et le cœur et les mains,
Imite le grand Paul, et suit ce qu'un prophète
Nous a prescrit dans ses cantiques saints.

Nous montrons à tes yeux nos maux et nos alarmes ;
Nous confessons tous nos crimes secrets ;
Nous t'offrons tous nos vœux, nous y mêlons nos larmes.
Que ta bonté révoque tes arrêts.

Exauce, Père saint, notre ardente prière, etc.

A LAUDES.

Nox, et tenebræ, et nubila, etc.

Sombre nuit, aveugles ténèbres,
Fuyez, le jour s'approche, et l'Olympe blanchit :
Et vous, démons, rentrez dans vos prisons funèbres
De votre empire affreux un Dieu nous affranchit.

Le soleil perce l'ombre obscure ;
Et les traits éclatants qu'il lance dans les airs,
Rompant le voile épais qui couvrait la nature,
Redonnent la couleur et l'ame à l'univers.

O Christ, notre unique lumière !
Nous ne reconnaissons que tes saintes clartés :
Notre esprit t'est soumis ; entends notre prière,
Et sous ton divin joug range nos volontés.

Souvent notre ame criminelle,
Sur sa fausse vertu, téméraire, s'endort ;
Hâte-toi d'éclairer, ô lumière éternelle !
Des malheureux assis dans l'ombre de la mort.

Gloire à toi, Trinité profonde, etc.

LE JEUDI A MATINES.

Nox atra rerum contegit, etc.

De toutes les couleurs que distinguait la vue,
L'obscure nuit n'a fait qu'une couleur :
Juste juge des cœurs, notre ardeur assidue
Demande ici tes yeux et ta faveur.

Qu'ainsi, prompt à guérir nos mortelles blessures,
Ton feu divin dans nos cœurs répandu
Consume pour jamais leurs passions impures,
Pour n'y laisser que l'amour qui t'est dû.

Effrayés des péchés, dont le poids les accable,
Tes serviteurs voudraient se relever :
Ils implorent, Seigneur, ta bonté secourable,
Et dans ton sang cherchent à se laver.

Seconde leurs efforts, dissipe l'ombre noire
Qui dès longtemps les tient enveloppés ;
Et que l'heureux séjour d'une immortelle gloire
Soit l'objet seul de leurs cœurs détrompés,

Exauce, Père saint, notre ardente prière, etc.

A LAUDES.

Lux ecce surgit aurea, etc.

Les portes du jour sont ouvertes,
Le soleil peint le ciel de rayons éclatants :
Loin de nous cette nuit dont nos ames couvertes,
Dans le chemin du crime ont erré si longtemps.

Imitons la lumière pure
De l'astre étincelant qui commence son cours,
Ennemis du mensonge et de la fraude obscure;
Et que la vérité brille en tous nos discours.

Que ce jour se passe sans crime ; [cents ;
Que nos langues, nos mains, nos yeux soient inno-
Que tout soit chaste en nous; et qu'un frein légitime
Aux lois de la raison asservisse les sens.

Du haut de sa sainte demeure
Un Dieu toujours veillant nous regarde marcher ;
Il nous voit, nous entend, nous observe à toute heure
Et la plus sombre nuit ne saurait nous cacher.

Gloire à toi, Trinité profonde, etc.

LE VENDREDI A MATINES.

Tu, Trinitatis, unitas, etc.

Auteur de toute chose, essence en trois unique,
Dieu tout-puissant, qui régit l'univers,
Dans la profonde nuit nous t'offrons ce cantique;
Ecoute-nous, et vois nos maux divers.

Tandis que du sommeil le charme nécessaire
Ferme les yeux du reste des humains,
Le cœur tout pénétré d'une douleur amère,
Nous implorons tes secours souverains.

Que tes feux de nos cœurs chasse la nuit fatale,
Qu'à leur éclat soient d'abord dissipés
Ces objets dangereux que la ruse infernale
Dans un vain songe offre à nos yeux trompés

Que notre corps soit pur , qu'une indolence ingrate
Ne tienne point nos cœurs ensevelis ;
Que par l'impression du vice qui nous flatte,
Tes feux sacrés n'y soient point affaiblis.

Qu'ainsi, divin Sauveur, tes lumières célestes,
Dans tes sentiers affermissant nos pas,
Nous détournent toujours de ces pièges funestes
Que le démon couvre de mille appas.

Exauce, Père saint, notre ardente prière, etc.

A LAUDES.

Æterna cœli gloria, etc.

Astre que l'olympe révère,
Doux espoir des mortels rachetés par ton sang,
Verbe, Fils éternel du redoutable Père,
Jésus, qu'une humble vierge a porté dans son flanc

Affermis l'ame qui chancelle ;
Fait que, levant au ciel nos innocentes mains,
Nous chantions dignement et ta gloire immortelle
Et les biens dont ta grace a comblé les humains.

L'astre avant-coureur de l'aurore
Du soleil qui s'approche annonce le retour,
Sous le pâle horizon l'ombre se décolore :
Lève-toi dans nos cœurs, chaste et bienheureux jour.

Sois notre inséparable guide ;
Du siècle ténébreux perce l'obscure nuit ;
Défends-nous en tout temps contre l'attrait perfide
De ces plaisirs trompeurs dont la mort est le fruit.

Que la foi dans nos cœurs gravée
D'un rocher immobile ait la stabilité;
Que sur ce fondement l'espérance élevée
Porte pour comble heureux l'ardente vérité.

Gloire à toi, Trinité profonde,
Père, Fils, Esprit saint, qu'on t'adore toujours.
Tant que l'astre des temps éclairera le monde,
Et quand les siècles même auront fini leur cours.

LE SAMEDI A MATINES.

Summa Deus clementiæ, etc.

O toi qui d'un œil de clémence
Vois les égarements des fragiles humains,
Toi dont l'être un en trois et le même en puissance
A créé ce grand tout soutenu par tes mains !

Eteins ta foudre dans les larmes
Qu'un juste repentir mêle à nos chants sacrés,
Et que puisse la grace, où brillent tes doux charmes,
Te préparer un temple en nos cœurs épurés !

Brûle en nous de tes saintes flammes
Tout ce qui de nos sens excite les transports, [ames
Afin que, toujours prêts, nous puissions dans nos
Du démon de la chair vaincre tous les efforts.

Pour chanter ici tes louanges
Notre zèle, seigneur, a devancé le jour :
Fais qu'ainsi nous chantions un jour avec tes anges
Les biens qu'à tes élus assure ton amour.

Père des anges et des hommes,
Sacré Verbe, Esprit saint, profonde Trinité,
Sauve-nous ici-bas du péril où nous sommes,
Et qu'on loue à jamais ton immense bonté.

A LAUDES.

Aurora jam spargit polum, etc.

L'aurore brillante et vermeille
Prépare le chemin au soleil qui la suit ;
Tout luit au premier trait du jour qui se réveille;
Retirez-vous, démons, qui volez dans la nuit.

Fuyez , songes, troupe menteuse,
Dangereux ennemis par la nuit enfantés;
Et que fuit avec nous la mémoire honteuse
Des objets qu'à nos sens vous avez présentés.

Chantons l'auteur de la lumière,
Jusqu'au jour où son ordre a marqué notre fin;
Et qu'en le bénissant notre aurore dernière
Se perde en un midi sans soir et sans matin.

Gloire à toi, Trinité profonde,
Père, Fils, Esprit saint : qu'on t'adore toujours,
Tant que l'astre des temps éclairera le monde
Et quand les siècles même auront fini leur cours,

LE LUNDI A VÊPRES.

Immense cœli Conditor, etc.

Grand Dieu, qui vis les cieux se former sans matière,
    A ta voix seulement !
Tu séparas les eaux, leur marquant pour barrière
    Le vaste firmament.

Si la voûte céleste a ses plaines liquides,
    La terre a ses ruisseaux,
Qui contre les chaleurs portent aux champs arides
    Le secours de leurs eaux.

Seigneur, qu'ainsi les eaux de ta grace féconde
    Réparent nos langueurs ;
Que nos sens désormais vers les appas du monde
    N'entraînent plus nos cœurs.

Fais briller de ta foi les lumières propices
    A nos yeux éclairés;
Qu'elle arrache le voile à tous les artifices
    Des enfers conjurés.

Règne, ô Père éternel, Fils, sagesse incarnée,
    Esprit saint, Dieu de paix,
Qui fais changer des temps l'inconstante durée,
    Et ne changes jamais.

LE MARDI A VÊPRES.

Telluris ingens Conditor, etc.

Ta sagesse, grand Dieu, dans tes œuvres cachée,
    Débrouilla le chaos,
Et fixant sur son poids la terre balancée,
    La sépara des flots.

Par là, son sein fécond de fleurs et de feuillages
    L'embellit tous les ans,
L'enrichit de doux fruits, couvre de pâturages
    Ses vallons et ses champs.

Seigneur, fais de ta grace à notre ame abattue
    Goûter les fruits heureux ;
Et que puissent nos pleurs de la chair corrompue
    Eteindre en nous les feux !

Que sans cesse nos cœurs, loin du sentier des vices,
    Suivent tes volontés ;
Qu'innocents à tes yeux, ils fondent leurs délices
    Sur tes seules bontés !

Règne, ô Père éternel, Fils, sagesse incréée, etc.

LE MERCREDI A VEPRES.

Cœli Deus sanctissime, etc.

Grand Dieu, qui fais briller sur la voûte étoilée
    Ton trône glorieux,
Et d'une blancheur vive à la pourpre mêlée
    Peint le cintre des cieux,

Par toi roule à nos yeux sur un char de lumière
    Le clair flambeau des jours;
De tant d'astres par toi la lune en sa carrière
    Voit le différent cours.

Ainsi sont séparés les jours des nuits prochaines
    Par d'immuables lois ;
Ainsi tu fais connaître, à des marques certaines
    Les saisons et les mois.

Seigneur, répands sur nous ta lumière céleste,
    Guéri nos maux divers ;
Que ta main secourable, au démon si funeste,
    Brise enfin tous nos fers.

Règne ô Père éternel, Fils, sagesse incréée, etc.

LE JEUDI A VEPRES.

Magnæ Deus potentiæ, etc.

Seigneur, tant d'animaux par toi des eaux fécondes
    Sont produits à ton choix,
Que leur nombre infini peuple ou les mers profondes
    Ou les airs ou les bois.

Ceux-là sont humectés des flots que la mère roule,
    Ceux-ci de l'eau des cieux,
Et de la même source ainsi sortis en foule
    Occupent divers lieux.

Fais, ô Dieu tout puissant, fais que tous les fidèles,
    A ta garce soumis,
Ne retombent jamais dans les chaînes cruelles
    De leurs fiers ennemis.

Que, par toi soutenus, le joug pesant des vices
    Ne les accable pas ;
Qu'un orgueil téméraire en d'affreux précipices
    N'engage point leurs pas.

Règne, ô Père éternel, Fils, sagesse incréée, etc.

LE VENDREDI A VEPRES.

Psalmator hominis, Deus, etc.

Créateur des humains, grand Dieu, souverain maître
    De ce vaste univers,
Qui du sein de la terre, à ton ordre vis naître
    Tant d'animaux divers ;

A ces grands corps sans nombre et différents d'espèce,
    Animés à ta voix,
L'homme fut établi par ta haute sagesse
    Pour imposer ses lois.

Seigneur, qu'ainsi ta grace à nos vœux accordée
    Règne dans notre cœur;
Que nul excès honteux, que nulle impure idée
    N'en chasse la pudeur.

Qu'un saint ravissement eclate en notre zèle !
    Guide toujours nos pas.
Fais d'une paix profonde à ton peuple fidèle
    Goûter les doux appas.

Règne, ô Père éternel, Fils, sagesse incréée, etc.

LE SAMEDI A VEPRES.

O lux, beata Trinitas, etc.

Source éternelle de lumière,
Trinité souveraine et très simple unité :
Le visible soleil va finir sa carrière;
Fais luir dans nos cœurs l'invisible clarté.

Qu'au doux concert de tes louanges
Notre voix et commence et finisse le jour ;
Et que notre ame enfin chante avec les saints anges
Le cantique éternel de ton céleste amour.

Adorons le Père suprême,
Principe sans principe, abime de splendeur;
Le Fils, Verbe du Père, engendré dans lui-même ;
L'esprit, des deux qu'il lie, amour, don, paix, ardeur.

CANTIQUES SPIRITUELS.

CANTIQUE PREMIER.

A LA LOUANGE DE LA CHARITÉ.

Tiré de Saint-Paul I, aux Corinthiens, v. 23

Les méchants m'ont vanté de leurs mensonges frivoles;
    Mais je n'aime que les paroles
    De l'éternelle vérité.
    Plein du feu divin qui m'inspire,
    Je consacre aujourd'hui ma lyre
    A la céleste Charité.

En vain je parlerais le langage des Anges,
En vain, mon Dieu, de tes louanges :
    Je remplirais tous l'univers
    Sans amour, ma gloire n'égale
    Que la gloire de la cymbale
    Qui d'un bruit frappe les airs,

Que sert à mon esprit de percer les abîmes
 Des mystères les plus sublimes,
 Et de lire dans l'avenir?
Sans amour ma science est vaine,
 Comme le songe, dont à peine
 Il reste un léger souvenir.
Que me sert que ma foi transporte les montagnes,
 Que dans les arides campagnes,
 Les torrents naissent sous mes pas;
Ou que, ranimant la poussière,
 Elle rende aux morts la lumière,
 Si l'amour ne l'anime pas?
Oui, mon Dieu, quand mes mains de tout mon héritage.
 Aux pauvres feraient le partage;
 Quand même, pour le nom chrétien
Bravant les croix les plus infâmes,
 Je livrerais mon corps aux flammes,
 Si je n'aime je ne suis rien.
Que je vois de vertus qui brillent sur ta trace,
 Charité, fille de la Grace,
 Avec toi marche la Douceur,
Que suit avec un air affable
 La Patience, inséparable
 De la Paix, son aimable sœur.
Tel que l'astre du jour écarte les ténèbres,
 De la nuit compagnes funèbres;
 Telle tu chasses d'un coup d'œil
L'envie aux humains si fatale,
 Et toute la troupe infernale
 Des vices enfants, de l'orgueil.
Libre d'ambition, simple et sans artifice
 Autant que tu hais l'injustice,
 Autant la vérité te plaît.
Que peut la colère farouche.
 Sur un cœur que jamais ne touche
 Le soin de son propre intérêt?
Aux faiblesses d'autrui loin d'être inexorable,
 Toujours d'un voile favorable
 Tu t'efforces de les couvrir:
Quel triomphe manque à ta gloire?
 L'amour sait tout vaincre, tout croire,
 Tout espérer et tout souffrir.
Un jour Dieu cessera d'inspirer les oracles;
 Le don des langues, les miracles,
 La science aura son déclin;
L'amour, la charité divine,
 Éternelle en son origine,
 Ne connaîtra jamais de fin.
Nos clartés ici-bas ne sont qu'énigmes sombres:
 Mais Dieu sans voiles et sans ombres
 Nous éclairera dans les cieux;
Et ce soleil inaccessible,
 Comme à ses yeux je suis visible,
 Se rendra visible à mes yeux.
L'amour sur tous les dons l'emporte avec justice;
 De notre céleste édifice
 La foi vive est le fondement;
La sainte espérance l'élève,
 L'ardente charité l'achève,
 Et l'assure éternellement.
Quand pourrai-je t'offrir, ô charité suprême,
 Au sein de la lumière même,
 Le cantique de mes soupirs;
Et, toujours brûlant pour ta gloire,
 Toujours puiser et toujours boire
 Dans la source des vrais plaisirs!

CANTIQUE II.

SUR LE BONHEUR DES JUSTES, ET SUR LE MALHEUR
DES RÉPROUVÉS.

Tiré de la Sagesse, chap. 5.

Heureux qui de la sagesse
 Attendant tout son secours,
N'a point mis en la richesse
 L'espoir de ses derniers jours!
La mort n'a rien qui l'étonne,
Et dès que son Dieu l'ordonne,
 Son ame prenant l'essor,
S'élève d'un vol rapide
Vers la demeure où réside
 Son véritable trésor.

De quelle douleur profonde
Seront un jour pénétrés
Ces insensés qui du monde,
 Seigneur, vivent enivrés,
Quand par une main soudaine,
Détrompés d'une ombre vaine
 Qui passe et ne revient plus,
Leurs yeux, du fond de l'abîme,
Près de son trône sublime
 Verront briller tes élus!

Infortunés que nous sommes,
Où s'égaraient nos esprits!
Voilà, diront-ils, ces hommes
 Vils objets de nos mépris:
Leur sainte et pénible vie
Nous parut une folie;
 Mais aujourd'hui triomphants,
Le ciel chante leur louange,
Et Dieu lui-même les range
 Au nombre de ses enfants.

Pour trouver un bien fragile
Qui nous vient d'être arraché,
Par quel chemin difficile!
 Hélas! avons-nous marché?
Dans une route insensée
Notre ame en vain s'est lassée
 Sans se reposer jamais,
Fermant l'œil à la lumière
Qui nous montrait la carrière
 De la bienheureuse paix.

De nos attentats injustes
Quel fruit nous est-il resté?
Où sont les titres augustes
 Dont notre orgueil s'est flatté?
Sans amis et sans défense,
Au trône de la vengeance
 Appelés en jugement,
Faibles et tristes victimes,
Nous y venons de nos crimes
 Accompagnés seulement.

Ainsi, d'une voix plaintive,
Exprimera ses remords
La pénitence tardive
 Des inconsolables morts.
Ce qui faisait leurs délices,
Seigneur, fera leurs supplices:
 Et, par une égale loi,
Tes saints trouveront des charmes
Dans la souvenir des charmes
 Qu'ils versent ici pour toi.

CANTIQUE III.

PLAINTE D'UN CHRÉTIEN SUR LES CONTRARIÉTÉS QU'IL
ÉPROUVE AU DEDANS DE LUI-MÊME.

Tiré de S. Paul aux Romains, chap. 7.

Mon Dieu, quelle guerre cruelle!
Je trouve deux hommes en moi;
L'un veut que, plein d'amour pour toi,
Mon cœur te soit toujours fidèle;
L'autre, à tes volontés rebelle,
Me révolte contre ta loi.

L'un tout esprit et tout céleste,
Veut qu'au ciel sans cesse attaché,
Et des biens éternels touché,
Je compte pour rien tout le reste:
Et l'autre, par son poids funeste,
Me tient vers la terre penché.

Hélas! en guerre avec moi-même,
Où pourrai-je trouver la paix?
Je veux et n'accomplis jamais:
Je veux, mais, ô misère extrême!
Je ne fais pas le bien que j'aime,
Et je fais le mal que je hais.

O grace, ô rayon salutaire,
Viens me mettre avec moi d'accord;
Et, domptant par un doux effort
Cet homme qui t'est si contraire,
Fais ton esclave volontaire
De cet esclave de la mort.

CANTIQUE IV.
SUR LES VAINES OCCUPATIONS DES GENS DU SIÈCLE.

Tiré de divers endroits d'Isaïe et de Jérémie.

Quel charme vainqueur du monde
Vers Dieu m'élève aujourd'hui?
Malheureux l'homme qui fonde
Sur les hommes son appui!
Leur gloire fuit et s'efface
En moins de temps que la trace
Du vaisseau qui fend les mers,
Ou de la flèche rapide
Qui, loin de l'œil qui la guide,
Cherche l'oiseau dans les airs.

De la sagesse immortelle
La voix tonne et nous instruit :
Enfants des hommes, dit-elle,
De vos soins quel est le fruit!
Par quelle erreur, ames vaines,
Du plus pur sang de vos veines
Achetez-vous si souvent,
Non un pain qui vous repaisse,
Mais une ombre qui vous laisse
Plus affamés que devant!

Le pain que je vous propose
Sert aux anges d'aliment ;
Dieu lui-même le compose
De la fleur de son froment :
C'est ce pain si délectable
Que ne sert point à sa table
Le monde que vous suivez
Je l'offre à qui veut me suivre ;
Approchez. Voulez-vous vivre?
Prenez, mangez et vivez.

O sagesse, ta parole
Fit éclore l'univers,
Posa sur un double pole
La terre au milieu des airs.
Tu dis; et les cieux parurent,
Et tous les astres coururent
Dans leur ordre se placer.
Avant les siècles tu règnes.
Et qui suis-je, que tu daignes
Jusqu'a moi te rabaisser?

Le Verbe, image du Père,
Laissa son trône éternel,
Et d'une mortelle mère
Voulut naître homme et mortel.
Comme l'orgueil fut le crime
Dont il naissait la victime,
Il dépouilla sa splendeur,
Et vint, pauvre et misérable,
Apprendre à l'homme coupable
Sa véritable grandeur.

L'ame, heureusement captive,
Sous ton joug trouve la paix,
Et s'abreuve d'une eau vive
Qui ne s'épuise jamais.
Chacun peut boire en cette onde;
Elle invite tout le monde :
Mais nous courons follement
Chercher des sources bourbeuses,
Ou des citernes trompeuses,
D'ou l'eau fuit à tout moment,

FIN.

PLAN DU PREMIER ACTE
D'IPHIGÉNIE EN TAURIDE,

SCÈNE PREMIÈRE

IPHIGÉNIE vient avec une captive grecque, qui s'étonne de sa tristesse, et lui demande si elle est affligée de ce que la fête de Diane se passera sans qu'on immole aucun étranger.

« Tu peux croire, dit Iphigenie, si c'est là un senti-
« ment digne de la fille d'Agamemnon. Tu sais avec
« quelle repugnance j'ai preparé les misérables que
« l'on a sacrifiés depuis que je préside à ces cruelles
« cérémonies. Je me faisais une joie de ce que la for-
« tune n'avait amené aucun Grec pour cette journée,
« et je triomphais de la douleur commune qui est
« répandue dans cette île, où l'on compte pour un
« presage funeste de ce que nous manquons de victi-
« mes pour cette fête. Mais je ne puis résister à la se-
« crète tristesse dont je suis occupee depuis le songe
« que j'ai fait cette nuit. J'ai cru que j'etais à Myce-
« nes, dans la maison de mon père : il m'a semblé que
« mon père et ma mère nageaient dans le sang, et
« que moi-même je tenais un poignard à la main pour
« en égorger mon frere Oreste. Hélas ! mon cher
« Oreste !

« Mais, madame, vous êtes trop éloignés l'un de
« l'autre pour craindre l'accomplissement de votre
« songe.

« Et ce n'est pas aussi ce que je crains; mais je crains
« avec raison qu'il n'y ait de grands malheurs dans
« ma famille : les rois sont sujets à de grands chan-
« gements. Ah! Ah! si je t'avais perdu, mon cher frère
« Oreste, sur qui seul j'ai fondé mes espérances ! Car
« enfin j'ai plus sujet de t'aimer que tout le reste de
« ma famille : tu ne fus point coupable de ce sacrifice
« où mon père m'avait condamnée dans l'Aulide; tu
« étais un enfant de dix ans. Tu as été élevé avec
« moi, et tu es le seul de toute la Grèce que je regret-
« te tous les jours.

« Mais, madame, quelle apparence qu'il sache l'état
« où vous êtes? Vous êtes dans une île détestée de
« tout le monde : si le hasard y amène quelque Grec,
« on le sacrifie. Que ne renoncez-vous à la Grèce?
« Que ne répondez-vous à l'amour du prince?

« Eh! que me servirait de m'y attacher! Son père
« Thoas lui défend de m'aimer ; il ne me parle qu'en
« tremblant : car ils ignorent tous deux ma naissance,
« et je n'ai garde de leur découvrir une chose qu'ils
« ne croiraient pas; car quelle apparence qu'une fille
« que des pirates ont enlevé dans le moment qu'on
« allait la sacrifier pour le salut de la Grèce? Mais
« voici ce prince. »

SCÈNE II.

« Qu'avez-vous, prince? d'où vient ce désordre et
« cette émotion?

« Madame, je suis cause du plus grand malheur du
« monde... Vous savez combien j'ai détesté avec vous
« les sacrifices de cette île : je me réjouissais de ce que
« vous seriez aujourd'hui dispensée de cette funeste
« occupation ; et cependant je suis cause que vous
« avez deux Grecs à sacrifier.

« Comment, seigneur.

« On m'est venu avertir que deux jeunes hommes
« était environnés d'une grande foule de peuple con-
« tre lequel ils se défendaient. J'ai couru sur le bord
« de la mer ; je les ai trouvés à la porte du temple
« qui vendaient chèrement leur vie, et qui ne son-
« geaient chacun qu'à la défense l'un de l'autre.
« Leur courage m'a piqué de generosité. Je les ai de-
« fendus moi-même ; j'ai désarmé le peuple, et ils se
« sont rendus à moi. Leurs habits les ont fait passer
« pour Grecs ; ils l'ont avoué. J'ai frémi à cette pa-
« role : on les a amenés malgré moi à mon père, et
« vous pouvez juger quelle sera leur destinée. La

« joie est universelle, et on remercie les dieux d'une
« prise qui me met au désespoir. Mais enfin, madame,
« ou je ne pourrai ou je vous affranchirai bientôt de
« la malheureuse dignité qui vous engage à ces sacri-
« fices. Mais voici le roi mon père. »

SCÈNE III.

« Quoi ! madame, vous êtes encore ici ! ne devriez-
« vous pas être dans le temple pour remercier la
« déesse de ces deux victimes qu'elle vous a envoyées?
« Allez préparer tout pour le sacrifice, et vous revien-
« drez ensuite, afin qu'on vous remette entre les
« mains ces deux étrangers. »

Iphigénie sort.

SCÈNE IV.

« Le prince fait quelques efforts pour obtenir de
« son père la vie des deux Grecs, afin qu'il ne les ait
« pas sauvés inutilement. Le roi le maltraite, lui dit
« que ce sont là les sentiments qui lui ont été inspi-
« rés par la jeune Grecque ; il lui reproche la pas-
« sion qu'il a pour une esclave ?

Et qui vous a dit, seigneur, que c'est une esclave ?

Et quelle autre qu'une esclave, dit le roi, aurait été
choisie par les Grecs pour être sacrifiée ?

« Quoi ne vous souvient-il plus des habillements qu'el-
« le avait lorsqu'on l'amena ici? Avez-vous oublié que
« les pirates l'enlevèrent dans le moment qu'elle allait
« recevoir le coup mortel? Nos peuples eurent plus
« de compassion pour elle que les Grecs n'en avaient
« eu; et, au lieu de la sacrifier à Diane, ils la choi-
« sirent pour présider elle-même à ses sacrifices. »

Le prince sort déplorant sa malheureuse générosité, qui a sauvé la vie à deux Grecs, pour la leur faire perdre plus cruellement.

SCÈNE V.

Le roi témoigne à son confident qu'il se fait violence en maltraitant son fils.

« Mais quelle apparence de donner les mains à une
« passion qui le déshonore? Allons, et demandons à
« la déesse, parmi nos prières, qu'elle donne à mon
« fils des sentiments plus dignes de lui. »

FIN DU PLAN DU PREMIER ACTE D'IPHIGÉNIE.

FIN DES OEUVRES DE JEAN RACINE.

ŒUVRES

DE

P. ET T. CORNEILLE.

VIE DE P. CORNEILLE,

PAR FONTENELLE.

Pierre Corneille naquit à Rouen, en 1606, de Pierre Corneille, maître des eaux et forêts en la vicomté de Rouen, et de Marthe Le Pesant. Il fit ses études aux jésuites de Rouen, et il en a toujours conservé une extrême reconnaissance pour toute la société. Il se mit d'abord au barreau, sans goût et sans succès. Mais une petite occasion fit éclater en lui un génie tout différent; et ce fut l'amour qui la fit naître. Un jeune homme de ses amis, amoureux d'une demoiselle de la même ville, le mena chez elle. Le nouveau venu se rendit plus agréable que l'introducteur. Le plaisir de cette aventure excita dans Corneille un talent qu'il ne connaissait pas; et sur ce léger sujet il fit la comédie de *Mélite*, qui parut en 1625. On y découvrit un caractère original; on conçut que la comédie allait se perfectionner; et sur la confiance qu'on eut du nouvel auteur qui paraissait, il se forma une nouvelle troupe de comédiens.

Je ne doute pas que ceci ne surprenne la plupart des gens qui trouvent les six ou sept premières pièces de Corneille si indignes de lui, qu'ils les voudraient retrancher de son recueil, et les faire oublier à jamais. Il est certain que ces pièces ne sont pas belles; mais, outre qu'elles servent à l'histoire du théâtre, elles servent beaucoup aussi à la gloire de Corneille.

Il y a une grande différence entre la beauté de l'ouvrage et le mérite de l'auteur. Tel ouvrage qui est fort médiocre n'a pu partir que d'un génie sublime; et tel autre ouvrage qui est assez beau a pu partir d'un génie assez médiocre. Chaque siècle a un certain degré de lumières qui lui est propre : les esprits médiocres demeurent au-dessous de ce degré : les bons esprits y atteignent; les excellents le passent, si on peut le passer. Un homme né avec des talents est naturellement porté par son siècle au point de perfection où ce siècle est arrivé; l'éducation qu'il a reçue, les exemples qu'il a devant les yeux, tout le conduit jusque-là : mais, s'il va plus loin, il n'a plus rien d'étranger qui le soutienne; il ne s'appuie que sur ses propres forces, il devient supérieur aux secours dont il s'est servi. Ainsi deux auteurs, dont l'un surpasse extrêmement l'autre par la beauté de ses ouvrages, sont néanmoins égaux en mérite, s'ils se sont également élevés chacun au-dessus de son siècle. Il est vrai que l'un a été bien plus haut que l'autre; mais ce n'est pas qu'il ait eu plus de force, c'est seulement qu'il a pris son vol d'un lieu plus élevé. Par la même raison, de deux auteurs dont les ouvrages sont d'une égale beauté, l'un peut-être un homme fort médiocre, et l'autre un génie sublime.

Pour juger de la beauté d'un ouvrage, il suffit donc de le considérer en lui-même; mais, pour juger du mérite de l'auteur, il faut le comparer à son siècle. Les premières pièces de Corneille, comme nous avons déjà dit, ne sont pas belles; mais tout autre qu'un génie extraordinaire ne les eût pas faites. *Mélite* est divine si vous la lisez après les pièces de Hardy, qui l'ont immédiatement précédée. Le théâtre y est sans comparaison mieux entendu, le dialogue mieux tourné, les mouvements mieux conduits, les scènes plus agréables; surtout, et c'est ce que Hardy n'avait jamais attrapé, il y règne un air assez noble, et la conversation des honnêtes gens n'y est pas mal représentée. Jusque-là on n'avait guère connu que le comique le plus bas, ou le tragique assez plat; on fut étonné d'entendre une nouvelle langue.

Le jugement que l'on porta de *Mélite* fut que cette pièce était trop simple, et avait trop peu d'évènements. Corneille, piqué de cette critique, fit *Clitandre*, et y sema les incidents et les aventures avec une très vicieuse profusion, plus pour censurer le goût du public que pour s'y accommoder. Il paraît qu'après cela il lui fut permis de revenir à son naturel. *La Galerie du palais*, *la Veuve*, *la Suivante*, *la Place-Royale*, sont plus raisonnables.

Nous voici dans le temps où le théâtre devint florissant par la faveur du cardinal de Richelieu. Les princes et les ministres n'ont qu'à commander qu'il se forme des poètes, des peintres, tout ce qu'ils voudront, et il s'en forme. Il y a une infinité de génies de différentes espèces qui n'attendent pour se déclarer que leurs ordres, ou plutôt leurs graces. La nature est toujours prête à servir leurs goûts.

On recommença alors à étudier le théâtre des anciens, et à soupçonner qu'il pouvait y avoir des règles. Celle des vingt-quatre heures fut une des premières dont on s'avisa, mais on n'en faisait pas encore grand cas; témoin la manière dont Corneille lui-même en parle dans la préface de *Clitandre*, imprimée en 1632. « Que si j'ai ren-« fermé cette pièce, dit-il, dans la règle d'un « jour, ce n'est pas que je me repente de n'y avoir « point mis *Mélite*, ou que je me sois résolu à « m'y attacher dorénavant. Aujourd'hui quelques « uns adorent cette règle, beaucoup la méprisent; « pour moi, j'ai voulu seulement montrer que si « je m'en éloigne, ce n'est pas faute de la con-« naître. »

Ne nous imaginons pas que le vrai soit victorieux dès qu'il se montre; il l'est à la fin, mais il lui faut du temps pour soumettre les esprits. Les règles du poëme dramatique, inconnues d'abord ou méprisées, quelque temps après combattues, ensuite reçues à demi, et sous des conditions, demeurent enfin maîtresses du théâtre. Mais l'époque de l'établissement de leur empire n'est proprement qu'au temps de *Cinna*.

Une des plus grandes obligations que l'on ait à Corneille est d'avoir purifié le théâtre. Il fut d'abord entraîné par l'usage établi, mais il y résista aussitôt après; et depuis *Clitandre*, sa seconde pièce, on ne trouve plus rien de licencieux dans ses ouvrages.

Corneille, après avoir fait un essai de ses forces dans ses six premières pièces, où il s'éleva déjà au-dessus de son siècle, prit tout à coup l'essor dans *Médée*, et monta jusqu'au tragique le plus sublime. A la vérité il fut secouru par Sénèque; mais il ne laissa pas de faire voir ce qu'il pouvait par lui-même.

Ensuite il retomba dans la comédie; et, si j'ose dire ce que j'en pense, la chute fut grande. L'*Illusion comique*, dont je parle ici, est une pièce irrégulière et bizarre, et qui n'excuse point par ses agréments, sa bizarrerie et son irrégularité. Il y domine un personnage de Capitan, qui abat d'un souffle le grand sophi de Perse et le grand Mogol, et qui une fois en sa vie avait empêché le soleil de se lever à son heure prescrite, parce qu'on ne trouvait point l'Aurore, qui était couchée avec ce merveilleux brave. Ces caractères ont été autrefois fort à la mode : mais qui représentaient-ils ? A qui en voulait-on ? Est-ce qu'il faut outrer nos folies jusqu'à ce point-là pour les rendre plaisantes ? En vérité ce serait nous faire trop d'honneur.

Après l'*Illusion comique*, Corneille se releva plus grand et plus fort que jamais, et fit *le Cid*. Jamais pièce de théâtre n'eut un si grand succès. Je me souviens d'avoir vu en ma vie un homme de guerre et un mathématicien qui, de toutes les comédies du monde, ne connaissaient que *le Cid*. L'horrible barbarie où ils vivaient n'avait pu empêcher le nom du *Cid* d'aller jusqu'à eux. Corneille avait dans son cabinet cette pièce traduite en toutes les langues de l'Europe, hors l'esclavone et la turque : elle était en allemand, en anglais, en flamand; et, par une exactitude flamande, on l'avait rendue vers pour vers. Elle était en italien, et, ce qui est de plus étonnant, en espagnol : les Espagnols avaient bien voulu copier eux-mêmes une pièce dont l'original leur appartenait. M. Pellisson, dans son *Histoire de l'Académie de France*, il était passé en plusieurs provinces de France, il était passé en proverbe de dire « Cela est beau comme *le Cid*. » Si ce proverbe a péri, il faut s'en prendre aux auteurs qui ne le goûtaient pas, et à la cour, où c'eût été très mal parler que de s'en servir sous le ministère du cardinal de Richelieu.

Ce grand homme avait la plus vaste ambition qui ait jamais été. La gloire de gouverner la France presque absolument, d'abaisser la redoutable maison d'Autriche, de remuer toute l'Europe à son gré, ne lui suffisait point : il y voulait joindre encore celle de faire des comédies. Quand *le Cid* parut, il en fut aussi alarmé que s'il avait vu les Espagnols devant Paris. Il souleva les auteurs contre cet ouvrage, ce qui ne dut pas être fort difficile, et il se mit à leur tête. Scudéri publia ses *Observations sur le Cid*, adressées à l'Académie française, qu'il en faisait juge, et que le cardinal, son fondateur, sollicitait puissamment contre la pièce accusée. Mais, afin que l'Académie pût juger, ses statuts voulaient que l'autre partie, c'est à dire Corneille, y consentît. On tira donc de lui une espèce de consentement qu'il ne donna qu'à la crainte de déplaire au cardinal, et qu'il donna portant avec assez de fierté. Le moyen de ne pas ménager un pareil ministre, et qui était son bienfaiteur ? car il récompensait comme ministre le même mérite dont il était jaloux comme poète ; et il semble que cette grande ame ne pouvait pas avoir des faiblesses qu'elle ne réparât en même temps par quelque chose de noble.

L'Académie française donna ses sentiments sur *le Cid*, et cet ouvrage fut digne de la grande réputation de cette compagnie naissante. Elle sut conserver tous les égards qu'elle devait et à la passion du cardinal et à l'estime prodigieuse que le public avait conçue du *Cid*. Elle satisfit le cardinal en reprenant tous les défauts de cette pièce, et le public en les reprenant avec modération, et même souvent avec des louanges.

Quand Corneille eut une fois pour ainsi dire atteint jusqu'au *Cid*, il s'éleva encore dans *les Horaces*; enfin il alla jusqu'à *Cinna* et à *Polyeucte*, au-dessus desquels il n'y a rien.

Ces pièces-là étaient d'une espèce inconnue, et l'on vit un nouveau théâtre. Alors Corneille, par l'étude d'Aristote et d'Horace, par son expérience, par ses réflexions, et plus encore par son génie, trouva les sources du beau, qu'il a depuis ouvertes à tout monde dans les discours qui sont à la tête de ses comédies. De là vient qu'il est regardé comme le père du théâtre français. Il lui a donné le premier une forme raisonnable ; il l'a porté à son plus haut point de perfection, et a laissé son secret à qui s'en pourra servir.

Avant que l'on jouât *Polyeucte*, Corneille le lut à l'hôtel de Rambouillet, souverain tribunal des affaires d'esprit en ce temps-là. La pièce y fut applaudie autant que le demandaient la bienséance et la grande réputation que l'auteur avait déjà. Mais quelques jours après, Voiture vint trouver Corneille, et prit des tours forts délicats pour lui dire que *Polyeucte* n'avait pas réussi comme il pensait, que surtout le christianisme avait extrêmement déplu. Corneille, alarmé, voulut retirer la pièce d'entre les mains des comédiens qui l'apprenaient; mais enfin il la leur laissa sur la parole d'un d'entre eux qui n'y jouait point, parce qu'il était trop mauvais acteur. Était-ce donc à ce comédien [1] à juger mieux que tout l'hôtel de Rambouillet?

Pompée suivit *Polyeucte*. Ensuite vint le *Menteur*, pièce comique, et presque entièrement prise de l'espagnol, selon la coutume de ce temps-là.

Quoique le *Menteur* soit très agréable, et qu'on l'applaudisse encore aujourd'hui sur le théâtre, j'avoue que la comédie n'était point encore arrivée à sa perfection. Ce qui dominait dans les pièces, c'était l'intrigue et les incidents, erreurs de noms, déguisements, lettres interceptées, aventures nocturnes; et c'est pourquoi on prenait presque tous les sujets chez les Espagnols, qui triomphent sur ces matières. Ces pièces ne laissaient pas d'être fort plaisantes, et pleines d'esprit : témoin le *Menteur*, dont nous parlons, *Don Bertrand de Cigaral*, le *Geolier de soi-même*. Mais enfin la plus grande beauté de la comédie était inconnue; on ne songeait point aux mœurs et aux caractères; on allait chercher bien loin le ridicule dans des évènements imaginés avec beaucoup de peine, et on ne s'avisait point de l'aller prendre dans le cœur humain, où est sa principale habitation. Molière est le premier qui l'ait été chercher là, et celui qui l'a le mieux mis en œuvre : homme inimitable, et à qui la comédie doit autant que la tragédie à Corneille.

Comme le *Menteur* eut beaucoup de succès Corneille lui donna une *suite*, mais qui ne réussit guère. Il en découvre lui-même la raison dans les examens qu'il a faits de ses pièces. Là il s'établit juge de ses propres ouvrages, et en parle avec un noble désintéressement, dont il tire en même temps le double fruit, et de prévenir l'envie sur le mal qu'elle en pourrait dire, et de se rendre lui-même croyable sur le bien qu'il en dit.

A la suite du *Menteur* succéda *Rodogune*. Il a écrit quelque part que, pour trouver la plus belle de ses pièces, il fallait choisir entre *Rodogune* et *Cinna*; et ceux qui il en a parlé ont démêlé sans beaucoup de peine qu'il était pour *Rodogune*. Il ne m'appartient nullement de prononcer sur cela; mais peut-être préférait-il *Rodogune*, parce qu'elle lui avait extrêmement coûté : il fut plus d'un an à disposer le sujet. Peut-être voulait-il, en mettant son affection de ce côté-là, balancer celle du public, qui paraît être de l'autre. Pour moi, si j'ose le dire, je ne mettrais point le différent entre *Rodogune* et *Cinna*; il me paraît aisé de choisir entre elles; et je connais quelque pièce [2] de Corneille que je ferais passer encore avant la plus belle des deux.

On apprendra dans les examens de P. Corneille, mieux que l'on ne ferait ici, l'histoire de *Théodore*, d'*Héraclius*, de *Don Sanche d'Aragon*, d'*Andromède*, de *Nicomède*, et de *Pertharite*. On y verra pourquoi *Théodore* et *Don Sanche* réussirent fort peu, et pourquoi *Pertharite* tomba absolument. On ne put souffrir, dans *Théodore*, la seule idée du péril de la prostitution; et si le public était devenu si délicat, à qui Corneille devait-il s'en prendre qu'à lui-même? Avant lui, le viol réussissait dans les pièces de Hardy. Il manqua à *Don Sanche un suffrage illustre* [1] qui lui fit manquer tous ceux de la cour : exemple assez commun de la soumission des Français à certaines autorités. Enfin, un mari qui veut racheter sa femme en cédant un royaume fut encore sans comparaison plus insupportable dans *Pertharite*, que la prostitution ne l'avait été dans *Théodore*. Le bon mari n'osa se montrer au public que deux fois. Cette chute du grand Corneille peut être mise parmi les exemples les plus remarquables des vicissitudes du monde; et Bélisaire demandant l'aumône n'est pas plus étonnant.

Il se dégoûta du théâtre, et déclara qu'il y renonçait dans une petite préface assez chagrine qu'il mit au-devant de *Pertharite*. Il dit pour raison qu'il commence à vieillir; et cette raison n'est que trop bonne, surtout quand il s'agit de poésie et des autres talents de l'imagination. L'espèce d'esprit qui dépend de l'imagination, et c'est ce qu'on appelle communément *esprit* dans le monde, ressemble à la beauté, et ne subsiste qu'avec la jeunesse. Il est vrai que la vieillesse vient plus tard pour l'esprit; mais elle vient. Les plus dangereuses qualités qu'elle lui apporte sont la sécheresse et la dureté; et il y a des esprits qui en sont naturellement plus susceptibles que d'autres, et qui donnent plus de prise aux ravages du temps : ce sont ceux qui avaient de la noblesse, de la grandeur, quelque chose de fier et d'austère. Cette sorte de caractère contracte aisément par les années je ne sais quoi de sec et de dur.

C'est à peu près ce qui arriva à Corneille : il ne perdit pas en vieillissant l'inimitable noblesse de son génie; mais il s'y mêla quelquefois un peu de dureté. Il avait poussé les grands sentiments aussi loin que la nature pouvait souffrir qu'ils allassent; il commença de temps en temps à les pousser un peu plus loin. Ainsi dans *Pertharite* une reine consent à épouser un tyran qu'elle déteste, pourvu qu'il égorge un fils unique qu'elle a, et que par cette action il se rende aussi odieux qu'elle souhaite qu'il le soit. Il est aisé de voir que ce sentiment, au lieu d'être noble, n'est que dur; et il ne faut trouver mauvais que le public ne l'ait pas goûté.

Après *Pertharite*, Corneille, rebuté du théâtre, entreprit la traduction en vers de l'*Imitation de Jésus-Christ*. Il y fut porté par des pères jésuites de ses amis, par des sentiments de piété qu'il eut toute sa vie, et peut-être aussi par l'activité de son génie qui ne pouvait demeurer oisif. Cet ouvrage eut un succès prodigieux, et le dédommagea en toutes manières d'avoir quitté le théâtre. Cependant, si j'ose en parler avec une liberté que je ne devrais peut-être pas me permettre, je ne trouve point dans la traduction de Corneille le plus grand charme de l'*Imitation de Jésus-Christ*, je veux dire sa simplicité et sa naïveté. Elle se

---

[1] Il s'appelait Hauteroche. Il est auteur de quelques comédies. T. Corneille mit sous son nom le *Deuil* et l'*Esprit follet*.

Polyeucte.

[1] Celui de Louis de Bourbon, prince de Condé.

perd dans la pompe des vers qui était naturelle à Corneille, et je crois même qu'absolument la forme des vers lui est contraire. Ce livre, le plus beau qui soit parti de la main d'un homme, puisque l'Évangile n'en vient pas, n'irait pas droit au cœur comme il fait, et ne s'en saisirait pas avec tant de force, s'il n'avait un air naturel et tendre, à quoi la négligence même du style aide beaucoup.

Il se passe six ans pendant lesquels il ne parut de Corneille que l'*Imitation* en vers. Mais enfin, sollicité par M. Fouquet, et peut-être encore plus poussé par son penchant naturel, il se rengagea au théâtre. M. le surintendant, pour lui faciliter ce retour et lui ôter toutes les excuses que lui aurait pu fournir la difficulté de trouver des sujets, lui en proposa trois. Celui qu'il prit fut *Œdipe*; Thomas Corneille son frère prit *Camma*, qui était le second. Je ne sais quel fut le troisième.

La réconciliation de Corneille et du théâtre fut heureuse; *Œdipe* réussit fort bien. *La Toison d'or* fut faite ensuite à l'occasion du mariage du roi; et c'est la plus belle pièce à machines que nous ayons. Les machines, qui sont ordinairement étrangères à la pièce, deviennent par l'art du poète nécessaires à celle-là; et surtout le prologue doit servir de modèle aux prologues à la moderne, qui sont faits pour exposer non pas le sujet de la pièce, mais l'occasion pour laquelle elle a été faite.

Ensuite parurent *Sertorius* et *Sophonisbe*. Dans la première de ces deux pièces, la grandeur romaine éclate dans toute sa pompe, et l'idée qu'on pourrait se former de la conversation de deux grands hommes qui ont de grands intérêts à démêler est encore surpassée par la scène de Pompée et de Sertorius. Il semble que Corneille ait eu des mémoires particuliers sur les Romains. *Sophonisbe* avait déjà été traitée par Mairet avec beaucoup de succès, et Corneille avoue qu'il se trouvait bien hardi d'oser la traiter de nouveau. Si Mairet avait joui de cet aveu, il en aurait été fort glorieux, même étant vaincu.

Il faut croire qu'*Agésilas* est de Corneille, puisque son nom y est, et qu'il y a une scène d'Agésilas et de Lysander qui ne pourrait pas facilement être d'un autre.

Après *Agésilas* vint *Othon*, ouvrage où Tacite est mis en œuvre par le grand Corneille, et où se sont unis deux génies si sublimes. Corneille y a peint la corruption de la cour des empereurs du même pinceau dont il avait peint les vertus de la république.

En ce temps-là des pièces d'un caractère fort différent des siennes parurent avec éclat sur le théâtre : elles étaient pleines de tendresse et de sentiments aimables. Si elles n'allaient pas jusqu'aux beautés sublimes, elles étaient bien éloignées de tomber dans des défauts choquants. Une élévation qui n'est pas du premier degré, beaucoup d'amour, un style très agréable et d'une élégance qui ne se démentait point, une infinité de traits vifs et naturels, un jeune auteur : voilà ce qu'il fallait aux femmes, dont le jugement a tant d'autorité au théâtre françois. Aussi furent-elles charmées, et Corneille ne fut plus chez elles que le vieux Corneille. J'en excepte quelques femmes qui valaient des hommes.

Le goût du siècle se tourna donc entièrement du côté du genre de tendresse moins noble, et dont le modèle se retrouvait plus aisément dans la plupart des cœurs. Mais Corneille dédaigna fièrement d'avoir de la complaisance pour ce nouveau goût. Peut-être croira-t-on que son âge ne lui permettait pas d'en avoir : ce soupçon serait très légitime, si l'on ne voyait ce qu'il a fait dans la *Psyché* de Molière, où, étant à l'ombre du nom d'autrui, il s'est abandonné à un excès de tendresse dont il n'aurait pas voulu déshonorer son nom.

Il ne pouvait mieux braver son siècle qu'en lui donnant *Attila*, digne roi des Huns. Il règne dans cette pièce une férocité noble que lui seul pouvait attraper. La scène où Attila délibère s'il se doit allier à l'Empire qui tombe, ou à la France qui s'élève, est une des belles choses qu'il ait faites.

Bérénice fut un duel dont tout le monde sait l'histoire. Une princesse[1], fort touchée des choses d'esprit, et qui eût pu les mettre à la mode dans un pays barbare, eut besoin de beaucoup d'adresse pour faire trouver les deux combattants sur le champ de bataille sans qu'ils sussent où on les menait. Mais à qui demeura la victoire ? au plus jeune.

Il ne reste plus que *Pulchérie* et *Suréna*, tous deux sans comparaison meilleurs que *Bérénice*, tous deux dignes de la vieillesse d'un grand homme. Le caractère de Pulchérie est de ceux que lui seul savait faire, et il s'est dépeint lui-même avec bien de la force dans Martian, qui est un vieillard amoureux. Le cinquième acte de cette pièce est tout à fait beau.

On voit dans *Suréna* une belle peinture d'un homme que son trop de mérite et de trop grands services rendent criminel auprès de son maître; et ce fut par ce dernier effort que Corneille termina sa carrière.

La suite de ses pièces représente ce qui doit naturellement arriver à un grand homme qui pousse le travail jusqu'à la fin de sa vie. Ses commencements sont faibles et imparfaits, mais déjà dignes d'admiration par rapport à son siècle; ensuite il va aussi haut que son art peut atteindre; à la fin il s'affaiblit, s'éteint peu à peu, et n'est plus semblable à lui-même que par intervalles.

Après *Suréna*, qui fut joué en 1675, Corneille renonça tout de bon au théâtre, et ne pensa plus qu'à mourir chrétiennement. Il ne fut pas même en état d'y penser beaucoup la dernière année de sa vie.

Je n'ai pas cru devoir interrompre la suite de ses grands ouvrages, pour parler de quelques autres beaucoup moins considérables qu'il a donnés de temps en temps. Il a fait, étant jeune, quelques petites pièces de galanterie, qui sont répandues dans des recueils. On a encore de lui quelques petites pièces de cent ou de deux cents vers au roi, soit pour le féliciter de ses victoires, soit pour lui demander des graces, soit pour le remercier de celles qu'il en avait reçues. Il a traduit deux ouvrages latins du père de La Rue, tous deux d'assez longue haleine, et plusieurs autres petites pièces de M. de Santeuil. Il estimait extrêmement ces deux poètes. Lui-même faisait fort bien des vers latins; et il en fit sur la campagne de Flandre, en 1667, qui parurent si beaux, que non seulement plusieurs personnes les mirent en françois, mais que les meilleurs poètes latins en prirent l'idée, et les mirent encore en latin.

Il avait traduit sa première scène de *Pompée* en vers du style de Sénèque le tragique, pour lequel il n'avait pas d'aversion, non plus que pour Lucain. Il fallait aussi qu'il n'en eût pas pour Stace, fort inférieur à Lucain, puisqu'il en a tra-

---

[1] Henriette-Anne d'Angleterre.

duit en vers et publié les deux premiers livres de *la Thébaïde*. Ils ont échappé à toutes les recherches qu'on a faites depuis un temps pour en retrouver quelques exemplaires.

Corneille était assez grand et assez plein, l'air fort simple et fort commun, toujours négligé, et peu curieux de son extérieur. Il avait le visage assez agréable, un grand nez, la bouche belle, les yeux pleins de feu, la physionomie vive, des traits fort marqués, et propres à être transmis à la postérité dans une médaille ou dans un buste. Sa prononciation n'était pas tout à fait nette; il lisait ses vers avec force, mais sans grace.

Il savait les belles-lettres, l'histoire, la politique; mais il les prenait principalement du côté qu'elles ont rapport au théâtre. Il n'avait pour toutes les autres connaissances ni loisir, ni curiosité, ni beaucoup d'estime. Il parlait peu, même sur la matière qu'il entendait si parfaitement. Il n'ornait pas ce qu'il disait; et pour trouver le grand Corneille, il le fallait lire.

Il était mélancolique; il lui fallait des sujets plus solides pour espérer et pour se réjouir que pour se chagriner ou pour craindre. Il avait l'humeur brusque, et quelquefois rude en apparence; au fond il était très aisé à vivre, bon père, bon mari, bon parent, tendre et plein d'amitié. Son tempérament le portait assez à l'amour, mais jamais au libertinage, et rarement aux grands attachements. Il avait l'âme fière et indépendante; nulle souplesse, nul manège; ce qui l'a rendu très propre à peindre la vertu romaine, et très peu propre à faire sa fortune. Il n'aimait point la cour; il y apportait un visage presque inconnu, un grand nom qui ne s'attirait que des louanges, et un mérite qui n'était point le mérite de ce pays-là. Rien n'était égal à son incapacité pour les affaires que son aversion; les plus légères lui causaient de l'effroi et de la terreur. Quoique son talent lui eût beaucoup rapporté, il n'en était guère plus riche. Ce n'est pas qu'il eût été fâché de l'être; mais il eût fallu le devenir par une habileté qu'il n'avait pas, et par des soins qu'il ne pouvait prendre. Il ne s'était point trop endurci aux louanges, à force d'en recevoir; mais, s'il était sensible à la gloire, il était fort éloigné de la vanité. Quelquefois il se confiait trop peu à son rare mérite, et croyait trop facilement qu'il pût avoir des rivaux

A beaucoup de probité naturelle il a joint, dans tous les temps de sa vie, beaucoup de religion, et plus de piété que le commerce du monde n'en permet ordinairement. Il a eu souvent besoin d'être rassuré par des casuistes sur ses pièces de théâtre, et ils lui ont toujours fait grace en faveur de la pureté qu'il avait établie sur la scène, des nobles sentiments qui règnent dans ses ouvrages, et de la vertu qu'il a mise jusque dans l'amour.

FIN DE LA VIE DE P. CORNEILLE.

LE CID,

TRAGÉDIE EN CINQ ACTES.

1636.

PERSONNAGES.

DON FERNAND, premier roi de Castille.
DONA URRAQUE, infante de Castille.
DON DIÈGUE, père de don Rodrigue.
DON GOMÈS, comte de Gormas, père de Chimène.
CHIMÈNE, fille de don Gomès.
DON RODRIGUE, fils de don Diègue, et amant de Chimène.
DON SANCHE, amoureux de Chimène.
DON ARIAS, } gentilshommes castillans.
DON ALONSE, }
LÉONOR, gouvernante de l'infante.
ELVIRE, gouvernante de Chimène.
Un page de l'infante.

La scène est à Séville*.

* Remarquez que la scène est tantôt au palais du roi, tantôt dans la maison du comte de Gormas, tantôt dans la ville; mais, comme je le dis ailleurs, l'unité de lieu serait observée aux yeux des spectateurs, si on avait eu des théâtres dignes de Corneille, semblables à celui de Vicence, qui représente une ville, un palais, des rues, une place, etc.; car cette unité ne consiste pas à représenter toute l'action dans un cabinet, dans une chambre, mais dans plusieurs endroits contigus que l'œil puisse apercevoir sans peine.

LE CID.

ACTE PREMIER.

SCÈNE PREMIÈRE*.
CHIMÈNE, ELVIRE.

CHIMÈNE.

Elvire, m'as-tu fait un rapport bien sincère ?
Ne déguises-tu rien de ce qu'a dit mon père ?

ELVIRE.

Tous mes sens à moi-même en sont encor charmés :
Il estime Rodrigue autant que vous l'aimez ;
Et si je ne m'abuse à lire dans son ame,
Il vous commandera de répondre à sa flamme.

CHIMÈNE.

Dis-moi donc, je te prie, une seconde fois
Ce qui te fait juger qu'il approuve mon choix
Apprends-moi de nouveau quel espoir j'en dois prendre ;
Un si charmant discours ne se peut trop entendre ;
Tu ne peux trop promettre aux feux de notre amour
La douce liberté de se montrer au jour.
Que t'a-t-il répondu sur la secrète brigue
Que font auprès de toi don Sanche et don Rodrigue ?
N'as-tu point trop fait voir quelle inégalité
Entre ces deux amants me penche d'un côté ?

ELVIRE.

No , j'ai peint votre cœur dans une indifférence
Qui n'enfle d'aucun d'eux, ni détruit l'espérance,
Et sans les voir d'un œil trop sévère ou trop doux,
Attend l'ordre d'un père à choisir un époux.
Ce respect l'a ravi, sa bouche et son visage
M'en ont donné sur l'heure un digne témoignage ;
Et puisqu'il vous en faut encor faire un récit,
Voici d'eux et de vous ce qu'en hâte il m'a dit :
« Elle est dans le devoir, tous deux sont dignes d'elle,
« Tous deux formés d'un sang noble, vaillant, fidèle,
« Jeunes, mais qui font lire aisément dans leurs yeux
« L'éclatante vertu de leurs braves aïeux.
« Don Rodrigue surtout n'a trait en son visage,
« Qui d'un homme de cœur ne soit la haute image,
« Et sort d'une maison si féconde en guerriers,
« Qu'ils y prennent naissance au milieu des lauriers.
« La valeur de son père en son temps sans pareille,
« Tant qu'a duré sa force, a passé pour merveille ;
« Ses rides sur son front ont gravé ses exploits,
« Et nous disent encor ce qu'il fut autrefois.
« Je me promets du fils ce que j'ai vu du père,
« Et ma fille, en un mot, peut l'aimer et me plaire. »
Il allait au conseil, dont l'heure qui pressait
A tranché ce discours qu'à peine il commençait ;
Mais à ce peu de mots je crois que sa pensée
Entre vos deux amants n'est pas fort balancée.
Le roi doit à son fils élire un gouverneur,
Et c'est lui que regarde un tel degré d'honneur ;
Ce choix n'est pas douteux et sa rare vaillance
Ne peut souffrir qu'on craigne aucune concurrence.
Comme ses hauts exploits le rendent sans égal,
Dans un espoir si juste il sera sans rival :
Et puisque don Rodrigue a résolu son père
Au sortir du conseil à proposer l'affaire,
Je vous laisse à juger s'il prendra bien son temps,
Et si tous vos désirs seront bientôt contents.

CHIMÈNE.

Il semble toutefois que mon ame troublée
Refuse cette joie, et s'en trouva accablée.

---

* Dans l'origine, LE CID portait le titre de tragi-comédie, et s'ouvrait par une scène entre le comte de Gormas et Elvire, dans laquelle Corneille mettait en dialogue ce que Chimène apprend par le récit de sa suivante ; en changeant la forme de son exposition, l'auteur donna plus de rapidité à son action.

Un moment donne au sort des visages divers,
Et dans ce grand bonheur je crains un grand revers.

ELVIRE.

Vous verrez votre crainte heureusement déçue.

CHIMÈNE.

Allons, quoi qu'il en soit, en attendre l'issue.

SCÈNE II.
L'INFANTE, LÉONOR, PAGE.

L'INFANTE.

Page, allez avertir Chimène de ma part
Qu'aujourd'hui pour me voir elle attend un peu tard,
Et que mon amitié se plaint de sa paresse.
(Le page rentre.)

LÉONOR.

Madame, chaque jour même desir vous presse ;
Et dans son entretien je vous vois chaque jour,
Demander en quel point se trouve son amour.

L'INFANTE.

Ce n'est pas sans sujet ; je l'ai presque forcée
A recevoir les traits dont son ame est blessée ;
Elle aime don Rodrigue, et le tient de ma main,
Et par moi don Rodrigue a vaincu son dédain :
Ainsi de ces amants ayant formé les chaînes,
Je dois prendre intérêt à voir finir leurs peines.

LÉONOR.

Madame, toutefois parmi leurs bons succès
Vous montrez un chagrin qui va jusqu'à l'excès.
Cet amour, qui tous deux, les comble d'allégresse,
Fait-il de ce grand cœur la profonde tristesse ?
Et ce grand intérêt que vous prenez pour eux
Vous rend-il malheureuse alors qu'ils sont heureux ?
Mais je vais trop avant et deviens indiscrète.

L'INFANTE.

Ma tristesse redouble à la tenir secrète.
Ecoute, écoute enfin comme j'ai combattu,
Ecoute quels assauts brave encor ma vertu.
L'amour est un tyran qui n'épargne personne.
Ce jeune cavalier, cet amant que je donne,
Je l'aime.

LÉONOR.
Vous l'aimez !

L'INFANTE.
Mets la main sur mon cœur,
Et vois comme il se trouble au nom de son vainqueur,
Comme il le reconnaît !

LÉONOR.
Pardonnez-moi, madame,
Si je sors du respect pour blâmer cette flamme.
Une grande princesse à ce point s'oublier
Que d'admettre en son cœur un simple cavalier !
Et que dirait le roi, que dirait la Castille ?
Vous souvient-il encor de qui vous êtes fille ?

L'INFANTE.

Il m'en souvient si bien que j'épandrais mon sang,
Avant que je m'abaisse à démentir mon rang.
Je te répondrais bien que dans les belles ames
Le seul mérite a droit de produire des flammes ;
Et, si ma passion cherchait à s'excuser,
Mille exemples fameux pourraient l'autoriser ;
Mais je n'en veux point suivre où ma gloire s'engage :
La surprise des sens n'abat point mon courage,
Et je me dis toujours qu'étant fille de roi,
Tout autre qu'un monarque est indigne de moi.
Quand je vis que mon cœur ne se pouvait défendre,
Moi-même je donnai ce que je n'osais prendre ;
Je mis, au lieu de moi, Chimène en ses liens,
Et j'allumai leurs feux pour éteindre les miens.
Ne t'étonne donc plus si mon ame gênée
Avec impatience attend leur hyménée :
Tu vois que mon repos en dépend aujourd'hui.
Si l'amour vit d'espoir, il périt avec lui :
C'est un feu qui s'éteint faute de nourriture,
Et, malgré la rigueur de ma triste aventure,
Si Chimène a jamais Rodrigue pour mari,
Mon espérance est morte, et mon esprit guéri.

Je souffre cependant un tourment incroyable.
Jusques à cet hymen Rodrigue m'est aimable :
Je travaille à le perdre, et le perds à regret ;
Et de là prend son cours mon déplaisir secret.
Je vois avec chagrin que l'amour me contraigne
A pousser des soupirs pour ce que je dédaigne ;
Je sens en deux partis mon esprit divisé,
Si mon courage est haut, mon cœur est embrasé.
Cet hymen m'est fatal, je le crains, et souhaite :
Je n'ose en espérer qu'une joie imparfaite.
Ma gloire et mon amour ont pour moi tant d'appas
Que je meurs s'il s'achève, ou ne s'achève pas.

LÉONOR.

Madame, après cela je n'ai rien à vous dire,
Sinon que de vos maux avec vous je soupire :
Je vous blâmais tantôt, je vous plains à présent.
Mais, puisque dans un mal si doux et si cuisant
Votre vertu combat et son charme et sa force,
En repousse l'assaut, en rejette l'amorce,
Elle rendra le calme à vos esprits flottants.
Espérez donc tout d'elle et du secours du temps ;
Espérez tout du ciel : il a trop de justice
Pour laisser la vertu dans un si long supplice.

L'INFANTE.

Ma plus douce espérance est de perdre l'espoir.

LE PAGE.

Par vos commandements Chimène vous vient voir

L'INFANTE, à Léonor.

Allez l'entretenir en cette galerie.

LÉONOR.

Voulez-vous demeurer dedans la rêverie?

L'INFANTE.

Non, je veux seulement, malgré mon déplaisir,
Remettre mon visage un peu plus à loisir.
Je vous suis.

L'INFANTE.

Juste ciel, d'où j'attends mon remède.
Mets enfin quelque borne au mal qui me possède
Assure mon repos, assure mon honneur.
Dans le bonheur d'autrui je cherche mon bonheur.
Cet hyménée à trois également importe ;
Rends son effet plus prompt, ou mon ame plus forte.
D'un lien conjugal joindre ces deux amants,
C'est briser tous mes fers, et finir mes tourments.
Mais je tarde un peu trop, allons trouver Chimène,
Et, par son entretien, soulager notre peine.

SCÈNE III.

LE COMTE, D. DIÈGUE.

LE COMTE.

Enfin vous l'emportez, et la faveur du roi
Vous élève en un rang qui n'était dû qu'à moi ;
Il vous fait gouverneur du prince de Castille.

D. DIEGUE.

Cette marque d'honneur qu'il met dans ma famille
Montre à tous qu'il est juste, et fait connaître assez
Qu'il sait récompenser les services passés.

LE COMTE. [sommes :
Pour grands que soient les rois, ils sont ce que nous
Ils peuvent se tromper comme les autres hommes ;
Et ce choix sert de preuve à tous les courtisans
Qu'ils savent mal payer les services présens.

D. DIEGUE.

Ne parlons plus d'un choix dont votre esprit s'irrite ;
La faveur l'a pu faire autant que le mérite,
Mais on doit ce respect au pouvoir absolu,
De n'examiner rien quand un roi l'a voulu.
A l'honneur qu'il m'a fait ajoutez-en un autre ;
Joignons d'un sacré nœud ma maison à la vôtre.
Vous n'avez qu'une fille, et moi je n'ai qu'un fils ;
Leur hymen nous peut rendre à jamais plus qu'amis
Faites-nous cette grace, et l'acceptez pour gendre.

LE COMTE.

A des partis plus hauts ce beau fils doit prétendre,

Et le nouvel éclat de votre dignité,
Lui doit enfler le cœur d'une autre vanité.
Exercez-la, monsieur, et gouvernez le prince :
Montrez-lui comme il faut régir une province,
Faire trembler partout les peuples sous sa loi,
Remplir les bons d'amour, et les méchants d'effroi:
Joignez à ces vertus celle d'un capitaine ;
Montrez-lui comme il faut s'endurcir à la peine,
Dans le métier de Mars se rendre sans égal,
Passer les jours entiers et les nuits à cheval,
Reposer tout armé, forcer une muraille,
Et ne devoir qu'à soi le gain d'une bataille :
Instruisez-le d'exemple, et rendez-le parfait,
Expliquant à ses yeux vos leçons par l'effet.

D. DIEGUE.

Pour s'instruire d'exemple, en dépit de l'envie
Il lira seulement l'histoire de ma vie.
Là, dans un long tissu de belles actions,
Il verra comme il faut dompter les nations,
Attaquer une place, ordonner une armée,
Et sur de grands exploits bâtir sa renommée.

LE COMTE.

Les exemples vivants sont d'un autre pouvoir
Un prince, dans un livre, apprend mal son devoir.
Et qu'a fait, après tout, ce grand nombre d'années,
Que ne puisse égaler une de mes journées ?
Si vous fûtes vaillant, je le suis aujourd'hui ;
Et ce bras, du royaume est le plus ferme appui.
Grenade et l'Aragon tremblent que ce fer brille
Mon nom sert de rempart à toute la Castille :
Sans moi, vous passeriez bientôt sous d'autres lois,
Et vous auriez bientôt vos ennemis pour rois.
Chaque jour, chaque instant, pour rehausser ma gloire,
Met lauriers sur lauriers, victoire sur victoire :
Le prince à mes côtés ferait dans les combats
L'essai de son courage à l'ombre de mon bras ;
Il apprendrait à vaincre en me regardant faire ;
Et, pour répondre en hâte à son grand caractère,
Il verrait....

D. DIEGUE.

Je le sais, vous servez bien le roi.
Je vous ai vu combattre et commander sous moi.
Quand l'âge dans mes nerfs a fait couler sa glace,
Votre rare valeur a bien rempli ma place.
Enfin, pour épargner les discours superflus,
Vous êtes aujourd'hui ce qu'autrefois je fus.
Vous voyez toutefois qu'en cette concurrence
Un monarque entre nous met quelque différence.

LE COMTE.

Ce que je méritais vous l'avez emporté.

D. DIEGUE.

Qui l'a gagné sur vous l'avait mieux mérité.

LE COMTE.

Qui peut mieux l'exercer en est bien le plus digne.

D. DIEGUE.

En être refusé n'en est pas un bon signe.

LE COMTE.

Vous l'avez eu par brigue, étant vieux courtisan.

D. DIEGUE.

L'éclat de mes hauts faits fut mon seul partisan.

LE COMTE.

Parlons-en mieux, le roi fait honneur à votre âge.

D. DIEGUE.

Le roi, quand il en fait, le mesure au courage.

LE COMTE.

Et par là cet honneur n'était dû qu'à mon bras.

D. DIEGUE.

Qui n'a pu l'obtenir ne le méritait pas.

LE COMTE.

Ne le méritait pas ! Moi?

D. DIEGUE.

Vous.

LE COMTE.

Ton impudence,
Téméraire vieillard, aura sa récompense.

(Il lui donne un soufflet.)

D. DIEGUE, *mettant l'épée à la main.*

Achève, et prends ma vie après un tel affront,
Le premier dont ma race ait vu rougir son front.

LE COMTE.

Et que penses-tu faire avec tant de faiblesse?

D. DIEGUE.

O Dieu! ma force usée en ce besoin me laisse!

LE COMTE.

Ton épée est à moi; mais tu serais trop vain,
Si ce honteux trophée avait chargé ma main.
Adieu. Fais lire au prince, en dépit de l'envie,
Pour son instruction l'histoire de ta vie;
D'un insolent discours ce juste châtiment
Ne lui servira pas d'un petit ornement.

SCÈNE IV.

D. DIEGUE.

O rage! ô désespoir! ô vieillesse ennemie!
N'ai-je donc tant vécu que pour cette infamie?
Et ne suis-je blanchi dans les travaux guerriers
Que pour voir en un jour flétrir tant de lauriers?
Mon bras qu'avec respect toute l'Espagne admire,
Mon bras, qui tant de fois a sauvé cet empire,
Tant de fois affermi le trône de son roi,
Trahit donc ma querelle, et ne fait rien pour moi?
O cruel souvenir de ma gloire passée!
OEuvre de tant de jours en un jour effacée!
Nouvelle dignité, fatale à mon bonheur!
Précipice élevé d'où tombe mon honneur!
Faut-il de votre éclat voir triompher le comte,
Et mourir sans vengeance, ou vivre dans la honte?
Comte, sois de mon prince à présent gouverneur;
Ce haut rang n'admet point un homme sans honneur
Et ton jaloux orgueil, par cet affront insigne,
Malgré le choix du roi m'en a su rendre indigne.
Et toi, de mes exploits glorieux instrument,
Mais d'un corps tout de glace inutile ornement,
Fer, jadis tant à craindre, et qui, dans cette offense,
M'as servi de parade, et non pas de défense,
Va, quitte désormais le dernier des humains,
Passe, pour me venger, en de meilleures mains.

SCÈNE V.

D. DIEGUE, D. RODRIGUE.

D. DIEGUE.

Rodrigue, as-tu du cœur?

D. RODRIGUE.

Tout autre que mon père
L'éprouverait sur l'heure.

D. DIEGUE.

Agréable colère!
Digne ressentiment à ma douleur bien doux!
Je reconnais mon sang à ce noble courroux;
Ma jeunesse revit en cette ardeur si prompte.
Viens, mon fils, viens, mon sang, viens réparer ma
Viens me venger. [honte,

D. RODRIGUE.

De quoi?

D. DIEGUE.

D'un affront si cruel,
Qu'à l'honneur de tous deux il porte un coup mortel,
D'un soufflet. L'insolent en eût perdu la vie;
Mais mon âge a trompé ma généreuse envie;
Et ce fer, que mon bras ne peut plus soutenir,
Je le remets au tien pour venger et punir.
Va contre un arrogant éprouver ton courage:
Ce n'est que dans le sang qu'on lave un tel outrage;
Meurs, ou tue. Au surplus, pour ne te point flatter,
Je te donne à combattre un homme à redouter,
Je l'ai vu tout couvert de sang et de poussière,
Porter partout l'effroi dans une armée entière.
J'ai vu, par sa valeur, cent escadrons rompus;
Et, pour t'en dire encor quelque chose de plus,
Plus que brave soldat, plus que grand capitaine,
C'est....

D. RODRIGUE.

De grace, achevez.

D. DIEGUE.

Le père de Chimène.

D. RODRIGUE.

Le...?

D. DIEGUE.

Ne réplique point, je connais ton amour;
Mais qui peut vivre infame est indigne du jour;
Plus l'offenseur est cher, et plus grande est l'offense.
Enfin tu sais l'affront, et tu tiens la vengeance:
Je ne te dis plus rien. Venge-moi, venge-toi.
Montre-toi digne fils d'un père tel que moi.
Accablé des malheurs où le destin me range,
Je vais les déplorer. Va, cours, vole, et nous venge.

SCÈNE VI.

D. RODRIGUE.

Percé jusques au fond du cœur
D'une atteinte imprévue aussi bien que mortelle,
Misérable vengeur d'une juste querelle,
Et malheureux objet d'une injuste rigueur,
Je demeure immobile, et mon ame abattue
Cède au coup qui me tue.
Si près de voir mon feu récompensé,
O Dieu! l'étrange peine!
En cet affront mon père est l'offensé,
Et l'offenseur le père de Chimène!

Que je sens de rudes combats!
Contre mon propre honneur mon amour s'intéresse:
Il faut venger un père, et perdre une maîtresse.
L'un m'anime le cœur, l'autre retient mon bras.
Réduit au triste choix ou de trahir ma flamme,
Ou de vivre en infame,
Des deux côtés mon mal est infini.
O Dieu! l'étrange peine!
Faut-il laisser un affront impuni?
Faut-il punir le père de Chimène?

Père, maîtresse, honneur, amour,
Noble et dure contrainte, aimable tyrannie,
Tous mes plaisirs sont morts, ou ma gloire ternie.
L'un me rend malheureux, l'autre indigne du jour.
Cher et cruel espoir d'une ame généreuse,
Mais ensemble amoureuse,
Digne ennemi de mon plus grand bonheur,
Fer qui causes ma peine,
M'es-tu donné pour venger mon honneur?
M'es-tu donné pour perdre ma Chimène?

Il vaut mieux courir au trépas.
Je dois à ma maîtresse aussi bien qu'à mon père;
J'attire en me vengeant sa haine et sa colère;
J'attire ses mépris en ne me vengeant pas.
A mon plus doux espoir l'un me rend infidèle,
Et l'autre indigne d'elle.
Mon mal augmente à le vouloir guérir;
Tout redouble ma peine.
Allons, mon ame; et puisqu'il faut mourir,
Mourons du moins sans offenser Chimène.

Mourir sans tirer ma raison!
Rechercher un trépas si mortel à ma gloire!
Endurer que l'Espagne impute à ma mémoire
D'avoir mal soutenu l'honneur de ma maison!
Respecter un amour dont mon ame égarée
Voit la perte assurée!
N'écoutons plus ce penser suborneur,
Qui ne sert qu'à ma peine.
Allons, mon bras, sauvons du moins l'honneur,
Puisqu'après tout il faut perdre Chimène.

Oui, mon esprit s'était déçu.
Je dois tout à mon père avant qu'à ma maîtresse:
Que je meure au combat, ou meure de tristesse,
Je rendrai mon sang pur comme je l'ai reçu.

Je m'accuse déjà de trop de négligence ;
  Courons à la vengeance ;
Et, tout honteux d'avoir tant balancé,
  Ne soyons plus en peine,
(Puisqu'aujourd'hui mon père est l'offensé,)
Si l'offenseur est père de Chimène.

FIN DU PREMIER ACTE.

ACTE II.

SCÈNE PREMIÈRE.

D. ARIAS, LE COMTE.

LE COMTE.

Je l'avoue entre nous, mon sang un peu trop chaud,
S'est trop ému d'un mot, et l'a porté trop haut.
Mais, puisque c'en est fait, le coup est sans remède.

D. ARIAS.

Qu'aux volontés du roi ce grand courage cède :
Il y prend grande part ; et son cœur irrité
Agira contre vous de pleine autorité.
Aussi vous n'avez point de valable defense,
Le rang de l'offensé, la grandeur de l'offense,
Demandent des devoirs et des submissions
Qui passent le commun des satisfactions.

LE COMTE.

Le roi peut, à son gré, disposer de ma vie.

D. ARIAS.

De trop d'emportement votre faute est suivie.
Le roi vous aime encore ; apaisez son courroux :
Il a dit : JE LE VEUX ; désobéirez-vous ?

LE COMTE.

Monsieur, pour conserver tout ce que j'ai d'estime,
Désobéir un peu n'est pas un si grand crime ;
Et, quelque grand qu'il soit, mes services présents
Pour le faire abolir sont plus que suffisants.

D. ARIAS.

Quoi qu'on fasse d'illustre et de considérable,
Jamais à son sujet un roi n'est redevable.
Vous vous flattez beaucoup, et vous devez savoir
Que qui sert bien son roi ne fait que son devoir.
Vous vous perdrez, monsieur, sur cette confiance.

LE COMTE.
Je ne vous en croirai qu'après l'expérience.

D. ARIAS.
Vous devez redouter la puissance d'un roi.

LE COMTE.
Un jour seul ne perd pas un homme tel que moi.
Que toute sa grandeur s'arme pour mon supplice,
Tout l'état périra, s'il faut que je périsse.

D. ARIAS.
Quoi ! vous craignez si peu le pouvoir souverain....

LE COMTE.
D'un sceptre qui sans moi tomberait de sa main.
Il a trop d'interêt lui-même en ma personne,
Et ma tête en tombant ferait choir sa couronne.

D. ARIAS.
Souffrez que la raison remette vos esprits.
Prenez un bon conseil.

LE COMTE.
   Le conseil en est pris.

D. ARIAS.
Que lui dirai-je enfin ? je lui dois rendre compte.

LE COMTE.
Que je ne puis du tout consentir à ma honte.

D. ARIAS.
Mais songez que les rois veulent être absolus.

LE COMTE.
Le sort en est jeté, monsieur ; n'en parlons plus.

D. ARIAS.
Adieu donc, puisqu'en vain je tâche à vous résoudre.
Avec tous vos lauriers, craignez encor le foudre.

LE COMTE.
Je l'attendrai sans peur.

D. ARIAS.
   Mais non pas sans effet.

LE COMTE.
Nous verrons donc par là don Diègue satisfait.
   (Il est seul.)
Qui ne craint point la mort ne craint point les menaces.
J'ai le cœur au-dessus des plus fières disgraces ;
Et l'on peut me réduire à vivre sans bonheur,
Mais non pas me résoudre à vivre sans honneur.

SCÈNE II.

LE COMTE, D. RODRIGUE.

D. RODRIGUE.
A moi, comte, deux mots.

LE COMTE.
  Parle.

D. RODRIGUE.
   Ote-moi d'un doute.
Connais-tu bien don Diègue ?

LE COMTE.
  Oui.

D. RODRIGUE.
   Parlons bas ; écoute.
Sais-tu que ce vieillard fut la même vertu,
La vaillance et l'honneur de son temps ? le sais-tu ?

LE COMTE.
Peut-être.

D. RODRIGUE.
 Cette ardeur que dans les yeux je porte,
Sais-tu que c'est son sang ? le sais-tu ?

LE COMTE.
   Que m'importe ?

D. RODRIGUE.
A quatre pas d'ici je te le fais savoir.

LE COMTE.
Jeune presomptueux.

D. RODRIGUE.

             Parle sans t'émouvoir.
Je suis jeune, il est vrai ; mais aux ames bien nées
La valeur n'attend pas le nombre des années.

LE COMTE.

Te mesurer à moi ! Qui t'a rendu si vain,
Toi qu'on n'a jamais vu les armes à la main?

D. RODRIGUE.

Mes pareils à deux fois ne se font point connaître,
Et pour leurs coups d'essai veulent des coups de maître.

LE COMTE.

Sais-tu bien qui je suis?

D. RODRIGUE.

             Oui : tout autre que moi
Au seul bruit de ton nom pourrait trembler d'effroi.
Les palmes dont je vois ta tête si couverte
Semblent porter écrit le destin de ma perte.
J'attaque en téméraire un bras toujours vainqueur ;
Mais j'aurai trop de force ayant assez de cœur.
A qui venge son père il n'est rien d'impossible.
Ton bras est invaincu, mais non pas invincible.

LE COMTE.

Ce grand cœur qui paraît au discours que tu tiens
Par tes yeux, chaque jour, se découvrait aux miens ;
Et croyant voir en toi l'honneur de la Castille,
Mon ame avec plaisir te destinait ma fille.
Je sais ta passion, et suis ravi de voir
Que tous ces mouvements cèdent à ton devoir ;
Qu'ils n'ont point affaibli cette ardeur magnanime ;
Que ta haute vertu répond à mon estime ;
Et que, voulant pour gendre un cavalier parfait,
Je ne me trompais point au choix que j'avais fait.
Mais je sens que pour toi ma pitié s'intéresse :
J'admire ton courage, et je plains ta jeunesse.
Ne cherche point à faire un coup d'essai fatal ;
Dispense ma valeur d'un combat inégal ;
Trop peu d'honneur pour moi suivrait cette victoire :
A vaincre sans péril, on triomphe sans gloire.
On te croirait toujours abattu sans effort ;
Et j'aurais seulement le regret de ta mort.

D. RODRIGUE.

D'une indigne pitié ton audace est suivie :
Qui m'ose ôter l'honneur craint de m'ôter la vie !

LE COMTE.

Retire toi d'ici.

D. RODRIGUE.

            Marchons sans discourir.

LE COMTE.

Es-tu si las de vivre?

D. RODRIGUE.

            As-tu peur de mourir?

LE COMTE.

Viens, tu fais ton devoir ; et le fils dégénère
Qui survit un moment à l'honneur de son père.

SCÈNE III.

L'INFANTE, CHIMÈNE, LÉONOR.

L'INFANTE.

Apaise, ma Chimène, apaise ta douleur ;
Fais agir ta constance en ce coup de malheur :
Tu reverras le calme après ce faible orage ;
Ton bonheur n'est couvert que d'un peu de nuage,
Et tu n'as rien perdu pour le voir différer.

CHIMÈNE.

Mon cœur outré d'ennuis n'ose rien espérer.
Un orage si prompt qui trouble une bonace,
D'un naufrage certain nous porte la menace ;
Je n'en saurais douter, je péris dans le port.
J'aimais, j'étais aimée, et nos pères d'accord ;
Et je vous en contais la charmante nouvelle,
Au malheureux moment que naissait leur querelle,
Dont le récit fatal, sitôt qu'on vous l'a fait,
D'une si douce attente a ruiné l'effet.
Maudite ambition, détestable manie,
Dont les plus généreux souffrent la tyrannie !
Honneur, impitoyable à mes plus chers désirs,
Que tu me vas coûter de pleurs et de soupirs !

L'INFANTE.

Tu n'as dans leur querelle aucun sujet de craindre ;
Un moment l'a fait naître, un moment va l'éteindre :
Elle a fait trop de bruit pour ne pas s'accorder,
Puisque déjà le roi les veut accommoder ;
Et tu sais que mon ame, à tes ennuis sensible,
Pour en tarir la source y fera l'impossible.

CHIMÈNE.

Les accommodements ne font rien en ce point :
De si mortels affronts ne se réparent point.
En vain on fait agir la force ou la prudence ;
Si l'on guérit le mal ce n'est qu'en apparence ;
La haine que les cœurs conservent au-dedans
Nourrit des feux cachés, mais d'autant plus ardents.

L'INFANTE.

Le saint nœud qui joindra don Rodrigue et Chimène
Des pères ennemis dissipera la haine ;
Et nous verrons bientôt votre amour le plus fort
Par un heureux hymen étouffer ce discord.

CHIMÈNE.

Je le souhaite ainsi plus que je ne l'espère :
Don Diègue est trop altier, et je connais mon père.
Je sens couler des pleurs que je veux retenir ;
Le passé me tourmente, et je crains l'avenir.

L'INFANTE.

Que crains-tu? d'un vieillard l'impuissante faiblesse?

CHIMÈNE.

Rodrigue a du courage.

L'INFANTE.

            Il a trop de jeunesse.

CHIMÈNE.

hommes valeureux le sont du premier coup.

L'INFANTE.

Tu ne dois pas pourtant le redouter beaucoup :
Il est trop amoureux pour te vouloir déplaire ;
Et deux mots de ta bouche arrêtent sa colère.

CHIMÈNE.

S'il ne m'obéit point, quel comble à mon ennui !
Et, s'il peut m'obéir, que dira-t-on de lui?
Etant né ce qu'il est, souffrir un tel outrage !
Soit qu'il cède ou résiste au feu qui me l'engage,
Mon esprit ne peut qu'être ou honteux, ou confus,
De son trop de respect ou d'un juste refus.

L'INFANTE.

Chimène a l'ame haute, et, quoiqu'intéressée,
Elle ne peut souffrir une basse pensée :
Mais, si jusques au jour de l'accommodement
Je fais mon prisonnier de ce parfait amant,
Et que j'empêche ainsi l'effet de son courage,
Ton esprit amoureux n'aura-t-il point d'ombrage?

CHIMÈNE.

Ah, madame ! en ce cas je n'ai plus de souci.

SCÈNE IV.

L'INFANTE, CHIMÈNE, LÉONOR, LE PAGE.

L'INFANTE.

Page, cherchez Rodrigue, et l'amenez ici.

LE PAGE.

Le comte de Gormas et lui...

CHIMÈNE.

            Bon dieu ! je tremble

L'INFANTE.

Parlez.

LE PAGE.

De ce palais ils sont sortis ensemble.

CHIMÈNE.

Seuls ?

LE PAGE.
Seuls, et qui semblaient tout bas se quereller.

CHIMÈNE.
Sans doute ils sont aux mains, il n'en faut plus parler.
Madame, pardonnez à cette promptitude.

SCÈNE V.
L'INFANTE, LÉONOR.

L'INFANTE.
Hélas! que dans l'esprit je sens d'inquiétude!
Je pleure ses malheurs, son amant me ravit;
Mon repos m'abandonne, et ma flamme revit.
Ce qui va séparer Rodrigue de Chimene
Fait renaître à la fois mon espoir et ma peine;
Et leur division, que je vois à regret,
Dans mon esprit charmé jette un plaisir secret.

LÉONOR.
Cette haute vertu qui règne dans votre ame
Se rend-elle sitôt à cette lâche flamme?

L'INFANTE.
Ne la nomme point lâche, à présent que chez moi
Pompeuse et triomphante elle me fait la loi;
Porte-lui du respect, puisqu'elle m'est si chère.
Ma vertu la combat, mais, malgré moi, j'espère
Et d'un si fol espoir mon cœur mal défendu
Vole après un amant que Chimène a perdu.

LÉONOR.
Vous laissez choir ainsi ce glorieux courage?
Et la raison chez vous perd ainsi son usage?

L'INFANTE.
Ah! qu'avec peu d'effet on entend la raison,
Quand le cœur est atteint d'un si charmant poison:
Et lorsque le malade aime sa maladie,
Qu'il a peine à souffrir que l'on y remédie!

LÉONOR.
Votre espoir vous séduit, votre mal vous est doux:
Mais enfin ce Rodrigue est indigne de vous.

L'INFANTE.
Je ne le sais que trop; mais, si ma vertu cède,
Apprends comme l'amour flatte un cœur qu'il possède
Si Rodrigue une fois sort vainqueur du combat,
Si dessous sa valeur ce grand guerrier s'abat,
Je puis en faire cas, je puis l'aimer sans honte.
Que fera-t-il point, s'il peut vaincre le comte!
J'ose m'imaginer qu'à ses moindres exploits
Les royaumes entiers tomberont sous ses lois;
Et mon amour flatteur déjà me persuade
Que je le vois assis au trône de Grenade,
Les Maures subjugués trembler en l'adorant,
L'Aragon recevoir ce nouveau conquérant,
Le Portugal se rendre, et ses nobles journées
Porter delà les mers ses hautes destinées,
Du sang des Africains arroser ses lauriers;
Enfin, tout ce qu'on dit des plus fameux guerriers,
Je l'attends de Rodrigue après cette victoire,
Et fais de son amour un sujet de ma gloire.

LÉONOR.
Mais, madame, voyez où vous portez son bras,
En suite d'un combat qui peut-être n'est pas.

L'INFANTE.
Rodrigue est offensé, le comte a fait l'outrage;
Ils sont sortis ensemble; en faut-il davantage?

LÉONOR.
Eh bien! ils se battront, puisque vous le voulez;
Mais Rodrigue ira-t-il si loin que vous allez?

L'INFANTE.
Que veux-tu? je suis folle, et mon esprit s'égare;
Je vois par là quels maux cet amour me prépare.
Viens dans mon cabinet consoler mes ennuis:
Et ne me quitte point dans le trouble où je suis.

SCÈNE VI.
D. FERNAND, D. ARIAS, D. SANCHE.

D. FERNAND.
Le comte est donc si vain et si peu raisonnable!
Ose-t-il croire encor son crime pardonnable?

D. ARIAS.
Je l'ai de votre part longtemps entretenu.
J'ai fait mon pouvoir, sire, et n'ai rien obtenu.

D. FERNAND.
Justes cieux! ainsi donc un sujet téméraire
A si peu de respect et de soin de me plaire!
Il offense don Diègue, et méprise son roi!
Au milieu de ma cour il me donne la loi!
Qu'il soit brave guerrier, qu'il soit grand capitaine,
Je saurai bien rabattre une humeur si hautaine,
Fût-il la valeur même, et le dieu des combats,
Il verra ce que c'est que de n'obéir pas.
Quoi qu'ait pu mériter une telle insolence,
Je l'ai voulu d'abord traiter sans violence;
Mais, puisqu'il en abuse, allez dès aujourd'hui,
Soit qu'il résiste, ou non, vous assurer de lui.

D. SANCHE.
Peut-être un peu de temps le rendrait moins rebelle;
On l'a pris tout bouillant encor de sa querelle;
Sire, dans la chaleur d'un premier mouvement,
Un cœur si généreux se rend malaisément.
Il voit bien qu'il a tort, mais une ame si haute
N'est pas sitôt réduite à confesser sa faute.

D. FERNAND.
Don Sanche, taisez-vous, et soyez averti
Qu'on se rend criminel à prendre son parti.

D. SANCHE.
J'obé's, et me tais; mais de grace encor, sire;
Deux mots en sa défense.

D. FERNAND.
Et que pourrez-vous dire?

D. SANCHE.
Qu'une ame accoutumée aux grandes actions
Ne se peut abaisser à des submissions:
Elle n'en conçoit point qui s'expliquent sans honte
Et c'est à ce mot seul que résiste le comte.
Il trouve en son devoir un peu trop de rigueur,
Et vous obéirait, s'il avait moins de cœur.
Commandez que son bras, nourri dans les alarmes,
Répare cette injure à la pointe des armes;
Il satisfera, sire; et vienne qui voudra,
Attendant qu'il l'ait su, voici qui répondra.

D. FERNAND.
Vous perdez le respect: mais je pardonne à l'âge,
Et j'excuse l'ardeur en un jeune courage.
Un roi dont la prudence a de meilleurs objets
Est meilleur ménager du sang de ses sujets;
Je veille pour les miens, mes soucis les conservent,
Comme le chef a soin des membres qui le servent.
Ainsi votre raison n'est pas raison pour moi;
Vous parlez en soldat, je dois agir en roi;
Et, quoi qu'on veuille dire, et quoi qu'il ose croire,
Le comte à m'obéir ne peut perdre sa gloire.
D'ailleurs, l'affront me touche; il a perdu d'honneur
Celui que de mon fils j'ai fait le gouverneur:
S'attaquer à mon choix, c'est se prendre à moi-même.
Et faire un attentat sur le pouvoir suprême.
N'en parlons plus. Au reste, on a vu dix vaisseaux
De nos vieux ennemis arborer les drapeaux;
Vers la bouche du fleuve ils ont osé paraître.

D. ARIAS.
Les Maures ont appris par force à vous connaître,
Et, tant de fois vaincus, ils ont perdu le cœur
De se plus hasarder contre un si grand vainqueur.

D. FERNAND.
Ils ne verront jamais, sans quelque jalousie,
Mon sceptre, en dépit d'eux, régir l'Andalousie;
Et ce pays si beau, qu'ils ont trop possédé,
Avec un œil d'envie est toujours regardé.

C'est l'unique raison qui m'a fait dans Séville
Placer, depuis dix ans, le trône de Castille,
Pour les voir de plus près, et d'un ordre plus prompt
Renverser aussitôt ce qu'ils entreprendront.

D. ARIAS.

Ils savent aux dépens de leurs plus dignes têtes
Combien votre présence assure vos conquêtes;
Vous n'avez rien à craindre.

D. FERNAND.

Et rien à négliger,
Le trop de confiance attire le danger;
Et vous n'ignorez pas qu'avec fort peu de peine,
Un flux de pleine mer jusqu'ici les amène.
Toutefois j'aurais tort de jeter dans les cœurs,
L'avis étant mal sûr, de paniques terreurs.
L'effroi que produirait cette alarme inutile,
Dans la nuit qui survient troublerait trop la ville:
Faites doubler la garde aux murs et sur le port,
C'est assez pour ce soir.

SCÈNE VII.
D. FERNAND, D. ALONSE, D. SANCHE, D. ARIAS.

D. ALONSE.

Sire, le comte est mort.
Don Diègue par son fils a vengé son offense.

LE ROI.

Dès que j'ai su l'affront j'ai prévu la vengeance
Et j'ai voulu dès lors prévenir ce malheur.

D. ALONSE.

Chimène à vos genoux apporte sa douleur;
Elle vient tout en pleurs vous demander justice.

D. FERNAND.

Bien qu'à ses déplaisirs mon ame compatisse,
Ce que le comte a fait semble avoir mérité
Ce digne châtiment de sa témérité.
Quelque juste pourtant que puisse être sa peine,
Je ne puis sans regret perdre un tel capitaine.
Après un long service à mon état rendu,
Après son sang pour moi mille fois répandu,
A quelques sentiments que son orgueil m'oblige,
Sa perte m'affaiblit, et son trépas m'afflige.

SCÈNE VIII.
D. FERNAND, D. DIÈGUE, CHIMÈNE, D. SANCHE,
D. ARIAS, D. ALONSE.

CHIMÈNE.

Sire, sire, justice.

D. DIÈGUE.

Ah! sire, écoutez-nous.

CHIMÈNE.

Je me jette à vos pieds.

D. DIÈGUE.

J'embrasse vos genoux.

CHIMÈNE.

Je demande justice.

D. DIÈGUE.

Entendez ma défense.

CHIMÈNE.

D'un jeune audacieux punissez l'insolence;
Il a de votre sceptre abattu le soutien,
Il a tué mon père.

D. DIÈGUE.

Il a vengé le sien.

CHIMÈNE.

Au sang de ses sujets un roi doit la justice.

D. DIÈGUE.

Pour la juste vengeance il n'est point de supplice.

D. FERNAND.

Levez-vous l'un et l'autre, et parlez à loisir.
Chimène, je prends part à votre déplaisir;
D'une égale douleur je sens mon ame atteinte.
(à don Diègue.)
Vous parlerez après; ne troublez pas sa plainte.

CHIMÈNE.

Sire, mon père est mort; mes yeux ont vu son sang
Couler à gros bouillons de son généreux flanc;
Ce sang qui tant de fois garantit vos murailles,
Ce sang qui tant de fois vous gagna des batailles,
Ce sang qui tout sorti fume encor de courroux
De se voir répandu pour d'autres que pour vous,
Qu'au milieu des hasards n'osait verser la guerre,
Rodrigue en votre cour vient d'en couvrir la terre.
J'ai couru sur le lieu sans force et sans couleur;
Je l'ai trouvé sans vie. Excusez ma douleur,
Sire; la voix me manque à ce récit funeste;
Mes pleurs et mes soupirs vous diront mieux le reste.

D. FERNAND.

Prends courage, ma fille, et sache qu'aujourd'hui
Ton roi te veut servir de père au lieu de lui.

CHIMÈNE.

Sire, de trop d'honneur ma misère est suivie.
Je vous l'ai déjà dit, je l'ai trouvé sans vie;
Son flanc était ouvert; et, pour mieux m'émouvoir,
Son sang sur la poussière écrivait mon devoir;
Ou plutôt sa valeur en cet état réduite
Me parlait par sa plaie, et hâtait ma poursuite;
Et, pour se faire entendre au plus juste des rois,
Par cette triste bouche elle empruntait ma voix.
Sire, ne souffrez pas que sous votre puissance
Règne devant vos yeux une telle licence;
Que les plus valeureux, avec impunité,
Soient exposés aux coups de la témérité;
Qu'un jeune audacieux triomphe de leur gloire,
Se baigne dans leur sang, et brave leur mémoire.
Un si vaillant guerrier qu'on vient de vous ravir
Éteint, s'il n'est vengé, l'ardeur de vous servir.
Enfin, mon père est mort, j'en demande vengeance,
Plus pour votre intérêt que pour mon allégeance.
Vous perdez en la mort d'un homme de son rang;
Vengez-la par une autre, et le sang par le sang.
Immolez, non à moi, mais à votre couronne,
Mais à votre grandeur, mais à votre personne;
Immolez, dis-je, sire, au bien de tout l'état
Tout ce qu'enorgueillit un si grand attentat.

D. FERNAND.

Don Diègue, répondez.

D. DIÈGUE.

Qu'on est digne d'envie
Lorsqu'en perdant la force on perd aussi la vie!
Et qu'un long âge apprête aux hommes généreux,
Au bout de leur carrière, un destin malheureux!
Moi, dont les longs travaux ont acquis tant de gloire,
Moi, que jadis partout a suivi la victoire,
Je me vois aujourd'hui, pour avoir trop vécu,
Recevoir un affront, et demeurer vaincu.
Ce que n'a pu jamais combat, siège, embuscade,
Ce que n'a jamais pu Aragon, ni Grenade,
Ni tous vos ennemis, ni tous mes envieux,
Le comte en votre cour l'a fait presque à vos yeux.
Jaloux de votre choix, et fier de l'avantage
Que lui donnait sur moi l'impuissance de l'âge,
Sire, ainsi ces cheveux blanchis sous le harnois,
Ce sang pour vous servir prodigué tant de fois,
Ce bras jadis l'effroi d'une armée ennemie,
Descendaient au tombeau tout chargés d'infamie,
Si je n'eusse produit un fils digne de moi,
Digne de son pays, et digne de son roi:
Il m'a prêté sa main, il a tué le comte;
Il m'a rendu l'honneur, il a lavé ma honte.
Si montrer du courage et du ressentiment,
Si venger un soufflet mérite un châtiment,
Sur moi seul doit tomber l'éclat de la tempête:
Quand le bras a failli, l'on en punit la tête.
Qu'on nomme crime ou non ce qui fait nos débats,
Sire, j'en suis la tête, il n'en est que le bras.
Si Chimène se plaint qu'il a tué son père,
Il ne l'eût jamais fait, si je l'eusse pu faire.

Immolez donc ce chef que les ans vont ravir,
Et conservez pour vous le bras qui peut servir.
Aux dépens de mon sang satisfaites Chimène :
Je n'y résiste point, je consens à ma peine :
Et, loin de murmurer d'un rigoureux décret,
Mourant sans déshonneur je mourrai sans regret.

D. FERNAND.

L'affaire est d'importance, et, bien considérée,
Mérite en plein conseil d'être délibérée.
Don Sanche, remettez Chimène en sa maison.
Don Diègue aura ma cour et sa foi pour prison.
Qu'on me cherche son fils. Je vous ferai justice.

CHIMÈNE.

Il est juste, grand roi, qu'un meurtrier périsse.

D. FERNAND.

Prends du repos, ma fille, et calme tes douleurs.

CHIMÈNE.

M'ordonner du repos, c'est croître mes malheurs.

FIN DU SECOND ACTE.

ACTE III.

SCÈNE PREMIÈRE.

D. RODRIGUE, ELVIRE.

ELVIRE.

Rodrigue, qu'as-tu fait ? où viens-tu, misérable ?

D. RODRIGUE.

Suivre le triste cours de mon sort déplorable.

ELVIRE.

Où prends-tu cette audace et ce nouvel orgueil
De paraître en des lieux que tu remplis de deuil ?
Quoi ! viens-tu jusqu'ici braver l'ombre du comte ?
Ne l'as-tu pas tué ?

D. RODRIGUE.

Sa vie était ma honte ;
Mon honneur de ma main a voulu cet effort.

ELVIRE.

Mais chercher ton asile en la maison du mort !
Jamais un meurtrier en fit-il son refuge ?

D. RODRIGUE.

Et je n'y viens aussi que m'offrir à mon juge.
Ne me regarde plus d'un visage étonné ;
Je cherche le trépas après l'avoir donné.
Mon juge est mon amour, mon juge est ma Chimène :
Je mérite la mort de mériter sa haine ;
Et j'en viens recevoir, comme un bien souverain,
Et l'arrêt de sa bouche, et le coup de sa main.

ELVIRE.

Fuis plutôt de ses yeux, fuis de sa violence ;
A ses premiers transports dérobe ta présence.
Va, ne t'expose point aux premiers mouvements
Que poussera l'ardeur de ses ressentiments.

D. RODRIGUE.

Non, non, ce cher objet à qui j'ai pu déplaire
Ne peut pour mon supplice avoir trop de colère ;
Et j'évite cent morts qui me vont accabler,
Si pour mourir plus tôt je la puis redoubler.

ELVIRE.

Chimène est au palais, de pleurs toute baignée,
Et n'en reviendra point que bien accompagnée.
Rodrigue, fuis, de grâce, ôte-moi de souci.
Que ne dira-t-on point si l'on te voit ici ?
Veux-tu qu'un médisant, pour comble à sa misère,
L'accuse d'y souffrir l'assassin de son père ?
Elle va revenir ; elle vient, je la voi :
Du moins, pour son honneur, Rodrigue, cache-toi.

SCÈNE II.

D. SANCHE, CHIMÈNE, ELVIRE.

D. SANCHE.

Oui, Madame, il vous faut de sanglantes victimes :
Votre colère est juste, et vos pleurs légitimes ;
Et je n'entreprends pas, à force de parler,
Ni de vous adoucir, ni de vous consoler.
Mais si de vous servir je puis être capable,
Employez mon épée à punir le coupable,
Employez mon amour à venger cette mort.
Sous vos commandements mon bras sera trop fort.

CHIMÈNE.

Malheureuse !

D. SANCHE.

De grâce, acceptez mon service.

CHIMÈNE.

J'offenserais le roi, qui m'a promis justice.

D. SANCHE.

Vous savez qu'elle marche avec tant de langueur,
Que bien souvent le crime échappe à sa longueur ;
Son cours lent et douteux fait trop perdre de larmes.
Souffrez qu'un cavalier vous venge par les armes :
La voie en est plus sûre, et plus prompte à punir.

CHIMÈNE.

C'est le dernier remède ; et s'il faut y venir,
Et que de mes malheurs cette pitié vous dure,
Vous serez libre alors de venger mon injure.

D. SANCHE.

C'est l'unique bonheur où mon âme prétend ;
Et, pouvant l'espérer, je m'en vais trop content.

SCÈNE III.

CHIMÈNE, ELVIRE.

CHIMÈNE.

Enfin je me vois libre, et je puis, sans contrainte,
De mes vives douleurs te faire voir l'atteinte ;
Je puis donner passage à mes tristes soupirs ;
Je puis t'ouvrir mon âme et tous mes déplaisirs.
Mon père est mort, Elvire ; et la première épée
Dont s'est armé Rodrigue a sa trame coupée.
Pleurez, pleurez, mes yeux, et fondez-vous en eau ;
La moitié de ma vie a mis l'autre au tombeau,
Et m'oblige à venger, après ce coup funeste,
Celle que je n'ai plus sur celle qui me reste.

ELVIRE.

Reposez-vous, madame.

CHIMÈNE.

Ah ! que mal à propos
Dans un malheur si grand tu parles de repos !
Par où sera jamais ma douleur apaisée,
Si je ne puis haïr la main qui l'a causée ?
Et que dois-je espérer qu'un tourment éternel,
Si je poursuis un crime, aimant le criminel ?

ELVIRE.

Il vous prive d'un père, et vous l'aimez encore !

CHIMÈNE.

C'est peu de dire aimer, Elvire, je l'adore ;
Ma passion s'oppose à mon ressentiment ;
Dedans mon ennemi je trouve mon amant.

Et je sens qu'en dépit de toute ma colère,
Rodrigue dans mon cœur combat encor mon père :
Il l'attaque, il le presse, il cède, il se défend,
Tantôt fort, tantôt faible, et tantôt triomphant :
Mais, en ce dur combat de colère et de flamme,
Il déchire mon cœur sans partager mon ame ;
Et, quoi que mon amour ait sur moi de pouvoir,
Je ne consulte point pour suivre mon devoir ;
Je cours sans balancer où mon honneur m'oblige.
Rodrigue m'est bien cher, son intérêt m'afflige ;
Mon cœur prend son parti : mais, malgré son effort,
Je sais ce que je suis, et que mon père est mort.

ELVIRE.
Pensez-vous le poursuivre ?

CHIMÈNE.
Ah ! cruelle pensée !
Et cruelle poursuite où je me vois forcée !
Je demande sa tête, et crains de l'obtenir :
Ma mort suivra la sienne, et je le veux punir !

ELVIRE.
Quittez, quittez, madame, un dessein si tragique ;
Ne vous imposez point de loi si tyrannique.

CHIMÈNE.
Quoi ! mon père étant mort et presque entre mes bras,
Son sang criera vengeance, et je ne l'aurai pas !
Mon cœur, honteusement surpris par d'autres charmes,
Croira ne lui devoir que d'impuissantes larmes !
Et je pourrai souffrir qu'un amour suborneur
Sous un lâche silence étouffe mon honneur !

ELVIRE.
Madame, croyez-moi, vous serez excusable
D'avoir moins de chaleur contre un objet aimable,
Contre un amant si cher : vous avez assez fait ;
Vous avez vu le roi, n'en pressez point l'effet ;
Ne vous obstinez point en cette humeur étrange.

CHIMÈNE.
Il y va de ma gloire, il faut que je me venge ;
Et de quoi que nous flatte un désir amoureux,
Toute excuse est honteuse aux esprits généreux.

ELVIRE.
Mais vous aimez Rodrigue, il ne vous peut déplaire.

CHIMÈNE.
Je l'avoue.

ELVIRE.
Après tout, que pensez-vous donc faire ?

CHIMÈNE.
Pour conserver ma gloire et finir mon ennui,
Le poursuivre, le perdre, et mourir après lui.

SCÈNE IV.
D. RODRIGUE, CHIMÈNE, ELVIRE.

D. RODRIGUE.
Eh bien, sans vous donner la peine de poursuivre,
Assurez-vous l'honneur de m'empêcher de vivre.

CHIMÈNE.
Elvire, où sommes-nous ? et qu'est-ce que je voi ?
Rodrigue en ma maison ! Rodrigue devant moi !

D. RODRIGUE.
N'épargnez point mon sang ; goûtez, sans résistance,
La douceur de ma perte et de votre vengeance.

CHIMÈNE.
Hélas !

D. RODRIGUE.
Écoute-moi.

CHIMÈNE.
Je me meurs.

D. RODRIGUE.
Un moment.

CHIMÈNE.
Va, laisse-moi mourir.

D. RODRIGUE.
Quatre mots seulement ;
Après, ne me réponds qu'avecque cette épée.

CHIMÈNE.
Quoi ! du sang de mon père encor toute trempée !

D. RODRIGUE.
Ma Chimène....

CHIMÈNE.
Ote-moi cet objet odieux,
Qui reproche ton crime et ta vie à mes yeux.

D. RODRIGUE.
Regarde-le plutôt pour exciter ta haine,
Pour croître ta colère et pour hâter ma peine.

CHIMÈNE.
Il est teint de mon sang.

D. RODRIGUE.
Plonge-le dans le mien
Et fais-lui perdre ainsi la teinture du tien.

CHIMÈNE.
Ah ! quelle cruauté, qui tout en un jour tue
Le père par le fer, la fille par la vue !
Ote-moi cet objet, je ne le puis souffrir :
Tu veux que je t'écoute, et tu me fais mourir !

D. RODRIGUE.
Je fais ce que tu veux, mais sans quitter l'envie
De finir par tes mains ma déplorable vie ;
Car enfin n'attends pas de mon affection
Un lâche repentir d'une bonne action.
L'irréparable effet d'une chaleur trop prompte
Déshonorait mon père, et me couvrait de honte.
Tu sais comme un soufflet touche un homme de cœur.
J'avais part à l'affront, j'en ai cherché l'auteur ;
Je l'ai vu, j'ai vengé mon honneur et mon père :
Je le ferais encor, si j'avais à le faire :
Ce n'est pas qu'en effet, contre mon père et moi,
Ma flamme assez long-temps n'ait combattu pour toi :
Juge de son pouvoir ; dans une telle offense
J'ai pu délibérer si j'en prendrais vengeance.
Réduit à te déplaire, ou souffrir un affront,
J'ai pensé qu'à son tour mon bras était trop prompt,
Je me suis accusé de trop de violence ;
Et ta beauté, sans doute, emportait la balance,
A moins que d'opposer à tes plus forts appas
Qu'un homme sans honneur ne te méritait pas ;
Que malgré cette part que j'avais en ton ame,
Qui m'aima généreux me haïrait infâme ;
Qu'écouter ton amour, obéir à sa voix,
C'était m'en rendre indigne et diffamer ton choix.
Je te le dis encore, et, quoique j'en soupire,
Jusqu'au dernier soupir je veux bien le redire,
Je t'ai fait une offense, et j'ai dû m'y porter
Pour effacer ma honte, et pour te mériter ;
Mais, quitte envers l'honneur, et quitte envers mon père
C'est maintenant à toi que je viens satisfaire :
C'est pour t'offrir mon sang qu'en ce lieu tu me vois.
J'ai fait ce que j'ai dû, je fais ce que je dois.
Je sais qu'un père mort t'arme contre mon crime ;
Je ne t'ai pas voulu dérober ta victime :
Immole avec courage au sang qu'il a perdu
Celui qui met sa gloire à l'avoir répandu.

CHIMÈNE.
Ah ! Rodrigue, il est vrai, quoique ton ennemie,
Je ne te puis blâmer d'avoir fui l'infamie ;
Et, de quelque façon qu'éclatent mes douleurs,
Je ne t'accuse point, je pleure mes malheurs.
Je sais ce que l'honneur, après un tel outrage,
Demandait à l'ardeur d'un généreux courage :
Tu n'as fait le devoir que d'un homme de bien ;
Mais aussi, le faisant, tu m'as appris le mien.
Ta funeste valeur m'instruit par ta victoire ;
Elle a vengé ton père et soutenu ta gloire :
Même soin me regarde, et j'ai, pour m'affliger,
Ma gloire à soutenir, et mon père à venger.
Hélas ! ton intérêt ici me désespère.
Si quelque autre malheur m'avait ravi mon père,
Mon ame aurait trouvé dans le bien de te voir
L'unique allégement qu'elle eût pu recevoir ;

Et contre ma douleur, j'aurais senti des charmes,
Quand une main si chère eût essuyé mes larmes.
Mais il me faut te perdre après l'avoir perdu ;
Cet effort sur ma flamme a mon honneur est dû ;
Et cet affreux devoir, dont l'ordre m'assassine,
Me force à travailler moi-même à ta ruine.
Car, enfin, n'attends pas de mon affection
De lâches sentiments pour ta punition.
De quoi qu'en ta faveur notre amour m'entretienne,
Ma générosité doit répondre à la tienne :
Tu t'es, en m'offensant, montré digne de moi ;
Je me dois, par ta mort, montrer digne de toi.

D. RODRIGUE.

Ne diffère donc plus ce que l'honneur t'ordonne ;
Il demande ma tête, et je te l'abandonne.
Fais-en un sacrifice à ce noble intérêt ;
Le coup m'en sera doux aussi bien que l'arrêt.
Attendre après mon crime une lente justice,
C'est reculer ta gloire autant que mon supplice.
Je mourrai trop heureux mourant d'un coup si beau.

CHIMÈNE.

Va, je suis ta partie, et non pas ton bourreau.
Si tu m'offres ta tête, est-ce à moi de la prendre ?
Je la dois attaquer, mais tu dois la défendre ;
C'est d'un autre que toi qu'il me faut l'obtenir ;
Et je dois te poursuivre, et non pas te punir.

D. RODRIGUE.

De quoi qu'en ma faveur notre amour t'entretienne,
Ta générosité doit répondre à la mienne,
Et pour venger un père, emprunter d'autres bras,
Ma Chimène, crois-moi, c'est n'y répondre pas :
Ma main seule du mien a su venger l'offense,
Ta main seule du tien doit prendre la vengeance.

CHIMÈNE.

Cruel ! à quel propos sur ce point t'obstiner ?
Tu t'es vengé sans aide, et tu m'en veux donner !
Je suivrai ton exemple, et j'ai trop de courage
Pour souffrir qu'avec toi ma gloire se partage.
Mon père et mon honneur ne veulent rien devoir
Aux traits de ton amour ni de ton désespoir.

D. RODRIGUE.

Rigoureux point d'honneur ! hélas ! quoi que je fasse,
Ne pourrai-je à la fin obtenir cette grâce !
Au nom d'un père mort, ou de notre amitié,
Punis-moi par vengeance, ou du moins par pitié.
Ton malheureux amant aura bien moins de peine
A mourir par ta main qu'à vivre avec ta haine.

CHIMÈNE.

Va, je ne te hais point.

D. RODRIGUE.

Tu le dois.

CHIMÈNE.

Je ne puis.

D. RODRIGUE.

Crains-tu si peu le blâme, et si peu les faux bruits ?
Quand on saura mon crime, et que ta flamme dure,
Que ne publieront point l'envie et l'imposture !
Force-les au silence, et, sans plus discourir,
Sauve ta renommée en me faisant mourir.

CHIMÈNE.

Elle éclate bien mieux en te laissant la vie ;
Et je veux que la voix de la plus noire envie
Élève au ciel ma gloire et plaigne mes ennuis,
Sachant que je t'adore et que je te poursuis.
Va-t'en, ne montre plus à ma douleur extrême
Ce qu'il faut que je perde encore que je l'aime.
Dans l'ombre de la nuit cache bien ton départ ;
Si l'on te voit sortir, mon honneur court hasard.
La seule occasion qu'aura la médisance,
C'est de savoir qu'ici j'ai souffert ta présence :
Ne lui donne point lieu d'attaquer ma vertu.

D. RODRIGUE.

Que je meure.

CHIMÈNE.

Va-t'en.

D. RODRIGUE.

A quoi te résous-tu ?

CHIMÈNE.

Malgré des feux si beaux qui troublent ma colère,
Je ferai mon possible à bien venger mon père ;
Mais, malgré la rigueur d'un si cruel devoir,
Mon unique souhait est de ne rien pouvoir.

D. RODRIGUE.

O miracle d'amour !

CHIMÈNE.

O comble de misères !

D. RODRIGUE.

Que de maux et de pleurs nous coûteront nos pères !

CHIMÈNE.

Rodrigue, qui l'eût cru....

D. RODRIGUE.

Chimène, qui l'eût dit...

CHIMÈNE.

Que notre heur fût si proche, et sitôt se perdît ?

D. RODRIGUE.

Et que si près du port, contre toute apparence,
Un orage si prompt brisât notre espérance ?

CHIMÈNE.

Ah ! mortelles douleurs !

D. RODRIGUE.

Ah ! regrets superflus !

CHIMÈNE.

Va-t'en, encore un coup, je ne t'écoute plus.

D. RODRIGUE.

Adieu ; je vais traîner une mourante vie,
Tant que par ta poursuite elle me soit ravie.

CHIMÈNE.

Si j'en obtiens l'effet, je t'engage ma foi
De ne respirer pas un moment après toi.
Adieu ; sors, et surtout garde bien qu'on te voie.

ELVIRE.

Madame, quelques maux que le ciel nous envoie...

CHIMÈNE.

Ne m'importune plus, laisse-moi soupirer.
Je cherche le silence et la nuit pour pleurer.

SCÈNE V.

D. DIÈGUE.

Jamais nous ne goûtons de parfaite allégresse :
Nos plus heureux succès sont mêlés de tristesse ;
Toujours quelques soucis en ces événements
Troublent la pureté de nos contentements.
Au milieu du bonheur mon âme en sent l'atteinte ;
Je nage dans la joie, et je tremble de crainte.
J'ai vu mort l'ennemi qui m'avait outragé ;
Et je ne saurais voir la main qui m'a vengé.
En vain je m'y travaille, et d'un soin inutile,
Tout cassé que je suis, je cours toute la ville ;
Ce peu que mes vieux ans m'ont laissé de vigueur
Se consume sans fruit à chercher ce vainqueur.
A toute heure, en tous lieux, dans une nuit si sombre,
Je pense l'embrasser, et n'embrasse qu'une ombre ;
Et mon amour, déçu par cet objet trompeur,
Se forme des soupçons qui redoublent ma peur.
Je ne découvre point de marques de sa fuite ;
Je crains du comte mort les amis et la suite ;
Leur nombre m'épouvante et confond ma raison.
Rodrigue ne vit plus, ou respire en prison.
Justes cieux ! me trompé-je encore à l'apparence !
Ou si je vois encor mon unique espérance ?
C'est lui, n'en doutons plus ; mes vœux sont exaucés :
Ma crainte est dissipée, et mes ennuis cessés.

SCÈNE VI.

D. DIÈGUE, D. RODRIGUE.

D. DIÈGUE.

Rodrigue, enfin le ciel permet que je te voie !

D. RODRIGUE.

Hélas !

D. DIÈGUE.

Ne mêle point de soupirs à ma joie ;
Laisse-moi prendre haleine afin de te louer.
Ma valeur n'a point lieu de te désavouer ;
Tu l'as bien imitée, et ton illustre audace
Fait bien revivre en toi les héros de ma race ;
C'est d'eux que tu descends, c'est de moi que tu viens ;
Ton premier coup d'épée égale tous les miens ;
Et d'une belle ardeur ta jeunesse animée
Par cette grande épreuve atteint ma renommée.
Appui de ma vieillesse, et comble de mon heur,
Touche ces cheveux blancs à qui tu rends l'honneur ;
Viens baiser cette joue, et reconnais la place
Où fut empreint l'affront que ton courage efface.

D. RODRIGUE.

L'honneur vous en est dû, je ne pouvais pas moins,
Étant sorti de vous et nourri par vos soins.
Je m'en tiens trop heureux, et mon ame est ravie
Que mon coup d'essai plaise à qui je dois la vie :
Mais parmi vos plaisirs ne soyez point jaloux
Si je m'ose, à mon tour, satisfaire après vous ;
Souffrez qu'en liberté mon desespoir éclate ;
Assez et trop longtemps votre discours le flatte.
Je ne me repens point de vous avoir servi ;
Mais rendez-moi le bien que ce coup m'a ravi.
Mon bras, pour vous venger, armé contre ma flamme,
Par ce coup glorieux m'a privé de mon ame ;
Ne me dites plus rien : pour vous j'ai tout perdu ;
Ce que je vous devais, je vous l'ai bien rendu.

D. DIÈGUE.

Porte, porte plus haut le fruit de ta victoire.
Je t'ai donné la vie, et tu me rends ma gloire ;
Et d'autant que l'honneur m'est plus cher que le jour,
D'autant plus maintenant je te dois de retour.
Mais d'un cœur magnanime éloigne ces faiblesses,
Nous n'avons qu'un honneur, il est tant de maîtresses !
L'amour n'est qu'un plaisir, l'honneur est un devoir.

D. RODRIGUE.

Ah ! que me dites-vous ?

D. DIÈGUE.

Ce que tu dois savoir.

D. RODRIGUE.

Mon honneur offensé sur moi-même se venge ;
Et vous m'osez pousser à la honte du change !
L'infamie est pareille, et suit également
Le guerrier sans courage et le perfide amant.
A ma fidélité ne faites point d'injure ;
Souffrez-moi généreux sans me rendre parjure ;
Mes liens sont trop forts pour être ainsi rompus ;
Ma foi m'engage encor si je n'espère plus ;
Et, ne pouvant quitter ni posséder Chimène,
Le trépas que je cherche est ma plus douce peine.

D. DIÈGUE.

Il n'est pas temps encor de chercher le trépas ;
Ton prince et ton pays ont besoin de ton bras.
La flotte qu'on craignait, dans ce grand fleuve entrée,
Croit surprendre la ville et piller la contrée.
Les Maures vont descendre, et le flux et la nuit
Dans une heure à nos murs les amène sans bruit.
La cour est en désordre, et le peuple en alarmes :
On n'entend que des cris, on ne voit que des larmes.
Dans ce malheur public mon bonheur a permis
Que j'aie trouvé chez moi cinq cents de mes amis,
Qui, sachant mon affront, poussés d'un même zèle,
Se venaient tous offrir à vider ma querelle.
Tu les as prévenus ; mais leurs vaillantes mains
Se tremperont bien mieux au sang des Africains.
Va marcher à leur tête où l'honneur te demande ;
C'est toi que veut pour chef leur généreuse bande.
De ces vieux ennemis va soutenir l'abord ;
Là, si tu veux mourir, trouve une belle mort ;
Prends-en l'occasion, puisqu'elle t'est offerte ;
Fais devoir à ton roi son salut à ta perte.
Mais reviens-en plutôt les palmes sur le front.
Ne borne pas ta gloire à venger un affront,

Porte-la plus avant ; force par ta vaillance
Ce monarque au pardon, et Chimène au silence ;
Si tu l'aimes, apprends que revenir vainqueur
C'est l'unique moyen de regagner son cœur.
Mais le temps est trop cher pour le perdre en paroles ;
Je t'arrête en discours, et je veux que tu voles.
Viens, suis-moi, va combattre, et montrer à ton roi
Que ce qu'il perd au comte il le recouvre en toi.

FIN DU TROISIÈME ACTE.

ACTE IV.

SCÈNE PREMIÈRE.

CHIMÈNE, ELVIRE.

CHIMÈNE.

N'est-ce point un faux bruit ? le sais-tu bien, Elvire ?

ELVIRE.

Vous ne croiriez jamais comme chacun l'admire,
Et porte jusqu'au ciel, d'une commune voix,
De ce jeune héros les glorieux exploits.
Les Maures devant lui n'ont paru qu'à leur honte ;
Leur abord fut bien prompt, leur fuite encor plus prompte.
Trois heures de combat laissent à nos guerriers [te.
Une victoire entière et deux rois prisonniers.
La valeur de leur chef ne trouvait point d'obstacles.

CHIMÈNE.

Et la main de Rodrigue a fait tous ces miracles !

ELVIRE.

De ses nobles efforts ces deux rois sont le prix ;
Sa main les a vaincus, et sa main les a pris.

CHIMÈNE.

De qui peux-tu savoir ces nouvelles étranges ?

ELVIRE.

Du peuple, qui partout fait sonner les louanges,
Le nomme de sa joie et l'objet et l'auteur,
Son ange tutélaire et son libérateur.

CHIMÈNE.

Et le roi de quel œil voit-il tant de vaillance ?

ELVIRE.

Rodrigue n'ose encor paraître en sa présence ;
Mais don Diègue ravi lui présente enchaînés,
Au nom de ce vainqueur ces captifs couronnés,

Et demande pour grace à ce généreux prince
Qu'il daigne voir la main qui sauve la province.
CHIMÈNE.
Mais n'est-il point blessé?
ELVIRE.
Je n'en ai rien appris.
Vous changez de couleur! reprenez vos esprits.
CHIMÈNE.
Reprenons donc aussi ma colère affaiblie :
Pour avoir soin de lui faut il que je m'oublie?
On le vante, on le loue, et mon cœur y consent!
Mon honneur est muet, mon devoir impuissant!
Silence, mon amour, laisse agir ma colère;
S'il a vaincu deux rois, il a tué mon père;
Ces tristes vêtements où je lis mon malheur,
Sont les premiers effets qu'ait produits sa valeur ;
Et quoi qu'on dise ailleurs d'un cœur si magnanime,
Ici tous les objets me parlent de son crime.
Vous qui rendez la force à mes ressentiments,
Voile, crêpes, habits, lugubres ornements,
Pompe où m'ensevelit sa première victoire,
Contre ma passion soutenez bien ma gloire ;
Et lorsque mon amour prendra trop de pouvoir,
Parlez à mon esprit de mon triste devoir,
Attaquez sans rien craindre une main triomphante.
ELVIRE.
Modérez ces transports, voici venir l'infante.

SCÈNE II.
L'INFANTE, CHIMÈNE, LÉONOR, ELVIRE.

L'INFANTE.
Je ne viens pas ici consoler tes douleurs ;
Je viens plutôt mêler mes soupirs à tes pleurs.
CHIMÈNE.
Prenez bien plutôt part à la commune joie,
Et goûtez le bonheur que le ciel vous envoie,
Madame : autre que moi n'a droit de soupirer.
Le péril dont Rodrigue a su nous retirer,
Et le salut public que vous rendent ses armes,
A moi seule aujourd'hui souffrent encor les larmes ;
Il a sauvé la ville, il a servi son roi ;
Et son bras valeureux n'est funeste qu'à moi.
L'INFANTE.
Ma Chimène, il est vrai qu'il a fait des merveilles.
CHIMÈNE.
Déjà ce bruit fâcheux a frappé mes oreilles ;
Et je l'entends partout publier hautement
Aussi brave guerrier que malheureux amant.
L'INFANTE.
Qu'a de fâcheux pour toi ce discours populaire?
Ce jeune Mars qu'il loue a su jadis te plaire ;
Il possédait ton âme, il vivait sous tes lois :
Et vanter sa valeur, c'est honorer ton choix.
CHIMÈNE.
Chacun peut la vanter avec quelque justice,
Mais pour moi sa louange est un nouveau supplice.
On aigrit ma douleur en l'élevant si haut :
Je vois ce que je perds quand je vois ce qu'il vaut.
Ah! cruels déplaisirs à l'esprit d'une amante!
Plus j'apprends son mérite, et plus mon feu s'augmente :
Cependant mon devoir est toujours le plus fort,
Et, malgré mon amour, va poursuivre sa mort.
L'INFANTE.
Hier ce devoir te mit en une haute estime;
L'effort que tu te fis parut si magnanime,
Si digne d'un grand cœur, que chacun à la cour
Admirait ton courage et plaignait ton amour.
Mais croirais-tu l'avis d'une amitié fidèle?
CHIMÈNE.
Ne vous obéir pas me rendrait criminelle.
L'INFANTE.
Ce qui fut juste alors ne l'est plus aujourd'hui.
Rodrigue maintenant est notre unique appui,

L'espérance et l'amour d'un peuple qui l'adore,
Le soutien de Castille et la terreur du Maure.
Le roi même est d'accord de cette vérité,
Que ton père en lui seul se voit ressuscité ;
Et si tu veux enfin qu'en deux mots je m'explique,
Tu poursuis en sa mort la ruine publique.
Quoi! pour venger un père est-il jamais permis
De livrer sa patrie aux mains des ennemis?
Contre nous ta poursuite est-elle légitime?
Et pour être punis avons-nous part au crime?
Ce n'est pas qu'après tout tu doives épouser
Celui qu'un père mort t'obligeait d'accuser ;
Je te voudrais moi-même en arracher l'envie :
Ote-lui ton amour, mais laisse-nous sa vie
CHIMÈNE.
Ah! ce n'est pas à moi d'avoir tant de bonté ;
Le devoir qui m'aigrit n'a rien de limité.
Quoique pour ce vainqueur mon amour s'intéresse,
Quoiqu'un peuple l'adore, et qu'un roi le caresse,
Qu'il soit environné des plus vaillants guerriers,
J'irai sous mes cyprès accabler ses lauriers.
L'INFANTE.
C'est générosité quand, pour venger un père,
Notre devoir attaque une tête si chère ;
Mais c'en est une encor d'un plus illustre rang,
Quand on donne au public les intérêts du sang.
Non, crois-moi, c'est assez que d'éteindre ta flamme :
Il sera trop puni s'il n'est plus dans ton ame.
Que le bien du pays t'impose cette loi ;
Aussi bien que crois-tu que t'accorde le roi?
CHIMÈNE.
Il peut me refuser, mais je ne puis me taire.
L'INFANTE.
Pense bien, ma Chimène, à ce que tu veux faire
Adieu : tu pourras seule y penser à loisir.
CHIMÈNE.
Après mon père mort, je n'ai point à choisir.

SCÈNE III.
D. FERNAND, D. DIÈGUE, D. ARIAS,
D. RODRIGUE, D. SANCHE.

D. FERNAND.
Généreux héritier d'une illustre famille
Qui fut toujours la gloire et l'appui de Castille,
Race de tant d'aïeux en valeur signalés,
Que l'essai de la tienne a sitôt égalés,
Pour te récompenser ma force est trop petite ;
Et j'ai moins de pouvoir que tu n'as de mérite.
Le pays délivré d'un si rude ennemi,
Mon sceptre dans ma main par la tienne affermi,
Et les Maures défaits avant qu'en ces alarmes
J'eusse pu donner ordre à repousser leurs armes
Ne sont point des exploits qui laissent à ton roi
Le moyen ni l'espoir de s'acquitter vers toi.
Mais deux rois tes captifs feront ta récompense.
Ils t'ont nommé tous deux leur Cid en ma présence.
Puisque Cid en leur langage est autant que seigneur,
Je ne t'envierai pas ce beau titre d'honneur.
Sois désormais le Cid ; qu'à ce grand nom tout cède,
Qu'il comble d'épouvante et Grenade et Tolède ;
Et qu'il marque à tous ceux qui vivent sous mes lois
Et ce que tu me vaux, et ce que je te dois.
D. RODRIGUE.
Que votre majesté, sire, épargne ma honte.
D'un si faible service elle fait trop de compte,
Et me force à rougir devant un si grand roi
De mériter si peu l'honneur que j'en reçoi.
Je sais trop que je dois au bien de votre empire
Et le sang qui m'anime, et l'air que je respire,
Et, quand je les perdrais pour un si digne objet,
Je feraisseulement le devoir d'un sujet.
D. FERNAND.
Tous ceux que ce devoir à mon service engage
Ne s'en acquittent point avec même courage ;

Et lorsque la valeur ne va point dans l'excès,
Elle ne produit point de si rares succès.
Souffre donc qu'on te loue, et de cette victoire
Apprends-moi plus au long la véritable histoire.

D. RODRIGUE.

Sire, vous avez su qu'en ce danger pressant,
Qui jeta dans la ville un effroi si puissant,
Une troupe d'amis chez mon père assemblée
Sollicita mon ame encor toute troublée....
Mais, sire, pardonnez à ma témérité,
Si j'osai l'employer sans votre autorité;
Le péril approchait; leur brigade était prête;
Me montrant à la cour je hasardais ma tête;
Et, s'il fallait la perdre, il m'était bien plus doux
De sortir de la vie en combattant pour vous.

D. FERNAND.

J'excuse ta chaleur à venger ton offense;
Et l'état défendu me parle en ta défense :
Crois que dorénavant Chimène a beau parler,
Je ne l'écoute plus que pour la consoler.
Mais poursuis.

D. RODRIGUE.

Sous moi donc cette troupe s'avance,
Et porte sur le front une mâle assurance.
Nous partîmes cinq cents; mais, par un prompt renfort,
Nous nous vîmes trois mille en arrivant au port,
Tant, à nous voir marcher avec un tel visage,
Les plus épouvantés reprenaient de courage!
J'en cache les deux tiers aussitôt qu'arrivés
Dans le fond des vaisseaux qui lors furent trouvés :
Le reste, dont le nombre augmentait à toute heure,
Brûlant d'impatience autour de moi demeure,
Se couche contre terre, et, sans faire aucun bruit,
Passe une bonne part d'une si belle nuit.
Par mon commandement la garde en fait de même,
Et, se tenant cachée, aide à mon stratagème :
Et je feins hardiment d'avoir reçu de vous
L'ordre qu'on me voit suivre et que je donne à tous.
Cette obscure clarté qui tombe des étoiles
Enfin avec le flux nous fit voir trente voiles ;
L'onde s'enfle dessous, et d'un commun effort
Les Maures et la mer montent jusques au port.
On les laisse passer; tout leur paraît tranquille.
Point de soldats au port, point aux murs de la ville.
Notre profond silence abusant leurs esprits,
Ils n'osent plus douter de nous avoir surpris ;
Ils abordent sans peur, ils ancrent, ils descendent,
Et courent se livrer aux mains qui les attendent.
Nous nous levons alors, et tous en même temps
Poussons jusques au ciel mille cris éclatants ;
Les nôtres, à ces cris, de nos vaisseaux répondent;
Ils paraissent armés : les Maures se confondent,
L'épouvante les prend à demi descendus;
Avant que de combattre ils s'estiment perdus.
Ils couraient au pillage, ils rencontrent la guerre;
Nous les pressons sur l'eau, nous les pressons sur terre,
Et nous faisons courir des ruisseaux de leur sang,
Avant qu'aucun résiste ou reprenne son rang.
Mais bientôt, malgré nous, leurs princes les rallient,
Leur courage renaît, et leurs terreurs s'oublient :
La honte de mourir sans avoir combattu
Arrête leur désordre, et leur rend leur vertu.
Contre nous de pied ferme ils tirent leurs alfanges*;
De notre sang au leur font d'horribles mélanges;
Et la terre, et le fleuve, et leur flotte, et le port,
Sont des champs de carnage où triomphe la mort.
O combien d'actions, combien d'exploits célèbres,
Sont demeurés sans gloire au milieu des ténèbres,
Où chacun, seul témoin des grands coups qu'il donnait,
Ne pouvait discerner où le sort inclinait !
J'allais de tous côtés encourager les nôtres,
Faire avancer les uns, et soutenir les autres,
Ranger ceux qui venaient, les pousser à leur tour ;
Et ne l'ai pu savoir jusques au point du jour.
Mais enfin sa clarté montre notre avantage :
Le Maure voit sa perte, et perd soudain courage.

* Alfange est un mot espagnol qui signifie sabre, cimeterre, coutelas.

Et, voyant un renfort qui nous vient secourir,
L'ardeur de vaincre cède à la peur de mourir.
Ils gagnent leurs vaisseaux, ils en coupent les cables,
Poussent jusques aux cieux des cris épouvantables,
Font retraite en tumulte, et sans considérer
Si leurs rois avec eux peuvent se retirer.
Pour souffrir ce devoir, leur frayeur est trop forte;
Le flux les apporta, le reflux les remporte;
Cependant que leurs rois, engagés parmi nous,
Et quelque peu des leurs, tous percés de nos coups,
Disputent vaillamment et vendent bien leur vie.
A se rendre moi-même en vain je les convie;
Le cimeterre au poing ils ne m'écoutent pas :
Mais voyant à leurs pieds tomber tous leurs soldats,
Et que seuls désormais envain ils se défendent,
Ils demandent le chef; je me nomme, ils se rendent.
Je vous les envoyai tous deux en même temps;
Et le combat cessa faute de combattants.
C'est de cette façon que, pour votre service...

SCÈNE IV.

D. FERNAND, D. DIÈGUE, D. RODRIGUE, D. ARIAS, D. ALONSE, D. SANCHE.

D. ALONSE.

Sire, Chimène vient vous demander justice.

D. FERNAND.

La fâcheuse nouvelle! et l'importun devoir!
Va, je ne la veux pas obliger à te voir.
Pour tous remerciements il faut que je te chasse :
Mais avant que sortir, viens, que ton roi t'embrasse.

(D. Rodrigue rentre.)

D. DIÈGUE.

Chimène le poursuit, et voudrait le sauver.

D. FERNAND.

On m'a dit qu'elle l'aime, et je vais l'éprouver.
Montrez un œil plus triste.

SCÈNE V.

D. FERNAND, D. DIÈGUE, D. ARIAS, D. SANCHE, D. ALONSE, CHIMÈNE, ELVIRE.

D. FERNAND.

Enfin soyez contente,
Chimène, le succès répond à votre attente.
Si de nos ennemis Rodrigue a le dessus,
Il est mort à nos yeux des coups qu'il a reçus;
Rendez graces au ciel qui vous en a vengée.

(à D. Diègue.)

Voyez comme déjà sa couleur est changée.

D. DIÈGUE.

Mais voyez qu'elle pâme, et d'un amour parfait,
Dans cette pâmoison, sire, admirez l'effet.
Sa douleur a trahi les secrets de son ame,
Et ne vous permet plus de douter de sa flamme.

CHIMÈNE.

Quoi! Rodrigue est donc mort?

D. FERNAND.

Non, non, il voit le jour,
Et te conserve encor un immuable amour :
Calme cette douleur qui pour lui s'intéresse.

CHIMÈNE.

Sire, on pâme de joie, ainsi que de tristesse :
Un excès de plaisir nous rend tout languissants;
Et, quand il surprend l'ame, il accable les sens.

D. FERNAND.

Tu veux qu'en ta faveur nous croyions l'impossible?
Chimène, ta douleur a paru trop visible.

CHIMÈNE.

Eh bien, sire, ajoutez ce comble à mon malheur.
Nommez ma pâmoison l'effet de ma douleur :
Un juste déplaisir à ce point m'a réduite;
Son trépas dérobait sa tête à ma poursuite;

S'il meurt des coups reçus pour le bien du pays,
Ma vengeance est perdue et mes desseins trahis :
Une si belle fin m'est trop injurieuse.
Je demande sa mort, mais non pas glorieuse,
Non pas dans un éclat qui l'élève si haut,
Non pas au lit d'honneur, mais sur un échafaud ;
Qu'il meure pour mon père, et non pour la patrie ;
Que son nom soit taché, sa mémoire flétrie.
Mourir pour le pays n'est pas un triste sort,
C'est s'immortaliser par une belle mort.
J'aime donc sa victoire, et je le puis sans crime ;
Elle assure l'état, et me rend ma victime,
Mais noble, mais fameuse entre tous les guerriers,
Le chef, au lieu de fleurs, couronné de lauriers,
Et, pour dire en un mot ce que j'en considère,
Digne d'être immolée aux mânes de mon père...
Hélas ! à quel espoir me laissé-je emporter !
Rodrigue de ma part n'a rien à redouter ;
Que pourraient contre lui des larmes qu'on méprise ?
Pour lui tout votre empire est un lieu de franchise ;
Là, sous votre pouvoir, tout lui devient permis ;
Il triomphe de moi comme des ennemis.
Dans leur sang répandu la justice étouffée
Au crime du vainqueur sert d'un nouveau trophée :
Nous en croissons la pompe, et le mépris des lois
Nous fait suivre son char au milieu des deux rois.

D. FERNAND.

Ma fille, ces transports ont trop de violence.
Quand on rend la justice on met tout en balance.
On a tué ton père, il était l'agresseur ;
Et la même équité m'ordonne la douceur.
Avant que d'accuser ce que j'en fais paraître,
Consulte bien ton cœur ; Rodrigue en est le maître ;
Et ta flamme en secret rend graces à ton roi,
Dont la faveur conserve un tel amant pour toi.

CHIMÈNE.

Pour moi ! mon ennemi ! l'objet de ma colère !
L'auteur de mes malheurs ! l'assassin de mon père !
De ma juste poursuite on fait si peu de cas
Qu'on me croit obliger en ne m'écoutant pas.
Puisque vous refusez la justice à mes larmes,
Sire, permettez-moi de recourir aux armes :
C'est par-là seulement qu'il a su m'outrager,
Et c'est aussi par-là que je me dois venger.
A tous vos cavaliers je demande sa tête ;
Oui, qu'un d'eux me l'apporte, et je suis sa conquê
Qu'ils le combattent, sire ; et, le combat fini,
J'épouse le vainqueur, si Rodrigue est puni :
Sous votre autorité souffrez qu'on le publie.

D. FERNAND.

Cette vieille coutume en ces lieux établie,
Sous couleur de punir un injuste attentat,
Des meilleurs combattants affaiblit un état ;
Souvent de cet abus le succès déplorable
Opprime l'innocent, et soutient le coupable.
J'en dispense Rodrigue, il m'est trop précieux
Pour l'exposer aux coups d'un sort capricieux ;
Et, quoi qu'ait pu commettre un cœur si magnanime,
Les Maures en fuyant ont emporté son crime.

D. DIEGUE.

Quoi ! sire, pour lui seul vous renversez des lois
Qu'a vu toute la cour observer tant de fois !
Que croira votre peuple, et que dira l'envie
Si sous votre défense il ménage sa vie,
Et s'en fait un prétexte à ne paraître pas
Où tous les gens d'honneur cherchent un beau trépas ?
De pareilles faveurs terniraient trop sa gloire ;
Qu'il goûte sans rougir les fruits de sa victoire.
Le comte eut de l'audace, il l'en a su punir :
Il l'a fait en brave homme et le doit maintenir.

D. FERNAND.

Puisque vous le voulez, j'accorde qu'il le fasse :
Mais d'un guerrier vaincu mille prendraient la place ;
Et le prix que Chimène au vainqueur a promis
De tous mes cavaliers ferait ses ennemis :
L'opposer seul à tous serait trop d'injustice ;
Il suffit qu'une fois il entre dans la lice.
Choisis qui tu voudras, Chimène, et choisis bien ;
Mais après ce combat ne demande plus rien.

D. DIEGUE.

N'excusez point par-là ceux que son bras étonne ;
Laissez un champ ouvert où n'entrera personne.
Après ce que Rodrigue a fait voir aujourd'hui,
Quel courage assez vain s'oserait prendre à lui ?
Qui se hasarderait contre un tel adversaire ?
Qui serait ce vaillant, ou bien ce téméraire ?

D. SANCHE.

Faites ouvrir le champ : vous voyez l'assaillant ;
Je suis ce téméraire, ou plutôt ce vaillant.
Accordez cette grace à l'ardeur qui me presse.
Madame, vous savez quelle est votre promesse.

D. FERNAND.

Chimène, remets-tu ta querelle en sa main ?

CHIMÈNE.

Sire, je l'ai promis.

D. FERNAND.

Soyez prêt à demain.

D. DIEGUE.

Non, sire, il ne faut pas différer davantage ;
On est toujours tout prêt quand on a du courage.

D. FERNAND.

Sortir d'une bataille, et combattre à l'instant !

D. DIEGUE.

Rodrigue a pris haleine en vous la racontant.

D. FERNAND.

Du moins une heure ou deux je veux qu'il se délasse.
Mais de peur qu'un tel exemple un tel combat ne passe,
Pour témoigner à tous qu'à regret je permets
Un sanglant procédé qui ne me plut jamais,
De moi ni de ma cour il n'aura la présence.
(à D. Arias.)
Vous seul des combattants jugerez la vaillance.
Ayez soin que tous deux fassent en gens de cœur,
Et, le combat fini, m'amenez le vainqueur.
Qu'il qu'il soit, même prix est acquis à sa peine ;
Je le veux de ma main présenter à Chimène,
Et que, pour récompense, il reçoive sa foi.

CHIMÈNE.

Quoi ! sire, m'imposer une si dure loi !

D. FERNAND.

Tu t'en plains ; mais ton feu, loin d'avouer ta plainte,
Si Rodrigue est vainqueur, l'accepte sans contrainte.
Cesse de murmurer contre un arrêt si doux ;
Qui que ce soit des deux, j'en ferai ton époux.

FIN DU QUATRIÈME ACTE.

ACTE V.

SCÈNE PREMIÈRE.

D. RODRIGUE, CHIMÈNE.

CHIMENE.

Quoi! Rodrigue en plein jour! d'où te vient cette audace?
Va, tu me perds d'honneur; retire-toi, de grace.

D. RODRIGUE.

Je vais mourir, madame, et vous viens en ce lieu,
Avant le coup mortel, dire un dernier adieu ;
Cet immuable amour qui sous vos lois m'engage,
N'ose accepter ma mort sans vous en faire hommage.

CHIMENE.

Tu vas mourir !

D. RODRIGUE.

Je cours à ces heureux moments
Qui vont livrer ma vie à vos ressentiments.

CHIMENE.

Tu vas mourir ! Don Sanche est-il si redoutable
Qu'il donne l'épouvante à ce cœur indomptable ?
Qui t'a rendu si faible? ou qui le rend si fort?
Rodrigue va combattre, et se croit déjà mort.
Celui qui n'a pas craint les Maures, ni mon père,
Va combattre don Sanche, et déjà désespère !
Ainsi donc au besoin ton courage s'abat !

D. RODRIGUE.

Je cours à mon supplice et non pas au combat ;
Et ma fidèle ardeur sait bien m'ôter l'envie,
Quand vous cherchez ma mort de défendre ma vie.
J'ai toujours même cœur ; mais je n'ai point de bras
Quand il faut conserver ce qui ne vous plaît pas :
Et déjà cette nuit m'aurait été mortelle
Si j'eusse combattu pour ma seule querelle ;
Mais défendant mon roi, son peuple, et mon pays,
A me défendre mal je les aurais trahis.
Mon esprit généreux ne hait pas tant la vie,
Qu'il en veuille sortir par une perfidie :
Maintenant qu'il s'agit de mon seul intérêt,
Vous demandez ma mort, j'en accepte l'arrêt.
Votre ressentiment choisit la main d'un autre :
Je ne méritais pas de mourir de la vôtre.
On ne me verra point en repousser les coups ;
Je dois plus de respect à qui combat pour vous ;
Et, ravi de penser que c'est de vous qu'ils viennent,
Puisque c'est votre honneur que ses armes soutiennent,
Je lui vais présenter mon estomac ouvert,
Adorant en sa main la vôtre qui me perd.

CHIMENE.

Si d'un triste devoir la juste violence,
Qui me fait malgré moi poursuivre ta vaillance,
Prescrit à ton amour une si forte loi
Qui te rend sans défense à qui combat pour moi ;
En cet aveuglement ne perds pas la mémoire
Qu'ainsi que de ta vie il y va de ta gloire,
Et que, dans quelque éclat que Rodrigue ait vécu,
Quand on le saura mort, on le croira vaincu.
Ton honneur t'est plus cher que je ne te suis chère,
Puisqu'il trempe tes mains dans le sang de ton père,
Et te fait renoncer, malgré ta passion,
A l'espoir le plus doux de ta possession :
Je t'en vois cependant faire si peu de compte,
Que sans rendre combat tu veux qu'on te surmonte.
Quelle inégalité ravale ta vertu !
Pourquoi ne l'a-tu plus? ou pourquoi l'avais-tu?
Quoi ! n'es-tu généreux que pour me faire outrage?
S'il ne faut m'offenser, n'as-tu point de courage?
Et traites-tu mon père avec tant de rigueur,
Qu'après l'avoir vaincu tu souffres un vainqueur ?
Va, sans vouloir mourir, laisse-moi te poursuivre,
Et défends ton honneur, si tu ne veux plus vivre.

D. RODRIGUE.

Après la mort du comte, et les Maures défaits,
Faudrait-il à ma gloire encore d'autres effets ?
Elle peut dédaigner le soin de me défendre :
On sait que mon courage ose tout entreprendre,
Que ma valeur peut tout, et que dessous les cieux,
Auprès de mon honneur, rien ne m'est précieux.
Non, non, en ce combat, quoi que vous veuilliez croire,
Rodrigue peut mourir sans hasarder sa gloire,
Sans qu'on l'ose accuser d'avoir manqué de cœur,
Sans passer pour vaincu, sans souffrir un vainqueur.
On dira seulement : « Il adorait Chimène ;
Il n'a pas voulu vivre, et mériter sa haine ;
Il a cédé lui-même à la rigueur du sort
Qui forçait sa maîtresse à poursuivre sa mort :
Elle voulait sa tête ; et son cœur magnanime,
S'il l'en eût refusée, eût pensé faire un crime.
Pour venger son honneur il perdit son amour,
Pour venger sa maîtresse il a quitté le jour,
Préférant (quelque espoir qu'eût son ame asservie,)
Son honneur à Chimène, et Chimène à sa vie. »
Ainsi donc vous verrez ma mort en ce combat,
Loin d'obscurcir ma gloire, en rehausser l'éclat ;
Et cet honneur suivra mon trépas volontaire,
Que tout autre que moi n'eût pu vous satisfaire.

CHIMENE.

Puisque, pour t'empêcher de courir au trépas,
Ta vie et ton honneur sont de faibles appas,
Si jamais je t'aimai, cher Rodrigue, en revanche,
Défends-toi maintenant pour m'ôter à don Sanche ;
Combats pour m'affranchir d'une condition
Qui me donne à l'objet de mon aversion.
Te dirai-je encor plus? va, songe à ta défense,
Pour forcer mon devoir, pour m'imposer silence,
Et, si tu sens pour moi ton cœur encore épris,
Sors vainqueur d'un combat dont Chimène est le prix.
Adieu : ce mot lâché me fait rougir de honte.

D. RODRIGUE, seul.

Est-il quelque ennemi qu'à présent je ne dompte ?
Paraissez, Navarrois, Maures et Castillans,
Et tout ce que l'Espagne a nourri de vaillants :
Unissez-vous ensemble, et faites une armée,
Pour combattre une main de la sorte animée :
Joignez tous vos efforts contre un espoir si doux :
Pour en venir à bout c'est trop peu que de vous.

SCÈNE II.

L'INFANTE.

T'écouterai-je encor, respect de ma naissance,
   Qui fais un crime de mes feux !
T'écouterai-je, amour, dont la douce puissance
Contre ce fier tyran fait révolter mes vœux ?
   Pauvre princesse, auquel des deux
   Dois-tu prêter obéissance?
Rodrigue, ta valeur te rend digne de moi ;
Mais pour être vaillant tu n'es pas fils de roi.

Impitoyable sort, dont la rigueur sépare
   Ma gloire d'avec mes desirs,
Est-il dit que le choix d'une vertu si rare
Coûte à ma passion de si grands déplaisirs ?
   O cieux ! à combien de soupirs
   Faut-il que mon cœur se prépare,
Si jamais il n'obtient sur un si long tourment
Ni d'éteindre l'amour, ni d'accepter l'amant !

Mais c'est trop de scrupule, et ma raison s'étonne
   Du mépris d'un si digne choix :
Bien qu'aux monarques seuls ma naissance me donne,
Rodrigue, avec honneur je vivrai sous tes lois.
   Après avoir vaincu deux rois,
   Pourrais-tu manquer de couronne?
Et ce grand nom de Cid que tu viens de gagner
Ne fait-il pas trop voir sur qui tu dois régner?

Il est digne de moi, mais il est à Chimène ;
   Le don que j'en ai fait me nuit.
Entre eux la mort d'un père a si peu mis de haine,
Que le devoir du sang à regret le poursuit :
   Ainsi n'espérons aucun fruit
   De son crime, ni de ma peine,
Puisque pour me punir le destin a permis
Que l'amour dure même entre deux ennemis.

SCÈNE III.

L'INFANTE, LÉONOR.

L'INFANTE.

Où viens-tu, Léonor?

LÉONOR.

Vous applaudir, madame,
Sur le repos qu'enfin a retrouvé votre ame.

L'INFANTE.

D'où viendrait ce repos dans un comble d'ennui?

LÉONOR.

Si l'amour vit d'espoir, et s'il meurt avec lui,
Rodrigue ne peut plus charmer votre courage.
Vous savez le combat où Chimène l'engage;
Puisqu'il faut qu'il y meure, ou qu'il soit son mari,
Votre espérance est morte, et votre esprit guéri.

L'INFANTE.

Ah! qu'il s'en faut encor!

LÉONOR.

Que pouvez-vous prétendre?

L'INFANTE.

Mais plutôt quel espoir me pourrais-tu défendre?
Si Rodrigue combat sous ces conditions,
Pour en rompre l'effet j'ai trop d'inventions.
L'amour, ce doux auteur de mes cruels supplices,
Aux esprits des amants apprend trop d'artifices.

LÉONOR.

Pourrez-vous quelque chose, après qu'un père mort
N'a pu, dans leurs esprits, allumer de discord?
Car Chimène aisément montre, par sa conduite,
Que la haine aujourd'hui ne fait pas sa poursuite.
Elle obtient un combat, et pour son combattant
C'est le premier offert qu'elle accepte à l'instant :
Elle n'a point recours à ces mains généreuses
Que tant d'exploits fameux rendent si glorieuses;
Don Sanche lui suffit, et mérite son choix,
Parce qu'il va s'armer pour la première fois;
Elle aime en ce duel son peu d'expérience;
Comme il est sans renom, elle est sans défiance;
Et sa facilité vous doit bien faire voir
Qu'elle cherche un combat qui force son devoir,
Qui livre à son Rodrigue une victoire aisée,
Et l'autorise enfin à paraître apaisée.

L'INFANTE.

Je le remarque assez, et toutefois mon cœur
A l'envi de Chimène adore ce vainqueur.
A quoi me résoudrai-je, amante infortunée?

LÉONOR.

A vous mieux souvenir de qui vous êtes née :
Le ciel vous doit un roi, vous aimez un sujet!

L'INFANTE.

Mon inclination a bien changé d'objet.
Je n'aime plus Rodrigue, un simple gentilhomme;
Non, ce n'est plus ainsi que mon amour le nomme :
Si j'aime, c'est l'auteur de tant de beaux exploits,
C'est le valeureux Cid, le maître de deux rois.
Je me vaincrai pourtant, non de peur d'aucun blâme,
Mais pour ne troubler pas une si belle flamme;
Et, quand pour m'obliger on l'aurait couronné,
Je ne veux point reprendre un bien que j'ai donné.
Puisqu'en un tel combat sa victoire est certaine,
Allons encore un coup le donner à Chimène.
Et toi, qui vois les traits dont mon cœur est percé,
Viens me voir achever comme j'ai commencé.

SCÈNE IV.

CHIMÈNE, ELVIRE.

CHIMÈNE.

Elvire, que je souffre! et que je suis à plaindre!
Je ne sais qu'espérer, et je vois tout à craindre;
Aucun vœu ne m'échappe où j'ose consentir;
Je ne souhaite rien sans un prompt repentir.
A deux rivaux pour moi je fais prendre les armes :
Le plus heureux succès me coûtera des larmes;
Et, quoi qu'en ma faveur en ordonne le sort,
Mon père est sans vengeance, ou mon amant est mort.

ELVIRE.

D'un et d'autre côté je vous vois soulagée :
Ou vous avez Rodrigue, ou vous êtes vengée;
Et quoi que le destin puisse ordonner de vous,
Il soutient votre gloire, et vous donne un époux.

CHIMÈNE.

Quoi! l'objet de ma haine, ou de tant de colère!
L'assassin de Rodrigue, ou celui de mon père!
De tous les deux côtés on me donne un mari
Encor tout teint du sang que j'ai le plus chéri.
De tous les deux côtés mon ame se rebelle :
Je crains plus que la mort la fin de ma querelle.
Allez, vengeance, amour, qui troublez mes esprits,
Vous n'avez point pour moi de douceurs à ce prix :
Et toi, puissant moteur du destin qui m'outrage,
Termine ce combat sans aucun avantage,
Sans faire aucun des deux ni vaincu, ni vainqueur?

ELVIRE.

Ce serait vous traiter avec trop de rigueur.
Ce combat pour votre ame est un nouveau supplice,
S'il vous laisse obligée à demander justice,
A témoigner toujours ce haut ressentiment,
Et poursuivre toujours la mort de votre amant.
Madame, il vaut bien mieux que sa rare vaillance,
Lui couronnant le front, vous impose silence;
Que la loi du combat étouffe vos soupirs,
Et que le roi vous force à suivre vos désirs.

CHIMÈNE.

Quand il sera vainqueur, crois-tu que je me rende?
Mon devoir est trop fort, et ma perte trop grande;
Et ce n'est pas assez pour leur faire la loi,
Que celle du combat et le vouloir du roi.
Il peut vaincre don Sanche avec fort peu de peine,
Mais non pas avec lui la gloire de Chimène :
Et, quoi qu'à sa victoire un monarque ait promis,
Mon honneur lui fera mille autres ennemis.

ELVIRE.

Gardez, pour vous punir de cet orgueil étrange,
Que le ciel à la fin ne souffre qu'on vous venge.
Quoi! vous voulez encor refuser le bonheur
De pouvoir maintenant vous taire avec honneur?
Que prétend ce devoir, et qu'est-ce qu'il espère?
La mort de votre amant vous rendra-t-elle un père?
Est-ce trop peu pour vous que d'un coup de malheur?
Faut-il perte sur perte, et douleur sur douleur?
Allez, dans le caprice où votre humeur s'obstine,
Vous ne méritez pas l'amant qu'on vous destine;
Et nous verrons du ciel l'équitable courroux
Vous laisser, par sa mort, don Sanche pour époux.

CHIMÈNE.

Elvire, c'est assez des peines que j'endure,
Ne les redouble point par ce funeste augure.
Je veux, si je le puis, les éviter tous deux,
Sinon, en ce combat Rodrigue a tous mes vœux :
Non qu'une folle ardeur de son côté me penche;
Mais, s'il était vaincu, je serais à don Sanche :
Cette appréhension fait naître mon souhait....
Que vois-je, malheureuse! Elvire, c'en est fait.

SCÈNE V.

D. SANCHE, CHIMÈNE, ELVIRE.

D. SANCHE.

Obligé d'apporter à vos pieds cette épée.....

CHIMÈNE.

Quoi! du sang de Rodrigue encore toute trempée!
Perfide, oses-tu bien te montrer à mes yeux,
Après m'avoir ôté ce que j'aimais le mieux?
Éclate, mon amour, tu n'as plus rien à craindre;
Mon père est satisfait, cesse de te contraindre;
Un même coup a mis ma gloire en sûreté,
Mon ame au désespoir, ma flamme en liberté.

D. SANCHE.

D'un esprit plus rassis...

CHIMÈNE.

Tu me parles encore,
Exécrable assassin d'un héros que j'adore !
Va, tu l'as pris en traître ; un guerrier si vaillant
N'eût jamais succombé sous un tel assaillant.
N'espère rien de moi, tu ne m'as point servie ;
Et, croyant me venger, tu m'as ôté la vie.

D. SANCHE.

Étrange impression qui, loin de m'écouter...

CHIMÈNE.

Veux-tu que de sa mort je t'écoute vanter,
Que j'entende à loisir avec quelle insolence
Tu peindras son malheur, mon crime, et ta vaillance ?

SCÈNE VI.

D. FERNAND, D. DIÈGUE, D. ARIAS, D. SANCHE,
D. ALONSE, CHIMÈNE, ELVIRE.

CHIMÈNE.

Sire, il n'est plus besoin de vous dissimuler
Ce que tous mes efforts ne vous ont pu céler.
J'aimais, vous l'avez su ; mais, pour venger mon père,
J'ai bien voulu proscrire une tête si chère :
Votre majesté, sire, elle-même a pu voir
Comme j'ai fait céder mon amour au devoir.
Enfin Rodrigue est mort, et sa mort m'a changée
D'implacable ennemie en amante affligée.
J'ai dû cette vengeance a qui m'a mise au jour,
Et je dois maintenant ces pleurs à mon amour.
Don Sanche m'a perdue en prenant ma défense ;
Et du bras qui me perd je suis la récompense !
Sire, si la pitié peut émouvoir un roi,
De grace, révoquez une si dure loi ;
Pour prix d'une victoire où je perds ce que j'aime,
Je lui laisse mon bien ; qu'il me laisse à moi-même,
Qu'en un cloître sacré je pleure incessamment,
Jusqu'au dernier soupir, mon père et mon amant.

D. DIÈGUE.

Enfin, elle aime, sire, et ne croit plus un crime
D'avouer par sa bouche un amour legitime.

D. FERNAND.

Chimène, sors d'erreur, ton amant n'est pas mort ;
Et don Sanche vaincu t'a fait un faux rapport.

D. SANCHE.

Sire, un peu trop d'ardeur malgré moi l'a déçue :
Je venais du combat lui raconter l'issue.
Ce généreux guerrier dont son cœur est charmé,
« Ne crains rien, m'a-t-il dit (quand il m'a désarmé) ;
« Je laisserais plutôt la victoire incertaine
« Que de répandre un sang hasardé pour Chimène ;
« Mais puisque mon devoir m'appelle auprès du roi,
« Va de notre combat l'entretenir pour moi,
« De la part du vainqueur lui porter ton épée. »
Sire, je suis venu : cet objet l'a trompée ;
Elle m'a cru vainqueur, me voyant de retour ;
Et soudain sa colère a trahi son amour
Avec tant de transport et tant d'impatience,
Que je n'ai pu gagner un moment d'audience.
Pour moi, bien que vaincu, je me repute heureux,
Et, malgré l'intérêt de mon cœur amoureux,
Perdant infiniment, j'aime encor ma défaite,
Qui fait le beau succès d'une amour si parfaite.

D. FERNAND.

Ma fille, il ne faut point rougir d'un si beau feu,
Ni chercher les moyens d'en faire un désaveu :
Une louable honte en vain t'en sollicite ;
Ta gloire est dégagée et ton devoir est quitte ;
Ton père est satisfait et c'était le venger
Que mettre tant de fois ton Rodrigue en danger.
Tu vois comme le ciel autrement en dispose.
Ayant tant fait pour lui, fais pour toi quelque chose,
Et ne sois point rebelle à mon commandement,
Qui te donne un époux aimé si chèrement.

SCÈNE VII.

D. FERNAND, D. DIÈGUE, D. ARIAS, D. RO-
DRIGUE, D. ALONSE, D. SANCHE, L'INFANTE,
CHIMÈNE, LEONOR, ELVIRE.

L'INFANTE.

Sèche tes pleurs, Chimène, et reçois sans tristesse
Ce généreux vainqueur des mains de ta princesse.

D. RODRIGUE.

Ne vous offensez point, sire, si, devant vous
Un respect amoureux me jette à ses genoux.
Je ne viens point ici demander ma conquête ;
Je viens tout de nouveau vous apporter ma tête,
Madame ; mon amour n'emploiera point pour moi,
Ni la loi du combat, ni le vouloir du roi.
Si tout ce qui s'est fait est trop peu pour un père,
Dites par quels moyens il vous faut satisfaire.
Faut-il combattre encor mille et mille rivaux,
Aux deux bouts de la terre étendre mes travaux,
Forcer moi seul un camp, mettre en fuite une armee,
Des héros fabuleux passer la renommée ?
Si mon crime par là se peut enfin laver,
J'ose tout entreprendre, et puis tout achever :
Mais si ce fier honneur, toujours inexorable,
Ne se peut apaiser sans la mort du coupable,
N'armez plus contre moi le pouvoir des humains ;
Ma tête est à vos pieds, vengez-vous par vos mains ;
Vos mains seules ont droit de vaincre un invincible.
Prenez une vengeance à tout autre impossible.
Mais du moins que ma mort suffise à me punir.
Ne me bannissez point de votre souvenir ;
Et, puisque mon trépas conserve votre gloire,
Pour vous en revancher conservez ma memoire,
Et dites quelquefois, en déplorant mon sort :
S'il ne m'avait aimée, il ne serait pas mort.

CHIMÈNE.

Relève-toi, Rodrigue. Il faut l'avouer, sire,
Je vous en ai trop dit pour m'en pouvoir dédire
Rodrigue a des vertus que je ne puis haïr ;
Et quand son roi commande on lui doit obéir.
Mais, à quoi que déjà vous m'ayez condamnée,
Pourrez-vous à vos yeux souffrir cet hymenée ?
Et quand de mon devoir vous voulez cet effort,
Toute votre justice en est-elle d'accord ?
Si Rodrigue à l'état devient si nécessaire,
De ce qu'il fait pour vous dois-je être le salaire,
Et me livrer moi-même au reproche éternel
D'avoir trempé mes mains dans le sang paternel ?

D. FERNAND.

Le temps assez souvent a rendu légitime
Ce qui semblait d'abord ne se pouvoir sans crime.
Rodrigue t'a gagnée, et tu dois être à lui.
Mais, quoique sa valeur t'ait conquise aujourd'hui,
Il faudrait que je fusse ennemi de la gloire
Pour lui donner sitôt le prix de sa victoire.
Cet hymen différé ne rompt point une loi
Qui, sans marquer de temps, lui destine ta foi.
Prends un an, si tu veux, pour essuyer tes larmes.
Rodrigue, cependant il faut prendre les armes.
Après avoir vaincu les Maures sur nos bords,
Renversé leurs desseins, repoussé leurs efforts,
Va jusqu'en leur pays leur reporter la guerre,
Commander mon armée, et ravager leur terre
A ce seul nom de Cid ils trembleront d'effroi ;
Ils t'ont nommé seigneur, ils te voudront pour roi.
Mais parmi tes hauts faits sois-lui toujours fidèle :
Reviens-en, s'il se peut, encor plus digne d'elle ;
Et par tes grands exploits fais-toi si bien priser,
Qu'il lui soit glorieux alors de l'épouser.

D. RODRIGUE.

Pour posséder Chimène, et pour votre service,
Que peut-on m'ordonner que mon bras n'accomplisse
Quoi qu'absent de ses yeux il me faille endurer,
Sire, ce m'est trop d'heur de pouvoir espérer.

D. FERNAND.

Espère en ton courage, espère en ma promesse ;
Et possédant déjà le cœur de ta maîtresse,
Pour vaincre un point d'honneur qui combat contre toi,
Laisse faire le temps, ta vaillance, et ton roi.

FIN DU CID.

EXAMEN DU CID.

Ce poème a tant d'avantages du côté du sujet et des pensées brillantes dont il est semé, que la plupart de ses auditeurs n'ont pas voulu voir les défauts de sa conduite, et ont laissé enlever leurs suffrages au plaisir que leur a donné sa représentation. Bien que ce soit celui de tous mes ouvrages réguliers où je me suis permis le plus de licence, il passe encore pour le plus beau auprès de ceux qui ne s'attachent pas à la dernière sévérité des règles; et, depuis 1636 qu'il tient sa place sur nos théâtres, l'histoire ni l'effort de l'imagination n'y ont rien fait voir qui en ait effacé l'éclat. Aussi a-t-il les deux grandes conditions que demande Aristote aux tragédies parfaites, et dont l'assemblage se rencontre si rarement chez les anciens et les modernes; il les assemble même plus fortement et plus noblement que les espèces que pose ce philosophe. Une maîtresse que son devoir force à poursuivre la mort de son amant, qu'elle tremble d'obtenir, a les passions plus vives et plus allumées que tout ce qui peut se passer entre un mari et sa femme, une mère et son fils, un frère et sa sœur; et la haute vertu dans un naturel sensible à ces passions, qu'elle dompte sans les affaiblir, et à qui elle laisse toute leur force pour en triompher plus glorieusement, a quelque chose de plus touchant, de plus élevé, et de plus aimable, que cette médiocre bonté, capable d'une faiblesse, et même d'un crime, où nos anciens étaient contraints d'arrêter le caractère le plus parfait des rois et des princes dont ils faisaient leurs héros, afin que ces taches et ces forfaits, défigurant ce qu'ils leur laissaient de vertu, s'accommodât* au goût et aux souhaits de leurs spectateurs, et fortifiât l'horreur qu'ils avaient conçue de leur domination et de la monarchie.

Rodrigue suit ici son devoir sans rien relâcher de sa passion : Chimène fait la même chose à son tour, sans laisser ébranler son dessein par la douleur où elle se voit abîmée par là; et si la présence de son amant lui fait faire quelque faux pas, c'est une glissade dont elle se relève à l'heure même; et non seulement elle connaît si bien sa faute, qu'elle nous en avertit; mais elle fait un prompt désaveu de tout ce qu'une vue si chère lui a pu arracher. Il n'est point besoin qu'on lui reproche qu'il lui est honteux de souffrir l'entretien de son amant après qu'il a tué son père; elle avoue que c'est la seule prise que la médisance aura sur elle. Si elle s'emporte jusqu'à lui dire qu'elle veut bien qu'on sache qu'elle l'adore et le poursuit, ce n'est point une résolution si ferme, qu'elle l'empêche de cacher son amour de tout son pouvoir, lorsqu'elle est en la présence du roi. S'il lui échappe de l'encourager au combat contre don Sanche par ces paroles,

Sors vainqueur d'un combat dont Chimène est le prix,

elle ne se contente pas de s'enfuir de honte au même moment, mais sitôt qu'elle est avec Elvire, à qui elle ne déguise rien de ce qui se passe en son âme, et que la vue de ce cher objet ne lui fait plus de violence, elle forme un souhait plus raisonnable, qui satisfait sa vertu et son amour tout ensemble, et demande au ciel que le combat se termine

Sans faire aucun des deux, ni vaincu, ni vainqueur.

Si elle ne dissimule point qu'elle penche du côté de Rodrigue, de peur d'être à don Sanche, pour qui elle a de l'aversion, cela ne détruit point la protestation qu'elle a faite un peu auparavant que, malgré la loi de ce combat, et les promesses que le roi a faites à Rodrigue, elle lui fera mille autres ennemis s'il en sort victorieux. Ce grand éclat même qu'elle laisse faire à son amour après qu'elle le croit mort, est suivi d'une opposition vigoureuse à l'exécution de cette loi qui la donne à son amant, et elle ne se tait

---
* Sans chercher à justifier l'emploi de ces verbes au singulier, nous ferons remarquer que nous donnons la phrase de Corneille telle qu'elle se trouve dans toutes les éditions publiées de son vivant.

---

qu'après que le roi l'a différée, et lui a laissé lieu d'espérer qu'avec le temps il y pourra survenir quelque obstacle. Je sais bien que le silence passe d'ordinaire pour une marque de consentement; mais, quand les rois parlent, c'en est une de contradiction : on ne manque jamais de leur applaudir quand on entre dans leurs sentiments; et le seul moyen de leur contredire avec le respect qui leur est dû, c'est de se taire, quand leurs ordres ne sont pas si pressants qu'on ne puisse remettre à s'excuser de leur obéir lorsque le temps en sera venu, et conserver cependant une espérance légitime d'un empêchement qu'on ne peut encore déterminément prévoir.

Il est vrai que, dans ce sujet, il faut se contenter de tirer Rodrigue de péril, sans le pousser jusqu'à son mariage avec Chimène. Il est historique, et a plu en son temps; mais bien sûrement il déplairait au nôtre; et j'ai peine à voir que Chimène y consente chez l'auteur espagnol, bien qu'il donne plus de trois ans de durée à la comédie qu'il en a faite. Pour ne pas contredire l'histoire, j'ai cru ne me pouvoir dispenser d'en jeter quelque idée, mais avec incertitude de l'effet; et ce n'était que par là que je pouvais accorder la bienséance du théâtre avec la vérité de l'évènement.

Les deux visites que Rodrigue fait à sa maîtresse ont quelque chose qui choque la bienséance de la part de celle qui les souffre; la rigueur du devoir voulait qu'elle refusât de lui parler, et s'enfermât dans son cabinet au lieu de l'écouter; mais permettez-moi de dire avec un des premiers esprits de notre siècle, « que leur conversation est remplie de si beaux sentiments, que plusieurs n'ont pas connu ce défaut, « et que ceux qui l'ont connu l'ont toléré. » J'irai plus outre, et dirai que presque tous ont souhaité que ces entretiens se fissent; et j'ai remarqué aux premières représentations, qu'alors que ce malheureux amant se présentait devant elle, il s'élevait un certain frémissement dans l'assemblée, qui marquait une curiosité merveilleuse, et un redoublement d'attention pour ce qu'ils avaient à se dire dans un état si pitoyable. Aristote dit « qu'il y a des absurdités qu'il « faut laisser dans un poème, quand on peut espérer « qu'elles seront bien reçues; et il est du devoir du « poète, en ce cas, de les couvrir de tant de brillants qu'elles puissent éblouir. » Je laisse au jugement de mes auditeurs si je me suis assez bien acquitté de ce devoir pour justifier par là ces deux scènes. Les pensées de la première des deux sont quelquefois trop spirituelles pour partir de personnes fort affligées; mais, outre que je n'ai fait que la paraphraser de l'espagnol, si nous ne nous permettions quelque chose de plus ingénieux que le cours ordinaire de la passion, nos poèmes ramperaient souvent, et les grandes douleurs ne mettraient dans la bouche de nos acteurs que des exclamations et des hélas! Pour ne déguiser rien, cette offre que fait Rodrigue de son épée à Chimène, et cette protestation de se laisser tuer par don Sanche, ne me plairaient pas maintenant. Ces beautés étaient de mise en ce temps-là, et ne le seraient plus en celui-ci. La première est dans l'original espagnol; et l'autre est tirée sur ce modèle. Toutes les deux ont fait effet en ma faveur; mais je ferais scrupule d'en étaler de pareilles à l'avenir sur notre théâtre.

J'ai dit ailleurs ma pensée touchant l'infante et le roi; il reste néanmoins quelque chose à examiner sur la manière dont celui-ci agit, qui ne paraît pas assez vigoureuse, en ce qu'il ne fait pas arrêter le comte après le soufflet donné, et n'envoie pas des gardes à don Diègue et à son fils. Sur quoi on peut considérer que don Fernand étant le premier roi de Castille, et ceux qui en avaient été les maîtres auparavant lui n'ayant eu titre que de comtes, il n'était peut-être pas assez absolu sur les grands seigneurs de son royaume pour le pouvoir faire. Chez don Guillem de Castro, qui a traité ce sujet avant moi, et qui devait mieux connaître que moi quelle était l'autorité de ce premier monarque de son pays, le soufflet se donne en sa présence, et en celle de deux ministres d'état, qui lui conseillent, après que le comte s'est retiré fièrement et avec bravade, et que don Diègue a fait la même chose en soupirant, de ne le pousser point à bout, parce qu'il a quantité d'amis dans les Asturies, qui se pourraient révolter, et prendre parti avec les Maures dont son état est environné ; ainsi il se résout d'accommoder l'affaire sans bruit, et recommande le secret à ces deux ministres, qui ont été seuls témoin de l'action. C'est sur cet exemple que je me suis cru bien fondé à le faire agir plus mollement qu'on ne ferait en ce temps-ci, où l'autorité royale est plus absolue. Je ne pense pas non plus qu'il fasse une faute bien grande de ne jeter point l'alarme, de nuit, dans sa ville, sur l'avis incertain qu'il a du dessein des Maures, puisqu'on faisait bonne garde sur les murs et sur le port : mais il est inexcusable de n'y donner aucun ordre après leur arrivée, et de laisser tout faire à Rodrigue. La loi du combat qu'il propose à Chimène avant que de le permettre à don Sanche contre Rodrigue, n'est pas si injuste que quelques uns ont voulu le dire, parce qu'elle est plutôt une menace pour la faire dédire de la demande de ce combat, qu'un arrêt qu'il lui veuille faire exécuter. Cela paraît en ce qu'après la victoire de Rodrigue il n'en exige pas précisément l'effet de sa parole, et la laisse en état d'espérer que cette condition n'aura point de lieu.

Je ne puis dénier que la règle des vingt-quatre heures presse trop les incidents de cette pièce. La mort du comte et l'arrivée des Maures s'y pouvaient entresuivre d'aussi près qu'elles font, parce que cette arrivée est une surprise qui n'a point de communication, ni de mesure à prendre avec le reste ; mais il n'en va pas ainsi du combat de don Sanche, dont le roi était le maître, et pouvait lui choisir un autre temps que deux heures après la fuite des Maures. Leur défaite avait assez fatigué Rodrigue toute la nuit pour mériter deux ou trois jours de repos ; et même il y avait quelque apparence qu'il n'en était pas échappé sans blessures, quoique je n'en aie rien dit, parce qu'elles n'auraient fait que nuire à la conclusion de l'action.

Cette même règle presse aussi trop Chimène de demander justice au roi la seconde fois. Elle l'avait fait le soir d'auparavant, et n'avait aucun sujet d'y retourner le lendemain matin pour importuner le roi, dont elle n'avait encore aucun lieu de se plaindre, puisqu'elle ne pouvait encore dire qu'il lui eût manqué de promesse. Le roman lui aurait donné sept ou huit jours de patience avant que de l'en presser de nouveau ; mais les vingt-quatre heures ne l'ont pas permis. C'est l'incommodité de la règle. Passons à celle de l'unité de lieu, qui ne m'a pas moins donné de gêne en cette pièce.

Je l'ai placé dans Séville, bien que Fernand n'en ait jamais été le maître ; et j'ai été obligé à cette falsification, pour former quelque vraisemblance à la descente des Maures, dont l'armée ne pouvait venir si vite par terre que par eau. Je ne voudrais pas assurer toutefois que le flux de la mer monte effectivement jusque là : mais, comme dans notre Seine, il fait encore plus de chemin qu'il ne lui en faut faire sur le Guadalquivir pour battre les murailles de cette ville, cela peut suffire à fonder quelque probabilité parmi nous, pour ceux qui n'ont point été sur le lieu même.

Cette arrivée des Maures ne laisse pas d'avoir le défaut que j'ai marqué ailleurs, qu'ils se présentent d'eux-mêmes, sans être appelés dans la pièce directement ni indirectement par aucun acteur du premier acte. Ils ont plus de justesse dans l'irrégularité de l'auteur espagnol. Rodrigue n'osant plus se montrer à la cour, va se combattre sur la frontière, et ainsi le premier acteur les va chercher, et leur donne place dans le poème, où, au contraire de ce qui arrive ici, où ils semblent se venir faire de fête exprès pour en être battus, et lui donner moyen de rendre à son roi un service d'importance qui lui fasse obtenir sa grace. C'est une seconde incommodité de la règle dans cette tragédie.

Tout s'y passe donc dans Séville, et garde ainsi quelque espèce d'unité de lieu en général ; mais le lieu particulier change de scène en scène, et tantôt c'est le palais du roi, tantôt l'appartement de l'infante, tantôt la maison de Chimène, et tantôt une rue ou place publique. On le détermine aisément pour les scènes détachées ; mais pour celles qui ont leur liaison ensemble, comme les quatre dernières du premier acte, il est mal aisé d'en choisir un qui convienne à toutes. Le comte et don Diègue se querellent au sortir du palais ; cela se peut passer dans une rue : mais, après le soufflet reçu, don Diègue ne peut pas demeurer en cette rue à faire ses plaintes, attendant que son fils survienne, qu'il ne soit tout aussitôt environné de peuple, et ne reçoive l'offre de quelques amis. Ainsi il serait plus à propos qu'il se plaignît dans sa maison, où le met l'espagnol, pour laisser aller ses sentiments en liberté ; mais, en ce cas, il faudrait délier les scènes comme il n'a fait. En l'état où elles sont ici, on peut dire qu'il faut quelquefois aider au théâtre, et suppléer favorablement ce qui ne s'y peut représenter. Deux personnes s'y arrêtent pour parler, et quelquefois il faut présumer qu'ils marchent, qu'on ne peut exposer sensiblement à la vue, parce qu'ils échapperaient aux yeux avant que d'avoir pu dire ce qu'il est nécessaire qu'ils fassent savoir à l'auditeur. Ainsi, par une fiction de théâtre, on peut s'imaginer que don Diègue et le comte, sortant du palais du roi, avancent toujours en se querellant, et sont arrivés devant la maison de ce premier lorsqu'il reçoit le soufflet qui l'oblige à y entrer pour y chercher du secours. Si cette fiction poétique ne vous satisfait point, laissons-le dans la place publique, et disons que le concours du peuple autour de lui après cette offense, et les offres de service que lui font les premiers amis qui s'y rencontrent, sont des circonstances que le roman ne doit pas oublier, mais que ces menues actions ne servant de rien à la principale, il n'est pas besoin que le poète s'embarrasse sur la scène. Horace l'en dispense par ce vers :

Hoc amet, hoc spernat promissi carminis auctor ;
Pleraque differat.

Et ailleurs :

Semper ad eventum festinet.

C'est ce qui m'a fait négliger, au troisième acte, de donner à don Diègue, pour aide à chercher son fils, aucun des cinq cents amis qu'il avait chez lui. Il y a grande apparence que quelques uns d'eux l'y accompagnaient, et même que quelques autres le cherchaient pour lui d'un autre côté ; mais ces accompagnements inutiles de personnes qui n'ont rien à dire, puisque celui qu'ils accompagnent a seul tout l'intérêt à l'action ; ces sortes d'accompagnements, dis-je, ont toujours mauvaise grace au théâtre, et d'autant plus que les comédiens n'emploient à ces personnages muets que leurs moucheurs de chandelles et leurs valets, qui ne savent quelle posture tenir.

Les funérailles du comte étaient encore une chose fort embarrassante, soit qu'elles se soient faites avant la fin de la pièce, soit que le corps ait demeuré en présence dans son hôtel, attendant qu'on y donnât ordre. Le moindre mot que j'en eusse laissé dire, pour en prendre soin, eût rompu toute la chaleur de l'attention, et rempli l'auditeur d'une fâcheuse idée. J'ai cru plus à propos de les dérober à son imagination par mon silence, aussi bien que le lieu précis de ces quatre scènes du premier acte dont je viens de parler ; et je m'assure que cet artifice m'a si bien réussi, que peu de personnes ont pris garde à l'un ni à l'autre, et que la plupart des spectateurs, laissant emporter leurs esprits à ce qu'ils ont vu et entendu de pathétique en ce poème, ne se sont point avisés de réfléchir sur ces deux considérations.

J'achève par une remarque sur ce que dit Horace, que ce qu'on expose à la vue touche bien plus que ce qu'on n'apprend que par un récit *.

C'est sur quoi je me suis fondé pour faire voir le soufflet que reçoit don Diègue, et cacher aux yeux la mort du comte, afin d'acquérir et de conserver à

---

* Segniùs irritant animos demissa per aurem,
Quàm quæ sunt oculis subjecta fidelibus.
Arte poeticâ, v. 180.

mon premier acteur l'amitié des auditeurs, si nécessaire pour réussir au théâtre. L'indignité d'un affront fait à un vieillard chargé d'années et de victoires, les jette aisément dans le parti de l'offensé, et cette mort, qu'on vient dire au roi tout simplement sans aucune narration touchante, n'excite point en eux la commisération qu'y eût fait naître le spectacle de son sang, et ne leur donne aucune aversion pour ce malheureux amant, qu'ils ont vu forcé, par ce qu'il devait à son honneur, d'en venir à cette extrémité, malgré l'intérêt et la tendresse de son amour.

FIN DE L'EXAMEN DU CID.

HORACE

TRAGÉDIE EN CINQ ACTES.

1639.

PERSONNAGES.

TULLE, roi de Rome.
LE VIEIL HORACE, chevalier romain.
HORACE, son fils.
CURIACE, gentilhomme d'Albe, amant de Camille.
VALÈRE, chevalier romain, amoureux de Camille.
SABINE, femme d'Horace, et sœur de Curiace.
CAMILLE, amante de Curiace, et sœur d'Horace.
JULIE, dame romaine, confidente de Sabine et de Camille.
FLAVIAN, soldat de l'armée d'Albe.
PROCULE, soldat de l'armée de Rome.

La scène est à Rome, dans une salle de la maison d'Horace.

HORACE.

ACTE PREMIER.

SCENE PREMIÈRE.

SABINE, JULIE.

SABINE.
Approuvez ma faiblesse, et souffrez ma douleur;
Elle n'est que trop juste en un si grand malheur;
Si près de voir sur soi fondre de tels orages,
L'ébranlement sied bien aux plus fermes courages
Et l'esprit le plus mâle et le moins abattu
Ne saurait sans désordre exercer sa vertu.
Quoique le mien s'étonne à ces rudes alarmes,
Le trouble de mon cœur ne peut rien sur mes larmes,
Et, parmi les soupirs qu'il pousse vers les cieux,
Ma constance du moins règne encor sur mes yeux :
Quand on arrête là les déplaisirs d'une ame,
Si l'on fait moins qu'un homme, on fait plus qu'une
Commander à ses pleurs en cette extrémité, [femme;
C'est montrer pour le sexe assez de fermeté.

JULIE.
C'en est peut-être assez pour une ame commune,
Qui du moindre péril se fait une infortune;
Mais de cette faiblesse un grand cœur est honteux;
Il ose espérer tout dans un succès douteux.
Les deux camps sont rangés au pied de nos murailles;
Mais Rome ignore encor comme on perd des batailles.
Loin de trembler pour elle, il lui faut applaudir :
Puisqu'elle va combattre, elle va s'agrandir.
Bannissez, bannissez une frayeur si vaine,
Et conservez des vœux dignes d'une Romaine.

SABINE.
Je suis Romaine, hélas! puisqu'Horace est Romain;
J'en ai reçu le titre en recevant sa main;
Mais ce nœud me tiendrait en esclave enchaînée,
S'il m'empêchait de voir en quels lieux je suis née.
Albe, où j'ai commencé de respirer le jour,
Albe, mon cher pays, et mon premier amour,
Lorsqu'entre nous et toi je vois la guerre ouverte,
Je crains notre victoire autant que notre perte.
 Rome, si tu te plains que c'est là te trahir,
Fais-toi des ennemis que je puisse haïr.
Quand je vois de tes murs leur armée et la nôtre,
Mes trois frères dans l'une, et mon mari dans l'autre,
Puis-je former des vœux et sans impiété
Importuner le ciel pour ta félicité?
Je sais que ton état, encore en sa naissance,
Ne saurait, sans la guerre, affermir sa puissance;
Je sais qu'il doit s'accroître, et que tes grands destins
Ne le borneront pas chez les peuples latins;
Que les dieux t'ont promis l'empire de la terre,
Et que tu n'en peux voir l'effet que par la guerre :
Bien loin de m'opposer à cette noble ardeur
Qui suit l'arrêt des dieux et court à ta grandeur,
Je voudrais déjà voir tes troupes couronnées
D'un pas victorieux franchir les Pyrénées.
Va jusqu'en l'orient pousser tes bataillons;
Va sur les bords du Rhin planter tes pavillons;
Fais trembler sous tes pas les colonnes d'Hercule,
Mais respecte une ville à qui tu dois Romule.
Ingrate, souviens-toi que du sang de ses rois
Tu tiens ton nom, tes murs, et tes premières lois.
Albe est ton origine; arrête et considère
Que tu portes le fer dans le sein de ta mère.
Tourne ailleurs les efforts de tes bras triomphants;
Sa joie éclatera dans l'heur de ses enfants;
Et, se laissant ravir à l'amour maternelle,
Ses vœux seront pour toi, si tu n'es plus contre elle.

JULIE.
Ce discours me surprend, vu que, depuis le temps
Qu'on a contre son peuple armé nos combattants,

Je vous ai vu pour elle autant d'indifférence,
Que si d'un sang romain vous aviez pris naissance.
J'admirais la vertu qui réduisait en vous
Vos plus chers intérêts à ceux de votre époux ;
Et je vous consolais au milieu de vos plaintes,
Comme si notre Rome eût fait toutes vos craintes.

SABINE.

Tant qu'on ne s'est choqué qu'en de légers combats,
Trop faibles pour jeter un des partis à bas,
Tant qu'un espoir de paix a pu flatter ma peine,
Oui, j'ai fait vanité d'être toute romaine.
Si j'aurais vu Rome heureuse avec quelque regret,
Soudain j'ai condamné ce mouvement secret ;
Et si j'ai ressenti, dans ses destins contraires,
Quelque maligne joie en faveur de mes frères,
Soudain, pour l'étouffer rappelant ma raison,
J'ai pleuré quand la gloire entrait dans leur maison.
Mais aujourd'hui qu'il faut que l'une ou l'autre tombe,
Qu'Albe devienne esclave, ou que Rome succombe,
Et qu'après la bataille il ne demeure plus
Ni d'obstacle aux vainqueurs, ni d'espoir aux vaincus.
J'aurais pour mon pays une cruelle haine,
Si je pouvais encore être toute romaine,
Et si je demandais votre triomphe aux dieux,
Au prix de tant de sang qui m'est si précieux.
Je m'attache un peu moins aux intérêts d'un homme ;
Je ne suis point pour Albe, et ne suis plus pour Rome ;
Je crains pour l'une et l'autre en ce dernier effort,
Et serai du parti qu'affligera le sort.
Egale à tous les deux jusques à la victoire,
Je prendrai part aux maux sans en prendre à la gloire ;
Et je garde, au milieu de tant d'âpres rigueurs,
Mes larmes aux vaincus, et ma haine aux vainqueurs.

JULIE.

Qu'on voit naître souvent de pareilles traverses,
En des esprits divers, des passions diverses !
Et qu'à nos yeux Camille agit bien autrement.
Son frère est votre époux, le vôtre est son amant :
Mais elle voit d'un œil bien différent du vôtre
Son sang dans une armée et son amour dans l'autre.
Lorsque vous conserviez un esprit tout romain,
Le sien irrésolu, le sien tout incertain,
De la moindre mêlée appréhendait l'orage,
De tous les deux partis détestait l'avantage,
Au malheur des vaincus donnait toujours ses pleurs,
Et nourrissait ainsi d'éternelles douleurs.
Mais hier, quand elle sut qu'on avait pris journée,
Et qu'enfin la bataille allait être donnée,
Une soudaine joie éclatant sur son front....

SABINE.

Ah ! que je crains, Julie, un changement si prompt !
Hier dans sa belle humeur elle entretint Valère ;
Pour ce rival, sans doute, elle quitte mon frère ;
Son esprit, ébranlé par les objets présents,
Ne trouve point d'absent aimable après deux ans.
Mais excusez l'ardeur d'une amour fraternelle ;
Le soin que j'ai de lui me fait craindre tout d'elle :
Je forme des soupçons d'un trop léger sujet,
Près d'un jour si funeste on change peu d'objet,
Les âmes rarement sont de nouveau blessées,
Et dans un si grand trouble on a d'autres pensées :
Mais on n'a pas aussi de si doux entretiens,
Ni de contentements qui soient pareils aux siens.

JULIE.

Les causes, comme à vous, m'en semblent fort obscures ;
Je ne me satisfais d'aucunes conjectures.
C'est assez de constance en un si grand danger
Que de le voir, l'attendre, et ne point s'affliger ;
Mais certes c'en est trop d'aller jusqu'à la joie.

SABINE.

Voyez qu'un bon génie à propos nous l'envoie.
Essayez sur ce point à la faire parler.
Elle vous aime assez pour ne vous rien céler.
(*A Camille qui entre*)
Je vous laisse. Ma sœur, entretenez Julie :
J'ai honte de montrer tant de mélancolie ;
Et mon cœur, accablé de mille déplaisirs,
Cherche la solitude à cacher ses soupirs.

SCÈNE II.

CAMILLE, JULIE.

CAMILLE.

Qu'elle a tort de vouloir que je vous entretienne !
Croit-elle ma douleur moins vive que la sienne,
Et que, plus insensible à de si grands malheurs,
A mes tristes discours je mêle moins de pleurs ?
De pareilles frayeurs mon âme est alarmée ;
Comme elle je perdrai dans l'une et l'autre armée.
Je verrai mon amant, mon plus unique bien,
Mourir pour son pays, ou détruire le mien ;
Et cet objet d'amour devenir, pour ma peine,
Digne de mes soupirs, ou digne de ma haine.
Hélas !

JULIE.

Elle est pourtant plus à plaindre que vous.
On peut changer d'amant, mais non changer d'époux.
Oubliez Curiace, et recevez Valère,
Vous ne tremblerez plus pour le parti contraire,
Vous serez toute nôtre et votre esprit remis
N'aura plus rien à prendre au camp des ennemis.

CAMILLE.

Donnez-moi des conseils qui soient plus légitimes,
Et plaignez mes malheurs sans m'ordonner des crimes,
Quoiqu'à peine à mes maux je puisse résister,
J'aime mieux les souffrir que de les mériter.

JULIE.

Quoi ! vous appelez crime un change raisonnable ?

CAMILLE.

Quoi ! le manque de foi vous semble pardonnable ?

JULIE.

Envers un ennemi qui peut nous obliger ?

CAMILLE.

D'un serment solennel qui peut nous dégager ?

JULIE.

Vous déguisez en vain une chose trop claire.
Je vous vis encore hier entretenir Valère ;
Et l'accueil gracieux qu'il recevait de vous
Lui permet de nourrir un espoir assez doux.

CAMILLE.

Si je l'entretins hier et lui fis bon visage,
N'en imaginez rien qu'à son désavantage :
De mon contentement un autre était l'objet ;
Mais pour sortir d'erreur sachez-en le sujet :
Je garde à Curiace une amitié trop pure
Pour souffrir plus long-temps qu'on m'estime parjure.
Il vous souvient qu'à peine on voyait de sa sœur
Par un heureux hymen mon frère possesseur,
Quand pour comble de joie, il obtint de mon père
Que de ses chastes feux je serais le salaire.
Ce jour nous fut propice et funeste à la fois ;
Unissant nos maisons, il désunit nos rois ;
Un même instant conclut notre hymen et la guerre,
Fit naître notre espoir et le jeta par terre,
Nous ôta tout, sitôt qu'il nous eut tout promis ;
Et, nous faisant amants, il nous fit ennemis.
Combien nos déplaisirs parurent lors extrêmes !
Combien contre le ciel il vomit de blasphèmes !
Et combien de ruisseaux coulèrent de mes yeux !
Je ne vous le dis point, vous vîtes nos adieux ;
Vous avez vu depuis les troubles de mon âme ;
Vous savez pour la paix quels vœux a faits ma flamme,
Et quels pleurs j'ai versés à chaque événement,
Tantôt pour mon pays, tantôt pour mon amant.
Enfin mon désespoir, parmi ces longs obstacles,
M'a fait avoir recours à la voix des oracles,
Ecoutez si celui qui me fut hier rendu
Eut droit de rassurer mon esprit éperdu.
Ce Grec si renommé qui depuis tant d'années
Au pied de l'Aventin prédit nos destinées,
Lui qu'Apollon jamais n'a fait parler à faux,
Me promit par ces vers la fin de mes travaux :
« Albe et Rome demain prendront une autre face ;

» Tes vœux sont exaucés, elles auront la paix ;
» Et tu seras unie avec ton Curiace,
» Sans qu'aucun mauvais sort t'en sépare jamais. »
Je pris sur cet oracle une entière assurance ;
Et, comme le succès passait mon espérance,
J'abandonnai mon ame à des ravissements
Qui passaient les transports des plus heureux amants.
Jugez de leur excès : je rencontrai Valère,
Et, contre sa coûtume, il ne put me déplaire ;
Il me parla d'amour sans me donner d'ennui :
Je ne m'aperçus pas que je parlais à lui ;
Je ne lui pus montrer de mépris ni de glace :
Tout ce que je voyais me semblait Curiace ;
Tout ce qu'on me disait me parlait de ses feux ;
Tout ce que je disais l'assurait de mes vœux.
Le combat général aujourd'hui se hasarde,
J'en sus hier la nouvelle, et je n'y pris pas garde ;
Mon esprit rejetait ces funestes objets,
Charmé des doux pensers d'hymen et de la paix.
La nuit a dissipé des erreurs si charmantes :
Mille songes affreux, mille images sanglantes,
Ou plutôt mille amas de carnage et d'horreur,
M'ont arraché ma joie, et rendu ma terreur,
J'ai vu du sang, des morts, et n'ai rien vu de suite ;
Un spectre en paraissant prenait soudain la fuite ;
Ils s'effaçaient l'un l'autre ; et chaque illusion
Redoublait mon effroi par sa confusion.

JULIE.
C'est en contraire sens qu'un songe s'interprète.

CAMILLE.
Je le dois croire ainsi, puisque je le souhaite ;
Mais je me trouve enfin, malgré tous mes souhaits,
Au jour d'une bataille, et non pas d'une paix.

JULIE.
Par là finit la guerre et la paix lui succède.

CAMILLE.
Dure à jamais le mal, s'il y faut ce remède
Soit que Rome y succombe, ou qu'Albe ait le dessous,
Cher amant, n'attends plus d'être un jour mon époux ;
Jamais, jamais ce nom ne sera pour un homme
Qui soit ou le vainqueur ou l'esclave de Rome.
Mais quel objet nouveau se présente en ces lieux?
Est-ce toi, Curiace? en croirai-je mes yeux?

SCÈNE III.
CURIACE, CAMILLE, JULIE.

CURIACE.
N'en doutez point, Camille et revoyez un homme
Qui n'est ni le vainqueur, ni l'esclave de Rome :
Cessez d'appréhender de voir rougir mes mains
Du poids honteux des fers ou du sang des Romains.
J'ai cru que vous aimiez assez Rome et la gloire
Pour mépriser ma chaîne et haïr ma victoire ;
Et comme également en cette extrémité
Je craignais la victoire et la captivité....

CAMILLE.
Curiace, il suffit, je devine le reste :
Tu fuis une bataille à tes yeux si funeste
Et ton cœur, tout à moi, pour ne me perdre pas,
Dérobe à ton pays le secours de ton bras.
Qu'un autre considère ici ta renommée,
Et te blâme, s'il veut, de m'avoir trop aimée,
Ce n'est point à Camille à t'en mésestimer ;
Plus ton amour paraît, plus elle doit t'aimer ;
Et, si tu dois beaucoup aux lieux qui t'ont vu naître,
Plus tu quittes pour moi, plus tu le fais paraître.
Mais as-tu vu mon père? et peut-il endurer
Qu'ainsi dans ta maison tu t'oses retirer?
Ne préfère-t-il point l'état à sa famille?
Ne regarde-t-il point Rome plus que sa fille?
Enfin notre bonheur est-il bien affermi?
T'a-t-il vu comme gendre, ou bien comme ennemi?

CURIACE.
Il m'a vu comme gendre, avec une tendresse
Qui témoignait assez une entière alégresse ;
Mais il ne m'a point vu, par une trahison,
Indigne de l'honneur d'entrer dans sa maison.

Je n'abandonne point l'intérêt de ma ville ;
J'aime encor mon honneur en adorant Camille.
Tant qu'a duré la guerre, on m'a vu constamment
Aussi bon citoyen que véritable amant.
D'Albe avec mon amour j'accordais la querelle ;
Je soupirais pour vous en combattant pour elle,
Et, s'il fallait encor que l'on en vînt aux coups,
Je combattrais pour elle en soupirant pour vous.
Oui, malgré les désirs de mon ame charmée,
Si la guerre durait, je serais dans l'armée :
C'est la paix qui chez vous me donne un libre accès,
La paix à qui nos feux doivent ce beau succès.

CAMILLE.
La paix ! Et le moyen de croire un tel miracle

JULIE.
Camille, pour le moins croyez-en votre oracle ;
Et sachons pleinement par quels heureux effets
L'heure d'une bataille a produit cette paix.

CURIACE.
L'aurait-on jamais cru? Déjà les deux armées,
D'une égale chaleur au combat animées,
Se menaçaient des yeux, et, marchant fièrement,
N'attendaient pour donner que le commandement :
Quand notre dictateur devant les rangs s'avance,
Demande à votre prince un moment de silence ;
Et l'ayant obtenu : « Que faisons-nous, Romains?
» Dit-il, et quel démon nous fait venir aux mains
» Souffrons que la raison éclaire enfin nos ames .
» Nous sommes vos voisins, nos filles sont vos femmes
» Et l'hymen nous a joints par tant et tant de nœuds,
» Qu'il est peu de nos fils qui ne soient vos neveux ;
» Nous ne sommes qu'un sang et qu'un peuple en deux
» Pourquoi nous déchirer par des guerres civiles, [villes :
» Où la mort des vaincus affaiblit les vainqueurs,
» Et le plus beau triomphe est arrosé de pleurs?
» Nos ennemis communs attendent avec joie
» Qu'un des partis défait leur donne l'autre en proie.
» Lassé, demi-rompu, vainqueur, mais, pour tout fruit
» Dénué d'un secours par lui-même détruit.
» Ils ont assez longtemps joui de nos divorces :
» Contre eux dorénavant joignons toutes nos forces,
» Et noyons dans l'oubli ces petits différents
» Qui de si bons guerriers font de mauvais parents.
» Que si l'ambition de commander aux autres
» Fait marcher aujourd'hui vos troupes et les nôtres,
» Pourvu qu'à moins de sang nous voulions l'apaiser,
» Elle nous unira, loin de nous diviser.
» Nommons des combattants pour la cause commune ;
» Que chaque peuple aux siens attache sa fortune ;
» Et, suivant ce que d'eux ordonnera le sort,
» Que le faible parti prenne loi du plus fort ;
» Mais sans indignité pour des guerriers si braves,
» Qu'ils deviennent sujets sans devenir esclaves,
» Sans honte, sans tribut, et sans autre rigueur
» Que de suivre en tous lieux les drapeaux du vainqueur.
» Ainsi nos deux états ne feront qu'un empire. »
Il semble qu'à ces mots notre discorde expire :
Chacun jetant les yeux dans un rang ennemi,
Reconnaît un beau-frère, un cousin, un ami ;
Ils s'étonnent comment leurs mains, de sang avides,
Volaient, sans y penser, à tant de parricides,
Et font paraître un front couvert tout à la fois
D'horreur pour la bataille, et d'ardeur pour ce choix.
Enfin l'offre s'accepte, et la paix désirée
Sous ces conditions est aussitôt jurée : [choisir,
Trois combattront pour tous ; mais, pour les mieux
Nos chefs ont voulu prendre un peu plus de loisir ;
Le vôtre est au sénat, le nôtre dans sa tente.

CAMILLE.
O dieux ! que ce discours rend mon ame contente !

CURIACE.
Dans deux heures au plus, par un commun accord,
Le sort de nos guerriers réglera notre sort.
Cependant tout est libre, attendant qu'on les nomme.
Rome est dans notre camp, et notre camp dans Rome,
D'un et d'autre côté l'accès étant permis,
Chacun va renouer avec ses vieux amis.
Pour moi, ma passion m'a fait suivre vos frères
Et mes desirs ont eu des succès si prospères,

Que l'auteur de vos jours m'a promis demain
Le bonheur sans pareil de vous donner la main.
Vous ne deviendrez pas rebelle à sa puissance?

CAMILLE.
Le devoir d'une fille est dans l'obéissance.

CURIACE.
Venez donc recevoir ce doux commandement,
Qui doit mettre le comble à mon contentement.

CAMILLE.
Je vais suivre vos pas, mais pour revoir mes frères,
Et savoir d'eux encor la fin de nos misères.

JULIE.
Allez, et cependant au pied de nos autels
J'irai rendre pour vous graces aux immortels.

FIN DU PREMIER ACTE.

ACTE II.

SCÈNE PREMIÈRE.

HORACE, CURIACE.

CURIACE.
Ainsi Rome n'a point séparé son estime,
Elle eût cru faire ailleurs un choix illégitime :
Cette superbe ville en vos frères et vous
Trouve les trois guerriers qu'elle préfère à tous;
Et son illustre ardeur d'oser plus que les autres
D'une seule maison brave toutes les nôtres.
Nous croirons, à la voir tout entière en vos mains,
Que hors les fils d'Horace il n'est point de Romains.
Ce choix pouvait combler trois familles de gloire,
Consacrer hautement leurs noms à la mémoire :
Oui, l'honneur que reçoit la vôtre par ce choix
En pouvait à bon titre immortaliser trois;
Et puisque c'est chez vous que mon heur et ma flamme
M'ont fait placer ma sœur et choisir une femme,
Ce que je vais vous être et ce que je vous suis
Me font y prendre part autant que je le puis ;
Mais un autre intérêt tient ma joie en contrainte,
Et parmi ses douleurs mêle beaucoup de crainte :
La guerre en tel éclat a mis votre valeur,
Que je tremble pour Albe et prévois son malheur
Puisque vous combattez, sa perte est assurée;
En vous faisant nommer, le destin l'a jurée.
Je vois trop dans ce choix ses funestes projets,
Et me compte déjà pour un de vos sujets.

HORACE.
Loin de trembler pour Albe, il vous faut plaindre Rome,
Voyant ceux qu'elle oublie, et les trois qu'elle nomme.
C'est un aveuglement pour elle bien fatal
D'avoir tant à choisir, et de choisir si mal.

Mille de ses enfants, beaucoup plus dignes d'elle,
Pouvaient bien mieux que nous soutenir sa querelle :
Mais quoique ce combat me promette un cercueil,
La gloire de ce choix m'enfle d'un juste orgueil ;
Mon esprit en conçoit une mâle assurance,
J'ose espérer beaucoup de mon peu de vaillance ;
Et du sort envieux quels que soient les projets,
Je ne me compte point pour un de vos sujets.
Rome a trop cru de moi ; mais mon ame ravie
Remplira son attente, ou quittera la vie.
Qui veut mourir, ou vaincre, est vaincu rarement;
Ce noble désespoir périt malaisément.
Rome, quoi qu'il en soit, ne sera point sujette,
Que mes derniers soupirs n'assurent sa défaite.

CURIACE.
Hélas ! c'est bien ici que je dois être plaint.
Ce que veut mon pays, mon amitié le craint.
Dures extrémités, de voir Albe asservie,
Ou sa victoire au prix d'une si chère vie,
Et que l'unique bien où tendent ses désirs
S'achète seulement par vos derniers soupirs !
Quels vœux puis-je former? et quel bonheur attendre?
De tous les deux côtés j'ai des pleurs à répandre ;
De tous les deux côtés mes désirs sont trahis.

HORACE.
Quoi ! vous me pleureriez mourant pour mon pays !
Pour un cœur généreux ce trépas a des charmes ;
La gloire qui le suit ne souffre point de larmes ;
Et je le recevrais en bénissant mon sort,
Si Rome et tout l'état perdaient moins en ma mort.

CURIACE.
A vos amis pourtant permettez de le craindre ;
Dans un si beau trépas ils sont les seuls à plaindre.
La gloire en est pour vous, et la perte est pour eux ;
Il vous fait immortel, et les rend malheureux :
On perd tout quand on perd un ami si fidèle.
Mais Flavian m'apporte ici quelque nouvelle.

SCÈNE II.

HORACE, CURIACE, FLAVIAN.

CURIACE.
Albe de trois guerriers a-t-elle fait le choix ?

FLAVIAN.
Je viens pour vous l'apprendre.

CURIACE.
Eh bien, qui sont les trois?

FLAVIAN.
Vos deux frères et vous.

CURIACE.
Qui?

FLAVIAN.
Vous et vos deux frères.
Mais pourquoi ce front triste et ces regards sévères?
Ce choix vous déplaît-il?

CURIACE.
Non, mais il me surprend ;
Je m'estimais trop peu pour un honneur si grand.

FLAVIAN.
Dirai-je au dictateur, dont l'ordre ici m'envoie,
Que vous le recevez avec si peu de joie?
Ce morne et froid accueil me surprend à mon tour.

CURIACE.
Dis-lui que l'amitié, l'alliance et l'amour,
Ne pourront empêcher que les trois Curiaces
Ne servent leur pays contre les trois Horaces.

FLAVIAN.
Contre eux ! Ah! c'est beaucoup me dire en peu de mots.

CURIACE.
Porte-lui ma réponse, et nous laisse en repos.

SCÈNE III.

HORACE, CURIACE.

CURIACE.

Que désormais le ciel, les enfers et la terre,
Unissent leurs fureurs à nous faire la guerre,
Que les hommes, les dieux, les démons et le sort,
Préparent contre nous un général effort ;
Je mets à faire pis, en l'état où nous sommes,
Le sort, et les démons, et les dieux, et les hommes.
Ce qu'ils ont de cruel, et d'horrible et d'affreux, (deux.
L'est bien moins que l'honneur qu'on nous fait à tous

HORACE.

Le sort, qui de l'honneur nous ouvre la barrière,
Offre à notre constance une illustre matière ;
Il épuise sa force à former un malheur,
Pour mieux se mesurer avec notre valeur ;
Et comme il voit en nous des ames peu communes,
Hors de l'ordre commun il nous fait des fortunes.
Combattre un ennemi pour le salut de tous,
Et contre un inconnu s'exposer seul aux coups,
D'une simple vertu c'est l'effet ordinaire,
Mille déjà l'ont fait, mille pourraient le faire ;
Mourir pour le pays est un si digne sort,
Qu'on briguerait en foule une si belle mort.
Mais vouloir au public immoler ce qu'on aime,
S'attacher au combat contre un autre soi-même,
Attaquer un parti qui prend pour défenseur
Le frere d'une femme et l'amant d'une sœur,
Et, rompant tous ces nœuds, s'armer pour la patrie
Contre un sang qu'on voudrait racheter de sa vie ;
Une telle vertu n'appartenait qu'à nous.
L'éclat de son grand nom lui fait peu de jaloux,
Et peu d'hommes au cœur l'ont assez imprimée
Pour oser aspirer à tant de renommée.

CURIACE.

Il est vrai que nos noms ne sauraient plus périr.
L'occasion est belle, il nous la faut chérir :
Nous serons les miroirs d'une vertu bien rare :
Mais votre fermeté tient un peu du barbare :
Peu, même des grands cœurs, tireraient vanité
D'aller par ce chemin à l'immortalité :
A quelque prix qu'on mette un telle fumée,
L'obscurité vaut mieux que tant de renommée.
Pour moi, je l'ose dire, et vous l'avez pu voir,
Je n'ai point consulté pour suivre mon devoir ;
Notre longue amitié, l'amour, ni l'alliance,
N'ont pu mettre un moment mon esprit en balance ;
Et puisque par ce choix Albe montre en effet
Qu'elle m'estime autant que Rome vous a fait,
Je crois faire pour elle autant que vous pour Rome :
J'ai le cœur aussi bon, mais enfin je suis homme :
Je vois que votre honneur demande tout mon sang ;
Que tout le mien consiste à vous percer le flanc,
Près d'épouser la sœur, qu'il faut tuer le frère,
Et que pour mon pays j'ai le sort si contraire.
Encor qu'à mon devoir je coure sans terreur,
Mon cœur s'en effarouche, et j'en frémis d'horreur ;
J'ai pitié de moi-même, et jette un œil d'envie
Sur ceux dont notre guerre a consumé la vie,
Sans souhait toutefois de pouvoir reculer.
Ce triste et fier honneur m'émeut sans m'ébranler ;
J'aime ce qu'il me donne, et je plains ce qu'il m'ôte ;
Et si Rome demande une vertu plus haute,
Je rends graces aux dieux de n'être pas Romain,
Pour conserver encor quelque chose d'humain.

HORACE.

Si vous n'êtes Romain, soyez digne de l'être ;
Et si vous m'égalez, faites le mieux paraître.
La solide vertu dont je fais vanité
N'admet point de faiblesse avec sa fermeté ;
Et c'est mal de l'honneur entrer dans la carrière
Que dès le premier pas regarder en arrière.
Notre malheur est grand, il est ou plus haut point,
Je l'envisage entier ; mais je n'en frémis point :
Contre qui que ce soit que mon pays m'emploie,
J'accepte aveuglément cette gloire avec joie :
Celle de recevoir de tels commandements
Doit étouffer en nous tous autres sentiments.
Qui, près de le servir, considère autre chose,
A faire ce qu'il doit lâchement se dispose ;
Ce droit saint et sacré rompt tout autre lien.
Rome a choisi mon bras, je n'examine rien.
Avec une allégresse aussi pleine et sincère
Que j'épousai la sœur, je combattrai le frère ;
Et, pour trancher enfin ces discours superflus,
Albe vous a nommé, je ne vous connais plus.

CURIACE.

Je vous connais encore, et c'est ce qui me tue ;
Mais cette âpre vertu ne m'était pas connue ;
Comme notre malheur elle est au plus haut point :
Souffrez que je l'admire et ne l'imite point.

HORACE.

Non, non, n'embrassez pas de vertu par contrainte ;
Et puisque vous trouvez plus de charme à la plainte,
En toute liberté goûtez un bien si doux.
Voici venir ma sœur pour se plaindre avec vous.
Je vais revoir la vôtre, et résoudre son ame
A se bien souvenir qu'elle est toujours ma femme,
A vous aimer encor, si je meurs par vos mains,
Et prendre en son malheur des sentiments romains.

SCÈNE IV.

CAMILLE, HORACE, CURIACE.

HORACE.

Avez-vous su l'état qu'on fait de Curiace,
Ma sœur ?

CAMILLE.

Hélas ! mon sort a bien changé de face.

HORACE.

Armez-vous de constance, et montrez-vous ma sœur ;
Et si par mon trépas il retourne vainqueur,
Ne le recevez point en meurtrier d'un frère.
Mais en homme d'honneur qui fait ce qu'il doit faire,
Qui sert bien son pays, et sait montrer à tous,
Par sa haute vertu, qu'il est digne de vous.
Comme si je vivais, achevez l'hymenée.
Mais si ce fer aussi tranche sa destinée,
Faites à ma victoire un pareil traitement,
Ne me reprochez point la mort de votre amant.
Vos larmes vont couler, et votre cœur se presse,
Consumez avec lui toute cette faiblesse,
Querellez ciel et terre, et maudissez le sort ;
Mais après le combat ne pensez plus au mort.

(à Curiace)

Je ne vous laisserai qu'un moment avec elle,
Puis nous irons ensemble où l'honneur nous appelle.

SCÈNE V.

CURIACE, CAMILLE.

CAMILLE.

Iras-tu, Curiace ? et ce funeste honneur
Te plaît-il aux dépens de tout notre bonheur ?

CURIACE.

Hélas ! je vois trop bien qu'il faut, quoi que je fasse,
Mourir ou de douleur, ou de la main d'Horace.
Je vais comme au supplice à cet illustre emploi ;
Je maudis mille fois l'état qu'on fait de moi ;
Je hais cette valeur qui fait qu'Albe m'estime ;
Ma flamme au désespoir passe jusques au crime,
Elle se prend au ciel, et l'ose quereller.
Je vous plains, je me plains ; mais il y faut aller.

CAMILLE.

Non, je te connais mieux, tu veux que je te prie,
Et qu'ainsi mon pouvoir t'excuse à ta patrie.
Tu n'es que trop fameux par tes autres exploits ;
Albe a reçu par eux tout ce que tu lui dois.
Autre n'a mieux que toi soutenu cette guerre ;
Autre de plus de morts n'a couvert notre terre :
Ton nom ne peut plus croître, il ne lui manque rien,
Souffre qu'un autre ici puisse ennoblir le sien.

CURIACE.
Que je souffre à mes yeux qu'on ceigne une autre tête
Des lauriers immortels que la gloire m'apprête,
Ou que tout mon pays reproche à ma vertu
Qu'il aurait triomphé si j'avais combattu,
Et que sous mon amour ma valeur endormie
Couronne tant d'exploits d'une telle infamie !
Non, Albe, après l'honneur que j'ai reçu de toi,
Tu ne succomberas ni vaincras que par moi ;
Tu m'as commis ton sort, je t'en rendrai bon compte ;
Je vivrai sans reproche, ou périrai sans honte.

CAMILLE.
Quoi ! tu ne veux pas voir qu'ainsi tu me trahis !

CURIACE.
Avant que d'être à vous, je suis à mon pays.

CAMILLE.
Mais te priver pour lui toi-même d'un beau-frère,
Ta sœur de son mari !

CURIACE.
Telle est notre misère ;
Le choix d'Albe et de Rome ôte toute douceur
Aux noms jadis si doux de beau-frère et de sœur.

CAMILLE.
Tu pourras donc, cruel, me présenter sa tête,
Et demander ma main pour prix de ta conquête !

CURIACE.
Il n'y faut plus penser ; en l'état où je suis,
Vous aimer sans espoir, c'est tout ce que je puis
Vous en pleurez, Camille !

CAMILLE.
Il faut bien que je pleure :
Mon insensible amant ordonne que je meure ;
Et quand l'hymen pour nous allume son flambeau,
Il l'éteint de sa main pour m'ouvrir le tombeau.
Ce cœur impitoyable à ma perte s'obstine,
Et dit qu'il m'aime encore alors qu'il m'assassine.

CURIACE.
Que les pleurs d'une amante ont de puissants discours
Et qu'un bel œil est fort avec un tel secours !
Que mon cœur s'attendrit à cette triste vue !
Ma constance contre elle à regret s'évertue.
N'attaquez plus ma gloire avec tant de douleurs,
Et laissez-moi sauver ma vertu de vos pleurs ;
Je sens qu'elle chancelle et défend mal la place.
Plus je suis votre amant, moins je suis Curiace.
Faible d'avoir déjà combattu l'amitié,
Vaincrait-elle à la fois l'amour et la pitié ?
Allez, ne m'aimez plus, ne versez plus de larmes,
Ou j'oppose l'offense à de si fortes armes ;
Je me défendrai mieux contre votre courroux,
Et, pour le mériter, je n'ai plus d'yeux pour vous :
Vengez-vous d'un ingrat, punissez un volage.
Vous ne vous montrez point sensible à cet outrage !
Je n'ai plus d'yeux pour vous, vous en avez pour moi !
En faut-il plus encor ? je renonce à ma foi.
Rigoureuse vertu dont je suis la victime,
Ne peux-tu résister sans le secours d'un crime ?

CAMILLE.
Ne fais point d'autre crime, et j'atteste les dieux
Qu'au lieu de t'en haïr, je t'en aimerai mieux ;
Oui, je te chérirai, tout ingrat et perfide,
Et cesse d'aspirer au nom de fratricide.
Pourquoi suis-je Romaine, ou que n'es-tu Romain ?
Je te préparerais des lauriers de ma main,
Je t'encouragerais, au lieu de te distraire ;
Et je te traiterais comme j'ai fait mon frere.
Hélas ! j'étais aveugle en mes vœux aujourd'hui,
J'en ai fait contre toi quand j'en ai fait pour lui.
Il revient, quel malheur, si l'amour de sa femme
Ne peut non plus sur lui que le mien sur ton ame !

SCÈNE VI.

HORACE, SABINE, CURIACE, CAMILLE.

CURIACE.
Dieu ! Sabine le suit ! Pour ébranler mon cœur,
Est-ce peu de Camille ? y joignez-vous ma sœur ?
Et, laissant à ses pleurs vaincre ce grand courage,
L'amenez-vous ici chercher même avantage ?

SABINE.
Non, non, mon frère, non, je ne viens en ce lieu
Que pour vous embrasser et pour vous dire adieu.
Votre sang est trop bon, n'en craignez rien de lâche,
Rien dont la fermeté de ces grands cœurs se fâche :
Si ce malheur illustre ébranlait l'un de vous,
Je le désavouerais pour frère ou pour époux.
Pourrais-je toutefois vous faire une prière
Digne d'un tel époux, et digne d'un tel frère ?
Je veux d'un coup si noble ôter l'impiété,
A l'honneur qui l'attend rendre sa pureté,
La mettre en son éclat sans mélange de crimes ;
Enfin, je vous veux faire ennemis légitimes.
Du saint nœud qui vous joint je suis le seul lien :
Quand je ne serai plus, vous ne serez plus rien.
Brisez votre alliance, et rompez-en la chaîne ;
Et, puisque votre honneur veut des effets de haine,
Achetez par ma mort le droit de vous haïr :
Albe le veut, et Rome ; il faut leur obéir.
Qu'un de vous deux me tue, et que l'autre me venge :
Alors votre combat n'aura plus rien d'étrange ;
Et du moins l'un des deux sera juste agresseur,
Ou pour venger sa femme, ou pour venger sa sœur.
Mais, quoi ! vous souilleriez une gloire si belle :
Si vous vous animiez par quelque autre querelle :
Le zèle du pays vous défend de tels soins ;
Vous feriez peu pour lui si vous vous étiez moins.
Il lui faut, et sans haine, immoler un beau-frère,
Ne différez donc plus ce que vous devez faire ;
Commencez par sa sœur à répandre son sang,
Commencez par sa femme à lui percer le flanc,
Commencez par Sabine à faire de vos vies
Un digne sacrifice à vos chères patries :
Vous êtes ennemis en ce combat fameux,
Vous d'Albe, vous de Rome, et moi de toutes deux.
Quoi ! me réservez-vous à voir une victoire
Où, pour haut appareil d'une pompeuse gloire,
Je verrai les lauriers d'un frère ou d'un mari
Fumer encor d'un sang que j'aurai tant chéri ?
Pourrai-je entre vous deux régler alors mon ame,
Satisfaire aux devoirs et de sœur et de femme,
Embrasser le vainqueur en pleurant le vaincu ?
Non, non, avant ce coup Sabine aura vécu :
Ma mort le préviendra, de qui que je l'obtienne ;
Le refus de vos mains y condamne la mienne.
Sus donc, qui vous retient ? Allez, cœurs inhumains
J'aurai trop de moyens pour y forcer vos mains ;
Vous ne les aurez point au combat occupées,
Que ces corps au milieu n'arrête vos épées ;
Et, malgré vos refus, il faudra que leurs coups
Se fassent jour ici pour aller jusqu'à vous.

HORACE.
O ma femme !

CURIACE.
O ma sœur !

CAMILLE.
Courage ! ils s'amollissent

SABINE.
Vous poussez des soupirs, vos visages pâlissent !
Quelle peur vous saisit ? Sont-ce là ces grands cœurs,
Ces héros qu'Albe et Rome ont pris pour défenseurs ?

HORACE.
Que t'ai-je fait, Sabine ? et quelle est mon offense
Qui t'oblige à chercher une telle vengeance ?
Que t'a fait mon honneur ? et par quel droit viens-tu
Avec toute ta force attaquer ma vertu ?
Du moins contente-toi de l'avoir étonnée,
Et me laisse achever cette grande journée.
Tu me viens de réduire en un étrange point :
Aime assez ton mari pour n'en triompher point,
Va-t'en, et ne rends plus la victoire douteuse ;
La dispute déjà m'en est assez honteuse :
Souffre qu'avec honneur je termine mes jours.

SABINE.
Va, cesse de me craindre ; on vient à ton secours.

SCÈNE VII.
LE VIEIL HORACE, CURIACE, SABINE, CAMILLE.

LE VIEIL HORACE.

Qu'est-ce ci, mes enfans? écoutez-vous vos flammes?
Et perdez-vous encor le temps avec des femmes?
Prêts à verser du sang, regardez-vous des pleurs?
Fuyez, et laissez-les déplorer leurs malheurs.
Leurs plaintes ont pour vous trop d'art et de tendresse :
Elles vous feraient part enfin de leur faiblesse,
Et ce n'est qu'en fuyant qu'on pare de tels coups.

SABINE.

N'appréhendez rien d'eux, ils sont dignes de vous.
Malgré tous nos efforts, vous en devez attendre
Ce que vous souhaitez et d'un fils et d'un gendre :
Et si notre faiblesse ébranlait leur honneur,
Nous vous laissons ici pour leur rendre du cœur.
Allons, ma sœur, allons, ne perdons plus de larmes ;
Contre tant de vertus ce sont de faibles armes.
Ce n'est qu'au désespoir qu'il nous faut recourir.
Tigres, allez combattre ; et nous, allons mourir.

SCÈNE VIII.
LE VIEIL HORACE, HORACE, CURIACE.

HORACE.

Mon père, retenez des femmes qui s'emportent,
Et, de grace, empêchez surtout qu'elles ne sortent :
Leur amour importun viendrait avec éclat
Par des cris et des pleurs troubler notre combat ;
Et ce qu'elles nous sont ferait qu'avec justice
On nous imputerait ce mauvais artifice ;
L'honneur d'un si beau choix serait trop acheté,
Si l'on nous soupçonnait de quelque lâcheté.

LE VIEIL HORACE.

J'en aurai soin. Allez : vos frères vous attendent ;
Ne pensez qu'aux devoirs que vos pays demandent.

CURIACE.

Quel adieu vous dirai-je? et par quels sentimens....

LE VIEIL HORACE.

Ah! n'attendrissez point ici mes sentimens ;
Pour vous encourager ma voix manque de termes ;
Mon cœur ne forme point de pensers assez fermes ;
Moi-même en cet adieu j'ai les larmes aux yeux.
Faites votre devoir, et laissez faire aux dieux.

FIN DU SECOND ACTE

ACTE III.

SCÈNE PREMIERE.
SABINE.

Prenons parti, mon ame, en de telles disgraces,
Soyons femme d'Horace, ou sœur des Curiaces ;
Cessons de partager nos inutiles soins ;
Souhaitons quelque chose, et craignons un peu moins.
Mais, las! quel parti prendre en un sort si contraire?
Quel ennemi choisir, d'un époux, ou d'un frère?
La nature ou l'amour parle pour chacun d'eux,
Et la loi du devoir m'attache à tous les deux.
Sur leurs hauts sentimens réglons plutôt les nôtres ;
Soyons femme de l'un ensemble et sœur des autres ;
Regardons leur honneur comme un souverain bien ;
Imitons leur constance, et ne craignons plus rien :
La mort qui les menace est une mort si belle,
Qu'il en faut sans frayeur attendre la nouvelle.
N'appelons point alors les destins inhumains ;
Songeons pour quelle cause, et non par quelles mains ;
Revoyons les vainqueurs, sans penser qu'à la gloire
Que toute leur maison reçoit de leur victoire :
Et, sans considérer aux dépens de quel sang
Leur vertu les élève en cet illustre rang,
Faisons nos intérêts de ceux de leur famille :
En l'une je suis femme, en l'autre je suis fille ;
Et tiens à toutes deux par de si forts liens,
Qu'on ne peut triompher que par les bras des miens.
Fortune, quelques maux que ta rigueur m'envoie,
J'ai trouvé les moyens d'en tirer de la joie,
Et puis voir aujourd'hui le combat sans terreur,
Les morts sans désespoir, les vainqueurs sans horreur.
  Flatteuse illusion, erreur douce et grossière,
Vain effort de mon ame, impuissante lumière,
De qui le faux brillant prend droit de m'éblouir,
Que tu sais peu durer, et tôt t'évanouir
Pareille à ces éclairs qui dans le fort des ombres
Poussent un jour qui fuit et rend les nuits plus sombres,
Tu n'as frappé mes yeux d'un moment de clarté
Que pour les abîmer dans plus d'obscurité.
Tu charmais trop ma peine, et le ciel, qui s'en fâche,
Me vend déja bien cher ce moment de relâche.
Je sens mon triste cœur percé de tous les coups
Qui m'ôtent maintenant un frère, ou mon époux.
Quand je songe à leur mort, quoi que je me propose,
Je songe par quels bras, et non pour quelle cause,
Et ne vois les vainqueurs en leur illustre rang,
Que pour considérer aux dépens de quel sang.
La maison des vaincus touche seule mon âme ;
En l'une je suis fille, en l'autre je suis femme ;
Et tiens à toutes deux par de si forts liens,
Qu'on ne peut triompher que par la mort des miens.
C'est là donc cette paix que j'ai tant souhaitée !
Trop favorables dieux, vous m'avez écoutée !
Quels foudres lancez-vous quand vous vous irritez,
Si même vos faveurs ont tant de cruautés?
Et de quelle façon punissez-vous l'offense,
Si vous traitez ainsi les vœux de l'innocence?

SCÈNE II.
SABINE, JULIE.

SABINE.

En est-ce fait, Julie? et que m'apportez-vous?
Est-ce la mort d'un frère, ou celle d'un époux?
Le funeste succès de leurs armes impies
De tous les combattans a-t-il fait des hosties?
Et, m'enviant l'horreur que j'aurais des vainqueurs,
Pour tous tant qu'ils étaient demande-t-il mes pleurs?

JULIE.

Quoi! ce qui s'est passé, vous l'ignorez encore?

SABINE.

Vous faut-il étonner de ce que je l'ignore?
Et ne savez-vous point que de cette maison
Pour Camille et pour moi l'on fait une prison?

Julie, on nous renferme, on a peur de nos larmes
Sans cela nous serions au milieu de leurs armes,
Et, par les désespoirs d'une chaste amitié,
Nous aurions des deux camps tiré quelque pitié.

JULIE.

Il n'était pas besoin d'un si tendre spectacle;
Leur vue à leur combat apporte assez d'obstacle.
Sitôt qu'ils ont paru prêts à se mesurer,
On a dans les deux camps entendu murmurer:
A voir de tels amis, des personnes si proches,
Venir pour leur patrie aux mortelles approches,
L'un s'émeut de pitié, l'autre est saisi d'horreur,
L'autre d'un si grand zèle admire la fureur;
Tel porte jusqu'aux cieux leur vertu sans égale,
Et tel l'ose nommer sacrilège et brutale.
Ces divers sentiments n'ont pourtant qu'une voix;
Tous accusent leurs chefs, tous détestent leurs choix,
Et, ne pouvant souffrir un combat si barbare,
On s'écrie, on s'avance, enfin on les sépare.

SABINE.

Que je vous dois d'encens, grands dieux, qui m'exaucez!

JULIE.

Vous n'êtes pas, Sabine, encore où vous pensez:
Vous pouvez espérer, vous avez moins à craindre;
Mais il vous reste encore assez de quoi vous plaindre,
En vain d'un sort si triste on les veut garantir;
Ces cruels généreux n'y peuvent consentir:
La gloire de ce choix leur est si précieuse,
Et charme tellement leur ame ambitieuse,
Qu'alors qu'on les déplore ils s'estiment heureux,
Et prennent pour affront la pitié qu'on a d'eux.
Le trouble des deux camps souille leur renommée,
Ils combattront plutôt et l'une et l'autre armée,
Et mourront par les mains qui leur font d'autres lois
Que pas un d'eux renonce aux honneurs d'un tel choix.

SABINE.

Quoi! dans leur dureté ces cœurs d'acier s'obstinent?

JULIE.

Oui, mais d'autre côté les deux camps se mutinent,
Et leurs cris des deux parts poussés en même temps
Demandent la bataille, ou d'autres combattants.
La présence des chefs à peine est respectée,
Leur pouvoir est douteux, leur voix mal écoutée;
Le roi même s'étonne, et pour dernier effort,
« Puisque chacun, dit-il, s'échauffe en ce discord,
» Consultons des grands dieux la majesté sacrée,
» Et voyons si ce change à leurs bontés agrée.
» Quel impie osera se prendre à leur vouloir,
» Lorsqu'en un sacrifice ils nous l'auront fait voir? »
Il se tait, et ces mots semblent être des charmes;
Même aux six combattants ils arrachent les armes;
Et ce désir d'honneur qui leur ferme les yeux,
Tout aveugle qu'il est, respecte encor les dieux.
Leur plus bouillante ardeur cède à l'avis de Tulle;
Et, soit par déférence, ou par un prompt scrupule,
Dans l'une et l'autre armée on s'en fait une loi,
Comme si toutes deux le connaissaient pour roi.
Le reste s'apprendra par la mort des victimes.

SABINE.

Les dieux n'avoueront point un combat plein de crimes;
J'en espère beaucoup, puisqu'il est différé,
Et je commence à voir ce que j'ai désiré.

SCÈNE III.

CAMILLE, SABINE, JULIE.

SABINE.

Ma sœur, que je vous dise une bonne nouvelle.

CAMILLE.

Je pense la savoir, s'il faut la nommer telle;
On l'a dite à mon père, et j'étais avec lui:
Mais je n'en conçois rien qui flatte mon ennui:
Ce délai de nos maux rendra leurs coups plus rudes;
Ce n'est plus qu'un long terme à nos inquiétudes;
Et, tout l'allégement qu'il en faut espérer,
C'est de pleurer plus tard ceux qu'il faudra pleurer.

SABINE.

Les dieux n'ont pas en vain inspiré ce tumulte.

CAMILLE.

Disons plutôt, ma sœur, qu'en vain on les consulte,
Ces mêmes dieux à Tulle ont inspiré ce choix;
Et la voix du public n'est pas toujours leur voix;
Ils descendent bien moins dans de si bas étages,
Que dans l'ame des rois, leurs vivantes images,
De qui l'indépendante et sainte autorité
Est un rayon secret de leur divinité.

JULIE.

C'est vouloir sans raison vous former des obstacles,
Que de chercher leur voix ailleurs qu'en leurs oracles;
Et vous ne vous pouvez figurer tout perdu,
Sans démentir celui qui vous fut hier rendu.

CAMILLE.

Un oracle jamais ne se laisse comprendre;
On l'entend d'autant moins que plus on croit l'entendre;
Et, loin de s'assurer sur un pareil arrêt;
Qui n'y voit rien d'obscur doit croire que tout l'est.

SABINE.

Sur ce qu'il fait pour nous prenons plus d'assurance,
Et souffrons les douceurs d'une juste espérance.
Quand la faveur du ciel ouvre à demi ses bras,
Qui ne s'en promet rien ne la mérite pas;
Il empêche souvent qu'elle ne se déploie;
Et lorsqu'elle descend, son refus la renvoie.

CAMILLE.

Le ciel agit sans nous en ces évènements,
Et ne les règle point dessus nos sentiments.

JULIE.

Il ne vous a fait peur que pour vous faire grace.
Adieu: je vais savoir comme enfin tout se passe.
Modérez vos frayeurs; j'espère à mon retour,
Ne vous entretenir que de propos d'amour,
Et que nous n'emploierons la fin de la journée
Qu'aux doux préparatifs d'un heureux hyménée.

SABINE.

J'ose encor l'espérer.

CAMILLE.

Moi, je n'espère rien.

JULIE.

L'effet vous fera voir que nous en jugeons bien.

SCÈNE IV.

SABINE, CAMILLE.

SABINE.

Parmi nos déplaisirs souffrez que je vous blâme;
Je ne puis approuver tant de trouble en votre ame:
Que feriez-vous, ma sœur, au point où je me vois
Si vous aviez à craindre autant que je le dois,
Et si vous attendiez de leurs armes fatales
Des maux pareils aux miens, et des pertes égales?

CAMILLE.

Parlez plus sainement de vos maux et des miens:
Chacun voit ceux d'autrui d'un autre œil que les siens.
Mais, à bien regarder ceux où le ciel me plonge,
Les vôtres auprès d'eux vous sembleront un songe.
La seule mort d'Horace est à craindre pour vous.
Des freres ne sont rien à l'égal d'un époux;
L'hymen qui nous attache en une autre famille
Nous détache de celle où l'on a vécu fille;
On voit d'un œil divers des nœuds si différents,
Et pour suivre un mari l'on quitte ses parents:
Mais, si près d'un hymen, l'époux que donne un père
Nous est moins qu'un époux, et non pas moins qu'un frè-
Nos sentiments entre eux demeurent suspendus, |re;
Notre choix impossible, et nos vœux confondus.
Ainsi, ma sœur, du moins vous avez dans vos plaintes
Où porter vos souhaits, et terminer vos craintes;
Mais, si le ciel s'obstine à nous persécuter,
Pour moi j'ai tout à craindre, et rien à souhaiter.

SABINE.

Quand il faut que l'un meure, et par les mains de l'autre,
C'est un raisonnement bien mauvais que le vôtre.

Quoique ce soient, ma sœur, des nœuds bien différents,
C'est sans les oublier qu'on quitte ses parents :
L'hymen n'efface point ces profonds caractères ;
Pour aimer un mari l'on ne hait pas ses frères ;
La nature en tout temps garde ses premiers droits ;
Aux dépens de leur vie on ne fait point de choix :
Aussi bien qu'un époux ils sont d'autres nous-mêmes ;
Et tous maux sont pareils alors qu'ils sont extrêmes.
Mais l'amant qui vous charme et pour qui vous brûlez
Ne vous est, après tout, que ce que vous voulez ;
Une mauvaise humeur, un peu de jalousie,
En fait assez souvent passer la fantaisie.
Ce que peut le caprice, osez-le par raison,
Et laissez votre sang hors de compassion :
C'est crime qu'opposer des liens volontaires
A ceux que la naissance a rendu nécessaires.
Si donc le ciel s'obstine à nous persécuter,
Seule j'ai tout à craindre, et rien à souhaiter ;
Mais pour vous, le devoir vous donne, dans vos plaintes,
Où porter vos souhaits, et terminer vos craintes.

CAMILLE.

Je le vois bien, ma sœur, vous n'aimâtes jamais ;
Vous ne connaissez point ni l'amour ni ses traits :
On peut lui résister quand il commence à naître,
Mais non pas le bannir quand il s'est rendu maître,
Et que l'aveu d'un père, engageant notre foi,
A fait de ce tyran un légitime roi :
Il entre avec douceur, mais il règne par force ;
Et, quand l'âme une fois a goûté son amorce,
Vouloir ne plus aimer, c'est ce qu'elle ne peut,
Puisqu'elle ne peut plus vouloir que ce qu'il veut :
Ses chaînes sont pour nous aussi fortes que belles.

SCÈNE V.

LE VIEIL HORACE, SABINE, CAMILLE.

LE VIEIL HORACE.

Je viens vous apporter de fâcheuses nouvelles,
Mes filles ; mais en vain je voudrais vous céler
Ce qu'on ne vous saurait longtemps dissimuler :
Vos frères sont aux mains, les dieux ainsi l'ordonnent.

SABINE.

Je veux bien l'avouer, ces nouvelles m'étonnent,
Et je m'imaginais dans la divinité
Beaucoup moins d'injustice, et bien plus de bonté.
Ne nous consolez point : contre tant d'infortune
La pitié parle en vain, la raison importune.
Nous avons en nos mains la fin de nos douleurs,
Et qui veut bien mourir peut braver les malheurs.
Nous pourrions aisément faire en votre présence
De notre désespoir une fausse constance ;
Mais quand on peut sans honte être sans fermeté.
L'affecter au dehors, c'est une lâcheté ;
L'usage d'un tel art, nous le laissons aux hommes,
Et ne voulons passer que pour ce que nous sommes.

Nous ne demandons point qu'un courage si fort
S'abaisse, à notre exemple, à se plaindre du sort.
Recevez sans frémir ces mortelles alarmes ;
Voyez couler nos pleurs sans y mêler vos larmes ;
Enfin, pour toute grace, en de tels déplaisirs,
Gardez votre constance, et souffrez nos soupirs.

LE VIEIL HORACE.

Loin de blâmer les pleurs que je vous vois répandre,
Je crois faire beaucoup de m'en pouvoir défendre,
Et céderais peut-être à de si rudes coups
Si je prenais ici même intérêt que vous :
Non qu'Albe par son choix m'ait fait haïr vos frères,
Tous trois me sont encor des personnes bien chères :
Mais enfin l'amitié n'est pas de même rang,
Et n'a point les effets de l'amour ni du sang ;
Je ne sens point pour eux la douleur qui tourmente
Sabine comme sœur, Camille comme amante :
Je puis les regarder comme nos ennemis,
Et donne sans regrets mes souhaits à mes fils.
Ils sont, graces aux dieux, dignes de leur patrie ;
Aucun étonnement n'a leur gloire flétrie ;
Et j'ai vu leur honneur croître de la moitié
Quand ils ont des deux camps refusé la pitié.

Si par quelque faiblesse ils l'avaient mendiée,
Si leur haute vertu ne l'eût répudiée,
Ma main bientôt sur eux m'eût vengé hautement
De l'affront que m'eût fait ce mol consentement.
Mais lorsqu'en dépit d'eux on en a voulu d'autres,
Je ne le cède point, j'ai joint mes vœux aux vôtres.
Si le ciel pitoyable eût écouté ma voix,
Albe serait réduite à faire un autre choix ;
Nous pourrions voir tantôt triompher les Horaces
Sans voir leurs bras souillés du sang des Curiaces,
Et de l'évènement d'un combat purement humain
Dépendrait maintenant l'honneur du nom romain.
La prudence des dieux autrement en dispose ;
Sur leur ordre éternel mon esprit se repose :
Il s'arme en ce besoin de générosité,
Et du bonheur public fait sa félicité.
Tâchez d'en faire autant pour soulager vos peines,
Et songez toutes deux que vous êtes Romaines :
Vous l'êtes devenue, et vous l'êtes encor ;
Un si glorieux titre est digne d'un trésor.
Un jour, un jour viendra que par toute la terre
Rome se fera craindre à l'égal du tonnerre,
Et que tout l'univers tremblant dessous ses lois,
Ce grand nom deviendra l'ambition des rois :
Les dieux à notre Enée ont promis cette gloire.

SCÈNE VI.

LE VIEIL HORACE, SABINE, CAMILLE, JULIE.

LE VIEIL HORACE.

Nous venez-vous, Julie, apprendre la victoire ?

JULIE.

Mais plutôt du combat les funestes effets.
Rome est sujette d'Albe, et vos fils sont défaits ;
Des trois les deux sont morts, son époux seul vous

LE VIEIL HORACE.

O d'un triste combat effet vraiment funeste !
Rome est sujette d'Albe : et pour l'en garantir
Il n'a pas employé jusqu'au dernier soupir !
Non, non, cela n'est point ; on vous trompe, Julie ;
Rome n'est point sujette, ou mon fils est sans vie :
Je connais mieux mon sang, il sait mieux son devoir.

JULIE.

Mille de nos remparts comme moi l'ont pu voir.
Il s'est fait admirer tant qu'ont duré ses frères ;
Mais comme il s'est vu seul contre trois adversaires,
Près d'être enfermé d'eux, sa fuite l'a sauvé.

LE VIEIL HORACE.

Et nos soldats trahis ne l'ont point achevé !
Dans leurs rangs à ce lâche ils ont donné retraite !

JULIE.

Je n'ai rien voulu voir après cette défaite.

CAMILLE.

O mes frères !

LE VIEIL HORACE.

Tout beau, ne les pleurez pas tous :
Deux jouissent d'un sort dont leur père est jaloux.
Que des plus nobles fleurs leur tombe soit couverte ;
La gloire de leur mort m'a payé de leur perte ·
Ce bonheur a suivi leur courage invaincu,
Qu'ils ont vu Rome libre autant qu'ils ont vécu,
Et n'auront point vue obeir qu'à son prince,
Ni d'un état voisin devenir la province.
Pleurez l'autre, pleurez l'irréparable affront
Que sa fuite honteuse imprime à notre front ;
Pleurez le déshonneur de toute notre race,
Et l'opprobre éternel qu'il laisse au nom d'Horace.

JULIE.

Que vouliez-vous qu'il fit contre trois ?

LE VIEIL HORACE.

Qu'il mourût,
Ou qu'un beau désespoir alors le secourût.
N'eût-il que d'un moment reculé sa défaite,
Rome eût été du moins un peu plus tard sujette :

Il eût avec honneur laissé mes cheveux gris,
Et c'était de sa vie un assez digne prix.
Il est de tout son sang comptable à sa patrie;
Chaque goutte épargnée à sa gloire flétrie;
Chaque instant de sa vie, après ce lâche tour,
Met d'autant plus ma honte avec la sienne au jour.
J'en romprai bien le cours, et ma juste colère,
Contre un indigne fils usant des droits d'un père,
Saura bien faire voir, dans sa punition,
L'éclatant désaveu d'une telle action.

SABINE.

Écoutez un peu moins ces ardeurs généreuses,
Et ne nous rendez point tout à fait malheureuses.

LE VIEIL HORACE.

Sabine votre cœur se console aisément;
Nos malheurs jusqu'ici vous touchent faiblement.
Vous n'avez point encore de part à nos misères;
Le ciel vous a sauvé votre époux et vos frères :
Si nous sommes sujets, c'est de votre pays :
Vos frères sont vainqueurs quand nous sommes trahis
Et voyant le haut point où leur gloire se monte,
Vous regardez fort peu ce qui vous vient de honte.
Mais votre trop d'amour pour cet infâme époux
Vous donnera bientôt à plaindre comme à nous :
Vos pleurs en sa faveur sont de faibles défenses;
J'atteste des grands dieux les suprêmes puissances
Qu'avant ce jour fini, ces mains, ces propres mains
Laveront dans son sang la honte des Romains.

SABINE.

Suivons-le promptement, la colère l'emporte.
Dieu! verrons-nous toujours des malheurs de la sorte?
Nous faudra-t-il toujours en craindre de plus grands,
Et toujours redouter la main de nos parents?

FIN DU TROISIÈME ACTE.

ACTE IV.

SCÈNE PREMIÈRE.

LE VIEIL HORACE, CAMILLE.

LE VIEIL HORACE.

Ne me parlez jamais en faveur d'un infâme;
Qu'il me fuie à l'égal des frères de sa femme :
Pour conserver un sang qu'il tient si précieux,
Il n'a rien fait encor s'il n'évite mes yeux.
Sabine y peut mettre ordre, ou derechef j'atteste
Le souverain pouvoir de la troupe céleste....

CAMILLE.

Ah! mon père, prenez un plus doux sentiment;
Vous verrez Rome même en user autrement,
Et, de quelque malheur que le ciel l'ait comblée,
Excuser la vertu sous le nombre accablée.

LE VIEIL HORACE.

Le jugement de Rome est peu pour mon regard,
Camille; je suis père, et j'ai mes droits à part.
Je sais trop comme agit la vertu véritable :
C'est sans en triompher que le nombre l'accable;
Et sa mâle vigueur, toujours en même point,
Succombe sous la force et ne lui cède point.
Taisez-vous, et sachons ce que nous veut Valère.

SCÈNE II.

LE VIEIL HORACE, VALÈRE, CAMILLE.

VALÈRE.

Envoyé par le roi pour consoler un père,
Et pour lui témoigner......

LE VIEIL HORACE.

N'en prenez aucun soin :
C'est un soulagement dont je n'ai pas besoin;
Et j'aime mieux voir morts que couverts d'infamie
Ceux que vient de m'ôter une main ennemie.
Tous deux pour leur pays sont morts en gens d'honneur;
Il me suffit.

VALÈRE.

Mais l'autre est un rare bonheur;
De tous les trois chez vous il doit tenir la place.

LE VIEIL HORACE.

Que n'a-t-on vu périr en lui le nom d'Horace!

VALÈRE.

Seul vous le maltraitez après ce qu'il a fait !

LE VIEIL HORACE.

C'est à moi seul aussi de punir son forfait.

VALÈRE.

Quel forfait trouvez-vous en sa bonne conduite?

LE VIEIL HORACE.

Quel éclat de vertu trouvez-vous en sa fuite?

VALÈRE.

La fuite est glorieuse en cette occasion.

LE VIEIL HORACE.

Vous redoublez ma honte et ma confusion.
Certes, l'exemple est rare et digne de mémoire
De trouver dans la fuite un chemin à la gloire!

VALÈRE.

Quelle confusion, et quelle honte à vous
D'avoir produit un fils qui nous conserve tous,
Qui fait triompher Rome, et lui gagne un empire!
A quels plus grands honneurs faut-il qu'un père aspire?

LE VIEIL HORACE.

Quels honneurs, quel triomphe, et quel empire enfin,
Lorsqu'Albe sous ses lois range notre destin?

VALÈRE.

Que parlez-vous ici d'Albe et de sa victoire?
Ignorez-vous encor la moitié de l'histoire?

LE VIEIL HORACE.

Je sais que par sa fuite il a trahi l'état.

VALÈRE.

Oui, s'il eût en fuyant terminé le combat;
Mais on a bientôt vu qu'il ne fuyait qu'en homme
Qui savait ménager l'avantage de Rome.

LE VIEIL HORACE.

Quoi! Rome donc triomphe!

VALÈRE.

Apprenez, apprenez
La valeur de ce fils qu'à tort vous condamnez.
Reste seul contre trois, mais en cette aventure
Tous trois étant blessés, et lui seul sans blessure,
Trop faible pour eux tous, trop fort pour chacun d'eux,
Il sait bien se tirer d'un pas si hasardeux;
Il fuit pour mieux combattre, et cette prompte ruse
Divise adroitement trois frères qu'elle abuse.
Chacun le suit d'un pas ou plus ou moins pressé,
Selon qu'il se rencontre ou plus ou moins blessé;
Leur ardeur est égale à poursuivre sa fuite,
Mais leurs coups inégaux séparent leur poursuite.
Horace les voyant l'un de l'autre écartés,
Se retourne, et déjà les croit demi-domptés :
Il attend le premier, et c'était votre gendre.
L'autre, tout indigné qu'il ait osé l'attendre,
En vain en l'attaquant fait paraître un grand cœur,
Le sang qu'il a perdu ralentit sa vigueur.
Albe à son tour commence à craindre un sort contra
Elle crie au second qu'il secoure son frère;
Il se hâte et s'épuise en efforts superflus;
Il trouve en les joignant que son frère n'est plus.

CAMILLE.

Hélas!

VALÈRE.

Tout hors d'haleine il prend pourtant sa place,
Et redouble bientôt la victoire d'Horace :
Son courage sans force est un débile appui;
Voulant venger son frère il tombe auprès de lui.

L'air résonne des cris qu'au ciel chacun envoie;
Albe en jette d'angoisse, et les Romains de joie.
Comme notre héros se voit près d'achever,
C'est peu pour lui de vaincre, il veut encor braver :
« J'en viens d'immoler deux aux mânes de mes frères,
» Rome aura le dernier de mes trois adversaires,
» C'est à ses intérêts que je vais l'immoler, »
Dit-il; et tout d'un temps on le voit y voler.
La victoire entre eux deux n'était pas incertaine ;
L'Albain percé de coup ne se traînait qu'à peine,
Et, comme une victime aux marches de l'autel,
Il semblait présenter sa gorge au coup mortel :
Aussi, le reçoit-il, peu s'en faut, sans défense;
Et son trépas de Rome établit la puissance.

LE VIEIL HORACE.

O mon fils! ô ma joie! ô l'honneur de nos jours!
O d'un état penchant l'inespéré secours !
Vertu digne de Rome, et sang digne d'Horace!
Appui de ton pays, et gloire de ta race!
Quand pourrai-je étouffer dans tes embrassements
L'erreur dont j'ai formé de si faux sentiments?
Quand pourra mon amour baigner avec tendresse
Ton front victorieux de larmes d'allégresse?

VALERE.

Vos caresses bientôt pourront se déployer;
Le roi, dans un moment, vous le va renvoyer,
Et remet à demain la pompe qu'il prépare
D'un sacrifice aux dieux pour un bonheur si rare ;
Aujourd'hui seulement on s'acquitte vers eux
Par des chants de victoire et par de simples vœux.
C'est où le roi le mène, et tandis il m'envoie
Faire office vers vous de douleur et de joie;
Mais cet office encor n'est pas assez pour lui ;
Il y viendra lui-même, et peut-être aujourd'hui;
Il croit mal reconnaître une vertu si pure,
Si de sa propre bouche il ne vous en assure,
S'il ne vous dit chez vous combien vous doit l'état.

LE VIEIL HORACE.

De tels remerciements ont pour moi trop d'éclat;
Et je me tiens déjà trop payé par les vôtres
Du service d'un fils, et du sang des deux autres.

VALERE.

Il ne sait ce que c'est d'honorer à demi;
Et son sceptre arraché des mains de l'ennemi
Fait qu'il tient cet honneur qu'il lui plaît de vous faire
Au dessous du mérite et du fils et du père.
Je vais lui témoigner quels nobles sentiments
La vertu vous inspire en tous vos mouvements,
Et combien vous montrez d'ardeur pour son service.

LE VIEIL HORACE.

Je vous devrai beaucoup pour un si bon office.

SCÈNE III.

LE VIEIL HORACE, CAMILLE.

LE VIEIL HORACE.

Ma fille, il n'est plus temps de répandre des pleurs ;
Il sied mal d'en verser où l'on voit tant d'honneurs :
On pleure injustement des pertes domestiques,
Quand on en voit sortir des victoires publiques.
Rome triomphe d'Albe et c'est assez pour nous ;
Tous nos maux à ce prix doivent nous être doux.
En la mort d'un amant vous ne perdez qu'un homme
Dont la perte est aisée à réparer dans Rome;
Après cette victoire, il n'est point de Romain
Qui ne soit glorieux de vous donner la main.
Il me faut à Sabine en porter la nouvelle ;
Ce coup sera sans doute assez rude pour elle,
Et ses trois frères morts par la main d'un époux
Lui donneront des pleurs bien plus justes qu'à vous ;
Mais j'espère aisément en dissiper l'orage,
Et qu'un peu de prudence, aidant son grand courage,
Fera bientôt régner sur un si noble cœur
Le généreux amour qu'elle doit au vainqueur.
Cependant étouffez cette lâche tristesse,
Recevez-le, s'il vient, avec moins de faiblesse
Faites-vous voir sa sœur, et qu'en un même flanc
Le ciel vous a tous deux formés du même sang.

SCÈNE IV.

CAMILLE.

Oui, je lui ferai voir, par d'infaillibles marques,
Qu'un véritable amour brave la main des Parques,
Et ne prend point de lois de ces cruels tyrans
Qu'un astre injurieux nous donne pour parents.
Tu blâmes ma douleur, tu l'oses nommer lâche ;
Je l'aime d'autant plus que plus elle te fâche,
Impitoyable père, et par un juste effort
Je la veux rendre égale aux rigueurs de mon sort.
En vit-on jamais un dont les rudes traverses
Prissent en moins de rien tant de faces diverses,
Qui fût doux tant de fois, et tant de fois cruel,
Et portât tant de coups avant le coup mortel ?
Vit-on jamais une ame en un jour plus atteinte
De joie et de douleur, d'espérance et de crainte,
Asservie en esclave à plus d'évènements,
Et le piteux jouet de plus de changements?
Un oracle m'assure, un songe me travaille :
La paix calme l'effroi que me fait la bataille ;
Mon hymen se prépare, et presque en un moment
Pour combattre mon frère on choisit mon amant ;
Ce choix me désespère, et tous le désavouent,
La partie est rompue, et les dieux la renouent ;
Rome semble vaincue, et seul des trois Albains
Curiace en mon sang n'a point trempé ses mains.
O dieux! sentais-je alors des foudres trop légères
Pour le malheur de Rome et la mort de deux frères?
Et me flattais-je trop quand je croyais pouvoir
L'aimer encor sans crime, et nourrir quelque espoir?
Sa mort m'en punit bien, et la façon cruelle
Dont mon ame éperdue en reçoit la nouvelle ;
Son rival me l'apprend ; et, faisant à mes yeux
D'un si triste succès le récit odieux,
Il porte sur le front une allégresse ouverte,
Que le bonheur public fait bien moins que ma perte,
Et, bâtissant en l'air sur le malheur d'autrui,
Aussi bien que mon frère il triomphe de lui.
Mais ce n'est rien encore au prix de ce qui reste :
On demande ma joie en un jour si funeste;
Il me faut applaudir aux exploits du vainqueur,
Et baiser une main qui me perce le cœur.
En un sujet de pleurs si grand, si légitime,
Se plaindre est une honte, et soupirer un crime,
Leur brutale vertu veut qu'on s'estime heureux,
Et si l'on n'est barbare on n'est point généreux !
Dégénérons, mon cœur, d'un si vertueux père ;
Soyons indigne sœur d'un si généreux frère :
C'est gloire de passer pour un cœur abattu,
Quand la brutalité fait la haute vertu.
Éclatez, mes douleurs ; à quoi bon vous contraindre?
Quand on a tout perdu, que saurait-on plus craindre?
Pour ce cruel vainqueur n'ayez point de respect;
Loin d'éviter ses yeux, croissez à son aspect;
Offensez sa victoire, irritez sa colère,
Et prenez, s'il se peut, plaisir à lui déplaire.
Il vient, préparons-nous à montrer constamment
Ce que doit une amante à la mort d'un amant.

SCÈNE V.

HORACE, CAMILLE, PROCULE.

(*Procule porte en sa main les trois épées des Curiaces.*)

HORACE.

Ma sœur, voici le bras qui vengé nos deux frères,
Le bras qui rompt le cours de nos destins contraires,
Qui nous rend maîtres d'Albe ; enfin voici le bras
Qui seul fait aujourd'hui le sort de deux états ;
Vois ces marques d'honneur, ces témoins de ma gloire,
Et rends ce que tu dois à l'heur de la victoire.

CAMILLE.

Recevez donc mes pleurs, c'est ce que je lui dois.

HORACE.

Rome n'en veut point voir après de tels exploits ;
Et nos deux frères morts dans le malheur des armes
Sont trop payés de sang pour exiger des larmes :
Quand la perte est vengée, on n'a plus rien perdu.

CAMILLE.

Puisqu'ils sont satisfaits par le sang épandu,
Je cesserai pour eux de paraître affligée,
Et j'oublierai leur mort que vous avez vengée ;
Mais qui me vengera de celle d'un amant
Pour me faire oublier sa perte en un moment ?

HORACE.

Que dis-tu, malheureuse ?

CAMILLE.

O mon cher Curiace !

HORACE.

O d'une indigne sœur insupportable audace !
D'un ennemi public dont je reviens vainqueur
Le nom est dans ta bouche et l'amour dans ton cœur !
Ton ardeur criminelle à la vengeance aspire !
Ta bouche la demande, et ton cœur la respire !
Suis moins ta passion, règle mieux tes désirs,
Ne me fais plus rougir d'entendre tes soupirs :
Tes flammes désormais doivent être étouffées,
Bannis-les de ton ame, et songe à mes trophées ;
Qu'ils soient dorénavant ton unique entretien.

CAMILLE.

Donne-moi donc, barbare, un cœur comme le tien ;
Et, si tu veux enfin que je t'ouvre mon ame,
Rends-moi mon Curiace, ou laisse agir ma flamme .
Ma joie et mes douleurs dependaient de son sort ;
Je l'adorais vivant, et je le pleure mort.
Ne cherche plus ta sœur où tu l'avais laissée ;
Tu ne revois en moi qu'une amante offensée,
Qui, comme une furie attachée à tes pas,
Te veut incessamment reprocher son trépas.
Tigre altéré de sang, qui me défends les larmes,
Qui veux que dans sa mort je trouve encor des charmes,
Et que, jusques au ciel élevant tes exploits,
Moi-même je le tue une seconde fois !
Puissent tant de malheurs accompagner ta vie,
Que tu tombes au point de me porter envie !
Et toi bientôt souiller par quelque lâcheté
Cette gloire si chère à ta brutalité !

HORACE.

O ciel ! qui vit jamais une pareille rage ?
Crois-tu donc que je sois insensible à l'outrage,
Que je souffre en mon sang ce mortel déshonneur ?
Aime, aime cette mort qui fait notre bonheur,
Et préfere du moins au souvenir d'un homme
Ce que doit ta naissance aux intérêts de Rome.

CAMILLE.

Rome, l'unique objet de mon ressentiment !
Rome, à qui vient ton bras d'immoler mon amant !
Rome, qui t'a vu naître, et que ton cœur adore !
Rome enfin, que je hais parce qu'elle t'honore !
Puissent tous ses voisins ensemble conjurés
Saper ses fondements encore mal assurés !
Et, si ce n'est assez de toute l'Italie,
Que l'Orient contre elle à l'Occident s'allie ;
Que cent peuples unis des bouts de l'univers
Passent, pour la detruire, et les monts et les mers !
Qu'elle-même sur soi renverse ses murailles,
Et de ses propres mains déchire ses entrailles !
Que le courroux du ciel allumé par mes vœux
Fasse pleuvoir sur elle un déluge de feux !
Puisse-je de mes yeux y voir tomber ce foudre,
Voir ses maisons en cendre, et tes lauriers en poudre,
Voir le dernier Romain à son dernier soupir,
Moi seule en être cause, et mourir de plaisir !

HORACE, *mettant l'épée à la main et poursuivant sa sœur qui s'enfuit.*

C'est trop, ma patience à la raison fait place ;
Va dedans les enfers plaindre ton Curiace !

CAMILLE, *blessée, derrière le théâtre.*

Ah, traître !

HORACE, *revenant sur le théâtre.*

Ainsi reçoive un châtiment soudain
Quiconque ose pleurer un ennemi romain !

SCÈNE VI.

HORACE, PROCULE.

PROCULE.

Que venez-vous de faire ?

HORACE.

Un acte de justice,
Un semblable forfait veut un pareil supplice.

PROCULE.

Vous deviez la traiter avec moins de rigueur.

HORACE.

Ne me dis point qu'elle est et mon sang et ma sœur.
Mon père ne peut plus l'avouer pour sa fille :
Qui maudit son pays renonce à sa famille ;
Des noms si pleins d'amour ne lui sont plus permis,
De ses plus chers parents il fait ses ennemis ;
Le sang même les arme en haine de son crime.
La plus prompte vengeance en est plus légitime ;
Et ce souhait impie, encore qu'impuissant,
Est un monstre qu'il faut étouffer en naissant.

SCÈNE VII.

SABINE, HORACE, PROCULE.

SABINE.

A quoi s'arrête ici ton illustre colère ?
Viens voir mourir ta sœur dans les bras de ton père ;
Viens repaître tes yeux d'un spectacle si doux ;
Ou, si tu n'es point las de ces généreux coups,
Immole au cher pays des vertueux Horaces
Ce reste malheureux du sang des Curiaces.
Si prodigue du tien, n'épargne pas le leur ;
Joins Sabine à Camille, et ta femme à ta sœur ;
Nos crimes sont pareils, ainsi que nos misères,
Je soupire comme elle, et déplore mes frères :
Plus coupable en ce point contre tes dures lois.
Qu'elle n'en pleurait qu'un, et que j'en pleure trois,
Qu'après son châtiment ma faute continue.

HORACE.

Sèche tes pleurs, Sabine, ou les cache à ma vue.
Rends-toi digne du nom de ma chaste moitié,
Et ne m'accable point d'une indigne pitié.
Si l'absolu pouvoir d'une pudique flamme
Ne nous laisse à tous deux qu'un penser et qu'une ame,
C'est à toi d'élever tes sentiments aux miens,
Non à moi de descendre à la honte des tiens.
Je t'aime, et je connais la douleur qui te presse ;
Embrasse ma vertu pour vaincre ta faiblesse ;
Participe à ma gloire au lieu de la souiller ;
Tâche à t'en revêtir, non à m'en dépouiller.
Es-tu de mon honneur si mortelle ennemie,
Que je te plaise mieux couvert d'une infamie ?
Sois plus femme que sœur, et, te réglant sur moi,
Fais-toi de mon exemple une immuable loi.

SABINE.

Cherche pour t'imiter des ames plus parfaites.
Je ne t'impute point les pertes que j'ai faites,
J'en ai les sentiments que je dois en avoir,
Et je m'en prends au sort plutôt qu'à ton devoir ;
Mais enfin je renonce à la vertu romaine,
Si, pour la posséder, je dois être inhumaine,
Et ne puis voir en moi la femme du vainqueur,
Sans y voir des vaincus la déplorable sœur.
Prenons part en public aux victoires publiques,
Pleurons dans la maison nos malheurs domestiques,
Et ne regardons point des biens communs à tous,
Quand nous voyons des maux qui ne sont que pour nous.
Pourquoi veux-tu, cruel, agir d'une autre sorte ?
Laisse en entrant ici tes lauriers à la porte,
Mêle tes pleurs aux miens. Quoi ! ces lâches discours
N'arment point ta vertu contre mes tristes jours !
Mon crime redoublé n'émeut point ta colère !
Que Camille est heureuse ! elle a pu te déplaire ;
Elle a reçu de toi ce qu'elle a prétendu,
Et recouvre là bas tout ce qu'elle a perdu.
Cher époux, cher auteur du tourment qui me presse,
Ecoute la pitié, si ta colère cesse ;

Exerce l'une ou l'autre, après de tels malheurs,
A punir ma faiblesse, ou finir mes douleurs :
Je demande la mort pour grace ou pour supplice;
Qu'elle soit un effet d'amour ou de justice,
N'importe; tous ses traits n'auront rien que de doux,
Si je les vois partir de la main d'un époux.

HORACE.

Quelle injustice aux dieux d'abandonner aux femmes
Un empire si grand sur les plus belles ames,
Et de se plaire à voir de si faibles vainqueurs
Régner si puissamment sur les plus nobles cœurs!
A quel point ma vertu devient-elle réduite!
Rien ne la saurait plus garantir que la fuite.
Adieu. Ne me suis point, ou retiens tes soupirs.

SABINE, *seule*.

O colère, ô pitié, sourdes à mes désirs,
Vous négligez mon crime, et ma douleur vous lasse,
Et je n'obtiens de vous ni supplice, ni grace!
Allons-y par nos pleurs faire encore un effort,
Et n'employons après que nous à notre mort.

FIN DU QUATRIÈME ACTE.

ACTE V.

SCÈNE PREMIÈRE.

LE VIEIL HORACE, HORACE.

LE VIEIL HORACE.

Retirons nos regards de cet objet funeste,
Pour admirer ici le jugement céleste :
Quand la gloire nous enfle, il sait bien comme il faut
Confondre notre orgueil qui s'élève trop haut;
Nos desirs les plus doux ne vont point sans tristesse;
Il mêle à nos vertus des marques de faiblesse,
Et rarement accorde à notre ambition
L'entier et pur honneur d'une bonne action.
Je ne plains point Camille; elle était criminelle :
Je me tiens plus à plaindre, et je te plains plus qu'elle;
Moi, d'avoir mis au jour un cœur si peu romain;
Toi, d'avoir par sa mort déshonoré ta main.
Je ne la trouve point injuste ni trop prompte;
Mais tu pouvais, mon fils, t'en épargner la honte :
Son crime, quoique énorme et digne du trépas,
Etait mieux impuni, que puni par ton bras.

HORACE.

Disposez de mon sang, les lois vous en font maîtres;
J'ai cru devoir le sien aux lieux qui m'ont vu naître.
Si dans vos sentiments mon zèle est criminel,
S'il m'en faut recevoir un reproche éternel,
Si ma main en devient honteuse et profanée,
Vous pouvez d'un seul mot trancher ma destinée :
Reprenez tout ce sang de qui ma lâcheté
A si brutalement souillé la pureté.
Ma main n'a pu souffrir de crime en votre race;
Ne souffrez point de tache en la maison d'Horace.
C'est en ces actions dont l'honneur est blessé
Qu'un père tel que vous se montre intéressé :

Son amour doit se taire où toute excuse est nulle;
Lui-même il y prend part lorsqu'il les dissimule;
Et de sa propre gloire il fait trop peu de cas,
Quand il ne punit point ce qu'il n'approuve pas.

LE VIEIL HORACE.

Il n'use pas toujours d'une rigueur extrême;
Il épargne ses fils bien souvent pour soi-même;
Sa vieillesse sur eux aime à se soutenir,
Et ne les punit point de peur de se punir.
Je te vois d'un autre œil que tu ne te regardes;
Je sais.... Mais le roi vient, je vois entrer ses gardes.

SCÈNE II.

TULLE, VALÈRE, LE VIEIL HORACE, HORACE,
TROUPE DE GARDES.

LE VIEIL HORACE.

Ah! sire, un tel honneur a trop d'excès pour moi;
Ce n'est point en ce lieu que je dois voir mon roi :
Permettez qu'à genoux...

TULLE.

Non, levez-vous, mon père.
Je fais ce qu'en ma place un bon prince doit faire
Un si rare service et si fort important
Veut l'honneur le plus rare et le plus éclatant.
(*montrant Valère.*)
Vous en aviez déjà sa parole pour gage;
Je ne l'ai point voulu différer davantage.
    J'ai su, par son rapport, et je n'en doutais pas,
Comme de vos deux fils vous portez le trépas,
Et que, déjà votre ame étant trop résolue,
Ma consolation vous serait superflue :
Mais je viens de savoir quel étrange malheur
D'un fils victorieux a suivi la valeur,
Et que son trop d'amour pour la cause publique,
Par ses mains à son père ôte une fille unique.
Ce coup est un peu rude à l'esprit le plus fort;
Et je doute comment vous portez cette mort.

LE VIEIL HORACE.

Sire avec déplaisir, mais avec patience.

TULLE.

C'est l'effet vertueux de votre expérience.
Beaucoup par un long âge ont appris comme vous
Que le malheur succede au bonheur le plus doux :
Peu savent comme vous s'appliquer ce remède,
Et dans leur intérêt toute leur vertu cède.
Si vous pouvez trouver dans ma compassion
Quelque soulagement pour votre affliction,
Ainsi que votre mal sachez qu'elle est extrême,
Et que je vous en plains autant que je vous aime.

VALERE.

Sire, puisque le ciel entre les mains des rois
Dépose sa justice et la force des lois,
Et que l'état demande aux princes légitimes
Des prix pour les vertus, des peines pour les crimes,
Souffrez qu'un bon sujet vous fasse souvenir
Que vous plaignez beaucoup ce qu'il vous faut punir.
Souffrez...

LE VIEIL HORACE.

Quoi! qu'on envoie un vainqueur au supplice?

TULLE.

Permettez qu'il achève, et je ferai justice :
J'aime à la rendre à tous, à toute heure, en tout lieu,
C'est par elle qu'un roi se fait un demi-dieu;
Et c'est dont je vous plains qu'après un tel service
On puisse contre lui me demander justice.

VALERE.

Souffrez donc, ô grand roi, le plus juste des rois,
Que tous les gens de bien vous parlent par ma voix :
Non que nos cœurs jaloux de ses honneurs s'irritent;
S'il en reçoit beaucoup, ses hauts faits les méritent;
Ajoutez-y plutôt que d'en diminuer;
Nous sommes tous encor prêts d'y contribuer.
Mais, puisque d'un tel crime il s'est montré capable,
Qu'il triomphe en vainqueur, et périsse en coupable.

Arrêtez sa fureur, et sauvez de ses mains,
Si vous voulez régner, le reste des Romains;
Il y va de la perte ou du salut du reste.
La guerre avait un cours si sanglant, si funeste,
Et les nœuds de l'hymen, durant nos bons destins,
Ont tant de fois uni des peuples si voisins,
Qu'il est peu de Romains que le parti contraire
N'intéresse en la mort d'un gendre ou d'un beau-frère,
Et qui ne soient forcés de donner quelques pleurs,
Dans le bonheur public, à leurs propres malheurs.
Si c'est offenser Rome, et que l'heur de ses armes
L'autorise à punir ce crime de nos larmes,
Quel sang épargnera ce barbare vainqueur,
Qui ne pardonne pas à celui de sa sœur,
Et ne peut excuser cette douleur pressante
Que la mort d'un amant jette au cœur d'une amante,
Quand, près d'être éclairés du nuptial flambeau,
Elle voit avec lui son espoir au tombeau?
Faisant triompher Rome, il se l'est asservie;
Il a sur nous un droit et de mort et de vie;
Et nos jours criminels ne pourront plus durer
Qu'autant qu'à sa clémence il plaira l'endurer.

Je pourrais ajouter aux intérêts de Rome
Combien un pareil coup est indigne d'un homme;
Je pourrais demander qu'on mît devant vos yeux
Ce grand et rare exploit d'un bras victorieux :
Vous verriez un beau sang, pour accuser sa rage,
D'un frère si cruel rejaillir au visage;
Vous verriez des horreurs qu'on ne peut concevoir;
Son âge et sa beauté vous pourraient émouvoir :
Mais je hais ces moyens qui sentent l'artifice.
Vous avez à demain remis le sacrifice,
Pensez-vous que les dieux, vengeurs des innocents,
D'une main parricide acceptent de l'encens?
Sur vous ce sacrilège attirerait sa peine;
Ne le considérez qu'en objet de leur haine,
Et croyez avec nous qu'en tous ces trois combats
Le bon destin de Rome a plus fait que son bras,
Puisque ces mêmes dieux, auteurs de sa victoire,
Ont permis qu'aussitôt il en souillât la gloire,
Et qu'un si grand courage, après ce noble effort,
Fût digne en même jour de triomphe et de mort.
Sire, c'est ce qu'il faut que votre arrêt décide.
En ce lieu Rome a vu le premier parricide;
La suite en est à craindre, et la haine des cieux.
Sauvez-nous de sa main, et redoutez les dieux.

TULLE.

Défendez-vous, Horace.

HORACE.

A quoi bon me défendre?
Vous savez l'action, vous la venez d'entendre;
Ce que vous en croyez me doit être une loi.
Sire, on se défend mal contre l'avis d'un roi,
Et le plus innocent devient soudain coupable,
Quand aux yeux de son prince il paraît condamnable.
C'est crime qu'envers lui se vouloir excuser :
Notre sang est son bien, il en peut disposer;
Et c'est à nous de croire, alors qu'il en dispose,
Qu'il ne s'en prive point sans une juste cause.
Sire, prononcez donc, je suis prêt d'obéir;
D'autres aiment la vie, et je la dois haïr.
Je ne reproche point à l'ardeur de Valère
Qu'en amant de ma sœur il accuse son frère;
Mes vœux avec les siens conspirent aujourd'hui;
Il demande ma mort, je la veux comme lui.
Un seul point entre nous met cette différence,
Que mon honneur par-là cherche son assurance,
Et qu'à ce même but il nous voulons arriver,
Lui pour flétrir ma gloire, et moi pour la sauver.

Sire, c'est rarement qu'il s'offre une matière
A montrer d'un grand cœur la vertu tout entière;
Suivant l'occasion, elle agit plus ou moins,
Et paraît forte ou faible aux yeux de ses témoins.
Le peuple, qui voit tout seulement par l'écorce,
S'attache en son effet pour juger de sa force;
Il veut que ses dehors gardent un même cours,
Qu'ayant fait un miracle, elle en fasse toujours :
Après une action pleine, haute, éclatante,
Tout ce qui brille moins remplit mal son attente.

Il veut qu'on soit égal en tout temps, en tous lieux;
Il n'examine point si lors on pouvait mieux,
Ni que, s'il ne voit pas sans cesse une merveille,
L'occasion est moindre, et la vertu pareille :
Son injustice accable et détruit les grands noms;
L'honneur des premiers faits se perd par les seconds,
Et quand la renommée a passé l'ordinaire,
Si l'on n'en veut déchoir, il ne faut plus rien faire.
Je ne vanterai point les exploits de mon bras;
Votre majesté, sire, a vu mes trois combats :
Il est bien malaisé qu'un pareil les seconde,
Qu'une autre occasion à celle-ci réponde,
Et que tout mon courage, après de si grands coups,
Parvienne à des succès qui n'aillent au dessous;
Si bien que, pour laisser une illustre mémoire,
La mort seule aujourd'hui peut conserver ma gloire :
Encor la fallait-il sitôt que j'eus vaincu,
Puisque pour mon honneur j'ai déjà trop vécu.
Un homme tel que moi voit sa gloire ternie,
Quand il tombe en péril de quelque ignominie :
Et ma main aurait su déjà m'en garantir;
Mais sans votre congé mon sang n'ose sortir,
Comme il vous appartient, votre aveu doit se prendre;
C'est vous le dérober qu'autrement le répandre,
Rome ne manque point de généreux guerriers;
Assez d'autres sans moi soutiendront vos lauriers;
Que votre majesté désormais m'en dispense;
Et si ce que j'ai fait vaut quelque récompense,
Permettez, ô grand roi, que de ce bras vainqueur
Je m'immole à ma gloire, et non pas à ma sœur.

SCÈNE III.

TULLE, VALÈRE, LE VIEIL HORACE, HORACE, SABINE.

SABINE.

Sire, écoutez Sabine; et voyez dans son ame
Les douleurs d'une sœur, et celles d'une femme,
Qui, toute désolée, à vos sacrés genoux,
Pleure pour sa famille, et craint pour son époux...
Ce n'est pas que je veuille avec cet artifice
Dérober un coupable au bras de la justice;
Quoi qu'il ait fait pour vous, traitez-le comme tel,
Et punissez en moi ce noble criminel;
De mon sang malheureux expiez tout son crime :
Vous ne changerez point pour cela de victime;
Ce n'en sera point prendre une injuste pitié,
Mais en sacrifier la plus chère moitié.
Les nœuds de l'hyménée, et son amour extrême,
Font qu'il vit plus en moi qu'il ne vit en lui-même,
Et si vous m'accordez de mourir aujourd'hui;
Il mourra plus en moi qu'il ne mourrait en lui;
La mort que je demande et qu'il faut que j'obtienne,
Augmentera sa peine et finira la mienne.
Sire, voyez l'excès de mes tristes ennuis,
Et l'effroyable état où mes jours sont réduits.
Quelle horreur d'embrasser un homme dont l'épée
De toute ma famille a la trame coupée!
Et quelle impitié de haïr un époux
Pour avoir bien servi les siens, l'état, et vous!
Aimer un bras souillé du sang de tous mes frères!
N'aimer pas un mari qui finit nos misères!
Sire, délivrez-moi, par un heureux trépas,
Des crimes de l'aimer, et de ne l'aimer pas;
J'en nommerai l'arrêt une faveur bien grande.
Ma main peut me donner ce que je vous demande;
Mais ce trépas enfin me sera bien plus doux,
Si je puis de sa honte affranchir mon époux;
Si je puis par mon sang apaiser la colère
Des dieux qu'a pu fâcher sa vertu trop sévère,
Satisfaire, en mourant, aux mânes de ma sœur,
Et conserver à Rome un si bon défenseur.

LE VIEIL HORACE.

Sire, c'est donc à moi de répondre à Valère.
Mes enfants avec lui conspirent contre un père;
Tous trois veulent me perdre, et s'arment sans raison
Contre si peu de sang qui reste en ma maison,
(à Sabine.)
Toi, qui, par des douleurs à ton devoir contraires,
Veux quitter un mari pour rejoindre tes frères,

Va plutôt consulter leurs mânes généreux ;
Ils sont morts, mais pour Albe, et s'en tiennent heureux :
Puisque le ciel voulait qu'elle fût asservie,
Si quelque sentiment demeure après la vie,
Ce malheur semble moindre, et moins rudes ses coups,
Voyant que tout l'honneur en retombe sur nous ;
Tous trois désavoueront la douleur qui te touche,
Les larmes de tes yeux, les soupirs de ta bouche,
L'horreur que tu fais voir d'un mari vertueux.
Sabine, sois leur sœur, suis ton devoir comme eux.

(au roi.)
Contre ce cher époux Valère en vain s'anime
Un premier mouvement ne fut jamais un crime,
Et la louange est due, au lieu du châtiment,
Quand la vertu produit ce premier mouvement.
Aimer nos ennemis avec idolâtrie,
De rage en leur trépas maudire la patrie,
Souhaiter à l'état un malheur infini,
C'est ce qu'on nomme crime, et ce qu'il a puni.
Le seul amour de Rome a sa main animée ;
Il serait innocent s'il l'avait moins aimée.
Qu'ai-jé dit, sire? il l'est, et ce bras paternel
L'aurait déjà puni s'il était criminel ;
J'aurais su m'en user de l'entière puissance
Que me donnent sur lui les droits de la naissance :
J'aime trop l'honneur, sire, et ne suis point de rang
A souffrir ni d'affront ni de crime en mon sang.
C'est dont je ne veux point de témoin que Valère.
Il a vu quel accueil lui gardait ma colère,
Lorsqu'ignorant encor la moitié du combat,
Je croyais que sa fuite avait trahi l'état.
Qui le fait se charger des soins de ma famille?
Qui le fait, malgré moi, vouloir venger ma fille?
Et par quelle raison dans son juste trépas,
Prend-il un intérêt qu'un père ne prend pas?
On craint qu'après sa sœur il n'en maltraite d'autres !
Sire, nous n'avons part qu'à la honte des nôtres ;
Et, de quelque façon qu'un autre puisse agir,
Qui ne nous touche point ne nous fait point rougir.

(à *Valère*.)
Tu peux pleurer, Valère, et même aux yeux d'Horace ;
Il ne prend intérêt qu'aux crimes de sa race :
Qui n'est point de son sang ne peut faire d'affront
Aux lauriers immortels qui lui ceignent le front.
Lauriers, sacrés rameaux qu'on veut réduire en poudre,
Vous qui mettez sa tête à couvert de la foudre,
L'abandonnerez-vous à l'infâme couteau
Qui fait choir les méchants sous la main d'un bourreau?
Romains, souffrirez-vous qu'on vous immole un homme
Sans qui Rome aujourd'hui cesserait d'être Rome,
Et qu'un Romain s'efforce à tacher le renom
D'un guerrier à qui tous doivent un si beau nom?
Dis, Valère, dis-nous, si tu veux qu'il périsse,
Où tu penses choisir un lieu pour son supplice.
Sera-ce entre ces murs que mille et mille voix
Font résonner encor du bruit de ses exploits?
Sera-ce hors des murs, au milieu de ces places
Qu'on voit fumer encor du sang des Curiaces,
Entre leurs trois tombeaux et dans ce champ d'honneur
Témoin de sa vaillance et de notre bonheur?
Tu ne saurais cacher sa peine à sa victoire :
Dans les murs, hors des murs, tout parle de sa gloire,
Tout s'oppose à l'effort de ton injuste amour.
Qui veut d'un si bon sang souiller un si beau jour.
Albe ne pourra pas souffrir un tel spectacle,
Et Rome par ses pleurs y mettra trop d'obstacle.

Vous les préviendrez, sire ; et, par un juste arrêt,
Vous saurez embrasser bien mieux son intérêt.
Ce qu'il a fait pour elle il peut encor le faire ;
Il peut la garantir encor d'un sort contraire.
Sire, ne donnez rien à mes débiles ans :
Rome aujourd'hui m'a vu père de quatre enfants ;
Trois en ce même jour sont morts pour sa querelle,
Il m'en reste encore un, conservez-le pour elle :
N'ôtez pas à ses murs un si puissant appui,
Et souffrez, pour finir, que je m'adresse à lui.
Horace, ne crois pas que le peuple stupide
Soit le maître absolu d'un renom bien solide,
Sa voix tumultueuse assez souvent fait bruit,
Mais un moment l'élève, un moment le détruit,

Et ce qu'il contribue à notre renommée
Toujours en moins de rien se dissipe en fumée.
C'est aux rois, c'est aux grands, c'est aux esprits bien
A voir la vertu pleine en ses moindres effets ; |faits,
C'est d'eux seuls qu'on reçoit la véritable gloire,
Eux seuls des vrais héros assurent la mémoire.
Vis toujours en Horace, et toujours auprès d'eux
Ton nom demeurera grand, illustre, fameux,
Bien que l'occasion, moins haute ou moins brillante,
D'un vulgaire ignorant trompe l'injuste attente.
Ne hais donc plus la vie, et du moins vis pour moi,
Et pour servir encor ton pays et ton roi.
Sire, j'en ai trop dit : mais l'affaire vous touche ;
Et Rome tout entière a parlé par ma bouche.

VALÈRE.
Sire, permettez-moi....

TULLE.
Valère, c'est assez ;
Vos discours par les leurs ne sont pas effacés,
J'en garde en mon esprit les forces plus pressantes,
Et toutes vos raisons me sont encore présentes.
Cette énorme action faite presque à nos yeux
Outrage la nature, et blesse jusqu'aux dieux.
Un premier mouvement qui produit un tel crime
Ne saurait lui servir d'excuse légitime :
Les moins sévères lois en ce point sont d'accord ;
Et, si nous les suivons, il est digne de mort.
Si d'ailleurs nous voulons regarder le coupable,
Ce crime, quoique grand, énorme, inexcusable,
Vient de la même épée, et part du même bras
Qui me fait aujourd'hui maître de deux états.
Deux sceptres en ma main, Albe à Rome asservie,
Parlent bien hautement en faveur de sa vie ;
Sans lui j'obéirais où je donne la loi,
Et je serais sujet où je suis deux fois roi.
Assez de bons sujets dans toutes les provinces
Par des vœux impuissants s'acquittent vers leurs prin-
Tous les peuvent aimer, mais tous ne peuvent pas |ces ;
Par d'illustres effets assurer leurs états :
Et l'art et le pouvoir d'affermir des couronnes
Sont des dons que le ciel fait à peu de personnes.
De pareils serviteurs sont les forces des rois,
Et de pareils aussi sont au dessus des lois.
Qu'elles se taisent donc : que Rome dissimule
Ce que dès sa naissance elle vit en Romule ;
Elle peut bien souffrir en son libérateur
Ce qu'elle a bien souffert en son premier auteur.
Vis donc, Horace, vis, guerrier trop magnanime ;
Ta vertu met ta gloire au dessus de ton crime ;
Sa chaleur généreuse a produit ton forfait ;
D'une cause si belle il faut souffrir l'effet.
Vis pour servir l'état ; vis, mais aime Valère ;
Qu'il ne reste entre vous ni haine ni colère ;
Et soit qu'il ait suivi l'amour ou le devoir,
Sans aucun sentiment résous-toi de le voir.
Sabine, écoutez moins la douleur qui vous presse ;
Chassez de ce grand cœur ces marques de faiblesse :
C'est en séchant vos pleurs que vous vous montrerez
La véritable sœur de ce que vous pleurez.
Mais nous devons aux dieux demain un sacrifice ;
Et nous aurions le ciel à nos vœux mal propice,
Si nos prêtres, avant que de sacrifier,
Ne trouvaient le moyen de le purifier :
Son père en prendra soin ; il lui sera facile
D'apaiser tout d'un temps les mânes de Camile.
Je la plains, et pour rendre à son sort rigoureux
Ce que peut souhaiter son esprit amoureux,
Puisqu'en un même jour l'ardeur d'un même zèle
Achève le destin de son amant et d'elle,
Je veux qu'un même jour, témoin de leurs deux morts,
En un même tombeau voie enfermer leurs corps.

FIN D'HORACE.

EXAMEN D'HORACE.

C'est une croyance assez générale que cette pièce pourrait passer pour la plus belle des miennes, si les derniers actes répondaient aux premiers. Tous veulent que la mort de Camille en gâte la fin, et j'en demeure d'accord; mais je ne sais si tous en savent la raison. On l'attribue communément à ce qu'on voit cette mort sur la scène; ce qui serait plutôt la faute de l'actrice que la mienne, parce que, quand elle voit son frère mettre l'épée à la main, la frayeur si naturelle au sexe, lui doit faire prendre la fuite, et recevoir le coup derrière le théâtre, comme je le marque dans cette impression. D'ailleurs, si c'est une règle de ne le point ensanglanter, elle n'est pas du temps d'Aristote, qui nous apprend que, pour émouvoir puissamment, il faut de grands déplaisirs, des blessures, et des morts en spectacle. Horace ne veut pas que nous y hasardions les évènements trop dénaturés, comme de Médée qui tue ses enfants; mais je ne vois pas qu'il en fasse une règle générale pour toutes sortes de morts, ni que l'emportement d'un homme passionné pour sa patrie contre une sœur qui la maudit en sa présence avec des imprécations horribles, soit de même nature que la cruauté de cette mère. Sénèque l'expose aux yeux du peuple, en dépit d'Horace; et, chez Sophocle, Ajax ne se cache point aux spectateurs lorsqu'il se tue. L'adoucissement que j'apporte dans le second de ces discours pour rectifier la mort de Clytemnestre ne peut être propre ici à celle de Camille. Quand elle s'enferrerait d'elle-même par désespoir en voyant son frère l'épée à la main, ce frère ne laisserait pas d'être criminel de l'avoir tirée contre elle, puisqu'il n'y a point de troisième personne sur le théâtre à qui il pût adresser le coup qu'elle recevrait, comme peut faire Oreste à Égiste. D'ailleurs, l'histoire est trop connue pour retrancher le péril qu'il court d'une mort infame après l'avoir tuée; et la défense que lui prête son père pour obtenir sa grâce n'aurait plus de lieu s'il demeurait innocent. Quoi qu'il en soit, voyons si cette action n'a pu causer la chute de ce poème que par là, et s'il n'a point d'autre irrégularité que de blesser les yeux.

Comme je n'ai point accoutumé de dissimuler mes défauts, j'en trouve ici deux ou trois assez considérables. Le premier est que cette action, qui devient la principale de la pièce, est momentanée, et n'a point cette juste grandeur que lui demande Aristote, qui consiste en un commencement, un milieu, et une fin. Elle surprend tout d'un coup; et toute la préparation que j'y ai donnée par la peinture de la vertu farouche d'Horace, et par la défense qu'il fait à sa sœur de regretter qui que ce soit de lui ou de son amant qui meure au combat, n'est point suffisante pour faire attendre un emportement si extraordinaire, et servir de commencement à cette action.

Le second défaut est que cette mort fait une action double par le second point où tombe Horace après être sorti du premier. L'unité de péril d'un héros dans la tragédie fait l'unité d'action; et quand il en est garanti la pièce est finie, si ce n'est que la sortie même de ce péril l'engage si nécessairement dans un autre, que la liaison et la continuité des deux n'en fasse qu'une action, ce qui n'arrive point ici, ou Horace revient triomphant sans aucun besoin de tuer sa sœur, ni même de parler à elle; et l'action serait suffisamment terminée à sa victoire. Cette chute de péril en l'autre, sans nécessité, fait ici un effet d'autant plus mauvais, que d'un péril public, où il y va de tout l'état, il tombe en un péril particulier où il n'y va que de sa vie; et, pour dire encore plus, d'un péril illustre, où il ne peut succomber que glorieusement, en un péril infame dont il ne peut sortir sans tache. Ajoutez, pour troisième imperfection, que Camille, qui ne tient que le second rang dans les trois premiers actes, et y laisse le premier à Sabine, prend le premier en ces deux derniers, où cette Sabine n'est plus considérable; et qu'ainsi s'il y a égalité dans les mœurs, il n'y en a point dans la dignité des personnages, où se doit étendre ce précepte d'Horace :

.... Servetur ad imum
Qualis ab incepto processerit, et sibi constet.

Ce défaut en Rodelinde a été une des principales causes du mauvais succès de *Pertharite*, et je n'ai point encore vu sur nos théâtres cette inégalité de rang en un même acteur, qui n'ait produit un très méchant effet. Il serait bon d'en établir une règle inviolable.

Du côté du temps, l'action n'est pas trop pressée, et n'a rien qui ne me semble vraisemblable. Pour le lieu, bien que l'unité y soit exacte, elle n'est pas sans quelque contrainte. Il est constant qu'Horace et Curiace n'ont point de raison de se séparer du reste de la famille pour commencer le second acte; et c'est une adresse de théâtre de n'en donner aucune, quand on n'en peut donner de bonnes. L'attachement de l'auditeur à l'action présente souvent ne lui permet pas de descendre à l'examen sévère de cette justesse, et ce n'est pas un crime que de s'en prévaloir pour l'éblouir, quand il est mal aisé de le satisfaire.

Le personnage de Sabine est assez heureusement inventé, et trouve sa vraisemblance aisée dans le rapport à l'histoire, qui marque assez d'amitié et d'égalité entre les deux familles pour avoir pu faire cette double alliance.

Elle ne sert pas davantage à l'action que l'infante à celle du *Cid*, et ne fait que se laisser toucher diversement, comme elle, à la diversité des évènements. Néanmoins on a généralement approuvé celle-ci, et condamné l'autre. J'en ai cherché la raison, et j'en ai trouvé deux : l'une est la liaison des scènes, qui semble, s'il m'est permis de parler ainsi, incorporer Sabine dans cette pièce, au lieu que, dans le *Cid*, toutes celles de l'infante sont détachées, et paraissent hors œuvre :

Tantum series juncturaque pollet.

L'autre, qu'ayant une fois posé Sabine pour femme d'Horace, il est nécessaire que tous les incidents de ce poème lui donne les sentiments qu'elle en témoigne avoir, par l'obligation qu'elle a de prendre intérêt à ce qui regarde son mari et ses frères : mais l'infante n'est point obligée d'en prendre aucun en ce qui touche le Cid; et si elle a quelque inclination secrète pour lui, il n'est point besoin qu'elle en fasse rien paraître, puisqu'elle ne produit aucun effet.

L'oracle qui est proposé au premier acte trouve son vrai sens à la conclusion du cinquième. Il semble clair d'abord, et porte l'imagination à un sens contraire; et je les aimerais mieux de cette sorte sur nos théâtres, que ceux qu'on fait entièrement obscurs, parce que la surprise de leur véritable effet en est plus belle. J'en ai usé ainsi encore dans l'*Andromède* et dans l'*OEdipe*. Je ne dis pas la même chose des songes, qui peuvent faire encore un plus grand ornement dans la protase, pourvu qu'on ne s'en serve pas souvent. Je voudrais qu'ils eussent l'idée de la fin véritable de la pièce, mais avec quelque confusion qui n'en permît pas l'intelligence entière. C'est ainsi que je m'en suis servi deux fois, ici et dans *Polyeucte*, mais avec plus d'éclat et d'artifice dans ce dernier poème, où il marque toutes les particularités de l'évènement, qu'en celui-ci, où il ne fait qu'exprimer une ébauche tout à fait informe de ce qui doit arriver de funeste.

Il passe pour constant que le second acte est un des plus pathétiques qui soient sur la scène, et le troisième un des plus artificieux. Il est soutenu de la seule narration de la moitié du combat des trois frères, qui est coupée très heureusement pour laisser Horace le père dans la colère et le déplaisir, et lui donner ensuite un si beau retour à la joie dans le quatrième. Il a été à propos, pour le jeter dans cette erreur, de se servir de l'impatience d'une femme qui suit brusquement sa première idée, et présume le combat achevé, parce qu'elle a vu deux des Horaces par terre et le troisième en fuite. Un homme, qui doit être plus posé et plus judicieux, n'eût pas été propre à donner cette fausse alarme; il eût dû prendre plus de patience, afin d'avoir plus de certitude de l'évènement, et n'eût pas été excusable de se laisser emporter si légèrement, par les apparences, à présumer le mauvais succès d'un combat dont il n'eût pas vu la fin.

Bien que le roi n'y paraisse qu'au cinquième, il y est mieux dans sa dignité que dans le *Cid*, parce qu'il a intérêt pour tout son état dans le reste de la pièce ; et, bien qu'il n'y parle point, il ne laisse pas d'y agir comme roi. Il vient aussi dans ce cinquième comme roi qui veut honorer par cette visite un père dont les fils lui ont conservé sa couronne, et acquis celle d'Albe au prix de leur sang. S'il y fait l'office de juge, ce n'est que par accident; et il le fait dans ce logis même d'Horace, par la seule contrainte qu'impose la règle de l'unité de lieu. Tout ce cinquième acte est encore une des causes du peu de satisfaction que laisse cette tragédie : il est tout en plaidoyers, et ce n'est pas là la place des harangues ni des longs discours ; ils peuvent être supportés en un commencement de la pièce, où l'action n'est pas encore échauffée ; mais le cinquième acte doit plus agir que discourir. L'attention de l'auditeur, déjà lassée, se rebute de ces conclusions qui traînent et tirent la fin en longueur.

Quelques uns ne veulent pas que Valère y soit un digne accusateur d'Horace, parce que, dans la pièce, il n'a pas fait voir assez de passion pour Camille; à quoi je réponds que ce n'est pas à dire qu'il n'en eût une très forte, mais qu'un amant mal voulu ne pouvait se montrer de bonne grâce à sa maîtresse dans le jour qui la rejoignait à un amant aimé. Il n'y avait point de place pour lui au premier acte, et encore moins au second : il fallait qu'il tînt son rang à l'armée pendant le troisième ; et il se montre au quatrième, sitôt que la mort de son rival fait quelque ouverture à son espérance : il tâche à gagner les bonnes grâces du père par la commission qu'il prend du roi de lui apporter les glorieuses nouvelles de l'honneur que ce prince lui veut faire ; et, par occasion, il lui apprend la victoire de son fils, qu'il ignorait. Il ne manque pas d'amour durant les trois premiers actes, mais d'un temps propre à le témoigner ; et, dès la première scène de la pièce, il paraît bien qu'il rendait assez de soins à Camille, puisque Sabine s'en alarme pour son frère. S'il ne prend pas le procédé de France, il faut considérer qu'il est Romain, et dans Rome, où il n'aurait pu entreprendre un duel contre un autre Romain sans faire un crime d'état, et que j'aurais fait un crime de théâtre, si j'avais habillé un Romain à la française.

FIN DE L'EXAMEN D'HORACE.

CINNA,

TRAGÉDIE EN CINQ ACTES.

PERSONNAGES.

OCTAVE CÉSAR AUGUSTE, empereur de Rome.
LIVIE, impératrice.
CINNA, fils d'une fille de Pompée, chef de la conjuration contre Auguste.
MAXIME, autre chef de la conjuration.
ÉMILIE, fille de C. Toranius, tuteur d'Auguste, et proscrit par lui durant le triumvirat.
FULVIE, confidente d'Émilie.
POLYCLÈTE, affranchi d'Auguste.
EVANDRE, affranchi de Cinna.
EUPHORBE, affranchi de Maxime.

La scène est à Rome.

ACTE PREMIER.

SCÈNE PREMIÈRE.

ÉMILIE.

Impatients désirs d'une illustre vengeance
Dont la mort de mon père a formé la naissance,
Enfants impétueux de mon ressentiment,
Que ma douleur séduite embrasse aveuglément,
Vous prenez sur mon âme un trop puissant empire ;
Durant quelques moments souffrez que je respire,
Et que je considère, en l'état où je suis,
Et ce que je hasarde, et ce que je poursuis.
Quand je regarde Auguste au milieu de sa gloire,
Et que vous reprochez à ma triste mémoire
Que par sa propre main mon père massacré
Du trône où je le vois fait le premier degré ;
Quand vous me présentez cette sanglante image,
La cause de ma haine, et l'effet de sa rage,
Je m'abandonne toute à vos ardents transports,
Et crois, pour une mort, lui devoir mille morts.
Au milieu toutefois d'une fureur si juste,
J'aime encor plus Cinna que je ne hais Auguste,
Et je sens refroidir ce bouillant mouvement,
Quand il faut, pour le suivre, exposer mon amant.
Oui, Cinna, contre moi moi-même je m'irrite,
Quand je songe aux dangers où je te précipite.
Quoique pour me servir tu n'appréhendes rien,
Te demander du sang, c'est exposer le tien :
D'une si haute place on n'abat point de tête
Sans attirer sur soi mille et mille tempêtes ;

L'issue en est douteuse, et le péril certain.
Un ami déloyal peut trahir ton dessein ;
L'ordre mal concerté, l'occasion mal prise,
Peuvent sur son auteur renverser l'entreprise.
Tourner sur toi les coups dont tu le veux frapper ;
Dans sa ruine même il peut t'envelopper ;
Et, quoi qu'en ma faveur ton amour exécute,
Il te peut, en tombant, écraser sous sa chute.
Ah ! cesse de courir à ce mortel danger ;
Te perdre en me vengeant, ce n'est pas me venger.
Un cœur est trop cruel quand il trouve des charmes
Aux douceurs que corrompt l'amertume des larmes ;
Et l'on doit mettre au rang des plus cuisants malheurs
La mort d'un ennemi qui coûte tant de pleurs.
 Mais peut-on en verser alors qu'on venge un père ?
Est-il perte à ce prix qui ne semble légère ?
Et, quand son assassin tombe sous notre effort,
Doit-on considérer ce que coûte sa mort ?
Cessez, vaines frayeurs, cessez, lâches tendresses,
De jeter dans mon cœur vos indignes faiblesses :
Et toi qui les produis par tes soins superflus,
Amour, sers mon devoir, et ne le combats plus :
Lui céder, c'est ta gloire ; et le vaincre, ta honte
Montre-toi généreux, souffrant qu'il te surmonte ;
Plus tu lui donneras, plus il te va donner,
Et ne triomphera que pour te couronner.

SCÈNE II.

EMILIE, FULVIE.

EMILIE.

Je l'ai juré, Fulvie, et je le jure encore,
Quoique j'aime Cinna, quoique mon cœur l'adore,
S'il me veut posséder, Auguste doit périr ;
Sa tête est le seul prix dont il peut m'acquérir ;
Je lui prescris la loi que mon devoir m'impose.

FULVIE.

Elle a pour la blâmer une trop juste cause ;
Par un si grand dessein vous vous faites juger
Digne sang de celui que vous voulez venger ;
Mais, encore une fois, souffrez que je vous die
Qu'une si juste ardeur devrait être attiédie.
Auguste chaque jour, à force de bienfaits,
Semble assez réparer les maux qu'il vous a faits ;
Sa faveur envers vous paraît si déclarée,
Que vous êtes chez lui la plus considérée ;
Et de ses courtisans souvent les plus heureux
Vous pressent à genoux de lui parler pour eux.

EMILIE.

Toute cette faveur ne me rend pas mon père ;
Et de quelque façon que l'on me considère,
Abondante en richesse, ou puissante en crédit,
Je demeure toujours la fille d'un proscrit.
Les bienfaits ne font pas toujours ce que tu penses ;
D'une main odieuse ils tiennent lieu d'offenses :
Plus nous en prodiguons à qui nous peut haïr,
Plus d'armes nous donnons à qui nous veut trahir.
Il m'en fait chaque jour, sans changer mon courage ;
Je suis ce que j'étais, et je puis davantage ;
Et des mêmes présents qu'il verse dans mes mains
J'achète contre lui les esprits des Romains ;
Je recevrais de lui la place de Livie
Comme un moyen plus sûr d'attenter à sa vie.
Pour qui venge son père il n'est point de forfaits,
Et c'est vendre son sang que se rendre aux bienfaits.

FULVIE.

Quel besoin toutefois de passer pour ingrate ?
Ne pouvez-vous haïr sans que la haine éclate ?
Assez d'autres sans vous n'ont pas mis en oubli
Par quelles cruautés son trône est établi ;
Tant de braves Romains, tant d'illustres victimes,
Qu'a son ambition sont immolées ses crimes,
Laissent à leurs enfants d'assez vives douleurs
Pour venger votre perte en vengeant leurs malheurs.
Beaucoup l'ont entrepris, mille autres vont les suivre ;
Qui vit haï de tous ne saurait longtemps vivre ;
Remettez à leurs bras les communs intérêts,
Et n'aidez leurs desseins que par des vœux secrets.

EMILIE.

Quoi ! je le haïrai sans tâcher de lui nuire ?
J'attendrai du hasard qu'il ose le détruire ?
Et je satisferai des devoirs si pressants
Par une haine obscure et des vœux impuissants !
Sa perte, que je veux, me deviendrait amère,
Si quelqu'un l'immolait à d'autres qu'à mon père ;
Et tu verrais mes pleurs couler pour son trépas
Qui, le faisant périr, ne me vengerait pas.
C'est une lâcheté que de remettre à d'autres
Les intérêts publics qui s'attachent aux nôtres.
Joignons à la douceur de venger nos parents
La gloire qu'on remporte à punir les tyrans ;
Et faisons publier par toute l'Italie :
« La liberté de Rome est l'œuvre d'Émilie :
« On a touché son âme, et son cœur s'est épris,
« Mais elle n'a donné son amour qu'à ce prix. »

FULVIE.

Votre amour à ce prix n'est qu'un présent funeste
Qui porte à votre amant sa perte manifeste.
Pensez mieux, Emilie, à quoi vous l'exposez,
Combien à cet écueil se sont déjà brisés ;
Ne vous aveuglez point quand sa mort est visible.

EMILIE.

Ah ! tu sais me frapper par où je suis sensible.
Quand je songe aux dangers que je lui fais courir,
La crainte de sa mort me fait déjà mourir ;
Mon esprit en désordre à soi-même s'oppose ;
Je veux, et ne veux pas, je m'emporte, et je n'ose ;
Et mon devoir, confus, languissant, étonné,
Cède aux rebellions de mon cœur mutiné.
 Tout beau, ma passion, deviens un peu moins forte ;
Tu vois bien des hasards, ils sont grands, mais n'importe :
Cinna n'est pas perdu pour être hasardé.
De quelques légions qu'Auguste soit gardé,
Quelque soin qu'il se donne, et quelque ordre qu'il tienne,
Qui méprise la vie est maître de la sienne :
Plus le péril est grand, plus doux en est le fruit ;
La vertu nous y jette, et la gloire le suit.
Quoi qu'il en soit, qu'Auguste ou que Cinna périsse,
Aux mânes paternels je dois ce sacrifice ;
Cinna me l'a promis en recevant ma foi ;
Et ce coup seul aussi le rend digne de moi.
Il est tard, après tout, de m'en vouloir dédire ;
Aujourd'hui l'on s'assemble, aujourd'hui l'on conspire,
L'heure, le lieu, le bras se choisit aujourd'hui ;
Et c'est à faire enfin à mourir après lui.
Mais le voici qui vient.

SCÈNE III.

CINNA, EMILIE, FULVIE.

EMILIE.

Cinna, votre assemblée
Par l'effroi du péril n'est-elle point troublée ?
Et reconnaissez-vous au front de vos amis
Qu'ils soient prêts à tenir ce qu'ils vous ont promis ?

CINNA.

Jamais contre un tyran entreprise conçue
Ne permit d'espérer une si belle issue,
Jamais de telle ardeur on n'en jura la mort,
Et jamais conjurés ne furent mieux d'accord :
Tous s'y montrent portés avec tant d'allégresse,
Qu'ils semblent, comme moi, servir une maîtresse ;
Et tous font éclater un si puissant courroux,
Qu'ils semblent tous venger un père, comme vous.

EMILIE.

Je l'avais bien prévu que, pour un tel ouvrage,
Cinna saurait choisir des hommes de courage,
Et ne remettrait pas en de mauvaises mains
L'intérêt d'Emilie, et celui des Romains.

CINNA.

Plût aux dieux que vous-même eussiez vu de quel zèle
Cette troupe entreprend une action si belle !
Au seul nom de César, d'Auguste, et d'empereur !
Vous eussiez vu leurs yeux s'enflammer de fureur,
Et dans un même instant, par un effet contraire,
Leur front pâlir d'horreur, et rougir de colère.

« Amis, leur ai-je dit, voici le jour heureux
« Qui doit conclure enfin nos desseins généreux ;
« Le ciel entre nos mains a mis le sort de Rome,
« Et son salut dépend de la perte d'un homme,
« Si l'on doit le nom d'homme à qui n'a rien d'humain,
« A ce tigre altéré de tout le sang romain.
« Combien pour le répandre a-t-il formé de brigues !
« Combien de fois changé de partis et de ligues,
« Tantôt ami d'Antoine, et tantôt ennemi,
« Et jamais insolent ni cruel à demi ! »
Là, par un long récit de toutes les misères
Que durant notre enfance ont enduré nos pères,
Renouvelant leur haine avec leur souvenir,
Je redouble en leurs cœurs l'ardeur de le punir.
Je leur fais des tableaux de ces tristes batailles
Où Rome par ses mains déchirait ses entrailles,
Où l'aigle abattait l'aigle, et de chaque côté
Nos légions s'armaient contre leur liberté ;
Où les meilleurs soldats et les chefs les plus braves
Mettaient toute leur gloire à devenir esclaves ;
Où, pour mieux assurer la honte de leurs fers,
Tous voulaient à leur chaîne attacher l'univers ;
Et, l'exécrable honneur de lui donner un maître
Faisant aimer à tous l'infâme nom de traître,
Romains contre Romains, parents contre parents,
Combattaient seulement pour le choix des tyrans.
J'ajoute à ces tableaux la peinture effroyable
De leur concorde impie, affreuse, inexorable,
Funeste aux gens de bien, aux riches, au sénat,
Et, pour tout dire enfin, de leur triumvirat,
Mais je ne trouve point de couleurs assez noires
Pour en représenter les tragiques histoires.
Je les peins dans le meurtre à l'envi triomphants,
Rome entière noyée au sang de ses enfants,
Les uns assassinés dans les places publiques,
Les autres dans le sein de leurs dieux domestiques ;
Le méchant par le prix au crime encouragé,
Le mari par sa femme en son lit égorgé ;
Le fils tout dégouttant du meurtre de son père,
Et, sa tête à la main, demandant son salaire,
Sans pouvoir exprimer par tant d'horribles traits
Qu'un crayon imparfait de leur sanglante paix.
Vous dirai-je les noms de ces grands personnages
Dont j'ai dépeint les morts pour aigrir les courages,
De ces fameux proscrits, ces demi-dieux mortels,
Qu'on a sacrifiés jusque sur les autels ?
Mais pourrais-je vous dire à quelle impatience,
A quels frémissements, à quelle violence,
Ces indignes trépas, quoique mal figurés,
Ont porté les esprits de tous nos conjurés ?
Je n'ai point perdu temps ; et voyant leur colère
Au point de ne rien craindre, en état de tout faire,
J'ajoute en peu de mots : « Toutes ces cruautés,
« La perte de nos biens et de nos libertés.
« Le ravage des champs, le pillage des villes,
« Et les proscriptions, et les guerres civiles,
« Sont les degrés sanglants dont Auguste a fait choix
« Pour monter sur le trône, et nous donner des lois.
« Mais nous pouvons changer un destin si funeste,
« Puisque de trois tyrans c'est le seul qui nous reste,
« Et que, juste une fois, il s'est privé d'appui,
« Perdant, pour régner seul, deux méchants comme lui;
« Lui mort, nous n'avons point de vengeur, ni de maître :
« Avec la liberté Rome s'en va renaître,
« Et nous mériterons le nom de vrais Romains,
« Si le joug qui l'accable est brisé dans nos mains.
« Prenons l'occasion tandis qu'elle est propice ;
« Demain au Capitole il fait un sacrifice ;
« Qu'il en soit la victime, et faisons en ces lieux
« Justice à tout le monde à la face des dieux :
« La presque pour sa suite il n'a que notre troupe,
« C'est de ma main qu'il prend et l'encens et la coupe,
« Et je veux pour signal que cette même main
« Lui donne, au lieu d'encens, d'un poignard dans le sein.
« Ainsi d'un coup mortel la victime frappée
« Fera voir si je suis du sang du grand Pompée :
« Faites voir, après moi, si vous vous souvenez
« Des illustres aïeux de qui vous êtes nés. »
A peine ai-je achevé, que chacun renouvelle.
Par un noble serment, le vœu d'être fidèle :

L'occasion leur plaît, mais chacun veut pour soi
L'honneur du premier coup, que j'ai choisi pour moi.
La raison règle enfin l'ardeur qui les emporte :
Maxime et la moitié s'assurent de la porte ;
L'autre moitié me suit, et doit l'environner.
Prête au moindre signal que je voudrai donner.
Voilà, belle Émilie, à quel point nous en sommes.
Demain j'attends la haine ou la faveur des hommes,
Le nom de parricide, ou de libérateur,
César celui de prince, ou d'un usurpateur.
Du succès qu'on obtient contre la tyrannie
Dépend ou notre gloire, ou notre ignominie ;
Et le peuple, inégal à l'endroit des tyrans,
S'il les déteste morts, les adore vivants.
Pour moi, soit que le ciel me soit dur ou propice,
Qu'il m'élève à la gloire, ou me livre au supplice,
Que Rome se déclare ou pour ou contre nous,
Mourant pour vous servir, tout me semblera doux.

ÉMILIE.

Ne crains point de succès qui souille ta mémoire :
Le bon et le mauvais sont égaux pour ta gloire ;
Et, dans un tel dessein, le manque de bonheur
Met en péril ta vie, et non pas ton honneur.
Regarde le malheur de Brute et de Cassie ;
La splendeur de leurs noms en est-elle obscurcie ?
Sont-ils morts tout entiers avec leurs grands desseins ?
Ne les compte-t-on plus pour les derniers Romains ?
Leur mémoire dans Rome est encor précieuse
Autant que de César la vie est odieuse ;
Si leur vainqueur y règne, ils y sont regrettés,
Et par les vœux de tous leurs pareils souhaités.
Va marcher sur leurs pas où l'honneur te convie :
Mais ne perds pas le soin de conserver ta vie ;
Souviens-toi du beau feu dont nous sommes épris,
Qu'aussi bien que la gloire Émilie est ton prix ;
Que tu me dois ton cœur, que mes faveurs t'attendent ;
Que tes jours me sont chers, que les miens en dépendent.
Mais quelle occasion mène Évandre vers nous.

SCÈNE IV.

CINNA, ÉMILIE, ÉVANDRE, FULVIE.

ÉVANDRE.

Seigneur, César vous mande, et Maxime avec vous.

CINNA.

Et Maxime avec moi ! Le sais-tu bien, Évandre ?

ÉVANDRE.

Polyclète est encor chez vous à vous attendre,
Et fût venu lui-même avec moi vous chercher,
Si ma dextérité n'eût su l'en empêcher ;
Je vous en donne avis de peur d'une surprise.
Il presse fort.

ÉMILIE.

Mander les chefs de l'entreprise !
Tous deux ! en même temps ! Vous êtes découverts.

CINNA.

Espérons mieux, de grâce.

ÉMILIE.

Ah ! Cinna, je te perds,
Et les dieux, obstinés à nous donner un maître,
Parmi tes vrais amis ont mis quelque traître.
Il n'en faut point douter, Auguste a tout appris.
Quoi, tous deux ! et sitôt que le conseil est pris !

CINNA.

Je ne vous puis céler que son ordre m'étonne ;
Mais souvent il m'appelle auprès de sa personne ;
Maxime est comme moi de ses plus confidents,
Et nous nous alarmons peut-être en imprudents.

ÉMILIE.

Sois moins ingénieux à te tromper toi-même,
Cinna, ne porte point mes maux jusqu'à l'extrême !
Et, puisque désormais tu ne peux me venger,
Dérobe au moins ta tête à ce mortel danger ;
Fuis d'Auguste irrité l'implacable colère.
Je verse assez de pleurs pour la mort de mon père,

N'aigris point ma douleur par un nouveau tourment
Et ne me réduis point à pleurer mon amant.

CINNA.

Quoi! sur l'illusion d'une terreur panique,
Trahir vos intérêts et la cause publique!
Par cette lâcheté moi-même m'accuser,
Et tout abandonner quand il faut tout oser!
Que feront nos amis si vous êtes déçue?

EMILIE.

Mais que deviendras-tu si l'entreprise est sue?

CINNA.

S'il est pour me trahir des esprits assez bas,
Ma vertu pour le moins ne me trahira pas;
Vous la verrez, brillante au bord des précipices,
Se couronner de gloire en bravant les supplices,
Rendre Auguste jaloux du sang qu'il répandra,
Et le faire trembler alors qu'il me perdra.
Je deviendrais suspect à parler davantage.
Adieu. Raffermissez ce généreux courage.
S'il faut subir le coup d'un destin rigoureux,
Je mourrai tout ensemble heureux et malheureux;
Heureux pour vous servir de perdre ainsi la vie,
Malheureux de mourir sans vous avoir servie.

EMILIE.

Oui, va, n'écoute plus ma voix qui te retient;
Mon trouble se dissipe, et ma raison revient.
Pardonne à mon amour cette indigne faiblesse.
Tu voudrais fuir en vain, Cinna, je le confesse;
Si tout est découvert, Auguste a su pourvoir
A ne te laisser pas ta fuite en ton pouvoir.
Porte, porte chez lui cette mâle assurance,
Digne de notre amour, digne de ta naissance;
Meurs, s'il y faut mourir, en citoyen romain,
Et par un beau trépas couronne un beau dessein.
Ne crains pas qu'après toi rien ici me retienne,
Ta mort emportera mon ame vers la tienne;
Et mon cœur aussitôt percé des mêmes coups...

CINNA.

Ah! souffrez que tout mort je vive encore en vous
Et du moins en mourant permettez que j'espère
Que vous saurez venger l'amant avec le père.
Rien n'est pour vous à craindre; aucun de nos amis
Ne sait ni vos desseins, ni ce qui m'est promis;
Et, leur parlant tantôt des misères romaines,
Je leur ai tu la mort qui fait naître nos haines,
De peur que mon ardeur touchant vos intérêts,
D'un si parfait amour ne trahît les secrets;
Il n'est su que d'Evandre et de votre Fulvie.

EMILIE.

Avec moins de frayeur je vais donc chez Livie,
Puisque dans ton péril il me reste un moyen
De faire agir pour toi son crédit et le mien :
Mais si mon amitié par là ne te délivre,
N'espère pas qu'enfin je veuille te survivre.
Je fais de ton destin des règles à mon sort,
Et j'obtiendrai ta vie, ou je suivrai ta mort.

CINNA.

Soyez en ma faveur moins cruelle à vous-même.

EMILIE.

Va-t'en, et souviens-toi seulement que je t'aime.

FIN DU PREMIER ACTE.

ACTE II.

SCÈNE PREMIÈRE

AUGUSTE, CINNA, MAXIME, TROUPE DE COURTISANS.

AUGUSTE.

Que chacun se retire, et qu'aucun n'entre ici.
Vous, Cinna, demeurez, et vous, Maxime, aussi.
(*Tous se retirent, à la réserve de Cinna et de Maxime.*)
Cet empire absolu sur la terre et sur l'onde,
Ce pouvoir souverain que j'ai sur tout le monde,
Cette grandeur sans borne, et cet illustre rang
Qui m'a jadis coûté tant de peine et de sang,
Enfin tout ce qu'adore en ma haute fortune
D'un courtisan flatteur la fortune importune,
N'est que de ces beautés dont l'éclat éblouit,
Et qu'on cesse d'aimer sitôt qu'on en jouit.
L'ambition déplaît quand elle est assouvie,
D'une contraire ardeur son ardeur est suivie;
Et comme notre esprit, jusqu'au dernier soupir,
Toujours vers quelque objet pousse quelque désir,
Il se ramène en soi, n'ayant plus où se prendre,
Et, monté sur le faîte, il aspire à descendre.
J'ai souhaité l'empire, et j'y suis parvenu;
Mais, en le souhaitant, je ne l'ai pas connu :
Dans sa possession j'ai trouvé pour tous charmes
D'effroyables soucis, d'éternelles alarmes,
Mille ennemis secrets, la mort à tous propos,
Point de plaisir sans trouble, et jamais de repos.
Sylla m'a précédé dans ce pouvoir suprême;
Le grand César mon père en a joui de même :
D'un œil si différent tous deux l'ont regardé,
Que l'un s'en est démis, et l'autre l'a gardé :
Mais l'un, cruel, barbare, est mort aimé, tranquille,
Comme un bon citoyen dans le sein de sa ville;
L'autre, tout débonnaire, au milieu du sénat
A vu trancher ses jours par un assassinat.
Ces exemples récents suffiraient pour m'instruire,
Si par l'exemple seul on se devait conduire,
L'un m'invite à le suivre, et l'autre me fait peur;
Mais l'exemple souvent n'est qu'un miroir trompeur,
E l'ordre du destin qui gêne nos pensées
N'est pas toujours écrit dans les choses passées :
Quelquefois l'un se brise où l'autre s'est sauvé,
Et par où l'un périt un autre est conservé.
Voilà, mes chers amis, ce qui me met en peine.
Vous, qui me tenez lieu d'Agrippe et de Mécène
Pour résoudre ce point avec eux débattu,
Prenez sur mon esprit le pouvoir qu'ils ont eu :
Ne considérez point cette grandeur suprême,
Odieuse aux Romains, et pesante à moi-même;
Traitez-moi comme ami, non comme souverain;
Rome, Auguste, l'état, tout est en votre main :
Vous mettrez et l'Europe, et l'Asie, et l'Afrique,
Sous les lois d'un monarque, ou d'une république;
Votre avis est ma règle, et par ce seul moyen
Je veux être empereur, ou simple citoyen.

CINNA.

Malgré notre surprise, et mon insuffisance,
Je vous obéirai, seigneur, sans complaisance,
Et mets bas le respect qui pourrait m'empêcher
De combattre un avis où vous semblez pencher;
Souffrez-le d'un esprit jaloux de votre gloire,
Que vous allez souiller d'une tache trop noire,
Si vous ouvrez votre ame à ces impressions
Jusques à condamner toutes vos actions.
On ne renonce point aux grandeurs légitimes;
On garde sans remords ce qu'on acquiert sans crimes :
Et plus le bien qu'on quitte est noble, grand, exquis,
Plus qui l'ose quitter le juge mal acquis.
N'imprimez pas, seigneur, cette honteuse marque
A ces rares vertus qui vous ont fait monarque;
Vous l'êtes justement, et c'est sans attentat
Que vous avez changé la forme de l'état.

Rome est dessous vos lois par le droit de la guerre
Qui sous les lois de Rome a mis toute la terre;
Vos armes l'ont conquise, et tous les conquérants
Pour être usurpateurs ne sont pas des tyrans;
Quand ils ont sous leurs lois asservi des provinces,
Gouvernant justement, ils s'en font justes princes :
C'est ce que fit César; il vous faut aujourd'hui
Condamner sa mémoire, ou faire comme lui.
Si le pouvoir suprême est blâmé par Auguste,
César fut un tyran, et son trépas fut juste,
Et vous devez aux dieux compte de tout le sang
Dont vous l'avez vengé pour monter à son rang.
N'en craignez point, seigneur, les tristes destinées;
Un plus puissant démon veille sur vos années :
On a dix fois sur vous attenté sans effet,
Et qui l'a voulu perdre au même instant l'a fait.
On entreprend assez, mais aucun n'exécute;
Il est des assassins, mais il n'est plus de Brute.
Enfin, s'il faut attendre un semblable revers,
Il est beau de mourir maître de l'univers.
C'est ce qu'en peu de mots j'ose dire; et j'estime
Que ce peu que j'ai dit est l'avis de Maxime.

MAXIME.

Oui, j'accorde qu'Auguste a droit de conserver
L'empire où sa vertu l'a fait seule arriver,
Et qu'au prix de son sang, au péril de sa tête,
Il a fait de l'état une juste conquête;
Mais que, sans se noircir, il ne puisse quitter
Le fardeau que sa main est lasse de porter,
Qu'il accuse par-là César de tyrannie,
Qu'il approuve sa mort, c'est ce que je dénie.
  Rome est à vous, Seigneur, l'empire est votre bien,
Chacun en liberté peut disposer du sien;
Il le peut à son choix garder, ou s'en défaire.
Vous seul ne pourriez pas ce que peut le vulgaire,
Et seriez devenu, pour avoir tout dompté,
Esclave des grandeurs où vous êtes monté.
Possédez-les, seigneur, sans qu'elles vous possèdent.
Loin de vous captiver, souffrez qu'elles vous cèdent;
Et faites hautement connaître enfin à tous
Que tout ce qu'elles ont est au-dessous de vous.
Votre Rome autrefois vous donna la naissance;
Vous lui voulez donner votre toute-puissance;
Et Cinna vous impute à crime capital
La libéralité vers le pays natal!
Il appelle remords l'amour de la patrie!
Par la haute vertu la gloire est donc flétrie,
Et ce n'est qu'un objet digne de nos mépris,
Si de ces pleins effets l'infamie est le prix!
Je veux bien avouer qu'une action si belle
Donne à Rome bien plus que vous ne tenez d'elle :
Mais commet-on un crime indigne de pardon,
Quand la reconnaissance est au-dessus du don?
Suivez, suivez, seigneur, le ciel qui vous inspire :
Votre gloire redouble à mépriser l'empire;
Et vous serez fameux chez la postérité,
Moins pour l'avoir conquis que pour l'avoir quitté.
Le bonheur peut conduire à la grandeur suprême;
Mais pour y renoncer il faut la vertu même;
Et peu de généreux vont jusqu'à dédaigner,
Après un sceptre acquis, la douceur de régner.
  Considérez d'ailleurs que vous régnez dans Rome,
Où, de quelque façon que votre cour vous nomme,
On hait la monarchie, et le nom d'empereur,
Cachant celui de roi, ne fait pas moins d'horreur.
Il passe pour tyran quiconque s'y fait maître;
Qui le sert, pour esclave, et qui l'aime, pour traître.
Qui le souffre a le cœur lâche, mol, abattu,
Et pour s'en affranchir tout s'appelle vertu.
Vous en avez, seigneur, des preuves trop certaines
On a fait contre vous dix entreprises vaines;
Peut-être que l'onzième est prête d'éclater,
Et que ce mouvement qui vous vient d'agiter
N'est qu'un avis secret que le ciel vous envoie,
Qui pour vous conserver n'a plus que cette voie.
Ne vous exposez plus à ces fameux revers :
Il est beau de mourir maître de l'univers;
Mais la plus belle mort souille notre mémoire,
Quand nous avons pu vivre et croître notre gloire.

CINNA.

Si l'amour du pays doit ici prévaloir,
C'est son bien seulement que vous devez vouloir;
Et cette liberté, qui lui semble si chère,
N'est pour Rome, seigneur, qu'un bien imaginaire;
Plus nuisible qu'utile, et qui n'approche pas
De celui qu'un bon prince apporte à ses états :
Avec ordre et raison les honneurs il dispense,
Avec discernement punit et récompense,
Et dispose de tout en juste possesseur,
Sans rien précipiter, de peur d'un successeur.
Mais quand le peuple est maître, on n'agit qu'en tumulte;
La voix de la raison jamais ne se consulte;
Les honneurs sont vendus aux plus ambitieux,
L'autorité livrée aux plus séditieux.
Ces petits souverains qu'il fait pour une année,
Voyant d'un temps si court leur puissance bornée,
Des plus heureux desseins font avorter le fruit,
De peur de le laisser à celui qui les suit;
Comme ils ont peu de part au bien dont ils ordonnent,
Dans le champ du public largement ils moissonnent,
Assurés que chacun leur pardonne aisément,
Espérant à son tour un pareil traitement :
Le pire des états, c'est l'état populaire.

AUGUSTE.

Et toutefois le seul qui dans Rome peut plaire.
Cette haine des rois que depuis cinq cents ans
Avec le premier lait sucent tous ses enfants,
Pour l'arracher des cœurs, est trop enracinée.

MAXIME.

Oui, seigneur, dans son mal Rome est trop obstinée,
Son peuple, qui s'y plaît, en fuit la guérison :
Sa coutume l'emporte, et non pas la raison;
Et cette vieille erreur, que Cinna veut abattre,
Est une heureuse erreur dont il est idolâtre,
Par qui le monde entier, asservi sous ses lois,
L'a vu cent fois marcher sur la tête des rois,
Son épargne s'enfler du sac de leurs provinces.
Que lui pouvaient de plus donner les meilleurs princes?
  J'ose dire, seigneur, que par tous les climats
Ne sont pas bien reçus toutes sortes d'états;
Chaque peuple a le sien conforme à sa nature,
Qu'on ne saurait changer sans lui faire une injure :
Telle est la loi du ciel, dont la sage équité
Sème dans l'univers cette diversité.
Les Macédoniens aiment la monarchique,
Et le reste des Grecs la liberté publique :
Les Parthes, les Persans veulent des souverains;
Et le seul consulat est bon pour les Romains.

CINNA.

Il est vrai que du ciel la prudence infinie
Départ à chaque peuple un différent génie;
Mais il n'est pas moins vrai que cet ordre des cieux
Change selon les temps comme selon les lieux.
Rome a reçu des rois ses murs et sa naissance;
Elle tient des consuls sa gloire et sa puissance,
Et reçoit maintenant de vos rares bontés
Le comble souverain de ses prospérités.
Sous vous, l'état n'est plus en pillage aux armées;
Les portes de Janus par vos mains sont fermées,
Ce que sous ses consuls on n'a vu qu'une fois,
Et qu'a fait voir comme eux le second de ses rois.

MAXIME.

Les changements d'état que fait l'ordre céleste
Ne coûtent point de sang, n'ont rien qui soit funeste.

CINNA.

C'est un ordre des dieux, qui jamais ne se romp',
De nous vendre bien cher les grands biens qu'ils nous
L'exil des Tarquins même ensanglanta nos terres, {font.
Et nos premiers consuls nous ont coûté des guerres.

MAXIME.

Donc votre aïeul Pompée au ciel a résisté
Quand il a combattu pour notre liberté?

CINNA.

Si le ciel n'eût voulu que Rome l'eût perdue,
Par les mains de Pompée il l'aurait défendue.
Il a choisi sa mort pour servir dignement
D'une marque éternelle à ce grand changement.

Et devait cette gloire aux mains d'un tel homme,
D'emporter avec eux la liberté de Rome.
   Ce nom depuis longtemps ne sert qu'à l'éblouir,
Et sa propre grandeur l'empêche d'en jouir.
Depuis qu'elle se voit la maîtresse du monde,
Depuis que la richesse entre ses murs abonde,
Et que son sein, fécond en glorieux exploits,
Produit des citoyens plus puissants que des rois,
Les grands, pour s'affermir achetant les suffrages,
Tiennent pompeusement leurs maîtres à leurs gages,
Qui, par des fers dorés se laissant enchaîner,
Reçoivent d'eux les lois qu'ils pensent leur donner.
Envieux l'un de l'autre, ils mènent tout par brigues,
Que leur ambition tourne en sanglantes ligues.
Ainsi de Marius Sylla devint jaloux;
César, de mon aïeul; Marc-Antoine, de vous :
Ainsi la liberté ne peut plus être utile
Qu'à former les fureurs d'une guerre civile,
Lorsque, par un desordre à l'univers fatal,
L'un ne veut point de maître, et l'autre point d'égal.
   Seigneur, pour sauver Rome, il faut qu'elle s'unisse
En la main d'un bon chef à qui tout obéisse.
Si vous aimez encore à la favoriser,
Otez-lui les moyens de se plus diviser.
Sylla, quittant la place enfin bien usurpée,
N'a fait qu'ouvrir le champ à César et Pompée,
Que le malheur des temps ne nous eût point fait voir,
S'il eût dans sa famille assuré son pouvoir.
Qu'a fait du grand César le cruel parricide,
Qu'élever contre vous Antoine avec Lepide,
Qui n'eussent pas détruit Rome par les Romains,
Si César eût laissé l'empire entre vos mains?
Vous la replongerez, en quittant cet empire,
Dans les maux dont à peine encore elle respire,
Et de ce peu, seigneur, qui lui reste de sang,
Une guerre nouvelle épuisera son flanc.
   Que l'amour du pays, que la pitié vous touche;
Votre Rome à genoux vous parle par ma bouche.
Considérez le prix que vous avez coûté :
Non pas qu'elle vous croie avoir trop acheté,
Des maux qu'elle a soufferts elle est trop bien payée;
Mais une juste peur tient son ame effrayée :
Si, jaloux de son heur, et las de commander,
Vous lui rendez un bien qu'elle ne peut garder,
S'il lui faut à ce prix en acheter un autre,
Si vous ne préferez son intérêt au vôtre,
Si ce funeste don la met au désespoir,
Je n'ose dire ici ce que j'ose prevoir.
Conservez-vous, seigneur, en lui laissant un maître
Sous qui son vrai bonheur commence de renaître;
Et, pour mieux assurer le bien commun de tous,
Donnez un successeur qui soit digne de vous.

AUGUSTE.

N'en déliberons plus, cette pitié l'emporte.
Mon repos m'est bien cher, mais Rome est la plus forte:
Et, quelque grand malheur qui m'en puisse arriver,
Je consens à me perdre afin de la sauver.
Pour ma tranquillité mon cœur en vain soupire :
Cinna, par vos conseils je retiendrai l'empire;
Mais je le retiendrai pour vous en faire part.
Je vois trop que vos cœurs n'ont point pour moi de fard,
Et que chacun de vous, dans l'avis qu'il me donne,
Regarde seulement l'etat et ma personne,
Votre amour en tous deux lui sait combat d'esprits,
Et vous allez tous deux en recevoir le prix.
Maxime, je vous fais gouverneur de Sicile,
Allez donner mes lois à ce terroir fertile;
Songez que c'est pour moi que vous gouvernerez,
Et que je répondrai de ce que vous ferez.
Pour épouse, Cinna, je vous donne Émilie;
Vous savez qu'elle tient la place de Julie
Et que, si nos malheurs et la necessité
M'ont fait traiter son père avec sévérité,
Mon épargne depuis en sa faveur ouverte
Doit avoir adouci l'aigreur de cette perte.
Voyez-la de ma part, tâchez de la gagner :
Vous n'êtes point pour elle un homme à dédaigner,
De l'offre de vos vœux elle sera ravie.
Adieu : j'en veux porter la nouvelle à Livie.

SCÈNE II.

CINNA, MAXIME.

MAXIME.

Quel est votre dessein après ces beaux discours?

CINNA.

Le même que j'avais, et que j'aurai toujours.

MAXIME.

Un chef de conjurés flatte la tyrannie!

CINNA.

Un chef de conjurés la veut voir impunie

MAXIME.

Je veux voir Rome libre.

CINNA.

                    Et vous pouvez juger
Que je veux l'affranchir ensemble et la venger.
Octave aura donc vu ses fureurs assouvies,
Pillé jusqu'aux autels, sacrifié nos vies,
Rempli les champs d'horreur, comblé Rome de morts,
Et sera quitte après pour l'effet d'un remords!
Quand le ciel par nos mains à le punir s'apprête
Un lâche repentir garantira sa tête!
C'est trop semer d'appâts, et c'est trop inviter
Par son impunité quelque autre à l'imiter.
Vengeons nos citoyens, et que sa peine étonne
Quiconque après sa mort aspire à la couronne.
Que le peuple aux tyrans ne soit plus exposé :
S'il eût puni Sylla, César eût moins osé.

MAXIME.

Mais la mort de César, que vous trouvez si juste,
A servi de prétexte aux cruautés d'Auguste.
Voulant nous affranchir, Brute s'est abusé;
S'il n'eût puni César, Auguste eût moins osé.

CINNA.

La faute de Cassie, et ses terreurs paniques,
Ont fait rentrer l'état sous des lois tyranniques;
Mais nous ne verrons point de pareils accidents,
Lorsque Rome suivra des chefs moins imprudents.

MAXIME.

Nous sommes encor loin de mettre en évidence
Si nous nous conduirons avec plus de prudence;
Cependant c'en est peu que de n'accepter pas
Le bonheur qu'on recherche au péril du trépas.

CINNA.

C'en est encor bien moins, alors qu'on s'imagine
Guérir un mal si grand sans couper la racine;
Employer la douceur à cette guerison,
C'est, en fermant la plaie, y verser du poison.

MAXIME.

Vous la voulez sanglante, et la rendez douteuse.

CINNA.

Vous la voulez sans peine, et la rendez honteuse.

MAXIME.

Pour sortir de ses fers jamais on ne rougit.

CINNA.

On en sort lâchement si la vertu n'agit.

MAXIME.

Jamais la liberté ne cesse d'être aimable;
Et c'est toujours pour Rome un bien inestimable.

CINNA.

Ce ne peut être un bien qu'elle daigne estimer,
Quand il vient d'une main lasse de l'opprimer :
Elle a le cœur trop bon pour se voir avec joie
Le rebut du tyran dont elle fut la proie;
Et tout ce que la gloire a de vrais partisans
Le hait trop puissamment pour aimer ses présents.

MAXIME.

Donc pour vous Émilie est un objet de haine?

CINNA.

La recevoir de lui me serait une gêne :
Mais quand j'aurai vengé Rome des maux soufferts,
Je saurai le braver jusque dans les enfers.

Oui, quand par son trépas je l'aurai méritée.
Je veux joindre à sa main ma main ensanglantée.
L'épouser sur sa cendre, et qu'après notre effort
Les présents du tyran soient le prix de sa mort.

MAXIME.

Mais l'apparence, ami, que vous puissiez lui plaire
Teint du sang de celui qu'elle aime comme un père?
Car vous n'êtes pas homme à la violenter.

CINNA.

Ami, dans ce palais on peut nous écouter,
Et nous parlons peut-être avec trop d'imprudence
Dans un lieu si mal propre à notre confidence :
Sortons, qu'en sûreté j'examine avec vous
Pour en venir à bout les moyens les plus doux.

FIN DU SECOND ACTE.

ACTE III.

SCÈNE PREMIÈRE.

MAXIME, EUPHORBE.

MAXIME.

Lui-même m'a tout dit, leur flamme est mutuelle;
Il adore Émilie, il est adoré d'elle ;
Mais sans venger son père il n'y peut aspirer,
Et c'est pour l'acquérir qu'il nous fait conspirer.

EUPHORBE.

Je ne m'étonne plus de cette violence
Dont il contraint Auguste à garder sa puissance :
La ligue se romprait s'il s'en était démis,
Et tous vos conjurés deviendraient ses amis.

MAXIME.

Ils servent à l'envi la passion d'un homme
Qui n'agit que pour soi, feignant d'agir pour Rome;
Et moi, par un malheur qui n'eut jamais d'égal,
Je pense servir Rome, et je sers mon rival!

EUPHORBE.

Vous êtes son rival !

MAXIME.

Oui, j'aime sa maîtresse,
Et l'ai caché toujours avec assez d'adresse ;
Mon ardeur inconnue, avant que d'éclater,
Par quelque grand exploit la voulait mériter :
Cependant par mes mains je vois qu'il me l'enlève,
Son dessein fait ma perte, et c'est moi qui l'achève ;
J'avance des succès dont j'attends le trépas,
Et pour m'assassiner je lui prête mon bras.
Que l'amitié me plonge en un malheur extrême!

EUPHORBE.

L'issue en est aisée : agissez pour vous même ;
D'un dessein qui vous perd rompez le coup fatal,
Gagnez une maîtresse, accusant un rival.
Auguste, à qui par là vous sauverez la vie,
Ne vous pourra jamais refuser Émilie.

MAXIME.

Quoi! trahir mon ami!

EUPHORBE.

L'amour rend tout permis,
Un véritable amant ne connaît point d'amis,
Et même avec justice on peut trahir un traître
Qui pour une maîtresse ose trahir son maître.
Oubliez l'amitié, comme lui les bienfaits.

MAXIME.

C'est un exemple à fuir que celui des forfaits.

EUPHORBE.

Contre un si noir dessein tout devient légitime;
On n'est point criminel quand on punit un crime.

MAXIME.

Un crime par qui Rome obtient sa liberté!

EUPHORBE.

Craignez tout d'un esprit si plein de lâcheté.
L'intérêt du pays n'est point ce qui l'engage;
Le sien, et non la gloire, anime son courage :
Il aimerait César, s'il n'était amoureux,
Et n'est enfin qu'ingrat, et non pas généreux.
Pensez-vous avoir lu jusqu'au fond de son ame?
Sous la cause publique il vous cachait sa flamme,
Et peut cacher encor sous cette passion
Les détestables feux de son ambition.
Peut-être qu'il prétend, après la mort d'Octave,
Au lieu d'affranchir Rome, en faire son esclave,
Qu'il vous compte déjà pour un de ses sujets,
Ou que sur votre perte il fonde ses projets.

MAXIME.

Mais comment l'accuser sans nommer tout le reste?
À tous nos conjurés l'avis serait funeste,
Et par là nous verrions indignement trahis
Ceux qu'engage avec nous le seul bien du pays.
D'un si lâche dessein mon ame est incapable :
Il perd trop d'innocents pour punir un coupable.
J'ose tout contre lui, mais je crains tout pour eux.

EUPHORBE.

Auguste s'est lassé d'être si rigoureux ;
En ces occasions, ennuyé de supplices,
Ayant puni les chefs, il pardonne aux complices.
Si toutefois pour eux vous craignez son courroux,
Quand vous lui parlerez, parlez au nom de tous.

MAXIME.

Nous disputons en vain, et ce n'est que folie
De vouloir par sa perte acquérir Émilie ;
Ce n'est pas le moyen de plaire à ses beaux yeux
Que de priver du jour ce qu'elle aime le mieux.
Pour moi, j'estime peu qu'Auguste me la donne;
Je veux gagner son cœur plutôt que sa personne,
Et ne fais point d'état de sa possession,
Si je n'ai point de part à son affection.
Puis-je la mériter par une triple offense ?
Je trahis son amant, je détruis sa vengeance,
Je conserve le sang qu'elle veut voir périr :
Et j'aurais quelque espoir qu'elle me pût chérir.

EUPHORBE.

C'est ce qu'à dire vrai je vois fort difficile.
L'artifice pourtant vous y peut être utile ;
Il en faut trouver un qui la puisse abuser,
Et du reste le temps en pourra disposer.

MAXIME.

Mais si pour s'excuser il nomme sa complice,
S'il arrive qu'Auguste avec lui la punisse,
Puis-je lui demander, pour prix de mon rapport,
Celle qui nous oblige à conspirer sa mort ?

EUPHORBE.

Vous pourriez m'opposer tant et de tels obstacles,
Que pour les surmonter il faudrait des miracles;
J'espère toutefois qu'à force d'y rêver....

MAXIME.

Éloigne-toi; dans peu j'irai te retrouver :
Cinna vient, et je veux en tirer quelque chose,
Pour mieux resoudre, après, ce que je me propose.

SCÈNE II.

CINNA, MAXIME.

MAXIME.

Vous me semblez pensif.

CINNA.

Ce n'est pas sans sujet.

MAXIME.

Puis-je d'un tel chagrin savoir quel est l'objet?

CINNA.

Emilie et César; l'un et l'autre me gêne;
L'un me semble trop bon, l'autre trop inhumaine.
Plût aux dieux que César employât mieux ses soins,
Et s'en fit plus aimer, ou m'aimât un peu moins;
Que sa bonté touchât la beauté qui me charme,
Et la pût adoucir comme elle me désarme!
Je sens au fond du cœur mille remords cuisants,
Qui rendent à mes yeux tous ses bienfaits présents,
Cette faveur si pleine, et si mal reconnue,
Par un mortel reproche à tous moments me tue :
Il me semble surtout incessamment le voir
Déposer en nos mains son absolu pouvoir,
Ecouter nos avis, m'applaudir, et me dire:
« Cinna, par vos conseils je retiendrai l'empire;
» Mais je le retiendrai pour vous en faire part. »
Et je puis dans son sein enfoncer un poignard !
Ah! plutôt... Mais, hélas! j'idolâtre Emilie;
Un serment exécrable à sa haine me lie;
L'horreur qu'elle a de lui me le rend odieux :
Des deux côtés j'offense et ma gloire et les dieux;
Je deviens sacrilege, ou je suis parricide;
Et vers l'un ou vers l'autre il faut être perfide.

MAXIME.

Vous n'aviez point tantôt ces agitations;
Vous paraissiez plus ferme en vos intentions;
Vous ne sentiez au cœur ni remords ni reproche.

CINNA.

On ne les sent aussi que quand le coup approche,
Et l'on ne reconnait de semblables forfaits
Que quand la main s'apprête à venir aux effets.
L'ame, de son dessein jusque-là possédée,
S'attache aveuglement à sa premiere idée;
Mais alors quel esprit n'en devient point troublé?
Ou plutôt quel esprit n'en est point accablé?
Je crois que Brute même, à tel point qu'on le prise,
Voulut plus d'une fois rompre son entreprise,
Qu'avant que de frapper elle lui fit sentir
Plus d'un remords en l'ame, et plus d'un repentir.

MAXIME.

Il eut trop de vertu pour tant d'inquiétude;
Il ne soupçonna point sa main d'ingratitude,
Et fut contre un tyran d'autant plus animé
Qu'il en reçut de biens et qu'il s'en vit aimé.
Comme vous l'imitez, faites la même chose,
Et formez vos remords d'une plus juste cause,
De vos lâches conseils, qui seuls ont arrêté
Le bonheur renaissant de notre liberté;
C'est vous seul aujourd'hui qui nous l'avez ôté :
De la main de César Brute l'eût acceptée,
Et n'eût jamais souffert qu'un intérêt leger
De vengeance ou d'amour l'eût remise en danger.
N'écoutez plus la voix d'un tyran qui vous aime,
Et vous veut faire part de son pouvoir suprême;
Mais entendez crier Rome à votre côté :
« Rends-moi, rends-moi, Cinna, ce que tu m'as ôté
» Et, si tu m'as tantôt préféré ta maitresse,
» Ne me préfere pas le tyran qui m'oppresse. »

CINNA.

Ami, n'accable plus un esprit malheureux,
Qui ne forme qu'en lache un dessein généreux.
Envers nos citoyens je sais quelle est ma faute,
Et leur rendrai bientôt tout ce que je leur ôte;
Mais pardonne aux abois d'une vieille amitié
Qui ne peut expirer sans me faire pitié,
Et laisse-moi, de grace, attendant Emilie,
Donner un libre cours à ma melancolie :
Mon chagrin t'importune, et le trouble où je suis
Veut de la solitude a calmer tant d'ennuis.

MAXIME.

Vous voulez rendre compte à l'objet qui vous blesse
De la bonté d'Octave, et de votre faiblesse;
L'entretien des amants veut un entier secret.
Adieu. Je me retire en confident discret.

SCÈNE III.

CINNA.

Donne un plus digne nom au glorieux empire
Du noble sentiment que la vertu m'inspire,
Et que l'honneur oppose au coup précipité
De mon ingratitude et de ma lâcheté;
Mais plutôt continue à le nommer faiblesse,
Puisqu'il devient si faible auprès d'une maitresse,
Qu'il respecte un amour qu'il devrait étouffer,
Ou que, s'il le combat, il n'ose en triompher.
En ces extremités quel conseil dois-je prendre?
De quel côté pencher? à quel parti me rendre?
Qu'une ame genereuse a de peine à faillir!
Quelque fruit que par là j'espere de cueillir,
Les douleurs de l'amour, celles de la vengeance,
La gloire d'affranchir le lieu de ma naissance,
N'ont point assez d'appas pour flatter ma raison
S'il les faut acquérir par une trahison,
S'il faut percer le flanc d'un prince magnanime
Qui du peu que je suis fait une telle estime,
Qui me comble d'honneurs, qui m'accable de biens,
Qui ne prend pour régner de conseils que les miens.
O coup, ô trahison trop indigne d'un homme!
Dure, dure à jamais l'esclavage de Rome!
Périsse mon amour, périsse mon espoir,
Plutôt que de ma main parte un crime si noir!
Quoi! ne m'offre-t-il pas tout ce que je souhaite,
Et qu'au prix de son sang ma passion achete?
Pour jouir de ses dons faut-il l'assassiner?
Et faut-il lui ravir ce qu'il me veut donner?
Mais je depends de vous, ô serment téméraire,
O haine d'Emilie, ô souvenir d'un père !
Ma foi, mon cœur, mon bras, tout vous est engagé,
Et je ne puis plus rien que par votre congé:
C'est a vous à regler ce qu'il faut que je fasse;
C'est à vous, Emilie, à lui donner sa grace;
Vos seules volontes président à son sort,
Et tiennent en mes mains et sa vie et sa mort.
O dieux, qui comme vous la rendez adorable,
Rendez-la, comme vous, à mes vœux exorable;
Et, puisque de ses lois je ne puis m'affranchir,
Faites qu'à mes desirs je la puisse fléchir.
Mais voici de retour cette aimable inhumaine.

SCÈNE IV.

ÉMILIE, CINNA, FULVIE.

ÉMILIE.

Graces aux dieux, Cinna, ma frayeur était vaine;
Aucun de tes amis ne t'a manqué de foi,
Et je n'ai point eu lieu de m'employer pour toi.
Octave en ma présence à tout dit à Livie,
Et par cette nouvelle il m'a rendu la vie.

CINNA.

Le désavouerez-vous? et du don qu'il me fait
Voudrez-vous retarder le bienheureux effet?

ÉMILIE.

L'effet est en ta main.

CINNA.

Mais plutôt en la vôtre.

ÉMILIE.

Je suis toujours moi-même, et mon cœur n'est point autre;

Me donner à Cinna, c'est ne lui donner rien
C'est seulement lui faire un présent de son bien.

CINNA.
Vous pouvez toutefois.... O ciel! l'osé je dire?

ÉMILIE.
Que puis-je? et que crains-tu?

CINNA.
Je tremble, je soupire.
Et vois que, si nos cœurs avaient mêmes désirs,
Je n'aurais pas besoin d'expliquer mes soupirs.
Ainsi je suis trop sûr que je vais vous déplaire;
Mais je n'ose parler, et je ne puis me taire.

ÉMILIE.
C'est trop me gêner, parle.

CINNA.
Il faut vous obéir.
Je vais donc vous déplaire, et vous m'allez haïr.
Je vous aime, Émilie; et le ciel me foudroie
Si cette passion ne fait toute ma joie,
Et si je ne vous aime avec toute l'ardeur
Que peut un digne objet attendre d'un grand cœur!
Mais voyez à quel prix vous me donnez votre ame;
En me rendant heureux vous me rendez infame;
Cette bonté d'Auguste....

ÉMILIE.
Il suffit, je t'entends
Je vois ton repentir et tes vœux inconstants;
Les faveurs du tyran emportent tes promesses;
Tes feux et tes serments cèdent à ses caresses;
Et ton esprit crédule ose s'imaginer
Qu'Auguste pouvant tout peut aussi me donner;
Tu me veux de sa main plutôt que de la mienne:
Mais ne crois pas qu'ainsi jamais je t'appartienne :
Il peut faire trembler la terre sous ses pas,
Mettre un roi hors du trône, et donner ses états,
De ses proscriptions rougir la terre et l'onde,
Et changer à son gré l'ordre de tout le monde;
Mais le cœur d'Émilie est hors de son pouvoir.

CINNA.
Aussi n'est-ce qu'à vous que je veux le devoir.
Je suis toujours moi-même, et ma foi toujours pure;
La pitié que je sens ne me rend point parjure;
J'obéis sans reserve à tous vos sentiments,
Et prends vos intérêts par delà mes serments.
J'ai pu, vous le savez, sans parjure et sans crime,
Vous laisser échapper cette illustre victime :
César se dépouillant du pouvoir souverain
Nous ôtait tout prétexte à lui percer le sein;
La conjuration s'en allait dissipée,
Vos desseins avortés, votre haine trompée :
Moi seul j'ai raffermi son esprit étonné,
Et pour vous l'immoler ma main l'a couronné.

ÉMILIE.
Pour me l'immoler, traître! Et tu veux que moi-même
Je retienne ta main! qu'il vive, et que je l'aime!
Que je sois le butin de qui l'ose épargner,
Et le prix du conseil qui le force à régner!

CINNA.
Ne me condamnez point quand je vous ai servie :
Sans moi, vous n'auriez plus de pouvoir sur sa vie,
Et, malgré ses bienfaits, je rends tout à l'amour,
Quand je veux qu'il périsse ou vous doive le jour.
Avec les premiers vœux de mon obéissance
Souffrez ce faible effort de ma reconnaissance,
Que je tâche de vaincre un indigne courroux,
Et vous donner pour lui l'amour qu'il a pour vous.
Une ame généreuse, et que la vertu guide,
Fuit la honte des noms d'ingrate et de perfide.
Elle en hait l'infamie attachée au bonheur,
Et n'accepte aucun bien aux dépens de l'honneur.

ÉMILIE.
Je fais gloire, pour moi, de cette ignominie :
La perfidie est noble envers la tyrannie;
Et quand on rompt le cours d'un sort si malheureux,
Les cœurs les plus ingrats sont les plus généreux.

CINNA.
Vous faites des vertus au gré de votre haine.

ÉMILIE.
Je me fais des vertus dignes d'une Romaine.

CINNA.
Un cœur vraiment romain....

ÉMILIE.
Ose tout pour ravir
Une odieuse vie à qui le fait servir :
Il fuit plus que la mort la honte d'être esclave.

CINNA.
C'est l'être avec honneur que de l'être d'Octave;
Et nous voyons souvent des rois à nos genoux
Demander pour appuis tels esclaves que nous;
Il abaisse à nos pieds l'orgueil des diadèmes,
Il nous fait souverains sur leurs grandeurs suprêmes
Il prend d'eux les tributs dont il nous enrichit,
Et leur impose un joug dont il nous affranchit.

ÉMILIE.
L'indigne ambition que ton cœur se propose!
Pour être plus qu'un roi, tu te crois quelque chose!
Aux deux bouts de la terre en est-il un si vain
Qu'il prétende égaler un citoyen romain?
Antoine sur sa tête attira notre haine
En se déshonorant par l'amour d'une reine,
Attale, ce grand roi, dans la pourpre blanchi
Qui du peuple romain se nommait l'affranchi,
Quand de toute l'Asie il se fut vu l'arbitre,
Eut encor moins prisé son trône que ce titre.
Souviens-toi de ton nom, soutiens sa dignité;
Et prenant d'un Romain la générosité,
Sache qu'il n'en est point que le ciel n'ait fait naître
Pour commander aux rois, et pour vivre sans maître!

CINNA.
Le ciel a trop fait voir en de tels attentats
Qu'il hait les assassins et punit les ingrats;
Et quoi qu'on entreprenne, et quoi qu'on exécute,
Quand il élève un trône, il en venge la chute;
Il se met du parti de ceux qu'il fait régner;
Le coup dont on les tue est long-temps à saigner;
Et quand à les punir il a pu se résoudre,
De pareils châtiments n'appartiennent qu'au foudre.

ÉMILIE.
Dis que de leur parti toi-même tu te rends,
De te remettre au foudre à punir les tyrans.
Je ne t'en parle plus, va, sers ta tyrannie;
Abandonne ton ame à ton lâche génie;
Et, pour rendre le calme à ton esprit flottant,
Oublie et la naissance et le prix qui t'attend.
Sans emprunter ta main pour servir ma colère,
Je saurai bien venger mon pays et mon père.
J'aurais déjà l'honneur d'un si fameux trépas,
Si l'amour jusqu'ici n'eût arrêté mon bras;
C'est lui qui, sous tes lois me tenant asservie,
M'a fait en ta faveur prendre soin de ma vie :
Seule contre un tyran, en le faisant périr,
Par les mains de sa garde il me fallait mourir.
Je t'eusse par ma mort dérobé ta captive,
Et comme pour toi seul l'amour veut que je vive,
J'ai voulu, mais en vain, me conserver pour toi,
Et te donner moyen d'être digne de moi.
Pardonnez-moi, grands dieux, si je me suis trompée
Quand j'ai pensé chérir un neveu de Pompée,
Et si d'un faux-semblant mon esprit abusé
A fait choix d'un esclave en son lieu supposé.
Je t'aime toutefois, quel que tu puisses être;
Et si pour me gagner il faut trahir ton maître,
Mille autres à l'envi recevraient cette loi,
S'ils pouvaient m'acquérir à même prix que toi;
Mais n'appréhende pas qu'un autre ainsi m'obtienne.
Vis pour ton cher tyran, tandis que je meurs tienne :
Mes jours avec les siens se vont précipiter,
Puisque ta lâcheté n'ose me mériter.
Viens me voir dans son sang et dans le mien baignée,
De ma seule vertu mourir accompagnée,
Et te dire en mourant d'un esprit satisfait :
« N'accuse point mon sort, c'est toi seul qui l'as fait

« Je descends dans la tombe où tu m'as condamnée,
« Où la gloire me suit qui t'était destinée :
« Je meurs en détruisant un pouvoir absolu ;
« Mais je vivrais en toi si tu l'avais voulu. »

CINNA.

Eh bien, vous le voulez, il faut vous satisfaire,
Il faut affranchir Rome, il faut venger un père,
Il faut sur un tyran porter de justes coups ;
Mais apprenez qu'Auguste est moins tyran que vous.
S'il nous ôta son gré nos biens, nos jours, nos femmes,
Il n'a point jusqu'ici tyrannisé nos âmes ;
Mais l'empire inhumain qu'exercent vos beautés
Force jusqu'aux esprits et jusqu'aux volontés.
Vous me faites priser ce qui me déshonore ;
Vous me faites haïr ce que mon âme adore ;
Vous me faites répandre un sang pour qui je dois
Exposer tout le mien et mille et mille fois :
Vous le voulez, j'y cours, ma parole est donnée ;
Mais ma main, aussitôt contre mon sein tournée,
Aux mânes d'un tel prince immolant votre amant,
A mon crime forcé joindra mon châtiment,
Et, par cette action dans l'autre confondue,
Recouvrera ma gloire aussitôt que perdue.
Adieu.

SCÈNE V.

ÉMILIE, FULVIE.

FULVIE.

Vous avez mis son âme au désespoir.

ÉMILIE.

Qu'il cesse de m'aimer, ou suive son devoir

FULVIE.

Il va vous obéir aux dépens de sa vie :
Vous en pleurez !

ÉMILIE.

Hélas ! cours après lui, Fulvie ;
Et, si ton amitié daigne me secourir,
Arrache-lui du cœur ce dessein de mourir ;
Dis-lui...

FULVIE.

Qu'en sa faveur vous laissez vivre Auguste?

ÉMILIE.

Ah ! c'est faire à ma haine une loi trop injuste !

FULVIE

Et quoi donc?

ÉMILIE.

Qu'il achève et dégage sa foi,
Et qu'il choisisse après de la mort, ou de moi.

FIN DU TROISIÈME ACTE.

ACTE IV.

SCÈNE PREMIÈRE

AUGUSTE, EUPHORBE, POLYCLÈTE, GARDES.

AUGUSTE.

Tout ce que tu me dis, Euphorbe, est incroyable.

EUPHORBE.

Seigneur, le récit même m'en paraît effroyable :
On ne conçoit qu'à peine une telle fureur,
Et la seule pensée en fait frémir d'horreur.

AUGUSTE.

Quoi ! mes plus chers amis ! quoi ! Cinna ! quoi ! Maxime !
Les deux que j'honorais d'une si haute estime,
A qui j'ouvrais mon cœur, et dont j'avais fait choix
Pour les plus importants et plus nobles emplois !
Après qu'entre leurs mains j'ai remis mon empire
Pour m'arracher le jour l'un et l'autre conspire !
Maxime a vu sa faute, il m'en fait avertir,
Et montre un cœur touché d'un juste repentir :
Mais Cinna !

EUPHORBE.

Cinna seul dans sa rage s'obstin
Et contre vos bontés d'autant plus se mutine ;
Lui seul combat encor les vertueux efforts
Que sur les conjurés fait ce juste remords,
Et, malgré les frayeurs à leurs regrets mêlées,
Il tâche à raffermir leurs âmes ébranlées.

AUGUSTE.

Lui seul les encourage et lui seul les séduit !
O le plus déloyal que la terre ait produit !
O trahison conçue au sein d'une furie !
O trop sensible coup d'une main si chérie !
Cinna, tu me trahis !... Polyclète, écoutez.
(Il lui parle à l'oreille.)

POLYCLÈTE.

Tous vos ordres, seigneur, seront exécutés.

AUGUSTE.

Qu'Érasme en même temps aille dire à Maxime
Qu'il vienne recevoir le pardon de son crime.
(Polyclète rentre.)

EUPHORBE.

Il l'a jugé trop grand pour ne pas s'en punir.
A peine du palais il a pu revenir,
Que, les yeux égarés et le regard farouche,
Le cœur gros de soupirs : les sanglots à la bouche,
Il déteste sa vie, et ce complot maudit,
M'en apprend l'ordre entier tel que je vous l'ai dit ;
Et m'ayant commandé que je vous avertisse,
Il ajoute : « Dis-lui que je me fais justice,
« Que je n'ignore point ce que j'ai mérité. »
Puis soudain dans le Tibre il s'est précipité,
Et l'eau grosse et rapide, et la nuit assez noire,
M'ont dérobé la fin de sa tragique histoire.

AUGUSTE.

Sous ce pressant remords il a trop succombé,
Et s'est à mes bontés lui-même dérobé,
Il n'est crime envers moi qu'un repentir n'efface :
Mais puisqu'il a voulu renoncer à ma grace,
Allez pourvoir au reste, et faites qu'on ait soin
De tenir en lieu sûr ce fidèle témoin.

SCÈNE II.

AUGUSTE.

Ciel, à qui désormais voulez-vous que je fie
Les secrets de mon âme et le soin de ma vie?
Reprenez le pouvoir que vous m'avez commis,
Si donnant des sujets il ôte les amis,
Si tel est le destin des grandeurs souveraines
Que leurs plus grands bienfaits n'attirent que des haines,
Et si votre rigueur les condamne à chérir
Ceux que vous animez à les faire périr.

Pour elles rien n'est sûr; qui peut tout doit tout craindre
Rentre en toi-même, Octave, et cesse de te plaindre.
Quoi! tu veux qu'on t'épargne, et t'as rien épargné!
Songe aux fleuves de sang où ton bras s'est baigné.
De combien ont rougi les champs de Macédoine,
Combien en a versé la défaite d'Antoine,
Combien celle de Sexte; et revois tout d'un temps
Pérouse au sien noyée et tous ses habitants;
Remets dans ton esprit, après tant de carnages,
De tes proscriptions les sanglantes images,
Où toi-même, des tiens devenus le bourreau,
Au sein de ton tuteur enfonças le couteau,
Et puis ose accuser le destin d'injustice
Quand tu vois que les tiens s'arment pour ton supplice,
Et qui, par ton exemple à ta perte guidés,
Ils violent des droits que tu n'as pas gardés!
Leur trahison est juste, et le ciel l'autorise :
Quitte ta dignité comme tu l'as acquise;
Rends un sang infidèle à l'infidélité,
Et souffre des ingrats après l'avoir été.
 Mais que mon jugement au besoin m'abandonne!
Quelle fureur, Cinna, m'accuse et te pardonne?
Toi, dont la trahison me force à retenir
Ce pouvoir souverain dont tu me veux punir,
Me traite en criminel, et fait seule mon crime,
Relève pour l'abattre un trône illégitime,
Et, d'un zèle effronté couvrant son attentat,
S'oppose, pour me perdre, au bonheur de l'état?
Donc jusqu'à l'oublier je pourrais me contraindre!
Tu vivrais en repos après m'avoir fait craindre!
Non, non, je me trahis moi-même d'y penser :
Qui pardonne aisément invite à l'offenser.
Punissons l'assassin, proscrivons les complices.
 Mais quoi! toujours du sang, et toujours des supplices!
Ma cruauté se lasse, et ne peut s'arrêter;
Je veux me faire craindre, et ne fais qu'irriter.
Rome a pour ma ruine une hydre trop fertile;
Une tête coupée en fait renaître mille;
Et le sang répandu de tant de conjurés
Rend mes jours plus maudits, et non plus assurés.
Octave, n'attends plus le coup d'un nouveau Brute :
Meurs, et dérobe-lui la gloire de ta chute :
Meurs; tu ferais pour vivre un lâche et vain effort
Si tant de gens de cœur font des vœux pour ta mort,
Et si tout ce que Rome a d'illustre jeunesse
Pour te faire périr tour à tour s'intéresse;
Meurs, puisque c'est un mal que tu ne peux guérir :
Meurs enfin, puisqu'il faut ou tout perdre, ou mourir;
La vie est peu de chose, et le peu qui t'en reste
Ne vaut pas l'acheter par un prix si funeste;
Meurs, mais quitte du moins la vie avec éclat,
Éteins-en le flambeau dans le sang de l'ingrat;
A toi-même en mourant immole ce perfide;
Contentant ses désirs, punis son parricide;
Fais un tourment pour lui de ton propre trépas,
En faisant qu'il le voie et n'en jouisse pas.
Mais jouissons plutôt nous-mêmes de sa peine;
Et si Rome nous hait, triomphons de sa haine.
 O Romains! ô vengeance! ô pouvoir absolu!
O rigoureux combat d'un cœur irrésolu
Qui fuit en même temps tout ce qu'il se propose!
D'un prince malheureux ordonnez quelque chose.
Qui des deux dois-je suivre, et duquel m'éloigner?
Ou laissez-moi périr, ou laissez-moi régner.

SCÈNE III.
AUGUSTE, LIVIE.

AUGUSTE.

Madame, on me trahit, et la main qui me tue
Rend sous mes déplaisirs ma constance abattue.
Cinna, Cinna le traître....

LIVIE.
 Euphorbe m'a tout dit,
Seigneur, et j'ai pâli cent fois à ce récit.
Mais écouteriez-vous les conseils d'une femme?

AUGUSTE.
Hélas! de quel conseil est capable mon âme?

LIVIE.
Votre sévérité, sans produire aucun fruit,
Seigneur, jusqu'à présent a fait beaucoup de bruit.
Par les peines d'un autre aucun ne s'intimide :
Salvidien a bas a soulevé Lépide;
Murène a succédé, Cépion l'a suivi;
Le jour à tous les deux dans les tourments ravi
N'a point mêlé de crainte a la fureur d'Egnace,
Dont Cinna maintenant ose prendre la place;
Et dans les plus bas rangs les noms les plus abjects
Ont voulu s'ennoblir par de si hauts projets.
Après avoir en vain puni leur insolence,
Essayez sur Cinna ce que peut la clémence;
Faites son châtiment de sa confusion,
Cherchez le plus utile en cette occasion :
Sa peine peut aigrir une ville animée;
Son pardon peut servir à votre renommée;
Et ceux que vos rigueurs ne font qu'effaroucher
Peut-être à vos bontés se laisseront toucher.

AUGUSTE.
Gagnons-les tout à fait en quittant cet empire
Qui nous rend odieux, contre qui l'on conspire.
J'ai trop par vos avis, consulté là-dessus;
Ne m'en parlez jamais, je ne consulte plus.
 Cesse de soupirer, Rome, pour ta franchise;
Si je t'ai mise aux fers, moi-même je te brise,
Et te rends ton état, après l'avoir conquis,
Plus paisible et plus grand que je ne te l'ai pris :
Si tu me veux haïr, hais-moi sans plus rien feindre,
Si tu me veux aimer, aime-moi sans me craindre :
De tout ce qu'eut Sylla de puissance et d'honneur
Lassé comme il en fut, j'aspire à son bonheur.

LIVIE.
Assez et trop longtemps son exemple vous flatte;
Mais gardez que sur vous le contraire n'éclate :
Ce bonheur sans pareil qui conserva ses jours
Ne serait pas bonheur s'il arrivait toujours.

AUGUSTE.
Eh bien! s'il est trop grand, si j'ai tort d'y prétendre,
J'abandonne mon sang à qui voudra l'épandre.
Après un long orage il faut trouver un port;
Et je n'en vois que deux, le repos, ou la mort.

LIVIE.
Quoi! vous voulez quitter le fruit de tant de peines!

AUGUSTE.
Quoi! vous voulez garder l'objet de tant de haines!

LIVIE.
Seigneur, vous emporter à cette extrémité,
C'est plutôt désespoir que générosité.

AUGUSTE.
Régner, et caresser une main si traîtresse,
Au lieu de sa vertu c'est montrer sa faiblesse.

LIVIE.
C'est régner sur vous-même, et, par un noble choix,
Pratiquer la vertu la plus digne des rois.

AUGUSTE.
Vous m'aviez bien promis des conseils d'une femme;
Vous me tenez parole, et c'en sont là, madame.
 Après tant d'ennemis à mes pieds abattus,
Depuis vingt ans je règne, et j'en sais les vertus;
Je sais leur divers ordre, et de quelle nature
Sont les devoirs d'un prince en cette conjoncture :
Tout son peuple est blessé par un tel attentat,
Et la seule pensée est un crime d'état,
Une offense qu'on fait à toute sa province,
Dont il faut qu'il la venge, ou cesse d'être prince.

LIVIE.
Donnez moins de croyance à votre passion.

AUGUSTE.
Ayez moins de faiblesse, ou moins d'ambition.

LIVIE.
Ne traitez plus si mal un conseil salutaire.

AUGUSTE.
Le ciel m'inspirera ce qu'ici je dois faire.
Adieu : nous perdons temps.

LIVIE.
                    Je ne vous quitte point,
Seigneur, que mon amour n'ait obtenu ce point.
AUGUSTE.
C'est l'amour des grandeurs qui vous rend importune.
LIVIE.
J'aime votre personne, et non votre fortune.
              (*Elle est seule.*)
Il m'échappe; suivons, et forçons-le de voir
Qu'il peut, en faisant grace, affermir son pouvoir,
Et qu'enfin la clémence est la plus belle marque
Qui fasse à l'univers connaître un vrai monarque.

SCÈNE IV.

ÉMILIE, FULVIE.

ÉMILIE.
D'où me vient cette joie? et que mal à propos
Mon esprit malgré moi goûte un entier repos!
César mande Cinna sans me donner d'alarmes!
Mon cœur est sans soupirs, mes yeux n'ont point de larmes;
Comme si j'apprenais d'un secret mouvement
Que tout doit succéder à mon contentement!
Ai-je bien entendu? me l'as-tu dit, Fulvie?

FULVIE.
J'avais gagné sur lui qu'il aimerait la vie,
Et je vous l'amenais, plus traitable et plus doux,
Faire un second effort contre votre courroux;
Je m'en applaudissais, quand soudain Polyclète,
Des volontés d'Auguste ordinaire interprète,
Est venu l'aborder et sans suite et sans bruit,
Et de sa part sur l'heure au palais l'a conduit.
Auguste est fort troublé, l'on ignore la cause;
Chacun diversement soupçonne quelque chose;
Tous présument qu'il ait un grand sujet d'ennui,
Et qu'il mande Cinna pour prendre avis de lui.
Mais ce qui m'embarrasse, et que je viens d'apprendre,
C'est que deux inconnus se sont saisis d'Evandre.
Qu'Euphorbe est arrêté sans qu'on sache pourquoi,
Que même de son maître on dit je ne sais quoi:
On lui veut imputer un désespoir funeste;
On parle d'eaux, de Tibre, et l'on se tait du reste.

ÉMILIE.
Que de sujets de craindre et de désespérer,
Sans que mon triste cœur en daigne murmurer!
A chaque occasion le ciel y fait descendre
Un sentiment contraire à celui qu'il doit prendre:
Une vaine frayeur tantôt m'a pu troubler;
Et je suis insensible alors qu'il faut trembler!
Je vous entends, grands dieux; vos bontés que j'adore
Ne peuvent consentir que je me déshonore,
Et ne me permettant soupirs, sanglots, ni pleurs,
Soutiennent ma vertu contre de tels malheurs.
Vous voulez que je meure avec ce grand courage
Qui m'a fait entreprendre un si fameux ouvrage;
Et je veux bien périr comme vous l'ordonnez,
Et dans la même assiette où vous me retenez.
O liberté de Rome! ô mânes de mon père!
J'ai fait de mon côté tout ce que j'ai pu faire:
Contre votre tyran j'ai ligué ses amis,
Et plus osé pour vous qu'il ne m'était permis.
Si l'effet a manqué, ma gloire n'est pas moindre;
N'ayant pu vous venger, je vous irai rejoindre,
Mais si fumante encor d'un généreux courroux,
Par un trépas si noble et si digne de vous,
Qu'il vous fera sur l'heure aisément reconnaître
Le sang des grands héros dont vous m'avez fait naître.

SCÈNE V.

MAXIME, EMILIE, FULVIE

ÉMILIE.
Mais je vous vois, Maxime, et l'on vous faisait mort!

MAXIME.
Euphorbe trompe Auguste avec ce faux rapport;
Se voyant arrêté, la trame découverte,
Il a feint ce trépas pour arrêter ma perte.

ÉMILIE.
Que dit-on de Cinna?

MAXIME.
                    Que son plus grand regret,
C'est de voir que César sait tout votre secret:
En vain il le dénie et le veut méconnaître,
Evandre a tout conté pour excuser son maître,
Et par l'ordre d'Auguste on vient vous arrêter.

ÉMILIE.
Celui qui l'a reçu tarde à l'exécuter;
Je suis prête à le suivre et lasse de l'attendre.

MAXIME.
Il vous attend chez moi.

ÉMILIE.
           Chez vous?

MAXIME.
                    C'est vous surprendre
Mais apprenez le soin que le ciel a de vous;
C'est un des conjurés qui va fuir avec nous.
Prenons notre avantage avant qu'on nous poursuive;
Nous avons pour partir un vaisseau sur la rive.

ÉMILIE.
Me connais-tu, Maxime? et sais-tu qui je suis?

MAXIME.
En faveur de Cinna je fais ce que je puis,
Et tâche à garantir de ce malheur extrême
La plus belle moitié qui reste de lui-même.
Sauvons-nous, Emilie, et conservons le jour,
Afin de le venger par un heureux retour.

ÉMILIE.
Cinna dans son malheur est de ceux qu'il faut suivre
Qu'il ne faut pas venger, de peur de leur survivre.
Quiconque après sa perte aspire à se sauver,
Est indigne du jour qu'il tâche à conserver.

MAXIME.
Quel désespoir aveugle à ces fureurs vous porte?
O dieux! que de faiblesse en une ame si forte!
Ce cœur si généreux rend si peu de combat,
Et du premier revers la fortune l'abat!
Rappelez, rappelez cette vertu sublime;
Ouvrez enfin les yeux, et connaissez Maxime;
C'est un autre Cinna qu'en lui vous regardez;
Le ciel vous rend en lui l'amant que vous perdez;
Et puisque l'amitié n'en faisait plus qu'une ame,
Aimez en cet ami l'objet de votre flamme;
Avec même ardeur il saura vous chérir,
Que....

ÉMILIE.
Tu m'oses aimer, et tu n'oses mourir!
Tu prétends un peu trop: mais, quoi que tu prétendes,
Rends-toi digne du moins de ce que tu demandes;
Cesse de fuir en lâche un glorieux trépas,
Ou de m'offrir un cœur que tu fais voir si bas;
Fais que je porte envie à ta vertu parfaite;
Ne te pouvant aimer, fais que je te regrette;
Montre d'un vrai Romain la dernière vigueur,
Et mérite mes pleurs au défaut de mon cœur.
Quoi! si ton amitié pour Cinna s'intéresse,
Crois-tu qu'elle consiste à flatter sa maîtresse?
Apprends, apprends de moi quel en est le devoir,
Et donne m'en l'exemple, ou viens le recevoir.

MAXIME.
Votre juste douleur est trop impétueuse.

ÉMILIE.
La tienne en ta faveur est trop ingénieuse.
Tu me parles déjà d'un bienheureux retour,
Et dans tes déplaisirs tu conçois de l'amour!

MAXIME.
Cet amour en naissant est toutefois extrême,
C'est votre amant en vous, c'est mon ami que j'aime;
Et des mêmes ardeurs dont il fut embrasé...

ÉMILIE.
Maxime, en voilà trop pour un homme avisé.
Ma perte m'a surprise, et ne m'a point troublée;
Mon noble désespoir ne m'a point aveuglée;

Ma vertu tout entière agit sans s'émouvoir,
Et je vois malgré moi plus que je ne veux voir.

MAXIME.

Quoi! vous suis-je suspect de quelque perfidie?

ÉMILIE.

Oui, tu l'es, puisqu'enfin tu veux que je le die;
L'ordre de notre fuite est trop bien concerté,
Pour ne soupçonner d'aucune lâcheté :
Les dieux seraient pour nous prodigues en miracles,
S'ils en avaient sans toi levé tous les obstacles.
Fuis sans moi, tes amours sont ici superflus.

MAXIME.

Ah! vous m'en dites trop.

ÉMILIE.

J'en présume encor plus.
Ne crains pas toutefois que j'éclate en injures;
Mais n'espère non plus m'éblouir de parjures.
Si c'est te faire tort que de m'en défier,
Viens mourir avec moi pour te justifier.

MAXIME.

Vivez, belle Émilie, et souffrez qu'un esclave...

ÉMILIE.

Je ne t'écoute plus qu'en présence d'Octave.
Allons, Fulvie, allons.

SCÈNE VI.

MAXIME.

Désespéré, confus,
Et digne, s'il se peut, d'un plus cruel refus,
Que résous-tu, Maxime? et quel est le supplice
Que ta vertu prepare à ton vain artifice?
Aucune illusion ne te doit plus flatter;
Émilie en mourant va tout faire éclater;
Sur un même échafaud la perte de sa vie
Etalera sa gloire et ton ignominie,
Et sa mort va laisser à la posterité
L'infâme souvenir de ta déloyauté.
Un même jour t'a vu, par une fausse adresse,
Trahir ton souverain, ton ami, ta maîtresse,
Sans que de tant de droits en un jour violés,
Sans que de deux amants au tyran immolés,
Il te reste aucun fruit que la honte et la rage
Qu'un remords inutile allume en ton courage.
Euphorbe, c'est l'effet de tes lâches conseils;
Mais que peut-on attendre enfin de tes pareils?
Jamais un affranchi n'est qu'un esclave infâme;
Bien qu'il change d'état, il ne change point d'âme;
La tienne, encor servile, avec la liberté
N'a pu prendre un rayon de générosité :
Tu m'as fait relever une injuste puissance;
Tu m'as fait démentir l'honneur de ma naissance;
Mon cœur te résistait, et tu l'as combattu
Jusqu'à ce que ta fourbe ait souillé sa vertu.
Il m'en coûte la vie, il m'en coûte la gloire,
Et j'ai tout mérité pour t'avoir voulu croire.
Mais les dieux permettront à mes ressentiments
De te sacrifier aux yeux des deux amants;
Et j'ose m'assurer qu'en dépit de mon crime
Mon sang leur servira d'assez pure victime,
Si dans le tien mon bras, justement irrité,
Peut laver le forfait de t'avoir écouté.

FIN DU QUATRIÈME ACTE.

ACTE V.

SCÈNE PREMIÈRE.

AUGUSTE, CINNA.

AUGUSTE.

Prends un siége, Cinna, prends, et sur toute chose
Observe exactement la loi que je t'impose :
Prête, sans me troubler, l'oreille à mes discours;
D'aucun mot, d'aucun cri, n'en interromps le cours;
Tiens ta langue captive; et si ce grand silence
A ton émotion fait quelque violence,
Tu pourras me répondre, après, tout à loisir.
Sur ce point seulement contente mon desir.

CINNA.

Je vous obéirai, seigneur.

AUGUSTE.

Qu'il te souvienne
De garder ta parole, et je tiendrai la mienne.
Tu vois le jour, Cinna; mais ceux dont tu le tiens
Furent les ennemis de mon père, et les miens :
Au milieu de leur camp tu reçus la naissance;
Et lorsqu'après leur mort tu vins en ma puissance,
Leur haine enracinée au milieu de ton sein
T'avait mis contre moi les armes à la main;
Tu fus mon ennemi même avant que de naître,
Et tu le fus encor quand tu me pus connaître,
Et l'inclination jamais n'a démenti
Ce sang qui t'avait fait du contraire parti :
Autant que tu l'as pu les effets l'ont suivie;
Je ne m'en suis vengé qu'en te donnant la vie :
Je te fis prisonnier pour te combler de biens;
Ma cour fut ta prison, mes faveurs tes liens;
Je te restituai d'abord ton patrimoine;
Je t'enrichis après des dépouilles d'Antoine,
Et tu sais que depuis à chaque occasion
Je suis tombé pour toi dans la profusion;
Toutes les dignités que tu m'as demandées
Je te les ai sur l'heure, et sans peine accordées;
Je t'ai préféré même à ceux dont les parents
Ont jadis dans mon camp tenu les premiers rangs,
A ceux qui de leur sang m'ont acheté l'empire,
Et qui m'ont conservé le jour que je respire :
De la façon enfin qu'avec toi j'ai vécu,
Les vainqueurs sont jaloux du bonheur du vaincu.
Quand le ciel me voulut, en rappelant Mécène,
Après tant de faveurs montrer un peu de haine,
Je te donnai sa place en ce triste accident,
Et te fis, après lui, mon plus cher confident;
Aujourd'hui même encor, mon âme irrésolue
Me pressant de quitter ma puissance absolue,
De Maxime et de toi j'ai pris les seuls avis,
Et ce sont, malgré lui, les tiens que j'ai suivis;
Bien plus, ce même jour je te donne Émilie,
Le digne objet des vœux de toute l'Italie,
Et qu'ont mise si haut mon amour et mes soins,
Qu'en te couronnant roi je t'aurais donné moins.
Tu t'en souviens, Cinna; tant d'heur et tant de gloire
Ne peuvent pas sitôt sortir de la mémoire :
Mais ce qu'on ne pourrait jamais s'imaginer,
Cinna, tu t'en souviens, et veut m'assassiner.

CINNA.

Moi! seigneur, moi, que j'eusse une âme si traîtresse!
Qu'un si lâche dessein....

AUGUSTE.

Tu tiens mal ta promesse :
Sieds-toi, je n'ai pas dit encor ce que je veux;
Tu te justifieras après, si tu le peux.
Écoute cependant, et tiens mieux ta parole.
Tu veux m'assassiner demain au Capitole,
Pendant le sacrifice, et ta main pour signal
Me doit au lieu d'encens donner le coup fatal;
La moitié de tes gens doit occuper la porte,
L'autre moitié te suivre, et te prêter main-forte.

Ai-je de bons avis, ou de mauvais soupçons
De tous ces meurtriers te dirai-je les noms ?
Procule, Glabrion, Virginian, Rutile,
Marcel, Plaute, Lénas, Pompone, Albin, Icile,
Maxime, qu'après toi j'avais le plus aimé ;
Le reste ne vaut pas l'honneur d'être nommé ;
Un tas d'hommes perdus de dettes et de crimes,
Que pressent de mes lois les ordres légitimes,
Et qui, desespérant de les plus éviter,
Si tout n'est renversé, ne sauraient subsister.
Tu te tais maintenant, et gardes le silence,
Plus par confusion que par obéissance.
Quel était ton dessein, et que prétendais-tu
Après m'avoir au temple à tes pieds abattu ?
Affranchir ton pays d'un pouvoir monarchique ?
Si j'ai bien entendu tantôt ta politique,
Son salut désormais dépend d'un souverain,
Qui, pour tout conserver, tienne tout en sa main ;
Et si sa liberté te faisait entreprendre,
Tu ne m'eusses jamais empêché de la rendre ;
Tu l'aurais acceptée au nom de tout l'état,
Sans vouloir l'acquérir par un assassinat.
Quel était donc ton but ? d'y régner à ma place ?
D'un étrange malheur son destin le menace,
Si pour monter au trône et lui donner la loi
Tu ne trouves dans Rome autre obstacle que moi,
Si jusques à ce point son sort est déplorable,
Que tu sois après moi le plus considérable,
Et que ce grand fardeau de l'empire romain
Ne puisse après ma mort tomber mieux qu'en ta main.
Apprends à te connaître, et descends en toi-même :
On t'honore dans Rome, on te courtise, on t'aime,
Chacun tremble sous toi, chacun t'offre des vœux,
Ta fortune est bien haut, tu peux ce que tu veux ;
Mais tu ferais pitié même à ceux qu'elle irrite,
Si je t'abandonnais à ton peu de mérite.
Ose me démentir, dis-moi ce que tu vaux ;
Conte-moi tes vertus, tes glorieux travaux,
Les rares qualités par où tu m'as dû plaire,
Et tout ce qui t'élève au-dessus du vulgaire.
Ma faveur fait ta gloire, et ton pouvoir en vient ;
Elle seule t'élève, et elle seule te soutient ;
C'est elle qu'on adore, et non pas ta personne ;
Tu n'as crédit ni rang qu'autant qu'elle t'en donne ;
Et pour te faire choir je n'aurais aujourd'hui
Qu'à retirer la main qui seule est ton appui.
J'aime mieux toutefois céder à ton envie ;
Règne, si tu le peux, aux dépens de ma vie ;
Mais oses-tu penser que les Serviliens,
Les Cosses, les Metels, les Pauls, les Fabiens,
Et tant d'autres enfin de qui les grands courages
Des héros de leur sang sont les vives images,
Quittent le noble orgueil d'un sang si généreux
Jusqu'à pouvoir souffrir que tu régnes sur eux ?
Parle, parle, il est temps.

CINNA.
Je demeure stupide ;
Non que votre colère ou la mort m'intimide ;
Je vois qu'on m'a trahi, vous m'y voyez rêver,
Et j'en cherche l'auteur sans le pouvoir trouver.
Mais c'est trop y tenir toute l'âme occupée.
Seigneur, je suis Romain, et du sang de Pompée.
Le père et les deux fils, lâchement égorgés,
Par la mort de César étaient trop peu vengés ;
C'est là d'un beau dessein l'illustre et seule cause :
Et puisqu'à vos rigueurs la trahison m'expose,
N'attendez de moi d'infâmes repentirs,
D'inutiles regrets, ni honteux soupirs,
Le sort vous est propice autant qu'il m'est contraire ;
Je sais ce que j'ai fait, et ce qu'il vous faut faire,
Vous devez un exemple à la postérité,
Et mon trépas importe à votre sûreté.

AUGUSTE.
Tu me braves, Cinna ; tu fais le magnanime,
Et, loin de t'excuser, tu couronnes ton crime.
Voyons si ta constance ira jusques au bout.
Tu sais ce qui t'est dû, tu vois que je sais tout ;
Fais ton arrêt toi-même, et choisis tes supplices.

SCÈNE II.
LIVIE, AUGUSTE, CINNA, ÉMILIE, FULVIE.

LIVIE.
Vous ne connaissez pas encor tous les complices ;
Votre Émilie en est, seigneur, et la voici.

CINNA.
C'est elle même, ô dieux !

AUGUSTE.
Et toi, ma fille, aussi !...

ÉMILIE.
Oui, tout ce qu'il a fait, il l'a fait pour me plaire,
Et j'en étais, seigneur, la cause et le salaire.

AUGUSTE.
Quoi ! l'amour qu'en ton cœur j'ai fait naître aujourd'hui
T'emporte-t-il déjà jusqu'à mourir pour lui !
Ton âme à ces transports un peu trop s'abandonne,
Et c'est trop tôt aimer l'amant que je te donne.

ÉMILIE.
Cet amour qui m'expose à vos ressentiments
N'est point le prompt effet de vos commandements ;
Ces flammes dans nos cœurs sans votre ordre étaient nées ;
Et ce sont des secrets de plus de quatre années :
Mais, quoique je l'aimasse, et qu'il brûlât pour moi,
Une haine plus forte à tous deux fit la loi ;
Je ne voulus jamais lui donner d'espérance,
Qu'il ne m'eût de mon père assuré la vengeance ;
Je la lui fis jurer ; il chercha des amis :
Le ciel rompt le succès que je m'étais promis,
Et je vous viens, seigneur, offrir une victime,
Non pour sauver sa vie en me chargeant du crime,
Son trépas est trop juste après son attentat,
Et toute excuse est vaine en un crime d'état :
Mourir en sa présence, et rejoindre mon père,
C'est tout ce qui m'amène, et tout ce que j'espère.

AUGUSTE.
Jusques à quand, ô ciel, et par quelle raison
Prendrez-vous contre moi des traits dans ma maison ?
Pour ses débordements j'en ai chassé Julie ;
Mon amour en sa place a fait choix d'Émilie,
Et je la vois comme elle indigne de ce rang.
L'une m'ôtait l'honneur, l'autre a soif de mon sang,
Et prenant toutes deux leur passion pour guide,
L'une fut impudique, et l'autre est parricide.
O ma fille ! est-ce là le prix de mes bienfaits ?

ÉMILIE.
Ceux de mon père en vous firent mêmes effets.

AUGUSTE.
Songe avec quel amour j'élevai ta jeunesse.

ÉMILIE.
Il éleva la vôtre avec même tendresse ;
Il fut votre tuteur, et vous son assassin :
Et vous m'avez au crime enseigné le chemin :
Le mien d'avec le vôtre en ce point seul diffère,
Que votre ambition s'est immolé mon père,
Et qu'un juste courroux dont je me sens brûler
A son sang innocent voulait vous immoler.

LIVIE.
C'en est trop, Émilie, arrête, et considère
Qu'il t'a trop bien payé les bienfaits de ton père ;
Sa mort, dont la mémoire allume ta fureur,
Fut un crime d'Octave, et non de l'empereur.
Tous ces crimes d'état qu'on fait pour la couronne,
Le ciel nous en absout alors qu'il nous la donne,
Et, dans le sacré rang où sa faveur l'a mis,
Le passé devient juste, et l'avenir permis ;
Qui peut y parvenir ne peut être coupable ;
Quoi qu'il ait fait ou fasse, il est inviolable :
Nous lui devons nos biens, nos jours sont en sa main ;
Et jamais on n'a droit sur ceux du souverain.

ÉMILIE.
Aussi, dans le discours que vous venez d'entendre,
Je parlais pour l'aigrir, et non pour me défendre.

Punissez donc, seigneur, ces criminels appas
Qui de vos favoris font d'illustres ingrats;
Tranchez mes tristes jours pour assurer les vôtres.
Si j'ai séduit Cinna, j'en séduirai bien d'autres;
Et je suis plus à craindre, et vous plus en danger,
Si j'ai l'amour ensemble, et le sang à venger.

CINNA.

Que vous m'ayez séduit, et que je souffre encore
D'être déshonoré par celle que j'adore!
Seigneur, la vérité doit ici s'exprimer :
J'avais fait ce dessein avant que de l'aimer;
A mes plus saints desirs la trouvant inflexible,
Je crus qu'à d'autres soins elle serait sensible;
Je parlai de son père, et de votre rigueur,
Et l'offre de mon bras suivit celle du cœur.
Que la vengeance est douce à l'esprit d'une femme!
Je l'attaquai par là, par là je pris son ame;
Dans mon peu de merite elle me négligeait,
Et ne put négliger le bras qui la vengeait :
Elle n'a conspiré que par mon artifice;
J'en suis le seul auteur, elle n'est que complice.

EMILIE.

Cinna, qu'oses-tu dire? est-ce là me chérir
Que de m'ôter l'honneur quand il me faut mourir?

CINNA.

Mourez, mais en mourant ne souillez point ma gloire.

EMILIE.

La mienne se flétrit, si César te veut croire.

CINNA.

Et la mienne se perd si vous tirez à vous
Toute celle qui suit de si généreux coups.

EMILIE.

Eh bien! prends-en ta part et me laisse la mienne;
Ce serait l'affaiblir que d'affaiblir la tienne :
La gloire et le plaisir, la honte et les tourments,
Tout doit être commun entre de vrais amants.
Nos deux ames, seigneur, sont deux ames romaines:
Unissant nos desirs nous unîmes nos haines;
De nos parents perdus le vif ressentiment
Nous apprit nos devoirs en un même moment;
En ce noble dessein nos cœurs se rencontrèrent;
Nos esprits généreux ensemble le formèrent;
Ensemble nous cherchons l'honneur d'un beau trépas :
Vous vouliez nous unir, ne nous séparez pas.

AUGUSTE.

Oui, je vous unirai, couple ingrat et perfide,
Et plus mon ennemi qu'Antoine ni Lepide;
Oui, je vous unirai, puisque vous le voulez :
Il faut bien satisfaire aux feux dont vous brûlez;
Et que tout l'univers, sachant ce qui m'anime,
S'étonne du supplice aussi bien que du crime....

SCÈNE III.

AUGUSTE, LIVIE, CINNA, MAXIME, EMILIE, FULVIE.

AUGUSTE.

Mais enfin le ciel m'aime, et ses bienfaits nouveaux
Ont arraché Maxime à la fureur des eaux.
Approche, seul ami, que j'éprouve fidèle

MAXIME.

Honorez moins, seigneur, une ame criminelle.

AUGUSTE.

Ne parlons plus de crime après ton repentir,
Après que du péril tu m'as su garantir;
C'est à toi que je dois et le jour et l'empire.

MAXIME.

De tous vos ennemis connaissez mieux le pire :
Si vous régnez encor, seigneur, si vous vivez,
C'est ma jalouse rage à qui vous le devez.
Un vertueux remords n'a point touché mon ame :
Pour perdre mon rival j'ai découvert sa trame;
Euphorbe vous a feint que je m'étais noyé
De crainte qu'après moi vous n'eussiez envoyé :
Je voulais avoir lieu d'abuser Emilie,
Effrayer son esprit, la tirer d'Italie,
Et pensais la résoudre à cet enlèvement
Sous l'espoir du retour pour venger son amant;
Mais, au lieu de goûter ces grossières amorces,
Sa vertu combattue a redoublé ses forces;
Elle a lu dans mon cœur; vous savez le surplus,
Et je vous en ferais des récits superflus.
Vous voyez le succès de mon lâche artifice;
Si pourtant quelque grace est due à mon indice,
Faites périr Euphorbe au milieu des tourments,
Et souffrez que je meure aux yeux de ces amants.
J'ai trahi mon ami, ma maîtresse, mon maître,
Ma gloire, mon pays, par l'avis de ce traître;
Et croirai toutefois mon bonheur infini,
Si je puis m'en punir après l'avoir puni.

AUGUSTE.

En est-ce assez, ô ciel! et le sort pour me nuire
A-t-il quelqu'un des miens qu'il veuille encor séduire?
Qu'il joigne à ses efforts le secours des enfers;
Je suis maître de moi comme de l'univers;
Je le suis, je veux l'être. O siècles! ô mémoire,
Conservez à jamais ma dernière victoire;
Je triomphe aujourd'hui du plus juste courroux
De qui le souvenir puisse aller jusqu'à vous.
Soyons amis, Cinna, c'est moi qui t'en convie :
Comme à mon ennemi je t'ai donné la vie;
Et, malgré la fureur de ton lâche dessein,
Je te la donne encor comme à mon assass'n.
Commençons un combat qui montre par l'issue
Qui l'aura mieux de nous ou donnée ou reçue.
Tu trahis mes bienfaits, je les veux redoubler;
Je t'en avais comblé, je t'en veux accabler :
Avec cette beauté que je t'avais donnée
Reçois le consulat pour la prochaine année.
Aime Cinna, ma fille, en cet illustre rang;
Préfères-en la pourpre à celle de mon sang;
Apprends sur mon exemple à vaincre ta colère :
Te rendant un époux, je te rends plus qu'un père.

EMILIE.

Et je me rends, seigneur, à ces hautes bontés;
Je recouvre la vue auprès de leurs clartes :
Je connais mon forfait qui me semblait justice;
Et, ce que n'avait pu la terreur du supplice,
Je sens naître en mon ame un repentir puissant;
Et mon cœur en secret me dit qu'il y consent.
Le ciel a résolu votre grandeur suprême;
Et pour preuve, seigneur, je n'en veux que moi-même
J'ose avec vanité me donner cet éclat,
Puisqu'il change mon cœur, qu'il veut changer l'etat.
Ma haine va mourir, que j'ai crue immortelle,
Elle est morte, et ce cœur devient sujet fidèle,
Et, prenant désormais cette haine en horreur,
L'ardeur de vous servir succède à sa fureur.

CINNA.

Seigneur, que vous dirai-je après que nos offenses
Au lieu de châtiments trouvent des récompenses?
O vertu sans exemple! ô clémence, qui rend
Votre pouvoir plus juste, et mon crime plus grand!

AUGUSTE.

Cesse d'en retarder un oubli magnanime;
Et tous deux avec moi faites grace à Maxime :
Il nous a trahis tous; mais ce qu'il a commis
Vous conserve innocents, et me rend mes amis.
(à Maxime.)
Reprends auprès de moi ta place accoutumee;
Rentre dans ton crédit et dans ta renommée;
Qu'Euphorbe de tous trois ait sa grace à son tour;
Et que demain l'hymen couronne leur amour :
Si tu l'aimes encor, ce sera ton supplice.

MAXIME.

Je n'en murmure point, il a trop de justice;
Et je suis plus confus, seigneur, de vos bontés,
Que je ne suis jaloux du bien que vous m'ôtez

CINNA.

Souffrez que ma vertu dans mon cœur rappelée
Vous consacre une foi lâchement violée,
Mais si ferme à présent, si loin de chanceler,
Que la chute du ciel ne pourrait l'ébranler.
Puisse le grand moteur des belles destinées,
Pour prolonger vos jours retrancher nos années;

17

Et moi, par un bonheur dont chacun soit jaloux,
Perdre pour vous cent fois ce que je tiens de vous!
LIVIE.
Ce n'est pas tout, seigneur; une céleste flamme
D'un rayon prophétique illumine mon ame.
Oyez ce que les dieux vous font savoir par moi;
De votre heureux destin c'est l'immuable loi.
 Après cette action vous n'avez rien à craindre;
On portera le joug désormais sans se'plaindre;
Et les plus indomptés, renversant leurs projets,
Mettront toute leur gloire à mourir vos sujets;
Aucun lâche dessein, aucune ingrate envie
N'attaquera le cours d'une si belle vie;
Jamais plus d'assassins, ni de conspirateurs:
Vous avez trouvé l'art d'être maître des cœurs.
Rome avec une joie et sensible et profonde
Se démet en vos mains de l'empire du monde;
Vos royales vertus lui vont trop enseigner
Que son bonheur consiste à vous faire régner:
D'une si longue erreur pleinement affranchie,
Elle n'a plus de vœux que pour la monarchie,
Vous prepare déjà des temples, des autels,
Et le ciel une place entre les immortels;
Et la postérité, dans toutes les provinces,
Donnera votre exemple aux plus généreux princes
AUGUSTE.
J'en accepte l'augure, et j'ose l'espérer:
Ainsi toujours les dieux vous daignent inspirer!
 Qu'on redouble demain les heureux sacrifices
Que nous leur offrirons sous de meilleurs auspices,
Et que vos conjurés entendent publier
Qu'Auguste a tout appris, et veut tout oublier.

FIN DE CINNA.

EXAMEN DE CINNA.

Ce poème a tant d'illustres suffrages qui lui donnent le premier rang parmi les miens, que je me ferais trop d'importants ennemis si j'en disais du mal : je ne le suis pas assez de moi-même pour chercher des défauts où ils n'en ont point voulu voir, et accuser le jugement qu'ils en ont fait, pour obscurcir la gloire qu'ils m'en ont donnée. Cette approbation si forte et si générale vient sans doute de ce que la vraisemblance s'y trouve si heureusement conservée aux endroits où la vérité lui manque, qu'il n'a jamais besoin de recourir au nécessaire. Rien n'y contredit l'histoire, bien que beaucoup de choses y soient ajoutées; rien n'y est violente par les incommodites de la representation, ni par l'unité de jour, ni par celle de lieu.

Il est vrai qu'il s'y rencontre une duplicité de lieu particulier. La moitié de la pièce se passe chez Emilie, et l'autre dans le cabinet d'Auguste. J'aurais été ridicule si j'avais prétendu que cet empereur délibérât avec Maxime et Cinna s'il quitterait l'empire ou non, précisément dans la même place où ce dernier vient de rendre compte à Emilie de la conspiration qu'il a formée contre lui. C'est ce qui m'a fait rompre la liaison des scènes au quatrième acte, n'ayant pu me résoudre à faire que Maxime vînt donner l'alarme à Emilie de la conjuration découverte au lieu même où Auguste en venait de recevoir l'avis par son ordre, et dont il ne faisait que de sortir avec tant d'inquiétude et d'irresolution. C'eût été une imprudence extraordinaire, et tout à fait hors du vraisemblable, de se présenter dans son cabinet un moment après qu'il lui avait fait reveler le secret de cette entreprise dont il était un des chefs, et porter la nouvelle de sa fausse mort. Bien loin de vouloir surprendre Emilie par la peur de se voir arrêtée, c'eût été se faire arrêter lui-même, et se précipiter dans un obstacle invincible au dessein qu'il voulait exécuter. Emilie ne parle donc pas où parle Auguste, à la réserve du cinquième acte; mais cela n'empêche pas qu'a considerer tout le poème ensemble, il n'ait son unité de lieu, puisque tout s'y peut passer, non seulement dans Rome, ou dans un quartier de Rome, mais dans le seul palais d'Auguste, pourvu que vous y vouliez donner un appartement à Emilie qui soit eloigné du sien.

Le compte que Cinna lui rend de sa conspiration justifie ce que j'ai dit ailleurs, que pour faire souffrir une narration ornée, il faut que celui qui la fait et celui qui l'écoute aient l'esprit assez tranquille et s'y plaisent assez pour lui prêter toute la patience qui lui est nécessaire. Emilie a de la joie d'apprendre de la bouche de son amant avec quelle chaleur il a suivi ses intentions; et Cinna n'en a pas moins de lui pouvoir donner de si belles espérances de l'effet qu'elle en souhaite : c'est pourquoi, quelque longue que soit cette narration, sans interruption aucune, elle n'ennuie point. Les ornements de rhétorique dont j'ai tâché de l'enrichir ne la font point condamner de trop d'artifice, et la diversité de ses figures ne fait point regretter le temps que j'y perds : mais si j'avais attendu à la commencer qu'Evandre eût troublé ces deux amants par la nouvelle qu'il leur apporte, Cinna eût été obligé de s'en taire ou de la conclure en six vers, et Emilie n'en eût pu supporter davantage.

Comme les vers de ma tragédie d'*Horace* ont quelque chose de plus net et de moins guindé pour les pensées que ceux du *Cid*, on peut dire que ceux de cette pièce ont quelque chose de plus achevé que ceux d'*Horace*, et qu'enfin la facilité de concevoir le sujet, qui n'est ni trop chargé d'incidents, ni trop embarrassé des récits de ce qui s'est passé avant le commencement de la pièce, est une des causes sans doute de la grande approbation qu'elle a reçue. L'auditeur aime à s'abandonner à l'action présente, et à n'être point obligé, pour l'intelligence de ce qu'il voit, de réfléchir sur ce qu'il a déjà vu, et de fixer sa mémoire sur les premiers actes pendant que les derniers sont devant ses yeux. C'est l'incommodité des pièces embarrassées, qu'en termes de l'art on nomme *implexes*, par un mot tiré du latin, telles que sont *Rodogune* et *Héraclius*. Elle ne se rencontre pas dans les simples; mais comme celles-là ont sans doute besoin de plus d'esprit pour les imaginer, et de plus d'art pour les conduire, celles-ci, n'ayant pas le même secours du côté du sujet, demandent plus de force de vers, de raisonnement, et de sentiment, pour les soutenir.

FIN DE L'EXAMEN DE CINNA.

POLYEUCTE,

MARTYR.

TRAGÉDIE CHRÉTIENNE.

1640.

PERSONNAGES.

FÉLIX, sénateur romain, gouverneur d'Arménie.
POLYEUCTE, seigneur arménien, gendre de Félix.
SÉVÈRE, chevalier romain, favori de l'empereur Décie.
NÉARQUE, seigneur arménien, ami de Polyeucte.
PAULINE, fille de Félix, et femme de Polyeucte.
STRATONICE, confidente de Pauline.
ALBIN, confident de Félix.
FABIAN, domestique de Sévère.
CLÉON, domestique de Félix.
TROIS GARDES.

La scène est à Mélitène, capitale d'Arménie, dans le palais de Félix.

ACTE PREMIER.

SCÈNE PREMIÈRE.
POLYEUCTE, NÉARQUE.

NÉARQUE.
Quoi ! vous vous arrêtez aux songes d'une femme !
De si faibles sujets troublent cette grande ame !
Et ce cœur tant de fois dans la guerre éprouvé
S'alarme d'un péril qu'une femme a rêvé !

POLYEUCTE.
Je sais ce qu'est un songe, et le peu de croyance
Qu'un homme doit donner à son extravagance,
Qui d'un amas confus des vapeurs de la nuit
Forme de vains objets que le reveil détruit ;
Mais vous ne savez pas ce que c'est qu'une femme ;
Vous ignorez quel droit elle a sur toute l'ame
Quand, après un long temps qu'elle a su nous charmer,
Les flambeaux de l'hymen viennent de s'allumer.
Pauline, sans raison dans la douleur plongée,
Craint et croit déjà voir ma mort qu'elle a songée ;
Elle oppose ses pleurs au dessein que je fais,
Et tâche à m'empêcher de sortir du palais.
Je méprise sa crainte, et je cède à ses larmes ;
Elle me fait pitié sans me donner d'alarmes ;
Et mon cœur, attendri sans être intimidé,
N'ose déplaire aux yeux dont il est possédé.
L'occasion, Néarque, est-elle si pressante
Qu'il faille être insensible aux soupirs d'une amante ?
Par un peu de remise épargnons son ennui,
Pour faire en plein repos ce qu'il trouble aujourd'hui.

NÉARQUE.
Avez-vous cependant une pleine assurance
D'avoir assez de vie, ou de persévérance ?
Et Dieu, qui tient votre ame et vos jours dans sa main,
Promet-il à vos vœux de le pouvoir demain ?
Il est toujours tout juste et tout bon ; mais sa grace
Ne descend pas toujours avec même efficace ;
Après certains moments que perdent nos longueurs,
Elle quitte ces traits qui pénètrent les cœurs ;
Le nôtre s'endurcit, la repousse, l'égare ;
Le bras qui la versoit en devient plus avare ;
Et cette sainte ardeur qui doit porter au bien
Tombe plus rarement, ou n'opère plus rien.
Celle qui vous pressoit de courir au baptême,
Languissante déjà, cesse d'être la même,
Et, pour quelques soupirs qu'on vous a fait ouir,
Sa flamme se dissipe, et va s'évanouir.

POLYEUCTE.
Vous me connoissez mal : la même ardeur me brûle,
Et le désir s'accroit quand l'effet se recule.
Ces pleurs, que je regarde avec un œil d'époux,
Me laissent dans le cœur aussi chrétien que vous ;
Mais, pour en recevoir le sacré caractère
Qui lave nos forfaits dans une eau salutaire,
Et qui, purgeant notre ame et dessillant nos yeux,
Nous rend le premier droit que nous avions aux cieux
Bien que je le préfère aux grandeurs d'un empire,
Comme le bien suprême et le seul où j'aspire,
Je crois, pour satisfaire un juste et saint amour,
Pouvoir un peu remettre, et différer d'un jour.

NÉARQUE.
Ainsi du genre humain l'ennemi vous abuse ;
Ce qu'il ne peut de force, il l'entreprend de ruse
Jaloux des bons desseins qu'il tâche d'ébranler,
Quand il ne les peut rompre, il pousse à reculer ;
D'obstacle sur obstacle il va troubler le vôtre ;
Aujourd'hui par des pleurs, chaque jour par quelque [autre:
Et ce songe rempli de noires visions
N'est que le coup d'essai de ses illusions :
Il met tout en usage, et prière, et menace ;
Il attaque toujours, et jamais ne se lasse ;
Il croit pouvoir enfin ce qu'encore il n'a pu,
Et que ce qu'on diffère est à demi rompu.
Rompez ces premiers coups ; laissez pleurer Paul[ine]
Dieu ne veut point d'un cœur où le monde domine
Qui regarde en arrière, et, douteux en son choix,
Lorsque sa voix l'appelle, écoute une autre voix.

POLYEUCTE.
Pour se donner à lui faut-il n'aimer personne ?

NÉARQUE.
Nous pouvons tout aimer, il le souffre, il l'ordonne ;
Mais, à vous dire tout, ce Seigneur des seigneurs
Veut le premier amour et les premiers honneurs.
Comme rien n'est égal à sa grandeur suprême,
Il faut ne rien aimer qu'après lui, qu'en lui-même,
Négliger, pour lui plaire, et femme, et biens, et rang,
Exposer pour sa gloire et verser tout son sang.
Mais que vous êtes loin de cette ardeur parfaite
Qui vous est nécessaire, et que je vous souhaite !
Je ne puis vous parler que les larmes aux yeux.
Polyeucte, aujourd'hui qu'on nous hait en tous lieux,
Qu'on croit servir l'etat quand on nous persecute,
Qu'aux plus apres tourments un chretien est en butte,
Comment en pourrez-vous surmonter les douleurs,
Si vous ne pouvez pas résister à des pleurs ?

POLYEUCTE.
Vous ne m'étonnez point ; la pitié qui me blesse
Sied bien aux grands cœurs, et n'a point de foiblesse.
Sur mes pareils, Néarque, un bel œil est bien fort ;
Tel craint de le fâcher, qui ne craint pas la mort :
Et s'il faut affronter les plus cruels supplices,
Y trouver des appas, et en faire mes délices,
Votre Dieu, que je n'ose encor nommer le mien,
M'en donnera la force en me faisant chrétien.

NÉARQUE.
Hâtez-vous donc de l'être.

POLYEUCTE.
Oui, j'y cours, cher Néarque;
Je brûle d'en porter la glorieuse marque.
Mais Pauline s'afflige, et ne peut consentir,
Tant ce songe la trouble, à me laisser sortir.

NÉARQUE.
Votre retour pour elle en aura plus de charmes :
Dans une heure au plus tard vous essuierez ses larmes ;
Et l'heur de vous revoir lui semblera plus doux,
Plus elle aura pleuré pour un si cher époux.
Allons, on nous attend.

POLYEUCTE.
Apaisez donc sa crainte
Et calmez la douleur dont son ame est atteinte.
Elle revient.

NÉARQUE.
Fuyez.

POLYEUCTE.
Je ne puis.

NÉARQUE.
Il le faut;
Fuyez un ennemi qui sait votre défaut,
Qui le trouve aisément, qui blesse par la vue,
Et dont le coup mortel vous plait quand il vous tue.

SCÈNE II.

POLYEUCTE, NÉARQUE, PAULINE, STRATONICE.

POLYEUCTE.
Fuyons, puisqu'il le faut. Adieu, Pauline, adieu,
Dans une heure au plus tard je reviens en ce lieu.

PAULINE.
Quel sujet si pressant à sortir vous convie?
Y va-t-il de l'honneur? y va-t-il de la vie?

POLYEUCTE.
Il y va de bien plus.

PAULINE.
Quel est donc ce secret?

POLYEUCTE.
Vous le saurez un jour : je vous quitte à regret;
Mais enfin il le faut.

PAULINE.
Vous m'aimez?

POLYEUCTE.
Je vous aime,
Le ciel m'en soit témoin, cent fois plus que moi-même;
Mais....

PAULINE.
Mais mon déplaisir ne vous peut émouvoir!
Vous avez des secrets que je ne puis savoir!
Quelle preuve d'amour! Au nom de l'hyménée,
Donnez à mes soupirs cette seule journée.

POLYEUCTE.
Un songe vous fait peur!

PAULINE.
Ses présages sont vains,
Je le sais : mais enfin je vous aime, et je crains.

POLYEUCTE.
Ne craignez rien de mal pour une heure d'absence.
Adieu : vos pleurs sur moi prennent trop de puissance,
Je sens déjà mon cœur prêt à se révolter,
Et ce n'est qu'en fuyant que j'y puis résister.

SCÈNE III.

PAULINE, STRATONICE.

PAULINE.
Va, néglige mes pleurs, cours, et te précipite
Au-devant de la mort que les dieux m'ont prédite
Suis cet agent fatal de tes mauvais destins,
Qui peut-être te livre aux mains des assassins.
Tu vois, ma Stratonice, en quel siècle nous sommes,
Voilà notre pouvoir sur les esprits des hommes;
Voilà ce qui nous reste, et l'ordinaire effet
De l'amour qu'on nous offre, et des vœux qu'on nous fait.
Tant qu'ils ne sont qu'amants nous sommes souveraines,
Et jusqu'à la conquête ils nous traitent de reines;
Mais après l'hyménée ils sont rois à leur tour.

STRATONICE.
Polyeucte pour vous ne manque point d'amour;
S'il ne vous traite ici d'entière confidence,
S'il part malgré vos pleurs, c'est un trait de prudence;
Sans vous en affliger, présumez avec moi
Qu'il est plus à propos qu'il vous cèle pourquoi;
Assurez-vous sur lui qu'il en a juste cause.
Il est bon qu'un mari nous cache quelque chose
Qu'il soit quelquefois libre, et ne s'abaisse pas
A nous rendre toujours compte de tous ses pas :
On n'a tous deux qu'un cœur qui sent mêmes traverses;
Mais ce cœur a pourtant ses fonctions diverses;
Et la loi de l'hymen qui vous tient assemblés
N'ordonne pas qu'il tremble alors que vous tremblez:
Ce qui fait vos frayeurs ne peut le mettre en peine :
Il est Arménien, et vous êtes Romaine,
Et vous pouvez savoir que nos deux nations
N'ont pas sur ce sujet mêmes impressions.
Un songe en notre esprit passe pour ridicule,
Il ne nous laisse espoir, ni crainte, ni scrupule;
Mais il passe dans Rome avec autorité
Pour fidèle miroir de la fatalité.

PAULINE.
Quelque peu de crédit que chez vous il obtienne,
Je crois que ta frayeur égalerait la mienne,
Si de telles horreurs t'avaient frappé l'esprit,
Si je t'en avais fait seulement le récit.

STRATONICE.
A raconter ses maux souvent on les soulage.

PAULINE.
Écoute : mais il faut te dire davantage,
Et que, pour mieux comprendre un si triste discours,
Tu saches ma faiblesse et mes autres amours :
Une femme d'honneur peut avouer sans honte
Ces surprises des sens que la raison surmonte;
Ce n'est qu'en ces assauts qu'éclate la vertu,
Et l'on doute d'un cœur qui n'a point combattu.
Dans Rome, où je naquis, ce malheureux visage,
D'un chevalier romain captiva le courage,
Il s'appelait Sévère : Excuse les soupirs
Qu'arrache encore un nom trop cher à mes desirs.

STRATONICE.
Est-ce lui qui naguère, aux dépens de sa vie,
Sauva des ennemis votre empereur Décie,
Qui leur tira mourant la victoire des mains,
Et fit tourner le sort des Perses aux Romains?
Lui qu'entre tant de morts immolés à son maître,
On ne put rencontrer, ou du moins reconnaître;
A qui Décie enfin pour des exploits si beaux
Fit si pompeusement dresser de vains tombeaux!

PAULINE.
Hélas! c'était lui-même, et jamais notre Rome
N'a produit plus grand cœur, ni vu plus honnête homme.
Puisque tu le connais, je ne t'en dirai rien.
Je l'aimai, Stratonice, il le méritait bien.
Mais que sert le mérite où manque la fortune?
L'un était grand en lui, l'autre faible et commune;
Trop invincible obstacle, et dont trop rarement
Triomphe auprès d'un père un vertueux amant!

STRATONICE.
La digne occasion d'une rare constance!

PAULINE.
Dis plutôt d'une indigne et folle résistance.
Quelque fruit qu'une fille en puisse recueillir,
Ce n'est une vertu que pour qui veut faillir.
Parmi ce grand amour que j'avais pour Sévère,
J'attendais un époux de la main de mon père;
Toujours prête à le prendre; et jamais ma raison
N'avoua de mes yeux l'aimable trahison :

Il possédait mon cœur, mes desirs, ma pensée,
Je ne lui cachais point combien j'étais blessée;
Nous soupirions ensemble et pleurions nos malheurs :
Mais au lieu d'espérance il n'avait que des pleurs;
Et, malgré des soupirs si doux, si favorables,
Mon père et mon devoir étaient inexorables.
Enfin je quittai Rome et ce parfait amant,
Pour suivre ici mon père en son gouvernement;
Et lui, désespéré, s'en alla dans l'armée
Chercher d'un beau trépas l'illustre renommée.
Le reste, tu le sais. Mon abord en ces lieux
Me fit voir Polyeucte, et je plus à ses yeux :
Et comme il est ici le chef de la noblesse,
Mon père fut ravi qu'il me prit pour maîtresse,
Et par son alliance il se crut assuré
D'être plus redoutable et plus considéré ;
Il approuva sa flamme, et conclut l'hyménée :
Et moi, comme à son lit je me vis destinée,
Je donnai par devoir à son affection
Tout ce que l'autre avait par inclination.
Si tu peux en douter, juge-le par la crainte
Dont en ce triste jour tu me vois l'ame atteinte.

STRATONICE.

Elle fait assez voir à quel point vous l'aimez.
Mais quel songe, après tout, tient vos sens alarmés?

PAULINE.

Je l'ai vu cette nuit, ce malheureux Sévère,
La vengeance à la main, l'œil ardent de colère :
Il n'était point couvert de ces tristes lambeaux
Qu'une ombre désolée emporte des tombeaux ;
Il n'était point percé de ces coups pleins de gloire
Qui, retranchant sa vie, assurent sa mémoire;
Il semblait triomphant, et tel que sur son char
Victorieux dans Rome entre notre César.
Après un peu d'effroi que m'a donné sa vue :
« Porte à qui tu voudras la faveur qui m'est due,
« Ingrate, m'a t-il dit, et, ce jour expiré,
« Pleure à loisir l'époux que tu m'as préféré. »
A ces mots j'ai frémi, mon ame s'est troublée ;
Ensuite, des chrétiens une impie assemblée,
Pour avancer l'effet de ce discours fatal,
A jeté Polyeucte aux pieds de son rival.
Soudain à son secours j'ai réclamé mon père;
Hélas! c'est de tout point ce qui me désespère,
J'ai vu mon père même un poignard à la main
Entrer le bras levé pour lui percer le sein :
Là, ma douleur trop forte a brouillé ces images ;
Le sang de Polyeucte a satisfait leurs rages.
Je ne sais ni comment ni quand ils l'ont tué,
Mais je sais qu'à sa mort tous ont contribué.
Voilà quel est mon songe.

STRATONICE.

Il est vrai qu'il est triste.
Mais il faut que votre ame à ces frayeurs résiste :
La vision de soi peut faire quelque horreur,
Mais non pas vous donner une juste terreur.
Pouvez-vous craindre un mort, pouvez-vous craindre m.
Qui chérit votre époux, que votre époux révère, (père
Et dont le juste choix vous a donnée à lui
Pour s'en faire en ces lieux un ferme et sûr appui?

PAULINE.

Il m'en a dit autant, et rit de mes alarmes;
Mais je crains des chrétiens les complots et les charmes,
Et que sur mon époux leur troupeau ramassé
Ne venge tant de sang que mon père a versé.

STRATONICE.

Leur secte est insensée, impie, et sacrilège,
Et dans ce sacrifice use de sortilège :
Mais sa fureur ne va qu'à briser nos autels;
Elle n'en veut qu'aux dieux et non pas aux mortels.
Quelque sévérité que sur eux on déploie,
Ils souffrent sans murmure, et meurent avec joie;
Et depuis qu'on les traite en criminels d'état,
On ne peut les charger d'aucun assassinat.

PAULINE.

Tais-toi, mon père vient.

SCÈNE IV.

FÉLIX, ALBIN, PAULINE, STRATONICE.

FÉLIX.

Ma fille, que ton songe
En d'étranges frayeurs ainsi que toi me plonge!
Que j'en crains les effets, qui semblent s'approcher!

PAULINE.

Quelle subite alarme ainsi vous peut toucher?

FÉLIX.

Sévère n'est point mort.

PAULINE.

Quel mal nous fait sa vie?

FÉLIX.

Il est le favori de l'empereur Décie.

PAULINE.

Après l'avoir sauvé des mains des ennemis,
L'espoir d'un si haut rang lui devenait permis;
Le destin, aux grands cœurs si souvent mal propice,
Se résout quelquefois à leur faire justice.

FÉLIX.

Il vient ici lui-même.

PAULINE.

Il vient !

FÉLIX.

Tu le vas voir.

PAULINE.

C'en est trop; mais comment le pouvez-vous savoir?

FÉLIX.

Albin l'a rencontré dans la proche campagne :
Un gros de courtisans en foule l'accompagne,
Et montre assez quel est son rang et son crédit :
Mais, Albin, redis-lui ce que ses gens t'ont dit.

ALBIN.

Vous savez quelle fut cette grande journée,
Que sa perte pour nous rendit si fortunée,
Où l'empereur captif, par sa main dégagé,
Rassura son parti déjà découragé,
Tandis que sa vertu succomba sous le nombre;
Vous savez les honneurs qu'on fit faire à son ombre,
Après qu'entre les morts on ne le put trouver :
Le roi de Perse aussi l'avait fait enlever.
Témoin de ses hauts faits, et de son grand courage,
Ce monarque en voulut connaître le visage :
On le mit dans sa tente, où, tout percé de coups,
Tout mort qu'il paraissait, il fit mille jaloux;
Là bientôt il montra quelque signe de vie :
Ce prince généreux en eut l'ame ravie;
Et sa joie, en dépit de son dernier malheur,
Du bras qui le causait honora la valeur;
Il en fit prendre soin, la cure en fut secrète;
Et comme au bout d'un mois sa santé fut parfaite,
Il offrit dignités, alliance, trésors,
Et pour gagner Sévère il fit cent vains efforts.
Après avoir comblé ses vertus de louange,
Il envoie à Décie en proposer l'échange ;
Et soudain l'empereur, transporté de plaisir,
Offre au Perse son frère, et cent chefs à choisir.
Ainsi revint au camp le valeureux Sévère
De sa haute vertu recevoir le salaire :
La faveur de Décie en fut le digne prix.
De nouveau l'on combat, et nous sommes surpris.
Ce malheur toutefois sert à croître sa gloire;
Lui seul rétablit l'ordre, et gagne la victoire,
Mais si belle, si pleine, et par tant de beaux faits,
Qu'on nous offre tribut, et nous faisons la paix.
L'empereur, qui lui montre une amour infinie,
Après ce grand succès l'envoie en Arménie;
Il vient en apporter la nouvelle en ces lieux,
Et par un sacrifice en rendre hommage aux dieux.

FÉLIX.

O ciel! en quel état ma fortune est réduite!

ALBIN.

Voilà ce que j'ai su d'un homme de sa suite,
Et j'ai couru, seigneur, pour vous y disposer.

FÉLIX.

Ah ! sans doute, ma fille, il vient pour t'épouser ;
L'ordre d'un sacrifice est pour lui peu de chose,
C'est un prétexte faux dont l'amour est la cause.

PAULINE.

Cela pourrait bien être ; il m'aimait chèrement.

FÉLIX.

Que ne permettra-t-il à son ressentiment !
Et jusques à quel point ne porte sa vengeance
Une juste colère avec tant de puissance ?
Il nous perdra, ma fille.

PAULINE.

Il est trop généreux.

FÉLIX.

Tu veux flatter en vain un père malheureux ;
Il nous perdra, ma fille. Ah ! regret qui me tue
De n'avoir pas aimé la vertu toute nue !
Ah, Pauline ! en effet, tu m'as trop obéi ;
Ton courage était bon, ton devoir l'a trahi :
Que ta rébellion m'eût été favorable !
Qu'elle m'eût garanti d'un état déplorable !
Si quelque espoir me reste, il n'est plus aujourd'hui
Qu'en l'absolu pouvoir qu'il te donnait sur lui :
Ménage en ma faveur l'amour qui le possède,
Et d'où provient mon mal fais sortir le remède.

PAULINE.

Moi ! moi ! que je revoie un si puissant vainqueur,
Et m'expose à des vœux qui me percent le cœur !
Mon père, je suis femme, et je sais ma faiblesse ;
Je sens déjà mon cœur qui pour lui s'intéresse,
Et poussera sans doute, en dépit de ma foi,
Quelque soupir indigne et de vous et de moi.
Je ne le verrai point.

FÉLIX.

Rassure un peu ton âme.

PAULINE.

Il est toujours aimable, et je suis toujours femme ;
Dans le pouvoir sur moi que ses regards ont eu,
Je n'ose m'assurer de toute ma vertu.
Je ne le verrai point.

FÉLIX.

Il faut le voir, ma fille,
Ou tu trahis ton père et toute ta famille.

PAULINE.

C'est à moi d'obéir, puisque vous commandez ;
Mais voyez les périls où vous me hasardez.

FÉLIX.

Ta vertu m'est connue.

PAULINE.

Elle vaincra sans doute ;
Ce n'est pas le succès que mon âme redoute ;
Je crains ce dur combat et ces troubles puissants
Que fait déjà chez moi la révolte des sens ;
Mais, puisqu'il faut combattre un ennemi que j'aime,
Souffrez que je me puisse armer contre moi-même,
Et qu'un peu de loisir me prépare à le voir.

FÉLIX.

Jusqu'au-devant des murs je vais le recevoir ;
Rappelle cependant tes forces étonnées,
Et songe qu'en tes mains tu tiens nos destinées.

PAULINE.

Oui, je vais de nouveau dompter mes sentiment.
Pour servir de victime à vos commandements.

FIN DU PREMIER ACTE.

ACTE II.

SCÈNE PREMIÈRE.

SEVERE, FABIAN.

SEVERE.

Cependant que Félix donne ordre au sacrifice,
Pourrai-je prendre un temps à mes vœux si propice ?
Pourrai-je voir Pauline, et rendre à ses beaux yeux
L'hommage souverain que l'on va rendre aux dieux ?
Je ne t'ai point celé que c'est ce qui m'amène,
Le reste est un prétexte à soulager ma peine ;
Je viens sacrifier, mais c'est à ses beautés
Que je viens immoler toutes mes volontés.

FABIAN.

Vous la verrez, seigneur.

SEVERE.

Ah, quel comble de joie !
Cette chère beauté consent que je la voie !
Mais ai-je sur son âme encor quelque pouvoir ?
Quelque reste d'amour s'y fait-il encor voir ?
Quel trouble, quel transport lui cause ma venue ?
Puis-je tout espérer de cette heureuse vue ?
Car je voudrais mourir plutôt que d'abuser
Des lettres de faveur que j'ai pour l'épouser ;
Elles sont pour Félix, non pour triompher d'elle :
Jamais à ses desirs mon cœur ne fut rebelle ;
Et si mon mauvais sort avait changé le sien,
Je me vaincrais moi-même, et ne prétendrais rien.

FABIAN.

Vous la verrez, c'est tout ce que je vous puis dire.

SEVERE.

D'où vient que tu frémis, et que ton cœur soupire ?
Ne m'aime-t-elle plus ? éclaircis-moi ce point.

FABIAN.

M'en croirez-vous, seigneur ? ne la revoyez point ;
Portez en lieu plus haut l'honneur de vos caresses :
Vous trouverez à Rome assez d'autres maîtresses ;
Et, dans ce haut degré de puissance et d'honneur,
Les plus grands y tiendront votre amour à bonheur.

SEVERE.

Qu'à des pensers si bas mon âme se ravale !
Que je tienne Pauline à mon sort inégale !
Elle en a mieux usé, je la dois imiter ;
Je n'aime mon bonheur que pour le mériter.
Voyons-la, Fabian, ton discours m'importune ;
Allons mettre à ses pieds cette haute fortune :
Je l'ai dans les combats trouvée heureusement
En cherchant une mort digne de son amant ;
Ainsi ce rang est sien, cette faveur est sienne,
Et je n'ai rien enfin que d'elle je ne tienne.

FABIAN.

Non, mais encore un coup ne la revoyez point.

SEVERE.

Ah ! c'en est trop, enfin éclaircis-moi ce point ;
As-tu vu des froideurs quand tu l'en as priée ?

FABIAN.

Je tremble à vous le dire ; elle est...

SEVERE.

Quoi ?

FABIAN.

Mariée.

SEVERE.

Soutiens-moi, Fabian ; ce coup de foudre est grand,
Et frappe d'autant plus, que plus il me surprend.

FABIAN.

Seigneur, qu'est devenu ce généreux courage ?

SEVERE.

La constance est ici d'un difficile usage,

De pareils déplaisirs accablent un grand cœur ;
La vertu la plus mâle en perd toute vigueur ;
Et, quand d'un feu si beau les armes sont éprises,
La mort les trouble moins que de telles surprises.
Je ne suis plus à moi quand j'entends ce discours.
Pauline est mariée !

FABIAN.
Oui, depuis quinze jours ;
Polyeucte, un seigneur des premiers d'Arménie,
Goûte de son hymen la douceur infinie.

SÉVÈRE.
Je ne la puis du moins blâmer d'un mauvais choix ;
Polyeucte a du nom, et sort du sang des rois :
Faibles soulagements d'un malheur sans remède !
Pauline, je verrai qu'un autre vous possède !
O ciel, qui malgré moi me renvoyez au jour,
O sort, qui redonniez l'espoir à mon amour,
Reprenez la faveur que vous m'avez prêtée,
Et rendez-moi la mort que vous m'avez ôtée.
Voyons-la toutefois, et dans ce triste lieu
Achevons de mourir en lui disant adieu ;
Que mon cœur, chez les morts emportant son image,
De son dernier soupir puisse lui faire hommage.

FABIAN.
Seigneur, considérez....

SÉVÈRE.
Tout est considéré.
Quel désordre peut craindre un cœur désespéré ?
N'y consent-elle pas ?

FABIAN.
Oui, seigneur, mais...

SÉVÈRE.
N'importe.

FABIAN.
Cette vive douleur en deviendra plus forte.

SÉVÈRE.
Et ce n'est pas un mal que je veuille guérir ;
Je ne veux que la voir, soupirer, et mourir.

FABIAN.
Vous vous échapperez sans doute en sa présence ;
Un amant qui perd tout n'a plus de complaisance ;
Dans un tel entretien il suit sa passion,
Et ne pousse qu'injure et qu'imprécation.

SÉVÈRE.
Juge autrement de moi : mon respect dure encore ;
Tout violent qu'il est, mon désespoir l'adore.
Quels reproches aussi peuvent m'être permis ?
De quoi puis-je accuser qui ne m'a rien promis ?
Elle n'est point parjure, elle n'est point légère ;
Son devoir m'a trahi, mon malheur, et son père.
Mais son devoir fut juste, et son père eut raison ;
J'impute à mon malheur toute la trahison ;
Un peu moins de fortune et plus tôt arrivée
Eût gagné l'un par l'autre, et me l'eût conservée ;
Trop heureux, mais trop tard, je n'ai pu l'acquérir,
Laisse-la moi donc voir, soupirer, et mourir.

FABIAN.
Oui, je vais l'assurer qu'en ce malheur extrême
Vous êtes assez fort pour vous vaincre vous-même.
Elle a craint comme moi ces premiers mouvements
Qu'une perte imprévue arrache aux vrais amants,
Et dont la violence excite assez de trouble,
Sans que l'objet présent l'irrite et le redouble.

SÉVÈRE.
Fabian, je la vois.

FABIAN.
Seigneur, souvenez-vous.

SÉVÈRE.
Hélas ! elle aime un autre ! un autre est son époux !

SCÈNE II.
PAULINE, SÉVÈRE, STRATONICE, FABIAN.

PAULINE.
Oui, je l'aime, Sévère, et n'en fais point d'excuse ;
Que tout autre que moi vous flatte et vous abuse,
Pauline a l'ame noble, et parle à cœur ouvert,
Le bruit de votre mort n'est point ce qui vous perd ;
Si le ciel en mon choix eût mis mon hyménée,
A vos seules vertus je me serais donnée,
Et toute la rigueur de votre premier sort
Contre votre mérite eût fait un vain effort ;
Je découvrais en vous d'assez illustres marques
Pour vous préférer même aux plus heureux monarques :
Mais puisque mon devoir m'imposait d'autres lois,
De quelque amant pour moi que mon père eût fait choix,
Quand à ce grand pouvoir que la valeur vous donne
Vous auriez ajouté l'éclat d'une couronne,
Quand je vous aurais vu, quand je l'aurais haï,
J'en aurais soupiré, mais j'aurais obéi,
Et sur mes passions ma raison souveraine
Eût blâmé mes soupirs, et dissipé ma haine.

SÉVÈRE.
Que vous êtes heureuse ! et qu'un peu de soupirs
Fait un aisé remède à tous vos déplaisirs !
Ainsi, de vos désirs toujours reine absolue,
Les plus grands changements vous trouvent résolue,
De la plus forte ardeur vous portez vos esprits
Jusqu'à l'indifférence, et peut-être au mépris,
Et votre fermeté fait succéder sans peine
La faveur au dédain, et l'amour à la haine.
Qu'un peu de votre humeur, ou de votre vertu,
Soulagerait les maux de ce cœur abattu !
Un soupir, une larme à regret épandue
M'aurait déjà guéri de vous avoir perdue ;
Ma raison pourrait tout sur l'amour affaibli,
Et de l'indifférence irait jusqu'à l'oubli ;
Et, mon feu désormais se réglant sur le vôtre,
Je me tiendrais heureux entre les bras d'un autre.
O trop aimable objet, qui m'avez trop charmé,
Est-ce là comme on aime ? et m'avez-vous aimé ?

PAULINE.
Je vous l'ai trop fait voir, seigneur, et si mon ame
Pouvait bien étouffer les restes de sa flamme,
Dieux, que j'éviterais de rigoureux tourments !
Ma raison, il est vrai, dompte mes sentiments ;
Mais, quelque autorité que sur eux elle ait prise,
Elle n'y règne pas, elle les tyrannise ;
Et, quoique le dehors soit sans émotion,
Le dedans n'est que trouble et que sédition :
Un je ne sais quel charme encor vers vous m'emporte,
Votre mérite est grand, si ma raison est forte ;
Je le vois, encor tel qu'il alluma mes feux,
D'autant plus puissamment solliciter mes vœux
Qu'il est environné de puissance et de gloire,
Qu'en tous lieux après vous il traîne la victoire,
Que j'en sais mieux le prix, et qu'il n'a point déçu
Le généreux espoir que j'en avais conçu ;
Mais ce même devoir qui le vainquit dans Rome,
Et qui me range ici dessous les lois d'un homme,
Repousse encor si bien l'effort de tant d'appas,
Qu'il déchire mon ame et ne l'ébranle pas ;
C'est cette vertu même, à nos desirs cruelle,
Que vous louiez alors en blasphémant contre elle :
Plaignez-vous-en encor ; mais louez sa rigueur
Qui triomphe à la fois de vous et de mon cœur,
Et voyez qu'un devoir moins ferme et moins sincère
N'aurait pas mérité l'amour du grand Sévère.

SÉVÈRE.
Ah ! madame, excusez une aveugle douleur
Qui ne connaît plus rien que l'excès du malheur :
Je nommais inconstance, et prenais pour un crime
De ce juste devoir l'effort le plus sublime.
De grace, montrez moins à mes sens désolés
La grandeur de ma perte et ce que vous valez ;
Et, cachant par pitié cette vertu si rare,
Qui redouble mes feux lorsqu'elle nous sépare,
Faites voir des défauts qui puissent à leur tour
Affaiblir ma douleur avecque mon amour.

PAULINE.
Hélas ! cette vertu, quoiqu'enfin invincible,
Ne laisse que trop voir une ame trop sensible.
Ces pleurs en sont témoins, et ces lâches soupirs
Qu'arrachent de nos feux les cruels souvenirs :
Trop rigoureux effets d'une aimable présence
Contre qui mon devoir a trop peu de défense !

Mais si vous estimez ce vertueux devoir,
Conservez-m'en la gloire, et cessez de me voir.
Épargnez-moi des pleurs qui coulent à ma honte;
Épargnez-moi des feux qu'à regret je surmonte
Enfin épargnez-moi ces tristes entretiens,
Qui ne font qu'irriter vos tourments et les miens.
SÉVÈRE.
Que je me prive ainsi du seul bien qui me reste!
PAULINE.
Sauvez-vous d'une vue à tous les deux funeste.
SÉVÈRE.
Quel prix de mon amour! quel fruit de mes travaux!
PAULINE.
C'est le remède seul qui peut guérir nos maux.
SÉVÈRE.
Je veux mourir des miens; aimez-en la mémoire.
PAULINE.
Je veux guérir des miens; ils souilleraient ma gloire.
SÉVÈRE.
Ah! puisque votre gloire en prononce l'arrêt,
Il faut que ma douleur cède à son intérêt.
Est-il rien que sur moi cette gloire n'obtienne?
Elle me rend les soins que je dois à la mienne.
Adieu : je vais chercher au milieu des combats
Cette immortalité que donne un beau trépas,
Et remplir dignement, par une mort pompeuse,
De mes premiers exploits l'attente avantageuse,
Si toutefois, après ce coup mortel du sort,
J'ai de la vie assez pour chercher une mort.
PAULINE.
Et moi, dont votre vue augmente le supplice,
Je l'éviterai même en votre sacrifice;
Et, seule dans ma chambre enfermant mes regrets,
Je vais pour vous aux dieux faire des vœux secrets.
SÉVÈRE.
Puisse le juste ciel, content de ma ruine,
Combler d'heur et de jours Polyeucte et Pauline!
PAULINE.
Puisse trouver Sévère, après tant de malheur,
Une félicité digne de sa valeur!
SÉVÈRE.
Il la trouvait en vous.
PAULINE.
Je dépendais d'un père.
SÉVÈRE.
O devoir qui me perd et qui me désespère!
Adieu, trop vertueux objet, et trop charmant.
PAULINE.
Adieu, trop malheureux et trop parfait amant.

SCÈNE III.
PAULINE, STRATONICE.
STRATONICE.
Je vous ai plaints tous deux, j'en verse encor des larmes;
Mais du moins votre esprit est hors de ses alarmes :
Vous voyez clairement que votre songe est vain;
Sévère ne vient pas la vengeance à la main.
PAULINE.
Laisse-moi respirer du moins si tu m'as plainte ;
Au fort de ma douleur tu rappelles ma crainte :
Souffre un peu de relâche à mes esprits troublés ;
Et ne m'accable point par des maux redoublés.
STRATONICE.
Quoi! vous craignez encor?
PAULINE.
Je tremble, Stratonice ;
Et, bien que je m'effraie avec peu de justice,
Cette injuste frayeur sans cesse reproduit
L'image des malheurs que j'ai vus cette nuit.
STRATONICE.
Sévère est généreux.

PAULINE.
Malgré sa retenue,
Polyeucte sanglant frappe toujours ma vue.
STRATONICE.
Vous voyez ce rival faire des vœux pour lui.
PAULINE.
Je crois même au besoin qu'il serait son appui :
Mais soit cette croyance ou fausse, ou véritable,
Son séjour en ce lieu m'est toujours redoutable;
A quoi que sa vertu puisse le disposer,
Il est puissant, il m'aime, il vient pour m'épouser.

SCÈNE IV.
POLYEUCTE, NÉARQUE, PAULINE, STRATONICE
POLYEUCTE.
C'est trop verser de pleurs; il est temps qu'ils tarissent
Que votre douleur cesse, et vos craintes finissent;
Malgré les faux avis par vos dieux envoyés,
Je suis vivant, madame, et vous me revoyez.
PAULINE.
Le jour est encor long; et, ce qui plus m'effraie,
La moitié de l'avis se trouve déjà vraie ;
J'ai cru Sévère mort, et je le vois ici.
POLYEUCTE.
Je le sais; mais enfin j'en prends peu de souci.
Je suis dans Mélitène ; et, quel que soit Sévère,
Votre père y commande, et l'on m'y considère ;
Et je ne pense pas qu'on puisse avec raison
D'un cœur tel que le sien craindre une trahison :
On m'avait assuré qu'il vous faisait visite,
Et je venais lui rendre un honneur qu'il mérite.
PAULINE.
Il vient de me quitter assez triste et confus;
Mais j'ai gagné sur lui qu'il ne me verra plus.
POLYEUCTE.
Quoi! vous me soupçonnez déjà de quelque ombrage?
PAULINE.
Je ferais à tous trois un trop sensible outrage.
J'assure mon repos que troublent ses regards :
La vertu la plus ferme évite les hasards;
Qui s'expose au péril veut bien trouver sa perte ;
Et, pour vous en parler avec une âme ouverte,
Depuis qu'un vrai mérite a pu nous enflammer,
Sa présence toujours a droit de nous charmer.
Outre qu'on doit rougir de s'en laisser surprendre,
On souffre à résister, on souffre à s'en défendre ;
Et, bien que la vertu triomphe de ces feux,
La victoire est pénible, et le combat honteux.
POLYEUCTE.
O vertu trop parfaite, et devoir trop sincère,
Que vous devez coûter de regrets à Sévère !
Qu'aux dépens d'un beau feu vous me rendez heureux!
Et que vous êtes doux à mon cœur amoureux !
Plus je vois mes défauts et plus je vous contemple,
Plus j'admire....

SCÈNE V.
POLYEUCTE, PAULINE, NÉARQUE, STRATONICE
CLÉON.
CLÉON.
Seigneur, Félix vous mande au temple
La victime est choisie, et le peuple à genoux ;
Et pour sacrifier on n'attend plus que vous.
POLYEUCTE.
Va, nous allons te suivre. Y venez-vous, madame?
PAULINE.
Sévère craint ma vue, elle irrite sa flamme ;
Je lui tiendrai parole, et ne veux plus le voir.
Adieu : vous l'y verrez ; pensez à son pouvoir,
Et ressouvenez-vous que sa faveur est grande.
POLYEUCTE.
Allez, tout son crédit n'a rien que j'appréhende ;
Et comme je connais sa générosité,
Nous ne nous combattrons que de civilité.

SCÈNE VI.
POLYEUCTE, NÉARQUE.

NÉARQUE.
Où pensez-vous aller?
POLYEUCTE.
Au temple où l'on m'appelle.
NÉARQUE.
Quoi! vous mêler aux vœux d'une troupe infidèle !
Oubliez-vous déjà que vous êtes chrétien?
POLYEUCTE.
Vous par qui je le suis, vous en souvient-il bien?
NÉARQUE.
J'abhorre les faux dieux.
POLYEUCTE.
Et moi, je les déteste.
NÉARQUE.
Je tiens leur culte impie.
POLYEUCTE.
Et je le tiens funeste.
NÉARQUE.
Fuyez donc leurs autels.
POLYEUCTE.
Je veux les renverser,
Et mourir dans leur temple, ou les y terrasser,
Allons, mon cher Néarque, allons aux yeux des hommes
Braver l'idolâtrie, et montrer qui nous sommes :
C'est l'attente du ciel, il nous la faut remplir;
Je viens de le promettre, et je vais l'accomplir.
Je rends graces au dieu que tu m'as fait connaître
De cette occasion qu'il a sitôt fait naître,
Où déjà sa bonté, prête à me couronner,
Daigne eprouver la foi qu'il vient de me donner.
NÉARQUE.
Ce zèle est trop ardent, souffrez qu'il se modère.
POLYEUCTE.
On n'en peut avoir trop pour le dieu qu'on révère.
NÉARQUE.
Vous trouverez la mort.
POLYEUCTE.
Je la cherche pour lui.
NÉARQUE.
Et si ce cœur s'ebranle?
POLYEUCTE.
Il sera mon appui.
NÉARQUE.
Il ne commande point que l'on s'y precipite.
POLYEUCTE.
Plus elle est volontaire, et plus elle merite.
NÉARQUE.
Il suffit, sans chercher, d'attendre et de souffrir.
POLYEUCTE.
On souffre avec regret quand on n'ose s'offrir.
NÉARQUE.
Mais dans ce temple enfin la mort est assurée.
POLYEUCTE.
Mais dans le ciel déjà la palme est préparée.
NÉARQUE.
Par une sainte vie il faut la mériter.
POLYEUCTE.
Mes crimes en vivant me la pourraient ôter.
Pourquoi mettre au hasard ce que la mort assure?
Quand elle ouvre le ciel, peut-elle sembler dure?
Je suis chrétien, Néarque, et le suit tout à fait;
La foi que j'ai reçue aspire à son effet.
Qui fuit croit lâchement, et n'a qu'une foi morte.
NÉARQUE.
Ménagez votre vie, à Dieu même elle importe ;
Vivez pour protéger les chrétiens en ces lieux.

POLYEUCTE.
L'exemple de ma mort les fortifiera mieux.
NÉARQUE.
Vous voulez donc mourir?
POLYEUCTE.
Vous aimez donc à vivre?
NÉARQUE.
Je ne puis déguiser que j'ai peine à vous suivre.
Sous l'horreur des tourments je crains de succomber.
POLYEUCTE.
Qui marche assurément n'a point peur de tomber :
Dieu fait part, au besoin, de sa force infinie.
Qui craint de le nier, dans son ame le nie;
Il croit le pouvoir faire, et doute de sa foi.
NÉARQUE.
Qui n'appréhende rien présume trop de soi.
POLYEUCTE.
J'attends tout de sa grace, et rien de ma faiblesse.
Mais loin de me presser, il faut que je vous presse!
D'où vient cette froideur?
NÉARQUE.
Dieu même a craint la mort.
POLYEUCTE.
Il s'est offert pourtant : suivons ce saint effort ;
Dressons-lui des autels sur des monceaux d'idoles.
Il faut, je me souviens encor de vos paroles,
Négliger, pour lui plaire, et femme, et biens, et rang ;
Exposer pour sa gloire et verser tout son sang.
Helas ! qu'avez-vous fait de cette amour parfaite
Que vous me souhaitiez, et que je vous souhaite?
S'il vous en reste encor, n'êtes-vous point jaloux
Qu'à grand'peine chrétien j'en montre plus que vous?
NÉARQUE.
Vous sortez du baptême, et ce qui vous anime,
C'est sa grace qu'en vous n'affaiblit aucun crime :
Comme encor tout entière, elle agit pleinement ,
Et tout semble possible à son feu véhement :
Mais cette même grace en moi diminuee,
Et par mille pechés sans cesse exténuée,
Agit aux grands effets avec tant de langueur,
Que tout semble impossible à son peu de vigueur :
Cette indigne mollesse et ces lâches défenses
Sont des punitions qu'attirent mes offenses;
Mais Dieu, dont on ne doit jamais se défier,
Me donne votre exemple à me fortifier.
Allons, cher Polyeucte, allons aux yeux des hommes
Braver l'idolâtrie, et montrer qui nous sommes ;
Puisse-je vous donner l'exemple de souffrir,
Comme vous me donnez celui de vous offrir!
POLYEUCTE.
A cet heureux transport que le ciel vous envoie,
Je reconnais Néarque, et j'en pleure de joie.
Ne perdons plus de temps; le sacrifice est prêt ;
Allons-y du vrai Dieu soutenir l'intérêt;
Allons fouler aux pieds ce foudre ridicule
Dont arme un bois pourri ce peuple trop credule ;
Allons en eclairer l'aveuglement fatal ;
Allons briser ces dieux de pierre et de metal;
Abandonnons nos jours à cette ardeur celeste :
Faisons triompher Dieu : qu'il dispose du reste.
NÉARQUE.
Allons faire éclater sa gloire aux yeux de tous ,
Et repondre avec zèle à ce qu'il veut de nous.

FIN DU SECOND ACTE.

ACTE III.

SCÈNE PREMIERE.
PAULINE.

Que de soucis flottants, que de confus nuages
Présentent à mes yeux d'inconstantes images!
Douce tranquillité, que je n'ose espérer,
Que ton divin rayon tarde à les éclairer!
Mille agitations, que mes troubles produisent,
Dans mon cœur ébranlé tour à tour se détruisent;
Aucun espoir n'y coule où j'ose persister;
Aucun espoir n'y règne où j'ose m'arrêter.
Mon esprit, embrassant tout ce qu'il s'imagine,
Voir tantôt mon bonheur, et tantôt ma ruine,
Et suit leur vaine idée avec si peu d'effet,
Qu'il ne peut espérer ni craindre tout à fait.
Sévère incessamment brouille ma fantaisie :
J'espère en sa vertu, je crains sa jalousie;
Et je n'ose penser que d'un œil bien égal
Polyeucte en ces lieux puisse voir son rival.
Comme entre deux rivaux la haine est naturelle,
L'entrevue aisément se termine en querelle;
L'un voit aux mains d'autrui ce qu'il croit mériter,
L'autre un désespéré qui peut trop attenter.
Quelque haute raison qui règle leur courage,
L'un conçoit de l'envie, et l'autre de l'ombrage;
La honte d'un affront que chacun d'eux croit voir
Ou de nouveau reçue, ou prête à recevoir,
Consumant dès l'abord toute leur patience,
Forme de la colère et de la défiance;
Et, saisissant ensemble et l'époux et l'amant,
En dépit d'eux les livre à leur ressentiment.
Mais que je me figure une étrange chimère!
Et que je traite mal Polyeucte!
Comme si la vertu de ces fameux rivaux
Ne pouvait s'affranchir de ces communs défauts!
Leurs ames à tous deux d'elles-mêmes maîtresses
Sont d'un ordre trop haut pour de telles bassesses :
Ils se verront au temple en hommes généreux.
Mais las! ils se verront, et c'est beaucoup pour eux.
Que sert à mon époux d'être dans Mélitène.
Si contre lui Sévère arme l'aigle romaine,
Si mon père y commande, et craint ce favori,
Et se repent déjà du choix de mon mari?
Si peu que j'ai d'espoir ne luit qu'avec contrainte,
En naissant il avorte, et fait place à la crainte;
Ce qui doit l'affermir sert à le dissiper.
Dieux, faites que ma peur puisse enfin se tromper!
Mais sachons-en l'issue.

SCÈNE II.
PAULINE, STRATONICE.

PAULINE.
Eh bien? ma Stratonice,
Comment s'est terminé ce pompeux sacrifice?
Ces rivaux généreux au temple se sont vus?

STRATONICE.
Ah, Pauline!

PAULINE.
Mes vœux ont-ils été déçus?
J'en vois sur ton visage une mauvaise marque.
Se sont-ils querelles?

STRATONICE.
Polyeucte, Néarque,
Les chrétiens...

PAULINE.
Parle donc : les chrétiens...?

STRATONICE.
Je ne puis.

PAULINE.
Tu prepares mon ame à d'étranges ennuis.

STRATONICE.
Vous n'en sauriez avoir une plus juste cause.

PAULINE.
L'ont-ils assassiné?

STRATONICE.
Ce serait peu de chose.
Tout votre songe est vrai, Polyeucte n'est plus...

PAULINE.
Il est mort?

STRATONICE.
Non, il vit; mais, ô pleurs superflus!
Ce courage si grand, cette ame si divine,
N'est plus digne du jour, ni digne de Pauline.
Ce n'est plus cet époux si charmant à vos yeux;
C'est l'ennemi commun de l'etat et des dieux,
Un méchant, un infame, un rebelle, un perfide,
Un traître, un scélerat, un lâche, un parricide,
Une peste execrable à tous les gens de bien,
Un sacrilège impie, en un mot un chrétien.

PAULINE.
Ce mot aurait suffi sans ce torrent d'injures.

STRATONICE.
Ces titres aux chrétiens sont-ce des impostures?

PAULINE.
Il est ce que tu dis, s'il embrasse leur foi;
Mais il est mon epoux, et tu parles à moi.

STRATONICE.
Ne considérez plus que le dieu qu'il adore.

PAULINE.
Je l'aimai par devoir; ce devoir dure encore.

STRATONICE.
Il vous donne à présent sujet de le haïr :
Qui trahit tous nos dieux aurait pu vous trahir.

PAULINE.
Je l'aimerais encor, quand il m'aurait trahie;
Et si de tant d'amour tu peux être ébahie,
Apprends que mon devoir ne dépend point du sien :
Qu'il y manque, s'il veut; je dois faire le mien.
Quoi! s'il aimait ailleurs, serais-je dispensée
A suivre, à son exemple, une ardeur insensée?
Quelque chrétien qu'il soit, je n'en ai point d'horreur;
Je chéris sa personne, et je hais son erreur.
Mais quel ressentiment en témoigne mon père?

STRATONICE.
Une secrète rage, un excès de colère,
Malgré qui toutefois un reste d'amitié
Montre pour Polyeucte encor quelque pitié.
Il ne veut point sur lui faire agir sa justice,
Que du traître Néarque il n'ait vu le supplice.

PAULINE.
Quoi! Néarque en est donc?

STRATONICE.
Néarque l'a séduit;
De leur vieille amitié c'est là l'indigne fruit.
Ce perfide tantôt, en dépit de lui-même,
L'arrachant de vos bras, le traînait au baptême.
Voilà ce grand secret et si mystérieux
Que n'en pouvait tirer votre amour curieux.

PAULINE.
Tu me blâmais alors d'être trop importune.

STRATONICE.
Je ne prévoyais pas une telle infortune.

PAULINE.
Avant qu'abandonner mon ame à mes douleurs,
Il me faut essayer la force de mes pleurs;
En qualité de femme, ou de fille, j'espère
Qu'ils vaincront un époux, ou fléchiront un père.
Que si sur l'un et l'autre ils manquent de pouvoir,
Je ne prendrai conseil que de mon désespoir.
Apprends-moi cependant ce qu'ils ont fait au temple.

STRATONICE.
C'est une impiété qui n'eut jamais d'exemple.
Je ne puis y penser sans frémir à l'instant,
Et crains de faire un crime en vous la racontant.
Apprenez en deux mots leur brutale insolence.
  Le prêtre avait à peine obtenu du silence,
Et devers l'orient assuré son aspect,
Qu'ils ont fait éclater leur manque de respect.
A chaque occasion de la cérémonie,
A l'envi l'un et l'autre étalait sa manie,
Des mystères sacrés hautement se moquait,
Et traitait de mépris les dieux qu'on invoquait.
Tout le peuple en murmure, et Félix s'en offense;
Mais tous deux s'emportant à plus d'irrévérence,
« Quoi! lui dit Polyeucte en élevant sa voix,
« Adorez-vous des dieux ou de pierre ou de bois? »
Ici dispensez-moi du récit des blasphèmes
Qu'ils ont vomis tous deux contre Jupiter même:
L'adultère et l'inceste en étaient les plus doux.
« Oyez, dit-il ensuite, oyez, peuple ; oyez, tous :
« Le Dieu de Polyeucte et celui de Néarque
« De la terre et du ciel est l'absolu monarque,
« Seul être indépendant, seul maître du destin,
« Seul principe éternel, et souveraine fin.
« C'est ce Dieu des chrétiens qu'il faut qu'on remercie
« Des victoires qu'il donne à l'empereur Décie :
« Lui seul tient en sa main le succès des combats ;
« Il le veut élever, il le peut mettre à bas ;
« Sa bonté, son pouvoir, sa justice est immense;
« C'est lui seul qui punit, lui seul qui récompense:
« Vous adorez en vain des monstres impuissants. »
Se jetant à ces mots sur le vin et l'encens,
Après en avoir mis les saints vases par terre,
Sans crainte de Félix, sans crainte du tonnerre,
D'une fureur pareille ils courent à l'autel.
Cieux! a-t-on vu jamais, a-t-on rien vu de tel !
Du plus puissant des dieux nous voyons la statue
Par une main impie à leurs pieds abattue,
Les mystères troublés, le temple profané,
La fuite et les clameurs d'un peuple mutiné
Qui craint d'être accablé sous le courroux céleste.
Félix... Mais le voici qui vous dira le reste.

PAULINE.
Que son visage est sombre et plein d'émotion!
Qu'il montre de tristesse et d'indignation !

SCÈNE III.
FÉLIX, PAULINE, STRATONICE.

FÉLIX.
Une telle insolence avoir osé paraître!
En public! à ma vue! Il en mourra, le traître.

PAULINE.
Souffrez que votre fille embrasse vos genoux.

FÉLIX.
Je parle de Néarque, et non de votre époux.
Quelque indigne qu'il soit de ce doux nom de gendre,
Mon ame lui conserve un sentiment plus tendre ;
La grandeur de son crime et de mon déplaisir
N'a pas éteint l'amour qui me l'a fait choisir.

PAULINE.
Je n'attendais pas moins de la bonté d'un père.

FÉLIX.
Je pouvais l'immoler à ma juste colère :
Car vous n'ignorez pas à quel comble d'horreur
De son audace impie a monté la fureur;
Vous l'avez pu savoir du moins de Stratonice.

PAULINE.
Je sais que de Néarque il doit voir le supplice.

FÉLIX.
Du conseil qu'il doit prendre il sera mieux instruit,
Quand il verra punir celui qui l'a séduit.
  Au spectacle sanglant d'un ami qu'il faut suivre,
La crainte de mourir et le désir de vivre
Ressaisissent une ame avec tant de pouvoir,
Que qui voit le trépas cesse de le vouloir.
L'exemple touche plus que ne fait la menace:
Cette indiscrète ardeur tourne bientôt en glace,
Et nous verrons bientôt son cœur inquiète
Me demander pardon de tant d'impiété.

PAULINE.
Vous pouvez espérer qu'il change de courage?

FÉLIX.
Aux dépens de Néarque il doit se rendre sage.

PAULINE.
Il le doit, mais, hélas! où me renvoyez-vous?
Et quels tristes hasards ne court point mon époux,
Si de son inconstance il faut qu'enfin j'espère
Le bien que j'espérais de la bonté d'un père?

Je vous en fais trop voir, Pauline, à consentir
Qu'il évite la mort par un prompt repentir.
Je devais même peine à des crimes semblables;
Et, mettant différence entre ces deux coupables,
J'ai trahi la justice à l'amour paternel ;
Je me suis fait pour lui moi-même criminel ;
Et j'attendais de vous, au milieu de vos craintes,
Plus de remerciements que je n'entends de plaintes.

De quoi remercier qui ne me donne rien?
Je sais quelle est l'humeur et l'esprit d'un chrétien.
Dans l'obstination jusqu'au bout il demeure:
Vouloir son repentir, c'est ordonner qu'il meure.

FÉLIX.
Sa grace est en sa main, c'est à lui d'y rêver.

PAULINE.
Faites-la tout entière.

FÉLIX.
Il la peut achever.

PAULINE.
Ne l'abandonnez pas aux fureurs de sa secte.

FÉLIX.
Je l'abandonne aux lois, qu'il faut que je respecte.

PAULINE.
Est-ce ainsi que d'un gendre un beau-père est l'appui?

FÉLIX.
Qu'il fasse autant pour soi comme je fais pour lui.

PAULINE.
Mais il est aveugle.

FÉLIX.
Mais il se plait à l'être.
Qui chérit son erreur ne la veut pas connaître.

PAULINE.
Mon père, au nom des dieux...

FÉLIX.
Ne les réclamez pas,
Ces dieux dont l'intérêt demande son trépas.

PAULINE.
Ils écoutent nos vœux.

FÉLIX.
Eh bien! qu'ils leur en fasse.

PAULINE.
Au nom de l'empereur, dont vous tenez la place...

FÉLIX.
J'ai son pouvoir en main; mais, s'il me l'a commis,
C'est pour le déployer contre ses ennemis.

PAULINE.
Polyeucte l'est-il?

FÉLIX.
Tous chrétiens sont rebelles.

PAULINE.
N'écoutez point pour lui ces maximes cruelles ;
En épousant Pauline il s'est fait votre sang.

FÉLIX.
Je regarde sa faute, et ne vois plus son rang.
Quand le crime d'état se mêle au sacrilège,
Le sang ni l'amitié n'ont plus de privilège.

PAULINE.
Quel excès de rigueur!

FÉLIX.
Moindre que son forfait.
PAULINE.
O de mon songe affreux trop véritable effet,
Voyez-vous qu'avec lui vous perdez votre fille!
FÉLIX.
Les dieux et l'empereur sont plus que ma famille.
PAULINE.
La perte de tous deux ne vous peut arrêter!
FÉLIX.
J'ai les dieux et Décie ensemble à redouter.
Mais nous n'avons encore à craindre rien de triste :
Dans son aveuglement pensez-vous qu'il persiste?
S'il nous semblait tantôt courir à son malheur,
C'est d'un nouveau chrétien la première chaleur.
PAULINE.
Si vous l'aimez encor, quittez cette espérance
Que deux fois en un jour il change de croyance:
Outre que les chrétiens ont plus de dureté,
Vous attendez de lui trop de légèreté.
Ce n'est point une erreur avec le lait sucée,
Que sans l'examiner son ame ait embrassée;
Polyeucte est chrétien parce qu'il l'a voulu,
Et vous portait au temple un esprit résolu.
Vous devez présumer de lui comme du reste:
Le trépas n'est pour eux ni honteux ni funeste;
Ils cherchent de la gloire à mépriser nos dieux;
Aveugles pour la terre, ils aspirent aux cieux ;
Et, croyant que la mort leur en ouvre la porte,
Tourmentés, déchirés, assassinés, n'importe,
Les supplices leur sont ce qu'à nous les plaisirs,
Et les mènent au but où tendent leurs désirs:
La mort la plus infame ils l'appellent martyre.
FÉLIX.
Eh bien donc! Polyeucte aura ce qu'il désire:
N'en parlons plus.
PAULINE.
Mon père...

SCÈNE IV.

FÉLIX, ALBIN, PAULINE, STRATONICE.

FÉLIX.
Albin, en est-ce fait?
ALBIN.
Oui, seigneur; et Néarque a payé son forfait.
FÉLIX.
Et notre Polyeucte a vu trancher sa vie?
ALBIN.
Il l'a vu, mais, hélas! avec un œil d'envie.
Il brûle de le suivre, au lieu de reculer ;
Et son cœur s'affermit, au lieu de s'ébranler.
PAULINE.
Je vous le disais bien. Encore un coup, mon père,
Si jamais mon respect a pu vous satisfaire,
Si vous l'avez prise, si vous l'avez chéri...
FÉLIX.
Vous aimez trop, Pauline, un indigne mari.
PAULINE.
Je l'ai de votre main; mon amour est sans crime ;
Il est de votre choix la glorieuse estime;
Et j'ai, pour l'accepter, éteint le plus beau feu
Qui d'une ame bien née ait mérité l'aveu.
Au nom de cette aveugle et prompte obéissance
Que j'ai toujours rendue aux lois de la naissance,
Si vous avez pu tout sur moi, sur mon amour,
Que je puisse sur vous quelque chose à mon tour!
Par ce juste pouvoir à présent trop à craindre,
Par ces beaux sentiments qu'il m'a fallu contraindre,
Ne m'ôtez pas vos dons; ils sont chers à mes yeux,
Et m'ont assez coûté pour m'être précieux.
FÉLIX.
Vous m'importunez trop: bien que j'aie un cœur tendre,
Je n'aime la pitié qu'au prix que j'en veux prendre ;
Employez mieux l'effort de vos justes douleurs ;
Malgré moi m'en toucher, c'est perdre temps et pleurs;
J'en veux être le maître, et je veux bien qu'on sache
Que je la désavoue alors qu'on me l'arrache.
Préparez-vous à voir ce malheureux chrétien ;
Et faites votre effort quand j'aurai fait le mien.
Allez; n'irritez plus un père qui vous aime;
Et tâchez d'obtenir votre époux de lui-même.
Tantôt jusqu'en ce lieu je le ferai venir :
Cependant quittez-nous; je veux l'entretenir.
PAULINE.
De grace, permettez....
FÉLIX.
Laissez-nous seuls, vous dis-je;
Votre douleur m'offense autant qu'elle m'afflige.
A gagner Polyeucte appliquez tous vos soins;
Vous avancerez plus en m'importunant moins.

SCÈNE V.

FÉLIX, ALBIN.

FÉLIX.
Albin, comme est-il mort?
ALBIN.
En brutal, en impie,
En bravant les tourments, en dédaignant la vie,
Sans regret, sans murmure, et sans étonnement,
Dans l'obstination et l'endurcissement,
Comme un chrétien enfin, le blasphème à la bouche.
FÉLIX.
Et l'autre?
ALBIN.
Je l'ai dit déjà, rien ne le touche;
Loin d'en être abattu, son cœur en est plus haut :
On l'a violenté pour quitter l'échafaud :
Il est dans la prison, où je l'ai vu conduire;
Mais vous êtes bien loin encor de le réduire.
FÉLIX.
Que je suis malheureux!
ALBIN.
Tout le monde vous plaint.
FÉLIX.
On ne sait pas les maux dont mon cœur est atteint;
De pensers sur pensers mon ame est agitée,
De soucis sur soucis elle est inquiétée ;
Je sens l'amour, la haine, et la crainte, et l'espoir,
La joie, et la douleur, tour à tour l'émouvoir :
J'entre en des sentiments qui ne sont pas croyables;
J'en ai de violents, j'en ai de pitoyables,
J'en ai de généreux qui n'oseraient agir;
J'en ai même de bas, et qui me font rougir.
J'aime ce malheureux que j'ai choisi pour gendre,
Je hais l'aveugle erreur qui le vient de surprendre ;
Je déplore sa perte, et, le voulant sauver,
J'ai la gloire des dieux ensemble à conserver;
Je redoute leur foudre, et celui de Décie ;
Il y va de ma charge, il y va de ma vie.
Ainsi tantôt pour lui je m'expose au trépas,
Et tantôt je le perds pour ne me perdre pas
ALBIN.
Décie excusera l'amitié d'un beau-père ;
Et d'ailleurs Polyeucte est d'un sang qu'on révère.
FÉLIX.
A punir les chrétiens son ordre est rigoureux;
Et plus l'exemple est grand, plus il est dangereux :
On ne distingue point quand l'offense est publique ;
Et lorsqu'on dissimule un crime domestique,
Par quelle autorité peut-on, par quelle loi,
Châtier en autrui ce qu'on souffre chez soi?
ALBIN.
Si vous n'osez avoir d'égard à sa personne,
Écrivez à Décie afin qu'il en ordonne.
FÉLIX.
Sévère me perdrait, si j'en usais ainsi :
Sa haine et son pouvoir font mon plus grand souci.

Si j'avais différé de punir un tel crime,
Quoiqu'il soit généreux, quoiqu'il soit magnanime,
Il est homme, et sensible, et je l'ai dédaigné ;
Et de tant de mépris son esprit indigné,
Que met au désespoir cet hymen de Pauline,
Du courroux de Décie obtiendrait ma ruine.
Pour venger un affront tout semble être permis,
Et les occasions tentent les plus remis.
Peut-être, et ce soupçon n'est pas sans apparence,
Il rallume en son cœur déjà quelque espérance ;
Et, croyant bientôt voir Polyeucte puni,
Il rappelle un amour à grand'peine banni.
Juge si sa colère, en ce cas implacable,
Me ferait innocent de sauver un coupable,
Et s'il m'épargnerait, voyant par mes bontés
Une seconde fois ses desseins avortés.
Te dirai-je un penser indigne, bas, et lâche ?
Je l'étouffe ; il renaît ; il me flatte, et me fâche :
L'ambition toujours me le vient présenter ;
Et tout ce que je puis, c'est de le détester.
Polyeucte est ici l'appui de ma famille ;
Mais si, par son trépas, l'autre épousait ma fille,
J'acquerrais bien par là de plus puissants appuis,
Qui me mettraient plus haut cent fois que je ne suis.
Mon cœur en prend par force une maligne joie :
Mais que plutôt le ciel à tes yeux me foudroie
Qu'à des pensers si bas je puisse consentir,
Que jusque-là ma gloire ose se démentir !

ALBIN.
Votre cœur est trop bon, et votre ame est trop haute
Mais vous résolvez-vous à punir cette faute ?

FELIX.
Je vais dans la prison faire tout mon effort
A vaincre cet esprit par l'effroi de la mort,
Et nous verrons après ce que pourra Pauline.

ALBIN.
Que ferez-vous enfin si toujours il s'obstine ?

FELIX.
Ne me presse point tant ; dans un tel déplaisir,
Je ne puis que résoudre, et ne sais que choisir.

ALBIN.
Je dois vous avertir, en serviteur fidèle,
Qu'en sa faveur déjà la ville se rebelle,
Et ne peut voir passer par la rigueur des lois
Sa dernière espérance et le sang de ses rois.
Je tiens sa prison même assez mal assurée ;
J'ai laissé tout autour une troupe éplorée ;
Je crains qu'on ne la force.

FELIX.
Il faut donc l'en tirer,
Et l'amener ici pour nous en assurer.

ALBIN.
Tirez l'en donc vous-même, et d'un espoir de grace
Apaisez la fureur de cette populace.

FELIX.
Allons, et, s'il persiste à demeurer chrétien,
Nous en disposerons sans qu'elle en sache rien.

FIN DU TROISIÈME ACTE.

ACTE IV.

SCÈNE PREMIÈRE.

POLYEUCTE, CLEON, TROIS AUTRES GARDES.

POLYEUCTE.
Gardes, que me veut-on ?

CLÉON.
Pauline vous demande.

POLYEUCTE.
O présence, ô combat surtout j'appréhende !
Félix, dans la prison j'ai triomphé de toi,
J'ai ri de ta menace, et t'ai vu sans effroi :
Tu prends pour t'en venger de plus puissantes armes ;
Je craignais beaucoup moins tes bourreaux que ses lar-
    Seigneur, qui vois ici les périls que je cours, [mes.
En ce pressant besoin redouble ton secours ;
Et toi qui, tout sortant encor de la victoire,
Regardes mes travaux du séjour de la gloire,
Cher Néarque, pour vaincre un si fort ennemi,
Prête du haut du ciel la main à ton ami.
Gardes, oseriez-vous me rendre un bon office ?
Non pour me dérober aux rigueurs du supplice,
Ce n'est pas mon dessein qu'on me fasse évader ;
Mais comme il suffira de trois à me garder,
L'autre m'obligerait d'aller quérir Sévère ;
Je crois que sans péril on peut me satisfaire.
Si j'avais pu lui dire un secret important,
Il vivrait plus heureux, et je mourrais content.

CLÉON.
Si vous me l'ordonnez, j'y cours en diligence.

POLYEUCTE.
Sévère à mon défaut fera ta récompense.
Va, ne perds point de temps, et reviens promptement.

CLÉON.
Je serai de retour, seigneur, dans un moment.

SCÈNE II.

POLYEUCTE.

(*Les gardes se retirent aux coins du théâtre.*)

Source délicieuse, en misères féconde,
Que voulez-vous de moi, flatteuses voluptés ?
Honteux attachements de la chair et du monde,
Que ne me quittez-vous, quand je vous ai quittés ?
Allez, honneurs, plaisirs, qui m'y livrez la guerre :
    Toute votre félicité,
    Sujette à l'instabilité,
    En moins de rien tombe par terre ;
    Et comme elle a l'éclat du verre,
    Elle en a la fragilité.

Ainsi n'espérez pas qu'après vous je soupire.
Vous étalez en vain vos charmes impuissants ;
Vous me montrez en vain par tout ce vaste empire
Les ennemis de Dieu pompeux et florissants.
Il étale à son tour des revers équitables
    Par qui les grands sont confondus ;
    Et les glaives qu'il tient pendus
    Sur les plus fortunés coupables
    Sont d'autant plus inévitables
    Que leurs coups sont moins attendus.

Tigre altéré de sang, Décie impitoyable,
Ce Dieu t'a trop longtemps abandonné les siens :
De ton heureux destin vois la suite effroyable ;
Le Scythe va venger la Perse et les chrétiens.
Encore un peu plus outre, et ton heure est venue ;
    Rien ne t'en saurait garantir ;
    Et la foudre qui va partir,
    Toute prête à crever la nue,
    Ne peut plus être retenue
    Par l'attente du repentir.

Que cependant Félix m'immole à ta colère ;
Qu'un rival plus puissant éblouisse ses yeux ;
Qu'aux dépens de ma vie il s'en fasse beau-père,
Et qu'à titre d'esclave il commande en ces lieux :
Je consens, ou plutôt j'aspire à ma ruine.
 Monde, pour moi tu n'as plus rien
 Je porte en un cœur tout chrétien
 Une flamme toute divine ;
 Et je ne regarde Pauline
 Que comme un obstacle à mon bien.

Saintes douceurs du ciel, adorables idées,
Vous remplissez un cœur qui vous peut recevoir :
De vos sacrés attraits les ames possédées
Ne conçoivent plus rien qui les puisse émouvoir.
Vous promettez beaucoup, et donnez davantage :
 Vos biens ne sont point inconstants ;
 Et l'heureux trépas que j'attends
 Ne vous sert que d'un doux passage
 Pour nous introduire au partage
 Qui nous rend à jamais contents.

C'est vous, ô feu divin que rien ne peut éteindre,
Qui m'allez faire voir Pauline sans la craindre.
Je la vois : mais mon cœur, d'un saint zèle enflammé,
N'en goûte plus l'appas dont il était charmé ;
Et mes yeux, éclairés des celestes lumières,
Ne trouvent plus aux siens leurs graces coutumières.

SCÈNE III.

POLYEUCTE, PAULINE, GARDES.

POLYEUCTE.

Madame, quel dessein vous fait me demander ?
Est-ce pour me combattre, ou pour me seconder ?
Cet effort généreux de votre amour parfaite
Vient-il à mon secours, vient-il à ma défaite ?
Apportez-vous ici la haine, ou l'amitié,
Comme mon ennemie, ou ma chere moitié ?

PAULINE.

Vous n'avez point ici d'ennemi que vous-même ;
Seul vous vous haïssez lorsque chacun vous aime ;
Seul vous exécutez tout ce que j'ai rêvé :
Ne veuillez pas vous perdre, et vous êtes sauvé.
A quelque extrémité que votre crime passe,
Vous êtes innocent si vous vous faites grace.
Daignez considérer le sang dont vous sortez,
Vos grandes actions, vos rares qualités ;
Chéri de tout le peuple, estimé chez le prince,
Gendre du gouverneur de toute la province,
Je ne vous compte à rien le nom de mon époux :
C'est un bonheur pour moi qui n'est pas grand pour vous ;
Mais après vos exploits, après votre naissance,
Après votre pouvoir, voyez notre esperance ;
Et n'abandonnez pas à la main d'un bourreau
Ce qu'à nos justes vœux promet un sort si beau.

POLYEUCTE.

Je considère plus : je sais mes avantages,
Et l'espoir que sur eux forment les grands courages.
Ils n'aspirent enfin qu'à des biens passagers,
Que troublent les soucis, que suivent les dangers ;
La mort nous les ravit, la fortune s'en joue ;
Aujourd'hui dans le trône, et demain dans la boue ;
Et leur plus haut éclat fait tant de mécontents,
Que peu de vos Césars en ont joui longtemps.
J'ai de l'ambition, mais plus noble et plus belle :
Cette grandeur périt, j'en veux une immortelle,
Un bonheur assuré, sans mesure et sans fin,
Au dessus de l'envie, au dessus du destin.
Est-ce trop l'acheter que d'une triste vie,
Qui tantôt, qui soudain, me peut être ravie ;
Qui ne me fait jouir que d'un instant qui fuit,
Et ne peut m'assurer de celui qui le suit ?

PAULINE.

Voilà de vos chrétiens les ridicules songes ;
Voilà jusqu'à quel point vous charment leurs mensonges ;
Tout votre sang est peu pour un bonheur si doux !
Mais, pour en disposer, ce sang est-il à vous ?

Vous n'avez pas la vie ainsi qu'un héritage ;
Le jour qui vous la donne en même temps l'engage :
Vous la devez au prince, au public, à l'état.

POLYEUCTE.

Je la voudrais pour eux perdre dans un combat :
Je sais quel en est l'heur, et quelle en est la gloire.
Des aïeux de Décie on vante la mémoire ;
Et ce nom, précieux encore à vos Romains,
Au bout de six cents ans lui met l'empire aux mains.
Je dois ma vie au peuple, au prince, à sa couronne ;
Mais je la dois bien plus au Dieu qui me la donne.
Si mourir pour son prince est un illustre sort,
Quand on meurt pour son Dieu, quelle sera la mort !

PAULINE.

Quel dieu !

POLYEUCTE.

 Tout beau, Pauline : il entend vos paroles ;
Et ce n'est pas un dieu comme vos dieux frivoles,
Insensibles et sourds, impuissants, mutilés,
De bois, de marbre, ou d'or, comme vous les voulez :
C'est le Dieu des chrétiens, c'est le mien, c'est le vôtre ;
Et la terre et le ciel n'en connaissent point d'autre.

PAULINE.

Adorez-le dans l'ame, et n'en témoignez rien.

POLYEUCTE.

Que je sois tout ensemble idolâtre et chrétien !

PAULINE.

Ne feignez qu'un moment : laissez partir Sévère,
Et donnez lieu d'agir aux bontés de mon pere.

POLYEUCTE.

Les bontés de mon Dieu sont bien plus à chérir :
Il m'ôte des périls que j'aurais pu courir,
Et, sans me laisser lieu de tourner en arrière,
Sa faveur me couronne entrant dans la carrière ;
Du premier coup de vent il me conduit au port,
Et, sortant du baptême, il m'envoie à la mort.
Si vous pouviez comprendre, et le peu qu'est la vie,
Et de quelles douceurs cette mort est suivie....
Mais que sert de parler de ces trésors cachés
A des esprits que Dieu n'a pas encor touchés ?

PAULINE.

Cruel ! car il est temps que ma douleur éclate,
Et qu'un juste reproche accable une ame ingrate.
Est-ce là ce beau feu ? sont-ce là tes serments ?
Témoignes-tu pour moi les moindres sentiments ?
Je ne te parlais point de l'état déplorable
Où la mort va laisser ta femme inconsolable ;
Je croyais que l'amour t'en parlerait assez,
Et je ne voulais pas de sentiments forcés :
Mais cette amour si ferme et si bien méritée,
Que tu m'avais promise, et que j'ai portée,
Quand tu me veux quitter, quand tu me fais mourir,
Te peut-elle arracher une larme, un soupir ?
Tu me quittes, ingrat, et le fais avec joie ;
Tu ne le caches pas, tu veux que je la voie ;
Et ton cœur, insensible à ces tristes appas,
Se figure un bonheur où je ne serai pas !
C'est donc là le dégoût qu'apporte l'hyménée !
Je te suis odieuse après m'être donnée !

POLYEUCTE.

Hélas !

PAULINE.

 Que cet hélas a de peine à sortir !
Encor s'il commençait un heureux repentir,
Que, tout forcé qu'il est, j'y trouverais de charmes !
Mais courage, il s'émeut, je vois couler des larmes.

POLYEUCTE.

J'en verse, et plût à Dieu qu'à force d'en verser
Ce cœur trop endurci se pût enfin percer !
Le déplorable état où je vous abandonne
Est bien digne des pleurs que mon amour vous donne ;
Et si l'on peut au ciel sentir quelques douleurs,
J'y pleurerai vos maux par l'excès de vos malheurs :
Mais si, dans ce séjour de gloire et de lumière,
Ce Dieu tout juste et bon peut souffrir ma prière ;
S'il y daigne écouter un conjugal amour,
Sur votre aveuglement il répandra le jour.

Seigneur, de vos bontés il faut que je l'obtienne :
Elle a trop de vertus pour n'être pas chrétienne :
Avec trop de mérite il vous plut la former,
Pour ne vous pas connaître et ne vous pas aimer,
Pour vivre des enfers esclave infortunée,
Et sous leur triste joug mourir comme elle est née.

PAULINE.

Que dis-tu, malheureux? qu'oses-tu souhaiter?

POLYEUCTE.

Ce que de tout mon sang je voudrais acheter.

PAULINE.

Que plutôt...!

POLYEUCTE.

C'est en vain qu'on se met en défense :
Ce Dieu touche les cœurs lorsque moins on y pense.
Ce bienheureux moment n'est pas encor venu ;
Il viendra ; mais le temps ne m'en est pas connu.

PAULINE.

Quittez cette chimère, et m'aimez.

POLYEUCTE.

Je vous aime.
Beaucoup moins que mon Dieu, mais bien plus que moi-[même.

PAULINE.

Au nom de cet amour, ne m'abandonnez pas.

POLYEUCTE.

Au nom de cet amour, daignez suivre mes pas.

PAULINE.

C'est peu de me quitter, tu veux donc me séduire ?

POLYEUCTE.

C'est peu d'aller au ciel ; je vous y veux conduire.

PAULINE.

Imaginations !

POLYEUCTE.

Célestes vérités.

PAULINE.

Étrange aveuglement !

POLYEUCTE.

Éternelles clartés !

PAULINE.

Tu préfères la mort à l'amour de Pauline !

POLYEUCTE.

Vous préférez le monde à la bonté divine !

PAULINE.

Va, cruel, va mourir; tu ne m'aimas jamais.

POLYEUCTE.

Vivez heureuse au monde, et me laissez en paix.

PAULINE.

Oui, je t'y vais laisser, ne t'en mets plus en peine ;
Je vais....

SCÈNE IV.

SÉVÈRE, POLYEUCTE, PAULINE, FABIAN,
GARDES.

PAULINE.

Mais quel dessein en ce lieu vous amène,
Sévère? aurait-on cru qu'un cœur si généreux
Pût venir jusqu'ici braver un malheureux?

POLYEUCTE.

Vous traitez mal, Pauline, un si rare mérite ;
A ma seule prière il rend cette visite.
Je vous ai fait, seigneur, une incivilité,
Que vous pardonnerez à ma captivité.
Possesseur d'un trésor dont je n'étais pas digne,
Souffrez avant ma mort que je vous le résigne,
Et laisse la vertu la plus rare à nos yeux
Qu'une femme jamais pût recevoir des cieux
Aux mains du plus vaillant et du plus honnête homme
Qu'ait adoré la terre et qu'ait vu naître Rome.
Vous êtes digne d'elle, elle est digne de vous ;
Ne la refusez pas de la main d'un époux :
S'il vous a désunis, sa mort vous va rejoindre.
Qu'un feu jadis si beau n'en devienne pas moindre :

Rendez-lui votre cœur, et recevez sa foi :
Vivez heureux ensemble, et vivez comme moi ;
C'est le bien qu'à tous deux Polyeucte désire.
Qu'on me mène à la mort, je n'ai plus rien à dire.
Allons, gardes, c'est fait.

SCÈNE V.

SÉVÈRE, PAULINE, FABIAN.

SÉVÈRE.

Dans mon étonnement,
Je suis confus pour lui de son aveuglement ;
Sa résolution a si peu de pareilles,
Qu'à peine je me fie encore à mes oreilles.
Un cœur qui vous chérit, (mais quel cœur assez bas
Aurait pu vous connaître, et ne vous chérir pas?)
Un homme aimé de vous, sitôt qu'il vous possède,
Sans regret il vous quitte : il fait plus, il vous cède ;
Et, comme si vos feux étaient un don fatal,
Il en fait un présent lui-même à son rival !
Certes, ou les chrétiens ont d'étranges manies,
Ou leurs félicités doivent être infinies,
Puisque, pour y prétendre, ils osent rejeter
Ce que de tout l'empire il faudrait acheter.
Pour moi, si mes destins, un peu plus tôt propices,
Eussent de votre hymen honoré mes services,
Je n'aurais adoré que l'éclat de vos yeux,
J'en aurais fait mes rois, j'en aurais fait mes dieux ;
On m'aurait mis en poudre, on m'aurait mis en cendre,
Avant que,...

PAULINE.

Brisons là ; je crains de trop entendre,
Et que cette chaleur, qui sent vos premiers feux,
Ne pousse quelque suite indigne de tous deux.
Sévère, connaissez Pauline tout entière.
Mon Polyeucte touche à son heure dernière.
Pour achever de vivre il n'a plus qu'un moment ;
Vous en êtes la cause, encor qu'innocemment.
Je ne sais si votre ame, à vos désirs ouverte,
Aurait osé former quelque espoir sur sa perte :
Mais sachez qu'il n'est pas de si cruels trepas
Où d'un front assuré je ne porte mes pas,
Qu'il n'est point aux enfers d'horreur que je n'endure,
Plutôt que de souiller une gloire si pure,
Que d'épouser un homme, après son triste sort,
Qui de quelque façon soit cause de sa mort ;
Et, si vous me croyez d'une ame si peu saine,
L'amour que j'eus pour vous tournerait tout en haine.
Vous êtes généreux, soyez-le jusqu'au bout.
Mon père est en état de vous accorder tout,
Il vous croit ; et j'avance cette parole,
Que, s'il perd mon époux, c'est à vous qu'il l'immole.
Sauvez ce malheureux, employez-vous pour lui ;
Faites-vous un effort pour lui servir d'appui.
Je sais que c'est beaucoup que ce que je demande ;
Mais plus l'effort est grand, plus la gloire en est grande.
Conserver un rival dont vous êtes jaloux,
C'est un trait de vertu qui n'appartient qu'à vous ;
Et si ce n'est assez de votre renommée,
C'est beaucoup qu'une femme, autrefois tant aimée,
Et dont l'amour peut-être encor vous peut toucher,
Doive à votre grand cœur ce qu'elle a de plus cher :
Souvenez-vous enfin que vous êtes Sévère.
Adieu. Résolvez seul ce que vous devez faire ;
Si vous n'êtes pas tel que je l'ose espérer,
Pour vous priser encor je le veux ignorer.

SCÈNE VI.

SÉVÈRE, FABIAN.

SÉVÈRE.

Qu'est ceci, Fabian? quel nouveau coup de foudre
Tombe sur mon bonheur et le réduit en poudre.
Plus je l'estime près, plus il est éloigné ;
Je trouve tout perdu, quand je crois tout gagné ;
Et toujours la fortune, à me nuire obstinée,
Tranche mon espérance aussitôt qu'elle est née ;

Avant qu'offrir des vœux je reçois des refus :
Toujours triste, toujours et honteux et confus
De voir que lâchement elle ait osé renaître,
Qu'encor plus lâchement elle ait osé paraître ;
Et qu'une femme enfin dans la calamité
Me fasse des leçons de générosité.
  Votre belle ame est haute autant que malheureuse,
Mais elle est inhumaine autant que généreuse,
Pauline ; et vos douleurs avec trop de rigueur
D'un amant tout à vous tyrannisent le cœur.
C'est donc peu de vous perdre, il faut que je vous donne ;
Que je serve un rival lorsqu'il vous abandonne ;
Et que, par un cruel et généreux effort,
Pour vous rendre en ses mains je l'arrache à la mort.

FABIAN.
Laissez à son destin cette ingrate famille ;
Qu'il accorde, s'il veut, le père avec la fille,
Polyeucte et Félix, l'épouse avec l'époux :
D'un si cruel effort quel prix espérez-vous ?

SÉVÈRE.
La gloire de montrer à cette ame si belle
Que Sévère l'égale, et qu'il est digne d'elle,
Qu'elle m'était bien due, et que l'ordre des cieux
En me la refusant m'est trop injurieux.

FABIAN.
Sans accuser le sort ni le ciel d'injustice,
Prenez garde au péril qui suit un tel service ;
Vous hasardez beaucoup, seigneur, pensez-y bien.
Quoi ! vous entreprenez de sauver un chrétien !
Pouvez-vous ignorer pour cette secte impie
Quelle est et fut toujours la haine de Décie ?
C'est un crime vers lui si grand, si capital,
Qu'à votre faveur même il peut être fatal.

SÉVÈRE.
Cet avis serait bon pour quelque ame commune.
S'il tient entre ses mains ma vie et ma fortune,
Je suis encor Sévère ; et tout ce grand pouvoir
Ne peut rien sur ma gloire et rien sur mon devoir.
Ici l'honneur m'oblige, et j'y veux satisfaire :
Qu'après le sort se montre ou propice ou contraire,
Comme son naturel est toujours inconstant,
Périssant glorieux, je périrai content.
Je te dirai bien plus, mais avec confidence,
La secte des chrétiens n'est pas ce que l'on pense :
On les hait ; la raison, je ne la connais point ;
Et je ne vois Décie injuste qu'en ce point.
Par curiosité j'ai voulu les connaître :
On les tient pour sorciers dont l'enfer est le maître,
Et sur cette croyance on punit du trépas
Des mystères secrets que nous n'entendons pas.
Mais Cérès Éleusine, et la bonne déesse,
Ont leurs secrets comme eux à Rome et dans la Grèce,
Encore impunément nous souffrons en tous lieux,
Leur Dieu seul excepté, toute sorte de dieux.
Tous les monstres d'Égypte ont leurs temples dans Rome
Nos aïeux à leur gré faisaient un dieu d'un homme,
Et, leur sang parmi nous, conservant leurs erreurs,
Nous remplissons le ciel de tous nos empereurs :
Mais, à parler sans fard de tant d'apothéoses,
L'effet est bien douteux de ces métamorphoses.
Les chrétiens n'ont qu'un Dieu, maître absolu de tout,
De qui le seul vouloir fait tout ce qu'il résout :
Mais, si j'ose entre nous dire ce qui me semble,
Les nôtres bien souvent s'accordent mal ensemble ;
Et, me dût leur colère écraser à tes yeux,
Nous en avons beaucoup pour être de vrais dieux.
Enfin chez les chrétiens les mœurs sont innocentes,
Les vices détestés, les vertus florissantes ;
Ils font des vœux pour nous qui les persécutons ;
Et, depuis tant de temps que nous les tourmentons,
Les a-t-on vus mutins ? les a-t-on vus rebelles ?
Nos princes ont-ils eu des soldats plus fidèles ?
Furieux dans la guerre, ils souffrent nos bourreaux ;
Et, lions aux combats, ils meurent en agneaux.
J'ai trop de pitié d'eux pour ne les pas défendre.
Allons trouver Félix ; commençons par son gendre ;
Et contentons ainsi, d'une seule action,
Et Pauline, et ma gloire, et ma compassion

FIN DU QUATRIÈME ACTE.

ACTE V.

SCÈNE PREMIÈRE

FÉLIX, ALBIN, CLÉON.

FÉLIX.
Albin, as-tu bien vu la fourbe de Sévère?
As-tu bien vu sa haine? et vois-tu ma misère?

ALBIN.
Je n'ai vu rien en lui qu'un rival généreux,
Et ne vois rien en vous qu'un père rigoureux.

FÉLIX.
Que tu discernes mal le cœur d'avec la mine !
Dans l'ame il hait Félix et dédaigne Pauline ;
Et, s'il l'aima jadis, il estime aujourd'hui
Les restes d'un rival trop indigne de lui.
Il parle en sa faveur, il me prie, il menace,
Et me perdra, dit-il, si je ne lui fais grâce ;
Tranchant du généreux, il croit m'épouvanter.
L'artifice est trop lourd pour ne pas l'éventer.
Je sais des gens de cour quelle est la politique,
J'en connais mieux que lui la plus fine pratique.
C'est en vain qu'il tempête et feint d'être en fureur :
Je vois ce qu'il prétend auprès de l'empereur.
De ce qu'il me demande il m'y ferait un crime ;
Épargnant son rival, je serais sa victime.
Et s'il avait affaire à quelque maladroit,
Le piège est bien tendu, sans doute il le perdrait :
Mais un vieux courtisan est un peu moins crédule ;
Il voit quand on le joue, et quand on dissimule ;
Et moi j'en ai tant vu de toutes les façons,
Qu'à lui-même au besoin j'en ferais des leçons.

ALBIN.
Dieux ! que vous vous gênez par cette défiance !

FÉLIX.
Pour subsister en cour c'est la haute science.
Quand un homme une fois a droit de nous haïr,
Nous devons présumer qu'il cherche à nous trahir ;
Toute son amitié nous doit être suspecte.
Si Polyeucte enfin n'abandonne sa secte,
Quoi que son protecteur ait pour lui dans l'esprit,
Je suivrai hautement l'ordre qui m'est prescrit.

ALBIN.
Grace, grace, seigneur ! que Pauline l'obtienne !

FÉLIX.
Celle de l'empereur ne suivrait pas la mienne ;
Et, loin de le tirer de ce pas dangereux,
Ma bonté ne ferait que nous perdre tous deux.

ALBIN.
Mais Sévère promet...

FÉLIX.
        Albin, je m'en défie,
Et connais mieux que lui la haine de Décie ;
En faveur des chrétiens s'il choquait son courroux,
Lui même assurément se perdrait avec nous.
Je veux tenter pourtant encore une autre voie.
Amenez Polyeucte ; et si je le renvoie,
S'il demeure insensible à ce dernier effort,
Au sortir de ce lieu qu'on lui donne la mort.

ALBIN.
Votre ordre est rigoureux.

FÉLIX.
        Il faut que je le suive,
Si je veux empêcher qu'un désordre n'arrive.
Je vois le peuple ému pour prendre son parti ;
Et toi-même tantôt tu m'en as averti :
Dans ce zèle pour lui qu'il fait déjà paraître
Je ne sais si longtemps j'en pourrais être maître ;
Peut-être dès demain, dès la nuit, dès ce soir,
J'en verrais des effets que je ne veux pas voir ;

Et Sévère aussitôt courant à sa vengeance,
M'irait calomnier de quelque intelligence.
Il faut rompre ce coup qui me serait fatal.

ALBIN.

Que tant de prévoyance est un étrange mal! [brage :
Tout vous nuit, tout vous perd, tout vous fait de l'om-
Mais voyez que sa mort mettra ce peuple en rage;
Que c'est mal le guérir que le désespérer.

FÉLIX.

En vain après sa mort il voudra murmurer;
Et, s'il ose venir à quelque violence,
C'est à faire à céder deux jours à l'insolence :
J'aurai fait mon devoir, quoi qu'il puisse arriver.
Mais Polyeucte vient, tâchons à le sauver.
Soldats, retirez-vous, et gardez bien la porte.

SCÈNE II.

FÉLIX, POLYEUCTE, ALBIN.

FÉLIX.

As-tu donc pour la vie une haine si forte,
Malheureux Polyeucte? et la loi des chrétiens
T'ordonne-t-elle ainsi d'abandonner les tiens?

POLYEUCTE.

Je ne hais point la vie, et j'en aime l'usage,
Mais sans attachement qui sente l'esclavage,
Toujours prêt à la rendre au Dieu dont je la tiens;
La raison me l'ordonne, et la loi des chrétiens;
Et je vous montre à tous par là comme il faut vivre,
Si vous avez le cœur assez bon pour me suivre.

FÉLIX.

Te suivre dans l'abîme où tu veux te jeter?

POLYEUCTE.

Mais plutôt dans la gloire où je m'en vais monter.

FÉLIX.

Donne-moi pour le moins le temps de la connaître,
Pour me faire chrétien, sers-moi de guide à l'être;
Et ne dédaigne pas de m'instruire en ta foi,
Ou toi-même à ton Dieu tu répondras de moi.

POLYEUCTE.

N'en riez point, Félix, il sera votre juge;
Vous ne trouverez point devant lui de refuge;
Les rois et les bergers y sont d'un même rang
De tous les siens sur vous il vengera le sang.

FÉLIX.

Je n'en répandrai plus, et, quoi qu'il en arrive,
Dans la foi des chrétiens je souffrirai qu'on vive;
J'en serai protecteur.

POLYEUCTE.

Non, non, persécutez,
Et soyez l'instrument de nos félicités :
Celle d'un vrai chrétien n'est que dans les souffrances;
Les plus cruels tourments lui sont des récompenses.
Dieu, qui rend le centuple aux bonnes actions,
Pour comble donne encor les persécutions.
Mais ces secrets pour vous sont fâcheux à comprendre :
Ce n'est qu'à ses élus que Dieu les fait entendre.

FÉLIX.

Je te parle sans fard, et veux être chrétien.

POLYEUCTE.

Qui peut donc retarder l'effet d'un si grand bien?

FÉLIX.

La présence importune...

POLYEUCTE.

Et de qui? de Sévère.

FÉLIX.

Pour lui seul contre toi j'ai feint tant de colère
Dissimule un moment jusques à son départ.

POLYEUCTE.

Félix, c'est donc ainsi que vous parlez sans fard?
Portez à vos païens, portez à vos idoles,
Le sucre empoisonné que sèment vos paroles.

Un chrétien ne craint rien, ne dissimule rien;
Aux yeux de tout le monde il est toujours chrétien.

FÉLIX.

Ce zèle de ta foi ne sert qu'à te séduire,
Si tu cours à la mort plutôt que de m'instruire.

POLYEUCTE.

Je vous en parlerais ici hors de saison;
Elle est un don du ciel, et non de la raison;
Et c'est là que bientôt, voyant Dieu face à face,
Plus aisément pour vous j'obtiendrai cette grâce.

FÉLIX.

Ta perte cependant me va désespérer.

POLYEUCTE.

Vous avez en vos mains de quoi la réparer;
En vous ôtant un gendre, on vous en donne un autre
Dont la condition répond mieux à la vôtre;
Ma perte n'est pour vous qu'un change avantageux.

FÉLIX.

Cesse de me tenir ce discours outrageux.
Je t'ai considéré plus que tu ne mérites;
Mais, malgré ma bonté, qui croît plus tu l'irrites,
Cette insolence enfin te rendrait odieux,
Et je me vengerais aussi bien que nos dieux.

POLYEUCTE.

Quoi! vous changez bientôt d'humeur et de langage!
Le zèle de vos dieux rentre en votre courage!
Celui d'être chrétien s'échappe! et par hasard
Je vous viens d'obliger à me parler sans fard!

FÉLIX.

Va, ne présume pas que, quoi que je te jure,
De tes nouveaux docteurs je suive l'imposture.
Je flattais ta manie, afin de t'arracher
Du honteux précipice où tu vas trébucher;
Je voulais gagner temps pour ménager ta vie
Après l'éloignement d'un flatteur de Décie :
Mais j'ai trop fait d'injure à nos dieux tout-puissants;
Choisis de leur donner ton sang, ou de l'encens.

POLYEUCTE.

Mon choix n'est point douteux. Mais j'aperçois Pauline.
O ciel!

SCÈNE III.

PAULINE, FÉLIX, POLYEUCTE, ALBIN.

PAULINE.

Qui de vous deux aujourd'hui m'assassine?
Sont-ce tous deux ensemble, ou chacun à son tour?
Ne pourrai-je fléchir la nature, ou l'amour?
Et n'obtiendrai-je rien d'un époux, ni d'un père?

FÉLIX.

Parlez à votre époux.

POLYEUCTE.

Vivez avec Sévère.

PAULINE.

Tigre, assassine-moi du moins sans m'outrager.

POLYEUCTE.

Mon amour, par pitié, cherche à vous soulager;
Il voit quelle douleur dans l'ame vous possède,
Et sait qu'un autre amour en est le seul remède.
Puisqu'un si grand mérite a pu vous enflammer,
Sa présence toujours a droit de vous charmer :
Vous l'aimiez, il vous aime; et sa gloire augmentée...

PAULINE.

Que t'ai-je fait, cruel, pour être ainsi traitée,
Et pour me reprocher, au mépris de ma foi,
Un amour si puissant que j'ai vaincu pour toi?
Vois, pour te faire vaincre un si fort adversaire,
Quels efforts à moi-même il a fallu me faire;
Quels combats j'ai donnés pour te donner un cœur
Si justement acquis à son premier vainqueur;
Et si l'ingratitude en ton cœur ne domine,
Fais quelque effort sur toi pour te rendre à Pauline :
Apprends d'elle à forcer ton propre sentiment;
Prends sa vertu pour guide en ton aveuglement;

18

Souffre que de toi-même elle obtienne ta vie,
Pour vivre sous tes lois à jamais asservie.
Si tu peux rejeter de si justes désirs,
Regarde au moins ses pleurs, écoute ses soupirs ;
Ne désespère pas une ame qui t'adore.

POLYEUCTE.

Je vous l'ai déjà dit, et vous le dis encore,
Vivez avec Sévère, ou mourez avec moi.
Je ne méprise point vos pleurs ni votre foi ;
Mais, de quoi que pour vous notre amour m'entretienne,
Je ne vous connais plus, si vous n'êtes chrétienne.
  C'en est assez : Félix, reprenez ce courroux,
Et sur cet insolent vengez vos dieux, et vous.

PAULINE.

Ah ! mon père, son crime à peine est pardonnable ;
Mais s'il est insensé, vous êtes raisonnable :
La nature est trop forte, et ses aimables traits
Imprimés dans le sang ne s'effacent jamais ;
Un père est toujours père, et sur cette assurance
J'ose appuyer encore un reste d'espérance.
  Jetez sur votre fille un regard paternel :
Ma mort suivra la mort de ce cher criminel ;
Et les dieux trouveront sa peine illégitime,
Puisqu'elle confondra l'innocence et le crime,
Et qu'elle changera, par ce redoublement,
En injuste rigueur un juste châtiment :
Nos destins, par vos mains rendus inséparables,
Nous doivent rendre heureux ensemble, ou misérables ;
Et vous seriez cruel jusques au dernier point,
Si vous désunissiez ce que vous avez joint.
Un cœur à l'autre uni jamais ne se retire ;
Et pour l'en séparer il faut qu'on le déchire.
Mais vous êtes sensible à mes justes douleurs,
Et d'un œil paternel vous regardez mes pleurs.

FÉLIX.

Oui, ma fille, il est vrai qu'un père est toujours père ;
Rien n'en peut effacer le sacré caractère ;
Je porte un cœur sensible, et vous l'avez percé.
Je me joins avec vous contre cet insensé.
  Malheureux Polyeucte, es-tu seul insensible ?
Et veux-tu rendre seul ton crime irrémissible ?
Peux-tu voir tant de pleurs d'un œil si détaché ?
Peux-tu voir tant d'amour sans en être touché ?
Ne reconnais-tu plus ni beau-père, ni femme,
Sans amitié pour l'un, et pour l'autre sans flamme ?
Pour reprendre les noms et de gendre et d'époux,
Veux-tu nous voir tous deux embrasser tes genoux ?

POLYEUCTE.

Que tout cet artifice est de mauvaise grace !
Après avoir deux fois essayé la menace,
Après m'avoir fait voir Néarque dans la mort,
Après avoir tenté l'amour et son effort,
Après m'avoir montré cette soif du baptême,
Pour opposer à Dieu l'intérêt de Dieu même
Vous vous joignez ensemble ! Ah ! ruses de l'enfer !
Faut-il tant de fois vaincre avant que triompher !
Vos résolutions usent trop de remise ;
Prenez la vôtre enfin, puisque la mienne est prise.
  Je n'adore qu'un Dieu, maître de l'univers,
Sous qui tremble le ciel, la terre et les enfers ;
Un Dieu qui, nous aimant d'une amour infinie,
Voulut mourir pour nous avec ignominie,
Et qui, par un effort de cet excès d'amour,
Veut pour nous en victime être offert chaque jour.
Mais j'ai tort d'en parler à qui ne peut m'entendre.
Voyez l'aveugle erreur que vous osez défendre :
Des crimes les plus noirs vous souillez tous vos dieux ;
Vous n'en punissez point qui n'ait son maître aux cieux.
La prostitution, l'adultère, l'inceste,
Le vol, l'assassinat, et tout ce qu'on déteste,
C'est exemple qu'à suivre offrent vos immortels.
J'ai profané leur temple, et brisé leurs autels ;
Je le ferais encor, si j'avais à le faire,
Même aux yeux de Félix, même aux yeux de Sévère
Même aux yeux du sénat, aux yeux de l'empereur.

FÉLIX.

Enfin ma bonté cède à ma juste fureur :
Adore-les ; ou meurs.

POLYEUCTE.

Je suis chrétien.

FÉLIX.

Impie !
Adore-les, te dis-je, ou renonce à la vie.

POLYEUCTE.

Je suis chrétien.

FÉLIX.

Tu l'es ? O cœur trop obstiné !
Soldats, exécutez l'ordre que j'ai donné.

PAULINE.

Où le conduisez-vous ?

FÉLIX.

A la mort.

POLYEUCTE.

A la gloire.
Chère Pauline, adieu ; conservez ma mémoire.

PAULINE.

Je te suivrai partout, et mourrai si tu meurs.

POLYEUCTE.

Ne suivez point mes pas, ou quittez vos erreurs.

FÉLIX.

Qu'on l'ôte de mes yeux, et que l'on m'obéisse.
Puisqu'il aime à périr, je consens qu'il périsse.

SCÈNE IV.

FÉLIX, ALBIN.

FÉLIX.

Je me fais violence, Albin, mais je le ai dû ;
Ma bonté naturelle aisément m'eût perdu.
Que la rage du peuple à présent se déploie,
Que Sévère en fureur tonne, éclate, foudroie ;
M'étant fait cet effort, j'ai fait ma sûreté.
Mais n'es-tu point surpris de cette dureté ?
Vois-tu comme le sien des cœurs impénétrables,
Ou des impiétés à ce point exécrables ?
Du moins j'ai satisfait mon esprit affligé :
Pour amollir son cœur je n'ai rien négligé ;
J'ai feint même à ses yeux des lâchetés extrêmes :
Et certes, sans l'horreur de ses derniers blasphèmes,
Qui m'ont rempli soudain de colère et d'effroi,
J'aurais eu de la peine à triompher de moi.

ALBIN.

Vous maudirez peut-être un jour cette victoire,
Qui tient je ne sais quoi d'amour à une action trop noire,
Indigne de Félix, indigne d'un Romain,
Répandant votre sang par votre propre main.

FÉLIX.

Ainsi l'ont autrefois versé Brute et Manlie ;
Mais leur gloire en a crû, loin d'en être affaiblie ;
Et quand nos vieux héros avaient de mauvais sang,
Ils eussent, pour le perdre, ouvert leur propre flanc.

ALBIN.

Votre ardeur vous séduit ; mais, quoi qu'elle vous die,
Quand vous la sentirez une fois refroidie,
Quand vous verrez Pauline, et que son désespoir
Par ses pleurs et ses cris saura vous émouvoir...

FÉLIX.

Tu me fais souvenir qu'elle a suivi ce traître,
Et que ce désespoir qu'elle fera paraître
De mes commandements pourra troubler l'effet :
Vas donc y donner ordre, et voir ce qu'elle fait ;
Romps ce que ses douleurs y donneraient d'obstacle,
Tire-la, si tu peux, de ce triste spectacle ;
Tâche à la consoler. Va donc ; qui te retient ?

ALBIN.

Il n'en est pas besoin, seigneur, elle revient.

SCÈNE V.

PAULINE, FÉLIX, ALBIN.

PAULINE.

Père barbare, achève, achève ton ouvrage;
Cette seconde hostie est digne de ta rage :
Joins ta fille à ton gendre; ose : que tardes-tu?
Tu vois le même crime, ou la même vertu :
Ta barbarie en elle a les mêmes matières.
Mon époux en mourant m'a laissé ses lumières;
Son sang, dont ses bourreaux viennent de me couvrir,
M'a dessillé les yeux, et me les vient d'ouvrir.
Je vois, je sais, je crois, je suis désabusée :
De ce bienheureux sang tu me vois baptisée,
Je suis chrétienne enfin, n'est-ce point assez dit?
Conserve en me perdant ton rang et ton crédit;
Redoute l'empereur, appréhende Sévère :
Si tu ne veux périr, ma perte est nécessaire;
Polyeucte m'appelle à cet heureux trépas;
Je vois Néarque et lui qui me tendent les bras.
Mène, mène-moi voir tes dieux que je déteste;
Ils n'en ont brisé qu'un, je briserai le reste
On m'y verra braver tout ce que vous craignez,
Ces foudres impuissants qu'en leurs mains vous peignez,
Et, saintement rebelle aux lois de la naissance,
Une fois envers toi manquer d'obéissance.
Ce n'est point ma douleur que par là je fais voir,
C'est la grace qui parle et non le désespoir.
Le faut-il dire encor? Félix, je suis chrétienne;
Affermis par ma mort ta fortune et la mienne;
Le coup de l'un et l'autre en sera précieux,
Puisqu'il t'assure en terre en m'élevant aux cieux.

SCÈNE VI.

SÉVÈRE, FÉLIX, PAULINE, ALBIN, FABIAN.

SÉVÈRE.

Père dénaturé, malheureux politique
Esclave ambitieux d'une peur chimérique;
Polyeucte est donc mort! et par vos cruautés
Vous pensez conserver vos tristes dignités!
La faveur que pour lui je vous avais offerte,
Au lieu de le sauver, précipite sa perte!
J'ai prié, menacé, mais sans vous émouvoir;
Et vous m'avez cru fourbe, ou de peu de pouvoir!
Eh bien! à vos dépens vous verrez que Sévère
Ne se vante jamais que de ce qu'il peut faire;
Et par votre ruine il vous fera juger
Que qui peut bien vous perdre eût pu vous protéger.
Continuez aux dieux ce service fidèle,
Par de telles horreurs montrez-leur votre zèle.
Adieu; mais quand l'orage éclatera sur vous,
Ne doutez point du bras dont partiront les coups.

FÉLIX.

Arrêtez-vous, seigneur, et d'une ame apaisée
Souffrez que je vous livre une vengeance aisée.
Ne me reprochez plus que mes cruautés
Je tâche à conserver mes tristes dignités;
Je dépose à vos pieds l'éclat de leur faux lustre :
Celle où j'ose aspirer est d'un rang plus illustre;
Je m'y trouve forcé par un secret appas;
Je cède à des transports que je ne connais pas,
Et, par un mouvement que je ne puis entendre,
De ma fureur je passe au zèle de mon gendre.
C'est lui, n'en doutez point, dont le sang innocent
Pour son persécuteur prie un Dieu tout-puissant;
Son amour épandu sur toute la famille
Tire après lui le père aussi bien que la fille.
J'en ai fait un martyr, sa mort me fait chrétien :
J'ai fait tout son bonheur, il veut faire le mien.
C'est ainsi qu'un chrétien se venge et se courrouce :
Heureuse cruauté dont la suite est si douce!
Donne la main, Pauline. Apportez des liens;
Immolez à vos dieux ces deux nouveaux chrétiens,
Je le suis, elle l'est, suivez votre colère.

PAULINE.

Qu'heureusement enfin je retrouve mon père!
Cet heureux changement rend mon bonheur parfait.

FÉLIX.

Ma fille, il n'appartient qu'à la main qui le fait.

SÉVÈRE.

Qui ne serait touché d'un si tendre spectacle!
De pareils jugements ne vont point sans miracle,
Sans doute vos chrétiens, qu'on persécute en vain
Ont quelque chose en eux qui surpasse l'humain;
Ils mènent une vie avec tant d'innocence,
Que le ciel leur en doit quelque reconnaissance :
Se relever plus forts, plus ils sont abattus,
N'est pas aussi l'effet des communes vertus.
Je les aimai toujours, quoi qu'on m'en ait pu dire;
Je n'en vois point mourir que mon cœur n'en soupire;
Et peut-être qu'un jour je les connaîtrai mieux.
J'approuve cependant que chacun ait ses dieux,
Qu'il les serve à sa mode, et sans peur de la peine.
Si vous êtes chrétien, ne craignez plus ma haine;
Je les aime, Félix, et de leur protecteur
Je n'en veux pas sur vous faire un persécuteur.
Gardez votre pouvoir, reprenez-en la marque;
Servez bien votre Dieu, servez notre monarque.
Je perdrai mon crédit envers sa majesté,
On vous verrez finir cette sévérité :
Par cette injuste haine il se fait trop d'outrage.

FÉLIX.

Daigne le ciel en vous achever son ouvrage,
Et, pour vous rendre un jour ce que vous méritez,
Vous inspirer bientôt toutes ses vérités!
Nous autres bénissons notre heureuse aventure :
Allons à nos martyrs donner la sépulture,
Baiser leurs corps sacrés, les mettre en digne lieu,
Et faire retentir partout le nom de Dieu.

FIN DE POLYEUCTE.

EXAMEN
DE POLYEUCTE.

Ce martyre est rapporté par Surius sur le neuvième de janvier. Polyeucte vivait en l'année 250, sous l'empereur Décius. Il était Arménien, ami de Néarque, et gendre de Félix, qui avait la commission de l'empereur pour faire exécuter ses édits contre les chrétiens. Cet ami l'ayant résolu à se faire chrétien, il déchira ces édits qu'on publiait, arracha les idoles des mains de ceux qui les portaient sur les autels pour les adorer, les brisa contre terre, résista aux larmes de sa femme Pauline, que Félix employa auprès de lui pour la ramener à leur culte, et perdit la vie par l'ordre de son beau-père, sans autre baptême que celui de son sang. Voilà ce que m'a prêté l'histoire : le reste est de mon invention.

Pour donner plus de dignité à l'action, j'ai fait Félix gouverneur d'Arménie, et ai pratiqué un sacrifice public, afin de rendre l'action plus illustre, et donner un prétexte à Sévère de venir en cette province, sans faire éclater son amour avant qu'il en eût l'aveu de Pauline. Ceux qui veulent arrêter nos héros dans une médiocre bonté, où quelques interprètes d'Aristote bornent leur vertu, ne trouveront pas ici leur compte, puisque celle de Polyeucte va jusqu'à la sainteté, et n'a aucun mélange de faiblesse. J'en ai déjà parlé ailleurs, et pour confirmer ce que j'en ai dit par quelques autorités, j'ajouterai aussi que Minturnus, dans son *Traité du Poète*, agite cette question, *Si la passion de Jésus-Christ et les martyres des saints doivent être exclus du théâtre, à cause qu'ils passent cette médiocre bonté*, et résout en ma faveur. Le célèbre Heinsius, qui non seulement a traduit la *Poétique* de notre philosophe, mais a fait un *traité de la constitution de la tragédie* selon sa pensée, nous en a donné une sur le martyre des Innocents. L'illustre Grotius a mis sur la scène la Passion même de Jésus-Christ et l'histoire de Joseph; et le savant Buchanan a fait la même chose de celle de Jephté et de la mort de saint Jean-Baptiste. C'est sur ces exemples que j'ai hasardé ce poëme, où je me suis donné des licences qu'ils n'ont pas prises, de changer l'histoire en quelque chose, et d'y mêler des épisodes d'invention : aussi m'était-il plus permis sur cette matière qu'à eux sur celle qu'ils ont choisie. Nous ne devons qu'une croyance pieuse à la vie des saints, et nous avons le même droit sur ce que nous en tirons pour le porter sur le théâtre que sur ce que nous empruntons des autres histoires : mais nous devons une foi chrétienne et indispensable à tout ce qui est dans la *Bible*, qui ne nous laisse aucune liberté d'y rien changer. J'estime toutefois qu'il ne nous est pas défendu d'y ajouter quelque chose, pourvu qu'il ne détruise rien de ces vérités dictées par le Saint-Esprit. Buchanan ni Grotius ne l'ont pas fait dans leurs poëmes; mais aussi ne les ont-ils pas rendus assez fournis pour notre théâtre, et ne s'y sont proposé pour exemple que la constitution la plus simple des anciens. Heinsius a plus osé qu'eux dans celui que j'ai nommé : les anges qui bercent l'enfant Jésus, et l'ombre de Mariamne avec les furies qui agitent l'esprit d'Hérode, sont des agréments qu'il n'a pas trouvés dans l'Evangile. Je crois même qu'on en peut supprimer quelque chose, quand il y a apparence qu'il ne plairait pas sur le théâtre, pourvu qu'on ne mette rien en la place; car alors ce serait changer l'histoire, ce que le respect que nous devons à l'Ecriture ne permet point. Si j'avais à y exposer celle de David et de Bethsabée, je ne décrirais pas comme il en devint amoureux en la voyant se baigner dans une fontaine, de peur que l'image de cette nudité ne fît une impression trop chatouilleuse dans l'esprit de l'auditeur; mais je me contenterais de le peindre avec de l'amour pour elle, sans parler aucunement de quelle manière cet amour se serait emparé de son cœur.

Je reviens à *Polyeucte*, dont le succès a été très heureux. Le style n'en est pas si fort ni si majestueux que celui de *Cinna* et de *Pompée*, mais il a quelque chose de plus touchant, et les tendresses de l'amour humain y font un si agréable mélange avec la fermeté du divin, que sa représentation a satisfait tout ensemble les dévots et les gens du monde. A mon gré, je n'ai point fait de pièce où l'ordre du théâtre soit plus beau et l'enchaînement des scènes mieux ménagé. L'unité d'action, et celle de jour et de lieu y ont leur justesse; et les scrupules qui peuvent naître touchant ces deux dernières se dissiperont aisément; pour peu qu'on me veuille prêter de cette faveur que l'auditeur nous doit toujours, quand l'occasion s'en offre, en reconnaissance de la peine que nous avons prise à le divertir.

Il est hors de doute que, si nous appliquons ce poëme à nos coutumes, le sacrifice se fait trop tôt après la venue de Sévère; et cette précipitation sortira du vraisemblable par la nécessité d'obéir à la règle. Quand le roi envoie ses ordres dans les villes pour y faire rendre des actions de graces pour ses victoires, ou pour d'autres bénédictions qu'il reçoit du ciel, on ne les exécute pas dès le jour même; mais aussi il faut du temps pour assembler le clergé, les magistrats, et les corps de ville, et c'est ce qui en fait différer l'exécution. Nos acteurs n'avaient ici aucune de ces assemblées à faire.

Il suffisait de la présence de Sévère et de Félix, et du ministère du grand-prêtre; et ainsi nous n'avons eu aucun besoin de remettre ce sacrifice à un autre jour. D'ailleurs, comme Félix craignait ce favori, qu'il croyait irrité du mariage de sa fille, il était bien aise de lui donner le moins d'occasion de tarder qu'il lui était possible, et de tâcher, durant son peu de séjour, à gagner son esprit par une prompte complaisance, et montrer tout ensemble une impatience d'obéir aux volontés de l'empereur.

L'autre scrupule regarde l'unité de lieu, qui est assez exacte, puisque tout s'y passe dans une salle ou antichambre commune aux appartements de Félix et de sa fille. Il semble que la bienséance y soit un peu forcée pour conserver cette unité au second acte, en ce que Pauline vient jusque dans cette antichambre pour trouver Sévère, dont elle devrait attendre la visite dans son cabinet. A quoi je réponds qu'elle a eu deux raisons de venir au devant de lui : l'une, pour faire plus d'honneur à un homme dont son père redoutait l'indignation, et qu'il lui avait commandé d'adoucir en sa faveur; l'autre, pour rompre plus aisément la conversation avec lui, en se retirant dans ce cabinet s'il ne voulait pas la quitter à sa prière, et se délivrer par cette retraite d'un entretien dangereux pour elle; ce qu'elle n'eût pu faire si elle eût reçu sa visite dans son appartement.

Sa confidence avec Stratonice, touchant l'amour qu'elle avait eu pour ce cavalier, me fait faire une réflexion sur le temps qu'elle prend pour cela. Il s'en fait beaucoup sur nos théâtres d'affections qui ont déjà duré deux ou trois ans, dont on attend à révéler le secret justement au jour de l'action qui se représente, et non seulement sans aucune raison de choisir ce jour la plutôt qu'un autre pour le déclarer, mais lors même que vraisemblablement on s'en est dû ouvrir beaucoup auparavant avec la personne à qui on en fait confidence. Ce sont choses dont il faut instruire le spectateur en les faisant apprendre par un des acteurs à l'autre; mais il faut prendre garde ainsi que celui à qui on les apprend ait eu lieu de les ignorer jusque là aussi bien que le spectateur, et que quelque occasion tirée du sujet oblige celui qui les récite à rompre enfin un silence qu'il a gardé si longtemps. L'infante, dans le *Cid*, avoue à Léonor l'amour secret qu'elle a pour lui, et l'aurait pu faire un an ou six mois plus tôt. Cléopâtre, dans *Pompée*, ne prend pas des mesures plus justes avec Charmion : elle lui conte la passion de César pour elle, et comme

Chaque jour ses courriers
Lui portent en tribut ses vœux et ses lauriers.

Cependant comme il ne paraît personne avec qui elle ait plus d'ouverture de cœur qu'avec cette Charmion, il y a grande apparence que c'était elle-même dont cette reine se servait pour introduire ces courriers, et qu'ainsi elle devait savoir déjà tout ce commerce entre César et sa maîtresse. Du moins il fallait marquer quelque raison qui lui eût laissé ignorer jusque là tout ce qu'elle lui apprend, et de quel autre ministère cette princesse s'était servie pour recevoir ces courriers. Il n'en va pas de même ici. Pauline ne s'ouvre avec Stratonice que pour lui faire entendre le songe qui la trouble, et les sujets qu'elle a de s'en alarmer; et, comme elle n'a fait ce songe que la nuit d'auparavant, et qu'elle ne lui eût jamais révélé son secret sans cette occasion qui l'y oblige, on peut dire qu'elle n'a point eu lieu de lui faire cette confidence plus tôt qu'elle ne l'a faite.

Je n'ai point fait de narration de la mort de Polyeucte, parce que je n'avais personne pour la faire ni pour l'écouter, que des païens qui ne la pouvaient ni écouter, ni faire que comme ils avaient fait et écouté celle de Néarque. Elle aurait été une répétition et marque de stérilité, et en outre, n'aurait pas répondu à la dignité de l'action principale, qui est terminée par là. Ainsi j'ai mieux aimé la faire connaître par un saint emportement de Pauline, que cette mort a convertie, que par un récit qui n'eût point eu de grace dans une bouche indigne de le prononcer. Félix son père se convertit après elle; et ces deux conversions, quoique miraculeuses, sont si ordinaires dans les martyres, qu'elles ne sortent point de la vraisemblance, parce qu'elles ne sont pas de ces évènements rares et singuliers qu'on ne peut tirer en exemple; et elles servent à remettre le calme dans les esprits de Félix, de Sévère, et de Pauline, que sans cela j'aurais bien de la peine à retirer du théâtre dans un état qui rendît la pièce complète, en ne laissant rien à souhaiter à la curiosité de l'auditeur.

FIN DE L'EXAMEN DE POLYEUCTE.

LE MENTEUR,

COMÉDIE

EN CINQ ACTES.

1642.

PERSONNAGES.

GÉRONTE, père de Dorante.
DORANTE, fils de Géronte.
ALCIPPE, ami de Dorante et amant de Clarice.
PHILISTE, ami de Dorante et d'Alcippe.
CLARICE, maîtresse d'Alcippe.
LUCRÈCE, amie de Clarice.
ISABELLE, suivante de Clarice.
SABINE, femme de chambre de Lucrèce.
CLITON, valet de Dorante.
LYCAS, valet d'Alcippe.

La scène est à Paris.

ACTE PREMIER.

SCÈNE PREMIÈRE.

DORANTE, CLITON.

DORANTE.
A la fin j'ai quitté la robe pour l'épée :
L'attente où j'ai vécu n'a point été trompée ;
Mon père a consenti que je suive mon choix,
Et je fais banqueroute à ce fatras de lois.
Mais puisque nous voici dedans les Tuileries,
Le pays du beau monde et des galanteries,
Dis-moi, me trouves-tu bien fait en cavalier?
Ne vois-tu rien en moi qui sente l'écolier?
Comme il est mal aisé qu'au royaume du code
On apprenne à se faire un visage à la mode,
J'ai lieu d'appréhender...

CLITON.
Ne craignez rien pour vous,
Vous ferez en une heure ici mille jaloux.
Ce visage et ce port n'ont point l'air de l'école ;
Et jamais comme vous on ne peignit Barthole :
Je prévois du malheur pour beaucoup de maris.
Mais que vous semble encor maintenant de Paris?

DORANTE.
J'en trouve l'air bien doux, et cette loi bien rude
Qui m'en avait banni sous prétexte d'étude.
Toi, qui sais les moyens de s'y bien divertir,
Ayant eu le bonheur de n'en jamais sortir,
Dis-moi comme en ce lieu l'on gouverne les dames.

CLITON.
C'est là la plus beau soin qui vienne aux belles ames,
Disent les beaux esprits. Mais, sans faire le fin,
Vous avez l'appétit ouvert de bon matin !
D'hier au soir seulement vous êtes dans la ville,
Et vous vous ennuyez déjà d'être inutile !
Votre humeur sans emploi ne peut passer un jour !
Et déjà vous cherchez à pratiquer l'amour !
Je suis auprès de vous en fort bonne posture
De passer pour un homme à donner tablature,
J'ai la taille d'un maître en ce noble métier,
Et je suis, tout au moins, l'intendant du quartier

DORANTE.
Ne t'effarouche point : je ne cherche, à vrai dire,
Que quelque connaissance où l'on se plaise à rire,
Qu'on puisse visiter par divertissement,
Où l'on puisse en douceur couler quelque moment.
Pour me connaître mal tu prends mon sens à gauche.

CLITON.
J'entends, vous n'êtes pas un homme de débauche,
Et tenez celles-là trop indignes de vous
Que le son d'un écu rend traitables à tous :
Aussi que vous cherchiez de ces sages coquettes
Où peuvent tous venants débiter leurs fleurettes,
Mais qui ne font l'amour que de babil et d'yeux,
Vous êtes d'encolure à vouloir un peu mieux.
Loin de passer son temps, chacun le perd chez elles ;
Et le jeu, comme on dit, n'en vaut pas les chandelles
Mais ce serait pour vous un bonheur sans égal
Que ces femmes de bien qui se gouvernent mal,
Et de qui la vertu, quand on leur fait service,
N'est pas incompatible avec un peu de vice.
Vous en verrez ici de toutes les façons.
Ne me demandez point cependant de leçons ;
Ou je me connaissais mal à voir votre visage,
Ou vous n'en êtes point à votre apprentissage.
Vos lois ne régnaient pas si bien tous vos desseins
Que vous eussiez toujours un portefeuille aux mains.

DORANTE.
A ne rien déguiser, Cliton, je te confesse
Qu'à Poitiers j'ai vécu comme vit la jeunesse ;
J'étais en ces lieux-là de beaucoup de métiers ;
Mais Paris, après tout, est bien loin de Poitiers.
Le climat différent veut une autre méthode :
Ce qu'on admire ailleurs est ici hors de mode ;
La diverse façon de parler et d'agir
Donne aux nouveaux venus souvent de quoi rougir.
Chez les provinciaux on prend ce qu'on rencontre ;
Et là, faute de mieux, un sot passe à la montre :
Mais il faut à Paris bien d'autres qualités ;
On ne s'éblouit point de ces fausses clartés ;
Et tant d'honnêtes gens, que l'on y voit ensemble,
Font qu'on est mal reçu, si l'on ne leur ressemble.

CLITON.
Connaissez mieux Paris, puisque vous en parlez.
Paris est un grand lieu plein de marchands mêlés :
L'effet n'y répond pas toujours à l'apparence ;
On s'y laisse duper autant qu'en lieu de France,
Et, parmi tant d'esprits plus polis et meilleurs,
Il y croit des badauds autant et plus qu'ailleurs.
Dans la confusion que ce grand monde apporte,
Il y vient de tous lieux des gens de toute sorte ;
Et dans toute la France il est fort peu d'endroits
Dont il n'ait le rebut aussi bien que le choix.
Comme on s'y connaît mal, chacun s'y fait de mise,
Et vaut communément autant comme il se prise :
De bien pires que nous s'y font assez valoir.
Mais, pour venir au point que vous voulez savoir,
Êtes-vous libéral?

DORANTE.
Je ne suis point avare.

CLITON.
C'est un secret d'amour et bien grand et bien rare :
Mais il faut de l'adresse à le bien débiter ;
Autrement, on s'y perd au lieu d'en profiter.
Tel donne à pleines mains qui n'oblige personne :
La façon de donner vaut mieux que ce qu'on donne.
L'un perd exprès au jeu son présent déguisé ;
L'autre oublie un bijou qu'on aurait refusé.
Un lourdaud libéral auprès d'une maîtresse
Semble donner l'aumône alors qu'il fait largesse ;
Et d'un tel contre-temps il fait tout ce qu'il fait,
Que, quand il tâche à plaire, il offense en effet.

DORANTE.
Laissons là ces lourdauds contre qui tu déclames,
Et me dis seulement si tu connais ces dames.

CLITON.
Non : cette marchandise est de trop bon aloi ;
Ce n'est point là gibier à des gens comme moi ;
Il est aise pourtant d'en savoir des nouvelles,
Et bientôt leur cocher m'en dira des plus belles.
DORANTE.
Penses-tu qu'il t'en die ?
CLITON.
Assez pour en mourir :
Puisque c'est un cocher, il aime à discourir.

SCENE II.
DORANTE, CLARICE, LUCRECE, ISABELLE.

CLARICE, *faisant un faux pas et comme se laissant choir.*
Ay !
DORANTE, *lui donnant la main.*
Ce malheur me rend un favorable office,
Puisqu'il me donne lieu de ce petit service ;
Et c'est pour moi, madame, un bonheur souverain
Que cette occasion de vous donner la main.
CLARICE.
L'occasion ici fort peu vous favorise,
Et ce faible bonheur ne vaut pas qu'on le prise.
DORANTE.
Il est vrai, je le dois tout entier au hasard ;
Mes soins ni vos désirs n'y prennent point de part ;
Et sa douceur mêlée avec cette amertume
Ne me rend pas le sort plus doux que de coutume,
Puisque enfin ce bonheur, que j'ai si fort prisé,
A mon peu de mérite eût été refusé.
CLARICE.
S'il a perdu sitôt ce qui pouvait vous plaire,
Je veux être à mon tour d'un sentiment contraire,
Et crois qu'on doit trouver plus de félicité
A posséder un bien sans l'avoir mérité.
J'estime plus un don qu'une reconnaissance :
Qui nous donne fait plus que qui nous recompense
Et le plus grand bonheur au mérite rendu
Ne fait que nous payer de ce qui nous est du.
La faveur qu'on mérite est toujours achetée ;
L'heure en croît d'autant plus, moins elle est méritée ;
Et le bien où sans peine elle fait parvenir
Par le mérite à peine aurait pu s'obtenir.
DORANTE.
Aussi ne croyez pas que jamais je prétende
Obtenir par mérite une faveur si grande :
J'en sais mieux le haut prix ; et mon cœur amoureux,
Moins il s'en connaît digne, et plus s'en tient heureux.
On me l'a pu toujours dénier sans injure ;
Et si la recevant ce cœur même en murmure,
Il se plaint du malheur de ses félicités,
Que le hasard lui donne et non vos volontés.
Un amant a fort peu de quoi se satisfaire
Des faveurs qu'on lui fait sans dessein de les faire.
Comme l'intention seule en forme le prix,
Assez souvent sans elle on les joint au mépris.
Jugez par-là quel bien peut recevoir ma flamme
D'une main qu'on me donne en me refusant l'ame.
Je la tiens, je la touche, et je la touche en vain,
Si je ne puis toucher le cœur avec la main.
CLARICE.
Cette flamme, monsieur, est pour moi fort nouvelle,
Puisque j'en viens de voir la première étincelle.
Si votre cœur ainsi s'embrase en un moment,
Le mien ne sut jamais brûler si promptement.
Mais peut-être, à présent que j'en suis avertie,
Le temps donnera place à plus de sympathie.
Confessez cependant qu'à tort vous murmurez
Du mépris de vos feux que j'avais ignorés.

SCENE III.
DORANTE, CLARICE, LUCRECE, ISABELLE, CLITON.

DORANTE.
C'est l'effet du malheur qui partout m'accompagne.
Depuis que j'ai quitté les guerres d'Allemagne,
C'est à dire du moins depuis un an entier,
Je suis et jour et nuit dedans votre quartier ;
Je vous cherche en tous lieux, au bal, aux promenades ;
Vous n'avez que de moi reçu des sérénades ;
Et je n'ai pu trouver que cette occasion
A vous entretenir de mon affection.
CLARICE.
Quoi ! vous avez donc vu l'Allemagne et la guerre?
DORANTE.   [nerre.
Je m'y suis fait, quatre ans, craindre comme un ton-
CLITON.
Que lui va-t-il conter ?
DORANTE.
Et durant ces quatre ans
Il ne s'est fait combats, ni sièges importants,
Nos armes n'ont jamais remporté de victoire
Où cette main n'ait eu bonne part à la gloire ;
Et même la gazette a souvent divulgué...
CLITON, *le tirant par la basque.*
Savez-vous bien, monsieur, que vous extravaguez?
DORANTE.
Tais-toi.
CLITON.
Vous rêvez, dis-je, ou...
DORANTE.
Tais-toi, misérable.
CLITON.
Vous venez de Poitiers, ou je me donne au diable ;
Vous en revîntes hier.
DORANTE, *à Cliton.*
Te tairas tu, maraud ?
(*à Clarice.*)
Mon nom dans nos succès s'était mis assez haut
Pour faire quelque bruit sans beaucoup d'injustice ;
Et je suivrais encore un si noble exercice,
N'était que l'autre hiver, faisant ici ma cour,
Je vous vis, et je fus retenu par l'amour.
Attaqué par vos yeux, je leur rendis les armes ;
Je me fis prisonnier de tant d'aimables charmes ;
Je leur livrai mon ame ; et ce cœur généreux
Dès ce premier moment oublia tout pour eux.
Vaincre dans les combats, commander dans l'armée,
De mille exploits fameux enfler ma renommée,
Et tous ces nobles soins qui m'avaient su ravir
Cédèrent aussitôt à ceux de vous servir.
ISABELLE, *à Clarice, tout bas.*
Madame, Alcippe vient ; il aura de l'ombrage.
CLARICE.
Nous en saurons, monsieur, quelque jour davantage.
Adieu.
DORANTE.
Quoi ! me priver sitôt de tout mon bien ?
CLARICE.
Nous n'avons pas loisir d'un plus long entretien,
Et, malgré la douceur de me voir cajolée,
Il faut que nous fassions seules deux tours d'allée.
DORANTE.
Cependant accordez à mes vœux innocents
La licence d'aimer des charmes si puissants.
CLARICE.
Un cœur qui veut aimer, et qui sait comme on aime,
N'en demande jamais licence qu'à soi-même.

SCENE IV.
DORANTE, CLITON.

DORANTE.
Suis-les, Cliton.
CLITON.
J'en sais ce qu'on en peut savoir :
La langue du cocher a fait tout son devoir.
« La plus belle des deux, dit-il, est ma maîtresse ;
« Elle loge à la place, et son nom est Lucrèce. »
DORANTE.
Quelle place ?
CLITON.
Royale : et l'autre y loge aussi.
Il n'en sait pas le nom, mais j'en prendrai souci.
DORANTE.
Ne te mets point, Cliton, en peine de l'apprendre.
Celle qui m'a parlé, celle qui m'a su prendre,
C'est Lucrèce, ce l'est sans aucun contredit ;
Sa beauté m'en assure, et mon cœur me le dit.

CLITON.
Quoique mon sentiment doive respect au vôtre,
La plus belle des deux, je crois que ce soit l'autre.
DORANTE.
Quoi! celle qui s'est tue, et qui dans nos propos
N'a jamais eu l'esprit de mêler quatre mots?
CLITON.
Monsieur, quand une femme a le don de se taire,
Elle a des qualités au dessus du vulgaire;
C'est un effort du ciel qu'on a peine à trouver;
Sans un petit miracle il ne peut l'achever;
Et la nature souffre extrême violence
Lorsqu'il en fait d'humeur à garder le silence.
Pour moi, jamais l'amour n'inquiète mes nuits;
Et, quand le cœur m'en dit, j'en prends par où je puis
Mais naturellement femme qui se peut taire
A sur moi tel pouvoir et tel droit de me plaire,
Qu'eût-elle en vrai magot tout le corps fagoté,
Je lui voudrais donner le prix de la beauté.
C'est elle assurément qui s'appelle Lucrèce;
Cherchez un autre nom pour l'objet qui vous blesse;
Ce n'est pas là le sien : celle qui n'a dit mot,
Monsieur, c'est la plus belle, ou je ne suis qu'un sot.
DORANTE.
Je t'en crois sans jurer avec tes incartades.
Mais voici les plus chers de mes vieux camarades :
Ils semblent étonnés, à voir leur action.

SCÈNE V.

DORANTE, ALCIPPE, PHILISTE, CLITON.

PHILISTE, à *Alcippe*.
Quoi! sur l'eau, la musique et la collation?
ALCIPPE, à *Philiste*.
Oui, la collation avecque la musique.
PHILISTE, à *Alcippe*.
Hier au soir?
ALCIPPE, à *Philiste*.
Hier au soir.
PHILISTE, à *Alcippe*.
Et belle?
ALCIPPE, à *Philiste*.
Magnifique.
PHILISTE, à *Alcippe*.
Et par qui?
ALCIPPE, à *Philiste*.
C'est de quoi je suis mal éclairci.
DORANTE, *les saluant*.
Que mon bonheur est grand de vous revoir ici!
ALCIPPE.
Le mien est sans pareil, puisque je vous embrasse.
DORANTE.
J'ai rompu vos discours d'assez mauvaise grace;
Vous le pardonnerez à l'aise de vous voir.
PHILISTE.
Avec nous, de tout temps, vous avez tout pouvoir.
DORANTE.
Mais de quoi parliez-vous?
ALCIPPE.
D'une galanterie.
DORANTE.
D'amour?
ALCIPPE.
Je le présume.
DORANTE.
Achevez, je vous prie,
Et souffrez qu'à ce mot ma curiosité
Vous demande sa part de cette nouveauté.
ALCIPPE.
On dit qu'on a donné musique à quelque dame.
DORANTE.
Sur l'eau?
ALCIPPE.
Sur l'eau.
DORANTE.
Souvent l'onde irrite la flamme.
PHILISTE.
Quelquefois.
DORANTE.
Et ce fut hier au soir?

ALCIPPE.
Hier au soir.
DORANTE.
Dans l'ombre de la nuit le feu se fait mieux voir;
Le temps était bien pris. Cette dame, elle est belle?
ALCIPPE.
Aux yeux de bien du monde elle passe pour telle.
DORANTE.
Et la musique?
ALCIPPE.
Assez pour n'en rien dédaigner.
DORANTE.
Quelque collation a pu l'accompagner?
ALCIPPE.
On le dit.
DORANTE.
Fort superbe?
ALCIPPE.
Et fort bien ordonnée.
DORANTE.
Et vous ne savez point celui qui l'a donnée!
ALCIPPE.
Vous en riez!
DORANTE.
Je ris de vous voir étonné
D'un divertissement que je me suis donné.
ALCIPPE.
Vous?
DORANTE.
Moi-même.
ALCIPPE.
Et déjà vous avez fait maîtresse?
DORANTE.
Si je n'en avais fait, j'aurais bien peu d'adresse,
Moi, qui depuis un mois suis ici de retour.
Il est vrai que je sors fort peu souvent de jour;
De nuit, *incognito*, je rends quelques visites.
Ainsi...
CLITON, *à Dorante, à l'oreille*.
Vous ne savez, monsieur, ce que vous dites.
DORANTE.
Tais-toi : si jamais plus tu me viens avertir...
CLITON.
J'enrage de me taire et d'entendre mentir.
PHILISTE, à *Alcippe*.
Voyez qu'heureusement dedans cette rencontre
Votre rival lui-même à vous-même se montre.
DORANTE, *revenant à eux*.
Comme à mes chers amis je vous veux tout conter.
J'avais pris cinq bateaux pour mieux tout ajuster
Les quatre contenaient quatre chœurs de musique,
Capables de charmer le plus mélancolique.
Au premier, violons; en l'autre, luths et voix;
Des flûtes, au troisième; au dernier, des hautbois,
Qui tour à tour dans l'air poussaient des harmonies
Dont on pouvait nommer les douceurs infinies.
Le cinquième était grand, tapissé tout exprès
De rameaux enlacés pour conserver les frais,
Dont chaque extrémité portait un doux mélange
De bouquets de jasmin, de grenade, et d'orange.
Je fis de ce bateau la salle du festin
Là je menai l'objet qui fait seul mon destin
De cinq autres beautés la sienne fut suivie,
Et la collation fut aussitôt servie.
Je ne vous dirai point les différents apprêts,
Le nom de chaque plat, le rang de chaque mets;
Vous saurez seulement qu'en ce lieu de délices
On servit douze plats, et l'on fit six services,
Cependant que les eaux, les rochers, et les airs,
Répondaient aux accents de nos quatre concerts.
Après qu'on eut mangé, mille et mille fusées,
S'élançant vers les cieux, ou droites, ou croisées,
Firent un nouveau jour, d'où tant de serpenteaux
D'un déluge de flamme attaquèrent les eaux,
Qu'on crut que, pour leur faire une plus rude gue
Tout l'élément du feu tombait du ciel en terre.
Après ce passe-temps on dansa jusqu'au jour,
Dont le soleil jaloux avança le retour :
S'il eût pris notre avis, sa lumière importune
N'eût pas troublé sitôt ma petite fortune;

Mais, n'étant pas d'humeur à suivre nos désirs,
Il sépara la troupe et finit nos plaisirs.
ALCIPPE.
Certes, vous avez grace à conter ces merveilles :
Paris, tout grand qu'il est, en voit peu de pareilles.
DORANTE.
J'avais été surpris; et l'objet de mes vœux
Ne m'avait, tout au plus, donné qu'une heure ou deux.
PHILISTE.
Cependant l'ordre est rare, et la dépense belle.
DORANTE.
Il s'est fallu passer à cette bagatelle :
Alors que le temps presse, on n'a pas à choisir.
ALCIPPE.
Adieu : nous nous verrons avec plus de loisir.
DORANTE.
Faites état de moi.
ALCIPPE, *à Philiste, en s'en allant.*
Je meurs de jalousie!
PHILISTE, *à Alcippe.*
Sans raison toutefois votre ame en est saisie;
Les signes du festin ne s'accordent pas bien.
ALCIPPE, *à Philiste.*
Le lieu s'accorde, et l'heure, et le reste n'est rien.

SCENE VI.
DORANTE, CLITON.

CLITON.
Monsieur, puis-je à présent parler sans vous déplaire?
DORANTE.
Je remets à ton choix de parler ou te taire;
Mais quand tu vois quelqu'un, ne fais plus l'insolent.
CLITON.
Votre ordinaire est-il de rêver en parlant?
DORANTE.
Où me vois-tu rêver?
CLITON.
J'appelle rêveries
Ce qu'en d'autres qu'un maître on nomme menteries :
Je parle avec respect.
DORANTE.
Pauvre esprit!
CLITON.
Je le perds.
Quand je vous ois parler de guerre et de concerts,
Vous voyez sans péril nos batailles dernières,
Et faites des festins qui ne vous coûtent guères.
Pourquoi depuis un an vous feindre de retour?
DORANTE.
J'en montre plus de flamme et j'en fais mieux ma cour.
CLITON.
Qu'a de propre la guerre à montrer votre flamme?
DORANTE.
O le beau compliment à charmer une dame,
De lui dire d'abord : « J'apporte à vos beautés
« Un cœur nouveau venu des universités;
« Si vous avez besoin de lois et de rubriques,
« Je sais le code entier avec les authentiques,
« Le digeste nouveau, le vieux, l'infortiat,
« Ce qu'en a dit Jason, Balde, Accurse, Alciat ! »
Qu'un si riche discours nous rend considérables!
Qu'on amollit par là de cœurs inexorables !
Qu'un homme à paragraphe est un joli galant!
On s'introduit bien mieux à titre de vaillant :
Tout le secret ne gît qu'en un peu de grimace ;
A mentir à propos, jurer de bonne grace,
Etaler force mots qu'elles n'entendent pas ;
Faire sonner Lamboy, Jean de Vert, et Galas ;
Nommer quelques châteaux de qui les noms barbares,
Plus ils blessent l'oreille, et plus ils semblent rares ;
Avoir toujours en bouche angles, lignes, fossés,
Vedette, contrescarpe, et travaux avancés :
Sans ordre et sans raison, n'importe, on les étonne;
On leur fait admirer les baies qu'on leur donne :
Et tel, à la faveur d'un semblable débit,
Passe pour homme illustre, et se met en crédit.
CLITON.
A qui vous vent ouïr, vous en faites bien croire ;
Mais celle-ci bientôt peut savoir votre histoire.

DORANTE.
J'aurai déja gagné chez elle quelque accès;
Et, loin d'en redouter un malheureux succès,
Si jamais un fâcheux nous nuit par sa présence,
Nous pourrons sous ces mots être d'intelligence.
Voilà traiter l'amour, Cliton, et comme il faut.
CLITON.
A vous dire le vrai, je tombe de bien haut.
Mais parlons du festin : Urgande et Mélusine
N'ont jamais sur le champ mieux fourni leur cuisine;
Vous allez au-delà de leurs enchantements;
Vous seriez un grand maître à faire des romans :
Ayant si bien en main le festin et la guerre,
Vos gens en moins de rien courraient toute la terre,
Et ce serait pour vous des travaux fort légers
Que d'y mêler partout la pompe et les dangers.
Ces hautes fictions vous sont bien naturelles.
DORANTE.
J'aime à braver ainsi les conteurs de nouvelles;
Et sitôt que j'en vois quelqu'un s'imaginer
Que ce qu'il veut m'apprendre a de quoi m'étonner,
Je le sers aussitôt d'un conte imaginaire
Qui l'étonne lui-même, et le force à se taire.
Si tu pouvais savoir quel plaisir on a lors
De leur faire rentrer les nouvelles au corps...
CLITON.
Je le juge assez grand : mais enfin ces pratiques
Vous couvriront de honte en devenant publiques.
DORANTE.
Nous nous en tirerons; mais tous ces vains discours
M'empêchent de chercher l'objet de mes amours :
Tâchons de le rejoindre, et sache qu'à me suivre
Je t'apprendrai bientôt d'autres façons de vivre.

FIN DU PREMIER ACTE.

ACTE II.

SCÈNE PREMIÈRE.

GÉRONTE, CLARICE, ISABELLE.

CLARICE.
Je sais qu'il vaut beaucoup étant sorti de vous :
Mais, monsieur, sans le voir, accepter un époux,
Par quelque haut récit qu'on en soit convié,
C'est grande avidité de se voir mariée :
D'ailleurs, en recevoir visite et compliment,
Et lui permettre accès en qualité d'amant,
A moins qu'à vos projets un plein effet réponde,
Ce serait trop donner à discourir au monde.
Trouvez donc un moyen de me le faire voir,
Sans m'exposer au blâme, et manquer au devoir.
GÉRONTE.
Oui, vous avez raison, belle et sage Clarice;
Ce que vous m'ordonnez est la même justice;
Et comme c'est à nous à subir notre loi,
Je reviens tout à l'heure, et Dorante avec moi.
Je le tiendrai longtemps dessous votre fenêtre,
Afin qu'avec loisir vous puissiez le connaître,
Examiner sa taille, et sa mine, et son air,
Et voir quel est l'époux que je vous veux donner.
Il vint hier de Poitiers, mais il sent peu l'école ;
Et si l'on pouvait croire un père à sa parole,
Quelque écolier qu'il soit, je dirais qu'aujourd'hui
Peu de nos gens de cour sont mieux taillés que lui.
Mais vous en jugerez après la voix publique.
Je cherche à l'arrêter, parce qu'il m'est unique,
Et je brûle surtout de le voir sous vos lois.
CLARICE.
Vous m'honorez beaucoup d'un si glorieux choix.
Je l'attendrai, monsieur, avec impatience ;
Et je l'aime déjà sur cette confiance.

SCÈNE II.

CLARICE, ISABELLE.

ISABELLE.
Ainsi, vous le verrez, et sans vous engager.
CLARICE.
Mais pour le voir ainsi qu'en pourrai-je juger?
J'en verrai le dehors, la mine, l'apparence;
Mais du reste, Isabelle, où prendre l'assurance?
Le dedans paraît mal en ces miroirs flatteurs:
Les visages souvent sont de doux imposteurs.
Que de défauts d'esprit se couvrent de leurs graces!
Et que de beaux semblants cachent des ames basses!
Les yeux en ce grand choix ont la première part;
Mais leur déférer tout, c'est tout mettre au hasard :
Qui veut vivre en repos ne doit pas leur déplaire;
Mais, sans leur obéir, il doit les satisfaire,
En croire leur refus, et non pas leur aveu,
Et sur d'autres conseils laisser naître son feu.
Cette chaîne, qui dure autant que notre vie,
Et qui devrait donner plus de peur que d'envie,
Si l'on n'y prend bien garde, attache assez souvent
Le contraire au contraire, et le mort au vivant :
Et pour moi, puisqu'il faut qu'elle me donne un maître,
Avant que l'accepter je voudrais le connaître,
Mais connaître dans l'ame.
ISABELLE.
Eh bien! qu'il parle à vous.
CLARICE.
Alcippe le sachant en deviendrait jaloux.
ISABELLE.
Qu'importe qu'il le soit, si vous avez Dorante?
CLARICE.
Sa perte ne m'est pas encore indifférente;
Et l'accord de l'hymen entre nous concerté,
Si son père venait, serait exécuté.
Depuis plus de deux ans il promet et diffère;
Tantôt c'est maladie, et tantôt quelque affaire;
Le chemin est mal sûr, ou les jours sont trop courts;
Et le bonhomme enfin ne peut sortir de Tours.
Je prends tous ces délais pour une résistance,
Et ne suis pas d'humeur à mourir de constance.
Chaque moment d'attente ôte de notre prix,
Et fille qui vieillit tombe dans le mépris :
C'est un nom glorieux qui se garde avec honte;
Sa défaite est fâcheuse à moins que d'être prompte :
Le temps n'est pas un dieu qu'elle puisse braver,
Et son honneur se perd à le trop conserver.
ISABELLE.
Ainsi vous quitteriez Alcippe pour un autre
De qui l'humeur aurait de quoi plaire à la vôtre?
CLARICE.
Oui, je le quitterais : mais pour ce changement
Il me faudrait en main avoir un autre amant,
Savoir qu'il me fût propre, et que son hyménée
Dût bientôt à la sienne unir ma destinée.
Mon humeur sans cela ne s'y résout pas bien,
Car Alcippe, après tout, vaut toujours mieux que rien;
Son père peut venir, quelque longtemps qu'il tarde.
ISABELLE.
Pour en venir à bout sans que rien s'y hasarde,
Lucrèce est votre amie, et peut beaucoup pour vous :
Elle n'a point d'amants qui deviennent jaloux :
Qu'elle écrive à Dorante, et lui fasse paraître
Qu'elle veut cette nuit le voir par sa fenêtre.
Comme il est jeune encore, on l'y verra voler :
Et là, sous ce faux nom, vous pourrez lui parler,
Sans qu'Alcippe jamais en découvre l'adresse,
Ni que lui-même pense à d'autre qu'à Lucrèce.
CLARICE.
L'invention est belle; et Lucrèce aisément
Se résoudra pour moi d'écrire un compliment :
J'admire ton adresse à trouver cette ruse.
ISABELLE.
Puis-je vous dire encor que, si je ne m'abuse,
Tantôt cet inconnu ne vous déplaisait pas?
CLARICE.
Ah, bon dieu! si Dorante avait autant d'appas,
Que d'Alcippe aisément il obtiendrait la place!

ISABELLE.
Ne parlez point d'Alcippe; il vient;
CLARICE.
Qu'il m'embarrasse!
Va pour moi chez Lucrèce, et lui dis mon projet,
Et tout ce qu'on peut dire en un pareil sujet.

SCÈNE III.

CLARICE, ALCIPPE.

ALCIPPE.
Ah, Clarice! ah, Clarice! inconstante! volage!
CLARICE.
Aurait-il deviné déjà ce mariage?
Alcippe, qu'avez-vous? qui vous fait soupirer?
ALCIPPE.
Ce que j'ai, déloyale! eh! peux-tu l'ignorer?
Parle à ta conscience, elle devrait t'apprendre...
CLARICE.
Parlez un peu plus bas, mon père va descendre.
ALCIPPE.
Ton père va descendre, ame double et sans foi!
Confesse que tu n'as un père que pour moi.
La nuit, sur la rivière...
CLARICE.
Eh bien! sur la rivière?
La nuit! quoi? qu'est-ce enfin?
ALCIPPE.
Oui, la nuit tout entière.
CLARICE.
Après?
ALCIPPE.
Quoi! sans rougir?...
CLARICE.
Rougir! à quel propos?
ALCIPPE.
Tu ne meurs pas de honte entendant ces deux mots!
CLARICE.
Mourir pour les entendre! et qu'ont-ils de funeste?
ALCIPPE.
Tu peux donc les ouïr et demander le reste?
Ne saurais-tu rougir, si je ne te dis tout?
CLARICE.
Quoi, tout?
ALCIPPE.
Tes passe-temps, de l'un à l'autre bout.
Je meure, en vos discours si je puis rien comprendre.
ALCIPPE.
Quand je te veux parler, ton père va descendre;
Il t'en souvient alors ; le tour est excellent!
Mais pour passer la nuit auprès de ton galant...
CLARICE.
Alcippe, êtes-vous fou?
ALCIPPE.
Je n'ai plus lieu de l'être,
A présent que le ciel me fait te mieux connaître.
Oui, pour passer la nuit en danses et festin,
Être avec ton galant du soir jusqu'au matin,
(Je ne parle que d'hier,) tu n'as point lors de père.
CLARICE.
Rêvez-vous? raillez-vous? et quel est ce mystère?
ALCIPPE.
Ce mystère est nouveau, mais non pas fort secret.
Choisis une autre fois un amant plus discret;
Lui-même il m'a tout dit.
CLARICE.
Qui, lui-même?
ALCIPPE.
Dorante.
CLARICE.
Dorante!
ALCIPPE.
Continue, et fais bien l'ignorante.
CLARICE.
Si je le vis jamais, et si je le connoi..!
ALCIPPE.
Ne viens-je pas de voir ton père avecque toi?
Tu passes, infidèle, ame ingrate et légère,
La nuit avec le fils, le jour avec le père!

CLARICE.
Son père de vieux temps est grand ami du mien.
ALCIPPE.
Cette vieille amitié faisait votre entretien?
Tu te sens convaincue! et tu m'oses répondre!
Te faut-il quelque chose encor pour te confondre?
CLARICE.
Alcippe, si je sais quel visage a le fils...
ALCIPPE.
La nuit était fort noire alors que tu le vis.
Il ne t'a pas donné quatre chœurs de musique,
Une collation superbe et magnifique,
Six services de rang, douze plats à chacun?
Son entretien alors était fort importun?
Quand ses feux d'artifice éclairaient le rivage,
Tu n'eus pas le loisir de le voir au visage?
Tu n'as pas avec lui dansé jusques au jour,
Et tu ne l'as pas vu pour le moins au retour?
T'en ai-je dit assez? Rougis, et meurs de honte.
CLARICE.
Je ne rougirai point sur le récit d'un conte.
ALCIPPE.
Quoi, je suis donc un fourbe, un bizarre, un jaloux.
CLARICE.
Quelqu'un a pris plaisir à se jouer de vous,
Alcippe, croyez-moi.
ALCIPPE.
Ne cherche point d'excuses;
Je connais tes détours, et devine tes ruses.
Adieu · suis ton Dorante, et l'aime désormais;
Laisse en repos Alcippe, et n'y pense jamais.
CLARICE.
Ecoutez quatre mots.
ALCIPPE.
Ton père va descendre.
CLARICE.
Non; il ne descend point, et ne peut nous entendre;
Et j'aurai tout loisir de vous désabuser.
ALCIPPE.
Je ne t'écoute point, à moins que m'épouser,
A moins qu'en attendant le jour du mariage
M'en donner ta parole et deux baisers en gage.
CLARICE.
Pour me justifier vous demandez de moi,
Alcippe?
ALCIPPE.
Deux baisers, et ta main, et ta foi.
CLARICE.
Que cela?
ALCIPPE.
Résous-toi, sans plus me faire attendre.
CLARICE.
Je n'ai pas le loisir, mon père va descendre.

SCÈNE IV.
ALCIPPE.

Va, ris de ma douleur alors que je te perds;
Par mes indignités romps toi-même mes fers;
Aide mes feux trompés à se tourner en glace;
Aide un juste courroux à se mettre en leur place.
Je cours à la vengeance, et porte à ton amant
Le vif et prompt effet de mon ressentiment.
S'il est homme de cœur, ce jour même nos armes
Régleront par leur sort tes plaisirs ou tes larmes;
Et, plutôt que le voir possesseur de mon bien,
Puissè-je dans son sang voir couler tout le mien!
Le voici ce rival que ton père t'amène;
Ma vieille amitié cède à ma nouvelle haine;
Sa vue accroît l'ardeur dont je me sens brûler :
Mais ce n'est pas ici qu'il faut le quereller.

SCENE V.
GÉRONTE, DORANTE, CLITON.
GÉRONTE.

Dorante, arrêtons-nous; le trop de promenade
Me mettrait hors d'haleine, et me ferait malade.
Que l'ordre est rare et beau de ces grands bâtiments!
DORANTE.
Paris semble à mes yeux un pays de romans.
J'y croyais ce matin voir une île enchantée;
Je la laissai déserte et la trouve habitée;
Quelque Amphion nouveau, sans l'aide des maçons,
En superbes palais a changé ses buissons.
GÉRONTE.
Paris voit tous les jours de ces métamorphoses :
Dans tout le pré aux clers tu verras mêmes choses;
Et l'univers entier ne peut rien voir d'égal
Aux superbes dehors du palais cardinal.
Toute une ville entière avec pompe bâtie
Semble d'un vieux fossé par miracle sortie,
Et nous fait présumer, à ses superbes toits,
Que tous ses habitants sont des dieux ou des rois.
Mais changeons de discours. Tu sais combien je t'aime?
DORANTE.
Je chéris cet honneur bien plus que le jour même.
GÉRONTE.
Comme de mon hymen il n'est sorti que toi,
Et que je te vois prendre un périlleux emploi,
Où l'ardeur pour la gloire à tout oser convie,
Et force à tout moment de négliger la vie;
Avant qu'aucun malheur te puisse être avenu,
Pour te faire marcher un peu plus retenu,
Je te veux marier.
DORANTE, à part.
O ma chère Lucrèce!
GÉRONTE.
Je t'ai voulu choisir moi-même une maîtresse,
Honnête, belle, riche.
DORANTE.
Ah! pour la bien choisir,
Mon père, donnez-vous un peu plus de loisir.
GÉRONTE.
Je la connais assez. Clarice est belle et sage
Autant que dans Paris il en soit de son âge :
Son père de tout temps est mon plus grand ami,
Et l'affaire est conclue.
DORANTE.
Ah! monsieur, je frémi :
D'un fardeau si pesant accabler ma jeunesse!
GÉRONTE.
Fais ce que je t'ordonne.
DORANTE, à part.
(haut.) Il faut jouer d'adresse.
Quoi! monsieur, à présent qu'il faut dans les combats
Acquérir quelque nom, et signaler mon bras...
GÉRONTE.
Avant qu'être au hasard qu'un autre bras t'immole,
Je veux dans ma maison avoir qui m'en console;
Je veux qu'un petit-fils puisse y tenir ton rang,
Soutenir ma vieillesse, et réparer mon sang.
En un mot, je le veux.
DORANTE.
Vous êtes inflexible?
GÉRONTE.
Fais ce que je te dis.
DORANTE.
Mais s'il m'est impossible?
GÉRONTE.
Impossible! et comment?
DORANTE.
Souffrez qu'aux yeux de tous
Pour obtenir pardon j'embrasse vos genoux.
Je suis...
GÉRONTE.
Quoi?
DORANTE.
Dans Poitiers...
GÉRONTE.
Parle donc, et te lève
DORANTE.
Je suis donc marié, puisqu'il faut que j'achève.
GÉRONTE.
Sans mon consentement?
DORANTE.
On m'a violenté.
Vous ferez tout casser par votre autorité :
Mais nous fûmes tous deux forcés à l'hyménée
Par la fatalité la plus inopinée...
Ah! si vous le saviez!

GÉRONTE.
Dis, ne me cache rien.
DORANTE.
Elle est de fort bon lieu, mon père ; et pour son bien,
S'il n'est du tout si grand que votre humeur souhaite...
GÉRONTE.
Sachons, à cela près, puisque c'est chose faite ;
Elle se nomme ?
DORANTE.
Orphise, et son père Armédon.
GÉRONTE.
Je n'ai jamais ouï ni l'un ni l'autre nom.
Mais poursuis..
DORANTE.
Je la vis presque à mon arrivée.
Une ame de rocher ne s'en fût pas sauvée,
Tant elle avait d'appas, et tant son œil vainqueur
Par une douce force assujettit mon cœur !
Je cherchai donc chez elle à faire connaissance,
Et les soins obligeants de ma persévérance
Surent plaire de sorte à cet objet charmant,
Que j'en fus en six mois autant aimé qu'amant.
J'en reçus des faveurs secrètes, mais honnêtes ;
Et j'étendis si loin mes petites conquêtes,
Qu'en son quartier souvent je me coulais sans bruit,
Pour causer avec elle une part de la nuit.
Un soir que je venais de monter dans sa chambre,
(Ce fut, s'il m'en souvient, le second de septembre,
Oui, ce fut ce jour-là que je fus attrapé.)
Ce soir même son père en ville avait soupé ;
Il monte à son retour ; il frappe à la porte : elle
Transit, pâlit, rougit, me cache en sa ruelle,
Ouvre enfin, et d'abord (qu'elle eut d'esprit et d'art.)
Elle se jette au cou de ce pauvre vieillard,
Dérobe en l'embrassant son désordre à sa vue :
Il se sied ; il lui dit qu'il veut la voir pourvue,
Lui propose un parti qu'on lui venait d'offrir.
Jugez combien mon cœur avait lors à souffrir !
Par sa réponse adroite elle sut si bien faire,
Que sans m'inquiéter elle plut à son père.
Ce discours ennuyeux enfin se termina ;
Le bonhomme partait, quand sa montre sonna :
Et lui se retournant vers sa fille étonnée,
« Depuis quand cette montre ? et qui vous l'a donnée ?
« Acaste, mon cousin, me la vient d'envoyer,
« Dit-elle, et veut ici la faire nettoyer,
« N'ayant point d'horlogers au lieu de sa demeure :
« Elle a déjà sonné deux fois en un quart d'heure.
« Donnez-la-moi, dit-il, j'en prendrai mieux le soin. »
Alors pour me la prendre elle vient en mon coin ;
Je la lui donne en main : mais, voyez ma disgrace,
Avec mon pistolet le cordon s'embarrasse,
Fait marcher le déclin ; le feu prend, le coup part :
Jugez de notre trouble à ce triste hasard.
Elle tombe par terre ; et moi, je la crus morte.
Le père épouvanté gagne aussitôt la porte ;
Il appelle au secours, il crie à l'assassin :
Son fils et deux valets me coupent le chemin.
Furieux de ma perte, et combattant de rage,
Au milieu de tous trois je me faisais passage,
Quand un autre malheur de nouveau me perdit ;
Mon épée en ma main en trois morceaux rompit.
Désarmé, je recule, et rentre ; alors Orphise,
De sa frayeur première aucunement remise,
Sait prendre un temps si juste en son reste d'effroi,
Qu'elle pousse la porte et s'enferme avec moi.
Soudain nous entassons, pour défenses nouvelles,
Bancs, tables, coffres, lits, et jusqu'aux escabelles ;
Nous nous barricadons, et dans ce premier feu
Nous croyons gagner tout à différer un peu.
Mais comme à ce rempart l'un et l'autre travaille,
D'une chambre voisine on perce la muraille :
Alors me voyant pris, il fallut composer.
(*Ici Clarice les voit de sa fenêtre ; et Lucrèce, avec Isabelle, les voit aussi de la sienne.*)
GÉRONTE.
C'est à dire, en français, qu'il fallut l'épouser ?
DORANTE.
Les siens m'avaient trouvé de nuit seul avec elle,
Ils étaient les plus forts, elle me semblait belle,
Le scandale était grand, son honneur se perdait ;
A ne le faire pas ma tête en répondait ;
Ses grands efforts pour moi, son péril, et ses larmes,
A mon cœur amoureux étaient de nouveaux charmes :
Donc, pour sauver ma vie ainsi que son honneur,
Et me mettre avec elle au comble du bonheur,
Je changeai d'un seul mot la tempête en bonace,
Et fis ce que tout autre aurait fait en ma place.
Choisissez maintenant de me voir ou mourir,
Ou posséder un bien qu'on ne peut trop chérir.
GÉRONTE.
Non, non, je ne suis pas si mauvais que tu penses,
Et trouve en ton malheur de telles circonstances,
Que mon amour t'excuse ; et mon esprit touché
Te blâme seulement de l'avoir trop caché.
DORANTE.
Le peu de bien qu'elle a me faisait vous le taire.
GÉRONTE.
Je prends peu garde au bien, afin d'être bon père.
Elle est belle, elle est sage, elle sort de bon lieu,
Tu l'aimes, elle t'aime, il me suffit. Adieu :
Je vais me dégager du père de Clarice.

SCÈNE VI.

DORANTE, CLITON.

DORANTE.
Que dis-tu de l'histoire, et de mon artifice ?
Le bonhomme en tient-il ? m'en suis-je bien tiré ?
Quelque sot en ma place y serait demeuré ;
Il eût perdu le temps à gémir et se plaindre,
Et, malgré son amour, se fût laissé contraindre.
O l'utile secret que mentir à propos !
CLITON.
Quoi ! ce que vous disiez n'est pas vrai ?
DORANTE.
Pas deux mots
Et tu ne viens d'ouïr qu'un trait de gentillesse
Pour conserver mon ame et mon cœur à Lucrèce.
CLITON.
Quoi ! la montre, l'épée, avec le pistolet...
DORANTE.
Industrie.
CLITON.
Obligez, monsieur, votre valet.
Quand vous voudrez jouer de ces grands coups de maître,
Donnez-lui quelque signe à les pouvoir connaître ;
Quoique bien averti, j'étais dans le panneau.
DORANTE.
Va, n'appréhende pas d'y tomber de nouveau :
Tu seras de mon cœur l'unique secrétaire,
Et de tous mes secrets le grand dépositaire.
CLITON.
Avec ces qualités j'ose bien espérer
Qu'assez mal aisement je pourrai m'en parer.
Mais parlons de vos feux. Certes cette maîtresse.

SCÈNE VII.

DORANTE, CLITON, SABINE.

SABINE, *lui donnant un billet.*
Lisez ceci, monsieur.
DORANTE.
D'où vient-il ?
SABINE.
De Lucrèce.
DORANTE, *après l'avoir lu.*
Dis-lui que j'y viendrai.
(*Sabine rentre et Dorante continue.*)
Doute encore, Cliton,
A laquelle des deux appartient ce beau nom.
Lucrèce sent sa part des feux qu'elle fait naître,
Et me veut cette nuit parler par sa fenêtre.
Dis encor que c'est l'autre, ou que tu n'es qu'un sot.
Qu'aurait l'autre à m'écrire, à qui je n'ai dit mot ?
CLITON.
Monsieur, pour ce sujet n'ayons point de querelle ;
Cette nuit, à la voix, vous saurez si c'est elle.

DORANTE.
Coule-toi là dedans; et de quelqu'un des siens
Sache subtilement sa famille et ses biens.

SCENE VIII.
DORANTE, LYCAS.

LYCAS, *lui présentant un billet.*
Monsieur.
DORANTE.
Autre billet.
(*Il continue après avoir lu tout bas le billet.*)
J'ignore quelle offense
Peut d'Alcippe avec moi rompre l'intelligence;
Mais n'importe, dis-lui que j'irai volontiers;
Je te suis.
(*Lycas rentre, et Dorante continue seul.*)
Je revins hier au soir de Poitiers,
D'aujourd'hui seulement je produis mon visage,
Et j'ai déjà querelle, amour, et mariage.
Pour un commencement ce n'est point mal trouvé.
Vienne encore un procès, et je suis achevé.
Se charge qui voudra d'affaires plus pressantes,
Plus en nombre à la fois et plus embarrassantes,
Je pardonne à qui mieux s'en pourra démêler.
Mais allons voir celui qui m'ose quereller.

FIN DU SECOND ACTE.

ACTE III.

SCÈNE PREMIÈRE

DORANTE, ALCIPPE, PHILISTE.

PHILISTE.
Oui, vous faisiez tous deux en hommes de courage,
Et n'aviez l'un ni l'autre aucun désavantage.
Je rends graces au ciel de ce qu'il a permis
Que je sois survenu pour vous refaire amis,
Et que, la chose égale, ainsi je vous sépare :
Mon heur en est extrême, et l'aventure rare.
DORANTE.
L'aventure est encor bien plus rare pour moi,
Qui lui faisais raison sans avoir su de quoi.
Mais, Alcippe, à présent tirez-moi hors de peine.
Quel sujet aviez-vous de colere ou de haine?
Quelque mauvais rapport m'aurait-il pu noircir?
Dites, que devant lui je vous puisse éclaircir.
ALCIPPE.
Vous le savez assez.
DORANTE.
Plus je me considère,
Moins je découvre en moi ce qui peut vous déplaire.
ALCIPPE.
Eh bien! puisqu'il vous faut parler plus clairement,
Depuis plus de deux ans j'aime secretement;
Mon affaire est d'accord, et la chose vaut faite :
Mais pour quelque raison nous la tenons secrète.
Cependant à l'objet qui me tient sous sa loi,
Et qui sans me trahir ne peut être qu'à moi,
Vous avez donné bal, collation, musique;
Et vous n'ignorez pas combien cela me pique,
Puisque, pour me jouer un si sensible tour,
Vous m'avez à dessein caché votre retour,
Et n'avez aujourd'hui quitté votre embuscade
Qu'afin de m'en conter l'histoire par bravade.
Ce procédé m'étonne, et j'ai lieu de penser
Que vous n'avez rien fait qu'afin de m'offenser.
DORANTE.
Si vous pouviez encor douter de mon courage,
Je ne vous guérirais ni d'erreur ni d'ombrage,
Et nous nous reverrions, si nous étions rivaux :
Mais comme vous savez tous deux ce que je vaux,
Ecoutez en deux mots l'histoire démêlée :
Celle que cette nuit sur l'eau j'ai régalée
N'a pu vous donner lieu de devenir jaloux,
Car elle est mariée, et ne peut être à vous;
Depuis peu pour affaire elle est ici venue,
Et je ne pense pas qu'elle vous soit connue.
ALCIPPE.
Je suis ravi, Dorante, en cette occasion,
De voir finir sitôt notre division.
DORANTE.
Alcippe, une autre fois, donnez moins de croyance
Aux premiers mouvements de votre défiance;
Jusqu'à mieux savoir tout sachez vous retenir,
Et ne commencez plus par où l'on doit finir.
Adieu : Je suis à vous.

SCÈNE II.
ALCIPPE, PHILISTE.

PHILISTE.
Ce cœur encor soupire?
ALCIPPE.
Hélas! je sors d'un mal pour tomber dans un pire.
Cette collation, qui l'aura pu donner?
A qui puis-je m'en prendre? et que m'imaginer?
PHILISTE.
Que l'ardeur de Clarice est égale à vos flammes.
Cette galanterie était pour d'autres dames.
L'erreur de votre page a causé votre ennui;
S'étant trompé lui-même, il vous trompe après lui.
J'ai tout su de lui-même et des gens de Lucrèce.
Il avait vu chez elle entrer votre maîtresse;
Mais il n'avait pas su qu'Hippolyte et Daphné,
Ce jour-là par hasard, chez elle avaient dîné.
Il les en voit sortir, mais à coiffe abattue,
Et sans les approcher il suit de rue en rue;
Aux couleurs, au carrosse, il ne doute de rien;
Tout était à Lucrèce, et la dupe si bien,
Que, prenant ces beautés pour Lucrèce et Clarice,
Il rend à votre amour un très mauvais service.
Il les voit donc aller jusques au bord de l'eau,
Descendre de carrosse, entrer dans un bateau;
Il voit porter des plats, entend quelque musique,
A ce que l'on m'a dit assez mélancolique.
Mais cessez d'en avoir l'esprit inquiété,
Car enfin le carrosse avait été prêté;
L'avis se trouve faux; et ces deux autres belles
Avaient en plein repos passé la nuit chez elles.
ALCIPPE.
Quel malheur est le mien! ainsi donc sans sujet
J'ai fait ce grand vacarme à ce charmant objet!
PHILISTE.
Je ferai votre paix. Mais sachez autre chose.
Celui qui de ce trouble est la seconde cause,
Dorante, qui tantôt nous en a tant conté
De son festin superbe et sur l'heure apprêté,
Lui qui, depuis un mois nous cachant sa venue,
La nuit, *incognito*, visite une inconnue,
Il vint hier de Poitiers, et, sans faire aucun bruit,
Chez lui paisiblement a dormi toute nuit.
ALCIPPE.
Quoi! sa collation?...
PHILISTE.
N'est rien qu'un pur mensonge;
Ou quand, il l'a donnée, il l'a donnée en songe.
ALCIPPE.
Dorante en ce combat si peu prémédité
M'a fait voir trop de cœur pour tant de lâcheté.
La valeur n'apprend point la fourbe en son école;
Tout homme de courage est homme de parole;

À des vices si bas il ne peut consentir,
Et fuit plus que la mort la honte de mentir.
Cela n'est point.
          PHILISTE.
       Dorante, à ce que je présume,
Est vaillant par nature, et menteur par coutume.
Ayez sur ce sujet moins d'incrédulité,
Et vous-même admirez notre simplicité.
A nous laisser duper nous sommes bien novices,
Une collation servie à six services,
Quatre concerts entiers, tant de plats, tant de feux,
Tout cela cependant prêt en une heure ou deux,
Comme si l'appareil d'une telle cuisine
Fût descendu du ciel dedans quelque machine.
Quiconque le peut croire ainsi que vous et moi,
S'il a manqué de sens, n'a pas manqué de foi.
Pour moi, je voyais bien que tout ce badinage
Répondait assez mal aux remarques du page.
Mais vous?
          ALCIPPE.
    La jalousie aveugle un cœur atteint,
Et, sans examiner, croit tout ce qu'elle craint.
Mais laissons là Dorante avecque son audace ;
Allons trouver Clarice et lui demander grace ;
Elle pouvait tantôt m'entendre sans rougir.
          PHILISTE.
Attendez à demain, et me laissez agir ;
Je veux par ce récit vous préparer la voie,
Dissiper sa colère et lui rendre sa joie.
Ne vous exposez point, pour gagner un moment,
Aux premières chaleurs de son ressentiment.
          ALCIPPE.
Si du jour qui s'enfuit la lumière est fidèle,
Je pense l'entrevoir avec son Isabelle.
Je suivrai tes conseils, et fuirai son courroux
Jusqu'à ce qu'elle ait ri de m'avoir vu jaloux.

SCENE III.
CLARICE, ISABELLE.

          CLARICE.
Isabelle, il est temps, allons chercher Lucrèce.
          ISABELLE.
Il n'est pas encor tard, et rien ne vous en presse.
Vous avez un pouvoir bien grand sur son esprit ;
A peine ai-je parlé qu'elle a sur l'heure écrit.
          CLARICE.
Clarice à la servir ne serait pas moins prompte.
Mais dis, par sa fenêtre as-tu bien vu Géronte?
Et sais-tu que ce fils qu'il m'avait tant vanté
Est ce même inconnu qui m'en a tant conté?
          ISABELLE.
A Lucrèce avec moi je l'ai fait reconnaître ;
Et sitôt que Géronte a voulu disparaître,
Le voyant resté seul avec un vieux valet,
Sabine à nos yeux même a rendu le billet.
Vous parlerez à lui.
          CLARICE.
       Qu'il est fourbe, Isabelle !
          ISABELLE.
Eh bien ! cette pratique est-elle si nouvelle?
Dorante est-il le seul qui, de jeune écolier,
Pour être mieux reçu s'érige en cavalier?
Que j'en sais comme lui qui parlent d'Allemagne !
Et, si l'on veut les croire, ont vu chaque campagne,
Sur chaque occasion tranchent des entendus ;
Content quelque défaite, et des chevaux perdus ;
Qui, dans une gazette apprenant ce langage,
S'ils sortent de Paris, ne vont qu'à leur village,
Et se donnent ici pour témoins approuvés
De tous ces grands combats qu'ils ont lus ou rêvés.
Il aura cru sans doute, ou je suis fort trompée,
Que les filles de cœur aiment les gens d'épée ;
Et, vous prenant pour telle, il a jugé soudain [main.
Qu'une plume au chapeau vous plaît mieux qu'à la
Ainsi donc, pour vous plaire, il a voulu paraître,
Non pas pour ce qu'il est, mais pour ce qu'il veut être,
Et s'est osé promettre un traitement plus doux
Dans la condition qu'il veut prendre pour vous.
          CLARICE.
En matière de fourbe, il est maître, il y pipe ;
Après m'avoir dupée, il dupe encore Alcippe.

Ce malheureux jaloux s'est blessé le cerveau
D'un festin qu'hier au soir il m'a donné sur l'eau.
Juge un peu si la pièce a la moindre apparence,
Alcippe cependant m'accuse d'inconstance,
Me fait une querelle où je ne comprends rien.
J'ai, dit-il, toute nuit souffert son entretien,
Il me parle de bal, de danse, de musique,
D'une collation superbe et magnifique,
Servie à tants de plats, tant de fois redoublés,
Que j'en ai la cervelle et les esprits troublés.
          ISABELLE.
Reconnaissez par là que Dorante vous aime,
Et que dans son amour son adresse est extrême ;
Il aura su qu'Alcippe était bien avec vous,
Et pour l'en éloigner il l'a rendu jaloux.
Soudain à cet effort il en a joint un autre ;
Il a fait que son père est venu voir le vôtre.
Un amant peut-il mieux agir en un moment
Que de gagner un père et brouiller l'autre amant?
Votre père l'agrée, et le sien vous souhaite ;
Il vous aime, il vous plaît, c'est une affaire faite.
          CLARICE.
Elle est faite, de vrai, ce qu'elle se fera.
          ISABELLE.
Quoi ! votre cœur se change, et désobéira ?
          CLARICE.
Tu vas sortir de garde, et perdre tes mesures.
Explique, si tu peux, encor ses impostures :
  Il était marié sans que l'on en sût rien ;
Et son père a repris sa parole du mien,
Fort triste de visage et fort confus dans l'ame.
          ISABELLE.
Ah, je dis à mon tour : Qu'il est fourbe, madame !
C'est bien aimer la fourbe, et l'avoir bien en main,
Que de prendre plaisir à fourber sans dessein.
Car, pour moi, plus j'y songe, et moins je puis com-
Quel fruit auprès de vous il en ose pretendre. [prendre
Mais qu'allez-vous donc faire? et pourquoi lui parler?
Est-ce à dessein d'en rire, ou de le quereller?
          CLARICE.
Je prendrai du plaisir du moins à le confondre.
          ISABELLE.
J'en prendrais davantage à le laisser morfondre.
          CLARICE.
Je veux l'entretenir par curiosité.
Mais j'entrevois quelqu'un dans cette obscurité,
Et si c'etait lui-même, il pourrait me connaître :
Entrons donc chez Lucrèce, allons à sa fenêtre.
Puisque c'est sous son nom que je lui dois parler.
Mon jaloux, après tout, sera mon pis aller.
Si sa mauvaise humeur déjà n'est apaisée,
Sachant ce que je sais, la chose est fort aisée.

SCENE IV.
DORANTE, CLITON.

          DORANTE.
Voici l'heure et le lieu que marque le billet.
          CLITON.
J'ai su tout ce détail d'un uncien valet.
Son père est de la robe, et n'a qu'elle de fille ;
Je vous ai dit son bien, son âge, et sa famille.
Mais, monsieur, ce serait pour me bien divertir,
Si, comme vous, Lucrèce excellait à mentir.
Le divertissement serait rare, ou je meurs ;
Et je vondrais qu'elle eût ce talent pour une heure ;
Qu'elle pût un moment vous piquer en votre art,
Rendre conte pour conte, et martre pour renard :
D'un et d'autre côté j'en entendrais de bonnes.
          DORANTE.
Le ciel fait cette grace à fort peu de personnes :
Il y faut promptitude, esprit, mémoire, soins,
Ne se brouiller jamais, et rougir encor moins.
Mais la fenêtre s'ouvre, approchons.

SCÈNE V.
CLARICE, LUCRÈCE, ISABELLE, *à la fenêtre*;
DORANTE, CLITON, *en bas*.
          CLARICE, *à Isabelle*.
                      Isabelle,
Durant notre entretien demeure en sentinelle.

ISABELLE.
Lorsque votre vieillard sera prêt à sortir
Je ne manquerai pas de vous en avertir.
(*Isabelle descend de la fenêtre, et ne se montre plus.*)

LUCRÈCE, *à Clarice.*
Il conte assez au long ton histoire à mon père ;
Mais parle sous mon nom, c'est à moi de me taire.

CLARICE.
Êtes-vous là, Dorante ?

DORANTE.
Oui madame, c'est moi,
Qui veux vivre et mourir sous votre seule loi.

LUCRÈCE, *à Clarice.*
Sa fleurette pour toi prend encor même style.

CLARICE, *à Lucrèce.*
Il devrait s'épargner cette gêne inutile :
Mais m'aurait-il déjà reconnue à la voix ?

CLITON, *à Dorante.*
C'est elle ; et je me rends, monsieur, à cette fois.

DORANTE, *à Clarice.*
Oui, c'est moi qui voudrais effacer de ma vie
Les jours que j'ai vécu sans vous avoir servie.
Que vivre sans vous voir est un sort rigoureux !
C'est ou ne vivre point, ou vivre malheureux ;
C'est une longue mort ; et pour moi je confesse
Que pour vivre il faut être esclave de Lucrèce.

CLARICE, *à Lucrèce.*
Chère amie, il en conte à chacune à son tour.

LUCRÈCE, *à Clarice.*
Il aime à promener sa fourbe et son amour.

DORANTE.
A vos commandements j'apporte donc ma vie ;
Trop heureux si pour vous elle m'était ravie !
Disposez-en, madame, et me dites en quoi
Vous avez résolu de vous servir de moi.

CLARICE.
Je vous voulais tantôt proposer quelque chose ;
Mais il n'est plus besoin que je vous la propose,
Car elle est impossible.

DORANTE.
Impossible ! ah ! pour vous
Je pourrai tout, madame, en tous lieux, contre tous.

CLARICE.
Jusqu'à vous marier quand je sais que vous l'êtes ?

DORANTE.
Moi, marié ! ce sont pièces qu'on vous a faites ;
Quiconque vous l'a dit s'est voulu divertir.

CLARICE, *à Lucrèce.*
Est-il un plus grand fourbe ?

LUCRÈCE, *à Clarice.*
Il ne sait que mentir.

DORANTE.
Je ne le fus jamais ; et si, par cette voie
On pense...

CLARICE.
Et vous pensez encor que je vous croie ?

DORANTE.
Que le foudre à vos yeux m'écrase si je mens !

CLARICE.
Un menteur est toujours prodigue de serments.

DORANTE.
Non, si vous avez eu pour moi quelque pensée
Qui sur ce faux rapport puisse être balancée,
Cessez d'être en balance, et de vous défier
De ce qu'il m'est aisé de vous justifier.

CLARICE, *à Lucrèce.*
On dirait qu'il dit vrai, tant son effronterie
Avec naïveté pousse une menterie.

DORANTE.
Pour vous ôter de doute, agréez que demain
En qualité d'époux je vous donne la main.

CLARICE.
Hé ? vous la donneriez en un jour à deux mille.

DORANTE.
Certes, vous m'allez mettre en crédit par la ville,
Mais en crédit si grand, que j'en crains les jaloux.

CLARICE.
C'est tout ce que mérite un homme tel que vous,
Un homme qui se dit un grand foudre de guerre,
Et n'en a vu qu'à coups d'écritoire, ou de verre ;

Qui vint hier de Poitiers, et conte, à son retour,
Que depuis une année il fait ici sa cour ;
Qui donne toute nuit festin, musique, et danse,
Bien qu'il l'ait dans son lit passée en tout silence ;
Qui se dit marié, puis soudain s'en dédit.
Sa méthode est jolie à se mettre en crédit ! [nomme.
Vous-même apprenez-moi comme il faut qu'on le

CLITON, *à Dorante.*
Si vous vous en tirez, je vous tiens habile homme.

DORANTE, *à Cliton.*
Ne t'épouvante point, tout vient en sa saison.
(*à Clarice.*)
De ces inventions chacune a sa saison ;
Sur toutes quelque jour je vous rendrai contente ;
Mais à présent je passe à la plus importante.
J'ai donc feint cet hymen ; (pourquoi désavouer
Ce qui vous forcera vous-même à me louer ?)
Je l'ai feint, et ma feinte à vos mépris m'expose.
Mais si de ces détours vous seule étiez la cause ?

CLARICE.
Moi ?

DORANTE.
Vous. Ecoutez-moi. Ne pouvant consentir...

CLITON, *à Dorante.*
De grace ! dites-moi si vous allez mentir.

DORANTE, *à Cliton.*
Ah ! je t'arracherai cette langue importune.
(*à Clarice.*)
Donc comme à vous servir j'attache ma fortune,
L'amour que j'ai pour vous ne pouvant consentir
Qu'un père à d'autres lois voulût m'assujettir...

CLARICE, *à Lucrèce.*
Il fait pièce nouvelle ; écoutons.

DORANTE.
Cette adresse
A conservé mon ame à la belle Lucrèce ;
Et, par ce mariage au besoin inventé,
J'ai su rompre celui qu'on m'avait apprêté.
Blâmez-moi de tomber en des fautes si lourdes, [des ;
Appelez-moi grand fourbe et grand donneur de bour-
Mais louez-moi du moins d'aimer si puissamment,
Et joignez à ces noms celui de votre amant.
Je fais par cet hymen banqueroute à tous autres ;
J'évite tous leurs fers pour mourir dans les vôtres ;
Et, libre pour entrer dans des liens si doux,
Je me fais marier pour toute autre que vous.

CLARICE.
Votre flamme en naissant a trop de violence,
Et me laisse toujours en juste défiance.
Le moyen que mes yeux eussent de tels appas
Pour qui m'a si peu vue et ne me connaît pas ?

DORANTE.
Je ne vous connais pas ! vous n'avez plus de mère ;
Périandre est le nom de monsieur votre père ;
Il est homme de robe, adroit, et retenu ;
Dix mille écus de rente en font le revenu ;
Vous perdîtes un frère aux guerres d'Italie ;
Vous aviez une sœur qui s'appelait Julie.
Vous connais-je à présent ? dites encor que non.

CLARICE, *à Lucrèce.*
Cousine, il te connaît, et t'en veut tout de bon.

LUCRÈCE, *à part.*
Plût à Dieu !

CLARICE, *à Lucrèce.*
Découvrons le fond de l'artifice.
(*à Dorante*)
J'avais voulu tantôt vous parler de Clarice,
Quelqu'un de vos amis m'en est venu prier.
Dites-moi, seriez-vous pour elle à marier ?

DORANTE.
Par cette question n'éprouvez plus ma flamme.
Je vous ai trop fait voir jusqu'au fond de mon ame,
Et vous ne pouvez plus désormais ignorer
Que j'ai feint cet hymen avant de m'en parer.
Je n'ai ni feux ni vœux que pour votre service,
Et ne puis plus avoir que mépris pour Clarice.

CLARICE.
Vous êtes, à vrai dire, un peu bien dégoûté ;
Clarice est de maison, et n'est pas sans beauté :
Si Lucrèce à vos yeux paraît un peu plus belle,
De bien mieux faits que vous se contenteraient d'elle.

DORANTE.
Oui, mais un grand défaut ternit tous ses appas.
CLARICE.
Quel est-il ce défaut?
DORANTE.
Elle ne me plaît pas :
Et, plutôt que l'hymen avec elle me lie,
Je serai marié si l'on veut en Turquie.
CLARICE.
Aujourd'hui cependant on m'a dit qu'en plein jour
Vous lui serriez la main, et lui parliez d'amour.
DORANTE.
Quelqu'un auprès de vous m'a fait cette imposture.
CLARICE, à Lucrèce.
Ecoutez l'imposteur; c'est hasard s'il n'en jure.
DORANTE.
Que du ciel...
CLARICE, à Lucrèce.
L'ai-je dit?
DORANTE.
J'éprouve le courroux
Si j'ai parlé, Lucrèce, à personne qu'à vous!
CLARICE.
Je ne puis plus souffrir une telle impudence,
Après ce que j'ai vu moi-même en ma présence :
Vous couchez d'imposture, et vous osez jurer,
Comme si je pouvais vous croire, ou l'endurer?
Adieu : retirez-vous, et croyez, je vous prie,
Que souvent je m'égaie ainsi par raillerie,
Et que, pour me donner des passetemps si doux,
J'ai donné cette baie à bien d'autres qu'à vous.

SCÈNE VI.

DORANTE, CLITON.

CLITON.
Eh bien! vous le voyez ; l'histoire est découverte.
DORANTE.
Ah! Cliton! je me trouve à deux doigts de ma perte.
CLITON.
Vous en avez sans doute un plus heureux succès,
Et vous avez gagné chez elle un grand accès.
Mais je suis ce fâcheux qui nuis par ma présence
Et vous fais sous ces mots être d'intelligence.
DORANTE.
Peut-être : qu'en crois-tu?
CLITON.
Le peut-être est gaillard.
DORANTE.
Penses-tu qu'après tout j'en quitte encor ma part,
Et tienne tout perdu pour un peu de traverse?
CLITON.
Si jamais cette part tombait dans le commerce,
Et qu'il vous vînt marchand pour ce trésor caché,
Je vous conseillerais d'en faire bon marché.
DORANTE.
Mais pourquoi si peu croire un feu si véritable?
CLITON.
A chaque bout de champ vous mentez comme un diable.
DORANTE.
Je disais vérité.
CLITON.
Quand un menteur la dit,
En passant par sa bouche elle perd son crédit.
DORANTE.
Il faut donc essayer si par quelque autre bouche
Elle pourra trouver un accueil moins farouche.
Allons sur le chevet rêver quelque moyen
D'avoir de l'incrédule un plus doux entretien.
Souvent leur belle humeur suit le cours de la lune :
Telle rend des mépris qui veut qu'on l'importune.
Et, de quelques effets que les siens soient suivis,
Il sera demain jour, et la nuit porte avis.

FIN DU TROISIÈME ACTE.

ACTE IV.

SCÈNE PREMIÈRE.

DORANTE, CLITON.

CLITON.
Mais, monsieur, pensez-vous qu'il soit jour chez Lucrèce?
Pour sortir si matin elle a trop de paresse.
DORANTE.
On trouve bien souvent plus qu'on ne croit trouver ;
Et ce lieu pour ma flamme est plus propre à rêver :
J'en puis voir sa fenêtre, et de sa chère idée
Mon ame à cet aspect sera mieux possédée.
CLITON.
A propos de rêver, n'avez-vous rien trouvé
Pour servir de remède au désordre arrivé?
DORANTE.
Je me suis souvenu d'un secret que toi-même
Me donnais hier pour grand, pour rare, pour suprême.
Un amant obtient tout quand il est libéral.
CLITON.
Le secret est fort beau, mais vous l'appliquez mal :
Il ne fait réussir qu'auprès d'une coquette.
DORANTE.
Je sais ce qu'est Lucrèce, elle est sage et discrète ;
A lui faire présent mes efforts seraient vains ;
Elle a le cœur trop bon : mais ses gens ont des mains:
Et, bien que sur ce point elle les désavoue,
Avec un tel secret leur langue se dénoue :
Ils parlent ; et souvent on les daigne écouter.
A tel prix que ce soit, il m'en faut acheter.
Si celle-ci venait qui m'a rendu sa lettre,
Après ce qu'elle a fait j'ose tout m'en promettre ;
Et ce sera hasard si sans beaucoup d'effort
Je ne trouve moyen de lui payer le port.
CLITON.
Certes, vous dites vrai, j'en juge par moi-même :
Ce n'est point mon humeur de refuser qui m'aime :
Et comme c'est m'aimer que me faire présent,
Je suis toujours alors d'un esprit complaisant.
DORANTE.
Il est beaucoup d'humeurs pareilles à la tienne.
CLITON.
Mais, monsieur, attendant que Sabine survienne,
Et que sur son esprit vos dons fassent vertu,
Il court quelque bruit sourd qu'Alcippe s'est battu.
DORANTE.
Contre qui?
CLITON.
L'on ne sait ; mais ce confus murmure
D'un air pareil au vôtre a peu de la figure ;
Et, si de tout le jour je vous avais quitté,
Je vous soupçonnerais de cette nouveauté.
DORANTE.
Tu ne me quittas point pour entrer chez Lucrèce!
CLITON.
Ah! monsieur, m'auriez-vous joué ce tour d'adresse?
DORANTE.
Nous nous battîmes hier, et j'avais fait serment
De ne parler jamais de cet évènement;
Mais à toi, de mon cœur l'unique secrétaire,
A toi, de mes secrets le grand dépositaire,
Je ne celerai rien, puisque je l'ai promis.
Depuis cinq ou six mois nous étions ennemis :
Il passa par Poitiers, où nous prîmes querelle ;
Et comme on nous fit lors une paix telle qu'elle,
Nous sûmes l'un à l'autre en secret protester
Qu'à la première vue il en faudrait tâter.
Hier nous nous rencontrons; cette ardeur se réveille,
Fait de notre embrassade un appel à l'oreille,
Je me défais de toi, j'y cours, je le rejoins,
Nous vidons sur le pré l'affaire sans témoins ;
Et, le perçant à jour de deux coups d'estocade,
Je le mets hors d'état d'être jamais malade;
Il tombe dans son sang.

CLITON.
A ce compte il est mort?
DORANTE.
Je le laissai pour tel.
CLITON.
Certes, je plains son sort :
Il était honnête homme; et le ciel ne déploie...

SCÈNE II.
DORANTE, ALCIPPE, CLITON.

ALCIPPE.
Je te veux, cher ami, faire part de ma joie.
Je suis heureux ; mon père...
DORANTE.
Eh bien?
ALCIPPE.
Vient d'arriver.
CLITON, *à Dorante.*
Cette place pour vous est facile à rêver.
DORANTE.
Ta joie est peu commune, et pour revoir un père
Un homme tel que nous ne se réjouit guère.
ALCIPPE.
Un esprit que la joie entièrement saisit
Présume qu'on l'entend au moindre mot qu'il dit.
Sache donc que je touche à l'heureuse journée
Qui doit avec Clarice unir ma destinée :
On attendait mon père afin de tout signer.
DORANTE.
C'est ce que mon esprit ne pouvait deviner ;
Mais je m'en réjouis. Tu vas entrer chez elle?
ALCIPPE.
Oui, je lui vais porter cette heureuse nouvelle ;
Et je t'en ai voulu faire part en passant.
DORANTE.
Tu t'acquiers d'autant plus un cœur reconnaissant.
Enfin donc ton amour ne craint plus de disgrâce?
ALCIPPE.
Cependant qu'au logis mon père se délasse,
J'ai voulu par devoir prendre l'heure du sien.
CLITON, *à Dorante.*
Les gens que vous tuez se portent assez bien.
ALCIPPE.
Je n'ai de part ni d'autre aucune défiance :
Excusez d'un amant la juste impatience.
Adieu.
DORANTE.
Le ciel te donne un hymen sans souci !

SCÈNE III.
DORANTE, CLITON.

CLITON.
Il est mort! Quoi! monsieur, vous m'en donnez aussi,
A moi, de votre cœur l'unique secrétaire,
A moi, de vos secrets le grand dépositaire !
Avec ces qualités j'avais lieu d'espérer
Qu'asse mal aisément je pourrais m'en parer.
DORANTE.
Quoi! mon combat te semble un conte imaginaire?
CLITON.
Je croirai tout, monsieur, pour ne pas vous déplaire ;
Mais vous en contez tant, à toute heure, en tous lieux,
Qu'il faut bien de l'esprit avec vous et bons yeux.
Maure, Juif, ou Chrétien, vous n'épargnez personne.
DORANTE.
Alcippe te surprend ! sa guérison t'étonne!
L'état où je le mis était fort périlleux ;
Mais il est à présent des secrets merveilleux :
Ne t'a-t-on point parlé d'une source de vie
Que nomment nos guerriers poudre et sympathie?
On en voit tous les jours des effets étonnants.
CLITON.
Encor ne sont-ils pas du tout si surprenants ;
Et je n'ai point appris qu'elle eût tant d'efficace,
Qu'un homme que pour mort on laisse sur la place,
Qu'on a de deux grands coups percé de part en part,
Soit dès le lendemain si frais et si gaillard.
DORANTE.
La poudre que tu dis n'est que de la commune ;
On n'en fait plus de cas : mais, Cliton, j'en sais une
Qui rappelle sitôt des portes du trépas,
Qu'un moins d'un tournemain on ne s'en souvient pas;
Quiconque la sait faire a de grands avantages.
CLITON.
Donnez-m'en le secret, et je vous sers sans gages.
DORANTE.
Je te le donnerais, et tu serais heureux ;
Mais le secret consiste en quelques mots hébreux,
Qui tous à prononcer sont si fort difficiles,
Que ce serait pour toi des trésors inutiles.
CLITON.
Vous savez donc l'hébreu?
DORANTE.
L'hébreu? parfaitement :
J'ai dix langues, Cliton, à mon commandement.
CLITON.
Vous auriez bien besoin de dix des mieux nourries,
Pour fournir tour à tour à tant de menteries;
Vous les hachez menu comme chair à pâtés.
Vous avez tout le corps bien plein de vérités,
Il n'en sort jamais une.
DORANTE.
Ah! cervelle ignorante!
Mais mon père survient.

SCÈNE IV.
GÉRONTE, DORANTE, CLITON

GÉRONTE.
Je vous cherchais, Dorante.
DORANTE, *bas.*
Je ne vous cherchais pas, moi. Que mal à propos
Son abord importun vient troubler mon repos !
Et qu'un père incommode un homme de mon âge!
GÉRONTE.
Vu l'étroite union que fait le mariage,
J'estime qu'en effet c'est n'y consentir point
Que laisser désunis ceux que le ciel a joint.
La raison le défend, et je sens dans mon âme
Un violent désir de voir ici ta femme.
J'écris donc à son père : écris-lui comme moi :
Je lui mande qu'après ce que j'ai su de toi,
Je me tiens trop heureux qu'une si belle fille,
Si sage, et si bien née, entre dans ma famille ;
J'ajoute à ce discours que je brûle de voir
Celle qui de mes ans devient l'unique espoir;
Que pour me l'amener tu t'en vas en personne :
Car enfin il le faut, et le devoir l'ordonne ;
N'envoyer qu'un valet sentirait son mépris.
DORANTE.
De vos civilités il sera fort surpris ;
Et pour moi je suis prêt : mais je perdrai ma peine,
Il ne souffrira pas encor qu'on vous l'amène ;
Elle est grosse.
GÉRONTE.
Elle est grosse!
DORANTE.
Et de plus de six mois.
GÉRONTE.
Que de ravissements je sens à cette fois !
DORANTE.
Vous ne voudriez pas hasarder sa grossesse.
GÉRONTE.
Non, j'aurai patience autant que d'alégresse ;
Pour hasarder ce gage il m'est trop précieux.
A ce coup ma prière a pénétré les cieux.
Je pense en le voyant que je mourrai de joie.
Adieu : je vais changer la lettre que j'envoie,
En écrire à son père un nouveau compliment.
Le prier d'avoir soin de son accouchement,
Comme le seul espoir où mon bonheur se fonde.
DORANTE, *bas à Cliton.*
Le bonhomme s'en va le plus content du monde.
GÉRONTE, *se retournant.*
Ecris-lui comme moi.

DORANTE.
Je n'y manquerai pas.
(à *Cliton*.)
Qu'il est bon !
CLITON.
Taisez-vous, il revient sur ses pas.
GÉRONTE.
Il ne me souvient plus du nom de ton beau-père.
Comment s'appelle-t-il ?
DORANTE.
Il n'est pas nécessaire.
Sans que vous vous donniez des soucis superflus,
En fermant le paquet j'écrirai le dessus.
GÉRONTE.
Etant tout d'une main, il sera plus honnête.
DORANTE.
Ne lui pourrai-je ôter ce souci de la tête ?
Votre main ou la mienne, il n'importe des deux.
GÉRONTE.
Ces nobles de province y sont un peu fâcheux.
DORANTE.
Son père sait la cour.
GÉRONTE.
Ne me fais plus attendre,
Dis-moi,...
DORANTE, *à part*.
Que lui dirais-je ?
GÉRONTE.
Il s'appelle ?
DORANTE.
Pyrandre
GÉRONTE.
Pyrandre ! tu m'as dis tantôt un autre nom ;
C'était, je m'en souviens, oui, c'était Armédon.
DORANTE.
Oui, c'est là son nom propre, et l'autre d'une terre ;
Il portait ce dernier quand il fut à la guerre,
Et se sert si souvent de l'un et l'autre nom,
Que tantôt c'est Pyrandre, et tantôt Armédon.
GÉRONTE.
C'est un abus commun qu'autorise l'usage,
Et j'en usais ainsi du temps de mon jeune âge.
Adieu : je vais écrire.

SCÈNE V.

DORANTE, CLITON.

DORANTE.
Enfin j'en suis sorti.
CLITON.
Il faut bonne mémoire après qu'on a menti.
DORANTE.
L'esprit a secouru le défaut de mémoire.
CLITON.
Mais on éclaircira bientôt toute l'histoire.
Après ce mauvais pas où vous avez bronché,
Le reste encor longtemps ne peut être caché :
On le sait chez Lucrèce, et chez cette Clarice,
Qui, d'un mépris si grand piquée avec justice
Dans son ressentiment prendra l'occasion
De vous couvrir de honte et de confusion.
DORANTE.
Ta crainte est bien fondée, et puisque le temps presse,
Il faut tâcher en hâte à m'engager Lucrèce.
Voici tout à propos ce que j'ai souhaité.

SCÈNE VI.

DORANTE, CLITON, SABINE.

DORANTE.
Chère amie, hier au soir j'étais si transporté,
Qu'en ce ravissement je ne pus me permettre
De bien penser à toi quand j'eus lu cette lettre :
Mais tu n'y perdras rien, et voici pour le port.
SABINE.
Ne croyez pas, monsieur...
DORANTE.
Tiens.
SABINE.
Vous me faites tort.
Je ne suis pas de...
DORANTE.
Prends.
SABINE.
Hé, monsieur !
DORANTE.
Prends, te dis-je ;
Je ne suis point ingrat alors que l'on m'oblige.
Dépêche, tends la main.
CLITON.
Qu'elle y fait de façons !
Je lui veux par pitié donner quelques leçons.
Chère amie, entre nous, toutes tes révérences
En ces occasions ne sont qu'impertinences ;
Si ce n'est assez d'une, ouvre toutes les deux ;
Le métier que tu fais ne veut point de honteux. [dre,
Sans te piquer d'honneur, crois qu'il n'est que de pren-
Et que tenir vaut mieux mille fois que d'attendre.
Cette pluie est fort douce ; et, quand j'en vois pleuvoir,
J'ouvrirais jusqu'au cœur pour la mieux recevoir.
On prend à toutes mains dans le siècle où nous sommes,
Et refuser n'est plus le vice des grands hommes.
Retiens bien ma doctrine ; et, pour faire amitié,
Si tu veux, avec toi je serai de moitié
SABINE.
Cet article est de trop.
DORANTE.
Vois-tu, je me propose
De faire avec le temps pour toi toute autre chose.
Mais comme j'ai reçu cette lettre de toi,
En voudrais-tu donner la réponse pour moi ?
SABINE.
Je la donnerai bien ; mais je n'ose vous dire
Que ma maîtresse daigne ou la prendre, ou la lire :
J'y ferai mon effort.
CLITON.
Voyez, elle se rend
Plus douce qu'une épouse, et plus souple qu'un gant.
DORANTE.
(*bas, à Cliton*.)   (*haut, à Sabine*.)
Le secret a joué. Présente-la, n'importe :
Elle n'a pas pour moi d'aversion si forte.
Je reviens dans une heure en apprendre l'effet.
SABINE.
Je vous conterai lors tout ce que j'aurai fait.

SCENE VII.

CLITON, SABINE.

CLITON.
Tu vois que les effets préviennent les paroles ;
C'est un homme qui fait litière de pistoles.
Mais comme auprès de lui je puis beaucoup pour toi...
SABINE.
Fais tomber de la pluie, et laisse faire à moi.
CLITON.
Tu viens d'entrer en goût.
SABINE.
Avec mes révérences
Je ne suis pas encor si dupe que tu penses :
Je sais bien mon métier, et ma simplicité
Joue aussi bien son jeu que ton avidité.
CLITON.
Si tu sais ton métier, dis-moi quelle espérance
Doit obstiner mon maître à la persévérance.
Sera-t-elle insensible ? en viendrons-nous à bout !
SABINE.
Puisqu'il est si brave homme, il faut te dire tout.
Pour te désabuser, sache donc que Lucrèce
N'est rien moins qu'insensible à l'ardeur qui le presse ;
Durant toute la nuit elle n'a point dormi ;
Et, si je ne me trompe, elle l'aime à demi.
CLITON.
Mais sur quel privilège est-ce qu'elle se fonde,
Quand elle aime à demi, de maltraiter le monde

19

Il n'en a cette nuit reçu que des mépris.
Chère amie, après tout, mon maître vaut son prix :
Ces amours à demi sont d'une étrange espèce ;
Et, s'il voulait me croire, il quitterait Lucrèce.
SABINE.
Qu'il ne se hâte point, on l'aime assurément.
CLITON.
Mais on le lui témoigne un peu bien rudement ;
Et je ne vis jamais de méthodes pareilles.
SABINE.
Elle tient, comme on dit, le loup par les oreilles ;
Elle l'aime, et son cœur n'y saurait consentir,
Parce que d'ordinaire il ne fait que mentir.
Hier même elle le vit dedans les Tuileries,
Où tout ce qu'il conta n'était que menteries.
Il en a fait autant depuis à deux ou trois.
CLITON.
Les menteurs les plus grands disent vrai quelquefois.
SABINE.
Elle a lieu de douter, et d'être en défiance.
CLITON.
Qu'elle donne à ses feux un peu plus de croyance ;
Il n'a fait toute nuit que soupirer d'ennui.
SABINE.
Peut-être que tu mens aussi bien comme lui.
CLITON.
Je suis homme d'honneur ; tu me fais injustice.
SABINE.
Mais dis-moi, sais-tu bien qu'il n'aime plus Clarice ?
CLITON.
Il ne l'aima jamais.
SABINE.
Pour certain ?
CLITON.
Pour certain.
SABINE.
Qu'il ne craigne donc plus de soupirer en vain.
Aussitôt que Lucrèce a pu le reconnaître,
Elle a voulu qu'exprès je me sois fait paraître,
Pour voir si par hasard il ne me dirait rien ;
Et, s'il l'aime en effet, tout le reste ira bien.
Va-t'en ; et, sans te mettre en peine de m'instruire,
Crois que je lui dirai tout ce qu'il lui faut dire.
CLITON.
Adieu : de ton côté si tu fais ton devoir,
Tu dois croire du mien que je ferai pleuvoir.

SCÈNE VIII.

LUCRÈCE, SABINE.

SABINE, *seule*.
Que je vais bientôt voir une fille contente !
Mais la voici déjà ; qu'elle est impatiente !
Comme elle a les yeux fins, elle a vu le poulet.
LUCRÈCE.
Et bien ! que t'ont conté le maître et le valet ?
SABINE.
Le maître et le valet m'ont dit la même chose ;
Le maître est tout à vous ; et voici de sa prose.
LUCRÈCE, *après avoir lu.*
Dorante avec chaleur fait le passionné :
Mais le fourbe qu'il est nous en a trop donné.
Et je ne suis pas fille à croire ses paroles.
SABINE.
Je ne les crois non plus, mais j'en crois ses pistoles.
LUCRÈCE.
Il t'a donc fait présent ?
SABINE.
Voyez.
LUCRÈCE.
Et tu l'as pris ?
SABINE.
Pour vous ôter du trouble où flottent vos esprits,
Et vous mieux témoigner ses flammes véritables,
J'en ai pris les témoins les plus indubitables ;
Et je remets, madame, au jugement de tous
Si qui donne à vos gens est sans amour pour vous,
Et si ce traitement marque une ame commune.
LUCRÈCE.
Je ne m'oppose pas à ta bonne fortune ;
Mais comme en l'acceptant tu sors de ton devoir,
Du moins une autre fois ne m'en fais rien savoir.
SABINE.
Mais à ce libéral que pourrais-je promettre ?
LUCRÈCE.
Dis-lui que, sans la voir, j'ai déchiré sa lettre.
SABINE.
O ma bonne fortune, où vous enfuyez-vous ?
LUCRÈCE.
Mêle-s-y de ta part deux ou trois mots plus doux ;
Conte-lui dextrement le naturel des femmes ;
Dis-lui qu'avec le temps on amollit leurs ames ;
Et l'avertis surtout des heures et des lieux
Où par rencontre il peut se montrer à mes yeux.
Parce qu'il est grand fourbe, il faut que je m'assure.
SABINE.
Ah ! si vous connaissiez les peines qu'il endure,
Vous ne douteriez plus si son cœur est atteint :
Toute nuit il soupire, il gémit, il se plaint.
LUCRÈCE.
Pour apaiser les maux que cause cette plainte,
Donne-lui de l'espoir avec beaucoup de crainte ;
Et sache entre les deux toujours le modérer,
Sans m'engager à lui, ni le désespérer.

SCÈNE IX.

CLARICE, LUCRÈCE, SABINE.

CLARICE.
Il t'en veut tout de bon, et m'en voilà défaite :
Mais je souffre aisément la perte que j'ai faite ;
Alcippe la répare, et son père est ici.
LUCRÈCE.
Te voilà donc bientôt quitte d'un grand souci ?
CLARICE.
M'en voila bientôt quitte ; et toi, te voilà prête
A t'enrichir bientôt d'une étrange conquête.
Tu sais ce qu'il m'a dit.
SABINE.
S'il vous mentait alors,
A présent il dit vrai ; j'en réponds corps pour corps.
CLARICE.
Peut-être qu'il le dit ; mais c'est un grand peut-être.
LUCRÈCE.
Dorante est un grand fourbe, et nous la fait connaître ;
Mais s'il continuait encore à m'en conter,
Peut-être avec le temps il me ferait douter.
CLARICE.
Si tu l'aimes, du moins, étant bien avertie,
Prends bien garde a ton fait, et fais bien ta partie.
LUCRÈCE.
C'en est trop ; et tu dois seulement présumer
Que je penche à le croire, et non pas à l'aimer.
CLARICE.
De le croire à l'aimer la distance est petite :
Qui fait croire ses feux fait croire son mérite ;
Ces deux points en amour se suivent de si près,
Que qui se croit aimée aime bientôt après.
LUCRÈCE.
La curiosité souvent dans quelques ames
Produit le même effet que produiraient des flammes.
CLARICE.
Je suis prête à le croire, afin de t'obliger.
SABINE.
Vous me feriez ici toutes deux enrager.
Voyez, qu'il est besoin de tout ce badinage !
Faites moins la sucrée, et changez de langage,
Ou vous n'en casserez, ma foi, que d'une dent.
LUCRÈCE.
Laissons là cette folle, et dis-moi cependant,
Quand nous le vîmes hier dedans les Tuileries,
Qu'il te conta d'abord tant de galanteries,
Il fut, ou je me trompe, assez bien écouté.
Était-ce amour alors, ou curiosité ?
CLARICE.
Curiosité pure, avec dessein de rire
De tous les compliments qu'il aurait pu me dire.

LUCRÈCE.
Je fais de ce billet même chose à mon tour;
Je l'ai pris, je l'ai lu, mais le tout sans amour:
Curiosité pure, avec dessein de rire
De tous les compliments qu'il aurait pu m'écrire.
CLARICE.
Ce sont deux que de lire, et d'avoir écouté;
L'un est grande faveur; l'autre, civilité:
Mais trouve-s-y ton compte, et j'en serai ravie;
En l'état où je suis, j'en parle sans envie.
LUCRÈCE.
Sabine lui dira que je l'ai déchiré.
CLARICE.
Nul avantage ainsi n'en peut être tiré.
Tu n'es que curieuse.
LUCRÈCE.
Ajoute à ton exemple.
CLARICE.
Soit. Mais il est saison que nous allions au temple.
LUCRÈCE, à *Clarice.*
Allons.
(à *Sabine.*)
Si tu le vois, agis comme tu sais.
SABINE.
Ce n'est pas sur ce coup que je fais mes essais :
Je connais à tous deux où tient la maladie;
Et le mal sera grand si je n'y remédie.
Mais sachez qu'il est homme à prendre sur le vert.
LUCRÈCE.
Je te croirai.
SABINE.
Mettons cette pluie à couvert.

FIN DU QUATRIÈME ACTE.

ACTE V.

SCÈNE PREMIÈRE.

GÉRONTE, PHILISTE.

GÉRONTE.
Je ne pouvais avoir rencontre plus heureuse
Pour satisfaire mon humeur curieuse.
Vous avez feuilleté le digeste à Poitiers,
Et vu, comme mon fils, les gens de ces quartiers :
Ainsi vous me pouvez facilement apprendre
Quel est et la famille et le bien de Pyrandre?
PHILISTE.
Quel est-il, ce Pyrandre?
GÉRONTE.
Un de leurs citoyens :
Noble, à ce qu'on m'a dit, mais un peu mal en biens.
PHILISTE.
Il n'est dans tout Poitiers bourgeois ni gentilhomme,
Qui, si je m'en souviens, de la sorte se nomme.
GÉRONTE.
Vous le connaîtrez mieux peut-être à l'autre nom;
Ce Pyrandre s'appelle autrement Armédon.
PHILISTE.
Aussi peu l'un que l'autre.
GÉRONTE.
Et le père d'Orphise,
Cette rare beauté qu'en ces lieux même on prise,
Vous connaissez le nom de cet objet charmant
Qui fait de ces cantons le plus digne ornement?
PHILISTE.
Croyez que cette Orphise, Armédon et Pyrandre,
Sont gens dont à Poitiers on ne peut rien apprendre.
S'il vous faut sur ce point encor quelque garant...
GÉRONTE.
En faveur de mon fils vous faites l'ignorant;
Mais je ne sais que trop qu'il aime cette Orphise,
Et qu'après les douceurs d'une longue hantise
On l'a seul dans sa chambre avec elle trouvé;

Que par son pistolet un désordre arrive
L'a forcé sur le champ d'épouser cette belle.
Je sais tout; et, de plus, ma bonté paternelle
M'a fait y consentir; et votre esprit discret
N'a plus d'occasion de m'en faire un secret.
PHILISTE.
Quoi! Dorante a donc fait un secret mariage?
GÉRONTE.
Et, comme je suis bon, je pardonne à son âge.
PHILISTE.
Qui vous l'a dit?
GÉRONTE.
Lui-même.
PHILISTE.
Ah! puisqu'il vous l'a dit,
Il vous fera du reste un fidèle récit;
Il en sait mieux que moi toutes les circonstances :
Non qu'il vous faille en prendre aucunes défiances;
Mais il a le talent de bien imaginer,
Et moi, je n'eus jamais celui de deviner.
GÉRONTE.
Vous me feriez par là soupçonner son histoire.
PHILISTE.
Non, sa parole est sûre, et vous pouvez l'en croire :
Mais il nous servit hier d'une collation
Qui partait d'un esprit de grande invention;
Et, si ce mariage est de même méthode,
La pièce est fort complète et des plus à la mode.
GÉRONTE.
Prenez-vous du plaisir à me mettre en courroux?
PHILISTE.
Ma foi, vous en tenez aussi bien comme nous;
Et, pour vous en parler avec plus de franchise,
Si vous n'avez jamais pour bru que cette Orphise,
Vos chers collatéraux s'en trouveront fort bien.
Vous m'entendez : adieu; je ne vous dis plus rien.

SCÈNE II.

GÉRONTE.

O vieillesse facile! ô jeunesse impudente!
O de mes cheveux gris honte trop évidente!
Est-il dessous le ciel père plus malheureux?
Est-il affront plus grand pour un cœur généreux!
Dorante n'est qu'un fourbe; et cet ingrat que j'aime,
Après m'avoir fourbé, me fait fourber moi-même;
Et d'un discours en l'air, qu'il forge en imposteur,
Il me fait le trompette et le second auteur!
Comme si c'était peu pour mon reste de vie
De n'avoir à rougir que de son infamie,
L'infâme, se jouant de mon trop de bonté,
Me fait encor rougir de ma crédulité!

SCÈNE III.

GÉRONTE, DORANTE, CLITON.

GÉRONTE.
Êtes-vous gentilhomme?
DORANTE.
Ah! rencontre fâcheuse!
Étant sorti de vous, la chose est peu douteuse.
GÉRONTE.
Croyez-vous qu'il suffit d'être sorti de moi?
DORANTE.
Avec toute la France aisément je le crois.
GÉRONTE.
Et ne savez-vous point avec toute la France
D'où le titre d'honneur a tiré sa naissance,
Et que la vertu seule a mis en ce haut rang
Ceux qui l'ont jusqu'à moi fait passer dans leur sang?
DORANTE.
J'ignorerais un point que n'ignore personne,
Que la vertu l'acquiert, comme le sang le donne?
GÉRONTE.
Où le sang a manqué, si la vertu l'acquiert,
Où le sang l'a donné, le vice aussi le perd.
Ce qui naît d'un moyen périt par son contraire;
Tout ce que l'un a fait, l'autre peut le défaire;
Et, dans la lâcheté du vice où je te vo;,
Tu n'es plus gentilhomme, étant sorti de moi.

DORANTE.
Moi?
GÉRONTE.
Laisse-moi parler, toi, de qui l'imposture
Souille honteusement ce don de la nature;
Qui se dit gentilhomme, et ment comme tu fais,
Il ment quand il le dit, et ne le fut jamais.
Est-il vice plus bas? est-il tache plus noire,
Plus indigne d'un homme élevé pour la gloire?
Est-il quelque faiblesse, est-il quelque action
Dont un cœur vraiment noble ait plus d'aversion.
Puisqu'un seul démenti lui porte une infamie
Qu'il ne peut effacer s'il n'expose sa vie,
Et si dedans le sang il ne lave l'affront
Qu'un honteux outrage imprime sur son front?
DORANTE.
Qui vous dit que je mens?
GÉRONTE.
Qui me le dit, infame?
Dis-moi, si tu le peux, dis le nom de la femme.
Le conte qu'hier au soir tu m'en fis publier....
CLITON, à Dorante.
Dites que le sommeil vous l'a fait oublier.
GÉRONTE.
Ajoute, ajoute encore avec effronterie
Le nom de ton beau-père et de sa seigneurie;
Invente à m'éblouir quelques nouveaux détours.
CLITON, à Dorante.
Appelez la mémoire et l'esprit au secours.
GÉRONTE.
De quel front cependant faut-il que je confesse
Que ton effronterie a surpris ma vieillesse,
Qu'un homme de mon âge a cru légèrement
Ce qu'un homme du tien débite impudemment?
Tu me fais donc servir de fable et de risée,
Passer pour esprit faible ou pour cervelle usée!
Mais dis-moi, te portais-je à la gorge un poignard?
Voyais-tu violence ou courroux de ma part?
Si quelque aversion t'éloignait de Clarice,
Quel besoin avais-tu d'un si lâche artifice?
Et pouvais-tu douter que mon consentement
Ne dût tout accorder à ton contentement,
Puisque mon indulgence, au dernier point venue,
Consentait à tes yeux l'hymen d'une inconnue?
Ce grand excès d'amour que je t'ai témoigné
N'a point touché ton cœur, ou ne l'a point gagné :
Ingrat, tu m'as payé d'une impudente feinte,
Et tu n'as eu pour moi, respect, amour, ni crainte.
Va, je te désavoue.
DORANTE.
Hé! mon père, écoutez....
GÉRONTE.
Quoi! des contes en l'air et sur l'heure inventés?
DORANTE.
Non, la vérité pure.
GÉRONTE.
En est-il dans ta bouche?
CLITON, à Dorante.
Voici pour votre adresse une assez rude touche.
DORANTE.
Epris d'une beauté qu'à peine j'ai pu voir
Qu'elle a pris sur mon ame un absolu pouvoir,
De Lucrèce, en un mot, vous la pouvez connaître....
GÉRONTE.
Dis vrai : je la connais, et ceux qui l'ont fait naître ·
Son père est mon ami.
DORANTE.
Mon cœur en un moment
Etant de ses regards charmé si puissamment,
Le choix que vos bontés avaient fait de Clarice,
Sitôt que je le sus, me parut un supplice :
Mais comme j'ignorais si Lucrèce et son sort
Pouvaient avec le vôtre avoir quelque rapport,
Je n'osai pas encor vous découvrir la flamme
Que venaient ses beautés d'allumer dans mon ame;
Et j'avais ignoré, monsieur, jusqu'à ce jour
Que l'adresse d'esprit fût un crime en amour.
Mais, si je vous osais demander quelque grace,
A présent que je sais et son bien et sa race,
Je vous conjurerais, par les nœuds les plus doux

Dont l'amour et le sang puissent m'unir à vous,
De seconder mes vœux auprès de cette belle;
Obtenez-la d'un père, et je l'obtiendrai d'elle.
GÉRONTE.
Tu me fourbes encor.
DORANTE.
Si vous ne m'en croyez,
Croyez-en, pour le moins, Cliton que vous voyez.
Il sait tout mon secret.
GÉRONTE.
Tu ne meurs point de honte
Qu'il faille que de lui je fasse plus de compte,
Et que ton père même, en doute de ta foi,
Donne plus de croyance à ton valet qu'à toi!
Ecoute : je suis bon, et, malgré ma colère,
Je veux encore un coup montrer mon cœur de père;
Je veux encore un coup pour toi me hasarder;
Je connais ta Lucrèce, et la vais demander;
Mais si de ton côté le moindre obstacle arrive...
DORANTE.
Pour vous mieux assurer, souffrez que je vous suive.
GÉRONTE.
Demeure ici, demeure, et ne suis point mes pas;
Je doute, je hasarde, et je ne te crois pas.
Mais sache que tantôt si pour cette Lucrèce
Tu fais la moindre fourbe, ou la moindre finesse,
Tu peux bien fuir mes yeux, et ne me voir jamais;
Autrement souviens-toi du serment que je fais :
Je jure les rayons du jour qui nous éclaire
Que tu ne mourras point que de la main d'un père,
Et que ton sang indigne à mes pieds répandu
Rendra prompte justice à mon honneur perdu.

SCÈNE IV.

DORANTE, CLITON.
DORANTE.
Je crains peu les effets d'une telle menace.
CLITON.
Vous vous rendez trop tôt et de mauvaise grace;
Et cet esprit adroit, qui l'a dupé deux fois,
Devait en galant homme aller jusques à trois :
Toutes tierces, dit-on, sont bonnes, ou mauvaises.
DORANTE.
Cliton, ne raille point, que tu ne me déplaises;
D'un trouble tout nouveau j'ai l'esprit agité.
CLITON.
N'est-ce point du remords d'avoir dit vérité?
Si pourtant ce n'est point quelque nouvelle adresse;
Car je doute à présent si vous aimez Lucrèce,
Et vous vois si fertile en semblables détours,
Que, quoi que vous disiez, je l'entends au rebours.
DORANTE.
Je l'aime; et sur ce point ta défiance est vaine :
Mais je hasarde trop, et c'est ce qui me gêne.
Si son père et le mien ne tombent point d'accord,
Tout commerce est rompu, je fais naufrage au port.
Et d'ailleurs, quand l'affaire entre eux serait conclue,
Suis-je sûr que la fille y soit bien résolue?
J'ai tantôt vu passer cet objet si charmant;
Sa compagne, ou je meure, a beaucoup d'agrément.
Aujourd'hui que mes yeux l'ont mieux examinée,
De mon premier amour j'ai l'ame un peu gênée :
Mon cœur entre les deux est presque partagé;
Et celle-ci l'aurait, s'il n'était engagé.
CLITON.
Mais pourquoi donc montrer une flamme si grande,
Et porter votre père à faire une demande?
DORANTE.
Il ne m'aurait pas cru, si je ne l'avais fait.
CLITON.
Quoi! même en disant vrai vous mentiez en effet.
DORANTE.
C'était le seul moyen d'apaiser sa colère.
Que maudit soit quiconque a détrompé mon père!
Avec ce faux hymen j'aurais eu le loisir
De consulter mon cœur, et je pourrais choisir.
CLITON.
Mais sa compagne enfin n'est autre que Clarice.
DORANTE.
Je me suis donc rendu moi-même un bon office.

Oh! qu'Alcippe est heureux, et que je suis confus!
Mais Alcippe, après tout, n'aura que mon refus.
N'y pensons plus, Cliton, puisque la place est prise.
CLITON.
Vous en voilà défait aussi bien que d'Orphise.
DORANTE.
Reportons à Lucrèce un esprit ébranlé,
Que l'autre à ses yeux même avait presque volé.
Mais Sabine survient.

SCÈNE V.
DORANTE, SABINE, CLITON.

DORANTE.
Qu'as-tu fait de ma lettre?
En de si belles mains as-tu su la remettre?
SABINE.
Oui monsieur, mais...
DORANTE.
Quoi! mais?
SABINE.
Elle a tout déchiré.
DORANTE.
Sans lire?
SABINE.
Sans rien lire.
DORANTE.
Et tu l'as enduré?
SABINE.
Ah! si vous aviez vu comme elle m'a grondée!
Elle me va chasser, l'affaire en est vidée.
DORANTE.
Elle s'apaisera, mais, pour t'en consoler,
Tends la main.
SABINE.
Eh! monsieur!
DORANTE.
Ose encor lui parler.
Je ne perds pas sitôt toutes mes espérances.
CLITON.
Voyez la bonne pièce avec ses révérences!
Comme ses déplaisirs sont déjà consolés,
Elle vous en dira plus que vous n'en voulez.
DORANTE.
Elle a donc déchiré mon billet sans le lire?
SABINE.
Elle m'avait donné charge de vous le dire;
Mais, à parler sans fard...
CLITON.
Sait-elle son métier!
SABINE.
Elle n'en a rien fait, et l'a lu tout entier.
CLITON.
Si quelqu'un l'entend mieux, je l'irai dire à Rome.
DORANTE.
Elle ne me hait pas, à ce compte?
SABINE.
Elle? non.
DORANTE.
M'aime-t-elle?
SABINE.
Non plus.
DORANTE.
Tout de bon?
SABINE.
Tout de bon.
DORANTE.
Aime-t-elle quelque autre?
SABINE.
Encor moins.
DORANTE.
Qu'obtiendrai-je?
SABINE.
Je ne sais.
DORANTE.
Mais enfin, dis-moi.

SABINE.
Que vous dirai-je?
DORANTE.
Vérité.
SABINE.
Je la dis.
DORANTE.
Mais elle m'aimera?
SABINE.
Peut-être.
DORANTE.
Et quand encor?
SABINE.
Quand elle vous croira.
DORANTE.
Quand elle me croira? Que ma joie est extrême!
SABINE.
Quand elle vous croira, dites qu'elle vous aime.
DORANTE.
Je le dis déjà donc, et m'en ose vanter,
Puisque ce cher objet n'en saurait plus douter :
Mon père...
SABINE.
La voici qui vient avec Clarice.

SCÈNE VI.
CLARICE, LUCRÈCE, DORANTE, SABINE, CLITON.

CLARICE, à Lucrèce.
Il peut te dire vrai, mais ce n'est pas son vice.
Comme tu le connais, ne précipite rien.
DORANTE, à Clarice.
Beauté qui pouvez seule et mon mal et mon bien...
CLARICE, à Lucrèce.
On dirait qu'il m'en veut, et c'est moi qu'il regarde.
LUCRÈCE, à Clarice.
Quelques regards sur toi sont tombés par mégarde.
Voyons s'il continue.
DORANTE, à Clarice.
Ah! que loin de vos yeux
Les moments à mon cœur deviennent ennuyeux!
Et que je reconnais par mon expérience
Quel supplice aux amants est une heure d'absence!
CLARICE, à Lucrèce.
Il continue encor.
LUCRÈCE, à Clarice.
Mais vois ce qu'il m'écrit.
CLARICE, à Lucrèce.
Mais écoute.
LUCRÈCE, à Clarice.
Tu prends pour toi ce qu'il me dit.
CLARICE.
Eclaircissons-nous-en. Vous m'aimez donc, Dorante?
DORANTE, à Clarice.
Hélas! que cette amour vous est indifférente!
Depuis que vos regards m'ont mis sous votre loi...
CLARICE, à Lucrèce.
Crois-tu que le discours s'adresse encore à toi?
LUCRÈCE, à Clarice.
Je ne sais où j'en suis.
CLARICE, à Clarice.
Oyons la fourbe entière.
LUCRÈCE, à Clarice.
Vu ce que nous savons, elle est un peu grossière.
CLARICE, à Lucrèce.
C'est ainsi qu'il partage entre nous son amour;
Il te flatte de nuit, et m'en conte de jour.
DORANTE, à Clarice.
Vous consultez ensemble! Ah! quoi qu'elle vous die,
Sur de meilleurs conseils disposez de ma vie;
Le sien auprès de vous me serait trop fatal.
Elle a quelque sujet de me vouloir du mal.
LUCRÈCE, à part.
Ah! je n'en ai que trop, et si je ne me venge...
CLARICE, à Dorante.
Ce qu'elle me disait est de vrai fort étrange.
DORANTE.
C'est quelque invention de son esprit jaloux.

CLARICE.
Je le crois : mais enfin me reconnaissez-vous?
DORANTE.
Si je vous reconnais? Quittez ces railleries,
Vous que j'entretins hier dedans les Tuileries,
Que je fis aussitôt maîtresse de mon sort?
CLARICE.
Si je veux toutefois en croire son rapport,
Pour une autre déjà votre ame inquiétée...
DORANTE.
Pour une autre déjà je vous aurais quittée?
Que plutôt à vos pieds mon cœur sacrifié...
CLARICE.
Bien plus, si je la crois, vous êtes marié.
DORANTE.
Vous me jouez, madame : et, sans doute pour rire,
Vous prenez du plaisir à m'entendre redire
Qu'à dessein de mourir dans des liens si doux
Je me fais marié pour toute autre que vous.
CLARICE.
Mais avant qu'avec moi le nœud d'hymen vous lie,
Vous serez marié, si l'on veut, en Turquie.
DORANTE.
Avant qu'avec toute autre on me puisse engager,
Je serai marié, si l'on veut, en Alger.
CLARICE.
Mais enfin vous n'avez que mepris pour Clarice.
DORANTE.
Mais enfin vous savez le nœud de l'artifice,
Et que pour être à vous je fais ce que je puis.
CLARICE.
Je ne sais plus moi-même à mon tour où j'en suis.
Lucrèce, écoute un mot.
DORANTE, à Cliton.
Lucrèce! Que dit-elle?
CLITON, à Dorante.
Vous en tenez, monsieur : Lucrèce est la plus belle;
Mais laquelle des deux? J'en ai le mieux jugé,
Et vous auriez perdu si vous aviez gagé.
DORANTE, à Cliton.
Cette nuit, à la voix, j'ai cru la reconnaître.
CLITON, à Dorante.
Clarice sous son nom parlait à sa fenêtre ;
Sabine m'en a fait un secret entretien.
DORANTE, à Cliton.
Bonne bouche! j'en tiens : mais l'autre la vaut bien ;
Et, comme dès tantôt je la trouvais bien faite.
Mon cœur déjà penchait où mon erreur le jette.
Ne me découvre point ; et, dans ce nouveau feu
Tu me vas voir, Cliton, jouer un nouveau jeu.
Sans changer de discours, changeons de batterie.
LUCRÈCE, à Clarice.
Voyons le dernier point de son effronterie.
Quand tu lui diras tout, il sera bien surpris.
CLARICE, à Dorante.
Comme elle est mon amie, elle m'a tout appris.
Cette nuit vous m'aimiez, et m'avez méprisée.
Laquelle de nous deux avez-vous abusée?
Vous lui parliez d'amour en termes assez doux.
DORANTE.
Moi! depuis mon retour je n'ai parlé qu'à vous.
CLARICE.
Vous n'avez point parlé cette nuit à Lucrèce?
DORANTE.
Vous n'avez point voulu me faire un tour d'adresse?
Et je ne vous ai point reconnue à la voix?
CLARICE.
Nous dirait-il bien vrai pour la première fois?
DORANTE.
Pour me venger de vous j'eus assez de malice
Pour vous laisser jouir d'un si lourd artifice,
Et, vous laissant passer pour ce que vous vouliez,
Je vous en donnai plus que vous ne m'en donniez.
Je vous embarrassai, n'en faites point la fine.
Choisissez un peu mieux vos dupes à la mine :
Vous pensiez me jouer; et moi je vous jouais,
Mais par de faux mépris que je désavouais;
Car enfin je vous aime, et je hais de ma vie
Les jours que j'ai vécu sans vous avoir servie.

CLARICE.
Pourquoi, si vous m'aimez, feindre un hymen en l'air,
Quand un père pour vous est venu me parler?
Quel fruit de cette fourbe ósez-vous vous promettre?
LUCRÈCE, à Dorante.
Pourquoi, si vous l'aimez, m'écrire cette lettre?
DORANTE, à Lucrèce.
J'aime de ce courroux les principes cachés.
Je ne vous déplais pas, puisque vous vous fâchez.
Mais j'ai moi-même enfin assez joué d'adresse;
Il faut vous dire vrai, je n'aime que Lucrèce.
CLARICE, à Lucrèce.
Est-il un plus grand fourbe? et peux-tu l'écouter?
DORANTE, à Lucrèce.
Quand vous m'aurez ouï, vous n'en pourrez douter.
Sous votre nom, Lucrèce, et par votre fenêtre,
Clarice m'a fait pièce, et je l'ai su connaître ;
Comme en y consentant vous m'avez affligé,
Je vous ai mise en peine, et je m'en suis vengé.
LUCRÈCE.
Mais que disiez-vous hier dedans les Tuileries?
DORANTE.
Clarice fut l'objet de mes galanteries....
CLARICE, à Lucrèce.
Veux-tu longtemps encore écouter ce moqueur?
DORANTE, à Lucrèce.
Elle avait mes discours, mais vous aviez mon cœur,
Où vos yeux faisaient naître un feu que j'ai fait taire,
Jusqu'à ce que ma flamme ait eu l'aveu d'un père :
Comme tout ce discours n'était que fiction,
Je cachais mon retour et ma condition.
CLARICE, à Lucrèce.
Vois que fourbe sur fourbe à nos yeux il entasse,
Et ne fait que jouer des tours de passe-passe.
DORANTE, à Lucrèce.
Vous seule êtes l'objet dont mon cœur est charmé.
LUCRÈCE, à Dorante.
C'est ce que les effets m'ont fort mal confirmé.
DORANTE.
Si mon père à présent porte parole au vôtre,
Après son témoignage, en voudrez-vous quelque autre?
LUCRÈCE.
Après son témoignage il faudra consulter
Si nous aurons encor quelque lieu d'en douter.
DORANTE, à Lucrèce.
Qu'à de telles clartés votre erreur se dissipe.
(à Clarice.)
Et vous, belle Clarice, aimez toujours Alcippe ;
Sans l'hymen de Poitiers il ne tenait plus rien ;
Je ne lui ferai pas ce mauvais entretien ;
Mais entre vous et moi vous savez le mystère.
Le voici qui s'avance, et j'aperçois mon père.

SCÈNE VII.

GÉRONTE, DORANTE, ALCIPPE, CLARICE,
LUCRÈCE, ISABELLE, SABINE, CLITON.

ALCIPPE, sortant de chez Clarice, et lui parlant.
Nos parents sont d'accord, et vous êtes à moi.
GÉRONTE, sortant de chez Lucrèce, et lui parlant.
Votre père à Dorante engage votre foi.
ALCIPPE, à Clarice.
Un mot de votre main, l'affaire est terminée.
GÉRONTE, à Lucrèce.
Un mot de votre bouche achève l'hyménée.
DORANTE, à Lucrèce.
Ne soyez pas rebelle à seconder mes vœux.
ALCIPPE.
Etes-vous aujourd'hui muettes toutes deux?
CLARICE.
Mon père a sur mes vœux une entière puissance.
LUCRÈCE.
Le devoir d'une fille est dans l'obéissance.
GÉRONTE, à Lucrèce.
Venez donc recevoir ce doux commandement.
ALCIPPE, à Clarice.
Venez donc ajouter ce doux consentement.
(Alcippe rentre chez Clarice avec Isabelle, et le reste rentre chez Lucrèce.)

SABINE, à *Dorante, comme il rentre.*
Si vous vous mariez, il ne pleuvra plus guères.
DORANTE.
Je changerai pour toi cette pluie en rivières.
SABINE.
Vous n'aurez pas loisir seulement d'y penser.
Mon métier ne vaut rien quand on s'en peut passer.
CLITON, *seul.*
Comme en sa propre fourbe un menteur s'embarrasse!
Peu sauraient comme lui, s'en tirer avec grace.
Vous autres qui doutiez s'il en pourrait sortir,
Par un si rare exemple apprenez à mentir.

FIN DU MENTEUR.

EXAMEN DU MENTEUR.

Cette pièce est en partie traduite, en partie imitée de l'espagnol. Le sujet m'en semble si spirituel et si bien tourné, que j'ai dit souvent que je voudrais avoir donné les deux plus belles pièces que j'aie faites, et qu'il fût de mon invention. On l'a attribué au fameux Lope de Vega; mais il m'est tombé depuis peu entre les mains un volume de don Juan d'Alarcon, où il prétend que cette comédie est à lui, et se plaint des imprimeurs qui l'ont fait courir sous le nom d'un autre. Si c'est son bien, je n'empêche pas qu'il ne s'en ressaisisse. De quelque main que parte cette comédie, il est constant qu'elle est très ingénieuse; et je n'ai rien vu dans cette langue qui m'ait satisfait davantage. J'ai tâché de la réduire à notre usage et dans nos règles; mais il m'a fallu forcer mon aversion pour les *à parte*, dont je n'aurais pu la purger sans lui faire perdre une bonne partie de ses beautés. Je les ai faits le plus courts que j'ai pu, et je ne me suis permis rarement, sans laisser deux acteurs ensemble, qui s'entretiennent tout bas cependant que d'autres disent ce que ceux-là ne doivent pas écouter. Cette duplicité d'action particulière ne rompt point l'unité de la principale, mais elle gêne un peu l'attention de l'auditeur, qui ne sait à laquelle s'attacher, et qui se trouve obligé de séparer aux deux ce qu'il est accoutumé de donner à une. L'unité de lieu s'y trouve, et tout ce qui s'y passe dans Paris; mais le premier acte est dans les Tuileries, et le reste à la Place Royale. Celle de jour n'y est pas forcée pourvu qu'on lui laisse les vingt-quatre heures entières.

Quant à celle d'action, je ne sais s'il n'y a point quelque chose à dire, en ce que Dorante aime Clarice dans toute la pièce, et épouse Lucrèce à la fin, qui par là ne répond pas à la protase. L'auteur espagnol lui donne ainsi le change pour punition de ses menteries, et le réduit à épouser par force cette Lucrèce qu'il n'aime point. Comme il se méprend toujours au nom, et croit que Clarice porte celui-là, il lui présente la main quand on lui a accordé l'autre, et dit hautement, lorsqu'on l'avertit de son erreur, que, s'il s'est trompé au nom, il ne se trompe point à la personne. Sur quoi, le père de Lucrèce le menace de le tuer s'il n'épouse sa fille après l'avoir demandée et obtenue; et le sien propre lui fait la même menace. Pour moi, j'ai trouvé cette manière de finir un peu dure, et cru qu'un mariage moins violente serait plus au goût de notre auditoire. C'est ce qui m'a obligé à lui donner une pente vers la personne de Lucrèce, au cinquième acte, afin qu'après qu'il a reconnu sa méprise aux noms, il fasse de nécessité vertu de meilleure grace, et que la comédie se termine avec pleine tranquillité de tous côtés.

FIN DE L'EXAMEN DU MENTEUR.

POMPÉE,

TRAGÉDIE.

EN CINQ ACTES.

ACTEURS.

JULES CÉSAR.
MARC ANTOINE.
LÉPIDE.
CORNÉLIE, femme de Pompée.
PTOLOMÉE, roi d'Égypte.
CLÉOPATRE, sœur de Ptolomée.
PHOTIN, chef du conseil d'Egypte.
ACHILLAS, lieutenant-général des armées du roi d'Égypte.
SEPTIME, tribun romain à la solde du roi d'Égypte.
CHARMION, dame d'honneur de Cléopatre.
ACHORÉE, écuyer de Cléopatre.
PHILIPPE, affranchi de Pompée.
TROUPE DE ROMAINS.
TROUPE D'ÉGYPTIENS.

La scène est à Alexandrie, dans le palais de Ptolomée.

ACTE PREMIER

SCENE I.

PTOLOMÉE, PHOTIN, ACHILLAS, SEPTIME.

PTOLOMÉE.

Le destin se déclare, et nous venons d'entendre
Ce qu'il a résolu du beau-père et du gendre.
Quand les dieux étonnés semblaient se partager,
Pharsale a décidé ce qu'ils n'osaient juger.
Ses fleuves teints de sang, et rendus plus rapides
Par le débordement de tant de parricides.
Cet horrible débris d'aigles, d'armes, de chars,
Sur ces champs empestés confusément épars,
Ces montagnes de morts privés d'honneurs suprêmes,
Que la nature force à se venger eux-mêmes,
Et dont les troncs pourris exhalent dans les vents
De quoi faire la guerre au reste des vivants,
Sont les titres affreux dont le droit de l'épée,
Justifiant César, a condamné Pompée.
Ce déplorable chef du parti le meilleur,
Que sa fortune lasse abandonne au malheur,
Devient un grand exemple, et laisse à la mémoire
Des changements du sort une éclatante histoire
Il fuit, lui qui, toujours triomphant et vainqueur,
Vit ses prospérités égaler son grand cœur; [villes;
Il fuit, et dans nos ports, dans nos murs, dans nos
Et, contre son beau-père ayant besoin d'asyles,
Sa déroute orgueilleuse en cherche aux mêmes lieux
Où contre les titans en trouvèrent les Dieux:

Il croit que ce climat, en dépit de la guerre,
Ayant sauvé le ciel, sauvera bien la terre,
Et, dans son désespoir à la fin se mêlant,
Pourra prêter l'épaule au monde chancelant.
Oui, Pompée avec lui porte le sort du monde,
Et veut que notre Égypte, en miracles féconde,
Serve à sa liberté de sépulcre ou d'appui,
Et relève sa chute, ou trébuche sous lui.
   C'est de quoi, mes amis, nous avons à résoudre ;
Il apporte en ces lieux les palmes ou la foudre :
S'il couronna le père, il hasarde le fils ;
Et, nous l'ayant donnée, il expose Memphis.
Il faut le recevoir, ou hâter son supplice,
Le suivre, ou le pousser dedans le précipice.
L'un me semble peu sûr, l'autre peu généreux ;
Et je crains d'être injuste, ou d'être malheureux.
Quoi que je fasse enfin, la fortune ennemie
M'offre bien des périls, ou beaucoup d'infamie :
C'est à moi de choisir, c'est à vous d'aviser
A quel choix vos conseils me doivent disposer.
Il s'agit de Pompée, et nous aurons la gloire
D'achever de César ou troubler la victoire ;
Et je puis dire enfin que jamais potentat
N'eut à délibérer d'un si grand coup d'état.

PHOTIN.

Seigneur, quand par le fer les choses sont vidées,
La justice et le droit sont de vaines idées ;
Et qui veut être juste en de telles saisons
Balance le pouvoir, et non pas les raisons.
   Voyez donc votre force ; et regardez Pompée,
Sa fortune abattue, et sa valeur trompée.
César n'est pas le seul qu'il fuie en cet état :
Il fuit et le reproche et les yeux du sénat,
Dont plus de la moitié piteusement étale
Une indigne curée aux vautours de Pharsale ;
Il fuit Rome perdue, il fuit tous les Romains,
A qui par sa défaite il met les fers aux mains ;
Il fuit le désespoir des peuples et des princes
Qui vengeraient sur lui le sang de leurs provinces,
Leurs états et d'argent et d'hommes épuisés,
Leurs trônes mis en cendre, et leurs sceptres brisés.
Auteur des maux de tous, il est à tous en butte,
Et fuit le monde entier écrasé sous sa chute.
Le défendrez-vous seul contre tant d'ennemis ?
L'espoir de son salut en lui seul était mis ;
Lui seul pouvait mourir soi : cédez alors qu'il tombe.
Soutiendrez-vous un faix sous qui Rome succombe,
Sous qui tout l'univers se trouve foudroyé,
Sous qui le grand Pompée lui-même ployé ?
Quand on veut soutenir ceux que le sort accable,
A force d'être juste on est souvent coupable,
Et la fidélité qu'on garde imprudemment,
Après un peu d'éclat, traîne un long châtiment,
Trouve un noble revers, dont les coups invincibles
Pour être glorieux, ne sont pas moins sensibles.
   Seigneur n'attirez point le tonnerre en ces lieux ;
Rangez-vous du parti des destins et des dieux ;
Et sans les accuser d'injustice ou d'outrage,
Puisqu'ils font les heureux, adorez leur ouvrage ;
Quels que soient leurs décrets, déclarez-vous pour eux ;
Et pour leur obéir perdez le malheureux.
Pressé de toutes parts des colères célestes,
Il en vient dessus vous faire fondre les restes ;
Et sa tête, qu'à peine il a pu dérober,
Toute prête de choir, cherche avec qui tomber.
Sa retraite chez vous en effet n'est qu'un crime ;
Elle marque sa haine, et non pas son estime ;
Il ne vient que vous perdre en venant prendre port :
Et vous pouvez douter s'il est digne de mort !
Il devait mieux remplir nos vœux et notre attente,
Faire voir sur ses nefs la victoire flottante ;
Il n'eût ici trouvé que joie et que festins :
Mais puisqu'il est vaincu, qu'il s'en prenne aux destins.
J'en veux à sa disgrâce, et non à sa personne ;
J'exécute à regret ce que le ciel ordonne ;
Et du même poignard pour César destiné
Je perce en soupirant son cœur infortuné.
Vous ne pouvez enfin qu'aux dépens de sa tête
Mettre à l'abri la vôtre, et parer la tempête.

Laissez nommer sa mort un injuste attentat :
La justice n'est pas une vertu d'état.
Le choix des actions ou mauvaises ou bonnes
Ne fait qu'anéantir la force des couronnes ;
Le droit des rois consiste à ne rien épargner ;
La timide équité détruit l'art de régner : [craindre ;
Quand on craint d'être injuste, on a toujours à
Et qui veut tout pouvoir doit oser tout enfreindre,
Fuir comme un déshonneur la vertu qui le perd,
Et voler sans scrupule au crime qui le sert.
   C'est là mon sentiment. Achillas et Septime
S'attacheront peut-être à quelque autre maxime.
Chacun a son avis : mais, quel que soit le leur,
Qui punit le vaincu ne craint point le vainqueur.

ACHILLAS.

Seigneur, Photin dit vrai : mais, quoique de Pompée
Je voie et la fortune et la valeur trompée,
Je regarde son sang comme un sang précieux,
Qu'au milieu de Pharsale ont respecté les dieux.
Non qu'en un coup d'état je n'approuve le crime ;
Mais, s'il n'est nécessaire, il n'est point légitime :
Et quel besoin ici d'une extrême rigueur ?
Qui n'est point au vaincu ne craint point le vainqueur.
Neutre jusqu'à présent, vous pouvez l'être encore ;
Vous pouvez adorer César, si l'on l'adore ;
Mais quoique vos encens le traitent d'immortel,
Cette grande victime est trop pour son autel ;
Et sa tête immolée au dieu de la victoire
Imprime à votre nom une tache trop noire :
Ne le pas secourir suffit sans l'opprimer.
En usant de la sorte, on ne vous peut blâmer.
Vous lui devez beaucoup ; par lui Rome animée
A fait rendre le sceptre au feu roi Ptolomée :
Mais la reconnaissance et l'hospitalité
Sur les âmes des rois n'ont qu'un droit limité.
Quoi que doive un monarque, et dût-il sa couronne,
Il doit à ses sujets encor plus qu'à personne,
Et cesse de devoir quand la dette est d'un rang
A ne point s'acquitter qu'aux dépens de leur sang.
S'il est juste d'ailleurs que tout se considère,
Que hasardait Pompée en servant votre père ?
Il se voulut par là faire voir tout-puissant,
Et vit croître sa gloire en le rétablissant.
Il le servit enfin, mais ce fut de la langue ;
La bourse de César fit plus que sa harangue :
Sans ses mille talents, Pompée et ses discours
Pour rentrer en Égypte étaient un froid secours.
Qu'il ne vante donc plus ses mérites frivoles,
Les effets de César valent bien ses paroles ;
Et si c'est un bienfait qu'il faut rendre aujourd'hui,
Comme il parla pour vous, vous parlerez pour lui.
Ainsi vous le pouvez et devez reconnaître.
Le recevoir ici, c'est recevoir un maître,
Qui, tout vaincu qu'il est, bravant le nom de roi,
Dans vos propres états vous donnerait la loi.
Fermez-lui donc vos ports, mais épargnez sa tête.
S'il le faut toutefois, ma main est toute prête ;
J'obéis avec joie, et je serais jaloux
Qu'autre bras que le mien portât les premiers coups.

SEPTIME.

Seigneur, je suis Romain, je connais l'un et l'autre.
Pompée a besoin d'aide, il vient chercher la vôtre.
Vous pouvez, comme maître absolu de son sort,
Le servir, le chasser, le livrer vif ou mort.
Des quatre le premier vous serait trop funeste ;
Souffrez donc qu'en deux mots j'examine le reste.
   Le chasser, c'est vous faire un puissant ennemi,
Sans obliger par là le vainqueur qu'à demi,
Puisque c'est lui laisser, et sur mer et sur terre
La suite d'une longue et difficile guerre,
Dont peut-être tous deux également lassés
Se vengeraient sur vous de tous les maux passés.
Le livrer à César n'est que la même chose :
Il lui pardonnera, s'il faut qu'il en dispose,
Et, s'armant à regret de générosité,
D'une fausse clémence il fera vanité ;
Heureux de l'asservir en lui donnant la vie,
Et de plaire par là même à Rome asservie !

Cependant que, force d'épargner son rival,
Aussi bien que Pompée il vous voudra du mal.
Il faut le délivrer du péril et du crime,
Assurer sa puissance, et sauver son estime,
Et du parti contraire en ce grand chef détruit,
Prendre sur vous la honte, et lui laisser le fruit;
C'est là mon sentiment, ce doit être le vôtre:
Par là vous gagnez l'un, et ne craignez plus l'autre.
Mais suivant d'Achillas le conseil hasardeux,
Vous n'en gagnez aucun, et les perdez tous deux.

PTOLOMÉE.

N'examinons donc plus la justice des causes,
Et cédons au torrent qui roule toutes choses.
Je passe au plus de voix, et de mon sentiment
Je veux bien avoir part à ce grand changement.
    Assez et trop longtemps l'arrogance de Rome.
A cru qu'être Romain, c'était être plus qu'homme.
Abattons sa superbe avec sa liberté;
Dans le sang de Pompée éteignons sa fierté;
Tranchons l'unique espoir où tant d'orgueil se fonde;
Et donnons un tyran à ces tyrans du monde.
Secondons le destin qui les veut mettre aux fers,
Et prêtons-lui la main pour venger l'univers.
Rome, tu serviras; et ces rois que tu braves,
Et que ton insolence ose traiter d'esclaves,
Adoreront César avec moins de douleur,
Puisqu'il sera ton maître aussi bien que le leur.
    Allez donc, Achillas, allez avec Septime
Nous immortaliser par cet illustre crime.
Qu'il plaise au ciel ou non, laissez m'en le souci.
Je crois qu'il veut sa mort, puisqu'il l'amène ici.

ACHILLAS.

Seigneur, je crois tout juste alors qu'un roi l'ordonne.

PTOLOMÉE.

Allez, et hâtez-vous d'assurer ma couronne;
Et vous ressouvenez que je mets en vos mains
Le destin de l'Egypte et celui des Romains.

SCÈNE II.

PTOLOMÉE, PHOTIN.

PTOLOMÉE.

Photin, ou je me trompe, ou ma sœur est déçue.
De l'abord de Pompée elle espère autre issue.
Sachant que de mon père il a le testament,
Elle ne doute point de son couronnement;
Elle se croit déjà souveraine maîtresse
D'un sceptre partagé que sa bonté lui laisse;
Et se promettant tout de leur vieille amitié,
De mon trône en son ame elle prend la moitié,
Où de son vain orgueil les cendres rallumées
Poussent déjà dans l'air de nouvelles fumées.

PHOTIN.

Seigneur, c'est un motif que je ne disais pas,
Qui devait de Pompée avancer le trépas.
Sans doute il jugerait de la sœur et du frère
Suivant le testament du feu roi votre père;
Son hôte et son ami, qui l'en daigna saisir:
Jugez après cela ce de votre déplaisir,
Ce n'est pas que je veuille, en vous parlant contre elle,
Rompre les sacrés nœuds d'une amour fraternelle:
Du trône et non du cœur je la veux éloigner,
Car c'est ne régner pas qu'être deux à régner:
Un roi qui s'y résout est mauvais politique;
Il détruit son pouvoir quand il le communique;
Et les raisons d'état... Mais, seigneur, la voici.

SCENE III.

PTOLOMÉE, CLEOPATRE, PHOTIN.

CLÉOPATRE.

Seigneur, Pompée arrive, et vous êtes ici!

PTOLOMÉE.

J'attends dans mon palais ce guerrier magnanime,
Et lui viens d'envoyer Achillas et Septime.

CLÉOPATRE.

Quoi! Septime à Pompée! à Pompée Achillas!

PTOLOMÉE.

Si ce n'est assez d'eux, allez suivez leurs pas.

CLÉOPATRE.

Donc pour le recevoir c'est trop que de vous-même?

PTOLOMÉE

Ma sœur, je dois garder l'honneur du diadème.

CLÉOPATRE.

Si vous en portez un, ne vous en souvenez
Que pour baiser la main de qui vous le tenez, [homme.
Que pour en faire hommage aux pieds d'un si grand

PTOLOMÉE

Au sortir de Pharsale est-ce ainsi qu'on le nomme?

CLÉOPATRE.

Fût-il dans son malheur de tous abandonné,
Il est toujours Pompée, et vous a couronné.

PTOLOMÉE

Il n'en est plus que l'ombre, et couronna mon père,
Dont l'ombre et non pas moi lui doit ce qu'il espère;
Il peut aller, s'il veut, dessus son monument
Recevoir ses devoirs et son remerciement.

CLÉOPATRE

Après un tel bienfait, c'est ainsi qu'on le traite!

PTOLOMÉE.

Je m'en souviens, ma sœur, et je vois sa défaite.

CLÉOPATRE

Vous la voyez de vrai, mais d'un œil de mépris.

PTOLOMÉE

Le temps de chaque chose ordonne et fait le prix.
Vous qui l'estimez tant, allez lui rendre hommage;
Mais songez qu'au port même il peut faire naufrage.

CLÉOPATRE.

Il peut faire naufrage, et même dans le port!
Quoi! vous auriez osé lui préparer la mort?

PTOLOMÉE.

J'ai fait ce que les dieux m'ont inspiré de faire,
Et que pour mon état j'ai jugé nécessaire.

CLÉOPATRE.

Je ne le vois que trop, Photin et ses pareils
Vous ont empoisonné de leurs lâches conseils:
Ces âmes que le ciel ne forma que de boue...

PHOTIN.

Ce sont de nos conseils, oui, madame; et j'avoue...

CLÉOPATRE.

Photin, je parle au roi: vous répondrez pour tous
Quand je m'abaisserai jusqu'à parler à vous.

PTOLOMÉE, à Photin.

Il faut un peu souffrir de cette humeur hautaine;
Je sais votre innocence, et je connais sa haine:
Après tout, c'est ma sœur, soyez sans repartir.

CLÉOPATRE.

Ah! s'il est encor temps de vous en repentir,
Affranchissez-vous d'eux et de leur tyrannie,
Rappelez la vertu par leurs conseils bannie,
Cette haute vertu dont le ciel et le sang
Enflent toujours les cœurs de ceux de notre rang.

PTOLOMÉE.

Quoi! d'un frivole espoir déjà préoccupée,
Vous me parlez en reine en parlant de Pompée;
Et d'un faux zèle mis à votre orgueil revêtu
Fait agir l'intérêt sous le nom de vertu!
Confessez-le, ma sœur, vous sauriez vous en taire,
N'était le testament du feu roi notre père;
Vous savez qui le garde.

CLÉOPATRE

Et vous saurez aussi
Que la seule vertu me fait parler ainsi,
J'agirais pour César, et non pas pour Pompée.
Apprenez un secret que je voulais cacher,
Et cessez désormais de me rien reprocher.
    Quand ce peuple insolent qu'enferme Alexandrie
Fit quitter au feu roi son trône et sa patrie
Et que jusque dans Rome, il alla du sénat
Implorer la pitié contre un tel attentat,
Il nous mena tous deux pour toucher son courage,
Vous assez jeune encor, moi déjà dans un âge

Où ce peu de beauté que m'ont donné les cieux
D'un assez vif éclat faisait briller mes yeux.
César en fut épris, et du moins j'eus la gloire
De le voir hautement donner lieu de le croire;
Mais, voyant contre lui le sénat irrité,
Il fit agir Pompée et son autorité.
Ce dernier nous servit à sa seule prière,
Qui de leur amitié fut la preuve dernière :
Vous en savez l'effet, et vous en jouissez.
Mais pour un tel amant ce ne fut pas assez;
Après avoir pour nous employé ce grand homme,
Qui nous gagne soudain toutes les voix de Rome,
Son amour en voulut seconder les efforts,
Et, nous ouvrant son cœur, nous ouvrit ses trésors :
Nous eûmes de ses feux, encore en leur naissance,
Et les nerfs de la guerre, et ceux de la puissance;
Et les mille talents qui lui sont encor dus,
Remirent en nos mains tous nos états perdus.
Le roi, qui s'en souvint à son heure fatale,
Me laissa comme à vous la dignité royale,
Et, par son testament, il vous fit cette loi
Pour me rendre une part de ce qu'il tint de moi.
C'est ainsi qu'ignorant d'où vint ce bon office,
Vous appelez faveur ce qui n'est que justice,
Et l'oser accuser d'une aveugle amitié,
Quand du tout qu'il me doit il me rend la moitié.

PTOLOMÉE.
Certes, ma sœur, le conte est fait avec adresse.

CLÉOPATRE.
César viendra bientôt, et j'en ai lettre expresse;
Et peut-être aujourd'hui vos yeux seront témoins
De ce que votre esprit s'imagine le moins.
Ce n'est pas sans sujet que je parlais en reine.
Je n'ai reçu de vous que mépris et que haine;
Et, de ma part du sceptre indigne ravisseur,
Vous m'avez plus traitée en esclave qu'en sœur;
Même, pour éviter des effets plus sinistres,
Il m'a fallu flatter vos insolents ministres,
Dont j'ai craint jusqu'ici le fer ou le poison;
Mais Pompée ou César m'en va faire raison,
Et, quoi qu'avec Photin Achillas en ordonne,
Ou l'une ou l'autre main me rendra ma couronne.
Cependant mon orgueil vous laisse à démêler
Quel était l'intérêt qui me faisait parler.

SCÈNE IV.

PTOLOMÉE, PHOTIN.

PTOLOMÉE.
Que dites-vous, ami, de cette ame orgueilleuse?

PHOTIN.
Seigneur, cette surprise est pour moi merveilleuse;
Je n'en sais que penser, et mon cœur étonné
D'un secret que jamais il n'aurait soupçonné,
Inconstant et confus dans son incertitude,
Ne se résout à rien qu'avec inquiétude.

PTOLOMÉE.
Sauverons-nous Pompée?

PHOTIN.
　　　　　　Il faudrait faire effort,
Si nous l'avions sauvé, pour conclure sa mort.
Cléopatre vous hait; elle est fière, elle est belle :
Et si l'heureux César a de l'amour pour elle,
La tête de Pompée est l'unique présent
Qui vous fasse contre elle un rempart suffisant.

PTOLOMÉE.
Ce dangereux esprit a beaucoup d'artifice.

PHOTIN.
Son artifice est peu contre un si grand service.

PTOLOMÉE.
Mais si, tout grand qu'il est, il cède à ses appas?

PHOTIN.
Il la faudra flatter : mais ne m'en croyez pas;
Et pour mieux empêcher qu'elle ne vous opprime,
Consultez-en encore Achillas et Septime.

PTOLOMÉE.
Allons donc les voir faire, et montons à la tour;
Et nous en résoudrons ensemble à leur retour.

FIN DU PREMIER ACTE.

ACTE SECOND.

SCÈNE I.

CLÉOPATRE CHARMION.

CLÉOPATRE.
Je l'aime, mais l'éclat d'une si belle flamme,
Quelque brillant qu'il soit, n'éblouit point mon ame,
Et toujours ma vertu retrace dans mon cœur
Ce qu'il doit au vaincu, brûlant pour le vainqueur.
Aussi qui l'ose aimer porte une ame trop haute
Pour souffrir seulement le soupçon d'une faute ;
Et je le traiterais avec indignité
Si j'aspirais à lui par une lâcheté.

CHARMION.
Quoi ! vous aimez César, et si vous étiez crue,
L'Egypte pour Pompée armerait à sa vue,
Et prendrait la défense; et par un prompt secours
Du destin de Pharsale arrêterait le cours !
L'amour certes sur vous a bien peu de puissance.

CLÉOPATRE.
Les princes ont cela de leur haute naissance;
Leur ame dans leur sang prend des impressions
Qui dessous leur vertu rangent leurs passions ;
Leur générosité soumet tout à leur gloire :
Tout est illustre en eux quand ils daignent se croire ;
Et si le peuple y voit quelques dérèglements,
C'est quand l'avis d'autrui corrompt leurs sentiments.
Ce malheur de Pompée achève la ruine.
Le roi l'eût secouru, mais Photin l'assassine :
Il croit cette ame basse, et se montre sans foi;
Mais, s'il croyait la sienne, il agirait en roi.

CHARMION.
Ainsi donc de César l'amante et l'ennemie...

CLÉOPATRE.
Je lui garde ma foi exempte d'infamie,
Un cœur digne de lui.

CHARMION.
　　　　　　Vous possédez le sien?

CLÉOPATRE.
Je crois le posséder.

CHARMION.
　　　　　　Mais le savez-vous bien?

CLÉOPATRE.
Apprend qu'une princesse aimant sa renommée,
Quand elle dit qu'elle aime, est sûre d'être aimée,
Et que ses beaux feux dont son cœur soit épris
N'oseraient l'exposer aux hontes d'un mépris.
Notre séjour à Rome enflamma son courage :
Là, j'eus de son amour le premier témoignage,
Et depuis jusqu'ici chaque jour ses courriers
M'apportent en tribut ses vœux et ses lauriers.
Partout, en Italie, aux Gaules, en Espagne,
La fortune le suit, et l'amour l'accompagne :
Son bras ne dompte point de peuples ni de lieux,
Dont il ne rende hommage au pouvoir de mes yeux,
Et de la même main dont il quitte l'épée
Fumante encor du sang des amis de Pompée,
Il trace des soupirs, et, d'un style plaintif
Dans son champ de victoire il se dit mon captif.
Oui, tout victorieux il m'écrit de Pharsale ;
Et si sa diligence à ses feux est égale,
Ou plutôt si la mer ne s'oppose à ses feux,
L'Egypte le va voir me présenter ses vœux.
Il vient, ma Charmion, jusque dans nos murailles
Chercher auprès de moi le prix de ses batailles,
M'offrir toute sa gloire, et soumettre à mes lois
Ce cœur et cette main qui commandent aux rois :
Et ma rigueur, mêlée aux faveurs de la guerre,
Ferait un malheureux du maître de la terre.

CHARMION.
J'oserais bien jurer que vos charmants appas
Se vantent d'un pouvoir dont ils n'useront pas,

Et que le grand César n'a rien qui l'importune
Si vos seules rigueurs ont droit sur sa fortune.
Mais quelle est votre attente, et que prétendez-vous,
Puisque d'une autre femme il est déjà l'époux,
Et qu'avec Calpurnie un paisible hyménée
Par des liens sacrés tient son ame enchaînée?

CLÉOPATRE.

Le divorce, aujourd'hui si commun aux Romains,
Peut rendre en ma faveur tous ces obstacles vains :
César en sait l'usage et la cérémonie;
Un divorce chez lui fit place à Calpurnie.

CHARMION.

Par cette même voie il pourra vous quitter.

CLÉOPATRE.

Peut-être mon bonheur saura mieux l'arrêter ;
Peut-être mon amour aura quelque avantage
Qui saura mieux pour moi ménager son courage.
Mais laissons au hasard ce qui peut arriver ;
Achevons cet hymen, s'il se peut achever :
Ne durât-il qu'un jour, ma gloire est sans seconde
D'être du moins un jour la maîtresse du monde.
J'ai de l'ambition, et soit vice ou vertu,
Mon cœur sous son fardeau veut bien être abattu ;
J'en aime la chaleur, et la nomme sans cesse
La seule passion digne d'une princesse.
Mais je veux que la gloire anime ses ardeurs,
Qu'elle mène sans honte au faîte des grandeurs ;
Et je la désavoue alors que sa manie
Nous présente le trône avec ignominie.
Ne t'étonne donc plus, Charmion, de me voir
Défendre encor Pompée et suivre mon devoir ;
Ne pouvant rien de plus pour sa vertu séduite,
Dans mon ame en secret je l'exhorte à la fuite,
Et voudrait qu'un orage, écartant ses vaisseaux,
Malgré lui l'enlevât aux mains de ses bourreaux.
Mais voici de retour le fidèle Achorée,
Par qui j'en apprendrai la nouvelle assurée.

SCÈNE II.

CLÉOPATRE, ACHORÉE, CHARMION.

CLÉOPATRE.

En est-ce déjà fait, et nos bords malheureux
Sont-ils déjà souillés d'un sang si généreux?

ACHORÉE.

Madame, j'ai couru par votre ordre au rivage ;
J'ai vu la trahison, j'ai vu toute sa rage ;
Du plus grand des mortels j'ai vu trancher le sort ;
J'ai vu dans son malheur la gloire de sa mort :
Et puisque vous voulez qu'ici je vous raconte
La gloire d'une mort qui nous couvre de honte,
Écoutez, admirez, et plaignez son trépas.
Ses trois vaisseaux en rade avaient mis voiles bas;
Et, voyant dans le port préparer nos galères,
Il croyait que le roi, touché de ses misères,
Par un beau sentiment d'honneur et de devoir,
Avec toute sa cour le venait recevoir;
Mais voyant que ce prince, ingrat à ses mérites,
N'envoyait qu'un esquif rempli de satellites,
Il soupçonne aussitôt le manquement de foi,
Et se laisse surprendre à quelque peu d'effroi;
Enfin, voyant nos bords et notre flotte en armes,
Il condamne en son cœur ces indignes alarmes,
Et réduit tous les soins d'un si pressant ennui
A ne hasarder pas Cornélie avec lui :
« N'exposons, lui dit-il, que cette seule tête
« A la réception que l'Égypte m'apprête,
« Et tandis que moi seul j'en courrai le danger,
« Songe à prendre la fuite afin de me venger.
« Le roi Juba nous garde une foi plus sincère ;
« Chez lui tu trouveras et mes fils et ton père ;
« Mais quand tu les verrais descendre chez Pluton,
« Ne désespère point, du vivant de Caton. »
Tandis que leur amour en cet adieu conteste,
Achillas à son bord joint son esquif funeste.

Septime se présente, et, lui tendant la main,
Le salue empereur en langage romain ;
Et comme député de ce jeune monarque,
« Passez, seigneur, dit-il, passez dans cette barque ;
« Les sables et les bancs cachés dessous les eaux
« Rendent l'accès mal sûr à de plus grands vaisseaux. »
Ce héros voit la fourbe, et s'en moque dans l'ame :
Il reçoit les adieux des siens et de sa femme,
Leur défend de le suivre, et s'avance au trépas
Avec le même front qu'il donnait les états ;
La même majesté, sur son visage empreinte,
Entre ses assassins montre un esprit sans crainte ;
Sa vertu tout entière à la mort le conduit :
Son affranchi Philippe est le seul qui le suit ;
C'est de lui que j'ai su ce que je viens de dire ;
Mes yeux ont vu le reste, et mon cœur en soupire,
Et croit que César même à de si grands malheurs
Ne pourra refuser des soupirs et des pleurs.

CLÉOPATRE.

N'épargnez pas les miens ; achevez, Achorée,
L'histoire d'une mort que j'ai déjà pleurée.

ACHORÉE.

On l'amène, et du port nous le voyons venir,
Sans que pas un d'entre eux daigne l'entretenir.
Ce mépris lui fait voir ce qu'il en doit attendre.
Sitôt qu'on a pris terre, on l'invite à descendre :
Il se lève ; et soudain, pour signal Achillas,
Derrière ce héros, tirant son coutelas,
Septime et trois des siens, lâches enfants de Rome,
Percent à coups pressés les flancs de ce grand homme,
Tandis qu'Achillas même, épouvanté d'horreur,
De ces quatre enragés admire la fureur.

CLÉOPATRE.

Vous qui livrez la terre aux discordes civiles,
Si vous vengez sa mort, dieux, épargnez nos villes!
N'imputez rien aux lieux, reconnaissez les mains ;
Le crime de l'Égypte est fait par des Romains.
Mais que fait et que dit ce généreux courage?

ACHORÉE.

D'un des pans de sa robe il couvre son visage,
A son mauvais destin en aveugle obéit,
Et dédaigne de voir le ciel qui le trahit,
De peur que d'un coup d'œil contre une telle offense
Il ne semble implorer son aide ou sa vengeance.
Aucun gémissement à son cœur échappé
Ne le montre, en mourant, digne d'être frappé :
Immobile à leurs coups, en lui-même il rappelle
Ce qu'eut de beau sa vie, et ce qu'on dira d'elle ;
Et tient la trahison que le roi leur prescrit
Trop au-dessous de lui pour y prêter l'esprit.
Sa vertu dans leur crime augmente ainsi son lustre ;
Et son dernier soupir est un soupir illustre,
Qui, de cette grande ame achevant les destins,
Étale tout Pompée aux yeux des assassins.
Sur les bords de l'esquif sa tête enfin penchée,
Par le traître Septime indignement tranchée,
Passe au bout d'une lance en la main d'Achillas,
Ainsi qu'un grand trophée après de grands combats.
On descend, et pour comble à sa noire aventure
On donne à ce héros la mer pour sépulture,
Et le tronc sous les flots roule dorénavant
Au gré de la fortune, et de l'onde, et du vent.
La triste Cornélie, à cet affreux spectacle,
Par de longs cris aigus tâche d'y mettre obstacle,
Défend ce cher époux de la voix et des yeux.
Puis, n'espérant plus rien, lève les mains aux cieux,
Et, cédant tout à coup à la douleur plus forte,
Tombe, dans sa galère, évanouie ou morte.
Les siens en ce désastre, à force de ramer,
L'éloignent de la rive, et regagnent la mer.
Mais sa fuite est mal sûre ; et l'infâme Septime,
Qui se voit dérober la moitié de son crime,
Afin de l'achever, prend six vaisseaux au port,
Et poursuit sur les eaux Pompée après sa mort.
Cependant Achillas porte au roi sa conquête ;
Tout le peuple tremblant en détourne la tête ;
Un effroi général offre à l'un sous ses pas
Des abymes ouverts pour venger ce trépas ;
L'autre entend le tonnerre, et chacun se figure
Un désordre soudain de toute la nature ;

Tant l'excès du forfait, troublant leurs jugements,
Présente à leur terreur l'excès des châtiments !
  Philippe, d'autre part, montrant sur le rivage
Dans une ame servile un généreux courage,
Examine d'un œil et d'un soin curieux
Où les vagues rendront ce dépôt précieux, [rendre,
Pour lui rendre, s'il peut, ce qu'aux morts on doit
Dans quelque urne chétive en ramasser la cendre,
Et d'un peu de poussière élever un tombeau
A celui qui du monde eut le sort le plus beau.
Mais comme vers l'Afrique on poursuit Cornélie,
On voit d'ailleurs César venir de Thessalie ;
Une flotte paraît, qu'on a peine à compter...

CLÉOPATRE.

C'est lui-même, Achorée, il n'en faut point douter,
Tremblez, tremblez, méchants, voici venir la foudre ;
Cléopatre a de quoi vous mettre tous en poudre :
César vient, elle est reine, et Pompée est vengé ;
La tyrannie est bas, et le sort a changé.
  Admirons cependant le destin des grands hommes,
Plaignons-les, et par eux jugeons ce que nous sommes.
Ce prince d'un sénat maître de l'univers,
Dont le bonheur semblait au-dessus du revers,
Lui que sa Rome a vu, plus craint que le tonnerre,
Triompher en trois fois des trois parts de la terre,
Et qui voyait encore en ces derniers hasards
L'un et l'autre consul suivre ses étendards ;
Sitôt que d'un malheur sa fortune est suivie,
Les monstres de l'Égypte ordonnent de sa vie :
On voit un Achillas, un Septime, un Photin,
Arbitres souverains d'un si noble destin ;
Un roi qui de ses mains a reçu la couronne
A ces pestes de cour lâchement l'abandonne.
Ainsi finit Pompée : et peut-être qu'un jour
César éprouvera même sort à son tour,
Rendez l'augure faux, dieux qui voyez mes larmes,
Et secondez partout et mes vœux, et ses armes !

CHARMION.

Madame, le roi vient, qui pourra vous ouïr.

SCÈNE III.

PTOLOMÉE, CLÉOPATRE, CHARMION.

PTOLOMÉE.

Savez-vous le bonheur dont nous allons jouir.
Ma sœur?

CLÉOPATRE.

Oui, je le sais, le grand César arrive :
Sous les lois de Photin je ne suis plus captive.

PTOLOMÉE.

Vous haïssez toujours ce fidèle sujet ?

CLÉOPATRE.

Non, mais en liberté je ris de son projet.

PTOLOMÉE.

Quel projet faisait-il dont vous pussiez vous plaindre ?

CLÉOPATRE.

J'en ai souffert beaucoup, et j'avais plus à craindre.
Un si grand politique est capable de tout ;
Et vous donnez les mains à tout ce qu'il résout.

PTOLOMÉE.

Si je suis ses conseils, j'en connais la prudence.

CLÉOPATRE.

Si j'en crains les effets, j'en vois la violence.

PTOLOMÉE.

Pour le bien de l'état tout est juste en un roi.

CLÉOPATRE.

Ce genre de justice est à craindre pour moi :
Après ma part du sceptre, à ce titre usurpée,
Il en coûte la vie et la tête à Pompée.

PTOLOMÉE.

Jamais un coup d'état ne fut mieux entrepris.
Le voulant secourir César nous eût surpris ;
Vous voyez sa vitesse, et l'Égypte troublée
Avant qu'être en défense en serait accablée ;
Mais je puis maintenant à cet heureux vainqueur
Offrir en sûreté mon trône et votre cœur.

CLÉOPATRE.

Je ferai mes présents, n'ayez soin que des vôtres,
Et dans vos intérêts n'en confondez point d'autres,

PTOLOMÉE.

Les vôtres sont les miens, étant de même sang.

CLÉOPATRE.

Vous pouvez dire encore étant de même rang,
Étant rois l'un et l'autre ; et toutefois je pense
Que nos deux intérêts ont quelque différence.

PTOLOMÉE.

Oui, ma sœur, car l'état, dont mon cœur est content,
Sur quelques bords du Nil à grand'peine s'étend :
Mais César à vos lois soumettant son courage,
Vous va faire régner sur le Gange et le Tage,

CLÉOPATRE.

J'ai de l'ambition ; mais je la sais régler :
Elle peut m'éblouir, et non pas m'aveugler.
Ne parlons point ici du Tage, ni du Gange,
Je connais ma portée, et ne prends point le change.

PTOLOMÉE.

L'occasion vous rit, et vous en userez.

CLÉOPATRE.

Si je n'en use bien, vous m'en accuserez.

PTOLOMÉE.

J'en espère beaucoup, vu l'amour qui l'engage.

CLÉOPATRE.

Vous la craignez peut-être encore davantage ;
Mais, quelque occasion qui me rie aujourd'hui,
N'ayez aucune peur, je ne veux rien d'autrui ;
Je ne garde pour vous ni haine ni colère ;
Et je suis bonne sœur, si vous n'êtes bon frère.

PTOLOMÉE.

Vous montrez cependant un peu bien du mépris.

CLÉOPATRE.

Le temps de chaque chose ordonne et fait le prix.

PTOLOMÉE.

Votre façon d'agir le fait assez connaître.

CLÉOPATRE.

Le grand César arrive, et vous avez un maître.

PTOLOMÉE.

Il l'est de tout le monde, et je l'ai fait le mien.

CLÉOPATRE.

Allez lui rendre hommage, et j'attendrai le sien.
Allez, ce n'est pas trop pour lui que de vous-même ;
Je garderai pour vous l'honneur du diadème.
Photin vous vient aider à le bien recevoir ;
Consultez avec lui quel est votre devoir.

SCÈNE IV.

PTOLOMÉE, PHOTIN.

PTOLOMÉE.

J'ai suivi tes conseils ; mais plus je l'ai flattée,
Et plus dans l'insolence elle s'est emportée ;
Si bien qu'enfin, outré de tant d'indignités,
Je m'allais emporter dans les extrémités :
Mon bras, dont ses mépris forçaient la retenue,
N'eût plus considéré César, ni sa venue,
Et l'eût mise en état, malgré tout son appui,
De s'en plaindre à Pompée auparavant qu'à lui.
L'arrogante ! à l'ouïr elle est déjà ma reine ;
Et, si César en croit son orgueil et sa haine,
Si, comme elle s'en vante, elle est son cher objet,
De son frère et son roi je deviens son sujet.
Non, non ; prevenons-la : c'est faiblesse d'attendre
Le mal qu'on voit venir sans vouloir s'en défendre
Otons-lui les moyens de nous plus dédaigner,
Otons-lui les moyens de plaire et de régner ;
Et ne permettons pas qu'après tant de bravades,
Mon sceptre soit le prix d'une de ses œillades.

PHOTIN.

Seigneur, ne donnez point de prétexte à César
Pour attacher l'Égypte aux pompes de son char.
Ce cœur ambitieux, qui, par toute la terre,
Ne cherche qu'à porter l'esclavage et la guerre,
Enfle de sa victoire et des ressentiments
Qu'une perte pareille imprime aux vrais amants,

Quoique vous ne rendiez que justice à vous-même,
Prendrait l'occasion de venger ce qu'il aime ;
Et, pour s'assujettir et vos états et vous,
Imputerait à crime un si juste courroux.
PTOLOMÉE.
Si Cléopâtre vit, s'il la voit, elle est reine.
PHOTIN.
Si Cléopâtre meurt, votre perte est certaine.
PTOLOMÉE.
Je perdrai qui me perd, ne pouvant me sauver.
PHOTIN.
Pour la perdre avec joie il faut vous conserver.
PTOLOMÉE.
Quoi ! pour voir sur sa tête éclater ma couronne ?
Sceptre, s'il faut enfin que ma main t'abandonne
Passe, passe plutôt en celle du vainqueur.
PHOTIN.
Vous l'arracherez mieux de celle d'une sœur.
Quelques feux que d'abord il lui fasse paraître,
Il partira bientôt, et vous serez le maître.
L'amour à ses pareils ne donne point d'ardeur
Qui ne cède aisément aux soins de leur grandeur :
Il voit encor l'Afrique et l'Espagne occupées
Par Juba, Scipion, et les jeunes Pompées ;
Et le monde à ses lois n'est point assujetti,
Tant qu'il verra durer ces restes du parti.
Au sortir de Pharsale un si grand capitaine
Saurait mal son métier s'il laissait prendre haleine,
Et s'il donnait loisir à des cœurs si hardis
De relever du coup dont ils sont étourdis :
S'il les vainc, s'il parvient où son désir aspire,
Il faut qu'il aille à Rome établir son empire,
Jouir de sa fortune et de son attentat,
Et changer à son gré la forme de l'état.
Jugez durant ce temps ce que vous pourrez faire.
Seigneur, voyez César, forcez-vous à lui plaire ;
En lui déférant tout, veuillez vous souvenir
Que les événements régleront l'avenir.
Remettez en ses mains trône, sceptre, couronne,
Et, sans en murmurer, souffrez qu'il en ordonne,
Il en croira sans doute ordonner justement,
En suivant du feu roi l'ordre et le testament ;
L'importance d'ailleurs de ce dernier service
Ne permet pas d'en craindre une entière injustice.
Quoi qu'il en fasse enfin, feignez d'y consentir,
Louez son jugement et laissez-le partir. [séances,
Après, quand nous verrons le temps propre aux ven-
Nous aurons et la force et les intelligences.
Jusque-là réprimez ces transports violents
Qu'excitent d'une sœur les mépris insolents :
Les bravades enfin sont des discours frivoles,
Et qui songe aux effets néglige les paroles.
PTOLOMÉE.
Ah ! tu me rends la vie et le sceptre à la fois ;
Un sage conseiller est le bonheur des rois.
Cher appui de mon trône, allons, sans plus attendre,
Offrir tout à César afin de tout reprendre ;
Avec toute ma flotte allons le recevoir,
Et par ces vains honneurs séduire son pouvoir.

FIN DU SECOND ACTE.

ACTE TROISIÈME.

SCÈNE I.

CHARMION, ACHORÉE.

CHARMION.
Oui, tandis que le roi va lui-même en personne
Jusqu'aux pieds de César prosterner sa couronne
Cléopâtre s'enferme en son appartement,
Et, sans s'en émouvoir, attend son compliment,
Comment nommerez-vous une humeur si hautaine ?
ACHORÉE.
Un orgueil noble et juste, et digne d'une reine
Qui soutient avec cœur et magnanimité
L'honneur de sa naissance et de sa dignité ;
Lui pourrai-je parler ?
CHARMION.
Non : mais elle m'envoie
Savoir à cet abord ce qu'on a vu de joie ;
Ce qu'à ce beau présent César a témoigné,
S'il a paru content, ou s'il l'a dédaigné ;
S'il traite avec douceur, s'il traite avec empire ;
Ce qu'à nos assassins enfin il a su dire.
ACHORÉE.
La tête de Pompée a produit des effets
Dont ils n'ont pas sujet d'être fort satisfaits.
Je ne sais si César prendrait plaisir à feindre ;
Mais pour eux jusqu'ici je trouve lieu de craindre :
S'ils aimaient Ptolomée, ils l'ont fort mal servi.
Vous l'avez vu partir, et moi je l'ai suivi.
Ses vaisseaux en bon ordre ont éloigné la ville,
Et pour joindre César n'ont avancé qu'un mille :
Il venait à pleine voile ; et si dans les hasards
Il éprouva toujours pleine faveur de Mars,
Sa flotte, qu'à l'envi favorisait Neptune,
Avait le vent en poupe ainsi que sa fortune.
Dès le premier abord notre prince étonné
Ne s'est plus souvenu de son front couronné ;
Sa frayeur a paru sous sa fausse alégresse ;
Toutes ses actions ont senti la bassesse :
J'en ai rougi moi-même, et me suis plaint à moi
De voir là Ptolomée, et n'y voir point de roi ;
Et César, qui lisait sa peur sur son visage
Le flattait par pitié pour lui donner courage.
Lui, d'une voix tombante offrant ce don fatal :
« Seigneur, vous n'avez plus, lui dit-il, de rival ;
« Ce que n'ont pu les dieux dans votre Thessalie,
« Je vais mettre en vos mains Pompée et Cornélie :
« En voici déjà l'un, et pour l'autre, elle fuit ;
« Mais avec six vaisseaux un des miens la poursuit ».
A ces mots Achillas découvre cette tête :
Il semble qu'à parler encore elle s'apprête,
Qu'à ce nouvel affront un reste de chaleur
En sanglots mal formés exhale sa douleur ;
Sa bouche encore ouverte et sa vue égarée
Rappellent sa grande ame à peine séparée ;
Et son courroux mourant fait un dernier effort
Pour reprocher aux dieux sa défaite et sa mort.
César, à cet aspect, comme frappé du foudre,
Et comme ne sachant que croire ou que résoudre,
Immobile, et les yeux sur l'objet attachés,
Nous tient assez long-temps ses sentiments cachés ;
Et je dirai, si j'ose en faire conjecture,
Que, par un mouvement commun à la nature,
Quelque maligne joie en son cœur s'élevait,
Dont sa gloire indignée à peine le sauvait.
L'aise de voir la terre à son pouvoir soumise
Chatouillait malgré lui son ame avec surprise,
Et de cette douceur son esprit combattu
Avec un peu d'effort rassurait sa vertu.
S'il aime sa grandeur, il hait la perfidie ;
Il se juge en autrui, se tâte, et s'étudie,
Examine en secret sa joie et ses douleurs.
Les balance, choisit, laisse couler des pleurs ;

Et forçant sa vertu d'être encor la maîtresse,
Se montre généreux par un trait de faiblesse :
Ensuite il fait ôter ce présent de ses yeux,
Lève les mains ensemble et les regards aux cieux,
Lâche deux ou trois mots contre cette insolence ;
Puis tout triste et pensif il s'obstine au silence,
Et même à ses Romains ne daigne repartir
Que d'un regard farouche et d'un profond soupir.
Enfin ayant pris terre avec trente cohortes,
Il se saisit du port, il se saisit des portes,
Met des gardes partout et des ordres secrets,
Fait voir sa défiance ainsi que ses regrets,
Parle d'Egypte en maître, et de son adversaire,
Non plus comme ennemi, mais comme son beau-père.
Voilà ce que j'ai vu.

CHARMION.
Voilà ce qu'attendait,
Ce qu'au juste Osiris la reine demandait.
Je vais bien la ravir avec cette nouvelle.
Vous, continuez-lui ce service fidèle.

ACHORÉE.
Qu'elle n'en doute point. Mais César vient. Allez,
Peignez-lui bien nos gens pâles et désolés ;
Et moi, soit que l'issue en soit douce ou funeste,
J'irai l'entretenir quand j'aurai vu le reste.

SCÈNE II.

CÉSAR, PTOLOMÉE, LÉPIDE, PHOTIN, ACHORÉE, SOLDATS ROMAINS, SOLDATS ÉGYPTIENS.

PTOLOMÉE.
Seigneur, montez au trône, et commandez ici.

CÉSAR.
Connaissez-vous César, de lui parler ainsi ?
Que m'offrirait de pis la fortune ennemie,
A moi qui tiens le trône égal à l'infamie !
Certes, Rome à ce coup pourrait bien se vanter
D'avoir eu juste lieu de me persécuter ;
Et qui d'un même œil les donne et les dédaigne,
Qui ne voit rien aux rois qu'elle aime ou qu'elle craigne,
Et qui verse en nos cœurs, avec l'âme et le sang,
Et la haine du nom, et le mépris du rang.
C'est ce que de Pompée il vous fallait apprendre ;
S'il en eût aimé l'offre, il eût su s'en défendre :
Et le trône et le roi se seraient ennoblis
A soutenir la main qui les a rétablis.
Vous eussiez pu tomber, mais tout couvert de gloire ;
Votre chute eût valu la plus haute victoire :
Et si votre destin n'eût pu vous en sauver,
César eût pris plaisir à vous en relever.
Vous n'avez pu former une si belle envie.
Mais quel droit aviez-vous sur cette illustre vie ?
Que vous devait son sang pour y tremper vos mains,
Vous qui devez respect au moindre des Romains ?
Ai-je vaincu pour vous dans les champs de Pharsale ?
Et, par une victoire aux vaincus trop fatale,
Vous ai-je acquis sur eux, en ce dernier effort,
La puissance absolue et de vie et de mort ?
Moi qui n'ai jamais pu la souffrir à Pompée,
La souffrirai-je en vous sur lui-même usurpée,
Et que de mon bonheur vous ayez abusé
Jusqu'à plus attenter que je n'aurais osé ?
De quel nom, après tout, pensez-vous que je nomme
Ce coup où vous tranchez du souverain de Rome,
Et qui sur un seul chef lui fait bien plus d'affront
Que sur tant de milliers ne fit le roi de Pont ?
Pensez-vous que j'ignore ou que je dissimule
Que vous n'auriez pas eu pour moi plus de scrupule,
Et que, s'il m'eût vaincu, votre esprit complaisant
Lui faisait de ma tête un semblable présent ?
Graces à ma victoire, on me rend des hommages
Où ma fuite eût reçu toutes sortes d'outrages :
Au vainqueur, non à moi, vous faites tout l'honneur :
Si César en jouit, ce n'est que par bonheur.
Amitié dangereuse, et redoutable zèle,
Que règle la fortune, et qui tourne avec elle !
Mais parlez ; c'est trop être interdit et confus.

PTOLOMÉE.
Je le suis, il est vrai, si jamais je le fus ;
Et vous même avouerez que j'ai sujet de l'être.
Étant né souverain, je vois ici mon maître :
Ici, dis-je, où ma cour tremble en me regardant,
Où je n'ai point encore agi qu'en commandant,
Je vois une autre cour sous une autre puissance,
Et ne puis plus agir qu'avec obéissance.
De votre seul aspect je me suis vu surpris :
Jugez si vos discours rassurent mes esprits ;
Jugez par quels moyens je puis sortir d'un trouble
Que forme le respect, que la crainte redouble,
Et ce que vous peut dire un prince épouvanté
De voir tant de colère et tant de majesté.
Dans ces étonnements dont mon ame est frappée
De rencontrer en vous le vengeur de Pompée,
Il me souvient pourtant que, s'il fut notre appui,
Nous vous dûmes dès lors autant et plus qu'à lui :
Votre faveur pour nous éclata la première,
Tout ce qu'il fit après fut à votre prière :
Il émut le sénat pour des rois outragés,
Que sans cette prière il aurait négligés ;
Mais de ce grand sénat les saintes ordonnances
Eussent peu fait pour nous, seigneur, sans vos finances :
Par là de nos mutins le feu roi vint à bout ;
Et, pour en bien parler, nous vous devons le tout.
Nous avons honoré votre ami, votre gendre,
Jusqu'à ce vous-même il ait osé se prendre ;
Mais voyant son pouvoir, de vos succès jaloux,
Passer en tyrannie, et s'armer contre vous…

CÉSAR.
Tout beau : que votre haine et son sang assouvie
N'aille point à sa gloire ; il suffit de sa vie.
N'avancez rien ici que Rome ose nier ;
Et justifiez-vous, sans le calomnier.

PTOLOMÉE.
Je laisse donc aux dieux à juger ses pensées,
Et dirai seulement qu'en vos guerres passées,
Où vous fûtes forcé par tant d'indignités,
Tous vos vœux ont été pour vos prospérités ;
Que, comme il vous traitait en mortel adversaire,
J'ai cru sa mort pour vous un malheur nécessaire ;
Et sa haine injuste, augmentant tous les jours,
Jusque dans les enfers chercherait du secours ;
Ou qu'enfin, s'il tombait dessous votre puissance,
Il nous fallait pour vous craindre votre clémence,
Et que le sentiment d'un cœur trop généreux,
Usant mal de vos droits, vous rendît malheureux.
J'ai donc considéré qu'en ce péril extrême
Nous vous devions, seigneur, servir malgré vous ;
Et, sans attendre d'ordre en cette occasion, [même ;
Mon zèle ardent l'a pris à ma confusion.
Vous m'en désavouez, vous l'imputez à crime ;
Mais pour servir César rien n'est illégitime.
J'en ai souillé mes mains pour vous en préserver ;
Vous pouvez en jouir, et le désapprouver :
Et j'ai plus fait pour vous, plus l'action est noire,
Puisque c'est d'autant plus vous immoler ma gloire,
Et que ce sacrifice, offert par mon devoir,
Vous assure la vôtre avec votre pouvoir.

CÉSAR.
Vous cherchez, Ptolomée, avecque trop de ruses
De mauvaises couleurs et de froides excuses.
Votre zèle était faux, si seul il redoutait
Ce que le monde entier à pleins vœux souhaitait :
Et s'il vous a donné ces craintes trop subtiles,
Qui m'ôtent tout le fruit de nos guerres civiles,
Où l'honneur seul m'engage, et que pour terminer
Je ne veux que celui de vaincre et pardonner,
Où mes plus dangereux et plus grands adversaires,
Sitôt qu'ils sont vaincus, ne sont plus que mes frères
Et mon ambition ne va qu'à les forcer,
Ayant dompté leur haine, à vivre et m'embrasser.
O combien d'alégresse une si triste guerre
Aurait-elle laissé dessus toute la terre,
Si Rome avait pu voir marcher en même char,
Vainqueurs de leur discorde, et Pompée et César !

Voilà ces grands malheurs que craignait votre zèle.
O crainte ridicule autant que criminelle!
Vous craigniez ma clémence! ah! n'ayez plus ce soin ;
Souhaitez-la plutôt, vous en avez besoin.
Si je n'avais égard qu'aux lois de la justice,
Je m'apaiserais Rome avec votre supplice,
Sans que ni vos respects, ni votre repentir,
Ni votre dignité, vous pussent garantir ;
Votre trône lui-même en serait le théâtre :
Mais voulant épargner le sang de Cléopâtre,
J'impute à vos flatteurs toute la trahison,
Et je veux voir comment vous m'en ferez raison ;
Suivant les sentiments dont vous serez capable
Je saurai vous tenir innocent ou coupable.
Cependant à Pompé élevez des autels ;
Rendez-lui les honneurs qu'on rend aux immortels ;
Par un prompt sacrifice expiez tous vos crimes ;
Et surtout pensez bien au choix de vos victimes.
Allez-y donner ordre, et me laissez ici
Entretenir les miens sur quelque autre souci.

SCÈNE III.

CÉSAR, ANTOINE, LÉPIDE.

CÉSAR.
Antoine, avez-vous vu cette reine adorable?
ANTOINE.
Oui, seigneur, je l'ai vue : elle est incomparable ;
Le ciel n'a point encor, par de si doux accords,
Uni tant de vertu aux graces d'un beau corps.
Une majesté douce épand sur son visage
De quoi s'assujettir le plus noble courage ;
Ses yeux savent ravir, son discours sait charmer ;
Et, si j'étais César, je la voudrais aimer.
CÉSAR.
Comme a-t-elle reçu les offres de ma flamme?
ANTOINE.
Comme n'osant la croire, et la croyant dans l'ame ;
Par un refus modeste et fait pour inviter,
Elle s'en dit indigne, et la croit mériter.
CÉSAR.
En pourrai-je être aimé?
ANTOINE.
Douter qu'elle vous aime,
Elle qui de vous seul attend son diadème,
Qui n'espère qu'en vous! douter de ses ardeurs,
Vous qui pouvez la mettre au faîte des grandeurs!
Que votre amour sans crainte à son amour prétende ;
Au vainqueur de Pompée il faut que tout se rende ;
Et vous l'éprouverez. Elle craint toutefois
L'ordinaire mépris que Rome fait des rois ;
Et surtout elle craint l'amour de Calpurnie :
Mais, l'une et l'autre crainte à votre aspect bannie,
Vous ferez succéder un espoir assez doux,
Lorsque vous daignerez lui dire un mot pour vous.
CÉSAR.
Allons donc l'affranchir de ces frivoles craintes,
Lui montrer de mon cœur les sensibles atteintes ;
Allons, ne tardons plus.
ANTOINE.
Avant que de la voir,
Sachez que Cornélie est en votre pouvoir ;
Septime vous l'amène, orgueilleux de son crime,
Et pense auprès de vous se mettre en haute estime :
Dès qu'ils ont abordé, vos chefs, par vous instruits,
Sans leur rien témoigner, les ont ici conduits.
CÉSAR.
Qu'elle entre. Ah! l'importune et bonne nouvelle!
Qu'à mon impatience elle semble cruelle !
O ciel! et ne pourrai-je enfin à mon amour
Donner en liberté ce qui reste du jour ?

SCÈNE IV.

CÉSAR, ANTOINE, LÉPIDE, SEPTIME.

SEPTIME.
Seigneur...

CÉSAR.
Allez, Septime, allez vers votre maître :
César ne peut souffrir la présence d'un traître,
D'un Romain lâche assez pour servir sous un roi,
Après avoir servi sous Pompée et sous moi.
(*Septime rentre.*)

SCÈNE V.

CORNÉLIE, CÉSAR, ANTOINE, LÉPIDE.

CORNÉLIE.
César, car le destin, que dans tes fers je brave,
Me fait ta prisonnière, et non pas ton esclave,
Et tu ne prétends pas qu'il m'abatte le cœur
Jusqu'à te rendre hommage et te nommer seigneur ;
De quelque rude trait qu'il m'ose avoir frappée,
Veuve du jeune Crasse, et veuve de Pompée,
Fille de Scipion, et, pour dire encor plus,
Romaine, mon courage est encore au dessus ;
Et de tous les assauts que sa rigueur me livre
Rien ne me fait rougir que la honte de vivre.
J'ai vu mourir Pompée, et ne l'ai pas suivi ;
Et bien que le moyen m'en ait été ravi,
Qu'une pitié cruelle à mes douleurs profondes
M'aye ôté le secours et du fer et des ondes,
Je dois rougir pourtant, après un tel malheur,
De n'avoir pu mourir d'un excès de douleur :
Ma mort était ma gloire, et le destin m'en prive
Pour croître mes malheurs et me voir ta captive.
Je dois bien toutefois rendre graces aux dieux
De ce qu'en arrivant je te trouve en ces lieux,
Que César y commande, et non pas Ptolomée.
Hélas! et sous quel astre, ô ciel! m'as-tu formée,
Si je leur dois des vœux de ce qu'ils ont permis
Que je rencontre ici mes plus grands ennemis, [prince
Et tombe entre leurs mains plutôt qu'aux mains d'un
Qui doit à mon époux son trône et sa province ?
César, de ta victoire écoute moins le bruit ;
Elle n'est que l'effet du malheur qui me suit :
Je l'ai porté pour dot chez Pompée et chez Crasse ;
Deux fois du monde entier j'ai causé la disgrace ;
Deux fois de mon hymen le nœud mal assorti
A chassé tous les dieux du plus juste parti.
Heureuse en mes malheurs, si ce triste hyménée,
Pour le bonheur de Rome à César m'eût donnée !
Et si j'eusse avec moi porté dans ta maison
D'un astre envenimé l'invincible poison !
Car enfin n'attends pas que j'abaisse ma haine.
Je te l'ai déjà dit, César, je suis Romaine.
Et quoique ta captive, un cœur comme le mien,
De peur de s'oublier, ne te demande rien.
Ordonne ; et, sans vouloir qu'il tremble, ou s'humilie,
Souviens-toi seulement que je suis Cornélie.

CÉSAR
O d'un illustre époux noble et digne moitié,
Dont le courage étonne, et le sort fait pitié !
Certes, vos sentiments font assez reconnaître
Qui vous donna la main, et qui vous donna l'être ;
Et l'on juge aisément, au cœur que vous portez,
Où vous êtes entrez et de qui vous sortez.
L'ame du jeune Crasse, et celle de Pompée,
L'une et l'autre vertu par le malheur trompée,
Le sang des Scipions protecteur de nos dieux,
Parlent par votre bouche et brillent dans vos yeux ;
Et Rome dans ses murs ne voit point de famille
Qui sois plus honorée ou de femme ou de fille.
Plût au grand Jupiter, plût à ces mêmes dieux
Qu'Annibal eût bravés jadis sans vos aïeux,
Que ce héros si cher dont le ciel vous sépare
N'eût pas si mal connu la cour d'un roi barbare,
Ni mieux aimé tenter une incertaine foi,
Que la vieille amitié qu'il eût trouvée en moi ;
Qu'il eût voulu souffrir qu'un bonheur de mes armes
Eût vaincu ses soupçons, dissipé ses alarmes ;
Et qu'enfin m'attendant sans plus se défier,
Il m'eût donné moyen de me justifier !

Alors, foulant aux pieds la discorde et l'envie,
Je l'eusse conjuré de se donner la vie,
D'oublier ma victoire, et d'aimer un rival
Heureux d'avoir vaincu pour vivre son égal :
J'eusse alors regagné son ame satisfaite,
Jusqu'à lui faire aux dieux pardonner sa défaite,
Il eût fait à son tour, en me rendant son cœur,
Que Rome eût pardonné la victoire au vainqueur.
Mais puisque par sa perte, à jamais sans seconde,
Le sort a dérobé cette alégresse au monde,
César s'efforcera de s'acquitter vers vous
De ce qu'il voudrait rendre à cet illustre époux.
Prenez donc en ces lieux liberté tout entière :
Seulement pour deux jours soyez ma prisonnière,
Afin d'être témoin comme, après nos debats,
Je chéris sa mémoire et venge son trépas,
Et de pouvoir apprendre à toute l'Italie
De quel orgueil nouveau m'enfle la Thessalie,
Je vous laisse à vous-même, et vous quitte un moment.
Choisissez-lui, Lépide, un digne appartement ;
Et qu'on l'honore ici, mais en dame romaine,
C'est à dire un peu plus qu'on n'honore la reine.
Commandez, et chacun aura soin d'obéir.

CORNÉLIE.

O ciel ! que de vertus vous me faites haïr !

FIN DU TROISIÈME ACTE.

ACTE IV.

SCÈNE PREMIÈRE.

PTOLOMÉE, ACHILLAS, PHOTIN.

PTOLOMÉE.

Quoi ! de la même main et de la même épée
Dont il vient d'immoler le malheureux Pompée,
Septime, par César indignement chassé,
Dans un tel désespoir à vos yeux a passé ?

ACHILLAS.

Oui, seigneur ; et sa mort a de quoi vous apprendre
La honte qu'il prévient et qu'il vous faut attendre.
Jugez quel est César à ce courroux si lent.
Un moment pousse et rompt un transport violent ;
Mais l'indignation qu'on prend avec etude
Augmente avec le temps, et porte un coup plus rude ;
Ainsi n'espérez pas de le voir modéré ;
Par adresse il se fâche après s'être assuré.
Sa puissance établie, il a soin de sa gloire.
Il poursuivait Pompée, et chérit sa mémoire,
Et veut tirer à soi, par un courroux accort,
L'honneur de sa vengeance et le fruit de sa mort.

PTOLOMÉE.

Ah ! si je t'avais cru, je n'aurais pas de maître ;
Je serais dans le trône où le ciel m'a fait naître ;
Mais c'est une imprudence assez commune aux rois
D'écouter trop d'avis et se tromper au choix :
Le destin les aveugle au bord du précipice ;
Ou si quelque lumière en leur ame se glisse,
Cette fausse clarté, dont il les éblouit,
Les plonge dans un gouffre, et puis s'évanouit.

PHOTIN.

J'ai mal connu César ; mais puisque en son estime
Un si rare service est un énorme crime,
Il porte dans son flanc de quoi nous en laver ;
C'est là qu'est notre grace, il nous l'y faut trouver.
Je ne vous parle plus de souffrir sans murmure,
D'attendre son départ pour venger cette injure ;
Je sais mieux conformer les remèdes au mal :
Justifions sur lui la mort de son rival ;
Et, notre main alors également trempée
Et du sang de César et du sang de Pompée,
Rome, sans leur donner de titres différents,
Se croira par vous seul libre de deux tyrans.

PTOLOMÉE.

Oui par là seulement ma perte est évitable ;
C'est trop craindre un tyran que j'ai fait redoutable :
Montrons que sa fortune est l'œuvre de nos mains ;
Deux fois en même jour disposons des Romains ;
Faisons leur liberté comme leur esclavage.
César, que tes exploits n'enflent plus ton courage ;
Considère les miens, tes yeux en sont témoins.
Pompée était mortel, et tu ne l'es pas moins :
Il pouvait plus que toi ; tu lui portais envie ;
Tu n'as, non plus que lui, qu'une ame et qu'une vie ;
Et son sort que tu plains te doit faire penser
Que ton cœur est sensible, et qu'on peut le percer.
Tonne, tonne à ton gré, fais peur de ta justice ;
C'est à toi d'apaiser Rome par ton supplice ;
C'est à moi de punir ta cruelle douceur,
Qui n'épargne en un roi que le sang de sa sœur.
Je n'abandonne plus ma vie et ma puissance
Au hasard de sa haine, ou de ton inconstance ;
Ne crois pas que jamais tu puisses à ce prix
Récompenser sa flamme, ou punir ses mépris :
J'emploierai contre toi de plus nobles maximes.
Tu m'as prescrit tantôt de choisir des victimes,
De bien penser au choix ; j'obéis, et je voi
Que je n'en puis choisir de plus digne que toi,
Ni dont le sang offert, la fumée, et la cendre,
Puisse mieux satisfaire aux mânes de ton gendre.
Mais ce n'est pas assez, amis, de s'irriter
Il faut voir quels moyens on a d'exécuter :
Toute cette chaleur est peut-être inutile ;
Les soldats du tyran sont maîtres de la ville ;
Que pouvons-nous contre eux ? et, pour les prévenir,
Quel temps devons-nous prendre, et quel ordre tenir ?

ACHILLAS.

Nous pouvons tout, seigneur, en l'état où nous som- [mes.
A deux milles d'ici vous avez six mille hommes,
Que depuis quelques jours, craignant des remuements,
Je faisais tenir prêts à tous événements ;
Quelques soins qu'ait César, sa prudence est déçue.
Cette ville a sous terre une secrète issue,
Par où fort aisément on les peut cette nuit
Jusque dans le palais introduire sans bruit ;
Car contre sa fortune aller à force ouverte,
Ce serait trop vous même courir à votre perte.
Il nous le faut surprendre au milieu du festin,
Enivré des douceurs de l'amour et du vin
Tout le peuple est pour nous. Tantôt, à son entrée,
J'ai remarqué l'horreur que ce peuple a montrée,
Lorsqu'il les vit de faste il a vu ses faisceaux
Marcher arrogamment et braver nos drapeaux ;
Au spectacle insolent de ce pompeux outrage
Ses farouches regards étincelaient de rage :
Je voyais sa fureur à peine se dompter ;
Et, pour peu qu'on le pousse, il est prêt d'éclater :
Mais surtout les Romains que commandait Septime ;
Pressés de la terreur que sa mort leur imprime,
Ne cherchant qu'à venger par un coup généreux
Le mépris qu'en leur chef ce superbe a fait d'eux.

PTOLOMÉE.

Mais qui pourra de nous approcher sa personne,
Si durant le festin sa garde l'environne ?

PHOTIN.

Les gens de Cornélie, entre qui vos Romains
Ont déjà reconnu des frères, des germains,
Dont l'âpre déplaisir leur a laissé paraître
Une soif d'immoler leur tyran à leur maître :

Ils ont donné parole, et peuvent, mieux que nous,
Dans les flancs de César porter les premiers coups :
Son faux art de clémence, ou plutôt sa folie.
Qui pense gagner Rome en flattant Cornélie,
Leur donnera sans doute un assez libre accès
Pour de ce grand dessein assurer le succès.
 Mais voici Cléopatre : agissez avec feinte,
Seigneur, et ne montrez que faiblesse et que crainte.
Nous allons vous quitter, comme objets odieux
Dont l'aspect importun offenserait ses yeux.

PTOLOMÉE.
Allez : je vous rejoins.

SCENE II.
PTOLOMÉE, CLÉOPATRE, ACHORÉE, CHARMION.

CLÉOPATRE.
          J'ai vu César, mon frère,
Et de tout mon pouvoir combattu sa colère.

PTOLOMÉE.
Vous êtes généreuse ; et j'avais attendu
Cette office de sœur que vous m'avez rendu.
Mais cet illustre amant vous a bientôt quittée.

CLÉOPATRE.
Sur quelque brouillerie, en la ville excitée,
Il a voulu lui-même apaiser les débats
Qu'avec nos citoyens ont eus quelques soldats :
Et moi, j'ai bien voulu moi-même vous redire
Que vous ne craigniez rien pour vous ni votre empire ;
Et que le grand César blâme votre action
Avec moins de courroux que de compassion.
Il vous plaint d'écouter ces lâches politiques
Qui n'inspirent aux rois que des mœurs tyranniques.
Ainsi que la naissance, ils ont les esprits bas ;
En vain on les élève à régir des états :   [mande]
Un cœur né pour servir sait mal comme on com-
Sa puissance l'accable alors qu'elle est trop grande,
Et sa main, que le crime en vain fait redouter,
Laisse choir le fardeau qu'elle ne peut porter.

PTOLOMÉE.
Vous dites vrai, ma sœur, et ces effets sinistres
Me font bien voir ma faute au choix de mes ministres.
Si j'avais écouté de plus nobles conseils,
Je vivrais dans la gloire où vivent mes pareils ;
Je mériterais mieux cette amitié si pure
Que pour un frère ingrat vous donne la nature ;
César embrasserait Pompée en ce palais,
Notre Egypte à la terre aurait rendu la paix,
Et verrait son monarque orné d'un juste titre
Ami de tous les deux, et peut-être l'arbitre.
Mais, puisque le passé ne peut se révoquer,
Trouvez bon qu'avec vous mon cœur s'ose expliquer.
  Je vous ai maltraitée, et vous êtes si bonne,
Que vous me conservez la vie et la couronne.
Vainquez-vous tout-à-fait ; et, par un digne effort,
Arrachez Achillas et Photin à la mort :
Elle leur est bien due ; ils vous ont offensée ;
Mais ma gloire en leur perte est trop intéressée :
Si César les punit des crimes de leur roi,
Toute l'ignominie en rejaillit sur moi :
Il me punit en eux ; leur supplice ma peine.
Forcez, en ma faveur, une trop juste haine.
De quoi peut satisfaire un cœur si généreux
Le sang abject et vil de ces deux malheureux ?
Que je vous doive tout : César cherche à vous plaire ;
Et vous pouvez d'un mot désarmer sa colère.

CLÉOPATRE.
Si j'avais en mes mains leur vie et leur trépas,
Je les méprise assez pour ne m'en venger pas ;
Mais sur le grand César je puis fort peu de chose,
Quand le sang de Pompée à mes désirs s'oppose.
Je ne me vante pas de pouvoir le fléchir :
J'en ai déjà parlé, mais il a su gauchir ;
Et, tournant le discours sur une autre matière.
Il n'a ni refusé ni souffert ma prière.
Je veux bien toutefois encor m'y hasarder :
Mes efforts redoublés pourront mieux succéder ;
Et j'ose croire....

PTOLOMÉE.
Il vient ; souffrez que je l'évite ;
Je crains que ma présence à vos yeux ne l'irrite,
Que son courroux ému ne s'aigrisse à me voir ;
Et vous agirez seule avec plus de pouvoir.

SCENE III.
CÉSAR, CLÉOPATRE, ANTOINE, LÉPIDE, CHARMION, ACHORÉE, romains.

CÉSAR.
Reine, tout est paisible ; et la ville calmée,
Qu'un trouble assez léger avait trop alarmée,
N'a plus à redouter le divorce intestin
Du soldat insolent et du peuple mutin.
Mais, ô dieux ! ce moment que je vous ai quittée,
D'un trouble bien plus grand a mon ame agitée ;
Et ces soins importuns, qui m'arrachaient de vous,
Contre ma grandeur même allumaient mon courroux.
Je lui voulais du mal de m'être si contraire,
De rendre ma présence ailleurs si nécessaire ;
Mais je lui pardonnais, au simple souvenir
Du bonheur qu'à ma flamme elle fait obtenir.
C'est elle dont je tiens cette haute espérance,
Qui flatte mes désirs d'une illustre apparence,
Et fait croire à César qu'il peut former des vœux,
Qu'il n'est pas tout à fait indigne de vos feux,
Et qu'il peut en prétendre une juste conquête,
N'ayant plus que les dieux au-dessus de sa tête.
Oui, reine, si quelqu'un dans ce vaste univers
Pouvait porter plus haut la gloire de vos fers :
S'il était quelque trône où vous pussiez paraître
Plus dignement assise en captivant son maître ;
J'irais, j'irais à lui, moins pour le lui ravir,
Que pour lui disputer le droit de vous servir ;
Et je n'aspirerais au bonheur de vous plaire
Qu'après avoir mis bas un si grand adversaire.
C'était pour acquérir un droit si précieux
Que combattait partout mon bras ambitieux ;
Et dans Pharsale même il a tiré l'epée
Plus pour le conserver que pour vaincre Pompée.
Je l'ai vaincu, princesse : et le dieu des combats
M'y favorisait moins que vos divins appas ;
Ils conduisaient ma main, ils enflaient mon courage ;
Cette pleine victoire est leur dernier ouvrage :
C'est l'effet des ardeurs qu'ils daignaient m'inspirer ;
Et vos beaux yeux enfin m'ayant fait soupirer,
Pour faire que votre ame avec gloire y réponde,
M'ont rendu le premier et de Rome et du monde.
C'est ce glorieux titre, à présent effectif,
Que je viens ennoblir par celui de captif :
Heureux, si mon esprit gagne tant sur le vôtre
Qu'il en estime l'un et me permette l'autre !

CLÉOPATRE.
Je sais ce que je dois au souverain bonheur
Dont me comble et m'accable un tel excès d'honneur.
Je ne vous tiendrai plus mes passions secrètes ;
Je sais ce que je suis, je sais ce que vous êtes.
Vous daignâtes m'aimer dès mes plus jeunes ans ;
Le sceptre que je porte est un de vos présents ;
Vous m'avez par deux fois rendu le diadème ;
J'avoue, après cela, seigneur, que je vous aime,
Et que mon cœur n'est point à l'épreuve des traits
Ni de tant de vertus, ni de tant de bienfaits.
Mais, hélas ! ce haut rang, cette illustre naissance,
Cet état de nouveau rangé sous ma puissance,
Ce sceptre par vos mains dans les miennes remis,
A mes vœux innocents sont autant d'ennemis ;
Ils allument contre eux une implacable haine ;
Ils me font méprisable alors qu'ils me font reine ;
Et si Rome est encor telle qu'auparavant,
Le trône où je me sieds m'abaisse en m'élevant ;
Et ces marques d'honneur, comme titres infâmes,
Me rendent à jamais indigne de vos flammes.
 J'ose encor toutefois, voyant votre pouvoir,
Permettre à mes désirs un généreux espoir.

20

Après tant de combats, je sais qu'un si grand homme
A droit de triompher des caprices de Rome,
Et que l'injuste horreur qu'elle eut toujours des rois
Peut céder, par votre ordre, à de plus justes lois ;
Je sais que vous pouvez forcer d'autres obstacles :
Vous me l'avez promis, et j'attends ces miracles.
Votre bras dans Pharsale a fait de plus grands coups,
Et je ne les demande à d'autres dieux qu'à vous.

CÉSAR.

Tout miracle est facile où mon amour s'applique.
Je n'ai plus qu'à courir les côtes de l'Afrique,
Qu'à montrer mes drapeaux au reste épouvanté
Du parti malheureux qui m'a persécuté ;
Rome, n'ayant plus lors d'ennemi à me faire,
Par impuissance enfin prendra soin de me plaire,
Et vos yeux la verront, par un superbe accueil,
Immoler à vos pieds sa haine et son orgueil.
Encore une défaite, et dans Alexandrie
Je veux que cette ingrate en ma faveur vous prie ;
Et qu'un juste respect, conduisant ses regards,
A votre chaste amour demande des Césars.
C'est l'unique bonheur où mes désirs prétendent ;
C'est le fruit que j'attends des lauriers qui m'attendent :
Heureux, si mon destin, encore un peu plus doux,
Me les faisait cueillir sans m'éloigner de vous !
Mais, las ! contre mon feu mon feu me sollicite ;
Si je veux être à vous, il faut que je vous quitte.
En quelques lieux qu'on fuie, il me faut y courir
Pour achever de vaincre et de vous conquérir.
Permettez cependant qu'à ces douces amorces
Je prenne un nouveau cœur et de nouvelles forces,
Pour faire dire encore aux peuples pleins d'effroi,
Que venir, voir, et vaincre, est même chose en moi.

CLÉOPATRE.

C'est trop, c'est trop, seigneur, souffrez que j'en abuse :
Votre amour fait ma faute, il fera mon excuse.
Vous me rendez le sceptre, et peut-être le jour ;
Mais si j'ose abuser de cet excès d'amour,
Je vous conjure encor, par ses plus puissants charmes,
Par ce juste bonheur qui suit toujours vos armes,
Par tout ce que j'espère et que vous attendez,
De n'ensanglanter pas ce que vous me rendez.
Faites grace, seigneur ; ou souffrez que j'en fasse,
Et montre à tous par la que j'ai repris ma place.
Achillas et Photin sont gens à dédaigner ;
Ils sont assez punis en me voyant régner ;
Et leur crime....

CÉSAR.

Ah ! prenez d'autres marques de reine :
Dessus mes volontés vous êtes souveraine ;
Mais, si mes sentiments peuvent être écoutés,
Choisissez des sujets dignes de vos bontés.
Ne vous donnez sur moi qu'un pouvoir légitime,
Et ne me rendez point complice de leur crime.
C'est beaucoup que pour vous j'ose épargner le roi,
Et si mes feux n'étaient...

SCÈNE IV.

CÉSAR, CORNÉLIE, CLÉOPATRE, ACHORÉE,
ANTOINE, LÉPIDE, CHARMION, ROMAINS.

CORNÉLIE.

César, prends garde à toi :
Ta mort est résolue, on la jure, on l'apprête ;
A celle de Pompée on veut joindre ta tête.
Prends-y garde, César, ou ton sang répandu
Bientôt parmi le sien se verra confondu.
Mes esclaves en sont : apprends de leurs indices
L'auteur de l'attentat, et l'ordre, et les complices :
Je te les abandonne.

CÉSAR.

O cœur vraiment romain,
Et digne du héros qui vous donna la main !
Ses mânes, qui du ciel ont vu de quel courage
Je préparais la mienne à venger son outrage,
Mettant leur haine bas, me sauvent aujourd'hui
Par la moitié qu'en terre il nous laisse de lui.
Il vit, il vit encore en l'objet de sa flamme,
Il parle par sa bouche, il agit dans son ame ;
Il la pousse, et l'oppose à cette indignité,
Pour me vaincre par elle en générosité.

CORNÉLIE.

Tu te flattes, César, de mettre en ta croyance
Que la haine ait fait place à la reconnaissance :
Ne le présume plus ; le sang de mon époux
A rompu pour jamais tout commerce entre nous.
J'attends la liberté qu'ici tu m'as offerte,
Afin de l'employer tout entière à ta perte ;
Et je te chercherai partout des ennemis,
Si tu m'oses tenir ce que tu m'as promis.
Mais, avec cette soif que j'ai de ta ruine,
Je me jette au devant du coup qui t'assassine,
Et forme des désirs avec trop de raison
Pour en aimer l'effet par une trahison :
Qui la sait et la souffre a part à l'infamie.
Si je veux ton trépas, c'est en juste ennemie :
Mon époux a des fils ; il aura des neveux :
Quand ils te combattront, c'est là que je le veux ;
Et qu'une digne main par moi-même animée,
Dans ton champ de bataille, aux yeux de ton armée,
T'immole noblement et par un digne effort
Aux mânes du héros dont tu venges la mort.
Tous mes soins, tous mes vœux, hâtent cette ven-
Ta perte la recule, et ton salut l'avance. [geance ;
Quelque espoir qui d'ailleurs me l'ose ou puisse offrir,
Ma juste impatience aurait trop à souffrir :
La vengeance éloignée est à demi perdue ;
Et, quand il faut l'attendre, elle est trop cher vendue.
Je n'irai point chercher sur les bords africains
Le foudre souhaité que je vois en tes mains ;
La tête qu'il menace en doit être frappée :
J'ai pu donner la tienne au lieu d'elle à Pompée :
Ma haine avait le choix ; mais cette haine enfin
Sépare son vainqueur d'avec son assassin,
Et ne croit avoir droit de punir sa victoire
Qu'après le châtiment d'une action si noire.
Rome le veut ainsi : son adorable front
Aurait de quoi rougir d'un trop honteux affront,
De voir en même jour, après tant de conquêtes,
Sous un indigne fer ses deux plus nobles têtes.
Son grand cœur, qu'à tes lois en vain tu crois soumis,
En veut aux criminels plus qu'à ses ennemis,
Et tiendrait à malheur le bien de se voir libre,
Si l'attentat du Nil affranchissait le Tibre.
Comme autre qu'un Romain n'a pu l'assujettir,
Autre aussi qu'un Romain ne l'en doit garantir.
Tu tomberais ici sans être sa victime ;
Au lieu d'un châtiment ta mort serait un crime ;
Et, sans que tes pareils en conçussent d'effroi,
L'exemple que tu dois périrait avec toi.
Venge-la de l'Égypte à son appui fatale,
Et je la vengerai, si je puis, de Pharsale.
Va, ne perds point de temps, il presse. Adieu : tu peux
Te vanter qu'une fois j'ai fait pour toi des vœux.

SCENE V.

CÉSAR, CLÉOPATRE, ANTOINE, LÉPIDE,
ACHORÉE, CHARMION.

CÉSAR.

Son courage m'étonne autant que leur audace.
Reine, voyez pour qui vous me demandiez grace.

CLÉOPATRE.

Je n'ai rien à vous dire : allez, seigneur, allez
Venger sur ces méchants tant de droits violés.
On m'en veut plus qu'à vous : c'est ma mort qu'ils res-
C'est contre mon pouvoir que les traîtres conspirent ; [pirent ;
Leur rage, pour l'abattre, attaque mon soutien,
Et par votre trépas cherche un passage au mien.
Mais, parmi ces transports d'une juste colère,
Je ne puis oublier que leur chef est mon frère.
Le saurez-vous, seigneur, et pourrai-je obtenir
Que ce cœur irrité daigne s'en souvenir ?

CÉSAR.

Oui, je me souviendrai que ce cœur magnanime
Au bonheur de son sang veut pardonner son crime.

Adieu, ne craignez rien ; Achillas et Photin
Ne sont pas gens à vaincre un si puissant destin ;
Pour les mettre en déroute, eux, et tous leurs complices,
Je n'ai qu'à déployer l'appareil des supplices,
Et, pour soldats choisis, envoyer des bourreaux,
Qui portent hautement mes haches pour drapeaux.
(*César rentre avec les Romains.*)

CLÉOPATRE.

Ne quittez pas César ; allez, cher Achorée,
Repoussez avec lui ma mort qu'on a jurée ;
Et, quand il punira nos lâches ennemis,
Faites-le souvenir de ce qu'il m'a promis.
Ayez l'œil sur le roi dans la chaleur des armes,
Et conservez son sang pour épargner mes larmes.

ACHORÉE.

Madame, assurez-vous qu'il ne peut y périr,
Si mon zèle et mes soins peuvent le secourir.

FIN DU QUATRIÈME ACTE.

ACTE V.

SCENE PREMIÈRE.

CORNÉLIE, *tenant une petite urne en sa main* ;
PHILIPPE.

CORNÉLIE.

Mes yeux, puis-je vous croire ? et n'est-ce point un songe
Qui sur mes tristes vœux a formé ce mensonge?
Te revois-je, Philippe, et cet époux si cher
A-t-il reçu de toi les honneurs du bucher?
Cette urne que je tiens contient-elle sa cendre?
O vous, à ma douleur objet terrible et tendre,
Éternel entretien de haine et de pitié,
Restes du grand Pompée, écoutez sa moitié.
N'attendez point de moi de regrets, ni de larmes ;
Un grand cœur à ses maux applique d'autres charmes.
Les faibles déplaisirs s'amusent à parler,
Et quiconque se plaint cherche à se consoler.
Moi, je jure des dieux la puissance suprême,
Et, pour dire encor plus je jure par vous-même ;
Car vous pouvez bien plus sur ce cœur affligé
Que le respect des dieux qui l'ont mal protégé :
Je jure donc par vous, ô pitoyable reste,
Ma divinité seule après ce coup funeste,
Par vous, qui seul ici pouvez me soulager,
De n'éteindre jamais l'ardeur de le venger.
Ptolomée à César, par un lâche artifice,
Rome, de ton Pompée a fait un sacrifice ;
Et je n'entrerai point dans tes murs désolés
Que le prêtre et le dieu ne lui soient immolés.
Faites-m'en souvenir, et soutenez ma haine,
O cendres, mon espoir aussi bien que ma peine ;

Et, pour m'aider un jour à perdre son vainqueur,
Versez dans tous les cœurs ce que ressent mon cœur
Toi qui l'as honoré sur cette infame rive
D'une flamme pieuse autant comme chétive,
Dis-moi, quel bon démon a mis en ton pouvoir
De rendre à ce héros ce funèbre devoir?

PHILIPPE.

Tout couvert de son sang, et plus mort que lui-même
Après avoir cent fois maudit le diadème,
Madame, j'ai porté mes pas et mes sanglots
Du côté que le vent poussait encor les flots.
Je cours long-temps en vain, mais enfin d'une roche
J'en découvre le tronc vers un sable assez proche,
Où la vague en courroux semblait prendre plaisir
A feindre de le rendre et puis s'en ressaisir.
Je m'y jette, et l'embrasse, et le pousse au rivage ;
Et, ramassant sous lui le débris d'un naufrage,
Je lui dresse un bûcher à la hâte et sans art,
Tel que je pus sur l'heure, et qu'il plut au hasard.
A peine brûlait-il, que le ciel plus prospice
M'envoie un compagnon en ce pieux office :
Codrus, un vieux Romain qui demeure en ces lieux
Retournant de la ville, y détourne les yeux ;
Et n'y voyant qu'un tronc dont la tête est coupée,
A cette triste marque il reconnait Pompée.
Soudain la larme à l'œil : O toi, qui que tu sois,
« A qui le ciel permet de si dignes emplois,
« Ton sort est bien, dit-il, autre que tu ne penses
« Tu crains des châtiments, attends des récompenses.
« César est en Égypte, et venge hautement
« Celui pour qui ton zèle a tant de sentiment.
« Tu peux faire éclater les soins qu'on t'en voit prendre,
« Tu peux même à sa veuve en rapporter la cendre.
« Son vainqueur l'a reçue avec tout le respect
« Qu'un dieu pourrait ici trouver à son aspect.
« Acheve, je reviens ». Il part et m'abandonne,
Et rapporte aussitôt ce vase qu'il me donne,
Où sa main et la mienne enfin ont renfermé
Ces restes d'un héros par le feu consumé.

CORNÉLIE.

O que sa piété mérite de louanges !

PHILIPPE.

En entrant j'ai trouvé des désordres étranges.
J'ai vu fuir tout un peuple en foule vers le port,
Où le roi, disait-on, s'était fait le plus fort.
Les Romains poursuivaient ; et César, dans la place
Ruisselante du sang de cette populace,
Montrait de sa justice un exemple assez beau,
Faisant passer Photin par les mains d'un bourreau.
Aussitôt qu'il me voit, il daigne me connaître ;
Et prenant de ma main les cendres de mon maître :
« Restes d'un demi-dieu, dont à peine je puis
« Égaler le grand nom, tout vainqueur que j'en suis,
« De vos traîtres, dit-il, voyez punir les crimes :
« Attendant des autels, recevez ces victimes ;
« Bien d'autres vont les suivre. Et toi, cours au palais
« Porter à sa moitié ce don que je lui fais ;
« Porte à ses déplaisirs cette faible allégeance,
« Et dis-lui que je cours achever sa vengeance. »
Ce grand homme à ces mots me quitte en soupirant,
Et baise avec respect ce vase qu'il me rend.

CORNÉLIE.

O soupirs! ô respect! ô qu'il est doux de plaindre
Le sort d'un ennemi quand il n'est plus à craindre!
Qu'avec chaleur, Philippe, on court à le venger
Lorsqu'on s'y voit forcé par son propre danger
Et quand cet intérêt qu'on prend pour sa mémoire
Fait notre sûreté comme il fait notre gloire !
César est généreux, j'en veux être d'accord ;
Mais le roi le veut perdre, et son rival est mort.
Sa vertu laisse lieu de douter à l'envie
De ce qu'elle ferait s'il le voyait en vie :
Pour grand qu'en soit le prix, son péril en rabat ;
Cette ombre qui la couvre en affaiblit l'éclat ;
L'amour même s'y mêle, et le force à combattre ;
Quand il venge Pompée, il défend Cléopâtre.
Tant d'intérêts sont joints à ceux de mon époux,
Que je ne devrais rien à ce qu'il fait pour nous,

Si, comme par soi-même un grand cœur juge un autre,
Je n'aimais mieux juger sa vertu par la nôtre,
Et croire que nous seuls armons ce combattant,
Parce qu'au point qu'il est j'en voudrais faire autant.

SCENE II.

CLÉOPATRE, CORNÉLIE, PHILIPPE, CHARMION.

CLÉOPATRE.

Je ne viens pas ici pour troubler une plainte
Trop juste à la douleur dont vous êtes atteinte :
Je viens pour rendre hommage aux cendres d'un héros
Qu'un fidèle affranchi vient d'arracher aux flots,
Pour le plaindre avec vous, et vous jurer, madame,
Que j'aurais conservé ce maitre de votre ame,
Si le ciel qui vous traite avec trop de rigueur,
M'en eût donné la force aussi bien que le cœur.
Si pourtant, à l'aspect de ce qu'il vous renvoie,
Vos douleurs laissaient place à quelque peu de joie;
Si la vengeance avait de quoi vous soulager,
Je vous dirais aussi qu'on vient de vous venger,
Que le traître Photin... Vous le savez peut-être.

CORNÉLIE.

Oui, princesse, je sais qu'on a puni ce traître.

CLÉOPATRE.

Un si prompt châtiment vous doit être bien doux.

CORNÉLIE.

S'il a quelque douceur, elle n'est que pour vous.

CLÉOPATRE.

Tous les cœurs trouvent doux le succès qu'ils espèrent.

CORNÉLIE.

Comme nos intérêts, nos sentiments diffèrent.
Si César à sa mort joint celle d'Achillas,
Vous êtes satisfaite, et je ne la suis pas.
Aux mânes de Pompée il faut une autre offrande ;
La victime est trop basse, et l'injure est trop grande ;
Et ce n'est pas un sang que pour la réparer
Son ombre et ma douleur daignent considérer :
L'ardeur de le venger, dans mon ame allumée,
En attendant César, demande Ptolomée.
Tout indigne qu'il est de vivre et de régner,
Je sais bien que César se force à l'épargner :
Mais quoi que son amour ait osé vous promettre,
Le ciel plus juste enfin n'osera le permettre;
Et, s'il peut une fois écouter tous mes vœux,
Par la main l'un de l'autre ils périront tous deux.
Mon ame à ce bonheur, si le ciel me l'envoie,
Oubliera ses douleurs pour s'ouvrir à la joie;
Mais si ce grand souhait demande trop pour moi,
Si vous n'en perdez qu'un, ô ciel, perdez le roi.

CLÉOPATRE.

Le ciel sur nos souhaits ne règle pas les choses.

CORNÉLIE.

Le ciel règle souvent les effets sur les causes,
Et rend aux criminels ce qu'ils ont mérité.

CLÉOPATRE.

Comme de la justice il a de la bonté.

CORNÉLIE.

Oui ; mais il fait juger, à voir comme il commence,
Que sa justice agit, et non pas sa clémence.

CLÉOPATRE.

Souvent de la justice il passe à la douceur.

CORNÉLIE.

Reine, je parle en veuve et vous parlez en sœur.
Chacune a son sujet d'aigreur ou de tendresse,
Qui dans le sort du roi justement l'intéresse.
Apprenons par le sang qu'on aura répandu
A quels souhaits le ciel a le mieux répondu.
Voici votre Achorée.

SCENE III.

CORNÉLIE, CLÉOPATRE, ACHORÉE, PHILIPPE, CHARMION.

CLÉOPATRE.

Hélas ! sur son visage
Rien ne s'offre à mes yeux que de mauvais présages.
Ne nous déguisez rien, parlez sans me flatter;
Qu'ai-je à craindre, Achorée, ou qu'ai-je à regretter?

ACHORÉE.

Aussitôt que César eût su la perfidie...

CLÉOPATRE.

Ce ne sont pas ses soins que je veux qu'on me die ;
Je sais qu'il fit trancher et clore ce conduit
Par où ce grand secours devait être introduit ;
Qu'il manda tous les siens pour s'assurer la place
Où Photin a reçu le prix de son audace ;
Que d'un si prompt supplice Achillas étonné
S'est aisément saisi du port abandonné ;
Que le roi l'a suivi; qu'Antoine a mis à terre
Ce qui dans ses vaisseaux restait de gens de guerre,
Que César l'a rejoint; et je ne doute pas
Qu'il n'ait su vaincre encore et punir Achillas.

ACHORÉE.

Oui, madame, on a vu son bonheur ordinaire...

CLÉOPATRE.

Dites-moi seulement s'il a sauvé mon frère,
S'il m'a tenu promesse.

ACHORÉE.

Oui, de tout son pouvoir.

CLÉOPATRE.

C'est là l'unique point que je voulais savoir.
Madame, vous voyez, les dieux m'ont écoutée.

CORNÉLIE.

Ils n'ont que différé la peine méritée.

CLÉOPATRE.

Vous la vouliez sur l'heure, ils l'en ont garanti.

ACHORÉE.

Il faudrait qu'à nos vœux il eût mieux consenti.

CLÉOPATRE.

Que disiez-vous naguère? et que viens-je d'entendre?
Accordez ces discours que j'ai peine à comprendre.

ACHORÉE.

Aucuns ordres ni soins n'ont pu le secourir;
Malgré César et nous il a voulu périr :
Mais il est mort, madame, avec toutes les marques
Que puissent laisser d'eux les plus dignes monarques ;
Sa vertu rappelée a soutenu son rang,
Et sa perte aux Romains a coûté bien du sang.
Il combattait Antoine avec tant de courage,
Qu'il emportait déjà sur lui quelque avantage,
Mais l'abord de César a changé le destin :
Aussitôt Achillas suit le sort de Photin;
Il meurt, mais d'une mort trop belle pour un traître,
Les armes à la main, en défendant son maître :
Le vainqueur crie en vain qu'on épargne le roi;
Ces mots au lieu d'espoir lui donnent de l'effroi;
Son esprit alarmé les croit un artifice
Pour réserver sa tête à l'affront d'un supplice.
Il pousse dans nos rangs, il les perce, il fait voir
Ce que peut la vertu qu'arme le désespoir ;
Et son cœur, emporté par l'erreur qui l'accuse,
Cherche partout la mort, que chacun lui refuse.
Enfin perdant haleine après ces grands efforts,
Près d'être environné, ses meilleurs soldats morts,
Il voit quelques fuyards sauter dans une barque ;
Il s'y jette ; et les siens, qui suivent leur monarque,
D'un si grand nombre en foule accablent ce vaisseau,
Que la mer l'engloutit avec tout son fardeau.
  C'est ainsi que sa mort lui rend toute sa gloire,
A vous toute l'Égypte, à César la victoire.
Il vous proclame reine ; et, bien qu'aucun Romain
Du sang que vous pleurez n'ait vu rougir sa main,
Il nous fait voir à tous un déplaisir extrême,
Il soupire, il gémit. Mais le voici lui-même,
Qui pourra mieux que moi vous montrer la douleur
Que lui donne du roi l'invincible malheur.

SCENE IV.

CÉSAR, CORNÉLIE, CLÉOPATRE, ANTOINE, LÉPIDE, ACHORÉE, CHARMION, PHILIPPE.

CORNÉLIE.

César, tiens-moi parole, et me rends mes galères.
Achillas et Photin ont reçu leurs salaires;

Leur roi n'a pu jouir de ton cœur adouci ;
Et Pompée est vengé ce qui peut l'être ici.
Je n'y saurais plus voir qu'un funeste rivage
Qui de leur attentat m'offre l'horrible image.
Ta nouvelle victoire, et le prix éclatant
Qu'aux changements de roi pousse un peuple inconstant :
Et parmi ces objets ce qui le plus m'afflige,
C'est d'y revoir toujours l'ennemi qui m'oblige.
Laisse-moi m'affranchir de cette indignité,
Et souffre que ma haine agisse en liberté.
A cet empressement j'ajoute une requête :
Vois l'urne de Pompée ; il y manque sa tête ;
Ne me la retiens plus ; c'est l'unique faveur
Dont je te puis encor prier avec honneur.

CÉSAR.

Il est juste, et César est tout prêt de vous rendre
Ce reste où vous avez tant de droit de prétendre ;
Mais il est juste aussi qu'après tant de sanglots
A ses mânes errants nous rendions le repos,
Qu'un bûcher allumé par ma main et la vôtre
Le venge pleinement de la honte de l'autre ;
Que son ombre s'apaise en voyant notre ennui ;
Et qu'une urne plus digne et de vous et de lui,
Après la flamme éteinte et les pompes finies,
Renferme avec éclat ses cendres réunies.
De cette même main dont il fut combattu
Il verra des autels dressés à sa vertu ;
Il recevra des vœux, de l'encens, des victimes,
Sans recevoir par là d'honneurs que légitimes :
Pour ces justes devoirs je ne veux que demain ;
Ne me refusez pas ce bonheur souverain.
Faites un peu de force à votre impatience ;
Vous êtes libre après ; partez en diligence ;
Portez à notre Rome un si digne trésor ;
Portez...

CORNÉLIE.

Non pas, César, non pas à Rome encore :
Il faut que ta défaite et tes funérailles
A cette cendre aimée en ouvrent les murailles ;
Et quoiqu'elle la tienne aussi chère que moi,
Elle n'y doit rentrer qu'en triomphant de toi.
Je la porte en Afrique ; et c'est là que j'espère
Que les fils de Pompée, et Caton, et mon père,
Secondés par l'effort d'un roi plus généreux,
Ainsi que la justice auront le sort pour eux.
C'est là que tu verras sur la terre et sur l'onde
Le débris de Pharsale armer un autre monde ;
Et c'est là que j'irai, pour hâter tes malheurs,
Porter de rang en rang ses cendres et mes pleurs.
Je veux que de ma haine ils reçoivent des règles,
Qu'ils suivent au combat des urnes au lieu d'aigles ;
Et que ce triste objet porte en leur souvenir
Les soins de le venger, et ceux de te punir.
Tu veux à ce héros rendre un devoir suprême ;
L'honneur que tu lui rends rejaillit sur toi-même :
Tu m'en veux pour témoin ; j'obeis au vainqueur :
Mais ne présume pas toucher par là mon cœur.
La perte que j'ai faite est trop irréparable ;
La source de ma haine est trop inépuisable ;
A l'égal de mes jours je la ferai durer ;
Je veux vivre avec elle, avec elle expirer.
Je t'avouerai pourtant comme vraiment Romaine,
Que pour toi mon estime est égale à ma haine ;
Que l'une et l'autre est juste, et montre le pouvoir,
L'une de ta vertu, l'autre de mon devoir ;
Que l'une est généreuse, et l'autre intéressée ;
Et que dans mon esprit l'une et l'autre est forcée :
Tu vois que la vertu, qu'en vain on veut trahir,
Me force de priser ce que je dois haïr ;
Juge ainsi de la haine où mon devoir me lie,
La veuve de Pompée y force Cornélie.
J'irai, n'en doute point, au sortir de ces lieux,
Soulever contre toi les hommes et les dieux ;
Ces dieux qui t'ont flatté, ces dieux qui m'ont trompée,
Ces dieux qui dans Pharsale ont mal servi Pompée,
Qui la foudre à la main, l'ont pu voir égorger ;
Ils connaîtront leur faute, et le voudront venger.
Mon zèle à leur refus, aidé de sa mémoire,
Te saura bien sans eux arracher la victoire ;

Et quand tout mon effort se trouvera rompu,
Cléopâtre fera ce que je n'aurai pu :
Je sais quelle est la flamme et quelles sont ses forces,
Que tu n'ignores pas comme on fait les divorces,
Que ton amour t'aveugle, et que pour l'épouser
Rome n'a point de lois que tu n'oses briser :
Mais sache aussi qu'alors la jeunesse romaine
Se croira tout permis sur l'époux d'une reine,
Et que de cet hymen les amis indignes
Vengeront sur ton sang leurs avis dédaignés.
J'empêche ta ruine, empêchant tes caresses.
Adieu : j'attends demain l'effet de tes promesses.

SCÈNE V.

CÉSAR, CLÉOPÂTRE, ANTOINE, LÉPIDE
ACHORÉE, CHARMION.

CLÉOPÂTRE.

Plutôt qu'à ces périls je vous puisse exposer,
Seigneur, perdez en moi ce qui peut les causer :
Sacrifiez ma vie au bonheur de la vôtre ;
Le mien sera trop grand, et je n'en veux point d'autre,
Indigne que je suis d'un César pour époux,
Que de vivre en votre ame, étant morte pour vous.

CÉSAR.

Reine, ces vains projets sont le seul avantage
Qu'un grand cœur impuissant a du ciel en partage ;
Comme il a peu de force, il a beaucoup de soins ;
Et, s'il pouvait plus faire, il souhaiterait moins.
Les dieux empêcheront l'effet de ces augures,
Et mes félicités n'en seront pas moins pures,
Pourvu que votre amour gagne sur vos douleurs
Qu'en faveur de César vous tarissiez vos pleurs,
Et que votre bonté, sensible à ma prière,
Pour un fidèle amant oublie un mauvais frère.
On aura pu vous dire avec quel déplaisir
J'ai vu le désespoir qu'il a voulu choisir ;
Avec combien d'efforts j'ai voulu le défendre
Des paniques terreurs qui l'avaient pu surprendre.
Il s'est de mes bontés jusqu'au bout défendu,
Et de peur de se perdre il s'est enfin perdu.
O honte pour César, qu'avec tant de puissance,
Tant de soins de vous rendre entière obéissance,
Il n'ait pu toutefois, en ces événements,
Obéir au premier de vos commandements !
Prenez-vous-en au ciel, dont les ordres sublimes
Malgré tous nos efforts savent punir les crimes ;
Sa rigueur envers lui vous offre un sort plus doux,
Puisque par cette mort l'Egypte est toute à vous,

CLÉOPÂTRE.

Je sais que j'en reçois un nouveau diadème,
Qu'on ne peut accuser que les dieux, et lui-même :
Mais comme il est, seigneur, de la fatalité
Que l'aigreur suit mêlée a la félicité,
Ne vous offensez pas si cet heur de vos armes,
Qui me rend tant de biens, me coûte un peu de larmes,
Et si, voyant sa mort du a sa trahison,
Je donne à la nature ainsi qu'à la raison.
Je n'ouvre point les yeux sur ma grandeur si proche,
Qu'aussitôt à mon cœur mon sang ne le reproche :
J'en ressens dans mon ame un murmure secret,
Et ne puis remonter au trône sans regret.

ACHORÉE.

Un grand peuple, seigneur, dont cette cour est pleine,
Par des cris redoublés demande à voir la reine
Et, tout impatient, déjà se plaint aux cieux,
Qu'on lui donne trop tard un bien si précieux.

CÉSAR.

Ne lui refusons plus le bonheur qu'il désire ;
Princesse, allons par là commencer votre empire.
Fasse le juste ciel, propice à mes desirs,
Que ces longs cris de joie étouffent vos soupirs,
Et puissent ne laisser dedans votre pensée
Que l'image des traits dont mon ame est blessée !
Cependant qu'à l'envi ma suite et votre cour
Preparent pour demain la pompe d'un beau jour,
Où, dans un digne emploi l'une et l'autre occupée,
Couronne Cléopâtre et m'apaise Pompée,
Elevé à l'une un trône, a l'autre des autels,
Et jure à tous les dieux des respects immortels.

FIN DE POMPÉE.

EXAMEN DE POMPÉE.

A bien considérer cette pièce, je ne crois pas qu'il y en ait sur le théâtre où l'histoire soit plus conservée et plus falsifiée tout ensemble. Elle est si connue, que je n'ai osé en changer les évènements; mais il s'y en trouvera peu qui soient arrivés comme je les fais arriver. Je n'y ai ajouté que ce qui regarde Cornélie, qui semble s'y offrir d'elle-même, puisque, dans la vérité historique, elle était dans le même vaisseau que son mari, lorsqu'il aborda en Égypte, qu'elle le vit descendre dans la barque, où il fut assassiné, à ses yeux, par Septime, et qu'elle fut poursuivie sur mer par les ordres de Ptolomée. C'est ce qui m'a donné occasion de feindre qu'on l'atteignit, et qu'elle fut ramenée devant César, bien que l'histoire n'en parle point. La diversité des lieux où les choses se sont passées, et la longueur du temps qu'elles ont consumé dans la vérité historique, m'ont réduit à cette falsification pour les ramener dans l'unité de jour et de lieu. Pompée fut massacré devant les murs de Pélusium, qu'on appelle aujourd'hui Damiette, et César prit terre à Alexandrie. Je n'ai nommé ni l'une ni l'autre ville, de peur que le nom de l'une n'arrêtât l'imagination de l'auditeur, et ne lui fît remarquer malgré lui la fausseté de ce qui s'est passé ailleurs. Le lieu particulier est, comme dans *Polyeucte*, un grand vestibule commun à tous les appartements du palais royal, cette unité n'a rien que de vraisemblable, pourvu qu'on se détache de la vérité historique. Le premier, le troisième et le quatrième acte y ont leur justesse manifeste; il y peut avoir quelque difficulté pour le second et le cinquième, dont Cléopatre ouvre l'un, et Cornélie l'autre. Elles sembleraient toutes deux avoir plus de raison de parler dans leur appartement; mais l'impatience ou la curiosité féminine les en peut faire sortir, l'un pour apprendre plus tôt des nouvelles de la mort de Pompée, ou par Achorée, qu'elle a envoyé en être témoin, ou par le premier qui entrera dans ce vestibule; et l'autre, pour en savoir du combat de César et des Romains contre Ptolomée et les Égyptiens, pour empêcher que ce héros n'en aille donner à Cléopâtre avant qu'à elle, et pour obtenir de lui d'autant plus tôt la permission de partir. En quoi on peut remarquer que, comme elle sait qu'il est amoureux de cette reine, et qu'elle peut douter qu'au retour de son combat, les trouvant ensemble, il ne lui fasse le premier compliment, le soin qu'elle a de conserver la dignité romaine, lui fait prendre la parole la première, et obliger par là César à lui répondre avant qu'il puisse dire rien à l'autre.

Pour le temps, il m'a fallu réduire en soulèvement tumultuaire une guerre qui n'a pu durer guère moins d'un an, puisque l'Plutarque rapporte qu'incontinent après que César fut parti d'Alexandrie, Cléopatre accoucha de Césarion. Quand Pompée se présenta pour entrer en Égypte, cette princesse et le roi son frère avaient chacun leur armée prête à en venir aux mains l'une contre l'autre, et n'avaient garde ainsi de loger dans le même palais. César, dans ses *Commentaires*, ne parle point de ses amours avec elle, ni que la tête de Pompée lui fût présentée quand il arriva, c'est Plutarque et Lucain qui nous apprennent l'un et l'autre; mais ils ne lui font présenter cette tête que par un des ministres du roi, nommé Théodote, et non pas par le roi même, comme je l'ai fait.

Il y a quelque chose d'extraordinaire dans le titre de ce poème, qui porte le nom d'un héros qui n'y parle point; mais il ne laisse pas d'en être en quelque sorte le principal acteur, puisque sa mort est la cause unique de tout ce qui s'y passe. J'ai justifié ailleurs l'unité d'action qui s'y rencontre, par cette raison que les évènements y ont une telle dépendance l'un de l'autre, que la tragédie n'aurait pas été complète si je ne l'eusse poussée jusqu'au terme où je la fais finir. C'est à ce dessein, que, dès le premier acte, je fais connaître la venue de César, à qui la cour d'Égypte immole Pompée pour gagner les bonnes grâces du victorieux; et ainsi il m'a fallu nécessairement faire voir quelle réception il ferait à leur lâche et cruelle politique. J'ai avancé l'âge de Ptolomée, afin qu'il pût agir, et que, portant le titre de roi, il tâchât d'en soutenir le caractère. Bien que les historiens et le poète Lucain l'appellent communément *rex puer, le roi enfant*, il ne l'était pas à un tel point qu'il ne fût en état d'épouser sa sœur Cléopatre, comme l'avait ordonné son père. Hirtius dit qu'il était *puer jam adulta ætate*, et Lucain appelle Cléopatre incestueuse, dans ce vers qu'il adresse à ce roi par apostrophe,

incestæ sceptris cessure sororis.

soit qu'elle eût déjà contracté ce mariage incestueux, soit à cause qu'après la guerre d'Alexandrie, et la mort de Ptolomée, César la fit épouser à son jeune frère qu'il rétablit dans le trône; d'où l'on peut tirer une conséquence infaillible, que si le plus jeune des deux frères était en âge de se marier quand César partit d'Égypte, l'aîné en était capable quand il y arriva, puisqu'il n'y tarda pas plus d'un an.

Le caractère de Cléopatre garde une ressemblance ennoblie par ce qu'on y peut imaginer de plus illustre. Je ne la fais amoureuse que par ambition, et en sorte qu'elle ne semble n'avoir point d'amour qu'en tant qu'il peut servir à sa grandeur. Quoique la réputation qu'elle a laissée la fasse passer pour une femme lascive et abandonnée à ses plaisirs, et que Lucain, peut-être en haine de César, la nomme en quelque endroit *meretrix regina*, et fasse dire ailleurs à l'eunuque Photin, qui gouvernait sous le nom de son frère Ptolomée,

Quem enne nobis credit Cleopatra nocentem,
A quo casta fuit?

Je trouve qu'à bien examiner l'histoire, elle n'avait que de l'ambition sans amour, et que, par politique, elle se servait des avantages de sa beauté pour affermir sa fortune. Cela paraît visible, en ce que les historiens ne marquent point qu'elle se soit donnée qu'aux deux premiers hommes du monde, César et Antoine, et qu'après la déroute de ce dernier, elle n'épargna aucun artifice pour engager Auguste dans la même passion qu'ils avaient eue pour elle, et fit voir par là qu'elle ne s'était attachée qu'à la haute puissance d'Antoine, et non pas à sa personne.

Pour le style, il est plus élevé en ce poème qu'en aucun des miens, et ce sont, sans contredit, les vers les plus pompeux que j'aie faits. La gloire n'en est pas toute à moi: j'ai traduit de Lucain tout ce que j'y ai trouvé de propre à mon sujet; et comme je n'ai point fait de scrupule d'enrichir notre langue du pillage que j'ai pu faire chez lui, j'ai tâché pour le reste, à entrer si bien dans sa manière de former ses pensées et de s'expliquer, que ce qu'il m'a fallu y joindre du mien sentît son génie, et ne fût pas indigne d'être pris pour un larcin que je lui eusse fait. J'ai parlé, en l'examen de *Polyeucte*, de ce que je trouve à dire à la confidence que fait Cléopatre à Charmion au second acte. Il ne me reste plus qu'un mot touchant les narrations d'Achorée, qui ont toujours passé pour fort belles: en quoi je ne veux pas aller contre le jugement du public, mais seulement faire remarquer de nouveau que celui qui les fait et les personnes qui les écoutent ont l'esprit assez tranquille pour avoir toute la patience qu'il y faut donner. Celle du troisième acte, qui est à mon gré la plus magnifique, a été accusée d'être pas reçue par une personne digne de la recevoir; mais bien que Charmion qui l'écoute ne soit qu'une domestique de Cléopatre, qu'on peut toutefois prendre pour sa dame d'honneur, et envoyée exprès par cette reine pour l'écouter, elle tient lieu de cette reine même, qui cependant montre un orgueil digne d'elle, d'attendre la visite de César dans sa chambre sans aller au devant de lui. D'ailleurs Cléopatre eût rompu tout le reste de ce troisième acte, si elle s'y fût montrée; et il m'a fallu la cacher par adresse de théâtre, et trouver pour cela dans l'action un prétexte qui fût glorieux pour elle, et qui ne laissât point paraître le secret de l'art qui m'obligeait à l'empêcher de se produire.

FIN DE L'EXAMEN DE POMPÉE.

RODOGUNE,

PRINCESSE DES PARTHES

TRAGÉDIE
EN CINQ ACTES.
1646.

ACTEURS.

CLÉOPATRE, reine de Syrie, veuve de Démétrius Nicanor.
SÉLEUCUS, } fils de Démétrius et de Cléopatre.
ANTIOCHUS, }
RODOGUNE, sœur de Phraates, roi des Parthes.
TIMAGÈNE, gouverneur des deux princes.
ORONTE, ambassadeur de Phraates.
LAONICE, sœur de Timagène, confidente de Cleopatre.

La scène est à Séleucie, dans le palais royal.

ACTE PREMIER.

SCÈNE PREMIÈRE.

LAONICE, TIMAGENE.

LAONICE.
Enfin ce jour pompeux, cet heureux jour nous luit,
Qui d'un trouble si long doit dissiper la nuit;
Ce grand jour où l'hymen, étouffant la vengeance,
Entre le Parthe et nous remet l'intelligence,
Affranchit sa princesse, et nous fait pour jamais
Du motif de la guerre un lien de la paix;
Ce grand jour est venu, mon frère, où notre reine,
Cessant de plus tenir la couronne incertaine,
Doit rompre aux yeux de tous son silence obstiné,
De deux princes gémeaux nous déclarer l'aîné:
Et l'avantage seul d'un moment de naissance,
Dont elle a jusqu'ici caché la connaissance,
Mettant au plus heureux le sceptre dans la main,
Va faire l'un sujet et l'autre souverain.
Mais n'admirez-vous point que cette même reine
Le donne pour époux à l'objet de sa haine,
Et n'en doit faire un roi qu'afin de couronner
Celle que dans les fers elle aimait à gêner?
Rodogune, par elle en esclave traitée,
Par elle se va voir sur le trône montée,
Puisque celui des deux qu'elle nommera roi
Lui doit donner sa main et recevoir sa foi.

TIMAGÈNE.
Pour le mieux admirer trouvez bon, je vous prie,
Que j'apprenne de vous les troubles de Syrie.
J'en ai vu les premiers, et me souviens encor
Des malheureux succès du grand roi Nicanor,
Quand des Parthes vaincus pressant l'adroite fuite,
Il tomba dans leurs fers au bout de sa poursuite.
Je n'ai pas oublié que cet évènement
Du perfide Tryphon fit le soulèvement.
Voyant le roi captif, la reine désolée,
Il crut pouvoir saisir la couronne ébranlée;
Et le sort, favorable à son lâche attentat,
Mit d'abord sous ses lois la moitié de l'état.
La reine, craignant tout de ces nouveaux orages,
En sut mettre à l'abri ses plus précieux gages;
Et, pour n'exposer pas l'enfance de ses fils,
Me les fit chez son frère enlever à Memphis.
Là, nous n'avons rien su que de la renommée,
Qui, par un bruit confus diversement semée,
N'a porté jusqu'à nous ces grands renversements
Que sous l'obscurité de cent déguisements.

LAONICE.
Sachez donc que Tryphon, après quatre batailles,
Ayant su nous réduire à ces seules murailles,
En forma tôt le siège; et, pour comble d'effroi,
Un faux bruit s'y coula touchant la mort du roi,
Le peuple épouvanté, qui déjà dans son ame
Ne suivait qu'à regret les ordres d'une femme,
Voulut forcer la reine à choisir un époux.
Que pouvait-elle faire et seule et contre tous?
Croyant son mari mort, elle épousa son frère.
L'effet montra soudain ce conseil salutaire.
Le prince Antiochus, devenu nouveau roi,
Sembla de tous côtés traîner l'heure avec soi;
La victoire attachée au progrès de ses armes
Sur nos fiers ennemis rejeta nos alarmes;
Et la mort de Tryphon dans un dernier combat,
Changeant tout notre sort, lui rendit tout l'état.
Quelque promesse alors qu'il eût faite à la mère
De remettre ses fils au trône de leur père,
Il témoigna si peu de la vouloir tenir,
Qu'elle n'osa jamais les faire revenir.
Ayant régné sept ans, son ardeur militaire
Ralluma cette guerre où succomba son frère:
Il attaqua le Parthe, et se crut assez fort
Pour en venger sur lui la prison et la mort.
Jusque dans ses états il lui porta la guerre;
Il s'y fit partout craindre à l'égal du tonnerre;
Il lui donna bataille, où mille beaux exploits..
Je vous achèverai le reste une autre fois,
Un des princes survient.
(*Laonice veut se retirer.*)

SCENE II.

ANTIOCHUS, TIMAGÈNE, LAONICE.

ANTIOCHUS.
Demeurez, Laonice;
Vous pouvez, comme lui, me rendre un bon office.
Dans l'état où je suis, triste et plein de souci,
Si j'espère beaucoup, je crains beaucoup aussi.
Un seul mot aujourd'hui, maître de ma fortune,
M'ôte ou donne à jamais le sceptre et Rodogune,
Et de tous les mortels ce secret révélé
Me rend le plus content ou le plus désolé.
Je vois dans le hasard tous les biens que j'espère,
Et ne puis être heureux sans le malheur d'un frère,
Mais d'un frère si cher, qu'une sainte amitié
Fait sur moi de ses maux rejaillir la moitié.   [dre;
Donc pour moins hasarder j'aime mieux moins préten-
Et, pour rompre le coup que mon cœur n'ose attendre,
Lui cédant de deux biens le plus brillant aux yeux,
M'assurer de celui qui m'est plus précieux:
Heureux si, sans attendre un fâcheux droit d'aînesse,
Pour un frère incertain j'en obtiens la princesse,
Et puis par ce partage épargner les soupirs
Qui naîtraient de ma peine ou de ses déplaisirs!
Va le voir de ma part, Timagène, et lui dire
Que pour cette beauté je lui cède l'empire;

Mais porte-lui si haut la douceur de régner.
Qu'à cet éclat du trône il se laisse gagner;
Qu'il s'en laisse éblouir jusqu'à ne pas connaître
A quel prix je consens de l'accepter pour maître,
(*Timagène s'en va, et le prince continue à parler à Laonice.*)
Et vous, en ma faveur voyez ce cher objet,
Et tâchez d'abaisser ses yeux sur un sujet
Qui peut-être aujourd'hui porterait la couronne,
S'il n'attachait les siens à sa seule personne,
Et ne la préférait à cet illustre rang [sang.
Pour qui les plus grands cœurs prodiguent tout leur
(*Timagène rentre sur le théâtre.*)
TIMAGENE.
Seigneur, le prince vient; et votre amour lui-même
Lui peut sans interprète offrir le diadème
ANTIOCHUS.
Ah! je tremble; et la peur d'un trop juste refus
Rend ma langue muette et mon esprit confus.

SCENE III.

SÉLEUCUS, ANTIOCHUS, TIMAGENE, LAONICE.

SÉLEUCUS.
Vous puis-je en confiance expliquer ma pensée?
ANTIOCHUS.
Parlez; notre amitié par ce doute est blessée.
SÉLEUCUS.
Hélas! c'est le malheur que je crains aujourd'hui.
L'égalité, mon frère, en est le ferme appui;
C'en est le fondement, la liaison, le gage,
Et, voyant d'un côté tomber tout l'avantage,
Avec juste raison je crains qu'entre nous deux
L'égalité rompue en rompe les doux nœuds,
Et que ce jour fatal à l'heur de notre vie
Jette sur l'un de nous trop de honte ou d'envie.
ANTIOCHUS.
Comme nous n'avons eu jamais qu'un sentiment,
Cette peur me touchait, mon frère, également;
Mais, si vous le voulez, j'en sais bien le remède.
SÉLEUCUS.
Si je le veux! bien plus je l'apporte, et vous cède
Tout ce que la couronne a de charmant en soi.
Oui, seigneur, car je parle à présent à mon roi,
Pour le trône cédé, cedez-moi Rodogune,
Et je n'envierai point votre haute fortune.
Ainsi notre destin n'aura rien de honteux,
Ainsi notre bonheur n'aura rien de douteux;
Et nous mépriserons ce faible droit d'aînesse,
Vous, satisfait du trône, et moi de la princesse,
ANTIOCHUS.
Hélas!
SÉLEUCUS.
Recevez-vous l'offre avec déplaisir?
ANTIOCHUS.
Pouvez-vous nommer offre une ardeur de choisir,
Qui, de la même main qui me cède un empire,
M'arrache un bien plus grand, et le seul où j'aspire?
SÉLEUCUS.
Rodogune?
ANTIOCHUS.
Elle-même; ils en sont les témoins.
SÉLEUCUS.
Quoi! l'estimez-vous tant?
ANTIOCHUS.
Quoi! l'estimez-vous moins?
SÉLEUCUS.
Elle vaut bien un trône, il faut que je le die.
ANTIOCHUS.
Elle vaut à mes yeux tout ce qu'en a l'Asie.
SÉLEUCUS.
Vous l'aimez donc, mon frère?
ANTIOCHUS.
Et vous l'aimez aussi;
C'est là tout mon malheur, c'est là tout mon souci.

J'espérais que l'éclat dont le trône se pare,
Toucherait vos désirs plus qu'un objet si rare;
Mais aussi bien qu'à moi son prix vous est connu,
Et dans ce juste choix vous m'avez prévenu.
Ah! déplorable prince!
SÉLEUCUS.
Ah! destin trop contraire!
ANTIOCHUS.
Que ne ferais-je point contre un autre qu'un frère!
SÉLEUCUS.
O mon cher frère! ô nom pour un rival trop doux!
Que ne ferais-je point contre un autre que vous!
ANTIOCHUS.
Où nous vas-tu réduire, amitié fraternelle!
SÉLEUCUS.
Amour, qui doit ici vaincre de vous ou d'elle?
ANTIOCHUS.
L'amour, l'amour doit vaincre et la triste amitié
Ne doit être à tous deux qu'un objet de pitié.
Un grand cœur cède un trône, et le cède avec gloire:
Cet effort de vertu couronne sa mémoire;
Mais, lorsqu'un digne objet a pu nous enflammer,
Qui le cède est un lâche, et ne sait pas aimer.
De tous deux Rodogune a charmé le courage.
Cessons par trop d'amour de lui faire un outrage:
Elle doit épouser, non pas vous, non pas moi,
Mais de moi, mais de vous, quiconque sera roi.
La couronne entre nous flotte encore incertaine;
Mais sans incertitude elle doit être reine:
Cependant, aveuglés dans notre vain projet,
Nous la faisions tous deux la femme d'un sujet!
Régnons; l'ambition ne peut être que belle,
Et pour elle quittée, et reprise pour elle;
Et ce trône, où tous deux nous osions renoncer,
Souhaitons-le tous deux, afin de l'y placer:
C'est dans notre destin le seul conseil à prendre;
Nous pouvons nous en plaindre, et nous devons l'at-
SÉLEUCUS. [tendre.
Il faut encor plus faire, il faut qu'en ce grand jour
Notre amitié triomphe aussi bien que l'amour.
Ces deux sièges fameux de Thèbes et de Troie,
Qui mirent l'une en sang, l'autre aux flammes en proie,
N'eurent pour fondement à leurs maux infinis
Que ceux que contre nous le sort a réunis.
Il sème entre nous deux toute la jalousie
Qui dépeupla la Grèce et saccagea l'Asie:
Un même espoir du sceptre est permis à tous deux;
Pour la même beauté nous faisons mêmes vœux.
Thèbes périt pour l'un, Troie a brûlé pour l'autre.
Tout va choir en ma main ou tomber en la vôtre.
En vain notre amitié tâchait à partager;
Et, si j'ose tout dire, un titre assez léger,
Un droit d'aînesse obscur, sur la foi d'une mère,
Va combler l'un de gloire, et l'autre de misère.
Que de sujets de plainte en ce double intérêt,
Aura le malheureux contre un si faible arrêt!
Que de sources de haine! Hélas! jugez le reste,
Craignez-en avec moi l'évènement funeste,
Ou plutôt avec moi faites un digne effort
Pour armer votre cœur contre un si triste sort.
Malgré l'éclat du trône et l'amour d'une femme,
Faisons si bien régner l'amitié sur notre ame,
Qu'étouffant dans leur perte un regret suborneur,
Dans le bonheur d'un frère on trouve son bonheur.
Ainsi ce qui jadis perdit Thèbes et Troie
Dans nos cœurs mieux unis ne versera que joie:
Ainsi notre amitié, triomphante à son tour,
Vaincra la jalousie en cédant à l'amour;
Et, de notre destin bravant l'ordre barbare,
Trouvera des douceurs aux maux qu'il nous prépare.
ANTIOCHUS.
Le pourrez-vous, mon frère?
SÉLEUCUS.
Ah! que vous me pressez!
Je le voudrai du moins, mon frère, et c'est assez;
Et ma raison sur moi gardera tant d'empire,
Que je désavouerai mon cœur, s'il en soupire.
ANTIOCHUS.
J'embrasse comme vous ces nobles sentiments.
Mais allons leur donner le secours des serments,

Afin qu'étant témoins de l'amitié jurée
Les dieux contre un tel coup assurent sa durée.
SELEUCUS.
Allons, allons l'étreindre au pied de leurs autels
Par des liens sacrés et des nœuds immortels.

SCENE IV.
LAONICE, TIMAGÈNE.

LAONICE.
Peut-on plus dignement mériter la couronne?
TIMAGÈNE.
Je ne suis point surpris de ce qui vous étonne;
Confident de tous deux, prévoyant leur douleur,
J'ai prévu leur constance, et j'ai plaint leur malheur.
Mais, de grace, achevez l'histoire commencée.
LAONICE.
Pour la reprendre donc où nous l'avons laissée,
Les Parthes, au combat par les nôtres forcés
Tantôt presque vainqueurs, tantôt presque enfoncés,
Sur l'une et l'autre armée également heureuse,
Virent longtemps voler la victoire douteuse :
Mais la fortune enfin se tourna contre nous,
Si bien qu'Antiochus, percé de mille coups,
Près de tomber aux mains d'une troupe ennemie,
Lui voulut dérober les restes de sa vie,
Et, préférant aux fers la gloire de périr,
Lui-même par sa main acheva de mourir.
La reine ayant appris cette triste nouvelle,
En reçut tôt après une autre plus cruelle;
Que Nicanor vivait; que, sur un faux rapport,
De ce premier époux elle avait cru la mort ;
Que, piqué jusqu'au vif contre son hyménée,
Son ame à l'imiter s'était déterminée;
Et que, pour s'affranchir des fers de son vainqueur,
Il allait épouser la princesse sa sœur.
C'est cette Rodogune, où l'un et l'autre frère
Trouve encor les appas qu'avait trouvés leur père.
La Reine envoie en vain pour se justifier;
On a beau la défendre, on a beau la prier,
On ne rencontre en lui qu'un juge inexorable ;
Et son amour nouveau la veut croire coupable :
Son erreur est un crime; et, pour l'en punir mieux,
Il veut même épouser Rodogune à ses yeux,
Arracher de son front le sacré diadème
Pour ceindre une autre tête en sa présence même ;
Soit qu'ainsi sa vengeance eût plus d'indignité,
Soit qu'ainsi cet hymen eût plus d'autorité,
Et qu'il assurât mieux par cette barbarie
Aux enfants qui naîtraient le trône de Syrie.
Mais tandis qu'animé de colère et d'amour
Il vient déshériter ses fils par son retour,
Et qu'un gros escadron de Parthes plein de joie
Conduit ces deux amants, et court comme à la proie,
La reine, au désespoir de n'en rien obtenir,
Se résout de se perdre ou de le prévenir.
Elle oublie un mari qui veut cesser de l'être,
Qui ne veut plus la voir qu'en implacable maître ;
Et, changeant à regret son amour en horreur,
Elle abandonne tout à sa juste fureur.
Elle-même leur dresse un embûche au passage,
Se mêle dans les coups, porte partout sa rage,
En pousse jusqu'au bout les furieux effets.
Que vous dirai-je enfin? les Parthes sont défaits ;
Le roi meurt, et, dit-on, par la main de la reine ;
Rodogune captive est livrée à sa haine.
Tous les maux qu'un esclave endure dans les fers
Alors sans moi, mon frère, elle les eût soufferts.
La reine, à la gêner prenant mille délices,
Ne commettait qu'à moi l'ordre de ses supplices ;
Mais, quoi que m'ordonnât cette ame toute en feu,
Je promettais beaucoup, et j'exécutais peu.
Le Parthe cependant en jure la vengeance;
Sur nous à main armée il fond en diligence,
Nous surprend, nous assiège, et fait un tel effort,
Que, la ville aux abois, on lui parle d'accord.
Il veut fermer l'oreille, enflé de l'avantage;
Mais voyant parmi nous Rodogune en ôtage,
Enfin il craint pour elle et nous daigne écouter;
Et c'est ce qu'aujourd'hui l'on doit exécuter.
La reine de l'Égypte a rappelé nos princes
Pour remettre à l'ainé son trône et ses provinces.
Rodogune a paru, sortant de sa prison,
Comme un soleil levant dessus notre horizon.
Le Parthe a décampé, pressé par d'autres guerres
Contre l'Arménien qui ravage ses terres ;
D'un ennemi cruel il s'est fait notre appui;
La paix finit la haine, et, pour comble aujourd'hui,
Dois-je dire de bonne ou mauvaise fortune?
Nos deux princes tous deux adorent Rodogune.
TIMAGÈNE.
Sitôt qu'ils ont paru tous deux en cette cour,
Ils ont vu Rodogune, et j'ai vu leur amour;
Mais comme étant rivaux nous les trouvons à plaindre.
Connaissant leur vertu je n'en vois rien à craindre.
Pour vous qui gouvernez cet objet de leurs vœux...
LAONICE.
Je n'ai point encor vu qu'elle aime aucun des deux.
TIMAGÈNE.
Vous me trouvez mal propre à cette confidence,
Et peut-être à dessein je la vois qui s'avance.
Adieu : je dois au rang qu'elle est prête à tenir
Du moins la liberté de vous entretenir.

SCÈNE V.
RODOGUNE, LAONICE.

RODOGUNE.
Je ne sais quel malheur aujourd'hui me menace,
Et coule dans ma joie une secrète glace :
Je tremble, Laonice, et te voulais parler,
Ou pour chasser ma crainte ou pour m'en consoler.
LAONICE.
Quoi! Madame, en ce jour pour vous si plein de gloire?
RODOGUNE.
Ce jour m'en promet tant que j'ai peine à tout croire.
La fortune me traite avec trop de respect ;
Et le trône et l'hymen, tout me devient suspect.
L'hymen semble à mes yeux cacher quelque supplice,
Le trône sous mes pas creuser un précipice,
Je vois de nouveaux fers après les miens brisés,
Et je prends tous ces biens pour des maux déguisés,
En un mot, je crains tout de l'esprit de la reine.
LAONICE.
La paix qu'elle a jurée en a calmé la haine.
RODOGUNE.
La haine entre les grands se calme rarement ;
La paix souvent n'y sert que d'un amusement.
Et, dans l'état où j'entre, à te parler sans feinte,
Elle a lieu de me craindre, et je crains cette crainte.
Non qu'enfin je ne donne au bien de deux états
Ce que j'ai dû de haine à de tels attentats :
J'oublie et pleinement toute mon aventure ;
Mais une grande offense est de cette nature,
Que toujours son auteur impute à l'offensé
Un vif ressentiment dont il le croit blessé ;
Et, quoique en apparence on les réconcilie,
Il le craint, il le hait, et jamais ne s'y fie ;
Et, toujours alarmé de cette illusion,
Sitôt qu'il peut le perdre il prend l'occasion.
Telle est pour moi la reine.

LAONICE.
                   Ah! madame, je jure
Que par ce faux soupçon vous lui faites injure.
Vous devez oublier un désespoir jaloux
Où força son courage un infidèle époux.
Si, teinte de son sang et toute furieuse,
Elle vous traita lors en rivale odieuse,
L'impétuosité d'un premier mouvement
Engageait sa vengeance à ce dur traitement;
Il fallait un prétexte à vaincre sa colère,
Il y fallait du temps; et, pour ne vous rien taire,
Quand je me dispensais à lui mal obéir,
Quand en votre faveur je semblais la trahir,
Peut-être qu'en son cœur plus douce et repentie
Elle en dissimulait la meilleure partie;

Que, se voyant tromper, elle fermait les yeux,
Et qu'un peu de pitié la satisfaisait mieux.
A présent que l'amour succède à la colère,
Elle ne vous voit plus qu'avec des yeux de mère;
Et si de cet amour je la voyais sortir,
Je jure de nouveau de vous en avertir:
Vous savez comme quoi je vous suis tout acquise.
Le roi souffrirait-il d'ailleurs quelque surprise?
RODOGUNE.
Qui que ce soit des deux qu'on couronne aujourd'hui,
Elle sera sa mère et pourra tout sur lui.
LAONICE.
Qui que ce soit des deux, je sais qu'il vous adore :
Connaissant leur amour, pouvez-vous craindre encore?
RODOGUNE.
Oui, je crains leur hymen, et d'être à l'un des deux
LAONICE.
Quoi! sont-ils des sujets indignes de vos feux?
RODOGUNE.
Comme ils ont même sang avec pareil mérite,
Un avantage égal pour eux me sollicite;
Mais il est mal aisé, dans cette égalité
Qu'un esprit combattu ne penche d'un côté.
Il est des nœuds secrets, il est des sympathies,
Dont par le doux rapport les ames assorties
S'attachent l'une à l'autre, et se laissent piquer
Par ces je ne sais quoi qu'on ne peut expliquer.
C'est par là que l'un d'eux obtient la préférence:
Je crois voir l'autre encore avec indifférence;
Mais cette indifférence est une aversion
Lorsque je le compare avec ma passion.
Etrange effet d'amour! incroyable chimère!
Je voudrais être à lui, où je n'aimais son frère;
Et le plus grand des maux toutefois que je crains,
C'est que mon triste sort me livre entre ses mains.

LAONICE.
Ne pourrais-je servir une si belle flamme?

RODOGUNE.
Ne crois pas en tirer le secret de mon ame:
Quelque époux que le ciel veuille me destiner,
C'est à lui pleinement que je veux me donner.
De celui que je crains si je n'aimais son partage,
Je saurai l'accepter avec même visage;
L'hymen me le rendra précieux à son tour,
Et le devoir fera ce qu'aurait fait l'amour,
Sans crainte qu'on reproche à mon humeur forcée
Qu'un autre qu'un mari règne sur ma pensée.

LAONICE.
Vous craignez que ma foi vous l'ose reprocher!
RODOGUNE.
Que ne puis-je à moi-même aussi bien le cacher!
LAONICE.
Quoi que vous me cachiez, aisément je devine;
Et, pour vous dire enfin ce que je m'imagine,
Le prince...
RODOGUNE.
Garde-toi de nommer mon vainqueur
Ma rougeur trahirait les secrets de mon cœur.
Et je te voudrais mal de cette violence
Que ta dextérité ferait à mon silence;
Même, de peur qu'un mot par hasard échappé
Te fasse voir ce cœur et quels traits l'ont frappé,
Je romps un entretien dont la suite me blesse :
Adieu ; mais souviens-toi que c'est sur ta promesse
Que mon esprit reprend quelque tranquillité.
LAONICE.
Madame, assurez-vous sur ma fidélité.

FIN DU PREMIER ACTE.

ACTE II.

SCÈNE PREMIÈRE.

CLÉOPATRE.

Serments fallacieux, salutaire contrainte,
Que m'imposa la force et qu'accepta ma crainte,
Heureux déguisements d'un immortel courroux,
Vains fantômes d'état, évanouissez-vous!
Si d'un péril pressant la terreur vous fit naître,
Avec ce péril même il vous faut disparaître,
Semblables à ces vœux dans l'orage formés,
Qu'efface un prompt oubli quand les flots sont calmés.
Et vous, qu'avec tant d'art cette feinte a voilée,
Recours des impuissants, haine dissimulée,
Digne vertu des rois, noble secret de cour,
Eclatez, il est temps, et voici notre jour.
Montrons-nous toutes deux, non plus comme sujettes,
Mais telle que je suis, et telle que vous êtes.
Le Parthe est éloigné, nous pouvons tout oser :
Nous n'avons rien à craindre, et rien à déguiser;
Je hais, je règne encor. Laissons d'illustres marques
En quittant, s'il le faut, ce haut rang des monarques :
Faisons-en avec gloire un départ éclatant,
Et rendons-le funeste à celle qui l'attend.
C'est encor, c'est encor cette même ennemie
Qui cherchait ses honneurs dedans mon infamie,
Dont la haine à son tour croit me faire la loi,
Et régner par mon ordre et sur vous et sur moi.
Tu m'estimes bien lâche, imprudente rivale,
Si tu crois que mon cœur jusque-là se ravale
Qu'il souffre qu'un hymen qu'on t'a promis en vain
Te mette ta vengeance et mon sceptre à la main.
Vois jusqu'où m'emporta l'amour du diadème,
Vois quel sang il me coûte, et tremble pour toi-même :
Tremble, te dis-je; et songe, en dépit du traité,
Que, pour t'en faire un don, je l'ai trop acheté.

SCENE II.

CLÉOPATRE, LAONICE.

CLÉOPATRE.
Laonice, vois-tu que le peuple s'apprête
Au pompeux appareil de cette grande fête?
LAONICE.
La joie en est publique, et les princes tous deux
Des Syriens ravis emportent tous les vœux :
L'un et l'autre fait voir un mérite si rare
Que le souhait confus entre les deux s'égare;
Et ce qu'en quelques uns on voit d'attachement
N'est qu'un faible ascendant d'un premier mouvement
Ils penchent d'un côté, prêts à tomber de l'autre :
Leur choix pour s'affermir attend encor le vôtre;
Et de celui qu'ils font ils sont si peu jaloux,
Que votre secret su les reunira tous.
CLÉOPATRE
Sais-tu que mon secret n'est pas ce que l'on pense?
LAONICE.
J'attends avec eux tous celui de leur naissance.
CLÉOPATRE.
Pour un esprit de cour, et nourri chez les grands,
Tes yeux dans leur secret sont bien peu pénétrants.
Apprends, ma confidente, apprends à me connaître.
Si je cache en quel rang le ciel les a fait naître,
Vois, vois que, tant que l'ordre en demeure douteux,
Aucun des deux ne règne, et je règne pour eux :
Quoique ce soit un bien que l'un et l'autre attende,
De crainte de le perdre aucun ne le demande;

Cependant je possède, et leur droit incertain
Me laisse avec leur sort leur sceptre dans la main :
Voilà mon grand secret. Sais-tu par quel mystère
Je les laissais tous deux en dépôt chez mon frère ?

LAONICE.

J'ai cru qu'Antiochus les tenait éloignés
Pour jouir des états qu'il avait regagnés.

CLÉOPATRE.

Il occupait leur trône, et craignait leur présence,
Et cette juste crainte assurait ma puissance.
Mes ordres en étaient de point en point suivis
Quand je le menaçais du retour de mes fils :
Voyant ce foudre prêt à suivre ma colère,
Quoiqu'il me plût oser, il n'osait me déplaire ;
Et content malgré lui du vain titre de roi,
S'il régnait au lieu d'eux, ce n'était que sous moi.
Je te dirai bien plus. Sans violence aucune
J'aurais vu Nicanor épouser Rodogune.
Si, content de lui plaire et de me dédaigner,
Il eût vécu chez elle en me laissant régner.
Son retour me fâchait plus que son hyménée,
Et j'aurais pu l'aimer s'il ne l'eût couronnée.
Tu vis comme il y fit des efforts superflus ;
Je fis beaucoup alors, et ferais encor plus
S'il était quelque voie, infame ou légitime ;
Que m'enseignât la gloire, ou que m'ouvrît le crime,
Qui me pût conserver un bien que j'ai chéri
Jusqu'à verser pour lui tout le sang d'un mari.
Dans l'état pitoyable où m'en réduit la suite ;
Délice de mon cœur, il faut que je te quitte ;
On m'y force, il le faut : mais on verra quel fruit
En recevra bientôt celle qui m'y réduit.
L'amour que j'ai pour toi tourne en haine pour elle :
Autant que l'un fut grand, l'autre sera cruelle ;
Et, puisqu'en le perdant j'ai sur qui m'en venger,
Ma perte est supportable, et mon mal est léger.

LAONICE.

Quoi ! vous parlez encor de vengeance et de haine
Pour celle dont vous-même allez faire une reine !

CLÉOPATRE.

Quoi ! je ferais un roi pour être son époux,
Et m'exposer aux traits de son juste courroux !
N'apprendras-tu jamais, ame basse et grossière,
A voir par d'autres yeux que les yeux du vulgaire ?
Toi qui connais ce peuple, et sais qu'aux champs de
Lâchement d'une femme il suit les étendards ;   [Mars,
Que, sans Antiochus, Tryphon m'eût dépouillée ;
Que sous lui son ardeur fut soudain réveillée ;
Ne saurais-tu juger que si je nomme un roi,
C'est pour le commander, et combattre pour moi ?
J'en ai le choix en main avec le droit d'aînesse ;
Et, puisqu'il en faut faire une aide à ma faiblesse ;
Que la guerre sans lui ne peut se rallumer,
J'userai bien du droit que j'ai de le nommer.
On ne montera point au rang dont je dévale,
Qu'en épousant ma haine au lieu de ma rivale :
Ce n'est qu'en me vengeant qu'on me le peut ravir,
Et je ferai régner qui me voudra servir.

LAONICE.

Je vous connaissais mal.

CLÉOPATRE.

Connais-moi tout entière.
Quand je mis Rodogune en tes mains prisonnière,
Ce ne fut ni pitié, ni respect de son rang,
Qui m'arrêta le bras et conserva son sang.
La mort d'Antiochus me laissait sans armée,
Et d'une troupe en hâte à me suivre animée,
Beaucoup dans ma vengeance ayant fini leurs jours
M'exposaient à son frère, et faible et sans secours.
Je me voyais perdue à moins d'un tel ôtage :
Il vint, et sa fureur craignit pour ce cher gage :
Il m'imposa des lois, exigea des serments
Et moi, j'accordai tout pour obtenir du temps.
Le temps est un trésor plus grand qu'on ne peut croire :
J'en obtins, et je crus obtenir la victoire.
J'ai pu reprendre haleine, et, sous de faux apprêts...
Mais voici mes deux fils que j'ai mandés exprès.

Écoute, et tu verras quel est cet hyménée
Où se doit terminer cette illustre journée.

SCÈNE III.

CLÉOPATRE, ANTIOCHUS, SÉLEUCUS, LAONICE.

CLÉOPATRE.

Mes enfants, prenez place. Enfin voici le jour
Si doux à mes souhaits, si cher à mon amour,
Où je puis voir briller sur une de vos têtes
Ce que j'ai conservé parmi tant de tempêtes,
Et vous remettre un bien, après tant de malheurs,
Qui m'a coûté pour vous tant de soins et de pleurs.
Il peut vous souvenir quelles furent mes larmes
Quand Tryphon me donna de si rudes alarmes,
Que, pour ne vous pas voir exposés à ses coups,
Il fallut me résoudre à me priver de vous.
Quelles peines depuis, grands dieux ! n'ai-je souffertes !
Chaque jour redoubla mes douleurs et mes pertes.
Je vis votre royaume entre ces murs réduit !
Je crus mort votre père ; et sur un si faux bruit
Le peuple mutiné voulut avoir un maître.
J'eus beau le nommer lâche, ingrat, parjure, traître,
Il fallut satisfaire à son brutal désir,
Et, de peur qu'il en prît, il m'en fallut choisir.
  Pour vous sauver l'état que n'eussé-je pu faire ?
Je choisis un époux avec des yeux de mère,
Votre oncle Antiochus, et j'espérais qu'en lui
Votre trône tombant trouverait un appui :
Mais à peine mon bras en releva la chute,
Que par lui de nouveau le sort me persécute ;
Maître de votre état par sa valeur sauvé,
Il s'obstine à remplir ce trône relevé :
Qui lui parle de vous attire sa menace.
Il n'a défait Tryphon que pour prendre sa place ;
Et de dépositaire et de libérateur
Il s'érige en tyran et lâche usurpateur.
Sa main l'en a puni : pardonnons à son ombre ;
Aussi bien en un seul voici des maux sans nombre.
  Nicanor votre père, et mon premier époux...
Mais pourquoi lui donner encor des noms si doux ,
Puisque l'ayant cru mort, il sembla ne revivre
Que pour s'en depouiller afin de nous poursuivre ?
Passons ; je ne me puis souvenir sans trembler
Du coup dont j'empêchai qu'il nous pût accabler :
Je ne sais s'il est digne ou d'horreur ou d'estime,
S'il plut aux dieux ou non, s'il fut justice ou crime ;
Mais, soit crime ou justice, il est certain, mes fils,
Que mon amour pour vous fit tout ce que je fis :
Ni celui des grandeurs, ni celui de la vie
Ne jeta mon cœur cette aveugle furie.
J'étais lasse d'un trône où d'éternels malheurs
Me confondaient chaque jour de nouvelles douleurs.
Ma vie est presque usée, et ce reste inutile
Chez mon frère avec vous trouvait un sûr asyle :
Mais voir, après douze ans et de soins et de maux,
Un père vous ôter le fruit de mes travaux !
Mais voir votre couronne après lui destinée
Aux enfants qui naîtraient d'un second hyménée !
A cette indignité je ne connus plus rien ;
Je me crus tout permis pour garder votre bien.
Recevez donc, mes fils, de la main d'une mère,
Un trône racheté par le malheur d'un père.
Je crus qu'il fit lui-même un crime en vous l'ôtant,
Et si j'en ai fait un en vous le rachetant,
Daigne du juste ciel la bonté souveraine,
Vous en laisser le fruit, m'en reserver la peine,
Ne lancer que sur moi les foudres mérités,
Et n'epandre sur vous que des prospérités !

ANTIOCHUS.

Jusques ici, madame, aucun ne met en doute [toute :
Les longs et grands travaux qui nous ont votre amour vous.
Et nous croyons tenir des soins de cet amour
Ce doux espoir du trône aussi bien que le jour ; [dre
Le récit nous en charme, et nous fait mieux compren-
Quelles graces tous deux nous vous en devons rendre.

Mais, afin qu'à jamais nous les puissions bénir,
Épargnez le dernier à notre souvenir ;
Ce sont fatalités dont l'ame embarrassée
A plus qu'elle ne veut se voit souvent forcée.
Sur les noires couleurs d'un si triste tableau
Il faut passer l'éponge, ou tirer le rideau :
Un fils est criminel quand il les examine,
Et, quelque suite enfin que le ciel y destine,
J'en rejette l'idée, et crois qu'en ces malheurs
Le silence ou l'oubli nous sied mieux que les pleurs.
Nous attendons le sceptre avec même espérance :
Mais si nous l'attendons, c'est sans impatience ;
Nous pouvons sans régner vivre tous deux contents ;
C'est le fruit de vos soins, jouissez-en longtemps :
Il tombera sur nous quand vous en serez lasse ;
Nous le recevrons lors de bien meilleure grace ;
Et l'accepter sitôt semble nous reprocher
De n'être revenus que pour vous l'arracher.

SÉLEUCUS.
J'ajouterai, madame, à ce qu'a dit mon frère
Que, bien qu'avec plaisir et l'un et l'autre espère,
L'ambition n'est pas notre plus grand désir.
Régnez, nous le verrons tous deux avec plaisir ;
Et c'est bien la raison que pour tant de puissance
Nous vous rendions du moins un peu d'obéissance,
Et que celui de nous dont le ciel a fait choix
Sous votre illustre exemple apprenne l'art des rois.

CLÉOPATRE.
Dites tout, mes enfants : vous fuyez la couronne,
Non que son trop d'éclat ou son poids vous étonne ;
L'unique fondement de cette aversion,
C'est la honte attachée à sa possession.
Elle passe à vos yeux pour la même infamie,
S'il faut la partager avec votre ennemie,
Et qu'un indigne hymen la fasse retomber
Sur celle qui venait pour vous la dérober.
O nobles sentiments d'une ame généreuse !
O fils vraiment mes fils ! ô mère trop heureuse !
Le sort de votre père enfin est éclairci.
Il était innocent, et je puis l'être aussi ;
Il vous aima toujours, et ne fut mauvais père
Que charmé par la sœur, ou forcé par le frère ;
Et dans cette embuscade où son effort fut vain,
Rodogune, mes fils, le tua par ma main :
Ainsi de cet amour la fatale puissance
Vous coûte votre père, à moi mon innocence ;
Et si ma main pour vous n'avait tout attenté,
L'effet de cet amour vous aurait tout coûté.
Ainsi vous me rendez l'innocence et l'estime,
Lorsque vous punirez la cause de mon crime.
De cette même main qui vous a tout sauvé
Dans son sang odieux je l'aurais bien lavé ;
Mais comme vous aviez votre part aux offenses,
Je vous ai réservé votre part aux vengeances,
Et, pour ne tenir plus en suspens vos esprits,
Si vous voulez régner, le trône est à ce prix.
Entre deux fils que j'aime avec même tendresse,
Embrasser ma querelle est le seul droit d'aînesse ;
La mort de Rodogune en nommera l'aîné.
Quoi ! vous montrez tous deux un visage étonné !
Redoutez-vous mon frère ? après la paix infame
Que même en la jurant je detestais dans l'ame,
J'ai fait lever des gens par des ordres secrets prêts,
Qu'à vous suivre en tous lieux vous trouverez tout
Et tandis qu'il fait tête aux princes d'Arménie
Nous pouvons sans péril briser sa tyrannie.
Qui vous fait donc pâlir à cette juste loi ?
Est-ce pitié pour elle ? est-ce haine pour moi ?
Voulez-vous l'épouser afin qu'elle me brave,
Et mettre mon destin aux mains de mon esclave ?
Vous ne répondez point ! Allez, enfants ingrats,
Pour qui je crus en vain conserver ces états :
J'ai fait votre oncle roi, j'en ferai bien un autre ;
Et mon nom peut encore ici plus que le vôtre.

SÉLEUCUS.
Mais, madame, voyez que pour premier exploit...

CLÉOPATRE.
Mais que chacun de vous pense à ce qu'il me doit.
Je sais bien que le sang qu'à vos mains je demande
N'est pas le digne essai d'une valeur bien grande ;

Mais si vous me devez et le sceptre et le jour
Ce doit être envers moi le sceau de votre amour :
Sans ce gage, ma haine à jamais s'en défie ;
Ce n'est qu'en m'imitant que l'on me justifie.
Rien ne vous sert ici de faire les surpris ;
Je vous le dis encor, le trône est à ce prix ;
Je puis en disposer comme de ma conquête :
Point d'aîné, point de roi, qu'en m'apportant sa tête ;
Et puisque mon seul choix vous y peut élever,
Pour jouir de mon crime il le faut achever.

SCÈNE IV.

SÉLEUCUS, ANTIOCHUS.

SÉLEUCUS.
Est-il une constance à l'épreuve du foudre
Dont ce cruel arrêt met notre espoir en poudre ?

ANTIOCHUS.
Est-il un coup de foudre à comparer aux coups
Que ce cruel arrêt vient de lancer sur nous ?

SÉLEUCUS.
O haines, ô fureurs dignes d'une Mégère !
O femme, que je n'ose appeler encor mère !
Après que tes forfaits ont régné pleinement,
Ne saurais-tu souffrir qu'on règne innocemment ?
Quels attraits penses-tu qu'ait pour nous la couronne ?
S'il faut qu'un crime égal par la main nous la donne ?
Et de quelles horreurs nous doit-elle combler,
Si pour monter au trône il faut te ressembler !

ANTIOCHUS.
Gardons plus de respect aux droits de la nature,
Et n'imputons qu'au sort notre triste aventure :
Nous le nommions cruel ; mais il nous était doux
Quand il ne nous donnait à combattre que nous.
Confidents tout ensemble et rivaux l'un de l'autre,
Nous ne concevions point de mal pareil au nôtre ;
Cependant, à nous voir l'un de l'autre rivaux,
Nous ne concevions pas la moitié de nos maux.

SÉLEUCUS.
Une douleur si sage et si respectueuse,
Ou n'est guère sensible, ou guère impétueuse,
Et c'est en de tels maux avoir l'esprit bien fort
D'en connaître la cause, et l'imputer au sort.
Pour moi, je sens les miens avec plus de faiblesse ;
Plus leur cause m'est chère, et plus l'effet m'en blesse :
Non que pour m'en venger j'ose entreprendre rien ;
Je donnerais encor tout mon sang pour le sien ;
Je sais ce que je dois : mais dans cette contrainte,
Si je retiens mon bras, je laisse aller ma plainte,
Et j'estime qu'au point qu'elle nous a blessés,
Qui ne fait que s'en plaindre a du respect assez.
Voyez-vous bien quel est le ministère infame
Qu'ose exiger de nous la haine d'une femme ?
Voyez-vous qu'aspirant à des crimes nouveaux,
De deux princes ses fils elle fait ses bourreaux ?
Si vous pouvez le voir, pouvez-vous vous en taire ?

ANTIOCHUS.
Je vois bien plus encor, je vois qu'elle est ma mère ;
Et plus je vois son crime indigne de ce rang,
Plus je lui vois souiller la source de mon sang.
J'en sens de ma douleur croître la violence ;
Mais ma confusion m'impose le silence,
Lorsque dans ses forfaits sur nos fronts imprimés
Je vois les traits honteux dont nous sommes formés.
Je tâche à cet objet d'être aveugle ou stupide ;
J'ose me déguiser jusqu'à son parricide ;
Je me cache à moi-même un excès de malheur
Où notre ignominie égale ma douleur ;
Et, détournant les yeux d'une mère cruelle,
J'impute tout au sort qui m'a fait naître d'elle.
Je conserve pourtant encore un peu d'espoir ;
Elle est mère, et le sang a beaucoup de pouvoir ;
Et le sort l'eût-il faite encor plus inhumaine,
Une larme d'un fils peut amollir sa haine.

SÉLEUCUS.
Ah ! mon frère, l'amour n'est guère véhément
Pour des fils élevés dans un bannissement,

Et qu'ayant fait nourrir presque dans l'esclavage
Elle n'a rappelés que pour servir sa rage.
De ses pleurs tant vantés je découvre le fard;
Nous avons en son cœur vous et moi peu de part :
Elle fait bien sonner ce grand amour de mère ;
Mais elle seule enfin s'aime et se considère ;
Et, quoi que nous étale un langage si doux,
Elle a tout fait pour elle, et n'a rien fait pour nous.
Ce n'est qu'un faux amour que la haine domine :
Nous ayant embrassés, elle nous assassine,
En veut au cher objet dont nous sommes épris,
Nous demande son sang, met le trône à ce prix.
Ce n'est plus de sa main qu'il nous le faut attendre;
Il est, il est à nous, si nous osons le prendre :
Notre révolte ici n'a rien que d'innocent ;
Il est à l'un de nous, si l'autre le consent :
Régnons, et son courroux ne sera que faiblesse;
C'est l'unique moyen de sauver la princesse :
Allons la voir, mon frère, et demeurons unis ;
C'est l'unique moyen de voir nos maux finis.
Je forme un beau dessein que son amour m'inspire ;
Mais il faut qu'avec lui notre union conspire :
Notre amour, aujourd'hui si digne de pitié,
Ne saurait triompher que par notre amitié.

ANTIOCHUS.

Cet avertissement marque une défiance
Que la mienne pour vous souffre avec patience.
Allons, et soyez sûr que même le trépas
Ne peut rompre des nœuds que l'amour ne rompt pas.

FIN DU SECOND ACTE.

ACTE III.

SCENE PREMIÈRE

RODOGUNE, ORONTE, LAONICE,

RODOGUNE.

Voilà comme l'amour succède à la colère,
Comme elle ne me voit qu'avec des yeux de mère,
Comme elle aime la paix, comme elle fait un roi,
Et comme elle use enfin de ses fils et de moi.
Et tantôt mes soupçons lui faisaient une offense?
Elle n'avait rien fait qu'en sa juste défense?
Lorsque tu la trompais elle fermait les yeux ?
Ah ! que ma défiance en jugeait beaucoup mieux !
Tu le vois, Laonice.

LAONICE.
Et vous voyez, madame,
Quelle fidélité vous conserve mon ame,
Et qu'ayant reconnu sa haine et mon erreur,
Le cœur gros de soupirs, et frémissant d'horreur,
Je romps une foi due aux secrets de ma reine,
Et vous viens découvrir mon erreur et sa haine.

RODOGUNE.
Cet avis salutaire est l'unique secours
A qui je crois devoir le reste de mes jours.
Mais ce n'est pas assez de m'avoir avertie,
Il faut de ces périls m'aplanir la sortie;
Il faut que tes conseils m'aident à repousser...

LAONICE.
Madame, au nom des dieux, veuillez m'en dispenser ;
C'est assez que pour vous je lui sois infidèle,
Sans m'engager encore à des conseils contre elle.

Oronte est avec vous, qui, comme ambassadeur,
Devait de cet hymen honorer la splendeur;
Comme c'est en ses mains que le roi votre frère
A déposé le soin d'une tête si chère,
Je vous laisse avec lui pour en délibérer,
Quoi que vous résolviez, laissez-moi l'ignorer.
Au reste, assurez-vous de l'amour des deux princes;
Plutôt que de vous perdre ils perdront leurs provinces :
Mais je ne réponds pas que ce cœur inhumain
Ne veuille à leur refus s'armer d'une autre main.
Je vous parle en tremblant; si j'étais ici vue,
Votre péril croîtrait, et je serais perdue.
Fuyez, grande princesse, et souffrez cet adieu.

RODOGUNE.
Va, je reconnaîtrai ce service en son lieu.

SCÈNE II.

RODOGUNE, ORONTE.

RODOGUNE.

Que ferons-nous, Oronte, en ce péril extrême,
Où l'on fait de mon sang le prix d'un diadème?
Fuirons-nous chez mon frère? attendrons-nous la
Ou ferons-nous contre elle un généreux effort? [mort]

ORONTE.

Notre fuite, madame, est assez difficile :
J'ai vu des gens de guerre épandus dans la ville.
Si l'on veut votre perte, on vous fait observer ;
Ou, s'il vous est permis encor de vous sauver,
L'avis de Laonice est sans doute une adresse.
Feignant de vous servir elle sert sa maîtresse.
La reine, qui surtout craint de vous voir régner,
Vous donne ces terreurs pour vous faire éloigner;
Et pour rompre un hymen qu'avec peine elle endure,
Elle en veut à vous même imputer la rupture.
Elle obtiendra par vous le but de ses souhaits.
Et vous accusera de violer la paix;
Et le roi, plus piqué contre vous que contre elle,
Vous voyant lui porter une guerre nouvelle,
Blâmera vos frayeurs et nos legeretés,
D'avoir osé douter de la foi des traités;
Et peut-être, pressé des guerres d'Arménie,
Vous laissera moquée, et la reine impunie.
A ces honteux moyens gardez de recourir.
C'est ici qu'il vous faut ou régner ou périr.
Le ciel pour vous ailleurs n'a point fait de couronne ;
Et l'on s'en rend indigne alors qu'on l'abandonne.

RODOGUNE.

Ah! que de vos conseils j'aimerais la vigueur
Si nous avions la force egale a ce grand cœur.
Mais pourrons-nous braver une reine en colère
Avec ce peu de gens que m'a laisses mon frère?

ORONTE.

J'aurais perdu l'esprit si j'osais me vanter
Qu'avec ce peu de gens nous puissions resister.
Nous mourrons à vos pieds, c'est toute l'assistance
Que vous peut en ces lieux offrir notre impuissance.
Mais pouvez-vous trembler quand dans ces mêmes lieux
Vous portez le grand maître et des rois et des dieux ?
L'Amour fera lui seul tout ce qu'il vous faut faire.
Faites-vous un rempart des fils contre la mère ;
Ménagez bien leur flamme, ils voudront tout pour vous;
Et ces astres naissants sont adorés de tous.
Quoi que puisse en ces lieux une reine cruelle,
Pouvant tout sur ses fils, vous y pouvez plus qu'elle.
Cependant trouvez bon qu'en ces extrémités,
Je tâche à rassembler nos Parthes ecartes ;
Ils sont peu, mais vaillants, et peuvent de sa rage
Empêcher la surprise et le premier outrage.
Craignez-moins, et sur tout, madame, en ce grand jour,
Si vous voulez régner, faites régner l'amour.

SCÈNE III.

RODOGUNE.

Quoi ! je pourrais descendre à ce lâche artifice
D'aller de mes amants mendier le service,

Et, sous l'indigne appât d'un coup d'œil afféte,
J'irais jusqu'en leur cœur chercher ma sûreté!
Celles de ma naissance ont horreur des bassesses;
Leur sang tout généreux hait ces molles adresses.
Quel que soit le secours qu'ils me puissent offrir,
Je croirai faire assez de le daigner souffrir.
Je verrai leur amour, j'éprouverai sa force,
Sans flatter leurs désirs, sans leur jeter d'amorce;
Et, s'il est assez fort pour me servir d'appui,
Je le ferai régner, mais en régnant sur lui.
Sentiments étouffés de colère et de haine,
Rallumez vos flambeaux à celles de la reine,
Et d'un oubli contraint rompez la dure loi,
Pour rendre enfin justice aux mânes d'un grand roi;
Rapportez à mes yeux son image sanglante,
D'amour et de fureur encore étincelante,
Telle que je le vis, quand tout percé de coups
Il me cria: Vengeance! adieu; je meurs pour vous!
Chère ombre, hélas! bien loin de l'avoir poursuivie,
J'allais baiser la main qui t'arracha la vie,
Rendre à la main fatale à qui versa ton sang,
Mais pardonne aux devoirs que m'impose mon rang.
Plus la haute naissance approche des couronnes,
Plus cette grandeur même asservit nos personnes;
Nous n'avons point de cœur pour aimer ni haïr;
Toutes nos passions ne savent qu'obéir.
Après avoir armé pour venger cet outrage,
D'une paix mal conçue on m'a faite le gage;
Et moi, fermant les yeux sur ce noir attentat,
Je suivais mon destin en victime d'état :
Mais aujourd'hui qu'on voit cette main parricide
Des restes de ta vie insolemment avide,
Vouloir encor percer ce sein infortuné
Pour y chercher le cœur que tu m'avais donné,
De la paix qu'elle rompt je ne suis plus le gage;
Je brise avec honneur mon illustre esclavage;
J'ose reprendre un cœur pour aimer et haïr,
Et ce n'est plus qu'à toi que je veux obéir.
Le consentiras-tu cet effort sur ma flamme,
Toi, son vivant portrait, que j'adore dans l'âme,
Cher prince, dont je n'ose en mes plus doux souhaits
Fier encor le nom aux murs de ce palais?
Je sais quelles seront tes douleurs et tes craintes;
Je vois déjà tes maux, j'entends déjà les plaintes
A qui tu dois le jour qu'il a perdu pour moi.
J'aurai mêmes douleurs, j'aurai mêmes alarmes;
S'il t'en coûte un soupir, j'en verserai des larmes. (deux)
Mais, dieux! que je me trouble en les voyant tous
Amour, qui me confonds, cache du moins tes feux,
Et content de mon cœur dont je te fais le maître,
Dans mes regards surpris garde-toi de paraître.

SCÈNE IV.

ANTIOCHUS, SÉLEUCUS, RODOGUNE.

ANTIOCHUS.

Ne vous offensez pas, princesse, de nous voir
De vos yeux à vous-même expliquer le pouvoir.
Ce n'est pas d'aujourd'hui que nos cœurs en soupirent;
A vos premiers regards tous deux ils se rendirent :
Mais un profond respect nous fit taire et brûler;
Et ce même respect nous force de parler.
L'heureux moment approche où votre destinée
Semble être aucunement à la nôtre enchaînée,
Puisque d'un droit d'aînesse incertain parmi nous
La nôtre attend un sceptre, et la vôtre un époux.
C'est trop d'indignité que notre souveraine
De l'un de ses captifs tienne le nom de reine:
Notre amour s'en offense, et, changeant cette loi,
Remet à notre reine à nous choisir un roi.
Ne vous abaissez plus à suivre la couronne;
Donnez-la, sans souffrir qu'avec elle on vous donne;
Réglez notre destin qu'ont mal réglé les dieux;
Notre seul droit d'aînesse est de plaire à vos yeux :
L'ardeur qu'allume en nous une flamme si pure
Préfère votre choix au choix de la nature,
Et vient sacrifier à votre élection
Toute notre espérance et notre ambition.

Prononcez donc, madame, et faites un monarque :
Nous céderons sans honte à cette illustre marque;
Et celui qui perdra votre divin objet
Demeurera du moins votre premier sujet :
Son amour immortel saura toujours lui dire
Que ce rang près de vous vaut ailleurs un empire :
Il y mettra sa gloire, et, dans un tel malheur,
L'heur de vous obéir flattera sa douleur.

RODOGUNE.

Princes, je dois beaucoup à cette déférence
De votre ambition et de votre espérance;
Et j'en recevrais l'offre avec quelque plaisir,
Si celles de mon rang avaient droit de choisir.
Comme vous avis les rois disposent d'elles
Pour affermir leur trône ou finir leurs querelles,
Le destin des états est arbitre du leur,
Et l'ordre des traités règle tout dans leur cœur.
C'est lui que suit le mien, et non pas la couronne :
J'aimerai l'un de vous, parce qu'il me l'ordonne;
Du secret révélé j'en prendrai le pouvoir,
Et mon amour pour naître attendra mon devoir.
N'attendez rien de plus, ou votre attente est vaine.
Le choix que vous m'offrez appartient à la reine :
J'entreprendrais sur elle à l'accepter de vous.
Peut-être on vous a tu jusqu'où va son courroux;
Mais je dois par épreuve assez bien le connaître
Pour fuir l'occasion de le faire renaître.
Que n'en ai-je souffert, et que n'a-t-elle osé!
Je veux croire avec vous que tout est apaisé;
Mais craignez avec moi que ce choix ne ranime
Cette haine mourante à quelque nouveau crime :
Pardonnez-moi ce mot qui viole un oubli
Que la paix entre nous doit avoir établi.
Le feu qui semble éteint souvent dort sous la cendre,
Qui l'ose réveiller peut s'en laisser surprendre;
Et je mériterais qu'il me pût consumer,
Si je lui fournissais de quoi se rallumer.

SÉLEUCUS.

Pouvez-vous redouter sa haine renaissante,
S'il est en votre main de la rendre impuissante?
Faites un roi, madame, et régnez avec lui;
Son courroux désarmé demeure sans appui,
Et toutes ses fureurs sans effet rallumées
Ne pousseront en l'air que de vaines fumées.
Mais a-t-elle intérêt au choix que vous ferez,
Pour en craindre les maux que vous vous figurez?
La couronne est à nous; et, sans lui faire injure,
Sans manquer de respect aux droits de la nature,
Chacun de nous à l'autre en peut céder sa part,
Et rendre à votre choix ce qu'il doit au hasard.
Qu'un si faible scrupule en notre faveur cesse?
Votre inclination vaut bien un droit d'aînesse,
Dont vous seriez traitée avec trop de rigueur,
S'il se trouvait contraire aux vœux de votre cœur.
On vous applaudirait quand vous seriez à plaindre;
Pour vous faire régner ce serait vous contraindre,
Vous donner la couronne en vous tyrannisant,
Et verser du poison sur ce noble présent.
Au nom de ce beau feu qui tous deux nous consume,
Princesse, à notre espoir, ôtez cette amertume,
Et permettez que l'heur qui suivra votre époux
Se puisse redoubler par le tenir de vous.

RODOGUNE.

Ce beau feu vous aveugle autant comme il vous brûle;
Et, tâchant d'avancer, son effort vous recule.
Vous croyez que ce choix que l'un et l'autre attend
Pourra faire un heureux sans faire un mécontent;
Et moi, quelque vertu que votre cœur prépare,
Je crains d'en faire deux si le mien se déclare :
Non que de l'un et l'autre il dédaigne les vœux :
Je tiendrais à bonheur d'être à l'un de vous deux :
Mais souffrez que je suive enfin ce qu'on m'ordonne :
Je me mettrai trop haut s'il faut que je me donne;
Quoique aisément je cède aux ordres de mon roi,
Il n'est pas bien aisé de m'obtenir de moi. (vices,
Savez-vous quels devoirs, quels travaux, quels ser-
Voudront de mon orgueil exiger les caprices?
Par quels degrés de gloire on me peut mériter?
En quels affreux périls il faudra vous jeter?

Ce cœur vous est acquis après le diadème,
Princes; mais gardez-vous de le rendre à lui-même.
Vous y renoncerez peut-être pour jamais
Quand je vous aurai dit à quel prix je le mets.
SÉLEUCUS.
Quels seront les devoirs, quels travaux, quels services
Dont nous ne vous fassions d'amoureux sacrifices?
Et quels affreux périls pourrons-nous redouter,
Si c'est par ces degrés qu'on peut vous mériter!
ANTIOCHUS.
Princesse, ouvrez ce cœur, et jugez mieux du nôtre;
Jugez mieux du beau feu qui brûle l'un et l'autre;
Et dites hautement à quel prix votre choix
Veut faire l'un de nous le plus heureux des rois.
RODOGUNE.
Princes, le voulez-vous?
ANTIOCHUS.
C'est notre unique envie.
RODOGUNE.
Je verrai cette ardeur d'un repentir suivie.
SÉLEUCUS.
Avant ce repentir tous deux nous périrons.
RODOGUNE.
Enfin vous le voulez?
SÉLEUCUS.
Nous vous en conjurons.
RODOGUNE.
Hé bien donc! il est temps de me faire connaître.
J'obéis à mon roi, puisqu'un de vous doit l'être;
Mais quand j'aurai parlé, si vous vous en plaignez,
J'atteste tous les dieux que vous m'y contraignez,
Et que c'est malgré moi qu'a moi-même rendue
J'écoute une chaleur qui m'était défendue,
Qu'un devoir rappelé me rend un souvenir
Que la foi des traités ne doit plus retenir.
Tremblez, princes, tremblez au nom de votre père;
Il est mort, et pour moi, par les mains d'une mère :
Je l'avais oublié, sujette à d'autres lois;
Mais libre, je lui rends enfin ce que je dois.
C'est à vous de choisir mon amour ou ma haine.
J'aime les fils du roi, je hais ceux de la reine :
Réglez-vous là-dessus; et, sans plus me presser,
Voyez auquel des deux vous voulez renoncer.
Il faut prendre parti; mon choix suivra le vôtre :
Je respecte autant l'un que je déteste l'autre.
Mais ce que j'aime en vous du sang de ce grand roi,
S'il n'est digne de lui, n'est pas digne de moi.
Ce sang que vous portez, le trône qu'il vous laisse,
Valent bien que pour lui votre cœur s'intéresse.
Votre gloire le veut, l'amour vous le prescrit.
Qui peut contre elle et lui soulever votre esprit?
Si vous leur préférez une mère cruelle,
Soyez cruels, ingrats, parricides comme elle :
Vous devez la punir si vous la condamnez;
Vous devez l'imiter, si vous la soutenez.
Quoi! cette ardeur s'éteint! l'un et l'autre soupire!
J'avais su le prévoir, j'avais su le prédire..
ANTIOCHUS.
Princesse...
RODOGUNE.
Il n'est plus temps, le mot en est lâché ;
Quand j'ai voulu me taire, en vain je l'ai tâché.
Appelez ce devoir haine, rigueur, colère;
Pour gagner Rodogune il faut venger un père :
Je me donne à ce prix ; osez me mériter :
Et voyez qui de vous daignera m'accepter.
Adieu, princes.

SCÈNE V.

ANTIOCHUS, SÉLEUCUS.

ANTIOCHUS.
Hélas! c'est donc ainsi qu'on traite
Les plus profonds respects d'une amour si parfaite!
SÉLEUCUS.
Elle nous fuit, mon frère, après cette rigueur.
ANTIOCHUS.
Elle fuit, mais en Parthe, en nous perçant le cœur.
SÉLEUCUS.
Que le ciel est injuste! Une ame si cruelle
Méritait notre mère, et devait naître d'elle.
ANTIOCHUS.
Plaignons-nous sans blasphème.
SÉLEUCUS.
Ah! que vous me gênez
Par cette retenue où vous vous obstinez!
Faut-il encor régner? faut-il l'aimer encore?
ANTIOCHUS.
Il faut plus de respect pour celle qu'on adore.
SÉLEUCUS.
C'est ou d'elle ou du trône être ardemment épris,
Que vouloir ou l'aimer ou régner à ce prix.
ANTIOCHUS.
C'est et d'elle et de lui tenir bien peu de compte,
Que faire une révolte et si pleine et si prompte.
SÉLEUCUS.
Lorsque l'obéissance a tant d'impiété,
La révolte devient une nécessité.
ANTIOCHUS.
La révolte, mon frère, est bien précipitée
Quand la loi qu'elle rompt peut être rétractée;
Et c'est à nos désirs trop de témérité
De vouloir de tels biens avec facilité :
Le ciel par les travaux veut qu'on monte à la gloire :
Pour gagner un triomphe, il faut une victoire.
Mais que je tâche en vain de flatter nos tourments!
Nos malheurs sont plus forts que ces déguisements.
Leur excès à mes yeux paraît un noir abyme
Où la haine s'apprête à couronner le crime,
Ou la gloire est sans nom, la vertu sans honneur,
Où sans un parricide il n'est point de bonheur;
Et, voyant de ces maux l'épouvantable image,
Je me sens affaiblir quand je vous encourage;
Je frémis, je chancelle, et mon cœur abattu
Suit tantôt sa douleur, et tantôt sa vertu.
Mon frère, pardonnez à des discours sans suite,
Qui font trop voir le trouble où mon ame est réduite.
SÉLEUCUS.
J'en ferais comme vous, si mon esprit troublé
Ne secouait le joug dont il est accablé.
Dans mon ambition, dans l'ardeur de ma flamme,
Je vois ce qu'est un trône, et ce qu'est une femme,
Et, jugeant par leur prix de leur possession,
J'éteins enfin ma flamme et mon ambition :
Et je vous céderais l'un et l'autre avec joie,
Si, dans la liberté que le ciel me renvoie,
La crainte de vous faire un funeste présent
Ne me jetait dans l'ame un remord trop cuisant.
Dérobons-nous, mon frère, à ces ames cruelles,
Et laissons-les sans nous achever leurs querelles.
ANTIOCHUS.
Comme j'aime beaucoup, j'espère encore un peu.
L'espoir ne peut s'éteindre où brûle tant de feu ;
Et son reste confus me rend quelques lumières
Pour juger mieux que vous de ces ames si fières.
Croyez-moi, l'une et l'autre a redouté nos pleurs.
Leur ire à nos soupirs a dérobé leurs cœurs ;
Et, si tantôt leur haine eût attendu nos larmes,
Leur haine à nos douleurs auraient rendu les armes.
SÉLEUCUS.
Pleurez donc à leurs yeux, gémissez, soupirez,
Et je craindrai pour vous ce que vous espérez.
Quoi qu'en votre faveur vos pleurs obtiennent d'elles,
Il vous faudra parer leurs haines mutuelles,
Sauvez l'une de l'autre; et peut-être leurs coups,
Vous trouvant au milieu, ne perceront que vous :
C'est ce qu'il faut pleurer. Ni maîtresse ni mère
N'ont plus de choix ici ni de lois à nous faire ;
Quoi que leur rage exige ou de vous ou de moi,
Rodogune est à vous, puisque je vous fais roi.
Epargnez vos soupirs près de l'une et de l'autre.
J'ai trouvé mon bonheur, saisissez-vous du vôtre ;
Je n'en suis point jaloux ; et ma triste amitié
Ne le verra jamais que d'un œil de pitié.

SCÈNE VI.

ANTIOCHUS.

Que je serais heureux si je n'aimais un frère !
Lorsqu'il ne veut pas voir le mal qu'il se veut faire,
Mon amitié s'oppose à son aveuglement :
Elle agira pour vous, mon frère, également,
Elle n'abusera point de cette violence
Que l'indignation fait à votre espérance.
La pesanteur du coup souvent nous étourdit :
On le croit repoussé quand il s'approfondit ;
Et, quoi qu'un juste orgueil sur l'heure persuade,
Qui ne sent point son mal est d'autant plus malade ;
Ces ombres de santé cachent mille poisons,
Et la mort suit de près ces fausses guérisons.
Daignent les justes dieux rendre vain ce présage !
Cependant allons voir si nous vaincrons l'orage,
Et si, contre l'effort d'un si puissant courroux,
La nature et l'amour voudront parler pour nous.

FIN DU TROISIÈME ACTE.

ACTE IV

SCENE PREMIERE.

ANTIOCHUS, RODOGUNE.

RODOGUNE.
Prince, qu'ai-je entendu ? parce que je soupire,
Vous présumez que j'aime, et vous m'osez le dire !
Est-ce un frère, est-ce vous, dont la témérité
S'imagine...

ANTIOCHUS.
Apaisez ce courage irrité,
Princesse ; aucun de nous ne serait téméraire
Jusqu'à s'imaginer qu'il eût l'heur de vous plaire :
Je vois votre mérite et le peu que je vaux ,
Et ce rival si cher connaît mieux ses défauts ,
Mais si tantôt ce cœur parlait par votre bouche ,
Il veut que nous croyions qu'un peu d'amour le touche ,
Et qu'il daigne écouter quelques uns de nos vœux ,
Puisqu'il tient à bonheur d'être à l'un de nous deux.
Si c'est présomption de croire ce miracle,
C'est une impiété de douter de l'oracle,
Et mériter les maux où vous nous condamnez,
Qu'éteindre un bel espoir que vous nous ordonnez.
Princesse, au nom des dieux, au nom de cette flamme...

RODOGUNE.
Un mot ne fait pas voir jusques au fond d'une ame ;
Et votre espoir trop prompt prend trop de vanité
Des termes obligeants de ma civilité.
Je l'ai dit, il est vrai ; mais, quoi qu'il en puisse être,
Méritez cet amour que vous voulez connaître.
Lorsque j'ai soupiré, ce n'était pas pour vous ;
J'ai donné ces soupirs aux mânes d'un époux ;
Et ce sont les effets du souvenir fidèle
Que sa mort à toute heure en mon ame rappelle.
Princes, soyez ses fils, et prenez son parti.

ANTIOCHUS.
Recevez donc son cœur en nous deux réparti ;
Ce cœur qu'un saint amour rangea sous votre empire,
Ce cœur, pour qui le vôtre à tout moment soupire ,
Ce cœur, en vous aimant indignement percé ,
Reprend pour vous aimer le sang qu'il a versé ;
Il le reprend en nous, il revit, il vous aime,
Et montre en vous aimant qu'il est encor le même.
Ah ! princesse, en l'état où le sort nous a mis. [fils?
Pouvons-nous mieux montrer que nous sommes ses

RODOGUNE.
Si c'est son cœur en vous qui revit et qui m'aime,
Faites ce qu'il ferait s'il vivait en lui-même :
A ce cœur qu'il vous laisse osez prêter un bras ;
Pouvez-vous le porter et ne l'écouter pas ?
S'il vous explique mal ce qu'il en doit attendre ,
Il emprunte ma voix pour se mieux faire entendre.
Une seconde fois il vous le dit par moi ;
Prince, il faut le venger.

ANTIOCHUS.
J'accepte cette loi.
Nommez les assassins, et j'y cours.

RODOGUNE.
Quel mystère
Vous fait, en l'acceptant, méconnaître une mère ?

ANTIOCHUS.
Ah ! si vous ne voulez voir finir nos destins ,
Nommez d'autres vengeurs ou d'autres assassins.

RODOGUNE.
Ah ! je vois trop régner son parti dans votre ame ;
Prince, vous le prenez.

ANTIOCHUS.
Oui, je le prends madame ;
Et j'apporte à vos pieds le plus pur de son sang
Que la nature enferme dans ce malheureux flanc.
Satisfaites vous-même à cette voix secrète
Dont la vôtre envers nous daigne être l'interprète
Exécutez son ordre ; et hâtez-vous sur moi
De punir une reine et de venger un roi :
Mais quitte par ma mort d'un devoir si sévère,
Écoutez-en un autre en faveur de mon frère.
De deux princes unis à soupirer pour vous
Prenez l'un pour victime et l'autre pour époux ;
Punissez un des fils des crimes de la mère,
Mais payez l'autre aussi des services du père ;
Et laissez un exemple à la postérité
Et de rigueur entière, et d'entière équité.
Quoi ! n'écouterez-vous ni l'amour ni la haine ?
Ne pourrai-je obtenir ni salaire ni peine ?
Ce cœur qui vous adore, et que vous dédaignez...

RODOGUNE.
Hélas, prince !

ANTIOCHUS.
Est-ce encor le roi que vous plaignez ?
Ce soupir ne va-t-il que vers l'ombre d'un père ?

RODOGUNE.
Allez, ou pour le moins rappelez votre frère.
Le combat pour mon ame était moins dangereux
Lorsque je vous avais à combattre tout deux :
Vous êtes plus fort seul que vous n'étiez ensemble ;
Je vous bravais tantôt, et maintenant je tremble.
J'aime ; n'abusez pas, prince, de mon secret ;
Au milieu de ma haine il m'échappe à regret ;
Mais enfin il m'échappe, et cette retenue
Ne peut plus soutenir l'effort de votre vue.
Oui, j'aime un de vous deux malgré son grand courroux,
Et ce dernier soupir dit assez que c'est vous.
Un rigoureux devoir à cet amour s'oppose :
Ne m'en accusez point, vous en êtes la cause :
Vous l'avez fait renaître en me pressant d'un choix
Qui rompt de vos traités les favorables lois.
D'un père mort pour moi voyez le sort étrange :
Si vous me laissez libre, il faut que je le venge ;
Et mes feux dans mon ame ont beau s'en mutiner,
Ce n'est qu'à ce prix seul que je puis me donner :

Mais ce n'est pas de vous qu'il faut que je l'attende,
Votre refus est juste autant que ma demande.
A force de respect votre amour s'est trahi.
Je voudrais vous haïr s'il m'avait obéi ;
Et je n'estime pas l'honneur d'une vengeance
Jusqu'à vouloir d'un crime être la récompense.
Rentrons donc sous les lois que m'impose la paix,
Puisque m'en affranchir c'est vous perdre à jamais.
Prince, en votre faveur je ne puis davantage :
L'orgueil de ma naissance enfle encor mon courage,
Et, quelque grand pouvoir que l'amour ait sur moi,
Je n'oublierai jamais que je me dois un roi.
Oui, malgré mon amour, j'attendrai d'une mère
Que le trône me donne ou vous ou votre frère.
Attendant son secret vous aurez mes désirs ;
Et s'il le fait régner, vous aurez mes soupirs :
C'est tout ce qu'à mes feux ma gloire peut permettre,
Et tout ce qu'à vos feux les miens osent promettre.

ANTIOCHUS.

Que voudrais-je de plus ? son bonheur est le mien ;
Rendez heureux ce frère, et je ne perdrai rien.
L'amitié le consent, si l'amour l'appréhende :
Je bénirai le ciel d'une perte si grande ;
Et quittant les douceurs de cet espoir flottant,
Je mourrai de douleur, mais je mourrai content.

RODOGUNE.

Et moi, si mon destin entre ses mains me livre,
Pour un autre que vous s'il m'ordonne de vivre,
Mon amour... Mais adieu, mon esprit se confond.
Prince, si votre flamme à la mienne répond,
Si vous n'êtes ingrat à ce cœur qui vous aime,
Ne me revoyez point qu'avec le diadème.

SCÈNE II.

ANTIOCHUS.

Les plus doux de mes vœux enfin sont exaucés.
Tu viens de vaincre, amour ; mais ce n'est pas assez :
Si tu veux triompher en cette conjoncture,
Après avoir vaincu, fais vaincre la nature ;
Et prête-lui pour nous ces tendres sentiments
Que ton ardeur inspire aux cœurs des vrais amants,
Cette pitié qui force, et ces dignes faiblesses
Dont la vigueur détruit les fureurs vengeresses.
Voici la reine. Amour, nature, justes dieux,
Faites-la moi fléchir, ou mourir à ses yeux.

SCÈNE III.

CLÉOPATRE, ANTIOCHUS, LAONICE.

CLÉOPATRE.
Eh bien ! Antiochus, vous dois-je la couronne ?
ANTIOCHUS.
Madame, vous savez si le ciel me la donne.
CLÉOPATRE.
Vous savez mieux que moi si vous la méritez.
ANTIOCHUS.
Je sais que je péris si vous ne m'écoutez.
CLÉOPATRE.
Un peu trop lent peut-être à servir ma colère,
Vous vous êtes laissé prévenir par un frère ?
Il a su me venger quand vous délibériez,
Et je dois à son bras ce que vous espériez ?
Je vous en plains, mon fils, ce malheur est extrême ;
C'est périr en effet que perdre un diadème.
Je n'y sais qu'un remède, encore est-il fâcheux,
Etonnant, incertain, et triste pour tous deux ;
Je périrai moi-même, avant que de le dire :
Mais enfin on perd tout quand on perd un empire.
ANTIOCHUS.
Le remède à nos maux est tout en votre main,
Et n'a rien de fâcheux, d'étonnant, d'incertain ;
Votre seule colère a fait notre infortune.
Nous perdons tout, madame, en perdant Rodogune :
Nous l'adorons tous deux ; jugez en quels tourments
Nous jette la rigueur de vos commandements.
L'aveu de cet amour sans doute vous offense :
Mais enfin nos malheurs croissent par le silence ;
Et votre cœur, qu'aveugle un peu d'inimitié,
S'il ignore nos maux, n'en peut prendre pitié.
Au point où je les vois, c'en est le seul remède.
CLÉOPATRE.
Quelle aveugle fureur vous-même vous possède !
Avez-vous oublié que vous parlez à moi ?
Ou si vous présumez être déjà mon roi ?
ANTIOCHUS.
Je tâche avec respect à vous faire connaître
Les forces d'un amour que vous avez fait naître.
CLÉOPATRE.
Moi, j'aurais allumé cet insolent amour ?
ANTIOCHUS.
Et quel autre prétexte a fait notre retour ?
Nous avez-vous mandés qu'afin qu'un droit d'aînesse
Donnât à l'un de nous le trône et la princesse ?
Vous avez bien fait plus, vous nous l'avez fait voir ;
Et c'était par vos mains nous mettre en son pouvoir.
Qui de nous deux, madame, eût osé s'en défendre,
Quand vous nous ordonniez à tous deux d'y prétendre ?
Si sa beauté dès lors n'eût allumé nos feux ;
Le devoir auprès d'elle eût attaché nos vœux ;
Le désir de régner eût fait la même chose ;
Et, dans l'ordre des lois que la paix nous impose,
Nous devions aspirer à sa possession
Par amour, par devoir, ou par ambition.
Nous avons donc aimé, nous avons cru vous plaire ;
Chacun de nous n'a craint que le bonheur d'un frère ;
Et cette crainte enfin cédant à l'amitié,
J'implore pour tous deux un moment de pitié.
Avons-nous dû prévoir cette haine cachée,
Que la foi des traités n'avait point arrachée ?
CLÉOPATRE.
Non, mais vous avez dû garder le souvenir
Des hontes que pour vous j'avais su prévenir,
Et de l'indigne état où votre Rodogune
Sans moi, sans mon courage, eût mis votre fortune.
Je croyais que vos cœurs, sensibles à ces coups,
En sauraient conserver un généreux courroux ;
Et je le retenais avec ma douceur feinte,
Afin que, grossissant sous un peu de contrainte,
Ce torrent de colère et de ressentiment
Fût plus impétueux en son débordement.
Je fais plus maintenant : je presse, sollicite,
Je commande, menace, et rien ne vous irrite.
Le sceptre, dont ma main vous doit récompenser,
N'a point de quoi vous faire un moment balancer ;
Vous ne considérez ni lui ni mon injure ;
L'amour étouffe en vous la voix de la nature :
Et je pourrais aimer des fils dénaturés !
ANTIOCHUS.
La nature et l'amour ont leurs droits séparés ;
L'un n'ôte point à l'autre une ame qu'il possède.
CLÉOPATRE.
Non, non ; où l'amour règne il faut que l'autre cède.
ANTIOCHUS.
Leurs charmes à nos cœurs sont également doux.
Nous périrons tous deux s'il faut périr pour vous ;
Mais aussi...
CLÉOPATRE.
Poursuivez, fils ingrat et rebelle.
ANTIOCHUS.
Nous périrons tous deux s'il faut périr pour elle.
CLÉOPATRE.
Périssez, périssez, votre rebellion
Mérite plus d'horreur que de compassion.
Mes yeux sauront le voir sans verser une larme,
Sans regarder en vous que l'objet qui vous charme ;
Et je triompherai, voyant périr mes fils,
De ses adorateurs et de mes ennemis.
ANTIOCHUS.
Eh bien ! triomphez-en, que rien ne vous retienne :
Votre main tremble-t-elle ? y voulez-vous la mienne ?
Madame, commandez, je suis prêt d'obéir ;
Je percerai ce cœur qui vous ose trahir :
Heureux si par ma mort je puis vous satisfaire,
Et noyer dans mon sang toute votre colère !

Mais si la dureté de votre aversion
Nomme encor notre amour une rébellion,
Du moins souvenez-vous qu'elle n'a pris pour armes
Que de faibles soupirs et d'impuissantes larmes.
CLÉOPATRE.
Ah! que n'a-t-elle pris et la flamme et le fer!
Que bien plus aisément j'en saurais triompher!
Vos larmes dans mon cœur ont trop d'intelligence;
Elles ont presque éteint cette ardeur de vengeance :
Je ne puis refuser des soupirs à vos pleurs ;
Je sens que je suis mère auprès de vos douleurs.
C'en est fait, je me rends, et ma colère expire.
Rodogune est à vous, aussi bien que l'empire;
Rendez graces aux dieux qui vous ont fait l'aîné :
Possédez-la, régnez.
ANTIOCHUS.
O moment fortuné !
O trop heureuse fin de l'excès de ma peine!
Je rends graces aux dieux qui calment votre haine.
Madame, est-il possible ?
CLÉOPATRE.
En vain j'ai resisté
La nature est trop forte, et mon cœur s'est dompté.
Je ne vous dis plus rien, vous aimez votre mère,
Et votre amour pour moi taira ce qu'il faut taire.
ANTIOCHUS.
Quoi, je triomphe donc sur le point de périr!
La main qui me blessait a daigné me guérir !
CLÉOPATRE.
Oui, je veux couronner une flamme si belle.
Allez à la princesse en porter la nouvelle ;
Son cœur comme le vôtre en deviendra charmé :
Vous n'aimeriez pas tant si vous n'étiez aimé.
ANTIOCHUS.
Heureux Antiochus! heureuse Rodogune !
Oui, madame, entre nous la joie en est commune.
CLÉOPATRE.
Allez donc ; ce qu'ici vous perdez de moments
Sont autant de larcins à vos contentements :
Et ce soir, destinée pour la cérémonie,
Fera voir pleinement si ma haine est finie.
ANTIOCHUS.
Et nous vous ferons voir tous nos désirs bornés
A vous donner en nous des sujets couronnés.

SCÈNE IV.

CLEOPATRE, LAONICE.

LAONICE.
Enfin, ce grand courage a vaincu sa colère.
CLÉOPATRE.
Que ne peut point un fils sur le cœur d'une mère !
LAONICE.
Vos pleurs coulent encore, et ce cœur adouci...
CLÉOPATRE.
Envoyez-moi son frère, et nous laissez ici.
Sa douleur sera grande, à ce que je présume ;
Mais j'en saurai sur l'heure adoucir l'amertume.
Ne lui témoignez rien: il lui sera plus doux
D'apprendre tout de moi, qu'il ne serait de vous.

SCÈNE V.

CLEOPATRE

Que tu pénétres mal le fond de mon courage!
Si je verse des pleurs, ce sont des pleurs de rage;
Et ma haine, qu'en vain tu crois s'évanouir,
Ne les a fait couler qu'afin de t'éblouir.
Je ne veux plus que moi dedans ma confidence.
Et toi, crédule amant, que charme l'apparence,
Et dont l'esprit léger s'attache avidement
Aux attraits captieux de mon déguisement,
Va, triomphe en idée avec ta Rodogune,
Au sort des immortels préfère ta fortune,
Tandis que mieux instruite en l'art de me venger,
En de nouveaux malheurs je saurai te plonger.

Ce n'est pas tout d'un coup que tant d'orgueil trébuche;
De qui se rend trop tôt on doit craindre une em-
Et c'est mal démêler le cœur d'avec le front, [bûche;
Que prendre pour sincère un changement si prompt.
L'effet te fera voir comme je suis changée.

SCÈNE VI.

CLÉOPATRE, SÉLEUCUS.

CLÉOPATRE.
Savez-vous, Séleucus, que je me suis vengée ?
SÉLEUCUS.
Pauvre princesse, hélas !
CLÉOPATRE.
Vous déplorez son sort !
Quoi ! l'aimiez-vous ?
SÉLEUCUS.
Assez pour regretter sa mort.
CLÉOPATRE.
Vous lui pouvez servir encor d'amant fidèle :
Si j'ai su me venger, ce n'a pas été d'elle.
SÉLEUCUS.
O ciel! et de qui donc, madame?
CLÉOPATRE.
C'est de vous,
Ingrat, qui n'aspirez qu'à vous voir son époux;
De vous, qui l'adorez en dépit d'une mère ;
De vous, qui dédaignez de servir ma colère ;
De vous, de qui l'amour, rebelle à mes désirs,
S'oppose à ma vengeance et détruit mes plaisirs.
SÉLEUCUS.
De moi?
CLÉOPATRE.
De toi, perfide! Ignore, dissimule
Le mal que tu dois craindre et le feu qui te brûle ;
Et si pour l'ignorer tu crois t'en garantir,
Du moins en l'apprenant commence à le sentir.
Le trône était à toi par le droit de naissance :
Rodogune avec lui tombait en ta puissance;
Tu devais l'épouser, tu devais être roi!
Mais comme ce secret n'est connu que de moi,
Je puis, comme je veux, tourner le droit d'aînesse,
Et donne à ton rival ton sceptre et ta maîtresse.
SÉLEUCUS.
A mon frère ?
CLÉOPATRE.
C'est lui que j'ai nommé l'aîné.
SÉLEUCUS.
Vous ne m'affligez point de l'avoir couronné ;
Et, par une raison qui vous est inconnue,
Mes propres sentiments vous avaient prévenue:
Les biens que vous m'ôtez n'ont point d'attraits si doux
Que mon cœur n'ait donnés à ce frère avant vous;
Et si vous bornez là toute votre vengeance,
Vos désirs et les miens seront d'intelligence.
CLÉOPATRE.
C'est ainsi qu'on déguise un violent dépit ;
C'est ainsi qu'une feinte au dehors l'assoupit,
Et, qu'on croit amuser de fausses patiences
Ceux dont en l'ame on craint les justes défiances.
SÉLEUCUS.
Quoi! je conserverais quelque courroux secret!
CLÉOPATRE.
Quoi! lâche, tu pourrais la perdre sans regret,
Elle de qui les dieux te donnaient l'hyménée,
Elle dont tu plaignais la perte imaginée ?
SÉLEUCUS.
Considérer sa perte avec compassion,
Ce n'est pas aspirer à sa possession.
CLÉOPATRE.
Que la mort la ravisse, ou qu'un rival l'emporte,
La douleur d'un amant est également forte ;
Et tel qui se console après l'instant fatal
Ne saurait voir son bien aux mains de son rival :
Piqué jusques au vif, il tâche à le reprendre;
Il fait de l'insensible, afin de mieux surprendre :
D'autant plus animé que ce qu'il a perdu
Par rang ou par mérite, à sa flamme était dû.

SÉLEUCUS.

Peut-être ; mais enfin, par quel amour de mère
Pressez-vous tellement ma douleur contre un frère ?
Prenez-vous intérêt à la faire éclater ?

CLÉOPATRE.

J'en prends à la connaître, et la faire avorter ;
J'en prends à conserver malgré toi mon ouvrage
Des jaloux attentats de ta secrète rage.

SÉLEUCUS.

Je le veux croire ainsi ; mais quel autre intérêt
Nous fait tous deux aînés quand et comme il vous plaît ?
Qui des deux vous doit croire, et par quelle justice
Faut-il que sur moi seul tombe tout le supplice,
Et que du même amour dont nous sommes blessés
Il soit récompensé, quand vous m'en punissez ?

CLÉOPATRE.

Comme reine, à mon choix, je fais justice ou grace,
Et je m'étonne fort d'où vous vient cette audace,
D'où vient qu'un fils, vers moi noirci de trahison,
Ose de mes faveurs me demander raison.

SÉLEUCUS.

Vous pardonnerez donc ces chaleurs indiscrètes :
Je ne suis point jaloux du bien que vous lui faites :
Et je vois quel amour vous avez pour tous deux,
Plus que vous ne pensez, et plus que je ne veux :
Le respect me défend d'en dire davantage ;
Je n'ai ni faute d'yeux, ni faute de courage,
Madame ; mais enfin n'espérez voir en moi
Qu'amitié pour mon frère, et zèle pour mon roi.
Adieu.

SCÈNE VII.

CLÉOPATRE.

De quel malheur suis-je encore capable !
Leur amour m'offensait, leur amitié m'accable ;
Et contre mes fureurs je trouve en mes deux fils
Deux enfants révoltés et deux rivaux unis.
Quoi ! sans émotion perdre trône et maîtresse !
Quel est ici ton charme, odieuse princesse ?
Et par quel privilège, allumant de tels feux,
Peux-tu m'en prendre qu'un, et m'ôter tous les deux ?
N'espère pas pourtant triompher de ma haine :
Pour régner sur deux cœurs, tu n'es pas encor reine.
Je sais bien qu'en l'état où tous deux je les vois
Il me les faut percer pour aller jusqu'à toi :
Mais n'importe ; mes mains sur le père enhardies
Pour un bras refusé sauront prendre deux vies ;
Leurs jours également sont pour moi dangereux ;
J'ai commencé par lui, j'achèverai par eux.
Sors de mon cœur, nature, ou fais qu'ils m'obéissent :
Fais-les servir ma haine, ou consens qu'ils périssent.
Mais déjà l'un a vu que je les veux punir.
Souvent qui tarde trop se laisse prévenir.
Allons chercher le temps d'immoler mes victimes,
Et de me rendre heureuse à force de grands crimes.

FIN DU QUATRIÈME ACTE.

ACTE V.

SCENE PREMIÈRE.

CLÉOPATRE.

Enfin, graces aux dieux, j'ai moins d'un ennemi.
La mort de Séleucus m'a vengée à demi ;
Son ombre, en attendant Rodogune et son frère,
Peut déjà de ma part les promettre à son père :
Ils le suivront de près, et j'ai tout préparé
Pour réunir bientôt ce que j'ai séparé.
O toi, qui n'attends plus que la cérémonie
Pour jeter à mes pieds ma rivale punie,
Et par qui deux amants vont d'un seul coup du sort
Recevoir l'hyménée, et le trône, et la mort ;
Poison, me sauras-tu rendre mon diadème ?
Le fer m'a bien servie, en feras-tu de même ?
Me seras-tu fidèle ? Et toi, que me veux-tu,
Ridicule retour d'une sotte vertu,
Tendresse dangereuse autant comme importune ?
Je ne veux point pour fils l'époux de Rodogune,
Et ne vois plus en lui les restes de mon sang,
S'il m'arrache du trône, et le met en mon rang.
Reste du sang ingrat d'un époux infidèle,
Héritier d'une flamme envers moi criminelle,
Aime mon ennemie, et péris comme lui.
Pour la faire tomber j'abattrai son appui :
Aussi bien sous mes pas c'est creuser un abyme
Que retenir ma main sur la moitié du crime :
Et, te faisant mon roi, c'est trop me négliger,
Que te laisser sur moi père et frère à venger.
Qui se venge à demi court lui-même à sa peine :
Il faut ou condamner ou couronner sa haine.
Dût le peuple en fureur pour ses maîtres nouveaux
De mon sang odieux arroser leurs tombeaux,
Dût le Parthe vengeur me trouver sans défense,
Dût le ciel égaler le supplice à l'offense,
Trône, à t'abandonner je ne puis consentir ;
Par un coup de tonnerre il vaut mieux en sortir :
Il vaut mieux mériter le sort le plus étrange.
Tombe sur moi le ciel, pourvu que je me venge !
J'en recevrai le coup d'un visage remis :
Il est doux de périr après ses ennemis ;
Et, de quelque rigueur que le destin me traite,
Je perds moins à mourir qu'à vivre leur sujette.
Mais voici Laonice ; il faut dissimuler
Ce que le seul effet doit bientôt révéler.

SCÈNE II.

CLÉOPATRE, LAONICE.

CLÉOPATRE.

Viennent-ils, nos amants ?

LAONICE.

Ils approchent, madame :
On lit dessus leur front l'allégresse de l'ame ;
L'amour s'y fait paraître avec la majesté ;
Et, suivant le vieil ordre en Syrie usité,
D'une grace en tous deux tout auguste et royale,
Ils viennent prendre ici la coupe nuptiale,
Pour s'en aller au temple, au sortir du palais,
Par les mains du grand-prêtre être unis à jamais :
C'est là qu'il les attend pour bénir l'alliance.
Le peuple tout ravi par ses vœux le devance,
Et pour eux à grands cris demande aux immortels
Tout ce qu'on leur souhaite au pied de leurs autels,
Impatient pour eux que la cérémonie
Ne commence bientôt, ne soit bientôt finie.
Les Parthes à la foule aux Syriens mêlés,
Tous nos vieux différents de leur ame exilés,
Font leur suite assez grosse, et d'une voix commune
Bénissent à l'envi le prince et Rodogune.
Mais je les vois déjà ; madame, c'est à vous
A commencer ici des spectacles si doux.

SCÈNE III.

CLÉOPATRE, ANTIOCHUS, RODOGUNE, ORONTE, LAONICE, TROUPE DE PARTHES ET DE SYRIENS.

CLÉOPATRE.

Approchez, mes enfants, car l'amour maternelle,
Madame, dans mon cœur, vous tient déjà pour telle ;
Et je crois que ce nom ne vous déplaira pas.

RODOGUNE.

Je le chérirai même au-delà du trépas.
Il m'est trop doux, madame, et tout l'heur que j'espère,
C'est de vous obéir et respecter en mère.

CLÉOPATRE.
Aimez-moi seulement; vous allez être rois,
Et s'il faut du respect, c'est moi qui vous le dois.
ANTIOCHUS.
Ah! si nous recevons la suprême puissance,
Ce n'est pas pour sortir de votre obéissance :
Vous règnerez ici quand nous y règnerons,
Et ce seront vos lois que nous y donnerons.
CLÉOPATRE.
J'ose le croire ainsi : mais prenez votre place;
Il est temps d'avancer ce qu'il faut que je fasse.

(*Ici Antiochus s'assied dans un fauteuil, Rodogune à sa gauche, en même rang, et Cléopâtre à sa droite, mais en rang inférieur, et qui marque quelque inégalité. Oronte s'assied aussi à la gauche de Rodogune, avec la même différence; et Cléopâtre, pendant qu'ils prennent leurs places, parle à l'oreille de Laonice, qui s'en va quérir une coupe pleine de vin empoisonné : Après qu'elle est partie, Cléopâtre continue :*)

Peuple qui m'écoutez, Parthes et Syriens,
Sujets du roi son frère, ou qui fûtes les miens,
Voici de mes deux fils celui qu'un droit d'aînesse
Elève dans le trône, et donne à la princesse.
Je lui rends cet état que j'ai sauvé pour lui,
Je cesse de régner; il commence aujourd'hui.
Qu'on ne me traite plus ici de souveraine :
Voici votre roi, peuple, et voilà votre reine.
Vivez pour les servir, respectez-les tous deux,
Aimez-les, et mourrez, s'il est besoin, pour eux.
Oronte, vous voyez avec quelle franchise
Je leur rends ce pouvoir dont je me suis démise :
Prêtez les yeux au reste, et voyez les effets
Suivre de point en point les traités de la paix.
(*Léonice apporte une coupe à la main.*)
ORONTE.
Votre sincérité s'y fait assez paraître;
Madame; et j'en ferai récit au roi mon maître.
CLÉOPATRE.
L'hymen est maintenant notre plus cher souci.
L'usage veut, mon fils, qu'on le commence ici :
Recevez de ma main la coupe nuptiale,
Pour être après unis sous la foi conjugale :
Puisse-t-elle être un gage envers votre moitié,
De votre amour ensemble et de mon amitié!
ANTIOCHUS, *prenant la coupe.*
Ciel! que ne dois-je point aux bontés d'une mère!
CLÉOPATRE.
Le temps presse, et votre heur d'autant plus se diffère.
ANTIOCHUS, *à Rodogune.*
Madame, hâtons donc ces glorieux moments;
Voici l'heureux essai de nos contentements.
Mais si mon frère était le témoin de ma joie....
CLÉOPATRE.
C'est être trop cruel de vouloir qu'il la voie :
Ce sont des déplaisirs qu'il fait bien d'épargner,
Et sa douleur secrète a droit de l'éloigner.
ANTIOCHUS.
Il m'avait assuré qu'il la verrait sans peine.
Mais n'importe, achevons.

SCENE IV.

CLÉOPATRE, ANTIOCHUS, RODOGUNE, ORONTE,
TIMAGÈNE, LAONICE, TROUPE DE PARTHES ET
DE SYRIENS.

TIMAGÈNE.
Ah! seigneur!
CLÉOPATRE.
Timagène,
Quelle est votre insolence!
TIMAGÈNE.
Ah! madame
ANTIOCHUS, *rendant la coupe à Laonice.*
Parlez.
TIMAGÈNE.
Souffrez pour un moment que mes sens rappelés....
ANTIOCHUS.
Qu'est-il donc arrivé?

TIMAGÈNE.
Le prince votre frère...
ANTIOCHUS.
Quoi! se voudrait-il rendre à mon bonheur contraire?
TIMAGÈNE.
L'ayant cherché longtemps afin de divertir
L'ennui que de sa perte il pouvait ressentir,
Je l'ai trouvé, seigneur, au bout de cette allée
Où la clarté du ciel semble toujours voilée.
Sur un lit de gazon, de faiblesse étendu,
Il semblait déplorer ce qu'il avait perdu;
Son ame à ce penser paraissait attachée;
Sa tête sur un bras languissamment penchée,
Immobile et rêveur, en malheureux amant...
ANTIOCHUS.
Enfin que faisait-il? achevez promptement.
TIMAGÈNE.
D'une profonde plaie en l'estomac ouverte
Son sang à gros bouillons sur cette couche verte...
CLÉOPATRE.
Il est mort?
TIMAGÈNE.
Oui, madame.
CLÉOPATRE.
Ah! destins ennemis,
Qui m'enviez le bien que je m'étais promis.
Voilà le coup fatal que je craignais dans l'ame,
Voilà le désespoir où j'ai réduit sa flamme.
Pour vivre en vous perdant il avait trop d'amour,
Madame, et de sa main il s'est privé du jour.
TIMAGÈNE, *à Cléopâtre.*
Madame, il a parlé; sa main est innocente.
CLÉOPATRE, *à Timagène.*
La tienne est donc coupable, et ta rage insolente,
Par une lâcheté qu'on ne peut égaler,
L'ayant assassiné, le fait encor parler!
ANTIOCHUS.
Timagène, souffrez la douleur d'une mère,
Et les premiers soupçons d'une aveugle colère.
Comme ce coup fatal n'a point d'autres témoins,
J'en ferais autant qu'elle, à vous connaître moins.
Mais que vous a-t-il dit? Achevez, je vous prie.
TIMAGÈNE.
Surpris d'un tel spectacle, à l'instant je m'écrie;
Et soudain à mes cris ce prince, en soupirant,
Avec assez de peine entr'ouvre un œil mourant;
Et ce reste égaré de lumière incertaine
Lui peignant son cher frère au lieu de Timagène,
Rempli de votre idée, il m'adresse pour vous
Ces mots, où l'amitié règne sur le courroux :
« Une main qui nous fut bien chère
« Venge ainsi le refus d'un coup trop inhumain.
« Régnez; et surtout, mon cher frère,
« Gardez-vous de la même main.
« C'est... » La parque à ce mot lui coupe la parole;
Sa lumière s'éteint, et son ame s'envole.
Et moi, tout effrayé d'un si tragique sort,
J'accours pour vous en faire un funeste rapport.
ANTIOCHUS.
Rapport vraiment funeste, et sort vraiment tragique,
Qui va changer en pleurs l'allégresse publique,
O frère, plus aimé que la clarté du jour!
O rival, aussi cher que m'était mon amour!
Je te perds, et je trouve en ma douleur extrême
Un malheur dans ta mort plus grand que la mort même.
O de ses derniers mots fatale obscurité!
En quel gouffre d'horreur m'as-tu précipité?
Quand j'y pense chercher la main qui l'assassine,
Je m'impute à forfait tout ce que j'imagine :
Mais aux marques enfin que tu m'en viens donner,
Fatale obscurité! qui dois-je en soupçonner?
« Une main qui nous fut bien chère! »
Madame, est-ce la vôtre, ou celle de ma mère?
Vous vouliez toutes deux un coup trop inhumain;
Nous vous avons tous deux refusé notre main;
Qui de vous s'est vengé? est-ce l'une, est-ce l'autre,
Qui fait agir la sienne au défaut de la nôtre?
Est-ce vous qu'en coupable il me faut regarder?
Est-ce vous désormais dont je me dois garder?

CLÉOPATRE.
Quoi! vous me soupçonnez?
RODOGUNE.
Quoi! je vous suis suspecte?
ANTIOCHUS.
Je suis amant et fils, je vous aime et respecte ;
Mais quoi que sur mon cœur puissent des noms si doux,
A ces marques enfin je ne connais que vous.
As-tu bien entendu? dis-tu vrai, Timagène?

TIMAGÈNE.
Avant qu'en soupçonner la princesse ou la reine,
Je mourrais mille fois ; mais enfin mon récit
Contient, sans rien de plus, ce que le prince a dit.

ANTIOCHUS.
D'un et d'autre côté l'action est si noire,
Que, n'en pouvant douter, je n'ose encor la croire.
O quiconque des deux avez versé son sang,
Ne vous préparez plus à me percer le flanc.
Nous avons mal servi vos haines mutuelles,
Aux yeux l'une de l'autre également cruelles ;
Mais si j'ai refusé ce détestable emploi,
Je veux bien vous servir toutes deux contre moi :
Qui que vous soyez donc, recevez une vie
Que déjà vos fureurs m'ont à demi ravie.
(Il tire son épée, et veut se tuer.)

RODOGUNE.
Ah ! seigneur, arrêtez.
TIMAGÈNE.
Seigneur, que faites-vous ?
ANTIOCHUS.
Je sers ou l'une ou l'autre, et je préviens ses coups.

CLÉOPATRE.
Vivez, régnez heureux.
ANTIOCHUS.
Otez-moi donc de doute,
Et montrez-moi la main qu'il faut que je redoute,
Qui pour m'assassiner ose me secourir,
Et me sauve de moi pour me faire périr.
Puis-je vivre et traîner cette gêne éternelle,
Confondre l'innocente avec la criminelle,
Vivre, et ne pouvoir plus vous voir sans m'alarmer,
Vous craindre toutes deux, toutes deux vous aimer ?
Vivre avec ce tourment, c'est mourir à toute heure.
Tirez-moi de ce trouble, ou souffrez que je meure,
Et que mon déplaisir, par un coup généreux,
Epargne un parricide à l'une de vous deux.

CLÉOPATRE.
Puisque le même jour que ma main vous couronne
Je perds un de mes fils, et l'autre me soupçonne,
Qu'au milieu de mes pleurs, qu'il devrait essuyer,
Son peu d'amour me force à me justifier,
Si vous n'en pouvez mieux consoler une mère
Qu'en la traitant d'égale avec une étrangère,
Je vous dirai, seigneur, (car ce n'est plus à moi
A nommer autrement et mon juge et mon roi),
Que vous voyez l'effet de cette vieille haine
Qu'en dépit de la paix me garde l'inhumaine ,
Qu'en son cœur du passé soutient le souvenir ,
Et que j'avais raison de vouloir prévenir.
Elle a soif de mon sang, elle a voulu l'épandre ;
J'ai prévu d'assez loin ce que j'en viens d'apprendre ;
Mais je vous ai laissé désarmer mon courroux.
(à Rodogune.)
Sur la foi de ses pleurs je n'ai rien craint de vous,
Madame ; mais, ô dieux ! quelle rage est la vôtre !
Quand je vous donne un fils, vous assassinez l'autre,
Et m'enviez soudain l'unique et faible appui
Qu'une mère opprimée eût pu trouver en lui !
Quand vous m'accablerez, où sera mon refuge?
Si je m'en plains au roi, vous possédez mon juge ;
Et s'il m'ose écouter, peut-être, hélas ! en vain.
Il voudra se garder de cette même main.
Enfin je suis leur mère, et vous leur ennemie :
J'ai recherché leur gloire, et vous leur infamie ;
Et si je n'eusse aimé ces fils que vous m'ôtez,
Votre abord en ces lieux les eût déshérités.
C'est à lui maintenant, en cette concurrence,
A régler ses soupirs sur cette différence,

A voir de qui des deux il doit se défier,
Si vous n'avez un charme à vous justifier.

RODOGUNE, à Cléopatre.
Je me défendrai mal : l'innocence étonnée
Ne peut s'imaginer qu'elle soit soupçonnée ;
Et n'ayant rien prévu d'un attentat si grand,
Qui l'en veut accuser sans peine la surprend.
Je ne m'étonne point de voir que votre haine
Pour me faire coupable a quitté Timagène.
Au moindre jour ouvert de tout jeter sur moi,
Son récit s'est trouvé digne de votre foi.
Vous l'accusiez pourtant, quand votre ame alarmée
Craignait qu'en expirant ce fils vous eût nommée :
Mais de ses derniers mots voyant le sens douteux ,
Vous avez pris soudain le crime entre nous deux.
Certes, si vous voulez passer pour véritable
Que l'une de nous deux de sa mort soit coupable,
Mais votre bras au crime est plus fait que le mien ;
Et qui sur un époux fit son apprentissage
A bien pu sur un fils achever son ouvrage.
Je ne dénierai point, puisque vous le savez,
De justes sentiments dans mon ame élevés :
Vous demandiez mon sang ; j'ai demandé le vôtre ;
Le roi sait quels motifs ont poussé l'une et l'autre ;
Comme par sa prudence il a tout adouci,
Il vous connaît peut-être, et me connaît aussi.
(à Antiochus.)
Seigneur, c'est un moyen de vous être bien chère
Que pour don nuptial vous immoler un frère :
On fait bien , on m'impute un coup si plein d'horreur,
Pour me faire un passage à vous percer le cœur.
(à Cléopatre.)
Où fuirais-je de vous après tant de furie,
Madame? et que ferait toute votre Syrie ,
Où seule et sans appui contre mes attentats
Je verrais... ? Mais, seigneur, vous, ne m'écoutez pas!

ANTIOCHUS.
Non, je n'écoute rien ; et dans la mort d'un frère
Je ne veux point juger entre vous et ma mère ;
Assassinez un fils , massacrez un époux,
Je ne veux me garder ni d'elle ni de vous.
Suivons aveuglément ma triste destinée ;
Pour m'exposer à tout achevons l'hymenée.
Cher frère, c'est pour moi le chemin du trépas ;
La main qui t'a percée ne m'épargnera pas ;
Je cherche à te rejoindre, ou à m'en défendre,
Et lui veux bien donner tout lieu de me surprendre :
Heureux si sa fureur qui me prive de toi
Se fait bientôt connaître en achevant sur moi,
Et si du ciel, trop lent à la réduire en poudre,
Son crime redoublé peut arracher la foudre !
Donnez-moi.

RODOGUNE, l'empêchant de prendre la coupe.
Quoi, seigneur !
ANTIOCHUS.
Vous m'arrêtez en vain :
Donnez.
RODOGUNE.
Ah ! gardez-vous de l'une et l'autre main !
Cette coupe est suspecte, elle vient de la reine.
Craignez de toutes deux quelque secrète haine.

CLÉOPATRE.
Qui m'épargnait tantôt ose enfin m'accuser !

RODOGUNE.
De toutes deux, madame , il doit tout refuser.
Je n'accuse personne, et vous tiens innocente :
Mais il en faut sur l'heure une preuve évidente ;
Je veux bien à mon tour subir les mêmes lois.
On ne peut craindre trop pour le salut des rois.
Donnez donc cette preuve ; et, pour toute réplique,
Faites faire un essai par quelque domestique.

CLÉOPATRE, prenant la coupe.
Je le ferai moi-même. Eh bien ! redoutez-vous
Quelque sinistre effet encor de mon courroux ?
J'ai souffert cet outrage avecque patience.

ANTIOCHUS, *prenant la coupe de la main de Cléopâtre après qu'elle a bu.*

Pardonnez-lui, madame, un peu de défiance ;
Comme vous l'accusez, elle fait son effort
A rejeter sur vous l'horreur de cette mort :
Et soit amour pour moi, soit adresse pour elle,
Ce soin la fait paraître un peu moins criminelle.
Pour moi, qui ne vois rien, dans le trouble où je suis,
Qu'un gouffre de malheurs, qu'un abyme d'ennuis,
Attendant qu'en plein jour ces vérités paraissent,
J'en laisse la vengeance aux dieux qui les connaissent,
Et vais sans plus tarder...

RODOGUNE.

Seigneur, voyez ses yeux
Déjà tout égarés, troubles, et furieux,
Cette affreuse sueur qui court sur son visage,
Cette gorge qui s'enfle. Ah ! bons dieux ! quelle rage !
Pour vous perdre après elle, elle a voulu périr.

ANTIOCHUS, *rendant la coupe à Laonice.*
N'importe, elle est ma mère, il faut la secourir.

CLÉOPATRE.

Va, tu me veux en vain rappeler à la vie ;
Ma haine est trop tôt fidèle et m'a trop bien servie :
Elle a paru trop tôt pour te perdre avec moi ;
C'est le seul déplaisir qu'en mourant je reçoi :
Mais j'ai cette douceur dedans ma disgrace
De ne voir point régner ma rivale en ma place.
Règne ; de crime en crime enfin te voilà roi.
Je t'ai défait d'un père, et d'un frère, et de moi :
Puisse le ciel tous deux vous prendre pour victimes,
Et laisser choir sur moi les peines de mes crimes !
Puissiez-vous ne trouver dedans votre union
Qu'horreur, que jalousie, et que confusion !
Et, pour vous souhaiter tous les malheurs ensemble,
Puisse naître de vous un fils qui me ressemble !

ANTIOCHUS.
Ah ! vivez pour changer cette haine en amour.

CLÉOPATRE.
Je maudirais les dieux s'ils me rendaient le jour.
Qu'on m'emporte d'ici ; je me meurs. Laonice,
Si tu veux m'obliger par un dernier service,
Après les vains efforts de mes inimitiés,
Sauve-moi de l'affront de tomber à leurs pieds.

(*Elle s'en va, et Laonice lui aide à marcher.*)

ORONTE.
Dans les justes rigueurs d'un sort si déplorable,
Seigneur, le juste ciel vous est bien favorable :
Il vous a préservé, sur le point de périr,
Du danger le plus grand que vous pussiez courir,
Et, par un digne effet de ses faveurs puissantes,
La coupable est punie, et vos mains innocentes.

ANTIOCHUS.
Oronte, je ne sais des sorts son funeste sort,
Qui m'afflige le plus, ou sa vie, ou sa mort ;
L'une et l'autre a pour moi des malheurs sans exemple ;
Plaignez mon infortune. Et vous, allez au temple
Y changer l'allégresse en un deuil sans pareil,
La pompe nuptiale en funèbre appareil ;
Et nous verrons après, par d'autres sacrifices,
Si les dieux voudront être à nos vœux plus propices.

FIN DE RODOGUNE.

EXAMEN DE RODOGUNE.

Le sujet de cette tragédie est tiré d'Appian Alexandrin, dont voici les paroles, sur la fin du livre qu'il a fait des guerres de Syrie. « Démétrius, surnommé « Nicanor, entreprit la guerre contre les Parthes, et « vécut quelque temps prisonnier dans la cour de leur « roi Phraates, dont il épousa la sœur nommée Rodogune. Cependant Diodotus, domestique des rois « précédents, s'empara du trône de Syrie, et y fit asseoir un Alexandre encore enfant, fils d'Alexandre « le Bâtard, et d'une fille de Ptolomée. Ayant gouverné quelque temps comme tuteur, sous le nom « de pupille, il s'en défit, et prit lui-même la cou- « ronne, sous un nouveau nom de Tryphon qu'il se « donna. Antiochus frère du roi prisonnier, ayant « appris sa captivité à Rhodes, et les troubles qui l'a- « vaient suivie, revint dans la Syrie, où ayant dé- « fait Tryphon, il le fit mourir. De là il porta ses « armes contre Phraates ; et, vaincu dans une bataille, « il se tua lui-même. Démétrius, retournant dans son « royaume, fut tué par sa femme Cléopâtre, qui lui « dressa des embûches sur le chemin, en haine de « cette Rodogune, qu'il avait épousée, dont elle avait « conçu une telle indignation, qu'elle avait épousé ce « même Antiochus, frère de son mari. Elle avait deux « fils de Démétrius, dont elle tua Séleucus, l'aîné, « d'un coup de flèche, sitôt qu'il eut pris le diadème « après la mort de son père, soit qu'elle craignît qu'il « ne la voulût venger sur elle, soit que la même fureur « l'emportât à ce nouveau parricide. Antiochus son « frère lui succéda, et contraignit cette mère déna- « turée de prendre le poison qu'elle lui avait pré- « paré. »

Justin, en ses 36, 38, et 39me livres raconte cette histoire plus au long, avec quelques autres circonstances. Le premier des Machabées, et Josèphe, au 13me des Antiquités judaïques, en disent aussi quelque chose qui ne s'accorde pas tout à fait avec Appian. C'est à lui que je me suis attaché pour la narration que j'ai mise au premier acte, et pour l'effet du cinquième, que j'ai adouci du côté d'Antiochus. J'en ai dit la raison ailleurs. Le reste sont des épisodes d'invention, qui ne sont pas incompatibles avec l'histoire, puisqu'elle ne dit point ce que devint Rodogune après la mort de Démétrius, qui vraisemblablement l'amenait en Syrie prendre possession de sa couronne.

J'ai fait porter à la pièce le nom de cette princesse, plutôt que celui de Cléopâtre, que je n'ai même osé nommer dans mes vers, de peur qu'on ne confondît cette reine de Syrie avec cette fameuse princesse d'Égypte, qui portait même nom, et que l'idée de celle-ci beaucoup plus connue que l'autre ne semât une dangereuse préoccupation parmi les auditeurs.

On m'a souvent fait une question à la cour, quel était celui de mes poèmes que j'estimais le plus ; et j'ai trouvé tous ceux qui me l'ont faite si prévenus en faveur de Cinna ou du Cid, que je n'ai jamais osé déclarer toute la tendresse que j'ai toujours eue pour celui-ci, à qui j'aurais volontiers donné mon suffrage, si je n'avais craint de manquer en quelque sorte au respect que je devais à ceux que je voyais pencher d'un autre côté. Cette préférence est peut-être en moi un effet de ces inclinations aveugles qu'ont beaucoup de pères pour quelques uns de leurs enfants, plus que pour les autres ; peut-être y entre-t-il un peu d'amour propre, en ce que cette tragédie me semble être un peu plus à moi que celles qui l'ont précédée, à causes des incidents surprenants qui sont purement de mon invention, et n'avaient jamais été vus au théâtre ; et peut-être enfin y a-t-il un peu de vrai mérite qui fait que cette inclination n'est pas tout à fait injuste. Je veux bien laisser chacun en liberté de ses sentiments ; mais certainement on peut dire que mes autres pièces ont peu d'avantages qui ne se rencontrent en celle-ci : elle a tout ensemble la beauté du sujet, la nouveauté des fictions, la force des vers, la facilité de l'expression, la solidité du raisonnement, la chaleur des passions, les tendresses de l'amour et de l'amitié, et cet heureux assemblage est ménagé de sorte qu'elle s'élève d'acte en acte : le second passe le premier, le troisième est au-dessus du second, et le dernier l'emporte sur tous les autres. L'action y est une, grande, complète. Sa durée ne va point, ou fort peu, au delà de celle de la représentation. Le jour en est le plus illustre qu'on puisse imaginer ; et l'unité de lieu s'y rencontre en la manière que je l'explique dans le troisième de mes discours, et avec l'indulgence que j'ai demandée pour le théâtre.

Ce n'est pas que je me flatte assez pour présumer qu'elle soit sans tâches. On a fait tant d'objections contre la narration de Laonice au premier acte, qu'il est mal-aisé de ne donner pas les mains à quelques unes. Je ne la tiens pas toutefois si inutile qu'on l'a dit. Il est hors de doute que Cléopâtre, dans le second, ferait connaître beaucoup de choses par sa confidence avec Laonice, et par le récit qu'elle en fait à ses deux fils, pour leur remettre devant les yeux combien ils lui ont d'obligation; mais ces deux scènes demeureraient assez obscures, si cette narration ne les avait précédées; et du moins les justes défiances de Rodogune à la fin du premier acte, et la peinture que Cléopâtre fait d'elle-même dans son monologue qui ouvre le second, n'auraient pu se faire entendre sans ce secours.

J'avoue qu'elle est sans artifice, et qu'on la fait de sangfroid à un personnage protatique, qui se pourrait toutefois justifier par les deux exemples de Térence que j'ai cités sur ce sujet au premier discours. Timagène, qui l'écoute, n'est introduit que pour l'écouter, bien que je l'emploie au cinquième à faire celle de la mort de Séleucus, qui se pouvait faire par un autre. Il l'écoute sans y avoir aucun intérêt notable, et par simple curiosité d'apprendre ce qu'il pouvait avoir su déjà en la cour d'Égypte, où il était en assez bonne posture, étant gouverneur des neveux du roi, pour entendre des nouvelles assurées de tout ce qui se passait dans la Syrie, qui en est voisine. D'ailleurs, ce qui ne peut recevoir d'excuse, c'est que, comme il y avait déjà quelque temps qu'il était de retour avec les princes, il n'y a pas d'apparence qu'il ait attendu ce grand jour de cérémonie pour s'informer de sa sœur comment se sont passés tous ces troubles qu'il dit ne savoir que confusément. Pollux, dans Médée, n'est qu'un personnage protatique qui écoute sans intérêt comme lui; mais sa surprise de voir Jason à Corinthe où il vient d'arriver, et son séjour en Asie, que la mer en sépare, lui donnent juste sujet d'ignorer ce qu'il en apprend. La narration ne laisse pas de demeurer froide comme celle-ci, parce qu'il ne s'est encore rien passé dans la pièce qui excite la curiosité de l'auditeur, ni qui lui puisse donner quelque émotion en l'écoutant : mais si vous voulez réfléchir sur celle de Curiace, dans Horace, vous trouverez qu'elle fait un tout autre effet. Camille, qui l'écoute, a intérêt comme lui à savoir comment s'est faite une paix dont dépend leur mariage; et l'auditeur, que Sabine et lui n'ont entretenu que de leurs malheurs et des appréhensions d'une bataille qui se va donner entre deux partis, où elles voient leurs frères dans l'un et leur amour dans l'autre, n'a pas moins d'avidité qu'elle d'apprendre comment une paix si surprenante s'est pu conclure.

Ces défauts dans cette narration confirment ce que j'ai dit ailleurs, que, lorsque la tragédie a son fondement sur des guerres entre deux états, ou sur d'autres affaires publiques, il est très malaisé d'introduire un acteur qui les ignore, et puisse recevoir le récit qui en doit instruire les spectateurs en parlant à lui.

J'ai déguisé quelque chose de la vérité historique en celui-ci. Cléopâtre n'épousa Antiochus qu'en haine de ce que son mari avait épousé Rodogune chez les Parthes; et je fais qu'elle ne l'épouse que par la nécessité de ses affaires, sur un faux bruit de la mort de Démétrius, tant pour ne la faire pas méchante sans nécessité, comme Ménélas, dans l'Oreste d'Euripide, que pour avoir lieu de feindre que Démétrius n'avait pas encore épousé Rodogune, et venait l'épouser dans son royaume pour le mieux établir en la place de l'autre, par le consentement des peuples, et assurer la couronne aux enfants qui naîtraient de ce mariage. Cette fiction m'était absolument nécessaire, afin qu'il fût tué avant que de l'avoir épousée, et que l'amour que ses deux fils ont pour elle ne fît point d'horreur aux spectateurs, qui n'auraient pas manqué d'en prendre une assez forte s'ils les eussent vus amoureux de la veuve de leur père; tant cette affection incestueuse répugne à nos mœurs.

Cléopâtre a lieu d'attendre ce jour-là à faire confidence à Laonice de ses desseins, et des-véritables raisons de tout ce qu'elle a fait. Elle eût pu trahir son secret aux princes ou à Rodogune, si elle l'eût su plus tôt; et cette ambitieuse mère ne lui en fait part qu'au moment qu'elle veut bien qu'il éclate par la cruelle proposition qu'elle va faire à ses fils. On a trouvé celle que Rodogune leur fait à son tour indigne d'une personne vertueuse, comme je la peins; mais on n'a pas considéré qu'elle ne la fait pas, comme Cléopâtre avec espoir de la voir exécuter par les princes, mais seulement pour s'exempter d'en choisir aucun, et les attacher tous deux à sa protection par une espérance égale. Elle était avertie par Laonice de celle que la reine leur avait faite, et devait prévoir que si elle se fût déclarée pour Antiochus qu'elle aimait, son ennemie, qui avait seule le secret de leur naissance, n'eût pas manqué de nommer Séleucus pour aîné, afin de les commettre l'un contre l'autre, et d'exciter une guerre civile qui eût pu causer cette perte. Ainsi elle devait s'exempter de choisir, pour les contenir tous deux dans l'égalité de prétention; et elle n'en avait point de meilleur moyen, que de rappeler le souvenir de ce qu'elle devait à la mémoire de leur père, qui avait perdu la vie pour elle, et leur faire cette proposition qu'elle savait bien qu'ils n'accepteraient pas. Si le traité de paix l'avait forcée à se départir de ce juste sentiment de reconnaissance, la liberté qu'ils lui rendaient la rejetait dans cette obligation. Il était de son devoir de venger cette mort; mais il était de celui des princes de ne se pas charger de cette vengeance. Elle avoue elle-même à Antiochus qu'elle haïrait s'ils lui avaient obéi; que, comme elle a fait ce qu'elle a dû par cette demande, ils font ce qu'ils doivent par leur refus; qu'elle aime trop la vertu pour vouloir être le prix d'un crime, et que la justice qu'elle demande de la mort de leur père serait un parricide si elle la recevait de leurs mains.

Je dirai plus : quand cette proposition serait tout à fait condamnable en sa bouche, elle mériterait quelque grâce, et pour l'éclat que la nouveauté de l'invention a fait au théâtre, et pour l'embarras surprenant où elle jette les princes, et pour l'effet qu'elle produit dans le reste de la pièce, qu'elle conduit à l'action historique. Elle cause que Séleucus, par dépit, renonce au trône et à la possession de cette princesse; que la reine, le voulant animer contre son frère, n'en peut rien obtenir; et qu'enfin elle se résout par désespoir de les perdre tous deux plutôt que de se voir sujette de son ennemie.

Elle commence par Séleucus, tant pour suivre l'ordre de l'histoire, que parce que, s'il fût demeuré en vie après Antiochus et Rodogune qu'elle voulait empoisonner publiquement, il les aurait pu venger. Elle ne craint pas la même chose d'Antiochus pour son frère, d'autant qu'elle espère que le poison violent qu'elle lui a préparé fera un effet assez prompt pour le faire mourir avant qu'il ait pu rien savoir de cette autre mort, ou du moins avant qu'il l'en puisse convaincre, puisqu'elle a si bien pris son temps pour l'assassiner, que ce parricide n'a point eu de témoins. J'ai parlé ailleurs de l'adoucissement que j'ai apporté, pour empêcher qu'Antiochus n'en commît un en la forçant de prendre le poison qu'elle lui présente, et du peu d'apparence qu'il y avait qu'un moment après qu'elle a expiré presque à sa vue, il parlât d'amour et de mariage à Rodogune. Dans l'état où ils rentrent derrière le théâtre, ils peuvent le résoudre quand ils le jugeront à propos. L'action est complète, puisqu'ils sont hors de péril; et la mort de Séleucus m'a exempté de développer le secret du droit d'aînesse entre les deux frères, qui d'ailleurs n'eût jamais été croyable, ne pouvant être éclairci que par une bouche en qui l'on a pas vu assez de sincérité pour prendre aucune assurance sur son témoignage.

FIN DE L'EXAMEN DE RODOGUNE.

HÉRACLIUS,

EMPEREUR D'ORIENT,

TRAGÉDIE,

EN CINQ ACTES.

1647.

ACTEURS.

Phocas, empereur d'Orient.
Héraclius, fils de l'empereur Maurice, cru Martian fils de Phocas, amant d'Eudoxe.
Martian, fils de Phocas, cru Léonce, fils de Léontine, amant de Pulchérie.
Pulchérie fille de l'empereur Maurice, maîtresse de Martian.
Léontine, dame de Constantinople, autrefois gouvernante d'Héraclius et de Martian.
Eudoxe, fille de Léontine, et maîtresse d'Héraclius.
Crispe, gendre de Phocas.
Exupere, patricien de Constantinople.
Amintas, ami d'Exupere.
Un page de Léontine.

La scène est à Constantinople.

ACTE PREMIER.

SCÈNE PREMIÈRE.

PHOCAS, CRISPE.

PHOCAS.

Crispe, il n'est que trop vrai, la plus belle couronne
N'a que de faux brillants dont l'éclat l'environne ;
Et celui dont le ciel pour un sceptre fait choix,
Jusqu'à ce qu'il le porte, en ignore le poids.
Mille et mille douceurs y semblent attachées,
Qui ne sont qu'un amas d'amertumes cachées :
Qui croit les posséder les sent s'évanouir ;
Et la peur de les perdre empêche d'en jouir :
Surtout qui, comme moi, d'une obscure naissance
Monte par la révolte à la toute-puissance,
Qui de simple soldat à l'empire élevé
Ne l'a que par le crime acquis et conservé ;
Autant que sa fureur s'est immolé de têtes,
Autant dessus la sienne il croit voir de tempêtes ;
Et comme il n'a semé qu'épouvante et qu'horreur,
Il n'en recueille enfin que trouble et que terreur.
J'en ai semé beaucoup ; et depuis quatre lustres
Mon trône n'est fondé que sur des morts illustres ;
Et j'ai mis au tombeau pour régner sans effroi,
Tout ce que j'en ai vu de plus digne que moi.
Mais le sang répandu de l'empereur Maurice,
Ses cinq fils à ses yeux envoyés au supplice,
En vain en ont été les premiers fondements,
Si pour m'ôter ce trône ils servent d'instruments.
On en fait revivre un au bout de vingt années :
Byzance ouvre, dis-tu, l'oreille à ces menées ;
Et le peuple, amoureux de tout ce qui me nuit,
D'une croyance avide embrasse ce faux bruit,
Impatient déjà de se laisser séduire
Au premier imposteur armé pour me détruire,
Qui s'osant revêtir de ce fantôme aimé,
Voudra servir d'idole à son zèle charmé.
Mais sais-tu sous quel nom ce fâcheux bruit s'excite

CRISPE.

Il nomme Héraclius celui qu'il ressuscite.

PHOCAS.

Quiconque en est l'auteur devait mieux l'inventer.
Le nom d'Héraclius doit peu m'épouvanter ;
Sa mort est trop certaine, et fut trop remarquable
Pour craindre un grand effet d'une si vaine fable.
Il n'avait que six mois ; et, lui perçant le flanc,
On en fit dégoutter plus de lait que de sang ;
Et ce prodige affreux, dont je tremblai dans l'ame,
Fut aussitôt suivi de la mort de ma femme.
Il me souvient encor qu'il fut deux jours caché,
Et que sans Léontine on l'eût long-temps cherché :
Il fut livré par elle, à qui, pour récompense,
Je donnai de mon fils à gouverner l'enfance,
Du jeune Martian, qui d'âge presque égal,
Etait resté sans mère en ce moment fatal.
Juge par là combien ce conte est ridicule.

CRISPE.

Tout ridicule il plaît ; et le peuple est crédule :
Mais avant qu'à ce conte il se laisse emporter,
Il vous est trop aisé de le faire avorter.
Quand vous fîtes périr Maurice et sa famille,
Il vous en plut, seigneur, réserver une fille,
Et résoudre dès lors qu'elle aurait pour époux
Ce prince destiné pour régner après vous.
Le peuple en sa personne aime encor et révère
Et son père Maurice et son aïeul Tibère,
Et vous verra sans trouble en occuper le rang
S'il voit tomber leur sceptre au reste de leur sang.
Non, il ne courra plus après l'ombre du frère,
S'il voit monter la sœur dans le trône du père. [Mars,
Mais pressez cet hymen : le prince aux champs de
Chaque jour, chaque instant, s'offre mille hasards ;
Et, n'eût été Léonce, en la dernière guerre,
Ce dessein avec lui serait tombé par terre,
Puisque, sans la valeur de ce jeune guerrier,
Martian demeurait ou mort ou prisonnier.
Avant que d'y périr, s'il faut qu'il y périsse,
Qu'il vous laisse un neveu qui le soit de Maurice,
Et qui, réunissant l'une et l'autre maison,
Tire chez vous l'amour qu'on garde pour son nom.

PHOCAS.

Hélas ! de quoi me sert ce dessein salutaire,
Si pour en voir l'effet tout me devient contraire ?
Pulchérie et mon fils ne se trouvent d'accord
Qu'à fuir cet hyménée à l'égal de la mort ;
Et les aversions entre eux deux mutuelles
Les font d'intelligence à se montrer rebelles.
La princesse surtout frémit à mon aspect ;
Et, quoiqu'elle étudie un peu de faux respect,
Le souvenir des siens, l'orgueil de sa naissance,
L'emporte à tous moments à braver ma puissance.
Sa mère, que long-temps je voulus épargner,
Et qu'en vain par douceur j'espérai de gagner,
L'a de la sorte instruite ; et ce que je vois suivre
Me punit bien du trop que je la laissai vivre.

CRISPE.

Il faut agir de force avec de tels esprits,
Seigneur, et qui les flatte endurcit leurs mépris.
La violence est juste où la douceur est vaine.

PHOCAS.

C'est par là qu'aujourd'hui je veux dompter sa haine
Je l'ai mandée exprès, non plus pour la flatter,
Mais pour prendre mon ordre, et pour l'exécuter.

CRISPE.

Elle entre.

SCÈNE II.

PHOCAS, PULCHÉRIE, CRISPE.

PHOCAS.

Enfin, madame, il est temps de vous rendre.
Le besoin de l'état défend de plus attendre ;
Il lui faut des Césars, et je me suis promis
D'en voir naître bientôt de vous et de mon fils.
Ce n'est pas exiger grande reconnaissance
Des soins que mes bontés ont pris de votre enfance,
De vouloir qu'aujourd'hui, pour prix de mes bienfaits,
Vous daigniez accepter les dons que je vous fais.
Ils ne font point de honte au rang le plus sublime ;
Ma couronne et mon fils valent bien quelque estime :
Je vous les offre encore après tant de refus ;
Mais apprenez aussi que je n'en souffre plus,
Que de force ou de gré je veux me satisfaire,
Qu'il me faut craindre en maître, ou me chérir en père,
Et que, si votre orgueil s'obstine à me haïr,
Qui ne peut être aimé se peut faire obéir.

PULCHÉRIE.

J'ai rendu jusqu'ici cette reconnaissance
A ces soins tant vantés d'élever mon enfance,
Que, tant qu'on m'a laissée en quelque liberté,
J'ai voulu me défendre avec civilité ;
Mais, puisqu'on use enfin d'un pouvoir tyrannique,
Je vois bien qu'à mon tour il faut que je m'explique,
Que je me montre entière à l'injuste fureur,
Et parle à mon tyran en fille d'empereur.
Il fallait me cacher avec quelque artifice
Que j'étais Pulchérie, et fille de Maurice,
Si tu faisais dessein de m'éblouir les yeux
Jusqu'à prendre tes dons pour des dons précieux.
Vois quels sont ces présents, dont le refus t'étonne :
Tu me donnes, dis-tu, ton fils et ta couronne ;
Mais que me donnes-tu, puisque l'une est à moi,
Et l'autre en est indigne, étant sorti de toi ?
Ta libéralité me fait peine à comprendre :
Tu parles de donner, quand tu ne fais que rendre ;
Et puisqu'avecque moi tu veux le couronner,
Tu ne me rends mon bien que pour te le donner.
Tu veux que cet hymen que tu m'oses prescrire
Porte dans ta maison les titres de l'empire,
Et de cruel tyran, d'infame ravisseur,
Te fasse vrai monarque, et juste possesseur.
Ne reproche donc plus à mon ame indignée
Qu'en perdant tous les miens tu m'as seule épargnée :
Cette feinte douceur, cette ombre d'amitié,
Vint de ta politique, et non de ta pitié.
Ton intérêt dès lors fit seul cette réserve :
Tu m'as laissé la vie afin qu'elle te serve,
Et mal sûr dans un trône où tu crains l'avenir,
Tu ne m'y veux placer que pour t'y maintenir ;
Tu ne m'y fais monter que de peur d'en descendre :
Mais connais Pulchérie, et cesse de prétendre.
Je sais qu'il m'appartient ce trône où tu te sieds,
Que c'est à moi d'y voir tout le monde à mes pieds :
Mais comme il est encor teint du sang de mon père,
S'il n'est lavé du tien, il ne saurait me plaire ;
Et ta mort, que mes vœux s'efforcent de hâter,
Est l'unique degré par où j'y veux monter :
Voilà quelle je suis, et quelle je veux être.
Qu'un autre t'aime en père ou te redoute en maître,
Le cœur de Pulchérie est trop haut et trop franc
Pour craindre ou pour flatter le bourreau de son sang.

PHOCAS.

J'ai forcé ma colère à te prêter silence,
Pour voir à quel excès irait ton insolence :
J'ai vu ce qui t'abuse et me fait mépriser,
Et t'aime encore assez pour te désabuser.
N'estime plus mon sceptre usurpé sur ton père,
Ni que pour l'appuyer ta main soit nécessaire.
Depuis vingt ans je règne, et je règne sans toi ;
Et j'en eus tout le droit du choix qu'on fit de moi.
Le trône où je me sieds n'est pas un bien de race :
L'armée a ses raisons pour remplir cette place ;
Son choix en est le titre ; et tel est notre sort
Qu'une autre élection nous condamne à la mort.
Celle qu'on fit de moi fut l'arrêt de Maurice ;
J'en vis avec regret le triste sacrifice :
Au repos de l'état il fallut l'accorder ;
Mon cœur, qui résistait, fut contraint de céder ;
Mais pour remettre un jour l'empire et sa famille
Je fis ce que je pus, je conservai sa fille,
Et, sans avoir besoin de titres ni d'appui,
Je te fais part d'un bien qui n'était plus à lui.

PULCHÉRIE.

Un chétif centenier des troupes de Mysie,
Qu'un gros de mutinés élut par fantaisie,
Oser arrogamment se vanter à mes yeux
D'être juste seigneur du bien de mes aïeux !
Lui qui n'a pour l'empire autre droit que ses crimes,
Lui qui de tous les miens fit autant de victimes,
Croire s'être lavé d'un si noir attentat
En imputant leur perte au repos de l'état !
Il fait plus, il me croit digne de cette excuse !
Souffre, souffre à ton tour que je te désabuse :
Apprends que si jadis quelques séditions
Usurpèrent le droit de ces élections,
L'empire était chez nous un bien héréditaire ;
Maurice ne l'obtint qu'en gendre de Tibère ;
Et l'on voit depuis lui remonter mon destin
Jusqu'au grand Théodose, et jusqu'à Constantin.
Et je pourrais avoir l'ame assez abattue...

PHOCAS.

Eh bien ! si tu veux, je te le restitue
Cet empire, et consens encor que ta fierté
Impute à mes remords l'effet de ma bonté.
Dis que je te le rends et te fais des caresses.
Pour apaiser des tiens les ombres vengeresses,
Et tout ce qui pourra sous quelque autre couleur
Autoriser ta haine, et flatter ta douleur ;
Pour un dernier effort je veux souffrir la rage
Qu'allume dans ton cœur cette sanglante image.
Mais que t'a fait mon fils? était-il, au berceau,
Des tiens que je perdis le juge ou le bourreau ?
Tant de vertus qu'en lui le monde entier admire
Ne l'ont-elles pas fait trop digne de l'empire?
En ai-je eu quelque espoir qu'il n'ait assez rempli ?
Et voit-on sous le ciel prince plus accompli ?
Un cœur comme le tien, si grand, si magnanime...

PULCHÉRIE.

Va, je ne confonds point ses vertus et ton crime ;
Comme ma haine est juste, et ne m'aveugle pas,
J'en vois assez en lui pour les plus grands états ;
J'admire chaque jour les preuves qu'il en donne ;
J'honore sa valeur, j'estime sa personne,
Et penche d'autant plus à lui vouloir du bien
Que s'en voyant indigne il ne demande rien,
Que ses longues froideurs témoignent qu'il s'irrite
De ce qu'on veut de moi par delà son mérite,
Et que de tes projets son amour triste et confus
Pour m'en faire justice approuve mes refus.
Ce fils si vertueux d'un père si coupable,
S'il me devait régner, ne pourrait être aimable ;
Et cette grandeur même où tu veux le porter
Est l'unique motif qui m'y fait résister.
Après l'assassinat de ma famille entière,
Quand tu ne m'as laissé, père, mère, ni frère,
Que j'en fasse ton fils légitime héritier !
Que j'assure par là leur trône au meurtrier !
Non, non ; si tu me crois le cœur si magnanime
Qu'il ose séparer ses vertus de ton crime,
Sépare tes présents, et ne m'offre aujourd'hui
Que ton fils sans le sceptre, ou le sceptre sans lui.
Avise ; et si tu crains qu'il te fût trop infame
De remettre l'empire en la main d'une femme,
Tu peux dès aujourd'hui le voir mieux occupé.
Le ciel me rend un frère à ta rage échappé ;
On dit qu'Héraclius est tout prêt de paraître :
Tyran, descends du trône, et fais place à ton maître.

PHOCAS.

A ce compte, arrogante, un fantôme nouveau,
Qu'un murmure confus fait sortir du tombeau,

Te donne cette audace et cette confiance!
Ce bruit s'est fait déjà digne de ta croyance.
Mais...
PULCHÉRIE.
Je sais qu'il est faux ; pour t'assurer ce rang
Ta rage eut trop de soin de verser tout mon sang :
Mais la soif de ta perte en cette conjoncture
Me fait aimer l'auteur d'une belle imposture.
Au seul nom de Maurice il te fera trembler :
Puisqu'il se dit son fils, il veut lui ressembler ;
Et cette ressemblance où son courage aspire
Mérite mieux que toi de gouverner l'empire.
J'irai par mon suffrage affermir cette erreur,
L'avouer pour mon frère et pour mon empereur,
Et dedans son parti jeter tout l'avantage
Du peuple convaincu par mon premier hommage.
Toi, si quelque remords te donne un juste effroi,
Sors du trône, et te laisse abuser comme moi ;
Prends cette occasion de te faire justice.
PHOCAS.
Oui, je me la ferai bientôt par ton supplice :
Ma bonté ne peut plus arrêter mon devoir ;
Ma patience a fait par delà son pouvoir.
Qui se laisse outrager mérite qu'on l'outrage :
Et l'audience impunie enfle trop un courage.
Tonne, menace, brave, espère en de faux bruits,
Fortifie, affermis ceux qu'ils auront séduits,
Dans ton âme à ton gré change ma destinée ;
Mais choisis pour demain la mort ou l'hymenée.
PULCHÉRIE.
Il n'est pas pour ce choix besoin d'un grand effort
A qui hait l'hyménée et ne craint point la mort.

(Dans ces deux scènes, Héraclius passe pour Martian, et
Martian pour Léonce. Héraclius se connaît, mais Martian
ne se connaît pas.

SCÈNE III.

PHOCAS, PULCHÉRIE, HÉRACLIUS, CRISPE.

PHOCAS, à *Pulchérie*.
Dis, si tu veux encor, que ton cœur la souhaite.
à *Héraclius*.
Approche, Martian, que je te le repète :
Cette ingrate furie, après tant de mépris,
Conspire encor la perte et du père et fils ;
Elle-même a semé cette erreur populaire
D'un faux Héraclius qu'elle accepte pour frère :
Mais quoi qu'à ces mutins elle puisse imposer,
Demain ils la verront mourir ou t'épouser.
HÉRACLIUS.
Seigneur...
PHOCAS.
Garde sur toi d'attirer ma colère.
HÉRACLIUS.
Dussè-je mal user de cet amour de père,
Etant ce que je suis, je me dois quelque effort
Pour vous dire, seigneur, que c'est vous faire tort,
Et que c'est trop montrer d'injuste défiance
De ne pouvoir régner que sur son alliance :
Sans prendre un nouveau droit du nom de son époux,
Ma naissance suffit pour régner après vous.
J'ai du cœur, et tiendrais l'empire même infame
S'il fallait le tenir de la main d'une femme.
PHOCAS.
Eh bien ! elle mourra, tu n'en as pas besoin.
HÉRACLIUS.
De vous-même, seigneur, daignez mieux prendre soin.
Le peuple aime Maurice ; en perdre ce qui reste
Nous rendrait ce tumulte au dernier point funeste.
Au nom d'Héraclius à demi soulevé,
Vous verriez par sa mort le désordre achevé.
Il vaut mieux la priver du rang qu'elle rejette,
Faire régner une autre, et la laisser sujette ;
Et d'un parti plus bas punissant son orgueil...
PHOCAS.
Quand Maurice peut tout du creux de son cercueil,
A ce fils supposé, dont il me faut défendre,
Tu parles d'ajouter un véritable gendre !
HÉRACLIUS.
Seigneur, j'ai des amis chez qui cette moitié...
PHOCAS.
A l'épreuve d'un sceptre il n'est point d'amitié,
Point qui ne s'éblouisse à l'éclat de sa pompe,
Point qu'après son hymen sa haine ne corrompe.
Elle mourra, te dis-je.
PULCHÉRIE.
Ah ! ne m'empêchez pas
De rejoindre les miens par un heureux trépas.
La vapeur de mon sang ira grossir la foudre
Que Dieu tient déjà prêt à le réduire en poudre ;
Et ma mort, en servant de comble à tant d'horreurs...
PHOCAS.
Par ses remerciments juge de ses fureurs.
J'ai prononcé l'arrêt, il faut que l'effet suive.
Résous-la de t'aimer, si tu veux qu'elle vive ;
Sinon, j'en jure encore, et ne t'écoute plus,
Son trépas dès demain punira ses refus.

SCENE IV.

PULCHERIE, HERACLIUS, MARTIAN.

HÉRACLIUS.
En vain il se promet que sous cette menace
J'espère en votre cœur surprendre quelque place ;
Votre refus est juste, et j'en sais les raisons.
Ce n'est pas à nous deux d'unir les deux maisons ;
D'autres destins, madame, attendent l'un et l'autre :
Ma foi m'engage ailleurs aussi bien que la vôtre.
Vous aurez en Léonce un digne possesseur ;
Je serai trop heureux d'en posséder la sœur.
Ce guerrier vous adore, et vous l'aimez de même ;
Je suis aimé d'Eudoxe autant comme je l'aime :
Léontine leur mère est propice à nos vœux ;
Et, quelque effort qu'on fasse à rompre ces beaux
D'un amour si parfait les chaînes sont si belles,[nœuds,
Que nos captivités doivent être éternelles.
PULCHÉRIE.
Seigneur, vous connaissez ce cœur infortuné :
Léonce y peut beaucoup ; vous me l'avez donné,
Et votre main illustre augmente le mérite
Des vertus dont l'éclat pour lui me sollicite ;
Mais à d'autres pensers il me faut recourir :
Il n'est plus temps d'aimer alors qu'il faut mourir,
Et quand à ce départ une âme se prépare...
HÉRACLIUS.
Redoutez un peu moins les rigueurs d'un barbare :
Pardonnez-moi ce mot ; pour vous servir d'appui
J'ai peine à reconnaître encore un père en lui.
Résolu de périr pour vous sauver la vie,
Je sens tous mes respects céder à cette envie ;
Je ne suis plus son fils, s'il en veut à vos jours,
Et mon cœur tout entier vole à votre secours.
PULCHÉRIE.
C'est donc avec raison que je commence à craindre,
Non la mort, non l'hymen où l'on veut me contraindre,
Mais ce péril extrême où pour me secourir
Je vois votre grand cœur aveuglément courir.
MARTIAN. [soudre
Ah, mon prince ! ah, madame ! il vaut mieux vous ré-
Par un heureux hymen à dissiper ce foudre.
Au nom de votre amour et de votre amitié,
Prenez de votre sort tous deux quelque pitié.
Que la vertu du fils, si pleine et si sincère,
Vainque la juste horreur que vous avez du père ;
Et, pour mon intérêt, n'exposez pas tous deux...
HÉRACLIUS.
Que me dis-tu, Léonce ? et qu'est-ce que tu veux ?
Tu m'as sauvé la vie ; et, pour reconnaissance,
Je voudrais à tes feux ôter leur récompense ;
Et, ministre insolent d'un prince furieux,

Couvrir de cette honte un nom si glorieux,
Ingrat à mon ami, perfide à ce que j'aime,
Cruel à la princesse, odieux à moi-même !
Je te connais, Léonce, et mieux que tu ne crois ;
Je sais ce que tu vaux, et ce que je te dois.
Son bonheur est le mien, madame ; et je vous donne
Léonce et Martian en la même personne ;
C'est Martian en lui que vous favorisez.
Opposons la constance aux périls opposés.
Je vais près de Phocas essayer la prière ;
Et si je n'en obtiens la grace tout entière,
Malgré le nom de père, et le titre de fils,
Je deviens le plus grand de tous ses ennemis.
Oui, si sa cruauté s'obstine à votre perte,
J'irai pour l'empêcher jusqu'à la force ouverte,
Et puisse, si le ciel m'y voit rien épargner,
Un faux Héraclius en ma place régner !
Adieu, madame.

PULCHÉRIE.
Adieu, prince trop magnanime.
(*Héraclius s'en va, et Pulchérie continue.*)
Prince digne en effet d'un trône acquis sans crime,
Digne d'un autre père. Ah, Phocas ! ah, tyran !
Se peut-il que ton sang ait formé Martian ?
Mais allons, cher Léonce, admirant son courage,
Tâcher de notre part à repousser l'orage.
Tu t'es fait des amis, je sais des mécontents ;
Le peuple est ébranlé, ne perdons point de temps ;
L'honneur te le commande, et l'amour t'y convie.

MARTIAN.
Pour ôtage en ses mains ce tigre a votre vie ;
Et je n'oserai rien qu'avec un juste effroi
Qu'il ne venge sur vous ce qu'il craindra de moi.

PULCHÉRIE.
N'importe ; à tout oser le péril doit contraindre.
Il ne faut craindre rien quand on a tout à craindre.
Allons examiner pour ce coup généreux
Les moyens les plus prompts et les moins dangereux.

FIN DU PREMIER ACTE.

ACTE SECOND.

SCÈNE I.

LÉONTINE, EUDOXE.

LÉONTINE.
Voilà ce que j'ai craint de son ame enflammée.
EUDOXE.
S'il m'eût caché son sort, il m'aurait mal aimée.
LÉONTINE.
Avec trop d'imprudence il vous l'a révélé.
Vous êtes fille, Eudoxe, et vous avez parlé :
Vous n'avez pu savoir cette grande nouvelle
Sans la dire à l'oreille à quelque ame infidèle ;
A quelque esprit léger, ou de votre heur jaloux,
A qui ce grand secret a pesé comme à vous.
C'est par là qu'il est su, c'est par là qu'on publie
Ce prodige étonnant d'Héraclius en vie ;
C'est par là qu'un tyran, plus instruit que trouble
De l'ennemi secret qui l'aurait accablé,
Ajoutera bientôt sa mort à tant de crimes,
Et se sacrifiera pour nouvelles victimes
Ce prince dans son sein pour son fils élevé,
Vous qu'adore son ame, et moi qui l'ai sauvé.
Voyez combien de maux pour n'avoir su vous taire.

EUDOXE.
Madame, mon respect souffre tout d'une mère,
Qui, pour peu qu'elle veuille écouter la raison,
Ne m'accusera plus de cette trahison ;
Car c'en est une enfin bien digne de supplice
Qu'avoir d'un tel secret donné le moindre indice.

LÉONTINE.
Et qui donc aujourd'hui le fait connaître à tous ?
Est-ce le prince, ou moi ?

EUDOXE.
Ni le prince, ni vous.
De grace, examinez ce bruit qui vous alarme.
On dit qu'il est en vie, et son nom seul les charme :
On ne dit point comment vous trompâtes Phocas,
Livrant un de vos fils pour ce prince au trépas,
Ni comme après, du sien étant la gouvernante,
Par une tromperie encor plus importante,
Vous en fîtes l'échange, et, prenant Martian,
Vous laissâtes pour fils ce prince à son tyran :
En sorte que le sien passe ici pour mon frère,
Cependant que de l'autre il croit être le père,
Et voit en Martian Léonce qui n'est plus,
Tandis que sous ce nom il aime Héraclius.
On dirait tout cela si, par quelque imprudence,
Il m'était échappé d'en faire confidence :
Mais pour toute nouvelle on dit qu'il est vivant ;
Aucun n'ose pousser l'histoire plus avant.
Comme ce sont pour tous des routes inconnues,
Il semble à quelques uns qu'il doit tomber des nues ;
Et j'en sais tel qui croit, dans sa simplicité,
Que pour punir Phocas Dieu l'a ressuscité.
Mais le voici.

SCÈNE II.

HÉRACLIUS, LÉONTINE, EUDOXE.

HÉRACLIUS.
Madame, il n'est plus temps de taire
D'un si profond secret le dangereux mystère ;
Le tyran, alarmé du bruit qui le surprend,
Rend ma crainte trop juste, et le péril trop grand.
Non que de ma naissance il fasse conjecture :
Au contraire, il prend tout pour grossière imposture,
Et me connait si peu, que, pour la renverser,
A l'hymen qu'il souhaite il prétend me forcer.
Il m'oppose à mon nom qui le vient de surprendre :
Je suis fils de Maurice ; il m'en veut faire gendre,
Et s'acquérir les droits d'un prince si chéri
En me donnant moi-même à ma sœur pour mari.
En vain nous résistons à son impatience,
Elle par haine aveugle, et moi par connaissance ;
Lui, qui ne conçoit rien de l'obstacle éternel
Qu'oppose la nature à ce nœud criminel,
Menace Pulchérie, au refus obstinée,
Lui propose à demain la mort ou l'hyménée.
J'ai fait pour le fléchir un inutile effort :
Pour éviter l'inceste, elle n'a que la mort.
Jugez s'il n'est pas temps de montrer qui nous sommes,
De cesser d'être fils du plus méchant des hommes,
D'immoler mon tyran aux périls de ma sœur,
Et de rendre à mon père un juste successeur.

LÉONTINE.
Puisque vous ne craignez que sa mort, ou l'inceste,
Je rends grace, seigneur, à la bonté céleste
De ce qu'en ce grand bruit le sort nous est si doux,
Que nous n'avons encor rien à craindre pour vous.
Votre courage seul nous donne lieu de craindre ;
Modérez-en l'ardeur, daignez vous y contraindre ;
Et, puisque aucun soupçon ne dit rien à Phocas,
Soyez encor son fils, et ne vous montrez pas.
De quoi que ce tyran menace Pulchérie,
J'aurai trop de moyens d'arrêter sa furie,
De rompre cet hymen, ou de le retarder,
Pourvu que vous veuillez ne vous point hasarder.
Répondez-moi de vous, et je vous réponds d'elle.

HÉRACLIUS.
Jamais l'occasion ne s'offrira si belle,
Vous voyez un grand peuple à demi révolté,
Sans qu'on sache l'auteur de cette nouveauté.
Il semble que de Dieu la main appesantie,
Se faisant du tyran l'effroyable partie,
Veuille avancer par là son juste châtiment ;
Que, par un si grand bruit semé confusément,

Il dispose les cœurs à prendre un nouveau maître,
Et presse Héraclius de se faire connaître.
C'est à nous de répondre à ce qu'il en prétend :
Montrons Héraclius au peuple qui l'attend ;
Evitons le hasard qu'un imposteur l'abuse,
Et qu'après s'être armé d'un nom que je refuse,
De mon trône, à Phocas sous ce titre arraché,
Il puisse me punir de m'être trop caché.
Il ne sera pas temps, madame, de lui dire
Qu'il me rende mon nom, ma naissance, et l'empire,
Quand il se prévaudra de ce nom déjà pris
Pour me joindre au tyran dont je passe pour fils,

LÉONTINE.

Sans vous donner pour chef à cette populace,
Je romprai bien encor ce coup, s'il vous menace :
Mais gardons jusqu'au bout ce secret important ;
Fiez-vous plus à moi qu'à ce peuple inconstant.
Ce que j'ai fait pour vous depuis votre naissance,
Semble digne, seigneur, de cette confiance :
Je ne laisserai point mon ouvrage imparfait :
Et bientôt mes desseins auront un plein effet :
Je punirai Phocas, je vengerai Maurice :
Mais aucun n'aura part à ce grand sacrifice ;
J'en veux toute la gloire, et vous me la devez.
Vous régnerez par moi, si par moi vous vivez.
Laissez entre mes mains mûrir vos destinées,
Et ne hasardez point le fruit de vingt années.

EUDOXE.

Seigneur, si votre amour peut écouter mes pleurs,
Ne vous exposez point au dernier des malheurs.
La mort de ce tyran, quoique trop légitime,
Aura dedans vos mains l'image d'un grand crime :
Le peuple pour miracle osera maintenir
Que le ciel par son fils l'aura voulu punir ;
Et sa haine obstinée après cette chimère
Vous croira parricide en vengeant votre père ;
La vérité n'aura ni le nom ni l'effet
Que d'un adroit mensonge à couvrir ce forfait :
Et d'une telle erreur l'ombre sera trop noire
Pour ne pas obscurcir l'éclat de votre gloire.
Je sais bien que l'ardeur de venger vos parents...

HÉRACLIUS.

Vous en êtes aussi, madame, et je me rends ;
Je n'examine rien, et n'ai pas la puissance
De combattre l'amour et la reconnaissance.
Le secret est à vous, et je serais ingrat
Si sans votre congé j'osais en faire éclat,
Puisque, sans votre aveu, toute mon aventure
Passerait pour un songe ou pour une imposture.
Je dirai plus ; l'empire est plus à vous qu'à moi.
Puisqu'à Léonce mort tout entier je le doi :
C'est le prix de son sang, c'est pour y satisfaire
Que je rends à la sœur ce que je tiens du frère :
Non que pour m'acquitter par cette élection
Mon devoir ait forcé mon inclination.
Il présenta mon cœur aux yeux qui le charmèrent ;
Il prépara mon ame au feu qu'ils allumèrent ;
Et ces yeux tout divins, par un soudain pouvoir,
Achevèrent sur moi l'effet de ce devoir.
Oui, mon cœur, chère Eudoxe, à ce trône n'aspire
Que pour vous voir bientôt maîtresse de l'empire.
Je ne me suis voulu jeter dans le hasard
Que par la seule soif de vous en faire part ;
C'était là tout mon but. Pour éviter l'inceste
Je n'ai qu'à m'éloigner de ce climat funeste ;
Mais si je me dérobe au rang qui vous est dû,
Ce sera par moi seul que vous l'aurez perdu ;
Seul je vous ôterai ce que je vous dois rendre :
Disposez des moyens et du temps de le prendre.
Quand vous voudrez régner, faites-m'en possesseur :
Mais, comme enfin j'ai lieu de craindre pour ma sœur,
Tirez-la dans ce jour de ce péril extrême,
Ou demain je ne prends conseil que de moi-même.

LÉONTINE.

Reposez vous sur moi, seigneur, de tout son sort,
Et n'en appréhendez ni l'hymen ni la mort.

SCENE III.

LÉONTINE, EUDOXE.

LÉONTINE.

Ce n'est plus avec vous qu'il faut que je déguise ;
A ne vous rien cacher son amour m'autorise :
Vous aurez les desseins de tout ce que j'ai fait,
Et pourrez me servir à presser leur effet.
Notre vrai Martian adore la princesse :
Animons toutes deux l'amant pour la maîtresse :
Faisons que son amour nous venge de Phocas,
Et de son propre fils arme pour nous le bras.
Si j'ai pris soin de lui, si je l'ai laissé vivre,
Si je perdis Léonce, et ne le fis pas suivre,
Ce fut sur l'espoir seul qu'un jour, pour s'agrandir,
A ma pleine vengeance il pourrait s'enhardir.
Je ne l'ai conservé que pour ce parricide.

EUDOXE.

Ah, madame !

LÉONTINE.

Ce mot déjà vous intimide !
C'est à de telles mains qu'il nous faut recourir ;
C'est par là qu'un tyran est digne de périr ;
Et le courroux du ciel, pour en purger la terre,
Nous doit un parricide au refus du tonnerre.
C'est à nous qu'il remet de l'y précipiter ;
Phocas le commettra, s'il le peut éviter :
Et nous immolerons au sang de votre frère
Le père par le fils, ou le fils par le père.
L'ordre est digne de nous ; le crime est digne d'eux :
Sauvons Héraclius au péril de tous deux.

EUDOXE.

Je sais qu'un parricide est digne d'un tel père :
Mais faut-il qu'un tel fils soit en péril d'en faire ?
Et, sachant sa vertu, pouvez-vous justement
Abuser jusque-là de son aveuglement ?

LÉONTINE.

Dans le fils d'un tyran l'odieuse naissance
Mérite que l'erreur arrache l'innocence,
Et que, de quelque éclat qu'il se soit revêtu,
Un crime qu'il ignore en souille la vertu.

SCÈNE IV.

LÉONTINE, EUDOXE, UN PAGE.

LE PAGE.

Exupère, madame, est là qui vous demande.

LÉONTINE.

Exupère ! à ce nom que ma surprise est grande !
Qu'il entre. A quel dessein vient-il parler à moi,
Lui que je ne vois point, qu'à peine je connoi !
Dans leur qu'il hait Phocas, qui s'immola son père ;
Et sa venue ici cache quelque mystère.
Je vous l'ai déjà dit, votre langue nous perd.

SCÈNE V.

EXUPERE, LÉONTINE, EUDOXE.

EXUPÈRE.

Madame, Héraclius vient d'être découvert.

LÉONTINE, à Eudoxe.

Eh bien !

EUDOXE.

Si...

LÉONTINE.
(à Eudoxe.) (à Exupère.)
Taisez-vous... Depuis quand ?

EXUPÈRE.

Tout à l'heure.

LÉONTINE.

Et déjà l'empereur a commandé qu'il meure ?

EXUPÈRE.

Le tyran est bien loin de s'en voir éclairci.

LÉONTINE.
Comment ?
EXUPÈRE.
Ne craignez rien, madame, le voici.
LÉONTINE.
Je ne vois que Léonce.
EXUPÈRE.
Ah ! quittez l'artifice.

SCÈNE VI.

MARTIAN, LÉONTINE, EXUPÈRE, EUDOXE.

MARTIAN.

Madame, dois-je croire un billet de Maurice ?
Voyez si c'est sa main, ou s'il est contrefait ;
Dites s'il me détrompe, ou m'abuse en effet,
Si je suis votre fils, ou s'il était mon père :
Vous en devez connaître encor le caractère.

LÉONTINE *lit le billet.*

« Léontine a trompé Phocas,
Et, livrant pour mon fils un des siens au trépas,
Dérobe à sa fureur l'héritier de l'empire.
O vous qui me restez de fidèles sujets,
Honorez son grand zèle, appuyez ses projets !
Sous le nom de Léonce Héraclius respire.
MAURICE. »
(*Elle rend le billet à Exupère.*)
Seigneur, il vous dit vrai ; vous étiez en mes mains
Quand on ouvrit Byzance au pire des humains.
Maurice m'honora de cette confiance ;
Mon zèle y répondit par delà sa croyance.
Le voyant prisonnier et ses quatre autres fils,
Je cachai quelques jours ce qu'il m'avait commis ;
Mais enfin, toute prête à me voir découverte,
Ce zèle sur mon sang détourna votre perte.
J'allai pour vous sauver vous offrir à Phocas ;
Mais j'offris votre nom, et ne vous donnai pas
La généreuse ardeur de sujette fidèle
Me rendit pour mon prince à moi-même cruelle ;
Mon fils fut, pour mourir, le fils de l'empereur.
J'éblouis le tyran, je trompai sa fureur ;
Léonce, au lieu de vous, lui servit de victime.
(*Elle fait un soupir.*)
Ah ! pardonnez, de grace ; il m'échappe sans crime.
J'ai pris pour vous sa vie, et lui rends un soupir ;
Ce n'est pas trop, seigneur, pour un tel souvenir :
A cet illustre effort par mon devoir réduite,
J'ai dompté la nature, et ne l'ai pas réduite,
Phocas, ravi de joie à cette illusion,
Me combla de faveurs avec profusion,
Et nous fit de sa main cette haute fortune,
Dont il n'est pas besoin que je vous importune.
Voilà ce que mes soins vous laissaient ignorer ;
Et j'attendais, seigneur, à vous le déclarer,
Que, par vos grands exploits, votre rare vaillance
Pût faire à l'univers croire votre naissance,
Et qu'une occasion pareille à ce grand bruit
Nous pût de son aveu promettre quelque fruit :
Car, comme j'ignorais que notre grand monarque
En eût pu rien savoir, ou laisser quelque marque,
Je doutais qu'un secret n'étant su que de moi,
Sous un tyran si craint pût trouver quelque foi.

EXUPÈRE.

Comme sa cruauté, pour mieux gêner Maurice,
Le forçait de ses fils à voir le sacrifice,
Ce prince vit l'échange, et l'allait empêcher ;
Mais l'acier des bourreaux fut plus prompt à trancher :
La mort de votre fils arrêta cette envie,
Et prévint d'un moment le refus de sa vie.
Maurice, à quelque espoir se laissant lors flatter,
S'en ouvrit à Félix qui vint le visiter,
Et trouva les moyens de lui donner ce gage
Qui vous en pût un jour rendre un plein témoignage.
Félix est mort, madame, et naguère en mourant
Il remit ce dépôt à son plus cher parent,
Et m'ayant tout conté, « Tiens, dit-il, Exupère,
« Sers ton prince, et venge ton père. »
Armé d'un tel secret, seigneur, j'ai voulu voir
Combien parmi le peuple il aurait de pouvoir ;
J'ai fait semer ce bruit sans vous faire connaître ;
Et, voyant tous les cœurs vous souhaiter pour maître,
J'ai ligué du tyran les secrets ennemis,
Mais sans leur découvrir plus qu'il ne m'est permis.
Ils aiment votre nom, sans savoir davantage,
Et cette seule joie anime leur courage,
Sans qu'autres que les deux qui vous parlaient là-bas
De tout ce qu'elle a fait sachent plus que Phocas.
Vous venez de savoir ce que vous vouliez d'elle :
C'est à vous de répondre à son généreux zèle.
Le peuple est mutiné, nos amis assemblés,
Le tyran effrayé, ses confidents troublés.
Donnez l'aveu du prince à sa mort qu'on apprête,
Et ne dédaignez pas d'ordonner de sa tête.

MARTIAN.

Surpris des nouveautés d'un tel évènement,
Je demeure à vos yeux muet d'étonnement.
Je sais ce que je dois, madame, au grand service
Dont vous avez sauvé l'héritier de Maurice.
Je croyais comme fils devoir tout à vos soins,
Et je vous dois bien plus lorsque je vous suis moins :
Mais pour vous expliquer toute ma gratitude,
Mon ame a trop de trouble et trop d'inquiétude.
J'aimais, vous le savez, et mon cœur enflammé
Trouve enfin une sœur dedans l'objet aimé.
Je perds une maîtresse en gagnant un empire ;
Mon amour en murmure, et mon cœur en soupire,
Et de mille pensers mon esprit agité
Paraît enseveli dans la stupidité.
Il est temps d'en sortir, l'honneur nous le commande.
Il faut donner un chef à votre illustre bande :
Allez, brave Exupère, allez je vous rejoins ;
Souffrez que je lui parle un moment sans témoins.
Disposez cependant vos amis à bien faire :
Surtout sauvons le fils en immolant le père ;
Il n'eut rien du tyran qu'un peu de mauvais sang,
Dont la dernière guerre a trop purgé son flanc.

EXUPÈRE.

Nous vous rendrons, seigneur, entière obéissance,
Et vous allons attendre avec impatience,

SCÈNE VII.

MARTIAN, LÉONTINE, EUDOXE.

MARTIAN.

Madame, pour laisser toute sa dignité
A ce dernier effort de générosité,
Je crois que les raisons que vous m'avez données
M'en ont seules caché le secret tant d'années.
D'autres soupçonneraient qu'un peu d'ambition,
Du prince Martian voyant la passion,
Pour lui voir sur le trône élever votre fille,
Aurait voulu laisser l'empire en sa famille,
Et me faire trouver un tel destin bien doux
Dans l'éternelle erreur d'être sorti de vous ;
Mais je tiendrais à crime une telle pensée.
Je me plains seulement d'une ardeur insensée,
D'un détestable amour que pour ma propre sœur
Vous-même vous avez allumé dans mon cœur.
Quel dessein faisiez-vous sur cet aveugle inceste ?

LÉONTINE.

Je vous aurais tout dit avant ce nœud funeste :
Et je le craignais peu, trop sûre que Phocas,
Ayant d'autres desseins ne le souffrirait pas.
Je voulais donc, seigneur, qu'une flamme si belle
Portât votre courage aux vertus dignes d'elle,
Et que, votre valeur l'ayant su mériter,
Le refus du tyran vous pût mieux irriter.
Vous n'avez pas rendu mon espérance vaine :
J'ai vu dans votre amour une source de haine ;
Et j'ose dire encor qu'un bras si renommé
Peut-être aurait moins fait si le cœur n'eût aimé.
Achevez donc, seigneur ; et puisque Pulchérie
Doit craindre l'attentat d'une aveugle furie...

MARTIAN.

Peut-être il vaudrait mieux moi-même la porter
A ce que le tyran témoigne en souhaiter :

Son amour, qui pour moi résiste à sa colère,
N'y résistera plus quand je serai son frère.
Pourrais-je lui trouver un plus illustre époux?

LÉONTINE.

Seigneur, qu'allez-vous faire? et que me dites-vous?

MARTIAN.

Que peut-être, pour rompre un si digne hyménée,
J'expose à tort sa tête avec ma destinée,
Et fais d'Héraclius un chef de conjurés
Dont je vois les complots encor mal assurés.
Aucun d'eux du tyran n'approche la personne;
Et quand même l'issue en pourrait être bonne,
Peut-être il m'est honteux de reprendre l'état
Par l'infame succès d'un lâche assassinat;
Peut-être il vaudrait mieux en tête d'une armée
Faire parler pour moi toute ma renommée,
Et trouver à l'empire un chemin glorieux
Pour venger mes parents d'un bras victorieux.
C'est dont je vais résoudre avec cette princesse,
Pour qui non plus l'amour, mais le sang m'intéresse.
Vous, avec votre Eudoxe...

LÉONTINE.

Ah, seigneur, écoutez.

MARTIAN.

J'ai besoin de conseils dans ces difficultés :
Mais, à parler sans fard, pour écouter les vôtres,
Outre mes intérêts vous en avez trop d'autres.
Je ne soupçonne point vos vœux ni votre foi,
Mais je ne veux d'avis que d'un cœur tout à moi.
Adieu.

SCÈNE VIII.

LÉONTINE, EUDOXE.

LÉONTINE.

Tout me confond, tout me devient contraire.
Je ne fais rien du tout, quand je pense tout faire;
Et, lorsque le hasard me flatte avec excès,
Tout mon dessein avorte au milieu du succès :
Il semble qu'un démon funeste à sa conduite
Des beaux commencements empoisonne la suite.
Ce billet dont je vois Martian abusé,
Fait plus en ma faveur que je n'aurais osé;
Il arme puissamment le fils contre le père;
Mais, comme il a levé le bras en qui j'espère,
Sur le point de frapper je vois avec regret
Que la nature y forme un obstacle secret.
La vérité le trompe, et ne peut le séduire;
Il sauve en reculant ce qu'il croit mieux détruire :
Il doute; et, du côté que je le vois pencher,
Il va presser l'inceste au lieu de l'empêcher.

EUDOXE.

Madame, pour le moins vous avez connaissance
De l'auteur de ce bruit, et de mon innocence.
Mais je m'étonne fort de voir à l'abandon
Du prince Héraclius les droits avec le nom.
Ce billet, confirmé par votre témoignage,
Pour monter dans le trône un grand avantage.
Si Martian le peut sous ce titre occuper,
Pensez-vous qu'il se laisse aisément détromper,
Et qu'au premier moment qu'il vous verra dédire
Aux mains de son vrai maître il remette l'empire?

LÉONTINE.

Vous êtes curieuse, et voulez trop savoir.
N'ai-je pas déjà dit que j'y saurai pourvoir?
Tâchons sans plus tarder à revoir Exupère,
Pour prendre en ce désordre un conseil salutaire.

FIN DU SECOND ACTE.

ACTE TROISIÈME.

SCÈNE I.

MARTIAN, PULCHÉRIE.

MARTIAN.

Je veux bien l'avouer, madame, car mon cœur
A de la peine encore à vous nommer ma sœur,
Quand malgré ma fortune à vos pieds abaissée,
J'osais jusques à vous élever ma pensée,
Plus plein d'étonnement que de timidité,
J'interrogeais ce cœur sur sa témérité;
Et dans ses mouvements pour secrète réponse
Je sentais quelque chose au dessus de Léonce,
Dont, malgré ma raison, l'impérieux effort
Emportait mes désirs au delà de mon sort.

PULCHÉRIE.

Moi-même assez souvent j'ai senti dans mon ame
Ma naissance en secret me reprocher ma flamme.
Mais quoi! l'impératrice à qui je dois le jour,
Avait innocemment fait naître cet amour :
J'approchais de quinze ans, alors qu'empoisonnée
Pour avoir contredit mon indigne hyménée
Elle mêla ces mots à ses derniers soupirs :
« Le tyran veut surprendre ou forcer vos désirs,
« Ma fille, et sa fureur à son fils vous destine ;
« Mais prenez un époux des mains de Léontine ;
« Elle garde un trésor qui vous sera bien cher. »
Cet ordre en sa faveur me sut si bien toucher,
Qu'au lieu de la haïr d'avoir livré mon frère
J'en tins le bruit pour faux, elle me devint chère;
Et confondant ces mots de trésor et d'époux,
Je crus les bien entendre, expliquant tout de vous.
J'opposais de la sorte à ma fière naissance
Les favorables lois de mon obéissance;
Et je m'imputais même à trop de vanité
De trouver entre nous quelque inégalité.
La race de Léonce était patricienne,
L'éclat de vos vertus l'égalait à la mienne
Et je me laissais dire, en mes douces erreurs :
« C'est des vertus qu'on on fait les empereurs ;
« Tu peux bien sans rougir aimer un grand courage
« A qui le monde entier peut rendre un juste hommage. »
J'écoutais sans dédain ce qui m'autorisait;
L'amour pensait le dire, et le sang le disait;
Et de ma passion la flatteuse imposture
S'emparait dans mon cœur des droits de la nature.

MARTIAN.

Ah, ma sœur! puisque enfin mon destin éclairci
Veut que je m'accoutume à vous nommer ainsi,
Qu'aisément l'amitié jusqu'à l'amour nous mène!
C'est un penchant si doux qu'on y tombe sans peine :
Mais quand il faut changer l'amour en amitié,
Que l'ame qui s'y force est digne de pitié!
Et qu'on doit plaindre un cœur qui, n'osant se défendre,
Se laisse déchirer avant que de se rendre!
Ainsi donc la nature à l'espoir le plus doux
Fait succéder l'horreur, et l'horreur d'être à vous!
Ce que je suis m'arrache à ce que j'aimais d'être!
Ah! s'il m'était permis de ne me pas connaître,
Qu'un si charmant abus serait à préférer
A l'âpre vérité qui vient de m'éclairer!

PULCHÉRIE.

J'eus pour vous trop d'amour pour ignorer ses forces.
Je sais quelle amertume aigrit de tels divorces;
Et la haine à mon gré les fait plus doucement
Que quand il faut aimer, mais aimer autrement.
J'ai senti comme vous une douleur bien vive
En brisant les beaux fers qui me tenaient captive;
Mais j'en condamnerais le plus doux souvenir
S'il avait à mon cœur coûté plus d'un soupir.
Ce grand coup m'a surprise, et ne m'a point troublée,
Mon ame l'a reçu sans en être accablée;

Et comme tous mes feux n'avaient rien que de saint,
L'honneur les alluma, le devoir les éteint.
Je ne vois plus d'amant où je rencontre un frère ;
L'un ne peut me toucher, ni l'autre me déplaire ;
Et je tiendrai toujours mon bonheur infini,
Si les miens sont vengés, et le tyran puni.
Vous, que va sur le trône élever la naissance,
Régnez sur votre cœur avant que sur Byzance ;
Et, domptant comme moi ce dangereux mutin,
Commencez à répondre à ce noble destin.

MARTIAN.
Ah ! vous fûtes toujours l'illustre Pulchérie,
En fille d'empereur dès le berceau nourrie ;
Et ce grand nom sans peine a pu vous enseigner
Comment dessus vous-même il vous fallait régner :
Mais pour moi, qui, caché sous une autre aventure
D'une ame plus commune ai pris quelque teinture,
Il n'est pas merveilleux si ce que je me crus
Mêle un peu de Léonce au cœur d'Héraclius.
A mes confus regrets soyez donc moins sévère ;
C'est Léonce qui parle, et non pas votre frère :
Mais si l'un parle mal, l'autre va bien agir,
Et l'un ni l'autre enfin ne vous fera rougir.
Je vais des conjurés embrasser l'entreprise,
Puisqu'une ame si haute à frapper m'autorise,
Et tient que, pour répandre un si coupable sang,
L'assassinat est noble et digne de mon rang.
Pourrai-je cependant vous faire une prière ?

PULCHÉRIE.
Prenez sur Pulchérie une puissance entière.

MARTIAN.
Puisqu'un amant si cher ne peut plus être à vous,
Ni vous, mettre l'empire à la main d'un époux,
Epousez Martian comme un autre moi-même ;
Ne pouvant être à moi, soyez à ce que j'aime.

PULCHÉRIE.
Ne pouvant être à vous, je pourrais justement
Vouloir n'être à personne, et fuir tout autre amant ;
Mais on pourrait nommer cette fermeté d'ame
Un reste mal éteint d'incestueuse flamme.
Afin donc qu'à ce choix j'ose tout accorder,
Soyez mon empereur pour me le commander.
Martian vaut beaucoup, sa personne m'est chère ;
Mais purgez sa vertu des crimes de son père,
Et donnez à mes feux pour légitime objet
Dans le fils du tyran votre premier sujet.

MARTIAN.
Vous le voyez, j'y cours ; mais enfin, s'il arrive
Que l'issue en devienne ou funeste ou tardive,
Votre perte est jurée ; et d'ailleurs nos amis
Au tyran immolé voudront joindre ce fils.
Sauvez d'un tel péril et sa vie et la vôtre ;
Par cet heureux hymen, conservez l'un et l'autre ;
Garantissez ma sœur des fureurs de Phocas,
Et mon ami de suivre un tel père au trépas.
Faites qu'en ce grand jour la troupe d'Exupère
Dans un sang odieux respecte mon beau-frère ;
Et donnez au tyran, qui n'en pourra jouir,
Quelques moments de joie afin de l'éblouir.

PULCHÉRIE.
Mais durant ces moments, unie à sa famille,
Il deviendra mon père, et je serai sa fille ;
Je lui devrai respect, amour, fidélité ;
Ma haine n'aura plus d'impétuosité ;
Et tous mes vœux pour vous seront mols et timides,
Quand mes vœux contre lui seront des parricides.
Outre que le succès est encore à douter,
Que l'on peut vous trahir, qu'il peut vous résister ;
Si vous y succombez, pourrai-je me dédire
D'avoir porté chez lui les titres de l'empire ?
Ah ! combien ces moments de quoi vous me flattez
Alors pour mon supplice auraient d'éternités !
Votre haine voit peu l'erreur de sa tendresse :
Comme elle vient de naître, elle n'est que faiblesse ;
La mienne a plus de force, et les yeux mieux ouverts ;
Et, se dût avec moi perdre tout l'univers,
Jamais un seul moment, quoi que l'on puisse faire,
Le tyran n'aura droit de me traiter de père.
Je ne refuse au fils ni mon cœur ni ma foi :
Vous l'aimez, je l'estime, il est digne de moi ;
Tout son crime est un père a qui le sang l'attache ;
Quand il n'en aura plus, il n'aura plus de tache ;
Et cette mort, propice à former ces beaux nœuds,
Purifiant l'objet, justifiera mes feux.
Allez donc préparer cette heureuse journée ;
Et du sang du tyran signez cet hyménée.
Mais quel mauvais démon devers nous le conduit ?

MARTIAN.
Je suis trahi, madame, Exupère le suit.

SCENE II.

PHOCAS, EXUPERE, AMINTAS, MARTIAN,
PULCHÉRIE, CRISPE.

PHOCAS.
Quel est votre entretien avec cette princesse ?
Des noces que je veux ?

MARTIAN.
C'est de quoi je la presse.

PHOCAS.
Et vous l'avez gagnée en faveur de mon fils ?

MARTIAN.
Il sera son époux, elle me l'a promis.

PHOCAS.
C'est beaucoup obtenu d'un ame si rebelle.
Mais quand ?

MARTIAN.
C'est un secret que je n'ai pas su d'elle.

Vous pouvez m'en dire un dont je suis plus jaloux.
On dit qu'Héraclius est fort connu de vous :
Si vous aimez mon fils, faites-le-moi connaître.

MARTIAN.
Vous le connaissez trop, puisque je vois ce traître.

EXUPÈRE.
Je sers mon empereur, et je sais mon devoir.

MARTIAN.
Chacun te l'avouera ; tu le fais assez voir.

PHOCAS.
De grace, éclaircissez ce que je vous propose.
Ce billet à demi m'en dit bien quelque chose ;
Mais, Léonce, c'est peu si vous ne l'achevez.

MARTIAN.
Nommez-moi par mon nom, puisque vous le savez
Dites Héraclius, il n'est plus de Léonce ;
Et j'entends mon arrêt sans qu'on me le prononce.

PHOCAS.
Tu peux bien t'y résoudre après ton vain effort
Pour m'arracher le sceptre et conspirer ma mort.

MARTIAN.
J'ai fait ce que j'ai dû. Vivre sous ta puissance,
C'eût été démentir mon nom et ma naissance,
Et ne point écouter le sang de mes parents,
Qui ne crie en mon cœur que la mort des tyrans.
Quiconque pour l'empire eut la gloire de naître
Renonce à cet honneur s'il peut souffrir un maître :
Hors le trône ou la mort, il doit tout dédaigner ;
C'est un lâche s'il n'ose ou se perdre ou régner.
J'entends donc mon arrêt sans qu'on me le prononce.
Héraclius mourra comme a vécu Léonce,
Bon sujet, meilleur prince, et ma vie et ma mort
Rempliront dignement et l'un et l'autre sort.
La mort n'a rien d'affreux pour une ame bien née ;
A mes côtés pour toi je l'ai cent fois traînée ;
Et mon dernier exploit contre tes ennemis
Fut d'arrêter ton bras qui tombait sur ton fils.

PHOCAS.
Tu prends pour me toucher un mauvais artifice :
Héraclius n'eut point de part à ce service ;
J'en ai payé Léonce, à qui seul était dû
L'inestimable honneur de me l'avoir rendu ;
Mais, sous des noms divers à soi-même contraire,
Qui conserva le fils attente sur le père ;
Et se désavouant d'un aveugle secours,
Sitôt qu'il se connaît il en veut à mes jours.
Je te devais sa vie, et je me dois justice.
Léonce est effacé par le fils de Maurice.

Contre un tel attentat rien n'est à balancer;
Et je saurai punir comme récompenser.

MARTIAN.

Je sais trop qu'un tyran est sans reconnaissance
Pour en avoir conçu la honteuse espérance;
Et suis trop au dessus de cette indignité
Pour te vouloir piquer de générosité.
Que ferais-tu pour moi, de me laisser la vie,
Si pour moi sans le trône elle n'est qu'infamie?
Héraclius vivrait pour te faire la cour!
Rends-lui, rends-lui son sceptre, ou prive-le du jour.
Pour ton propre intérêt sois juge incorruptible :
Ta vie avec la sienne est trop incompatible
Un si grand ennemi ne peut être gagné,
Et je te punirais de m'avoir épargné.
Si de ton fils sauvé j'ai rappelé l'image,
J'ai voulu de Léonce étaler le courage,
Afin qu'en le voyant tu ne doutasses plus
Jusques où doit aller celui d'Héraclius.
Je me tiens plus heureux de périr en monarque,
Que de vivre en éclat sans en porter la marque;
Et puisque pour jouir d'un si glorieux sort
Je n'ai que ce moment qu'on destine à ma mort,
Je la rendrai si belle, et si digne d'envie,
Que ce moment vaudra la plus illustre vie.
M'y faisant donc conduire, assure ton pouvoir,
Et délivre mes yeux de l'horreur de te voir.

PHOCAS.

Nous verrons la vertu de cette ame hautaine.
Faites-le retirer en la chambre prochaine,
Crispe; et qu'on me l'y garde, attendant que mon choix
Pour punir son forfait vous donne d'autres lois.

MARTIAN, à *Pulchérie*.

Adieu, madame, adieu ; je n'ai pu davantage.
Ma mort vous va laisser encor dans l'esclavage :
Le ciel par d'autres mains vous en daigne affranchir!

SCENE III.

PHOCAS, PULCHÉRIE, EXUPERE, AMINTAS.

PHOCAS.

Et toi, n'espère pas désormais me fléchir.
Je tiens Héraclius, et n'ai plus rien à craindre,
Plus lieu de te flatter, plus lieu de me contraindre.
Ce frère et ton espoir vont entrer au cercueil,
Et j'abattrai d'un coup sa tête et ton orgueil.
Mais ne te contrains point dans ces rudes alarmes :
Laisse aller tes soupirs, laisse couler tes larmes.

PULCHÉRIE.

Moi pleurer! moi gémir, tyran! J'aurais pleuré
Si quelques lâchetés l'avaient déshonoré,
S'il n'eût pas emporté sa gloire tout entière,
S'il m'avait fait rougir par la moindre prière,
Si quelque infâme espoir qu'on lui dût pardonner
Eût mérité la mort que tu lui vas donner.
Sa vertu jusqu'au bout ne s'est point démentie.
Il n'a point pris le ciel ni le sort à partie,
Point querellé le bras qui fait ces lâches coups,
Point daigné contre lui perdre un juste courroux.
Sans te nommer ingrat, sans trop le nommer traître,
De tous deux, de soi-même, il s'est montré le maître ;
Et dans cette surprise il a bien su courir
A la nécessité qu'il voyait de mourir.
Je goûtais cette joie en un sort si contraire.
Je l'aimai comme amant, je l'aime comme frère;
Et dans ce grand revers je l'ai vu hautement
Digne d'être mon frère et d'être mon amant.

PHOCAS.

Explique, explique mieux le fond de ta pensée,
Et, sans plus te parer d'une vertu forcée,
Pour apaiser le père, offre le cœur au fils,
Et tâche à racheter ce cher frère à ce prix.

PULCHÉRIE.

Crois-tu que sur la foi de tes fausses promesses
Mon ame ose descendre à de telles bassesses?
Prends mon sang pour le sien ; mais, s'il y faut mon [cœur,
Périsse Héraclius avec sa triste sœur!

PHOCAS.

Eh bien! il va périr ; ta haine en est complice.

PULCHÉRIE.

Et je verrai du ciel bientôt choir ton supplice.
Dieu, pour le réserver à ses puissantes mains,
Fait avorter exprès tous les moyens humains ;
Il veut frapper le coup sans notre ministère.
Si l'on t'a bien donné Léonce pour mon frère,
Les quatre autres peut-être, à tes yeux abusés,
Ont été comme lui des Césars supposés.
L'état, qui, dans leur mort, voyait trop sa ruine,
Avait de généreux autres que Léontine ;
Ils trompaient d'un barbare aisément la fureur,
Qui n'avait jamais vu la cour ni l'empereur.
Crains, tyran, crains encor tous les quatre peut-être :
L'un après l'autre enfin se vont faire paraître ;
Et, malgré tous tes soins , malgré tout ton effort,
Tu ne les connaîtras qu'en recevant la mort.
Moi-même à leur défaut je serai la conquête
De quiconque à mes pieds apportera ta tête :
L'esclave le plus vil qu'on puisse s'imaginer
Sera digne de moi, s'il peut t'assassiner.
Va perdre Héraclius, et quitte la pensée
Que je me pare ici d'une vertu forcée ;
Et, sans m'importuner de répondre à tes vœux
Si tu prétends régner, défais-toi de tous deux.

SCÈNE IV.

PHOCAS, EXUPERE, AMINTAS.

PHOCAS.

J'écoute avec plaisir ces menaces frivoles ;
Je ris d'un désespoir qui n'a que des paroles;
Et , de quelque façon qu'elle m'ose outrager ,
Le sang d'Héraclius m'en doit assez venger.
Vous donc, mes vrais amis, qui me tirez de peine,
Vous, dont je vois l'amour quand j'en craignais la haine
Vous qui m'avez livré mon secret ennemi,
Ne soyez point vers moi fidèles à demi.
Résolvez avec moi des moyens de sa perte :
La ferons-nous secrète, ou bien à force ouverte ?
Prendrons-nous le plus sûr, ou le plus glorieux ?

EXUPERE.

Seigneur, n'en doutez point, le plus sûr vaut le mieux ;
Mais le plus sûr pour vous est que sa mort éclate,
De peur qu'en l'ignorant le peuple ne se flatte ,
N'attende encor ce prince, et n'ait quelque raison
De courir en aveugle à qui prendra son nom.

PHOCAS.

Donc, pour ôter tout doute à cette populace,
Nous enverrons sa tête au milieu de la place.

EXUPERE.

Mais si vous la coupez dedans votre palais ,
Ces obstinés mutins ne le croiront jamais ;
Et, sans que pas un d'eux à son erreur renonce,
Ils diront qu'on impute un faux nom à Léonce,
Qu'on en fait un fantôme afin de les tromper,
Prêts à suivre toujours qui voudra l'usurper.

PHOCAS.

Lors nous leur ferons voir ce billet de Maurice

EXUPERE.

Ils le tiendront pour faux et pour un artifice :
Seigneur, après vingt ans vous espérez en vain
Que ce peuple ait des yeux pour connaître sa main.
Si vous voulez calmer toute cette tempête,
Il faut en pleine place abattre cette tête,
Et qu'il die, en mourant, à ce peuple confus :
« Peuple, n'en doute point, je suis Héraclius. »

PHOCAS.

Il le faut, je l'avoue; et déjà je destine
A ce même échafaud l'infâme Léontine.
Mais si ces insolents l'arrachent de nos mains ?

EXUPERE.

Qui l'osera, seigneur?

PHOCAS.
Ce peuple que tu crains.
EXUPERE.
Ah! souvenez-vous mieux des désordres qu'enfante
Dans un peuple sans chef la première épouvante,
Le seul bruit de ce prince au palais arrête
Dispersera soudain chacun de son côté;
Les plus audacieux craindront votre justice,
Et le reste en tremblant ira voir son supplice.
Mais ne leur donnez pas, tardant trop à punir,
Le temps de se remettre et de se réunir :
Envoyez des soldats à chaque coin des rues ;
Saisissez l'Hippodrome avec ses avenues;
Dans tous les lieux publics rendez-vous le plus fort.
Pour nous, qu'un tel indice intéresse à sa mort,
De peur que d'autres mains ne se laissent séduire,
Jusques à l'échafaud laissez-nous le conduire.
Nous aurons trop d'amis pour en venir à bout ;
J'en réponds sur ma tête, et j'aurai l'œil à tout.
PHOCAS.
C'en est trop, Exupère : allez, je m'abandonne
Aux fidèles conseils que votre ardeur me donne.
C'est l'unique moyen de dompter nos mutins,
Et d'éteindre à jamais ces troubles intestins.
Je vais, sans différer, pour cette grande affaire
Donner à tous mes chefs un ordre nécessaire.
Vous, pour répondre aux soins que vous m'avez promis,
Allez de votre part assembler vos amis,
Et croyez qu'après moi, jusqu'à ce que j'expire,
Ils seront, eux et vous, les maîtres de l'empire.

SCENE V.

EXUPERE, AMINTAS.

EXUPERE.
Nous sommes en faveur, ami, tout est à nous;
L'heure de notre destin va faire des jaloux.
AMINTAS.
Quelque allégresse ici que vous fassiez paraître,
Trouvez-vous doux les noms de perfide et de traître?
EXUPERE.
Je sais qu'aux généreux ils doivent faire horreur;
Ils m'ont frappé l'oreille, ils m'ont blessé le cœur ;
Mais bientôt, par l'effet que nous devons attendre,
Nous serons en état de ne les plus entendre.
Allons; pour un moment qu'il faut les endurer,
Ne fuyons pas les biens qu'ils nous font espérer.

FIN DU TROISIÈME ACTE.

ACTE IV.

SCÈNE PREMIÈRE.

HERACLIUS, EUDOXE.

HÉRACLIUS.
Vous avez grand sujet d'appréhender pour elle :
Phocas au dernier point la tiendra criminelle ;
Et je le connais mal, ou, s'il la peut trouver,
Il n'est moyen humain qui puisse la sauver.
Je vous plains, chère Eudoxe, et non pas votre mère ;
Elle a bien mérité ce qu'a fait Exupère ;
Il trahit justement qui voulait me trahir.
EUDOXE.
Vous croyez qu'à ce point elle ait pu vous haïr,
Vous pour qui son amour a forcé la nature?
HÉRACLIUS.
Comment voulez-vous donc nommer son imposture?
M'empêcher d'entreprendre, et, par un faux rapport,
Confondre en Martian et mon nom et mon sort;
Abuser d'un billet que le hasard lui donne;
Attacher de sa main mes droits à sa personne,
Et le mettre en état, dessous sa bonne foi,
De régner en ma place, ou de périr pour moi :
Madame, est-ce en effet me rendre un grand service?
EUDOXE.
Eût-elle démenti ce billet de Maurice?
Et l'eût-elle pu faire, à moins que révéler
Ce que surtout alors il lui fallait celer?
Quand Martian par là n'eût pas connu son père,
C'était vous hasarder sur la foi d'Exupère :
Elle en doutait, seigneur ; et, par l'évènement,
Vous voyez que son zèle en doutait justement.
Sûre en soi des moyens de vous rendre l'empire,
Qu'à vous-même jamais elle n'a voulu dire,
Elle a sur Martian tourné le coup fatal
De l'épreuve d'un cœur qu'elle connaissait mal.
Seigneur, où seriez-vous sans ce nouveau service?
HÉRACLIUS.
Qu'importe qui des deux on destine au supplice?
Qu'importe, Martian, vu ce que je te doi,
Qui trahisse mon sort, d'Exupère, ou de moi?
Si l'on ne me découvre, il faut que je m'expose ;
Et l'un et l'autre enfin ne sont que même chose,
Sinon qu'étant trahi je mourrais malheureux,
Et que, m'offrant pour toi, je mourrai généreux.
EUDOXE.
Quoi ! pour désabuser une aveugle furie,
Rompre votre destin, et donner votre vie !
HÉRACLIUS.
Vous êtes plus aveugle encore en votre amour.
Périra-t-il pour moi quand je lui dois le jour ?
Et lorsque sous mon nom il se livre à sa perte,
Tiendrai-je sous le sien ma fortune couverte ?
S'il s'agissait ici de le faire empereur,
Je pourrais lui laisser mon nom et son erreur :
Mais conniver en lâche à ce nom qu'on me vole,
Quand son père à mes yeux au lieu de moi l'immole!
Souffrir qu'il se trahisse aux rigueurs de mon sort!
Vivre par son supplice, et régner par sa mort !
EUDOXE.
Ah! ce n'est pas, seigneur, ce que je vous demande ;
De cette lâcheté l'infamie est trop grande.
Montrez-vous pour sauver ce héros du trépas ;
Mais montrez-vous en maître, et ne vous perdez pas :
Rallumez cette ardeur où s'opposait ma mère,
Garantissez le fils par la perte du père ;
Et, prenant à l'empire un chemin éclatant,
Montrez Héraclius au peuple qui l'attend.

22

HÉRACLIUS.
Il n'est plus temps, madame; un autre a pris ma place.
Sa prison a rendu le peuple tout de glace :
Déjà préoccupé d'un autre Héraclius,
Dans l'effroi qui le trouble il ne me croira plus ;
Et, ne me regardant que comme un fils perfide,
Il aura de l'horreur de suivre un parricide.
Mais quand même il voudrait seconder mes desseins,
Le tyran tient déjà Martian en ses mains.
S'il voit qu'en sa faveur je marche à force ouverte,
Piqué de ma révolte, il hâtera sa perte,
Et croira qu'en m'ôtant l'espoir de le sauver
Il m'ôtera l'ardeur qui me fait soulever.
N'en parlons plus : en vain votre amour me retarde,
Le sort d'Héraclius tout entier me regarde.
Soit qu'il faille régner, soit qu'il faille périr,
Au tombeau, comme au trône, on me verra courir.
Mais voici le tyran, et son traître Exupère.

SCENE II.

PHOCAS, HERACLIUS, EXUPERE, EUDOXE,
TROUPE DE GARDES.

PHOCAS, *montrant Eudoxe à ses gardes.*
Qu'on la tienne en lieu sûr en attendant sa mère.
HÉRACLIUS.
A-t-elle quelque part... ?
PHOCAS.
Nous verrons à loisir :
Il est bon cependant de la faire saisir.
EUDOXE, *s'en allant.*
Seigneur, ne croyez rien de ce qu'il vous va dire.
PHOCAS, *à Eudoxe.*
Je croirai ce qu'il faut pour le bien de l'empire.

SCENE III.

PHOCAS, HÉRACLIUS, EXUPERE, GARDES.
à Héraclius.
Ses pleurs pour ce coupable imploraient ta pitié ?
HÉRACLIUS.
Seigneur...
PHOCAS.
Je sais pour lui quelle est ton amitié ;
Mais je veux que toi-même, ayant bien vu son crime,
Tiennes ton zèle injuste, et sa mort légitime.
aux gardes.
Qu'on le fasse venir. Pour en tirer l'aveu
Il ne sera besoin ni du fer ni du feu :
Loin de s'en repentir l'orgueilleux en fait gloire.
Mais que me diras-tu qu'il ne me faut pas croire?
Eudoxe m'en conjure ; et l'avis me surprend.
Aurais-tu découvert quelque crime plus grand ?
HÉRACLIUS.
Oui, sa mère a plus fait contre votre service
Que ne sait Exupère, et que n'a vu Maurice.
PHOCAS.
La perfide ! Ce jour lui sera le dernier.
Parle.
HÉRACLIUS.
J'achèverai devant le prisonnier.
Trouvez bon qu'un secret d'une telle importance,
Puisque vous le mandez, s'explique en sa présence.
PHOCAS.
Le voici. Mais surtout ne me dis rien pour lui.

SCÈNE IV

PHOCAS, HÉRACLIUS, MARTIAN, EXUPERE,
TROUPE DE GARDES.

HÉRACLIUS.
Je sais qu'en ma prière il aurait peu d'appui ;
Et, loin de me donner une inutile peine,
Tout ce que je demande à votre juste haine,
C'est que de tels forfaits ne soient pas impunis.
Perdez Héraclius, et sauvez votre fils :
Voilà tout mon souhait et toute ma prière.
M'en refuserez-vous ?
PHOCAS.
Tu l'obtiendras entière :
Ton salut en effet est douteux sans ma mort.
MARTIAN.
Ah ! prince ! j'y courrais sans me plaindre du sort ;
Son indigne rigueur n'est pas ce qui me touche :
Mais en ouïr l'arrêt sortir de votre bouche !
Je vous ai mal connu jusques à mon trépas.
HÉRACLIUS.
Et même en ce moment tu ne me connais pas.
Écoute, père aveugle, et toi, prince incrédule,
Ce que l'honneur défend que plus je dissimule.
Phocas, connais ton sang, et tes vrais ennemis ;
Je suis Héraclius, et Léonce est ton fils.
MARTIAN.
Seigneur, que dites-vous ?
HÉRACLIUS.
Que je ne puis plus taire
Que deux fois Léontine osa tromper ton père ;
Et, semant de nos noms un insensible abus,
Fit un faux Martian du jeune Héraclius.
PHOCAS.
Maurice te dément, lâche ! tu n'as qu'à lire :
« Sous le nom de Léonce Héraclius respire, »
Tu fais après cela des contes superflus.
HÉRACLIUS.
Si ce billet fut vrai, seigneur, il ne l'est plus.
J'étais Léonce alors, et j'ai cessé de l'être
Quand Maurice immolé n'en a pu rien connaître.
S'il laissa par écrit ce qu'il avait pu voir,
Ce qui suivit sa mort fut hors de son pouvoir.
Vous portâtes soudain la guerre dans la Perse,
Où vous eûtes trois ans la fortune diverse :
Cependant Léontine était dans le château,
Reine de nos destins et de notre berceau,
Pour me rendre le rang qu'occupait votre race,
Prit Martian pour elle, et me mit en sa place.
Ce zèle en ma faveur lui succéda si bien,
Que vous-même au retour vous n'en connûtes rien ;
Et ces informes traits qu'à six mois a l'enfance
Ayant mis entre nous fort peu de différence,
Le faible souvenir en trois ans s'en perdit :
Vous prîtes aisément ce qu'elle vous rendit.
Nous vécûmes tous deux sous le l'un et l'autre;
Il passa pour son fils, je passai pour le vôtre,
Et je ne jugeais pas ce chemin criminel
Pour remonter sans meurtre au trône paternel.
Mais voyant cette erreur fatale à cette vie
Sans qui déjà la mienne aurait été ravie,
Je me croirais, seigneur, coupable infiniment
Si je souffrais encore un tel aveuglement.
Je viens reprendre un nom qui seul a fait son crime,
Conservez votre haine, et changez de victime.
Je ne demande rien que ce qui m'est promis :
Perdez Héraclius, et sauvez votre fils.
MARTIAN, *à Phocas.*
Admire de quel fils le ciel t'a fait le père,
Admire quel effort sa vertu vient de faire,
Tyran ; et ne prends pas pour une vérité
Ce qu'invente pour moi sa générosité.
(à Héraclius.)
C'est trop, prince, c'est trop pour ce petit service
Dont honora mon bras ma fortune propice.
Je vous sauvai la vie, et ne la perdis pas ;
Et pour moi vous cherchez un assuré trépas !
Ah ! si vous m'en devez quelque reconnaissance,
Prince, ne m'ôtez pas l'honneur de ma naissance.
Avoir tant de pitié d'un sort si glorieux,
De crainte d'être ingrat, c'est m'être injurieux.
PHOCAS.
En quel trouble me jette une telle dispute!
A quels nouveaux malheurs m'expose-t-elle en butte!
Lequel croire, Exupère, et lequel démentir?
Tombé-je dans l'erreur ou si j'en vais sortir?
Si ce billet est vrai, le reste est vraisemblable.

EXUPÈRE.
Mais qui sait si ce reste est faux ou véritable?
PHOCAS.
Léontine deux fois a pu tromper Phocas.
EXUPÈRE.
Elle a pu les changer, et ne les changer pas :
Et plus que vous, seigneur, dedans l'inquiétude,
Je ne vois que du trouble et de l'incertitude.
HÉRACLIUS.
Ce n'est pas d'aujourd'hui que je sais qui je suis :
Vous voyez quels effets en ont été produits :
Depuis plus de quatre ans vous voyez quelle adresse
J'apporte à rejeter l'hymen de la princesse,
Où sans doute aisément mon cœur eût consenti,
Si Léontine alors ne m'en eût averti.
MARTIAN.
Léontine?
HÉRACLIUS.
 Elle-même.
MARTIAN.
  Ah, ciel! quelle est sa ruse!
Martian aime Eudoxe, et sa mère l'abuse.
Par l'horreur d'un hymen qu'il croit incestueux,
De ce prince à sa fille elle assure les vœux ;
Et son ambition, adroite à le séduire,
Le plonge en une erreur dont elle attend l'empire.
Ce n'est qu'aujourd'hui que je sais qui je suis :
Mais de mon ignorance elle espérait ces fruits,
Et me tiendrait encor la vérité cachée,
Si tantôt ce billet ne l'en eût arrachée.
PHOCAS, à Exupère.
La méchante l'abuse aussi bien que Phocas.
EXUPÈRE.
Elle a pu l'abuser, ou ne l'abuser pas.
PHOCAS.
Tu vois comme la fille a part au stratagème.
EXUPÈRE.
Et que la mère a pu l'abuser elle-même.
PHOCAS.
Que de pensers divers! que de soucis flottants!
EXUPÈRE.
Je vous en tirerai, seigneur, dans peu de temps.
PHOCAS.
Dis-moi, tout est-il prêt pour ce juste supplice?
EXUPÈRE.
Oui, si nous connaissions le vrai fils de Maurice.
HÉRACLIUS.
Pouvez-vous en douter après ce que j'ai dit?
MARTIAN.
Donnez-vous à l'erreur encor quelque crédit?
HÉRACLIUS.
Ami, rends-moi mon nom : la faveur n'est pas grande ;
Ce n'est que pour mourir que je le demande.
Reprends ce triste jour que tu m'as racheté,
Ou rends-moi cet honneur que tu m'as presque ôté.
MARTIAN.
Pourquoi, de mon tyran volontaire victime,
Précipiter vos jours pour me noircir d'un crime?
Prince, qui que je sois, j'ai conspiré sa mort,
Et nos noms au dessein donnent un divers sort :
Dedans Héraclius il a gloire solide,
Et dedans Martian il devient parricide.
Puisqu'il faut que je meure illustre ou criminel,
Couvert, ou de louange, ou d'opprobre éternel,
Ne souillez point ma mort, et ne veuillez pas faire
Du vengeur de l'empire un assassin d'un père.
HÉRACLIUS.
Mon nom seul est coupable ; et, sans plus disputer,
Pour te faire innocent tu n'as qu'à le quitter;
Il conspira lui seul, tu n'en es point complice.
Ce n'est qu'Héraclius qu'on envoie au supplice.
Sois son fils, tu vivras.
MARTIAN.
   Si je l'avais été,
Seigneur, ce traître en vain m'aurait sollicité ;
Et, lorsque contre vous il m'a fait entreprendre,
La nature en secret aurait su m'en défendre.
HÉRACLIUS.
Apprends donc qu'en secret mon cœur t'a prévenu.
J'ai voulu conspirer, mais on m'a retenu;

Et dedans mon péril, Léontine timide...
MARTIAN.
N'a pu voir Martian commettre un parricide.
HÉRACLIUS.
Toi, que de Pulchérie elle a fait amoureux,
Juge sous les deux noms ton dessein et tes feux.
Elle a rendu pour toi l'un et l'autre funeste,
Martian parricide, Héraclius inceste,
Et n'eût pas eu pour moi d'horreur d'un grand forfait,
Puisque dans ta personne elle en pressait l'effet,
Mais elle m'empêchait de hasarder ma tête,
Espérant par ton bras me livrer ma conquête.
Ce favorable aveu dont elle t'a séduit
T'exposait aux périls pour m'en donner le fruit;
Et c'était ton succès qu'attendait sa prudence
Pour découvrir au peuple ou cacher ma naissance.
PHOCAS.
Hélas! je ne puis voir qui des deux est mon fils ;
Et je vois que tous deux ils sont mes ennemis.
En ce piteux état quel conseil dois-je suivre?
J'ai craint un ennemi, mon bonheur me le livre ;
Je sais que de mes mains il ne se peut sauver,
Je sais que je le vois et ne puis le trouver.
La nature tremblante, incertaine, étonnée,
D'un nuage confus couvre sa destinée :
L'assassin sous cette ombre échappe à ma rigueur,
Et, présent à mes yeux il se cache en mon cœur.
Martian! A ce nom aucun ne veut répondre,
Et l'amour paternel ne sert qu'à me confondre.
Trop d'un Héraclius en mes mains est remis;
Je tiens mon ennemi, mais je n'ai plus de fils.
Que veux-tu donc, nature? et que prétends-tu faire?
Si je n'ai plus de fils, puis-je encore être père?
De quoi parle à mon cœur ton murmure imparfait?
Ne me dis rien du tout, on parle tout à fait.
Qui que ce soit des deux que mon sang ait fait naître,
Ou laisse-moi le perdre, ou fais-le-moi connaître.
O toi, qui que tu sois, enfant dénaturé
Et trop digne du sort que tu t'es procuré,
Mon trône est-il pour toi plus honteux qu'un supplice?
O malheureux Phocas! ô trop heureux Maurice!
Tu recouvres deux fils pour mourir après toi ;
Et je n'en puis trouver pour régner après moi!
Qu'aux honneurs de la mort je dois porter envie,
Puisque mon propre fils les préfère à sa vie!

SCÈNE V.

PHOCAS, HÉRACLIUS, MARTIAN, CRISPE, EXUPÈRE, LÉONTINE, GARDES.

CRISPE, à Phocas.
Seigneur, ma diligence enfin a réussi ;
J'ai trouvé Léontine, et je l'amène ici.
PHOCAS, à Léontine.
Approche, malheureuse!
HÉRACLIUS, à Léontine.
   Avouez tout, madame.
J'ai tout dit.
LÉONTINE, à Héraclius.
 Quoi, seigneur!
PHOCAS.
   Tu l'ignores, infâme.
Qui des deux est mon fils?
LÉONTINE.
   Qui vous en fait douter?
HÉRACLIUS, à Léontine.
Le nom d'Héraclius que son fils veut porter.
Il en croit ce billet et votre témoignage :
Mais ne le laissez pas dans l'erreur davantage.
PHOCAS.
N'attends pas les tourments, ne me déguise rien.
M'as-tu livré ton fils? as-tu changé le mien?
LÉONTINE.
Je t'ai livré mon fils, et j'en aime la gloire,
Si je paie du reste, oseras-tu m'en croire?
Et qui t'assurera que pour Héraclius,
Moi qui t'ai tant trompé, je ne te trompe plus?

PHOCAS.

N'importe, fais-nous voir quelle haute prudence
En des temps si divers leur en fait confidence,
A l'un depuis quatre ans, à l'autre d'aujourd'hui.

LÉONTINE, *en montrant les deux princes.*

Le secret n'en est su ni de lui, ni de lui ;
Tu n'en sauras non plus les véritables causes :
Devine si tu peux, et choisis si tu l'oses.
 L'un des deux est ton fils ; l'autre, ton empereur.
Tremble dans ton amour, tremble dans ta fureur.
Je te veux toujours voir, quoi que ta rage fasse,
Craindre ton ennemi dedans ta propre race,
Toujours aimer ton fils dedans ton ennemi,
Sans être ni tyran ni père qu'à demi.
Tandis qu'autour des deux tu perdras ton étude,
Mon ame jouira de ton inquiétude ;
Je rirai de ta peine, ou, si tu m'en punis,
Tu perdras avec moi le secret de ton fils.

PHOCAS.

Et si je les punis tous deux sans les connaître,
L'un comme Héraclius, l'autre pour vouloir l'être ?

LÉONTINE.

Je m'en consolerai quand je verrai Phocas
Croire affermir son sceptre en se coupant le bras,
Et de la même main son ordre tyrannique
Venger Héraclius dessus son fils unique.

PHOCAS.

Quelle reconnaissance, ingrate ! tu me rends
Des bienfaits répandus sur toi, sur tes parents,
De t'avoir confié ce fils que tu me caches,
D'avoir mis en tes mains ce cœur que tu m'arraches,
D'avoir mis à tes pieds ma cour qui t'adorait !
Rends-moi mon fils, ingrate.

LÉONTINE.

    Il m'en désavouerait ;
Et ce fils, quel qu'il soit, que tu ne peux connaître,
A le cœur assez bon pour ne pas vouloir l'être.
Admire sa vertu qui trouble ton repos.
C'est du fils d'un père que j'ai fait ce héros ;
Tant qu'il a reçu d'heureuse nourriture
Dompte ce mauvais sang qu'il eut de la nature !
C'est assez dignement répondre à tes bienfaits
Que d'avoir dégagé ton fils de tes forfaits.
Séduit par ton exemple et par sa complaisance,
Il t'aurait ressemblé, s'il eût su sa naissance ;
Il serait lâche, impie, inhumain, comme toi !
Et tu me dois ainsi plus que je ne te doi.

EXUPERE.

L'impudence et l'orgueil suive les impostures.
Ne vous exposez plus à ce torrent d'injures,
Qui, ne faisant qu'aigrir votre ressentiment,
Vous donne peu de jour pour ce discernement.
Laissez-la moi, seigneur, quelques moments en garde :
Puisque j'ai commencé, le reste me regarde :
Malgré l'obscurité de son illusion,
J'espère démêler cette confusion.
Vous savez à quel point l'affaire m'intéresse.

PHOCAS.

Achève, si tu peux, par force ou par adresse,
Exupère ; et sois sûr que je te devrai tout,
Si l'ardeur de ton zèle en peut venir à bout !
Je saurai cependant prendre à part l'un et l'autre ;
Et peut-être qu'enfin nous trouverons le nôtre.
Agis de ton côté ; je la laisse avec toi :
Gêne, flatte, surprends. Vous autres, suivez-moi.

SCÈNE VI.

EXUPERE, LEONTINE.

EXUPERE.

On ne peut nous entendre. Il est juste, madame,
Que je vous ouvre enfin jusqu'au fond de mon ame :
C'est passer trop long temps pour traître auprès de vous.
Vous haïssez Phocas, nous le haïssons tous...

LÉONTINE.

Oui, c'est bien lui montrer ta haine et ta colère,
Que lui vendre ton prince et le sang de ton père !

EXUPERE.

L'apparence vous trompe ; et je suis en effet...

LÉONTINE.

L'homme le plus méchant que la nature ait fait.

EXUPERE.

Ce qui passe à vos yeux pour une perfidie...

LÉONTINE.

Cache une intention fort noble et fort hardie !

EXUPERE.

Pouvez-vous en juger, puisque vous l'ignorez ?
Considérez l'état de tous nos conjurés :
Il n'est aucun de nous à qui sa violence
N'ait donné trop de lieu d'une juste vengeance ;
Et nous en croyant tous dans notre ame indignés,
Le tyran du palais nous a tous éloignés.
Il y fallait rentrer par quelque grand service.

LÉONTINE.

Et tu crois m'éblouir avec cet artifice ?

EXUPERE.

Madame, apprenez tout. Je n'ai rien hasardé.
Vous savez de quel nombre il est toujours gardé ;
Pouvions-nous le surprendre, ou forcer les cohortes
Qui de jour et de nuit tiennent toutes ses portes ?
Pouvions-nous mieux sans bruit nous approcher de lui ?
Vous voyez la posture où j'y suis aujourd'hui ;
Il me parle, il m'écoute, il me croit ; et lui-même
Se livre entre mes mains, aide à mon stratagème.
C'est par mes seuls conseils qu'il veut publiquement
Du prince Héraclius faire le châtiment,
Que sa milice éparse à chaque coin des rues
A laissé du palais les portes presque nues :
Je puis en un moment m'y rendre le plus fort ;
Mes amis sont tout prêts : c'en est fait, il est mort ;
Et j'userai si bien de l'accès qu'il me donne,
Qu'aux pieds d'Héraclius je mettrai sa couronne,
Mais après mes desseins pleinement découverts,
De grace, faites-moi connaître qui je sers ;
Et ne le cachez plus à ce cœur qui n'aspire
Qu'à le rendre aujourd'hui maître de tout l'empire.

LÉONTINE.

Esprit lâche et grossier, quelle brutalité
Te fait juger en moi tant de crédulité ?
Va, d'un piège si lourd l'appât est inutile,
Traître ; et si tu n'as pas de ruse plus subtile...

EXUPERE.

Je vous dis vrai, madame ; et vous dirai de plus...

LÉONTINE.

Ne me fais point ici de contes superflus
L'effet à tes discours ôte toute croyance.

EXUPERE.

Hé bien ! demeurez donc dans votre défiance.
Je ne demande plus et ne vous dis plus rien ;
Gardez votre secret, je garderai le mien.
Puisque je passe encor pour homme à vous séduire,
Venez dans la prison où je vais vous conduire ;
Si vous ne me croyez, craignez ce que je puis.
Avant la fin du jour vous saurez qui je suis.

FIN DU QUATRIÈME ACTE.

ACTE V.

SCENE PREMIÈRE.

HÉRACLIUS.

Quelle confusion étrange
De deux princes fait un mélange
Qui met en discord deux amis !
Un père ne sait où se prendre ;
Et plus tous deux s'osent défendre
Du titre infame de son fils,
Plus eux-mêmes cessent d'entendre
Les secrets qu'on leur a commis.

Léontine avec tant de ruse
Ou me favorise ou m'abuse,
Qu'elle brouille tout notre sort ;
Ce que j'en eus de connaissance
Brave une orgueilleuse puissance
Qui n'en croit pas mon vain effort ;
Et je doute de ma naissance
Quand on me refuse la mort.

Ce fier tyran qui me caresse
Montre pour moi tant de tendresse,
Que mon cœur s'en laisse alarmer :
Lorsqu'il me prie et me conjure,
Son amitié paraît si pure,
Que je ne saurais présumer
Si c'est par instinct de nature,
Ou par coutume de m'aimer.
Dans cette croyance incertaine,
J'ai pour lui des transports de haine
Que je ne conserve pas bien.
Cette grace qu'il veut me faire
Etonne et trouble ma colère ;
Et je n'ose résoudre rien
Quand je trouve un amour de père
En celui qui m'ôta le mien.

Retiens, grande ombre de Maurice,
Mon ame au bord du précipice
Que cette obscurité lui fait ;
Et m'aide à faire mieux connaître
Qu'en ton fils Dieu n'a pas fait naître
Un prince à ce point imparfait,
Ou que je méritais de l'être
Si je ne le suis en effet.

Soutiens ma haine qui chancelle,
Et redoublant pour ta querelle
Cette noble ardeur de mourir,
Fais voir... Mais il m'exauce, on vient me secourir.

SCÈNE II.

HÉRACLIUS, PULCHÉRIE.

HÉRACLIUS.
O ciel ! quel bon démon devers moi vous envoie,
Madame ?

PULCHÉRIE.
Le tyran qui veut que je vous voie,
Et met tout en usage afin d'éclaircir.

HÉRACLIUS.
Par vous-même en ce trouble il pense réussir !

PULCHÉRIE.
Il le pense, seigneur ; et ce brutal espère
Mieux qu'il ne trouve un fils que je découvre un frère ;
Comme si j'etais fille à ne lui rien celer
De tout ce que le sang pourrait me révéler.

HÉRACLIUS.
Puisse-t-il par un trait de lumière fidèle
Vous le mieux révéler, qu'il ne me le révèle !
Aidez-moi cependant, madame, à repousser
Les indignes frayeurs dont je me sens presser...

PULCHÉRIE.
Ah ! prince, il ne faut point d'assurance plus claire ;
Si vous craignez la mort, vous n'êtes point mon frère :
Ces indignes frayeurs vous ont trop découvert.

HÉRACLIUS.
Moi, la craindre, madame! Ah ! je m'y suis offert.
Qu'il me traite en tyran, qu'il m'envoie au supplice,
Je suis Héraclius, je suis fils de Maurice :
Sous ces noms précieux je cours m'ensevelir,
Et m'étonne si peu que je l'en fais pâlir.
Mais il me traite en père, il me flatte, il m'embrasse :
Je n'en puis arracher une seule menace :
J'ai beau faire et beau dire afin de l'irriter,
Il m'écoute si peu qu'il me force à douter.
Malgré moi, comme fils toujours il me regarde ;
Au lieu d'être en prison, je n'ai pas même un garde.
Je ne sais qui je suis, et crains de le savoir ;
Je veux ce que je dois, et cherche mon devoir :
Je crains de le haïr si j'en tiens la naissance ;
Je le plains de m'aimer si je m'en dois vengeance ;
Et mon cœur, indigné d'une telle amitié,
En frémit de colère, et tremble de pitié :
De tous ses mouvements mon esprit se défie ;
Il condamne aussitôt tout ce qu'il justifie.
La colère, l'amour, la haine, et le respect,
Ne me présentent rien qui ne me soit suspect.
Je crains tout ; et, dans cette aventure,
Des deux côtés en vain j'écoute la nature,
Secourez donc un frère en ces perplexités,

PULCHÉRIE.
Ah ! vous ne l'êtes point, puisque vous en doutez.
Celui qui, comme vous, prétend à cette gloire,
D'un courage plus ferme en croit ce qu'il doit croire ;
Comme vous on le flatte, il y sait résister ;
Rien ne le touche assez pour le faire douter :
Et le sang, par un double et secret artifice,
Parle en vous pour Phocas, comme en lui pour Maurice.

HÉRACLIUS.
A ces marques en lui connaissez Martian ;
Il a le cœur plus dur étant fils d'un tyran
La générosité suit la belle naissance ;
La pitié l'accompagne et la reconnaissance.
Dans cette grandeur d'ame un vrai prince affermi
Est sensible aux malheurs même d'un ennemi ;
La haine qu'il lui doit ne saurait le défendre,
Quand il s'en voit aimé, de s'en laisser surprendre,
Et trouve assez souvent son devoir arrêté
Par l'effort naturel de sa propre bonté.
Cette digne vertu de l'ame la mieux née,
Madame, ne doit pas souiller ma destinée.
Je doute ; et si ce doute a quelque crime en soi,
C'est assez m'en punir que douter comme moi ;
Et mon cœur, qui sans cesse en sa faveur se flatte,
Cherche qui le soutienne, et non pas qui l'abatte :
Il demande secours pour mes sens étonnés,
Et non le coup mortel dont vous m'assassinez.

PULCHÉRIE.
L'œil le plus éclairé sur de telles matières
Peut prendre de faux jours pour de vives lumières ;
Et comme notre sexe ose assez promptement
Suivre l'impression d'un premier mouvement,
Peut-être qu'en faveur de ma première idée
Ma haine pour Phocas m'a trop persuadée.
Son amour est pour vous un poison dangereux ;
Et quoique la pitié montre un cœur généreux,
Celle qu'on a pour lui de ce rang dégénère.
Vous le devez haïr, et fût-il votre père :
Si ce titre est douteux, son crime ne l'est pas.
Qu'il vous offre sa grace, ou vous livre au trépas,
Il n'est pas moins tyran quand il vous favorise,
Puisque c'est le cœur même alors qu'il tyrannise,
Et que votre devoir, par là mieux combattu,
Prince, met en péril jusqu'à votre vertu.

Doutez, mais haïssez ; et, quoi qu'il exécute,
Je douterai d'un nom qu'un autre vous dispute.
En douter lorsqu'en moi vous cherchez quelque appui,
Si c'est trop peu pour vous, c'est assez contre lui.
L'un de vous est mon frère, et l'autre y peut prétendre.
Entre tant de vertus mon choix se peut méprendre ;
Mais je ne puis faillir dans votre sort douteux,
A chérir l'un et l'autre, et vous plaindre tous deux.
J'espère encor pourtant : on murmure, on menace ;
Un tumulte, dit-on, s'élève dans la place ;
Exupere est allé fondre sur ces mutins ;
Et peut-être de là dépendent nos destins.
Mais Phocas entre.

SCÈNE III.

PHOCAS, HERACLIUS, MARTIAN, PULCHÉRIE,
GARDES.

PHOCAS.
Hé bien ! se rendra-t-il, madame ?
PULCHÉRIE.
Quelque effort que je fasse à lire dans son ame,
Je n'en vois que l'effet que je m'étais promis :
Je trouve trop d'un frère, et vous trop peu d'un fils.
PHOCAS.
Ainsi le ciel vous veut enrichir de ma perte.
PULCHÉRIE.
Il tient en ma faveur leur naissance couverte :
Ce frère qu'il me rend serait déjà perdu,
Si dedans votre sang il ne l'eût confondu.
PHOCAS, à *Pulchérie.*
Cette confusion peut perdre l'un et l'autre.
En faveur de mon sang, je ferai grace au vôtre :
Mais je veux le connaître ; et ce n'est qu'à ce prix
Qu'en lui donnant la vie il me rendra mon fils.
(à *Héraclius.*)
Pour la dernière fois, ingrat, je t'en conjure ;
Car enfin c'est vers toi que penche la nature ;
Et je n'ai point pour lui ces doux empressements
Qui d'un cœur paternel font les vrais mouvements.
Ce cœur s'attache à toi par d'invincibles charmes.
En crois-tu mes soupirs ? en croiras-tu mes larmes ?
Songe avec quel amour mes soins t'ont élevé,
Avec quelle valeur son bras t'a conservé ;
Tu nous dois à tous deux.
HERACLIUS.
Et, pour reconnaissance,
Je vous rends votre fils, je lui rends sa naissance.
PHOCAS.
Tu me l'ôtes, cruel, et le laisses mourir.
HERACLIUS.
Je meurs pour vous le rendre, et pour le secourir.
PHOCAS.
C'est me l'ôter assez que ne vouloir plus l'être.
HERACLIUS.
C'est vous le rendre assez que le faire connaître.
PHOCAS.
C'est me l'ôter assez que me le supposer.
HERACLIUS.
C'est vous le rendre assez que vous désabuser
PHOCAS.
Laisse-moi mon erreur, puisqu'elle m'est si chère
Je t'adopte pour fils, accepte-moi pour père :
Fais vivre Héraclius sous l'un ou l'autre sort ;
Pour moi, pour toi, pour lui, fais-toi ce peu d'effort.
HERACLIUS.
Ah ! c'en est trop enfin, et ma gloire blessée
Dépouille un vieux respect où je l'avais forcée.
De quelle ignominie osez-vous me flatter ?
Toutes les fois, tyran qu'on se laisse adopter,
On veut une maison illustre autant qu'amie ;
On cherche de la gloire, et non de l'infamie :
Et ce serait un monstre horrible à vos états
Que le fils de Maurice adopté par Phocas.
PHOCAS.
Va, cesse d'espérer la mort que tu mérites ;
Ce n'est que contre lui, lâche que tu m'irrites :

Tu te veux rendre en vain indigne de ce rang ;
Je m'en prends à la cause, et j'épargne mon sang.
Puisque ton amitié de ma foi se défie
Jusqu'à prendre son nom pour lui sauver la vie,
Soldats, sans plus tarder, qu'on l'immole à ses yeux ;
Et sois, après sa mort, mon fils si tu le veux.
HERACLIUS.
Perfides, arrêtez.
MARTIAN.
Ah ! que voulez-vous faire,
Prince ?
HERACLIUS.
Sauver le fils de la fureur du père.
MARTIAN.
Conservez-lui ce fils qu'il ne cherche qu'en vous ;
Ne troublez point un sort qui lui semble si doux.
C'est avec assez d'heur qu'Héraclius expire,
Puisque c'est en vos mains que tombe son empire.
Le ciel daigne bénir votre sceptre et vos jours !
PHOCAS.
C'est trop perdre de temps à souffrir ces discours.
Dépêche, Octavian.
HERACLIUS, à *Octavian.*
N'attente rien, barbare,
Je suis...
PHOCAS.
Avoue enfin.
HERACLIUS.
Je tremble, je m'égare ;
Et mon cœur...
PHOCAS, à *Héraclius.*
Tu pourras à loisir y penser.
(à *Octavian.*)
Frappe.
HERACLIUS.
Arrête, je suis... Puis-je le prononcer !
PHOCAS.
Achève, ou...
HERACLIUS.
Je suis donc, s'il faut que je le die,
Ce qu'il faut que je sois pour lui sauver la vie.
Oui, je lui dois assez, seigneur, quoi qu'il en soit,
Pour vous payer pour lui de l'amour qu'il vous doit ;
Et je vous le promets entier, ferme, sincère,
Et tel qu'Héraclius l'aurait pour son vrai père :
J'accepte en sa faveur ses parents pour les miens.
Mais sachez que vos jours me répondront des siens :
Vous me serez garant des hasards de la guerre,
Des ennemis secrets, de l'éclat du tonnerre ;
Et, de quelque façon que le courroux des cieux
Me prive d'un ami qui m'est si précieux,
Je vengerai sur vous, et fussiez-vous mon père,
Ce qu'aura fait sur lui leur injuste colère.

PHOCAS.
Ne crains rien ; de tous deux je ferai mon appui ;
L'amour qu'il a pour toi m'assure trop de lui :
Mon cœur pâme de joie, et mon ame n'aspire
Qu'à vous associer l'un et l'autre à l'empire.
J'ai retrouvé mon fils ; mais sois-le tout à fait,
Et donne m'en pour marque un véritable effet ;
Ne laisse plus de place à la supercherie ;
Pour achever ma joie, épouse Pulchérie.

HERACLIUS.
Seigneur, elle est ma sœur.

PHOCAS.
Tu n'es donc point mon fils,
Puisque si lâchement déjà tu t'en dédis.

PULCHÉRIE.
Qui te donne, tyran, une attente si vaine ?
Quoi ! son consentement étoufferait ma haine !
Pour l'avoir étonné tu m'aurais fait changer !
J'aurais pour cette honte un cœur assez léger !
Je pourrais épouser ou ton fils ou mon frère !

SCÈNE IV.

PHOCAS, HÉRACLIUS, PULCHÉRIE, MARTIAN, CRISPE, GARDES.

CRISPE.

Seigneur, vous devez tout au grand cœur d'Exupère ;
Il est l'unique auteur de nos meilleurs destins :
Lui seul et ses amis ont dompté vos mutins ;
Il a fait prisonniers leurs chefs qu'il vous amène.

PHOCAS.

Dis-lui qu'il me les garde en la salle prochaine :
Je vais de leurs complots m'éclaircir avec eux.

SCENE V.

PHOCAS, HÉRACLIUS, PULCHÉRIE, MARTIAN, GARDES.

PHOCAS, *à Héraclius.*

Toi cependant, ingrat, sois mon fils si tu veux :
En l'état où je suis je n'ai plus lieu de feindre ;
Les mutins sont domptés, et je cesse de craindre.
Je vous laisse tous trois.
        (*à Pulchérie.*)
        Use bien du moment
Que je prends pour en faire un juste sentiment ;
Et si tu n'aimes mieux que l'un et l'autre meure,
Trouve ou choisis mon fils, et l'épouse sur l'heure :
Autrement, si leur sort demeure encor douteux,
Je ne veux point d'un fils dont l'implacable haine
Prend ce nom pour affront, et mon amour pour gêne.
Toi...

PULCHERIE.

Ne menace point, je suis prête à mourir.

PHOCAS.

A mourir ! Jusque-là je pourrais te chérir !
N'espère pas de moi cette faveur suprême ;
Et pense...

PULCHERIE.

A quoi, tyran ?

PHOCAS.

A m'épouser moi-même,
Au milieu de leur sang à tes pieds répandu.

PULCHERIE.

Quel supplice !

PHOCAS.

Il est grand pour toi ; mais il l'est du :
Tes mépris de la mort bravaient trop ma colère.
Il est en toi de perdre ou de sauver ton frère ;
Et du moins quelque erreur qui puisse me troubler,
J'ai trouvé les moyens de te faire trembler.

SCÈNE VI.

HÉRACLIUS, MARTIAN, PULCHERIE.

PULCHERIE.

Le lâche ! il vous flattait lorsqu'il tremblait dans l'âme,
Mais tel est d'un tyran le naturel infame :
Sa douceur n'a jamais qu'un mouvement contraint ;
S'il ne craint, il opprime ; et, s'il n'opprime, il craint :
L'une et l'autre fortune en montre la faiblesse.
L'une n'est qu'insolence et l'autre que bassesse :
A peine est-il sorti de ses lâches terreurs,
Qu'il a trouvé pour moi le comble des horreurs.
Mes frères, puisqu'enfin vous voulez tous deux l'être,
Si vous m'aimez en sœur, faites-le-moi paraître.

HÉRACLIUS.   [jours ?
Que pouvons-nous tous deux lorsqu'on tranche nos

PULCHERIE.
Un généreux conseil est un puissant secours.

MARTIAN.
Il n'est point de conseil qui vous soit salutaire
Que d'épouser le fils pour éviter le père.
L'horreur d'un mal plus grand vous y doit disposer.

PULCHERIE.
Qui me le montrera si je veux l'épouser.
Et dans cet hyménée, à ma gloire funeste,
Qui me garantira des périls de l'inceste ?

MARTIAN.
Je le vois trop à craindre et pour vous et pour nous.
Mais, madame on peut prendre un vain titre d'époux,
Abuser du tyran la rage forcenée,
Et vivre en frère et sœur sous un feint hyménée,

PULCHERIE.
Feindre, et nous abaisser a cette lâcheté !

HÉRACLIUS.
Pour tromper un tyran, c'est générosité ;
Et c'est mettre, en faveur d'un frère qu'il vous donne,
Deux ennemis secrets auprès de sa personne,
Qui, dans leur juste haine animés et constants,
Sur l'ennemi commun sauront prendre leur temps,
Et terminer la feinte avec sa vie.

PULCHERIE.
Pour conserver vos jours, et fuir mon infamie,
Feignons ; vous le voulez, et j'y résiste en vain.
Sus donc, qui de vous deux me prêtera la main ?
Qui veut feindre avec moi ? qui sera mon complice ?

HÉRACLIUS.
Vous prince, à qui le ciel inspire l'artifice.

MARTIAN.
Vous, que veut le tyran pour fils obstinément.

HÉRACLIUS.
Vous qui depuis quatre ans la servez en amant.

MARTIAN.
Vous saurez, mieux que moi, surprendre sa tendresse.

HÉRACLIUS.
Vous saurez, mieux que moi, la traiter de maîtresse.

MARTIAN.
Vous aviez commencé tantôt d'y consentir.

PULCHERIE.
Ah ! princes, votre cœur ne se peut démentir ;
Et vous l'avez tous deux trop grand, trop magnanime,
Pour souffrir sans horreur l'ombre même d'un crime.
Je vous connaissais trop pour juger autrement
Et de votre conseil et de l'événement ;
Et je n'y déferais que pour vous voir dédire :
Toute fourbe est honteuse aux cœurs nés pour l'empire.
Princes, attendons tout, sans consentir à rien.

HÉRACLIUS.
Admirez cependant quel malheur est le mien :
L'obscure vérité, que de mon sang je signe,
Du grand nom qui me perd ne me peut rendre digne ;
On n'en croit pas ma mort ; et je perds mon trépas,
Puisque mourant pour lui je ne le sauve pas,

MARTIAN.
Voyez, d'autre côté, quelle est ma destinée,
Madame : dans le cours d'une seule journée,
Je suis Héraclius, Léonce, et Martian ;
Je sors d'un empereur, d'un tribun, d'un tyran,
De tous trois ce désordre en un jour me fait naître,
Pour me faire mourir enfin sans me connaître.

PULCHERIE.
Cédez, cédez tous deux aux rigueurs de mon sort
Il a fait contre vous un violent effort :
Votre malheur est grand ; mais, quoi qu'il en succède,
La mort qu'on me refuse en sera le remède :
Et moi... Mais, que nous veut ce perfide ?

SCENE VII.

HERACLIUS, MARTIAN, PULCHERIE, AMINTAS.

AMINTAS.
                           Mon bras
Vient de laver ce nom dans le sang de Phocas.

HÉRACLIUS.
Que nous dis-tu ?

AMINTAS.
      Qu'à tort vous nous prenez pour traîtres ;
Qu'il n'est plus de tyran ; que vous êtes les maîtres,

HÉRACLIUS.
De quoi ?

AMINTAS.
De tout l'empire.
MARTIAN.
Et par toi?
AMINTAS.
Non, seigneur;
Un autre en a la gloire, et j'ai part à l'honneur.
HÉRACLIUS.
Et quelle heureuse main finit notre misère?
AMINTAS.
Princes, l'auriez-vous cru? c'est la main d'Exupère.
MARTIAN.
Lui qui me trahissait?
AMINTAS.
C'est de quoi s'étonner :
Il ne vous trahissait que pour vous couronner.
HÉRACLIUS.
N'a-t-il pas des mutins dissipé la furie?
AMINTAS.
Son ordre excitait seul cette mutinerie.
MARTIAN.
Il en a pris les chefs toutefois.
AMINTAS.
Admirez
Que ces prisonniers même avec lui conjurés
Sous cette illusion couraient à leur vengeance.
Tous contre ce barbare étant d'intelligence,
Suivi d'un gros d'amis, nous passons librement,
Au travers du palais, à son appartement.
La garde y restait faible et sans aucun ombrage :
Crispe même à Phocas porte notre message.
Il vient à ses genoux on met les prisonniers,
Qui tirent pour signal leurs poignards les premiers.
Le reste, impatient dans sa noble colère,
Enferme la victime; et soudain Exupère :
« Qu'on arrête, dit-il; le premier coup m'est dû :
« C'est lui qui me rendra l'honneur presque perdu. »
Il frappe, et le tyran tombe aussitôt sans vie;
Tant de nos mains la sienne est promptement suivie.
Il s'élève un grand bruit, et mille cris confus
Ne laisse discerner que *Vive Héraclius!*
Nous saisissons la porte, et les gardes se rendent.
Mêmes cris aussitôt de tous côtés s'entendent;
Et de tant de soldats qui lui servaient d'appui,
Phocas, après sa mort, n'en a pas un pour lui.
PULCHÉRIE.
Quel chemin Exupère a pris pour sa ruine!
AMINTAS.
Le voici qui s'avance avecque Léontine.

SCÈNE VIII.

HÉRACLIUS, MARTIAN, PULCHÉRIE, LEONTINE,
EUDOXE, EXUPÈRE, AMINTAS, GARDES.

HÉRACLIUS, *à Léontine.*
Est-il donc vrai, madame? et changeons-nous de sort?
Amintas nous fait-il un fidèle rapport?
LÉONTINE.
Seigneur, un tel succès à peine est concevable;
Et d'un si grand dessein la conduite admirable...
HÉRACLIUS, *à Exupère.*
Perfide généreux, hâte-toi d'embrasser
Deux princes impuissants à te récompenser.
EXUPÈRE, *à Héraclius.*
Seigneur, il me faut grâce, ou de l'un, ou de l'autre
J'ai répandu son sang, si j'ai vengé le vôtre.
MARTIAN.
Qui que ce soit des deux, il doit se consoler
De la mort d'un tyran qui voulait l'immoler;
Je ne sais quoi pourtant dans mon cœur en murmure
HÉRACLIUS.
Peut-être en vous par la s'explique la nature :
Mais, prince, votre sort n'en sera pas moins doux;
Si l'empire est à moi, Pulchérie est à vous :
Puisque le père est mort, le fils est digne d'elle.
(*à Léontine.*)
Terminez donc, madame, enfin notre querelle.

LÉONTINE.
Mon témoignage seul peut-il en décider :
MARTIAN.
Quelle autre sûreté pourrions-nous demander?
LÉONTINE.
Je vous puis être encor suspecte d'artifice.
Non, ne m'en croyez pas, croyez l'impératrice.
(*à Pulchérie lui donnant un billet.*)
Vous connaissez sa main, madame : et c'est à vous
Que je remets le sort d'un frère et d'un époux.
Voyez ce qu'en mourant me laissa votre mère.
PULCHÉRIE.
J'en baise en soupirant le sacré caractère.
LÉONTINE.
Apprenez d'elle enfin quel sang vous a produits,
Princes.
HÉRACLIUS, *à Eudoxe.*
Qui que je sois, c'est à vous que je suis.
PULCHÉRIE, *lit le billet.*
Parmi tant de malheurs, mon bonheur est étrange :
Après avoir donné son fils au lieu du mien,
Léontine à mes yeux, par un second échange,
Donne encore à Phocas mon fils au lieu du sien.
Vous qui pourrez douter d'un si rare service,
Sachez qu'elle a deux fois trompé notre tyran :
Celui qu'on croit Léonce est le vrai Martian,
Et le faux Martian est vrai fils de Maurice.
CONSTANTINE.
PULCHÉRIE, *à Héraclius.*
Ah! vous êtes mon frère.
HÉRACLIUS, *à Pulchérie.*
Et c'est heureusement
Que le trouble éclairci vous rend à votre amant.
LÉONTINE, *à Héraclius.*
Vous en saviez assez pour éviter l'inceste,
Et non pas pour vous rendre un tel secret funeste,
(*à Martian.*)
Mais, pardonnez, seigneur, à mon zèle parfait
Ce que j'ai voulu faire, et ce qu'un autre a fait.
MARTIAN.
Je ne m'oppose point à la commune joie :
Mais souffrez des soupirs que la nature envoie,
Quoique jamais Phocas n'ait mérité d'amour,
Un fils ne peut moins rendre à qui l'a mis au jour :
Ce n'est pas tout d'un coup qu'à ce titre on renonce,
HÉRACLIUS.
Donc pour mieux l'oublier, soyez encore Léonce.
Sous ce nom glorieux aimez ses ennemis,
Et meure du tyran jusqu'au nom de son fils.
(*à Eudoxe.*)
Vous, madame, acceptez et ma main et l'empire
En échange d'un cœur pour qui le mien soupire.
EUDOXE, *à Héraclius.*
Seigneur, vous agissez en prince généreux.
HÉRACLIUS, *à Exupère et à Amintas.*
Et vous, dont la vertu me rend ce trouble heureux,
Attendant les effets de ma reconnaissance,
Reconnaissons, amis, la céleste puissance :
Allons lui rendre hommage, et, d'un esprit content,
Montrer Héraclius au peuple qui l'attend.

FIN D'HÉRACLIUS

EXAMEN D'HÉRACLIUS.

Cette tragédie a encore plus d'effort d'invention que celle de Rodogune, et je puis dire que c'est un heureux original dont il s'est fait beaucoup de belles copies sitôt qu'il a paru. Sa conduite diffère de celle-là, en ce que les narrations qui lui donnent le jour sont pratiquées par occasion en divers lieux avec adresse, et toujours dites et écoutées avec intérêt, sans qu'il y en ait pas une de sang froid, comme celle de Laonice. Elles sont éparses ici dans tout le poëme, et ne font connaître à la fois que ce qu'il est besoin qu'on sache pour l'intelligence de la scène qui suit. Ainsi, dès la première, Phocas, alarmé du bruit qui court qu'Héraclius est vivant, récite les particularités de sa mort, pour montrer la fausseté de ce bruit; et Crispe son gendre, en lui proposant un remède aux troubles qu'il appréhende, fait connaître comme en perdant toute la famille de Maurice, il a réservé Pulchérie pour la faire épouser son fils Martian, et le pousse d'autant plus à presser ce mariage, que ce prince court chaque jour à de grands périls à la guerre, et que, sans Léonce, il fût demeuré sans vie au dernier combat. C'est par là qu'il instruit les auditeurs de l'obligation qu'a le vrai Héraclius, qui passe pour Martian, au vrai Martian qui passe pour Léonce; et cela sert de fondement à l'offre volontaire qu'il fait de sa vie au quatrième acte, pour le sauver du péril où l'expose cette erreur des noms. Sur cette proposition, Phocas, se plaignant de l'aversion que les deux parties témoignent à ce mariage, impute celle de Pulchérie à l'instruction qu'elle a reçue de sa mère, et apprend ainsi aux spectateurs, comme en passant, qu'il l'a laissée trop vivre après la mort de l'empereur Maurice son mari. Il fallait tout cela pour faire entendre la scène qui suit entre Pulchérie et lui; mais je n'ai pu avoir assez d'adresse pour faire entendre les équivoques ingénieux dont est rempli tout ce que dit Héraclius à la fin de ce premier acte, et on ne les peut comprendre que par une réflexion après que la pièce est finie et qu'il est entièrement reconnu, ou dans une seconde représentation.

Surtout la manière dont Eudoxe fait connaître au second acte le double échange que sa mère a fait des deux princes est une des choses les plus spirituelles qui soient sorties de ma plume. Léontine l'accuse d'avoir révélé le secret d'Héraclius, et d'être cause du bruit qui court, qui le met en péril de sa vie : pour s'en justifier, elle explique tout ce qu'elle en sait, et conclut que, puisqu'on n'en publie pas tant, il faut que ce bruit ait pour auteur quelqu'un qui n'en sache pas tant qu'elle. Il est vrai que cette narration est si courte, qu'elle laisserait beaucoup d'obscurité si Héraclius ne l'expliquait plus au long au quatrième acte, quand il est besoin que cette vérité fasse son plein effet : mais elle n'en pouvait pas dire davantage à une personne qui savait cette histoire mieux qu'elle; et ce peu qu'elle en dit suffit à jeter une lumière imparfaite de ces échanges; qu'il n'est pas besoin alors d'éclaircir plus entièrement.

L'artifice de la dernière scène de ce quatrième acte passe encore celui-ci. Exupère y fait connaître tout son dessein à Léontine, mais d'une façon qui n'empêche point cette femme avisée de le soupçonner de fourberie, et de n'avoir autre dessein que de tirer d'elle le secret d'Héraclius pour le perdre. L'auditeur lui-même en demeure dans la défiance, et ne sait qu'en juger. Mais, après que la conspiration a eu son effet par la mort de Phocas, cette confidence anticipée exempte Exupère de se purger de tous les justes soupçons qu'on avait eus de lui, et délivre l'auditeur d'un récit qui lui aurait été fort ennuyeux après le dénouement de la pièce, où toute la patience que peut avoir sa curiosité se borne à savoir qui est le vrai Héraclius des deux qui prétendent l'être.

Le stratagème d'Exupère avec toute son industrie a quelque chose d'un peu délicat, et d'une nature à ne se faire qu'au théâtre, où l'auteur est maître des évènements qu'il tient dans sa main, et non pas dans la vie civile, où les hommes en disposent selon leurs intérêts et leur pouvoir. Quand il découvre Héraclius à Phocas, et le fait arrêter prisonnier, son intention est fort bonne, et lui réussit; mais il n'y avait que moi qui lui pusse répondre du succès. Il acquiert la confiance du tyran par là, et le laisse remettre entre les mains la garde d'Héraclius, et sa conduite au supplice : mais le contraire pouvait arriver; et Phocas, au lieu de déférer à ses avis qui le résolvent à faire couper la tête à ce prince en place publique, pouvait s'en défaire sur l'heure, et se défer de lui et de ses amis, comme de gens qu'il avait offensés, et dont il ne devait jamais espérer un zèle bien sincère à le servir. La mutinerie qu'il excite, dont il lui amène les chefs comme prisonniers pour le poignarder, est imaginée avec justesse; mais jusque-là toute sa conduite est de ces choses qu'il faut souffrir au théâtre, parcequ'elles ont un éclat dont la surprise éblouit, et qu'il ne serait pas bon tirer en exemple pour conduire une action véritable sur leur plan.

Je ne sais si on voudra me pardonner d'avoir fait une pièce d'invention sous des noms véritables; mais je ne crois pas qu'Aristote le défende, et j'en trouve assez d'exemples chez les anciens. Les deux Electres de Sophocle et d'Euripide aboutissent à la même action par des moyens si divers, qu'il faut de nécessité que l'une des deux soit entièrement inventée. L'Iphigénie *in Tauris* a la mine d'être de même nature; et l'Hélène, où Euripide suppose qu'elle n'a jamais été à Troie, et que Pâris n'y a enlevé qu'un fantôme qui lui ressemblait, ne peut avoir aucune action épisodique ni principale qui ne parte de la seule imagination de son auteur.

Je n'ai conservé ici pour toute vérité historique que l'ordre de la succession des empereurs Tibère, Maurice, Phocas et Héraclius. J'ai falsifié la naissance de ce dernier, pour lui en donner une plus illustre, en le faisant fils de Maurice, bien qu'il ne le fût que d'un préteur d'Afrique, qui portait même nom que lui. J'ai prolongé de douze ans la durée de l'empire de Phocas, et lui ai donné Martian pour fils, quoique l'histoire ne parle que d'une fille nommée Domitia, qu'il maria à Crispe dont je fais un de mes personnages. Ce fils et Héraclius, qui sont confondus l'un avec l'autre par les échanges de Léontine, n'auraient pas été en état d'agir si je ne l'eusse fait régner que les huit ans qu'il régna, puisque, pour faire ces échanges, il fallait qu'ils fussent tous deux au berceau quand il commença de régner. C'est par cette même raison que j'ai prolongé la vie de l'impératrice Constantine, que je n'ai fait mourir qu'en la quinzième année de sa tyrannie, bien qu'il eût immolée à sûreté dès la cinquième; et je l'ai fait afin qu'elle pût avoir une fille capable de recevoir ses instructions en mourant, et d'un âge proportionné à celui du prince qu'on lui voulait faire épouser.

La supposition que fait Léontine d'un de ses fils pour mourir au lieu d'Héraclius n'est point vraisemblable; mais elle est historique, et n'a point besoin de vraisemblance, puisqu'elle a l'appui de la vérité qui la rend croyable, quelque répugnance qu'y veuillent apporter les difficiles. Baronius attribue cette action à une nourrice; et je l'ai trouvée assez généreuse pour la faire produire à une personne plus illustre, et qui soutint mieux la dignité du théâtre. L'empereur Maurice reconnut cette supposition, et l'empêcha d'avoir aucun effet, pour ne s'opposer pas au juste jugement de Dieu qui voulait exterminer toute sa famille : mais quant à ce qui est de la mère, elle avait surmonté l'affection maternelle en faveur de son prince; et, comme on pouvait dire que son fils était mort pour son regard, je me suis cru assez autorisé, par ce qu'elle avait voulu faire, à rendre cet échange effectif, et à le faire servir de fondement aux nouveautés surprenantes de ce poème.

Il lui faut la même indulgence pour l'unité de lieu qu'à Rodogune. La plupart des poèmes qui suivent en ont besoin, et je me dispenserai de le répéter en les examinant. L'unité de jour n'a rien de violenté, et l'action se pourrait passer en cinq ou six heures : mais le poème est si embarrassé, qu'il demande une merveilleuse attention. J'ai vu de fort bons esprits, et des personnes des plus qualifiées de la cour, se plaindre de ce que sa représentation fatiguait autant l'esprit qu'une étude sérieuse. Elle n'a pas laissé de plaire; mais je crois qu'il l'a fallu voir plus d'une fois pour en remporter une entière intelligence.

FIN DE L'EXAMEN D'HÉRACLIUS.

DON SANCHE D'ARAGON.

COMÉDIE HÉROÏQUE EN CINQ ACTES.

1651.

PERSONNAGES.

DONA ISABELLE, reine de Castille.
DONA LÉONOR, reine d'Aragon.
DONA ELVIRE, princesse d'Aragon.
BLANCHE, dame d'honneur de la reine de Castille.
CARLOS, cavalier inconnu, qui se trouve être don Sanche, roi d'Aragon.
DON RAYMOND DE MONCADE, favori du défunt roi d'Aragon.
DON LOPE DE GUSMAN,
DON MANRIQUE DE LARE, } Grands de Castille.
DON ALVAR DE LUNE,

La scène est à Valladolid.

ACTE PREMIER.
SCÈNE PREMIÈRE.
DONA LEONOR, DONA ELVIRE.

D. LÉONOR.
Apres tant de malheurs, enfin le ciel propice
S'est résolu, ma fille, à nous faire justice :
Notre Aragon, pour nous presque tout révolte,
Enlève à nos tyrans ce qu'ils nous ont ôté,
Brise les fers honteux de leurs injustes chaînes,
Se remet sous nos lois, et reconnaît ses reines;
Et par ses députés, qu'aujourd'hui l'on attend,
Rend d'un si long exil le retour éclatant.
Comme nous, la Castille attend cette journée
Qui lui doit de sa reine assurer l'hymenee;
Nous l'allons voir ici faire choix d'un époux.
Que ne puis-je, ma fille, en dire autant de vous!
Nous allons dans des lieux sur qui vingt ans d'absence
Nous laissent une faible et douteuse puissance :
Le trouble règne encore où vous devez régner ;
Le peuple vous rappelle, et peut vous dédaigner,
Si vous ne lui portez, au retour de Castille,
Que l'avis d'une mère, et le nom d'une fille.
D'un mari valeureux les ordres et le bras
Sauraient bien mieux que nous assurer vos états,
Et par des actions nobles, grandes et belles,
Dissiper les mutins, et domter les rebelles.
Vous ne pouvez manquer d'amants dignes de vous :
On aime votre sceptre, on vous aime ; et, sur tous,
Du comte don Alvar la vertu non commune
Vous aima dans l'exil et durant l'infortune.
Qui vous aima sans sceptre, et se fit votre appui,
Quand vous le recouvrez, est bien digne de lui.

D. ELVIRE.
Ce comte est généreux, et me l'a fait paraître;
Aussi le ciel pour moi l'a voulu reconnaître,
Puisque les Castillans l'ont mis entre les trois
Dont à leur grande reine ils demandent le choix ;
Et, comme ses rivaux lui cèdent en mérite,
Un espoir à présent plus doux le sollicite :
Il régnera sans nous. Mais, madame, après tout,
Savez-vous à quel choix l'Aragon se résout,
Et quels troubles nouveaux j'y puis faire renaître
S'il voit que je lui mène un étranger pour maître?
Montons, de grace, au trône ; et de là beaucoup mieux
Sur le choix d'un époux nous baisserons les yeux.

D. LÉONOR.
Vous les abaissez trop ; une secrète flamme
A déjà malgré moi fait ce choix dans votre ame.
De l'inconnu Carlos l'éclatante valeur
Aux mérites du comte a fermé votre cœur.
Tout est illustre en lui, moi-même je l'avoue;
Mais son sang, que le ciel n'a formé que de boue,
Et dont il cache exprès la source obstinément...

D. ELVIRE.
Vous pourriez en juger plus favorablement :
Sa naissance inconnue est peut-être sans tache :
Vous la présumez basse à cause qu'il la cache :
Mais combien a-t-on vu de princes déguisés
Signaler leur vertu sous des noms supposés,
Dompter des nations, gagner des diadèmes, [mes !
Sans qu'aucun les connût, sans se connaître eux-mê-

D. LÉONOR.
Quoi ! voilà donc enfin de quoi vous vous flattez !

D. ELVIRE.
J'aime et prise en Carlos ses rares qualités.
Il n'est point d'ame noble à qui tant de vaillance
N'arrache cette estime et cette bienveillance;
Et l'innocent tribut de ces affections,
Que doit toute la terre aux belles actions,
N'a rien qui déshonore une jeune princesse.
En cette qualité, je l'aime et le caresse;
En cette qualité, ses devoirs assidus
Me rendent les respects à ma naissance dus.
Il fait sa cour chez moi, comme un autre peut faire :
Il a trop de vertu pour être téméraire ,
Et, si jamais ses vœux s'échappaient jusqu'à moi,
Je sais ce que je suis, et ce que je me doi.

D. LÉONOR.
Daigne le juste ciel vous donner le courage
De vous en souvenir et le mettre en usage !

D. ELVIRE.
Vos ordres sur mon cœur sauront toujours régner.

D. LÉONOR.
Cependant ce Carlos vous doit accompagner,
Doit venir jusqu'au lieu de votre obéissance
Vous rendre ces respects dus à votre naissance,
Vous faire, comme ici, sa cour tout simplement.

D. ELVIRE.
De ses pareils la guerre est l'unique élément :
Accoutumés d'aller de victoire en victoire,
Ils cherchent en tous lieux les dangers et la gloire.
La prise de Séville, et les Maures défaits,
Laissent à la Castille une profonde paix :
S'y voyant sans emploi, sa grande ame inquiète
Veut que de don Garcie achever la défaite,
Et contre les efforts d'un reste de mutins
De toute sa valeur hâter nos bons destins.

D. LÉONOR.
Mais quand il vous aura sur le trône affermie,
Et jeté sous vos pieds la puissance ennemie,
S'en ira-t-il soudain aux climats étrangers
Chercher tout de nouveau la gloire et les dangers?

D. ELVIRE.
Madame, la reine vient.

SCENE II.
D. ISABELLE, D. LÉONOR, D. ELVIRE, BLANCHE.

D. LÉONOR.
Aujourd'hui donc, madame
Vous allez d'un héros rendre heureuse la flamme,

Et, d'un mot, satisfaire aux plus ardents souhaits
Que poussent vers le ciel vos fidèles sujets?

D. ISABELLE.
Dites, dites plutôt, qu'aujourd'hui, grandes reines,
Je m'impose à vos yeux la plus dure des gênes,
Et fais dessus moi-même un illustre attentat
Pour me sacrifier au repos de l'état.
Que c'est un sort fâcheux et triste que le nôtre
De ne pouvoir régner que sous les lois d'un autre;
Et qu'un sceptre soit cru d'un si grand poids pour nous,
Que, pour le soutenir, il nous faille un époux!
 A peine ai-je deux mois porté le diadème,
Que de tous les côtés j'entends dire qu'on m'aime,
Si toutefois, sans crime et sans m'en indigner
Je puis nommer amour une ardeur de régner.
L'ambition des grands à cet espoir ouverte
Semble pour m'acquérir s'apprêter à ma perte:
Et, pour trancher le cours de leurs dissensions,
Il faut fermer la porte à leurs prétentions;
Il m'en faut choisir un; eux-mêmes m'en convient,
Mon peuple m'en conjure, et mes états m'en prient;
Et même par mon ordre ils m'en proposent trois,
Dont mon cœur à leur gré peut faire un digne choix.
Don Lope de Gusman, don Manrique de Lare,
Et don Alvar de Lune, ont un mérite rare:
Mais que me sert ce choix qu'on fait en leur faveur,
Si pas un d'eux enfin n'a celui de mon cœur?

D. LÉONOR.
On vous les a nommés, mais sans vous les prescrire;
On vous obéira, quoi qu'il vous plaise élire:
Si le cœur a choisi, vous pouvez faire un roi.

D. ISABELLE.
Madame, je suis reine, et dois régner sur moi.
Le rang que nous tenons, jaloux de notre gloire,
Souvent dans un tel choix nous défend de nous croire,
Jette sur nos désirs un joug impérieux,
Et dédaigne l'avis et du cœur et des yeux.
 Qu'on ouvre. Juste ciel, vois ma peine, et m'inspire
Et ce que je dois faire et ce que je dois dire!

SCÈNE III.

D. ISABELLE, D. LÉONOR, D. ELVIRE,
BLANCHE, D. LOPE, D. MANRIQUE, D. ALVAR,
CARLOS.

D. ISABELLE.
Avant que de choisir je demande un serment,
Comtes, qu'on agréera mon choix aveuglement;
Que les deux méprisés, et tous les trois peut-être,
De ma main, quel qu'il soit, accepteront un maître:
Car enfin je suis libre à disposer de moi;
Le choix de mes états ne m'est point une loi:
D'une troupe importune il m'a débarrassée,
Et d'eux tous sur vous trois détourné ma pensée,
Mais sans nécessité de l'arrêter sur vous.
J'aime à savoir par là qu'on vous préfère à tous;
Vous m'en êtes plus chers et plus considérables,
J'y vois de vos vertus les preuves honorables;
J'y vois la haute estime où sont vos grands exploits:
Mais quoique mon dessein soit d'y borner mon choix,
Le ciel en un moment quelquefois nous éclaire.
Je veux, en le faisant, pouvoir ne le pas faire,
Et que vous avouiez que, pour devenir roi,
Quiconque me plaira n'a besoin que de moi.

D. LOPE.
C'est une autorité qui vous demeure entière;
Votre état avec vous n'agit que par prière,
Et ne vous a pour nous fait voir ses sentiments
Que par obéissance à vos commandements.
Ce n'est point ni son choix ni l'éclat de ma race
Qui me font, grande reine, espérer cette grâce:
Je l'attends de vous seule et de votre bonté,
Comme on attend un bien qu'on n'a pas mérité,
Et dont, sans regarder service ni famille,
Vous pouvez faire part au moindre de Castille.
C'est à nous d'obéir, et non d'en murmurer:
Mais vous nous permettrez toutefois d'espérer
Que vous ne ferez choix de cette faveur insigne,
Ce bonheur d'être à vous, que sur le moins indigne;
Et que votre vertu vous fera trop savoir
Qu'il n'est pas bon d'user de tout votre pouvoir.
Voilà mon sentiment.

D. ISABELLE.
Parlez, vous, don Manrique.

D. MANRIQUE.
Madame, puisqu'il faut qu'à vos yeux je m'explique,
Quoique votre discours nous ait fait des leçons
Capables d'ouvrir l'âme à de justes soupçons,
Je vous dirai pourtant, comme à ma souveraine,
Que pour faire un vrai roi vous le fassiez en reine;
Que vous laisser borner, c'est vous-même affaiblir
La dignité du rang qui le doit ennoblir;
Et qu'à prendre pour loi le choix qu'on vous propose,
Le roi que vous feriez vous devrait peu de chose,
Puisqu'il tiendrait les noms de monarque et d'époux
Du choix de vos états aussi bien que de vous. [ronne,
 Pour moi, qui vous aimai sans sceptre et sans cou-
Qui n'ai jamais eu d'yeux que pour votre personne,
Que même le feu roi daigna considérer
Jusqu'à souffrir ma flamme et me faire espérer,
J'oserai me promettre un sort assez propice
De cet aveu d'un frère et quatre ans de service;
Et sur ce doux espoir dussé-je me trahir,
Puisque vous le voulez, je jure d'obéir.

D. ISABELLE.
C'est comme il faut m'aimer. Et don Alvar de Lune?

D. ALVAR.
Je ne vous ferai point de harangue importune.
Choisissez hors des trois, tranchez absolument;
Je jure d'obéir, madame, aveuglément.

D. ISABELLE.
Sous les profonds respects de cette déférence
Vous nous cachez peut-être un peu d'indifférence;
Et comme votre cœur n'est pas sans autre amour,
Vous savez des deux parts faire bien votre cour.

D. ALVAR.
Madame...

D. ISABELLE.
 C'est assez; que chacun prenne place.
(Ici les trois reines prennent chacune un fauteuil et,
après que les trois comtes et le reste des grands qui
y sont présents se sont assis sur des bancs préparés exprès, Carlos y voyant une place vide s'y veut seoir, et
don Manrique l'en empêche.)

D. MANRIQUE. [dace?
Tout beau, tout beau, Carlos! d'où vous vient cette au-
Et quel titre en ce rang a pu vous établir?

CARLOS.
J'ai vu la place vide, et crois la bien remplir.

D. MANRIQUE.
Un soldat bien remplir une place de comte!

CARLOS.
Seigneur, ce que je suis ne me fait point de honte.
Depuis plus de six ans il ne s'est fait combat
Qui ne m'ait bien acquis ce grand nom de soldat:
J'en avais pour témoin le feu roi votre frère,
Madame; et par trois fois...

D. MANRIQUE.
 Nous vous avons vu faire,
Et savons mieux que vous ce que peut votre bras.

D. ISABELLE.
Vous en êtes instruits; et je ne le suis pas;
Laissez-le me l'apprendre. Il importe aux monarques
Qui veulent aux vertus rendre de dignes marques
De les savoir connaître, et ne pas ignorer
Ceux d'entre leurs sujets qu'ils doivent honorer.

D. MANRIQUE.
Je ne me croyais pas être ici pour l'entendre.

D. ISABELLE.
Comte, encore une fois laissez-le me l'apprendre.
Nous aurons temps pour tout. Et vous, parlez, Carlos.

CARLOS.
Je dirai qui je suis, madame, en peu de mots.
 On m'appelle soldat: je fais gloire de l'être;
Au feu roi par trois fois je le fis bien paraître.
L'étendard de Castille, à ses yeux enlevé,
Des mains des ennemis par moi seul fut sauvé:

Cette seule action rétablit la bataille,
Fit rechasser le Maure au pied de sa muraille,
Et, rendant le courage aux plus timides cœurs,
Rappela les vaincus, et défit les vainqueurs.
Ce même roi me vit dedans l'Andalousie
Dégager sa personne en prodiguant ma vie,
Quand, tout percé de coups sur un monceau de morts,
Je lui fis si longtemps bouclier de mon corps,
Qu'enfin autour de lui ses troupes ralliées,
Celles qui l'enfermaient furent sacrifiées;
Et le même escadron qui vint le secourir
Le ramena vainqueur, et moi prêt à mourir.
Je montai le premier sur les murs de Séville,
Et tins la brèche ouverte aux troupes de Castille.
Je ne vous parle point d'assez d'autres exploits,
Qui n'ont pas pour témoins eu les yeux de mes rois.
Tel me voit et m'entend, et me méprise encore,
Qui gémirait sans moi dans les prisons du Maure.

D. MANRIQUE.
Nous parlez-vous, Carlos, pour don Lope et pour moi?

CARLOS.
Je parle seulement de ce qu'a vu le roi,
Seigneur; et qui voudra parle à sa conscience.
Voilà dont le feu roi me promit récompense;
Mais la mort le surprit comme il la résolvait.

D. ISABELLE.
Il se fût acquitté de ce qu'il vous devait;
Et moi, comme héritant son sceptre et sa couronne,
Je prends sur moi sa dette, et je vous la fais bonne.
Seyez-vous, et quittons ces petits différents.

D. LOPE.
Souffrez qu'auparavant il nomme ses parents.
Nous ne contestons point l'honneur de sa vaillance
Madame; et, s'il en faut notre reconnaissance,
Nous avouerons tous deux qu'en ces combats derniers
L'un et l'autre, sans lui, nous étions prisonniers :
Mais enfin la valeur, sans l'éclat de la race,
N'eut jamais aucun droit d'occuper cette place.

CARLOS.
Se pare du nom de ses aïeux;
Moi, je ne veux porter que moi-même en tous lieux,
Je ne veux rien devoir à ceux qui m'ont fait naître,
Et suis assez connu sans les faire connaître.
Mais, pour en quelque sorte obéir à vos lois,
Seigneur, pour mes parents je nomme mes exploits;
Ma valeur est ma race, et mon bras est mon père.

D. LOPE.
Vous le voyez, madame, et la preuve en est claire,
Sans doute, il n'est pas noble.

D. ISABELLE.
Eh bien! je l'anoblis,
Quelle que soit sa race, et de qui qu'il soit fils.
Qu'on ne conteste plus.

D. MANRIQUE.
Encore un mot, de grâce.

D. ISABELLE.
Don Manrique, à la fin c'est prendre trop d'audace.
Ne puis-je l'anoblir si vous n'y consentez?

D. MANRIQUE.
Oui, mais ce rang n'est dû qu'aux hautes dignités :
Tout autre qu'un marquis ou comte le profane.

D. ISABELLE, à Carlos.
Eh bien! seyez-vous donc, marquis de Santillane,
Comte de Peñafiel, gouverneur de Burgos.
Don Manrique, est-ce assez pour faire seoir Carlos?
Vous reste-t-il encor quelque scrupule en l'âme?
(D. Manrique et D. Lope se lèvent, et Carlos se sied.)

D. MANRIQUE.
Achevez, achevez; faites-le roi, madame :
Par ces marques d'honneur l'élever jusqu'à nous,
C'est moins nous l'égaler, que l'approcher de vous.
Ce préambule adroit n'était pas sans mystère
Et ces nouveaux serments qu'il nous a fallu faire
Montraient bien dans votre âme un tel choix préparé :
Enfin vous le pouvez, et nous l'avons juré.
Je suis prêt d'obéir ; et, loin d'y contredire,
Je laisse entre ses mains et vous et votre empire.
Je sors avant le choix; non que j'en sois jaloux,
Mais de peur que mon front n'en rougisse pour vous.

D. ISABELLE.
Arrêtez, insolent; votre reine pardonne
Ce qu'une indigne crainte imprudemment soupçonne;
Et, pour la démentir, veut bien vous assurer
Qu'au choix de ses états elle veut demeurer;
Que vous tenez encor même rang dans son âme;
Qu'elle prend vos transports pour un excès de flamme;
Et qu'au lieu d'en punir le zèle injurieux,
Sur un crime d'amour elle ferme les yeux.

D. MANRIQUE.
Madame, excusez donc si quelque antipathie...

D. ISABELLE.
Ne faites point ici de fausse modestie :
J'ai trop vu votre orgueil, pour le justifier,
Et sais bien les moyens de vous humilier.
Soit que j'aime Carlos, soit que par simple estime
Je rende à ses vertus un honneur légitime,
Vous devez respecter, quels que soient mes desseins,
Ou le choix de mon cœur, ou l'œuvre de mes mains.
Je l'ai fait votre égal ; et, quoiqu'on s'en mutine,
Sachez qu'à plus encor ma faveur le destine.
Je veux qu'aujourd'hui même il puisse plus que moi :
J'en ai fait un marquis, je veux qu'il fasse un roi.
S'il a tant de valeur que vous-mêmes le dites,
Il sait quelle est la vôtre, et connaît vos mérites,
Et jugera de vous avec plus de raison
Que moi qui n'en connais que la race et le nom.
Marquis, prenez ma bague, et la donnez pour marque
Au plus digne des trois que j'en fasse un monarque.
Je vous laisse y penser tout ce reste du jour.
Rivaux ambitieux, faites-lui votre cour :
Qui me rapportera l'anneau que je lui donne
Recevra sur le champ ma main et ma couronne.
Allons, reines, allons, et laissons-les juger
De quel côté l'amour avait su m'engager.

SCÈNE IV.

D. MANRIQUE, D. LOPE, D. ALVAR, CARLOS.

D. LOPE.
Eh bien! seigneur marquis, nous direz-vous, de grâce,
Ce que pour vous gagner il est besoin qu'on fasse?
Vous êtes notre juge, il faut vous adoucir,

CARLOS.
Vous y pourriez peut-être assez mal réussir.
Quittez ces contretemps de froide raillerie.

D. MANRIQUE.
Il n'en est pas saison, quand il faut qu'on vous prie.

CARLOS.
Ne raillons ni prions, et demeurons amis.
Je sais ce que la reine en mes mains a remis ;
J'en userai fort bien : vous n'avez rien à craindre ;
Et pas un de vous trois n'aura lieu de se plaindre.
Je n'entreprendrai point de juger entre vous
Qui mérite le mieux le nom de son époux ;
Je serais téméraire, et m'en sens incapable :
Et peut-être quelqu'un m'en tiendrait récusable.
Je m'en récuse donc, afin de vous donner
Un juge que sans honte on ne peut soupçonner :
Ce sera votre épée, et votre bras lui-même.
Comtes, de cet anneau dépend le diadème ;
Il vaut bien un combat ; vous avez tous du cœur :
Et je le garde...

D. LOPE.
A qui, Carlos?

CARLOS.
A mon vainqueur.
Qui pourra me l'ôter l'ira rendre à la reine;
Ce sera du plus digne une preuve certaine.
Prenez entre vous l'ordre et du temps et du lieu :
Je m'y rendrai sur l'heure, et vais l'attendre. Adieu.

SCÈNE V.

D. MANRIQUE, D. LOPE, D. ALVAR.

D. LOPE.
Vous voyez l'arrogance!

D. ALVAR.
Ainsi les grands courages
Savent en généreux repousser les outrages.
D. MANRIQUE.
Il se méprend pourtant s'il pense qu'aujourd'hui
Nous daignions mesurer notre épée avec lui.
D. ALVAR.
Refuser un combat!
D. LOPE.
Des généraux d'armée,
Jaloux de leur honneur et de leur renommée,
Ne se commettent point contre un aventurier.
D. ALVAR.
Ne mettez point si bas un si vaillant guerrier :
Qu'il soit ce qu'en voudra présumer votre haine,
Il doit être pour nous ce qu'a voulu la reine.
D. LOPE.
La reine, qui nous brave, et, sans égard au sang,
Ose souiller ainsi l'éclat de notre rang !
D. ALVAR.
Les rois de leurs faveurs ne sont jamais comptables,
Ils font, comme il leur plaît, et défont nos semblables.
D. MANRIQUE.
Envers les majestés vous êtes bien discret.
Voyez-vous cependant qu'elle l'aime en secret?
D. ALVAR.
Dites, si vous voulez, qu'ils sont d'intelligence,
Qu'elle a de sa valeur si haute confiance
Qu'elle espère par là faire approuver son choix,
Et se rendre avec gloire au vainqueur de tous trois ;
Qu'elle nous hait dans l'âme autant qu'elle l'adore :
C'est à nous d'honorer ce que la reine honore.
D. MANRIQUE.
Vous la respectez fort : mais y prétendez-vous ?
On dit que l'Aragon a des charmes si doux...
D. ALVAR. [crime
Qu'ils me soient doux ou non, je ne crois pas sans
Pouvoir de mon pays désavouer l'estime,
Et, puisqu'il m'a jugé digne d'être son roi,
Je soutiendrai partout l'état qu'il fait de moi.
Je vais donc disputer, sans que rien me retarde,
Au marquis don Carlos cet anneau qu'il nous garde ;
Et, si sur sa valeur je le puis emporter,
J'attendrai de vous deux qui voudra me l'ôter.
Le champ vous sera libre.
D. LOPE.
A la bonne heure, comte ;
Nous vous irons alors le disputer sans honte ;
Nous ne dédaignons point un si digne rival :
Mais pour votre marquis, qu'il cherche son égal.

FIN DU PREMIER ACTE.

ACTE II.

SCÈNE PREMIÈRE.

DONA ISABELLE, BLANCHE.

D. ISABELLE.
Blanche, as-tu rien connu d'égal à ma misère?
Tu vois tous mes désirs condamnés à se taire,
Mon cœur faire un beau choix sans l'oser accepter,
Et nourrir un beau feu sans l'oser écouter.
Vois par là ce que c'est, Blanche, que d'être reine :
Comptable de moi-même au nom de souveraine,
Et sujette à jamais du trône où je me vois,
Je puis tout pour tout autre, et ne puis rien pour moi.
O sceptres ! s'il est vrai que tout vous soit possible?
Pourquoi ne pouvez-vous rendre un cœur insensible?
Pourquoi permettez-vous qu'il soit d'autres appas,
Ou que l'on ait des yeux pour ne les croire pas?
BLANCHE.
Je présumais tantôt que vous les alliez croire;
J'en ai plus d'une fois tremblé pour votre gloire.
Ce qu'à vos trois amants vous avez fait jurer
Au choix de don Carlos semblait vous préparer ;
Je le nommais pour vous. Mais enfin par l'issue
Ma crainte s'est trouvée heureusement déçue ;
L'effort de votre amour a su se modérer ;
Vous l'avez honoré sans vous déshonorer,
Et satisfait ensemble, en trompant mon attente,
La grandeur d'une reine et l'ardeur d'une amante.
D. ISABELLE.
Dis que pour honorer sa générosité
Mon amour s'est joué de mon autorité,
Et qu'il a fait servir, en trompant ton attente,
Le pouvoir de la reine au courroux de l'amante.
D'abord par ce discours, qui t'a semblé suspect,
Je voulais seulement essayer leur respect,
Soutenir jusqu'au bout la dignité de reine,
Et, comme enfin ce choix me donnait de la peine,
Perdre quelques moments, choisir un peu plus tard :
J'allais nommer pourtant, et nommer au hasard :
Mais tu sais quel orgueil ont lors montré les comtes,
Combien d'affronts pour lui, combien pour moi de
Certes, il est bien dur à qui se voit régner [hontes.
De montrer quelque estime, et la voir dédaigner.
Sous ombre de venger sa grandeur méprisée,
L'amour à la faveur trouve une pente aisée :
A l'intérêt du sceptre aussitôt attaché,
Il agit d'autant plus qu'il se croit bien caché,
Et s'ose imaginer qu'il ne fait rien paraître
Que ce change de nom ne fasse méconnaître.
J'ai fait Carlos marquis, et comte, et gouverneur ;
Il doit à ses jaloux tous ces titres d'honneur :
M'en voulant faire avare, ils m'en faisaient prodigue,
Ce torrent grossissait, rencontrant cette digue ;
C'était plus les punir que le favoriser.
L'amour me parlait trop, j'ai voulu l'amuser ;
Par ces profusions j'ai cru le satisfaire,
Et, l'ayant satisfait, l'obliger à se taire ;
Mais, hélas ! en mon cœur il avait tant d'appui,
Que je n'ai pu jamais prononcer contre lui,
Et n'ai mis en ses mains ce don du diadème
Qu'afin de l'obliger à l'exclure lui-même.
Ainsi, pour apaiser les murmures du cœur,
Mon refus a porté les marques de faveur ;
Et, revêtant de gloire un invisible outrage,
De peur d'en faire un roi je l'ai fait davantage :
Outre qu'indifférente aux vœux de tous les trois
J'espérais que l'amour pourrait suivre son choix,
Et que le moindre d'eux de soi-même estimable
Recevrait de sa main la qualité d'aimable.
Voilà, Blanche, où j'en suis ; voilà ce que j'ai fait ;
Voilà les vrais motifs dont tu voyais l'effet :
Car mon âme pour lui, quoique ardemment pressée,
Ne saurait se permettre une indigne pensée;
Et je mourrais encore avant que m'accorder
Ce qu'en secret mon cœur ose me demander.

Mais enfin je vois bien que je me suis trompée
De m'en être remise à qui porte une épée,
Et trouve occasion, dessous cette couleur,
De venger le mépris qu'on fait de sa valeur.
Je devais par mon choix étouffer cent querelles :
Et l'ordre que j'y tiens en forme de nouvelles,
Et jette entre les grands, amoureux de mon rang,
Une nécessité de répandre du sang.
Mais j'y saurai pourvoir.
BLANCHE.
C'est un pénible ouvrage
D'arrêter un combat qu'autorise l'usage,
Que les lois ont réglé, que les rois vos aïeux
Daignaient assez souvent honorer de leurs yeux :
On ne s'en dédit point sans quelque ignominie ;
Et l'honneur aux grands cœurs est plus chère que la vie.
D. ISABELLE.
Je sais ce que tu dis, et n'irai pas de front   [front
Faire un commandement qu'ils prendraient pour af-
Lorsque le déshonneur souille l'obéissance,
Les rois peuvent douter de leur toute puissance :
Qui la hasarde alors n'en sait pas bien user ;
Et qui veut pouvoir tout ne doit pas tout oser.
Je romprai ce combat feignant de le permettre,
Et je le tiens rompu si je puis le remettre.
Les reines d'Aragon pourront même m'aider.
Voici déjà Carlos que je viens de mander.
Demeure, et tu verras avec combien d'adresse
Ma gloire de mon ame est toujours la maîtresse.

SCÈNE II.

D. ISABELLE, CARLOS, BLANCHE.

D. ISABELLE.
Vous avez bien servi, marquis, et jusqu'ici
Vos armes ont pour nous dignement réussi :
Je pense avoir aussi bien payé vos services.
Malgré les envieux et leurs mauvais offices,
J'ai fait beaucoup pour vous, et tout ce que j'ai fait
Ne vous a pas coûté seulement un souhait.
Si cette récompense est pourtant si petite
Qu'elle ne puisse aller jusqu'à votre mérite,
S'il vous en reste encor quelque autre à souhaiter,
Parlez, et donnez-moi moyen de m'acquitter.
CARLOS.
Après tant de faveurs à pleines mains versées,
Dont mon cœur n'eût osé concevoir les pensées,
Surpris, troublé, confus, accablé de bienfaits,
Que j'osasse former encor quelques souhaits !
D. ISABELLE.
Vous êtes donc content ; et j'ai lieu de me plaindre.
CARLOS.
De moi ?
D. ISABELLE.
De vous, marquis. Je vous parle sans feindre :
Ecoutez. Votre bras a bien servi l'état,
Tant que vous n'aviez eu que le nom de soldat ;
Dès que je vous fais grand, sitôt que je vous donne
Le droit de disposer de ma propre personne,
Ce même bras s'apprête à troubler son repos,
Comme si le marquis cessait d'être Carlos,
Ou que cette grandeur ne fût qu'un avantage
Qui dût à sa ruine armer votre courage.
Les trois comtes en sont les plus fermes soutiens ;
Vous attaquez en eux ses appuis et les miens ;
C'est son sang le plus pur que vous voulez répandre :
Et vous pouvez juger l'honneur qu'on leur doit rendre,
Puisque ce même état, me demandant un roi,
Les a jugés eux trois les plus dignes de moi.
Peut-être un peu d'orgueil vous a mis dans la tête
Qu'à venger leur mépris ce prétexte est honnête ;
Vous en avez suivi la première chaleur :
Mais leur mépris va-t-il jusqu'à votre valeur ?
N'en ont-ils pas rendu témoignage à ma vue ?
Ils ont fait peu d'état d'une race inconnue,
Ils ont douté d'un sort que vous voulez cacher :
Quand un doute si juste aurait dû vous toucher,
J'avais pris quelque soin de vous venger moi-même.
Remettre entre vos mains le don du diadème,
Ce n'était pas, marquis, vous venger à demi.
Je vous ai fait leur juge, et non leur ennemi ;

Et si sous votre choix j'ai voulu les réduire,   [truire :
C'est pour vous faire honneur, et non pour les dé-
C'est votre seul avis, non leur sang que je veux ;
Et c'est m'entendre mal que vous armer contre eux.
N'auriez-vous point pensé que, si ce grand courage
Vous pouvait sur tous trois donner quelque avantage,
On dirait que l'état, me cherchant un époux,
N'en aurait pu trouver de comparable à vous ?
Ah ! si je vous croyais si vain, si téméraire...
CARLOS.
Madame, arrêtez là votre juste colère :
Je suis assez coupable, et n'ai que trop osé,
Sans choisir pour me perdre un crime supposé.
Je ne me défends point des sentiments d'estime
Que vos moindres sujets auraient pour vous sans crime.
Lorsque je vois en vous les célestes accords
Des graces de l'esprit et des beautés du corps,
Je puis, de tant d'attraits l'ame toute ravie,
Sur l'heur de votre époux jeter un œil d'envie ;
Je puis contre le ciel en secret murmurer
De n'être pas né roi pour pouvoir espérer ;
Et, les yeux éblouis de cet éclat suprême,
Baisser soudain la vue, et rentrer en moi-même :
Mais que je laisse aller d'ambitieux soupirs,
Un ridicule espoir, de criminels désirs !...
Je vous aime, madame, et vous estime en reine ;
Et quand j'aurais des feux dignes de votre haine,
Si votre ame, sensible à ces indignes feux,
Se pouvait oublier jusqu'à souffrir mes vœux ;
Si, par quelque malheur que je ne puis comprendre,
Du trône jusqu'à moi je la voyais descendre,
Commençant aussitôt à vous moins estimer,
Je cesserais sans doute aussi de vous aimer.
L'amour que j'ai pour vous est tout à votre gloire :
Je ne vous prétends point pour fruit de ma victoire ;
Je combats vos amants, sans dessein d'acquérir
Que l'heur d'en faire voir le plus digne, et mourir ;
Et tiendrais mon destin assez digne d'envie,
S'il le faisait connaître aux dépens de ma vie.
Serait-ce à vos faveurs répondre pleinement
Que hasarder ce choix à mon seul jugement ?
Il vous doit un époux, à la Castille un maître ;
Je puis en mal juger, je puis les mal connaître.
Je sais qu'ainsi que moi le démon des combats
Peut donner au moins digne et vous et vos états ;
Mais du moins si le sort des armes journalières
En laisse par ma mort de mauvaises lumières,
Elle n'en ôtera la honte et le regret ;
Et même, si votre ame en aime un en secret,
Et que ce triste choix rencontre mal le vôtre,
Je ne vous verrai point, entre les bras d'un autre,
Reprocher à Carlos par de muets soupirs
Qu'il est l'unique auteur de tous vos déplaisirs.
D. ISABELLE.
Ne cherchez point d'excuse à douter de ma flamme,
Marquis ; je puis aimer, puisqu'enfin je suis femme :
Mais, si j'aime, c'est mal me faire votre cour
Qu'exposer au trépas l'objet de mon amour ;
Et toute votre ardeur se serait modérée
A m'avoir dans ce doute assez considérée :
Je le veux éclaircir, et vous mieux éclairer,
Afin de vous apprendre à me considérer.
Je ne le cèle point, j'aime, Carlos, oui, j'aime ;
Mais l'amour de l'état, plus fort que de moi-même,
Cherche, au lieu de l'objet le plus doux à mes yeux,
Le plus digne héros de régner en ces lieux ;
Et, craignant que mes feux osassent me séduire,
J'ai voulu m'en remettre à vous pour m'en instruire.
Mais je crois qu'il suffit que cet objet d'amour
Perde le trône et moi, sans perdre encor le jour ;
Et mon cœur qu'on lui vole en souffre assez d'alarmes,
Sans que sa mort pour moi me demande des larmes
CARLOS.
Ah ! si le ciel tantôt me daignait inspirer
En quel heureux amant je vous dois révérer,
Que par une facile et soudaine victoire...
D. ISABELLE.
Ne pensez qu'à défendre et vous et votre gloire.
Quel qu'il soit, les respects qui l'auraient épargné
Lui donneraient un prix qu'il aurait mal gagné ;

Et céder à mes feux plutôt qu'à son mérite
Ne serait que me rendre au juge que j'évite.
Je n'abuserai point du pouvoir absolu
Pour défendre un combat entre vous résolu ;
Je blesserais par là l'honneur de tous les quatre :
Les lois vous l'ont permis, je vous verrai combattre ;
C'est à moi, comme reine, à nommer le vainqueur.
Dites-moi cependant, qui montre plus de cœur?
Qui des trois le premier éprouve la fortune ?

CARLOS.
Don Alvar.

D. ISABELLE.
Don Alvar!

CARLOS.
Oui, don Alvar de Lune.

D. ISABELLE.
On dit qu'il aime ailleurs.

CARLOS.
On le dit ; mais enfin
Lui seul jusqu'ici tente un si noble destin.

D. ISABELLE.
Je devine à peu près quel intérêt l'engage ;
Et nous verrons demain quel sera son courage.

CARLOS.
Vous ne m'avez donné que ce jour pour ce choix.

D. ISABELLE.
J'aime mieux au lieu d'un vous en accorder trois.

CARLOS.
Madame, son cartel marque cette journée.

D. ISABELLE.
C'est peu que son cartel, si je ne l'ai donnée :
Qu'on le fasse venir pour la voir différer.
Je vais pour vos combats faire tout préparer :
Adieu. Souvenez-vous surtout de ma défense ;
Et vous aurez demain l'honneur de ma présence.

SCENE III.

CARLOS.

Consens-tu qu'on diffère, honneur? le consens-tu?
Cet ordre n'a-t-il rien qui souille ma vertu ?
N'ai-je point à rougir de cette déférence
Que d'un combat illustre achète la licence?
Tu murmures, ce semble? Achève ; explique-toi.
La reine a-t-elle droit de te faire la loi ?
Tu n'es point son sujet, l'Aragon m'a vu naître.
O ciel! je m'en souviens ; et j'ose encor paraître !
Et je puis, sous les noms de comte et de marquis,
D'un malheureux pêcheur reconnaître le fils ?
Honteuse obscurité, qui seule me fait craindre !
Injurieux destin, qui seul me rend à plaindre!
Plus on m'en fait sortir, plus je crains d'y rentrer ;
Et crois ne l'avoir fui que pour te rencontrer.
Ton cruel souvenir sans fin me persécute ;
Du rang où l'on m'élève il me montre la chute.
Lasse-toi désormais de me faire trembler ;
Je parle à mon honneur, ne viens point le troubler.
Laisse-le sans remords m'approcher des couronnes,
Et ne viens point m'ôter que tu ne me donnes.
Je n'ai plus rien à toi : la guerre a consumé
Tout cet indigne sang dont tu m'avais formé :
J'ai quitté jusqu'au nom que je tiens de ta haine,
Et ne puis... Mais voici ma véritable reine.

SCENE IV.

D. ELVIRE, CARLOS.

D. ELVIRE.

Ah! Carlos, car j'ai peine à vous nommer marquis,
Non qu'un titre si beau ne vous soit bien acquis,
Non qu'avecque justice il ne vous appartienne,
Mais parce qu'il vous vient d'autre main que la mienne
Et que je présumais n'appartenir qu'à moi
D'élever votre gloire au rang où je la voi.
Je me consolerais toutefois avec joie
Des faveurs que sans moi le ciel vous déploie,
Et verrais sans envie agrandir un héros,
Si le marquis tenait ce qu'a promis Carlos,
S'il avait comme lui son bras à mon service.
Je venais à la reine en demander justice ;
Mais, puisque je vous vois, vous m'en ferez raison.
Je vous accuse donc, non pas de trahison,
Pour un cœur généreux cette tache est trop noire,
Mais d'un peu seulement de manque de mémoire.

CARLOS.
Moi, madame?

D. ELVIRE.
Ecoutez mes plaintes en repos.
Je me plains du marquis, et non pas de Carlos.
Carlos de tout son cœur me tiendrait sa parole ;
Mais ce qu'il m'a donné, le marquis me le vole ;
C'est lui seul qui dispose ainsi du bien d'autrui,
Et prodigue son bras quand il n'est plus à lui.
Carlos se souviendrait que sa haute vaillance
Doit ranger don Garcie à mon obéissance ;
Qu'elle doit affermir mon sceptre dans ma main ;
Qu'il doit m'accompagner peut-être dès demain :
Mais ce Carlos n'est plus, le marquis lui succède,
Qu'une autre soif de gloire, un autre objet possède,
Et qui, du même bras que m'engageait sa foi,
Entreprend trois combats pour une autre que moi.
Hélas! si ces honneurs dont vous comble la reine
Réduisent mon espoir en une attente vaine ;
Si les nouveaux desseins que vous en concevez
Vous ont fait oublier ce que vous me devez,
Rendez-lui ces honneurs qu'un tel oubli profane ;
Rendez-lui Peñafiel, Burgos, et Santillane :
L'Aragon a de quoi vous payer ces refus,
Et vous donner encor quelque chose de plus.

CARLOS.
Et Carlos, et marquis, je suis à vous, madame ;
Le changement de rang ne change point mon ame :
Mais vous trouverez bon que, par ces trois defis,
Carlos tâche à payer ce que doit le marquis.
Vous réserver mon bras noirci d'une infamie
Attirerait sur vous la fortune ennemie,
Et vous hasarderait, par cette lâcheté,
Au juste châtiment qu'il aurait mérité.
Quand deux occasions pressent un grand courage,
L'honneur à la plus proche avidement l'engage,
Et lui fait préférer, sans le rendre inconstant,
Celle qui se présente à celle qui l'attend.
Ce n'est pas toutefois, madame, qu'il l'oublie :
Mais bien que je vous doive immoler don Garcie,
J'ai vu que vers la reine on perdait le respect,
Que d'un indigne amour son cœur était suspect ;
Pour m'avoir honoré je l'ai vue outragée,
Et ne puis m'acquitter qu'après l'avoir vengée.

D. ELVIRE.
C'est me faire une excuse où je ne comprends rien,
Sinon que son service est préférable au mien,
Qu'avant que de me suivre on doit mourir pour elle,
Et qu'étant son sujet il faut m'être infidèle.

CARLOS.
Ce n'est point en sujet que je cours au combat ;
Peut-être suis-je m dedans quelque autre état :
Mais, par un zèle entier et pour l'une et pour l'autre,
J'embrasse également son service et le vôtre ;
Et les plus grands périls n'ont rien de hasardeux
Que j'ose refuser pour aucune des deux.
Quoique engagé demain à combattre pour elle,
S'il fallait aujourd'hui venger votre querelle,
Tout ce que je lui dois ne m'empêcherait pas
De m'exposer pour vous à plus de trois combats.
Je voudrais toutes deux pouvoir vous satisfaire,
Vous, sans manquer vers elle ; elle, sans vous déplaire :
Cependant je ne puis servir elle ni vous
Sans de l'une ou de l'autre allumer le courroux.
Je plaindrais un amant qui souffrirait mes peines,
Et, tel pour deux beautés que je suis pour deux reines
Se verrait déchiré par un égal amour,
Tel que sont mes respects dans l'une et l'autre cour :
L'ame d'un tel amant, tristement balancée,
Sur d'éternels soucis voit flotter sa pensée,
Et, ne pouvant résoudre à quels vœux se borner,
N'ose rien acquérir, ni rien abandonner :
Il n'aime qu'avec trouble, il ne voit qu'avec crainte ;
Tout ce qu'il entreprend donne sujet de plainte ;
Ses hommages partout ont de fausses couleurs,
Et son plus grand service est un grand crime ailleurs.

D. ELVIRE.
Aussi sont-ce d'amour les premières maximes,
Que partager son ame est le plus grand des crimes.
Un cœur n'est à personne alors qu'il est à deux ;
Aussitôt qu'il les offre il dérobe ses vœux ;
Ce qu'il a de constance, à choisir trop timide,
Le rend vers l'une ou l'autre incessamment perfide ;
Et, comme il n'est enfin ni rigueurs ni mépris
Qui d'un pareil amour ne soient un digne prix,
Il ne peut mériter d'aucun œil qui le charme,
En servant, un regard, en mourant une larme.

CARLOS.
Vous seriez bien sévère envers un tel amant.

D. ELVIRE.
Allons voir si la reine agirait autrement,
S'il en devrait attendre un plus léger supplice.
Cependant don Alvar le premier entre en lice ;
Et vous savez l'amour qu'il m'a toujours fait voir.

CARLOS.
Je sais combien sur lui vous avez de pouvoir.

D. ELVIRE.
Quand vous le combattrez, pensez à ce que j'aime,
Et ménagez son sang comme le vôtre même.

CARLOS.
Quoi ! m'ordonneriez-vous qu'ici j'en fisse un roi ?

D. ELVIRE.
Je vous dis seulement que vous pensiez à moi.

FIN DU SECOND ACTE.

ACTE III.

SCÈNE PREMIÈRE.

DONA ELVIRE, DON ALVAR.

D. ELVIRE.
Vous pouvez donc m'aimer, et d'une ame bien saine
Entreprendre un combat pour acquérir la reine !
Quel astre agit sur vous avec tant de rigueur,
Qu'il force votre bras a trahir votre cœur ?
L'honneur, me dites-vous, vers l'amour vous excuse :
Ou cet honneur se trompe, ou cet amour s'abuse ;
Et je ne comprends point, dans un si mauvais tour,
Ni quel est cet honneur, ni quel est cet amour.
Tout l'honneur d'un amant, c'est d'être amant fidèle ;
Si vous m'aimez encor, que prétendez-vous d'elle ?
Et, si vous l'acquérez, que voulez-vous de moi ?
Aurez-vous droit alors de lui manquer de foi ?
La mépriserez-vous, quand vous l'aurez acquise ?

D. ALVAR.
Qu'étant né son sujet jamais je la méprise !

D. ELVIRE.
Que me voulez-vous donc ? Vaincu par don Carlos,
Aurez-vous quelque grace à troubler mon repos ?
Et serez-vous plus digne ? et, par cette victoire,
Répandra-t-il sur vous un rayon de sa gloire ?

D. ALVAR.
Que j'ose présenter ma défaite à vos yeux !

D. ELVIRE.
Que me veut donc enfin ce cœur ambitieux ?

D. ALVAR.
Que vous preniez pitié de l'état déplorable
Où notre long refus réduit un miserable.
Mes vœux mieux écoutés, par un heureux effet,
M'auraient su garantir de l'honneur qu'on m'a fait ;
Et l'état par son choix ne m'eût pas mis en peine
De manquer à ma gloire, ou d'acquérir ma reine.
Votre refus m'expose à cette dure loi
D'entreprendre un combat qui n'est que contre moi ;
J'en crains également l'une et l'autre fortune.
Et le moyen aussi que j'en souhaite aucune ?
Ni vaincu, ni vainqueur, je ne puis être à vous :
Vaincu, j'en suis indigne, et vainqueur, son époux ;
Et le destin m'y traite avec tant d'injustice,
Que son plus beau succès me tient lieu de supplice.
Aussi, quand mon devoir ose la disputer,
Je ne veux l'acquérir que pour vous mériter,
Que pour montrer qu'en vous j'adorais la personne,
Et me pouvais ailleurs promettre une couronne.
Fasse le juste ciel que j'y puisse, ou mourir,
Ou ne la mériter que pour vous acquérir !

D. ELVIRE.
Ce sont vœux superflus de vouloir un miracle
Ou votre gloire oppose un invincible obstacle ;
Et la reine pour moi vous saura bien payer
Du temps qu'un peu d'amour vous fit mal employer.
Ma couronne est douteuse, et la sienne affermie ;
L'avantage du change en ôte l'infamie.
Allez ; n'en perdez pas la digne occasion,
Poursuivez-la sans honte et sans confusion.
La légèreté même où tant d'honneur engage
Est moins légèreté que grandeur de courage :
Mais gardez que Carlos ne me venge de vous.

D. ALVAR.
Ah ! laissez-moi, madame, adorer ce courroux.
J'avais cru jusqu'ici mon combat magnanime ;
Mais je suis trop heureux s'il passe pour un crime,
Et si, quand de vos lois l'honneur me fait sortir,
Vous m'estimez assez pour vous en ressentir.
De ce crime vers vous quels que soient les supplices,
Du moins il m'a valu plus que tous mes services,
Puisqu'il me fait connaître, alors qu'il vous déplaît,
Que vous daignez en moi prendre quelque intérêt.

D. ELVIRE.
Le crime, don Alvar, dont je semble irritée,
C'est qu'on me persécute après m'avoir quittée ;
Et, pour vous dire encor quelque chose de plus,
Je me fâche d'entendre accuser mes refus.
Je suis reine sans sceptre, et n'en ai que le titre ;
Le pouvoir m'en est dû, le temps en est l'arbitre.
Si vous m'avez servie en généreux amant
Quand j'ai reçu du ciel le plus dur traitement,
J'ai tâché d'y répondre avec toute l'estime
Que pouvait en attendre un cœur si magnanime.
Pouvais-je en cet exil davantage sur moi ?
Je ne veux point d'époux que je n'en fasse un roi ;
Et je n'ai pas une ame assez basse et commune
Pour en faire un appui de ma triste fortune.
C'est chez moi, don Alvar, dont la pompe et l'éclat,
Que me le doit choisir le bien de mon état.
Il fallait arracher mon sceptre à mon rebelle,
Le remettre en ma main pour le recevoir d'elle ;
Je vous aurais peut-être alors considéré
Plus que ne m'a permis un sort si déploré :
Mais une occasion plus prompte et plus brillante
A surpris cependant votre amour chancelante ;
Et, soit votre cœur s'y trouvât disposé,
Soit qu'un si long refus l'y laissât exposé,
Je ne vous blâme point de l'avoir acceptée :
De plus constants que vous l'auraient bien écoutée.
Quelle qu'en soit pourtant la cause ou la couleur,
Vous pouviez l'embrasser avec moins de chaleur,
Combattre le dernier, et, par quelque apparence,
Témoigner que l'honneur vous faisait violence ;
De cette illusion l'artifice secret
M'eût forcée à vous plaindre, et vous perdre à regret :
Mais courir au devant, et vouloir bien qu'on voie
Que vos vœux mal reçus m'échappent avec joie !

D. ALVAR.
Vous auriez donc voulu que l'honneur d'un tel choix
Eût montré votre amant le plus lâche des trois ?
Que pour lui cette gloire eût eu trop peu d'amorces,
Jusqu'à ce qu'un rival eût épuisé ses forces ?
Que...

D. ELVIRE.
Vous achèverez au sortir du combat,
Si toutefois Carlos vous en laisse en état.

Voilà vos deux rivaux avec qui je vous laisse ;
Et vous dirai demain pour qui je m'intéresse.
D. ALVAR.
Hélas ! pour le bien voir je n'ai que trop de jour.

SCENE II.
D. MANRIQUE, D. LOPE, D. ALVAR.

D. MANRIQUE.
Qui vous traite le mieux, la fortune, ou l'amour ?
La reine charme-t-elle auprès de donc Elvire?
D. ALVAR.
Si j'emporte la bague, il faudra vous le dire.
D. LOPE.
Carlos vous nuit partout, du moins à ce qu'on croit.
D. ALVAR.
Il fait plus d'un jaloux, du moins à ce qu'on voit.
D. LOPE.
Il devrait par pitié vous céder l'une ou l'autre.
D. ALVAR.
Plaignant mon intérêt, n'oubliez pas le vôtre.
D. MANRIQUE.
De vrai, la presse est grande à qui le fera roi.
D. ALVAR.
Je vous plains fort tous deux, s'il vient à bout de moi.
D. MANRIQUE.
Mais si vous le vainquez, serons-nous fort à plaindre?
D. ALVAR.
Quand je l'aurai vaincu, vous aurez fort à craindre.
D. LOPE.
Oui, de vous voir longtemps hors de combat pour nous.
D. ALVAR.
Nous aurons essuyé des plus dangereux coups.
D. MANRIQUE.
L'heure nous tardera d'en voir l'expérience.
D. ALVAR.
On pourra vous guérir de cette impatience.
D. LOPE.
De grace, faites donc que ce soit promptement.

SCENE III.
D. ISABELLE, D. MANRIQUE, D. ALVAR, D. LOPE.

D. ISABELLE.
Laissez-moi, don Alvar, leur parler un moment ·
Je n'entreprendrai rien à votre préjudice ;
Et mon dessein ne va qu'à vous faire justice,
Qu'à vous favoriser plus que vous ne voulez.
D. ALVAR.
Je ne sais qu'obéir alors que vous parlez.

SCENE IV.
D. ISABELLE, D. MANRIQUE, D. LOPE.

D. ISABELLE.
Comtes, je ne veux plus donner lieu qu'on murmure
Que choisir par autrui c'est me faire une injure ;
Et, puisque de ma main le choix sera plus beau,
Je veux choisir moi-même, et reprendre l'anneau.
Je ferai plus pour vous : des trois qu'on me propose,
J'en exclus don Alvar ; vous en savez la cause.
Je ne veux point gêner un cœur plein d'autres feux,
Et vous ôte un rival pour le rendre à ses vœux.
Qui n'aime que par force aime qu'on le néglige ;
Et mon refus du moins autant que vous l'oblige.
Vous êtes donc les seuls que je veux regarder :
Mais avant qu'à choisir j'ose me hasarder,
Je voudrais voir en vous quelque preuve certaine
Qu'en moi c'est moi qu'on aime, et non l'éclat de reine.
L'amour n'est, ce dit-on, qu'une union d'esprits ;
Et je tiendrais des deux celui-là mieux épris
Qui favoriserait ce que je favorise,
Et me mépriserait ce que je méprise,
Qui prendrait en m'aimant même cœur, mêmes yeux :
Si vous ne m'entendez, je vais m'expliquer mieux.
Aux vertus de Carlos j'ai paru libérale :
Je voudrais en tous deux voir une estime égale,
Qu'il trouvât même honneur, même justice en vous ;
Car ne présumez pas que je prenne un époux
Pour m'exposer moi-même à ce honteux outrage
Qu'un roi fait de ma main détruise mon ouvrage ;
N'y pensez l'un ni l'autre, à moins qu'un digne effet
Suive de votre part ce que pour lui j'ai fait ;
Et que, par cet aveu, je demeure assurée
Que tout ce qui m'a plu doit être de durée.
D. MANRIQUE.
Toujours Carlos, madame ! et toujours son bonheur
Fait dépendre de lui le nôtre, et votre cœur!
Mais puisque c'est par là qu'il faut enfin vous plaire,
Vous-même apprenez-nous ce que nous pouvons faire.
Nous l'estimons tous deux un des braves guerriers
A qui jamais la guerre ait donné des lauriers :
Notre liberté même est due à sa vaillance ;
Et, quoiqu'il ait tantôt montré quelque insolence,
Dont nous a dû piquer l'honneur de notre rang,
Vous avez suppléé l'obscurité du sang.
Ce qu'il vous plait qu'il soit, il est digne de l'être.
Nous lui devions beaucoup, et l'allions reconnaitre,
L'honorer en soldat, et lui faire du bien ;
Mais après vos faveurs nous ne pouvons plus rien :
Qui pouvait pour Carlos ne peut rien pour un comte ;
Il n'est rien en nos mains qu'il ne reçut sans honte ;
Et vous avez pris soin de le payer pour nous.
D. ISABELLE.
Il est entré vos mains des présents assez doux,
Qui purgeraient vos noms de toute ingratitude,
Et mon ame pour lui de toute inquiétude ;
Il en est dont sans honte il serait possesseur :
En un mot, vous avez l'un et l'autre une sœur ;
Et je veux que le roi qu'il me plaira de faire,
En recevant ma main, le fasse son beau-frère ;
Et que par cet hymen son destin affermi
Ne puisse en mon époux trouver son ennemi.
Ce n'est pas, après tout, que j'en craigne la haine ;
Je sais qu'en cet état le serai toujours reine,
Et qu'un tel roi jamais, quel que soit son projet,
Ne sera sous ce nom que mon premier sujet ;
Mais je ne me plais pas à contraindre personne,
Et moins que tous un cœur à qui le mien se donne.
Répondez donc tous deux, n'y consentez-vous pas?
D. MANRIQUE.
Oui, madame, aux plus longs et plus cruels trépas,
Plutôt qu'à voir jamais de pareils hyménées
Ternir en un moment l'éclat de mille années.
Ne cherchez point par là cette union d'esprits :
Votre sceptre, madame, est trop cher à ce prix ;
Et jamais...
D. ISABELLE.
Ainsi donc vous me faites connaitre
Que ce que je l'ai fait il est digne de l'être,
Que je puis suppléer l'obscurité du sang?
D. MANRIQUE.
Oui, bien pour l'élever jusques à notre rang.
Jamais un souverain ne doit compte à personne
Des dignités qu'il fait, et des grandeurs qu'il donne,
S'il est d'un sort indigne ou l'auteur ou l'appui,
Comme il le fait lui seul, la honte est toute à lui.
Mais disposer d'un sang que j'ai reçu sans tache !
Avant que le souiller il faut qu'on me l'arrache ;
J'en dois compte aux aïeux dont il est hérité,
A toute leur famille, à la postérité.
D. ISABELLE.
Et moi, Manrique, et moi, qui n'en dois aucun compte
J'en disposerai seule, et j'en aurai la honte.
Mais quelle extravagance a pu vous figurer
Que je me donne à vous pour vous déshonorer,
Que mon sceptre en vos mains porte quelque infamie
Si je suis jusque là de moi-même ennemie,
En quelle qualité de sujet, ou d'amant,
M'osez-vous expliquer ce noble sentiment?
Ah ! si vous n'apprenez à parler d'autre sorte...
D. LOPE.
Madame, pardonnez à l'ardeur qui l'emporte ;
Il devait s'excuser avec plus de douceur.
Nous avons en effet l'un et l'autre une sœur ;
Mais, si j'ose parler avec quelque franchise,
A d'autres qu'au marquis l'une et l'autre est promise.

D. ISABELLE.
À qui, don Lope?
D. MANRIQUE.
A moi, madame.
D. ISABELLE.
Et l'autre?
D. LOPE.
A moi.
D. ISABELLE.
J'ai donc tort parmi vous de vouloir faire un roi.
Allez, heureux amants, allez voir vos maîtresses;
Et, parmi les douceurs de vos dignes caresses,
N'oubliez pas de dire à ces jeunes esprits
Que vous faites du trône un généreux mépris.
Je vous l'ai déjà dit, je ne force personne,
Et rends grâce à l'état des amants qu'il me donne.
D. LOPE.
Écoutez-nous, de grâce.
D. ISABELLE.
Et que me direz-vous?
Que la constance est belle au jugement de tous?
Qu'il n'est point de grandeurs qui la doivent séduire?
Quelques autres que vous m'en sauront mieux in-
Et, si cette vertu ne se doit point forcer, [struire;
Peut-être qu'à mon tour je saurai l'exercer.
D. LOPE.
Exercez-la, madame, et souffrez qu'on s'explique.
Vous connaîtrez du moins don Lope et don Manrique,
Qu'un vertueux amour qu'ils ont tous deux pour vous,
Ne pouvant rendre heureux sans en faire un jaloux,
Porte à tarir ainsi la source des querelles
Qu'entre les grands rivaux on voit si naturelles.
Ils se sont l'un à l'autre attachés par ces nœuds
Qui n'auront leur effet que pour le malheureux :
Il me devra sa sœur, s'il faut qu'il vous obtienne;
Et si je suis à vous, je lui devrai la mienne.
Celui qui doit vous perdre, ainsi, malgré son sort,
A s'approcher de vous fait encor son effort;
Ainsi, pour consoler l'une ou l'autre infortune,
L'une et l'autre est promise, et nous n'en devons
qu'une :
Nous ignorons laquelle, et vous la choisirez,
Puisqu'enfin c'est la sœur du roi que vous ferez.
Jugez donc si Carlos en peut être beau-frère,
Et si vous devez rompre un nœud si salutaire,
Hasarder un repos à votre état si doux,
Qu'affermit sous vos lois la concorde entre nous.
D. ISABELLE.
Et ne savez-vous point qu'étant ce que vous êtes,
Vos sœurs par conséquent mes premières sujettes,
Les donner sans mon ordre, et même malgré moi,
C'est dans mon propre état m'oser faire la loi?
D. MANRIQUE.
Agissez donc enfin, madame, en souveraine,
Et souffrez qu'on s'excuse, ou commandez en reine;
Nous vous obéirons, mais sans y consentir:
Et, pour vous dire tout avant que de sortir,
Carlos est généreux, il connaît sa naissance;
Qu'il se juge en secret sur cette connaissance;
Et, s'il trouve son sang digne d'un tel honneur,
Qu'il vienne, nous tiendrons l'alliance à bonheur;
Qu'il choisisse des deux, et l'épouse, s'il l'ose.
Nous n'avons plus, madame, à vous dire autre chose.
Mettre en un tel hasard le choix de leur époux,
C'est jusqu'où nous pouvons nous abaisser pour vous;
Mais, encore une fois, que Carlos y regarde,
Et pense à quels périls cet hymen le hasarde.
D. ISABELLE.
Vous-même gardez bien, pour le trop dédaigner,
Que je ne montre enfin comme je sais régner.

SCENE V.

DONA ISABELLE.

Quel est ce mouvement qui tous deux les mutine,
Lorsque l'obéissance au trône le destine?
Est-ce orgueil? est-ce envie? est-ce animosité,
Défiance, mépris, ou générosité?
N'est-ce point que le ciel ne consent qu'avec peine
Cette triste union d'un sujet à sa reine,
Et jette un prompt obstacle aux plus aisés desseins
Qui laissent choir mon sceptre en leurs indignes mains?
Mes yeux n'ont-ils horreur d'une telle bassesse
Que pour s'abaisser trop lorsque je les abaisse?
Quel destin à ma gloire oppose mon ardeur?
Quel destin à ma flamme oppose ma grandeur?
Si ce n'est que par là que je m'en puis défendre,
Ciel, laisse-moi donner ce que je n'ose prendre;
Et, puisqu'enfin pour moi tu n'as point fait de rois,
Souffre de mes sujets le moins indigne choix.

SCÈNE VI.

D. ISABELLE, BLANCHE.

D. ISABELLE.
Blanche, j'ai perdu temps.
BLANCHE.
Je l'ai perdu de même.
D. ISABELLE.
Les comtes à ce prix fuyent le diadème.
BLANCHE.
Et Carlos ne veut point de fortune à ce prix.
D. ISABELLE.
Rend-il haine pour haine, et mépris pour mépris?
BLANCHE.
Non, madame, au contraire, il estime ces dames
Dignes des plus grands cœurs, et des plus belles flam-
D. ISABELLE. [mes.
Et qui l'empêche donc d'aimer, et de choisir?
BLANCHE.
Quelque secret obstacle arrête son désir.
Tout le bien qu'il en dit ne passe point l'estime :
Charmantes qu'elles sont, les aimer c'est un crime.
Il ne s'excuse point sur l'inégalité;
Il semble plutôt craindre une infidélité :
Et ses discours obscurs, sous un confus mélange,
M'ont fait voir malgré lui comme une horreur du
Comme une aversion qui n'a pour fondement [change,
Que les secrets liens d'un autre attachement.
D. ISABELLE.
Il aimerait ailleurs!
BLANCHE.
Oui, si je ne m'abuse,
Il aime en lieu plus haut que n'est ce qu'il refuse;
Et, si je ne craignais votre juste courroux,
J'oserais deviner, madame, que c'est vous.
D. ISABELLE.
Ah! ce n'est pas pour moi qu'il est si téméraire;
Tantôt dans ses respects j'ai trop vu le contraire :
Si l'éclat de mon sceptre avait pu le charmer,
Il ne m'aurait jamais défendu de l'aimer.
S'il aime en lieu si haut, il aime donc Elvire;
Il doit l'accompagner jusque dans son empire;
Et fait à mes amants des défis généreux,
Non pas pour m'acquérir, mais pour se venger d'eux.
Je l'ai donc agrandi pour le voir disparaître,
Et qu'une reine, ingrate à l'égal de ce traître,
M'enlève, après vingt ans de refuge en ces lieux,
Ce qu'avait mon état de plus doux à mes yeux!
Non, j'ai pris trop de soins de conserver sa vie.
Qu'il combatte, qu'il meure; et j'en serai ravie.
Je saurai par sa mort à quels vœux m'engager,
Et j'aimerai des trois qui m'en saura venger.
BLANCHE.
Que vous peut offenser sa flamme, ou sa retraite,
Puisque vous n'aspirez qu'à vous en voir défaite?
Je ne sais pas s'il aime ou donne Elvire ou vous,
Mais je ne comprends point ce mouvement jaloux.
D. ISABELLE.
Tu ne le comprends point! et c'est ce qui m'étonne;
Je veux donner son cœur, non que son cœur le donne;
Je veux que son respect l'empêche de m'aimer,
Non des flammes qu'une autre a su mieux allumer :
Je veux bien plus; qu'il m'aime, et qu'un juste silence
Fasse à des feux pareils pareille violence;
Que l'inégalité lui donne même ennui;
Qu'il souffre autant pour moi que je souffre pour lui,
Que, par le seul dessein d'affermir sa fortune,
Et non point par amour, il se donne à quelqu'une;

Que par mon ordre seul il s'y laisse obliger ;
Que ce soit m'obéir, et non me négliger ;
Et que, voyant ma flamme à l'honorer trop prompte,
Il m'ôte de péril sans me faire de honte.
Car enfin il l'a vue, et la connaît trop bien ;
Mais il aspire au trône, et ce n'est pas au mien ;
Il me préfère une autre, et cette préférence
Forme de son respect la trompeuse apparence :
Faux respect, qui me brave, et veux régner sans moi.

BLANCHE.
Pour aimer donc Elvire, il n'est pas encor roi.

D. ISABELLE.
Elle est reine, et peut tout sur l'esprit de sa mère.

BLANCHE.
Si ce n'est un faux bruit, le ciel lui rend un frère.
Don Sanche n'est point mort, et vient ici, dit-on,
Avec les députés qu'on attend d'Aragon ;
C'est ce qu'en arrivant leurs gens ont fait entendre.

D. ISABELLE.
Blanche, s'il est ainsi, que d'heur j'en dois attendre !
L'injustice du ciel, faute d'autres objets,
Me forçait d'abaisser mes yeux sur mes sujets,
Ne voyant point de prince égal à ma naissance
Qui ne fût sous l'hymen, ou Maure, ou dans l'enfance :
Mais, s'il lui rend un frère, il m'envoie un époux.
    Comtes, je n'ai plus d'yeux pour Carlos ni pour vous ;
Et, devenant par là reine de ma rivale,
J'aurai droit d'empêcher qu'elle ne se ravale ;
Et ne souffrirai pas qu'elle ait plus de bonheur
Que ne m'en ont permis ces tristes lois d'honneur.

BLANCHE.
La belle occasion que votre jalousie,
Douteuse encor qu'elle est, a promptement saisie !

D. ISABELLE.
Allons l'examiner, Blanche ; et tâchons de voir
Quelle juste espérance on peut en concevoir.

FIN DU TROISIÈME ACTE.

ACTE IV.

SCÈNE PREMIÈRE.

D. LÉONOR, D. MANRIQUE, D. LOPE.

D. MANRIQUE.
Quoique l'espoir d'un trône et l'amour d'une reine
Soient des biens que jamais on ne céda sans peine,
Quoiqu'à l'un de nous deux elle ait promis sa foi,
Nous cessons de prétendre où nous voyons un roi.
Dans notre ambition nous savons nous connaître ;
Et, bénissant le ciel qui nous donne un tel maître,
Ce prince qu'il vous rend après tant de travaux
Trouve en nous des sujets, et non pas des rivaux :
Heureux si l'Aragon, joint avec la Castille,
Du sang de deux grands rois ne fait qu'une famille !
    Nous vous en conjurons, loin d'en être jaloux,
Comme étant l'un et l'autre à l'état plus qu'à nous ;
Et tous impatients d'en voir la force unie
Des Maures, nos voisins, dompter la tyrannie,
Nous renonçons sans honte à ce choix glorieux,
Qui d'une grande reine abaissait trop les yeux.

D. LÉONOR.
La générosité de votre déférence,
Comtes, flatte trop tôt ma nouvelle espérance :
D'un avis si douteux j'attends fort peu de fruit ;
Et ce grand bruit enfin peut-être n'est qu'un bruit.
Mais jugez-en tous deux, et me daignez apprendre
Ce qu'avecque raison mon cœur en doit attendre.
    Les troubles d'Aragon vous sont assez connus ;
Je vous en ai souvent tous deux entretenus,
Et ne vous redis point quelles longues misères
Chassèrent don Fernand du trône de ses pères.
Il y voyait déjà monter ses ennemis,
Ce prince malheureux, quand j'accouchai d'un fils :
On le nomma don Sanche ; et, pour cacher sa vie
Aux barbares fureurs du traître don Garcie,
A peine eus-je loisir de lui dire un adieu,
Qu'il le fit enlever sans me dire en quel lieu ;
Et je n'en pus jamais savoir que quelques marques,
Pour reconnaître un jour le sang de nos monarques.
Trop inutiles soins contre un si mauvais sort !
Lui-même au bout d'un an m'apprit qu'il était mort.
Quatre ans après il meurt, et me laisse une fille
Dont je vins par son ordre accoucher en Castille.
Il me souvient toujours de ses derniers propos ;
Il mourut en mes bras avec ces tristes mots :
« Je meurs, et je vous laisse en un sort déplorable !
« Le ciel vous puisse un jour être plus favorable !
« Don Raymond a pour vous des secrets importants,
« Et vous les apprendra quand il en sera temps :
« Fuyez dans la Castille. » A ces mots il expire,
Et jamais don Raymond ne me voulut rien dire.
Je partis sans lumière en ces obscurités :
Mais le voyant venir avec ces députés,
Et que c'est par leurs gens que ce grand bruit éclate,
(Voyez qu'en sa faveur aisément on se flatte !)
J'ai cru que du secret le temps était venu,
Et que don Sanche était ce mystère inconnu ;
Qu'il l'amenait ici reconnaître sa mère.
Hélas ! que c'est en vain que mon amour l'espère !
A ma confusion ce bruit s'est éclairci ;
Bien loin de l'amener, ils le cherchent ici :
Voyez quelle apparence, et si cette province
A jamais su le nom de ce malheureux prince.

D. LOPE.
Si vous croyez au nom, vous croirez son trépas,
Et qu'on cherche don Sanche où don Sanche n'est pas ;
Mais si vous en voulez croire la voix publique,
Et que notre pensée avec elle s'explique,
Ou le ciel pour jamais a repris ce héros,
Ou cet illustre prince est le vaillant Carlos.
Nous le dirons tous deux, quoique suspects d'envie,
C'est un miracle pur que le cours de sa vie.
Cette haute vertu qui charme tant d'esprits,
Cette fière valeur qui brave nos mépris,
Ce port majestueux qui, tout inconnu même,
A plus d'accès que nous auprès du diadème ;
Deux reines qu'à l'envi nous voyons l'estimer,
Et qui peut-être ont peine à ne le pas aimer ;
Ce prompt consentement d'un peuple qui l'adore :
Madame, après cela j'ose le dire encore,
Ou le ciel pour jamais a repris ce héros,
Ou cet illustre prince est le vaillant Carlos.
Nous avons méprisé sa naissance inconnue ;
Mais à ce peu de jour nous recouvrons la vue,
Et verrions à regret qu'il fallût aujourd'hui
Céder notre espérance à tout autre qu'à lui.

D. LÉONOR.
Il en a le mérite, et non pas la naissance ;
Et lui-même il en donne assez de connaissance,
Abandonnant la reine à choisir parmi vous
Un roi pour la Castille, et pour elle un époux.

D. MANRIQUE.
Et ne voyez-vous pas que sa valeur s'apprête
A faire sur tous trois cette illustre conquête?
Oubliez-vous déjà qu'il a dit à vos yeux
Qu'il ne veut rien devoir au nom de ses aïeux ?
Son grand cœur se dérobe à ce haut avantage,
Pour devoir sa grandeur entière à son courage ;
Dans une cour si belle et si pleine d'appas,
Avez-vous remarqué qu'il aime en lieu plus bas?

D. LÉONOR.
Le voici, nous saurons ce que lui-même en pense.

SCENE II.

D. LEONOR, CARLOS, D. MANRIQUE, D. LOPE.

CARLOS.
Madame, sauvez-moi d'un honneur qui m'offense :
Un peuple opiniâtre à m'arracher mon nom
Veut que je sois don Sanche, et prince d'Aragon.
Puisque par sa présence il faut que ce bruit meure,
Dois-je être, en l'attendant, le fantôme d'une heure?
Ou si c'est une erreur qui lui promet ce roi,
Souffrez-vous qu'elle abuse et de vous et de moi?

D. LÉONOR.

Quoi que vous présumiez de la voix populaire,
Par de secrets rayons le ciel souvent l'éclaire :
Vous apprendrez par là du moins les vœux de tous,
Et quelle opinion les peuples ont de vous.

D. LOPE.

Prince, ne cachez plus ce que le ciel découvre ;
Ne fermez pas nos yeux quand sa main nous les ouvre.
Vous devez être las de nous faire faillir.
Nous ignorons quel fruit vous en vouliez cueillir,
Mais nous avions pour vous une estime assez haute
Pour n'être pas forcés à commettre une faute ;
Et notre honneur, au vôtre en aveugle opposé,
Méritait par pitié d'être désabusé.
Notre orgueil n'est pas tel, qu'il s'attache aux person- [nes,
Ou qu'il ose oublier ce qu'il doit aux couronnes ;
Et, s'il n'a pas eu d'yeux pour un roi déguisé,
Si l'inconnu Carlos s'en est vu méprisé,
Nous respectons don Sanche, et l'acceptons pour maî- [tre,
Sitôt qu'à notre reine il se fera connaître ;
Et sans doute son cœur nous en avouera bien.
Hâtez cette union de votre sceptre au sien,
Seigneur, et, d'un soldat quittant la fausse image,
Recevez, comme roi, notre premier hommage.

CARLOS.

Comtes, ces faux respects, dont je me vois surpris
Sont plus injurieux encor que vos mépris.
Je pense avoir rendu mon nom assez illustre
Pour n'avoir pas besoin qu'on lui donne un faux lus- [tre.
Reprenez vos honneurs où je n'ai point de part.
J'imputais ce faux bruit aux fureurs du hasard,
Et doutais qu'il pût être une ame assez hardie
Pour ériger Carlos en roi de comédie :
Mais, puisque c'est un jeu de votre belle humeur,
Sachez que les vaillants honorent la valeur ;
Et que tous vos pareils auraient quelque scrupule
A faire de la mienne un éclat ridicule.
Si c'est votre dessein d'en réjouir ces lieux,
Quand vous m'aurez vaincu vous me raillerez mieux ;
La raillerie est belle après une victoire ;
On la fait avec grace aussi bien qu'avec gloire.
Mais vous précipitez un peu trop ce dessein :
La bague de la reine est encore en ma main ;
Et l'inconnu Carlos, sans nommer sa famille,
Vous sert encor d'obstacle au trône de Castille.
Ce bras, qui vous sauva de la captivité,
Peut s'opposer encore à votre avidité.

D. MANRIQUE.

Pour n'être que Carlos, vous parlez bien en maître ;
Et tranchez bien du prince, en déniant de l'être.
Si nous avons tantôt jusqu'au bout défendu
L'honneur qu'à notre rang nous voyions être dû,
Nous saurons bien encor jusqu'au bout le défendre :
Mais ce que nous devons, nous aimons à le rendre.
Que vous soyez don Sanche, ou qu'un autre le soit,
L'un et l'autre de nous lui rendra ce qu'il doit.
Pour le nouveau marquis, quoique l'honneur l'irrite,
Qu'il sache qu'on l'honore autant qu'il le mérite ;
Mais que, pour nous combattre, il faut que le bon sang
Aide un peu sa valeur à soutenir ce rang.
Qu'il n'y prétende point à moins qu'il se déclare :
Non que nous demandions qu'il soit Gusman ou Lare ;
Qu'il soit noble, il suffit pour nous traiter d'égal ;
Nous le verrons tous deux comme un digne rival :
Et si don Sanche enfin n'est qu'une attente vaine,
Nous lui disputerons cet anneau de la reine.
Qu'il souffre cependant, quoique brave guerrier,
Que notre bras dédaigne un simple aventurier.
Nous vous laissons, madame, éclaircir ce mystère ;
Le sang a des secrets qu'entend mieux une mère :
Et, dans les différents qu'avec lui nous avons,
Nous craignons d'oublier ce que nous devons.

SCÈNE III.

D. LÉONOR, CARLOS.

CARLOS.

Madame, vous voyez comme l'orgueil me traite ;
Pour me faire un honneur on veut que je l'achète :
Mais, s'il faut qu'il m'en coûte un secret de vingt ans,
Cet anneau dans mes mains pourra briller longtemps.

D. LÉONOR.

Laissons là ce combat, et parlons de don Sanche.
Ce bruit est grand pour vous, toute la cour y penche :
De grace, dites-moi, vous connaissez-vous bien?

CARLOS.

Plût à Dieu qu'en mon sort je ne connusse rien !
Si j'étais quelque enfant épargné des tempêtes,
Livré dans un désert à la merci des bêtes,
Exposé par la crainte ou par l'inimitié,
Rencontré par hasard, et nourri par pitié,
Mon orgueil à ce bruit prendrait quelque espérance
Sur votre incertitude et sur mon ignorance ;
Je me figurerais ces destins merveilleux,
Qui tiraient du néant les héros fabuleux,
Et me revêtirais des brillantes chimères
Qu'osa former pour eux le loisir de nos pères :
Car enfin je suis vain, et mon ambition
Ne peut s'examiner sans indignation ;
Je ne puis regarder sceptre ni diadème
Qu'ils n'emportent mon ame au-delà d'elle-même :
Inutiles élans d'un vol impétueux
Que pousse vers le ciel un cœur présomptueux,
Que soutiennent en l'air quelques exploits de guerre,
Et qu'un coup d'œil sur moi rabat soudain à terre !
Je ne suis point don Sanche, et connais mes parents ;
Ce bruit me donne en vain un nom que je vous rends ;
Gardez-le pour ce prince : une heure ou deux peut
Avec vos députés vous le feront connaître. [être.
Laissez-moi cependant à cette obscurité
Qui ne fait que justice à ma témérité.

D. LÉONOR.

En vain donc je me flatte, et ce que j'aime à croire
N'est qu'une illusion que me fait votre gloire ?
Mon cœur vous en dédit ; un secret mouvement,
Qui le penche vers vous, malgré moi vous dément :
Mais je ne puis juger quelle source l'anime,
Si c'est l'ardeur du sang, ou l'effort de l'estime ;
Si la nature agit, ou si c'est le désir ;
Si c'est vous reconnaître, ou si c'est vous choisir.
Je veux bien toutefois étouffer ce murmure
Comme des vertus une aimable imposture,
Condamner pour vous plaire un bruit qui m'est si doux ;
Mais où sera mon fils s'il ne vit point en vous ?
On veut qu'il soit ici ; je n'en vois aucun signe :
On connaît, hormis vous, quiconque en serait digne :
Et le vrai sang des rois, sous le sort abattu,
Peut cacher sa naissance, et non pas sa vertu :
Il porte sur le front un luisant caractère
Qui parle malgré lui de tout ce qu'il veut taire ;
Et celui que le ciel sur le vôtre avait mis
Pouvait seul m'éblouir si vous l'eussiez permis.
Vous ne l'êtes donc point, puisque vous me le dites ;
Mais vous êtes à craindre avec tant de mérites.
Souffrez que j'en demeure à cette obscurité.
Je ne condamne point votre témérité ;
Mon estime au contraire est pour vous si puissante,
Qu'il ne tiendra qu'à vous que mon cœur y consente :
Votre sang avec moi n'a qu'à se déclarer ;
Et je vous donne après liberté d'espérer.
Que si même à ce prix vous cachez votre race,
Ne me refusez point du moins une autre grace :
Ne vous préparez plus à nous accompagner ;
Nous n'avons plus besoin de secours pour régner ;
La mort de don Garcie a puni tous ses crimes,
Et rendu l'Aragon à ses rois légitimes ;
N'en cherchez plus la gloire, et quels que soient vos [vœux,
Ne me contraignez point à plus que je ne veux.
Le prix de la valeur doit avoir ses limites ;
Et je vous crains enfin avec tant de mérites.
C'est assez vous en dire. Adieu : pensez-y bien ;
Et faites-vous connaître, ou n'aspirez à rien.

SCÈNE IV.

CARLOS, BLANCHE.

BLANCHE.

Qui ne vous craindra point, si les reines vous craignent ?

CARLOS.

Elles se font raison lorsqu'elles me dédaignent.

BLANCHE.

Dédaigner un héros qu'on reconnaît pour roi !

CARLOS.
N'aide point à l'envie à se jouer de moi,
Blanche ; et si tu te plais à seconder sa haine,
Du moins respecte en moi l'ouvrage de la reine.
BLANCHE.
La reine même en vous ne voit plus aujourd'hui
Qu'un prince que le ciel nous montre malgré lui.
Mais c'est trop la tenir dedans l'incertitude ;
Ce silence vers elle est une ingratitude :
Ce qu'a fait pour Carlos sa générosité
Méritait de don Sanche une civilité.
CARLOS.
Ah ! nom fatal pour moi, que tu me persécutes,
Et prépares mon ame à d'effroyables chutes !

SCENE V.
D. ISABELLE, CARLOS, BLANCHE.

CARLOS.
Madame, commandez qu'on me laisse en repos,
Qu'on ne confonde plus don Sanche avec Carlos :
C'est faire au nom d'un prince une trop longue injure ;
Je ne veux que celui de votre créature ;
Et si le sort jaloux, qui semble me flatter,
Veut m'élever plus haut pour m'en précipiter,
Souffrez qu'en m'éloignant je dérobe ma tête
A l'indigne revers que sa fureur m'apprête.
Je le vois de trop loin pour l'attendre en ce lieu :
Souffrez que je l'évite en vous disant adieu ;
Souffrez...
D. ISABELLE.
Quoi ! ce grand cœur redoute une couronne !
Quand on le croit monarque, il frémit, il s'étonne !
Il veut fuir cette gloire, et se laisse alarmer
De ce que sa vertu force d'en présumer !
CARLOS.
Ah ! vous ne voyez pas que cette erreur commune
N'est qu'une trahison de ma bonne fortune ;
Que déjà mes secrets sont à demi trahis.
Je lui cachais en vain ma race et mon pays ;
En vain sous un faux nom je me faisais connaître,
Pour lui faire oublier ce qu'elle m'a fait naître ;
Elle a déjà trouvé mon pays et mon nom.
Je suis Sanche, madame, et né dans l'Aragon ;
Et je crois déjà voir sa malice funeste
Détruire votre ouvrage en découvrant le reste,
Et faire voir ici, par un honteux effet,
Quel comte et quel marquis votre faveur a fait.
D. ISABELLE.
Pourrais-je alors manquer de force et de courage
Pour empêcher le sort d'abattre mon ouvrage?
Ne me dérobez point ce qu'il ne peut ternir ;
Et la main qui l'a fait saura le soutenir.
Mais vous vous en formez une vaine menace
Pour faire un beau prétexte à l'amour qui vous chasse.
Je ne demande plus d'où partait ce dédain,
Quand j'ai voulu vous faire un hymen de ma main.
Allez dans l'Aragon suivre votre princesse,
Mais allez-y du moins sans feindre une faiblesse ;
Et, puisque ce grand cœur s'attache à ses appas,
Montrez en la suivant que vous ne fuyez pas.
CARLOS.
Ah ! madame, plutôt apprenez tous mes crimes ;
Ma tête est à vos pieds, s'il vous faut des victimes.
Tout chétif que je suis, je dois vous avouer
Qu'en me plaignant du sort j'ai de quoi m'en louer :
S'il m'a fait en naissant quelque désavantage,
Il m'a donné d'un roi le nom et le courage ;
Et, depuis que mon cœur est capable d'aimer,
A moins que d'une reine, il n'a pu s'enflammer ;
Voilà mon premier crime, et je ne puis vous dire
Qui m'a fait infidèle, ou vous, ou done Elvire ;
Mais je sais que ce cœur, des deux parts engagé,
Se donnant à vous deux, ne s'est point partagé,
Toujours prêt d'embrasser son service et le vôtre,
Toujours prêt à mourir et pour l'une et l'autre.
Pour n'en adorer qu'une, il eût fallu choisir ;
Et ce choix eût été du moins quelque désir,
Quelque espoir outrageux d'être mieux reçu d'elle,
Et j'ai cru moins de crime à paraître infidèle.

Qui n'a rien à prétendre en peut bien aimer deux,
Et perdre en plus d'un lieu des soupirs et des vœux ;
Voilà mon second crime : et quoique ma souffrance
Jamais à ce beau feu n'ait permis d'espérance,
Je ne puis, sans mourir d'un désespoir jaloux,
Voir dans les bras d'un autre, ou done Elvire, ou vous.
Voyant que votre choix m'apprêtait ce martyre,
Je voulais m'y soustraire en suivant done Elvire,
Et languir auprès d'elle, attendant que le sort,
Par un semblable hymen, m'eût envoyé la mort.
Depuis, l'occasion, que vous-même avez faite,
M'a fait quitter le soin d'une telle retraite.
Ce trouble a quelque temps amusé ma douleur ;
J'ai cru par ces combats reculer mon malheur.
Le coup de votre perte est devenu moins rude,
Lorsque j'en ai vu l'heure en quelque incertitude,
Et que j'ai pu me faire une si douce loi
Que ma mort vous donnât un plus vaillant que moi.
Mais je n'ai plus, madame, aucun combat à faire,
Je vois pour vous don Sanche un époux nécessaire :
Car ce n'est point l'amour qui fait l'hymen des rois ;
Les raisons de l'état règlent toujours leur choix :
Leur sévère grandeur jamais ne se ravale,
Ayant devant les yeux un prince qui l'égale ;
Et, puisque le saint nœud qui le fait votre époux
Arrête comme sœur done Elvire avec vous,
Que je ne puis la voir sans voir ce qui me tue,
Permettez que j'évite une fatale vue,
Et que je porte ailleurs les criminels soupirs
D'un reste malheureux de tant de déplaisirs.
D. ISABELLE.
Vous m'en dites assez pour mériter ma haine,
Si je laissais agir les sentiments de reine ;
Par un trouble secret je les sens confondus :
Partez, je le consens, et ne les troublez plus.
Mais non : pour fuir don Sanche, attendez qu'on le voie.
Ce bruit peut être faux, et me rendre ma joie.
Que dis-je ? Allez, marquis, j'y consens de nouveau :
Mais, avant que partir, donnez-lui mon anneau ;
Si ce n'est toutefois une faveur trop grande
Que pour tant de faveurs une reine demande.
CARLOS.
Vous voulez que je meure, et je dois obéir,
Dût cette obéissance à mon sort me trahir :
Je recevrai pour grace un si juste supplice,
S'il en rompt la menace, et prévient la malice,
Et souffre que Carlos, en donnant cet anneau,
Emporte ce faux nom et sa gloire au tombeau.
C'est l'unique bonheur où ce coupable aspire.
D. ISABELLE.
Que n'êtes-vous don Sanche ! Ah ! ciel ! qu'osé-je dire ?
Adieu : ne croyez pas ce soupir indiscret.
CARLOS.
Il m'en a dit assez pour mourir sans regret.

FIN DU QUATRIÈME ACTE.

ACTE V.

SCENE PREMIÈRE.

DON ALVAR, DONA ELVIRE.

D. ALVAR.
Enfin, après un sort à mes vœux si contraire,
Je dois bénir le ciel qui vous renvoie un frère;
Puisque de notre reine il doit être l'époux,
Cette heureuse union me laisse tout à vous.
Je me vois affranchi d'un honneur tyrannique,
D'un joug que m'imposait cette faveur publique,
D'un choix qui me forçait à vouloir être roi;
Je n'ai plus de combat à faire contre moi,
Plus à craindre le prix d'une triste victoire;
Et l'infidélité que vous faisait ma gloire
Consent que mon amour, de ses lois dégagé,
Vous rende un inconstant qui n'a jamais changé.

D. ELVIRE.
Vous êtes généreux, mais votre impatience
Sur un bruit incertain prend trop de confiance;
Et cette prompte ardeur de rentrer dans mes fers
Me console trop tôt d'un trône que je perds.
Ma perte n'est encor qu'une rumeur confuse,
Qui du nom de Carlos, malgré Carlos, abuse;
Et vous ne savez pas, à vous en bien parler,
Par quelle offre et quels vœux on m'en peut consoler.
Plus que vous ne pensez la couronne m'est chère;
Je perds plus qu'on ne croit, si Carlos est mon frère.
Attendez les effets que produiront ces bruits;
Attendez que je sache au vrai ce que je suis,
Si le ciel m'ôte ou laisse enfin le diadème,
S'il vous faut m'obtenir d'un frère ou de moi-même,
Si, par l'ordre d'autrui, je vous dois écouter,
Ou si j'ai seulement mon cœur à consulter.

D. ALVAR.
Ah! ce n'est qu'à ce cœur que le mien vous demande,
Madame, c'est lui seul que je veux qui m'entende;
Et mon propre bonheur m'accablerait d'ennui
Si je n'étais à vous que par l'ordre d'autrui.
Pourrais-je de ce frère implorer la puissance
Pour ne vous obtenir que par obéissance;
Et, par un lâche abus de son autorité,
M'élever en tyran sur votre volonté?

D. ELVIRE.
Avec peu de raison vous craignez qu'il arrive
Qu'il ait des sentiments que mon ame ne suive :
Le digne sang des rois n'a point d'yeux que leurs yeux,
Et leurs premiers sujets obéissent le mieux.
Mais vous êtes étrange avec vos déférences,
Dont les soumissions cherchent des assurances.
Vous ne craignez d'agir contre ce que je veux,
Que pour tirer de moi que j'accepte vos vœux,
Et vous obstineriez dans ce respect extrême
Jusques à me forcer à dire, « Je vous aime. »
Ce mot est un peu rude à prononcer pour nous;
Souffrez qu'à m'expliquer j'en trouve de plus doux.
Je vous dirai beaucoup, sans pourtant vous rien dire.
Je sais depuis quel temps vous aimez done Elvire;
Je sais ce que je dois, je sais ce que je puis :
Mais, encore une fois, sachons ce que je suis ;
Et, si vous n'aspirez qu'au bonheur de me plaire,
Tâchez d'approfondir ce dangereux mystère.
Carlos a tant de lieu de vous considérer,
Que, s'il devient mon roi, vous devez espérer.

D. ALVAR.
Madame...

D. ELVIRE.
En ma faveur donnez-vous cette peine,
Et me laissez, de grace, entretenir la reine.

D. ALVAR.
J'obéis avec joie, et ferai mon pouvoir
A vous dire bientôt ce qui s'en peut savoir.

SCENE II.

D. LÉONOR, D. ELVIRE.

D. LÉONOR.
Don Alvar me fuit-il?

D. ELVIRE.
Madame, à ma prière,
Il va dans tous ces bruits chercher quelque lumière.
J'ai craint, en vous voyant, un secours pour ses feux,
Et de défendre mal mon cœur contre vous deux.

D. LÉONOR.
Ne pourra-t-il jamais gagner votre courage?

D. ELVIRE.
Il peut tout obtenir, ayant votre suffrage.

D. LÉONOR.
Je lui puis donc enfin promettre votre foi?

D. ELVIRE.
Oui, si vous lui gagnez celui du nouveau roi.

D. LÉONOR.
Et si ce bruit est faux, si vous demeurez reine?

D. ELVIRE.
Que vous puis-je répondre, en étant incertaine?

D. LÉONOR.
En cette incertitude on peut faire espérer.

D. ELVIRE.
On peut attendre aussi pour en délibérer :
On agit autrement quand le pouvoir suprême...

SCENE III.

D. ISABELLE, D. LÉONOR, D. ELVIRE.

D. ISABELLE. (même;
J'interromps vos secrets, mais j'y prends part moi-
Et j'ai tant d'intérêt de connaître ce fils,
Que j'ose demander ce qui s'en est appris.

D. LÉONOR.
Vous ne m'en voyez point davantage éclaircie.

D. ISABELLE.
Mais de qui tenez-vous la mort de don Garcie,
Vu que, depuis un mois qu'il vient des députés,
On parlait seulement de peuples révoltés?

D. LÉONOR.
Je vous puis sur ce point aisément satisfaire;
Leurs gens m'en ont donné la raison assez claire.
On assiégeait encore, alors qu'ils sont partis,
Dedans leur dernier fort don Garcie et son fils :
On l'a pris tôt après; et soudain par sa mère
Don Raymond prisonnier, recouvrant sa franchise,
Les voyant tous deux morts, publie à haute voix
Que nous avions un roi du vrai sang de nos rois,
Que don Sanche vivait, et part en diligence
Pour rendre à l'Aragon le bien de sa présence :
Il joint nos députés hier sur la fin du jour,
Et leur dit que ce prince était en votre cour.
C'est tout ce que j'ai pu tirer d'un domestique :
Outre qu'avec ces gens rarement on s'explique,
Comme ils entendent mal, leur rapport est confus
Mais bientôt don Raymond vous dira le surplus.
Que nous veut cependant Blanche tout étonnée?

SCENE IV.

D. ISABELLE, D. LÉONOR, D. ELVIRE, BLANCHE.

BLANCHE.
Ah! madame!

D. ISABELLE.
Qu'as-tu?

BLANCHE.
La funeste journée!
Votre Carlos...

D. ISABELLE.
Hé bien?

BLANCHE.
Son père est en ces lieux,
Et n'est...

D. ISABELLE.
Quoi?
BLANCHE.
Qu'un pêcheur.
D. ISABELLE.
Qui te l'a dit?
BLANCHE.
Mes yeux.
D. ISABELLE.
Tes yeux?
BLANCHE.
Mes propres yeux.
D. ISABELLE.
Que j'ai peine à les croire!
D. LÉONOR.
Voudriez-vous, madame, en apprendre l'histoire?
D. ELVIRE.
Que le ciel est injuste!
D. ISABELLE.
Il l'est, et nous fait voir,
Par cet injuste effet, son absolu pouvoir,
Qui du sang le plus vil tire une ame si belle,
Et forme une vertu qui n'a lustre que d'elle.
Parle, Blanche, et dis-nous comme il voit ce malheur.
BLANCHE.
Avec beaucoup de honte, et plus encor de cœur.
Du haut de l'escalier je le voyais descendre;
En vain de ce faux bruit il se voulait defendre;
Votre cour, obstinée à lui changer de nom,
Murmurait tout autour, « Don Sanche d'Aragon, »
Quand un chétif vieillard le saisit et l'embrasse.
Lui qui le reconnaît fremit de sa disgrace ;
Puis, laissant la nature à ses pleins mouvements,
Répond avec tendresse à ses embrassements.
Ses pleurs mêlent aux siens une fierté sincère : [père!
On n'entend que soupirs : « Ah! mon fils! ah! mon
« O jour trois fois heureux! moment trop attendu!
« Tu m'as rendu la vie! » et « Vous m'avez perdu!»
Chose étrange! à ces cris de douleur et de joie
Un grand peuple accouru ne veut pas qu'on les croie;
Il s'aveugle soi-même : et ce pauvre pecheur,
En depit de Carlos, passe pour imposteur.
Dans les bras de ce fils on lui fait mille hontes :
C'est un fourbe, un méchant suborné par les comtes.
Eux-mêmes (admirez leur générosité)
S'efforcent d'affermir cette incredulité :
Non qu'ils prennent sur eux de si lâches pratiques;
Mais ils en font auteur un de leurs domestiques,
Qui, pensant bien leur plaire, a si mal à propos
Instruit ce malheureux pour affronter Carlos.
Avec avidité cette histoire est reçue;
Chacun la tient trop vraie aussitôt qu'elle est sue :
Et pour plus de croyance à cette trahison ,
Les comtes font traîner le bonhomme en prison.
Carlos rend témoignage en vain contre soi-même ;
Les vérités qu'il dit cèdent au stratagème :
Et dans le deshonneur qui l'accable aujourd'hui ,
Ses plus grands envieux l'en sauvent malgré lui.
Il tempête, il menace, et, bouillant de colère,
Il crie à pleine voix qu'on lui rende son père :
On tremble devant lui, sans croire son courroux ;
Et rien... Mais le voici qui vient s'en plaindre à vous.

SCENE V.

D. ISABELLE, D. LÉONOR, D. ELVIRE,
BLANCHE, CARLOS, D. MANRIQUE, D. LOPE.

CARLOS.
Eh bien! madame, enfin on connaît ma naissance :
Voilà le digne fruit de mon obéissance.
J'ai prévu ce malheur, et l'aurais évité
Si vos commandements ne m'eussent arrêté.
Ils m'ont livré, madame, à ce moment funeste;
Et l'on m'arrache encor le seul bien qui me reste!
On me vole mon père! on le fait criminel!
On attache à son nom un opprobre éternel!
Je suis fils d'un pêcheur, mais non pas d'un infame;
La bassesse du sang ne va point jusqu'à l'ame :
Et je renonce aux noms de comte et de marquis

Avec bien plus d'honneur qu'aux sentiments de fils;
Rien ne peut effacer le sacré caractère.
De grace, commandez qu'on me rende mon père :
Ce doit leur être assez de savoir qui je suis,
Sans m'accabler encor par de nouveaux ennuis.
D. MANRIQUE.
Forcez ce grand courage à conserver sa gloire,
Madame, et l'empêchez lui-même de se croire.
Nous n'avons pu souffrir qu'un bras qui tant de fois
A fait trembler le Maure et triompher nos rois,
Reçût de sa naissance une tache eternelle ;
Tant de valeur mérite une source plus belle.
Aidez ainsi que nous ce peuple à s'abuser ;
Il aime son erreur, daignez l'autoriser :
A tant de beaux exploits rendez cette justice,
Et de notre pitié soutenez l'artifice.
CARLOS.
Je suis bien malheureux si je vous fais pitié!
Reprenez votre orgueil et votre inimitie.
Après que ma fortune a soûlé votre envie,
Vous plaignez aisément mon entrée à la vie ;
Et, me croyant par elle à jamais abattu,
Vous exercez sans peine une haute vertu.
Peut-être elle ne fait qu'une embûche à la mienne :
La gloire de mon nom vaut bien qu'on la retienne ;
Mais son plus bel éclat serait trop acheté,
Si je le retenais par une lâcheté.
Si ma naissance est basse, elle est du moins sans tache ;
Puisque vous le savez, je veux bien qu'on la sache.
Sanche, fils d'un pêcheur, et non d'un imposteur,
De deux comtes jadis fut le libérateur :
Sanche, fils d'un pêcheur, mettait naguère en peine
Deux illustres rivaux sur le choix de leur reine :
Sanche, fils d'un pêcheur, tient encore en sa main
De quoi faire bientôt tout l'heur d'un souverain :
Sanche enfin, malgré lui, dedans cette province,
Quoique fils d'un pêcheur, a passé pour un prince.
Voilà ce qu'a pu faire et qu'a fait à vos yeux
Un cœur que ravalait le nom de ses aïeux.
La gloire qui m'en reste après cette disgrace
Eclate encore assez pour honorer ma race,
Et paraitra plus grande à qui comprendra bien
Qu'à l'exemple du ciel j'ai fait beaucoup de rien.
D. LOPE.
Cette noble fierté desavoue un tel père,
Et, par un témoignage à soi-même contraire,
Obscurcit de nouveau ce qu'on voit éclairci.
Non, le fils d'un pêcheur ne parle point ainsi,
Et son ame parait si dignement formée,
Que j'en crois plus que lui l'erreur que j'ai semée.
Je le soutiens, Carlos, vous n'êtes point son fils :
La justice du ciel ne peut l'avoir permis;
Les tendresses du sang vous font une imposture,
Et je démens pour vous la voix de la nature.
Ne vous repentez point de tant de dignites
Dont il vous plut orner vos si rares qualites ;
Jamais plus digne main ne fit plus digne ouvrage,
Madame; il les relève avec ce grand courage ;
Et vous ne leur pouviez trouver plus haut appui,
Puisque même le sort est au dessous de lui.
D. ISABELLE.
La générosité qu'en tous les trois j'admire
Me met en un etat de n'avoir que leur dire,
Et, dans la nouveauté de ces évènements,
Par un illustre effort previent mes sentiments.
Ils paraîtront en vain, comtes, s'ils vous excitent
A lui rendre l'honneur que ses hauts faits méritent,
Et ne dédaigner pas l'illustre et rare objet
D'une haute valeur qui part d'un sang abject :
Vous courez au devant avec tant de franchise,
Qu'autant que du pêcheur je m'en trouve surprise.
Et vous, que par mon ordre ici j'ai retenu,
Sanche, puisqu'à ce nom vous êtes reconnu,
Miraculeux heros, dont la gloire refuse
L'avantageuse erreur d'un peuple qui s'abuse,
Parmi les déplaisirs que vous en recevez,
Puis-je vous consoler d'un sort que vous bravez?
Puis-je vous demander ce que je vous vois faire?
Je vous tiens malheureux d'être né d'un tel père ;
Mais je vous tiens ensemble heureux au dernier point

D'être né d'un tel père, et de n'en rougir point,
Et de ce qu'un grand cœur, mis dans l'autre balance,
Emporte encor si haut une telle naissance.

SCENE VI.
D. ISABELLE, D. LÉONOR, D. ELVIRE, CARLOS, D. MANRIQUE, DON LOPE, D. ALVAR, BLANCHE, Un Garde.

D. ALVAR.

Princesses, admirez l'orgueil d'un prisonnier
Qu'en faveur de son fils on veut calomnier.
Ce malheureux pêcheur, par promesse ni crainte,
Ne saurait se résoudre à souffrir une feinte.
J'ai voulu lui parler, et n'en fais que sortir;
J'ai tâché, mais en vain, de lui faire sentir
Combien mal à propos sa présence importune
D'un fils si généreux renverse la fortune,
Et qu'il le perd d'honneur, à moins que d'avouer
Que c'est un lâche tour qu'on le force à jouer;
J'ai même à ces raisons ajouté la menace :
Rien ne peut l'ébranler, Sanche est toujours sa race;
Et quant à ce qu'il perd de fortune et d'honneur,
Il dit qu'il a de quoi le faire grand seigneur,
Et que plus de cent fois il a su de sa femme
(Voyez qu'il est crédule et simple au fond de l'âme)
Que voyant ce présent qu'en mes mains il a mis,
La reine d'Aragon agrandirait son fils.

(à D. Léonor.)

Si vous le recevez avec autant de joie,
Madame, que par moi ce vieillard vous l'envoie,
Vous donnerez sans doute à cet illustre fils
Un rang encor plus haut que celui de marquis.
Ce bonhomme en paraît l'âme toute comblée.

(D. Alvar présente à D. Léonor un petit écrin qui s'ouvre sans clef au moyen d'un secret.)

D. ISABELLE.

Madame, à cet aspect vous paraissez troublée !

D. LÉONOR.

J'ai bien sujet de l'être en recevant ce don,
Madame, j'en saurai si mon fils vit, ou non;
Et c'est où le feu roi, déguisant sa naissance,
D'un sort si précieux mit la reconnaissance.
Disons ce qu'il enferme avant que de l'ouvrir.
Ah! Sanche, si par là je puis te découvrir,
Vous pouvez être sûr d'un entier avantage
Dans les lieux dont le ciel a fait notre partage ;
Et qu'après ce trésor que vous m'aurez rendu
Vous recevrez le prix qui vous en sera dû.
Mais à ce doux transport c'est déjà trop permettre;
Trouvons notre bonheur avant que d'en promettre.
Ce présent donc enferme un tissu de cheveux
Que reçut don Fernand pour arrhes de mes vœux.
Son portrait et le mien, deux pierres les plus rares
Que forme le soleil sous les climats barbares,
Et, pour un témoignage encore plus certain,
Un billet que lui-même écrivit de sa main.

UN GARDE.

Madame, don Raymond vous demande audience.

D. LÉONOR.

Qu'il entre. Pardonnez à mon impatience
Si l'ardeur de le voir et de l'entretenir
Avant votre congé l'ose faire venir.

D. ISABELLE.

Vous pouvez commander dans toute la Castille,
Et je ne vous vois plus qu'avec des yeux de fille.

SCENE VII.
D. ISABELLE, D. LÉONOR, D. ELVIRE, CARLOS, D. MANRIQUE, D. LOPE, D. ALVAR, BLANCHE, D. RAYMOND.

D. LÉONOR.

Laissez là, don Raymond, la mort de nos tyrans,
Et rendez seulement don Sanche à ses parents.
Vit-il? peut-il braver nos fières destinées?

D. RAYMOND.

Sortant d'une prison de plus de six années,
Je l'ai cherché, madame, où, pour le mieux braver,
Par l'ordre du feu roi je le fis élever,
Avec tant de secret, que même un second père
Qui l'estime son fils ignore ce mystère.
Ainsi qu'en votre cour Sanche y fut son vrai nom;
Et l'on n'en retrancha que cet illustre Don.
Là, j'ai su qu'à seize ans son généreux courage
S'indigna des emplois de ce faux parentage;
Qu'impatient déjà d'être si mal tombé,
A sa fausse bassesse il s'était dérobé;
Que déguisant son nom, et cachant sa famille,
Il avait fait merveille aux guerres de Castille,
D'où quelque sien voisin, depuis peu de retour,
L'avait vu plein de gloire, et fort bien à la cour ;
Que du bruit de son nom elle était toute pleine,
Qu'il était connu même et chéri de la reine :
Si bien que ce pêcheur, d'aise tout transporté,
Avait couru chercher ce fils si fort vanté.

D. LÉONOR.

Don Raymond, si vos yeux pouvaient le reconnaître...

D. RAYMOND.

Oui, je le vois, madame. Ah! seigneur! ah! mon maître!

D. LOPE.

Nous l'avions bien jugé. Grand prince, rendez-vous ;
La vérité paraît, cédez aux vœux de tous.

D. LÉONOR.

Don Sanche, voulez-vous être seul incrédule?

CARLOS.

Je crains encor du sort un revers ridicule :
Mais, madame, voyez si le billet du roi
Accorde à don Raymond ce qu'il vous dit de moi.

D. LÉONOR ouvre l'écrin, et en tire un billet qu'elle lit.

« Pour tromper un tyran je vous trompe vous-même,
« Vous reverrez ce fils que je vous fais pleurer :
« Cette erreur lui peut rendre un jour le diadème;
« Et je vous l'ai caché pour le mieux assurer.
« Si ma feinte vers vous passe pour criminelle,
« Pardonnez-moi les maux qu'elle vous fait souffrir,
« De crainte que les soins de l'amour maternelle
« Par leurs empressements le fissent découvrir.
« Nugne, un pauvre pêcheur, s'en croit être le père,
« Sa femme en son absence accouchant d'un fils mort
« Elle reçut le vôtre, et sut si bien se taire,
« Que le père et le fils en ignorent le sort.
« Elle-même l'ignore; et d'un si grand échange
« Elle sait seulement qu'il n'est pas de son sang,
« Et croit que ce présent, par un miracle étrange,
« Doit un jour par vos mains lui rendre son vrai rang.
« A ces marques un jour daignez le reconnaître ;
« Et puisse l'Aragon, retournant sous vos lois,
« Apprendre ainsi que vous, de moi qu'il l'ai vu naître,
« Que Sanche, fils de Nugne, est le sang de ses rois!

DON FERNAND D'ARAGON. »

D. LÉONOR, après avoir lu.

Ah! mon fils, s'il en faut encore davantage,
Croyez-en vos vertus et votre grand courage.

CARLOS, à Léonor.

Ce serait mal répondre à ce rare bonheur
Que vouloir me défendre encor d'un tel honneur.

(à D. Isabelle.)

Je reprends toutefois Nugne pour mon vrai père,
Si vous ne m'ordonnez, madame, que j'espère.

D. ISABELLE.

C'est trop peu d'espérer, quand tout vous est acquis.
Je vous avais fait tort en vous faisant marquis;
Et vous n'aurez pas lieu désormais de vous plaindre
De ce retardement où j'ai su vous contraindre.
Et pour moi, que le ciel destinait pour un roi
Digne de la Castille, et digne encor de moi,
J'avais mis cette bague en des mains assez bonnes
Pour la rendre à don Sanche, et joindre nos couronnes.

CARLOS.

Je ne m'étonne plus de l'orgueil de mes vœux
Qui sans le partager donnaient mon cœur à deux :
Dans les obscurités d'une telle aventure,
L'amour se confondait avecque la nature.

D. ELVIRE.

Le nôtre y répondait sans faire honte au rang,
Et le mien vous payait ce que devait le sang.

CARLOS *à D. Elvire.*
Si vous m'aimez encore et m'honorez en frère,
Un époux de ma main pourrait-il vous déplaire?
D. ELVIRE.
Si don Alvar de Lune est cet illustre époux,
Il vaut bien à mes yeux tout ce qui n'est point vous.
CARLOS, *à D. Elvire.*
Il honorait en moi la vertu toute nue.
(*à D. Manrique et D. Lope.*)
Et vous qui dédaigniez ma naissance inconnue,
Comtes, et les premiers en cet évènement
Jugiez en ma faveur si véritablement,
Votre dédain fut juste autant que son estime :
C'est la même vertu sous une autre maxime.
D. RAYMOND, *à D. Isabelle.*
Souffrez qu'à l'Aragon il daigne se montrer :
Nos députés, madame, impatients d'entrer...
D. ISABELLE.
Il vaut mieux leur donner audience publique,
Afin qu'aux yeux de tous ce miracle s'explique.
Allons; et cependant qu'on mette en liberté
Celui par qui tant d'heur nous vient d'être apporté ;
Et qu'on l'amène ici, plus heureux qu'il ne pense,
Recevoir de ses soins la digne récompense.

FIN DE DON SANCHE D'ARAGON.

EXAMEN
DE
DON SANCHE D'ARAGON.

Cette pièce est toute d'invention, mais elle n'est pas toute de la mienne. Ce qu'a de fastueux le premier acte est tiré d'une comédie espagnole, intitulée *El Palacio confuso*; et la double reconnaissance qui finit le cinquième est prise du roman de don Pélage. Elle eut d'abord grand éclat sur le théâtre ; mais une disgrace particulière fit avorter toute sa bonne fortune. Le refus d'un illustre suffrage dissipa les applaudissements que le public lui avait donnés trop libéralement, et anéantit si bien tous les arrêts que Paris et le reste de la cour avaient prononcés en sa faveur, qu'au bout de quelque temps elle se trouva reléguée dans les provinces, où elle conserve encore son premier lustre.

Le sujet n'a pas grand artifice. C'est un inconnu, assez honnête homme pour se faire aimer de deux reines. L'inégalité des conditions met un obstacle au bien qu'elles lui veulent durant quatre actes et demi ; et quand il faut de nécessité finir la pièce, un bonhomme semble tomber des nues pour faire développer le secret de sa naissance, qui le rend mari de l'une, en le faisant reconnaître pour frère de l'autre :

Hæc eadem à summo expectes minimoque poetâ.

Don Raymond et ce pêcheur ne suivent point la règle que j'ai voulu établir, de n'introduire aucun acteur qui ne fût insinué dès le premier acte, ou appelé par quelqu'un de ceux qu'on y a connus. Il m'était aisé d'y faire dire à la reine doña Léonor ce qu'elle dit à l'entrée du quatrième ; mais si elle eût fait savoir qu'elle eût eu un fils, et que le roi son mari lui eût appris en mourant que don Raymond avait un secret à lui révéler, on eût trop tôt deviné que Carlos était ce prince. On peut dire de don Raymond qu'il vient avec les députés d'Aragon dont il est parlé au premier acte, et qu'ainsi il satisfait aucunement à cette règle ; mais ce n'est que par hasard qu'il vient avec eux. C'était le pêcheur qu'il était allé chercher, et non pas eux ; et il ne les joint sur le chemin qu'à cause de ce qu'il a appris chez ce pêcheur, qui, de son côté, vient en Castille de son seul mouvement, sans y être amené par aucun incident dont on ait parlé dans la protase ; et il n'a point de raison d'arriver ce jour là plutôt qu'un autre, sinon que la pièce n'aurait pu finir s'il ne fût arrivé.

L'unité de jour y est si peu violentée, qu'on peut soutenir que l'action ne demande pour sa durée que le temps de sa représentation. Pour celle de lieu, j'ai déjà dit que je n'en parlerais plus sur les pièces qui restaient à examiner. Les sentiments du second acte ont autant ou plus de délicatesse qu'aucuns que j'aie mis sur le théâtre. L'amour des deux reines pour Carlos y paraît très visible, malgré le soin et l'adresse que toutes les deux apportent à le cacher dans leurs différents caractères, dont l'un marque plus d'orgueil, et l'autre plus de tendresse. La confidence qu'y fait celle de Castille avec Blanche est assez ingénieuse ; et, par une réflexion sur ce qui s'est passé au premier acte, elle prend occasion de faire savoir aux spectateurs sa passion pour ce brave inconnu, qu'elle a si bien vengé du mépris qu'en ont fait les comtes. Ainsi on ne peut dire qu'elle choisisse sans raison ce jour là plutôt qu'un autre pour lui en confier le secret, puisqu'il paraît qu'elle le sait déjà, et qu'elles ne font que raisonner ensemble sur ce qu'on vient de voir représenter.

FIN DE L'EXAMEN DE DON SANCHE.

NICOMÈDE,

TRAGÉDIE

EN CINQ ACTES.

1652.

PERSONNAGES.

PRUSIAS, roi de Bithynie.
FLAMINIUS, ambassadeur de Rome.
ARSINOÉ, seconde femme de Prusias.
LAODICE, reine d'Arménie.
NICOMÈDE, fils aîné de Prusias, sorti du premier lit.
ATTALE, fils de Prusias et d'Arsinoé.
ARASPE, capitaine des gardes de Prusias.
CLÉONE, confidente d'Arsinoé.

La scène est à Nicomédie.

ACTE PREMIER.

SCÈNE PREMIÈRE.

NICOMÈDE, LAODICE.

LAODICE.
Après tant de hauts faits, il m'est bien doux, seigneur;
De voir encor mes yeux régner sur votre cœur;
De voir, sous les lauriers qui vous couvrent la tête,
Un si grand conquérant être encor ma conquête,
Et de toute la gloire acquise à ses travaux
Faire un illustre hommage à ce peu que je vaux.
Quelques biens toutefois que le ciel me renvoie,
Mon cœur épouvanté se refuse à la joie:
Je vous vois à regret, tant mon cœur amoureux
Trouve la cour pour vous un séjour dangereux.
Votre marâtre y règne; et le roi votre père
Ne voit que par ses yeux, seule la considère,
Pour souveraine loi n'a que sa volonté:
Jugez après cela de votre sûreté.
La haine que pour vous elle a si naturelle
A mon occasion encor se renouvelle.
Votre frère son fils, depuis peu de retour...

NICOMÈDE.
Je le sais, ma princesse, et qu'il vous fait la cour.
Je sais que les Romains, qui l'avaient en ôtage,
L'ont enfin renvoyé pour un plus digne ouvrage;
Que ce don à sa mère était le prix fatal
Dont leur Flaminius marchandait Annibal;
Que le roi par son ordre eût livré ce grand homme,
S'il n'eût par le poison lui-même évité Rome,
Et rompu par sa mort les spectacles pompeux
Où l'effroi de son nom le destinait chez eux.
Par mon dernier combat je voyais réunie
La Cappadoce entière avec la Bithynie,
Lorsqu'à cette nouvelle, enflammé de courroux
D'avoir perdu mon maître, et de craindre pour vous,
J'ai laissé mon armée aux mains de Théagène,
Pour voler en ces lieux au secours de ma reine.
Vous en aviez besoin, madame, et je le vois,
Puisque Flaminius obsède encor le roi.
Si de son arrivée Annibal fut la cause,
Lui mort, ce long séjour prétend quelque autre chose;
Et je ne vois que vous qui le puisse arrêter,
Pour aider à mon frère à vous persécuter.

LAODICE.
Je ne veux point douter que sa vertu romaine
N'embrasse avec chaleur l'intérêt de la reine:
Annibal, qu'elle vient de lui sacrifier,
L'engage en sa querelle, et m'en fait défier.
Mais, seigneur, jusqu'ici j'aurais tort de m'en plaindre:
Et, quoi qu'il entreprenne, avez-vous lieu de craindre?
Ma gloire et mon amour peuvent bien peu sur moi,
S'il faut votre présence à soutenir ma foi,
Et si je puis tomber en cette frénésie
De préférer Attale au vainqueur de l'Asie;
Attale, qu'en ôtage ont nourri les Romains,
Ou plutôt qu'en esclave ont façonné leurs mains,
Sans lui rien mettre au cœur qu'une crainte servile
Qui tremble à voir un aigle, et respecte un édile!

NICOMÈDE.
Plutôt, plutôt la mort, que mon esprit jaloux
Forme des sentiments si peu dignes de vous.
Je crains la violence, et non votre faiblesse;
Et si Rome une fois contre nous s'intéresse...

LAODICE.
Je suis reine, seigneur; et Rome a beau tonner,
Elle ni votre roi n'ont rien à m'ordonner:
Si de mes jeunes ans il est dépositaire,
C'est pour exécuter les ordres de mon père:
Il m'a donnée à vous, et nul autre que moi
N'a droit de l'en dédire, et me choisir un roi.
Par son ordre et le mien, la reine d'Arménie
Est due à l'héritier du roi de Bithynie,
Et ne prendra jamais un cœur assez abject
Pour se laisser réduire à l'hymen d'un sujet.
Mettez-vous en repos.

NICOMÈDE.
Et le puis-je, madame,
Vous voyant exposée aux fureurs d'une femme
Qui, pouvant tout ici, se croira tout permis
Pour se mettre en état de voir régner son fils?
Il n'est rien de si saint qu'elle ne fasse enfreindre.
Qui livrait Annibal pourra bien vous contraindre,
Et saura vous garder même fidélité
Qu'elle a gardée aux droits de l'hospitalité.

LAODICE.
Mais ceux de la nature ont-ils un privilège
Qui vous assure d'elle après ce sacrilège?
Seigneur, votre retour, loin de rompre ses coups,
Vous expose vous-même, et m'expose après vous.
Comme il est fait sans ordre, il passera pour crime;
Et vous serez bientôt la première victime
Que la mère et le fils, ne pouvant m'ébranler,
Pour m'ôter mon appui se voudront immoler.
Si j'ai besoin de vous de peur qu'on me contraigne,
J'ai besoin que le roi, qu'elle-même vous craigne.
Retournez à l'armée, et pour me protéger
Montrez cent mille bras tout prêts à me venger.
Parlez la force en main, et hors de leur atteinte:
S'ils vous tiennent ici, tout est pour eux sans crainte;
Et ne vous flattez point ni sur votre grand cœur,
Ni sur l'éclat d'un nom cent et cent fois vainqueur;
Quelque haute valeur que puisse être la vôtre, [autre;
Vous n'avez en ces lieux que deux bras comme un
Et, fussiez-vous du monde et l'amour et l'effroi,
Quiconque entre au palais porte sa tête au roi.
Je vous le dis encor, retournez à l'armée,
Ne montrez à la cour que votre renommée;
Assurez votre sort pour assurer le mien;
Faites que l'on vous craigne, et je ne craindrai rien.

NICOMÈDE.
Retourner à l'armée! ah! sachez que la reine
La sème d'assassins achetés par sa haine.
Deux s'y sont découverts, que j'amène avec moi
Afin de la convaincre et détromper le roi.
Quoiqu'il soit son époux, il est encor mon père;
Et, quand il forcera la nature à se taire,
Trois sceptres à son trône attachés par mon bras
Parleront au lieu d'elle, et ne se tairont pas.
Que si notre fortune à ma perte animée
La prépare à la cour aussi bien qu'à l'armée,
Dans ce péril égal qui me suit en tous lieux,
M'envierez-vous l'honneur de mourir à vos yeux?

LAODICE.
Non, je ne vous dis plus désormais que je tremble,
Mais que, s'il faut périr, nous périrons ensemble.
Armons-nous de courage, et nous ferons trembler
Ceux dont les lâchetés pensent nous accabler.
Le peuple ici vous aime et hait ces cœurs infâmes;
Et c'est bien votre fort que régner sur tant d'âmes.
Mais votre frère Attale adresse ici ses pas.

NICOMÈDE.
Il ne m'a jamais vu; ne me découvrez pas.

SCÈNE II.
LAODICE, NICOMÈDE, ATTALE.

ATTALE.
Quoi! madame, toujours un front inexorable!
Ne pourrais-je surprendre un regard favorable,
Un regard désarmé de toutes ces rigueurs,
Et tel qu'il est enfin quand il gagne les cœurs?

LAODICE.
Si ce front est mal propre à m'acquérir le vôtre,
Quand j'en aurai dessein, j'en saurai prendre un autre.

ATTALE.
Vous ne l'acquerrez point, puisqu'il est tout à vous.

LAODICE.
Je n'ai donc pas besoin d'un visage plus doux.

ATTALE.
Conservez-le, de grâce, après l'avoir su prendre.

LAODICE.
C'est un bien mal acquis que j'aime mieux vous rendre.

ATTALE.
Vous l'estimez trop peu pour le vouloir garder.

LAODICE.
Je vous estime trop pour vouloir rien farder.
Votre rang et le mien ne sauraient le permettre:
Pour garder votre cœur je n'ai pas où le mettre;
La place est occupée: et je vous l'ai tant dit,
Prince, que ce discours vous doit être interdit:
On le souffre d'abord, mais la suite importune.

ATTALE.
Que celui qui l'occupe a de bonne fortune!
Et que serait heureux qui pourrait aujourd'hui
Disputer cette place, et l'emporter sur lui!

NICOMÈDE.
La place à l'emporter coûterait bien des têtes,
Seigneur: ce conquérant garde bien ses conquêtes,
Et l'on ignore encor parmi ses ennemis
L'art de reprendre un fort qu'une fois il a pris.

ATTALE.
Celui-ci toutefois peut s'attaquer de sorte
Que, tout vaillant qu'il est, il faudra qu'il en sorte.

LAODICE.
Vous pourriez vous méprendre.

ATTALE.
Et si le roi le veut?

LAODICE.
Le roi, juste et prudent, ne veut que ce qu'il peut.

ATTALE.
Et que ne peut ici la grandeur souveraine?

LAODICE.
Ne parlez pas si haut: s'il est roi, je suis reine;
Et vers moi tout l'effort de son autorité
N'agit que par prière et par civilité.

ATTALE.
Non; mais agir ainsi souvent c'est beaucoup dire
Aux reines comme vous qu'on voit dans son empire
Et, si ce n'est assez des prières d'un roi,
Rome qui m'a nourri vous parlera pour moi.

NICOMÈDE.
Rome, seigneur!

ATTALE.
Oui, Rome; en êtes-vous en doute?

NICOMÈDE.
[écoute;
Seigneur, je crains pour vous qu'un Romain vous
Et si Rome savait de quels feux vous brûlez,
Bien loin de vous prêter l'appui dont vous parlez,
Elle s'indignerait de voir sa créature
A l'éclat de son nom faire une telle injure,
Et vous dégraderait peut-être dès demain
Du titre glorieux de citoyen romain.
Vous l'a-t-elle donné pour mériter sa haine
En le déshonorant par l'amour d'une reine?
Et ne savez-vous plus qu'il n'est princes ni rois
Qu'elle daigne égaler à ses moindres bourgeois?
Pour avoir tant vécu chez ces cœurs magnanimes,
Vous en avez bientôt oublié les maximes.
Reprenez un orgueil digne d'elle et de vous; [tous;
Remplissez mieux un nom sous qui nous tremblons
Et, sans plus l'abaisser à cette ignominie
D'idolâtrer en vain la reine d'Arménie,
Songez qu'il faut du moins, pour toucher votre cœur,
La fille d'un tribun ou celle d'un préteur;
Que Rome vous permet cette haute alliance,
Dont vous aurait exclus le défaut de naissance,
Si l'honneur souverain de son adoption
Ne vous autorisait à tant d'ambition.
Forcez, rompez, brisez de si honteuses chaînes,
Aux rois qu'elle méprise abandonnez les reines,
Et concevez enfin des vœux plus élevés,
Pour mériter les biens qui vous sont réservés.

ATTALE.
Si cet homme est à vous, imposez-lui silence,
Madame, et retenez une telle insolence.
Pour voir jusqu'à quel point elle pourrait aller,
J'ai forcé ma colère à le laisser parler;
Mais je crains qu'elle échappe, et que, s'il continue,
Je ne m'obstine plus à tant de retenue.

NICOMÈDE.
Seigneur, si j'ai raison, qu'importe à qui je sois?
Perd-elle de son prix pour emprunter ma voix?
Vous-même, amour à part, je vous en fais arbitre.
Ce grand nom de Romain est un précieux titre:
Et la reine et le roi l'ont assez acheté
Pour ne se plaire pas à le voir rejeté,
Puisqu'ils se sont privés, pour ce nom d'importance,
Des charmantes douceurs d'élever votre enfance.
Dès l'âge de quatre ans ils vous ont éloigné;
Jugez si c'est pour voir ce titre dédaigné,
Pour vous voir renoncer, par l'hymen d'une reine,
A la part qu'ils avaient à la grandeur romaine.
D'un si rare trésor l'un et l'autre jaloux.

ATTALE.
Madame, encore un coup, cet homme est-il à vous.
Et pour vous divertir est-il si nécessaire
Que vous ne lui puissiez ordonner de se taire?

LAODICE.
Puisqu'il vous a déplu vous traitant de Romain,
Je veux bien vous traiter de fils de souverain.
En cette qualité vous devez reconnaître
Qu'un prince votre aîné doit être votre maître,
Craindre de lui déplaire, et savoir que le sang
Ne vous empêche pas de différer de rang,
Lui garder le respect qu'exige sa naissance,
Et, loin de lui voler son bien en son absence...

ATTALE.
Si l'honneur d'être à vous est maintenant son bien,
Dites un mot, madame, et ce sera le mien;
Et si l'âge à mon rang fait quelque préjudice,
Vous en corrigerez la fatale injustice.
Mais, si je lui dois tant en fils de souverain,
Permettez qu'une fois je vous parle en Romain.
Sachez qu'il n'en est point que le ciel n'ait fait naître
Pour commander aux rois et pour vivre sans maître;
Sachez que mon amour est un noble projet
Pour éviter l'affront de me voir son sujet;
Sachez...

LAODICE.
Je m'en doutais, seigneur, que ma couronne
Vous charmait bien du moins autant que ma personne.

Mais, telle que je suis, et ma couronne et moi,
Tout est à cet aîné qui sera votre roi;
Et s'il était ici, peut-être en sa présence
Vous penseriez deux fois à lui faire une offense.

ATTALE.

Que ne puis-je l'y voir! mon courage amoureux...

NICOMÈDE.

Faites quelques souhaits qui soient moins dangereux,
Seigneur; s'il les savait, il pourrait bien lui-même
Venir d'un tel amour venger l'objet qu'il aime.

ATTALE.

Insolent! est-ce enfin le respect qui m'est dû?

NICOMÈDE.

Je ne sais de nous deux, seigneur, qui l'a perdu.

ATTALE.

Peux-tu bien me connaître et tenir ce langage?

NICOMÈDE.

Je sais à qui je parle, et c'est mon avantage
Que, n'étant point connu, prince, vous ne savez
Si je vous dois respect ou si vous m'en devez.

ATTALE.

Ah! madame, souffrez que ma juste colère...

LAODICE.

Consultez-en, seigneur, la reine votre mère;
Elle entre.

SCENE III.

NICOMÈDE, ARSINOÉ, LAODICE, ATTALE, CLÉONE.

NICOMÈDE.

Instruisez mieux le prince votre fils,
Madame, et dites-lui, de grace, qui je suis:
Faute de me connaître, il s'emporte, il s'égare;
Et ce désordre est mal dans une ame si rare:
J'en ai pitié.

ARSINOÉ.

Seigneur, vous êtes donc ici?

NICOMÈDE.

Oui, madame, j'y suis, et Métrobate aussi.

ARSINOÉ.

Métrobate! ah, le traître!

NICOMÈDE.

Il n'a rien dit, madame,
Qui vous doive jeter aucun trouble dans l'ame.

ARSINOÉ.

Mais qui cause, seigneur, ce retour surprenant?
Et votre armée?

NICOMÈDE.

Elle est sous un bon lieutenant;
Et quant à mon retour, peu de chose le presse.
J'avais ici laissé mon maître et ma maîtresse:
Vous m'avez ôté l'un, vous, dis-je, ou les Romains,
Et je viens sauver l'autre, et d'eux, et de vos mains.

ARSINOÉ.

C'est ce qui vous amène?

NICOMÈDE.

Oui, madame; et j'espère
Que vous m'y servirez auprès du roi mon père.

ARSINOÉ.

Je vous y servirai comme vous l'espérez.

NICOMÈDE.

De votre bon vouloir nous sommes assurés.

ARSINOÉ.

Il ne tiendra qu'au roi qu'aux effets je ne passe.

NICOMÈDE.

Vous voulez à tous deux nous faire cette grace?

ARSINOÉ.

Tenez-vous assuré que je n'oublierai rien.

NICOMÈDE.

Je connais votre cœur, ne doutez pas du mien.

ATTALE.

Madame, c'est donc là le prince Nicomède?

NICOMÈDE.

Oui, c'est moi qui viens voir s'il faut que je vous cède.

ATTALE.

Ah! seigneur, excusez si vous connaissant mal...

NICOMÈDE.

Prince, faites-moi voir un plus digne rival.
Si vous aviez dessein d'attaquer cette place,
Ne vous départez point d'une si noble audace;
Mais, comme à son secours je l'amène que moi,
Ne la menacez plus de Rome ni du roi.
Je la défendrai seul; attaquez-la de même,
Avec tous les respects qu'on doit au diadême.
Je veux bien mettre à part avec le nom d'aîné,
Le rang de votre maître où je suis destiné;
Et nous verrons ainsi qui fait mieux un brave homme,
Des leçons d'Annibal, ou de celles de Rome.
Adieu; pensez-y bien, je vous laisse y rêver.

SCENE IV.

ARSINOÉ, ATTALE, CLÉONE.

ARSINOÉ.

Quoi! tu faisais excuse à qui m'osait braver!

ATTALE.

Que ne peut point, madame, une telle surprise?
Ce prompt retour me perd, et rompt votre entreprise.

ARSINOÉ.

Tu l'entends mal, Attale; il la met dans ma main.
Va trouver de ma part l'ambassadeur romain;
Dedans mon cabinet amène-le sans suite,
Et de ton heureux sort laisse-moi la conduite.

ATTALE.

Mais, madame, s'il faut...

ARSINOÉ.

Va, n'appréhende rien;
Et, pour avancer tout hâte cet entretien.

SCENE V.

ARSINOÉ, CLÉONE.

CLÉONE.

Vous lui cachez, madame, un dessein qui le touche!

ARSINOÉ.

Je crains qu'en l'apprenant son cœur ne s'effarouche;
Je crains qu'à la vertu par les Romains instruit
De ce que je prépare il ne m'ôte le fruit,
Et ne conçoive mal qu'il n'est fourbe ni crime
Qu'un trône acquis par là ne rende légitime.

CLÉONE.

J'aurais cru les Romains un peu moins scrupuleux,
Et la mort d'Annibal m'eût fait mal juger d'eux.

ARSINOÉ.

Ne leur impute pas une telle injustice;
Un romain seul l'a faite, et par mon artifice.
Rome l'eût laissé vivre; et sa légalité
N'eût point forcé les lois de l'hospitalité.
Savante à ses dépens de ce qu'il savait faire,
Elle le souffrait mal auprès d'un adversaire;
Mais quoique, par ce triste et prudent souvenir,
De chez Antiochus elle l'ait fait bannir,
Elle aurait vu couler sans crainte et sans envie
Chez un prince allié les restes de sa vie.
Le seul Flaminius, trop piqué de l'affront
Que son père défait lui laisse sur le front;
Car je crois que tu sais que, quand l'aigle romaine
Vit choir ses légions aux bords de Trasimène,
Flaminius son père en était général,
Et qu'il y tomba mort de la main d'Annibal;
Ce fils donc qu'a pressé la soif de sa vengeance,
S'est aisément rendu de mon intelligence:
L'espoir d'en voir l'objet entre ses mains remis
A pratiqué par lui le retour de mon fils;
Par lui j'ai jeté Rome en haute jalousie
De ce que Nicomède a conquis dans l'Asie,
Et de voir Laodice unir tous ses états,
Par l'hymen de ce prince, à ceux de Prusias;
Si bien que le sénat prenant un juste ombrage
D'un empire si grand sous un si grand courage,
Il s'en est fait nommer lui-même ambassadeur,
Pour rompre cet hymen, et borner sa grandeur;
Et voilà le seul point où Rome s'intéresse.

CLÉONE.

Attale à ce dessein entreprend sa maîtresse!
Mais que n'agissait Rome avant que le retour
De cet amant si cher affermît son amour?

ARSINOÉ.

Irriter un vainqueur en tête d'une armée

Prête à suivre en tous lieux sa colère allumée,
C'était trop hasarder ; et j'ai cru pour le mieux
Qu'il fallait de son fort l'attirer en ces lieux,
Métrobate l'a fait, par des terreurs paniques,
Feignant de lui trahir mes ordres tyranniques ;
Et, pour l'assassiner se disant suborné,
Il l'a, graces aux dieux, doucement amené.
Il vient s'en plaindre au roi, lui demander justice,
Et sa plainte le jette au bord du précipice.
Sans prendre aucun souci de m'en justifier,
Je saurai m'en servir à me fortifier.
Tantôt en le voyant j'ai fait de l'effrayée,
J'ai changé de couleur, je me suis écriée ;
Il a cru me surprendre, et l'a cru bien en vain,
Puisque son retour même est l'œuvre de ma main.

CLÉONE.
Mais, quoi que Rome fasse et qu'Attale prétende,
Le moyen qu'à ses yeux Laodice se rende?

ARSINOÉ.
Et je n'engage aussi mon fils en cet amour
Qu'à dessein d'éblouir le roi, Rome, et la cour.
Je n'en veux pas, Cléone, au sceptre d'Arménie ;
Je cherche à m'assurer celui de Bithynie ;
Et, si ce diadême une fois est à nous,
Que cette reine après se choisisse un époux.
Je ne la vais presser que pour la voir rebelle,
Que pour aigrir les cœurs de son amant et d'elle.
Le roi, que le Romain poussera vivement,
De peur d'offenser Rome agira chaudement ;
Et ce prince, piqué d'une juste colère,
S'emportera sans doute et bravera son père.
S'il est prompt et bouillant, le roi ne l'est pas moins ;
Et, comme à l'échauffer j'appliquerai mes soins,
Pour peu qu'à de tels coups cet amant soit sensible,
Mon entreprise est sûre, et sa perte infaillible.
Voilà mon cœur ouvert, et ce qu'il prétend.
Mais dans mon cabinet Flaminius m'attend.
Allons, et garde bien le secret de ta reine.

CLÉONE.   [peine.
Vous me connaissez trop pour vous en mettre en

FIN DU PREMIER ACTE.

ACTE II.

SCÈNE PREMIÈRE.

PRUSIAS, ARASPE.

PRUSIAS.
Revenir sans mon ordre, et se montrer ici !

ARASPE.
Sire, vous auriez tort d'en prendre aucun souci,
Et la haute vertu du prince Nicomède
Pour ce qu'on peut en craindre est un puissant remède ;
Mais tout autre que lui devrait être suspect :
Un retour si soudain manque un peu de respect,
Et donne lieu d'entrer en quelque défiance
Des secrètes raisons de tant d'impatience.

PRUSIAS.
Je ne les vois que trop, et sa témérité
N'est qu'un pur attentat sur mon autorité ;
Il n'en veut plus dépendre, et croit que ses conquêtes
Au-dessus de son bras ne laissent point de têtes ;
Qu'il est lui seul sa règle, et que, sans se trahir
Des héros tels que lui ne sauraient obéir.

ARASPE.
C'est d'ordinaire ainsi que ses pareils agissent :
A suivre leur devoir leurs hauts faits se ternissent ;
Et ces grands cœurs, enflés du bruit de leurs combats,
Souverains dans l'armée et parmi leurs soldats,
Font du commandement une douce habitude,
Pour qui l'obéissance est un métier bien rude.

PRUSIAS.
Dis tout, Araspe ; dis que le nom de sujet
Réduit toute leur gloire en un rang trop abject ;
Que, bien que leur naissance au trône les destine,
Si son ordre est trop lent, leur grand cœur s'en mutine ;

Qu'un père garde trop un bien qui leur est dû.
Et qui perd de son prix étant trop attendu ;
Qu'on voit naître de là mille sourdes pratiques
Dans le gros de son peuple, et dans ses domestiques ;
Et que, si l'on ne va jusqu'à trancher le cours
De son règne ennuyeux, et de ses tristes jours,
Du moins une insolente et fausse obéissance,
Lui laissant un vain titre, usurpe sa puissance.

ARASPE.
C'est ce que de tout autre il faudrait redouter,
Seigneur, et qu'en tout autre il faudrait arrêter.
Mais ce n'est pas pour vous un avis nécessaire ;
Le prince est vertueux, et vous êtes bon père.

PRUSIAS.
Si je n'étais bon père, il serait criminel :
Il doit son innocence à l'amour paternel ;
C'est lui seul qui l'excuse, et qui le justifie,
Ou lui seul qui me trompe, et qui me sacrifie :
Car je dois craindre enfin que sa haute vertu
Contre l'ambition n'ait en vain combattu,
Qu'il ne force en son cœur la nature à se taire.
Qui se lasse d'un roi peut se lasser d'un père ;
Mille exemples sanglants nous peuvent l'enseigner :
Il n'est rien qui ne cède à l'ardeur de régner ;
Et depuis qu'une fois elle nous inquiète,
La nature est aveugle, et la vertu muette.
Te le dirais-je, Araspe ? il m'a trop bien servi ;
Augmentant mon pouvoir, il me l'a tout ravi ;
Il n'est plus mon sujet qu'autant qu'il le veut être ;
Et qui me fait régner en effet est mon maître.
Pour paraître à mes yeux son mérite est trop grand :
On n'aime point à voir ceux à qui l'on doit tant ;
Tout ce qu'il a fait parle au moment qu'il m'approche ;
Et sa seule présence est un secret reproche :
Elle me dit toujours qu'il m'a fait trois fois roi ;
Que je tiens plus de lui qu'il ne tiendra de moi ;
Et que, si je lui laisse un jour une couronne,
Ma tête en porte trois que sa valeur me donne.
J'en rougis dans mon ame ; et ma confusion,
Qui renouvelle et croît à chaque occasion,
Sans cesse offre à mes yeux une vue importune,
Que qui m'en donne trois peut bien m'en ôter une ;
Qu'il n'a qu'à l'entreprendre, et peut tout ce qu'il veut.
Juge, Araspe, où j'en suis, s'il veut tout ce qu'il peut.

ARASPE.
Pour tout autre que lui je sais comme s'explique
La règle de la vraie et saine politique.
Aussitôt qu'un sujet s'est rendu trop puissant,
Encor qu'il soit sans crime, il n'est pas innocent :
On n'attend point alors qu'il s'ose tout permettre ;
C'est un crime d'état que d'en pouvoir commettre ;
Et qui sait bien régner l'empêche prudemment
De mériter un juste et plus grand châtiment,
Et prévient, par un ordre à tous deux salutaire,
Ou les maux qu'il prépare, ou ceux qu'il pourrait faire.
Mais, seigneur, pour le prince, il a trop de vertu ;
Je vous l'ai déjà dit.

PRUSIAS.
              Et m'en répondras-tu ?
Me seras-tu garant de ce qu'il pourra faire
Pour venger Annibal, ou pour perdre son frère ?
Et le prends-tu pour homme à voir d'un œil égal
Et l'amour de son frère, et la mort d'Annibal ?
Non, ne nous flattons point, il court à sa vengeance ;
Il en a le prétexte, il en a la puissance ;
Il est l'astre naissant qu'adorent mes états ;
Il est le dieu du peuple, et celui des soldats.
Sûr de ceux-ci, sans doute il vient soulever l'autre,
Fondre avec son pouvoir sur le reste du nôtre :
Mais ce peu qui m'en reste, encor que languissant,
N'est pas peut-être encor tout à fait impuissant.
Je veux bien toutefois agir avec adresse,
Joindre beaucoup d'honneur à bien peu de rudesse,
Le chasser avec gloire, et mêler doucement
Le prix de son mérite à mon ressentiment.
Mais, s'il ne m'obéit, ou s'il ose s'en plaindre,   [dre,
Quoi qu'il ait fait pour moi, quoi que j'en voie à crain-
Dussé-je voir par là tout l'Etat hasardé...

ARASPE.
Il vient.

SCENE II.
PRUSIAS, NICOMEDE, ARASPE.

PRUSIAS.
Vous voilà, prince! Et qui vous a mandé?
NICOMEDE.
La seule ambition de pouvoir en personne
Mettre à vos pieds, seigneur, encore une couronne.
De jouir de l'honneur de vos embrassements,
Et d'être le témoin de vos contentements.
Après la Cappadoce heureusement unie
Aux royaumes du Pont et de la Bithynie,
Je viens remercier et mon père et mon roi
D'avoir eu la bonté de s'y servir de moi,
D'avoir choisi mon bras pour une telle gloire,
Et fait tomber sur moi l'honneur de sa victoire.
PRUSIAS.
Vous pouviez vous passer de mes embrassements,
Me faire par écrit de tels remercîments;
Et vous ne deviez pas envelopper d'un crime
Ce que votre victoire ajoute à votre estime.
Abandonner mon camp en est un capital,
Inexcusable en tous, et plus au général;
Et tout autre que vous, malgré cette conquête,
Revenant sans mon ordre, eût payé de sa tête.
NICOMEDE.
J'ai failli; je l'avoue, et mon cœur imprudent
A trop cru les transports d'un désir trop ardent:
L'amour que j'ai pour vous a commis cette offense,
Lui seul à mon devoir fait cette violence.
Si le bien de vous voir m'était moins précieux,
Je serais innocent, mais si loin de vos yeux, [time,
Que j'aime mieux, seigneur, en perdre un peu d'es-
Et qu'un bonheur si grand me coûte un petit crime,
Qui ne craindra jamais la plus sévère loi,
Si l'amour juge en vous ce qu'il a fait en moi.
PRUSIAS.
La plus mauvaise excuse est assez pour un père,
Et sous le nom d'un fils toute faute est légère.
Je ne veux voir en vous que mon unique appui:
Recevez tout l'honneur qu'on vous doit aujourd'hui.
L'ambassadeur romain me demande audience;
Il verra ce qu'en vous je prends de confiance;
Vous l'écouterez, prince, et répondrez pour moi.
Vous êtes aussi bien le véritable roi;
Je n'en suis plus que l'ombre, en l'âge ne m'en laisse
Qu'un vain titre d'honneur qu'on rend à ma vieillesse;
Je n'ai plus que deux jours peut-être à le garder:
L'intérêt de l'Etat vous doit seul regarder.
Prenez-en aujourd'hui la marque la plus haute:
Mais gardez-vous aussi d'oublier votre faute;
Et, comme elle fait brèche au pouvoir souverain,
Pour la bien réparer retournez dès demain.
Remettez en éclat la puissance absolue,
Attendez-la de moi comme je l'ai reçue,
Inviolable, entière; et n'autorisez pas
De plus méchants que vous à la mettre plus bas.
Le peuple qui vous voit, la cour qui vous contemple,
Vous désobéiraient sur votre propre exemple:
Donnez-leur-en un autre, et montrez à leurs yeux
Que nos premiers sujets obéissent le mieux.
NICOMEDE.
J'obéirai, seigneur, et plutôt qu'on ne pense;
Mais je demande un prix de mon obéissance.
La reine d'Arménie est due à ses Etats,
Et j'en vois les chemins ouverts par nos combats.
Il est temps qu'en son ciel cet astre aille reluire;
De grace, accordez-moi l'honneur de l'y conduire.
PRUSIAS.
Il n'appartient qu'à vous; et cet illustre emploi
Demande un roi lui-même, ou l'héritier d'un roi;
Mais pour la renvoyer jusqu'en son Arménie
Vous savez qu'il y faut quelque cérémonie;
Tandis que je ferai préparer son départ,
Vous irez dans mon camp l'attendre de ma part.
NICOMDE.
Elle est prête à partir sans plus grand équipage.
PRUSIAS.
Je n'ai garde à son rang de faire un tel outrage.
Mais l'ambassadeur entre, il le faut écouter;
Puis nous verrons quel ordre on y doit apporter.

SCÈNE III.
PRUSIAS, NICOMEDE, FLAMINIUS, ARASPE.

FLAMINIUS.
Sur le point de partir, Rome, seigneur, me mande
Que je vous fasse encor pour elle une demande.
Elle a nourri vingt ans un prince votre fils;
Et vous pouvez juger les soins qu'elle en a pris
Par les hautes vertus et les illustres marques
Qui font briller en lui le sang de vos monarques.
Surtout il est instruit en l'art de bien régner:
C'est à vous de le croire et de le témoigner.
Si vous faites état de cette nourriture,
Donnez ordre qu'il règne, elle vous en conjure;
Et vous offenseriez l'estime qu'elle en fait
Si vous le laissiez vivre et mourir en sujet.
Faites donc aujourd'hui que je lui puisse dire
Où vous lui destinez un souverain empire.
PRUSIAS.
Les soins qu'ont pris de lui le peuple et le sénat
Ne trouveront en moi jamais un père ingrat;
Je crois que pour régner il en a les mérites,
Et n'en veux point douter après ce que vous dites;
Mais vous voyez, seigneur, le prince mon aîné,
Dont le bras généreux trois fois m'a couronné;
Il ne fait que sortir encor d'une victoire;
Et pour tant de hauts faits je lui dois quelque gloire:
Souffrez qu'il ait l'honneur de répondre pour moi.
NICOMEDE.
Seigneur, c'est à vous seul de faire Attale roi.
PRUSIAS.
C'est votre intérêt seul que sa demande touche.
NICOMEDE.
Le vôtre toutefois m'ouvrira seul la bouche.
De quoi se mêle Rome, et d'où prend le sénat,
Vous vivant, vous régnant, ce droit sur votre état?
Vivez, régnez, seigneur, jusqu'à la sépulture,
Et laisser faire après ou Rome ou la nature.
PRUSIAS.
Pour de pareils amis il faut se faire effort.
NICOMEDE.
Qui partage vos biens aspire à votre mort;
Et de pareils amis, en bonne politique...
PRUSIAS.
Ah! ne me brouillez point avec la république;
Portez plus de respect à de tels alliés.
NICOMEDE.
Je ne puis voir sous eux les rois humiliés;
Et, quel que soit ce fils que Rome vous renvoie,
Seigneur, je lui rendrais son présent avec joie.
S'il est si bien instruit en l'art de commander,
C'est un rare trésor qu'elle devrait garder,
Et conserver chez soi sa chère nourriture,
Ou pour le consulat, ou pour la dictature.
FLAMINIUS, à Prusias.
Seigneur, dans ce discours qui nous traite si mal,
Vous voyez un effet des leçons d'Annibal:
Ce perfide ennemi de la grandeur romaine
N'en a mis en son cœur que mépris et que haine.
NICOMEDE.
Non, mais il m'a surtout laissé ferme en ce point,
D'estimer beaucoup Rome, et ne la craindre point.
On me croit son disciple, et je le tiens à gloire;
Et quand Flaminius attaque sa mémoire,
Il doit savoir qu'un jour il me fera raison
D'avoir réduit mon maître au secours du poison,
Et n'oublier jamais qu'autrefois ce grand homme
Commença par son disciple à triompher de Rome.
FLAMINIUS.
Ah! c'est trop m'outrager.
NICOMEDE.
N'outragez plus les morts.
PRUSIAS.
Et vous ne cherchez point à former de discords;
Parlez et nettement sur ce qu'il me propose.
NICOMEDE.
Hé bien! s'il est besoin de répondre autre chose,

Attale doit régner, Rome l'a resolu ;
Et, puisqu'elle a partout un pouvoir absolu,
C'est aux rois d'obéir alors qu'elle commande.
    Attale a le cœur grand, l'esprit grand, l'ame grande,
Et toutes les grandeurs dont se fait un grand roi.
Mais c'est trop que d'en croire un Romain sur sa foi ;
Par quelque grand effet voyons s'il en est digne,
S'il a cette vertu, cette valeur insigne :
Donnez-lui votre armée, et voyons ces grands coups ;
Qu'il en fasse pour lui ce que j'ai fait pour vous ;
Qu'il règne avec éclat sur sa propre conquête,
Et que de sa victoire il couronne sa tête.
Je lui prête mon bras, et veux dès maintenant,
S'il daigne s'en servir, être son lieutenant.
L'exemple des Romains m'autorise à le faire ;
Le fameux Scipion le fut bien de son frère ;
Et, lorsque Antiochus fut par eux détrôné,
Sous les lois du plus jeune on vit marcher l'aîné.
Les bords de l'Hellespont, ceux de la mer Egée ,
Le reste de l'Asie à nos côtés rangée,
Offrent une matière à son ambition...

              FLAMINIUS.
Rome prend tout ce reste en sa protection ;
Et vous n'y pouvez plus étendre vos conquêtes
Sans attirer sur vous d'effroyables tempêtes.

              NICOMEDE.
J'ignore sur ce point les volontés du roi :
Mais peut-être qu'un jour je dépendrai de moi ;
Et nous verrons alors l'effet de ces menaces.
    Vous pouvez cependant faire munir ces places,
Préparer un obstacle à mes nouveaux desseins,
Disposer de bonne heure un secours de Romains ;
Et si Flaminius en est le capitaine,
Nous pourrons lui trouver un lac de Trasimène.

              PRUSIAS.
Prince, vous abusez trop tôt de ma bonté :
Le rang d'ambassadeur doit être respecté;
Et l'honneur souverain qu'ici je vous défère...

              NICOMEDE.
Ou laissez-moi parler, sire, ou faites-moi taire.
Je ne sais point répondre autrement pour un roi
A qui dessus son trône on veut faire la loi.

              PRUSIAS.
Vous m'offensez moi-même en parlant de la sorte,
Et vous devez dompter l'ardeur qui vous emporte.

              NICOMEDE.
Quoi ! je verrai, seigneur, qu'on borne vos états,
Qu'au milieu de ma course on m'arrête le bras,
Que de vous menacer on ait même l'audace,
Et je ne rendrai point menace pour menace !
Et je remercierai qui me dit hautement
Qu'il ne m'est plus permis de vaincre impunément.

          PRUSIAS, *à Flaminius.*
Seigneur, vous pardonnez aux chaleurs de son âge ;
Le temps et la raison pourront le rendre sage.

              NICOMEDE.
La raison et le temps m'ouvrent assez les yeux,
Et l'âge ne fera que me les ouvrir mieux.
    Si j'avais jusqu'ici vécu comme ce frère ,
Avec une vertu qui fût imaginaire
(Car je l'appelle ainsi quand elle est sans effets ;
Et l'admiration de tant d'hommes parfaits
Dont il a vu dans Rome éclater le mérite,
N'est pas grande vertu si l'on ne les imite;)
Si j'avais donc vécu dans ce même repos
Qu'il a vécu dans Rome auprès de ses héros,
Elle me laisserait la Bithynie entière,
Telle que de tous temps l'aîné la tient d'un père,
Et s'empresserait moins à le faire régner,
Si vos armes sous moi n'avaient su rien gagner :
Mais parce qu'elle voit avec la Bithynie
Par trois sceptres conquis trop de puissance unie,
Il faut la diviser; et, dans ce beau projet,
Ce prince est trop bien né pour vivre mon sujet !
Puisqu'il peut la servir à me faire descendre,
Il a plus de vertu que n'en eut Alexandre ;
Et lui dois quitter, pour le mettre en mon rang,
Le bien de mes aïeux, ou le prix de mon sang.
Graces aux immortels, l'effort de mon courage
Et ma grandeur future ont mis Rome en ombrage:

Vous pouvez l'en guérir, seigneur, et promptement;
Mais n'exigez d'un fils aucun consentement :
Le maître qui prit soin d'instruire ma jeunesse
Ne m'a jamais appris à faire une bassesse.

              FLAMINIUS.
A ce que je puis voir, vous avez combattu,
Prince, par intérêt plutôt que par vertu.
Les plus rares exploits que vous ayez pu faire
N'ont jeté qu'un dépôt sur la tête d'un père ;
Il n'est que gardien de leur illustre prix,
Et ce n'est que pour vous que vous avez conquis,
Puisque cette grandeur à son trône attachée
Sur nul autre que vous ne peut être épanchée.
Certes, je vous croyais un peu plus généreux :
Quand les Romains le sont, ils ne font rien pour eux,
Scipion, dont tantôt vous vantiez le courage ;
Ne voulait point régner sur les murs de Carthage ;
Et de tout ce qu'il fit pour l'empire romain
Il n'en eut que la gloire et le nom d'Africain.
Mais on ne voit qu'à Rome une vertu si pure;
Le reste de la terre est d'une autre nature.
    Quant aux raisons d'état qui vous font concevoir
Que nous craignons en vous l'union du pouvoir,
Si vous en consultiez des têtes bien sensées,
Elles vous déferaient de ces belles pensées:
Par respect pour le roi je ne dis rien de plus,
Prenez quelque loisir de rêver là-dessus;
Laissez moins de fumée à vos feux militaires,
Et vous pourrez avoir des visions plus claires.

              NICOMEDE.
Le temps pourra donner quelque décision
Si la pensée est belle ou si c'est vision.
Cependant...

              FLAMINIUS.
          Cependant si vous trouvez des charmes
A pousser plus avant la gloire de vos armes,
Nous ne la bornons point; mais, comme il est permis
Contre qui que ce soit de servir ses amis,
Si vous ne le savez, je veux bien vous l'apprendre,
Et vous en donne avis pour ne vous pas surprendre.
    Au reste soyez sûr que vous possèderez
Tout ce qu'en votre cœur déja vous dévorez ;
Le Pont sera pour vous avec la Galatie,
Avec la Cappadoce, avec la Bithynie.
Ce bien de vos aïeux, ces prix de votre sang,
Ne mettront point Attale en votre illustre rang ;
Et, puisque leur partage est pour vous un supplice,
Rome n'a pas dessein de vous faire injustice.
Ce prince règnera sans rien prendre sur vous.

           (*à Prusias.*)
La reine d'Arménie a besoin d'un époux,
Seigneur, l'occasion ne peut être plus belle ;
Elle vit sous vos lois, et vous disposez d'elle.

              NICOMEDE.
Voilà le vrai secret de faire Attale roi,
Comme vous l'avez dit, sans rien prendre sur moi.
La pièce est délicate, et ceux qui l'ont tissue
A de si longs détours font une longue issue.
Je n'y réponds qu'un mot, étant sans intérêt.
Traitez cette princesse en reine comme elle est ;
Ne touchez point en elle aux droits du diadème ;
Ou pour la maintenir je périrai moi-même.
Je vous en donne avis, et que jamais les rois,
Pour vivre en nos états, ne vivent sous nos lois ;
Qu'elle seule en ces lieux d'elle-même dispose.

              PRUSIAS.
N'avez-vous, Nicomède, à lui dire autre chose?

              NICOMEDE.
Non, seigneur, si ce n'est que la reine, après tout,
Sachant ce que je puis, me pousse trop à bout.

              PRUSIAS.
Contre elle dans ma cour que peut votre insolence ?

              NICOMEDE.
Rien du tout, que garder un rompre le silence.
Une seconde fois avisez, s'il vous plaît,
A traiter Laodice en reine comme elle est ;
C'est moi qui vous en prie.

SCENE IV.

PRUSIAS, FLAMINIUS, ARASPE.

FLAMINIUS.
Hé quoi! toujours obstacle!
PRUSIAS.
De la part d'un amant ce n'est pas grand miracle.
Cet orgueilleux esprit, enflé de ses succès,
Pense bien de son cœur nous empêcher l'accès ;
Mais il faut que chacun suive sa destinée.
L'amour entre les rois ne fait pas l'hyménée ;
Et les raisons d'état, plus fortes que ses nœuds,
Trouvent bien les moyens d'en éteindre les feux.
FLAMINIUS.
Comme elle a de l'amour, elle aura du caprice.
PRUSIAS.
Non, non ; je vous réponds, seigneur, de Laodice.
Mais enfin elle est reine ; et cette qualité
Semble exiger de nous quelque civilité.
J'ai sur elle, après tout, une puissance entière,
Mais j'aime à la cacher sous le nom de prière.
Rendons-lui donc visite ; et, comme ambassadeur,
Proposez cet hymen vous-même à sa grandeur.
Je seconderai Rome, et veux vous introduire.
Puisqu'elle est en nos mains, l'amour ne nous peut nuire.
Allons de sa réponse à votre compliment
Prendre l'occasion de parler hautement.

FIN DU DEUXIEME ACTE.

ACTE III.

SCÈNE PREMIÈRE.

PRUSIAS, FLAMINIUS, LAODICE.

PRUSIAS.
Reine, puisque ce titre a pour vous tant de charmes,
Sa perte vous devrait donner quelques alarmes :
Qui tranche trop du roi ne règne pas longtemps.
LAODICE.
J'observerai, seigneur, ces avis importants ;
Et, si jamais je règne, on verra la pratique
D'une si salutaire et noble politique.
PRUSIAS.
Vous vous mettez fort mal au chemin de régner.
LAODICE.
Seigneur, si je m'égare, on peut me l'enseigner.
PRUSIAS.
Vous méprisez trop Rome, et vous devriez faire
Plus d'estime d'un roi qui vous tient lieu de père.
LAODICE.
Vous verriez qu'à tous deux je rends ce que je dois,
Si vous vouliez mieux voir ce que c'est qu'être roi.
Recevoir ambassade en qualité de reine,
Ce serait à vos yeux faire la souveraine,
Entreprendre sur vous, et dedans votre état
Sur votre autorité commettre un attentat :
Je le refuse donc, seigneur, et me dénie
L'honneur qui ne m'est dû que dans mon Arménie.
C'est là que sur mon trône avec plus de splendeur
Je puis honorer Rome en son ambassadeur,
Faire réponse en reine, et comme il le mérite
Et de qui l'on me parle, et qui m'en sollicite.
Ici c'est un métier que je n'entends pas bien :
Car hors de l'Arménie enfin je ne suis rien ;
Et ce grand nom de reine ailleurs ne m'autorise
Qu'à n'y voir point de trône à qui je sois soumise,
A vivre indépendante, et n'avoir en tous lieux
Pour souverains que moi, la raison, et les dieux.
PRUSIAS.
Ces dieux vos souverains, et le roi votre père,
De leur pouvoir sur vous m'ont fait dépositaire ;
Et vous pourrez peut-être apprendre une autre fois
Ce que c'est en tous lieux que la raison des rois.
Pour en faire l'épreuve allons en Arménie ;
Je vais vous y remettre en bonne compagnie :
Partons ; et dès demain, puisque vous le voulez,
Préparez-vous à voir vos pays désolés ;
Préparez-vous à voir par toute votre terre
Ce qu'ont de plus affreux les fureurs de la guerre,
Des montagnes de morts, des rivières de sang.
LAODICE.
Je perdrai mes états et garderai mon rang ;
Et ces vastes malheurs où mon orgueil me jette
Me feront votre esclave, et non votre sujette :
Ma vie est en vos mains, et non ma dignité.
PRUSIAS.
Nous ferons bien changer ce courage indompté ;
Et quand vos yeux, frappés de toutes ces misères,
Verront Attale assis au trône de vos pères,
Alors peut-être, alors vous le prierez en vain
Que pour y remonter il vous donne la main.
LAODICE.
Si jamais jusque-là votre guerre m'engage,
Je serai bien changée et d'ame et de courage.
Mais peut-être, seigneur, vous n'irez pas si loin :
Les dieux de ma fortune auront un peu de soin ;
Ils vous inspireront, ou trouveront un homme
Contre tant de héros que vous prêtera Rome.
PRUSIAS.
Sur un présomptueux vous fondez votre appui ;
Mais il court à sa perte, et vous traine avec lui.
Pensez-y bien, madame, et faites-vous justice ;
Choisissez d'être reine, ou d'être Laodice ;
Et, pour dernier avis que vous aurez de moi,
Si vous voulez régner faites Attale roi.
Adieu.

SCÈNE II.

FLAMINIUS, LAODICE.

FLAMINIUS.
Madame, enfin une vertu parfaite...
LAODICE.
Suivez le roi, seigneur, votre ambassade est faite ;
Et je vous dis encor, pour ne vous point flatter,
Qu'ici je ne la dois, ni la veux écouter.
FLAMINIUS.
Et je vous parle aussi, dans ce péril extrême,
Moins en ambassadeur qu'en homme qui vous aime,
Et qui, touché du sort que vous vous préparez,
Tâche à rompre le cours des maux où vous courez.
J'ose donc comme ami vous dire en confidence
Qu'une vertu parfaite a besoin de prudence,
Et doit considérer, pour son propre intérêt,
Et les temps où l'on vit, et les lieux où l'on est.
La grandeur de courage en une ame royale
N'est sans cette vertu qu'une vertu brutale,
Que son mérite aveugle, et qu'un faux jour d'honneur
Jette en un tel divorce avec le vrai bonheur.
Qu'elle-même se livre à ce qu'elle doit craindre,
Ne se fait admirer que pour se faire plaindre,
Que pour nous pouvoir dire, après un grand soupir
« J'avais droit de régner, et n'ai su m'en servir. »
Vous irritez un roi dont vous voyez l'armée
Nombreuse, obéissante, à vaincre accoutumée ;
Vous êtes en ses mains, vous vivez dans sa cour.
LAODICE.
Je ne sais si l'honneur eut jamais un faux jour,
Seigneur ; mais je veux bien vous répondre en amie.
Ma prudence n'est pas tout à fait endormie ;
Et, sans examiner par quel destin jaloux
La grandeur de courage est si mal avec vous,
Je veux vous faire voir que celle que j'étale
N'est pas tant qu'il vous semble une vertu brutale ;
Que, si j'ai droit au trône, elle s'en veut servir,
Et sait bien repousser qui me le veut ravir.

Je vois sur la frontière une puissante armée,
Comme vous l'avez dit, à vaincre accoutumée;
Mais par quelle conduite, et sous quel général?
Le roi, s'il s'en fait fort, pourrait s'en trouver mal;
Et, s'il voulait passer de son pays au nôtre,
Je lui conseillerais de s'assurer d'un autre.
Mais je vis dans sa cour, je suis dans ses états,
Et j'ai peu de raison de ne le craindre pas.
Seigneur, dans sa cour même, et hors de l'Arménie,
La vertu trouve appui contre la tyrannie.
Tout son peuple a des yeux pour voir quel attentat
Font sur le bien public les maximes d'état :
Il connaît Nicomède, il connaît sa marâtre.
Il en sait, il en voit la haine opiniâtre ;
Il voit la servitude où le roi s'est soumis,
Et connaît d'autant mieux les dangereux amis.
Pour moi, que vous croyez au bord du précipice,
Bien loin de mépriser Attale par caprice,
J'évite les mépris qu'il recevrait de moi
S'il tenait de ma main la qualité de roi.
Je le regarderais comme une ame commune,
Comme un homme mieux né pour une autre fortune,
Plus mon sujet qu'époux ; et le nœud conjugal
Ne le tirerait pas de ce rang inégal.
Mon peuple à mon exemple en ferait peu d'estime.
Ce serait trop, seigneur, pour un cœur magnanime !
Mon refus lui fait grace, et, malgré ses désirs,
J'épargne à sa vertu d'éternels déplaisirs.

FLAMINIUS.
Si vous me dites vrai, vous êtes ici reine :
Sur l'armée et la cour je vous vois souveraine ;
Le roi n'est qu'une idée, et n'a de son pouvoir
Que ce que par pitié vous lui laissez avoir.
Quoi ! même vous allez jusques à faire grace !
Après cela, madame, excusez mon audace;
Souffrez que Rome enfin vous parle par ma voix :
Recevoir ambassade est encor de vos droits ;
Ou, si ce nom vous choque ailleurs qu'en Arménie,
Comme simple Romain souffrez que je vous die
Qu'être alliée de Rome, et s'en faire un appui,
C'est l'unique moyen de régner aujourd'hui ;
Que c'est par là qu'on tient ses voisins en contrainte ;
Ses peuples en repos, ses ennemis en crainte;
Qu'un prince est dans son trône à jamais affermi
Quand il est honoré du nom de son ami ;
Qu'Attale avec ce titre est plus roi, plus monarque
Que tous ceux dont le front ose en porter la marque ;
Et qu'enfin...

LAODICE.
Il suffit, je vois bien ce que c'est :
Tous les rois ne sont rois qu'autant comme il vous plaît;
Mais si de leurs états Rome à son gré dispose,
Certes, pour son Attale elle fait peu de chose,
Et qui tient en sa main tant de quoi lui donner
A mendier pour lui devrait moins s'obstiner.
Pour un prince si cher sa réserve m'étonne;
Que ne me l'offre-t-elle avec une couronne ?
C'est trop m'importuner en faveur d'un sujet,
Moi qui tiendrais un roi pour un indigne objet,
S'il venait par votre ordre, et si votre alliance
Souillait entre ses mains la suprême puissance.
Ce sont des sentiments que je ne puis trahir :
Je ne veux point de rois qui sachent obéir ;
Et, puisque vous voyez mon ame toute entière,
Seigneur, ne perdez plus menace ni prière.

FLAMINIUS.
Puis-je ne pas vous plaindre en cet aveuglement?
Madame, encore un coup, pensez-y mûrement ;
Songez mieux ce qu'est Rome et ce qu'elle peut faire;
Et, si vous vous aimez, craignez de lui déplaire.
Carthage étant détruite, Antiochus défait,
Rien de nos volontés ne peut troubler l'effet;
Tout fléchi sur la terre, et tout tremble sur l'onde;
Et Rome est aujourd'hui la maîtresse du monde.

LAODICE.
La maîtresse du monde ! Ah ! vous me feriez peur
S'il ne s'en fallait pas l'Arménie et mon cœur,
Si le grand Annibal n'avait qui lui succède,
S'il ne revivait pas au prince Nicomède,
Et s'il n'avait laissé dans de si dignes mains

L'infaillible secret de vaincre les Romains.
Un si vaillant disciple aura bien le courage
D'en mettre jusqu'au bout les leçons en usage :
L'Asie en fait l'épreuve, où trois sceptres conquis
Font voir en quelle école il en a tant appris.
Ce sont des coups d'essai, mais si grands que peut-être
Le Capitole a droit d'en craindre un coup de maître,
Et qu'il ne puisse un jour...

FLAMINIUS.
Ce jour est encor loin,
Madame, et quelques uns vous diront, au besoin,
Quels dieux du haut en bas renversent les profanes,
Et que, même au sortir de Trébie et de Cannes,
Son ombre épouvanta votre grand Annibal.
Mais le voici ce bras à Rome si fatal.

SCENE III.
NICOMEDE, LAODICE, FLAMINIUS.

NICOMEDE.
Ou Rome à ses agents donne un pouvoir bien large,
Ou vous êtes bien long à faire votre charge.

FLAMINIUS.
Je sais quel est mon ordre ; et, si j'en sors ou non,
C'est à d'autres qu'à vous que j'en rendrai raison.

NICOMEDE.
Allez-y donc, de grace, et laissez à ma flamme
Le bonheur à son tour d'entretenir madame :
Vous avez dans son cœur fait de si grands progrès,
Et vos discours pour elle ont de si grands attraits,
Que sans de grands efforts je n'y pourrai détruire
Ce que votre harangue y voulait introduire.

FLAMINIUS.
Les malheurs où la plonge une indigne amitié
Me faisaient lui donner un conseil par pitié.

NICOMEDE.
Lui donner de la sorte un conseil charitable,
C'est être ambassadeur et tendre et pitoyable.
Vous a-t-il conseillé beaucoup de lâchetés,
Madame?

FLAMINIUS.
Ah ! c'en est trop ; et vous vous emportez.

NICOMEDE.
Je m'emporte?

FLAMINIUS.
Sachez qu'il n'est point de contrée
Ou d'un ambassadeur la dignité sacrée...

NICOMEDE.
Ne nous vantez plus tant son rang et sa splendeur :
Qui fait le conseiller n'est plus ambassadeur ;
Il excède sa charge, et lui-même y renonce.
Mais dites-moi, madame, a-t-il eu sa réponse?

LAODICE.
Oui, seigneur.

NICOMEDE.
Sachez donc que je ne vous prends plus
Que pour l'agent d'Attale, et pour Flaminius;
Et, si vous me fâchiez, j'ajouterais peut-être
Que pour l'empoisonneur d'Annibal, de mon maître.
Voilà tous les honneurs que vous aurez de moi;
S'ils ne vous satisfont, allez vous plaindre au roi,

FLAMINIUS.
Il me fera justice, encor qu'il soit bon père ;
Ou Rome à son refus se la saura bien faire.

NICOMEDE.
Allez de l'un et l'autre embrasser les genoux.

FLAMINIUS.
Les effets répondront. Prince, pensez à vous.

SCENE IV.
NICOMEDE, LAODICE.

NICOMEDE.
Cet avis est plus propre à donner à la reine.
Ma générosité cède enfin à sa haine :
Je l'épargnerais assez pour ne découvrir pas
Les infames projets de ses assassinats ;
Mais enfin on m'y force, et tout son crime éclate.
J'ai fait entendre au roi Zénon et Métrobate;
Et comme leur rapport a de quoi l'étonner,

24

Lui-même il prend le soin de les examiner.
LAODICE.
Je ne sais pas, seigneur, quelle en sera la suite;
Mais je ne comprends point toute cette conduite,
Ni comme à cet éclat la reine vous contraint.
Plus elle vous doit craindre, et moins elle vous craint;
Et plus vous la pouvez accabler d'infamie,
Plus elle vous attaque en mortelle ennemie.
NICOMEDE.
Elle prévient ma plainte, et cherche adroitement
A la faire passer pour un ressentiment;
Et ce masque trompeur de fausse hardiesse
Nous déguise sa crainte, et couvre sa faiblesse.
LAODICE.
Les mystères de cour souvent sont si cachés
Que les plus clairvoyants y sont bien empêchés.
Lorsque vous n'étiez point ici pour me défendre,
Je n'avais contre Attale aucun combat à rendre;
Rome ne songeait point à troubler notre amour :
Bien plus, on ne vous souffre ici que ce seul jour;
Et dans ce même jour Rome, en votre présence,
Avec chaleur pour lui presse mon alliance.
Pour moi, je ne vois goutte en ce raisonnement
Qui n'attend point le temps de votre éloignement,
Et j'ai devant les yeux toujours quelque nuage
Qui m'offusque la vue, et m'y jette un ombrage.
Le roi chérit sa femme, il craint Rome; et, pour vous,
S'il ne voit vos hauts faits d'un œil un peu jaloux,
Du moins, à dire tout, je ne saurais vous taire
Qu'il est trop bon mari pour être assez bon père.
Voyez quel contretemps Attale prend ici!
Qui l'appelle avec nous? quel projet? quel souci?
Je conçois mal, seigneur, ce qu'il faut que j'en pense;
Mais j'en romprai le coup, s'il y faut ma présence.
Je vous quitte.

SCENE V.
NICOMEDE, ATTALE, LAODICE.
ATTALE.
Madame, un si doux entretien
N'est plus charmant pour vous quand j'y mêle le mien.
LAODICE.
Votre importunité, que j'ose dire extrême,
Me peut entretenir en un autre moi-même :
Il connaît tout mon cœur, et répondra pour moi,
Comme à Flaminius il a fait pour le roi.

SCENE VI.
NICOMEDE, ATTALE.
ATTALE.
Puisque c'est la chasser, seigneur, je me retire.
NICOMEDE.
Non, non; j'ai quelque chose aussi bien à vous dire,
Prince. J'avais mis bas, avec le nom d'aîné,
L'avantage du trône où je suis destiné;
Et voulant seul ici défendre ce que j'aime,
Je vous avais prié de l'attaquer de même,
Et de ne mêler point surtout dans vos desseins
Ni le secours du roi, ni celui des Romains :
Mais, ou vous n'avez pas la mémoire fort bonne,
Ou vous n'y mettez rien de ce qu'on vous ordonne.
ATTALE.
Seigneur, vous me forcez à m'en souvenir mal,
Quand vous n'achevez pas de rendre tout égal.
Vous vous défaites bien de quelques droits d'aînesse;
Mais vous défaites-vous du cœur de la princesse,
De toutes les vertus qui vous en font aimer,
Des hautes qualités qui savent tout charmer,
De trois sceptres conquis, du gain de six batailles,
Des glorieux assauts de plus de cent murailles?
Avec de tels seconds rien n'est pour vous douteux.
Rendez donc la princesse égale entre nous deux :
Ne lui laissez plus voir ce long amas de gloire
Qu'à pleines mains sur vous a versé la victoire;
Et faites qu'elle puisse oublier une fois
Et vos rares vertus et vos fameux exploits;
Ou contre son amour, contre votre vaillance,
Souffrez Rome et le roi dedans l'autre balance :
Le peu qu'ils ont gagné vous fait assez juger

Qu'ils n'y mettront jamais qu'un contrepoids léger.
NICOMEDE.
C'est n'avoir pas perdu tout votre temps à Rome,
Que vous savoir ainsi défendre en galant homme :
Vous avez de l'esprit, si vous n'avez du cœur.

SCENE VII.
ARSINOÉ, NICOMEDE, ATTALE, ARASPE.
ARASPE.
Seigneur, le roi vous mande.
NICOMEDE.
Il me mande?
ARASPE.
Oui, seigneur.
ARSINOÉ.
Prince, la calomnie est aisée à détruire.
NICOMEDE.
J'ignore à quel sujet vous m'en venez instruire,
Moi qui ne doute point de cette vérité,
Madame.
ARSINOÉ.
Si jamais vous n'en aviez douté,
Prince, vous n'auriez pas, sous l'espoir qui vous flatte,
Amené de si loin Zénon et Métrobate.
NICOMEDE.
Je m'obstinais, madame, à tout dissimuler;
Mais vous m'avez forcé de les faire parler.
ARSINOÉ.
La vérité les force, et mieux que vos largesses.
Ces hommes du commun tiennent mal leurs promesses;
Tous deux en ont plus dit qu'ils n'avaient résolu.
NICOMEDE.
J'en suis fâché pour vous, mais vous l'avez voulu.
ARSINOÉ.
Je le veux bien encore, et je n'en suis fâchée
Que d'avoir vu par là votre vertu tachée,
Et qu'il faille ajouter à vos titres d'honneur
La noble qualité de mauvais suborneur.
NICOMEDE.
Je les ai subornés contre vous à ce compte?
ARSINOÉ.
J'en ai le déplaisir, vous en aurez la honte.
NICOMEDE.
Et vous pensez par là leur ôter tout crédit?
ARSINOÉ.
Non, seigneur : je me tiens à ce qu'ils en ont dit.
NICOMEDE.
Qu'ont-ils dit qui vous plaise, et que vous vouliez [croire?
ARSINOÉ.
Deux mots de vérité qui vous comblent de gloire.
NICOMEDE.
Peut-on savoir de vous ces deux mots importants?
ARASPE.
Seigneur, le roi s'ennuie, et vous tardez longtemps.
ARSINOÉ.
Vous les saurez de lui, c'est trop le faire attendre.
NICOMEDE.
Je commence, madame, enfin à vous entendre :
Son amour conjugal, chassant le paternel,
Vous fera l'innocente, et moi le criminel.
Mais...
ARSINOÉ.
Achevez, seigneur; ce mais, que veut-il dire?
NICOMEDE.
Deux mots de vérité qui font que je respire.
ARSINOÉ.
Peut-on savoir de vous ces deux mots importants?
NICOMEDE.
Vous les saurez du roi, je tarde trop longtemps.

SCENE VIII.
ARSINOÉ, ATTALE.
ARSINOÉ.
Nous triomphons, Attale; et ce grand Nicomède
Voit quelle digne issue à ses fourbes succède.
Les deux accusateurs que lui-même a produits,
Que pour l'assassiner je dois avoir séduits,
Pour me calomnier subornés par lui-même,
N'ont su bien soutenir un si noir stratagème :

Tous deux m'ont accusée, et tous deux avoué
L'infame et lâche tour qu'un prince m'a joué.
Qu'en présence des rois les vérités sont fortes!
Que pour sortir d'un cœur elles trouvent de portes.
Qu'on en voit le mensonge aisément confondu!
Tous deux voulaient me perdre, et tous deux l'ont [perdu.
ATTALE.
Je suis ravi de voir qu'une telle imposture
Ait laissé votre gloire et plus grande et plus pure;
Mais pour l'examiner, et bien voir ce que c'est,
Si vous pouviez vous mettre un peu hors d'intérêt,
Vous ne pourriez jamais, sans un peu de scrupule,
Avoir pour deux méchants une ame si crédule.
Ces perfides tous deux se sont dits aujourd'hui,
Et subornés par vous, et subornés par lui :
Contre tant de vertus, contre tant de victoires,
Doit-on quelque croyance à des ames si noires?
Qui se confesse traitre est indigne de foi.
ARSINOÉ.
Vous êtes généreux, Attale, et je le voi,
Même de vos rivaux la gloire vous est chère.
ATTALE.
Si je suis son rival, je suis aussi son frère :
Nous ne sommes qu'un sang, et ce sang dans mon cœur
A peine à le passer pour calomniateur.
ARSINOÉ.
Et vous en avez moins à me croire assassinée,
Moi, dont la perte est sûre à moins que sa ruine?
ATTALE.
Si contre lui j'ai peine à croire ces témoins,
Quand ils vous accusaient je les croyais bien moins.
Votre vertu, madame, est au-dessus du crime.
Souffrez donc que pour lui je garde un peu d'estime :
La sienne dans la cour lui fait mille jaloux,
Dont quelqu'un a voulu le perdre auprès de vous;
Et ce lâche attentat n'est qu'un trait de l'envie
Qui s'efforce à noircir une si belle vie.
Pour moi, si par soi-même on peut juger d'autrui
Ce que je sens en moi, je le présume en lui.
Contre si grand rival j'agis à force ouverte,
Sans blesser son honneur, sans pratiquer sa perte.
J'emprunte du secours, et le fais hautement :
Je crois qu'il n'agit pas moins généreusement,
Qu'il n'a que les desseins où sa gloire l'invite,
Et n'oppose à mes vœux que son propre mérite.
ARSINOÉ.
Vous êtes peu du monde, et savez mal la cour.
ATTALE.
Est-ce autrement qu'en prince on doit traiter l'amour?
ARSINOÉ.
Vous le traitez, mon fils, et parlez en jeune homme.
ATTALE.
Madame, je n'ai vu que des vertus à Rome.
ARSINOÉ.
Le temps vous apprendra, par de nouveaux emplois,
Quelles vertus il faut à la suite des rois.
Cependant, si le prince est encor votre frère,
Souvenez-vous aussi que je suis votre mère,
Et, malgré les soupçons que vous avez conçus,
Venez savoir du roi ce qu'il croit là-dessus.

FIN DU TROISIÈME ACTE.

ACTE IV.

SCENE PREMIÈRE.

PRUSIAS, ARSINOÉ, ARASPE.

PRUSIAS.
Faites venir le prince, Araspe.
(*Araspe rentre.*)
                                        Et vous, madame,
Retenez des soupirs dont vous me percez l'ame.
Quel besoin d'accabler mon cœur de vos douleurs,
Quand vous y pouvez tout sans le secours des pleurs?
Quel besoin que ces pleurs prennent votre défense?
Douté-je de son crime, ou de votre innocence?
Et reconnaissez-vous que tout ce qu'il m'a dit
Par quelque impression ébranle mon esprit?
ARSINOÉ.
Ah! seigneur, est-il rien qui répare l'injure
Que fait à l'innocence un moment d'imposture?
Et peut-on voir mensonge assez tôt avorté,
Pour rendre à la vertu toute sa pureté?
Il en reste toujours quelque indigne mémoire
Qui porte une souillure à la plus haute gloire.
Combien en votre cour est-il de médisants!
Combien le prince a-t-il d'aveugles partisans,
Qui, sachant une fois qu'on m'a calomniée,
Croiront que votre amour m'a seul justifiée!
Et, si la moindre tache en demeure à mon nom,
Si le moindre du peuple en conserve un soupçon,
Suis-je digne de vous? et de telles alarmes
Touchent-elles trop peu pour mériter mes larmes?
PRUSIAS.
Ah! c'est trop de scrupule, et trop mal présumer
D'un mari qui vous aime, et qui vous doit aimer.
La gloire est plus solide après la calomnie,
Et brille d'autant mieux, qu'elle s'en vit ternie.
Mais voici Nicomède, et je veux qu'aujourd'hui...

SCENE II.

PRUSIAS, ARSINOÉ, NICOMEDE, ARASPE, Gardes.

ARSINOÉ.
Grace, grace, seigneur, à notre unique appui!
Grace à tant de lauriers en sa main si fertiles!
Grace à ce conquérant, à ce preneur de villes!
Grace...
NICOMEDE.
                De quoi, madame? est-ce d'avoir conquis
Trois sceptres que ma perte expose à votre fils;
D'avoir porté si loin vos armes dans l'Asie,
Que même votre Rome en a pris jalousie;
D'avoir trop soutenu la majesté des rois,
Trop rempli votre cour du bruit de mes exploits,
Trop du grand Annibal pratiqué les maximes?
S'il faut grace pour moi, choisissez de mes crimes;
Les voilà tous, madame; et si vous y joignez
D'avoir cru des méchants par quelque autre gagnés,
D'avoir une ame ouverte, une franchise entière,
Qui dans leur artifice a manqué de lumière,
C'est gloire et non pas crime à qui ne voit le jour
Qu'au milieu d'une armée et loin de votre cour,
Qui n'a que la vertu de son intelligence,
Et, vivant sans remords, marche sans défiance.
ARSINOÉ.
Je m'en dédis, seigneur; il n'est point criminel.
S'il m'a voulu noircir d'un opprobre éternel,
Il n'a fait qu'obéir à la haine ordinaire
Qu'imprime à ses pareils le nom de belle-mère.
De cette aversion son cœur préoccupé
M'impute tous les traits dont il se sent frappé.
Que son maître Annibal, malgré la foi publique,
S'abandonne aux fureurs d'une terreur panique;
Que ce vieillard confie et gloire et liberté
Plutôt au désespoir qu'à l'hospitalité,
Ces terreurs, ces fureurs sont de mon artifice.
Quelque appât que lui-même il trouve en Laodice,

C'est moi qui fait qu'Attale a des yeux comme lui ;
C'est moi qui force Rome à lui servir d'appui ;
De cette seule main part tout ce qui le blesse :
Et, pour venger ce maître et sauver sa maîtresse,
S'il a tâché, seigneur, de m'éloigner de vous,
Tout est trop excusable en un amant jaloux.
Ce faible et vain effort ne touche point mon ame.
Je sais que tout mon crime est d'être votre femme :
Que ce nom seul l'oblige à me persécuter :
Car enfin hors de là que peut-il m'imputer ?
Ma voix, depuis dix ans qu'il commande une armée,
A-t-elle refusé d'enfler sa renommée ?
Et, lorsqu'il l'a fallu puissamment secourir,
Que la moindre longueur l'aurait laissé périr,
Quel autre a mieux pressé les secours nécessaires ?
Qui l'a mieux dégagé de ses desseins contraires ?
A-t-il eu près de vous un plus soigneux agent
Pour hâter les renforts et d'hommes et d'argent?
Vous le savez, seigneur ; et pour reconnaissance,
Après l'avoir servi de toute ma puissance,
Je vois qu'il a voulu me perdre auprès de vous.
Mais tout est excusable en un amant jaloux,
Je vous l'ai déjà dit.

PRUSIAS.
Ingrat ! que peux-tu dire ?

NICOMÈDE.
Que la reine a pour moi des bontés que j'admire.
Je ne vous dirai point que ces puissants secours
Dont elle a conservé mon honneur et mes jours,
Et qu'avec tant de pompe à vos yeux elle étale,
Travaillaient par ma main à la grandeur d'Attale ;
Que par mon propre bras elle amassait pour lui,
Et préparait dès lors ce qu'on voit aujourd'hui.
Par quelques sentiments qu'elle ait été poussée,
J'en laisse le ciel juge ; il connaît sa pensée ;
Il sait pour mon salut comme elle a fait des vœux ;
Il lui rendra justice, et peut-être à tous deux.
Cependant, puisqu'enfin l'apparence est si belle,
Elle a parlé pour moi, je dois parler pour elle ;
Et, pour son intérêt, vous faire souvenir
Que vous laissez longtemps deux méchants à punir.
Envoyez Metrobate et Zenon au supplice.
Sa gloire attend de vous ce digne sacrifice :
Tous deux l'ont accusée ; et, s'ils s'en sont dédits,
Pour la faire innocente et charger votre fils,
Ils n'ont rien fait pour eux, et leur mort est trop juste
Après s'être joués d'une personne auguste.
L'offense une fois faite à ceux de notre rang
Ne se repare point que par des flots de sang :
On n'en fut jamais quitte ainsi pour s'en dédire.
Il faut sous les tourments que l'imposture expire ;
Ou vous exposeriez votre sang royal
A la légèreté d'un esprit déloyal.
L'exemple est dangereux, et hasarde nos vies
S'il met en sûreté de telles calomnies.

ARSINOÉ.
Quoi ! seigneur, les punir de la sincerité
Qui soudain dans leur bouche a mis la vérité,
Qui vous a contre moi sa fourbe découverte,
Qui vous rend votre femme et m'arrache à ma perte,
Qui vous a retenu d'en prononcer l'arrêt ;
Et couvrir tout cela de mon seul intérêt !
C'est être trop adroit, prince, et trop bien l'entendre.

PRUSIAS.
Laisse là Metrobate, et songe à te défendre.
Purge-toi d'un forfait si honteux et si bas.

NICOMÈDE.
M'en purger ! moi, seigneur ! vous ne le croyez pas :
Vous ne savez que trop qu'un homme de ma sorte,
Quand il se rend coupable, un peu plus haut se porte ;
Qu'il lui faut un grand crime a tenter son devoir,
Où sa gloire se sauve à l'ombre du pouvoir.
Soulever votre peuple, et jeter votre armée
Dedans les intérêts d'une reine opprimée ;
Venir, le bras levé, la tirer de vos mains
Malgré l'amour d'Attale et l'effort des Romains,
Et fondre en vos pays contre leur tyrannie
Avec tous vos soldats et toute l'Arménie ;
C'est ce que pourrait faire un homme tel que moi
S'il pouvait se résoudre à vous manquer de foi.
La fourbe n'est le jeu que des petites ames,
Et c'est là proprement le partage des femmes.
Punissez donc, seigneur, Metrobate et Zenon ;
Pour la reine ou pour moi, faites-vous-en raison.
A ce dernier moment la conscience presse ; [cesse ;
Pour rendre compte aux dieux tout respect humain
Et ces esprits légers, approchant des abois,
Pourraient bien se dédire une seconde fois.

ARSINOÉ.
Seigneur...

NICOMÈDE.
Parlez, madame, et dites quelle cause
A leur juste supplice obstinément s'oppose ;
Ou laissez-nous penser qu'aux portes du trépas
Ils auraient des remords qui ne vous plairaient pas.

ARSINOÉ.
Vous voyez à quel point sa haine m'est cruelle :
Quand je le justifie, il me fait criminelle.
Mais sans doute, seigneur, ma présence l'aigrit,
Et mon eloignement remettra son esprit :
Il rendra quelque calme à son cœur magnanime,
Et lui pourra sans doute épargner plus d'un crime.
Je ne demande point que par compassion
Vous assuriez un sceptre à ma protection,
Ni que pour garantir la personne d'Attale
Vous partagiez entre eux la puissance royale :
Si vos amis de Rome en ont pris quelque soin,
C'était sans mon aveu, je n'en ai pas besoin.
Je n'aime point si mal que de ne vous pas suivre,
Sitôt qu'entre mes bras vous cesserez de vivre ;
Et sur votre tombeau mes premières douleurs
Verseront tout ensemble et mon sang et mes pleurs.

PRUSIAS.
Ah ! madame !

ARSINOÉ.
Oui, seigneur, cette heure infortunée
Par vos derniers soupirs clora ma destinée ;
Et puisqu'ainsi jamais il ne sera mon roi,
Qu'ai-je à craindre de lui ? que peut-il contre moi ?
Tout ce que je demande en faveur de ce gage,
De ce fils qui déjà lui donne tant d'ombrage,
C'est que chez les Romains il retourne achever
Des jours que dans leur sein vous fites élever ;
Qu'il retourne y traîner, sans péril et sans gloire,
De votre amour pour moi l'impuissante mémoire.
Ce grand prince vous sert, et vous servira mieux,
Quand il n'aura plus rien qui lui blesse les yeux.
Et n'apprehendez point Rome, ni sa vengeance ;
Contre tout son pouvoir il a trop de vaillance :
Il sait tous les secrets du fameux Annibal,
De ce héros à Rome en tous lieux si fatal,
Que l'Asie et l'Afrique admirent l'avantage
Qu'il tire Antiochus et qu'en reçut Carthage.
Je me retire donc, afin qu'en liberté
Les tendresses du sang pressent votre bonté ;
Et je ne veux plus voir, ni qu'en votre présence
Un prince que j'estime indignement m'offense,
Ni que je sois forcée à vous mettre en courroux
Contre un fils si vaillant et si digne de vous.

SCÈNE III.
PRUSIAS, NICOMÈDE, ARASPE.

PRUSIAS.
Nicomède, en deux mots, ce désordre me fâche.
Quoi qu'on t'ose imputer, je ne te crois point lâche :
Mais donnons quelque chose à Rome, qui se plaint,
Et tâchons d'assurer la reine, qui te craint.
J'ai tendresse pour toi, j'ai passion pour elle ;
Et je ne veux pas voir cette haine éternelle,
Ni que des sentiments que j'aime à voir durer
Ne règnent dans mon cœur que pour le déchirer.
J'y veux mettre d'accord l'amour et la nature,
Etre père et mari dans cette conjoncture...

NICOMÈDE.
Seigneur, voulez-vous bien vous en fier à moi ?
Ne soyez l'un ni l'autre.

PRUSIAS.
    Et que dois-je être ?

NICOMÈDE.
            Roi.

Reprenez hautement ce noble caractère.
Un véritable roi n'est ni mari ni père;
Il regarde son trône, et rien de plus. Régnez,
Rome vous craindra plus que vous ne la craignez.
Malgré cette puissance et si vaste et si grande,
Vous pouvez déjà voir comme elle m'appréhende,
Combien en me perdant elle espère gagner,
Parce qu'elle prévoit que je saurai régner.
PRUSIAS.
Je règne donc, ingrat! puisque tu me l'ordonnes.
Choisis, ou Laodice, ou mes quatre couronnes;
Ton roi fait ce partage entre ton frère et toi;
Je ne suis plus ton père, obéis à ton roi.
NICOMEDE.
Si vous étiez aussi le roi de Laodice
Pour l'offrir à mon choix avec quelque justice,
Je vous demanderais le loisir d'y penser;
Mais enfin, pour vous plaire et ne pas l'offenser,
J'obéirai, seigneur, sans répliques frivoles,
A vos intentions, et non à vos paroles.
A ce frère si cher transportez tous mes droits,
Et laissez Laodice en liberté du choix,
Voilà quel est le mien.
PRUSIAS.
Quelle bassesse d'âme!
Quelle fureur t'aveugle en faveur d'une femme!
Tu la préfères, lâche! à ces prix glorieux
Que ta valeur unit au bien de tes aïeux!
Après cette infamie es-tu digne de vivre?
NICOMEDE.
Je crois que votre exemple est glorieux à suivre.
Ne préférez-vous pas une femme à ce fils
Par qui tous ces états aux vôtres sont unis?
PRUSIAS.
Me vois-tu renoncer pour elle au diadème?
NICOMEDE.
Me voyez-vous pour l'autre y renoncer moi-même?
Que cédé-je à mon frère en cédant vos états?
Ai-je droit d'y prétendre avant votre trépas?
Pardonnez-moi ce mot, il est fâcheux à dire.
Mais un monarque enfin comme un autre homme expire;
Et vos peuples alors, ayant besoin d'un roi,
Voudront choisir peut-être entre ce prince et moi.
Seigneur, nous n'avons pas si grande ressemblance,
Qu'il faille de bons yeux pour y voir différence;
Et ce vieux droit d'aînesse est souvent si puissant,
Que pour remplir un trône il rappelle un absent.
Que si leurs sentiments se règlent sur les vôtres,
Sous le joug de vos lois j'en ai bien rangé d'autres;
Et, dussent vos Romains en être encor jaloux,
Je ferai bien pour moi ce que j'ai fait pour vous.
PRUSIAS.
J'y donnerai bon ordre.
NICOMEDE.
Oui, si leur artifice
De votre sang pour vous se fait un sacrifice:
Autrement vos états à ce prince livrés
Ne seront en ses mains qu'autant que vous vivrez.
Ce n'est point en secret que je vous le déclare,
Je le dis à lui-même, afin qu'il s'y prépare;
Le voilà qui m'entend.
PRUSIAS.
Va, sans verser mon sang,
Je saurai bien, ingrat! l'assurer en ce rang;
Et demain...

SCENE IV.
PRUSIAS, NICOMEDE, ATTALE, FLAMINIUS, ARASPE, Gardes.
FLAMINIUS.
Si pour moi vous êtes en colère,
Seigneur, je n'ai reçu qu'une offense légère:
Le sénat en effet pourra s'en indigner;
Mais j'ai quelques amis qui sauront le gagner.
PRUSIAS.
Je lui ferai raison; et dès demain Attale
Recevra de ma main la puissance royale;
Je le fais roi de Pont, et mon seul héritier.
Et quant à ce rebelle, à ce courage fier,
Rome entre vous et lui jugera de l'outrage.
Je veux qu'au lieu d'Attale il lui serve d'ôtage;
Et pour l'y mieux conduire il vous sera donné,
Sitôt qu'il aura vu son frère couronné.
NICOMEDE.
Vous m'enverrez à Rome!
PRUSIAS.
On t'y fera justice.
Va, va lui demander ta chère Laodice.
NICOMEDE.
J'irai, j'irai, seigneur, vous le voulez ainsi;
Et j'y serai plus roi que vous n'êtes ici.
FLAMINIUS.
Rome sait vos hauts faits, et déjà vous adore.
NICOMEDE.
Tout beau, Flaminius; je n'y suis pas encore.
La route en est mal sûre, à tout considérer;
Et qui m'y conduira pourrait bien s'égarer.
PRUSIAS.
Qu'on le remène, Araspe; et redoublez sa garde.
(à Attale.)
Toi, rends graces à Rome, et sans cesse regarde
Que, comme son pouvoir est la source du tien,
En perdant son appui tu ne seras plus rien.
Vous, seigneur, excusez si, me trouvant en peine
De quelques déplaisirs que m'a fait voir la reine,
Je vais l'en consoler, et vous laisse avec lui.
Attale, encore un coup, rends grace à ton appui.

SCENE V.
FLAMINIUS, ATTALE.
ATTALE.
Seigneur, que vous dirais-je après des avantages
Qui sont même trop grands pour les plus grands courages?
Vous n'avez point de borne, et votre affection
Passe votre promesse et mon ambition.
Je l'avouerai pourtant, le trône de mon père
Ne fait pas le bonheur que plus je considère;
Ce qui touche mon cœur, ce qui charme mes sens,
'est Laodice acquise à mes vœux innocents.
La qualité de roi qui me rend digne d'elle...
FLAMINIUS.
Ne rendra pas son cœur à vos yeux moins rebelle.
ATTALE.
Seigneur, l'occasion fait un cœur différent:
D'ailleurs, c'est l'ordre exprès de son père mourant;
Et par son propre aveu la reine d'Arménie
Est due à l'héritier du roi de Bithynie.
FLAMINIUS.
Ce n'est pas loi pour elle; et, reine comme elle est,
Cet ordre, à bien parler, n'est que ce qu'il lui plaît.
Aimerait-elle en vous l'éclat d'un diadème [aime,
Qu'on vous donne aux dépens d'un grand prince qu'elle
En vous qui la privez d'un si cher protecteur,
En vous qui de sa chute est l'unique auteur?
ATTALE.
Ce prince hors d'ici, seigneur, que fera-t-elle?
Qui contre Rome et nous soutiendra sa querelle?
Car j'ose me promettre encor votre secours.
FLAMINIUS.
Les choses quelquefois prennent un autre cours.
Pour ne vous point flatter, je n'en veux pas répondre.
Ce serait bien, seigneur, de tout point me confondre;
Et je serais moins roi qu'un objet de pitié,
Si le bandeau royal m'ôtait votre amitié.
Mais je m'alarme trop, et Rome est plus égale.
N'en avez-vous pas l'ordre?
FLAMINIUS.
Oui, pour le prince Attale,
Pour un homme en son sein nourri dès le berceau:
Mais pour le roi de Pont, il faut ordre nouveau.
ATTALE.
Il faut ordre nouveau! Quoi! se pourrait-il faire
Qu'à l'œuvre de ses mains Rome devînt contraire,
Que ma grandeur naissante y fît quelques jaloux?
FLAMINIUS.
Que présumez-vous, prince? et que me dites-vous?
ATTALE.
Vous-même, dites-moi comme il faut que j'explique

Cette inégalité de votre république.
FLAMINIUS.
Je vais vous l'expliquer, et veux bien vous guérir
D'une erreur dangereuse où vous semblez courir.
  Rome qui vous servait auprès de Laodice
Pour vous donner son trône eût fait une injustice ;
Son amitié pour vous lui faisait cette loi :
Mais par d'autres moyens elle vous a fait roi ;
Et le soin de sa gloire à présent la dispense
De se porter pour vous à cette violence.
Laissez donc cette reine en pleine liberté,
Et tournez vos désirs de quelque autre côté.
Rome de votre hymen prendra soin elle-même.
ATTALE.
Mais s'il arrive enfin que Laodice m'aime?
FLAMINIUS.
Ce serait mettre encor Rome dans le hasard
Que l'on crût artifice ou force de sa part;
Cet hymen jetterait une ombre sur sa gloire.
Prince, n'y pensez plus, si vous m'en pouvez croire ;
Ou, si de mes conseils vous faites peu d'état,
N'y pensez plus du moins sans l'aveu du sénat.
ATTALE.
A voir quelle froideur à tant d'amour succède,
Rome ne m'aime pas; elle hait Nicomède :
Et, lorsqu'à mes désirs elle a feint d'applaudir,
Elle a voulu le perdre et non pas m'agrandir.
FLAMINIUS.
Pour ne vous faire pas de réponse trop rude
Sur ce beau coup d'essai de votre ingratitude,
Suivez votre caprice, offensez vos amis ;
Vous êtes souverain, et tout vous est permis.
Mais puisqu'enfin ce jour vous doit faire connaître
Que Rome vous a fait ce que vous allez être,
Que perdant son appui vous ne serez plus rien,
Que le roi vous l'a dit, souvenez-vous-en bien.

SCÈNE VI.
ATTALE.

Attale, était-ce ainsi que régnaient tes ancêtres?
Veux-tu le nom de roi pour avoir tant de maîtres?
Ah! ce titre à ce prix déjà m'est importun ;
S'il nous en faut avoir, du moins n'en ayons qu'un.
Le ciel nous l'a donné trop grand, trop magnanime,
Pour souffrir qu'aux Romains il serve de victime.
Montrons-leur hautement que nous avons des yeux,
Et d'un si rude joug affranchissons ces lieux.
Puisqu'à leurs intérêts tout ce qu'ils font s'applique,
Que leur vaine amitié cède à leur politique,
Soyons à notre tour de leur grandeur jaloux,
Et comme ils font pour eux, faisons aussi pour nous.

FIN DU QUATRIÈME ACTE.

ACTE V.

SCÈNE PREMIÈRE.
ARSINOÉ, ATTALE.
ARSINOÉ.

J'ai prévu ce tumulte, et n'en vois rien à craindre ;
Comme un moment l'allume, un moment peut l'é-
Et si l'obscurité laisse croître ce bruit,   [teindre ;
Le jour dissipera les vapeurs de la nuit.
Je me fâche bien moins qu'un peuple se mutine,
Que de voir que ton cœur dans mon amour s'obstine,
Et, d'une indigne ardeur lâchement embrasé,
Ne rend point de mépris à qui t'a méprisé.
Venge-toi d'une ingrate, et quitte une cruelle,
A présent que le sort t'a mis au dessus d'elle.
Son trône, et non ses yeux, avait dû te charmer.
Tu vas régner sans elle; à quel propos l'aimer ?
Porte, porte ce cœur à de plus douces chaînes,
Puisque te voilà roi, l'Asie a d'autres reines,
Qui, loin de te donner des rigueurs à souffrir,
T'épargneront bientôt la peine de t'offrir.
ATTALE.
Mais, madame...
ARSINOÉ.
      Hé bien ! soit, je veux qu'elle se rende :
Prévois-tu les malheurs qu'ensuite j'appréhende?
Sitôt que d'Arménie elle t'aura fait roi,
Elle t'engagera dans sa haine pour moi.
Mais, ô dieux ! pourra-t-elle y borner sa vengeance?
Pourras-tu dans son lit dormir en assurance?
Et refusera-t-elle à son ressentiment
Le fer ou le poison pour venger son amant ?
Qu'est-ce qu'en sa fureur une femme n'essaie?
ATTALE.
Que de fausses raisons pour me cacher la vraie!
Rome, qui n'aime pas à voir un puissant roi,
La craint en Nicomède, et la craindrait en moi.
Je ne dois plus prétendre à l'hymen d'une reine,
Si je ne veux déplaire à notre souveraine ;
Et, puisque la fâcher ce serait me trahir,
Afin qu'elle me souffre il vaut mieux obéir.
Je sais par quels moyens sa sagesse profonde
S'achemine à grands pas à l'empire du monde :
Aussitôt qu'un état devient un peu trop grand,
Sa chute doit guérir l'ombrage qu'elle en prend.
C'est blesser les Romains que faire une conquête,
Que mettre trop de bras sous une seule tête;
Et leur guerre est trop juste après cet attentat
Que fait sur leur grandeur un tel crime d'état.
Eux qui pour gouverner sont les premiers des hommes,
Veulent que sous leur ordre on soit ce que nous som-
Veulent sur tous les rois un si haut ascendant [mes,
Que leur empire seul demeure indépendant.
Je les connais, madame, et j'ai vu cet ombrage
Détruire Antiochus et renverser Carthage.
De peur de choir comme eux, je veux bien m'abaisser,
Et cède à des raisons que je ne puis forcer :
D'autant plus justement mon impuissance y cède,
Que je vois qu'en leurs mains on livre Nicomède :
Un si grand ennemi leur répond de ma foi.
C'est un lion tout prêt à déchaîner sur moi.
ARSINOÉ.
C'est de quoi je voulais vous faire confidence.
Mais vous me ravissez d'avoir cette prudence.
Le temps pourra changer, cependant prenez soin
D'assurer des jaloux dont vous avez besoin.

SCÈNE II.
FLAMINIUS, ARSINOÉ, ATTALE.
ARSINOÉ.
Seigneur, c'est remporter une haute victoire
Que de rendre un amant capable de me croire.

J'ai su le ramener aux termes du devoir,
Et sur lui la raison a repris son pouvoir.

FLAMINIUS.

Madame, voyez donc si vous serez capable
De rendre également ce peuple raisonnable.
Le mal croit, il est temps d'agir de votre part,
Ou, quand vous le voudrez, vous le voudrez trop tard.
Ne vous figurez plus que ce soit le confondre
Que de le laisser faire et ne lui point répondre.
Rome autrefois a vu de ces émotions,
Sans embrasser jamais vos résolutions.
Quand il fallait calmer toute une populace,
Le sénat n'épargnait promesse ni menace,
Et rappelait par là son escadron mutin
Et du mont Quirinal et du mont Aventin,
Dont il l'aurait vu faire une horrible descente,
S'il eût traité longtemps sa fureur d'impuissante,
Et l'eût abandonnée à sa confusion,
Comme vous semblez faire en cette occasion.

ARSINOÉ.

Après ce grand exemple en vain on délibère :
Ce qu'a fait le sénat montre ce qu'il faut faire ;
Et le roi... Mais il vient.

SCÈNE III.

PRUSIAS, ARSINOÉ, FLAMINIUS, ATTALE.

PRUSIAS.

Je ne puis plus douter,
Seigneur, d'où vient le mal que je vois éclater :
Ces mutins ont pour chefs les gens de Laodice.

FLAMINIUS.

J'en avais soupçonné déjà son artifice.

ATTALE.

Ainsi votre tendresse et vos soins sont payés !

FLAMINIUS.

Seigneur, il faut agir ; et si vous m'en croyez...

SCÈNE IV.

PRUSIAS, ARSINOÉ, FLAMINIUS, ATTALE, CLÉONE.

CLÉONE. [mède :
Tout est perdu, madame, à moins d'un prompt re-
Tout le peuple à grands cris demande Nicomède ;
Il commence lui-même à se faire raison,
Et vient de déchirer Métrobate et Zénon.

ARSINOÉ.

Il n'est donc plus à craindre, il a pris ses victimes :
Sa fureur sur leur sang va consumer ses crimes ;
Elle s'applaudira de cet illustre effet,
Et croira Nicomède amplement satisfait.

FLAMINIUS.

Si ce désordre était sans chefs et sans conduite,
Je voudrais, comme vous, en craindre moins la suite ;
Le peuple par leur mort pourrait s'être adouci ;
Mais un dessein formé ne tombe pas ainsi ;
Il suit toujours son but jusqu'à ce qu'il l'emporte :
Le premier sang versé rend sa fureur plus forte ;
Il l'amorce, il l'acharne ; il en éteint l'horreur,
Et ne lui laisse plus ni pitié ni terreur.

SCÈNE V.

PRUSIAS, FLAMINIUS, ARSINOÉ, ATTALE, CLÉONE, ARASPE.

ARASPE.

Seigneur, de tous côtés le peuple vient en foule,
De moment en moment votre garde s'écoule,
Et, suivant les discours qu'ici même j'entends,
Le prince entre mes mains ne sera pas longtemps :
Je n'en puis plus répondre.

PRUSIAS.

Allons, allons le rendre
Ce précieux objet d'une amitié si tendre :
Obéissons, madame, à ce peuple sans foi,
Qui, las de m'obéir, en veut faire son roi ;
Et du haut d'un balcon, pour calmer la tempête,
Sur ses nouveaux sujets faisons voler sa tête.

ATTALE.

Ah ! seigneur.

PRUSIAS.

C'est ainsi qu'il lui sera rendu :
A qui le cherche ainsi, c'est ainsi qu'il est dû.

ATTALE.

Ah ! seigneur, c'est tout perdre, et livrer à sa rage
Tout ce qui de plus près touche votre courage ;
Et j'ose dire ici que votre majesté
Aurait peine elle-même à trouver sûreté.

PRUSIAS.

Il faut donc se résoudre à tout ce qu'il m'ordonne.
Lui rendre Nicomède avecque ma couronne :
Je n'ai point d'autre choix ; et, s'il est le plus fort,
Je dois à son idole, ou mon sceptre, ou la mort.

FLAMINIUS.

Seigneur, quand ce dessein aurait quelque justice,
Est-ce à vous d'ordonner que ce prince périsse ?
Quel pouvoir sur ses jours vous demeure permis ?
C'est l'ôtage de Rome, et non plus votre fils :
C'est attenter sur nous qu'ordonner de sa vie ;
J'en dois compte au sénat, et n'y puis consentir.
Ma galère est au port toute prête à partir :
Le palais y répond par la porte secrète ;
Si vous le voulez perdre, agréez ma retraite ;
Souffrez que mon départ fasse connaître à tous
Que Rome a des conseils plus justes et plus doux ;
Et ne l'exposez pas à ce honteux outrage
De voir à ses yeux même immoler son ôtage.

ARSINOÉ.

Me croirez-vous, seigneur ? et puis-je m'expliquer ?

PRUSIAS.

Ah ! rien de votre part ne saurait me choquer.
Parlez.

ARSINOÉ.

Le ciel m'inspire un dessein dont j'espère
Et satisfaire Rome et ne vous pas déplaire.
S'il est prêt à partir, il peut en ce moment
Enlever avec lui son ôtage aisément :
Cette porte secrète ici nous favorise.
Mais pour faciliter d'autant mieux l'entreprise,
Montrez-vous à ce peuple, et, flattant son courroux,
Amusez-le du moins à débattre avec vous ;
Faites-lui perdre temps, tandis qu'en assurance
La galère s'éloigne avec son espérance.
S'il force le palais, et ne l'y trouve plus,
Vous ferez comme lui le surpris, le confus ;
Vous accuserez Rome, et promettrez vengeance
Sur quiconque sera de son intelligence.
Vous enverrez après, sitôt qu'il sera jour,
Et vous lui donnerez l'espoir d'un prompt retour,
Où mille empêchements que vous ferez vous-même
Pourront de toutes parts aider au stratagème. [d'hui,
Quelque aveugle transport qu'il témoigne aujour-
Il n'attentera rien tant qu'il craindra pour lui,
Tant qu'il présumera sou effort inutile.
Ici la délivrance en paraît trop facile ;
Et s'il l'obtient, seigneur, il faut fuir, vous et moi :
S'il le voit à sa tête, il en fera son roi ;
Vous le jugez vous-même.

PRUSIAS.

Ah ! j'avouerai, madame,
Que le ciel a versé ce conseil dans votre ame.
Seigneur, se peut-il voir rien de mieux concerté ?

FLAMINIUS.

Il vous assure et vie, et gloire, et liberté ;
Et vous avez d'ailleurs Laodice en ôtage.
Mais qui perd temps ici perd tout son avantage.

PRUSIAS.

Il n'en faut donc plus perdre : allons-y de ce pas.

ARSINOÉ.

Ne prenez avec vous qu'Araspe et trois soldats :
Peut-être un plus grand nombre aurait quelque infidèle.
J'irai chez Laodice, et m'assurerai d'elle.
Attale, où courez-vous ?

ATTALE.

Je vais de mon côté

De ce peuple mutin amuser la fierté,
A votre stratagème en ajouter quelque autre.

ARSINOÉ.
Songez que ce n'est qu'un que mon sort et le vôtre,
Que vos seuls intérêts me mettent en danger.

ATTALE.
Je vais périr, madame, ou vous en dégager.

ARSINOÉ.
Allez donc. J'aperçois la reine d'Arménie.

SCÈNE VI.

ARSINOÉ, LAODICE, CLÉONE.

ARSINOÉ.
La cause de nos maux doit-elle être impunie ?

LAODICE.
Non, madame ; et, pour peu qu'elle ait d'ambition,
Je vous réponds déjà de sa punition.

ARSINOÉ.
Vous qui savez son crime, ordonnez de sa peine.

LAODICE.
Un peu d'abaissement suffit pour une reine ;
C'est déjà trop de voir son dessein avorté.

ARSINOÉ.
Dites, pour châtiment de sa témérité,
Qu'il lui faudrait du front tirer le diadême.

LAODICE.
Parmi les généreux il n'en va pas de même ;
Ils savent oublier quand ils ont le dessus,
Et ne veulent que voir leurs ennemis confus.

ARSINOÉ.
Ainsi qui peut vous croire aisément se contente.

LAODICE.
Le ciel ne m'a pas fait l'ame plus violente.

ARSINOÉ.
Soulever des sujets contre leur souverain,
Leur mettre à tous le fer et la flamme en la main,
Jusque dans le palais pousser leur insolence,
Vous appelez cela fort peu de violence !

LAODICE.
Nous nous entendons mal, madame, et je le vois ;
Ce que je dis pour vous, vous l'expliquez pour moi.
Je suis hors de souci pour ce qui me regarde ;
Et je viens vous chercher pour vous prendre en ma garde,
Pour ne hasarder pas en vous la majesté
Au manque de respect d'un grand peuple irrité.
Faites venir le roi, rappelez votre Attale,
Que je conserve en eux la dignité royale :
Ce peuple en sa fureur peut les connaître mal.

ARSINOÉ.
Peut-on voir un orgueil à votre orgueil égal !
Vous, par qui seule ici tout ce désordre arrive ;
Vous, qui dans ce palais vous voyez ma captive ;
Vous, qui me répondrez au prix de votre sang
De tout ce qu'un tel crime attente sur mon rang,
Vous me parlez encore avec la même audace
Que si j'avais besoin de vous demander grace !

LAODICE.
Vous obstiner, madame, à me parler ainsi,
C'est ne vouloir pas voir que je commande ici,
Que, quand il me plaira, vous serez ma victime,
Et m'imputez point ce grand désordre à crime :
Votre peuple est coupable, et dans tous vos sujets
Ces cris séditieux sont autant de forfaits :
Mais pour moi, qui suis reine, et qui, dans nos querelles,
Pour triompher de vous, vous ai fait ces rebelles,
Par le droit de la guerre il fut toujours permis
D'allumer la révolte entre ses ennemis :
M'enlever mon époux, c'est vous faire la mienne.

ARSINOÉ.
Je la suis donc, madame ; et, quoi qu'il en avienne,
Si ce peuple une fois enfonce le palais,
C'est fait de votre vie, et je vous le promets.

LAODICE.
Vous tiendrez mal parole, ou bientôt sur ma tombe
Tout le sang de vos rois servira d'hécatombe.
Mais avez-vous encor parmi votre maison
Quelque autre Métrobate ou quelque autre Zénon ?
N'appréhendez-vous point que tous vos domestiques
Ne soient déjà gagnés par mes sourdes pratiques ?
En savez-vous quelqu'un si prêt à se trahir,
Si las de voir le jour, que de vous obéir ?
Je ne veux point régner sur votre Bithynie :
Ouvrez-moi seulement les chemins d'Arménie ;
Et, pour voir tout d'un coup vos malheurs terminés,
Rendez-moi cet époux qu'en vain vous retenez.

ARSINOÉ.
Sur le chemin de Rome il vous faut l'aller prendre ;
Flaminius l'y mène, et pourra vous le rendre :
Mais hâtez-vous, de grace, et faites bien ramer,
Car déjà sa galère a pris le large en mer.

LAODICE.
Ah ! si je le croyais...

ARSINOÉ.
N'en doutez point, madame.

LAODICE.
Fuyez donc les fureurs qui saisissent mon ame :
Après le coup fatal de cette indignité,
Je n'ai plus ni respect ni générosité.
Mais plutôt demeurez pour me servir d'ôtage
Jusqu'à ce que ma main de ses fers le dégage.
J'irai jusque dans Rome en briser les liens,
Avec tous vos sujets, avecque tous les miens ;
Aussi bien Annibal nommait une folie
De présumer la vaincre ailleurs qu'en Italie.
Je veux qu'elle me voie au cœur de ses états
Soutenir ma fureur d'un million de bras,
Et sous mon désespoir rangeant sa tyrannie...

ARSINOÉ.
Vous voulez donc enfin régner en Bithynie ?
Et, dans cette fureur qui vous trouble aujourd'hui,
Le roi pourra souffrir que vous régniez pour lui ?

LAODICE.
J'y règnerai, madame, et sans lui faire injure.
Puisque le roi veut bien n'être roi qu'en peinture,
Que lui doit importer qui donne ici la loi,
Et qui règne pour lui, des Romains ou de moi ?
Mais un second ôtage entre mes mains se jette.

SCÈNE VII.

ARSINOÉ, LAODICE, ATTALE, CLÉONE.

ARSINOÉ.
Attale, avez-vous su comme ils ont fait retraite ?

ATTALE.
Ah ! madame !

ARSINOÉ.
Parlez.

ATTALE.
Tous les dieux irrités
Dans les derniers malheurs nous ont précipités.
Le prince est échappé.

LAODICE.
Ne craignez plus, madame ;
La générosité déjà rentre en mon ame.

ARSINOÉ.
Attale, prenez-vous plaisir à m'alarmer ?

ATTALE.
Ne vous flattez point tant que de le présumer.
Le malheureux Araspe, avec sa faible escorte,
L'avait déjà conduit à cette fausse porte ;
L'ambassadeur de Rome était déjà passé,
Quand dans le sein d'Araspe un poignard enfoncé
Le jette aux pieds du prince. Il s'écrie ; et sa suite,
De peur d'un pareil sort, prend aussitôt la fuite,

ARSINOÉ.
Et qui dans cette porte a pu le poignarder ?

ATTALE.
Dix ou douze soldats qui semblaient le garder ;
Et ce prince...

ARSINOÉ.
Ah ! mon fils ! qu'il est partout de traîtres !
Qu'il est peu de sujets fidèles à leurs maîtres !
Mais de qui savez-vous un désastre si grand ?

ATTALE.
Des compagnons d'Araspe, et d'Araspe mourant.
Mais écoutez encor ce qui me désespère.
J'ai couru me ranger auprès du roi mon père ;
Il n'en était plus temps : ce monarque étonné,
A ses frayeurs déjà s'était abandonné,
Avait pris un esquif pour tâcher de rejoindre
Ce Romain dont l'effroi peut-être n'est pas moindre

SCÈNE VIII.

PRUSIAS, FLAMINIUS, ARSINOÉ, LAODICE,
ATTALE, CLÉONE.

PRUSIAS.
Non, non, nous revenons l'un et l'autre en ces lieux
Défendre votre gloire, ou mourir à vos yeux.
ARSINOÉ.
Mourons, mourons, seigneur, et dérobons nos vies
A l'absolu pouvoir des fureurs ennemies ;
N'attendons pas leur ordre, et montrons-nous jaloux
De l'honneur qu'ils auraient à disposer de nous.
LAODICE.
Ce désespoir, madame, offense un si grand homme
Plus que vous n'avez fait en l'envoyant à Rome.
Vous devez le connaître ; et, puisqu'il a ma foi,
Vous devez présumer qu'il est digne de moi :
Je le désavouerais, s'il n'était magnanime,
S'il manquait à remplir l'effort de mon estime.
S'il ne faisait paraître un cœur toujours égal.
Mais le voici, voyez si je le connais mal.

SCÈNE IX.

PRUSIAS, NICOMÈDE, ARSINOÉ, LAODICE,
FLAMINIUS, ATTALE, CLÉONE.

NICOMÈDE.
Tout est calme, seigneur : un moment de ma vue
A soudain apaisé la populace émue.
PRUSIAS.
Quoi ! me viens-tu braver jusque dans mon palais,
Rebelle ?
NICOMÈDE.
C'est un nom que je n'aurai jamais.
Je ne viens point ici montrer à votre haine
Un captif insolent d'avoir brisé sa chaîne ;
Je viens, en bon sujet, vous rendre le repos
Que d'autres intérêts troublaient mal à propos.
Non que je veuille à Rome imputer quelque crime :
Du grand art de régner elle suit la maxime ;
Et son ambassadeur ne fait que son devoir
Quand il veut entre nous partager le pouvoir.
Mais ne permettez pas qu'elle vous y contraigne :
Rendez-moi votre amour, afin qu'elle vous craigne :
Pardonnez à ce peuple un peu trop de chaleur
Qu'à sa passion a donné mon malheur ;
Pardonnez un forfait qu'il a cru nécessaire,
Et qui ne produira qu'un effet salutaire.
Faites-lui grace aussi, madame, et permettez
Que jusques au tombeau j'adore vos bontés.
Je sais par quel motif vous m'êtes si contraire :
Votre amour maternel veut voir régner mon frère ;
Et je contribuerai moi-même à ce dessein,
Si vous pouvez souffrir qu'il soit roi de ma main.
Oui, l'Asie à mon bras offre encor des conquêtes,
Et pour l'en couronner mes mains sont toutes prêtes.
Commandez seulement, choisissez en quels lieux ;
Et j'en apporterai la couronne à vos yeux.
ARSINOÉ.
Seigneur, faut-il si loin pousser votre victoire,
Et qu'ayant en vos mains et mes jours et ma gloire,
La haute ambition d'un si puissant vainqueur
Veuille encor triompher jusque dedans mon cœur ?
Contre tant de vertu je ne puis le défendre ;
Il est impatient lui-même de se rendre.
Joignez cette conquête à trois sceptres conquis,
Et je croirai gagner en vous un second fils.

PRUSIAS.
Je me rends donc aussi, madame ; et je veux croire
Qu'avoir un fils si grand est ma plus grande gloire.
Mais parmi les douceurs qu'enfin nous recevons,
Faites-nous savoir, prince, à qui nous vous devons.
NICOMÈDE.
L'auteur d'un si grand coup m'a caché son visage ;
Mais il m'a demandé mon diamant pour gage,
Et me le doit ici rapporter dès demain.
ATTALE.
Le voulez-vous, seigneur, reprendre de ma main ?
NICOMÈDE.
Ah ! laissez-moi toujours à cette digne marque
Reconnaître en mon sang un vrai sang de monarque.
Ce n'est plus des Romains l'esclave ambitieux,
C'est le libérateur d'un sang si précieux.
Mon frère, avec mes fers vous en brisez bien d'autres,
Ceux du roi, de la reine, et les siens et les vôtres.
Mais, pourquoi vous cacher en sauvant tout l'état ?
ATTALE.
Pour voir votre vertu dans son plus haut éclat,
Pour la voir seule agir contre notre injustice,
Sans la préoccuper par ce faible service,
Et me venger enfin ou sur vous ou sur moi,
Si j'eusse mal jugé de tout ce que je voi.
Mais, madame...
ARSINOÉ.
Il suffit, voilà le stratagème.
Que vous m'aviez promis pour moi contre moi-même.
(à Nicomède.)
Et j'ai l'esprit, seigneur, d'autant plus satisfait,
Que mon sang rompt le cours du mal que j'avais fait.
NICOMÈDE, à *Flaminius*.
Seigneur, à découvert, toute ame généreuse
D'avoir votre amitié doit se tenir heureuse ;
Mais nous n'en voulons plus avec ces dures lois
Qu'elle jette toujours sur la tête des rois :
Nous vous la demandons hors de la servitude ;
Ou le nom d'ennemi nous semblera moins rude.
FLAMINIUS, à *Nicomède*.
C'est de quoi le sénat pourra délibérer :
Mais cependant pour lui j'ose vous assurer,
Prince, qu'à ce défaut vous aurez son estime,
Telle que doit l'attendre un cœur si magnanime ;
Et qu'il croira se faire un illustre ennemi,
S'il ne vous reçoit pas pour généreux ami.
PRUSIAS.
Nous autres, réunis sous de meilleurs auspices,
Préparons à demain de justes sacrifices ;
Et demandons aux dieux, nos dignes souverains,
Pour comble de bonheur l'amitié des Romains.

FIN DE NICOMÈDE.

EXAMEN
DE NICOMEDE.

Voici une pièce d'une constitution assez extraordinaire; aussi est-ce la vingt et unième que j'ai mise sur le théâtre; et après y avoir fait réciter quarante mille vers, il est bien mal aisé de trouver quelque chose de nouveau sans s'écarter un peu du grand chemin, et se mettre au hasard de s'égarer. La tendresse et les passions, qui doivent être l'âme des tragédies, n'ont aucune part à celle-ci; la grandeur de courage y règne seule, et regarde son malheur d'un œil si dédaigneux qu'il n'en saurait arracher une plainte. Elle y est combattue par la politique, et n'oppose à ses artifices qu'une prudence généreuse, qui marche à visage découvert, qui prévoit le péril sans s'émouvoir, et qui ne veut point d'autre appui que celui de sa vertu, et de l'amour qu'elle imprime dans les cœurs de tous les peuples.

L'histoire qui m'a prêté de quoi la faire paraître en ce haut degré est tirée du quatrième livre de Justin. J'ai ôté de ma scène l'horreur de sa catastrophe, où le fils fait assassiner son père qui lui en avait voulu faire autant, et n'ai donné ni à Prusias ni à Nicomède aucun dessein de parricide. J'ai fait ce dernier amoureux de Laodice, reine d'Arménie, afin que l'union d'une couronne voisine à la sienne donnât plus d'ombrage aux Romains, et leur fît prendre plus de soin d'y mettre un obstacle de leur part. J'approche de cette histoire celle de la mort d'Annibal, qui arriva un peu auparavant chez ce même roi, et dont le nom n'est pas un petit ornement à mon ouvrage: j'en ai fait Nicomède disciple, pour lui prêter plus de valeur et plus de fierté contre les Romains et, prenant l'occasion de l'ambassade où Flaminius fût envoyé par eux vers ce roi leur allié pour demander qu'on remît entre leurs mains ce vieil ennemi de leur grandeur, je l'ai chargé d'une commission secrète de traverser ce mariage qui leur devait donner de la jalousie. J'ai fait que, pour gagner l'esprit de la reine, qui, suivant l'ordinaire des secondes femmes, avait tout pouvoir sur celui de son vieux mari, il lui ramène un de ses fils, que mon auteur m'apprend avoir été nourri à Rome. Cela fait deux effets; car d'un côté il obtient la perte d'Annibal par le moyen de cette mère ambitieuse, et de l'autre il oppose à Nicomède un rival appuyé de toute la faveur des Romains, jaloux de sa gloire et de sa grandeur naissante.

Les assassins qui découvrirent à ce prince les sanglants desseins de son père m'ont donné jour à d'autres artifices pour le faire tomber dans les embûches que sa belle-mère lui avait préparées; et pour la fin, je l'ai réduite en sorte que tous mes personnages y agissent avec générosité, et que les uns rendant ce qu'ils doivent à la vertu, et les autres demeurant dans la fermeté de leur devoir, laissent un exemple assez illustre et une conclusion assez agréable.

La représentation n'en a point déplu; et ce ne sont pas les moindres vers qui soient partis de ma main. Mon principal but a été de peindre la politique des Romains au dehors, et comme ils agissaient impérieusement avec les rois leurs alliés, leurs maximes pour les empêcher de s'accroître, et les soins qu'ils prenaient de traverser leur grandeur quand elle commençait à leur devenir suspecte à force de s'augmenter et de se rendre considérable par de nouvelles conquêtes. C'est le caractère que j'ai donné à leur république en la personne de son ambassadeur Flaminius à qui j'oppose un prince intrépide qui voit sa perte assurée sans s'ébranler, et qui brave l'orgueilleuse masse de leur puissance, lors même qu'il en est accablé. Ce héros de ma façon sort un peu des règles de la tragédie, en ce qu'il ne cherche point à faire pitié par l'excès de ses infortunes: mais le succès a montré que la fermeté des grands cœurs, qui n'excite que l'admiration dans l'âme du spectateur, est quelquefois aussi agréable que la compassion que notre art nous ordonne d'y produire par la représentation de leurs malheurs. Il en fait naître toutefois quelqu'une, mais elle ne va pas jusques à tirer des larmes: son effet se borne à mettre les auditeurs dans les intérêts de ce prince, et à leur faire former des souhaits pour ses prospérités.

Dans l'admiration qu'on a pour sa vertu, je trouve une manière de purger les passions dont n'a point parlé Aristote, et qui est peut-être plus sûre que celle qu'il prescrit à la tragédie par le moyen de la pitié et de la crainte. L'amour qu'elle nous donne pour cette vertu que nous admirons nous imprime de la haine pour le vice contraire. La grandeur de courage de Nicomède nous laisse une aversion contre la pusillanimité; et la généreuse reconnaissance d'Héraclius, qui expose sa vie pour Martian à qui il est redevable de la sienne, nous jette dans l'horreur de l'ingratitude.

Je ne veux point dissimuler que cette pièce est une de celles pour qui j'ai le plus d'amitié. Aussi n'y remarquerai-je que ce défaut de la fin qui va trop vite, comme je l'ai dit ailleurs, et où l'on peut même trouver quelque inégalité de mœurs en Prusias et Flaminius, qui, après avoir pris la fuite sur la mer, s'avisent tout d'un coup de rappeler leur courage, et viennent se ranger auprès de la reine Arsinoé, pour mourir avec elle en la défendant. Flaminius y demeure en assez méchante posture, voyant réunir toute la famille royale, malgré les soins qu'il avait pris de la diviser, et les instructions qu'il en avait rapportées de Rome. Il s'y voit enlever par Nicomède les affections de cette reine et du prince Attale, qu'il avait choisis pour instruments à traverser sa grandeur, et semble n'être revenu que pour être témoin du triomphe qu'il remporte sur lui. D'abord j'avais fini la pièce sans les faire revenir, et m'étais contenté de faire témoigner par Nicomède à sa belle-mère un grand déplaisir de ce que la fuite du roi ne lui permettait pas de lui rendre ses obéissances.

Cela ne démentait point l'effet historique, puisqu'il laissait sa mort en incertitude; mais le goût des spectateurs, que nous avons accoutumés à voir rassembler tous nos personnages à la conclusion de cette sorte de poèmes, fut cause de ce changement où je me résolus pour leur donner plus de satisfaction, bien qu'avec moins de régularité.

FIN DE L'EXAMEN DE NICOMEDE.

SERTORIUS,

TRAGÉDIE

EN CINQ ACTES.

1651.

AU LECTEUR.

Ne cherchez point dans cette tragédie les agréments qui sont en possession de faire réussir au théâtre les poèmes de cette nature; vous n'y trouverez ni tendresses d'amour, ni emportements de passions, ni descriptions pompeuses, ni narrations pathétiques. Je puis dire toutefois qu'elle n'a point déplu, et que la dignité des noms illustres, la grandeur de leurs intérêts, et la nouveauté de quelques caractères, ont suppléé au manque de ces graces. Le sujet est simple, et du nombre de ces évènements connus où il ne nous est pas permis de rien changer, qu'autant que la nécessité indispensable de les réduire dans la règle nous force d'en resserrer les temps et les lieux. Comme il ne m'a fourni aucunes femmes, j'ai été obligé de recourir à l'invention pour en introduire deux, assez compatibles l'une et l'autre avec les vérités historiques auxquelles je me suis attaché. L'une a vécu de ce temps-là : c'est la première femme de Pompée, qu'il répudia pour entrer dans l'alliance de Sylla par le mariage d'Emilie, fille de sa femme. Le divorce est constant par le rapport de tous ceux qui ont écrit la vie de Pompée; mais aucun d'eux ne nous apprend ce que devint cette malheureuse, qu'ils appellent tous Antistie, à la réserve d'un espagnol, évêque de Gironne, qui lui donne le nom d'Aristie, que j'ai préféré, comme plus doux à l'oreille. Leur silence m'ayant laissé liberté entière de lui faire un refuge, j'ai cru ne lui en pouvoir choisir un avec plus de vraisemblance que chez les ennemis de ceux qui l'avaient outragée. Cette retraite en a d'autant plus qu'elle produit un effet véritable par les lettres des principaux de Rome que je lui fais porter à Sertorius, et que Perpenna remit entre les mains de Pompée, qui en usa comme je le marque. L'autre femme est une pure idée de mon esprit, mais qui ne laisse pas d'avoir aussi quelque fondement dans l'histoire. Elle nous apprend que les Lusitaniens appelèrent Sertorius d'Afrique pour être leur chef contre le parti de Sylla; mais elle ne nous dit point s'ils étaient en république ou sous une monarchie. Il n'y a donc rien qui répugne à leur donner une reine; et je ne la pouvais faire sortir d'un sang plus considérable que de celui de Viriatus dont je lui fais porter le nom, le plus grand homme que l'Espagne ait opposé aux Romains, et le dernier qui leur a fait tête dans ces provinces avant Sertorius. Il n'était pas roi en effet; mais il en avait toute l'autorité; et les préteurs et consuls que Rome envoya pour le combattre, et qu'il défit souvent, l'estimèrent assez pour faire des traités de paix avec lui comme avec un souverain, et juste ennemi. Sa mort arriva soixante et huit ans avant celle que je traite; de sorte qu'il aurait pu être aïeul ou bisaïeul de cette reine que je fais parler ici.

Il fut défait par le consul Q. Servilius, et non par Brutus, comme je l'ai fait dire à cette princesse, sur la foi de cet évêque espagnol que je viens de citer et qui m'a jeté dans l'erreur après lui. Elle est aisée à corriger par le changement d'un mot dans ce vers unique qui en parle, et qu'il faut rétablir ainsi :

Et de Servilius l'astre prédominant.

Je sais bien que Sylla, dont je parle tant dans ce poème, était mort six ans avant Sertorius; mais, à le prendre à la rigueur, il est permis de presser les temps pour faire l'unité de jour; et pourvu qu'il n'y ait point d'impossibilité formelle, je puis faire arriver en six jours, voire en six heures, ce qui s'est passé en six ans. Cela posé, rien n'empêche que Sylla ne meure avant Sertorius, sans rien détruire de ce que je dis ici, puisqu'il a pu mourir depuis qu'Arcas est parti de Rome pour apporter la nouvelle de la démission de sa dictature; ce qu'il fait en même temps que Sertorius est assassiné. Je dis de plus que, bien que nous devions être assez scrupuleux observateurs de l'ordre des temps, néanmoins, pourvu que ceux que nous faisons parler se soient connus, et aient eu ensemble quelques intérêts à démêler, nous ne sommes pas obligés à nous attacher si précisément à la durée de leur vie. Sylla était mort quand Sertorius fut tué, mais il pouvait vivre encore sans miracle; et l'auditeur, qui communément n'a qu'une teinture superficielle de l'histoire, s'offense rarement d'une pareille prolongation qui ne sort point de la vraisemblance. Je ne voudrais pas toutefois faire une règle générale de cette licence, sans y mettre quelque distinction.

La mort de Sylla n'apporta aucun changement aux affaires de Sertorius en Espagne, et lui fut de si peu d'importance, qu'il est mal aisé, en lisant la vie de ce héros chez Plutarque, de remarquer lequel des deux est mort le premier, si l'on n'en est instruit d'ailleurs. Autre chose est de celles qui renversent les états, détruisent les partis, et donnent une autre face aux affaires, comme a été celle de Pompée, qui ferait soulever tout l'auditoire contre un auteur, s'il avait l'impudence de la mettre après celle de César. D'ailleurs, il fallait colorer et excuser en quelque sorte la guerre que Pompée et les autres chefs romains continuaient contre Sertorius; car il est aisé de comprendre pourquoi l'on s'y obstinait, après que la république semblait être rétablie par la démission volontaire et la mort de son tyran. Sans doute que son esprit de souveraineté qu'il avait fait revivre dans Rome n'y était pas mort avec lui, et que Pompée et beaucoup d'autres, aspirant dans l'âme à prendre sa place, craignaient que Sertorius ne leur y fût un puissant obstacle, ou par l'amour qu'il avait toujours pour sa patrie, ou par la grandeur de sa réputation, et le mérite de ses actions, qui les eussent fait donner la préférence, si ce grand ébranlement de la république l'eût mise en état de ne se pouvoir passer de maître. Pour ne pas déshonorer Pompée par cette jalousie secrète de son ambition, qui semait dès lors ce qu'on a vu depuis éclater si hautement, et qui peut-être était le véritable motif de cette guerre, je me suis persuadé qu'il était plus à propos de faire vivre Sylla, afin d'en attribuer l'injustice à la violence de sa domination. Cela m'a servi de plus à arrêter l'effet de ce puissant amour que je lui fais conserver pour Aristie, avec qui il n'eût pu se défendre de renouer, s'il n'eût eu rien à craindre du côté de Sylla, dont le nom odieux, mais illustre, donne un grand poids aux raisonnements de la politique, qui fait l'âme de toute cette tragédie.

Le même Pompée semble s'écarter un peu de la prudence d'un général d'armée, lorsque, sur la foi de Sertorius, il vient conférer avec lui dans une ville dont ce chef du parti contraire est maître absolu; mais c'est une confiance de généreux à généreux, et de Romain à Romain, qui lui donne quelque droit de ne craindre aucune supercherie de la part d'un si grand homme. Ce n'est pas que je ne veuille bien accorder aux critiques qu'il n'a pas assez pourvu a sa propre sûreté; mais il m'était impossible de garder l'unité de lieu, sans lui faire faire cette échappée, qu'il faut imputer à l'incommodité de la règle, plus qu'à moi qui l'ai bien vue. Si vous ne voulez la pardonner à l'impatience qu'il avait de voir sa femme, dont je le fais encore si passionné, et à la peur qu'elle ne prît un autre mari, faute de savoir ses intentions pour elle, vous la pardonnerez au plaisir qu'on a pris à cette conférence, que quelques uns des premiers dans la cour, et pour la naissance et pour l'esprit, ont estimée autant qu'une pièce entière. Vous n'en serez pas désavoué par Aristote, qui souffre qu'on mette quelquefois des choses sans raison sur le théâtre, quand il y a apparence qu'elles seront bien reçues, et qu'on a lieu d'espérer que les avantages que le poème en retirera pourront mériter cette grace.

PERSONNAGES.

SERTORIUS, général du parti de Marius en Espagne.
PERPENNA, lieutenant de Sertorius.
AUFIDE, tribun de l'armée de Sertorius.
POMPÉE, général du parti de Sylla.
ARISTIE, femme de Pompée.
VIRIATE, reine de Lusitanie, à présent Portugal.
THAMIRE, dame d'honneur de Viriate.
CELSUS, tribun du parti de Pompée.
ARCAS, affranchi d'Aristius, frère d'Aristie.

La scène est à Nertobrige, ville d'Aragon, conquise par Sertorius, à présent Catalayud.

SERTORIUS

ACTE PREMIER.

SCÈNE PREMIÈRE.

PERPENNA, AUFIDE.

PERPENNA.
D'où me vient ce désordre, Aufide? et que veut dire
Que mon cœur sur mes vœux garde si peu d'empire?
L'horreur que malgré moi me fait la trahison
Contre tout mon espoir révolte ma raison;
Et de cette grandeur sur le crime fondée,
Dont jusqu'à ce moment m'a trop flatté l'idée,
L'image tout affreuse au point d'exécuter
Ne trouve plus en moi de bras à lui prêter.
En vain l'ambition qui presse mon courage
D'un faux brillant d'honneur pare son noir ouvrage;
En vain, pour me soumettre à ses lâches efforts,
Mon ame a secoué le joug de cent remords :
Cette ame, d'avec soi tout à coup divisée,
Reprend de ses remords la chaîne mal brisée;
Et de Sertorius le surprenant bonheur
Arrête une main prête à lui percer le cœur.

AUFIDE.
Quel honteux contretemps de vertu délicate
S'oppose au beau succès de l'espoir qui vous flatte?
Et depuis quand, seigneur, la soif du premier rang
Craint-elle de répandre un peu de mauvais sang?
Avez-vous oublié cette grande maxime,
Que la guerre civile est le règne du crime;
Et qu'aux lieux où le crime a plein droit de régner
L'innocence timide est seule à dédaigner?
L'honneur et la vertu sont des noms ridicules :
Marius ni Carbon n'eurent point de scrupules;
Jamais Sylla, jamais...
    PERPENNA.
        Sylla ni Marius
N'ont jamais epargné le sang de leurs vaincus;
Tour à tour la victoire, autour d'eux en furie,
A poussé leur courroux jusqu'à la barbarie;
Tour à tour le carnage et les proscriptions
Ont sacrifié Rome à leurs dissensions : [maîtres,
Mais leurs sanglants discords, qui nous donnent des
Ont fait des meurtriers, et n'ont point fait de traîtres;
Leurs plus vastes fureurs jamais n'ont consenti
Qu'aucun versât le sang de son propre parti;
Et dans l'un ni dans l'autre aucun n'a pris l'audace
D'assassiner son chef pour monter en sa place.

AUFIDE.
Vous y renoncez donc, et n'êtes plus jaloux
De suivre les drapeaux d'un chef moindre que vous?
Ah! s'il faut obéir, ne faisons plus la guerre;
Prenons le même joug qu'a pris toute la terre.
Pourquoi tant de perils? pourquoi tant de combats?
Si nous voulons servir, Sylla nous tend les bras, [me,
C'est mal vivre en Romain, que prendre loi d'un hom-
Mais, tyran pour tyran, il vaut mieux vivre à Rome.

PERPENNA.
Vois mieux ce que tu dis quand tu parles ainsi.
Du moins la liberté respire encore ici :
De notre république à Rome anéantie
On y voit refleurir la plus noble partie;
Et cet asyle ouvert aux illustres proscrits
Réunit du sénat le précieux débris.
Par lui Sertorius découvre ces provinces,
Leur impose tribut, fait des lois à leurs princes,
Maintient de nos Romains le reste indépendant.
Mais comme tout parti demande un commandant,
Ce bonheur imprévu qui partout l'accompagne,
Ce nom qui s'est acquis chez les peuples d'Espagne...

AUFIDE.
Ah! c'est ce nom acquis avec trop de bonheur
Qui rompt votre fortune, et vous ravit l'honneur :
Vous n'en sauriez douter, pour peu qu'il vous sou-
Du jour que votre armée alla joindre la sienne. [vienne
Lors...

PERPENNA.

N'envenime point le cuisant souvenir
Que le commandement devait m'appartenir.
Je le passais en nombre aussi bien qu'en noblesse;
Il succombait sans moi sous sa propre faiblesse :
Mais sitôt qu'il parut je vis en moins de rien
Tout mon camp déserté pour repeupler le sien.
Je vis par mes soldats mes aigles arrachées
Pour se ranger sous lui voler vers ses tranchées ;
Et, pour en colorer l'emportement honteux,
Je les suivis de rage, et m'y rangeai comme eux.
L'impérieuse aigreur de l'âpre jalousie
Dont en secret dès lors mon ame fut saisie
Grossit de jour en jour sous une passion
Qui tyrannise encor plus que l'ambition :
J'adore Viriate ; et cette grande reine,
Des Lusitaniens l'illustre souveraine,
Pourrait par son hymen me rendre sur les siens
Ce pouvoir absolu qu'il m'ôte sur les miens.
Mais elle-même, hélas ! de ce grand nom charmée,
S'attache au bruit heureux que fait sa renommée ;
Cependant qu'insensible à ce qu'elle a d'appas
Il me dérobe un cœur qu'il ne demande pas.
De son astre opposé telle est la violence,
Qu'il me vole partout, même sans qu'il y pense,
Et que, toutes les fois qu'il m'enlève mon bien,
Son nom fait tout pour lui sans qu'il en sache rien.
Je sais qu'il peut aimer et nous cacher sa flamme :
Mais je veux sur ce point lui découvrir mon ame ;
Et, s'il me peut céder ce trône où je prétends,
J'immolerai ma haine à mes désirs contents ;
Et je n'envierai plus le rang dont il s'empare,
S'il m'en assure autant chez ce peuple barbare,
Qui, formé par nos soins, instruit de notre main,
Sous notre discipline est devenu romain.

AUFIDE.

Lorsqu'on fait des projets d'une telle importance,
Les intérêts d'amour entrent-ils en balance ?
Et si ces intérêts vous sont enfin si doux,
Viriate, lui mort, n'est-elle pas à vous?

PERPENNA.

Oui ; mais de cette mort la suite m'embarrasse.
Aurai-je sa fortune aussi bien que sa place?
Ceux dont il a gagné la confiance et l'appui
Prendront-ils même joie à m'obéir qu'à lui?
Et, pour venger sa trame indignement coupée,
N'arboreront-ils point l'étendard de Pompée ?

AUFIDE.

C'est trop craindre, et trop tard : c'est dans votre festin
Que ce soir par mon ordre on tranche son destin.
La trève a dispersé l'armée à la campagne,
Et vous en commandez ce qui nous accompagne.
L'occasion nous rit dans un si grand dessein ;
Mais tel bras n'est à nous que jusques à demain.
Si vous rompez le coup, prévenez les indices ;
Perdez Sertorius, ou perdez vos complices.
Craignez ce qu'il faut craindre : il en est parmi nous
Qui pourraient bien avoir mêmes remords que vous,
Et si vous différez... Mais le tyran arrive.
Tachez d'en obtenir l'objet qui vous captive ;
Et je prierai les dieux que dans cet entretien
Vous ayez assez d'heur pour n'en obtenir rien.

SCÈNE II.

SERTORIUS, PERPENNA.

SERTORIUS.

Apprenez un dessein qui vient de me surprendre.
Dans deux heures Pompée en ce lieu doit se rendre :
Il veut sur nos débats conférer avec moi,
Et pour toute assurance il ne prend que ma foi.

PERPENNA.

La parole suffit entre les grands courages.
D'un homme tel que vous la foi vaut cent ôtages ;
Je n'en suis point surpris : mais ce qui me surprend,
C'est de faire encore au vôtre entière déférence,
Sans vouloir de lieu neutre à cette conférence.
C'est avoir beaucoup fait, que d'avoir jusques-là
Fait descendre l'orgueil des héros de Sylla.

SERTORIUS.

S'il est plus fort que nous, ce n'est plus en Espagne,
Où nous forçons les siens de quitter la campagne,
Et de se retrancher dans l'empire douteux
Que lui souffre à regret une province ou deux,
Qu'à sa fortune lasse il craint que je n'enlève,
Sitôt que le printemps aura fini la trève.
C'est l'heureuse union de vos drapeaux aux miens
Qui fait ces beaux succès qu'à toute heure j'obtiens :
C'est à vous que je dois ce que j'ai de puissance ;
Attendez tout aussi de ma reconnaissance.
Je reviens à Pompée, et pense deviner
Quels motifs jusqu'ici peuvent nous l'amener.
Comme il trouve avec nous peu de gloire à prétendre,
Et qu'au lieu d'attaquer il a peine à défendre,
Il voudrait qu'un accord, avantageux ou non,
L'affranchît d'un emploi qui ternit ce grand nom ;
Et chatouillé d'ailleurs par l'espoir qui le flatte
De faire avec plus d'heur la guerre à Mithridate,
Il brûle d'être à Rome, afin d'en recevoir
Du maître qu'il s'y donne et l'ordre et le pouvoir.

PERPENNA.

J'aurais cru qu'Aristie ici réfugiée,
Que, forcé par ce maître, il a répudiée,
Par un reste d'amour l'attirât en ces lieux
Sous une autre couleur lui faire ses adieux ;
Car de son cher tyran l'injustice fut telle,
Qu'il ne lui permit pas de prendre congé d'elle.

SERTORIUS.

Cela peut être encore ; ils s'aimaient chèrement :
Mais il pourrait ici trouver du changement.
L'affront piqué à tel point le grand cœur d'Aristie,
Que, sa première flamme en haine convertie,
Elle cherche bien moins un asyle chez nous
Que la gloire d'y prendre un plus illustre époux.
C'est ainsi qu'elle parle, et m'offre l'assistance
De ce que Rome encore a de gens d'importance.
Dont les uns ses parents, les autres ses amis,
Si je veux l'épouser, ont pour moi tout promis.
Leurs lettres en font foi, qu'elle me vient de rendre.
Voyez avec loisir ce que j'en dois attendre ;
Je veux bien m'en remettre à votre sentiment.

PERPENNA.

Pourriez-vous bien, seigneur, balancer un moment,
A moins d'une secrète et forte antipathie
Qui vous montre un supplice en l'hymen d'Aristie?
Voyant ce que pour dot Rome lui veut donner,
Vous n'avez aucun lieu de rien examiner.

SERTORIUS.

Il faut donc, Perpenna, vous faire confidence
Et de ce que je crains, et de ce que je pense.
J'aime ailleurs. A mon âge il sied si mal d'aimer,
Que je le cache même à qui m'a su charmer : [dire,
Mais, tel que je puis être, on m'aime, ou, pour mieux
La reine Viriate à mon hymen aspire ;
Elle veut que ce choix de mon ambition
De son peuple avec nous commence l'union,
Et qu'ensuite à l'envi mille autres hyménées
De nos deux nations l'une à l'autre enchaînées
Mêlent si bien le sang et l'intérêt commun,
Qu'ils réduisent bientôt les deux peuples en un.
C'est ce qu'elle prétend pour digne récompense
De nous avoir servis avec cette constance
Qui n'épargne ni biens ni sang de ses sujets
Pour affermir ici nos généreux projets :
Non qu'elle me l'ait dit, ou quelque autre pour elle ;
Mais j'en vois chaque jour quelque marque fidèle ;
Et comme ce dessein n'est plus pour moi douteux,
Je ne puis l'ignorer qu'autant que je le veux.
Je crains donc de l'aigrir, si j'épouse Aristie,
Et que de ses sujets la meilleure partie,
Pour venger ce mépris, et servir son courroux,
Ne tourne obstinément sans armes contre nous.
Auprès d'un tel malheur, pour nous irréparable,
Ce qu'on promet pour l'autre est peu considérable ;
Et, sous un faux espoir de nous mieux établir,
Ce renfort accepté pourrait nous affaiblir.
Voilà ce qui retient mon esprit en balance.
Je n'ai pour Aristie aucune répugnance ;

Et la reine à tel point n'asservit point mon cœur,
Qu'il ne fasse encor tout pour le commun bonheur.
PERPENNA.
Cette crainte, seigneur, dont votre ame est gênée
Ne doit pas d'un moment retarder l'hyménée.
Viriate, il est vrai, pourra s'en émouvoir,
Mais que sert la colère où manque le pouvoir?
Malgré sa jalousie et ses vaines menaces,
N'êtes-vous pas toujours le maître de ses places?
Les siens, dont vous craignez le vif ressentiment,
Ont-ils dans votre armée aucun commandement?
Des plus nobles d'entre eux, et des plus grands courages,
N'avez-vous pas les fils dans Osca pour ôtages?
Tous leurs chefs sont Romains; et leurs propres soldats,
Dispersés dans nos rangs, ont fait tant de combats,
Que la vieille amitié qui les attache aux nôtres
Leur fait aimer nos lois et n'en vouloir point d'autres.
Pourquoi donc tant les craindre? et pourquoi refuser...
SERTORIUS.
Vous-même, Perpenna, pourquoi tant déguiser?
Je vois ce qu'on m'a dit; Vous aimez Viriate;
Et votre amour caché dans vos raisons éclate.
Mais les raisonnements sont ici superflus :
Dites que vous l'aimez, et je ne l'aime plus.
Parlez : je vous dois tant, que ma reconnaissance
Ne peut être sans honte un moment en balance.
PERPENNA.
L'aveu que vous voulez à mon cœur est si doux,
Que j'ose...
SERTORIUS.
C'est assez : je parlerai pour vous.
PERPENNA.
Ah! seigneur, c'en est trop; et...
SERTORIUS.
Point de repartie :
Tous mes vœux sont déjà du côté d'Aristie;
Et je l'épouserai, pourvu qu'en même jour
La reine se résolve à payer votre amour :
Car, quoi que vous disiez, je dois craindre sa haine,
Et fuirais à ce prix cette illustre Romaine.
La voici : laissez-moi ménager son esprit,
Et voyez cependant de quel air on m'écrit.

SCENE III.

SERTORIUS, ARISTIE.

ARISTIE.
Ne vous offensez pas si dans mon infortune
Ma faiblesse me force à vous être importune;
Non pas pour mon hymen : les suites d'un tel choix
Méritent qu'on y pense un peu plus d'une fois;
Mais vous pouvez, seigneur, joindre à mes espérances
Contre un péril nouveau nouvelles assurances.
J'apprends qu'un infidèle, autrefois mon époux,
Vient jusque dans ces murs conférer avec vous :
L'ordre de son tyran, et sa flamme inquiète,
Me pourront envier l'honneur de ma retraite:
L'un en prévoit la suite, et l'autre en craint l'éclat;
Et tous les deux contre elle ont leur raison d'état.
Je vous demande donc sûreté tout entière
Contre la violence et contre la prière,
Si par l'une ou par l'autre il veut se ressaisir
De ce qu'il ne peut voir ailleurs sans déplaisir.
SERTORIUS.
Il en a lieu, madame; un si rare mérite
Semble croître de prix quand par force on le quitte :
Mais vous avez ici sûreté contre tous,
Pourvu que vous puissiez en trouver contre vous,
Et que, contre un ingrat dont l'amour fut si tendre,
Lorsqu'il vous parlera, vous sachiez vous défendre.
On a peine à haïr ce qu'on a bien aimé,
Et le feu mal éteint est bientôt rallumé.
ARISTIE.
L'ingrat, par son divorce en faveur d'Æmilie,
M'a livrée au mépris de toute l'Italie.
Vous savez à quel point mon courage est blessé :
Mais s'il se dédisait d'un outrage forcé,
S'il chassait Æmilie, et me rendait ma place,
J'aurais peine, seigneur, à lui refuser grace;

Et tant que je serai maîtresse de ma foi,
Je me dois toute à lui, s'il revient tout à moi.
SERTORIUS.
En vain donc je me flatte; en vain j'ose, madame,
Promettre à mon espoir quelque part en votre ame,
Pompée en est encor l'unique souverain :
Tous vos ressentiments n'offrent que votre main;
Et quand par ses refus j'aurai droit d'y prétendre,
Le cœur toujours à lui ne voudra pas se rendre.
ARISTIE.
Qu'importe de mon cœur, si je sais mon devoir,
Et si mon hyménée enfle votre pouvoir?
Vous ravaleriez-vous jusques à la bassesse
D'exiger de ce cœur des marques de tendresse,
Et de les préférer à ce qu'il fait d'effort
Pour braver mon tyran, et relever mon sort?
Laissons, seigneur, laissons pour les petites ames
Ce commerce rampant de soupirs et de flammes;
Et ne nous unissons que pour mieux soutenir
La liberté que Rome est prête à voir finir.
Unissons ma vengeance à votre politique,
Pour sauver des abois toute la république :
L'hymen seul peut unir des intérêts si grands.
Je sais que c'est beaucoup que ce que je prétends;
Mais, dans ce dur exil que mon tyran m'impose,
Le rebut de Pompée est encor quelque chose;
Et j'ai des sentiments trop nobles ou trop vains
Pour le porter ailleurs qu'au plus grand des Romains.
SERTORIUS.
Ce nom ne m'est pas dû, je suis...
ARISTIE.
Ce que vous faites
Montre à tout l'univers, seigneur, ce que vous êtes;
Mais quand ce même nom semblerait trop pour vous,
Du moins mon infidèle est d'un rang au-dessous :
Il sert dans son parti, vous commandez au vôtre;
Vous êtes chef de l'un, et lui sujet dans l'autre;
Et son divorce enfin, qui m'arrache sa foi,
L'y laisse par Sylla plus opprimé que moi,
Si votre hymen m'élève à la grandeur sublime,
Tandis qu'en l'esclavage un autre hymen l'abyme.
Mais, seigneur, je m'emporte, et l'excès d'un tel heur
Me fait vous en parler avec trop de chaleur.
Tout mon bien est encor dedans l'incertitude :
Je n'en conçois l'espoir qu'avec inquiétude;
Et je craindrai toujours d'avoir trop prétendu,
Tant que de cet espoir vous m'ayez répondu.
Vous me pouvez d'un mot assurer, ou confondre.
SERTORIUS.
Mais, madame, après tout, que puis-je vous répondre?
De quoi vous assurer si vous-même parlez
Sans être sûre encor de ce que vous voulez?
De votre illustre hymen je sais les avantages :
J'adore les grands noms que j'en ai pour ôtages,
Et vois que leurs secours, nous rehaussant le bras,
Aurait bientôt jeté la tyrannie à bas :
Mais cette attente aussi pourrait se voir trompée
Dans l'offre d'une main qui se garde à Pompée,
Et qui n'étale ici la grandeur d'un tel bien
Que pour me tout promettre, et ne me donner rien.
ARISTIE.
Si vous vouliez ma main par choix de ma personne,
Je vous dirais : « Seigneur, prenez, je vous la donne;
« Quoi que veuille Pompée, il le voudra trop tard. »
Mais, comme en cet hymen l'amour n'a point de part,
Qu'il n'est qu'un pur effet de noble politique,
Souffrez que je vous die, afin que je m'explique,
Que, quand j'aurais pour dot un million de bras,
Je vous donne encor plus en ne l'achevant pas.
Si je réduis Pompée à chasser Æmilie,
Peut-il, Sylla régnant, regarder l'Italie?
Ira-t-il se livrer à son juste courroux?
Non non, si je le gagne, il faut qu'il vienne à vous.
Ainsi par mon hymen vous avez assurance
Que mille vrais Romains prendront votre défense :
Mais si j'en romps l'accord pour lui revenir mes vœux,
Vous aurez ces Romains, et Pompée avec eux;
Vous aurez ses amis par ce nouveau divorce;
Vous aurez du tyran la principale force,

Son armée, ou du moins ses plus braves soldats,
Qui de leur général voudront suivre les pas ;
Vous marcherez vers Rome à communes enseignes.
Il sera temps alors, Sylla, que tu me craignes.
Tremble, et crois voir bientôt trébucher ta fierté,
Si je puis t'enlever ce que tu m'as ôté.
Pour faire de Pompée un gendre de ta femme,
Tu l'as fait un parjure, un méchant, un infame :
Mais s'il me laisse encor quelques droits sur son cœur,
Il reprendra sa foi, sa vertu, son honneur ;
Pour rentrer dans mes fers il brisera tes chaînes ;
Et nous t'accablerons sous nos communes haines.
J'abuse trop, seigneur, d'un précieux loisir :
Voilà vos intérêts ; c'est à vous de choisir.
Si votre amour trop prompt veut borner sa conquête,
Je vous le dis encor, ma main est toute prête.
Je vous laisse y penser : sur-tout souvenez-vous
Que ma gloire en ces lieux me demande un époux ;
Qu'elle ne peut souffrir que ma fuite m'y range,
En captive de guerre, au péril d'un échange,
Qu'elle veut un grand homme à recevoir ma foi,
Qu'après vous et Pompée il n'en est point pour moi,
Et que...

SERTORIUS.
Vous le verrez, et saurez sa pensée.

ARISTIE.
Adieu, seigneur : j'y suis la plus intéressée ;
Et j'y vais préparer mon reste de pouvoir.

SERTORIUS.
Moi, je vais donner ordre à le bien recevoir.
(*seul.*)
Dieux, souffrez qu'à mon tour avec vous je m'explique.
Que c'est un sort cruel d'aimer par politique !
Et que ses intérêts sont d'étranges malheurs,
S'ils font donner la main quand le cœur est ailleurs !

FIN DU PREMIER ACTE.

ACTE II.

SCENE PREMIÈRE.

VIRIATE, THAMIRE.

VIRIATE.
Thamire, il faut parler, l'occasion nous presse :
Rome jusqu'en ces murs m'envoie une maîtresse ;
Et l'exil d'Aristie, enveloppé d'ennuis,
Est prêt à l'emporter sur tout ce que je suis.
En vain de mes regards l'ingénieux langage,
Pour découvrir mon cœur a tout mis en usage ;
En vain par le mépris des vœux de tous nos rois
J'ai cru faire éclater l'orgueil d'un autre choix :
Le seul pour qui je tâche à le rendre visible,
Ou n'ose en rien connaître, ou demeure insensible,
Et laisse à ma pudeur des sentiments confus,
Que l'amour propre obstine à douter du refus.
Epargne-m'en la honte, et prends soin de lui dire,
A ce héros si cher... Tu le connais Thamire ;
Car d'où pourrait mon trône attendre un ferme appui ?
Et pour qui mépriser tous nos rois, que pour lui ?
Sertorius, lui seul digne de Viriate,
Mérite que pour lui tout mon amour éclate.
Fais-lui, fais-lui savoir le glorieux dessein
De m'affermir au trône en lui donnant la main :
Dis-lui... Mais j'aurais tort d'instruire ton adresse,
Moi qui connais ton zèle à servir ta princesse.

THAMIRE.
Madame, en ce héros tout est illustre et grand ;
Mais, à parler sans fard, votre amour me surprend.
Il est assez nouveau qu'un homme de son âge
Ait des charmes si forts pour un jeune courage,
Et que d'un front ridé les replis jaunissants
Trouvent l'heureux secret de captiver les sens.

VIRIATE.
Ce ne sont pas les sens que mon amour consulte ;
Il hait des passions l'impétueux tumulte ;
Et son feu que j'attache aux soins de ma grandeur
Dédaigne tout mélange avec leur folle ardeur.
J'aime en Sertorius ce grand art de la guerre
Qui soutient un banni contre toute la terre ;
J'aime en lui ces cheveux tout couverts de lauriers,
Ce front qui fait trembler les plus braves guerriers,
Ce bras qui semble avoir la victoire en partage :
L'amour de la vertu n'a jamais d'yeux pour l'âge ;
Le mérite a toujours des charmes éclatants ;
Et quiconque peut tout est aimable en tout temps.

THAMIRE.
Mais, madame, les rois, dont l'amour vous irrite,
N'ont-ils tous ni vertu, ni pouvoir, ni mérite ?
Et dans votre parti se peut-il qu'aucun d'eux
N'ait signalé son nom par des exploits fameux ?
Celui des Turdetans, celui des Celtibères,
Soutiendraient-ils si mal le sceptre de vos pères ?..

VIRIATE.
Contre des rois comme eux j'aimerais leur soutien ;
Mais contre des Romains tout leur pouvoir n'est rien.
Rome seule aujourd'hui peut résister à Rome :
Il faut pour la braver qu'elle nous prête un homme,
Et que son propre sang en faveur de ces lieux
Balance les destins, et partage les dieux.
Depuis qu'elle a daigné protéger nos provinces,
Et de son amitié faire honneur à leurs princes,
Sous un si haut appui nos rois humiliés
N'ont été que sujets sous le nom d'alliés ;
Et ce qu'ils ont osé contre leur servitude
N'en a rendu le joug que plus fort et plus rude.
Qu'a fait Mandonius, qu'a fait Indibilis,
Qu'y plonger plus avant leurs trônes avilis,
Et voir leur fier amas de puissance et de gloire
Brisé contre l'écueil d'une seule victoire ?
Le grand Viriatus, de qui je tiens le jour,
D'un sort plus favorable eut un pareil retour.
Il défit trois préteurs, il gagna dix batailles,
Il repoussa l'assaut de plus de cent murailles ;
Et de Servilius l'astre prédominant
Dissipa tout d'un coup ce bonheur étonnant.
Ce grand roi fut défait, il en perdit la vie,
Et laissait sa couronne à jamais asservie,
Si pour briser les fers de son peuple captif
Rome n'eût envoyé ce noble fugitif.
Depuis que son courage à nos destins préside,
Un bonheur si constant de nos armes décide,
Que deux lustres de guerre assurent nos climats
Contre ces souverains de tant de potentats,
Et leur laissant à peine, au bout de dix années,
Pour se couvrir de nous l'ombre des Pyrénées.
Nos rois, sans ce héros, l'un de l'autre jaloux,
Du plus heureux sans cesse auraient rompu les coups ;
Jamais ils n'auraient pu choisir entre eux un maître.

THAMIRE.
Mais consentiront-ils qu'un romain puisse l'être ?

VIRIATE.
Il n'en prend pas le titre, et les traite d'égal :
Mais, Thamire, après tout, il est leur général ;
Ils combattent sous lui, sous son ordre ils s'unissent ;
Et tous ces rois de nom en effet obéissent,
Tandis que de leur rang l'inutile fierté
S'applaudit d'une vaine et fausse égalité.

THAMIRE.
Je n'ose vous rien dire après cet avantage,
Et voudrais comme vous faire grace à son âge :
Mais enfin ce héros, sujet au cours des ans,
A trop long-temps vaincu pour vaincre encor long-
Et sa mort...   [temps ;

VIRIATE.
Jouissons, en dépit de l'envie,
Des restes glorieux de son illustre vie :

Sa mort me laissera pour ma protection
La splendeur de son ombre et l'éclat de son nom.
Sur ces deux grands appuis ma couronne affermie
Ne redoutera point de puissance ennemie :
Ils feront plus pour moi que ne feraient cent rois.
Mais nous en parlerons encor quelque autre fois.
Je l'aperçois qui vient.

SCÈNE II.

SERTORIUS, VIRIATE, THAMIRE.

SERTORIUS.

Que direz-vous, madame,
Du dessein téméraire où s'échappe mon ame?
N'est-ce point oublier ce qu'on vous doit d'honneur,
Que demander à voir le fond de votre cœur?

VIRIATE.

Il est si peu fermé que chacun y peut lire,
Seigneur, peut-être plus que je ne puis vous dire ;
Pour voir ce qui s'y passe, il ne faut que des yeux.

SERTORIUS.

J'ai besoin toutefois qu'il s'explique un peu mieux.
Tous vos rois à l'envi briguent votre hyménée ;
Et comme vos bontés font notre destinée,
Par ces mêmes bontés j'ose vous conjurer,
En faisant ce grand choix, de nous considérer.
Si vous prenez un prince inconstant, infidèle,
Ou qui pour le parti n'ait pas assez de zèle,
Jugez en quel état nous nous verrons réduits.
Si je pourrai longtemps encor ce que je puis,
Si mon bras...

VIRIATE.

Vous formez des craintes que j'admire.
J'ai mis tous mes états si bien sous votre empire,
Que quand il me plaira faire choix d'un époux,
Quelque projet qu'il fasse, il dépendra de vous.
Mais, pour vous mieux ôter cette frivole crainte,
Choisissez-le vous-même, et parlez-moi sans feinte :
Pour qui de tous ces rois êtes-vous sans soupçon?
A qui d'eux pouvez-vous confier ce grand nom?

SERTORIUS.

Je voudrais faire un choix qui pût aussi vous plaire :
Mais, à ce froid accueil que je vous vois leur faire,
Il semble que pour tous aucun intérêt...

VIRIATE.

C'est peut-être, seigneur, qu'aucun d'eux ne me plaît,
Et que de leur haut rang la pompe la plus vaine
S'efface au seul aspect de la grandeur romaine.

SERTORIUS.

Si donc je vous offrais pour époux un Romain?

VIRIATE.

Pourrais-je refuser un don de votre main?

SERTORIUS.

J'ose après cet aveu vous faire offre d'un homme
Digne d'être avoué de l'ancienne Rome.
Il en a la naissance, il en a le grand cœur,
Il est couvert de gloire, il est plein de valeur ;
De toute votre Espagne il a gagné l'estime,
Libéral, intrépide, affable, magnanime ;
Enfin c'est Perpenna sur qui vous emportez...

VIRIATE.

J'attendais votre nom après ces qualités :
Les éloges brillants que vous daignez y joindre
Ne me permettraient pas d'espérer rien de moindre.
Mais certes le détour est un peu surprenant.
Vous donnez une reine à votre lieutenant !
Si vos Romains ainsi choisissent des maîtresses,
A vos derniers tribuns il faudra des princesses.

SERTORIUS.

Madame...

VIRIATE.

Parlons net sur ce choix d'un époux.
Etes-vous trop pour moi? suis-je trop peu pour vous?
C'est m'offrir, et ce mot peut blesser les oreilles.
Mais un pareil amour sied bien à mes pareilles ;
Et je veux bien, seigneur, qu'on sache désormais
Que j'ai d'assez bons yeux pour voir ce que je fais.

Je le dis donc tout haut, afin que l'on m'entende :
Je veux bien un Romain ; mais je veux qu'il commande ;
Et ne trouverais pas nos rois à dédaigner,
N'était qu'ils savent mieux obéir que régner.
Mais, si de leur puissance ils vous laissent l'arbitre,
Leur faiblesse du moins en conserve le titre :
Ainsi ce noble orgueil qui vous préfère à tous
En préfère le moindre à tout autre qu'à vous ;
Car enfin, pour remplir l'honneur de ma naissance,
Il me faudrait un roi de titre et de puissance ;
Mais, comme il n'en est plus, je pense m'en devoir
Ou le pouvoir sans nom, ou le nom sans pouvoir.

SERTORIUS.

J'adore ce grand cœur qui rend ce qu'il doit rendre
Aux illustres aïeux dont on vous voit descendre.
A de moindres pensers son orgueil abaissé
Ne soutiendrait pas bien ce qu'ils vous ont laissé.
Mais puisque, pour remplir la dignité royale,
Votre haute naissance en demande une égale,
Perpenna parmi nous est le seul dont le sang
Ne mêlerait point d'ombre à la splendeur du rang :
Il descend de nos rois et de ceux d'Etrurie.
Pour moi, qu'un sang moins noble a transmis à la vie
Je n'ose m'éblouir d'un peu de nom fameux,
Jusqu'à déshonorer le trône par mes vœux.
Cessez de m'estimer jusqu'à lui faire injure ;
Je ne veux que le nom de votre créature :
Un si glorieux titre a de quoi me ravir ;
Il m'a fait triompher en voulant vous servir ;
Et malgré tout le peu que le ciel m'a fait naître...

VIRIATE.

Si vous prenez ce titre, agissez moins en maître,
Ou m'apprenez du moins, seigneur, par quelle loi
Vous n'osez m'accepter, et disposez de moi.
Accordez le respect que mon trône vous donne,
Avec cet attentat sur ma propre personne.
Voir toute mon estime, et n'en pas mieux user,
C'en est un qu'aucun art ne saurait déguiser.
Ne m'honorez donc pas jusqu'à me faire injure ;
Puisque vous le voulez, soyez ma créature ;
Et, me laissant en reine ordonner de vos vœux,
Portez-les jusqu'à moi, parce que je le veux.
Pour votre Perpenna, que sa haute naissance
N'affranchit point encor de votre obéissance,
Fût-il du sang des dieux aussi bien que des rois,
Ne lui promettez plus la gloire de mon choix.
Rome n'attache point le grade à la noblesse :
Votre grand Marius naquit dans la bassesse.
Et c'est pourtant le seul que le peuple romain
Ait jusques à sept fois choisi pour souverain.
Ainsi, pour estimer chacun à sa manière :
Au sang d'un Espagnol je ferais grâce entière,
Mais parmi vos Romains je prends peu garde au sang,
Quand j'y vois la vertu prendre le plus haut rang.
Vous, si vous haïssez comme eux le nom de reine,
Regardez-moi, seigneur, comme dame romaine :
Le droit de bourgeoisie à nos peuples donné
Ne perd rien de son prix sur un front couronné.
Sous ce titre adoptif, étant ce que vous êtes,
Je pense bien valoir une de mes sujettes,
Et, si quelque Romaine a causé vos refus,
Je suis tout ce qu'elle est, et reine encor de plus.
Peut-être la pitié d'une illustre misère...

SERTORIUS.

Je vous entends, madame, et, pour ne vous rien taire,
J'avouerai qu'Aristie.

VIRIATE.

Elle nous a tout dit :
Je sais ce qu'elle espère et ce qu'on vous écrit.
Sans y perdre de temps, ouvrez votre pensée.

SERTORIUS.

Au seul bien de la cause elle est intéressée :
Mais puisque, pour ôter l'Espagne à nos tyrans,
Nous prenons, vous et moi, des chemins différents,
De grâce, examinez le commun avantage,
Et jugez ce que doit un généreux courage.
Je trahirais, madame, et vous et vos états,
De voir un tel secours, et ne l'accepter pas ;
Mais ce même secours deviendrait notre perte,
S'il nous ôtait la main que vous m'avez offerte,

Et qu'un destin, jaloux de nos communs desseins
Jetât ce grand dépôt en de mauvaises mains.
Je tiens Sylla perdu, si vous laissez unie
A ce puissant renfort cette Lusitanie.
Mais vous pouvez enfin dépendre d'un époux,
Et le seul Perpenna peut m'assurer de vous.
Voyez ce qu'il a fait : je lui dois tant, madame,
Qu'une juste prière en faveur de sa flamme...

VIRIATE.

Si vous lui devez tant, ne me devez-vous rien?
Et lui faut-il payer vos dettes de mon bien?
Après que ma couronne a garanti vos têtes,
Ne mérité-je point de part en vos conquêtes ?
Ne vous ai-je servi que pour servir toujours,
Et m'assurer des fers par mon propre secours?
Ne vous y trompez pas : si Perpenna m'épouse,
Du pouvoir souverain je deviendrai jalouse,
Et le rendrai moi-même assez entreprenant
Pour ne vous pas laisser un roi pour lieutenant.
Je vous avouerai plus : à qui que je me donne,
Je voudrai hautement soutenir ma couronne ;
Et c'est ce qui me force à vous considérer,
De peur de perdre tout, s'il nous faut séparer.
Je ne vois que vous seul qui, des mers aux montagnes
Sous un même étendard puisse unir nos Espagnes :
Mais ce que je propose en est le seul moyen :
Et, quoi qu'ait fait pour vous ce cher concitoyen,
S'il vous a secouru contre la tyrannie,
Il en est bien payé d'avoir sauvé sa vie.
Les malheurs du parti l'accablaient à tel point,
Qu'il se voyait perdu, s'il ne vous eût pas joint ;
Et même, si j'en veux croire la renommée,
Ses troupes, malgré lui, grossirent votre armée. [crit ;
Rome offre un grand secours, du moins on vous l'e-
Mais, s'armât-elle toute en faveur d'un proscrit,
Quand nous sommes aux bords d'une pleine victoire,
Quel besoin avons-nous d'en partager la gloire ?
Encore une campagne, et nos seuls escadrons
Aux aigles de Sylla font repasser les monts :
Et ces derniers venus auront droit de nous dire
Qu'ils auront en ces lieux établi notre empire !
Soyons d'un tel auteur l'un et l'autre jaloux ;
Et, quand nous pouvons tout, ne devons rien qu'à nous.

SERTORIUS.

L'espoir le mieux fondé n'a jamais trop de forces :
Le plus heureux destin surprend par les divorces ;
Du trop de confiance il aime à se venger;
Et dans un grand dessein rien n'est à négliger.
Devons nous exposer à tant d'incertitude
L'esclavage de Rome et notre servitude,
De peur de partager avec d'autres Romains
Un honneur où le ciel veut peut-être leurs mains?
Notre gloire, il est vrai, deviendra sans seconde,
Si nous faisons sans eux la liberté du monde ;
Mais si quelque malheur suit tant d'heureux combats,
Quels reproches cruels ne nous ferons-nous pas !
D'ailleurs, considérez que Perpenna vous aime ;
Qu'il est, ou qu'il se croit digne du diadème ,
Qu'il peut ici beaucoup ; qu'il s'est vu de tout temps
Que, gouvernant le mieux on fait des mécontents ;
Que, piqué du mépris, il osera peut-être...

VIRIATE.

Tranchez le mot, seigneur: je vous ai fait mon maître,
Et je dois obéir malgré mon sentiment;
C'est à quoi se réduit tout ce raisonnement.
Faites, faites entrer ce héros d'importance,
Que je fasse un essai de mon obéissance ;
Et si vous le craignez, craignez autant du moins
Un long et vain regret d'avoir prêté vos soins.

SERTORIUS.

Madame, croiriez-vous...

VIRIATE.

Ce mot vous doit suffire ;
J'entends ce qu'on me dit et ce qu'on me veut dire.
Allez, faites-lui place, et ne présumez pas...

SERTORIUS.

Je parle pour un autre, et toutefois, hélas !
Si vous saviez...

VIRIATE.

Seigneur, que faut-il que je sache?
Et quel est le secret que ce soupir me cache ?

SERTORIUS.

Ce soupir redoublé...

VIRIATE.

N'achevez point : allez ;
Je vous obéirai plus que vous ne voulez.

SCÈNE III.

VIRIATE, THAMIRE.

THAMIRE.

Sa dureté m'étonne, et je ne puis, madame...

VIRIATE.

L'apparence t'abuse ; il m'aime au fond de l'âme.

THAMIRE.

Quoi ! quand pour un rival il s'obstine au refus...

VIRIATE.

Il veut que je l'amuse, et ne veut rien de plus.

THAMIRE.

Vous avez des clartés que mon insuffisance...

VIRIATE.

Parlons à ce rival ; le voilà qui s'avance.

SCENE IV.

VIRIATE, PERPENNA, AUFIDE, THAMIRE.

VIRIATE.

Vous m'aimez, Perpenna ; Sertorius le dit :
Je crois sur sa parole, et lui dois tout crédit.
Je sais donc votre amour ; mais tirez-moi de peine :
Par où prétendez-vous mériter une reine,
A quel titre lui plaire, et par quel charme un jour
Obliger sa couronne à payer votre amour ?

PERPENNA.

Par de sincères vœux, par d'assidus services,
Par de profonds respects, par d'humbles sacrifices ;
Et si quelques effets peuvent justifier...

VIRIATE.

Eh bien ! qu'êtes-vous prêt de lui sacrifier ?

PERPENNA.

Tous mes soins, tout mon sang, mon courage, ma vie.

VIRIATE.

Pourriez-vous la servir dans une jalousie?

PERPENNA.

Ah, madame !

VIRIATE.

A ce mot, en vain le cœur vous bat ;
Elle n'est pas d'amour, elle n'est que d'état.
J'ai de l'ambition, et mon orgueil de reine
Ne peut voir sans chagrin une autre souveraine
Qui sur mon propre trône à mes yeux s'élevant,
Jusque dans mes états prenne le pas devant.
Sertorius y règne, et dans tout notre empire
Il dispense des lois où j'ai voulu souscrire.
Je ne m'en repens point, il en a bien usé :
Je rends graces au ciel qui l'a favorisé.
Mais, pour vous dire enfin de quoi je suis jalouse,
Quel rang puis-je garder auprès de son épouse?
Aristie y prétend, et l'offre qu'elle fait,
Ou que l'on fait pour elle, en assure l'effet.
Délivrez nos climats de cette vagabonde,
Qui vient par son exil troubler un autre monde :
Et forcez-la, sans bruit d'honorer d'autres lieux
De cet illustre objet qui me blesse les yeux.
Assez d'autres états lui prêteront asyle.

PERPENNA.

Quoi que vous m'ordonniez, tout me sera facile ;
Mais quand Sertorius ne l'épousera pas,
Un autre hymen vous met dans le même embarras.
Et qu'importe, après tout, d'une autre ou d'Aristie,
Si...

VIRIATE.

Rompons, Perpenna, rompons cette partie ;

Donnons ordre au présent ; et quant à l'avenir,
Suivant l'occasion nous saurons y fournir.
Le temps est un grand maître, il règle bien des choses.
Enfin, je suis jalouse, et vous en dis les causes.
Voulez-vous me servir?
PERPENNA.
Si je le veux! j'y cours,
Madame, et meurs déjà d'y consacrer mes jours.
Mais pourrai-je espérer que ce faible service
Attirera sur moi quelque regard propice,
Que le cœur attendri fera suivre...
VIRIATE.
Arrêtez,
Vous porteriez trop loin des vœux précipités.
Sans doute un tel service aura droit de me plaire ;
Mais laissez-moi, de grace, arbitre du salaire.
Je ne suis point ingrate, et sais ce que je dois ;
Et c'est vous dire assez pour la première fois.
Adieu.

SCÈNE V.

PERPENNA, AUFIDE.

AUFIDE.
Vous le voyez, seigneur, comme on vous joue.
Tout son cœur est ailleurs ; Sertorius l'avoue,
Et fait auprès de vous l'officieux rival,
Cependant que la reine...
PERPENNA.
Ah ! n'en juge point mal.
A lui rendre service elle m'ouvre une voie
Que tout mon cœur embrasse avec excès de joie.
AUFIDE.
Vous ne voyez donc pas que son esprit jaloux
Ne cherche à se servir de vous que contre vous,
Et que, rompant le cours d'une flamme nouvelle,
Vous forcez ce rival à retourner vers elle?
PERPENNA.
N'importe, servons-la, méritons son amour ;
La force et la vengeance agiront à leur tour.
Hasardons quelques jours sur l'espoir qui nous flatte,
Dussions-nous, pour tout fruit, ne faire qu'une ingrate.
AUFIDE.
Mais, seigneur...
PERPENNA.
Épargnons les discours superflus ;
Songeons à la servir, et ne contestons plus :
Cet unique souci tient mon ame occupée.
Cependant de nos murs on découvre Pompée ;
Tu sais qu'on me l'a dit : allons le recevoir,
Puisque Sertorius m'impose ce devoir.

FIN DU SECOND ACTE.

ACTE III.

SCÈNE PREMIÈRE.

SERTORIUS, POMPÉE, SUITE.

SERTORIUS.
Seigneur, qui des mortels eût jamais osé croire
Que la trève à tel point dût rehausser ma gloire ;
Qu'un nom à qui la guerre a fait trop applaudir
Dans l'ombre de la paix trouvât à s'agrandir?
Certes, je doute encor si ma vue est trompée,
Alors que dans ces murs je vois le grand Pompée ;
Et quand il lui plaira, je saurai quel bonheur
Comble Sertorius d'un tel excès d'honneur.
POMPÉE.
Deux raisons. Mais, seigneur, faites qu'on se retire,
Afin qu'en liberté, je puisse vous le dire.
L'inimitié qui règne entre nos deux partis
N'y rend pas de l'honneur tous les droits amortis.
Comme le vrai mérite a ses prérogatives,
Qui prennent le dessus des haines les plus vives,
L'estime et le respect sont de justes tributs
Qu'aux plus fiers ennemis arrachent les vertus ;
Et c'est ce que vient rendre à la haute vaillance
Dont je ne fais ici que trop d'expérience
L'ardeur de voir de près un si fameux héros,
Sans lui voir en la main piques ni javelots,
Et le front désarmé de ce regard terrible
Qui dans nos escadrons guide un bras invincible.
Je suis jeune et guerrier, et tant de fois vainqueur
Que mon trop de fortune a pu m'enfler le cœur ;
Mais, et ce franc aveu sied bien aux grands courages,
J'apprends plus contre vous par mes désavantages
Que les plus beaux succès qu'ailleurs j'aie emportés
Ne m'ont encore appris par mes prospérités.
Je vois ce qu'il faut faire, à voir ce que vous faites :
Les sièges, les assauts, les savantes retraites,
Bien camper, bien choisir à chacun son emploi ;
Votre exemple est partout une étude pour moi.
Ah ! si je vous pouvais rendre à la république,
Que je croirais lui faire un présent magnifique !
Et que j'irais, seigneur, à Rome avec plaisir,
Puisque la trève enfin m'en donne le loisir,
Si j'y pouvais porter quelque faible espérance
D'y conclure un accord d'une telle importance !
Près de l'heureux Sylla ne puis-je rien pour vous ?
Et près de vous, seigneur, ne puis-je rien pour tous?

SERTORIUS.
Vous me pourriez sans doute épargner quelque peine,
Si vous vouliez avoir l'ame toute romaine :
Mais, avant que d'entrer en ces difficultés,
Souffrez que je réponde à vos civilités.
Vous ne me donnez rien par cette haute estime
Que vous n'ayez déjà dans le degré sublime.
La victoire attachée à vos premiers exploits,
Un triomphe avant l'âge où le souffrent nos lois,
Avant la dignité qui permet d'y prétendre,
Font trop voir quels respects l'univers vous doit rendre.
Si dans l'occasion je ménage un peu mieux
L'assiette du pays et la faveur des lieux,
Si mon expérience en prend quelque avantage,
Le grand art de la guerre attend quelquefois l'âge ;
Le temps y fait beaucoup : et de mes actions
S'il vous a plu tirer quelques instructions,
Mes exemples un jour ayant fait place aux vôtres,
Ce que je vous apprends, vous l'apprendrez à d'autres ;
Et ceux qu'aura ma mort saisis de mon emploi
S'instruiront contre vous, comme vous contre moi.
Quant à l'heureux Sylla, je n'ai rien à vous dire.
Je vous ai montré l'art d'affaiblir son empire ;

Et si je puis jamais y joindre des leçons
Dignes de vous apprendre à repasser les monts,
Je suivrai d'assez près votre illustre retraite
Pour traiter avec lui sans besoin d'interprète,
Et sur les bords du Tibre, une pique à la main,
Lui demander raison pour le peuple romain.

POMPÉE.

De si hautes leçons, seigneur, sont difficiles,
Et pourraient vous donner quelques soins inutiles,
Si vous faisiez dessein de me les expliquer
Jusqu'à m'avoir appris à les bien pratiquer.

SERTORIUS.

Aussi me pourriez-vous épargner quelque peine,
Si vous vouliez avoir l'ame toute romaine :
Je vous l'ai déjà dit.

POMPÉE.
 Ce discours rebattu
Lasserait une austère et farouche vertu.
Pour moi, qui vous honore assez pour me contraindre
A fuir obstinément tout sujet de m'en plaindre,
Je ne veux rien comprendre en ces obscurités.

SERTORIUS.

Je sais qu'on n'aime point de telles vérités :
Mais, seigneur, étant seuls, je parle avec franchise;
Bannissant les témoins vous me l'avez permise :
Et je garde avec vous la même liberté
Que si votre Sylla n'avait jamais été.
Est-ce être tout romain qu'être chef d'une guerre
Qui veut tenir aux fers les maîtres de la terre ?
Ce nom, sans vous et lui, nous serait encor dû ;
C'est par lui, c'est par vous, que nous l'avons perdu.
C'est vous qui sous le joug traînez des cœurs si braves;
Ils étaient plus que rois, ils sont moindres qu'esclaves;
Et la gloire qui suit vos plus nobles travaux
Ne fait qu'approfondir l'abyme de leurs maux ;
Leur misère est le fruit de votre illustre peine :
Et vous pensez avoir l'ame toute romaine !
Vous avez hérité ce nom de vos aïeux;
Mais, s'il vous était cher, vous le rempliriez mieux.

POMPÉE.
 [plique
Je crois le bien remplir quand tout mon cœur s'ap-
Aux soins de rétablir un jour la république :
Mais vous jugez, seigneur, de l'ame par le bras;
Et souvent l'un paraît ce que l'autre n'est pas.
Lorsque deux factions divisent un empire,
Chacun suit au hasard la meilleure ou la pire,
Suivant l'occasion ou la nécessité
Qui l'emporte vers l'un ou vers l'autre côté.
Le plus juste parti, difficile à connaître,
Nous laisse en liberté de nous choisir un maître ;
Mais, quand ce choix est fait, on ne s'en dédit plus.
J'ai servi sous Sylla du temps de Marius,
Et servirai sous lui, tant qu'un destin funeste
De nos divisions soutiendra quelque reste.
Comme je ne vois pas dans le fond de son cœur,
J'ignore quels projets peut former son bonheur :
S'il le pousse trop loin, moi-même je l'en blâme;
Je lui prête mon bras sans engager mon ame ;
Je m'abandonne au cours de sa félicité,
Tandis que tous mes vœux sont pour la liberté ;
Et c'est ce qui me force à garder une place
Qu'usurperaient sans moi l'injustice et l'audace,
Afin que, Sylla mort, ce dangereux pouvoir
Ne tombe qu'en des mains qui sachent leur devoir.
Enfin je sais mon but et vous savez le vôtre.

SERTORIUS.

Mais cependant, seigneur, vous servez comme un autre;
Et nous, qui jugeons tout sur la foi de nos yeux,
Et laissons le dedans à pénétrer aux dieux, [Rome
Nous craignons votre exemple, et doutons si dans
Il n'instruit point le peuple à prendre loi d'un homme;
Et si votre valeur sous le pouvoir d'autrui
Ne sème point pour vous lorsqu'elle agit pour lui.
Comme je vous estime, il m'est aisé de croire
Que de la liberté vous feriez votre gloire,
Que votre amé en secret lui donne tous ses vœux;
Mais si je m'en rapporte aux esprits soupçonneux,
Vous aidez aux Romains à faire essai d'un maître,
Sous ce flatteur espoir qu'un jour vous pourrez l'être.

La main qui les opprime, et que vous soutenez,
Les accoutume au joug que vous leur destinez;
Et, doutant s'ils voudront se faire à l'esclavage,
Aux périls de Sylla vous tâtez leur courage.

POMPÉE.

Le temps détrompera ceux qui parlent ainsi ;
Mais justifiera-t-il ce que l'on voit ici ?
Permettez qu'à mon tour je parle avec franchise ;
Votre exemple à la fois m'instruit et m'autorise :
Je juge, comme vous, sur la foi de mes yeux,
Et laisse le dedans à pénétrer aux dieux.
Ne vit-on pas ici sous les ordres d'un homme ?
N'y commandez-vous pas comme Sylla dans Rome ?
Du nom de dictateur, du nom de général,
Qu'importe, si des deux le pouvoir est égal ?
Les titres différents ne font rien à la chose :
Vous imposez des lois ainsi qu'il en impose ;
Et, s'il est périlleux de s'en faire haïr,
Il ne serait pas sûr de vous désobéir.
Pour moi, si quelque jour je suis ce que vous êtes,
J'en userai peut-être alors comme vous faites :
Jusque là...

SERTORIUS.

 Vous pourriez en douter jusque-là,
Et me faire un peu moins ressembler à Sylla.
Si je commande ici, le sénat me l'ordonne.
Mes ordres n'ont encore assassiné personne.
Je n'ai pour ennemis que ceux du bien commun ;
Je leur fais bonne guerre, et n'en proscris pas un.
C'est un asyle ouvert que mon pouvoir suprême ;
Et, si l'on m'obéit, ce n'est qu'autant qu'on m'aime.

POMPÉE.

Et votre empire en est d'autant plus dangereux,
Qu'il rend de vos vertus les peuples amoureux,
Qu'en assujettissant vous avez l'art de plaire,
Qu'on croit n'être en vos fers qu'esclave volontaire ;
Et que la liberté trouvera peu de jour
A détruire un pouvoir que fait régner l'amour.
Ainsi parlent, seigneur, les ames soupçonneuses.
Mais n'examinons point ces questions fâcheuses.
Ni si c'est un sénat qu'un amas de bannis
Que cet asyle ouvert sous vous a réunis.
Une seconde fois, n'est-il aucune voie
Par où je puisse à Rome emporter quelque joie ?
Elle serait extrême à trouver les moyens
De rendre un si grand homme à ses concitoyens.
Il est doux de revoir les murs de la patrie.
C'est elle par ma voix, seigneur, qui vous en prie;
C'est Rome...

SERTORIUS.

 Le séjour de votre potentat,
Qui n'a que ses fureurs pour maximes d'état ?
Je n'appelle plus Rome un enclos de murailles
Que ses proscriptions comblent de funérailles ;
Ces murs, dont le destin fut autrefois si beau,
N'en sont que la prison, ou plutôt le tombeau :
Mais, pour revivre ailleurs dans sa première force,
Avec les faux Romains elle a fait plein divorce ;
Et, comme amant de moi j'ai tous ses vrais appuis,
Rome n'est plus dans Rome, elle est toute où je suis.
Parlons pourtant d'accord. Je ne sais qu'une voie
Qui puisse avec honneur nous donner cette joie.
Unissons-nous ensemble, et le tyran est bas ;
Rome de ce grand dessein ouvrira tous ses bras.
Ainsi nous ferons voir l'amour de la patrie,
Pour qui vont les grands cœurs jusqu'à l'idolâtrie;
Et nous épargnerons ces flots de sang romain
Que versent tous les ans votre bras et ma main.

POMPÉE.

Ce projet, qui pour vous est tout brillant de gloire,
N'aurait-il rien pour moi d'une action trop noire ?
Moi qui commande ailleurs ? puis-je servir sous vous?

SERTORIUS.

Du droit de commander je ne suis point jaloux :
Je ne l'ai qu'en dépôt ; et je vous l'abandonne,
Non jusqu'à vous servir de ma seule personne;
Je prétends un peu plus ; mais dans cette union
De votre lieutenant m'envieriez-vous le nom ?

POMPÉE.
De pareils lieutenants n'ont des chefs qu'en idée :
Leur nom retient pour eux l'autorité cédée ;
Ils n'en quittent que l'ombre ; et l'on ne sait que c'est
De suivre ou d'obéir que suivant qu'il leur plaît.
Je sais une autre voie, et plus noble, et plus sûre.
Sylla, si vous voulez, quitte sa dictature ;
Et déjà de lui-même il s'en serait démis,
S'il voyait qu'en ces lieux il n'eût plus d'ennemis.
Mettez les armes bas, je réponds de l'issue ;
J'en donne ma parole après l'avoir reçue.
Si vous êtes Romain, prenez l'occasion.
SERTORIUS.
Je ne m'éblouis point de cette illusion.
Je connais le tyran, j'en vois le stratagème ;
Quoi qu'il semble promettre, il est toujours lui-même.
Vous qu'à sa défiance il a sacrifié
Jusques à vous forcer d'être son allié...
POMPÉE.
Hélas ! ce mot me tue, et je le dis sans feinte,
C'est l'unique sujet qu'il m'a donné de plainte :
J'aimais mon Aristie ; il m'en vient d'arracher;
Mon cœur frémit encore à me le reprocher ;
Vers tant de biens perdus sans cesse il me rappelle ;
Et je vous rends, seigneur, mille graces pour elle,
A vous, à ce grand cœur dont la compassion
Daigne ici l'honorer de sa protection.
SERTORIUS.
Protéger hautement les vertus malheureuses,
C'est le moindre devoir des ames généreuses ;
Aussi fais-je encor plus, je lui donne un époux.
POMPÉE.
Un époux ! dieux ! qu'entends-je ! Et qui, seigneur?
SERTORIUS.
                                             Moi.
POMPÉE.
                                             Vous !
Seigneur, toute son ame est à moi dès l'enfance :
N'imitez point Sylla par cette violence :
Mes maux sont assez grands, sans y joindre celui
De voir tout ce que j'aime entre les bras d'autrui.
SERTORIUS.
Tout est encore à vous.   à Aristie qui s'avance.
              Venez, venez, madame,
Faire voir quel pouvoir j'usurpe sur votre ame,
Et montrer, s'il se peut, à tout le genre humain
La force qu'on vous fait pour me donner la main.
POMPÉE.
C'est elle-même, ô ciel !
SERTORIUS.
              Je vous laisse avec elle,
Et sais que tout son cœur vous est encor fidèle.
Reprenez votre bien ; ou ne vous plaignez plus
Si j'ose m'enrichir, seigneur, de vos refus.

SCENE II.
POMPEE, ARISTIE.

POMPÉE.
Me dit-on vrai, madame, et serait-il possible...
ARISTIE.
Oui, seigneur, il est vrai que j'ai le cœur sensible :
Suivant qu'on m'aime ou hait, j'aime ou hais à mon tour
Et ma gloire soutient ma haine et mon amour.
Mais si de mon amour elle est la souveraine,
Elle n'est pas toujours maîtresse de ma haine ;
Je ne la suis pas même ; et je hais quelquefois
Et moins que je ne veux, et moins que je ne dois.
POMPÉE.
Cette haine a pour moi toute son étendue,
Madame, et la pitié ne l'a point suspendue ;
La générosité n'a pu la modérer.
ARISTIE.
Vous ne voyez donc pas qu'elle a peine à durer?
Mon feu, qui n'est éteint que parce qu'il doit l'être,
Cherche en dépit de moi le vôtre pour renaître ;
Et je sens qu'à vos yeux mon courroux chancelant
Trébuche, perd sa force, et meurt en vous parlant.
M'aimeriez-vous encor, seigneur ?

POMPÉE.
              Si je vous aime !
Demandez si je vis, ou si je suis moi-même.
Votre amour est ma vie, et ma vie est à vous.
ARISTIE.
Sortez de mon esprit, ressentiments jaloux :
Noirs enfants du dépit, ennemis de ma gloire,
Tristes ressentiments, je ne veux plus vous croire.
Quoi qu'on m'ait fait d'outrage, il ne m'en souvient plus
Plus de nouvel hymen, plus de Sertorius.   [plus.
Je suis au grand Pompée ; et puisqu'il m'aime encore,
Puisqu'il me rend son cœur, de nouveau je l'adore.
Plus de Sertorius. Mais, seigneur, répondez ;
Faites parler ce cœur qu'enfin vous me rendez.
Plus de Sertorius. Hélas ! quoi que je die,
Vous ne me dites point, seigneur, Plus d'Æmilie.
  Rentrez dans mon esprit, jaloux ressentiments,
Fiers enfants de l'honneur, nobles emportements,
C'est vous que je veux croire ; et Pompée infidèle
Ne saurait plus souffrir que ma haine chancèle ;
Il l'affermit pour moi. Venez, Sertorius.
Il me rend toute à vous par ce muet refus.
Donnons ce grand témoin à ce grand hyménée :
Son ame toute ailleurs n'en sera point gênée ;
Il le verra sans peine, et cette dureté
Passera chez Sylla pour magnanimité.
POMPÉE.
Ce qu'il vous faut d'injure également m'outrage :
Mais enfin je vous aime, et ne puis davantage.
Vous, si jamais ma flamme eut pour vous quelque appas,
Plaignez-vous, haïssez ; mais ne vous donnez pas ;
Demeurez en état d'être toujours ma femme,
Gardez jusqu'au tombeau l'empire de mon ame.
Sylla n'a que son temps, il est vieil et cassé ;
Son règne passera, s'il n'est déjà passé ;
Ce grand pouvoir lui pèse, il s'apprête à le rendre :
Comme à Sertorius, je veux bien vous l'apprendre.
Ne vous jetez donc point, madame, en d'autres bras ;
Plaignez-vous, haïssez, mais ne vous donnez pas :
Si vous voulez ma main, n'engagez point la vôtre.
ARISTIE.
Mais quoi ! n'êtes-vous pas entre les bras d'une autre?
POMPÉE.
Non, puisqu'il vous en faut confier le secret.
Æmilie à Sylla n'obéit qu'à regret.
Des bras d'un autre époux ce tyran qui l'arrache
Ne rompt point dans son cœur le saint nœud qui l'attache ;
Elle porte en ses flancs un fruit de cet amour,
Que bientôt chez moi-même elle va mettre au jour ;
Et, dans ce triste état, sa main qu'il m'a donnée
N'a fait que l'éblouir par un feint hyménée,
Tandis que, tout entière à son cher Glabrion,
Elle paraît ma femme, et n'en a que le nom.
ARISTIE.
Et ce nom seul est tout pour celles de ma sorte.
Rendez-le-moi, seigneur, ce grand nom qu'elle porte.
  J'aime votre tendresse et vos empressements ;
Mais je suis au dessus de ces attachements ;
Et tout me sera doux, si ma trame coupée
Me rend à mes aïeux en femme de Pompée,
Et que sur mon tombeau ce grand titre gravé
Montre à tout l'univers que je l'ai conservé.
J'en fais toute ma gloire et toutes mes délices.
Un moment de sa perte a pour moi des supplices.
Vengez-moi de Sylla, qui me l'ôte aujourd'hui,
Ou souffrez qu'on me venge et de vous et de lui ;
Qu'un autre hymen me rende un titre qui l'égale :
Qu'il me relève autant que Sylla me ravale :
Non que je puisse aimer aucun autre que vous ;
Mais pour venger ma gloire il me faut un époux,
Il m'en faut un illustre, et dont la renommée...
POMPÉE.
Ah ! ne vous lassez point d'aimer et d'être aimée.
Peut-être touchons-nous au moment désiré
Qui saura réunir ce qu'on a séparé.
Ayez plus de courage, et moins d'impatience ;
Souffrez que Sylla meure, ou quitte sa puissance...

ARISTIE.

J'attendrai de sa mort, ou de son repentir
Qu'à me rendre l'honneur vous daigniez consentir?
Et je verrai toujours votre cœur plein de glace,
Mon tyran impuni, ma rivale en ma place,
Jusqu'à ce qu'il renonce au pouvoir absolu,
Après l'avoir gardé tant qu'il l'aura voulu?

POMPÉE.

Mais, tant qu'il pourra tout, que pourrai-je, madame?

ARISTIE.

Suivre en tous lieux, seigneur, l'exil de votre femme,
La ramener chez vous avec vos légions,
Et rendre un heureux calme à nos divisions.
Que ne pourrez-vous point en tête d'une armée,
Partout, hors de l'Espagne, à vaincre accoutumée
Et, quand Sertorius sera joint avec vous,
Que pourra le tyran? qu'osera son courroux.

POMPÉE.

Ce n'est pas s'affranchir qu'un moment le paraître;
Ni secouer le joug que de changer de maître.
Sertorius pour vous est un illustre appui;
Mais en faire le mien, c'est me ranger sous lui;
Joindre nos étendards, c'est grossir son empire.
Perpenna qui l'a joint saura que vous en dire.
Je sers; mais jusqu'ici l'ordre vient de si loin,
Qu'avant qu'on le reçoive il n'en est plus besoin;
Et ce peu que j'y rends de vaine déférence,
Jaloux du vrai pouvoir, ne sert qu'en apparence.
Je crois n'avoir plus même à servir qu'un moment;
Et, quand Sylla prépare un si doux changement,
Pouvez-vous m'ordonner de me bannir de Rome, [me]
Pour la remettre au joug, sous les lois d'un autre hom-
Moi qui ne suis jaloux de mon autorité
Que pour lui rendre un jour toute sa liberté?
Non, non, si vous m'aimez comme j'aime à le croire,
Vous saurez accorder votre amour et ma gloire,
Céder avec prudence au temps prêt à changer,
Et ne me perdre pas au lieu de vous venger.

ARISTIE.

Si vous m'avez aimé, et qu'il vous en souvienne,
Vous mettrez votre gloire à me rendre la mienne.
Mais il est temps qu'un mot termine ces débats.
Me voulez-vous, seigneur? ne me voulez-vous pas?
Parlez : que votre choix règle ma destinée.
Suis-je encore à l'époux à qui l'on m'a donnée?
Suis-je à Sertorius? C'est assez consulté :
Rendez-moi mes liens, ou pleine liberté...

POMPÉE.

Je le vois bien, madame, il faut rompre la trêve,
Pour briser en vainqueur cet hymen, s'il s'achève;
Et vous savez si peu l'art de vous secourir,
Que, pour vous en instruire, il faut vous conquérir.

ARISTIE.

Sertorius sait vaincre, et garder ses conquêtes.

POMPÉE.

La vôtre à la garder coûtera bien des têtes;
Comme elle fermera la porte à tout accord,
Rien ne l'en peut jamais assurer que ma mort.
Oui, j'en jure les dieux, s'il faut qu'il vous obtienne,
Rien ne peut empêcher sa perte que la mienne;
Et peut-être tous deux, l'un par l'autre percés,
Nous vous ferons connaître à quoi vous nous forcez.

ARISTIE.

Je ne suis pas, seigneur, d'une telle importance.
D'autres soins éteindront cette ardeur de vengeance :
Ceux de vous agrandir vous porteront ailleurs,
Où vous pourrez trouver quelques destins meilleurs;
Ceux de servir Sylla, d'aimer son Æmilie,
D'imprimer du respect à toute l'Italie,
De rendre à votre Rome un jour sa liberté,
Sauront tourner vos pas de quelque autre côté.
Surtout ce privilège acquis aux grandes âmes,
De changer à leur gré de maris et de femmes,
Mérite qu'on l'étale au bout de l'univers,
Pour en donner l'exemple à cent climats divers.

POMPÉE.

Ah! c'en est trop, madame, et de nouveau je jure...

ARISTIE.

Seigneur, les vérités font-elles quelque injure?

POMPÉE.

Vous oubliez trop tôt que je suis votre époux.

ARISTIE.

Ah! si ce nom vous plaît, je suis encore à vous.
Voilà ma main, seigneur.

POMPÉE.
Gardez-la-moi, madame.

ARISTIE.

Tandis que vous avez à Rome une autre femme?
Que par un autre hymen vous me déshonorez?
Me punissent les dieux que vous avez jurés,
Si, passé ce moment, et hors de votre vue,
Je vous garde une foi que vous avez rompue!

POMPÉE.

Qu'allez-vous faire? hélas!

ARISTIE.
Ce que vous m'enseignez.

POMPÉE.

Eteindre un tel amour!

ARISTIE.
Vous-même l'éteignez.

POMPÉE.

La victoire aura droit de le faire renaître.

ARISTIE.

Si ma haine est trop faible, elle la fera croître.

POMPÉE.

Pourrez-vous me haïr?

ARISTIE.
J'en fais tous mes souhaits.

POMPÉE.

Adieu donc pour deux jours.

ARISTIE.
Adieu pour tout jamais.

FIN DU TROISIÈME ACTE.

ACTE IV.

SCÈNE PREMIÈRE.

SERTORIUS, THAMIRE.

SERTORIUS.

Pourrai-je voir la reine?

THAMIRE.
Attendant qu'elle vienne,
Elle m'a commandé que je vous entretienne,
Et veut demeurer seule encor quelques moments.

SERTORIUS.

Ne m'apprendrez-vous point où vont ses sentiments?
Ce que doit Perpenna concevoir d'espérance?

THAMIRE.

Elle ne m'en fait pas beaucoup de confidence;
Mais j'ose présumer qu'offert de votre main
Il aura peu de peine à fléchir son dédain.
Vous pouvez tout sur elle.

SERTORIUS.
Ah! j'y puis peu de chose,
Si jusqu'à l'accepter mon malheur la dispose;
Ou, pour en parler mieux, j'y puis trop, et trop peu.

THAMIRE.

Elle croit fort vous plaire en secondant son feu.

SERTORIUS.

Me plaire?

THAMIRE.
Oui : mais, seigneur, d'où vient cette surprise?
Et de quoi s'inquiète un cœur qui la méprise?

SERTORIUS.

N'appelez point mépris un violent respect
Que sur mes plus doux vœux fait régner son aspect.

THAMIRE.
Il est peu de respects qui ressemblent au vôtre,
S'il ne sait que trouver des raisons pour un autre;
Et je préférerais un peu d'emportement
Aux plus humbles devoirs d'un tel accablement.
SERTORIUS.
Il n'en est rien parti capable de me nuire,
Qu'un soupir échappé ne dût soudain détruire :
Mais la reine, sensible à de nouveaux désirs,
Entendait mes raisons, et non pas mes soupirs.
THAMIRE.
Seigneur, quand un Romain, quand un héros soupire,
Nous n'entendons pas bien ce qu'un soupir veut dire ;
Et je vous servirais de meilleur truchement,
Si vous vous expliquiez un peu plus clairement.
Je sais qu'en ce climat, que vous nommez barbare,
L'amour par un soupir quelquefois se déclare :
Mais la gloire, qui fait toutes vos passions,
Vous met trop au-dessus de ces impressions ;
De tels désirs trop bas pour les grands cœurs de [Rome...
SERTORIUS.
Ah ! pour être Romain, je n'en suis pas moins homme :
J'aime, et peut-être plus qu'on n'a jamais aimé ;
Malgré mon âge et moi, mon cœur s'est enflammé.
J'ai cru pouvoir me vaincre ; et toute mon adresse
Dans mes plus grands efforts, m'a fait voir ma faiblesse :
Ceux de la politique, et ceux de l'amitié,
M'ont mis en un état à me faire pitié.
Le souvenir m'en tue, et ma vie incertaine
Depend d'un peu d'espoir que j'attends de la reine.
Si toutefois...
THAMIRE.
Seigneur, elle a de la bonté ;
Mais je vois son esprit fortement irrité ;
Et, si vous m'ordonnez de vous parler sans feindre
Vous pouvez espérer, mais vous avez à craindre.
N'y perdez point de temps, et ne négligez rien ;
C'est peut-être un dessein mal ferme que le sien.
La voici. Profitez des avis qu'on vous donne.
Et gardez bien surtout qu'elle ne m'en soupçonne.

SCÈNE II.

VIRIATE, SERTORIUS, THAMIRE.

VIRIATE.
On m'a dit qu'Aristie a manqué son projet,
Et que Pompée échappe a cet illustre objet :
Serait-il vrai, seigneur ?
SERTORIUS.
Il est trop vrai, madame ;
Mais, bien qu'il l'abandonne, il l'adore dans l'ame,
Et rompra, m'a-t-il dit, la trêve dès demain,
S'il voit qu'elle s'apprête à me donner la main.
VIRIATE.
Vous vous alarmez peu d'une telle menace ?
SERTORIUS.
Ce n'est pas en effet ce qui plus m'embarrasse.
Mais vous, pour Perpenna, qu'avez-vous résolu ?
VIRIATE.
D'obéir sans remise au pouvoir absolu ;
Et si d'une offre en l'air votre ame encor frappée
Veut bien s'embarrasser du rebut de Pompée,
Il ne tiendra qu'à vous que dès demain tous deux
De l'un et l'autre hymen nous n'assurions les nœuds,
Dût se rompre la trêve, et dût la jalousie
Jusqu'au dernier éclat pousser sa frénésie.
SERTORIUS.
Vous pourrez dès demain...
VIRIATE.
Dès ce même moment.
Ce n'est pas obéir qu'obéir lentement ;
Et quand l'obéissance a de l'exactitude,
Elle voit que sa gloire est dans la promptitude.
SERTORIUS.
Mes prières pouvaient souffrir quelques refus.
VIRIATE.
Je les prendrai toujours pour ordres absolus.
Qui peut ce qui lui plaît commande alors qu'il prie.
D'ailleurs, Perpenna m'aime avec idolâtrie :
Tant d'amour, tant de rois d'où son sang est venu,
Le pouvoir souverain dont il est soutenu,
Valent bien tous ensemble un trône imaginaire
Qui ne peut subsister que par l'heur de vous plaire.
SERTORIUS.
Je n'ai donc qu'à mourir en faveur de ce choix :
J'en ai reçu la loi de votre propre voix ;
C'est un ordre absolu qu'il est temps que j'entende.
Pour aimer un Romain, vous voulez qu'il commande ;
Et comme Perpenna ne le peut sans ma mort,
Pour remplir votre trône il lui faut tout mon sort.
Lui donner votre main, c'est m'ordonner, madame,
De lui céder ma place au camp et dans votre ame.
Il est, il est trop juste, après un tel bonheur,
Qu'il l'ait dans notre armée ainsi qu'en votre cœur.
J'obéis sans murmure, et veux bien que ma vie...
VIRIATE.
Avant que par cet ordre elle vous soit ravie,
Puis-je me plaindre à vous d'un retour inégal
Qui tient moins d'un ami qu'il ne fait d'un rival ?
Vous trouvez ma faveur et trop prompte et trop pleine !
L'hymen où je m'apprête est pour vous une gêne !
Vous m'en parlez enfin comme si vous m'aimiez !
SERTORIUS.
Souffrez, après ce mot, que je meure à vos pieds.
J'y veux bien immoler tout mon bonheur au vôtre ;
Mais je ne puis vous voir entre les bras d'un autre ;
Et c'est assez vous dire à quelle extremité
Me réduit un amour que j'ai mal écouté.
Bien qu'un si digne objet le rendît excusable,
J'ai cru honteux d'aimer quand on n'est plus aimable ;
J'ai voulu m'en défendre à voir mes cheveux gris,
Et me suis repondu longtemps de vos mépris.
Mais j'ai vu dans votre ame ensuite une autre idée,
Sur qui mon espérance aussitôt s'est fondée ;
Et je me suis promis bien plus qu'à tous vos rois,
Quand j'ai vu que l'amour n'en ferait point le choix.
J'allais me déclarer sans l'offre d'Aristie :
Non que ma passion s'en soit vue alentie ;
Mais je n'ai point douté qu'il ne fût d'un grand cœur
De tout sacrifier pour le commun bonheur.
L'amour de Perpenna s'est joint à ces pensees :
Vous avez vu le reste, et mes raisons forcées.
Je m'étais figuré que de tels déplaisirs
Pourraient ne me coûter que deux ou trois soupirs ;
Et, pour m'en consoler, j'envisageais l'estime
D'ami généreux et de chef magnanime :
Mais, près du coup fatal, je sens par mes ennuis
Que je me promettais bien plus que je ne puis.
Je me rends donc, madame : ordonnez de ma vie ;
Encor tout de nouveau je vous la sacrifie.
Aimez-vous Perpenna ?
VIRIATE.
Je sais vous obéir,
Mais je ne sais que c'est d'aimer ou de haïr ;
Et la part que tantôt vous aviez dans mon ame
Fut un don de ma gloire, et non pas de ma flamme.
Je n'en ai point pour lui, je n'en eus point pour vous :
Je ne veux point d'amant, mais je veux un époux,
Mais un héros qui par son hyménée
Sache élever si haut le trône où je suis née,
Qu'il puisse de l'Espagne être l'heureux soutien,
Et laisser de vrais rois de mon sang et du sien.
Je le trouvais en vous, n'eût été la bassesse
Qui pour ce cher rival contre moi s'intéresse,
Et dont, quand je vous mets au dessus de cent rois,
Une répudiée a mérité le choix.
Je l'oublierai pourtant, et veux vous faire grace.
M'aimez-vous ?
SERTORIUS.
Oserais-je en prendre encor l'audace ?
VIRIATE.
Prenez-la, j'y consens, seigneur ; et dès demain,
Au lieu de Perpenna, donnez-moi votre main.
SERTORIUS.
Que se tiendrait heureux un amour moins sincère
Qui n'aurait autre but que de se satisfaire,

Et qui se remplirait de sa félicité
Sans prendre aucun souci de votre dignité!
Mais quand vous oubliez ce que j'ai pu vous dire,
Puis-je oublier les soins d'agrandir votre empire,
Que votre grand projet est celui de régner?
VIRIATE.
Seigneur, vous faire grace, est-ce m'en éloigner?
SERTORIUS.
Ah! madame, est-il temps que cette grace éclate?
VIRIATE.
C'est cet éclat, seigneur, que cherche Viriate.
SERTORIUS.
Nous perdons tout, madame, à le précipiter,
L'amour de Perpenna le fera révolter;
Souffrez qu'un peu de temps doucement le ménage,
Qu'auprès d'un autre objet un autre amour l'engage:
Des amours d'Aristie assurons le secours
A force de promettre, en différant toujours.
Détruire tout l'espoir qui les tient en haleine,
C'est les perdre, c'est mettre un jaloux hors de peine,
Dont l'esprit ébranlé ne se doit pas guérir
De cette impression qui peut nous l'acquérir.
Pourrions-nous venger Rome après de telles pertes?
Pourrions-nous l'affranchir des misères souffertes?
Et de ses intérêts un si haut abandon...
VIRIATE.
Et que m'importe à moi que Rome souffre ou non?
Quand j'aurai de ses maux effacé l'infamie,
J'en obtiendrai pour fruit le nom de son amie!
Je vous verrai consul m'en apporter les lois,
Et m'abaisser vous-même au rang des autres rois!
Si vous m'aimez, seigneur, nos mers et nos montagnes
Doivent borner vos vœux, ainsi que nos Espagnes:
Nous pouvons nous y faire un assez beau destin,
Sans chercher d'autre gloire au pied de l'Aventin.
Affranchissons le Tage, et laissons faire au Tibre,
La liberté n'est rien quand tout le monde est libre:
Mais il est beau de l'être, et voir tout l'univers
Soupirer sous le joug et gémir dans les fers;
Il est beau d'étaler cette prérogative
Aux yeux du Rhône esclave et de Rome captive;
Et de voir envier aux peuples abattus
Ce respect que le sort garde pour vos vertus.
  Quant au grand Perpenna, s'il est si redoutable,
Remettez-moi le soin de le rendre traitable:
Je sais l'art d'empêcher les grands cœurs de faillir.
SERTORIUS.
Mais quel fruit pensez-vous en pouvoir recueillir?
Je le sais comme vous, et vois quelles tempêtes
Cet ordre surprenant formera sur nos têtes.
Ne cherchons point, madame, à faire des mutins,
Et ne nous brouillons point avec nos bons destins,
Rome nous donnera, sans eux, assez de peine,
Avant que de souscrire à l'hymen d'une reine;
Et nous n'en fléchirons jamais la dureté,
A moins qu'elle nous doive et gloire et liberté.
VIRIATE.
Je vous avouerai plus, seigneur; loin d'y souscrire,
Elle en prendra pour vous une haine où j'aspire,
Un courroux implacable, un orgueil endurci;
Et c'est par où je veux vous arrêter ici.
Qu'ai-je à faire dans Rome? et pourquoi, je vous prie...
SERTORIUS.
Mais nos Romains, madame, aiment tous leur patrie;
Et de tous leurs travaux l'unique et doux espoir,
C'est de vaincre bientôt assez pour la revoir.
VIRIATE.
Pour les enchaîner tous sur les rives du Tage,
Nous n'avons qu'à laisser Rome dans l'esclavage:
Ils aimeront à vivre et sous vous et sous moi,
Tant qu'ils n'auront qu'un choix, d'un tyran, ou d'un roi.
SERTORIUS.
Ils ont pour l'un ou l'autre une pareille haine,
Et n'obéiront point au mari d'une reine.
VIRIATE.
Qu'ils aillent donc chercher des climats à leur choix,
Où le gouvernement n'ait ni tyrans ni rois.
Nos Espagnols, formés à votre art militaire,
Achèveront sans eux ce qui nous reste à faire.

La perte de Sylla n'est pas ce que je veux;
Rome attire encor moins la fierté de mes vœux:
L'hymen où je prétends ne peut trouver d'amorces
Au milieu d'une ville où règnent les divorces;
Et du haut de mon trône on ne voit point d'attraits
Où l'on n'est roi qu'un an pour n'être rien après.
Enfin, pour achever, j'ai fait pour vous plus qu'elle:
Elle vous a banni, j'ai pris votre querelle;
Je conserve des jours qu'elle veut vous ravir.
Prenez le diadème, et laissez-la servir.
Il est beau de tenter des choses inouïes,
Dût-on voir par l'effet ses volontés trahies.
Pour moi, d'un grand Romain je veux faire un grand roi;
Vous, s'il y faut périr, périssez avec moi:
C'est gloire de se perdre en servant ce qu'on aime.
SERTORIUS.
Mais porter dès l'abord les choses à l'extrême,
Madame, et sans besoin faire des mécontents!
Soyons heureux plus tard pour l'être plus longtemps.
Une victoire ou deux jointes à quelque adresse...
VIRIATE.
Vous savez que l'amour n'est pas ce qui me presse
Seigneur. Mais après tout, il faut le confesser,
Tant de précaution commence à me lasser.
Je suis reine; et qui sait porter une couronne,
Quand il a prononcé, n'aime point qu'on raisonne.
Je vais penser à moi, vous penserez à vous.
SERTORIUS.
Ah! si vous écoutez cet injuste courroux...
VIRIATE.
Je n'en ai point, seigneur; mais mon inquiétude
Ne veut plus dans mon sort aucune incertitude:
Vous me direz demain où je dois l'arrêter.
Cependant je vous laisse avec qui consulter.

SCENE III.
SERTORIUS, PERPENNA, AUFIDE.
PERPENNA, *à Aufide.*
Dieux! qui peut faire ainsi disparaître la reine?
AUFIDE, *à Perpenna.*
Lui-même a quelque chose en l'ame qui le gêne,
Seigneur; et notre abord le rend tout interdit.
SERTORIUS.
De Pompée en ces lieux savez-vous ce qu'on dit?
L'avez-vous mis fort loin au delà de la porte?
PERPENNA.
Comme assez près des murs il avait son escorte,
Je me suis dispensé de le mettre plus loin.
Mais de votre secours, seigneur, j'ai grand besoin.
Tout son visage montre une fierté si haute...
SERTORIUS.
Vous n'avons rien conclu, mais ce n'est pas ma faute;
Et vous savez...
PERPENNA.
  Je sais qu'en de pareils débats...
SERTORIUS.
Je n'ai point cru devoir mettre les armes bas;
Il n'est pas encor temps.
PERPENNA.
  Continuez, de grace;
Il n'est pas encor temps que l'amitié se lasse.
SERTORIUS.
Votre intérêt m'arrête autant comme le mien:
Si je m'en trouvais mal, vous ne seriez pas bien.
PERPENNA.
De vrai, sans votre appui je serais fort à plaindre;
Mais je ne vois pour vous aucun sujet de craindre.
SERTORIUS.
Je serais le premier dont on serait jaloux;
Mais ensuite le sort pourrait tomber sur vous.
Le tyran, après moi, vous craint plus qu'aucun autre
Et ma tête abattue ébranlerait la vôtre.
Nous ferons bien tous deux d'attendre plus d'un an.
PERPENNA.
Que parlez-vous, seigneur, de tête et de tyran?
SERTORIUS.
Je parle de Sylla, vous le devez connaître.
PERPENNA.
Et je parlais des feux que la reine a fait naître!

SERTORIUS.
Nos esprits étaient donc également distraits :
Tout le mien s'attachait aux périls de la paix ;
Et je vous demandais quel bruit fait par la ville
De Pompée et de moi l'entretien inutile
Vous le saurez, Aufide ?

AUFIDE.
A ne rien déguiser,
Seigneur, ceux de sa suite en ont su mal user :
J'en crains parmi le peuple un insolent murmure :
Ils ont dit que Sylla quitte sa dictature,
Que vous seul refusez les douceurs de la paix,
Et voulez une guerre à ne finir jamais.
Déjà de nos soldats l'ame préoccupée
Montre un peu trop de joie a parler de Pompée,
Et si l'erreur s'épand jusqu'en nos garnisons,
Elle y pourra semer de dangereux poisons.

SERTORIUS.
Nous en romprons le coup avant qu'elle grossisse,
Et ferons par nos soins avorter l'artifice.
D'autres plus grands périls le ciel m'a garanti.

PERPENNA.
Ne ferions-nous pas mieux d'accepter le parti,
Seigneur ? trouvez-vous l'offre, ou honteuse, ou mal sûre ?

SERTORIUS.
Sylla peut en effet quitter sa dictature ;
Mais il peut faire aussi des consuls à son choix,
De qui la pourpre esclave agira sous ses lois ;
Et, quand nous n'en craindrons aucuns ordres sinistres,
Nous périrons par ceux de ses lâches ministres.
Croyez-moi, pour des gens comme vous deux et moi,
Rien n'est si dangereux que trop de bonne foi.
Sylla par politique a pris cette mesure
De montrer au soldat l'impunité fort sûre ;
Mais par Cinna, Carbon, le jeune Marius,
Il a voulu leur tête, et les a tous perdus.
Pour moi, que tout mon camp sur ce bruit m'abandonne,
Qu'il ne reste pour moi que ma seule personne,
Je me perdrai plutôt dans quelque affreux climat,
Qu'aller tant qu'il vivra briguer le consulat,
Vous...

PERPENNA.
Ce n'est pas, seigneur, ce qui me tient en peine,
Exclus du consulat par l'hymen d'une reine,
Du moins si vos bontés m'obtiennent ce bonheur,
Je n'attends plus de Rome aucun degré d'honneur ;
Et, banni pour jamais dans la Lusitanie,
J'y crois en sûreté les restes de ma vie.

SERTORIUS.
Oui ; mais je ne vois pas encor de sûreté
A ce que vous et moi nous avions concerté.
Vous savez que la reine est d'une humeur si fière...
Mais peut-être le temps la rendra moins altière.
Adieu : dispensez-moi de parler là dessus

PERPENNA.
Parlez, seigneur : mes vœux sont-ils si mal reçus ?
Est-ce en vain que je l'aime, en vain que je soupire ?

SERTORIUS.
Sa retraite a plus dit que je ne puis vous dire.

PERPENNA.
Elle m'a dit beaucoup : mais, seigneur, achevez,
Et ne me cachez point ce que vous en savez,
Ne m'auriez-vous rempli que d'un espoir frivole ?

SERTORIUS.
Non, je vous l'ai cédée, et vous tiendrai parole.
Je l'aime, et vous la donne encor malgré mon feu :
Mais je crains que ce don n'ait jamais son aveu,
Qu'il n'attire sur nous d'impitoyables haines.
Que vous dirai-je enfin ? L'Espagne a d'autres reines ;
Et vous pourriez vous faire un destin bien plus doux,
Si vous faisiez pour moi ce que je fais pour vous.
Celle des Vaccens, celle des Hergétes,
Rendraient vos volontés bien plutôt satisfaites :
La reine avec chaleur saurait vous y servir.

PERPENNA.
Vous me l'avez promise, et me l'allez ravir.

SERTORIUS.
Que sert que je promette et que je vous la donne,
Quand son ambition l'attache à ma personne ?
Vous savez les raisons de cet attachement :
Je vous en ai tantôt parlé confidemment ;
Je vous en fais encor la même confidence.
Faites à votre amour un peu de violence,
J'ai triomphé du mien ; j'y suis encor tout prêt :
Mais il faut du parti ménager l'intérêt,
Faut-il pousser à bout une reine obstinée,
Qui veut faire à son choix toute sa destinée,
Et de qui le secours, depuis plus de dix ans,
Nous a mieux soutenus que tous nos partisans ?

PERPENNA.
La trouvez-vous, seigneur, en état de vous nuire ?

SERTORIUS.
Non, elle ne peut pas tout à fait nous détruire ;
Mais si vous m'enchaînez à ce que j'ai promis,
Dès demain elle traite avec nos ennemis.
Leur camp n'est que trop proche ; ici chacun murmure ;
Jugez ce qu'il faut craindre en cette conjoncture ;
Voyez quel prompt remède on y peut apporter,
Et quel fruit nous aurons de la violenter.

PERPENNA.
C'est à moi de me vaincre et la raison l'ordonne :
Mais d'un si grand dessein tout mon cœur qui frissonne...

SERTORIUS.
Ne vous contraignez point ; dût-il m'en coûter le jour,
Je tiendrai ma promesse en dépit de l'amour.

PERPENNA.
Si vos promesses n'ont l'aveu de Viriate.

SERTORIUS.
Je ne puis de sa part rien dire qui vous flatte.

PERPENNA.
Je dois donc me contraindre, et j'y suis résolu.
Oui, sur tous mes désirs je me rends absolu :
J'en veux, à votre exemple, être aujourd'hui le maître ;
Et, malgré cet amour que j'ai laissé trop
Vous direz à la reine...

SERTORIUS.
Eh bien ! je lui dirai ?

PERPENNA.
Rien, seigneur, rien encor ; demain j'y penserai.
Toutefois la colère où s'emporte son ame
Pourrait dès cette nuit commencer quelque trame.
Vous lui direz, seigneur, tout ce que vous voudrez ;
Et je suivrai l'avis que pour moi vous prendrez.

SERTORIUS.
Je vous admire et plains.

PERPENNA.
Que j'ai l'ame accablée.

SERTORIUS.
Je partage les maux dont je la vois comblée.
Adieu ; j'entre un moment pour calmer son chagrin,
Et me rendrai chez vous à l'heure du festin.

SCENE IV.
PERPENNA, AUFIDE.

AUFIDE.
Ce maître si chéri fait pour vous des merveilles ;
Votre flamme en reçoit des faveurs sans pareilles !
Son nom seul, malgré lui, vous avait fort volé,
Et la reine se rend sitôt qu'il a parlé !
Quels services faut-il que votre espoir hasarde
Afin de mériter l'amour qu'elle vous garde ?
Et dans quel temps, seigneur, purgerez-vous ces lieux
De cet illustre objet qui lui blesse les yeux ?
Elle n'est point ingrate ; et les lois qu'elle impose
Pour se faire obéir, promettent peu de chose ;
Mais on n'a qu'à laisser le salaire à son choix,
Et courir sans scrupule exécuter ses lois.
Vous ne me dites rien ? Apprenez-moi, de grace,
Comment vous résolvez que le festin se passe ?
Dissimulerez-vous ce manquement de foi ?
Et voulez-vous...

PERPENNA.
Allons en résoudre chez moi.

FIN DU QUATRIÈME ACTE.

ACTE V.

SCÈNE PREMIÈRE.

ARISTIE, VIRIATE.

ARISTIE.
Oui, madame, j'en suis comme vous ennemie.
Vous aimez les grandeurs, et je hais l'infamie.
Je cherche à me venger, vous, à vous établir :
Mais vous pourrez me perdre, et moi vous affaiblir,
Si le cœur mieux ouvert ne met d'intelligence
Votre établissement avecque ma vengeance.
On m'a volé Pompée ; et moi, pour le braver,
Cet ingrat que sa foi n'ose me conserver,
Je cherche un autre époux qui le passe ou l'égale :
Mais je n'ai pas dessein d'être votre rivale,
Et n'ai point du prévoir, ni que vers un Romain
Une reine jamais daignât pencher sa main,
Ni qu'un héros dont l'ame a paru si romaine
Démentît ce grand nom par l'hymen d'une reine ;
J'ai cru dans sa naissance et votre dignité
Pareille aversion et contraire fierté.
Cependant on me dit qu'il consent l'hyménée,
Et qu'en vain il s'oppose au choix de la journée,
Puisque, si dès demain il n'a tout son éclat,
Vous allez du parti séparer votre état.
Comme je n'ai pour but que d'en grossir les forces,
J'aurais grand déplaisir d'y causer des divorces,
Et de servir Sylla mieux que tous ses amis,
Quand je lui veux partout faire des ennemis.
Parlez donc : quelque espoir que vous m'ayez vu prendre,
Si vous y prétendez, je cesse d'y prétendre.
Un reste d'autre espoir, et plus juste, et plus doux,
Saura voir sans chagrin Sertorius à vous.
Mon cœur veut à toute heure immoler à Pompée
Tous les ressentiments de ma place usurpée ;
Et comme son amour eut peine à me trahir,
J'ai voulu me venger, et n'ai pu le haïr.
Ne me déguisez rien, non plus que je déguise.

VIRIATE.
Viriate à son tour vous doit même franchise,
Madame ; et d'ailleurs même on vous en a trop dit,
Pour vous dissimuler ce que j'ai dans l'esprit.
J'ai fait venir exprès Sertorius d'Afrique
Pour sauver mes états d'un pouvoir tyrannique ;
Et mes voisins domptés m'apprenaient que sans lui
Nos rois contre Sylla n'étaient qu'un vain appui.
Avec un seul vaisseau ce grand héros prit terre ;
Avec mes sujets seuls il commença la guerre :
Je mis entre ses mains mes places et mes ports,
Et je lui confiai mon sceptre et mes trésors.
Dès l'abord il sut vaincre, et j'ai vu la victoire
Enfler de jour en jour sa puissance et sa gloire.
Nos rois lassés du joug, et vos persécutés,
Avec tant de chaleur l'ont joint de tous côtés,
Qu'enfin il a poussé nos armes fortunées
Jusques à vous réduire au pied des Pyrénées.
Mais, après l'avoir mis au point où je le vois,
Je ne puis voir que lui qui soit digne de moi ;
Et, regardant sa gloire ainsi que mon ouvrage,
Je périrai plutôt qu'une autre la partage.
Mes sujets valent bien que j'aime à leur donner
Des monarques d'un sang qui sache gouverner,
Qui sache faire tête à vos tyrans du monde,
Et rendre notre Espagne en lauriers si féconde
Qu'on voie un jour le Pô redouter ses efforts,
Et le Tibre lui-même en trembler pour ses bords.

ARISTIE.
Votre dessein est grand ; mais à quoi qu'il aspire...

VIRIATE.
Il m'a dit les raisons que vous me voulez dire.

Je sais qu'il serait bon de taire et différer
Ce glorieux hymen qu'il me fait espérer ;
Mais la paix qu'aujourd'hui l'on offre à ce grand homme
Ouvre trop les chemins et les portes de Rome.
Je vois que, s'il y rentre, il est perdu pour moi,
Et je l'en veux bannir par le don de ma foi.
Si je hasarde trop de m'être déclarée,
J'aime mieux ce péril, que ma perte assurée ;
Et si tous vos proscrits osent s'en désunir,
Nos bons destins sans eux pourront nous soutenir.
Mes peuples, aguerris sous votre discipline,
N'auront jamais au cœur de Rome qui domine ;
Et ce sont des Romains dont l'unique souci
Est de combattre, vaincre, et triompher ici.
Tant qu'ils verront marcher ce héros à leur tête,
Ils iront sans frayeur de conquête en conquête.
Un exemple si grand dignement soutenu
Saura... Mais que nous veut ce Romain inconnu?

SCÈNE II.

ARISTIE, VIRIATE, ARCAS.

ARISTIE.
Madame, c'est Arcas, l'affranchi de mon frère :
Sa venue en ces lieux cache quelque mystère.
Parle, Arcas, et dis-nous...

ARCAS.
Ces lettres mieux que moi
Vous diront un succès qu'à peine encor je crois.

ARISTIE *lit.*
« Chère sœur, pour ta joie il est temps que tu saches
« Que nos maux et les tiens vont finir en effet.
« Sylla marche en public sans faisceaux et sans haches,
« Prêt à rendre raison de tout ce qu'il a fait.
« Il s'est en plein sénat démis de sa puissance ;
« Et si vers toi Pompée a le moindre penchant,
« Le ciel vient de briser sa nouvelle alliance,
« Et la triste Æmilie est morte en accouchant.
« Sylla même consent, pour calmer tant de haines,
« Qu'un feu qui fut si beau rentre en sa dignité,
« Et que l'hymen te rende à tes premières chaînes
« En même temps qu'à Rome il rend sa liberté.
                                     QUINTUS ARISTIUS. »
Le ciel s'est donc lassé de m'être impitoyable !
Ce bonheur, comme à toi, me paraît incroyable.
Cours au camp de Pompée, et dis-lui, cher Arcas...

ARCAS.
Il a cette nouvelle, et revient sur ses pas.
De la part de Sylla chargé de lui remettre
Sur ce grand changement une pareille lettre,
A deux milles d'ici j'ai su le rencontrer.

ARISTIE.
Quel amour, quelle joie a-t-il daigné montrer ?
Que dit-il ? que fait-il ?

ARCAS.
Par votre expérience
Vous pouvez bien juger de son impatience :
Mais, rappelé vers vous par un transport d'amour
Qui ne lui permet pas d'achever son retour,
L'ordre que pour son camp ce grand effet demande
L'arrête à le donner, attendant qu'il s'y rende.
Il me suivra de près, et m'a fait avancer
Pour vous dire un miracle où vous n'osiez penser.

ARISTIE.
Vous avez lieu d'en prendre une allégresse égale,
Madame ; vous voilà sans crainte et sans rivale.

VIRIATE.
Je n'en ai plus en vous, et je n'en puis douter ;
Mais il m'en reste une autre, et plus à redouter :
Rome, que ce héros aime plus que lui-même ;
Et qu'il préférerait sans doute au diadème,
Si contre cet amour...

SCÈNE III.

VIRIATE, ARISTIE, THAMIRE, ARCAS.

THAMIRE.
Ah, madame !

VIRIATE.
                        Qu'as-tu,
Thamire? et d'où te vient ce visage abattu?
Que nous disent tes pleurs?
THAMIRE.
                        Que vous êtes perdue;
Que cet illustre bras qui vous a défendue...
VIRIATE.
Sertorius?
THAMIRE.
            Hélas! ce grand Sertorius...
VIRIATE.
N'achèveras-tu point?
THAMIRE.
            Madame, il ne vit plus.
VIRIATE.
Il ne vit plus, ô ciel! Qui te l'a dit, Thamire?
THAMIRE.
Ses assassins font gloire eux-mêmes de le dire.
Ses tigres, dont la rage, au milieu du festin,
Par l'ordre d'un perfide a tranché son destin,
Tout couverts de son sang courent parmi la ville
Emouvoir les soldats et le peuple imbécille;
Et Perpenna par eux proclamé général
Ne vous fait que trop voir d'où part ce coup fatal.
VIRIATE.
Il m'en fait voir ensemble et l'auteur et la cause:
Par cet assassinat c'est de moi qu'on dispose;
C'est mon trône, c'est moi qu'on prétend conquérir;
Et c'est mon juste choix qui seul l'a fait périr.
    Madame, après sa perte, et parmi ces alarmes,
N'attendez point de moi de soupirs ni de larmes:
Ce sont des amusements que dédaigne aisément
Le prompt et noble orgueil d'un vif ressentiment;
Qui pleure l'affaiblit, qui soupire l'exhale.
Il faut plus de fierté dans une ame royale;
Et ma douleur, soumise aux soins de le venger...
ARISTIE.
Mais vous vous avenglez au milieu du danger.
Songez à fuir, madame.
THAMIRE.
            Il n'est plus temps : Aufide
Des portes du palais saisi pour ce perfide,
En fait votre prison, et lui répond de vous.
Il vient; dissimulez un si juste courroux;
Et jusqu'à ce qu'un temps plus favorable arrive,
Daignez vous souvenir que vous êtes captive.
VIRIATE.
Je sais ce que je suis, et le serai toujours,
N'eussé-je que le ciel et moi pour mon secours.

SCÈNE IV.

PERPENNA, ARISTIE, VIRIATE, THAMIRE, ARCAS.

PERPENNA, à Viriate.
Sertorius est mort : cessez d'être jalouse,
Madame, du haut rang qu'aurait pris son épouse,
Et n'appréhendez plus, comme de son vivant,
Qu'en vos propres etats elle ait le pas devant.
Si l'espoir d'Aristie a fait ombrage au vôtre,
Je puis vous assurer et d'elle et de tout autre,
Et que ce coup heureux saura vous maintenir
Et contre le présent et contre l'avenir.
C'etait un grand guerrier, mais dont le sang ni l'âge
Ne pouvaient avec vous faire un digne assemblage,
Et, malgré ces defauts, ce qui vous en plaisait,
C'etait sa dignité qui vous tyrannisait.
Le nom de général vous le rendait aimable;
A vos rois, à moi-même il etait preferable:
Vous vous éblouissiez du titre et de l'emploi;
Et je viens vous offrir et l'un et l'autre en moi,
Avec des qualites où votre ame hautaine
Trouvera mieux de quoi mériter une reine.
Un Romain qui commande et sort du sang des rois
(Je laisse l'âge à part) peut espérer son choix,
Surtout quand d'un affront son amour l'a vengée,
Et que d'un choix abject son bras l'a dégagée.

ARISTIE.
Après t'être immolé chez toi ton général,
Toi, que faisait trembler l'ombre d'un tel rival,
Lâche, tu viens ici braver encor des femmes,
Vanter insolemment tes detestables flammes,
T'emparer d'une reine en son propre palais,
Et demander sa main pour prix de tes forfaits!
Crains les dieux, scélérat, crains les dieux, ou Pompée;
Crains leur haine, ou son bras, leur foudre, ou son épee;
Et, quelque noir orgueil qui te puisse aveugler,
Apprends qu'il m'aime encor; et commence à trembler.
Tu le verras, méchant, plutôt que tu ne penses;
Attends, attends de lui tes dignes récompenses.

PERPENNA.
S'il en croit votre ardeur, je suis sûr du trépas:
Mais peut-être, madame, il ne l'en croira pas;
Et quand il me verra commander une armee
Contre lui tant de fois à vaincre accoutumée,
Il se rendra facile à conclure une paix
Qui faisait des tantôt ses plus ardents souhaits.
J'ai même entre mes mains un assez bon ôtage,
Pour faire mes traités avec quelque avantage.
Cependant vous pourriez, pour votre heur et le mien,
Ne parler pas si haut à qui ne vous dit rien.
Ces menaces en l'air vous donnent trop de peine.
Après ce que j'ai fait, laissez faire la reine;
Et, sans blâmer des vœux qui ne vont point à vous,
Songez à regagner le cœur de votre époux.

VIRIATE.
Oui, madame, en effet, c'est à moi de répondre;
Et mon silence ingrat a droit de me confondre.
Ce généreux exploit, ces nobles sentiments,
Méritent de ma part de hauts remerciements;
Les différer encor, c'est lui faire injustice.
    Il m'a rendu sans doute un signale service;
Mais il n'en sait encor la grandeur qu'à demi.
Le grand Sertorius fut son parfait ami.
Apprenez-le, seigneur, (car je me persuade
Que nous devons ce titre à votre nouveau grade;
Et pour le peu de temps qu'il pourra vous durer,
Il me coûtera peu de vous le déférer:)
Sachez donc que pour vous il osa me déplaire,
Ce heros; qu'il osa mériter ma colere;
Que malgré son amour, que malgré mon courroux,
Il a fait des efforts pour me donner à vous;
Et qu'à moins qu'il vous plût lui rendre sa parole,
Tout mon dessein n'etait qu'une attente frivole;
Qu'il s'obstinait pour vous au refus de ma main.

ARISTIE.
Et tu peux lui plonger un poignard dans le sein!
Et ton bras....

VIRIATE.
        Permettez, madame, que j'estime
La grandeur de l'amour par la grandeur du crime.
Chez lui-même, à sa table, au milieu d'un festin,
D'un si parfait ami devenir l'assassin,
Et de son général se faire un sacrifice,
Lorsque son amitié lui rend un tel service;
Renoncer à la gloire, accepter pour jamais
L'infamie et l'horreur qui suit les grands forfaits;
Jusqu'en mon cabinet porter sa violence,
Pour obtenir ma main m'y tenir sans defense:
Tout cela d'autant plus fait voir ce que je doi
A cet excès d'amour qu'il daigne avoir pour moi;
Tout cela montre une ame au dernier point charmée:
Il serait moins coupable à m'avoir moins aimée;
Et comme je n'ai point les sentiments ingrats,
Je lui veux conseiller de ne m'epouser pas.
Ce serait en son lit mettre son ennemie,
Pour être à tous moments maitresse de sa vie;
Et je me résoudrais à cet excès d'honneur,
Pour mieux choisir la place à lui percer le cœur.
Seigneur, voila l'effet de ma reconnaissance.
Du reste, ma personne est en votre puissance;
Vous êtes maitre ici; commandez, disposez,
Et recevez enfin ma main, si vous l'osez.

PERPENNA.
Moi! si je l'oserai? Vos conseils magnanimes
Pouvaient perdre moins d'art à m'étaler mes crimes;

J'en connais mieux que vous toute l'énormité,
Et, pour bien la connaître, ils m'ont assez coûté.
On ne s'attache point, sans un remords bien rude,
A tant de perfidie et tant d'ingratitude :
Pour vous je l'ai domptée, pour vous je l'ai détruit ;
J'en ai l'ignominie, et j'en aurai le fruit.
Menacez mes forfaits, et proscrivez ma tête ;
De ces mêmes forfaits vous serez la conquête :
Et n'eût tout mon bonheur que deux jours à durer.
Vous n'avez dès demain qu'à vous y préparer.
J'accepte votre haine, et l'ai bien méritée ;
J'en ai prévu la suite, et j'en sais la portée.
Mon triomphe...

SCÈNE V.

PERPENNA, ARISTIE, VIRIATE, AUFIDE,
ARCAS, THAMIRE.

AUFIDE.

Seigneur, Pompée est arrivé,
Nos soldats mutinés, le peuple soulevé,
La porte s'est ouverte en son nom, à son ombre.
Nous n'avons point d'amis qui ne cèdent au nombre :
Antoine et Manlius déchirés par morceaux,
Tout morts et tout sanglants, ont encor des bourreaux.
On cherche avec chaleur le reste des complices,
Que lui-même il destine à de pareils supplices.
Je défendais mon poste, il l'a soudain forcé,
Et de sa propre main vous me voyez percé ;
Maître absolu de tout, il change ici la garde.
Pensez à vous ; je meurs : la suite vous regarde.

ARISTIE.

Pour quelle heure, seigneur, faut-il se préparer
A ce rare bonheur qu'il vient vous assurer ?
Avez-vous en vos mains un assez bon ôtage
Pour faire vos traités avec grand avantage ?

PERPENNA.

C'est prendre en ma faveur un peu trop de souci,
Madame ; j'ai de quoi le satisfaire ici.

SCÈNE VI.

POMPÉE, PERPENNA, VIRIATE, ARISTIE,
CELSUS, ARCAS, THAMIRE.

PERPENNA.

Seigneur, vous aurez su ce que je viens de faire.
Je vous ai de la paix immolé l'adversaire,
L'amant de votre femme, et ce rival fameux
Qui s'opposait partout au succès de vos vœux.
Je vous rends Aristie, et finis cette crainte
Dont votre âme tantôt se montrait trop atteinte ;
Et je vous affranchis de ce jaloux ennui
Qui ne pouvait la voir entre les bras d'autrui.
Je fais plus : je vous livre une fière ennemie,
Avec tout son orgueil, et sa Lusitanie.
Je vous en ai fait maître, et de tous ces Romains
Que déjà leur bonheur a remis en vos mains.
Comme en un grand dessein, et qui veut promptitude,
On ne s'explique pas avec la multitude,
Je n'ai point cru, seigneur, devoir apprendre à tous
Celui d'aller demain me rendre auprès de vous ;
Mais j'en porte sur moi d'assurés témoignages :
Ces lettres de ma foi vous seront de bons gages ;
Et vous reconnaîtrez, par leurs perfides traits,
Combien Rome pour vous a d'ennemis secrets,
Qui tous, pour Aristie, enflammés de vengeance,
Avec Sertorius étaient d'intelligence.
Lisez.
(*Il lui donne les lettres qu'Aristie avaient apportées
de Rome à Sertorius.*)

ARISTIE.

Quoi, scélérat ! quoi ! lâche ! oses-tu bien..

PERPENNA.

Madame, il est ici votre maître et le mien ;
Il faut en sa présence un peu de modestie,
Et si je vous oblige à quelque repartie,
La faire sans aigreur, sans outrages mêlés,
Et ne point oublier devant qui vous parlez.
Vous voyez là, seigneur, deux illustres rivales,
Que cette perte anime à des haines égales.
Jusques au dernier point elles m'ont outragé ;
Mais, puisque je vous vois, j'en suis assez vengé.
Je vous regarde aussi comme un dieu tutélaire, [faire ?
Et ne puis... Mais, ô dieux ! seigneur, qu'allez-vous
POMPÉE, *après avoir brûlé les lettres sans
les lire.*

Montrer d'un tel secret ce que je veux savoir.
Si vous m'aviez connu, vous l'auriez su prévoir.
Rome en deux factions trop longtemps partagée
N'y sera point pour moi de nouveau replongée ;
Et quand Sylla lui rend sa gloire et son bonheur,
Je n'y remettrai point le carnage et l'horreur.
Oyez, Celsus...
(*Il lui parle bas.*)
Surtout empêchez qu'il ne nomme
Aucun des ennemis qu'elle m'a faits à Rome.
(à *Perpenna.*)
Vous, suivez ce tribun ; j'ai quelques intérêts
Qui demandent ici des entretiens secrets.

PERPENNA.

Seigneur, se pourrait-il qu'après un tel service...

POMPÉE.

J'en connais l'importance, et lui rendrai justice.
Allez.

PERPENNA.

Mais cependant leur haine...

POMPÉE.

C'est assez.
Je suis maître, je parle, allez, obéissez.

SCÈNE VII.

POMPÉE, VIRIATE, ARISTIE, THAMIRE, ARCAS.

POMPÉE.

Ne vous offensez pas d'ouïr parler en maître,
Grande reine ; ce n'est que pour punir un traître.
Criminel envers vous d'avoir trop écouté
L'insolence où montait sa noire lâcheté,
J'ai cru devoir sur lui prendre ce haut empire,
Pour me justifier avant que vous rien dire :
Mais je n'abuse point d'un si facile accès,
Et je n'ai jamais su dérober mes succès.   [leve,
Quelque appui que son crime aujourd'hui vous en-
Je vous offre la paix, et ne romps point la trêve ;
Et ceux de nos Romains qui sont auprès de vous
Peuvent y demeurer sans craindre mon courroux.
Si de quelque péril je vous ai garantie,
Je ne veux pour tout prix enlever qu'Aristie,
A qui, devant vos yeux, enfin maître de moi,
Je rapporte avec joie et ma main et ma foi.
Je ne dis rien du cœur, il tint toujours pour elle.

ARISTIE.

Le mien savait vous rendre une ardeur mutuelle ;
Et, pour mieux recevoir ce don renouvelé,
Il oubliera, seigneur, qu'on me l'avait volé.

VIRIATE.

Moi, j'accepte la paix que vous m'avez offerte ;
C'est tout ce que je puis, seigneur, après ma perte ;
Elle est irréparable : et comme je ne vois
Ni chefs dignes de vous, ni rois dignes de moi,
Je renonce à la guerre, ainsi qu'à l'hyménée ;
Mais j'aime encor l'honneur du trône où je suis née.
D'une juste amitié je sais garder les lois,
Et ne sais point régner comme règnent nos rois.
S'il faut que tous votre ordre ainsi qu'eux je domine,
Je m'ensevelirai sous ma propre ruine ;
Mais si je puis régner sans honte et sans époux,
Je ne veux d'héritiers que votre Rome, ou vous ;
Vous choisirez, seigneur ; ou, si votre alliance
Ne peut voir mes états sous ma seule puissance,
Vous n'avez qu'à garder cette place en vos mains,
Et je m'y tiens déjà captive des Romains.

POMPÉE.

Madame, vous avez l'âme trop généreuse
Pour n'en pas obtenir une paix glorieuse ;

Et l'on verra chez eux mon pouvoir abattu,
Ou j'y ferai toujours honorer la vertu.

SCENE VIII.

POMPÉE, ARISTIE, VIRIATE, CELSUS, ARCAS, THAMIRE.

POMPÉE.
En est-ce fait, Celsus ?
CELSUS.
Oui, seigneur; le perfide
A vu plus de cent bras punir son parricide;
Et livré par votre ordre a ce peuple irrité,
Sans rien dire...
POMPÉE.
Il suffit, Rome est en sûreté;
Et ceux qu'a me haïr j'avais trop su contraindre,
N'y craignant rien de moi, n'y donnent rien à craindre.
(à *Viriate*.)
Vous, madame, agréez pour notre grand héros
Que ses mânes vengés goûtent un plein repos.
Allons donner votre ordre à des pompes funèbres,
A l'egal de son nom illustres et célèbres,
Et dresser un tombeau témoin de son malheur,
Qui le soit de sa gloire et de notre douleur.

FIN.

ARIANE,

TRAGEDIE

EN CINQ ACTES.

ACTEURS.

OENARUS, roi de Naxe.
THÉSÉE, fils d'Égée roi d'Athènes.
PIRITHOÜS, fils d'Ixion roi des Laphites.
ARIANE, fille de Minos roi de Crète.
PHÈDRE, sœur d'Ariane.
NÉRINE, confidente d'Ariane.
ARCAS, Naxien, confident d'OEnarus.

La scène est dans l'isle de Naxe.

ARIANE.

ACTE PREMIER.

SCENE I.

OENARUS, ARCAS.

OENARUS.
Je le confesse, Arcas, ma faiblesse redouble;
Je ne puis voir ici Pirithoüs sans trouble.
Quelques maux où ma flamme ait dû me préparer,
C'était toujours beaucoup que les voir différer.
La princesse avait beau m'étaler sa constance,
Son hymen reculé flattait mon espérance;
Et si Thésée avait et son cœur et sa foi,
Contre elle, contre lui, le temps était pour moi.
De ce faible secours Pirithoüs me prive;
Par lui de mon malheur l'instant fatal arrive.
Cet ami, si longtemps de Thésée attendu,
Pour partager sa joie en ces lieux s'est rendu;
Il vient être témoin du bonheur de sa flamme.
Ainsi plus de remise; il faut m'arracher l'âme,
Et me soumettre enfin au tourment sans égal
De voir tout ce que j'aime au pouvoir d'un rival.

ARCAS.
Ariane vous charme, et sans doute elle est belle,
Mais, seigneur, quand l'amour vous a parlé pour elle,
Avez-vous ignoré que déjà d'autres feux
La mettaient hors d'état de répondre à vos vœux?
Sitôt que dans cette île, où les vents la poussèrent,
Aux yeux de votre cour ses beautés éclatèrent,
Vous sûtes que Thésée avait par son secours
Du labyrinthe en Crète évité les détours,
Et que, pour reconnaître un amour si fidèle,
Vainqueur du Minotaure, il fuyait avec elle.
Quel espoir vous laissaient des nœuds si bien formés?
Ils étaient l'un de l'autre également charmés :
Chacun d'eux l'avouait; et vous-même en cette île,
Contre le fier Minos leur promettant asyle,
Vous les pressiez d'abord d'avancer l'heureux jour
Qui devait par l'hymen couronner leur amour.

OENARUS.
Que n'ont-ils pu me croire! ils m'auraient vu sans peine
Consentir à ces nœuds dont l'image me gêne.
Quoique alors Ariane eût les mêmes appas,
On resiste aisément quand on n'espère pas;
Et du moins je n'eusse eu, pour sauver ma franchise,
Qu'à vaincre de mes sens la première surprise.
Mais si mon triste cœur à l'amour s'est rendu,
Thésée en est la cause, et lui seul m'a perdu.
Sans songer quels honneurs l'attendent dans Athènes,
Ici depuis trois mois il languit dans ses chaînes;
Et, quoique dans l'hymen il dût trouver d'appas,
Pirithoüs absent, il ne les goûtait pas.
Pour en choisir le jour il a fallu l'attendre.
C'est beaucoup d'amitié pour une amour si tendre.
Ces délais démentaient un cœur bien enflammé.
Et qui n'aurait pas cru qu'il n'aurait point aimé?
Voilà sur quoi mon ame a l'espoir enhardie
S'est peut-être en secret un peu trop applaudie.
Les plus charmants objets qui brillent dans ma cour
Semblaient chercher Thésée, et briguer son amour.
Il rendait quelques soins à Mégiste, à Cyane.
Tout cela me flattait du côté d'Ariane;
Et j'allais quelquefois jusqu'à m'imaginer
Qu'il dedaignait un bien qu'il n'osait me donner.

ARCAS.
Dans l'étroite amitié qui depuis tant d'années
De deux amis si chers unit les destinées,
Il n'est pas surprenant que, malgré de beaux feux,
Thésée ait jusqu'ici refusé d'être heureux :

C'est de quoi mieux goûter le fruit de sa victoire,
Qu'avoir Pirithoüs pour témoin de sa gloire.
Mais, seigneur, Ariane a-t-elle en son amant
Blâmé pour un ami ce trop d'empressement?
En avez-vous trouvé plus d'accès auprès d'elle?

OENARUS.
C'est là ma peine, Arcas : Ariane est fidèle.
Mes languissants regards, mes inquiets soupirs,
N'ont que trop de ma flamme expliqué les désirs :
C'était peu; j'ai parlé. Mais pour l'heureux Thésée
D'un feu si violent son ame est embrasée
Qu'elle a toujours depuis appliqué tous ses soins
A fuir l'occasion de me voir sans témoins.
Phèdre sa sœur, qui sait les peines que j'endure,
Soulage en m'écoutant ma funeste aventure;
Et, comme il ne faut rien pour flatter un amant,
Je m'obstine par elle, et chéris mon tourment.

ARCAS.
Avec un tel secours vous êtes moins à plaindre.
Mais Phèdre est sans amour, et d'un mérite à craindre :
Vous la voyez souvent; et j'admire, seigneur,
Que sa beauté n'ait rien qui touche votre cœur.

OENARUS.
Vois par là de l'amour le bizarre caprice.
Phèdre dans sa beauté n'a rien qui n'éblouisse;
Les charmes de sa sœur sont à peine aussi doux;
Je n'ai qu'à dire un mot pour en être l'époux :
Cependant, quoiqu'aimable et peut-être plus belle,
Je la vois, je lui parle, et ne sens rien pour elle.
Non, ce n'est ni par choix, ni par raison d'aimer.
Qu'en voyant ce qui plait on se laisse enflammer;
D'un aveugle penchant le charme imperceptible
Frappe, saisit, entraîne, et rend un cœur sensible,
Et, par une secrète et nécessaire loi,
On se livre à l'amour sans qu'on sache pourquoi.
Je l'éprouve au supplice où le ciel me condamne.
Tout me parle pour Phèdre, et tout contre Ariane;
Et, quoique sur le choix ma raison ait de jour,
L'une a ma seule estime, et l'autre mon amour.

ARCAS.
Mais d'un pareil amour n'êtes-vous pas le maître?
Qui peut tout ose tout.

OENARUS.
Que me fais-tu connaître?
L'ayant reçu ici, j'aurais la lâcheté
De violer les droits de l'hospitalité!
Quand je m'y résoudrais, quel espoir pour ma flamme
En la tyrannisant, toucherais-je son âme?
Thésée est un héros fameux par tant d'exploits,
Qu'auprès d'elle en mérite il efface les rois.
Son cœur est tout à lui, j'en connais la constance;
Et nous ferions en vain agir la violence.
Ainsi par mon respect, au défaut d'être aimé,
Méritons jusqu'au bout de m'en voir estimé.
Par d'illustres efforts les grands cœurs se connaissent,
Et malgré mon amour... Mais les princes paraissent

SCENE II.

OENARUS, THÉSÉE, PIRITHOUS, ARCAS.

OENARUS.
Enfin voici ce jour si longtemps attendu :
Pirithoüs dans Naxe à Thésée est rendu;
Et, quand un heureux sort permet qu'il le revoie,
Il n'est pas malaisé de juger de sa joie.
Après un tel bonheur rien ne manque à sa foi.

PIRITHOUS.
Cette joie est encor plus sensible pour moi,
Seigneur; et plus Thésée a pendant mon absence
D'un destin rigoureux souffert la violence,
Plus c'est pour ma tendresse un aimable transport
D'embrasser un ami dont j'ai pleuré la mort.
Qui l'eût cru, que du sort le choix illégitime
L'ayant au Minotaure envoyé pour victime,
Il dût, par un triomphe à jamais glorieux,
Affranchir son pays d'un tribut odieux?

Sur le bruit qui rendait ces nouvelles certaines,
L'espoir de son retour m'attira dans Athènes;
Et par un ordre exprès ce fut là que je sus
Qu'il attendait ici son cher Pirithoüs.
Soudain je vole à Naxe, où de sa renommée
Mon ame a le revoir est d'autant plus charmée,
Que, tout comblé qu'il est des faveurs d'un grand roi
Même zèle toujours l'intéresse pour moi.

OENARUS.
Que Thésée est heureux! Tandis qu'il peut attendre
Tous les biens que promet l'amitié la plus tendre,
Du plus parfait amour les favorables nœuds
N'ont rien qu'un bel objet n'abandonne à ses vœux.

Il ne faut pas juger sur ce qu'on voit paraître,
Seigneur : on n'est heureux qu'autant qu'on le croit être
Vous m'accablez de biens; et, quand je vous dois tant
Ne pouvant m'acquitter, je ne vis point content.

OENARUS.
Ce que j'ai fait pour vous vaut peu que l'on y pense.
Mais si j'en attendais quelque reconnaissance,
Prince, me dussiez-vous et la vie et l'honneur,
Il serait un moyen

THÉSÉE.
Quel? Achevez, seigneur.
J'offre tout; et déjà mon cœur cède à la joie
De penser...

OENARUS.
Vous voulez en vain que je le croie.
Cessez d'avoir pour moi des soins trop empressés;
Ils vous en coûteraient plus que vous ne pensez.

THÉSÉE.
Doutez-vous de mon zèle? et...

OENARUS.
Non ; je me condamne.
Aimez Pirithoüs; possédez Ariane.
Un ami si parfait!... de si charmants appas...
J'en dis trop. C'est à vous de ne m'entendre pas :
Ma gloire le veut, prince; et je vous le demande.

SCENE III.

PIRITHOUS, THÉSÉE.

PIRITHOUS.
Je ne sais si le roi ne veut pas qu'on l'entende ;
Mais au nom d'Ariane un peu trop de chaleur
Me fait craindre pour vous le trouble de son cœur.
Songez-y. S'il fallait qu'épris d'amour pour elle...

THÉSÉE.
Sa passion est forte, et ne m'est pas nouvelle ;
Je la sus dès l'instant qu'il s'en laissa charmer :
Mais ce n'est pas un mal qui me doive alarmer.

PIRITHOUS.
Il est vrai qu'Ariane aurait lieu de se plaindre.
Si, chéri sans réserve, elle vous voyait craindre.
Je viens de lui parler, et je ne vis jamais
Pour un illustre amant de plus ardents souhaits.
C'est un amour pour vous si fort, si pur, si tendre,
Que, quoique pour vous plaire il fallût entreprendre,
Son cœur, de cette gloire uniquement charmé..

THÉSÉE.
Hélas ! et que ne puis-je en être moins aimé !
Je ne verrais pas dans l'état déplorable
Où me réduit sans cesse un amour qui m'accable,
Un amour qui ne montre à mes sens désolés...
Le puis-je dire?

PIRITHOUS.
O dieux ! Est-ce vous qui parlez?
Ariane en beauté partout si renommée,
Aimant avec excès, ne serait point aimée ?
Vous seriez insensible à de si doux appas !

THÉSÉE.
Ils ont de quoi toucher, je ne l'ignore pas.
Ma raison, qui toujours s'intéresse pour elle,
Me dit qu'elle est aimable, et mes yeux qu'elle est belle.
L'amour sur leur rapport tâche de m'ébranler :
Mais, quand le cœur se tait, l'amour a beau parler;

Pour engager ce cœur ses amorces sont vaines,
S'il ne court de lui-même au-devant de ses chaînes,
Et ne confond d'abord, par ses doux embarras,
Tous les raisonnements d'aimer ou n'aimer pas.

PIRITHOUS.
Mais vous souvenez-vous que, pour sauver Thésée,
La fidèle Ariane à tout s'est exposée?
Par là du labyrinthe heureusement tiré...

THESEE.
Il est vrai; tout cela était désespéré.
Du succès attendu son adresse suivie,
Malgré le sort jaloux, m'a conservé la vie;
Je la dois à ses soins. Mais par quelle rigueur
Vouloir que je la paie aux dépens de mon cœur?
Ce n'est pas qu'un secret l'ardeur d'un si beau zèle
Contre ma dureté n'ait combattu pour elle :
Touché de son amour, confus de son éclat,
Je me suis mille fois reproché d'être ingrat :
Mille fois j'ai rougi de ce que j'ose faire.
Mais mon ingratitude est un mal nécessaire;
Et l'on s'efforce enfin, par d'assidus combats ;
A disposer d'un cœur qui ne se donne pas.

PIRITHOUS.
Votre mérite est grand, et peut l'avoir charmée;
Mais, quand elle vous aime, elle se croit aimée.
Ainsi vos vœux d'abord auront flatté sa foi,
Et vous aurez juré...

THESEE.
 Qui n'eût fait comme moi ?
Pour me suivre, Ariane abandonnait son père ;
Je lui devais la vie; elle avait de quoi plaire;
Mon cœur sans passion me laissait présumer
Qu'il prendrait à mon choix l'habitude d'aimer.
Par le ce qu'il doit à la reconnaissance
De l'amour auprès d'elle eut l'entière apparence.
Pour payer ce qu'au sien je voyais être vu,
Mille devoirs... Hélas ! c'est ce qui m'a perdu.
Je les rendais d'un air à me tromper moi-même,
A croire que déjà ma flamme était extrême,
Lorsqu'un trouble me fit apercevoir
Que souvent, pour aimer, c'est peu que le vouloir.
Phèdre à mes yeux surpris à toute heure exposée...

PIRITHOUS.
Quoi ! la sœur d'Ariane a fait changer Thésée ?

THESEE.
Oui, je l'aime ; et telle est cette brûlante ardeur,
Qu'il n'est rien qui la puisse arracher de mon cœur.
Sa beauté, pour qui seule en secret je soupire,
D'un hymen dont peut-être on m'aurait fait presser.
Je l'ai connu par elle, et ne m'en sens charmé
Que depuis que je l'aime et que j'en suis aimé.

PIRITHOUS.
Elle vous aime ?

THESEE.
 Autant que je le puis attendre
Dans l'intérêt du sang qu'une sœur lui fait prendre.
Comme depuis long-temps l'amitié qui les joint
Forme entre elle des nœuds que l'amour ne rompt point,
Elle a quelquefois peine à contraindre son ame
De laisser sans sépulcre par toute sa flamme,
Et voudrait, pour montrer ce qu'elle sent pour moi,
Qu'Ariane eût cessé de prétendre à ma foi.
Cependant, pour ôter toute défiance
Qu'aurait donné le cours de notre intelligence,
Naxe a peu de beautés pour qui des soins rendus
Ne me semblent coûter quelques soupirs perdus :
Cyane, Eglé, Mégiste, ont part à cet hommage.
Ariane le voit, et n'en prend point d'ombrage ;
Rien n'alarme son cœur : tant ce que je lui dois
Contre ma trahison lui répond de ma foi !

PIRITHOUS.
Ces devoirs partagés ont trop d'indifférence
Pour vous faire aisément soupçonner d'inconstance.
Mais, quand depuis trois mois vous m'avez attendu,
Ne vous déclarant point, qu'avez-vous prétendu?

THESEE.
Flatter l'espoir du roi, donner temps à sa flamme
De pouvoir, malgré lui, tyranniser son ame,
Gagner l'esprit de Phèdre, et me débarrasser
M'a fait voir de l'amour jusqu'où s'étend l'empire ;

PIRITHOUS.
Mais, me voici dans Naxe ; et, quoi qu'on puisse faire,
Votre infidélité ne saurait plus se taire.
Quel prétexte auriez-vous encore à différer?

THESEE.
Je me suis trop contraint, il faut me déclarer.
Quoi que doive Ariane en ressentir de peine,
Il faut lui découvrir que son hymen me gêne,
Et, pour punir mon crime et se venger de moi,
La porter, s'il se peut, à faire choix du roi.
Vous seul, car de quel front lui confesser moi-même
Qu'en moi c'est ingrat, un parjure qu'elle aime?...
Non, vous lui peindrez mieux l'embarras de mon cœur.
Parlez; mais gardez bien de lui nommer sa sœur.
Savoir qu'une rivale ait mon ame charmée,
La chercher, la trouver dans une sœur aimée,
Ce serait un supplice, après mon changement,
A faire tout oser à son ressentiment.
Ménagez sa douleur pour la rendre plus lente;
Avouez-lui l'amour, mais cachez-lui l'amante.
Sur qui que ses soupçons puissent ailleurs tomber,
Phèdre à sa défiance est seule à dérober.

PIRITHOUS.
Je tairai ce qu'il faut; mais comme je condamne
Votre ingrate conduite au regard d'Ariane,
N'attendez point de moi que pour vous dégager
Je lui parle du feu qui vous porte à changer.
C'est un aveu honteux qu'un autre lui peut faire.
Cependant, mon secours vous étant nécessaire,
Si sur l'hymen du roi je puis être écouté,
J'appuierai le projet dont je vous vois flatté.
Phèdre vient, je vous laisse.

THESEE.
 O trop charmante vue,

SCÈNE IV.
THÉSÉE, PHÈDRE.

THESEE.
Eh bien ! à quoi, madame, êtes-vous résolue?
Je n'ai plus de prétexte à cacher mon secret.
Ne verrez-vous jamais mon amour qu'à regret ?
Et quand Pirithoüs, que je feignais d'attendre,
Me contraint à l'éclat qu'il m'a fallu suspendre,
M'aimerez-vous si peu que, pour le retarder,
Vous me disiez encor que c'est trop hasarder ?

PHEDRE.
Vous pouvez là-dessus vous répondre vous-même.
Prince, je vous l'ai dit, il est vrai, je vous aime;
Et, quand d'un cœur bien né la gloire est le secours,
L'avoir dit une fois, c'est le dire toujours.
Je n'examine point si je pouvais sans blâme
Au feu qui m'a surprise abandonner mon ame;
Peut-être à me défendre aurais-je trouvé jour :
Mais il entre souvent du destin dans l'amour ;
Et, dût-il m'en coûter un éternel martyre,
Le destin l'a voulu, c'est à moi d'y souscrire.
J'aime donc ; mais, malgré l'appât flatteur et doux
Des tendres sentiments qui me parlent pour vous,
Je ne puis oublier qu'Ariane exilée
S'est, pour vos intérêts, elle-même immolée ;
Qu'aucun amour jamais n'eut tant de fermeté,
Qu'ayant tout fait pour vous elle a tout mérité,
Et plus l'instant approche où cette infortunée,
Après un long espoir, doit être abandonnée,
Plus un secret remords trouve à me reprocher
Que je lui vole un bien qui lui coûte si cher.
Vous lui devez ce cœur dont vous m'offrez l'hommage;
Vous lui devez la foi que votre amour m'engage;
Vous lui devez ces vœux que déjà tant de fois..

THESEE.
Ah ! ne me parlez plus de ce que je lui dois.
Pour elle contre vous qu'ai-je oublié de faire ?
Quels efforts ! J'ai tâché de l'aimer pour vous plaire,
C'est mon crime, et peut-être il m'en faudrait haïr :
Mais, vous m'en donniez l'ordre, il fallait obéir.
Il fallait me la peindre aimable, jeune et belle,
Voir son pays quitté, mes jours sauvés par elle :
C'était de quoi sans doute assujettir mes vœux
A n'aimer qu'à lui plaire, à m'en tenir heureux.

Mais son mérite en vain semblait fixer ma flamme ;
Un tendre souvenir frappait soudain mon ame :
Dès le moindre retour vers un charme si doux,
Je cédais au penchant qui m'entraîne vers vous,
Et sentais dissiper par cette ardeur nouvelle
Tous les projets d'amour que j'avais fait pour elle.
####### PHEDRE.
J'aurais de ces combats affranchi votre cœur
Si j'eusse eu pour rivale une autre qu'une sœur;
Mais trahir l'amitié dont on la voit sans cesse...
Non, Thésée; elle m'aime avec trop de tendresse.
D'un supplice si rude il faut la garantir;
Sans doute elle en mourrait, je n'y puis consentir.
Rendez-lui votre amour, cette amour qui sans elle
Aurait peut-être dû me demeurer fidèle;
Cet amour qui, toujours trop propre à me charmer,
N'ose...
####### THESEE.
Apprenez-moi donc à ne vous plus aimer,
A briser ces liens où mon ame asservie
A mis tout ce qui fait le bonheur de ma vie.
Ces feux dont ma raison ne saurait triompher,
Apprenez-moi comment on peut les étouffer,
Comment on peut du cœur bannir la chère image...
Mais à quel sentiment ma passion m'engage !
Si la douceur d'aimer a pour vous quelque appas,
Me pourriez-vous apprendre à ne vous aimer pas ?
####### PHEDRE.
Il en est un moyen que ma gloire envisage :
Il faut de votre cœur arracher cette image.
Ma vue étant pour vous un mal contagieux,
Pour dégager ce cœur commencez par les yeux.
Fuyez de mes regards la trop flatteuse amorce;
Plus vous les souffrirez, plus ils auront de force.
Ce n'est qu'en s'éloignant qu'on pare de tels coups:
Si le triomphe est rude, il est digne de vous.
Il est beau d'étouffer ce qui peut trop nous plaire ;
D'immoler à sa gloire...
####### THESEE.
Et le pourrez-vous faire ?
Ces traits qu'en votre cœur mon amour a tracés,
Quand vous me verrez moins seront-ils effacés ?
Oublierez-vous sitôt cet ardent sacrifice ?...
####### PHEDRE.
Cruel ! pourquoi vouloir accroitre mon supplice ?
M'accable-t-il si peu qu'il y faille ajouter
Les plaintes d'un amour que je n'ose écouter ?
Puisque mon fier devoir le condamne à se taire,
Laissez-moi me cacher que vous m'avez su plaire;
Laissez-moi déguiser à mes chagrins jaloux [vous.
Qu'il n'est point d'heur pour moi, point de repos sans
C'est trop : déjà mon cœur, à ma gloire infidèle,
De mes sens mutinés suit le parti rebelle ;
Il se trouble, il s'emporte ; et, dès que je vous voi,
Ma tremblante vertu ne répond plus de moi.
####### THESEE.
Ah ! puisqu'en ma faveur l'amour fait ce miracle,
Oubliez qu'une sœur y voudra mettre obstacle.
Pourquoi, pour l'épargner, trahir un si beau feu ?
####### PHEDRE.
Mais sur quoi vous flatter d'obtenir son aveu ?
Sachant que vous m'aimez...
####### THÉSÉE.
C'est ce qu'il faut lui taire.
Sa fuite de Minos allume la colère :
Pour s'en mettre à couvert elle a besoin d'appui.
Le roi l'aime, faisons qu'elle s'attache à lui,
Et qu'acceptant sa main au défaut de la mienne,
Elle souffre en ces lieux qu'un trône la soutienne.
Quand un nouvel amour, par l'hymen établi,
M'aura par l'habitude attiré son oubli,
Qu'elle verra pour moi son mepris nécessaire,
Nous pourrons de nos feux découvrir le mystère.
Mais, prêt à la porter à ce grand changement,
J'ai besoin de vous voir enhardir un amant ;
De voir que dans vos yeux, quand ce projet me flatte,
En faveur de l'amour un peu de joie éclate ;
Que, contre vos frayeurs rassurant votre esprit,
Elle efface..
####### PHÈDRE.
Allez, prince; on vous aime, il suffit.
Peut-être que sur moi la crainte a trop d'empire.
Suivez ce qu'en secret votre cœur vous inspire ;
Et de quoi que le mien puisse encor s'alarmer,
N'écoutez que l'amour, si vous savez aimer.

FIN DU PREMIER ACTE.

ACTE SECOND.

SCÈNE PREMIÈRE.

ARIANE, NERINE.

####### NERINE.
Le roi de ce refus eût eu lieu de se plaindre,
Madame; vous devez un moment vous contraindre ;
Et, quoiqu'en l'écoutant vous ne puissiez douter
Que c'est son amour seul qu'il vous faut écouter,
Votre hymen, dont enfin l'heureux moment s'avance,
Semble vous obliger à cette complaisance.
Il vous perd, et la plainte a de quoi soulager.
####### ARIANE.
Je sais qu'avec le roi j'ai tout à ménager ;
J'aurais tort de l'aigrir. L'asyle qu'il nous prête
Contre la violence assure ma retraite.
D'ailleurs, tant de respect accompagne ses vœux,
Que souvent j'ai regret qu'il ne puisse être heureux.
Mais quand d'un premier feu l'ame tout occupée
Ne trouve de douceurs qu'aux traits qui l'ont frappée,
C'est un sujet d'ennui qui ne peut s'exprimer,
Qu'un amant qu'on néglige, et qui parle d'aimer.
Pour m'en rendre la peine à souffrir plus aisée,
Tandis que le roi vient, parle-moi de Thésée :
Peins-moi bien quel honneur je reçois de sa foi ;
Peins-moi bien tout l'amour dont il brûle pour moi;
Offre-s-en à mes yeux la plus sensible image.
####### NERINE.
Je crois que de son cœur vous avez tout l'hommage;
Mais au point que de lui je vois vos sens charmés,
C'est beaucoup s'il vous aime autant que vous l'aimez.

ARIANE.
Et puis-je trop l'aimer, quand, tout brillant de gloire,
Mille fameux exploits l'offrent à ma mémoire?
De cent monstres par lui l'univers dégagé
Se voit d'un mauvais sang heureusement purgé.
Combien ainsi qu'Hercule a-t-il pris de victimes!
Combien vengé de morts! combien puni de crimes!
Procuste et Cercyon, la terreur des humains,
N'ont-ils pas succombé sous ses vaillantes mains?
Ce n'est point le vanter que ce qu'on m'entend dire;
Tout le monde le sait, tout le monde l'admire :
Mais c'est peu ; je voudrais que tout ce que je voi
S'en entretînt sans cesse, en parlât comme moi.
J'aime Phèdre ; tu sais combien elle m'est chère :
Si quelque chose en elle a de quoi me déplaire,
C'est de voir son esprit, de froideur combattu,
Négliger entre nous de louer sa vertu.
Quand je dis qu'il s'acquiert une gloire immortelle,
Elle applaudit, m'approuve : et qui ferait moins qu'elle?
Mais enfin d'elle-même on ne l'entend jamais
De ce charmant héros élever les hauts faits :
Il faut en leur faveur expliquer son silence.

NÉRINE.
Je ne m'étonne point de cette indifférence :
N'ayant jamais aimé, son cœur ne conçoit pas...

ARIANE.
Elle évite peut-être un cruel embarras.
L'amour n'a bien souvent qu'une douceur trompeuse :
Mais vivre indifférente, est-ce une vie heureuse ?

NÉRINE.
Apprenez-le du roi, qui, de vous trop charmé,
Ne souffrirait pas tant s'il n'avait point aimé.

SCÈNE II.
OENARUS, ARIANE, NÉRINE.

OENARUS.
Ne vous offensez point, princesse incomparable,
Si prêt à succomber au malheur qui m'accable,
Pour la dernière fois j'ai tâché d'obtenir
La triste liberté de vous entretenir.
Je la demande entière ; et, quoi une puisse dire.
Ce feu qui malgré vous prend sur moi trop d'empire,
Vous pouvez sans scrupule en voir mon cœur atteint,
Quand, pour prix de mes maux, je ne veux qu'être
ARIANE. [plaint.
Je connais tout l'amour dont votre ame est éprise
Son excès m'a souvent causé de la surprise
Et vous ne direz rien que mon cœur interdit
Pour vous même avant vous ne se soit déjà dit.
Tant d'ardeur méritait que ce cœur, plus sensible,
A l'offre de vos vœux ne fût pas inflexible,
Que d'un si noble hommage il se trouvât charmé ;
Mais, quand je vous ai vu, Thésée était aimé :
Vous savez son mérite, et le prix qu'il me coûte.
Après cela seigneur, parlez, je vous écoute.

OENARUS.
Thésée a du mérite, et je l'ai dit cent fois :
Votre amour eût eu peine à faire un plus beau choix.
Partout sa gloire éclate ; on l'estime, on l'honore.
Il vous aime, ou plutôt madame, il vous adore ;
Vous le dire à toute heure est son soin le plus doux :
Et qui pourrait moins faire étant aimé de vous?
Après cette justice à sa flamme rendue,
La mienne par pitié sera-t-elle entendue?
Je ne vous redis point que tous mes sens ravis
Cédèrent à l'amour sitôt que je vous vis :
Vous l'avez déjà su par l'aveu téméraire
Que de ma passion j'osai d'abord vous faire.
Il fallut pour cesser de vous être suspect
Ne vous en parler plus, je l'ai fait par respect.
Pour ne vous aigrir pas, d'un rigoureux silence
Je me suis imposé la dure violence,
Et, s'il m'est échappé d'en soupirer tout bas,
C'était bien m'en punir que ne m'écouter pas.
Tant de rigueur n'a pu diminuer ma flamme.
Pour vous voir sans pitié, je n'ai point changé d'ame,
J'ai souffert, j'ai langui, d'amour tout consumé,
Madame, et tout cela sans espoir d'être aimé ;
Par vos seuls intérêts vous m'avez été chère :
J'ai regardé l'amour sans chercher le salaire ;
Et même, en ce funeste et dernier entretien,
Prêt peut-être à mourir, je ne demande rien.
Rendez Thésée heureux ; vous l'aimez, il vous aime :
Mais songez, en plaignant mon infortune extrême;
Que vos bienfaits n'ont point sollicité ma foi ;
Que vous n'avez rien fait, rien hasardé pour moi ;
Et que lorsque mon cœur dispose de ma vie,
C'est sans vous la devoir qu'il vous la sacrifie.
Pour prix du pur amour qui le fait soupirer,
S'il était quelque grace où je pusse aspirer,
Je vous demanderais pour flatter mon martyre, [dire
Qu'au moins quand je vous perds vous daignassiez me
Que, sans ce premier feu pour vous je vous doi,
J'aurais pu par mes soins ne vous déplaire pas.
Pour adoucir les maux où votre hymen m'expose,
Ce que j'ose exiger sans doute est peu de chose ;
Mais un mot favorable, un sincère soupir,
Est tout pour qui ne veut que l'entendre et mourir.

ARIANE.
Seigneur, tant de vertu dans votre amour éclate,
Qu'il faut vous l'avouer, je ne suis point ingrate.
Mon cœur ne sent touché de ce que je vous doi,
Et voudrait être à vous s'il pouvait être à moi ;
Mais il perdrait le prix dont vous le croyez être
Si l'infidélité vous en rendait le maître.
Thésée y règne seul, et s'y trouve adoré.
Dès la première fois je vous l'ai déclaré,
Dès la première fois...

OENARUS.
C'en est assez, madame ;
Thésée a mérité que vous payiez sa flamme.
Pour lui Pirithoüs arrivé dans ma cour
Va pressez votre hymen ; choisissez-en le jour.
S'il faut que je donne ordre à l'apprêt nécessaire,
Parlez ; il me suffit que ce sera vous plaire :
J'exécuterai tout. Peut-être il serait mieux
De vouloir épargner ce supplice à mes yeux.
Que doit faire le coup si l'image me tue!
Mais je me priverais par là de votre vue.
C'est ce qui peut surtout aigrir mon désespoir ;
Et j'aime mieux mourir que cesser de vous voir.

SCÈNE III.
OENARUS, THÉSÉE, ARIANE, NÉRINE.

OENARUS.
Prince, mon trouble parle ; et, quand je voudrais taire
Le supplice où m'expose un destin trop contraire,
De mes yeux interdits la confuse langueur
Trahirait malgré moi le secret de mon cœur.
J'aime ; et de cet amour dont j'adore les charmes
La princesse est l'objet. N'en prenez point d'alarmes :
Au point de votre hymen vous en faire l'aveu,
C'est vous montrer assez ce qu'est un si beau feu.
De tous ses mouvements ma raison me rend maître :
L'effort est grand, sans doute ; on en souffre ; et peut-être
Un rival tel que moi, par sa vertu trahi,
Mérite d'être plaint et non d'être haï.
C'est tout ce qu'il prétend pour prix de sa victoire,
Ce malheureux rival qui s'immole à sa gloire.
Vos soupçons auraient pu faire outrage à ma foi,
S'ils s'étaient avec vous expliqués avant moi :
C'est en les prévenant que je me justifie.
Ne considérez point le bonheur de ma vie.
L'hymen depuis long-temps attire tous vos vœux ;
J'y consens ; dès demain vous pouvez être heureux.
Pirithoüs présent n'y laisse plus d'obstacle :
Ma cour qui vous honore attend ce grand spectacle :
Ordonnez-en la pompe ; et, dans un sort si doux,
Quoi que j'aie à souffrir, ne regardez que vous.
Adieu, madame.

SCÈNE IV.
THÉSÉE, ARIANE, NÉRINE.

THÉSÉE.
Il faut l'avouer à sa gloire,
Sa vertu va plus loin que je n'aurais pu croire.

Au bonheur d'un rival lui-même consentir!
ARIANE.
L'honneur à cet effort a dû l'assujettir.
Qu'eût-il fait? Il sait trop que mon amour extrême,
En s'attachant à vous n'a cherché que vous-même ;
Et qu'ayant tout quitté pour vous prouver ma foi,
Mille trônes offerts ne pourraient rien sur moi.
THESEE.
Tant d'amour me confond ; et plus je vois, madame,
Que je dois...
ARIANE.
Apprenez un projet de ma flamme.
Pour m'attacher à vous par de plus fermes nœuds,
J'ai dans Pirithoüs trouvé ce que je veux.
Vous l'aimez chèrement ; il faut que l'hyménée
De ma sœur avec lui joigne la destinée,
Et que nous partagions ce que pour les grands cœurs
L'amour et l'amitié font naître de douceurs.
Ma sœur a du mérite ; elle est aimable et belle,
Suit mes conseils en tout ; et je vous réponds d'elle.
Voyez Pirithoüs, et tâchez d'obtenir
Que par elle avec nous il consente à s'unir.
THESEE.
L'offre de cet hymen rendra sa joie extrême :
Mais, madame, le roi... Vous savez qu'il vous aime.
S'il faut...
ARIANE.
Je vous entends. Le roi trop combattu
Peut laisser à l'amour séduire sa vertu?
Cet inquiet souci ne saurait me déplaire ;
Et, pour le dissiper, je sais ce qu'il faut faire.
THESEE.
C'en est trop... Mon cœur... Dieux !
ARIANE.
Que ce trouble m'est doux !
Ce qu'il vous fait sentir, je me le dis pour vous.
Je me dis...
THESEE.
Plût aux dieux ! vous sauriez la contrainte...
ARIANE.
Encore un coup, perdez cette jalouse crainte :
J'en connais le remède ; et, si l'on m'ose aimer,
Vous n'aurez pas long-temps à vous en alarmer.
THESEE.
Minos peut vous poursuivre ; et si de sa vengeance...
ARIANE.
Et n'ai-je pas en vous une sûre défense?
THESEE.
Elle est sûre il est vrai ; mais...
ARIANE.
Achevez.
THESEE.
J'attends...
ARIANE.
Ce désordre me gêne, et dure trop longtemps.
Expliquez-vous enfin.
THESEE.
Je le veux, et ne l'ose ;
A mes propres souhaits moi-même je m'oppose ;
Je poursuis un aveu que je crains d'obtenir.
Il faut parler pourtant ; c'est trop me retenir,
Vous m'aimez, et peut-être une plus digne flamme
N'a jamais eu de quoi toucher une grande ame.
Tout mon sang aurait peine à m'acquitter vers vous ;
Et cependant le sort, de ma gloire jaloux,
Par une tyrannie à vos désirs funeste...
Adieu : Perithoüs vous peut dire le reste,
Sans l'amour qui du roi vous soumet les états.
Je vous conseillerais de ne l'apprendre pas.

SCENE V.

ARIANE, PIRITHOUS, NÉRINE

ARIANE.
Quel est ce grand secret, prince? et par quel mystère
Vouloir me l'expliquer, et tout à coup se taire?

PIRITHOUS.
Ne me demandez rien : il sort tout interdit,
Madame ; et par son trouble il vous en a trop dit.
ARIANE.
Je vous comprends tous deux. Vous arrivez d'Athènes :
Du sang dont je suis née on n'y veut point de reines;
Et le peuple indigné refuse à ce héros
D'admettre dans son lit la fille de Minos.
Qu'après la mort d'Ægée il soit toujours le même;
Qu'il m'ôte, s'il le peut l'honneur du rang suprême :
Trône, sceptre, grandeurs, sont des biens superflus;
Thésée étant à moi, je ne veux rien de plus.
Son amour paie assez ce que le mien me coûte ;
Le reste est peu de chose.
PIRITHOUS.
Il vous aime, sans doute.
Et comment pourrait-il avoir le cœur si bas
Que tenir tout de vous et ne vous aimer pas?
Mais, madame, ce n'est que des ames communes
Que l'amour s'autorise à régler les fortunes.
Qu'Athènes se déclare ou pour ou contre vous,
Vous avez de Minos à craindre le courroux ;
Et l'hymen seul du roi peut sans incertitude
Vous ôter là-dessus tout lieu d'inquiétude.
Il vous aime ; et de vous Naxe prenant la loi
Calmera...
ARIANE.
Vous voulez que j'épouse le roi?
Certes l'avis est rare ! et, si, j'ose vous croire,
Un noble changement me va combler de gloire !
Me connaissez-vous bien ?
PIRITHOUS.
Les moindres lâchetés
Sont pour votre grand cœur des crimes détestés ;
Vous avez pour la gloire une ardeur sans pareille :
Mais, madame, je sais ce que je vous conseille ;
Et si vous me croyez, quel que soient mes avis,
Vous vous trouverez bien de les avoir suivis.
ARIANE.
Qui? moi les suivre? moi, qui voudrais pour Thésée
A cent et cent périls voir ma vie exposée ?
Dieux ! quel étonnement serait au sien égal,
S'il savait qu'un ami parlât pour son rival,
S'il savait qu'il voulût lui ravir ce qu'il aime.
PIRITHOUS.
Vous le consulterez ; n'en croyez que lui-même.
ARIANE.
Quoi? si l'offre d'un trône avait pu m'éblouir,
Je lui demanderais si je dois le trahir,
Si je dois l'exposer au plus cruel martyre
Qu'un amant...
PIRITHOUS.
Je n'ai dit que ce que j'ai dû dire
Vous y penserez mieux ; et peut-être qu'un jour
Vous prendrez un peu moins le parti de l'amour.
Adieu, madame.
ARIANE.
Il dit ce qu'il faut qu'il me dise !
Demeurez. Avec moi c'est en vain qu'on déguise :
Vous en avez trop dit pour ne me pas tirer
D'un doute dont mon cœur commence à soupirer.
J'en tremble, et c'est pour moi la plus sensible atteinte.
Eclaircissez ce doute, et dissipez ma crainte :
Autrement je croirai qu'une nouvelle ardeur
Rend Thésée infidèle, et me vole son cœur;
Que pour un autre objet, sans souci de sa gloire...
PIRITHOUS.
Je me tais; c'est à vous à voir ce qu'il faut croire
ARIANE.
Ce qu'il faut croire? Ah ! dieux ! vous me désespérez.
Je verrais à mes vœux d'autres vœux préférés !
Thésée à me quitter... Mais quel soupçon j'écoute !
Non, non, Pirithoüs, on vous trompe, sans doute.
Il m'aime, et s'il m'en faut séparer quelque jour,
Je pleurerai sa mort, et non pas son amour.
PIRITHOUS.
Souvent ce qui nous plaît par une erreur fatale...

ARIANE.
Parlez plus clairement : ai-je quelque rivale?
Thésée a-t-il changé? viole-t-il sa foi?
PIRITHOÜS.
Mon silence déjà s'est expliqué pour moi;
Par là je vous dis tout. Vos ennuis me font peine;
Mais quand leur seul remède est de vous faire reine,
N'oubliez point qu'à Naxe on veut vous couronner;
C'est le meilleur conseil qu'on vous puisse donner.
Ma présence commence à vous être importune;
Je me retire.

SCENE VI.

ARIANE, NÉRINE.

ARIANE.
As-tu conçu mon infortune?
Il n'en faut point douter, je suis trahie. Hélas,
Nérine!
NÉRINE.
Je vous plains.
ARIANE.
Qui ne me plaindrait pas?
Tu le sais, tu l'as vu, j'ai tout fait pour Thésée;
Seule à son mauvais sort je me suis opposée :
Et quand je me dois tout promettre de sa foi,
Thésée a de l'amour pour une autre que moi!
Une autre passion dans son cœur a pu naître!
J'ai mal ouï, Nérine, et cela ne peut être.
Ce serait trahir tout, raison, gloire, équité.
Thésée a trop de cœur pour tant de lâcheté,
Pour croire qu'à ma mort son injustice aspire.
NÉRINE.
Pirithoüs ne dit que ce qu'il lui fait dire :
Et quand il a voulu l'attendre si long temps,
Ce n'était qu'un prétexte à ses feux inconstants;
Il nourrissait dès lors l'ardeur qui le domine.
ARIANE.
Ah! que me fais-tu voir, trop cruelle Nérine?
Sur le gouffre des maux qui me vont abymer,
Pourquoi m'ouvrir les yeux quand je les veux fermer?
Hélas! il est donc vrai que mon ame abusée
N'adorait qu'un ingrat en adorant Thésée!
Dieux, contre un tel ennui soutenez ma raison;
Elle cède à l'horreur de cette trahison :
Je la sens qui déjà... Mais quand elle s'égare,
Pourquoi la regretter cette raison barbare,
Qui ne peut plus servir qu'à me faire mieux voir
Le sujet de ma rage et de mon désespoir?
Quoi! Nérine, pour prix de l'amour le plus tendre...

SCENE VII.

ARIANE, PHÈDRE, NÉRINE.

ARIANE.
Ah! ma sœur, savez-vous ce qu'on vient de m'apprendre?
Vous avez cru Thésée un héros tout parfait;
Vous l'estimiez, sans doute; et qui ne l'eût pas fait?
N'attendez plus de foi, plus d'honneur : tout chancelle,
Tout doit être suspect; Thésée est infidèle.
PHÈDRE.
Quoi! Thésée...
ARIANE.
Oui, ma sœur, après ce qu'il me doit,
Me quitter est le prix que ma flamme en reçoit;
Il me trahit au point que sa foi violée
Doit avoir irrité mon ame désolée.
J'ai honte, en vous contant l'excès de mes malheurs,
Que mon ressentiment s'exhale par mes pleurs.
Son sang devrait payer la douleur qui me presse.
C'est là, ma sœur, c'est là, sans pitié, sans tendresse,
Comme après un forfait si noir, si peu commun,
On traite les ingrats; et Thésée en est un.
Mais quoi qu'à ma vengeance un fier dépit suggère,
Mon amour est encor plus fort que ma colère.
Ma main tremble; et, malgré son parjure odieux,
Je vois toujours en lui ce que j'aime le mieux.
PHÈDRE.
Un revers si cruel vous rend, sans doute, à plaindre;
Et vous voyant souffrir ce qu'on n'a pas dû craindre,
On conçoit aisément jusqu'où le désespoir...
ARIANE.
Ah! qu'on est éloigné de le bien concevoir!
Pour pénétrer l'horreur du tourment de mon ame,
Il faudrait qu'on sentît même ardeur, même flamme;
Qu'avec même tendresse on eût donné sa foi :
Et personne jamais n'a tant aimé que moi.
Se peut-il qu'un héros d'une vertu sublime
Souille ainsi... Quelquefois le remords suit le crime,
Si le sien lui faisait sentir ces durs combats...
Ma sœur, au nom des dieux, ne m'abandonnez pas.
Je sais que vous m'aimez, et vous le devez faire.
Vous m'avez dès l'enfance été toujours si chère,
Que cette inébranlable et fidèle amitié
Mérite bien de vous au moins quelque pitié.
Allez trouver... hélas! dirai-je mon parjure?
Peignez-lui bien l'excès du tourment que j'endure.
Prenez, pour l'arracher à son nouveau penchant,
Ce que les plus grands maux offrent de plus touchant.
Dites-lui qu'à son feu j'immolerais ma vie,
S'il pouvait vivre heureux après m'avoir trahie.
D'un juste et long remords avancez-lui les coups.
Enfin, ma sœur, enfin je n'espère qu'en vous.
Le ciel m'inspira bien, quand par l'amour séduite
Je vous fis malgré vous accompagner ma fuite :
Il semble que dès lors il me faisait prévoir
Le funeste besoin que j'en devais avoir.
Sans vous, à mes malheurs où chercher du remède?
PHÈDRE.
Je vais mander Thésée; et si son cœur ne cède,
Madame, en lui parlant, vous devez présumer...
ARIANE.
Hélas! et plût au ciel que vous sussiez aimer,
Que vous puissiez savoir, par votre expérience,
Jusqu'où d'un fort amour s'étend la violence!
Pour émouvoir l'ingrat, pour fléchir sa rigueur,
Vous trouveriez bien mieux le chemin de son cœur;
Vous auriez plus d'adresse à lui faire l'image
De mes confus transports de douleur et de rage :
Tous les traits en seraient plus vivement tracés.
N'importe; essayez tout, parlez, priez, pressez.
Au défaut de l'amour, puisqu'il n'a pu vous plaire,
Votre amitié pour moi fera ce qu'il faut faire.
Allez, ma sœur; courez empêcher mon trépas.
Toi, viens, suis-moi, Nérine, et ne me quitte pas.

FIN DU SECOND ACTE.

ACTE III.

SCÈNE PREMIÈRE.

PIRITHOUS, PHÈDRE.

PIRITHOUS.
Ce serait perdre temps, il ne faut plus prétendre
Que rien touche Thésée, et la force à se rendre.
J'admire encor, madame, avec quelle vertu
Vous avez de nouveau si longtemps combattu.
Par son manque de foi, contre vous même armée;
Vous avez fait paraître une sœur opprimée;
Vous avez essayé par un tendre retour
De ramener son cœur vers son premier amour;
Et prière, et menace, et fierté de courage,
Tout vient pour le fléchir d'être mis en usage.
Mais, sur ce changement qui semble vous gêner,
L'ingratitude en vain vous le fait condamner :
Vos yeux rendent pour lui ce crime nécessaire;
Et s'il cède au remords quelquefois pour vous plaire,
Quoi que vous ait promis ce repentir confus,
Sitôt qu'il vous regarde, il ne s'en souvient plus.

PHÈDRE.
Les dieux me sont témoins que de son injustice
Je souffre malgré moi qu'il me rende complice.
Ce qu'il doit à ma sœur méritait que sa foi
Se fit de l'aimer seule une sévère loi;
Et quand des longs ennuis où ce refuse l'expose
Par ma facilité je me trouve la cause,
Il n'est peine, supplice, où pour l'en garantir,
La pitié de ses maux ne me fît consentir.
L'amour que j'ai pour lui me noircit peu vers elle ;
Je l'ai pris sans songer à le rendre infidèle;
Ou plutôt j'ai senti tout mon cœur s'enflammer
Avant que de savoir si je voulais aimer.
Mais si ce feu trop prompt n'eut rien de volontaire,
Il dépendait de moi de parler ou me taire.
J'ai parlé, c'est mon crime; et Thésée applaudi
A l'infidélité par là s'est enhardi.
Ah! qu'on se défend mal auprès de ce qu'on aime!
Ses regards m'expliquaient sa passion extrême ;
Les miens à la flatter s'échappaient malgré moi :
N'était-ce pas assez pour corrompre ma foi?
J'eus beau vouloir régler son ame trop charmée,
Il fallut voir sa flamme, et souffrir d'être aimée ;
J'en craignis le péril, il me sut éblouir.
Que de faiblesse ! il faut l'empêcher d'en jouir,
Combattre incessamment son infidèle audace.
Allez, Pirithoüs ; revoyez-le, de grace !
De peur qu'en mon amour il prenne trop d'appui,
Otez-lui tout espoir que je puisse être à lui.
J'ai déjà beaucoup dit, dites-lui plus encore.

PIRITHOUS.
Nous avancerions peu, madame; il vous adore ;
Et quand, pour l'étonner à force de refus,
Vous vous obstineriez à ne l'écouter plus,
Son ame toute à vous n'en serait pas plus prête
A suivre d'autres lois, et changer de conquête.
Quoique le coup soit rude, achevons de frapper.
Pour servir Ariane il faut la détromper ;
Il faut lui faire voir qu'une flamme nouvelle
Ayant détruit l'amour que Thésée eut pour elle,
Sa sûreté l'oblige à ne pas dédaigner
La gloire d'un hymen qui la fera régner.
Le roi l'aime, et son trône est pour elle un asyle.

PHÈDRE.
Quoi ! je la trahirais, elle qui, trop facile,
Trop aveugle à m'aimer, se confie à ma foi
Pour toucher un amant qui la quitte pour moi !
Et quand elle saurait que par mes faibles charmes,
Pour lui percer le cœur, j'aurais prêté des armes,
Je pourrais à ses yeux lâchement exposer
Les criminels appas qui la font mépriser !
Je pourrais soutenir le sensible reproche
Qu'un trop juste courroux...

PIRITHOUS.
Voyez qu'elle s'approche.
Parlons : son intérêt nous oblige à bannir
Tout l'espoir que son feu tâche d'entretenir.

SCENE II.

ARIANE, PIRITHOUS, PHEDRE, NERINE.

ARIANE.
Eh bien ! ma sœur, Thésée est-il inexorable?
N'avez-vous pu surprendre un soupir favorable?
Et quand au repentir on le porte à céder,
Croit-il que mon amour ose trop demander?

PHÈDRE.
Madame, j'ai tout fait pour ébranler son ame :
J'ai peint son changement lâche, odieux, infame.
Pirithoüs lui-même est témoin des efforts,
Par où j'ai cru pouvoir le contraindre au remords.
Il connaît et son crime et son ingratitude :
Il s'en hait; il en sent la peine la plus rude,
Ses ennuis de vos maux égalent la rigueur :
Mais l'amour en tyran dispose de son cœur ;
Et le destin, plus fort que sa reconnaissance,
Malgré ce qu'il vous doit, l'entraîne à l'inconstance.

ARIANE.
Quelle excuse ! et pour moi qu'il rend peu de combat !
Il hait l'ingratitude, et se plaît d'être ingrat !
Puisqu'en sa dureté son lâche cœur demeure,
Ma sœur, il ne sait point qu'il faudra que j'en meure ;
Vous avez oublié de bien marquer l'horreur
Du fatal désespoir qui règne dans mon cœur ;
Vous avez oublié, pour bien peindre ma rage,
D'assembler tous les maux dont on connaît l'image :
Il y serait sensible, et ne pourrait souffrir
Que qui sauva ses jours fût forcée à mourir.

PHÈDRE.
Si vous saviez pour vous ce qu'a fait ma tendresse,
Vous soupçonneriez moins...

ARIANE.
J'ai tort, je le confesse ;
Mais, dans un mal sous qui la constance est à bout,
On s'égare, on s'emporte, et l'on s'en prend à tout.

PIRITHOUS.
Madame, de ces maux à qui la raison cède,
Le temps qui calme tout est l'unique remède :
C'est par lui seul...

ARIANE.
Les coups n'en sont guère importants,
Quand on peut se résoudre à s'en remettre au temps.
Thésée est insensible à l'ennui qui me touche!
Il y consent ! Je veux l'apprendre de sa bouche
Je l'attendrai, ma sœur; qu'il vienne.

PIRITHOUS.
Je crains bien
Que vous ne vous plaigniez de ce triste entretien.
Voir un ingrat qu'on aime, et le voir inflexible,
C'est de tous les ennuis l'ennui le plus sensible.
Vous en souffrirez trop ; et pour peu de souci...

ARIANE.
Allez, ma sœur, de grace, et l'envoyez ici.

SCÈNE III.

ARIANE, PIRITHOUS, NERINE.

PIRITHOUS.
Par ce que je vous dis, ne croyez pas, madame,
Que je veuille applaudir à sa nouvelle flamme.
Sachant ce qu'il devait au généreux amour
Qui vous fit tout oser pour lui sauver le jour,
Je partageai dès lors l'heureuse destinée
Qu'à ses vœux les plus doux offrait votre hyménée ;
Et je venais ici, plein de ressentiment,
Rendre grace à l'amante, en embrassant l'amant.

Jugez de ma surprise à le voir infidèle,
A voir que vers une autre une autre ardeur l'appelle,
Et qu'il ne m'attendoit que pour vous annoncer
L'injustice où l'amour se plaît à le forcer.

ARIANE.

Et ne devais-je pas, quoi qu'il me fît entendre,
Pénétrer les raisons qui vous faisaient attendre,
Et juger qu'en un cœur épris d'un feu constant
L'amour à l'amitié ne défère pas tant?
Ah! quand il est ardent, qu'aisément il s'abuse!
Il croit ce qu'il souhaite, et prend tout pour excuse.
Si Thésée avait peu de ces empressements
Qu'une sensible ardeur inspire aux vrais amants,
Je croyais que son ame audessus du vulgaire
Dédaignait de l'amour la conduite ordinaire,
Et qu'en sa passion garder tant de repos
C'était suivre en aimant la route des héros.
Je faisais plus; j'allais jusqu'à voir sans alarmes
Que des beautés de Naxe il estimât les charmes;
Et ne pouvais penser qu'ayant reçu sa foi,
Quelques vœux égarés pussent rien contre moi.
Mais enfin, puisque rien pour lui n'est plus à faire,
Quel est ce rare objet que son choix me préfère?

PIRITHOUS.

C'est ce que de son cœur je ne puis arracher.

ARIANE.

Ma colère est suspecte, il faut me le cacher.

PIRITHOUS.

J'ignore ce qu'il craint; mais lorsqu'il vous outrage,
Songez que d'un grand roi vous recevez l'hommage :
Il vous offre son trône; et, malgré le destin,
Votre malheur par la trouve une heureuse fin.
Tout vous porte, madame, à ce grand hyménée.
Pourriez-vous demeurer errante, abandonnée?
Déjà la Crète cherche à se venger de vous;
Et Minos...

ARIANE.

J'en crains peu le plus ardent courroux.
Qu'il s'arme contre moi, que j'en sois poursuivie;
Sans ce que j'aime, hélas! que faire de la vie?
Au décret de mon sort achevons d'obéir.
Thésée avec le ciel conspire à me trahir :
Rompre un si grand projet, ce serait lui déplaire.
L'ingrat veut que je meure, il faut le satisfaire,
Et lui laisser sentir, pour double châtiment,
Le remords de ma perte et de son changement.

PIRITHOUS.

Le voici qui paraît. N'épargnez rien, madame,
Pour rentrer dans vos droits, pour regagner son ame;
Et si l'espoir en vain s'obstine à vous flatter,
Songez ce qu'offre un trône à qui peut y monter.

SCÈNE IV.

ARIANE, THÉSÉE, NÉRINE.

ARIANE.

Approchez-vous, Thésée, et perdez cette crainte.
Pourquoi dans vos regards marquer tant de contrainte,
Et m'aborder ainsi, quand rien ne vous confond,
Le trouble dans les yeux, et la rougeur au front.
Un héros tel que vous, à qui la gloire est chère.
Quoi qu'il fasse, doit faire tout ce qu'il voit à faire;
Et si ce qu'on m'a dit a quelque vérité,
Vous cessez de m'aimer, je l'aurai mérité.
Le changement est grand, mais il est légitime,
Je le crois : seulement apprenez-moi mon crime,
Et d'où vient qu'exposée à de si rudes coups
Ariane n'est plus ce qu'elle fut pour vous.

THÉSÉE.

Ah! pourquoi le penser? Elle est toujours la même;
Même zèle toujours suit mon respect extrême;
Et le temps dans mon cœur n'affaiblira jamais
Le pressant souvenir de ses rares bienfaits :
M'en acquitter vers elle est ma plus forte envie.
Oui, madame, ordonnez de mon sang, de ma vie.
Si la fin vous en plaît, le sort me sera doux
Par qui j'obtiendrai l'heur de la perdre pour vous.

ARIANE.

Si quand je vous connus la fin eût pu m'en plaire,
Le destin la voulait, je l'aurais laissé faire.
Par moi, par mon amour, le labyrinthe ouvert
Vous fit fuir le trépas à vos regards offert :
Et quand à votre foi cet amour s'abandonne,
Des serments de respect sont le prix qu'on lui donne!
Par ce soin de vos jours qui m'a tout fait quitter,
N'aspirais-je à rien plus qu'à me voir respecter?
Un service pareil veut un autre salaire.
C'est le cœur, le cœur seul, qui peut y satisfaire :
Il a seul pour mes vœux ce qui peut les borner;
C'est lui seul...

THÉSÉE.

Je voudrais vous le pouvoir donner
Mais ce cœur malgré moi vit sous un autre empire :
Je le sens à regret, je rougis à le dire;
Et quand je plains vos feux par ma flamme déçus,
Je hais mon injustice, et ne puis rien de plus.

ARIANE.

Tu ne peux rien de plus! Qu'aurais-tu fait, parjure,
Si, quand tu vins du monstre éprouver l'aventure,
Abandonnant ta vie à ta seule valeur,
Je me fusse arrêtée à plaindre ton malheur?
Pour mériter ce cœur qui pouvait seul me plaire,
Si j'ai peu fait pour toi, que fallait-il plus faire?
Et que s'est-il offert que je pusse tenter,
Qu'en ta faveur ma flamme ait craint d'exécuter?
Pour te sauver le jour dont ta rigueur me prive,
Ai-je pris à regret le nom de fugitive?
La mer, les vents, l'exil, ont-ils pu m'étonner?
Te suivre c'était plus que me voir couronner.
Fatigues, peines, maux, j'aimais tout par leur cause.
Dis-moi que non, ingrat, si ta lâcheté l'ose;
Et désavouant tout, éblouis-moi si bien
Que je puisse penser que je ne me dois rien.

THÉSÉE.

Comment désavouer ce que l'honneur me presse
De voir, d'examiner, de me dire sans cesse?
Si par mon changement je trompe votre choix,
C'est sans rien cultiver de ce que je vous dois.
Ainsi joignez aux noms de traître et de parjure
Tout l'éclat que produit la plus sanglante injure :
Ce que vous me direz n'aura point la rigueur
Des reproches secrets qui déchirent mon cœur.
Mais pourquoi, m'accusant, en croître les atteintes!
Madame, croyez-moi, je ne vaux pas vos plaintes.
L'oubli, l'indifférence, et vos plus fiers mépris
De mon manque de foi doivent être le prix.
A monter sur le trône un grand roi vous invite;
Vengez-vous, en l'aimant, d'un lâche qui vous quitte.
Quoi qu'aujourd'hui pour moi l'inconstance ait de doux,
Vous perdant pour jamais, je perdrai plus que vous.

ARIANE.

Quelle perte, grand dieux! quand elle est volontaire!
Périsse tout, s'il faut cesser de t'être chère!
Qu'ai-je à faire du trône et de la main d'un roi?
De l'univers entier je ne voulais que toi.
Pour toi, pour m'attacher à ta seule personne.
J'ai tout abandonné, repos, gloire, couronne;
Et quand ces mêmes biens ici me sont offerts,
Que je puis en jouir, c'est toi seul que je perds.
Pour voir leur impuissance à réparer ta perte,
Je te suis, mène-moi dans quelque île déserte,
Où, renonçant à tout, je me laisse charmer
De l'unique douceur de te voir, de t'aimer :
Là, possédant ton cœur, ma gloire est sans seconde;
Ce cœur me sera plus que l'empire du monde.
Point de ressentiment de ton crime passé;
Tu n'as qu'à dire un mot, ce crime est effacé.
C'en est fait, tu le vois, je n'ai plus de colère.

THÉSÉE.

Un si beau feu m'accable, il devait seul me plaire,
Mais telle est de l'amour la tyrannique ardeur...

ARIANE.

Va, tu me répondras des transports de mon cœur
Si ma flamme sur toi n'avait qu'un faible empire,
Si tu la dédaignais, il fallait me le dire,

Et ne pas m'engager, par un trompeur espoir,
A te laisser sur moi prendre tant de pouvoir ;
C'est là sur tout, c'est là ce qui souille ta gloire :
Tu t'es plu sans m'aimer à me le faire croire ;
Tes indignes serments sur mon crédule esprit...

THÉSÉE.

Quand je vous les ai faits, j'ai cru ce que j'ai dit :
Je partais glorieux d'être votre conquête ;
Mais enfin, dans ces lieux poussé par la tempête,
J'ai trop vu ce qu'à voir me conviait l'amour ;
J'ai trop...

ARIANE.

Naxe te change ? Ah ! funeste séjour !
Dans Naxe, tu le sais, un roi, grand, magnanime,
Pour moi, dès qu'il me vit, prit une tendre estime;
Il soumit à mes vœux et son trône et sa foi :
Quoi qu'il ait pu m'offrir, ai-je fait comme toi ?
Si tu n'es point touché de ma douleur extrême,
Rends-moi ton cœur ingrat, par pitié de toi-même.
Je ne demande point quelle est cette beauté
Qui semble te contraindre à l'infidélité.
Si tu crois quelque honte à la faire connaître,
Ton secret est à toi ; mais, qui qu'elle puisse être,
Pour gagner ton estime et mériter ta foi,
Peut-être elle n'a pas plus de charmes que moi.
Elle n'a pas du moins cette ardeur toute pure
Qui m'a fait pour te suivre étouffer la nature ;
Ces beaux feux qui, volant d'abord à ton secours,
Pour te sauver la vie ont exposé mes jours ;
Et si de mon amour ce tendre sacrifice
De ta légèreté ne rompt point l'injustice,
Pour ce nouvel objet ne lui devant pas tant,
Par où présumes-tu pouvoir être constant ?
A peine ton hymen aura payé sa flamme,
Qu'un violent remords viendra saisir ton ame :
Tu ne pourras plus voir ton crime sans effroi.
Et qui sait ce qu'alors tu sentiras pour moi ?
Qui sait par quel retour ton amour refroidie
Te fera détester ta lâche perfidie ?
Tu verras de mes feux les transports éclatants ;
Tu les regretteras ; il ne sera plus temps.
Ne précipite rien, quelque amour qui t'appelle ;
Prends conseil de ta gloire avant qu'être infidèle.
Vois Ariane en pleurs : Ariane autrefois,
Tout aimable à tes yeux, méritait bien ton choix ;
Elle n'a point changé, d'où vient que ton cœur change ?

THÉSÉE.

Par un amour forcé qui sous ses lois me range.
Je le crois comme vous : le ciel est juste ; un jour
Vous me verrez puni de ce perfide amour :
Mais à sa violence il faut que ma foi cède.
Je vous l'ai déjà dit, c'est un mal sans remède.

ARIANE.

Ah ! c'est trop ; puisque rien ne te saurait toucher,
Parjure, oublie un feu qui dut t'être si cher.
Je ne demande plus que la lâcheté cesse,
Je rougis d'avoir pu m'en souffrir la bassesse :
Tire-moi seulement d'un séjour odieux,
Où tout me désespère, où tout blesse mes yeux ;
Et, pour faciliter ta coupable entreprise,
Remène-moi, barbare, aux lieux où tu m'as prise :
La Crète, où pour toi seul je me suis fait haïr,
Me plaira mieux que Naxe, où tu m'oses trahir.

THÉSÉE.

Vous remener en Crète ! Oubliez-vous, madame,
Ce qu'est pour vous un père, et quel courroux l'en-
[flamme ?
Songez-vous quels ennuis vous y sont apprêtés ?

ARIANE.

Laisse-les-moi souffrir, je les ai mérités ;
Mais de ton faux amour les feintes concertées,
Tes noires trahisons, les ai-je méritées ?
Et ce qu'en ta faveur il m'a plu d'immoler
Te rend-il cette foi que tu veux violer ?
Vaine et fausse pitié ! quand ma mort peut te plaire,
Tu crains pour moi les maux que j'ai voulu me faire,
Ces maux qu'ont tant hâtés mes plus tendres souhaits,
Et tu ne trembles point de ceux que tu me fais !

N'espère pas pourtant éviter le supplice
Que toujours après soi fait suivre l'injustice.
Tu romps ce que l'amour forma de plus beaux nœuds ;
Tu m'arraches le cœur. J'en mourrai ; tu le veux :
Mais, quitte des ennuis où m'enchaîne la vie,
Crois déjà, crois me voir, de ma douleur suivie,
Dans le fond de ton ame armer, pour te punir,
Ce qu'a de plus funeste un fatal souvenir,
Et te dire d'un ton et d'un regard sévère :
« J'ai tout fait, tout osé pour t'aimer, pour te plaire ;
« J'ai trahi mon pays, et mon père, et mon roi :
« Cependant vois le prix, ingrat, que j'en reçoi. »

THÉSÉE.

Ah ! si mon changement doit causer votre perte,
Frappez, prenez ma vie, elle vous est offerte ;
Prévenez par ce coup le forfait odieux
Qu'un amour trop aveugle...

ARIANE.

Ote-toi de mes yeux :
De ta constance ailleurs va montrer les mérites ;
Je ne veux pas avoir l'affront que tu me quittes.

THÉSÉE.

Madame...

ARIANE.

Ote-toi, dis-je, et me laisse en pouvoir
De te haïr autant que je le crois devoir.

SCÈNE V.

ARIANE, NÉRINE.

ARIANE.

Il sort, Nérine. Hélas !

NÉRINE.

Qu'aurait fait sa présence
Qu'accroître de vos maux la triste violence ?

ARIANE.

M'avoir ainsi quittée, et partout me trahir !

NÉRINE.

Vous l'avez commandé.

ARIANE.

Devait-il obéir ?

NÉRINE.

Que vouliez-vous qu'il fît ? vous pressiez sa retraite.

ARIANE.

Qu'il sût, en s'emportant, ce que l'amour souhaite,
Et qu'à mon désespoir souffrant un libre cours,
Il s'entendît chasser, et demeurât toujours.
Quoique sa trahison et m'accable et me tue,
Au moins j'aurais joui du plaisir de sa vue :
Mais il ne saurait plus souffrir la mienne. Ah dieux !
As-tu vu quelle joie a paru dans ses yeux,
Combien il est sorti satisfait de ma haine ?
Que de mépris !

NÉRINE.

Son crime auprès de vous le gêne.
Madame ; et, n'ayant point d'excuse à vous donner.
S'il vous fuit, j'y vois peu de quoi vous étonner :
Il s'épargne une peine à peu d'autres égale.

ARIANE.

M'en voir trahie ! Il faut découvrir ma rivale.
Examine avec moi. De toute cette cour
Qui crois-tu la plus propre à donner de l'amour ?
Est-ce Mégiste, Æglé, qui le rend infidèle ?
De tout ce qu'il y voit Cyane est la plus belle :
Il lui parle souvent ; mais, pour m'ôter sa foi,
Doit-elle être à ses yeux plus aimable que moi ?
Vains et faibles appas qui m'aviez trop flattée,
Voilà votre pouvoir, un lâche m'a quittée !
Mais si d'un autre amour il se laisse éblouir,
Peut-être il n'aura pas la douceur d'en jouir :
Il verra ce que c'est que de me percer l'ame.
Allons, Nérine, allons : je suis amante et femme :
Il veut ma mort, j'y cours ; mais, avant que mourir,
Je ne sais qui des deux aura plus à souffrir.

FIN DU TROISIÈME ACTE.

ACTE IV.

SCENE PREMIÈRE.

OENARUS, PHEDRE.

OENARUS.

Un si grand changement ne peut trop me surprendre ;
J'en ai la certitude, et ne le puis comprendre.
Après ce pur amour dont il suivait la loi,
Thésée à ce qu'il aime ose manquer de foi !
Dans la rigueur du coup, je ne vois qu'avec crainte
Ce qu'au cœur d'Ariane il doit porter d'atteinte.
J'en tremble ; et si tantôt, lui peignant mon amour,
Je voulais être plaint, je la plains à son tour.
Perdre un bien qui jamais ne permit d'espérance
N'est qu'un mal dont le temps calme la violence,
Mais voir un bel espoir tout à coup avorter
Passe tous les malheurs qu'on ait à redouter :
C'est du courroux du ciel la plus funeste preuve.

PHEDRE.

Ariane, seigneur, en fait la triste épreuve ;
Et si de ses ennuis vous n'arrêtez le cours,
J'ignore, pour la rompre, où chercher du secours,
Son cœur est accablé d'une douleur mortelle.

OENARUS.

Vous ne savez que trop l'amour que j'ai pour elle ;
Il veut, il offre tout : mais hélas ! je crains bien
Que cet amour ne parle, et qu'il n'obtienne rien.
Si Thésée a changé, j'en serai responsable :
C'est dans ma cour qu'il trouve un autre objet aimable ;
Et sans doute on voudra que je sois le garant
De l'hommage inconnu que sa flamme lui rend.

PHEDRE.

Je doute qu'Ariane, encor que méprisée,
Veuille par votre hymen se venger de Thésée ;
Et si ce changement vous permet d'espérer,
Il ne faut pas, seigneur, vous y trop assurer.
Mais quoiqu'elle résolve après la perfidie
Qui doit tenir pour lui sa flamme refroidie,
Qu'elle accepte vos vœux ou refuse vos soins,
La gloire vous oblige à ne l'aimer pas moins.
Vous lui pouvez toujours servir d'appui fidèle,
Et c'est ce que je viens vous demander pour elle :
Si la Crète vous force à d'injustes combats,
Au courroux de Minos ne l'abandonnez pas ;
Vous savez les périls où sa fuite l'expose.

OENARUS.

Ah ! pour l'en garantir il n'est rien que je n'ose,
Madame ; et vous verrez mon trône trebucher,
Avant que je néglige un intérêt si cher.
Plût aux dieux que ce soin la tint seul inquiète !

PHEDRE.

Voyez dans quels ennuis ce changement la jette :
Son visage vous parle, et sa triste langueur
Vous fait lire en ses yeux ce que souffre son cœur.

SCENE II.

OENARUS, ARIANE, PHEDRE, NÉRINE.

OENARUS.

Madame, je ne sais si l'ennui qui vous touche [che
Doit m'ouvrir pour vous plaindre ou me fermer la bou-
Après les sentiments que j'ai fait voir pour vous,
Je dois, quoi qui vous blesse, en partager les coups,
Mais si j'ose assurer que, jusqu'au fond de l'ame,
Je sens le changement qui trahit votre flamme,
Que je le mets au rang des plus noirs attentats,
J'aime, il m'ôte un rival, vous ne me croirez pas.
Il est certain pourtant, et le ciel qui m'écoute
M'en sera le témoin si votre cœur en doute,
Que si de tout mon sang je pouvais racheter
Ce que...

ARIANE.

Cessez, seigneur, de me le protester.
S'il dépendait de vous de me rendre Thésée,
La gloire y trouverait votre ame disposée :
Je le crois de ce cœur qui sut tout m'immoler ;
Aussi veux-je avec vous ne rien dissimuler.
J'aimais, seigneur ; après mon infortune extrê
Il me serait honteux de dire encor que j'aime.
Ce n'est pas que le cœur qu'un vrai mérite émer
Cesse d'être sensible au moment qu'il le veut.
Le mien fut à Thésée, et je l'en croyais digne.
Ses vertus à mes yeux étaient d'un prix insigne ;
Rien ne brillait en lui que de grand, de parfait ;
Il feignait de m'aimer, je l'aimais en effet ;
Et comme d'une foi qui sert à me confondre
Ce qu'il doit à ma flamme eut lieu de me répondre,
Malgré l'ingratitude ordinaire aux amants,
D'autres que moi peut-être auraient cru ses serments
Je m'immolais entière à l'ardeur d'un pur zèle ;
Cet effort valait bien qu'il fût toujours fidèle.
Sa perfidie enfin n'a plus rien de secret ;
Il la fait éclater, je la vois à regret.
C'est d'abord un ennui qui ronge, qui dévore ;
J'en ai déjà souffert, j'en puis souffrir encore :
Mais quand à n'aimer plus un grand cœur se résout,
Le vouloir, c'est assez pour en venir à bout.
Quoi qu'un pareil triomphe ait de dur, de funeste,
On s'arrache à soi-même, et le temps fait le reste.
Voilà l'état, seigneur, où ma triste raison
A mis enfin mon ame après sa trahison.
Vous avez su tantôt, par un aveu sincère,
Que sans lui votre amour eût eu de quoi me plaire ;
Et que mon cœur, touché du respect de vos feux,
S'il ne m'eût pas aimée, eût accepté vos vœux.
Puisqu'il me rend à moi, je vous tiendrai parole ;
Mais après ce qu'il faut que ma gloire s'immole,
Etouffant un amour et si tendre et si doux,
Je ne vous réponds pas d'en prendre autant pour vous.
Ce sont des traits de feu que le temps seul imprime.
J'ai pour votre vertu la plus parfaite estime ;
Et, pour être en état de remplir votre espoir,
Cette estime suffit à qui sait son devoir.

OENARUS.

Ah ! pour la mériter, si le plus pur hommage...

ARIANE.

Seigneur, dispensez-moi d'en ouir davantage.
J'ai tous les sens encor de trouble embarrassés :
Ma main dépend de vous, ce vous doit être assez ;
Mais, pour vous la donner, j'avouerai ma faiblesse,
J'ai besoin qu'un ingrat par son hymen m'en presse.
Tant que je le verrais en pouvoir d'être à moi,
Je pretendrais en vain disposer de ma foi.
Un feu bien allumé ne s'éteint qu'avec peine.
Le parjure Thésée a mérité ma haine ;
Mon cœur veut être à vous, et ne peut mieux choisir :
Mais s'il me voit, me parle, il peut s'en ressaisir.
L'amour par le remords aisément se désarme :
Il ne faut quelquefois qu'un soupir, qu'une larme :
Et du plus fier courroux quoi qu'on se soit promis,
On ne tient pas longtemps contre un amant soumis.
Ce sont vos intérêts que, sans m'en vouloir croire,
Thésée à ses désirs abandonne sa gloire ;
Dès que d'un autre objet je le verrai l'époux,
Si vous m'aimez encor, seigneur, je suis à vous.
Mon cœur de votre hymen se fait un heur suprême,
Et c'est ce que je veux lui déclarer moi-même.
Qu'on le fasse venir. Allez, Nérine. Ainsi,
De mon cœur, de ma foi n'ayez aucun souci :
Après ce que j'ai dit, vous en êtes le maître.

OENARUS.

Ah ! madame, par où puis-je assez reconnaître...

ARIANE.

Seigneur, un peu de trève ; en l'état où je suis,
J'ai comblé votre espoir, c'est tout ce que je puis.

SCÈNE III.

ARIANE, PHÈDRE.

PHÈDRE.
Ce retour me surprend. Tantôt contre Thésée
Du plus ardent courroux vous étiez embrasée :
Et déjà la raison a calmé ce transport!

ARIANE.
Que ferais-je, ma sœur? c'est un arrêt du sort.
Thésée a résolu d'achever son parjure,
Il veut me voir souffrir ; je me tais, et j'endure.

PHÈDRE.
Mais vous répondez-vous d'oublier aisément
Ce que sa passion eut pour vous de charmant ;
D'avoir à d'autres vœux un cœur si peu contraire,
Que...

ARIANE.
Je n'ai rien promis que je ne veuille faire,
Qu'il s'engage à l'hymen, j'épouserai le roi.

PHÈDRE.
Quoi ! par votre aveu même il donnera sa foi?
Et lorsque son amour a tant reçu du vôtre,
Vous le verrez sans peine entre les bras d'une autre.

ARIANE.
Entre les bras d'une autre! Avant ce coup, ma sœur,
J'aime, je suis trahie, on connaîtra mon cœur.
Tant de périls bravés, tant d'amour, tant de zèle,
M'auront fait mériter les soins d'un infidèle !
A ma honte partout ma flamme aura fait bruit,
Et ma lâche rivale en cueillera le fruit !
J'y donnerai bon ordre. Il faut, pour la connaître,
Empêcher, s'il se peut, ma fureur de paraître :
Moins l'amour outragé fait voir d'emportement,
Plus, quand le cour approche, il frappe sûrement.
C'est par là qu'affectant une douleur aisée
Je feins de consentir à l'hymen de Thésée ;
A savoir son secret j'intéresse le roi.
Pour l'apprendre, ma sœur, travaillez avec moi ;
Car je ne doute point qu'une amitié sincère
Contre sa trahison n'arme votre colère,
Que vous ne ressentiez tout ce que sent mon cœur.

PHÈDRE.
Madame, vous savez...

ARIANE.
Je vous connais, ma sœur.
Aussi c'est seulement en vous ouvrant mon ame
Que dans son désespoir je soulage ma flamme.
Que de projets trahis ! Sans cet indigne abus,
J'arrêtais votre hymen avec Pirithoüs,
Et de mon amitié cette marque nouvelle
Vous doit faire encor plus haïr mon infidèle.
Sur le bruit qu'aura fait son changement d'amour
Sachez adroitement ce qu'on dit à la cour ;
Voyez Æglé, Mégiste, et parlez d'Ariane.
Mais surtout prenez soin d'entretenir Cyane ;
C'est elle qui d'abord a frappé mon esprit.
Vous savez que l'amour aisément se trahit :
Observez ses regards, son trouble, son silence.

PHÈDRE.
J'y prends trop d'intérêt pour manquer de prudence
Dans l'ardeur de venger tant de droits violes.
C'est donc cette rivale à qui vous en voulez?

ARIANE.
Pour porter sur l'ingrat un coup vraiment terrible,
Il faut frapper par là; c'est son endroit sensible.
Vous-même, jugez-en. Elle me fait trahir ;
Par elle je perds tout : la puis-je assez haïr?
Puis-je assez consentir à tout ce que la rage
M'offre de plus sanglant pour venger mon outrage?
Rien, après ce forfait, ne me doit retenir;
Ma sœur, il est de ceux qu'on ne peut trop punir.
Si Thésée, oubliant un amour ordinaire,
M'avait manqué de foi dans la cour de mon père,
Quoi que pût le dépit en secret m'ordonner,
Cette infidélité serait à pardonner.
Ma rivale, dirais-je, a pu sans injustice
D'un cœur qui fut à moi chérir le sacrifice ;
La douceur d'être aimée ayant touché le sien,
Elle a dû préférer son intérêt au mien.
Mais étrangère ici, pour l'avoir osé croire,
J'ai sacrifié tout jusqu'au soin de ma gloire ;
Et pour ce qu'a quitté ma trop crédule foi
Je n'avais que ce cœur que je croyais à moi.
Je le perds, on me l'ôte : il n'est rien que n'essaie
La fureur qui m'anime, afin qu'on me le paie.
J'en mettrai haut le prix, c'est à lui d'y penser.

PHÈDRE.
Ce revers est sensible, il faut le confesser :
Mais, quand vous connaîtrez celle qu'il vous préfère,
Pour venger votre amour que prétendez-vous faire?

ARIANE.
L'aller trouver, la voir, et de ma propre main
Lui mettre, lui plonger un poignard dans le sein.
Mais, pour mieux adoucir les peines que j'endure,
Je veux porter le coup, aux yeux de mon parjure,
Et qu'en son cœur les miens pénètrent à loisir
Ce qu'aura de mortel son affreux déplaisir.
Alors ma passion trouvera de doux charmes
A jouir de ses pleurs comme il fait de mes larmes ;
Alors il me dira si se voir infidèle
Arracher ce qu'on aime est un léger tourment.

PHÈDRE.
Mais, sans l'autoriser à vous être infidèle,
Cette rivale a pu le voir brûler pour elle ;
Elle a peine à ses vœux peut-être à consentir.

ARIANE.
Point de pardon, ma sœur ; il fallait m'avertir :
Son silence fait voir qu'elle a part au parjure.
Enfin il faut du sang pour laver mon injure.
De Thésée, il est vrai, je puis percer le cœur ;
Mais, si je m'y résous, vous n'avez plus de sœur.
Vous aurez beau vouloir que mon bras se retienne ;
Tout perfide qu'il est, ma mort suivra la sienne ;
Et sur mon propre sang l'ardeur de nous unir
Me le fera venger aussitôt que punir.
Non, non; un sort trop doux suivrait sa perfidie,
Si mes ressentiments se bornaient à sa vie.
Portons, portons plus loin l'ardeur de l'accabler,
Et donnons, s'il se peut, aux ingrats à trembler.
Vous figurez-vous bien son desespoir extrême,
Quand, dégouttante encor du sang de ce qu'il aime,
Ma main, offerte au roi dans ce fatal instant,
Bravera jusqu'au bout la douleur qui l'attend?
C'est en vain de son cœur qu'il croit m'avoir chassée :
Je n'y suis pas peut-être encor tout effacée ;
Et ce sera de quoi mieux combler son ennui,
Que de vivre à ses yeux pour un autre que lui.

PHÈDRE.
Mais pour aimer le roi vous sentez-vous dans l'ame..

ARIANE.
Et le moyen, ma sœur, qu'un autre objet m'enflamme?
Jamais, soit qu'on se trompe ou réussisse au choix,
Les fortes passions ne touchent qu'une fois :
Ainsi l'hymen du roi me tiendra lieu de peine.
Mais je dois à mon cœur cette cruelle gêne :
C'est lui qui m'a fait prendre un trop indigne amour
Il m'a trahie : il faut le trahir à mon tour.
Oui, je le punirai de n'avoir pu connaître
Qu'en parlant pour Thésée il parlait pour un traître,
D'avoir... Mais le voici. Contraignons-nous si bien,
Que de mon artifice il ne soupçonne rien.

SCENE IV.

ARIANE, THÉSÉE, PHEDRE, NÉRINE.

ARIANE.
Enfin à la raison mon courroux rend les armes.
De l'amour aisément on ne vainc pas les charmes.
Si c'était un effort qui dépendit de nous,
Je regretterais moins ce que je perds en vous.
Il vous force à changer ; il faut que j'y consente.
Au moins c'est de vos soins une marque obligeante.

Que, par ces nouveaux feux ne pouvant être à moi,
Vous preniez intérêt à me donner au roi.
Son trône est un appui qui flatte ma disgrace
Mais ce n'est que par vous que j'y puis prendre place.
Si l'infidélité ne vous peut étonner,
J'en veux avoir l'exemple, et non pas le donner. [autre;
C'est peu qu'aux yeux de tous vous brûliez pour une
Tout ce que peut ma main, c'est d'imiter la vôtre,
Lorsque, par votre hymen m'ayant rendu ma foi,
Vous m'aurez mise en droit de disposer de moi.
Pour me faire jouir des biens qu'on me prépare,
C'est à vous de hâter le coup qui nous sépare :
Votre intérêt le veut encor plus que le mien.

THÉSÉE.
Madame, je n'ai pas...

ARIANE.
Ne me répliquez rien.
Si ma perte est un mal dont votre cœur soupire,
Vos remords trouveront le temps de me le dire;
Et cependant ma sœur, qui peut vous écouter,
Saura ce qu'il vous reste encore à consulter.

SCENE V.

PHEDRE, THÉSÉE.

THÉSÉE.
Le ciel à mon amour serait-il favorable
Jusqu'à rendre sitôt Ariane exorable?
Madame, quel bonheur qu'après tant de soupirs
Je pusse sans contrainte expliquer mes désirs,
Vous peindre en liberté ce que pour vous m'inspire...

PHEDRE.
Renfermez-le, de grace, et craignez d'en trop dire.
Vous voyez que j'observe, avant que vous parler,
Qu'aucun témoin ici ne se puisse couler.
Un grand calme à vos yeux commence de paraître.
Tremblez, prince, tremblez; l'orage est près de naître.
Tout ce que vous pouvez vous figurer d'horreur
Des violents projets de l'amour en fureur
N'est qu'un faible crayon de la secrète rage
Qui possède Ariane et trouble son courage.
L'aveu qu'à votre hymen il semble donner
Vers le piège tendu cherche à vous entraîner.
C'est par là qu'elle croit découvrir sa rivale,
Et, dans les vifs transports que sa vengeance étale,
Plus le sang nous unit, plus son ressentiment,
Quand je serai connue, aura d'emportement.
Rien ne m'en peut sauver, ma mort est assurée.
Tout à l'heure avec moi sa haine l'a jurée :
J'en ai reçu l'arrêt. Ainsi, le fort amour
Souvent sans le savoir mettant sa flamme au jour,
Mon sang doit s'apprêter à laver son outrage.
Vous l'avez voulu, prince; achevez votre ouvrage.

THÉSÉE.
A quoi que son courroux puisse être disposé,
Il est pour s'en défendre un moyen bien aisé.
Ce calme qu'elle affecte afin de me surprendre
Ne me fait que trop voir ce que j'en dois attendre.
La foudre gronde, il faut vous mettre hors d'état
D'en ouir la menace et d'en craindre l'éclat.
Fuyons d'ici, madame; et venez dans Athènes,
Par un heureux hymen, voir la fin de nos peines.
J'ai mon vaisseau tout prêt. Dès cette même nuit
Nous pouvons de ces lieux disparaître sans bruit. [dre.
Quand même pour vos jours nous n'aurions rien à crain-
Assez d'autres raisons nous y doivent contraindre.
Ariane, forcée à renoncer à moi,
N'aura plus de prétexte à refuser le roi :
Pour son propre intérêt il faut s'éloigner d'elle.

PHEDRE.
Et qui me répondra que vous serez fidèle?

THÉSÉE.
Ma foi, que ni le temps ni le ciel en courroux...

PHEDRE.
Ma sœur l'avait reçue en fuyant avec vous.

THÉSÉE.
L'emmener avec moi fut un coup nécessaire;
Il fallait la sauver de la fureur d'un père;
Et la reconnaissance eut part seule aux serments
Par qui mon cœur du sien paya les sentiments;
Ce cœur violenté n'aimait qu'avec étude.
Et, quand il entrerait un peu d'ingratitude
Dans ce manque de foi qui vous semble odieux,
Pourquoi me reprocher un crime de vos yeux?
L'habitude à les voir me fit de l'inconstance
Une nécessité dont rien ne me dispense;
Ce que je lui disais d'engageant et de doux,
Vous ne saviez que trop qu'il s'adressait à vous.
Je n'examinais point, en vous ouvrant mon ame.
Si c'était d'Ariane entretenir la flamme;
Je songeais seulement à vous marquer ma foi;
Je me faisais entendre, et c'était tout pour moi.

PHEDRE.
Dieux! qu'elle en souffrira! que d'ennuis! que de larmes!
J'en sens naître en mon cœur les plus rudes alarmes;
Il voit avec horreur ce qui doit arriver.
Cependant j'ai trop fait pour ne pas achever :
Ces foudroyants regards, ces accablants reproches,
Dont par son désespoir je vois les coups si proches,
Pour moi, pour une sœur, sont plus à redouter
Que cette triste mort qu'elle croit m'apprêter.
Elle a su votre amour, elle saura le reste.
De ses pleurs, de ses cris, fuyons l'éclat funeste;
Je vois bien qu'il le faut. Mais las !

THÉSÉE.
Vous soupirez?

PHEDRE.
Oui, prince, je veux trop ce que vous désirez.
Elle se fie à moi, cette sœur, elle m'aime;
C'est une ardeur sincère, une tendresse extrême;
Jamais son amitié ne me refusa rien :
Pour l'en récompenser je lui vole son bien ,
Je l'expose aux rigueurs du sort le plus sévère,
Je la tue; et c'est vous qui me le faites faire !
Pourquoi vous ai-je aimé?

THÉSÉE.
Vous en repentez-vous?

PHEDRE.
Je ne sais. Pour mon cœur il n'est rien de plus doux:
Mais, vous le remarquez, ce cœur tremble, soupire;
Et perdant une sœur, si j'ose encor le dire,
Vous la laissez dans Naxe en proie à ses douleurs,
Votre légèreté me peut laisser ailleurs.
Qui voudra plaindre alors les ennuis de ma vie
Sur l'exemple éclatant d'Ariane trahie?
Je l'aurai bien voulu. Mais c'en est fait; partons.

THÉSÉE.
En vain...

PHEDRE.
Le temps se perd quand nous en consultons.
Si vous blâmez la crainte où ce soupçon me livre,
J'en répare l'outrage en m'offrant à vous suivre.
Puisqu'à ce grand effort ma flamme se résout,
Donnez l'ordre qu'il faut, je serai prête à tout.

FIN DU QUATRIEME ACTE.

ACTE V.

SCENE PREMIÈRE.

ARIANE, NERINE.

NÉRINE.
Un peu plus de pouvoir, madame, sur vous-même.
A quoi sert ce transport, ce désespoir extrême?
Vous avez, dans un trouble à nul autre pareil,
Prévenu ce matin le lever du soleil.
Dans le palais errante, interdite, abattue,
Vous avez laissé voir la douleur qui vous tue :
Ce ne sont que soupirs, que larmes, que sanglots.

ARIANE.
On me trahit, Nérine; où trouver du repos?
Quoi! ce parfait amour dont mon ame ravie
Ne croyait voir la fin qu'en celle de ma vie,
Ces feux, ces tendres feux pour moi trop allumés,
Dans le cœur d'un ingrat sont déjà consumés!
Thésée avec plaisir a pu les voir éteindre!
Ma mort n'est qu'un malheur qui ne vaut pas le craindre!
Et ce parjure amant qui se rit de ma foi,
Quoiqu'il vive toujours, ne vivra plus pour moi!
Que fait Pirithoüs? viendra-t-il?

NÉRINE.
                              Oui, madame;
Je l'ai fait avertir.

ARIANE.
            Quels combats dans mon ame!

NÉRINE.
Pirithoüs viendra; mais ce transport jaloux
Qu'attend-il de sa vue? et que lui direz-vous?

ARIANE.
Dans l'excès étonnant de mon cruel martyre,
Hélas! demandes-tu ce que je pourrai dire?
Dût ma douleur sans cesse avoir le même cours,
Se plaint-on trop souvent de ce qu'on sent toujours?
Tu dis donc qu'hier au soir chacun avec murmure
Parlait diversement de ma triste aventure;
Que la jeune Cyane est celle que l'on croit
Que Thésée...

NÉRINE.
      On la nomme à cause qu'il la voit :
Mais qu'en pouvoir juger? il voit Phèdre de même;
Et cependant, madame, est-ce Phèdre qu'il aime?

ARIANE.
Que n'a-t-il pu l'aimer! Phèdre l'aurait connu,
Et par là mon malheur eût été prévenu.
De sa flamme par elle aussitôt avertie,
Dans sa première ardeur je l'aurais amortie.
Par où vaincre d'ailleurs les rebuts de ma sœur?

NÉRINE.
En vain il aurait cru pouvoir toucher son cœur;
Je le sais : mais enfin quand un amant sait plaire,
Qui consent à l'ouïr peut aimer et se taire.

ARIANE.
Je soupçonnerais Phèdre, elle de qui les pleurs
Semblaient en s'embarquant présager nos malheurs?
Avant que la résoudre à seconder ma fuite,
A quoi, pour la gagner, ne fus-je pas réduite!
Combien de résistance et d'obstinés refus!

NÉRINE.
Vous n'avez rien, madame, à craindre là-dessus.
Je connais sa tendresse; elle est pour vous si forte,
Qu'elle mourrait plutôt...

ARIANE.
            Je veux la voir, n'importe.
Va, fais-lui promptement savoir que je l'attends;
Dis-lui que le sommeil l'arrête trop long-temps;
Que je sens ma douleur croître par son absence.
Qu'elle est heureuse, hélas? dans son indifférence!
Son repos n'est troublé d'aucun mortel souci.
Pirithoüs paraît; fais-la venir ici.

SCENE II.

ARIANE, PIRITHOUS.

ARIANE.
Eh bien! puis-je accepter la main qui m'est offerte?
Le roi s'empresse-t-il à réparer ma perte?
Et, pour me laisser libre à payer son amour,
De l'hymen de Thésée a-t-on choisi le jour?

PIRITHOUS.
Le roi sur ce projet entretint hier Thésée,
Mais il trouva son ame encor mal disposée.
Il est pour les ingrats de rigoureux instants;
Thésée en fit l'épreuve, et demanda du temps.

ARIANE.
Différer d'être heureux après son inconstance,
C'est montrer en aimant bien peu d'impatience;
Et ce nouvel objet dont son cœur est épris
Y doit pour son amour croire trop de mépris.
Pour moi, je l'avouerai, sa trahison me fâche;
Mais puisqu'en me quittant il lui plaît d'être lâche,
Si je dois être au roi, je voudrais que sa main
Eût pu déjà fixer mon destin incertain.
L'irrésolution m'embarrasse et me gêne.

PIRITHOUS.
Si l'on m'avait dit vrai, vous seriez hors de peine;
Mais, madame, je puis être mal averti.

ARIANE.
Et de quoi, prince?

PIRITHOUS.
              On dit que Thésée est parti.
Par là vous seriez libre.

ARIANE.
                Ah! que viens-je d'entendre?
Il est parti, dit-on?

PIRITHOUS.
              Ce bruit doit vous surprendre.

ARIANE.
Il est parti! Le ciel me trahirait toujours!
Mais non; que deviendraient ses nouvelles amours?
Ferait-il cet outrage à l'objet qui l'enflamme?
L'abandonnerait-il?

PIRITHOUS.
          Je ne sais; mais, madame,
Un vaisseau cette nuit s'est échappé du port.

ARIANE.
Ce n'est pas lui, sans doute, on le soupçonne à tort.
Peut-il être parti sans que le roi le sache,
Sans que Pirithoüs, à qui rien ne se cache,
Sans qu'enfin... Mais de quoi me voudrais-je étonner?
Que ne peut-il pas faire? il m'ose abandonner,
Oublier un amour qui, toujours trop fidèle,
M'oblige encor pour lui...

SCENE III.

ARIANE, PIRITHOUS, NÉRINE.

ARIANE, à Nérine.
                Que fait ma sœur? vient-elle?
Avec quelle surprise elle va recevoir
La nouvelle d'un coup qui confond mon espoir,
D'un coup par qui ma haine à languir est forcée!

NÉRINE.
Madame, j'ai longtemps...

ARIANE.
             Où l'as-tu donc laissée?
Parle.

NÉRINE.
De tous côtés j'ai couru vainement;
On ne la trouve point dans son appartement.

ARIANE.
On ne la trouve point! quoi! si matin! je tremble.
Tant de maux à mes yeux viennent s'offrir ensemble,

Que, stupide, égarée, en ce trouble importun,
De crainte d'en trop voir, je n'en regarde aucun,
N'as-tu rien ouï dire?
NÉRINE.
On parle de Thésée.
On veut que cette nuit, voyant la fuite aisée..
ARIANE.
O nuit! ô trahison! dont la double noirceur
Passe tout... Mais pourquoi m'alarmer de ma sœur?
Sa tendresse pour moi, l'intérêt de sa gloire,
Sa vertu, tout enfin me défend de rien croire.
Cependant contre moi quand tout prend son parti,
Elle ne paraît point, et Thésée est parti!
Qu'on la cherche; c'est trop languir dans ce supplice;
Je m'en sens accablée, il est temps qu'il finisse.
Quoique mon cœur rejette un doute injurieux,
Il a besoin, ce cœur, du secours de mes yeux.
La moindre inquiétude est trop tard apaisée.

SCENE IV.

ARIANE, PIRITHOUS, ARCAS, NÉRINE.

ARCAS, à *Pirithoüs*.
Seigneur, je vous apporte un billet de Thésée.
ARIANE.
Donnez, je le verrai. Par qui l'a-t-on reçu?
D'où l'a-t-on envoyé? Qu'a-t-on fait? Qu'a-t-on su?
Il est parti, Nérine. Ah! trop funeste marque!
ARCAS.
On vient de voir au port arriver une barque;
C'est de là qu'est venu le billet que voici.
ARIANE.
Lisons : mon amour tremble à se voir éclairci.
THÉSÉE, à PIRITHOUS.
« Pardonnez une fuite où l'amour me condamne;
« Je pars sans vous en avertir.
« Phèdre du même amour n'a pu se garantir;
« Elle fuit avec moi Prenez soin d'Ariane. »
Prenez soin d'Ariane! Il viole sa foi,
Me désespère, et veut qu'on prenne soin de moi !
PIRITHOUS. [prendre...
Madame, en vos malheurs qui font peine à com-
ARIANE.
Laissez-moi, je ne veux vous voir ni vous entendre.
C'est vous, Pirithoüs, dont le funeste abord,
Toujours fatal pour moi, précipite ma mort.
PIRITHOUS.
J'ignore...
ARIANE.
Allez au roi porter cette nouvelle :
Nérine me demeure, il me suffira d'elle.
PIRITHOUS.
D'un départ si secret le roi sera surpris.
ARIANE.
Sans son ordre, Thésée eût-il rien entrepris?
Son aveu l'autorise ; et, de ses injustices,
Le roi, vous, et les dieux, vous êtes tous complices.

SCENE V.

ARIANE, NÉRINE.

ARIANE.
Ah! Nérine!

NÉRINE.
Madame, après ce que je vois,
Je l'avoue, il n'est plus ni d'honneur ni de foi :
Sur les plus saints devoirs l'injustice l'emporte.
Que de chagrins!

ARIANE.
Tu vois, ma douleur est si forte,
Que, succombant aux maux qu'on me fait découvrir,
Je demeure insensible à force de souffrir.
Enfin d'un fol espoir je suis désabusée;
Pour moi, pour mon amour, il n'est plus de Thésée.
Le temps au repentir aurait pu le forcer;
Mais c'en est fait, Nérine, il n'y faut plus penser.
Hélas! qui l'aurait cru, quand son injuste flamme
Par l'ennui de le perdre accablait tant mon âme,

Qu'en ce terrible excès de peine et de douleurs
Je ne connusse encor que mes moindres malheurs?
Une rivale au moins pour soulager ma peine
M'offrait en la perdant de quoi plaire à ma haine;
Je promettais son sang à mes bouillants transports.
Mais je trouve à briser les liens les plus forts;
Et, quand dans une sœur, après ce noir outrage,
Je découvre en tremblant la cause de ma rage,
Ma rivale et mon traître, aidés de mon erreur,
Triomphent par leur fuite, et bravent ma fureur.
Nérine, entres-tu bien, lorsque le ciel m'accable,
Dans tout ce qu'à mon sort d'affreux, d'épouvantable?
La rivale sur qui tombe cette fureur,
C'est Phèdre, cette Phèdre à qui j'ouvrais mon cœur!
Quand je lui faisais voir ma peine sans égale,
Que j'en marquais l'horreur, c'était à ma rivale!
La perfide, abusant de ma tendre amitié,
Montrait de ma disgrâce une fausse pitié!
Et, jouissant des maux que j'aimais à lui peindre,
Elle en était la cause, et feignait de me plaindre!
C'est là mon désespoir. Pour avoir trop parlé,
Je perds ce que déjà je tenais immolé.
Je l'ai portée à fuir, et, par mon imprudence,
Moi-même je me suis dérobé ma vengeance.
Dérobé ma vengeance! A quoi pensé-je? Ah! dieux!
L'ingrate! On la verrait triompher à mes yeux!
C'est trop de patience en de si rudes peines.
Allons, partons, Nérine, et volons vers Athènes.
Mettons un prompt obstacle à ce qu'on lui promet:
Elle n'est pas encore où son espoir la met.
Sa mort, sa seule mort, mais une mort cruelle....
NÉRINE.
Calmez cette douleur : où vous emporte-t-elle?
Madame, songez-vous que tous ces vains projets
Par l'éclat de vos cris s'entendent au palais?
ARIANE.
Qu'importe que partout mes plaintes soient ouïes
On connaît, on a vu des amantes trahies;
A d'autres quelquefois on a manqué de foi :
Mais, Nérine, jamais il n'en fut comme moi.
Par cette tendre ardeur dont j'ai chéri Thésée
Avais-je mérité de m'en voir méprisée?
De tout ce que j'ai fait considère le fruit.
Quand je fuis pour lui seul, c'est moi seule qu'il fuit.
Pour lui seul je dédaigne une couronne offerte :
En séduisant ma sœur, il conspire ma perte.
De ma foi chaque jour ce sont gages nouveaux :
Je le comble de biens, il m'accable de maux;
Et, par une rigueur jusqu'au bout poursuivie,
Quand j'empêche sa mort, il m'arrache la vie.
Après l'indigne éclat d'un procédé si noir
Je ne m'étonne plus qu'il craigne de me voir:
La honte qu'il en a lui fait fuir ma rencontre.
Mais enfin à mes yeux il faudra qu'il se montre;
Nous verrons s'il tiendra contre ce qu'il me doit ;
Mes larmes parleront, c'en est fait s'il les voit.
Ne les contraignons plus, et par cette faiblesse
De son cœur étonné surprenons la tendresse.
Ayant à mon amour immolé ma raison,
La peur d'en faire trop serait hors de saison.
Plus d'égard à ma gloire; approuvée ou blâmée,
J'aurai tout fait pour moi, si je demeure aimée.
Mais à quel lâche espoir mon trouble me réduit!
Si j'aime encor Thésée, oublié-je qu'il fuit?
Peut-être en ce moment aux pieds de ma rivale
Il rit des vains projets où mon cœur se ravale.
Tous deux peut-être.... Ah! ciel! Nérine, empêche-moi
D'ouïr ce que j'entends, de voir ce que je vois.
Leur triomphe me tue ; et , toute possédée
De cette assassinante et trop funeste idée,
Quelques bras que contre eux ma haine puisse unir,
Je souffre plus encor qu'elle ne peut punir.

SCENE VI.

OENARUS, ARIANE, PIRITHOUS, NÉRINE, ARCAS.

OENARUS.
Je ne viens point, madame, opposer à vos plaintes
De faux raisonnements, ou d'injustes contraintes;

Je viens vous protester que tout ce qu'en ma cour...
                    ARIANE.
Je sais ce que je dois, seigneur, à votre amour ;
Je connais même à quoi ma parole m'engage :
Mais...
              OENARUS.
        A vos déplaisirs épargnons cette image.
Vous répondriez mal d'un cœur...
                    ARIANE.
                        Comment, hélas !
Répondrais-je de moi ? je ne me connais pas.
              OENARUS.
Si du secours du temps ma foi favorisée
Peut mériter qu'un jour vous oubliiez Thésée...
                    ARIANE.
Si j'oublierai Thésée ? Ah ! dieux ! mon lâche cœur
Nourrirait pour Thésée une honteuse ardeur !
Thésée encor sur moi garderait quelque empire !
Je dois haïr Thésée, et voudrais m'en dédire !
Oui, Thésée à jamais sentira mon courroux :
Et si c'est pour vos vœux quelque chose de doux,
Je jure par les dieux, par ces dieux qui peut-être
S'uniront avec moi pour me venger d'un traître,
Que j'oublierai Thésée ; et, que pour m'émouvoir,
Remords, larmes, soupirs, manqueront de pouvoir.
              PIRITHOÜS.
Madame, si j'osais...
                    ARIANE.
            Non, parjure Thésée,
Ne crois pas que jamais je puisse être apaisée ;
Ton amour y ferait des efforts superflus,
Le plus grand de mes maux est de ne t'aimer plus :
Mais après ton forfait, ta noire perfidie,
Pourvu qu'à te gêner le remords s'étudie,
Qu'il te livre sans cesse à de secrets bourreaux,
C'est peu pour m'étonner que le plus grand des maux.
J'ai trop gémi, j'ai trop pleuré tes injustices ;
Tu m'as bravée : il faut qu'à ton tour tu gémisses.
Mais quelle est mon erreur ! Dieux ! je menace en l'air.
L'ingrat se donne ailleurs quand je crois lui parler.
Il goûte la douceur de ses nouvelles chaînes.
Si vous m'aimez, seigneur, suivons-le dans Athènes.
Avant que ma rivale y puisse triompher,
Partons ; portons-y plus que la flamme et le fer.
Que par vous la perfide entre mes mains livrée
Puisse voir ma fureur de son sang enivrée.
Par ce terrible éclat signalez ce grand jour,
Et méritez ma main en vengeant mon amour.
              OENARUS.
Consultons-en le temps, madame ; et s'il faut faire...
                    ARIANE.
Le temps ! Mon désespoir souffre-t-il qu'on diffère ?
Puisque tout m'abandonne, il est pour mon secours
Une plus sûre voie, et des moyens plus courts
        (Elle se jette sur l'épée de Pirithoüs.)
Tu m'arrêtes, cruel !
              NÉRINE.
        Que faites-vous, madame ?
              ARIANE, à Nérine.
Soutiens-moi ; je succombe aux transports de mon ame.
Si dans mes déplaisirs tu veux me secourir,
Ajoute à ma faiblesse, et me laisse mourir.
              OENARUS.
Elle semble pâmer. Qu'on la secoure vite.
Sa douleur est un mal qu'un prompt remède irrite ;
Et c'en serait sans doute accroître les efforts,
Qu'opposer quelque obstacle à ses premiers transports.

            FIN D'ARIANE.

LE COMTE D'ESSEX,

TRAGÉDIE,

EN CINQ ACTES

1678.

AU LECTEUR.

« Il y a trente ou quarante ans que feu M. de la Calprenède traita le sujet du comte d'Essex, et le traita avec beaucoup de succès. Ce que je me suis hasardé à faire après lui semble n'avoir point déplu ; et la matière est si heureuse par la pitié qui en est inséparable, qu'elle n'a pas laissé examiner mes fautes avec toute la sévérité que j'avais à craindre. Il est certain que le comte d'Essex eut grande part aux bonnes graces d'Elisabeth. Il était naturellement ambitieux. Les services qu'il avait rendus à l'Angleterre lui enflèrent le courage. Ses ennemis l'accusèrent d'intelligence avec le comte de Tyron, que les rebelles d'Irlande avaient pris pour chef. Les soupçons qu'on en eut lui firent ôter le commandement de l'armée. Ce changement le piqua. Il vint à Londres, révolta le peuple, fut pris, condamné ; et, ayant toujours refusé de demander grace, il eut la tête coupé le 25 février 1601. Voilà ce que l'histoire m'a fourni. J'ai été surpris qu'on m'ait imputé de l'avoir falsifiée, parce que je ne me suis point servi de l'incident d'une bague qu'on prétend que la reine avait donnée au comte d'Essex pour gage d'un pardon certain, quelque crime qu'il pût jamais commettre contre l'état : mais je suis persuadé que cette bague est de l'invention de M. de la Calprenède ; du moins je n'en ai rien lu dans aucun historien. Camdenus, qui a fait un gros volume de la seule vie d'Elisabeth, n'en parle point ; et c'est une particularité que je me serais cru en pouvoir de supprimer, quand même je l'aurais trouvée dans son histoire.

ACTEURS.

ELISABETH, reine d'Angleterre.
LA DUCHESSE D'IRTON, aimée du comte d'Essex.
LE COMTE D'ESSEX.
CÉCILE, ennemi du comte d'Essex.
LE COMTE DE SALSBURY, ami du comte d'Essex.
CROMMER, capitaine des gardes de la reine.
TILNEY, confidente d'Elisabeth.
Suite.

La scène est à Londres.

LE COMTE D'ESSEX.

ACTE PREMIER.

SCÈNE PREMIERE

LE COMTE D'ESSEX, LE COMTE DE SALSBURY.

LE COMTE D'ESSEX.

Non, mon cher Salsbury, vous n'avez rien à craindre,
Quel que soit son courroux, l'amour saura l'éteindre;
Et, dans l'état funeste où m'a plongé le sort,
Je suis trop malheureux pour obtenir la mort.
Non qu'il ne me soit dur qu'on permette à l'envie
D'attaquer lâchement la gloire de ma vie :
Un homme tel que moi, sur l'appui de son nom,
Devrait comme du crime être exempt du soupçon
Mais enfin cent exploits et sur mer et sur terre
M'ont fait connaître assez à toute l'Angleterre;
Et j'ai trop bien servi pour pouvoir redouter
Ce que mes ennemis ont osé m'imputer.
Ainsi, quand l'imposture aurait surpris la reine,
L'intérêt de l'état rend ma grâce certaine;
Et l'on ne sait que trop, parce qu'a fait mon bras,
Que qui perd mes pareils ne les retrouve pas.

SALSBURY.

Je sais ce que de vous, par plus d'une victoire,
L'Angleterre a reçu de surcroît à sa gloire :
Vos services sont grands, et jamais potentat
N'a sur un bras plus ferme appuyé son état.
Mais, malgré vos exploits, votre haute vaillance,
Ne vous aveuglez point sur trop de confiance :
Plus la reine, au mérite égalant ses bienfaits,
Vous a mis en état de ne tomber jamais,
Plus vous devez trembler que trop d'orgueil n'éteigne
Un amour qu'avec honte elle voit qu'on dédaigne.
Pour voir votre faveur tout à coup expirer,
La main qui vous soutient n'a qu'à se retirer.
Et quelle sûreté le plus rare service
Donne-t-il à qui bord du précipice ?
Un faux pas y fait choir; mille fameux revers
D'exemples étonnants ont rempli l'univers.
Souffrez à l'amitié qui nous unit ensemble...

LE COMTE D'ESSEX.

Tout à tremble sous moi , vous voulez que je tremble!
L'imposture m'attaque, il est vrai; mais ce bras
Rend l'Angleterre à craindre aux plus puissants états.
Il a tout fait pour elle; et j'ai sujet de croire
Que la longue faveur où m'a mis tant de gloire
De mes vils ennemis viendra sans peine à bout:
Elle me coûte assez pour en attendre tout.

SALSBURY.

L'état fleurit par vous, par vous on le redoute :
Mais enfin , quelque sang que sa gloire vous coûte
Comme un sujet doit tout, s'il s'oublie une fois,
On regarde son crime, et non pas ses exploits.
On veut que vos amis, par de sourdes intrigues,
Se soient mêlés pour crime de cabales, de ligues;
Qu'un comte de Tyron ayant souvent écrit
Vous ayez ménagé ce dangereux esprit;
Et qu'avec l'Irlandais appuyant sa querelle
Vous preniez le parti de ce peuple rebelle.
On produit des témoins, et l'indice est puissant.

LE COMTE D'ESSEX.

Et que peut leur rapport quand on est innocent ?
Le comte de Tyron, que la reine appréhende,
Voudrait rentrer en grâce, y remettre l'Irlande;
Et je croirais servir l'état plus que jamais,
Si mon avis suivi pouvait faire sa paix.

Comme il hait les méchants, il me serait utile
A chasser un Coban, un Raleig, un Cécile,
Un tas d'hommes sans nom, qui, lâchement flatteurs,
Des désordres publics font gloire d'être auteurs :
Par eux tout périra. La reine, qu'ils séduisent,
Ne veut pas que contre eux les gens de bien l'instruisent:
Maîtres de son esprit, ils lui font approuver
Tout ce qui peut servir à les mieux élever.
Leur grandeur se formant par la chute des autres...

SALSBURY.

Ils ont leurs intérêts, ne parlons que des vôtres.
Depuis quatre ou cinq jours, sur quels justes projets
Avez-vous de la reine assiégé le palais,
Lorsque le duc d'Irton épousant Henriette...

LE COMTE D'ESSEX.

Ah! faute irréparable, et que trop tard j'ai faite!
Au lieu d'un peuple lâche et prompt à s'étonner ,
Que n'ai-je eu pour secours une armée à mener !
Par le fer, par le feu, par tout ce qui peut être,
J'aurais de ce palais voulu me rendre maître.
C'en est fait; biens, trésors, rangs, dignités, emploi,
Ce dessein m'a manqué, tout est perdu pour moi.

SALSBURY.

Que m'apprend ce transport ?

LE COMTE D'ESSEX.

Qu'une flamme secrète.
Unissait mon destin à celui d'Henriette,
Et que de mon amour son jeune cœur charmé
Ne me déguisait pas que j'en étais aimé.

SALSBURY.

Le duc d'Irton l'épouse, elle vous abandonne;
Et vous pouvez penser...

LE COMTE D'ESSEX.

Son hymen vous étonne;
Mais enfin apprenez par quels motifs secrets
Elle s'est immolée à mes seuls intérêts.
Confidente à la fois et fille de la reine,
Elle avait su vers moi le penchant qui l'entraîne.
Pour elle chaque jour réduite à me parler,
Elle a voulu me vaincre, et n'a pu m'ébranler;
Et voyant son amour, où j'étais trop sensible,
Me donner pour la reine un dédain invincible,
Pour m'en ôter la cause en m'ôtant tout espoir,
Elle s'est mariée... Hé! qui l'eût pu prévoir?
Sans cesse, en condamnant mes froideurs pour la reine,
Elle me préparait à cette affreuse peine;
Mais, après la menace, un tendre et prompt retour
Me mettait en repos sur la foi de l'amour :
Enfin, par mon absence à me perdre enhardie,
Elle a contre elle-même usé de perfidie.
Elle m'aimait, sans doute, et n'a donné sa foi
Qu'en m'arrachant un cœur qui devait être à moi.
A ce funeste avis, quelles rudes alarmes !
Pour rompre son hymen j'ai fait prendre les armes;
En tumulte au palais je suis vite accouru,
Dans toute sa fureur mon transport a paru.
J'allais sauver un bien qu'on m'ôtait par surprise;
Mais, averti trop tard, j'ai manqué l'entreprise.
Le duc, unique objet de ce transport jaloux,
De l'aimable Henriette était déjà l'époux.
Si j'ai trop éclaté, si l'on m'en fait un crime,
Je mourrai de l'amour innocente victime;
Malheureux de savoir qu'après ce vain effort
Le duc toujours heureux jouira de ma mort.

SALSBURY.

Cette jeune duchesse a mérité, sans doute,
Les cruels déplaisirs que sa perte vous coûte;
Mais, dans l'heureux succès que vos soins avaient eu,
Aimé d'elle en secret, pourquoi vous être tû ?
La reine , dont pour vous la tendresse infinie
Prévient jusqu'aux souhaits...

LE COMTE D'ESSEX.

C'est là sa tyrannie.
Et que me sert, hélas ! cet excès de faveur,
Qui ne me laisse pas disposer de mon cœur?
Toujours trop aimé d'elle il m'a fallu contraindre
Cet amour qu'Henriette eut beau vouloir éteindre.
Pour ne hasarder pas un objet si charmant,
De la sœur de Suffolk je me feignis amant.

Soudain son implacable et jalouse colère
Eloigna de mes yeux et la sœur et le frère.
Tous deux, quoique sans crime, exilés de la cour,
M'apprirent encor mieux à cacher mon amour.
Vous en voyez la suite, et mon malheur extrême.
Quel supplice! un rival possède ce que j'aime!
L'ingrate au duc d'Irton a pu se marier!
Ah ciel!

SALSBURY.
        Elle est coupable, il la faut oublier.

LE COMTE D'ESSEX.
L'oublier! et ce cœur en deviendrait capable!
Ah! non, non; voyons-la cette belle coupable.
Je l'attends en ce lieu. Depuis le triste jour
Que son funeste hymen a trahi mon amour
N'ayant pu lui parler, je viens enfin lui dire...

SALSBURY.
La voici qui paraît. Adieu, je me retire.
Quoi que vous attendiez d'un si cher entretien,
Songez qu'on veut vous perdre, et ne négligez rien.

SCÈNE II.

LA DUCHESSE, LE COMTE D'ESSEX.

LA DUCHESSE.
J'ai causé vos malheurs; et le trouble où vous êtes
M'apprend de mon hymen les plaintes que vous faites.
Je me les fais pour vous. Vous m'aimiez, et jamais
Un si beau feu n'eut droit de remplir mes souhaits :
Tout ce que peut l'amour avoir de fort, de tendre,
Je l'ai vu dans les soins qu'il vous a fait me rendre.
Votre cœur tout à moi méritait que le mien
Du plaisir d'être à vous fît son unique bien;
C'est à quoi son penchant l'aurait porté sans peine.
Mais vous vous êtes fait trop aimer de la reine :
Tant de biens répandus sur vous jusqu'à ce jour,
Payant ce qu'on vous doit, déclaraient son amour.
Cet amour est jaloux; qui le blesse est coupable ;
C'est un crime qui rend sa perte inévitable :
La vôtre aurait suivi. Trop aveugle pour moi,
Du précipice ouvert vous n'aviez point d'effroi.
Il a fallu prêter une aide à la faiblesse
Qui de vos sens charmés se rendait la maîtresse :
Tant que vous m'eussiez vue en pouvoir d'être à vous,
Vous auriez dédaigné ce qu'eût pu son courroux.
Mille ennemis secrets qui cherchent à vous nuire,
Attaquant votre gloire, auraient pu vous détruire;
Et d'un crime d'amour leur indigne attentat
Nous eût dans son esprit fait un crime d'état.
Pour ôter contre vous tout prétexte à l'envie,
J'ai dû vous immoler le repos de ma vie.
A votre sûreté mon hymen importait.
Il fallait vous trahir; mon cœur y résistait :
J'ai déchiré ce cœur, afin de l'y contraindre.
Plaignez-vous là-dessus , si vous osez vous plaindre.

LE COMTE D'ESSEX.
Oui, je me plains, madame ; et vous croyez en vain
Pouvoir justifier ce barbare dessein.
Si vous m'aviez aimé, vous auriez par vous-même
Connu que l'on perd tout quand on perd ce qu'on aime,
Et que l'affreux supplice où vous me condamniez
Surpassait tous les maux dont vous vous étonniez.
Votre dure pitié, par le coup qui m'accable,
Pour craindre un faux malheur m'en fait un véritable.
Et que peut me servir le destin le plus doux?
Avais-je à souhaiter un autre bien que vous?
Je méritais peut-être, en dépit de la reine,
Qu'à me conserver vous prissiez quelque peine.
Une autre eût refusé d'immoler un amant :
Vous avez cru devoir en user autrement ;
Mon cœur veut révérer la main qui le déchire;
Mais, encore une fois, j'oserai vous le dire,
Pour moi contre ce cœur votre bras s'est armé;
Vous ne l'auriez pas fait, si vous m'aviez aimé.

LA DUCHESSE.
Ah! comte, plût au ciel, pour finir mon supplice,
Qu'un semblable reproche eût un peu de justice !
Je ne sentirais pas avec tant de rigueur
Tout mon repos céder aux troubles de mon cœur.
Pour vous au plus haut point ma flamme était montée,
Je n'en dois point rougir, vous l'aviez méritée;
Et le comte d'Essex, si grand, si renommé ,
M'aimant avec excès, pouvait bien être aimé.
C'est dire peu ; j'ai beau n'être plus à moi-même.
Avec la même ardeur je sens que je vous aime,
Et que le changement où m'engage un époux,
Malgré ce que je dois, ne peut rien contre vous.
Jugez combien mon sort est plus dur que le vôtre :
Vous n'êtes point forcé de brûler pour une autre,
Et, quand vous me perdez, si c'est perdre un grand bien,
Du moins, en m'oubliant, vous pouvez n'aimer rien.
Mais c'est peu que mon cœur, dans ma disgrace extrême,
Pour suivre son devoir s'arrache à ce qu'il aime ;
Il faut, par un effort pire que le trépas,
Qu'il tâche à se donner à ce qu'il n'aime pas.
Si la nécessité de vaincre pour ma gloire
Vous fait voir quels combats doit coûter la victoire,
Si vous en concevez les bontés de la reine,
Que j'ai voulu me rendre à moi-même inhumaine;
De son amour pour moi elle m'a fait témoin :
Ménagez-en l'appui, vous en avez besoin.
Pour noircir, abaisser vos plus rares services,
Aux traits de l'imposture on joint mille artifices ;
Et l'honneur vous engage à ne rien oublier
Pour repousser l'outrage, et vous justifier.

LE COMTE D'ESSEX.
Et me justifier? moi ! ma seule innocence
Contre mes envieux doit prendre ma defense.
D'elle-même on verra l'imposture avorter,
Et je me ferais tort si j'en pouvais douter.

LA DUCHESSE.
Vous êtes grand, fameux, et jamais la victoire
N'a d'un sujet illustre assuré mieux la gloire;
Mais, plus dans un haut rang la faveur vous a mis,
Plus la crainte de choir vous doit rendre soumis,
Outre qu'avec l'Irlande on vous croit des pratiques,
Vous êtes accusé de révoltes publiques.
Avoir, à main armée, investi le palais...

LE COMTE D'ESSEX.
O malheur pour l'amour à n'oublier jamais!
Vous épousez le duc, je l'apprends, et ma flamme
Ne peut vous empêcher de devenir sa femme.
Que ne sus-je plutôt que vous m'alliez trahir!
En vain on vous aurait ordonné d'obéir :
J'aurais... Mais c'en est fait. Quoi que la reine pense,
Je tairai les raisons de cette violence.
De mon amour pour vous le mystère éclairci,
Pour combler mes malheurs, vous bannirait d'ici.

LA DUCHESSE.
Mais vous ne songez pas que la reine soupçonne
Qu'un complot si hardi regardait sa couronne.
Des témoins contre vous en secret écoutés
Font pour vrais attentats passer des faussetés.
Raleig prend leur rapport ; et le lâche Cécile...

LE COMTE D'ESSEX.
L'un et l'autre eut toujours l'ame basse et servile.
Mais leur malice en vain conspire mon trépas;
La reine me connaît, et ne les croira pas.

LA DUCHESSE.
Ne vous y fiez point; de vos froideurs pour elle
Le chagrin lui tient lieu d'une injure mortelle.
C'est par son ordre exprès qu'on s'informe, s'instruit...

LE COMTE D'ESSEX.
L'orage, quel qu'il soit, ne fera que du bruit :
La menace en est vaine, et trouble peu mon ame.

LA DUCHESSE.
Et si l'on vous arrête?

LE COMTE D'ESSEX.
        On n'oserait madame :
Si l'on avait tenté ce dangereux éclat,
Le coup qui le peut suivre entraînerait l'état.

LA DUCHESSE.
Quoique votre personne à la reine soit chère,
Gardez, en la bravant, d'augmenter sa colère;
Elle veut vous parler ; et si vous l'irritez,
Je ne vous réponds pas de toutes ses bontés.

C'est pour vous avertir de ce qu'il vous faut craindre,
Qu'à ce triste entretien j'ai voulu me contraindre.
Du trouble de mes sens mon devoir alarmé
Me défend de revoir ce que j'ai trop aimé ;
Mais m'étant fait déjà l'effort le plus funeste,
Pour conserver vos jours je dois faire le reste.
Et ne permettre pas...

LE COMTE D'ESSEX.

Ah ! pour les conserver
Il était un moyen plus facile à trouver ;
C'était en m'épargnant l'effroyable supplice
Où vous prévoyiez... Ciel ! quelle est votre injustice !
Vous redoutez ma perte, et ne la craigniez pas
Quand vous avez signé l'arrêt de mon trépas.
Cet amour où mon cœur tout entier s'abandonne...

LA DUCHESSE.

Comte, n'y pensez plus, ma gloire vous l'ordonne.
Le refus d'un hymen par la reine arrêté
Eût de notre secret trahi la sûreté.
L'orage est violent ; pour calmer sa furie,
Contraignez ce grand cœur, c'est moi qui vous en prie ;
Et, quand le mien pour vous soupire encor tout bas,
Souvenez-vous de moi, mais ne me voyez pas.
Un penchant si flatteur... Adieu : je m'embarrasse ;
Et Cécile qui vient me fait quitter la place.

SCÈNE III.

LE COMTE D'ESSEX, CÉCILE.

CÉCILE.

La reine m'a chargé de vous faire savoir
Que vous vous teniez prêt dans une heure à la voir.
Comme votre conduite a pu lui faire naître
Quelques légers soupçons que vous devez connaître,
C'est à vous de penser aux moyens d'obtenir
Que son cœur alarmé consente a les bannir ;
Et je ne doute pas qu'il ne vous soit facile
De rendre à son esprit une assiette tranquille
Sur quelque impression qu'il ait pu s'émouvoir,
L'innocence auprès d'elle eut toujours tout pouvoir.
Je n'ai pu refuser cet avis à l'estime
Que j'ai pour un héros qui doit haïr le crime,
Et me tiendrais heureux que sa sincérité
Contre vos ennemis fît votre sûreté.

LE COMTE D'ESSEX.

Ce zèle me surprend, il est et noble et rare,
Et comme à m'accabler peut-être on se prépare,
Je vois qu'en mon malheur il doit m'être bien doux
De pouvoir espérer un juge tel que vous ;
J'en connais la vertu. Mais achevez, de grâce,
Vous devez être instruit de tout ce qui se passe.
Ma haine à vos amis étant à redouter,
Quels crimes pour me perdre osent-ils inventer ?
Et, près d'être accusé, sur quelles impostures
Ai-je pour y répondre à prendre des mesures ?
Rien ne vous est caché ; parlez, je suis discret,
Et j'ai quelque intérêt à garder le secret.

CÉCILE.

C'est reconnaître mal le zèle qui m'engage
A vous donner avis de prévenir l'orage.
Si l'orgueil, qui vous porte à des projets trop hauts,
Fait parmi vos vertus connaître des défauts,
Ceux qui pour l'Angleterre en redoutent la suite
Ont droit de condamner votre aveugle conduite.
Quoique leur sentiment soit différent du mien,
Ce sont gens sans reproche, et qui ne craignent rien.

LE COMTE D'ESSEX.

Ces zélés pour l'état ont mérité sans doute
Que sans mal juger d'eux la reine les écoute ;
J'y crois de la justice, et qu'enfin il en est
Qui, parlant contre moi, parlent sans intérêt.

Mais Raleïg, mais Coban, mais vous-même, peut-être,
Vous en avez beaucoup à me déclarer traître.
Tant qu'on me laissera dans le poste où je suis,
Vos avares desseins seront toujours détruits.
Je vous empêcherai d'augmenter vos fortunes
Par le redoublement des misères communes ;
Et le peuple, réduit à gémir, endurer,
Trouvera, malgré vous peut-être, à respirer.

CÉCILE.

Ce que ces derniers jours nous vous avons vu faire
Montre assez qu'en effet vous êtes populaire.
Mais dans quelque haut rang que vous soyez placé,
Souvent le plus heureux s'y trouve renversé :
Ce poste a ses périls.

LE COMTE D'ESSEX.

Je l'avouerai sans feindre,
Comme il est élevé, tout m'y paraît à craindre :
Mais, quoique dangereux pour qui fait un faux pas,
Peut-être encor si tôt je ne tomberai pas ;
Et j'aurai tout loisir, après de longs outrages,
D'apprendre qui je suis à des flatteurs à gages,
Qui me voyant du crime ennemi trop constant,
Ne peuvent s'élever qu'en me précipitant.

CÉCILE.

Sur un avis donné...

LE COMTE D'ESSEX.

L'avis m'est favorable :
Mais comme l'amitié vous rend si charitable,
Depuis quand et sur quoi vous croyez-vous permis
De penser que le temps ait pu nous rendre amis ?
Est-ce que l'on m'a vu, par d'indignes faiblesses,
Aimer les lâchetés, appuyer des bassesses,
Et prendre le parti de ces hommes sans foi
Qui de l'art de trahir font leur unique emploi ?

CÉCILE.

Je souffre par raison un discours qui m'outrage ;
Mais, réduit à céder, au moins j'ai l'avantage
Que la reine, craignant les plus grands attentats,
Vous traite de coupable, et ne m'accuse pas.

LE COMTE D'ESSEX.

Je sais que contre moi vous animez la reine :
Peut-être à la séduire aurez-vous quelque peine ;
Et, quand j'aurai parlé, tel qui noircit ma foi
Pour obtenir sa grâce aura besoin de moi.

CÉCILE, *seul.*

Agissons, il est temps, c'est trop faire l'esclave.
Perdons un orgueilleux dont le mépris nous brave ;
Et ne balançons plus, puisqu'il faut éclater,
A prévenir le coup qu'il cherche à nous porter.

FIN DU PREMIER ACTE.

ACTE II.

SCÈNE PREMIÈRE.

ÉLISABETH, TILNEY.

ÉLISABETH.

En vain tu crois tromper la douleur qui m'accable ;
C'est parce qu'il me hait qu'il s'est rendu coupable ;
Et la belle Suffolk refusée à ses vœux
Lui fait joindre le crime au mépris de mes feux.
Pour le justifier, ne dis point qu'il ignore
Jusqu'où va le poison dont l'ardeur me dévore :
Il a trop de ma bouche, il a trop de mes yeux
Appris qu'il est, l'ingrat, ce que j'aime le mieux.
Quand j'ai blâmé son choix, n'était-ce pas lui dire
Que je veux que son cœur pour moi seule soupire?
Et mes confus regards n'ont-ils pas expliqué
Ce que par mes refus j'avais déjà marqué?
Oui, de ma passion il sait la violence ;
Mais l'exil de Suffolk l'arme pour sa vengeance ;
Au crime pour lui plaire il s'ose abandonner,
Et n'en veut à mes jours que pour la couronner.

TILNEY.

Quelques justes soupçons que vous en puissiez prendre,
J'ai peine contre vous à ne le pas défendre :
L'état qu'il a sauvé, sa vertu, son grand cœur,
Sa gloire, ses exploits, tout parle en sa faveur.
Il est vrai qu'à vos yeux Suffolk cause sa peine ;
Mais, madame, un sujet doit-il aimer sa reine?
Et quand l'amour naîtrait, a-t-il à triompher
Où le respect plus fort combat pour l'étouffer ?

ÉLISABETH.

Ah! contre la surprise où nous jettent ses charmes,
La majesté du rang n'a que de faibles armes.
L'amour par le respect dans un cœur enchaîné,
Devient plus violent, plus il se voit gêné.
Mais le comte, en m'aimant, n'aurait eu rien à craindre.
Je lui donnais sujet de ne se point contraindre ;
Et c'est de quoi rougir, qu'après tant de bonté
Ses froideurs soient le prix que j'en ai mérité.

TILNEY.

Mais je veux qu'à vous seule il cherche enfin à plaire ;
De cette passion que faut-il qu'il espère ?

ÉLISABETH.

Ce qu'il faut qu'il espère? Et qu'en puis-je espérer,
Que la douceur de voir, d'aimer, de soupirer?
Triste et bizarre orgueil qui m'ôte à ce que j'aime !
Mon bonheur, mon repos s'immole au rang suprême ;
Et je mourrais cent fois plutôt que faire un roi
Qui dans le trône assis fût au-dessous de moi.
Je sais que c'est beaucoup de vouloir que son ame
Brûle à jamais pour moi d'une inutile flamme,
Qu'aimer sans espérance est un cruel ennui :
Mais la part que j'y prends doit l'adoucir pour lui
Et lorsque par mon rang je suis tyrannisée,
Qu'il le sait, qu'il le voit, la souffrance est aisée.
Qu'il me plaigne, se plaigne, et, content de m'aimer...
Mais que dis-je? D'une autre il s'est laissé charmer,
Et tant d'aveuglement suit l'ardeur qui l'entraîne,
Que pour la satisfaire il veut perdre sa reine.
Qu'il craigne cependant de me trop irriter ;
Je contrains ma colère à ne pas éclater :
Mais quelquefois l'amour qu'un long mépris outrage,
Las enfin de souffrir, se convertit en rage ;
Et je ne réponds pas...

SCÈNE II.

ÉLISABETH, LA DUCHESSE, TILNEY.

ÉLISABETH.

Hé bien ! duchesse, à quoi
Ont pu servir les soins que vous prenez pour moi.
Avez-vous vu le comte, et se rend-il traitable?

LA DUCHESSE.

Il fait voir un respect pour vous inviolable ;
Et si vos intérêts ont besoin de son bras,
Commandez, le péril ne l'étonnera pas :
Mais il ne peut souffrir sans quelque impatience
Qu'on ose auprès de vous noircir son innocence.
Le crime, l'attentat, sont des noms pleins d'horreur
Qui mettent dans son ame une noble fureur.
Il se plaint qu'on l'accuse, et que sa reine écoute
Ce que des imposteurs...

ÉLISABETH.

Je lui fais tort, sans doute :
Quand jusqu'en mon palais il ose m'assiéger,
Sa révolte n'est rien, je la dois négliger ;
Et ce qu'avec l'Irlande il a d'intelligence
Marque dans ses projets la plus haute innocence.
Ciel! faut-il que ce cœur, qui se sent déchirer,
Contre un sujet ingrat tremble à se déclarer ;
Que, ma mort qu'il résout me demandant la sienne,
Une indigne pitié m'étonne, me retienne ;
Et que toujours trop faible, après sa lâcheté,
Je n'ose mettre enfin ma gloire en sûreté?
Si l'amour une fois laisse place à la haine,
Il verra ce que c'est que d'outrager sa reine ;
Il verra ce que c'est que de s'être caché
Cet amour où pour lui mon cœur s'est relâché.
J'ai souffert jusqu'ici ; malgré ses injustices,
J'ai toujours contre moi fait parler ses services :
Mais puisque son orgueil va jusqu'aux attentats,
Il faut en l'abaissant étonner les ingrats ;
Il faut à l'univers, qui me voit, me contemple,
D'une juste rigueur donner un grand exemple :
Il cherche à m'y contraindre, il le veut, c'est assez.

LA DUCHESSE.

Quoi ! pour ses ennemis vous vous intéressez?
Madame, ignorez-vous que l'éclat de sa vie
Contre le rang qu'il tient arme en secret l'envie?
Coupable en apparence...

ÉLISABETH.

Ah! dites en effet :
Les témoins sont ouïs, son procès est tout fait ;
Et si je veux enfin cesser de le défendre,
L'arrêt ne dépend plus que de le faire entendre.
Qu'il y songe ; autrement...

LA DUCHESSE.

Hé quoi! ne peut-on pas
L'avoir rendu suspect sur de faux attentats?

ÉLISABETH.

Ah! plût au ciel ! mais non, les preuves sont trop fortes.
N'a-t-il pas du palais voulu forcer les portes?
Si le peuple qu'on foule il avait attiré
Eût appuyé sa rage, il s'en fût emparé.
Plus de trône pour moi, l'ingrat s'en rendait maître.

LA DUCHESSE.

On n'est pas criminel toujours pour le paraître,
Mais je veux qu'il le soit, ce cœur de lui charmé
Résoudra-t-il sa mort ? Vous l'avez tant aimé !

ÉLISABETH.

Ah! cachez-moi l'amour qu'alluma trop d'estime ;
M'en faire souvenir, c'est redoubler son crime.
A ma honte, il est vrai, je le dois confesser,
Je sentis, j'eus pour lui... Mais que sert d'y penser?
Suffolk me l'a ravi ; Suffolk, qu'il me préfère,
Lui demande mon sang ; le lâche veut lui plaire.
Ah! pourquoi, dans les maux où l'amour m'exposait,
N'ai-je fait que bannir celle qui les causait?
Il fallait, il fallait à plus de violence
Contre cette rivale enhardir ma vengeance.
Ma douceur a nourri son criminel espoir.

LA DUCHESSE.

Mais cet amour sur elle eut-il quelque pouvoir?
Vous a-t-elle trahie? et d'une ame infidèle
Excité contre vous...

ÉLISABETH.

Je souffre tout par elle :
Elle s'est fait aimer, elle m'a fait haïr ;
Et c'est avoir plus fait cent fois que me trahir.

LA DUCHESSE.
Je n'ose m'opposer... Mais Cécile s'avance.

SCÈNE III.

ÉLISABETH, LA DUCHESSE, CÉCILE, TILNEY.

CÉCILE.
On ne pouvait user de plus de diligence.
Madame, on a du comte examiné le seing ;
Les écrits sont de lui, nous connaissons sa main.
Sur un secours offert toute l'Irlande est prête
A faire au premier ordre éclater la tempête ;
Et vous verrez dans peu renverser tout l'état
Si vous ne prévenez cet horrible attentat.
ÉLISABETH, *à la duchesse.*
Garderez-vous encor le zèle qui l'excuse?
Vous le voyez.
LA DUCHESSE.
Je vois que Cécile l'accuse ;
Dans un projet coupable il le fait affermi :
Mais j'en connais la cause, il est son ennemi.
CÉCILE.
Moi, son ennemi?
LA DUCHESSE.
Vous.
CÉCILE.
Oui, je le suis des traîtres
Dont l'orgueil téméraire attente sur leurs maîtres ;
Et tant qu'entre mes mains leur salut sera mis,
Je ferai vanité de n'avoir point d'amis.
LA DUCHESSE.
Le comte cependant n'a pas si peu de gloire
Que vous dussiez sitôt en perdre la mémoire :
L'état, pour qui cent fois on vit armer son bras,
Lui doit peut-être assez pour ne l'oublier pas.
S'il s'est voulu d'abord montrer sujet fidèle,
La reine a bien payé ce qu'il a fait pour elle ;
Et plus elle estima ses rares qualités,
Plus elle doit punir qui trahit ses bontés.
LA DUCHESSE.
Si le comte périt, quoi que l'envie en pense,
Le coup qui le perdra punira l'innocence.
Jamais du moindre crime...
ÉLISABETH.
Hé bien! on le verra.
(*à Cécile.*)
Assemblez le conseil ; il en décidera.
Vous attendrez mon ordre.

SCÈNE IV.

ÉLISABETH, LA DUCHESSE.

LA DUCHESSE.
Ah! que voulez-vous faire,
Madame? en croirez-vous toute votre colère?
Le comte...
ÉLISABETH.
Pour ses jours n'ayez aucun souci.
Voici l'heure donnée, il va se rendre ici.
L'amour que j'eus pour lui le fait son premier juge ;
Il peut y rencontrer un assuré refuge :
Mais si dans son orgueil il ose persister,
S'il brave cet amour, il doit tout redouter.
Je suis lasse de voir...

SCÈNE V.

ÉLISABETH, LA DUCHESSE, TILNEY.

TILNEY.
Le comte est là, madame.
ÉLISABETH.
Qu'il entre. Quels combats troublent déjà mon âme!
C'est lui de mes bontés qui doit chercher l'appui,
Le péril le regarde, et je crains plus que lui.

SCÈNE VI.

ÉLISABETH, LE COMTE D'ESSEX, LA DUCHESSE, TILNEY.

ÉLISABETH.
Comte, j'ai tout appris, et je vous parle instruite
De l'abyme où vous jette une aveugle conduite :
J'en sais l'égarement, et par quels intérêts
Vous avez juqu'au trône élevé vos projets.
Vous voyez qu'en faveur de ma première estime
Nommant également le plus énorme crime,
Il ne tiendra qu'à vous que de vos attentats
Votre reine aujourd'hui ne se souvienne pas.
Pour un si grand effort qu'elle offre de se faire,
Tout ce qu'elle demande est un aveu sincère :
S'il fait peine à l'orgueil qui vous fit trop oser,
Songez qu'on risque tout à me le refuser ;
Que quand trop de bonté fait agir ma clémence,
Qui l'ose dédaigner doit craindre ma vengeance,
Que j'ai la foudre en main pour qui monte trop haut,
Et qu'un mot prononcé vous met sur l'échafaud.
LE COMTE D'ESSEX.
Madame, vous pouvez répondre de ma peine.
Je connais ce que doit un sujet à sa reine,
Et sais trop que le trône où le ciel vous fait seoir
Vous donne sur ma vie un absolu pouvoir :
Quoi que d'elle par vous la calomnie ordonne,
Elle m'est odieuse, et je vous l'abandonne ;
Dans l'état déplorable où sont réduit mes jours,
Ce sera m'obliger que d'en rompre le cours.
Mais ma gloire, qu'attaque une lâche imposture,
Sans indignation n'en peut souffrir l'injure :
Elle est assez à moi pour me laisser en droit
De voir avec douleur l'affront qu'elle reçoit.
Si de quelque attentat vous avez à vous plaindre,
Si pour l'état tremblant la suite en est à craindre,
C'est à voir des flatteurs s'efforcer aujourd'hui,
En me rendant suspect, d'en abattre l'appui.
ÉLISABETH.
La fierté qui vous fait étaler vos services
Donne de la vertu d'assez faibles indices ;
Et, si vous m'en croyez, vous chercherez en moi
Un moyen plus certain...
LE COMTE D'ESSEX.
Madame, je le voi,
Des traîtres, des méchants accoutumés au crime,
M'ont par leurs faussetés arraché votre estime ;
Et toute ma vertu contre leur lâcheté
S'offre en vain pour garant de ma fidélité.
Si de la démentir j'avais été capable,
Sans rien craindre de vous, vous m'auriez vu coupable.
C'est au trône, où peut-être on m'eût laissé monter,
Que je me fusse mis en pouvoir d'éclater.
J'aurais, en m'élevant à ce degré sublime,
Justifié ma faute en commettant le crime ;
Et la ligue qui cherche à me perdre innocent
N'eût vu mes attentats qu'en les applaudissant.
ÉLISABETH.
Et n'as-tu pas, perfide, armant la populace,
Essayé, mais en vain, de te mettre en ma place?
Mon palais investi ne te convainc-t-il pas
Du plus grand, du plus noir de tous les attentats?
Mais, dis-moi, car enfin le courroux qui m'anime
Ne peut faire céder ma tendresse à ton crime ;
Et si par sa noirceur je tâche à t'étonner,
Je ne te la fais voir que pour te pardonner :
Pourquoi vouloir ma perte? et qu'avait fait ta reine
Qui dût à sa ruine intéresser ta haine?
Peut-être ai-je pour toi montré quelque rigueur,
Lorsque j'ai mis obstacle au penchant de ton cœur ;
Suffolk t'avait charmé : mais si tu peux te plaindre
Qu'apprenant cet amour j'ai tâché de l'éteindre,
Songe à quel prix, ingrat, et par combien d'honneurs
Mon estime a sur toi répandu mes faveurs.
C'est peu dire qu'estime, et tu l'as pu connaître ;
Un sentiment plus fort de mon cœur fut le maître.
Tant de princes, tant de rois, de héros méprisés,
Pour qui, cruel, pour qui les ai-je refusés?

Leur hymen eût, sans doute, acquis à mon empire
Ce comble de puissance où l'on sait que j'aspire :
Mais, quoi qu'il m'assurât, ce qui m'ôtait à toi
Ne pouvait rien avoir de sensible pour moi.
Ton cœur, dont je tenais la conquête si chère,
Était l'unique bien capable de me plaire ;
Et si l'orgueil du trône eût pu me le souffrir,
Je l'eusse offert ma main afin de l'acquérir.
Espère, et tâche à vaincre un scrupule de gloire,
Qui, combattant mes vœux, s'oppose à ta victoire :
Mérite par tes soins que mon cœur adouci
Consente à n'en plus croire un importun souci :
Fais qu'à ma passion je m'abandonne entière ;
Que cette Élisabeth si hautaine, si fière,
Elle à qui l'univers ne saurait reprocher
Qu'on ait vu son orgueil jamais se relâcher,
Cesse enfin, pour te mettre où son amour t'appelle,
De croire qu'un sujet ne soit pas digne d'elle.
Quelquefois à céder ma fierté se résout ;
Que sais-tu si le temps n'en viendra pas à bout ?
Que sais-tu...

LE COMTE D'ESSEX.
Non, madame ; et je puis vous le dire,
L'estime de ma reine à mes vœux doit suffire ;
Si l'amour la portait à des projets trop bas,
Je trahirais sa gloire à ne l'empêcher pas.

ÉLISABETH.
Ah ! je vois trop jusqu'où la tienne se ravale.
Le trône te plairait, mais avec ma rivale.
Quelque appât qu'ait pour toi l'ardeur qui te séduit,
Prends-y garde, ta mort en peut être le fruit.

LE COMTE D'ESSEX.
En perdant votre appui je me vois sans défense.
Mais la mort n'a jamais étonné l'innocence ;
Et si, pour contenter quelque ennemi secret,
Vous souhaitez mon sang, je l'offre sans regret.

ÉLISABETH.
Va, c'en est fait ; il faut contenter ton envie.
A ton lâche destin j'abandonne ta vie,
Et consens, puisqu'en vain je tâche à te sauver,
Que sans voir... Tremble, ingrat, que je n'ose achever.
Ma bonté, qui toujours s'obstine à te défendre,
Pour la dernière fois cherche à se faire entendre.
Tandis qu'encor pour toi je veux bien l'écouter,
Le pardon t'est offert, tu le peux accepter.
Mais si...

LE COMTE D'ESSEX.
J'accepterais un pardon, moi, madame !

ÉLISABETH.
Il blesse, je le vois, la fierté de ton ame ;
Mais, s'il te fait souffrir, il fallait prendre soin
D'empêcher que jamais tu n'en eusses besoin ;
Il fallait, ne suivant que de justes maximes,
Rejeter...

LE COMTE D'ESSEX.
Il est vrai, j'ai commis de grands crimes ;
Et ce que sur les mers mon bras a fait pour vous
Me rend digne en effet de tout votre courroux.
Vous le savez, madame, et l'Espagne confuse
Justifie un vainqueur que l'Angleterre accuse.
Ce n'est pas pour vanter mes trop heureux exploits
Qu'à l'éclat qu'ils ont fait j'ose joindre ma voix :
Tout autre, pour sa reine employant son courage,
En même occasion eût eu même avantage.
Mon bonheur a tout fait, je le crois ; mais enfin
Ce bonheur eût ailleurs assuré mon destin ;
Ailleurs, si l'imposture eût conspiré ma honte,
On n'aurait pas souffert qu'on osât...

ÉLISABETH.
Hé bien ! comte,
Il faut faire juger dans la rigueur des lois
La récompense due à ces rares exploits :
Si j'ai mal reconnu vos importants services,
Vos juges n'auront pas les mêmes injustices ;
Et vous recevrez d'eux ce qu'auront mérité
Tant de preuves de zèle et de fidélité.

SCÈNE VII.

LA DUCHESSE, LE COMTE D'ESSEX.

LA DUCHESSE.
Ah ! comte, voulez-vous, en dépit de la reine,
De vos accusateurs servir l'injuste haine ?
Et ne voyez-vous pas que vous êtes perdu
Si vous souffrez l'arrêt qui peut être rendu ?
Quels juges avez-vous pour y trouver asyle ?
Ce sont vos ennemis, c'est Raleig, c'est Cécile ;
Et pouvez-vous penser qu'en ce péril pressant
Qui cherche votre mort vous déclare innocent ?

LE COMTE D'ESSEX.
Quoi ! sans m'intéresser pour ma gloire flétrie,
Je me verrai traiter de traître à ma patrie ?
S'il est dans ma conduite une ombre d'attentat,
Votre hymen fit mon crime, il touche peu l'état :
Vous savez là-dessus quelle est mon innocence ;
Et ma gloire avec vous étant en assurance,
Ce que mes ennemis en voudront présumer,
Quoi qu'ose leur fureur, ne saurait m'alarmer.
Leur imposture enfin se verra découverte ;
Et, tout méchants qu'ils sont, s'ils résolvent ma perte,
Assemblés pour l'arrêt qui doit me condamner,
Ils trembleront peut-être avant que le donner.

LA DUCHESSE.
Si l'éclat qu'au palais mon hymen vous fit faire
Me faisait craindre seule un arrêt trop sévère,
Je pourrais de ce crime affranchir votre foi
En déclarant l'amour que vous eûtes pour moi :
Mais des témoins ouïs sur ce qu'avec l'Irlande
On veut que vous ayez...

LE COMTE D'ESSEX.
La faute n'est pas grande,
Et pourvu que nos feux, à la reine cachés,
Laissent à mes jours seuls mes malheurs attachés...

LA DUCHESSE.
Quoi ! vous craignez l'éclat de nos flammes secrètes ?
Ce péril vous étonne ? et c'est vous qui le faites !
La reine, qui se rend sans rien examiner,
Si vous y consentez, vous veut tout pardonner.
C'est vous qui, refusant...

LE COMTE D'ESSEX.
N'en parlons plus, madame ;
Qui reçoit un pardon souffre un soupçon infame ;
Et j'ai le cœur trop haut pour pouvoir m'abaisser
A l'indigne prière où l'on me veut forcer.

LA DUCHESSE.
Ah ! si de quelque espoir je puis flatter ma peine,
Je vois bien qu'il le faut mettre tout en la reine.
Par de nouveaux efforts je veux encor pour vous
Tâcher, malgré vous-même, à vaincre son courroux ;
Mais, si je n'obtiens rien, songez que votre vie,
Depuis longtemps en butte aux fureurs de l'envie,
Me coûte assez déjà pour ne mériter pas
Que, cherchant à mourir, vous causiez mon trépas.
C'est vous en dire trop. Adieu, comte.

LE COMTE D'ESSEX.
Ah ! madame,
Après que vous avez désespéré ma flamme,
Par quel soin de mes jours... Quoi ? me quitter ainsi !

SCÈNE VIII.

LE COMTE D'ESSEX, CROMMER, SUITE.

CROMMER.
C'est avec déplaisir que je parais ici ;
Mais un ordre cruel, dont tout mon cœur soupire...

LE COMTE D'ESSEX.
Quelque fâcheux qu'il soit, vous pouvez me le dire.

CROMMER.
J'ai charge...

LE COMTE D'ESSEX.
Hé bien ! de quoi ! Parlez sans hésiter.

27

CROMMER.
De prendre votre épée, et de vous arrêter.
LE COMTE D'ESSEX.
Mon épée?
CROMMER.
A cet ordre il faut que j'obéisse.
LE COMTE D'ESSEX.
Mon épée? Et l'outrage est joint à l'injustice?
CROMMER.
Ce n'est pas sans raison que vous vous étonnez;
J'obéis à regret, mais je le dois.
LE COMTE D'ESSEX, *lui donnant son épée.*
Prenez.
Vous avez dans vos mains ce que toute la terre
A vu plus d'une fois utile à l'Angleterre.
Marchons: quelque douleur que j'en puisse sentir,
La reine veut se perdre, il faut y consentir.

FIN DU DEUXIÈME ACTE.

ACTE III.

SCÈNE PREMIÈRE.

ELISABETH, CÉCILE, TILNEY.

ÉLISABETH.
Le comte est condamné?
CÉCILE.
C'est à regret, madame,
Qu'on voit son nom terni par un arrêt infame:
Ses juges l'en ont plaint; mais tous l'ont à la fois
Connu si criminel, qu'ils n'ont eu qu'une voix.
Comme pour affaiblir toutes nos procédures
Ses reproches d'abord m'ont accablé d'injures,
Ravi, s'il se pouvait, de le favoriser,
J'ai de son jugement voulu me récuser.
La loi le défendait; et c'est malgré moi-même
Que j'ai dit mon avis dans le conseil suprême,
Qui, confus des noirceurs de son lâche attentat,
A cru devoir sa tête au repos de l'état.
ÉLISABETH.
Ainsi sa perfidie a paru manifeste?
CÉCILE.
Le coup pour vous, madame, allait être funeste,
Du comte de Tyron, de l'Irlandais suivi,
Il en voulait au trône, et vous l'aurait ravi.
ÉLISABETH.
Ah! je l'ai trop connu, lorsque la populace
Seconda contre moi son insolente audace:
A m'ôter la couronne il croyait l'engager.
Quelle excuse a ce crime? et par où s'en purger?
Qu'a-t-il répondu?

CÉCILE.
Lui? qu'il n'avait rien à dire,
Que, pour toute défense, il nous devait suffire
De voir ses grands exploits pour lui s'intéresser,
Et que sur ces témoins on pouvait prononcer.
ÉLISABETH.
Que d'orgueil! Quoi! tout prêt à voir lancer la foudre,
Au moindre repentir il ne peut se résoudre?
Soumis à ma vengeance, il brave mon pouvoir?
Il ose...
CÉCILE.
Sa fierté ne se peut concevoir:
On eût dit, à le voir plein de sa propre estime,
Que ses juges étaient coupables de son crime,
Et qu'ils craignaient de lui, dans ce pas hasardeux,
Ce qu'il avait d'orgueil de ne pas craindre d'eux.
ÉLISABETH.
Cependant il faudra que cet orgueil s'abaisse:
Il voit, il voit l'état où son crime le laisse;
Le plus ferme s'ébranle après l'arrêt donné.
CÉCILE.
Un coup si rigoureux ne l'a point étonné.
Comme alors on conserve une inutile audace,
J'ai voulu le réduire à vous demander grace.
Que ne m'a-t-il point dit! J'en rougis, et me tais.
ÉLISABETH.
Ah! quoiqu'il la demande, il ne l'aura jamais.
De moi tantôt, sans peine, il l'aurait obtenue:
J'étais encor pour lui de bonté prévenue;
Je voyais à regret qu'il voulût me forcer
A souhaiter l'arrêt qu'on vient de prononcer,
Mon bras, lent à punir, suspendait la tempête:
Il me pousse à l'éclat, il paiera de sa tête.
Donnez bien ordre à tout. Pour empêcher sa mort,
Le peuple qui la craint peut faire quelque effort;
Il s'en est fait aimer: prévenez ces alarmes;
Dans les lieux les moins sûrs faites prendre les armes.
N'oubliez rien; allez.
CÉCILE.
Vous connaissez ma foi.
Je réponds des mutins, reposez-vous sur moi.

SCÈNE II.

ÉLISABETH, TILNEY.

ÉLISABETH.
Enfin, perfide, enfin ta perte est résolue:
C'en est fait, malgré moi toi-même l'as conclue.
De ma lâche pitié tu craignais les effets;
Plus de grace, tes vœux vont être satisfaits.
Ma tendresse emportait une indigne victoire,
Je l'étouffe: il est temps d'avoir soin de ma gloire;
Il est temps que mon cœur, justement irrité,
Instruise l'univers de toute ma fierté.
Quoi! de ce cœur séduit appuyant l'injustice,
De tes noirs attentats tu l'auras fait complice:
J'en saurai le coup prêt d'éclater, le verrai,
Tu m'auras dédaignée, et je le souffrirai?
Non, puisqu'en moi toujours l'amante te fit peine,
Tu le veux, pour te plaire il faut paraître reine,
Et reprendre l'orgueil que j'osais oublier
Pour permettre à l'amour de te justifier.
TILNEY.
A croire cet orgueil peut-être un peu trop prompte,
Vous avez consenti qu'on ait jugé le comte.
On vient de prononcer l'arrêt de son trépas:
Chacun tremble pour lui, mais il ne mourra pas.
ÉLISABETH.
Il ne mourra pas, lui? Non, crois-moi, tu t'abuses:
Tu sais son attentat; est-ce que tu l'excuses,
Et que, de son arrêt blâmant l'indignité,
Tu crois qu'il soit injuste ou trop précipité?
Penses-tu, quand l'ingrat contre moi se déclare,
Qu'il n'ait pas mérité la mort qu'on lui prépare,
Et que je venge trop en le laissant périr,
Ce que par ses dédains l'amour m'a fait souffrir?

TILNEY.

Que cet arrêt soit juste, ou donné par l'envie,
Vous l'aimez, cet amour lui sauvera la vie :
Il tient vos jours aux siens si fortement unis,
Que par le même coup on les verrait finis.
Votre aveugle colere en vain vous le déguise :
Vous pleureriez la mort que vous auriez permise,
Et le sanglant éclat qui suivrait ce courroux
Vengerait vos malheurs moins sur lui que sur vous.

ÉLISABETH.

Ah! cruelle, pourquoi fais-tu trembler ma haine?
Est-ce une passion indigne d'une reine?
Et l'amour qui me veut empêcher de régner
Ne se lasse-t-il point de se voir dédaigner?
Que me sert qu'au dehors, redoutable ennemie,
Je rende par la paix ma puissance affermie,
Si mon cœur, au dedans tristement déchiré,
Ne peut jouir du calme où j'ai tant aspiré?
Mon bonheur semble avoir enchaîné la victoire;
J'ai triomphé partout ; tout parle de ma gloire :
Et d'un sujet ingrat ma pressante bonté
Ne peut, même en priant, reduire la fierté !
Par son fatal arrêt plus que lui condamnée,
A quoi te résous-tu, princesse infortunée?
Laisseras-tu périr sans pitié, sans secours,
Le soutien de ta gloire et l'appui de tes jours?

TILNEY.

Ne pouvez-vous pas tout? Vous pleurez?

ÉLISABETH.

      Oui, je pleure,
Et sens bien que s'il meurt il faudra que je meure.
O vous, rois, que pour lui ma flamme a négligés,
Jetez les yeux sur moi, vous êtes bien venges.
Une reine intrépide au milieu des alarmes,
Tremblante pour l'amour, ose verser des larmes !
Encor s'il était sûr que ces pleurs répandus,
En me faisant rougir, ne fussent pas perdus ;
Que le lâche, pressé du vif remords que donne....,
Qu'en penses-tu? dis-moi. Le plus hardi s'étonne ;
L'image de la mort, dont l'appareil est prêt,
Fait croire tout permis pour en changer l'arrêt.
Réduit à voir sa tête expier son offense,
Doutes-tu qu'il ne veuille implorer ma clémence,
Que, sûr que mes bontés passent ses attentats...

TILNEY.

Il doit y recourir ; mais, s'il ne le fait pas?
Le comte est fier, madame.

ÉLISABETH.

      Ah! tu me désespères.
Quoi qu'osent contre moi ses projets téméraires,
Dût l'état par ma chute en être renversé,
Qu'il fléchisse, il suffit, j'oublierai le passé :
Mais, quand tout attachée à retenir la foudre,
Je frémis de le perdre, et tremble a m'y resoudre,
Si, me bravant toujours, il ose m'y forcer,
Moi reine, lui sujet, puis-je m'en dispenser?
Sauvons-le malgre lui : parle, et fais qu'il te croie,
Vois-le, mais cache-lui que c'est moi qui t'envoie ;
Et, ménageant ma gloire en t'expliquant pour moi,
Peins-lui mon cœur sensible à ce que je lui doi :
Fais-lui voir qu'à regret j'abandonne sa tête,
Qu'au plus faible remords sa grace est toute prête :
Et si pour l'ébranler, il faut aller plus loin,
Du soin de mon amour fais ton unique soin ;
Laisse, laisse ma gloire, et dis-lui que je l'aime,
Tout coupable qu'il est, cent fois plus que moi-même,
Qu'il n'a, s'il veut finir mes déplorables jours,
Qu'à souffrir que des siens on arrête le cours.
Presse, prie, offre tout pour fléchir son courage.
Enfin, si pour ta reine un vrai zèle t'engage,
Par crainte, par amour, par pitié de mon sort,
Obtiens qu'il se pardonne, et l'arrache à la mort :
L'empêchant de périr, tu m'auras bien servie.
Je ne te dis plus rien, il y va de ma vie :
Ne perds point de temps, cours, et me laisse écouter
Ce que pour sa défense un ami vient tenter.

SCÈNE III.

ÉLISABETH, SALSBURY.

SALSBURY.

Madame, pardonnez à ma douleur extrême,
Si, paraissant ici pour un autre moi-même,
Tremblant, saisi d'effroi, pour vous, pour vos états,
J'ose vous conjurer de ne vous perdre pas,
Je n'examine point quel peut être le crime ;
Mais si l'arrêt donné vous semble légitime,
Vous le paraîtra-t-il quand vous daignerez voir
Par un funeste coup quelle tête il fait choir?
C'est ce fameux héros dont cent fois la victoire
Par les plus grands exploits a consacré la gloire,
Dont partout le destin fut si noble et si beau,
Qu'on livre entre les mains d'un infame bourreau.
Après qu'à sa valeur que chacun idolâtre
L'univers avec pompe a servi de théâtre,
Pourrez-vous consentir qu'un echafaud dressé
Montre à tous de quel prix il est récompensé ?
Quand je viens vous marquer son mérite et sa peine,
Ce n'est point seulement l'amitié qui m'amène ;
C'est l'etat désolé, c'est votre cour en pleurs,
Qui, perdant son appui, tremble de ses malheurs.
Je sais qu'en sa conduite il eut quelque imprudence ;
Mais le crime toujours ne suit pas l'apparence,
Et dans le rang illustre où ses vertus l'ont mis,
Estime de sa reine, il a des ennemis.
Pour lui, pour vous, pour nous, craignez les artifices
De ceux qui de sa mort se rendent les complices :
Songez que la clémence a toujours eu ses droits,
Et qu'elle est la vertu la plus digne des rois.

ÉLISABETH.

Comte de Salsbury, j'estime votre zèle,
J'aime à vous voir ami généreux et fidèle,
Et loue en vous l'ardeur que ce noble intérêt
Vous donne à murmurer d'un équitable arrêt :
Je sens ainsi que vous une douleur extrême,
Mais je dois à l'Etat encor plus qu'à moi-même.
Si j'ai laissé du comte éclaircir le forfait,
C'est lui qui m'a forcée à tout ce que j'ai fait :
Prête à tout oublier s'il m'avouait son crime,
On le sait, j'ai voulu lui rendre mon estime ;
Ma bonté n'a servi qu'à redoubler l'orgueil
Qui des ambitieux est l'ordinaire écueil.
Des soins qu'il m'a vu prendre à détourner l'orage,
Quoique sûr d'y périr, il s'est fait un outrage :
Si sa tête me fait raison de sa fierté,
C'est sa faute ; il aura ce qu'il a mérité.

SALSBURY.

Il mérite, sans doute, une honteuse peine,
Quand sa fierté combat les bontés de sa reine :
Si quelque chose en lui vous peut, vous doit blesser,
C'est l'orgueil de ce cœur qu'il ne peut abaisser,
Cet orgueil qu'il veut croire au péril de sa vie ;
Mais, pour être trop fier, vous a-t-il moins servie?
Vous a-t-il moins montré dans cent et cent combats
Que pour vous il n'est rien d'impossible à son bras?
Par son sang prodigué, par l'éclat de sa gloire,
Daignez, s'il vous en reste encor quelque mémoire,
Accorder au malheur qui l'accable aujourd'hui
Le pardon qu'à genoux je demande pour lui :
Songez que, si jamais il vous fut nécessaire,
Ce qu'il a déjà fait, il peut encor le faire ;
Et que nos ennemis, tremblants, désespérés,
N'ont jamais mieux vaincu que quand vous le perdrez.

ÉLISABETH.

Je le perds à regret : mais enfin je suis reine ;
Il est sujet, coupable, et digne de sa peine.
L'arrêt est prononcé, comte ; et tout l'univers
Va sur lui, va sur moi tenir les yeux ouverts.
Quand sa seule fierté, dont vous blâmez l'audace,
M'aurait fait souhaiter qu'il m'eût demandé grace,
Si par là de la mort il a pu s'affranchir,
Dédaignant de le faire, est-ce à moi de fléchir?
Est-ce à moi d'endurer qu'un sujet téméraire
A d'impuissants éclats réduise ma colère,

Et qu'il puisse, à ma honte, apprendre à l'avenir
Que j'ai connu son crime, et n'osai le punir?
SALSBURY.
On parle de révolte et de ligues secrètes ;
Mais, madame, on se sert de lettres contrefaites :
Les témoins, par Cécile ouïs, examinés,
Sont témoins que peut-être on aura subornés.
Le comte les récuse ; et quand je les soupçonne...
ÉLISABETH.
Le comte est condamné ; si son arrêt l'étonne,
S'il a pour l'affaiblir quelque chose à tenter,
Qu'il rentre en son devoir, on pourra l'écouter.
Allez. Mon juste orgueil, que son audace irrite,
Peut faire grace encor ; faites qu'il la mérite.

SCÈNE IV.

ÉLISABETH, LA DUCHESSE.

ÉLISABETH.
Venez, venez, duchesse, et plaignez mes ennuis.
Je cherche à pardonner, je le veux, je le puis,
Et je tremble toujours qu'un obstiné coupable
Lui-même contre moi ne soit inexorable.
Ciel, qui me fis un cœur et si noble et si grand,
Ne le devais-tu pas former indifférent ?
Fallait-il qu'un ingrat, aussi fier que sa reine,
Me donnant tant d'amour, fût digne de ma haine ?
Ou, si tu résolvais de m'en laisser trahir,
Pourquoi ne m'as-tu pas permis de le haïr?
Si ce funeste arrêt n'ébranle point le comte,
Je ne puis éviter ou ma perte ou ma honte :
Je péris par sa mort ; et, le voulant sauver,
Le lâche impunément aura su me braver.
Que je suis malheureuse !
LA DUCHESSE.
On est sans doute à plaindre
Quand on hait la rigueur et qu'on s'y voit contraindre
Mais si le comte osait, tout condamné qu'il est,
Plutôt que son pardon accepter son arrêt,
Au moins de ses desseins, sans le dernier supplice,
La prison vous pourrait...
ÉLISABETH.
Non ; je veux qu'il fléchisse,
Il y va de ma gloire, il faut qu'il cède.
LA DUCHESSE.
Hélas !
Je crains qu'à vos bontés il ne se rende pas ;
Que, voulant abaisser ce courage invincible,
Vos efforts...
ÉLISABETH.
Ah ! j'en sais un moyen infaillible.
Rien n'égale en horreur ce que j'en souffrirai ;
C'est le plus grand des maux ; peut-être j'en mourrai.
Mais si toujours d'orgueil son audace est suivie,
Il faudra le sauver aux dépens de ma vie ;
M'y voilà résolue. O vœux mal exaucés,
O mon cœur, est-ce ainsi que vous me trahissez?
LA DUCHESSE.
Votre pouvoir est grand ; mais je connais le comte ;
Il voudra...
ÉLISABETH.
Je ne puis le vaincre qu'à ma honte ;
Je le sais : mais enfin je vaincrai sans effort,
Et vous allez vous-même en demeurer d'accord.
Il adore Suffolk ; c'est elle qui l'engage
A lui faire raison d'un exil qui l'outrage.
Quoi que coûte à mon cœur ce funeste dessein,
Je veux, je souffrirai qu'il lui donne la main ;
Et l'ingrat, qui m'oppose une fierté rebelle,
Sûr enfin d'être heureux, voudra vivre pour elle.
LA DUCHESSE.
Si par là seulement vous croyez le toucher,
Apprenez un secret qu'il ne faut plus cacher.
De l'amour de Suffolk vainement alarmée,
Vous la punîtes trop ; il ne l'a point aimée :
C'est moi seule, ce sont mes criminels appas
Qui surprirent son cœur que je n'attaquais pas.

Par devoir, par respect, j'eus beau vouloir éteindre
Un feu dont vous deviez avoir tant à vous plaindre,
Confuse de ses vœux j'eus beau lui résister,
Comme l'amour se flatte, il voulut se flatter :
Il crut que la pitié pourrait tout sur votre âme,
Que le temps vous rendrait favorable à sa flamme ;
Et, quoique enfin pour lui Suffolk fût sans appas,
Il feignit de l'aimer pour ne m'exposer pas.
Son exil étonna cet amour téméraire ;
Mais si mon intérêt le força de se taire,
Son cœur, dont la contrainte irritait les désirs,
Ne m'en donna pas moins ses plus ardents soupirs.
Par moi qui l'usurpai vous en fûtes bannie ;
Je vous nuisis, madame, et je m'en suis punie.
Pour vous rendre les vœux que j'osais détourner,
On demanda ma main, je la voulus donner,
Eloigné de la cour, il sut cette nouvelle :
Il revient furieux, rend le peuple rebelle,
S'en fait suivre au palais dans le moment fatal
Que l'hymen me livrait au pouvoir d'un rival ;
Il venait l'empêcher, et c'est ce qu'il vous cache.
Voilà par où le crime à sa gloire s'attache ;
On traite de révolte un fier emportement,
Pardonnable peut-être aux ennuis d'un amant.
S'il semble un attentat, s'il en a l'apparence,
L'aveu que je vous fais prouve son innocence.
Enfin, madame, enfin par tout ce qui jamais
Put surprendre, toucher, enflammer vos souhaits,
Par les plus tendres vœux dont vous fûtes capable,
Par lui-même, pour vous l'objet le plus aimable,
Sur des témoins suspects qui n'ont pu l'étonner,
Ses juges à la mort l'ont osé condamner.
Accordez-moi ses jours pour prix du sacrifice
Qui m'arrachant à lui vous a rendu justice ;
Mon cœur en souffre assez pour mériter de vous
Contre un si cher coupable un peu moins de courroux.

ÉLISABETH.
Ai-je bien entendu? Le perfide vous aime,
Me dédaigne, me brave ; et, contraire à moi-même
Je vous assurerais, en l'osant secourir,
La douceur d'être aimée et de me voir souffrir?
Non, il faut qu'il périsse, et que je sois vengée ;
Je dois ce coup funeste à ma flamme outragée :
Il a trop mérité l'arrêt qui le punit ;
Innocent ou coupable, il vous aime, il suffit.
S'il n'a point de vrai crime, ainsi qu'on le veut croire
Sur le crime apparent je sauverai ma gloire ;
Et la raison d'état, en le privant du jour,
Servira de prétexte à la raison d'amour.
LA DUCHESSE.
Juste ciel ! vous pourriez vous immoler sa vie?
Je ne me repens point de vous avoir servie ;
Mais, hélas ! qu'ai-je pu faire plus contre moi,
Pour le rendre à vos feux, et rejeter sa foi?
Tout parlait, m'assurait de son amour extrême ;
Pour mieux me l'arracher, qu'auriez-vous fait vous-même?
ÉLISABETH.
Moins que vous ; pour lui seul, quoi qu'il fût arrivé,
Toujours tout mon amour se serait conservé.
En vain de moi tout autre eût eu l'ame charmée,
Point d'hymen. Mais enfin je ne suis point aimée !
Mon cœur de ses dédains ne peut venir à bout !
Et, dans ce désespoir, qui peut tout ose tout.
LA DUCHESSE.
Ah ! faites-lui paraître un cœur plus magnanime.
Ma sévère vertu lui doit-elle être un crime?
Et l'aide qu'à vos feux j'ai cru devoir offrir
Vous le fait-elle voir plus digne de périr?
ÉLISABETH.
J'ai tort, je le confesse : et, quoique je m'emporte,
Je sens que ma tendresse est toujours la plus forte.
Ciel, qui vous réservez à des malheurs sans fin,
Il ne manquait donc plus à mon cruel destin
Que de ne souffrir pas, dans cette ardeur fatale,
Que je fusse en pouvoir de haïr ma rivale !
Ah ! que de la vertu les charmes sont puissants !
Duchesse, c'en est fait, qu'il vive, j'y consens.
Par un même intérêt, vous craignez, et je tremble.
Pour lui, contre lui-même, unissons-nous ensemble!

Tirons-le du péril qui ne peut l'alarmer,
Toutes deux pour le voir, toutes deux pour l'aimer.
Un prix bien inégal nous en paiera la peine ;
Vous aurez tout son cœur, je n'aurai que sa haine.
Mais n'importe, il vivra, son crime est pardonné ;
Je m'oppose à sa mort. Mais l'arrêt est donné,
L'Angleterre le sait, la terre tout entière
D'une juste surprise en fera la matière.
Ma gloire, dont toujours il s'est rendu l'appui,
Veut qu'il demande grâce, obtenez-le de lui.
Vous avez sur son cœur une entière puissance ;
Allez : pour le soumettre usez de violence.
Sauvez-le, sauvez-moi : dans le trouble où je suis,
M'en reposer sur vous est tout ce que je puis

FIN DU TROISIÈME ACTE.

ACTE IV.

SCENE PREMIÈRE.

LE COMTE D'ESSEX, TILNEY.

LE COMTE D'ESSEX.
Je dois beaucoup, sans doute, au souci qui t'amène ;
Mais enfin tu pouvais t'épargner cette peine.
S'il l'arrêt qui me perd te semble à redouter,
J'aime mieux le souffrir que de le mériter.
TILNEY.
De cette fermeté souffrez que je vous blâme.
Quoique la mort jamais n'ébranle une grande âme,
Quand il nous la faut voir par des arrêts sanglants
Dans son triste appareil approcher à pas lents...
LE COMTE D'ESSEX.
Je ne le cèle point, je croyais que la reine
A me sacrifier dût avoir quelque peine.
Entrant dans le palais sans peur d'être arrêté,
J'en faisais pour ma vie un lieu de sûreté.
Non qu'enfin, si mon sang a tant de quoi lui plaire,
Je voie avec regret qu'on l'ose satisfaire ;
Mais, pour verser ce sang tant de fois repandu,
Peut-être un échafaud ne m'était-il pas dû.
Pour elle il fut le prix de plus d'une victoire ;
Elle veut l'oublier ; j'ai regret à sa gloire ;
J'ai regret qu'aveuglée elle attire sur soi
La honte qu'elle croit faire tomber sur moi.
Le ciel m'en est témoin, jamais sujet fidèle
N'eut pour sa souveraine un cœur si plein de zèle.
Je l'ai fait éclater en cent et cent combats ;
On aura beau le taire, ils ne le tairont pas.

Si j'ai fait mon devoir quand je l'ai bien servie,
Du moins je méritais qu'elle eût soin de ma vie.
Pour la voir contre moi si fièrement s'armer,
Le crime n'est pas grand de n'avoir pu l'aimer.
Le penchant fut toujours un mal inévitable :
S'il entraîne le cœur, le sort en est coupable ;
Et toute autre, oubliant un si léger chagrin,
Ne m'aurait pas puni des fautes du destin.
TILNEY.
Vos froideurs, je l'avoue, ont irrité la reine ;
Mais daignez l'adoucir, et sa colère est vaine.
Pour trop croire un orgueil dont l'éclat lui déplaît,
C'est vous même, c'est vous, qui donnez votre arrêt.
Par vous, dit-on, l'Irlande à l'attentat s'anime ;
Que le crime soit faux, il est connu pour crime ;
Et quand pour vous sauver elle vous tend les bras,
Sa gloire veut au moins que vous fassiez un pas,
Que vous...
LE COMTE D'ESSEX.
Ah ! s'il est vrai qu'elle songe à sa gloire,
Pour garantir son nom d'une tache trop noire
Il est d'autres moyens où l'équité consent,
Que de se relâcher a perdre un innocent.
On ose m'accuser : que sa colère accable
Des témoins subornés qui me rendent coupable,
Cécile les entend, et les a suscités ;
Raleig leur a fourni toutes leurs faussetés.
Que Raleig, que Cécile, et ceux qui leur ressemblent,
Ces infâmes sous qui tous les gens de bien tremblent,
Par la main d'un bourreau, comme ils l'ont mérité,
Lavent dans leur vil sang leur infidélité :
Alors, en répandant ce sang vraiment coupable,
La reine aura fait rendre un arrêt équitable ;
Alors de sa rigueur le foudroyant éclat,
Affermissant sa gloire, aura sauvé l'état
Mais sur moi, qui maintiens la grandeur souveraine,
Du crime des méchants faire tomber la peine !
Souffrir que contre moi des écrits contrefaits...
Non, la postérité ne le croira jamais.
Jamais on ne pourra se mettre en la pensée
Que de ce qu'on me doit la mémoire effacée
Ait laissé l'imposture en pouvoir d'accabler...
Mais la reine le voit, et le voit sans trembler :
Le péril de l'état n'a rien qui l'inquiète.
Je dois être content, puisqu'elle est satisfaite,
Et ne point m'ébranler d'un indigne trépas
Qui lui coûte sa gloire et ne l'étonne pas.
TILNEY.
Et ne l'étonne pas ! Elle s'en désespère,
Blâme votre rigueur, condamne sa colère.
Pour rendre à son esprit le calme qu'elle attend,
Un mot à prononcer vous coûterait-il tant ?
LE COMTE D'ESSEX.
Je crois que de ma mort le coup lui sera rude,
Qu'elle s'accusera d'un peu d'ingratitude :
Je n'ai pas, on le sait, mérite mes malheurs.
Mais le temps adoucit les plus vives douleurs :
De ses tristes remords si ma perte est suivie,
Elle souffrirait plus à me laisser la vie.
Faible à vaincre ce cœur qui lui devient suspect,
Je ne pourrais pour elle avoir que du respect ;
Tout rempli de l'objet qui s'en est rendu maître,
Si je suis criminel, je voudrais toujours l'être :
Et, sans doute, il est mieux qu'en me privant du jour,
Sa haine, quoique injuste, éteigne son amour.
TILNEY.
Quoi ! je n'obtiendrai rien ?
LE COMTE D'ESSEX.
Tu redoubles ma peine.
C'est assez.
TILNEY.
Mais enfin que dirai-je à la reine ?
LE COMTE D'ESSEX.
Qu'on vient de m'avertir que l'échafaud est prêt,
Qu'on doit dans un moment exécuter l'arrêt,
Et qu'innocent d'ailleurs je tiens cette mort chère
Qui me fera bientôt cesser de lui déplaire.

TILNEY.
Je vais la retrouver : mais encore une fois,
Par ce que vous devez...
LE COMTE D'ESSEX.
Je sais ce que je dois.
Adieu. Puisque ma gloire à ton zèle s'oppose,
De mes derniers moments souffre que je dispose ;
Il m'en reste assez peu pour me laisser au moins
La triste liberté d'en jouir sans témoin.

SCENE II.

LE COMTE D'ESSEX.

O fortune, ô grandeur, dont l'amorce flatteuse
Surprend, touche, éblouit une ambitieuse,
De tant d'honneurs reçus c'est donc là tout le fruit ?
Un long temps les amasse, un moment les détruit.
Tout ce que le destin le plus digne d'envie
Peut attacher de gloire à la plus belle vie,
J'ai pu me le promettre, et, pour le mériter,
Il n'est projet si haut qu'on ne m'ait vu tenter ;
Cependant aujourd'hui (se peut-il qu'on le croie) ?
C'est sur un échafaud que la reine m'envoie !
C'est là qu'aux yeux de tous m'imputant des forfaits...

SCENE III.

LE COMTE D'ESSEX, SALSBURY.

LE COMTE D'ESSEX.
Hé bien ! de ma faveur vous voyez les effets.
Ce fier comte d'Essex, dont la haute fortune
Attirait de flatteurs une foule importune,
Qui vit de son bonheur tout l'univers jaloux,
Abattu, condamné, le reconnaissez-vous ?
Des lâches, des méchants victime infortunée,
J'ai bien en un moment changé de destinée !
Tout passe : et qui m'eût dit, après ce qu'on m'a vu,
Que je l'eusse éprouvé, je ne l'aurais pas cru.
SALSBURY.
Quoique vous éprouviez que tout change, tout passe,
Rien ne change pour vous si vous vous faites grâce.
Je viens de voir la reine ; et ce qu'elle m'a dit
Montre assez que pour vous l'amour toujours agit :
Votre seule fierté, qu'elle voudrait abattre,
S'oppose à ses bontés, s'obstine à les combattre.
Contraignez-vous ; un mot qui marque un cœur soumis
Vous va mettre au dessus de tous vos ennemis.
LE COMTE D'ESSEX.
Quoi ! quand leur imposture indignement m'accable,
Pour les justifier je me rendrai coupable ?
Et, par mon lâche aveu, l'univers étonné
Apprendra qu'ils m'auront justement condamné ?
SALSBURY.
En lui parlant pour vous, j'ai peint votre innocence ;
Mais enfin elle cherche une aide à sa clémence.
C'est votre reine ; et quand, pour fléchir son courroux,
Elle ne veut qu'un mot, le refuserez-vous ?
LE COMTE D'ESSEX.
Oui, puisqu'enfin ce mot rendrait ma honte extrême.
J'ai vécu glorieux, et je mourrai de même ;
Toujours inébranlable, et dédaignant toujours
De mériter l'arrêt qui va finir mes jours.
SALSBURY.
Vous mourrez glorieux ! Ah ! ciel ! pouvez-vous croire
Que sur un échafaud vous sauviez votre gloire ?
Qu'il ne soit pas honteux à qui s'est vu si haut...
LE COMTE D'ESSEX.
Le crime fait la honte, et non pas l'échafaud ;
Ou si dans mon arrêt quelque infamie éclate,
Elle est, lorsque je meurs, pour une reine ingrate,
Qui, voulant oublier cent preuves de ma foi,
Ne mérita jamais un sujet tel que moi.
Mais la mort m'étant plus à souhaiter qu'à craindre,
Sa rigueur me fait grâce, et j'ai tort de m'en plaindre.
Après avoir perdu ce que j'aimais le mieux,
Confus, désespéré, le jour m'est odieux.
A quoi me servirait cette vie importune,
Qu'à m'en faire toujours mieux sentir l'infortune ?

Pour la seule duchesse il m'aurait été doux
De passer... Mais, hélas ! un autre est son époux,
Un autre dont l'amour, moins tendre, moins fidèle.
Mais elle doit savoir mon malheur : qu'en dit-elle ?
Me flatté-je en croyant qu'un reste d'amitié
Lui fera de mon sort prendre quelque pitié ?
Privé de son amour pour moi si plein de charmes,
Je voudrais bien du moins avoir part à ses larmes.
Cette austère vertu qui soutient son devoir
Semble à mes tristes vœux en défendre l'espoir :
Cependant, contre moi quoi qu'elle ose entreprendre,
Je les paie assez cher pour y pouvoir prétendre ;
Et l'on peut, sans se faire un trop honteux effort,
Pleurer un malheureux dont on cause la mort.
SALSBURY.
Quoi ! ce parfait amour, cette pure tendresse
Qui vous fit si longtemps vivre pour la duchesse,
Quand vous pouvez prévoir ce qu'elle doit souffrir,
Ne vous arrache point ce dessein de mourir !
Pour vous avoir aimé, voyez ce que lui coûte
Le cruel sacrifice...
LE COMTE D'ESSEX.
Elle m'aima, sans doute ;
Et sans la reine, hélas ! j'ai lieu de présumer
Qu'elle eût fait à jamais son bonheur de m'aimer.
Tout ce qu'un bel objet d'un cœur vraiment fidèle
Peut attendre d'amour, je le sentis pour elle ;
Et peut-être mes soins, ma constance, ma foi,
Méritaient les soupirs qu'elle a perdus pour moi.
Nulle félicité n'eût égalé la nôtre :
Le ciel y met obstacle, elle vit pour un autre ;
Un autre à tout le bien que je dus acquérir ;
L'hymen le rend heureux : c'est à moi de mourir.
SALSBURY.
Ah ! si, pour satisfaire à cette injuste envie,
Il vous doit être doux d'abandonner la vie,
Perdez-la, mais au moins que ce soit en héros ;
Allez de votre sang faire rougir les flots,
Allez dans les combats où l'honneur vous appelle ;
Cherchez, suivez la gloire et périssez pour elle.
C'est là qu'à vos pareils il est beau d'affronter
Ce qu'ailleurs le plus ferme a lieu de redouter.
LE COMTE D'ESSEX.
Quand contre un monde entier armé pour ma défaite
J'irais seul défier la mort que je souhaite,
Vers elle j'aurais beau m'avancer sans effroi,
Je suis si malheureux qu'elle fuirait de moi.
Puisqu'ici sûrement elle m'offre son aide,
Pourquoi de mes malheurs différer le remède ?
Pourquoi, lâche et timide, arrêtant le courroux...

SCENE IV.

SALSBURY, LE COMTE D'ESSEX, LA DUCHESSE,
SUITE DE LA DUCHESSE.

SALSBURY.
Venez, venez, madame, on a besoin de vous.
Le comte veut périr ; raison, justice, gloire,
Amitié, rien ne peut l'obliger à me croire.
Contre son désespoir si vous vous déclarez,
Il cédera sans doute, et vous triompherez.
Désarmez sa fierté, la victoire est facile ;
Accablé d'un arrêt qu'il peut rendre inutile,
Je vous laisse avec lui prendre soin de ses jours,
Et cours voir s'il n'est point ailleurs d'autres secours.

SCÈNE V.

LA DUCHESSE, LE COMTE D'ESSEX,
SUITE DE LA DUCHESSE.

LE COMTE D'ESSEX.
Quelle gloire, madame, et combien doit l'envie
Se plaindre du bonheur des restes de ma vie,
Puisque avant que je meure on me souffre en ce lieu
La douceur de vous voir, et de vous dire adieu !
Le destin qui m'abat n'eût osé me poursuivre,
Si le ciel m'eût pour vous rendu digne de vivre.
Ce malheur me fait seul mériter le trépas,
Il en donne l'arrêt, je n'en murmure pas ;
Je cours l'exécuter, quelque dur qu'il puisse être,
Trop content si ma mort vous fait assez connaître

Que jusques à ce jour jamais cœur enflammé
N'avait en se donnant si fortement aimé.

LA DUCHESSE.

Si cet amour fut tel que je l'ai voulu croire,
Je le connaîtrai mieux quand, tout à votre gloire,
Dérobant votre tête à vos persécuteurs,
Vous vivrez redoutable à d'infâmes flatteurs.
C'est par le souvenir d'une ardeur si parfaite,
Que, tremblant des périls où mon malheur vous jette,
J'ose vous demander, dans un si juste effroi,
Que vous sauviez des jours que j'ai comptés à moi.
Douceur trop peu goûtée, et pour jamais finie!
J'en faisais vanité; le ciel m'en a punie.
Sa rigueur s'étudie assez à m'accabler,
Sans que la vôtre encor cherche à la redoubler.

LE COMTE D'ESSEX.

De mes jours, il est vrai, l'excès de ma tendresse
En vous les consacrant vous rendit la maîtresse:
Je vous donnai sur eux un pouvoir absolu,
Et vous l'auriez encor si vous l'aviez voulu.
Mais, dans une disgrace en mille maux fertile,
Qu'ai-je à faire d'un bien qui vous est inutile?
Qu'ai-je à faire d'un bien que le choix d'un époux
Ne vous laissera plus regarder comme à vous?
Je l'aimais pour vous seule; et votre hymen funeste
Pour prolonger ma vie en a détruit le reste.
Ah! madame, quel coup! Si je ne puis souffrir
L'injurieux pardon qu'on s'obstine à m'offrir,
Ne dites point, hélas! que j'ai l'âme trop fière;
Vous m'avez à la mort condamné la première;
Et refusant ma grace, amant infortuné,
J'exécute l'arrêt que vous avez donné.

LA DUCHESSE.

Cruel! est-ce donc peu qu'à moi-même arrachée,
A vos seuls intérêts je me sois attachée?
Pour voir jusqu'où sur moi s'étend votre pouvoir,
Voulez-vous triompher encor de mon devoir?
Il chancelle, et je sens qu'en ses rudes alarmes
Il ne peut mettre obstacle à de honteuses larmes,
Qui, de mes tristes yeux s'apprêtant à couler,
Auront pour vous fléchir plus de force à parler.
Quoiqu'elles soient l'effet d'un sentiment trop tendre,
Si vous en profitez, je veux bien les répandre.
Par ces pleurs, que peut-être en ce funeste jour
Je donne à la pitié beaucoup moins qu'à l'amour,
Par ce cœur pénétré de tout ce que la crainte
Pour l'objet le plus cher y peut porter d'atteinte,
Enfin, par ce serments tant de fois répétés
De suivre aveuglément toutes mes volontés,
Sauvez-vous, sauvez-moi du coup qui me menace
Si vous êtes soumis, la reine vous fait grace;
Sa bonté, qu'elle est prête à vous faire éprouver,
Ne veut...

LE COMTE D'ESSEX.

Ah! qui vous perd n'a rien à conserver.
Si vous aviez flatté l'espoir qui m'abandonne,
Si, n'étant point à moi, vous n'étiez à personne,
Et qu'au moins votre amour moins cruel à mes feux
M'eût épargné l'horreur de voir un autre heureux,
Pour vous garder ce cœur où vous seule avez place,
Cent fois, quoique innocent, j'aurais demandé grace;
Mais vivre, et voir sans cesse avez un rival odieux...
Ah! madame, à ce nom je deviens furieux:
De quelque emportement si ma rage est suivie,
Il peut être permis à qui sort de la vie.

LA DUCHESSE.

Vous sortez de la vie! Ah! si ce n'est pour vous,
Vivez pour vos amis, pour la reine, pour tous;
Vivez pour m'affranchir d'un péril qui m'étonne;
Si c'est peu de prier, je le veux, je l'ordonne.

LE COMTE D'ESSEX.

Cessez en l'ordonnant, cessez de vous trahir;
Vous m'estimeriez moins, si j'osais obéir.
Je n'ai pas mérité le revers qui m'accable;
Mais je meurs innocent, et je vivrais coupable.
Toujours plein d'un amour dont sans cesse en tous
Le triste accablement paraîtrait à vos yeux,   [lieux
Je tâcherais d'ôter votre cœur, vos tendresses,
A l'heureux... Mais pourquoi ces indignes faiblesses?

Voyons, voyons, madame, accomplir sans effroi
Les ordres que le ciel a donnés contre moi:
S'il souffre qu'on m'immole aux fureurs de l'envie,
Du moins il ne peut voir de taches dans ma vie:
Tout le temps qu'à mes jours il avait destiné,
C'est vous et mon pays à qui je l'ai donné.
Votre hymen, des malheurs pour moi le plus insigne,
M'a fait voir que de vous je n'ai pas été digne,
Que j'eus tort quand j'osai prétendre à votre foi;
Et mon ingrat pays est indigne de moi.
J'ai prodigué pour lui cette vie, il me l'ôte;
Un jour, peut-être, un jour, il connaîtra sa faute;
Il verra par les maux qu'on lui fera souffrir...

SCÈNE VI.

LA DUCHESSE, LE COMTE D'ESSEX, CROMMER,
GARDES, SUITE DE LA DUCHESSE.

LE COMTE D'ESSEX.

Mais, madame, il est temps que je songe à mourir;
On s'avance, et je vois sur ces tristes visages
De ce qu'on veut de moi de pressants témoignages.
Partons, me voilà prêt. Adieu, madame: il faut,
Pour contenter la reine, aller sur l'échafaud.

LA DUCHESSE.

Sur l'échafaud! Ah! ciel! quoi! pour toucher votre
La pitié... Soutiens-moi...   [ame,

LE COMTE D'ESSEX.

Vous me plaignez, madame!
Veuille le juste ciel, pour prix de vos bontés,
Vous combler et de gloire et de prospérités,
Et répandre sur vous tout l'éclat qu'à ma vie,
Par un arrêt honteux, ôte aujourd'hui l'envie!
                    (à une suivante de la duchesse.)
Avancez, je vous suis. Prenez soin de ses jours;
L'état où je la laisse a besoin de secours.

FIN DU QUATRIÈME ACTE.

ACTE V.

SCÈNE PREMIÈRE.

ELISABETH, TILNEY.

ELISABETH.

L'approche de la mort n'a rien qui l'intimide?
Prêt à sentir le coup il demeure intrépide?
Et l'ingrat, dédaignant mes bontés pour appui,
Peut ne s'étonner pas, quand je tremble pour lui?
Ciel!... Mais, en lui parlant, as-tu bien su lui peindre
Et tout ce que je puis, et tout ce qu'il doit craindre?
Sait-il quels durs ennuis mon triste cœur ressent?
Que dit-il?

TILNEY.

Que toujours il vécut innocent,
Et que, si l'imposture a pu se faire croire,
Il aime mieux périr que de trahir sa gloire.

ELISABETH.

Aux dépens de la mienne, il veut, le lâche, il veut
Montrer que sur la reine il connaît ce qu'il peut.
De cent crimes nouveaux fût sa fierté suivie,
Il sait que mon amour prendra soin de sa vie.
Pour vaincre son orgueil prompte à tout employer,
Jusque sur l'échafaud je voulais l'envoyer,
Pour dernière espérance essayer ce remède:
Mais la honte est trop forte; il vaut mieux que je cède,
Que sur moi, que le monde, un changement si prompt
D'un arrêt mal donné fasse tomber l'affront.
Cependant, quand pour lui j'agis contre moi-même,
Pour qui le conserver? pour la duchesse? il l'aime.

TILNEY.

La duchesse ?

ÉLISABETH.

Oui ; Suffolk fut un nom emprunté
Pour cacher un amour qui n'a point éclaté.
La duchesse l'aima, mais sans m'être infidèle ;
Son hymen l'a fait voir : je ne me plains point d'elle.
Ce fut pour l'empêcher que, courant au palais,
Jusques à la révolte il poussa ses projets.
Quoique l'emportement ne fût pas légitime,
L'ardeur de s'élever n'eût point de part au crime,
Et l'Irlandais par lui, dit-on, favorisé
L'a pu rendre suspect d'un accord supposé.
Il a des ennemis, l'imposture a ses ruses ;
Et quelquefois l'envie... Ah ! faible, tu t'excuses !
Quand aucun attentat n'aura noirci sa foi,
Qu'il serait innocent, peut-il l'être pour toi ?
N'est-il pas, n'est-il pas ce sujet téméraire
Qui, faisant son malheur d'avoir trop su te plaire,
S'obstine à préférer une honteuse fin
Aux honneurs dont ta flamme eût comblé son destin ?
C'en est trop ; puisqu'il aime à périr, qu'il périsse.

SCÈNE II.

ELISABETH, TILNEY, LA DUCHESSE.

LA DUCHESSE.

Ah ! grâce pour le comte, on le mène au supplice.

ÉLISABETH.

Au supplice ?

LA DUCHESSE.

Oui, madame ; et je crains bien, hélas !
Que ce moment ne soit celui de son trépas.

ELISABETH, à *Tilney*.

Qu'on l'empêche : cours, vole, et fais qu'on le ramène.
Je veux, je veux qu'il vive.

SCÈNE III.

ELISABETH, LA DUCHESSE.

ELISABETH.

Enfin, superbe reine,
Son invincible orgueil se réduit à céder !
Sans qu'il demande rien, tu veux tout accorder !
Il vivra, sans qu'il doive à la moindre prière
Ces jours qu'il n'emploiera qu'à te rendre moins fière,
Qu'à te faire mieux voir l'indigne abaissement
Où te porte un amour qu'il brave impunément !
Tu n'es plus cette reine autrefois grande, auguste !
Ton cœur s'est fait esclave ; obéis, il est juste.
Cessez de soupirer, duchesse, je me rends.
Mes bontés de ses jours vous sont de sûrs garants.
C'est fait, je lui pardonne.

LA DUCHESSE.

Ah ! que je crains, madame,
Que son malheur trop tard n'ait attendri votre âme !
Une secrète horreur me le fait pressentir.
J'étais dans la prison, d'où je l'ai vu sortir ;
La douleur, qui des sens m'avait ôté l'usage,
M'a du temps près de vous fait perdre l'avantage ;
Et ce qui doit surtout augmenter mon souci,
J'ai rencontré Coban à quelques pas d'ici.
De votre cabinet, quand je me suis montrée,
Il a presque voulu me défendre l'entrée.
Sans doute il n'était là qu'afin de détourner
Les avis qu'il a craint qu'on ne vous vînt donner.
Il hait le comte, et prête au parti qui l'accable
Contre ce malheureux un secours redoutable.
On vous aura surprise ; et telle est de mon sort...

ÉLISABETH.

Ah ! si les ennemis avaient hâté sa mort,
Il n'est ressentiment, ni vengeance assez prompte
Qui me pût...

SCÈNE IV.

ELISABETH, LA DUCHESSE, CECILE.

ÉLISABETH.

Approchez, qu'avez-vous fait du comte ?
On le mène à la mort, m'a-t-on dit ?

CÉCILE.

Son trépas
Importe à votre gloire ainsi qu'à vos états ;
Et l'on ne peut trop tôt prévenir par sa peine
Ceux qu'un appui si fort à la révolte entraîne.

ÉLISABETH.

Ah ! je commence à voir que mon seul intérêt
N'a pas fait l'équité de son cruel arrêt.
Quoi ! l'on sait que, tremblante à souffrir qu'on le donne,
Je ne veux qu'éprouver si sa fierté s'étonne ;
C'est moi sur cet arrêt que l'on doit consulter ;
Et, sans que je le signe, on l'ose exécuter !
Je viens d'envoyer l'ordre afin que l'on l'arrête ;
S'il arrive trop tard, on paiera de sa tête,
Et de l'injure faite à ma gloire, à l'état,
D'autre sang, mais plus vil, expiera l'attentat.

CÉCILE.

Cette perte pour vous sera d'abord amère ;
Mais vous verrez bientôt qu'elle était nécessaire.

ÉLISABETH.

Qu'elle était nécessaire ! Otez-vous de mes yeux,
Lâche, dont j'ai trop cru l'avis pernicieux.
La douleur où je suis ne peut plus se contraindre.
Le comte par sa mort vous laisse tout à craindre ;
Tremblez pour votre sang, si l'on répand le sien.

CÉCILE.

Ayant fait mon devoir, je puis ne craindre rien,
Madame ; et quand le temps vous aura fait connaître
Qu'en punissant le comte on n'a puni qu'un traître,
Qu'un sujet infidèle...

ÉLISABETH.

Il l'était moins que toi,
Qui, t'armant contre lui, t'es armé contre moi.
J'ouvre trop tard les yeux pour voir ton entreprise.
Tu m'as par tes conseils honteusement surprise :
Tu m'en feras raison.

CÉCILE.

Ces violents éclats...

ÉLISABETH.

Va, sors de ma présence et ne réplique pas.

SCÈNE V.

ELISABETH, LA DUCHESSE.

ÉLISABETH.

Duchesse, on m'a trompée ; et mon âme interdite
Veut en vain s'affranchir de l'horreur qui l'agite.
Ce que je viens d'entendre explique mon malheur.
Ces témoins écoutés avec tant de chaleur,
L'arrêt si tôt rendu, cette peine si prompte,
Tout m'apprend, me fait voir l'innocence du comte ;
Et, pour joindre à mes maux un tourment infini,
Peut-être l'apprends après qu'il est puni.
Durs mais trop vains remords ! Pour commencer ma peine,
Traitez-moi de rivale, et croyez votre haine ;
Condamnez, détestez ma barbare rigueur :
Par mon aveugle amour je vous coûte son cœur ;
Et mes jaloux transports, favorisant l'envie,
Peut-être encore, hélas ! vous coûteront sa vie.

SCÈNE VI.

ELISABETH, LA DUCHESSE, TILNEY.

ÉLISABETH.

Quoi ! déjà de retour ! As-tu tout arrêté ?
A-t-on reçu mon ordre ? est-il exécuté ?

TILNEY.

Madame...

ELISABETH.

Tes regards augmentent mes alarmes.
Qu'est-ce donc? qu'a-t-on fait?

TILNEY.

Jugez-en par mes larmes.

ELISABETH.

Par tes larmes! Je crains le plus grand des malheurs.
Ma flamme t'est connue, et tu verses des pleurs!
Aurait-on, quand l'amour veut que le comte obtienne...
Ne m'apprends point sa mort, si tu ne veux la mienne.
Mais d'une ame égarée inutile transport!
C'en sera fait sans doute?

TILNEY.

Oui, madame.

ELISABETH.

Il est mort?
Et tu l'as pu souffrir?

TILNEY.

Le cœur saisi d'alarmes,
J'ai couru; mais partout je n'ai vu que des larmes.
Ses ennemis, madame, ont tout précipité :
Déjà ce triste arrêt était exécuté;
Et sa perte si dure à votre ame affligée,
Permise malgré vous, ne peut qu'être vengée.

ELISABETH.

Enfin ma barbarie en est venue à bout!
Duchesse, à vos douleurs je dois permettre tout.
Plaignez-vous, éclatez : ce que vous pourrez dire
Peut-être avancera la mort que je désire.

LA DUCHESSE.

Je cède à la douleur, je ne puis le céler;
Mais mon cruel devoir me défend de parler;
Et, comme il m'est honteux de montrer par mes larmes
Qu'en vain de mon amour il combattait les charmes,
Je vais pleurer ailleurs, après ces rudes coups,
Ce que je n'ai perdu que par vous, et pour vous.

SCENE VII.

ELISABETH, TILNEY.

ELISABETH.

Le comte ne vit plus! O reine, injuste reine!
Si ton amour le perd, qu'eût pu faire ta haine?
Non, le plus fier tyran, par le sang affermi...

SCÈNE VIII.

ELISABETH, SALSBURY, TILNEY.

ELISABETH.

Hé bien! c'en est donc fait! vous n'avez plus d'ami!

SALSBURY.

Madame, vous venez de perdre dans le comte
Le plus grand...

ELISABETH.

Je le sais, et le sais à ma honte.
Mais si vous avez cru que je voulais sa mort,
Vous avez de mon cœur mal connu le transport.
Contre moi, contre tous, pour lui sauver la vie,
Il fallait tout oser; vous m'eussiez bien servie.
Et ne jugiez-vous pas que ma triste fierté
Mendiait pour ma gloire un peu de sûreté?
Votre faible amitié ne l'a pas entendue,
Vous l'avez laissé faire, et vous m'avez perdue.
Me faisant avertir de ce qui s'est passé,
Vous nous sauviez tous deux.

SALSBURY.

Hélas! qui l'eût pensé!
Jamais effet si prompt ne suivit la menace.
N'ayant pu le résoudre à vous demander grace,
J'assemblais ses amis pour venir à vos pieds [biez,
Vous montrer par sa mort dans quels maux vous tom-
Quand mille cris confus nous sont un sûr indice
Du dessein qu'on a pris de hâter son supplice.
Je dépêche aussitôt vers vous de tous côtés.

ELISABETH.

Ah! le lâche Coban les a tous arrêtés.
Je vois la trahison.

SALSBURY.

Pour moi, sans me connaître,
Tout plein de ma douleur, n'en étant plus le maître,
J'avance, et cours vers lui d'un pas précipité.
Au pied de l'échafaud je le trouve arrêté.
Il me voit, il m'embrasse; et, sans que rien l'étonne,
« Quoiqu'à tort, me dit-il, la reine me soupçonne,
« Voyez-la de ma part, et lui faites savoir
« Que rien n'ayant jamais ébranlé mon devoir,
« Si contre ses bontés j'ai fait voir quelque audace,
« Ce n'est point par fierté que j'ai refusé grace.
« Las de vivre, accablé des plus mortels ennuis,
« En courant à la mort ce sont eux que je fuis ;
« Et s'il m'en peut rester, quand je l'aurai soufferte,
« C'est de voir que, déjà triomphant de ma perte,
« Mes lâches ennemis lui feront éprouver... »
On ne lui donne pas le loisir d'achever :
On veut sur l'échafaud qu'il paraisse. Il y monte ;
Comme il se dit sans crime, il y paraît sans honte;
Et, saluant le peuple, il le voit tout en pleurs
Plus vivement que lui ressentir ses malheurs.
Je tâche cependant d'obtenir qu'on diffère,
Tant que vous ayez su ce que l'on ose faire.
Je pousse mille cris pour me faire écouter:
Mes cris hâtent le coup que je pense arrêter.
Il se met à genoux; déjà le fer s'apprête ;
D'un visage intrépide il présente sa tête,
Qui du tronc séparée...

ELISABETH.

Ah! ne dites plus rien :
Je le sens, son trépas sera suivi du mien.
Fière de tant d'honneurs, c'est par lui que je règne;
C'est par lui qu'il n'est rien où ma grandeur n'atteigne ;
Par lui, par sa valeur, ou tremblants, ou défaits,
Les plus grands potentats m'ont demandé la paix ;
Et j'ai pu me résoudre... Ah! remords inutile!
Il meurt, et par toi seule, ô reine trop facile!
Après que tu dois tout à ses fameux exploits,
De son sang pour l'état répandu tant de fois
Qui jamais eût pensé qu'un arrêt si funeste
Dût sur un échafaud faire verser le reste?
Sur un échafaud, ciel! quelle horreur! quel revers!
Allons, comte; et du moins aux yeux de l'univers
Faisons que d'un infame et rigoureux supplice
Les honneurs du tombeau réparent l'injustice.
Si le ciel à mes vœux peut se laisser toucher,
Vous n'aurez pas longtemps à me la reprocher.

FIN DU COMTE D'ESSEX.

LE FESTIN DE PIERRE,
COMÉDIE
EN CINQ ACTES.

AVIS.

Cette pièce, dont les comédiens donnent tous les ans plusieurs représentations, est la même que M. Molière fit jouer en prose peu de temps avant sa mort. Quelques personnes qui ont tout pouvoir sur moi m'ayant engagé à la mettre en vers, je me réservai la liberté d'adoucir certaines expressions qui avaient blessé les scrupuleux. J'ai suivi la prose assez exactement dans tout le reste, à l'exception des scènes du troisième et du cinquième actes, où j'ai fait parler des femmes. Ce sont scènes ajoutées à cet excellent original, et dont les défauts ne doivent point être imputés au célèbre auteur sous le nom duquel cette comédie est toujours représentée.

ACTEURS.

Don Louis, père de don Juan.
Don Juan.
Sganarelle, valet de don Juan.
Don Carlos, frère d'Elvire.
Alonse, ami de don Carlos.
Pierrot, paysan.
M. Dimanche, marchand.
Gusman, domestique d'Elvire.
La Statue du Commandeur.
La Ramée, valet de chambre de don Juan.
La Violette, laquais de don Juan.
Elvire, ayant épousé don Juan.
Thérèse, tante de Léonor.
Léonor, demoiselle de campagne.
Pascale, nourrice de Léonor.
Charlotte, paysanne accordée à Pierrot.
Mathurine, autre paysanne.

LE FESTIN DE PIERRE.

ACTE PREMIER.

SCÈNE PREMIERE.

SGANARELLE, GUSMAN.

SGANARELLE, *prenant du tabac et en offrant à Gusman.*

Quoi qu'en dise Aristote, et sa docte cabale,
Le tabac est divin, il n'est rien qui l'égale ;
Et par les fainéants, pour fuir l'oisiveté,
Jamais amusement ne fut mieux inventé.
Ne saurait-on que dire? on prend la tabatière ;
Soudain à gauche, à droit, par devant, par derrière,
Gens de toutes façons, connus et non connus,
Pour y demander part sont les très bien venus.
Mais c'est peu qu'à donner instruisant la jeunesse,
Le tabac l'accoutume à faire ainsi largesse ;
C'est dans la médecine un remède nouveau :
Il purge, réjouit, conforte le cerveau ;
De toute noire humeur promptement le délivre ;
Et qui vit sans tabac n'est pas digne de vivre.
O tabac, ô tabac, mes plus chères amours !...
Mais reprenons un peu notre premier discours.
Si bien, mon cher Gusman, qu'Elvire ta maîtresse,
Pour don Juan mon maître a pris tant de tendresse
Qu'apprenant son départ l'excès de son ennui
L'a fait mettre en campagne et courir après lui.
Le soin de le chercher est obligeant, sans doute ;
C'est aimer fortement ; mais tout voyage coûte ;
Et j'ai peur, s'il te faut exprimer mon souci,
Qu'on l'indemnise mal des frais de celui-ci.

GUSMAN.
Et la raison encor? Dis-moi, je te conjure,
D'où te vient une peur de si mauvais augure?
Ton maître là-dessus t'a-t-il ouvert son cœur?
T'a-t-il fait remarquer pour nous quelque froideur?
Qui d'un départ si prompt...

SGANARELLE.
Je n'en sais point les causes.
Mais, Gusman, à peu près je vois le train des choses ;
Et sans que don Juan m'ait rien dit de cela,
Tout franc, je gagerais que l'affaire va là.
Je pourrais me tromper, mais j'ai peine à le croire.

GUSMAN.
Quoi ! ton maître ferait cette tache à sa gloire?
Il trahirait Elvire, et d'un crime si bas...

SGANARELLE.
Il est trop jeune encore : il n'oserait !

GUSMAN.
Hélas!
Ni d'un si lâche tour l'infamie éternelle,
Ni de sa qualité...

SGANARELLE.
La raison en est belle !
Sa qualité ! C'est là ce qui l'arrêterait !

GUSMAN.
Tant de vœux...

SGANARELLE.
Rien pour lui n'est trop chaud ni trop froid.
Vœux, serments, sans scrupule il met tout en usage.

GUSMAN.
Mais ne songe-t-il pas à l'hymen qui l'engage?
Croit-il pouvoir rompre?

SGANARELLE.
Eh ! mon pauvre Gusman
Tu ne sais pas encor quel homme est don Juan.

GUSMAN.
S'il est ce que tu dis, le moyen de connaître
De tous les scélérats le plus grand, le plus traître?

Le moyen de penser qu'après tant de serments,
Tant de transports d'amour, d'ardeur, d'empresse-
De protestations des plus passionnées,   [ments,
De larmes, de soupirs, d'assurances données,
Il ait réduit Elvire à sortir du couvent,
A venir l'épouser ; et tout cela du vent?

SGANARELLE.

Il s'embarrasse peu de pareilles affaires,
Ce sont des tours d'esprit qui lui sont ordinaires ;
Et si tu connaissais le pèlerin, crois-moi,
Tu ferais peu de fond sur le don de sa foi.
Ce n'est pas que je sache avec plus d'assurance
Que déjà pour Elvire il sait ce que je pense.
Pour un dessein secret en ces lieux appelé,
Depuis son arivée il ne m'a point parlé ;
Mais, par précaution, je puis ici te dire
Qu'il n'est devoirs si saints dont il ne s'ose rire ;
Que c'est un endurci dans la fange plongé,
Un chien, un hérétique, un Turc, un enragé ;
Qu'il n'a ni foi ni loi ; que tout ce qui le tente...

GUSMAN.

Quoi ! le ciel ni l'enfer n'ont rien qui l'épouvante.

SGANARELLE.

Bon ! parlez-lui du ciel, il répond d'un souris ;
Parlez-lui de l'enfer, il met le diable au pis ;
Et, parce qu'il est jeune, il croit qu'il est en âge
Où la vertu sied moins que le libertinage.
Remontrance, reproche, autant de temps perdu.
Il cherche avec ardeur ce qu'il voit défendu ;
Et, ne refusant rien à madame Nature,
Il est ce qu'on appelle un pourceau d'Epicure.
Ainsi ne me dis point sur sa légèreté,
Qu'Elvire par l'hymen se trouve en sûreté.
C'est peu, par bon contrat, qu'il en ait fait sa femme ;
Pour en venir à bout, et contenter sa flamme,
Avec elle, au besoin, par ce même contrat,
Il aurait épousé toi, son chien, et son chat.
C'est un piège qu'il tend partout à chaque belle :
Paysanne, bourgeoise, et dame, et demoiselle ;
Tout le charme ; et d'abord, pour leur donner leçon,
Un mariage fait lui semble une chanson.
Toujours objets nouveaux, toujours nouvelles flammes ;
Et si je te disais combien il a de femmes ;
Tu serais convaincu que ce n'est pas en vain
Qu'on le croit l'épouseur de tout le genre humain.

GUSMAN.

Quel abominable homme !

SGANARELLE.

Et plus qu'abominable.
Il se moque de tout, ne craint ni dieu, ni diable ;
Et je ne doute point, comme il est sans retour,
Qu'il ne soit par la foudre écrasé quelque jour.
Il le mérite bien ; et s'il te faut tout dire,
Depuis qu'en le servant je souffre le martyre,
J'en ai vu tant d'horreurs, que j'avoue aujourd'hui
Qu'il vaudrait mieux cent fois être au diable qu'à lui.

GUSMAN.

Que ne le quittes-tu ?

SGANARELLE.

Le quitter ! comment faire ?
Un grand seigneur méchant est une étrange affaire.
Vois-tu, si j'avais fui, j'aurais beau me cacher,
Jusque dans l'enfer même il viendrait me chercher.
La crainte me retient ; et, ce qui me désole,
C'est qu'il faut avec lui faire souvent l'idole,
Louer ce qu'on déteste ; et, de peur du bâton,
Approuver ce qu'il fait, et chanter sur son ton.
Je crois dans ce palais le voir qui se promène ;
C'est lui. Prends garde, au moins...

GUSMAN.

Ne t'en mets point en peine.

SGANARELLE.

Je t'ai conté sa vie un peu légèrement,
C'est à toi là-dessus de te taire ; autrement...

GUSMAN, *s'en allant.*

Ne crains rien.

SCENE II.

DON JUAN, SGANARELLE.

DON JUAN.

Avec qui parlais-tu ? pourrait-ce être
Le bonhomme Gusman ? J'ai cru le reconnaître.

SGANARELLE.

Vous avez fort bien cru ; c'était lui-même.

DON JUAN.

Il vient
Demander quelle affaire en ces lieux nous retient ?

SGANARELLE.

Il est un peu surpris de ce que, sans rien dire,
Vous avez pu sitôt abandonner Elvire.

Que lui fais-tu penser d'un départ si prompt ?

SGANARELLE.

Moi ?
Rien du tout : ce n'est point mon affaire.

DON JUAN.

Mais toi,
Qu'en penses-tu ?

SGANARELLE.

Je crois, sans trop juger en bête,
Que vous avez encor quelque amourette en tête.

DON JUAN.

Tu le crois ?

SGANARELLE.

Oui.

DON JUAN.

Ma foi ! tu crois juste ; et mon cœur
Pour un objet nouveau sent la plus forte ardeur.

SGANARELLE.

Eh ! mon Dieu, j'entrevois d'abord ce qui s'y passe.
Votre cœur n'aime point à demeurer en place ;
Et, sans lui faire tort sur la fidélité,
C'est le plus grand coureur qui jamais ait été.
Tout est de votre goût ; brune ou blonde, n'importe.

DON JUAN.

Et n'ai-je pas raison d'en user de la sorte ?

SGANARELLE.

Eh ! monsieur...

DON JUAN.

Quoi ?

SGANARELLE.

Sans doute, il est aisé de voir
Que vous avez raison, si vous voulez l'avoir ;
Mais si, comme on n'est pas bon juge dans sa cause,
Vous ne le vouliez pas, ce serait autre chose.

DON JUAN.

Hé bien ! je te permets de parler librement.

SGANARELLE.

En ce cas, je vous dis très sérieusement
Qu'on trouve fort vilain qu'allant de belle en belle
Vous fassiez vanité partout d'être infidèle.

DON JUAN.

Quoi ! si d'un bel objet je suis d'abord touché,
Tu veux que pour toujours j'y demeure attaché ;
Qu'un éternel amour de ma foi lui réponde,
Et me laisse sans yeux pour le reste du monde !
Le rare et doux plaisir qui se trouve en aimant,
S'il faut s'ensevelir dans un attachement,
Renoncer pour lui seul à toute autre tendresse,
Et vouloir sottement mourir dès sa jeunesse !
Va, crois-moi, la constance était bonne jadis,
Où les leçons d'aimer venaient des Amadis ;
Mais à présent on suit des lois plus naturelles ;
On aime sans façon tout ce qu'on voit de belles ;
Et l'amour qu'en nos cœurs la première a produit
N'ôte rien aux appas de celle qui la suit.
Pour moi, qui ne saurais faire l'inexorable,
Je me donne partout où je trouve l'aimable ;
Et tout ce qu'une belle a sur moi de pouvoir
Ne me rend point ailleurs incapable de voir.
Sans me vouloir piquer du nom d'amant fidèle,
J'ai des yeux pour une autre aussi bien que pour elle·

Et dès qu'un beau visage a demandé mon cœur,
Je ne puis me résoudre à l'armer de rigueur.
Ravi de voir qu'il cède à la douce contrainte
Qui d'abord laisse en lui toute autre flamme éteinte,
Je l'abandonne aux traits dont il aime les coups;
Et si j'en avais cent, je les donnerais tous.

SGANARELLE.

Vous êtes libéral.

DON JUAN.

Que de douceurs charmantes
Font goûter aux amants les passions naissantes !
Si pour chaque beauté je m'enflamme aisément,
Le vrai plaisir d'aimer est dans le changement :
Il consiste à pouvoir, par d'empressés hommages,
Forcer d'un jeune cœur les scrupuleux ombrages;
A désarmer sa crainte; à voir, de jour en jour,
Par cent petits progrès avancer notre amour ;
A vaincre doucement la pudeur innocente
Qu'oppose à nos désirs une ame chancelante,
Et la réduire enfin, à force de parler,
A se laisser conduire où nous voulons aller.
Mais, quand on a vaincu, la passion expire :
Ne souhaitant plus rien, on n'a plus rien à dire;
A l'amour satisfait tout son charme est ôté ;
Et nous nous endormons dans sa tranquillité,
Si quelque objet nouveau, par sa conquête à faire,
Ne réveille en nos cœurs l'ambition de plaire.
Enfin, j'aime en amour les exploits différents ;
Et j'ai sur ce sujet l'ardeur des conquérants,
Qui, sans cesse courant de victoire en victoire,
Ne peuvent se résoudre à voir borner leur gloire.
De mes vastes désirs le vol précipité
Par cent objets vaincus ne peut être arrêté :
Je sens mon cœur plus loin capable de s'étendre ;
Et je souhaiterais, comme fit Alexandre,
Qu'il fût un autre monde encore à découvrir,
Où je pusse en amour chercher à conquérir.

SGANARELLE.

Comme vous débitez ! Ma foi, je vous admire !
Votre langue...

DON JUAN.

Qu'as-tu là-dessus à me dire ?

SGANARELLE.

A vous dire, moi ? J'ai... Mais, que dirais-je? Rien;
Car, quoi que vous disiez, vous le tournez si bien,
Que, sans avoir raison, il semble, à vous entendre,
Qu'on soit, quand vous parlez, obligé de se rendre.
J'avais, pour disputer, des raisons dans l'esprit...
Je veux une autre fois les mettre par écrit :
Avec vous, sans cela, je n'aurais qu'à me taire,
Vous me brouilleriez tout.

DON JUAN.

Tu ne saurais mieux faire.

SGANARELLE.

Mais, monsieur, par hasard, me serait-il permis
De vous dire qu'à moi, comme à tous vos amis,
Votre genre de vie un tant soit peu fait peine?

DON JUAN.

Le fat ! Et quelle vie est-ce donc que je mène?

SGANARELLE.

Fort bonne, assurément ; mais enfin... quelquefois...
Par exemple, vous voir marier tous les mois !

DON JUAN.

Est-il rien de plus doux, rien qui soit plus capable...

SGANARELLE.

Il est vrai, je conçois cela fort agréable ;
Et c'est, si sans péché j'en avais le pouvoir,
Un divertissement que je voudrais avoir :
Mais sans aucun respect pour les plus saints mystères...

DON JUAN.

Ne t'embarrasse point, ce sont là mes affaires.

SGANARELLE.

On doit craindre le ciel ; et jamais libertin
N'a fait encor, dit-on, qu'une méchante fin.

DON JUAN.

Je hais la remontrance ; et, quand on s'y hasarde...

SGANARELLE.

Ah ! ce n'est pas à vous que j'en fais ; Dieu m'en garde !
J'aurais tort de vouloir vous donner des leçons :
Si vous vous égarez, vous avez vos raisons;
Et quand vous faites mal, comme c'est l'ordinaire,
Du moins vous savez bien qu'il vous plaît de le faire.
Bon cela : mais il est certains impertinents,
Adroits, de fort esprit, hardis, entreprenants,
Qui, sans savoir pourquoi, traitent de ridicules
Les plus justes motifs des plus sages scrupules,
Et qui font vanité de ne trembler de rien,
Par l'entêtement seul que cela leur sied bien.
Si j'avais, par malheur, un tel maître : « Ame crasse, »
Lui dirais-je tout net, le regardant en face,
« Osez-vous bien ainsi braver à tous moments
« Ce que l'enfer pour vous amasse de tourments?
« Un rien, un mirmidon, un petit ver de terre,
« Au ciel impunément croit déclarer la guerre !
« Allez, malheureux cent fois à qui vous applaudit !
« C'est bien à vous (je parle au maître que j'ai dit,)
« A vouloir vous railler des choses les plus saintes,
« A secouer le joug des plus louables craintes.
« Pour avoir de grands biens, et de la qualité,
« Une perruque blonde, être propre, ajusté, [garde,
« Tout en couleur de feu, pensez-vous.... » Prenez
Ce n'est pas vous, au moins, que tout ceci regarde.
« Pensez-vous en avoir plus de droit d'éclater
« Contre les vérités dont vous osez douter?
« De moi, votre valet, apprenez, je vous prie,
« Qu'en vain les libertins de tout font raillerie;
« Que le ciel, tôt ou tard, pour leur punition... »

DON JUAN.

Paix !

SGANARELLE.

Çà, voyons : de quoi serait-il question ?

DON JUAN.

De te dire en deux mots qu'une flamme nouvelle
Ici, sans t'en parler m'a fait suivre une belle.

SGANARELLE.

Et n'y craignez-vous rien pour ce Commandeur mort?

DON JUAN.

Je l'ai si bien tué, chacun le sait.

SGANARELLE.

D'accord,
On ne peut rien de mieux ; et s'il osait s'en plaindre,
Il aurait tort : mais...

DON JUAN.

Quoi ?

SGANARELLE.

Ses parents sont à craindre.

DON JUAN.

Laissons là tes frayeurs, et songeons seulement
A ce qui me peut faire un destin tout charmant.
Celle qui me réduit à soupirer pour elle
Est une fiancée aimable, jeune, belle,
Et conduite en ces lieux, où j'ai suivi ses pas,
Par l'heureux à qui sont destinés tant d'appas.
Je la vis par hasard, et j'eus cet avantage
Dans le temps qu'ils songeaient à faire leur voyage.
Il faut te l'avouer ; jamais jusqu'à ce jour
Je n'ai vu deux amants se montrer tant d'amour.
De leurs cœurs trop unis la tendresse visible,
Me frappant tout à coup, rendit le mien sensible ;
Et, les voyant céder aux transports les plus doux,
Si je devins amant, je fus amant jaloux.
Oui, je ne pus souffrir sans un dépit extrême
Qu'ils s'aimassent autant que l'un et l'autre s'aime.
Ce bizarre chagrin alluma mes désirs :
Je me fis un plaisir de troubler leurs plaisirs,
De rompre adroitement l'étroite intelligence
Dont mon cœur délicat se faisait une offense.
N'ayant pu réussir, plus amoureux toujours,
C'est à un dernier remède, enfin, que j'ai recours :
Cet époux prétendu, dont le bonheur me blesse,
Doit aujourd'hui sur mer régaler sa maîtresse ;
Sans t'en avoir rien dit, j'ai dans mes intérêts
Quelques gens qu'au besoin nous trouverons tout prêts ;
Ils auront une barque où la belle enlevée
Rendra de mon amour la victoire achevée.

SGANARELLE.

Ah ! monsieur.

DON JUAN.

He ?

SGANARELLE.
C'est là le prendre comme il faut :
Vous faites bien.
DON JUAN.
L'amour n'est pas un grand défaut.
SGANARELLE.
Sottise! Il n'est rien tel que de se satisfaire.
(à part.)
La méchante ame!
DON JUAN.
Allons songer à cette affaire :
Voici l'heure à peu près où ceux...

SCENE III.

ELVIRE, DON JUAN, SGANARELLE, GUSMAN.

DON JUAN.
Mais qu'est ceci?
Tu ne m'avais pas dit qu'Elvire était ici?
SGANARELLE.
Savais-je que si tôt vous la verriez paraître?
ELVIRE.
Don Juan voudra-t-il encor me reconnaître?
Et puis-je me flatter que le soin que j'ai pris?...
DON JUAN.
Madame, à dire vrai, j'en suis un peu surpris;
Rien ne devait ici presser votre voyage.
ELVIRE.
J'y viens faire, sans doute, un méchant personnage;
Et, par ce froid accueil, je commence de voir
L'erreur où m'avait mise un trop crédule espoir.
J'admire ma faiblesse, et l'imprudence extrême
Qui m'a fait consentir à me tromper moi-même,
A démentir mes yeux sur une trahison
Où mon cœur refusait de croire ma raison
Oui, pour vous, contre moi, ma tendresse séduite,
Quoi qu'on pût m'opposer, excusait votre fuite :
Cent soupçons, qui devaient alarmer mon amour,
Avaient beau contre vous me parler chaque jour,
A vous justifier toujours trop favorable,
J'en rejetais la voix qui vous rendait coupable;
Et je ne regardais, dans ce trouble odieux,
Que ce qui vous peignait innocent à mes yeux.
Mais un accueil si froid et si plein de surprise
M'apprend trop ce qu'il faut que pour vous je me dise;
Je n'ai plus à douter qu'un honteux repentir
Ne vous ait, sans rien dire, obligé de partir.
J'en veux pourtant, j'en veux, dans mon malheur extrême
Entendre les raisons de votre bouche même.
Parlez donc, et sachons par où j'ai mérité
Ce qu'use contre moi votre infidélité.
DON JUAN.
Si mon éloignement m'a fait croire infidèle,
J'ai mes raisons, madame ; et voilà Sganarelle,
Qui vous dira pourquoi...
SGANARELLE.
Je le dirai? Fort bien.
DON JUAN.
Il sait...
SGANARELLE.
Moi? s'il vous plaît, monsieur, je ne sais rien.
ELVIRE.
Hé bien qu'il parle ; il faut tout souffrir pour vous
DON JUAN.   [plaire.
Allons, parle à madame ; il ne faut point se taire.
SGANARELLE.
Vous vous moquez, monsieur.
ELVIRE, à Sganarelle.
Puisqu'on le veut ainsi,
Approchez, et voyons ce mystère éclairci.
Quoi! tous deux interdits! Est-ce là pour confondre...
DON JUAN.
Tu ne répondras pas?
SGANARELLE.
Je n'ai rien à répondre.
DON JUAN.
Veux-tu parler? te dis-je.

SGANARELLE.
Hé bien! allons tout doux.
Madame...
ELVIRE.
Quoi?
SGANARELLE, à don Juan.
Monsieur...
DON JUAN.
Redoute mon courroux.
SGANARELLE.
Madame, un autre monde, avec quelque autre chose,
Comme les conquérants, Alexandre est la cause
Qui nous a fait en hâte, et sans vous dire adieu,
Décamper l'un et l'autre, et venir en ce lieu.
Voilà pour vous, monsieur, tout ce que je puis faire.
ELVIRE.
Vous plaît-il, don Juan, m'éclaircir ce mystère?
DON JUAN.
Madame, à dire vrai, pour ne pas abuser...
ELVIRE.
Ah ! que vous savez peu l'art de vous déguiser !
Pour un homme de cour, qui doit, avec étude,
De feindre, de tromper, avoir pris l'habitude,
Demeurer interdit, c'est mal faire valoir
La noble effronterie où je vous devrais voir.
Que ne me jurez-vous que vous êtes le même :
Que vous m'aimez toujours autant que je vous aime ;
Et que la seule mort, dégageant votre foi,
Rompra l'attachement que vous avez pour moi?
Que ne me dites-vous qu'une affaire importante
A causé le départ dont j'ai pris l'épouvante ;
Que, si de son secret j'ai lieu de m'offenser,
Vous avez craint les pleurs qu'il m'aurait fait verser,
Qu'ici d'un long séjour ne pouvant vous défendre,
Je n'ai qu'à vous quitter et vous aller attendre;
Que vous me rejoindrez avec l'empressement
Qu'a pour ce qu'il adore un véritable amant;
Et qu'éloigné de moi, l'ardeur qui vous enflamme
Vous rend ce qu'est un corps séparé de son âme?
Voilà par où, du moins, vous me feriez douter
D'un oubli que mes feux devraient peu redouter.
DON JUAN.
Madame, puisqu'il faut parler avec franchise,
Apprenez ce qu'en vain mon trouble vous déguise.
Je ne vous dirai point que mes empressements
Vous conservent toujours les mêmes sentiments,
Et que, loin de vos yeux, ma juste impatience
Pour le plus grand des maux me fait compter l'absence:
Si j'ai pu me résoudre à fuir, à vous quitter,
Je n'ai pris ce dessein que pour vous éviter ;
Non que mon cœur encor, trop touché de vos charmes,
N'ait le même penchant à vous rendre les armes ;
Mais un pressant scrupule, madame,
M'ouvrant les yeux de l'âme a su m'intimider,
Et fait voir qu'avec vous, quelque amour qui m'engage,
Je ne puis, sans péché, demeurer davantage.
J'ai fait réflexion que, pour vous épouser,
Moi-même trop long-temps j'ai voulu m'abuser ;
Que je vous ai forcée à faire au ciel l'injure
De rompre en ma faveur une sainte clôture
Où par des vœux sacrés vous aviez entrepris
De garder pour le monde un éternel mépris.
Sur ces réflexions, un repentir sincère
M'a fait appréhender la céleste colère :
J'ai cru que votre hymen trop mal autorisé,
N'était pour tous les deux qu'un crime déguisé ;
Et que je ne pouvais en éviter les peines,
Qu'en tâchant de vous rendre à vos premières chaînes.
N'en doutez point : voilà, quoique avec mille ennuis,
Et pourquoi je m'éloigne, et pourquoi je vous fuis :
Par un frivole amour voudriez-vous, madame,
Combattre les remords qui déchirent mon ame ;
Et qu'en vous retenant j'attirasse sur nous
Du ciel toujours vengeur l'implacable courroux?
ELVIRE.
Ah ! scélérat ! ton cœur, aussi lâche que traître,
Commence tout entier à se faire connaître;
Et ce qui me confond dans tout ce que j'attends,
Je le connais enfin, lorsqu'il n'en est plus temps.

Mais sache à me tromper quand ce cœur s'étudie
Que ta perte suivra ta noire perfidie;
Et que ce même ciel, dont tu n'oses railler,
A me venger de toi voudra bien travailler.
SGANARELLE, *bas.*
Se peut-il qu'il résiste, et que rien ne l'étonne?
(*haut.*)
Monsieur...
DON JUAN.
De fausseté je vois qu'on me soupçonne;
Mais, madame...
ELVIRE.
Il suffit, je t'ai trop écouté;
En ouïr davantage est une lâcheté :
Et, quoi qu'on ait à dire, il faut qu'on se surmonte
Pour ne se faire pas trop expliquer sa honte.
Ne te figure point qu'en reproches en l'air
Mon courroux contre toi veuille ici s'exhaler;
Tout ce qu'il peut avoir d'ardeur, de violence,
Se réserve à mieux faire éclater ma vengeance.
Je te le dis encor, le ciel armé pour moi
Punira tôt ou tard ton manquement de foi;
Et si tu ne crains point sa justice blessée,
Crains du moins la fureur d'une femme offensée.

SCÈNE IV.

DON JUAN, SGANARELLE.

SGANARELLE.
Il ne dit mot, il rêve ; et les yeux sur les siens...
Hélas ! si le remords le pouvait prendre !
DON JUAN.
Viens;
Il est temps d'achever l'amoureuse entreprise
Qui me livre l'objet dont mon ame est éprise.
Suis-moi.

SGANARELLE.
Le détestable ! A quel maître maudit,
Malgré moi, si longtemps, mon malheur m'asservit

FIN DU PREMIER ACTE.

ACTE SECOND.

SCÈNE PREMIÈRE.

CHARLOTTE, PIERROT.

CHARLOTTE.
Notre-dinse, Piarrot, pour les tirer de peine,
Tu t'es là rencontré bian à point.
PIERROT.
Oh ! marguienne !
Sans nous, c'en était fait.
CHARLOTTE.
Je le crois bian.
PIERROT.
Vois-tu ?
Il ne s'en fallait pas l'époisseur d'un fêtu,
Tous deux de se nayer eussiont fait la sottise.
CHARLOTTE.
C'est donc l'vent d'à matin...
PIERROT.
Aga, quien, sans feintise,
Je te vas tout fin drait conter par le menu
Comme, en n'y pensant pas, le hasard est venu.
Ils avions bian besoin d'un œil comme le nôtre.
Qui les vit de tout loin; car c'est moi, comme s'dit l'autre,
Qui les ai le premier avisés. Tanquia que,
Sur le bord de la mar bian leu prend que j'équion,
Où de tarre Gros-Jean me jetait une motte,
Tout en batifolant ; car comm'tu sais, Charlotte,
Pour v'nir batifoler, Gros-Jean ne charge qu'où ;
Et moi, par fouas aussi, je batifole itou.
En batifolant don, j'ai fait l'apercevance
D'un grouillement sugliau, sans voir la différence
De c'qui pouvait grouiller : ça grouillait à tous coups,
Et, grouillont par secousse, allait comme envars nous.
J'étas embarrassé ; c'n'était point stratagème,
Et tout com'je te vois, je voyas ça de même,
Aussi fixiblement ; et pis tout d'un coup, quien,
Je voyas qu'après ca je ne voyas plus rien.
Hé, Gros-Jean, ç'ai-je fait, stanpendant que je sommes
A niaiser parmi nous, je pens' que vlà de zommes
Qui nagiant tout là-bas. Bon, s'm'a-t-i fait vrament,
T'auras de queuque chat vu le trépassement ;
T'as la veu' trouble. Oh bian, c'ai-je fait, t'as bian dire,
Je n'ai point la veu'trouble, et c'n'est point jeu pour rire.
C'est là de zommes. Point, s'm'a-t-i fait, c'n'en est pas,
Pierrot, t'as la barlue. Oh ! j'ai c'que je voudras,
C'ai-je fait ; mais gageons que j'n'ai point la barlue,
Et qu'ça qu'en voit là-bas, ç'ai-je fait, qui remue,
C'est de zommes, vois-tu, qui nageont vars ici.
Gag'que non, s'm'a-t-i fait. Oh, margué, gag'que si.
Dix sous. Oh ! s'm'a-t-i fait, je le veux bian, marguienne,
Quien, mets argent su jeu, vlà le mien. Palsanguienne,
Je n'ai fait là-dessus l'étourdi, ni le fou,
J'ai bravement bouté par tarre mé dix sou,
Quatre pièce tapée, et le restant en double :
Jarnigué, je varron si j'avon la veu' trouble,
C'ai-je fait, les boutant... plus hardiment enfin
Que si j'eusse avalé queuque varre de vin ;
Car j'sis hasardeux, moi : qu'en me mette en boutade,
Je vas, sans tant d'raisons, tout à la débandade.
Je savas bian pourtant c'que j'faisa d'en par là,
Queuque gniais ! Enfin don, j'non pas putôt mis, vla
Que j'voyons tout à plain com'deu zomme à la nage
Nous faision signe ; et moi, sans rien dir'davantage,
De prendre le zenjeux. Allon, Gros-Jean, allon,
C'ai-je fait, vois-tu pas comme i nous zappelon ?
Is voulont nayer. Tant mieux, s'm'a-t-i fait, je m'en gausse,
I m'ant fait pardre. A don, le tirant pa lé chausse
J'l'ai si bian sarmoné, qu'à la parfin vars eux
J'avon dans une barque avironné tou deux ;
Et pis, cahin, caha, j'on tant fait que je somme
Venus tout contre ; et pis j'les avons tiré, comme
Ils aviont quasi bu déjà pu que de jeu.
Et pis j'le zon cheu nous menés auprès du feu,
Où je l'zon vu tout nuds sécher leu zoupelande
Et pis, il en est v'nu deux autres de leu bande,
Qui s'équian, vois-tu bian, sauvé tout seul ; et pis
Mathurine est venue à voir leu biau zabits ;
Et pis, i liont conté qu'al n'était pas tant sotte,
Qu'al avait du malin dans l'œil ; et pis, Charlotte,
Vl'à tout com'ç'a s'est fait, pour te l'dire en un mot.
CHARLOTTE.
Et ne m'disais-tu pas qu'glien avait un, Piarrot,
Qu'était bian pu mieux fait que tretous?
PIERROT.
C'est le maître.
Queuque bian gros monsieu, de pu gros qui puisse être;
Car i n'a que du dor par ilà, par ici ;
Et ceux qui le sarvont sont dé monsieus aussi.
Stanpendant, si je n'eûme été là, palsanguenne,
Il en tenait.
CHARLOTTE.
Ardez un peu.
PIERROT.
Jamais, marguienne,
Tout gros monsieur qu'il est, il n'en fût revenu.
CHARLOTTE.
Et cheu toi, dis, Piarrot, est-il encor tout nu ?
PIERROT.
Nannain : tou devant nou, qui le regardion faire ;
I l'avon rabillé. Monguieu , combian d'affaire !
J'n'avais vu s'habiller jamais de courtisans,
Ni leu zangingorninux : je me pardrais dedans.
Pour le zy faire entré, comme n'en le balotte !
J'étas tout ébobi de voir ça. Quien, Charlotte,
Quand i sont zabillés y vou zan tout à point
De grands cheveux toufus , mais qui ne tenont point
A leu tête , et pis vla tout d'un coup qui l'y passe,
I boutont ça tout comme un bonnet de filace.
Leu chemise , qu'à voir j'étas tout étourdi,
Ant de manche, où tou deux j'entrerions tout brandi.

En deglieu d'haut de chausse, us ant sartaine histoire
Qui ne leu vient que là. J'auras bian de quoi boire,
Si j'avas tout l'argent dé lisets de dessu.
Glien a tant, glien a tant, qu'en n'en saurait voir pu.
Ils n'ant jusqu'au colet qui n'va point en darrière,
Et qui leu pen devant, bâti d'une manière
Que je n'te l'saurais dire, et si j'lai vu de près.
Ils ant au bout dé bras d'autres petits colets,
Aveu des passements faits de dentale blanche,
Qui, veniant par le bout, faison le tour dé manche.

CHARLOTTE.
I faut que j'aille voir, Piarrot.

PIERROT.
Oh! si te plaît,
J'ai queuq'chose à te dire.

CHARLOTTE.
Hé bian, dis qu'esque c'est.

PIERROT.
Vois-tu, Charlotte, i faut qu'aveu toi, com's'dit l'autre,
Je débonde mon cœur ; il irait trop du nôtre,
Quand je somme pour être à nou deux tou de bon,
Si je n'me plaignas pas.

CHARLOTTE.
Quement ? Qu'esqu'iglia don ?

PIERROT.
Iglia que franchement tu me chagraigne l'ame.

CHARLOTTE.
Et d'où vient ?

PIERROT.
Tatigué, tu dois être ma femme,
Et tu ne m'aimes pas.

CHARLOTTE.
Ah! ah! n'est-ce que ça ?

PIERROT.
Non, c'n'est qu'ça ; stanpandant c'est bian assez. Vian çà.

CHARLOTTE.
Mongieu, toujou, Piarrot, tu m'dis la même chose.

PIERROT.
Si j'te la dis toujou, c'est toi qu'en est la cause ;
Et si tu me faisais queuque fouas autrement,
J'te diras autre chose.

CHARLOTTE.
Appren-moi donc quement
Tu voudrais que j'te fisse.

PIERROT.
Oh! je veux que tu m'aime.

CHARLOTTE.
Esque je n't'aime pas ?

PIERROT.
Non, tu fais tou de même
Que si j'n'avion point fait no zacordaille ; et si
J'n'ai rien à me r'procher là-dessus, Dieu marci.
Das qui passe un marcier, tout aussitôt j't'ajette
Lé pu jolis lacets qui soient dans sa banette.
Pour t'aller dénicher dé marle, j'ne sai zoù,
Tou les jours je m'azarde à me rompre le cou.
Je fais jouer pour toi lé vielleu zà ta fête,
Et tout ça, contre un mur c'est me cogné la tête :
J'n'y gagne rien. Vois-tu ? ça n'est ni biau ni bon,
De n'vouloir pas aimer les gens qui nou zaimon.

CHARLOTTE.
Mon guieu, je t'aime aussi ; de quoi temettre en peine ?

PIERROT.
Oui, tu m'aimes, mais c'est d'une belle déguaine.

CHARLOTTE.
Qu'es don qu'tu veux qu'en fasse ?

PIERROT.
Oh! je veux que tout haut
L'en fasse ce qu'en fait pour aimer comme i faut.

CHARLOTTE. [tonne?]
J't'aime aussi comme i faut ; pourquoi don qu'tu t'é-

PIERROT.
Non, ça s'voit quand il est ; et toujou zau parsonne,
Quand c'est tout d'bon qu'on aime, en leu fait en passant
Mil'p'tite singerie. Hé, sis-je un innocent ?
Margué, je n'veux que voir com'la grosse Thomasse
Fait au jeune Robain ; al'n'tien jamais en place,
Tant al'n'est assotée ; et dès qu'al'voit passer,
Al'n'attend point qui vienne, al's'en court l'agacer,

Li jett'son chapiau bas, et toujou, sans reproche,
Li fait exprès queuqu'niche, ou baille une taloche :
Et darrainment encor que su zun escabiau
Il regardait danser, al's'en fut bian et biau
Li tirer de dessous, et l'mit à la renvarse. [barse.
Jarni, vlà c'qu'c'est qu'aimer ; mais, margué, l'en me
Quand dret comme un piquet j'voi qu'tu viens te parcher.
Tu n'me dis jamais mot, et j'ai biau tentincher,
En glieu de m'fair'présent d'un'honne égratignure,
De m'bailler queuque coup, ou d'voir par aventure
Si j'sis point chatouilleux, tu te grates les doigts ;
Et t'es là toujou, comme un vrai souche d'bois.
T'es trop fraide, vois-tu : ventregué, ça me choque.

CHARLOTTE.
C'est mon imeur, Piarrot, que veux-tu ?

PIERROT.
Tu te moque.
Quand l'en aime les gens, l'en en baille toujou
Queuq' petit'signifiance.

CHARLOTTE.
Oh! cherche donc par où.
S'tu penses qu'à t'aimer queuque autre soit pu prompte,
Va l'aimer, j'te l'accorde.

PIERROT.
Hé bien, vlà pas mon compte ?
Tatigué, stu m'aimais, m'dirais-tu ça ?

CHARLOTTE.
Pourquoi
M'viens-tu tarabuster toujou l'esprit ?

PIERROT.
Dis-moi,
Queu mal t'fais-je à vouloir que tu m'fasses paraître
Un peu d'amiquié ?

CHARLOTTE.
Va, ça m'viendra peut-être.
Ne me presse point tant, et laisse faire.

PIERROT.
Hé bien,
Touche donc là, Charlotte, et d'bon cœur.

CHARLOTTE.
Hé bien, quien.

PIERROT.
Promets que tu tâchera za m'aimer davantage.

SCENE II.
CHARLOTTE, PIERROT, DON JUAN, SGANARELLE.

CHARLOTTE.
Est-ce là ce monsieu ?

PIERROT.
Oui, le vlà.

CHARLOTTE.
Queu dommage
Qu'il eût été nayé ! Qu'il est genti !

PIERROT.
Je vas
Boire chopeine, agieu, je ne tarderai pas.

SCENE III.
DON JUAN, SGANARELLE, CHARLOTTE.

DON JUAN.
Il n'y faut plus penser, c'en est fait Sganarelle ;
La force entre mes bras allait mettre la belle,
Lorsque ce coup de vent, difficile à prevoir,
Renversant notre barque, a trompé mon espoir.
Si par là de mon feu l'espérance est frivole,
L'aimable paysanne aisément m'en console.
Et c'est une conquête assez pleine d'appas,
Qui dans l'occasion ne m'échappera pas.
Déja par cent douceurs j'ai jeté dans son ame
Des dispositions à bien traiter ma flamme :
On se plaît à m'entendre, et je puis esperer
Qu'ici je n'aurai pas longtemps a soupirer.

SGANARELLE.
Ah! monsieur, je frémis à vous entendre dire.
Quoi ! des bras de la mort, quand le ciel nous retire,
Au lieu de mériter, par quelque amendement,
Les bontés qu'il répand sur nous incessamment :

Au lieu de renoncer aux folles amourettes,
Qui déjà tant de fois... Paix, coquin que vous êtes :
Monsieur sait ce qu'il fait ; et vous ne savez, vous,
Ce que vous dites.

DON JUAN.
Ah ! que vois-je auprès de nous ?

SGANARELLE.
Qu'est-ce ?

DON JUAN.
Tourne les yeux, Sganarelle, et condamne
La surprise où me met cette autre paysanne.
D'où sort-elle ? Peut-on rien voir de plus charmant ?
Celle-ci vaut bien l'autre, et mieux.

SGANARELLE.
Assurément.

DON JUAN.
Il faut que je lui parle.

SGANARELLE.
Autre pièce nouvelle.

DON JUAN.
L'agréable rencontre ! Et d'où me vient, la belle,
L'inespéré bonheur de trouver en ces lieux,
Sous cet habit rustique, un chef-d'œuvre des cieux ?

CHARLOTTE.
Hé, monsieu...

DON JUAN.
Il n'est point un plus joli visage.

CHARLOTTE.
Monsieu...

DON JUAN.
Demeurez-vous, ma belle, en ce village ?

CHARLOTTE.
Oui, monsieu.

DON JUAN.
Votre nom ?

CHARLOTTE.
Charlotte, à vous servir,
Si j'en étais capable.

DON JUAN.
Ah ! je me sens ravir.
Qu'elle est belle ! et qu'au cœur sa vue est dangereuse !
Pour moi...

CHARLOTTE.
Vous me rendez, monsieu, toute honteuse.

DON JUAN.
Honteuse d'ouïr dire ici vos vérités ?
Sganarelle, as-tu vu jamais tant de beautés ?
Tournez-vous, s'il vous plaît. Que sa taille est mi-
[gnonne !
Haussez un peu la tête. Ah ! l'aimable personne !
Cette bouche, ces yeux !... ouvrez-les tout à fait.
Qu'ils sont beaux ! Et vos dents ! il n'est rien si parfait.
Ces lèvres ont surtout un vermeil que j'admire.
J'en suis charmé.

CHARLOTTE.
Monsieu, cela vous plaît à dire ;
Et je ne sais si c'est pour vous railler de moi.

DON JUAN.
Me railler de vous ? Non, j'ai trop de bonne foi.
Regarde cette main plus blanche que l'ivoire,
Sganarelle : peut-on...

CHARLOTTE.
Fi, monsieu, al est noire
Tout comme je n'sais quoi.

DON JUAN.
Laissez-la moi baiser.

CHARLOTTE. [fuser;
C'est trop d'honneur pour moi ; j'n'os'rais vous re-
Mais si j'eus su tout ça devant votre arrivée,
Exprès avec du son je m'la serais lavée.

DON JUAN.
Vous n'êtes point encor mariée !

CHARLOTTE.
Oh ! non pas ;
Mais je dois bientôt l'être au fils du grand Lucas :
Il se nomme Piarrot : c'est ma tante Philipotte
Qui nous fait marier.

DON JUAN.
Quoi ! vous, belle Charlotte,
D'un simple paysan être la femme ? non :
Il vous faut autre chose ; et je crois tout de bon
Que le ciel m'a conduit exprès dans ce village
Pour rompre cet injuste et honteux mariage ;
Car enfin je vous aime, et, malgré les jaloux,
Pourvu que je vous plaise il ne tiendra qu'à vous
Qu'on ne trouve moyen de vous faire paraître
Dans l'éclat des honneurs où vous méritez d'être.
Cet amour est bien prompt, je l'avouerai ; mais, quoi ?
Vos beautés, tout d'un coup, ont triomphé de moi ;
Et je vous aime autant, Charlotte, en un quart d'heure,
Qu'on aimerait une autre en six mois.

CHARLOTTE.
Oui ?

DON JUAN.
Je meure
S'il est rien de plus vrai.

CHARLOTTE.
Monsieu, je voudrais bien
Que ça fût tout com'ça ; car vous ne m'dites rien
Qui ne m'fasse assé zaise, et j'aurais bian envie
De n'vous mécroire point ; mais j'ai toute ma vie
Entendu dire à ceux qui savon bien c'que c'est,
Qu'i n'est point de monsieu qui ne soit toujou prêt
A tromper queuque fille, à moins qu'al n'y regarde.

DON JUAN.
Suis-je de ces gens-là ? non, Charlotte.

SGANARELLE.
Il n'a garde.

DON JUAN.
Le temps vous fera voir comme j'en veux user.

CHARLOTTE.
Aussi je n' voudrais pas me laisser abuser,
Voyez-vou : si j'sis pauvre, et native du village,
J'ai d'l'honneur, tout autant qu'on en ait à mon âge ;
Et, pour tout l'or du monde, on n'me pourrait tenter,
Si j'pensais qu'en m'aimant l'en me l'voulût ôter.

DON JUAN.
Je voudrais vous l'ôter, moi ? ce soupçon m'offense.
Croyez que pour cela j'ai trop de conscience ;
Et que, si vos appas m'ont su d'abord charmer,
Ce n'est qu'en tout honneur que je vous veux aimer
Pour vous le faire voir, apprenez que dans l'ame
J'ai formé le dessein de vous faire ma femme :
J'en donne ma parole ; et pour vous, au besoin,
L'homme que vous voyez en sera le témoin.

CHARLOTTE.
Vous m'vouriez épouser, moi ?

DON JUAN.
Cela vous étonne
Demandez au témoin que mon amour vous donne
Il me connaît.

SGANARELLE.
Très fort. Ne craignez rien : allez,
Il vous épousera cent fois, si vous voulez :
J'en réponds.

DON JUAN.
Hé bien donc ! pour le prix de ma flamme
Ne consentez-vous pas à devenir ma femme ?

CHARLOTTE.
Il faudrait à ma tante en dire un petit mot
Pour qu'al en fût contente : al aime bien Piarrot.

DON JUAN.
Je dirai ce qu'il faut, et m'en rendrai le maître.
Touchez là seulement, pour me faire connaître
Que de votre côté vous voulez bien de moi.

CHARLOTTE.
J'n'en veux que trop ; mais vous ?

DON JUAN.
Je vous donne ma foi,
Et deux petits baisers vont vous servir de gage...

SCENE IV.

DON JUAN, CHARLOTTE, PIERROT, *dans le fond ;* SGANARELLE.

CHARLOTTE.
Oh, monsieu ! attendez qu'j'ons fait le mariage ;
Après ça, voyez-vous, je vous baiserai tant
Que vous n'erez qu'à dire.

DON JUAN.
Ah! me voilà content.
Tout ce que vous voulez, je le veux pour vous plaire ;
Donnez-moi seulement votre main?
CHARLOTTE.
Pourquoi faire?
DON JUAN.
Il faut que cent baisers vous marquent l'intérêt...
PIERROT, s'approchant.
Tout doucement, monsieu, tenez-vous, s'il vous plait ;
Vous pourriez, v's'échauffant, gagner la purésie.
DON JUAN.
D'où cet impertinent nous vient-il?
PIERROT.
Oh! jarnie,
J'vous dis qu'on vous tegnai, et qu'i n'est pas besoin
Qu'ou vegniais courtisé nos femmes de si loin.
DON JUAN, le poussant.
Ah! que de bruit!
PIERROT.
Margué! je n'nou zémouvon guere
Pour cé pousseu de gens.
CHARLOTTE.
Piarrot, laisse-le faire.
PIERROT.
Quement? que j'l'laisse faire? et je ne l'veux pas, moi.
DON JUAN.
Ah!
PIERROT.
Parc'qu'il est monsieu, i s'en viendra, je croi,
Caresser à not' barbe ici nos zaccordées.
Pargué! j'en sis d'avis, que j'vou l'zayon gardées.
Allez-v's'en caresser lé votres.
DON JUAN, lui donnant plusieurs soufflets.
Hé?
PIERROT.
Eh! margué,
N'vous avisé pas trop de m'frapper : jarnigué!
Ventregué! tatigué! voyez un peu la chance
D'venir battre les gens! c' n'est pas la récompense
D'vous être allé tantôt sauvé d'être nayé.
J'vous devions laisser boire. Il est bien employé.
CHARLOTTE.
Va, ne te fâche point, Piarrot.
PIERROT.
Oh, palsanguienne!
I m'plaît de me fâcher ; et t'es une vilaine
D'endurer qu'en t'cageole.
CHARLOTTE.
Il me veut épouser,
Et tu n'te devrais pas si fort colériser.
C'n'est pas c'qu'tu penses da.
PIERROT.
Jarni, tu m'es promise.
CHARLOTTE.
Ca n'y fait rian, Piarrot, tu n'mas pas encor prise.
Stu m'aimes comme i faut, s'ras-tu pas tout joyeux
De m'voir madame?
PIERROT.
Non, j'aimerais cent fois mieux
Te voir crever, qu'non pas qu'un autre t'eût. Mar-
CHARLOTTE. [guenne...
Laiss'moi que je la sois, et n'te mets point en peine :
Je te ferai cheux nous apporter des œufs frais,
Du beurre...
PIERROT.
Palsanguié! je gnien port'rai jamais
Quand tu m'en f'rais payer deux fois autant. Acoute :
C'est donc com'ça qu'tu fais? si j'en eusse eu queuq'doute
Je m's'ras bien empêché de le tirer de gliau,
Et j' gli aurais baillé putôt un chinfreneau
D'un bon cou d'aviron sur la tête.
DON JUAN.
Hé?
PIERROT, s'éloignant.
Parsonne
N'me fait peur.
DON JUAN.
Attendez, j'aime assez qu'on raisonne.

PIERROT, s'éloignant toujours.
Je m'gobarg' de tout, moi.
DON JUAN.
Voyons un peu cela.
PIERROT.
J'en avon bien vu d'autre.
DON JUAN.
Houais!
SGANARELLE.
Monsieur, laissez là
Ce pauvre diable : à quoi peut servir de le battre ?
Vous voyez bien qu'il est obstiné comme quatre.
Va, mon pauvre garçon, va-t'en, retire-toi,
Et ne lui dis plus rien.
PIERROT.
Et j'li veux dire moi.
DON JUAN, donnant un soufflet à Sganarelle, croyant
le donner à Pierrot, qui se baisse.
Ah! je vous apprendrai...
SGANARELLE.
Peste soit du maroufle!
DON JUAN.
Voilà ta charité.
PIERROT.
Je m'ris d'queuq'vent qui soufle,
Et j'm'en vas à ta tante en lâcher quatre mots ;
Laisse faire.
(Il s'en va.)

SCÈNE V.

DON JUAN, CHARLOTTE, SGANARELLE.

DON JUAN.
A la fin il nous laisse en repos,
Et je puis à la joie abandonner mon ame.
Que de ravissements quand vous serez ma femme !
Sera-t-il un bonheur égal au mien?

SCÈNE VI.

CHARLOTTE, DON JUAN, MATHURINE,
SGANARELLE.

SGANARELLE, voyant Mathurine.
Ah ! ah !
Voici l'autre.
MATHURINE.
Monsieur, qu'es don q'ou faites là?
Esq'ou parlez d'amour à Charlotte?
DON JUAN, à Mathurine.
Au contraire ;
C'est qu'elle m'aime, et moi, comme je suis sincere,
Je lui dis que déjà vous possédez mon cœur.
CHARLOTTE.
Qu'es-donc que vou veut là Mathurine?
DON JUAN, à Charlotte.
Elle a peur
Que je ne vous épouse ; et je viens de lui dire
Que je vous l'ai promis.
MATHURINE.
Quoi ! Charlotte, es'pour rire?
DON JUAN, à Mathurine.
Tout ce que vous direz ne servira de rien :
Elle me veut aimer.
CHARLOTTE.
Mathurine, est-il bien
D'empêcher que monsieu...
DON JUAN, à Charlotte.
Vous voyez qu'elle enrage.
MATHURINE.
Oh! je n'empêche rien ; il m'a déjà...
DON JUAN, à Charlotte.
Je gage.
Qu'elle vous soutiendra qu'elle a reçu ma foi.
CHARLOTTE.
Je n'pensais pas...
DON JUAN, à Mathurine.
Gageons qu'elle dira de moi

28

Que j'aurai fait serment de la prendre pour femme.
MATHURINE.
Vous v'nez un peu trop tard.
CHARLOTTE.
Vous le dites.
MATHURINE.
Tredame !
Pour me disputer ?
CHARLOTTE.
Pisq'monsieu me veut bien.
MATHURINE.
C'est moi qu'i veut putôt.
CHARLOTTE.
Oh ! pourtant j'n'en crois rien.
MATHURINE.
Il m'a vu la première, et m'la dit : qu'i réponde.
CHARLOTTE.
Si v's a vu la première, il m'a vu la seconde,
Et m'veut épouser.
MATHURINE.
Bon !...
DON JUAN, à Mathurine.
Hé ! que vous ai-je dit ?
MATHURINE.
C'est moi qu'il épous'ra. Voyez le bel esprit !
DON JUAN, à Charlotte.
N'ai-je pas deviné ? La folle ! je l'admire.
CHARLOTTE.
Si j'n'avons pas raison, le v'la qu'est pour le dire :
Il sait notre querelle.
MATHURINE.
Oui, pisqui sait 'qu'en est,
Qu'i nous juge.
CHARLOTTE.
Monsieu, jugé nous, si vous plaît :
Laqueule est parmi nous...
MATHURINE.
Gageon q'c'est moi qu'il aime ?
Vou zallez voir.
CHARLOTTE.
Tant mieux : vous zallez voir vou-même.
MATHURINE.
Dites.
CHARLOTTE.
Parlez.
DON JUAN.
Comment ? est-ce pour vous moquer ?
Quel besoin avez-vous de me faire expliquer ?
A l'une de vous deux j'ai promis mariage ;
J'en demeure d'accord : en faut il davantage ?
Et chacune de vous, dans un débat si prompt,
Ne sait-elle pas bien comme les choses vont ?
Celle à qui je me suis engagé doit peut craindre
Ce que, pour l'étonner, l'autre s'obstine à feindre ;
Et tous ces vains propos ne sont qu'à mépriser,
Pourvu que je sois prêt toujours à l'épouser.
Qui va de bonne foi hait les discours frivoles ;
J'ai promis des effets, laissons là les paroles.
C'est par eux que je songe à vous mettre d'accord ;
Et l'on saura bientôt qui de vous deux a tort,
Puisqu'en me mariant je dois faire connaître
Pour laquelle l'amour dans mon cœur a su naître.
(à Mathurine.)
Laissez-la se flatter, je n'adore que vous.
(à Charlotte.)
Ne la détrompez point, je serai votre époux.
(à Mathurine.)
Il n'est charmes si vifs que n'effacent les vôtres.
(à Charlotte.)
Quand on a vu vos yeux, on n'en peut souffrir d'autres.
Une affaire me presse, et je cours l'achever ;
Adieu : dans un moment je viens vous retrouver.

SCÈNE VII.

MATHURINE, CHARLOTTE, SGANARELLE.

CHARLOTTE.
C'est moi qui li plaît mieux, au moins.

MATHURINE.
Pourtant je pense
Que je l'épouseron.
SGANARELLE.
Je plains votre innocence,
Pauvres jeunes brebis, qui, pour trop croire un fou,
Vous-mêmes vous jetez dans la gueule du loup !
Croyez-moi toutes deux, ne soyez pas si promptes
A vous laisser ainsi duper par de beaux contes.
Songez à vos oisons, c'est le plus assuré.

SCÈNE VIII.

DON JUAN, MATHURINE, CHARLOTTE, SGANARELLE.

DON JUAN, dans le fond du théâtre.
D'où vient que Sganarelle est ici demeuré ?
SGANARELLE.
Mon maître n'est qu'un fourbe, et tout ce qu'il débite
Fadaise ; il ne promet que pour aller plus vite.
Parlant de mariage, il cherche à vous tromper.
Il en épouse autant qu'il en peut attraper ;
Et...
(Apercevant don Juan qui l'écoute.)
Cela n'est pas vrai : si l'on vient vous le dire,
Répondez hardiment qu'on se plaît à médire ;
Que mon maître n'est fourbe en aucune action ;
Qu'il n'épouse jamais qu'à bonne intention,
Qu'il n'abuse personne, et que s'il dit qu'il aime...
Ah ! tenez, le voilà ; sachez-le de lui-même.
DON JUAN, à Sganarelle.
Oui !
SGANARELLE.
Le monde est si plein, monsieur, de médisants
Que, comme on parle mal surtout des courtisans,
Je leur faisais entendre à toutes deux, pour cause,
Que, si quelqu'un de vous leur disais quelque chose.
Il fallait n'en rien croire ; et que de suborneur...
DON JUAN.
Sganarelle !...
SGANARELLE.
Oui, mon maître est un homme d'honneur
Je le garantis tel.
DON JUAN.
Hon !
SGANARELLE.
Ce seront des bêtes,
Ceux qui tiendront de lui des discours malhonnêtes.

SCÈNE IX.

DON JUAN, LA RAMÉE, CHARLOTTE, MATHURINE, SGANARELLE.

LA RAMÉE, à don Juan.
Je viens vous avertir, monsieur, qu'ici pour vous
Il ne fait pas fort bon.
SGANARELLE.
Ah ! monsieur, sauvons-nous.
DON JUAN, à la Ramée.
Qu'est-ce ?
LA RAMÉE.
Dans un moment doivent ici descendre
Douze hommes à cheval commandés pour vous prendre ;
Ils ont dépeint vos traits à ceux qui me l'ont dit.
Songez à vous.

SCÈNE X.

DON JUAN, SGANARELLE, CHARLOTTE, MATHURINE.

SGANARELLE.
Pourquoi s'aller perdre à crédit ?
Tirons-nous promptement, monsieur.
DON JUAN.
Adieu, les belles ;
Celle que j'aime aura demain de mes nouvelles.

MATHURINE, *s'en allant.*
C'est à moi qu'i promet, Charlotte.
CHARLOTTE, *s'en allant.*
Oh! c'est à moi.

SCÈNE XI.

DON JUAN, SGANARELLE.

DON JUAN.

Il faut céder : la force est une étrange loi.
Viens ; pour ne risquer rien, usons de stratagème ;
Tu prendras mes habits.
SGANARELLE.
Moi, monsieur?
DON JUAN.
Oui, toi-même.
SGANARELLE.
Monsieur, vous vous moquez. Comment! sous vos
M'aller faire tuer ! [habits,
DON JUAN.
Tu mets la chose au pis.
Mais dis-moi, lâche, dis, quand cela devrait être,
N'est-on pas glorieux de mourir pour son maître?
SGANARELLE.
Serviteur à la gloire.

SCÈNE XII.

SGANARELLE.

O ciel! fais qu'aujourd'hui
Sganarelle, en fuyant, ne soit pas pris pour lui.

FIN DU SECOND ACTE.

ACTE III.

SCÈNE PREMIÈRE.

DON JUAN, SGANARELLE, *habillé en médecin.*

SGANARELLE.

Avouez qu'au besoin j'ai l'imaginative
Aussi prompte d'aller que personne qui vive.
Votre premier dessein n'était point à propos.
Sous ce déguisement j'ai l'esprit en repos.
Après tout, ces habits nous cachent l'un et l'autre
Beaucoup mieux qu'on n'eût pu me cacher sous le
J'en regardais le risque avec quelque souci ; [vôtre;
Tout franc, il me choquait.
DON JUAN.
Te voilà bien ainsi.
Où diable as-tu donc pris ce grotesque équipage?
SGANARELLE.
Il vient d'un médecin qui l'avait mis en gage:
Quoique vieux, j'ai donné de l'argent pour l'avoir,
Mais, monsieur, savez-vous quel en est le pouvoir?
Il me fait saluer des gens que je rencontre,
Et passer pour docteur partout où je me montre:
Ainsi qu'un habile homme on me vient consulter.
DON JUAN.
Comment donc?
SGANARELLE.
Mon savoir va bientôt éclater.
Déjà six paysans, autant de paysannes,
Accoutumés sans doute à parler à des ânes,
M'ont, sur différents maux, demandé mon avis.

DON JUAN.
Et qu'as-tu répondu?
SGANARELLE.
Moi?
DON JUAN.
Tu t'es trouvé pris.
SGANARELLE.
Pas trop. Sans m'étonner, de l'habit que je porte
J'ai soutenu l'honneur, et raisonné de sorte
Que, sur mon ordonnance, aucun d'eux n'a douté
Qu'il n'eût entre les mains un trésor de santé.
DON JUAN.
Et comment as-tu pu bâtir tes ordonnances?
SGANARELLE.
Ma foi! j'ai ramassé beaucoup d'impertinences,
Mêlé casse, opium, rhubarbe, et *cœtera*,
Tout par drachme; et le mal aille comme il pourra,
Que m'importe?
DON JUAN.
Fort bien. Ce que tu viens de dire
Me réjouit.
SGANARELLE.
Et si, pour vous faire mieux rire,
Par hasard (car enfin, quelquefois, que sait-on?)
Mes malades venaient à guérir?
DON JUAN.
Pourquoi non?
Les autres médecins, que les sages méprisent,
Dupent-ils moins que toi dans tout ce qu'ils nous
[disent?
Et, pour quelques grands mots que nous n'entendons
Ont-ils aux guérisons plus de part que tu n'as? [pas,
Crois-moi, tu peux comme eux quoi qu'on s'en per-
[suade.
Profiter, s'il avient, du bonheur du malade,
Et voir attribuer au seul pouvoir de l'art
Ce qu'avec la nature aura fait le hasard...
SGANARELLE.
Oh! jusqu'où vous poussez votre humeur libertine!
Je ne vous croyais pas impie en médecine.
DON JUAN.
Il n'est point parmi nous d'erreur plus grande.
SGANARELLE.
Quoi!
Pour un art tout divin vous n'avez point de foi!
La casse, le séné, ni le vin émétique...
DON JUAN.
La peste soit le fou!
SGANARELLE.
Vous êtes hérétique,
Monsieur. Songez-vous bien quel bruit, depuis un
Fait le vin émétique? [temps,
DON JUAN.
Oui, pour certaines gens.
SGANARELLE.
Ses miracles partout ont vaincu les scrupules :
Leur force a converti jusqu'aux plus incrédules:
Et, sans aller plus loin, moi qui vous parle, moi,
J'en ai vu des effets si surprenants...
DON JUAN.
En quoi?
SGANARELLE.
Tout peut être nié, si sa vertu se nie.
Depuis six jours un homme était à l'agonie,
Les plus experts docteurs n'y connaissaient plus rien;
Il avait mis à bout la médecine.
DON JUAN.
Hé bien?
SGANARELLE.
Recours à l'émétique : il en prend pour leur plaire ;
Soudain...
DON JUAN.
Le grand miracle! il en réchappe?
SGANARELLE.
Au contraire,
Il en meurt.
DON JUAN.
Merveilleux moyen de le guérir!
SGANARELLE.
Comment! depuis six jours il ne pouvait mourir ;

Et, dès qu'il en a pris, le voilà qui trépasse;
Vit-on jamais remède avoir plus d'efficace?
              DON JUAN.
Tu raisonnes fort juste.
              SGANARELLE.
                    Il est vrai, cet habit
Sur le raisonnement m'inspire de l'esprit;
Et si, sur certains points où je voudrais vous mettre,
La dispute...
              DON JUAN.
            Une fois je veux te la permettre.
              SGANARELLE.
Errez en médecine autant qu'il vous plaira,
La seule faculté s'en scandalisera.
Mais sur le reste, là, que le cœur se déploie.
Que croyez-vous?
              DON JUAN
              Je crois ce qu'il faut que je croie.
              SGANARELLE.
Bon; parlons doucement et sans nous échauffer.
Le ciel...
              DON JUAN.
          Laissons cela.
              SGANARELLE.
                    C'est fort bien dit. L'enfer...
              DON JUAN.
Laissons cela, te dis-je.
              SGANARELLE.
                    Il n'est pas nécessaire
De vous expliquer mieux; votre réponse est claire.
Malheur si l'esprit fort s'y trouvait oublié!
Voilà ce que vous sert d'avoir étudié;
Temps perdu. Quant à moi, personne ne peut dire
Que l'on m'ait rien appris: je sais à peine lire,
Et j'ai de l'ignorance à fond; mais, franchement,
Avec mon petit sens, mon petit jugement, [prendre,
Je vois, je comprends mieux ce que je dois com-
Que vos livres jamais ne pourraient me l'apprendre.
Ce monde où je me trouve, et ce soleil qui luit,
Sont-ce des champignons venus en une nuit?
Se sont-ils faits tout seuls? Cette masse de pierre
Qui s'élève en rochers, ces arbres, cette terre,
Ce ciel planté là-haut; est-ce que tout cela
S'est bâti de soi-même? Et vous, seriez-vous là
Sans votre père, à qui le sien fut nécessaire
Pour devenir le vôtre? Ainsi, de père en père,
Allant jusqu'au premier, qui veut-on qui l'ait fait,
Ce premier? Et l'homme, ouvrage si parfait,
Tous ces os agencés l'un dans l'autre, cette ame,
Ces veines, ce poumon, ce cœur, ce foie... Oh! dame,
Parlez à votre tour, comme les autres font;
Je ne puis disputer si l'on ne m'interrompt.
Vous vous taisez exprès, et c'est belle malice.
              DON JUAN.
Ton raisonnement me charme, et j'attends qu'il finisse.
              SGANARELLE.
Mon raisonnement est, monsieur, quoi qu'il en soit,
Que l'homme est admirable en tout, et qu'on y voit
Certains ingrédients que, plus on les contemple,
Moins on peut expliquer... D'où vient que... Par
N'est-il pas merveilleux que je sois ici, moi, [exemple.
Et qu'en la tête, là, j'aie un je ne sais quoi,
Qui fait qu'en un moment, sans en savoir les causes,
Je pense, s'il le faut, cent différentes choses,
Et ne me mêle point d'ajuster les ressorts
Que ce je ne sais quoi fait mouvoir dans mon corps?

SCENE II.

LÉONOR, *dans le fond*; DON JUAN,
SGANARELLE.

              SGANARELLE, *continuant*.
Je veux lever un doigt, deux, trois, la main entière,
Aller à droite, à gauche, en avant, en arrière...
    DON JUAN, *apercevant Léonor dans le fond du théâtre*.
Ah! Sganarelle, vois. Peut-on, sans s'étonner...
              SGANARELLE.
Voilà ce qu'il vous faut, monsieur, pour raisonner.

Vous n'êtes point muet, en voyant une belle.
              DON JUAN.
Celle-ci me ravit.
              SGANARELLE.
              Vraiment!
              DON JUAN.
                    Que cherche-t-elle?
              SGANARELLE.
Vous devriez déjà l'être allé demander.
              DON JUAN, *à Léonor*.
Quel bien plus grand le ciel pouvait-il m'accorder?
Présenter à mes yeux, dans un lieu si sauvage,
La plus belle personne...
              LÉONOR.
                    Oh! point, monsieur.
              DON JUAN.
                                    Je gage
Que vous n'avez encor que quatorze ans au plus.
              SGANARELLE, *bas à don Juan*.
C'est comme il vous les faut.
              LÉONOR.
                    Quatorze ans? Je les eus
Le dernier de juillet.
              SGANARELLE, *à part*.
                    O ma pauvre innocente!
              DON JUAN.
Mais que cherchiez-vous là?
              LÉONOR.
                    Des herbes pour ma tante,
C'est pour faire un remède; elle en prend très souvent.
              DON JUAN.
Veut-elle consulter un homme fort savant?
Monsieur est médecin.
              LÉONOR.
                    Ce serait là sa joie.
              SGANARELLE, *d'un ton grave*.
Où son mal lui tient-il? est-ce à la rate, au foie?
              LÉONOR.
Sous les arbres assise, elle prend l'air là-bas;
Allons le savoir d'elle.
              DON JUAN.
                    Hé! ne nous pressons pas.
  (*à Sganarelle*.)
Qu'elle est propre à causer une flamme amoureuse!
              LÉONOR.
Il faudra que je sois pourtant religieuse.
              DON JUAN.
Ah! quel meurtre! Et d'où vient? Est-ce que vous avez
Tant de vocation...
              LÉONOR.
                    Pas trop: mais vous savez
Qu'on menace une fille; et qu'il faut, sans murmure...
              DON JUAN.
C'est cela qui vous tient?
              LÉONOR.
                    Et puis, ma tante assure
Que je ne suis point propre au mariage.
              DON JUAN.
                                    Vous?
Elle se moque; allez, faites choix d'un époux.
Je vous garantis, moi, s'il faut que j'en réponde,
Propre à vous marier plus que fille du monde.
Monsieur le médecin s'y connaît; et je veux
Que lui-même...
              SGANARELLE, *lui tâtant le pouls*.
Voyons. Le cas n'est point douteux,
Mariez-vous; il faut vous mettre deux ensemble,
Sinon il vous viendra mal-encombre.
              LÉONOR.
                    Ah! je tremble.
Et quel mal est-ce là que vous nommez?
              SGANARELLE.
                                    Un mal
Qui consume en six mois l'humide radical,
Mal terrible, astringent, vaporeux.
              LÉONOR.
                    Je suis morte.
              SGANARELLE.
Mal, surtout, qui s'augmente au couvent.

LÉONOR.
Il n'importe.
On ne laissera pas de m'y mettre.
DON JUAN.
Et pourquoi?
LÉONOR.
A cause de ma sœur qu'on aime plus que moi :
On la mariera mieux, quand on n'aura plus qu'elle.
DON JUAN.
Vous êtes pour cela trop aimable et trop belle.
Non, je ne puis souffrir cet excès de rigueur ;
Et, dès demain, pour faire enrager votre sœur,
Je veux vous épouser : en serez-vous contente?
LÉONOR.
Hé ! mon dieu ! n'allez pas en rien dire à ma tante.
Sitôt que du couvent elle voit que je ris,
Deux soufflets me sont sûrs ; et ce serait bien pis
Si vous alliez pour moi parler de mariage.
DON JUAN.
Hé bien ! marions-nous en secret : je m'engage,
Puisqu'elle vous maltraite, à vous mettre en état
De ne rien craindre d'elle.
SGANARELLE.
Et par un bon contrat ;
Ce n'est point à demi que monsieur fait les choses.
DON JUAN.
J'avais pour fuir l'hymen d'assez pressantes causes ;
Mais, pour vous faire entrer au couvent malgré vous
Savoir qu'à la menace on ajoute les coups,
C'est un acte inhumain, dont je me rends coupable
Si je ne vous épouse.
SGANARELLE.
Il est fort charitable :
Voyez ! se marier, pour vous ôter l'ennui
D'être religieuse ! Attendez tout de lui.
LÉONOR.
Si j'osais m'assurer...
SGANARELLE.
C'est une bagatelle,
Que ce qu'il vous promet. Sa bonté naturelle
Va si loin qu'il est prêt, pour faire trêve aux coups,
D'épouser, s'il le faut, votre tante avec vous.
LÉONOR.
Ah ! qu'il n'en fasse rien ; elle est si dégoûtante...
Mais moi, suis-je assez belle...
DON JUAN.
Ah ciel ! toute charmante,
Quelle douceur pour moi de vivre sous vos lois !
Non, ce qui fait l'hymen n'est point de notre choix,
J'en suis trop convaincu ; je vous connais à peine,
Et tout à coup je cède à l'amour qui m'entraîne.
LÉONOR.
Je voudrais qu'il fût vrai ; car ma tante, et la peur
Que me fait le couvent...
DON JUAN.
Ah ! connaissez mon cœur.
Voulez-vous que ma foi, pour preuve indubitable,
Vous fasse le serment le plus épouvantable?
Que le ciel...
LÉONOR.
Je vous crois, ne jurez point.
DON JUAN.
Hé bien?
LÉONOR.
Mais, pour nous marier sans que l'on en sût rien,
Si la chose pressait, comment faudrait-il faire?
DON JUAN.
Il faudrait avec moi venir chez un notaire,
Signer le mariage ; et, quand tout serait fait,
Nous laisserions gronder votre tante.
SGANARELLE.
En effet,
Quand une chose est faite, elle n'est pas à faire.
LÉONOR.
Oh ! ma tante et ma sœur seront bien en colère ;
Car j'aurai, pour ma part, plus de vingt mille écus :
Bien des gens me l'ont dit.
DON JUAN.
Vous me rendez confus

Pensez-vous que ce soit votre bien qui m'engage?
Ce sont les agréments de ce charmant visage,
Cette bouche, ces yeux ; enfin, soyez à moi,
Et je renonce au reste.
SGANARELLE.
Il est de bonne foi.
Vos écus sont pour lui des beautés peu touchantes.
LÉONOR.
J'ai dans le bourg voisin une de mes parentes
Qui veut qu'on me marie, et qui m'a toujours dit
Que, si quelqu'un m'aimait...
DON JUAN.
C'est avoir de l'esprit.
LÉONOR.
Elle enverrait chercher de bon cœur le notaire.
Si nous allions chez elle?
DON JUAN.
Hé bien ! il le faut faire.
Me voilà prêt, allons.
LÉONOR.
Mais quoi ! seule avec vous?
DON JUAN.
Venir avecque moi, c'est suivre votre époux.
Est-ce un scrupule à faire, après la foi promise?
LÉONOR.
Pas trop, mais j'ai toujours...
DON JUAN.
Vous verrez ma franchise.
LÉONOR.
Du moins...

SCENE III.

THÉRÈSE, LÉONOR, DON JUAN, SGANARELLE.

DON JUAN.
Par où faut-il vous mener?
LÉONOR.
Par ici.
Mais quel malheur !
DON JUAN.
Comment?
LÉONOR.
Ma tante que voici..
DON JUAN, à part.
Le fâcheux contretemps ! qui diable nous l'amène?
SGANARELLE, à part.
Ma foi ! c'en était fait sans cela.
DON JUAN.
Quelle peine !
LÉONOR.
Sans rien dire venez m'attendre ici ce soir ;
Je m'y rendrai.
THÉRÈSE, à Léonor.
Vraiment ! j'aime assez à vous voir,
Impudente ! il vous faut parler avec des hommes !
SGANARELLE, à Thérèse.
Vous ne savez pas bien, madame, qui nous sommes.
Est-ce faire du mal, quand c'est à bonne fin?
Ce monsieur-là m'a dit qu'il était médecin ;
Et je lui demandais si, pour guérir votre asthme,
Il ne savait pas...
SGANARELLE.
Oui, j'ai certain cataplasme,
Qui, posé lorsqu'on tombe en suffocation,
Facilite aussitôt la respiration.
THÉRÈSE.
Hé mon Dieu ! là-dessus j'ai vu les plus habiles ;
Leurs remèdes me sont remèdes inutiles.
SGANARELLE.
Je le crois. La plupart des plus grands médecins
Ne sont bons qu'à venir visiter des bassins ;
Mais pour moi, qui vais droit au souverain dictame,
Je guéris de tous maux ; et je voudrais, madame,
Que votre asthme vous tînt du haut jusques au bas ;
Trois jours mon cataplasme, il n'y paraîtrait pas.

THÉRÈSE.
Hélas! que vous feriez une admirable cure!
SGANARELLE.
Je parle hardiment, mais ma parole est sûre.
Demandez à monsieur. Outre l'asthme, il avait
Un bolus au côté, qui toujours s'élevait.
Du diaphragme impur l'humeur trop réunie
Le mettait tous les ans dix fois à l'agonie :
En huit jours je vous ai balayé tout cela,
Nettoyé l'impur, et... Regardez, le voilà
Aussi frais, aussi plein de vigueur énergique,
Que s'il n'avait jamais eu tache d'asthmatique.
THÉRÈSE.
Son teint est frais, sans doute, et d'un vif éclatant.
SGANARELLE.
Çà, voyons votre pouls. Il est intermittent;
La palpitation du poumon s'y dénote.
THÉRÈSE.
Quelquefois...
SGANARELLE.
Votre langue. Elle n'est pas tant sotte.
En dessous, levez-la. L'asthme y paraît marqué.
Ah! si mon cataplasme était vite appliqué...
THÉRÈSE.
Où donc l'applique-t-on?
SGANARELLE, *lui parlant avec action, pour l'empêcher de voir que Don Juan entretient tout bas Léonor.*
Tout droit sur la partie
Où la force de l'asthme est le plus départie.
Comme l'obstruction se fait de ce côté,
Il faut, autant qu'on peut, la mettre en liberté;
Car, selon que d'abord la chaleur restringente
A pu se ramasser, la partie est souffrante,
Et laisse à respirer le conduit plus étroit :
Or, est-il que le chaud ne vient jamais du froid
Par conséquent, sitôt que dans une famille
Vous voyez que le mal prend cours...
THÉRÈSE, *à Léonor.*
Petite fille,
Passez de ce côté.
SGANARELLE, *continuant.*
Ne différez jamais.
DON JUAN, *bas à Léonor.*
Vous viendrez donc ce soir?
LÉONOR.
Oui, je vous le promets.
SGANARELLE.
A vous cataplasmer commencez de bonne heure.
En quel lieu faites-vous ici votre demeure?
THÉRÈSE.
Vous voyez ma maison.
SGANARELLE, *tirant sa tabatière.*
Dans trois heures d'ici,
Prenez dans un œuf frais de cette poudre-ci;
Et du reste du jour ne parlez à personne.
Voilà, jusqu'à demain, ce que je vous ordonne :
Je ne manquerai pas à me rendre chez vous.
THÉRÈSE.
Venez : vous faites seul mon espoir le plus doux.
Allons, petite fille, aidez-moi.
LÉONOR.
Çà, ma tante.

SCÈNE IV.

DON JUAN, SGANARELLE.

SGANARELLE.
Qu'en dites-vous, monsieur?
DON JUAN.
La rencontre est plaisante!
SGANARELLE.
M'érigeant en docteur, j'ai là, fort à propos,
Pour amuser la tante, étalé de grands mots!
DON JUAN.
Où diable as-tu pêché ce jargon?
SGANARELLE.
Laissez faire.
J'ai servi quelque temps chez un apothicaire :
S'il faut jaser encor, je suis médecin né.
Mais, ce tabac en poudre à la vieille donné?

DON JUAN.
Sa nièce est fort aimable, et doit ici se rendre,
Quand le jour...
SGANARELLE.
Quoi! monsieur, vous l'y viendrez attendre?
DON JUAN.
Oui sans doute.
SGANARELLE.
Et de là, vous l'épouseur banal,
Vous irez lui passer un écrit nuptial?
DON JUAN.
Souffrir, faute d'un mot, qu'elle échappe à ma flamme.
SGANARELLE.
Quel diable de métier! toujours femme sur femme
DON JUAN.
En vain pour moi ton zèle y voit de l'embarras;
Les femmes n'en font point.
SGANARELLE.
Je ne vous comprends pas;
Mille gens, dont je vois partout qu'on en contente,
En ont souvent trop d'une, et vous en prenez trente?
DON JUAN.
Je ne me pique pas aussi de les garder;
Le grand nombre, en ce cas, pourrait m'incommoder.
SGANARELLE.
Pourquoi? Vous en feriez un sérail. Mais je tremble!
Quel cliquetis, monsieur! Ah!
DON JUAN.
Trois hommes ensemble
En attaquent un seul! Il faut le secourir.

SCENE V.

SGANARELLE.

Voilà l'humeur de l'homme. Où s'en va-t-il courir?
S'aller faire échiner, sans qu'il soit nécessaire!
Quels grands coups il allonge! Il faut le laisser faire.
Le plus sûr cependant est de m'aller cacher;
S'il a besoin de moi, qu'il vienne me chercher.

SCÈNE VI.

DON CARLOS, DON JUAN.

DON CARLOS.
Ces voleurs, par leur fuite, ont fait assez connaître
Qu'où votre bras se montre on n'ose plus paraître;
Et je ne puis nier qu'à cet heureux secours,
Si je respire encor, je ne doive mes jours :
Ainsi, monsieur, souffrez que pour vous rendre grace...
DON JUAN.
J'ai fait ce que vous même auriez fait en ma place;
Et prendre ce parti contre leur lâcheté
Etait plutôt devoir que générosité.
Mais, d'où vous êtes-vous attiré leur poursuite?
DON CARLOS.
Je m'étais par malheur, écarté de ma suite;
Ils m'ont rencontré seul, et mon cheval tué
A leur infame audace a fort contribué.
Sans vous, j'étais perdu.
DON JUAN.
Vous allez à la ville!
DON CARLOS.
Non; certains intérêts...
DON JUAN.
Vous peut-on être utile.
DON CARLOS.
Cette offre met le comble à ce que je vous dois.
Une affaire d'honneur, très sensible pour moi,
M'oblige dans ces lieux à tenir la campagne.
DON JUAN.
Je suis à vous; souffrez que je vous accompagne.
Mais puis-je demander, sans me rendre indiscret,
Quel outrage reçu...
DON CARLOS.
Ce n'est plus un secret;
Et je ne dois songer, dans le bruit de l'offense,
Qu'à faire promptement éclater ma vengeance.

Une sœur, qu'au couvent j'avais fait elever,
Depuis quatre ou cinq jours s'est laissée enlever.
Un don Juan Giron est l'auteur de l'injure :
Il a pris cette route: au moins on m'en assure,
Et je viens l'y chercher, sur ce que j'en ai su.
．． DON JUAN.
Et le connoissez-vous?
．． DON CARLOS.
．． Je ne l'ai jamais vu ;
Mais j'amène avec moi des gens qui le connaissent ;
Et par ses actions, telles qu'elles paraissent,
Je crois, sans passion, qu'il peut être permis...
．． DON JUAN.
N'en dites point de mal, il est de mes amis.
．． DON CARLOS.
Après un tel aveu, j'aurais tort d'en rien dire ;
Mais lorsque mon honneur à la vengeance aspire,
Malgré cette amitié, j'ose espérer de vous...
．． DON JUAN.
Je sais ce que se doit un si juste courroux ;
Et, pour vous épargner des peines inutiles,
Quels que soient vos desseins, je les rendrai faciles.
Si d'aimer don Juan je ne puis m'empêcher,
C'est sans avoir servi jamais à le cacher :
D'un enlèvement fait avecque trop d'audace,
Vous demandez raison, il faut qu'il vous la fasse.
．． DON CARLOS.
Et comment me la faire?
．． DON JUAN.
．． Il est homme de cœur :
Vous pouvez là-dessus consulter votre honneur ;
Pour se battre avec vous, quand vous aurez su prendre
Le lieu, l'heure et le jour, il viendra vous attendre.
Vous répondre de lui, c'est vous en dire assez.
．． DON CARLOS.
Cette assurance est douce à des cœurs offensés;
Mais je vous avouerai que, vous devant la vie,
Je ne puis, sans douleur, toutes y voir de la partie.
．． DON JUAN.
Une telle amitié nous a joints jusqu'ici,
Que, s'il se bat, il faut que je me batte aussi :
Notre union le veut.
．． DON CARLOS.
．． Et c'est dont je soupire.
Faut-il, quand je vous dois le jour que je respire.
Que j'aie à me venger, et qu'il vous soit permis
D'aimer le plus mortel de tous mes ennemis!

SCENE VII.

DON CARLOS, DON JUAN, ALONSE.

ALONSE, *à un valet.*
Fais boire nos chevaux, et que l'on nous attende.
Par où donc... Mais, ô ciel ! que ma surprise est grande,
．． DON CARLOS, *à Alonse.*
D'où vient qu'ainsi sur nous vos regards attachés...
．． ALONSE.
Voilà votre ennemi, celui que vous cherchez,
Don Juan.
．． DON CARLOS.
．． Don Juan !
．． DON JUAN.
．． Oui, je renonce à feindre ;
L'avantage du nombre est peu pour m'y contraindre.
Je suis ce don Juan, dont le trépas juré...
．． ALONSE, *à don Carlos.*
Voulez-vous ?...
．． DON CARLOS.
．． Arrêtez. M'étant seul égaré,
Des lâches m'ont surpris, et je lui dois la vie,
Qui, par eux, sans son bras, m'aurait été ravie.
Don Juan, vous voyez, malgré tout mon courroux,
Que je vous rends le bien que j'ai reçu de vous :
Jugez par là du reste; et si de mon offense,
Pour payer un bienfait, je suspens la vengeance,

Croyez que ce délai ne fera qu'augmenter
Le vif ressentiment que j'ai fait éclater.
Je ne demande point qu'ici, sans plus attendre,
Vous preniez le parti que vous avez à prendre ;
Pour m'acquitter vers vous, je veux bien vous laisser
Quoi que vous résolviez, le loisir d'y penser.
Sur l'outrage reçu, qu'en vain on voudrait taire,
Vous savez quels moyens peuvent me satisfaire:
Il en est de sanglants, il en est de plus doux:
Voyez-les, consultez ; le choix dépend de vous.
Mais enfin, quel qu'il soit, souvenez-vous, de grace,
Qu'il faut que mon affront par don Juan s'efface,
Que ce seul intérêt m'a conduit en ce lieu,
Que vous m'avez pour lui donné parole. Adieu.
．． ALONSE.
Quoi, monsieur !
．． DON CARLOS.
．． Suivez-moi.
．． ALONSE.
．． Faut-il ?...
．． DON CARLOS.
．． Notre querelle
Se doit vider ailleurs.

SCÈNE VIII.

DON JUAN.

Hola, ho! Sganarelle?

SCÈNE IX.

DON JUAN, SGANARELLE.

SGANARELLE, *derrière le théâtre.*
Qui va là ?
．． DON JUAN.
．． Viendras-tu?
．． SGANARELLE.
．． Tout à l'heure. Ah ! c'est vous.
．． DON JUAN.
Coquin, quand je me bats, tu te sauves des coups !
．． SGANARELLE.
J'étais allé, monsieur, ici près, d'où j'arrive.
Cet habit est, je crois, de vertu purgative ;
Le porter, c'est autant qu'avoir pris...
．． DON JUAN.
．． Effronté !
D'un voile honnête, au moins, couvre ta lâcheté.
．． SGANARELLE.
D'un vaillant homme mort la gloire se publie ;
Mais j'en fais moins de cas que d'un poltron en vie.
．． DON JUAN.
Sais-tu pour qui mon bras vient de s'employer ?
．． SGANARELLE.
．． Non.
．． DON JUAN.
Pour un frère d'Elvire.
．． SGANARELLE.
．． Un frère? Tout de bon?
．． DON JUAN.
J'ai regret de nous voir ainsi brouillés ensemble;
Il paraît honnête homme.
．． SGANARELLE.
．． Ah ! monsieur, il me semble
Qu'en rendant un peu plus de justice à sa sœur...
．． DON JUAN.
Ma passion pour elle est usée en mon cœur,
Et les objets nouveaux le rendent si sensible,
Qu'avec l'engagement il est incompatible.
D'ailleurs, ayant pris femme en vingt lieux différents,
Tu sais pour le secret les détours que je prends:
A ne point éclater, toutes je les engage ;
Et si l'une en public avait quelque avantage,
Les autres parleraient, et tout serait perdu.
．． SGANARELLE.
Vous pourriez bien alors, monsieur, être pendu.

DON JUAN.
Maraud!
SGANARELLE.
Je vous entends, il serait plus honnête,
Pour mieux vous ennoblir, qu'on vous coupât la tête;
Mais c'est toujours mourir.
DON JUAN, *voyant un tombeau, sur lequel est une statue.*
Quel ouvrage nouveau
Vois-je paraître ici?
SGANARELLE.
Bon! et c'est le tombeau
Où votre commandeur, qui pour lui le fit faire,
Grace à vous, gît plus tôt qu'il n'était nécessaire.
DON JUAN.
On ne m'avait pas dit qu'il fût de ce côté.
Allons le voir.
SGANARELLE.
Pourquoi cette civilité?
Laissons-le là, monsieur; aussi bien il me semble
Que vous ne devez pas être trop bien ensemble.
DON JUAN.
C'est pour faire la paix que je cherche à le voir;
Et, s'il est galant homme, il doit nous recevoir.
Entrons.
SGANARELLE.
Ah! que ce marbre est beau! Ne lui déplaise,
Il s'est là, pour un mort, logé fort à son aise.
DON JUAN.
J'admire cette aveugle et sotte vanité
Un homme, en son vivant, se sera contenté
D'un bâtiment fort simple; et le visionnaire
En veut un tout pompeux, quand il n'en a que faire.
SGANARELLE.
Voyez-vous sa statue, et comme il tient sa main?
DON JUAN.
Parbleu! le voilà bien en empereur romain.
SGANARELLE.
Il me fait quasi peur. Quels regards il nous jette!
C'est pour nous obliger, je pense, à la retraite;
Sans doute qu'a nous voir il prend peu de plaisir.
DON JUAN.
Si de venir dîner il avait le loisir,
Je le régalerais. De ma part, Sganarelle,
Va l'en prier.
SGANARELLE.
Lui?
DON JUAN.
Cours.
SGANARELLE.
La prière est nouvelle!
Un mort! Vous moquez-vous?
DON JUAN.
Fais ce que je t'ai dit
SGANARELLE.
Le pauvre homme, monsieur, a perdu l'appétit.
DON JUAN.
Si tu n'y vas...
SGANARELLE.
J'y vais. Que faut-il que je dise?
DON JUAN.
Que je l'attends chez moi.
SGANARELLE.
Je ris de ma sottise:
Mais mon maître le veut. Monsieur le commandeur,
Don Juan voudrait bien avoir chez lui l'honneur
De vous faire un régal. Y viendrez-vous?
(*La statue baisse la tête et Sganarelle, tombant sur les genoux, s'écrie:*)
A l'aide!
DON JUAN.
Qu'est-ce? qu'as-tu? Dis donc.
SGANARELLE.
Je suis mort, sans remède.
La statue...
DON JUAN.
Hé bien! quoi? Que veux-tu dire?
SGANARELLE.
Hélas!
La statue...

DON JUAN.
Enfin donc, tu ne parleras pas?
SGANARELLE.
Je parle, et je vous dis, monsieur, que la statue...
DON JUAN.
Encor?
SGANARELLE.
Sa tête...
DON JUAN.
Hé bien!
SGANARELLE.
Vers moi s'est abattue.
Elle m'a fait...
DON JUAN.
Coquin!
SGANARELLE.
Si je ne vous dis vrai,
Vous pouvez lui parler, pour en faire l'essai.
Peut-être...
DON JUAN.
Viens, maraud, puisqu'il faut que j'en rie;
Viens être convaincu de ta poltronnerie,
Prends garde. Commandeur, te rendras-tu chez moi!
Je t'attends à dîner.
(*La statue baisse encor la tête.*)
SGANARELLE.
Vous en tenez, ma foi!
Voilà mes esprits forts, qui ne veulent rien croire.
Disputons à présent j'ai gagné la victoire.
DON JUAN, *après avoir rêvé un moment.*
Allons, sortons d'ici.
SGANARELLE.
Sortons; je vous promets,
Quand j'en serais dehors, de n'y rentrer jamais.

FIN DU TROISIÈME ACTE.

ACTE IV.

SCENE PREMIÈRE.

DON JUAN, SGANARELLE.

DON JUAN.
Cesse de raisonner sur une bagatelle:
Un faut rapport des yeux n'est pas chose nouvelle;
Et souvent il ne faut qu'une simple vapeur,
Pour faire ce qu'on t'imputais à la peur.
La vue en est troublée, et je tiens ridicule...
SGANARELLE.
Quoi! là-dessus encor vous êtes incrédule?
Et ce que de nos yeux, de ces yeux que voilà,
Tous deux nous avons vu, vous le démentez? Là,
Traitez-moi d'ignorant, d'impertinent, de bête,
Il n'est rien de plus vrai que ce signe de tête;
Et je ne doute point que, pour vous convertir,
Le ciel, qui de l'enfer cherche à vous garantir,
N'ait rendu tout exprès ce dernier témoignage.
DON JUAN.
Ecoute. S'il t'échappe un seul mot davantage
Sur tes moralités, je vais faire venir
Quatre hommes des plus forts, te bien faire tenir,
Afin qu'un nerf de bœuf à loisir te réponde.
M'entends-tu? dis.
SGANARELLE.
Fort bien, monsieur, le mieux du monde!
Vous vous expliquez net; c'est là ce qui me plaît.
D'autres ont des détours, qu'on ne sait ce que c'est;
Mais vous, en quatre mots vous vous faites entendre,
Vous dites tout; rien n'est si facile à comprendre.
DON JUAN.
Qu'on me fasse dîner le plus tôt qu'on pourra.
Un siège.

SCÈNE II.

DON JUAN, SGANARELLE, LA VIOLETTE.

SGANARELLE, *à la Violette.*

Va savoir quand monsieur dînera, Dépêche.

SCÈNE III.

DON JUAN, SGANARELLE, LA VIOLETTE.

DON JUAN.

Que veut-on ?

LA VIOLETTE.

C'est monsieur votre père.

SCÈNE IV.

DON JUAN, SGANARELLE.

DON JUAN.

Ah ! que cette visite était peu nécessaire !
Quels contes de nouveau me vient-il débiter ?
Qu'il a de temps à perdre !

SGANARELLE.

Il le faut écouter.

SCÈNE V.

DON LOUIS, DON JUAN, SGANARELLE.

DON LOUIS.

Ma présence vous choque, et je vois que sans peine
Vous pourriez vous passer d'un père qui vous gêne.
Tous deux, à dire vrai, par plus d'une raison,
Nous nous incommodons d'une étrange façon ;
Et, si vous êtes las d'ouïr mes remontrances,
Je suis bien las aussi de vos extravagances.
Ah ! que d'aveuglement ! quand, raisonnant en fous,
Nous voulons que le ciel soit moins sage que nous ;
Quand, sur ce qu'il connaît qui nous est nécessaire,
Nos imprudents désirs ne le laissent pas faire ;
Et qu'à force de vœux nous tâchons d'obtenir
Ce qui nous est souvent donné pour nous punir
La naissance d'un fils fut ma plus forte envie,
Mes souhaits en faisaient tout le bien de ma vie,
Et ce fils que j'obtiens est fléau rigoureux
De ces jours que par lui je croyais rendre heureux.
De quel œil, dites-moi, pensez-vous que je voie
Ces commerces honteux qui seuls font votre joie ?
Ce scandaleux amas de viles actions
Qu'entassent chaque jour vos folles passions ;
Ce long enchaînement de méchantes affaires,
Où du prince pour vous les graces nécessaires
Ont épuisé déjà tout ce qu'auprès de lui
Mes services pouvaient m'avoir acquis d'appui ?
Ah, fils ! indigne fils ! quelle est votre bassesse,
D'avoir de vos aïeux démenti la noblesse !
D'avoir osé ternir, par tant de lâchetés,
Le glorieux éclat du sang d'où vous sortez,
De ce sang que l'histoire en mille endroits renomme !
Et qu'avez-vous donc fait pour être gentilhomme ?
Si ce titre ne peut vous être contesté ,
Pensez-vous avoir droit d'en tirer vanité,
Et qu'il ait rien en vous qui puisse être estimable,
Quands vos dérèglements l'y rendent méprisable ?
Non, non, de nos aïeux on a beau faire cas,
La naissance n'est rien où la vertu n'est pas ;
Aussi ne pouvons-nous avoir part à leur gloire,
Qu'autant que nous faisons honneur à leur mémoire
L'éclat que leur conduite a répandu sur nous
Des mêmes sentiments nous doit rendre jaloux ;
C'est un engagement dont rien ne nous dispense
De marcher sur les pas qu'a tracés leur prudence,
D'être à les imiter attachés, prompts, ardents,
Si nous voulons passer pour leurs vrais descendants.
Ainsi de ces héros, que nos histoires louent,
Vous descendez en vain, lorsqu'ils vous désavouent,
Et que ce qu'ils ont fait et d'illustre et de grand
N'a pu de votre cœur leur être un sûr garant.
Loin d'être de leur sang, loinque l'on vous en compte,
L'éclat n'en rejaillit sur vous qu'à votre honte ;
Et c'est comme un flambeau qui, devant vous porté,
Fait de vos actions mieux voir l'indignité.
Enfin, si la noblesse est un précieux titre,
Sachez que la vertu doit en être l'arbitre ;
Qu'il n'est point de grands noms, qui sans elle obs-

DON JUAN.   [curcis...

Monsieur, vous seriez mieux si vous parliez assis.

DON LOUIS.

Je ne veux pas m'asseoir, insolent. J'ai beau dire !
Ma remontrance est vaine, et tu ne fais que rire.
C'est trop : si jusqu'ici , dans mon cœur malgré moi,
La tendresse de père a combattu pour toi,
Je l'étouffe ; aussi bien il est temps que j'efface
La honte de te voir déshonorer ma race ;
Eh, qu'arrêtant le cours de tes dérèglements ,
Je prévienne du ciel les justes châtiments :
J'en mourrai ; mais je dois mon bras à ma colère.

SCÈNE VI.

DON JUAN, SGANARELLE.

DON JUAN.

Mourez quand vous voudrez, il ne m'importe guère.
Ah ! que sur ce jargon, qu'à toute heure j'entends,
Les pères sont fâcheux qui vivent trop longtemps !

SGANARELLE.

Monsieur...

DON JUAN.

Quelle sottise à moi, quand je l'écoute !

SGANARELLE.

Vous avez tort.

DON JUAN.

J'ai tort ?

SGANARELLE.

Eh !...

DON JUAN.

J'ai tort ?

SGANARELLE.

Oui, sans doute,
Vous avez très grand tort de l'avoir écouté
Avec tant de douceur et tant d'honnêteté.
Le chassant au milieu de sa sotte harangne,
Vous lui deviez apprendre à mieux régler sa langue.
A-t-on jamais rien vu de plus impertinent !
Lui venir dire au nez que l'honneur le convie
A mener dans le monde une louable vie !
Le faire souvenir qu'étant d'un noble sang
Il ne devrait rien faire indigne de son rang ;
Les beaux renseignements ! C'est bien ce que doit suivre
Un homme tel que vous, qui sait comme il faut vivre!
De votre patience on se doit étonner ;
Pour moi, je vous l'aurais envoyé promener.

SCÈNE VII.

DON JUAN, SGANARELLE, LA VIOLETTE.

LA VIOLETTE.

Votre marchand est là, monsieur.

DON JUAN.

Qui ?

LA VIOLETTE.

Ce grand homme...
Monsieur Dimanche.

SGANARELLE.

Peste ! un créancier assomme.
De quoi s'avise- t-il d'être si diligent
A venir chez les gens demander de l'argent ?
Que ne lui disais-tu que monsieur dîne en ville ?

LA VIOLETTE.

Vraiment oui ! c'est un homme à croire bien facile.
Malgré ce que j'ai dit, il a voulu s'asseoir
Là-dedans pour l'attendre.

SGANARELLE.

Hé bien ! jusqu'au soir
Qu'il y demeure.

DON JUAN.

Non, fais qu'il entre, au contraire.

SCÈNE VIII.
DON JUAN, SGANARELLE.
DON JUAN.
Je ne tarderai pas longtemps à m'en défaire.
Lorsque des créanciers cherchent à nous parler,
Je trouve qu'il est mal de se faire céler.
Leurs visites ayant une fort juste cause,
Il les faut, tout au moins, payer de quelque chose ;
Et, sans leur rien donner, je ne manque jamais
A les faire de moi retourner satisfaits.

SCÈNE IX.
DON JUAN, M. DIMANCHE, SGANARELLE.
DON JUAN.
Bonjour, monsieur Dimanche. Eh ! que ce m'est de joie
De pouvoir... Ne souffrez jamais qu'on vous renvoie.
J'ai bien grondé mes gens, qui, sans doute, ont eu tort
De n'avoir pas voulu vous faire entrer d'abord.
Ils ont ordre aujourd'hui de n'ouvrir à personne ;
Mais ce n'est pas pour vous que cet ordre se donne
Et vous êtes en droit, quand vous venez chez moi,
De n'y trouver jamais rien de fermé.
M. DIMANCHE.
Je crois,
Monsieur, qu'il...
DON JUAN.
Les coquins ! Voyez, laisser attendre
Monsieur Dimanche seul ! Oh ! je leur veux apprendre
A connaître les gens.
M. DIMANCHE.
Cela n'est rien.
DON JUAN.
Comment ?
Quand je suis dans ma chambre, oser effrontément
Dire à monsieur Dimanche, au meilleur...
M. DIMANCHE.
Sans colère,
Monsieur ; une autre fois ils craindront de le faire.
J'étais venu..
DON JUAN.
Jamais ils ne font autrement.
Çà, pour monsieur Dimanche un siège promptement.
M. DIMANCHE.
Je suis dans mon devoir.
DON JUAN.
Debout ! Que je l'endure !
Non, vous serez assis.
M. DIMANCHE.
Monsieur, je vous conjure...
DON JUAN.
Apportez. Je vous aime, et je vous vois d'un œil...
Otez-moi ce pliant, et donnez un fauteuil.
M. DIMANCHE.
Je n'ai garde, monsieur, de...
DON JUAN.
Je le dis encore,
Au point que je vous aime, et que je vous honore,
Je souffrirai point qu'on mette entre nous deux
Aucune différence.
M. DIMANCHE.
Ah ! monsieur !
DON JUAN.
Je le veux
Allons, asseyez-vous.
M. DIMANCHE.
Comme le temps empire...
DON JUAN.
Mettez-vous là.
M. DIMANCHE.
Monsieur, je n'ai qu'un mot à dire.
J'étais...
DON JUAN.
Mettez-vous là, vous dis-je.
M. DIMANCHE.
Je suis bien.
DON JUAN.
Non, si vous n'êtes là, je n'écouterai rien.
M. DIMANCHE, *s'asseyant dans un fauteuil.*
C'est pour vous obéir. Sans le besoin extrême...
DON JUAN.
Parbleu, monsieur Dimanche, avouez-le vous-même
Vous vous portez bien.
M. DIMANCHE.
Oui, mieux depuis quelques mois,
Que je n'avais pas fait. Je suis...
DON JUAN.
Plus je vous vois,
Plus j'admire sur vous certain vif qui s'épanche.
Quel teint !
M. DIMANCHE.
Je viens, monsieur...
DON JUAN.
Et madame Dimanche,
Comment se porte-t-elle ?
M. DIMANCHE.
Assez bien, Dieu merci.
Je viens vous...
DON JUAN.
Du ménage elle a tout le souci.
C'est une brave femme.
M. DIMANCHE.
Elle est votre servante.
J'étais...
DON JUAN.
Elle a bien lieu d'avoir l'âme contente.
Que ses enfants sont beaux ! La petite Louison,
Hé ?
M. DIMANCHE.
C'est l'enfant gâté, monsieur, de la maison.
Je...
DON JUAN.
Rien n'est si joli.
M. DIMANCHE.
Monsieur, je...
DON JUAN.
Que je l'aime !
Et le petit Colin, est-il encor de même ?
Fait-il toujours grand bruit avecque son tambour ?
M. DIMANCHE.
Oui, monsieur ; on en est étourdi tout le jour.
Je venais...
DON JUAN.
Et Brusquet, est-ce à son ordinaire ?
L'aimable petit chien, pour ne pouvoir se taire,
Mord-il toujours les gens aux jambes ?
M. DIMANCHE.
A ravir.
C'est pis que ce n'était ; nous n'en saurions chevir :
Et quand il ne voit pas notre petite fille...
DON JUAN.
Je prends tant d'intérêt en toute la famille,
Qu'on doit peut s'étonner si je m'informe ainsi
De tout l'un après l'autre.
M. DIMANCHE.
Oh ! je vous compte aussi
Parmi ceux qui nous font...
DON JUAN.
Allons donc, je vous prie,
Touchez, monsieur Dimanche.
M. DIMANCHE.
Ah !
DON JUAN.
Mais, sans raillerie,
M'aimez-vous un peu ? Là.
M. DIMANCHE.
Très humble serviteur.
DON JUAN.
Parbleu, je suis à vous aussi de tout mon cœur.
M. DIMANCHE.
Vous me rendez confus. Je...
DON JUAN.
Pour votre service,
Il n'est rien qu'avec joie en tout temps je ne fisse.
M. DIMANCHE.
C'est trop d'honneur pour moi ; mais, monsieur s'il [vous plaît,
Je viens pour...
DON JUAN.
Et cela, sans aucun intérêt ;
Croyez-le.

M. DIMANCHE.
Je n'ai point mérité cette grace.
Mais...
DON JUAN.
Servir mes amis n'a rien qui m'embarrasse.
M. DIMANCHE.
Si vous...
DON JUAN.
Monsieur Dimanche, oh ça, de bonne foi,
Vous n'avez point dîné; dînez avecque moi
Vous voilà tout porté.
M. DIMANCHE.
Non monsieur, une affaire
Me rappelle chez nous, et m'y rend nécessaire.
DON JUAN, *se levant.*
Vite, allons, ma calèche.
M. DIMANCHE.
Ah! c'est trop de moitié.
DON JUAN.
Dépêchons.
M. DIMANCHE.
Non, monsieur.
DON JUAN.
Vous n'irez point à pie.
M. DIMANCHE.
Monsieur, j'y vais toujours.
DON JUAN.
La résistance est vaine.
Vous m'êtes venu voir, je veux qu'on vous remène.
M. DIMANCHE.
J'avais là...
DON JUAN.
Tenez-moi pour votre serviteur.
M. DIMANCHE.
Je voulais...
DON JUAN.
Je le suis, et votre débiteur.
M. DIMANCHE.
Ah! monsieur.
DON JUAN.
Je n'en fais un secret à personne;
Et de ce que je dois j'ai la mémoire bonne.
M. DIMANCHE.
Si vous me...
DON JUAN.
Voulez-vous que je descende en bas,
Que je vous reconduise?
M. DIMANCHE.
Ah! je ne le vaux pas.
Mais...
DON JUAN.
Embrassez-moi donc; c'est d'une amitié pure,
Qu'une seconde fois ici je vous conjure
D'être persuadé qu'envers et contre tous
Il n'est rien qu'au besoin je ne fisse pour vous.

SCÈNE X.

M. DIMANCHE, SGANARELLE.

SGANARELLE.
Vous avez en monsieur un ami véritable;
Un...
M. DIMANCHE.
De civilités il est vrai qu'il m'accable,
Et j'en suis si confus, que je ne sais comment
Lui pouvoir demander ce qu'il me doit.
SGANARELLE.
Vraiment!
Quand on parle de vous, il ne faut que l'entendre!
Comme lui tous ses gens ont pour vous le cœur tendre;
Et pour vous le montrer, ah! que ne vous vient-on
Donner quelque nazarde, ou des coups de bâton!
Vous verriez de quel air...
M. DIMANCHE.
Je le crois, Sganarelle.
Mais pour lui mille écus sont une bagatelle;
Et deux mots dits par vous...
SGANARELLE.
Allez, ne craignez rien;
Vous en dût-il vingt mille, il vous les paierait bien.

M. DIMANCHE.
Mais vous, vous me devez aussi pour votre compte...
SGANARELLE.
Fi, parler de cela! N'avez-vous point de honte?
M. DIMANCHE.
Comment?
SGANARELLE.
Ne sais-je pas que je vous dois?
M. DIMANCHE.
Si tous...
SGANARELLE.
Allez, monsieur Dimanche, on vous attend chez vous.
M. DIMANCHE.
Mais, mon argent?
SGANARELLE.
Hé bien! je dois: qui doit s'oblige
M. DIMANCHE.
Je veux...
SGANARELLE.
Ah!
M. DIMANCHE.
J'entends...
SGANARELLE.
Bon.
M. DIMANCHE.
Mais...
SGANARELLE.
Fi!
M. DIMANCHE.
Je...
SGANARELLE.
Fi! vous dis-je.

SCENE XI.

DON JUAN, SGANARELLE.

SGANARELLE.
Nous en voilà défaits.
DON JUAN.
Et fort civilement.
A-t-il lieu de s'en plaindre?
SGANARELLE.
Il aurait tort. Comment?
DON JUAN.
N'ai-je pas...
SGANARELLE.
Ceux qui font les fautes, qu'ils les boivent.
Est-ce aux gens comme vous à payer ce qu'ils doivent?
DON JUAN.
Qu'on sache si bientôt le dîner sera prêt.

SCENE XII.

ELVIRE, DON JUAN, SGANARELLE.

DON JUAN.
Quoi! vous encor, madame! En deux mots, s'il vous
J'ai hâte.   [plaît;
ELVIRE.
Dans l'ennui dont mon ame est atteinte,
Vous craignez ma douleur; mais perdez cette crainte.
Je ne viens point ici pleine de ce courroux
Que je n'ai que trop fait éclater devant vous.
Par un premier hymen une autre vous possède:
On m'a tout éclairci; c'est un mal sans remède;
Et je me ferais tort de vouloir disputer
Ce que contre les lois je ne puis emporter.
J'ai sans doute à rougir, malgré mon innocence,
D'avoir cru mon amour avec tant d'imprudence,
Qu'en vous donnant la main j'ai reçu votre foi,
Sans voir si vous étiez en pouvoir d'être à moi.
Ce dessein avait beau me sembler téméraire,
Je cherchais le secret par la crainte d'un frère;
Et le tendre penchant qui me fit tout oser
Sur vos serments trompeurs servit à m'amuser.
Le crime est pour vous seul, puisqu'enfin éclaircie
Je songe à satisfaire à ma gloire noircie;
Et que, ne vous pouvant conserver pour époux,
J'éteins la folle ardeur qui m'attachait à vous.
Non, qu'un juste remords l'étouffe dans mon ame,
Jusques à n'y laisser aucun reste de flamme:

Mais ce reste n'est plus qu'un amour epuré ;
C'est un feu dont pour vous mon cœur est éclairé,
Un feu purgé de tout, une sainte tendresse,
Qu'au commerce des sens nul désir n'intéresse,
Qui n'agit que pour vous.
SGANARELLE.
Ah !
DON JUAN.
Tu pleures, je croi.
Ton cœur est attendri.
SGANARELLE.
Monsieur, pardonnez-moi.
ELVIRE.
C'est ce parfait amour qui m'engage à vous dire
Ce qu'aujourd'hui le ciel pour votre bien m'inspire,
Le ciel, dont la bonté cherche à vous secourir,
Prêt à choir dans l'abyme où je vous vois courir.
Oui, Don Juan, je sais par quel amas de crimes
Vos peines, qu'il résout, lui semblent légitimes ;
Et je viens de sa part vous dire que pour vous
Sa clémence a fait place à son juste courroux ;
Que, las de vous attendre, il tient la foudre prête,
Qui, depuis si longtemps, menace votre tête ;
Qu'il est encore en vous, par un prompt repentir,
De trouver les moyens de vous en garantir ;
Et que, pour éviter un malheur si funeste,
Ce jour, ce jour peut-être est le seul qui vous reste.
SGANARELLE.
Monsieur !
ELVIRE.
Pour moi, qui sors de mon aveuglement,
Je n'ai plus pour la terre aucun attachement :
Ma retraite est conclue ; et c'est là que sans cesse
Mes larmes tâcheront d'effacer ma faiblesse.
Heureuse si je puis, par son austérité,
Obtenir le pardon de ma crédulité !
Mais dans cette retraite, où l'on meurt à soi-même,
J'aurais, je vous l'avoue, une douleur extrême,
Qu'un homme à qui j'ai cru pouvoir donner l'empressement
De mes plus tendres vœux donner l'empressement
Devînt, par un revers aux méchants redoutable,
Des vengeances du ciel l'exemple épouvantable.
SGANARELLE.
Monsieur, encore un coup...
ELVIRE.
De grace, accordez-moi
Ce que doit mériter l'état où je me voi.
Votre salut fait seul mes plus fortes alarmes :
Ne le refusez point à mes vœux, à mes larmes ;
Et, si votre intérêt ne vous saurait toucher,
Au crime, en ma faveur, daignez vous arracher,
Et m'épargner l'ennui d'avoir pour vous à craindre
Le courroux que jamais le ciel ne laisse éteindre.
SGANARELLE.
La pauvre femme !
ELVIRE.
Enfin, si le faux nom d'époux
M'a fait tout oublier pour vivre tout à vous ;
Si je vous ai fait voir la plus forte tendresse
Qui jamais d'un cœur noble ait été la maîtresse,
Dont le prix que j'en veux, c'est de vous voir songer
Au bonheur que pour vous je tâche à ménager.
SGANARELLE.
Cœur de tigre !
ELVIRE.
Voyez que tout est périssable.
Examinez la peine infaillible au coupable ;
Et de votre salut faites-vous une loi,
Ou pour l'amour de vous, ou pour l'amour de moi.
C'est à ce but qu'il faut que tous vos désirs tendent,
Et ce que de nouveau mes larmes vous demandent.
Si ces larmes sont peu, j'ose vous en presser
Par tout ce qui jamais vous put intéresser.
Après cette prière, adieu, je me retire.
Songez à vous : c'est tout ce que j'avais à dire.
DON JUAN.
J'ai fort prêté l'oreille à ce pieux discours,
Madame ; avecque moi demeurez quelques jours :
Peut-être, en me parlant, vous me toucherez l'ame.

ELVIRE.
Demeurer avec vous, n'étant point votre femme !
Je vous ai découvert de grandes vérités,
Don Juan ; craignez tout, si vous n'en profitez.

SCENE XIII.

DON JUAN, SGANARELLE, SUITE.

SGANARELLE.
La laisser partir, sans !...
DON JUAN.
Sais-tu bien, Sganarelle,
Que mon cœur s'est encor presque senti pour elle?
Ses larmes, son chagrin, sa résolution,
Tout cela m'a fait naître un peu d'émotion.
Dans son air languissant je l'ai trouvée aimable.
SGANARELLE.
Et tout ce qu'elle a dit n'a point été capable...
DON JUAN.
Vite, à dîner.
SGANARELLE.
Fort bien !
DON JUAN.
Pourquoi me regarder ?
Va, va, je vais bientôt songer à m'amender.
SGANARELLE.
Ma foi ! n'en riez point ; rien n'est si nécessaire
Que de se convertir.
DON JUAN.
C'est ce que je veux faire.
Encor vingt ou trente ans des plaisirs les plus doux,
Toujours en joie, et puis nous penserons à nous.
SGANARELLE.
Voilà des libertins l'ordinaire langage ;
Mais la mort...
DON JUAN.
Hé ?
SGANARELLE.
Qu'on serve. Ah ! bon, monsieur, courage !
Grande chère, tandis que nous nous portons bien.
(*Il prend un morceau dans un des plats qu'on apporte, et le met dans sa bouche.*)
DON JUAN.
Quelle enflure est-ce là ? Parle, dis, qu'as-tu ?
SGANARELLE.
Rien.
DON JUAN.
Attends, montre. Sa joue est toute contrefaite :
C'est une fluxion ; qu'on cherche une lancette.
Le pauvre garçon ! Vite : il faut le secourir.
Si cet abcès rentrait, il en pourrait mourir.
Qu'on le perce, il est mûr. Ah ! coquin que vous êtes,
Vous osez donc...
SGANARELLE.
Ma foi, sans chercher de défaites,
Je voulais voir, monsieur, si votre cuisinier
N'avait point trop poivré ce ragoût : le dernier
L'était en diable ; aussi vous n'en mangeâtes guère.
DON JUAN.
Puisque la faim te presse, il faut la satisfaire.
Fais-toi donner un siège, et mange avecque moi ;
Aussi bien, cela fait, j'aurai besoin de toi.
Mets-toi là.
SGANARELLE, *prenant un siège.*
Volontiers, j'y tiendrai bien ma place.
DON JUAN.
Mange donc.
SGANARELLE.
Vous serez content : de votre grace,
Vous m'avez fait partir, sans déjeûner ; ainsi
J'ai l'appétit, monsieur, bien ouvert, Dieu merci.
DON JUAN.
Je le vois.
SGANARELLE.
Quand j'ai faim, je mange comme trente.
Tâtez-moi de cela, la sauce est excellente.
Si j'avais ce chapon, je le mènerais loin.
(*à la Violette, qui lui veut donner une assiette blanche.*)
Tout doux, petit compère, il n'en est pas besoin ;

Rengaînez. Vertubleu ! pour lever les assiettes,
Vous êtes bien soigneux d'en présenter de nettes.
Et vous, monsieur Picard, trêve de compliment,
Je n'ai point encore soif.
DON JUAN.
Va, dîne posément.
SGANARELLE.
C'est bien dit.
DON JUAN.
Chante-moi quelque chanson à boire.
SGANARELLE.
Bientôt, monsieur ; laissons travailler la mâchoire.
Quand j'aurai dit trois mots à chacun de ces plats...

SCENE XIV.

DON JUAN, SGANARELLE, LA STATUE DU COMMANDEUR, suite.

LA STATUE DU COMMANDEUR, *en dehors, frappe à la porte.*

SCENE XV.

DON JUAN, SGANARELLE, suite.

SGANARELLE.
Qui diable frappe ainsi?
DON JUAN, *à un laquais.*
Dis que je n'y suis pas.
SGANARELLE.
Attendez, j'aime mieux l'aller dire moi-même
(*Il va, ouvre la porte, revient précipitamment en donnant les signes du plus grand effroi.*)
Ah, monsieur !
DON JUAN.
D'où te vient cette frayeur extrême ?
SGANARELLE, *baissant la tête.*
C'est le...
DON JUAN.
Quoi ?
SGANARELLE.
Je suis mort.
DON JUAN.
Veux-tu pas t'expliquer ?
SGANARELLE.
Du faiseur de... tantôt vous pensiez vous moquer :
Avancez, il est là ; c'est lui qui vous demande.
DON JUAN.
Allons le recevoir.
SGANARELLE.
Si j'y vais, qu'on me pende.
DON JUAN.
Quoi ! d'un rien ton courage est si tôt abattu .
SGANARELLE.
Ah ! pauvre Sganarelle, où te cacheras-tu ?

SCENE XVI.

DON JUAN, LA STATUE DU COMMANDEUR, SGANARELLE, suite.

DON JUAN, *à sa suite.* (*au commandeur.*)
Une chaise, un couvert. Je te suis redevable
(*à Sganarelle.*)
D'être si ponctuel. Viens te remettre à table.
SGANARELLE.
J'ai mangé comme un chancre, et je n'ai plus de faim.
DON JUAN, *au commandeur.*
Si de t'avoir ici j'eusse été plus certain,
Un repas mieux réglé t'aurait marqué mon zèle.
A boire. A ta santé, Commandeur. Sganarelle,
Je te la porte : allons, qu'on lui donne du vin.
Bois.
SGANARELLE.
Je ne bois jamais quand il est si matin.
DON JUAN.
Chante ; le Commandeur te voudra bien entendre.
SGANARELLE.
Je suis trop enrhumé.
LA STATUE.
Laisse-le s'en défendre.
C'en est assez, je suis content de ton repas ;
Le temps fuit, la mort vient, et tu n'y penses pas.

DON JUAN.
Ces avertissements me sont peu nécessaires.
Chantons ; une autre fois nous parlerons d'affaires.
LA STATUE.
Peut-être une autre fois tu le voudras trop tard :
Mais puisque tu veux bien en courir le hasard,
Dans mon tombeau, ce soir, à souper je t'engage.
Promets-moi d'y venir ; auras-tu ce courage?
DON JUAN.
Oui ; Sganarelle et moi nous irons.
SGANARELLE.
Moi! non pas.
DON JUAN.
Poltron !
SGANARELLE.
Jamais par jour je ne fais qu'un repas.
LA STATUE.
Adieu.
DON JUAN.
Jusqu'à ce soir.
LA STATUE.
Je t'attends.

SCENE XVII.

DON JUAN, SGANARELLE, suite.

SGANARELLE.
Misérable !
Où me veut-il mener?
DON JUAN.
J'irai, fût-ce le diable.
Je veux voir comme on est régalé chez les morts.
SGANARELLE.
Pour cent coups de bâton, que n'en suis-je dehors !

FIN DU QUATRIÈME ACTE.

ACTE V.

SCENE PREMIÈRE.

DON LOUIS, DON JUAN, SGANARELLE.

DON LOUIS.
Ne m'abusez-vous point ? et serait-il possible
Que votre cœur, ce cœur si long-temps inflexible,
Si long-temps, en aveugle, au crime abandonné,
Eût rompu les liens dont il fut enchaîné ?
Qu'un pareil changement me va causer de joie !
Mais, encore une fois, faut-il que je le croie ?
Et se peut-il qu'enfin le ciel m'ait accordé
Ce qu'avec tant d'ardeur j'ai toujours demandé ?
DON JUAN.
Oui, monsieur : ce retour dont j'étais si peu digne,
Nous est de ses bontés un témoignage insigne.
Je ne suis plus ce fils dont les lâches désirs
N'eurent pour seul objet que d'infâmes plaisirs ;
Le ciel, dont la clémence est pour moi sans seconde,
M'a fait voir tout à coup les vains abus du monde ;
Tout à coup de sa voix l'attrait victorieux
A pénétré mon ame, et dessillé mes yeux ;
Et je vois, par l'effet dont sa grace est suivie,
Avec autant d'horreur les taches de ma vie,
Que j'eus d'emportement pour tout ce que mes sens
Trouvaient à me flatter d'appas éblouissant.
Quand j'ose rappeler l'excès abominable
Des désordres honteux dont je me sens coupable ,
Je frémis, et m'étonne, en m'y voyant courir,
Comme le ciel a pu si longtemps me souffrir ;

Comme cent et cent fois il n'a pas sur ma tête
Lancé l'affreux carreau qu'aux méchants il apprête.
L'amour qui tint pour moi son courroux suspendu
M'apprend à ses bontés quel sacrifice est du.
Il l'attend, et ne veut que ce cœur infidèle,
Ce cœur jusqu'à ce jour à ses ordres rebelle.
Enfin, et vos soupirs l'ont sans doute obtenu,
De mes égarements me voilà revenu.
Plus de remise. Il faut qu'aux yeux de tout le monde
A mes folles erreurs mon repentir réponde ;
Que j'efface, en changeant mes criminels désirs,
L'empressement fatal que j'eus pour les plaisirs,
Et tâche à réparer par une ardeur égale
Ce que mes passions ont causé de scandale.
C'est à quoi tout mes vœux aujourd'hui sont portés ;
Et je devrai beaucoup, monsieur, à vos bontés,
Si, dans le changement où ce retour m'engage,
Vous me daignez choisir quelque saint personnage,
Qui, me servant de guide, ait soin de me montrer
A bien suivre la route où je m'en vais entrer.

DON LOUIS.

Ah ! qu'aisément un fils trouve le cœur d'un père
Prêt, au moindre remords, à calmer sa colère !
Quels que soient les chagrins que par vous j'ai reçus,
Vous vous en repentez, je ne m'en souviens plus.
Tout vous porte à gagner cette grande victoire,
L'intérêt du salut, celui de votre gloire ;
Combattez, et surtout ne vous relâchez pas.
Mais, dans cette campagne, où s'adressent vos pas ?
J'ai sorti de la ville exprès pour une affaire
Où dès hier ma présence était fort nécessaire,
Et j'ai voulu marcher un moment au retour ;
Mon carrosse m'attend à ce premier détour :
Venez

DON JUAN.

Non ; aujourd'hui souffrez-moi l'avantage
D'un peu de solitude au prochain ermitage.
C'est là que, retiré, loin du monde et du bruit,
Pour m'offrir mieux au ciel, je veux passer la nuit.
Ma peine y finira. Tout ce qui m'en peut faire
Dans ce détachement qui m'est si nécessaire,
C'est que, pour mes plaisirs, je me suis fait prêter
Des sommes que je suis hors d'état d'acquitter.
Faute de rendre, il est des gens qui me maudissent,
Qui font...

DON LOUIS.

Que là-dessus vos scrupules finissent.
Je paierai tout, mon fils, et prétends de mon bien
Vous donner...

DON JUAN.

Ah ! pour moi, je ne demande rien,
Pourvu que par mes pleurs mes fautes réparées...

DON LOUIS.

O consolation ! douceurs inespérées !
Tous mes vœux sont enfin heureusement remplis ;
Grace aux bontés du ciel, j'ai retrouvé mon fils ;
Il se rend à la voix qui vers lui le rappelle.
Je cours à votre mère en porter la nouvelle.
Adieu, prenez courage ; et, si vous persistez,
N'attendez plus que joie et que prospérités.

SCENE II.

DON JUAN, SGANARELLE.

SGANARELLE, *en pleurant.*
Monsieur ?

DON JUAN.
Qu'est-ce ?

SGANARELLE.
Ah !

DON JUAN.
Comment ! tu pleures ?

SGANARELLE.

C'est de joie
De vous voir embrasser enfin la bonne voie :
Jamais encor, je crois, je n'en ai tant senti.
Ah ! quel plaisir ce m'est de vous voir converti !

Le ciel a bien pour vous exaucé mon envie.
Franchement, vous meniez une diable de vie ;
Mais, à tout pécheur grace, il n'en faut plus parler.
L'ermitage est-il loin où vous voulez aller ?

DON JUAN.
Hé ?

SGANARELLE.
Serait-ce là bas, vers cet endroit sauvage ?

DON JUAN.
La peste ! le benêt, avec son ermitage !

SGANARELLE.
Pourquoi ? Frère Pacôme est un homme de bien ;
Et je crois qu'avec lui vous ne perdriez rien.

DON JUAN.
Parbleu ! tu me ravis. Quoi ! tu me crois sincère
Dans un conte forgé pour attraper mon père ?

SGANARELLE.
Comment ? vous ne... Monsieur, c'est... Où donc allons-nous-

DON JUAN.
La belle de tantôt m'a donné rendez-vous.
Voici l'heure ; et j'y vais ; c'est là mon ermitage.

SGANARELLE.
La retraite sera méritoire. Ah ! j'enrage.

DON JUAN.
Elle est jolie, oui.

SGANARELLE.
Mais l'aller chercher si loin ?

DON JUAN.
Elle m'a touché l'ame ; et s'il était besoin,
Pour ne la manquer pas, j'irais jusques à Rome.

SGANARELLE.
Belle conversion ! Ah ! quel homme, quel homme !
Vous l'attendrez en vain, elle ne viendra pas.

DON JUAN.
Je crois qu'elle viendra, moi.

SGANARELLE.
Tant pis.

DON JUAN.
En tout cas,
Ma peine au rendez-vous ne sera point perdue :
C'est ici du Commandeur on a mis la statue ;
Il nous a conviés à souper : on verra
Comment, s'il nous reçoit, il s'en acquittera.

SGANARELLE.
Souper avec un mort, tué par vous ?

DON JUAN.
N'importe ;
J'ai promis : sur la peur ma promesse l'emporte.

SGANARELLE.
Et si la belle vient, et se laisse emmener ?

DON JUAN.
Oh ! ma foi, la statue ira se promener ;
Je préfère à tout mort une jeune vivante.

SGANARELLE.
Mais voir une statue et mouvante et parlante,
N'est-ce pas...

DON JUAN.
Il est vrai, c'est quelque chose ; en vain
Je ferais là-dessus un jugement certain :
Pour ne s'y point méprendre, il faut en voir la suite.
Cependant, si j'ai feint de changer de conduite,
Si j'ai dit que j'allais me déchirer le cœur,
D'une vie exemplaire embrasser la rigueur,
C'est un pur stratagême, un ressort nécessaire,
Par où ma politique, éblouissant mon père,
Me va mettre à couvert de divers embarras,
Dont, sans lui, mes amis ne me tireraient pas.
Si l'on m'en inquiète, il obtiendra ma grace :
Tu vois comme déjà ma première grimace
L'a porté de lui-même à se vouloir charger
Des dettes dont par lui je vais me dégager.

SGANARELLE.
Mais, n'étant point dévot, par quelle effronterie
De la dévotion faire une momerie ?

DON JUAN.
Il est des gens de bien, et vraiment vertueux ;
Tout méchant que je suis, j'ai du respect pour eux :
Mais, si l'on n'en peut trop élever les mérites,
Parmi ces gens de bien il est mille hypocrites

Qui ne se contrefont que pour en profiter ;
Et pour mes intérêts je veux les imiter.
SGANARELLE.
Ah! quel homme! quel homme!
DON JUAN.
Il n'est rien si commode,
Vois-tu? l'hypocrisie est un vice à la mode ;
Et quand de ses couleurs un vice est revêtu,
Sous l'appui de la mode, il passe pour vertu.
Sur tout ce qu'à jouer il est de personnages,
Celui d'homme de bien a de grands avantages :
C'est un art grimacier, dont les détours flatteurs
Cachent sous un beau voile un amas d'imposteurs.
On a beau découvrir que ce n'est qu'un faux zèle,
L'imposture est reçue, on ne peut rien contre elle :
La censure voudrait y mordre vainement.
Contre tout autre vice on parle hautement,
Chacun a liberté d'en faire voir le piège ;
Mais, pour l'hypocrisie, elle a son privilège,
Qui, sous le masque adroit d'un visage emprunté,
Lui fait tout entreprendre avec impunité.
Flattant ceux du parti plus qu'aucun redoutable,
On se fait d'un grand corps le membre inséparable :
C'est alors qu'on est sûr de ne succomber pas.
Quiconque en blesse l'un les a tous sur les bras,
Et ceux même qu'on sait que le ciel seul occupe
Des singes de leurs mœurs sont l'ordinaire dupe :
A quoi que leur malice ait pu se dispenser,
Leur appui leur est sûr, ils ont vu grimacer.
Ah! combien j'en connais qui, par ce stratagème,
Après avoir vécu dans un désordre extrême,
S'armant du bouclier de la religion,
Ont rhabillé sans bruit leur dépravation,
Et pris droit, au milieu de tout ce que nous sommes,
D'être sous ce manteau les plus méchants des hommes.
On a beau les connaître, et savoir ce qu'ils sont,
Trouver lieu de scandale aux intrigues qu'ils ont,
Toujours même crédit : un maintien doux, honnête,
Quelques roulements d'yeux, des baissements de tête,
Trois ou quatre soupirs mêlés dans un discours,
Sont, pour tout rajuster, d'un merveilleux secours.
C'est sous un tel abri qu'assurant mes affaires,
Je veux de mes censeurs duper les plus sévères
Je ne quitterai point mes pratiques d'amour,
J'aurai soin seulement d'éviter le grand jour ;
Et saurai, ne voyant en public que des prudes,
Garder à petit bruit mes douces habitudes.
Si je suis découvert dans mes plaisirs secrets,
Tout le corps en chaleur prendra mes intérêts ;
Et, sans me remuer, je verrai la cabale
Me mettre hautement à couvert du scandale.
C'est là le vrai moyen d'oser impunément
Permettre à mes désirs un plein emportement :
Des actions d'autrui je ferai la critique,
Médirai saintement ; et, d'un ton pacifique,
Applaudisssant à tout ce qui sera blâmé,
Ne croirai que moi seul digne d'être estimé.
S'il faut que d'intérêt quelque affaire se passe,
Fût-ce veuve, orphelin, point d'accord, point de grace ;
Et, pour peu qu'on me choque, ardent à me venger,
Jamais rien au pardon ne pourra m'obliger.
J'aurai tout doucement le zèle charitable
De nourrir une haine irréconciliable ;
Et, quand on me viendra porter à la douceur,
Des intérêts du ciel je ferai le vengeur :
Le prenant pour garant du soin de sa querelle,
J'appuierai de mon cœur la malice infidèle ;
Et, selon qu'on m'aura plus ou moins respecté,
Je damnerai les gens de mon autorité.
C'est ainsi que l'on peut, dans le siècle où nous sommes,
Profiter sagement des faiblesses des hommes,
Et qu'un esprit bien fait, s'il craint les mécontents,
Se doit accommoder aux vices de son temps.

SGANARELLE.

Qu'entends-je? C'en est fait, monsieur et je le quitte ;
Il ne vous manquait plus que vous faire hypocrite ;
Vous êtes de tout point achevé, je le vois.
Assommez-moi de coups, percez-moi, tuez-moi,

Il faut que je vous parle, il faut que je vous dise :
« Tant va la cruche à l'eau, qu'enfin elle se brise. »
Et, comme dit fort bien, en moindre ou pareil cas,
Un auteur renommé, que je ne connais pas :
Un oiseau sur la branche est proprement l'exemple
De l'homme qu'en pécheur ici-bas je contemple.
La branche est attachée à l'arbre, qui produit,
Selon qu'il est planté, de bon ou mauvais fruit.
Le fruit, s'il est mauvais, nuit plus qu'il ne profite ;
Ce qui nuit vers la mort nous fait aller plus vite :
La mort est une loi d'un usage important ;
Qui peut vivre sans loi, vit en brute ; et partant,
Ramassez, ce sont là preuves indubitables,
Qui font que vous irez, monsieur, à tous les diables.

DON JUAN.
Le beau raisonnement !
SGANARELLE.
Ne vous rendez donc pas ;
Soyez damné tout seul, car, pour moi, je suis las...

SCENE III.

DON JUAN, LÉONORE, PASCALE, SGANARELLE.

DON JUAN, *apercevant Léonor*.
N'avois-je pas raison ? Regarde, Sganarelle ;
(*à Léonor.*)
Vient-on au rendez-vous? Que de joie ! Ah ! ma belle,
Vous voilà ! je tremblais que, par quelque embarras,
Vous ne pussiez sortir.

LÉONOR.
Oh ! point. Mais, n'est-ce pas
Monsieur le médecin que je vois là ?

DON JUAN.
Lui-même.
Il a pris cet habit, mais c'est par stratagème,
Pour certain langoureux, chez qui je l'ai mené,
Contre les médecins de tout temps déchaîné :
Il n'en veut voir aucun ; et monsieur, sans rien dire,
A reconnu son mal, dont il ne fait que rire.
Certaine herbe déjà l'a fort diminué.

LÉONOR.
Ma tante a pris sa poudre.
SGANARELLE, *gravement à Léonor*.
A-t-elle éternué?
LÉONOR.
Je ne sais ; car soudain, sans vouloir voir personne,
Elle s'est mise au lit.

SGANARELLE.
La chaleur est fort bonne
Pour ces sortes de maux.

LÉONOR.
Oh ! je crois bien cela.
DON JUAN.
Et qui donc avec vous nous amenez-vous là ?
LÉONOR.
C'est ma nourrice. Ah ! si vous saviez, elle m'aime...
DON JUAN.
Vous avez fort bien fait, et ma joie est extrême
Que, quand je vous épouse elle soit caution...

PASCALE.
Vous faites-là, monsieur, une bonne action.
Pour entrer au couvent la pauvre créature
Tous les jours de soufflets avait pleine mesure ;
C'était pitié...
DON JUAN.
Bientôt, Dieu merci , la voilà
Exempte, en m'épousant de tous ces chagrins-là.
LÉONOR.
Monsieur...
DON JUAN.
C'est à mes yeux la plus aimable fille...
PASCALE.
Jamais vous n'en pouviez prendre une plus gentille,
Qui vous pût mieux... Enfin, traitez-la doucement,
Vous en aurez, monsieur, bien du contentement.

DON JUAN.
Je le crois. Mais allons, sans tarder davantage,
Dresser tout ce qu'il faut pour notre mariage :
Je veux le faire en forme, et qu'il n'y manque rien.
PASCALE.
Eh ! vous n'y perdrez pas ; ma fille a de bon bien.
Quand son père mourut, il avait des pistoles
Plus gros...
DON JUAN.
Ne perdons point le temps à des paroles.
Allons, venez, ma belle. Ah ! que j'ai de bonheur !
Vous allez être à moi.
LÉONOR.
Ce m'est beaucoup d'honneur.
SGANARELLE, bas à Pascale.
Il cherche à la duper ; gardez qu'il ne l'emmène.
C'est un fourbe.
PASCALE.
Comment ?
SGANARELLE, bas.
A plus d'une douzaine...
(haut, se voyant observé par don Juan.)
Ah, l'honnête homme ! Allez, votre fille aujourd'hui
Aurait eu beau chercher, pour trouver mieux que lui.
Il a de l'amitié... Croyez-moi qu'une femme
Sera la bien... Et puis il la fera grand'dame.
DON JUAN, à Léonor.
Ne nous arrêtons point, ma belle ; j'aurais peur
Que quelqu'un ne survint.
SGANARELLE, bas à Pascal.
C'est le plus grand trompeur.
PASCALE, à don Juan.
Où donc nous menez-vous ?
DON JUAN.
Tout droit chez un notaire.
PASCALE.
Non, monsieur ; dans le bourg il sera nécessaire
D'aller chez sa cousine, afin qu'étant témoin
De votre foi donnée...
DON JUAN.
Il n'en est pas besoin ;
Monsieur le médecin, et vous, devez suffire.
LÉONOR, à Pascale.
Sommes-nous pas d'accord ?
DON JUAN.
Il ne faut plus qu'écrire.
Quand ils auront signé tous deux avecque nous
Que je vous prends pour femme, et vous, moi pour
C'est comme si... [époux,
PASCALE.
Non, non ; sa cousine y doit être
SGANARELLE, bas à Pascale.
Fort bien.
LÉONOR.
Quelque amitié qu'elle m'ait fait paraître,
Si chez elle il n'est pas nécessaire d'aller,
Ne disons rien : peut-être elle voudrait parler.
DON JUAN.
Oui, quand on veut tenir une affaire secrète,
Moins on a de témoins, plus la chose est bien faite.
PASCALE.
Mon Dieu, tout comme ailleurs, chez elle, sans éclat.
Les notaires du bourg dresseront le contrat.
SGANARELLE.
Pourquoi vous défier ? Monsieur a-t-il la mine
(bas à Pascale.)
D'être un fourbe ? Voyez. Ferme, chez la cousine.
DON JUAN, à Léonor.
Au hasard de l'entendre enfin nous quereller,
Avançons.
PASCALE, arrêtant Léonor.
Ce n'est point par là qu'il faut aller :
Vous n'êtes pas encore où vous pensez, beau sire.
DON JUAN, à Léonor.
Doublons le pas ensemble ; il faut le laisser dire.

SCENE IV.

DON JUAN, LA STATUE DU COMMANDEUR,
LÉONOR, PASCALE, SGANARELLE.

LA STATUE, prenant don Juan par le bras.
Arrête, don Juan.
LÉONOR.
Ah ! qu'est-ce que je vois ?
Sauvons-nous vite, hélas !

SCENE V.

DON JUAN, LA STATUE DU COMMANDEUR,
SGANARELLE.

DON JUAN, tâchant à se défaire de la statue.
Ma belle, attendez-moi,
Je ne vous quitte point.
LA STATUE.
Encore un coup, demeure ;
Tu résistes en vain.
SGANARELLE.
Voici ma dernière heure ;
C'en est fait.
DON JUAN, à la statue.
Laisse-moi.
SGANARELLE.
Je suis à vos genoux,
Madame la statue, ayez pitié de nous.
LA STATUE.
Je t'attendais ce soir à souper.
DON JUAN.
Je t'en quitte ;
On me demande ailleurs.
LA STATUE.
Tu n'iras pas si vite ;
L'arrêt en est donné ; tu touches au moment
Où le ciel va punir ton endurcissement.
Tremble.
DON JUAN.
Tu me fais tort, quand tu m'en crois capable :
Je ne sais ce que c'est que trembler.
SGANARELLE.
Détestable !
LA STATUE.
Je t'ai dit, dès tantôt, que tu ne songeais pas
Que la mort chaque jour s'avançait à grands pas.
Au lieu d'y réfléchir tu retournes au crime,
Et t'ouvres à toute heure abyme sur abyme.
Après avoir en vain si longtemps attendu,
Le ciel se lasse ; prends, voilà ce qui t'es dû !
(La statue embrasse don Juan, et un moment après
tous les deux sont abymés.)
DON JUAN.
Je brûle, et c'est trop tard que mon ame interdite...
Ciel !

SCENE VI.

SGANARELLE.

Il est englouti ! je cours me rendre ermite.
L'exemple est étonnant pour tous les scélérats ;
Malheur à qui le voit, et n'en profite pas.

FIN.

Paris. — Imprimerie d'ALEXANDRE BAILLY,
rue du Faubourg-Montmartre, 10